大学赤本シリーズ

90

名古屋大学

理　系

情報〈自然情報、コンピュータ科〉・理・医・工・農学部

教学社

は　し　が　き

おかげさまで，大学入試の「赤本」は，今年で創刊70周年を迎えました。

これまで，入試問題や資料をご提供いただいた大学関係者各位，掲載許可をいただいた著作権者の皆様，各科目の解答や対策の執筆にあたられた先生方，そして，赤本を使用してくださったすべての読者の皆様に，厚く御礼を申し上げます。

以下に，創刊初期の「赤本」のはしがきを引用します。これからも引き続き，受験生の目標の達成や，夢の実現を応援してまいります。

本書を活用して，入試本番では持てる力を存分に発揮されることを心より願っています。

編者しるす

＊　＊　＊

学問の塔にあこがれのまなざしをもって，それぞれの志望する大学の門をたたかんとしている受験生諸君！　人間として生まれてきた私たちは，自己の欲するままに，美しく，強く，そして何よりも人間らしく生きることをねがっている。しかし，一朝一夕にして，この純粋なのぞみが達せられることはない。私たちの行く手には，絶えずさまざまな試練がまちかまえている。この試練を克服していくところに，私たちのねがう真に人間的な世界がはじめて開かれてくるのである。

人生最初の最大の試練として，諸君の眼前に大学入試がある。この大学入試は，精神的にも身体的にも，大きな苦痛を感ぜしめるであろう。あるスポーツに熟達するには，たゆみなき，はげしい練習を積み重ねることが必要であるように，私たちは，計画的・持続的な努力を払うことによって，この試練を克服し，次の一歩を踏みだすことができる。厳しい試練を経たのちに，はじめて満足すべき成果を獲得できるのである。

本書は最近の入学試験の問題に，それぞれ解答を付し，さらに問題をふかく分析することによって，その大学独特の傾向や対策をさぐろうとした。本書を一般の参考書とあわせて使用し，まとはずれのない，効果的な受験勉強をされるよう期待したい。

（昭和35年版「赤本」はしがきより）

挑む人の、いちばんの味方

1954年に大学入試の過去問題集を刊行してから70年。赤本は大学に入りたいと思う受験生を応援しつづけてきました。これからも，苦しいとき落ち込むときにそばで支える存在でいたいと思います。

そして，勉強をすること，自分で道を決めること，努力が実ること，これらの喜びを読者の皆さんが感じることができるよう，伴走をつづけます。

そもそも赤本とは…

受験生のための大学入試の過去問題集！

70年の歴史を誇る赤本は，500点を超える刊行点数で全都道府県の370大学以上を網羅しており，過去問の代名詞として受験生の必須アイテムとなっています。

なぜ受験に過去問が必要なのか？

大学入試は大学によって問題形式や頻出分野が大きく異なるからです。

赤本の掲載内容

傾向と対策

これまでの出題内容から，問題の「**傾向**」を分析し，来年度の入試に向けて具体的な「**対策**」の方法を紹介しています。

問題編・解答編

- 年度ごとに問題とその解答を掲載しています。
- 「**問題編**」ではその年度の試験概要を確認したうえで，実際に出題された過去問に取り組むことができます。
- 「**解答編**」には高校・予備校の先生方による解答が載っています。

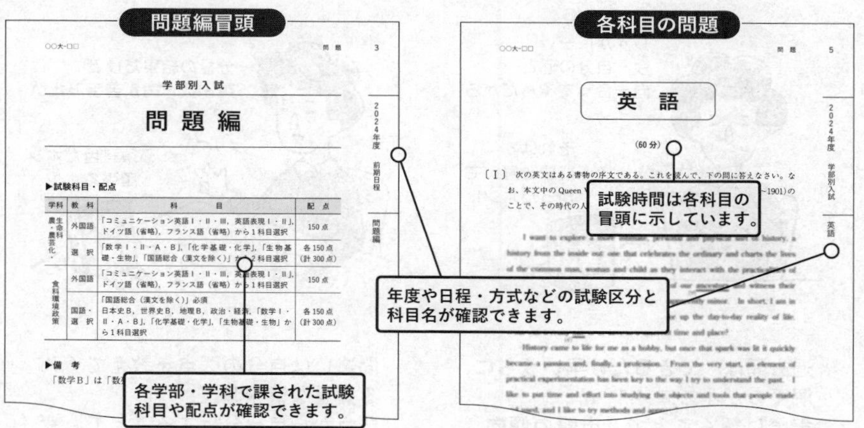

他にも，大学の基本情報や，先輩受験生の合格体験記，在学生からのメッセージなどが載っていることがあります。

掲載内容について

著作権上の理由やその他編集上の都合により問題や解答の一部を割愛している場合があります。
なお，指定校推薦入試，社会人入試，編入学試験，帰国生入試などの特別入試，英語以外の外国語科目，商業・工業科目は，原則として掲載しておりません。また試験科目は変更される場合がありますので，あらかじめご了承ください。

受験勉強は

過去問に始まり，

STEP 1 なにはともあれ

まずは解いてみる

しずかに…
今，自分の心と
向き合ってるんだから
ムーン
それは
問題を解いて
からだホン!

過去問は，**できるだけ早いうちに解く**のがオススメ！
実際に解くことで，**出題の傾向，問題のレベル，今の自分の実力**がつかめます。

STEP 2 じっくり具体的に

弱点を分析する

分析の結果だけど
英・数・国が苦手みたい
スリー
必須科目だホン
頑張るホン

間違いは自分の弱点を教えてくれる**貴重な情報源**。
弱点から自己分析することで，**今の自分に足りない力や苦手な分野**が見えてくるはず！

合格者があかす赤本の使い方

傾向と対策を熟読
（Fさん／国立大合格）
大学の出題傾向を調べるために，赤本に載っている「傾向と対策」を熟読しました。

繰り返し解く
（Tさん／国立大合格）
1周目は問題のレベル確認，2周目は苦手や頻出分野の確認に，3周目は合格点を目指して，と過去問は繰り返し解くことが大切です。

過去問に終わる。

STEP 3

志望校にあわせて

苦手分野の重点対策

明日からはみんなで頑張るよ！
参考書も！ 問題集も！
よろしくね！
呼んだ？
なにを!?
どこから!?
グッ
グッ

参考書や問題集を活用して，苦手分野の**重点対策**をしていきます。**過去問を指針**に，合格へ向けた具体的な学習計画を立てましょう！

STEP 1▶2▶3

サイクルが大事！

実践を繰り返す

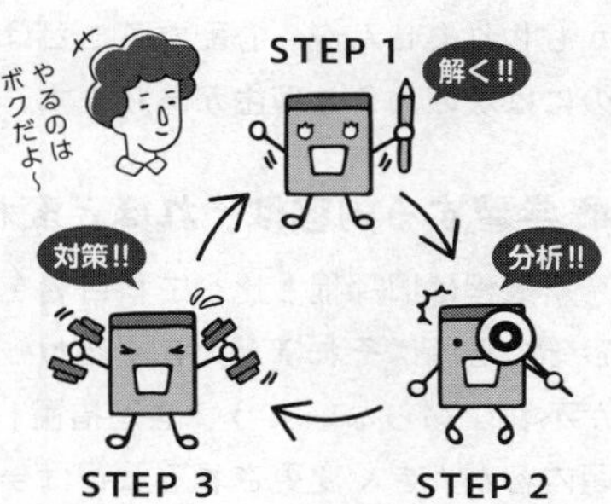

STEP 1〜3を繰り返し，実力アップにつなげましょう！
出題形式に慣れることや，**時間配分を考えること**も大切です。

目標点を決める
（Yさん／私立大合格）
赤本によっては合格者最低点が載っているので，それを見て目標点を決めるのもよいです。

時間配分を確認
（Kさん／私立大学合格）
赤本は時間配分や解く順番を決めるために使いました。

添削してもらう
（Sさん／私立大学合格）
記述式の問題は先生に添削してもらうことで自分の弱点に気づけると思います。

新課程入試 Q&A

2022 年度から新しい学習指導要領（新課程）での授業が始まり，2025 年度の入試は，新課程に基づいて行われる最初の入試となります。ここでは，赤本での新課程入試の対策について，よくある疑問にお答えします。

Q1. 赤本は新課程入試の対策に使えますか？

A. もちろん使えます！

旧課程入試の過去問が新課程入試の対策に役に立つのか疑問に思う人もいるかもしれませんが，心配することはありません。旧課程入試の過去問が役立つのには次のような理由があります。

● 学習する内容はそれほど変わらない

新課程は旧課程と比べて科目名を中心とした変更はありますが，学習する内容そのものはそれほど大きく変わっていません。また，多くの大学で，既卒生が不利にならないよう「経過措置」がとられます（Q３参照）。したがって，出題内容が大きく変更されることは少ないとみられます。

● 大学ごとに出題の特徴がある

これまでに課程が変わったときも，各大学の出題の特徴は大きく変わらないことがほとんどでした。入試問題は各大学のアドミッション・ポリシーに沿って出題されており，過去問にはその特徴がよく表れています。過去問を研究してその大学に特有の傾向をつかめば，最適な対策をとることができます。

出題の特徴の例	・英作文問題の出題の有無 ・論述問題の出題（字数制限の有無や長さ） ・計算過程の記述の有無

新課程入試の対策も，赤本で過去問に取り組むところから始めましょう。

Q2. 赤本を使う上での注意点はありますか？

A. 志望大学の入試科目を確認しましょう。

過去問を解く前に，過去の出題科目（問題編冒頭の表）と 2025 年度の募集要項とを比べて，課される内容に変更がないかを確認しましょう。ポイントは以下のとおりです。科目名が変わっていても，実際は旧課程の内容とほとんど同様のものもあります。

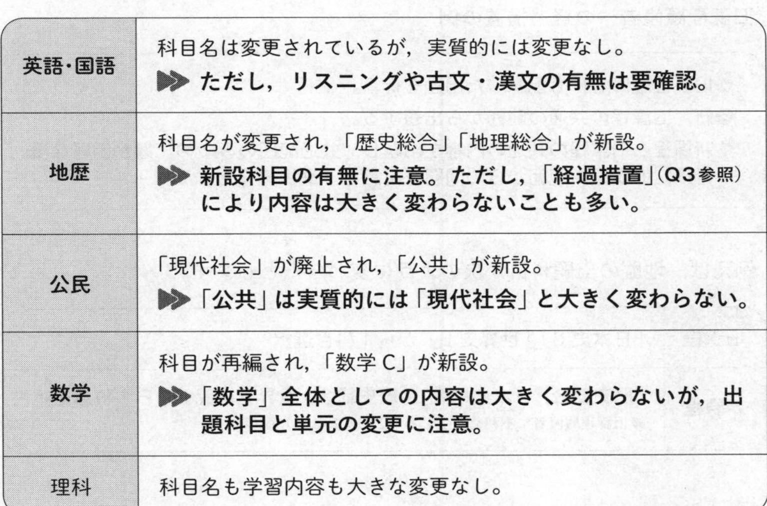

英語・国語	科目名は変更されているが，実質的には変更なし。 ▶▶ **ただし，リスニングや古文・漢文の有無は要確認。**
地歴	科目名が変更され，「歴史総合」「地理総合」が新設。 ▶▶ **新設科目の有無に注意。ただし，「経過措置」（Q3参照）により内容は大きく変わらないことも多い。**
公民	「現代社会」が廃止され，「公共」が新設。 ▶▶ **「公共」は実質的には「現代社会」と大きく変わらない。**
数学	科目が再編され，「数学 C」が新設。 ▶▶ **「数学」全体としての内容は大きく変わらないが，出題科目と単元の変更に注意。**
理科	科目名も学習内容も大きな変更なし。

数学については，科目名だけでなく，どの単元が含まれているかも確認が必要です。例えば，出題科目が次のように変わったとします。

旧課程	「数学Ⅰ・数学Ⅱ・数学 A・数学 B（数列・ベクトル）」
新課程	「数学Ⅰ・数学Ⅱ・数学 A・**数学 B（数列）・数学 C（ベクトル）**」

この場合，新課程では「数学C」が増えていますが，単元は「ベクトル」のみのため，実質的には旧課程とほぼ同じであり，過去問をそのまま役立てることができます。

Q3.「経過措置」とは何ですか？

A. 既卒の旧課程履修者への対応です。

多くの大学では，既卒の旧課程履修者が不利にならないように，出題において「経過措置」が実施されます。措置の有無や内容は大学によって異なるので，募集要項や大学のウェブサイトなどで確認しておきましょう。

◯旧課程履修者への経過措置の例

- 旧課程履修者にも配慮した出題を行う。
- 新・旧課程の共通の範囲から出題する。
- 新課程と旧課程の共通の内容を出題し，共通範囲のみでの出題が困難な場合は，旧課程の範囲からの問題を用意し，選択解答とする。

例えば，地歴の出題科目が次のように変わったとします。

旧課程	「日本史Ｂ」「世界史Ｂ」から１科目選択
新課程	「**歴史総合**，日本史探究」「**歴史総合**，世界史探究」から１科目選択※ ※旧課程履修者に不利益が生じることのないように配慮する。

「歴史総合」は新課程で新設された科目で，旧課程履修者には見慣れないものですが，上記のような経過措置がとられた場合，新課程入試でも旧課程と同様の学習内容で受験することができます。

要チェックだホン

新課程の情報はWEBもチェック！
より詳しい解説が赤本ウェブサイトで見られます。
https://akahon.net/shinkatei/

科目名が変更される教科・科目

	旧課程	新課程
国語	国語総合 国語表現 現代文A 現代文B 古典A 古典B	現代の国語 言語文化 論理国語 文学国語 国語表現 古典探究
地歴	日本史A 日本史B 世界史A 世界史B 地理A 地理B	歴史総合 日本史探究 世界史探究 地理総合 地理探究
公民	現代社会 倫理 政治・経済	公共 倫理 政治・経済
数学	数学Ⅰ 数学Ⅱ 数学Ⅲ 数学A 数学B 数学活用	数学Ⅰ 数学Ⅱ 数学Ⅲ 数学A 数学B 数学C
外国語	コミュニケーション英語基礎 コミュニケーション英語Ⅰ コミュニケーション英語Ⅱ コミュニケーション英語Ⅲ 英語表現Ⅰ 英語表現Ⅱ 英語会話	英語コミュニケーションⅠ 英語コミュニケーションⅡ 英語コミュニケーションⅢ 論理・表現Ⅰ 論理・表現Ⅱ 論理・表現Ⅲ
情報	社会と情報 情報の科学	情報Ⅰ 情報Ⅱ

大学のサイトも見よう

目　次

解答編

※問題編は別冊

2022年度

2021年度

2020年度

解答用紙は，赤本オンラインに掲載しています。
https://akahon.net/kkm/ngy/index.html

※掲載内容は，予告なしに変更・中止する場合があります。

掲載内容についてのお断り

学校推薦型選抜は掲載していません。

基本情報

沿革

1939（昭和 14）	名古屋帝国大学創設。医学部と理工学部の 2 学部でスタート
1942（昭和 17）	理工学部を理学部と工学部に分離
1947（昭和 22）	名古屋大学（旧制）と改称
1948（昭和 23）	文学部・法経学部を設置
1949（昭和 24）	名古屋大学（旧制），名古屋大学附属医学専門部，第八高等学校，名古屋経済専門学校，岡崎高等師範学校を包括し，新制名古屋大学として発足（文学部・教育学部・法経学部・理学部・医学部・工学部を設置）
1950（昭和 25）	法経学部を法学部と経済学部に分離
1951（昭和 26）	農学部設置
1993（平成 5）	情報文化学部設置
2004（平成 16）	国立大学法人名古屋大学となる
2017（平成 29）	情報文化学部を情報学部に改組

2001（平成 13）年，野依良治特別教授がノーベル化学賞を受賞

✐2008（平成 20）年，卒業生の益川敏英博士と小林誠博士がノーベル物理学賞を，元助教授の下村脩博士がノーベル化学賞を受賞

✐2014（平成 26）年，赤﨑勇特別教授および天野浩工学研究科教授がノーベル物理学賞を受賞

名大マーク

図案化された Nagoya University の「NU」に，篆書体の「名大」を合わせた，名大マークは，名大の象徴たる学章として，学生バッジや学旗，印刷物，名大グッズなどに広く用いられています。

 学部・学科の構成

大　学

●文学部　東山キャンパス

人文学科（言語文化学繫〈言語学，日本語学〉，英語文化学繫〈英語学，英米文学〉，文献思想学繫〈ドイツ語ドイツ文学，ドイツ語圏文化学，フランス語フランス文学，日本文学，中国語中国文学，哲学，西洋古典学，中国哲学，インド哲学〉，歴史文化学繫〈日本史学，東洋史学，西洋史学，美学美術史学，考古学，文化人類学〉，環境行動学繫〈社会学，心理学，地理学〉）

●教育学部　東山キャンパス

人間発達科学科（生涯教育開発コース，学校教育情報コース，国際社会文化コース，心理社会行動コース，発達教育臨床コース）

●法学部　東山キャンパス

法律・政治学科

●経済学部　東山キャンパス

経済学科

経営学科

●情報学部　東山キャンパス

自然情報学科

人間・社会情報学科

コンピュータ科学科

●理学部　東山キャンパス

数理学科

物理学科

化学科

生命理学科

地球惑星科学科

●医学部　医学科：鶴舞キャンパス（全学教育科目は東山キャンパス）
保健学科：大幸キャンパス（全学教育科目は東山キャンパス）

医学科
保健学科（看護学専攻，放射線技術科学専攻，検査技術科学専攻，理学療法学専攻，作業療法学専攻）

●工学部　東山キャンパス

化学生命工学科
物理工学科
マテリアル工学科
電気電子情報工学科
機械・航空宇宙工学科
エネルギー理工学科
環境土木・建築学科

●農学部　東山キャンパス

生物環境科学科
資源生物科学科
応用生命科学科

（備考）学科・コース・専攻等に分属する年次はそれぞれで異なる。

大学院

人文学研究科／教育発達科学研究科／法学研究科／経済学研究科／情報学研究科／理学研究科／医学系研究科／工学研究科／生命農学研究科／国際開発研究科／多元数理科学研究科／環境学研究科／創薬科学研究科

大学所在地

東山キャンパス

鶴舞キャンパス

大幸キャンパス

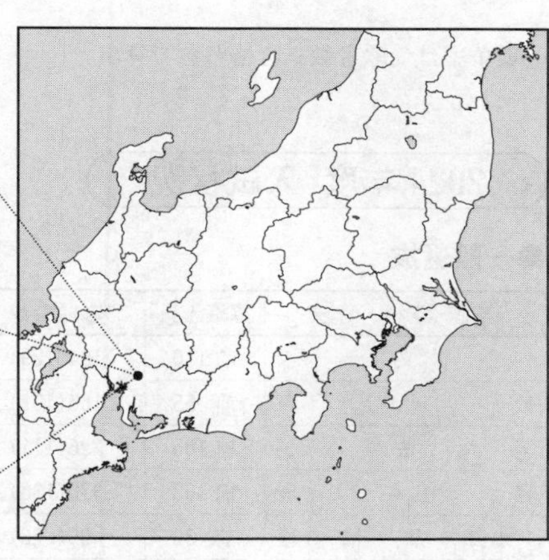

東山キャンパス　〒464-8601　名古屋市千種区不老町
鶴舞キャンパス　〒466-8550　名古屋市昭和区鶴舞町 65
大幸キャンパス　〒461-8673　名古屋市東区大幸南 1 丁目 1 番 20 号

入試データ

入試状況（志願者数・競争率など）

◯競争率は受験者数÷合格者数で算出。

2024 年度 入試状況

●一般選抜

（　）内は女子内数

学部・学科・専攻	募集人員	志願者数	受験者数	合格者数	競争率
文	前 110	194(129)	189(125)	111(69)	1.7
教育	前 55	165(102)	155(94)	58(35)	2.7
法	前 105	236(111)	199(95)	108(46)	1.8
経済	前 165	430(136)	400(116)	171(47)	2.3
情報 自然情報	前 30	99(28)	88(23)	32(9)	2.8
情報 人間・社会情報	前 30	112(51)	104(46)	33(16)	3.2
情報 コンピュータ科	前 53	130(15)	118(12)	56(2)	2.1
理	前 220	534(115)	492(98)	222(25)	2.2
医 医	前 90	268(73)	241(63)	95(25)	2.5
医 医	後 5	90(25)	14(3)	5(1)	2.8
医 保健 看護学	前 45	120(110)	94(85)	49(44)	1.9
医 保健 放射線技術科学	前 30	92(50)	79(40)	30(14)	2.6
医 保健 検査技術科学	前 25	79(64)	63(50)	27(21)	2.3
医 保健 理学療法学	前 13	35(18)	26(14)	13(7)	2.0
医 保健 作業療法学	前 13	31(23)	26(19)	21(12)	1.2
工 化学生命工	前 90	196(54)	187(49)	87(15)	2.1
工 物理工	前 75	165(9)	161(7)	78(2)	2.1
工 マテリアル工	前 99	208(20)	196(13)	101(8)	1.9
工 電気電子情報工	前 106	361(27)	349(25)	104(4)	3.4
工 機械・航空宇宙工	前 135	355(30)	338(28)	133(8)	2.5
工 エネルギー理工	前 34	60(10)	52(6)	36(2)	1.4
工 環境土木・建築	前 72	186(41)	177(36)	73(16)	2.4

（表つづく）

学部・学科・専攻		募集人員	志願者数	受験者数	合格者数	競争率
農	生物環境科	前 27	40(13)	31(11)	27(10)	1.1
	資源生物科	前 43	96(43)	83(37)	45(22)	1.8
	応用生命科	前 66	167(110)	153(100)	67(37)	2.3
合計		1,736	4,449 (1,407)	4,015 (1,195)	1,782 (497)	—

(備考)

- 医学部医学科の前期日程は「地域枠」を含む（人数は以下)。
  志願者数：14(4)名，受験者数：14(4)名，合格者数：5(2)名。
- 医学部医学科でのみ後期日程を実施。
- 追加合格者は出していない。

2023 年度 入試状況

●一般選抜

( ) 内は女子内数

学部・学科・専攻			募集人員	志願者数	受験者数	合格者数	競争率
文			前 110	218(135)	217(135)	110(63)	2.0
教育			前 55	171(99)	158(90)	58(32)	2.7
法			前 105	269(118)	224(96)	106(37)	2.1
経済			前 165	361(116)	331(101)	171(55)	1.9
情報	自然情報		前 30	69(15)	63(13)	32(8)	2.0
	人間・社会情報		前 30	111(42)	101(39)	38(15)	2.7
	コンピュータ科		前 53	154(19)	144(19)	55(3)	2.6
理			前 220	543(112)	497(95)	223(31)	2.2
医	医		前 90 後 5	250(77) 76(26)	224(65) 18(8)	94(23) 5(1)	2.4 3.6
	保健	看護学	前 45	91(86)	62(58)	47(45)	1.3
		放射線技術科学	前 30	87(46)	73(35)	33(16)	2.2
		検査技術科学	前 25	77(68)	62(54)	26(20)	2.4
		理学療法学	前 13	36(18)	28(11)	11(3)	2.5
		作業療法学	前 13	36(21)	31(16)	18(10)	1.7
工	化学生命工		前 90	155(44)	149(39)	90(19)	1.7
	物理工		前 75	131(6)	125(6)	75(6)	1.7
	マテリアル工		前 99	232(26)	224(25)	99(14)	2.3
	電気電子情報工		前 106	291(19)	279(15)	106(4)	2.6
	機械・航空宇宙工		前 135	366(30)	351(28)	135(10)	2.6
	エネルギー理工		前 34	76(10)	72(9)	34(2)	2.1
	環境土木・建築		前 72	176(38)	168(37)	73(18)	2.3
農	生物環境科		前 27	60(20)	54(16)	28(9)	1.9
	資源生物科		前 43	136(64)	124(58)	45(27)	2.8
	応用生命科		前 66	162(91)	142(80)	67(39)	2.1
合計			1,736	4,334 (1,346)	3,921 (1,148)	1,779 (510)	—

(備考)

- 医学部医学科の前期日程は「地域枠」を含む(人数は以下)。
  志願者数:23(14)名, 受験者数:20(12)名, 合格者数:5(2)名。
- 医学部医学科でのみ後期日程を実施。
- 追加合格者(外数):工学部機械・航空宇宙工学科 2 名。

2022 年度　入試状況

●一般選抜

（　）内は女子内数

学部・学科・専攻			募集人員	志願者数	受験者数	合格者数	競争率
文			前 110	236(127)	234(126)	111(59)	2.1
教育			前 55	184(109)	174(103)	59(38)	2.9
法			前 105	274(114)	231(97)	106(42)	2.2
経済			前 165	479(137)	438(118)	173(46)	2.5
情報	自然情報		前 30	67(14)	57(11)	29(6)	2.0
	人間・社会情報		前 30	90(32)	81(29)	32(10)	2.5
	コンピュータ科		前 53	108(8)	103(8)	58(2)	1.8
理			前 220	576(120)	524(105)	229(37)	2.3
医	医		前 90 後 5	150(34) 38(8)	130(28) 8(4)	95(18) 5(3)	1.4 1.6
	保健	看護学	前 45	119(112)	92(85)	46(40)	2.0
		放射線技術科学	前 30	75(42)	67(37)	31(13)	2.2
		検査技術科学	前 25	71(59)	63(52)	26(23)	2.4
		理学療法学	前 13	34(12)	25(7)	13(4)	1.9
		作業療法学	前 13	32(25)	25(19)	19(13)	1.3
工	化学生命工		前 90	190(60)	181(56)	92(33)	2.0
	物理工		前 75	185(10)	180(10)	77(3)	2.3
	マテリアル工		前 99	177(20)	168(18)	104(12)	1.6
	電気電子情報工		前 107	362(20)	351(19)	108(5)	3.3
	機械・航空宇宙工		前 135	374(34)	351(31)	138(8)	2.5
	エネルギー理工		前 36	53(3)	49(1)	39(1)	1.3
	環境土木・建築		前 72	165(36)	160(34)	76(16)	2.1
農	生物環境科		前 27	54(18)	44(13)	27(10)	1.6
	資源生物科		前 43	89(47)	78(40)	45(25)	1.7
	応用生命科		前 66	195(110)	178(97)	68(39)	2.6
合計			1,739	4,377 (1,311)	3,992 (1,148)	1,806 (506)	―

（備考）

- 医学部医学科でのみ後期日程を実施。
- 追加合格者は出していない。

2021年度 入試状況

●一般選抜

( )内は女子内数

学部・学科・専攻			募集人員	志願者数	受験者数	合格者数	競争率
文			前 110	247(143)	243(142)	110(69)	2.2
教育			前 55	147(93)	136(88)	63(41)	2.2
法			前 105	246(91)	208(73)	109(39)	1.9
経済			前 165	420(117)	384(102)	173(51)	2.2
情報	自然情報		前 30	120(16)	112(13)	33(5)	3.4
	人間・社会情報		前 30	138(51)	131(49)	33(11)	4.0
	コンピュータ科		前 53	123(19)	116(17)	57(9)	2.0
理			前 220	526(113)	486(97)	228(33)	2.1
医	医		前 90 後 5	345(101) 54(13)	316(93) 25(5)	95(28) 5(1)	3.3 5.0
	保健	看護学	前 45	114(108)	86(81)	47(46)	1.8
		放射線技術科学	前 30	111(66)	96(60)	30(15)	3.2
		検査技術科学	前 25	61(51)	50(42)	25(22)	2.0
		理学療法学	前 13	38(14)	29(10)	13(5)	2.2
		作業療法学	前 13	38(25)	34(21)	19(11)	1.8
工	化学生命工		前 90	212(52)	202(47)	92(21)	2.2
	物理工		前 75	161(9)	153(9)	77(4)	2.0
	マテリアル工		前 99	207(17)	196(16)	103(3)	1.9
	電気電子情報工		前 107	311(12)	302(12)	112(3)	2.7
	機械・航空宇宙工		前 135	423(30)	405(25)	139(3)	2.9
	エネルギー理工		前 36	101(13)	96(11)	38(1)	2.5
	環境土木・建築		前 72	209(49)	203(47)	77(11)	2.6
農	生物環境科		前 27	48(17)	40(11)	27(7)	1.5
	資源生物科		前 43	79(32)	68(29)	44(22)	1.5
	応用生命科		前 66	156(93)	138(82)	69(44)	2.0
合計			1,739	4,635 (1,345)	4,255 (1,182)	1,818 (505)	—

(備考)

- 医学部医学科でのみ後期日程を実施。
- 追加合格者は出していない。

2020 年度　入試状況

●一般入試

（　）内は女子内数

学部・学科・専攻			募集人員	志願者数	受験者数	合格者数	競争率
文			前 110	229(120)	228(119)	110(68)	2.1
教育			前 55	160(97)	150(88)	59(39)	2.5
法			前 105	222(84)	184(66)	107(36)	1.7
経済			前 165	421(114)	387(102)	172(45)	2.3
情報	自然情報		前 30	81(15)	70(9)	32(3)	2.2
	人間・社会情報		前 30	105(35)	97(32)	33(7)	2.9
	コンピュータ科		前 53	142(9)	136(8)	55(4)	2.5
理			前 220	534(121)	489(105)	228(34)	2.1
医	医		前 90	295(94)	271(84)	94(22)	2.9
			後 5	55(15)	17(5)	5(2)	3.4
	保健	看護学	前 45	107(94)	77(67)	49(42)	1.6
		放射線技術科学	前 30	107(62)	94(51)	30(15)	3.1
		検査技術科学	前 25	95(65)	82(53)	26(19)	3.2
		理学療法学	前 13	35(11)	29(9)	13(4)	2.2
		作業療法学	前 13	42(27)	38(24)	20(7)	1.9
工	化学生命工		前 90	185(51)	176(45)	92(23)	1.9
	物理工		前 75	135(7)	130(6)	80(3)	1.6
	マテリアル工		前 99	196(18)	191(17)	103(11)	1.9
	電気電子情報工		前 107	342(20)	332(15)	108(4)	3.1
	機械・航空宇宙工		前 135	414(29)	401(28)	137(6)	2.9
	エネルギー理工		前 36	75(5)	67(4)	38(5)	1.8
	環境土木・建築		前 72	186(44)	176(41)	75(19)	2.3
農	生物環境科		前 27	52(10)	43(8)	27(5)	1.6
	資源生物科		前 43	106(50)	96(44)	45(17)	2.1
	応用生命科		前 66	156(81)	139(70)	68(33)	2.0
合計			1,739	4,477 (1,278)	4,100 (1,100)	1,806 (473)	—

（備考）

- 医学部医学科でのみ後期日程を実施。
- 追加合格者は出していない。

合格最低点（一般選抜）

学部・学科・専攻			満点	合格最低点 2024年度	2023年度	2022年度	2021年度	2020年度
前期日程								
文			2,100	1,399	1,387	1,347	1,422	1,384
教育			2,700	1,812	1,768	1,663	1,757	1,664
法			1,500	1,044	1,023	968	1,014	985
経済			2,400	1,606	1,561	1,555	1,576	1,469
情報	自然情報		2,000	1,339	1,267	1,225	1,365	1,260
情報	人間・社会情報		2,000	1,399	1,367	1,273	1,476	1,425
情報	コンピュータ科		2,200	1,504	1,486	1,387	1,468	1,436
理			2,350	1,443	1,445	1,423	1,491	1,432
医	医		2,550	1,836	1,881	1,807	1,935	1,822
医	保健	看護学	2021～2024年度 2,550 2020年度 2,400	1,278	1,312	1,292	1,372	1,253
医	保健	放射線技術科学		1,441	1,351	1,317	1,450	1,369
医	保健	検査技術科学		1,385	1,408	1,300	1,480	1,389
医	保健	理学療法学		1,343	1,491	1,431	1,478	1,393
医	保健	作業療法学		1,251	1,308	1,237	1,286	1,241
工	化学生命工		1,900	1,186	1,123	1,101	1,132	1,069
工	物理工		1,900	1,203	1,160	1,125	1,134	1,090
工	マテリアル工		1,900	1,192	1,154	1,076	1,136	1,084
工	電気電子情報工		1,900	1,259	1,188	1,170	1,186	1,146
工	機械・航空宇宙工		1,900	1,249	1,201	1,172	1,234	1,168
工	エネルギー理工		1,900	1,200	1,171	1,078	1,153	1,091
工	環境土木・建築		1,900	1,219	1,164	1,107	1,145	1,075
農	生物環境科		2022～2024年度 2,450 2020・2021年度 2,300	1,437	1,470	1,418	1,365	1,417
農	資源生物科			1,491	1,503	1,424	1,382	1,432
農	応用生命科			1,500	1,511	1,460	1,440	1,451
後期日程								
医	医		（非開示）					

（備考）

- 工学部及び農学部の合格最低点は，高得点者選抜を除く合格者の最低点である。
- 医学部医学科の後期日程は試験成績を開示していない。

募集要項（出願書類）の入手方法

名古屋大学では，インターネット出願が導入されています。学生募集要項は大学ホームページから閲覧またはダウンロードしてください。

問い合わせ先

名古屋大学　教育推進部入試課
〒464-8601　名古屋市千種区不老町Ｄ 4-4(100)
TEL　(052)789-5765(直)
ホームページ　https://www.nagoya-u.ac.jp/

気になること、聞いてみました！

在学生メッセージ

大学ってどんなところ？ 大学生活ってどんな感じ？
ちょっと気になることを，在学生に聞いてみました。

以下の内容は 2020〜2023 年度入学生のアンケート回答に基づくものです。ここで触れられている内容は今後変更となる場合もありますのでご注意ください。

メッセージを書いてくれた先輩 ［教育学部］M.M. さん ［法学部］H.K. さん ［経済学部］S.H. さん ［情報学部］T.S. さん ［医学部］M.M. さん R.K. さん ［農学部］S.H. さん

大学生になったと実感！

取りたい授業を自分で選んで，学びたいことを学べること。特に，一般教養を学ぶ１年生の期間は，文系のなかでも法学や文学，心理学，政治学など多様な学問に触れることができるので，自分の新たな興味を発見することができます！（M.M. さん／教育）

親元から離れて一人暮らしをするようになり，お金の管理や家事など，今まで全部親に任せていたことを自分でやらざるを得ない状況になったことです。また，高校はクラスみんなが同じ授業を同じ先生から受けていたのが，大学では人それぞれ取っている授業が違えば同じ科目でも担当教員が違うのが，一番の変化だと感じました。（T.S. さん／情報）

高校まではノートと鉛筆を使って勉強することがあたりまえでしたが，大学生になると Excel を使ってグラフの作成や表計算を行ったり，Word

を使ってレポートの作成を行うなど，パソコンを使って勉強することが多くなりました。（S.H. さん／農）

大学生活に必要なもの

自己管理です。大学生になると授業や生活様式（一人暮らし，実家暮らし，下宿など）が人によって違うので，高校生の頃と比べて自分自身で管理しなければいけない場面が増えてきます。予定やするべきことをすぐに確認するために，大学生になってからスケジュールアプリを入れました。スケジュール帳に比べてスマートフォンは常に持ち歩いているので，すぐに確認できる点がよいです。（M.M. さん／医）

iPad や Apple Pencil があると便利です。紙の教科書を用いて授業を行う先生もいらっしゃいますが，授業によってはスライドのみで行われるものもあります。毎回，配布されるスライドの枚数が多く，また画像付きであるものも多いことから，プリントアウトすると手間がかかったり見にくかったりしますが，iPad を持っているとメモを書き込んだりすることもできて簡単にノート作りができます。僕は先輩から教えてもらった GoodNotes というアプリを利用しています。（R.K. さん／医）

この授業がおもしろい！

配られるソフトウェアを使用して，快適な室内環境について検討する授業です。ソフトウェアは，風量や気温などの基本的なものだけでなく，着衣量などの細かな設定ができ，シミュレーションをしてくれます。最終的に自分でテーマを考えて検討したものを発表するのですが，他の学部生の発表も興味深いものばかりでした。また，教授がそれぞれの最終発表を深堀りして，どういう仕組みでこの環境状態になっているのかを軽く解説してくださいました。（M.M. さん／医）

基礎セミナーです。名古屋大学は研究に力を入れており，１年生から研究者としての姿勢や考え方を培う授業があります。基礎セミナーは，６名の先生がそれぞれ担当する授業から，自分の興味のある授業を選択するようになっています。僕はコオロギとマウスの胎児を解剖する授業を受けています。将来，医師になったときに患者さんの治療に常に正解があるとはかぎりません。未知の状態に対してのアプローチを，馴染みのないコオロギの解剖から学習します。事前に内部器官，解剖方法を調べ尽くしてから実習に臨み，その結果について考察を繰り返します。（R.K. さん／医）

大学の学びで困ったこと＆対処法

授業についていけなかったことです。私は共通テストのみで学力を測る学校推薦型選抜で入学し数学Ⅲの内容を完全に忘れていたため，数学Ⅲの内容を取り扱った授業にまったくついていくことができませんでした。ただ，周りの友人を頼ることでなんとか授業内容の理解を深めることができ，単位を取得できました。（M.M. さん／医）

キャンパス内が広くて，講義の場所がわからなくなってしまうことです。そうならないように，事前に講義の場所を確認することを忘れないようにしています。同じ授業を受講している友達がいないと，課題でわからないところが聞けないことも困りました。（S.H. さん／経済）

部活・サークル活動

バレーボールサークルに入っています。週２，３回の練習と試合があり，年に何度か大会にも参加しています。複数の大学の学生が集まるサークルなので他大学の友達ができるし，同じ大学でも違う学部の友達もできるので，交友関係が広がります。また，趣味が同じ仲間と集まることはとても楽しいので，何か１つは入ることをおすすめします！（M.M. さん／教育）

部活とサークルの両方に入っています。活動頻度は，部活はマネージャーで週2ぐらい，サークルは週1ぐらいです。夏休みはどちらの合宿にも参加して，楽しい思い出を作ることができました！（H.K. さん／法）

交友関係は？

私は運動が好きなので，バレーボールサークルや，体育で同じになるメンバーと仲良くなりました。授業が同じでも，学生同士が話す機会がなかったり，自由席でもともとの知り合いと座ってしまうので，新たな交友関係が築きにくく，講義以外の場で出会った人のほうが友達になりやすいと思います。大学のような自分の興味がある程度はっきりしてきたなかで意気投合した友達は，その後も長く交友関係が続く場合が多いので，いろんな人と交友するといいと思います！（M.M. さん／教育）

いま「これ」を頑張っています

心理学の勉強です。私は大学に入ってから自分が心理学に興味をもっていることに気づき，進路を変更しました。心理学のコースに進むには高いGPA（大学の通知表のようなもの）が必要なので，勉強を頑張っています。心理学は人間をより科学的に研究する学問で，自分事に置き換えやすく，とてもおもしろいです。（M.M. さん／教育）

旅行に熱中しています。高校生まで旅行は親とするものでしたが，大学生になってから友人とするものに変わりました。友人との旅行は，修学旅行のようなワクワク感を味わえて楽しいです！ また，自分たちで計画を練るので，やりたいことをたくさんできます。（M.M. さん／医）

僕は農学部ですが，高校では生物を履修していなかったので，生物学の勉強を頑張っています。今まであまり勉強してこなかった分野を勉強することはとても新鮮で，新しい発見や他の分野につながることが多いので，楽しんで勉強しています。（S.H. さん／農）

普段の生活で気をつけていることや心掛けていること

スケジュール管理を怠らないように気をつけています。部活・サークル・バイトで予定を埋めすぎて，課題をする時間がないということにならないように計画的に生活しています。（H.K. さん／法）

3食取らなかったり，夜遅くに寝る生活が続いたせいもあって，体調不良が続いた時期があったので，必ず3食取るようにして，寝る時間も固定するようにし，不摂生を避けています。（T.S. さん／情報）

おススメ・お気に入りスポット

ハロキというハンバーグ屋さんがおすすめです！　安くて量も十分なので，学生に嬉しいメニューになっています！　味の種類もたくさんあるので何回行っても飽きないし，店員さんが海外の人でユーモアたっぷりに接客してくれるのも楽しくて，嬉しさを倍増させるポイントだと思います！大学のすぐ近くにあるのでぜひ行ってみてください！（M.M. さん／教育）

中華料理の定食屋さんです。学生定食が安いのに大盛りで美味しいので，一人暮らしで金欠な学生にとっては救世主のような存在です。部活の帰りによく先輩に連れて行ってもらいます。こういった交流の場に使われるほど，学生にとって親しみのあるお店です。（M.M. さん／医）

豊田講堂の前の芝生は広々としていてゴロゴロするのにもってこいです。サークルの活動をしたり，オンライン授業を受けたり，自由に使える場所です。また，全学教育棟の中にあるカフェはパフェが安くて美味しいのでおすすめです。図書館も大きくて，勉強したり，オンライン授業を受けたり，本を借りたり，いろいろな用途で使うことができるので気に入っています。（S.H. さん／経済）

入学してよかった！

自分も頑張ろうと前向きになれることです。私の友人は優秀なだけではなく，将来の目標をもった人ばかりです。目標をただ掲げるだけでなく，入学したばかりの頃からすでに活動をしている人もいます。そのような友人に囲まれていると自然と私も追いつけるように頑張ろうという気持ちになります。（M.M. さん／医）

新聞で記事になっていたことを研究している教授や，有名な賞を受賞された教授がたくさんいることです。教養科目では，総合大学ならではの非常に幅広い内容を学べることも名古屋大学に入ってよかったと思うことです。学食や学内カフェもたくさんあるので，お昼ごはんを食べるのも楽しみのひとつです。（S.H. さん／経済）

高校生のときに「これ」をやっておけばよかった

タイピングにもう少し慣れておけばよかったなあと思います。大学生になって，文字を書くことはほとんどなく，パソコンを使うことが多いので，タイピングが速いだけでかなり時間を節約できます。（H.K. さん／法）

スライドの作り方です。授業中の発表，実習後の報告会などでスライドを作って発表する機会が多くあります。作成するのに時間がかかったり，非常に簡素なスライドになってしまうことが多々あります。周りにはよくまとめられた見やすいスライドを作る人が多くいるので，彼らのように効果的なスライドを作れるように勉強しています。大学入学後に苦労しないためにも，高校生のうちから見やすい，わかりやすいスライドの作り方をもっと学んでおけばよかったと思います。（R.K. さん／医）

みごと合格を手にした先輩に，入試突破のためのカギを伺いました。入試までの限られた時間を有効に活用するために，ぜひ役立ててください。

（注）ここでの内容は，先輩方が受験された当時のものです。2025 年度入試では当てはまらないこともありますのでご注意ください。

・アドバイスをお寄せいただいた先輩・

Y.T. さん　工学部（物理工学科）
前期日程 2024 年度合格，愛知県出身

合格のポイントは，勉強を楽しむことです。1 教科でも好きな科目があると，楽しく勉強できて実力もついてくると思います。そうして苦手科目にも挑戦してみると，案外その教科の面白さに気づけるはずです。どうせ受験勉強するなら，楽しんだほうが有意義です！ 楽しんで！ 応援しています！

その他の合格大学　豊田工業大（工〈共通テスト利用〉），名城大（理工）

R.K. さん　医学部（医学科）
前期日程 2022 年度合格，岐阜県出身

合格の最大のポイントは，日々の勉強を継続する努力と，満遍なく全科目勉強する中で盤石な得意科目を１つは作ることです。他の受験生より秀でた科目は，合格するための強力な助けとなるはずです。第一志望合格目指して，あきらめず頑張ってください！

その他の合格大学　東京慈恵会医科大（医），日本医科大（医），国際医療福祉大（医），大阪医科薬科大（医），藤田医科大（医〈共通テスト利用〉）

K.T. さん　工学部（物理工学科）
前期日程 2022 年度合格，滋賀県出身

合格のポイントは，１つ１つの問題を丁寧に解くことです。少しでもわからないところがあったら，すぐに学校の先生に聞きに行くようにしていました。そうすることで理解がさらに深まり，問題を根本から理解することができました。あきらめずに目の前のことに全力で向かってみてください！ 応援しています!!

O.K. さん　工学部（マテリアル工学科）
前期日程 2021 年度合格，大阪府出身

毎日一定の時間で一定の勉強量をコツコツとやり続けたことが合格につながったと思います。規則正しい生活はとても大切だと思います。

その他の合格大学　同志社大（理工），東京理科大（先進工〈共通テスト利用〉），関西大（システム理工）

R.K. さん 理学部
前期日程 2021 年度合格，静岡県出身

合格のポイントは，最後まで絶対にあきらめないという強い気持ちだと思います。僕は共通テストの判定が E 判定でしたが，残りの 1 カ月は二次試験で挽回することだけを考えて勉強しました。最後まであきらめず頑張ってください！ 応援しています！

その他の合格大学 中央大（理工），立命館大（理工），日本大（理工），名城大（理工）

Y.M. さん 農学部（資源生物科学科）
前期日程 2021 年度合格，岡山県出身

大胆かつ慎重に。理数科目は一部難問があるが，時間配分を考え，時にはその問題をばっさり捨てることも必要。その逆に，英語の記号問題，各大問の 1 問目などは少し時間をかけ慎重に解くべきである。名古屋大学で会えるのを楽しみにしています。

その他の合格大学 上智大（理工），立命館大（生命科）

入試なんでもQ&A

受験生のみなさんからよく寄せられる，
入試に関する疑問・質問に答えていただきました。

「赤本」の効果的な使い方を教えてください。

A 赤本は，その大学の傾向をつかむものとして利用しました。まずは，早めに1年分を解いてみて，どのような問題形式なのか，自分と問題の相性，現状の自分と試験当日取らなければならない点数との差を確認しました。問題の形式がわかるので，それに合わせて再び演習をしました。僕は，緊張に弱く，当日何が起こるかわからなかったので，過去問を解くときには試験時間より短い時間で解くようにしました。そうすることによって，当日焦らずに解答できるようになると思います。また，赤本に掲載されている大学のデータや問題傾向，在校生からのメッセージ，合格体験記等を読んでモチベーションを維持しました。 (Y.T. さん／工)

A 過去問を解いて合格最低点と平均点とを比較して，自分の立ち位置を把握するのに利用しました。また，やみくもに問題を解くのではなく，合格するための問題の取捨選択と，どの解き方が最善なのかを考えるために活用しました。たとえば，英語では1年分通して解くのではなく大問3だけを10分以内に解くという目標を設定して集中的にまとめて解きました。理科は，最新3年分は全体の時間配分のために通しで解きましたが，それより以前の問題は『名古屋大の物理15カ年』『名古屋大の化学15カ年』(ともに教学社) を自分の苦手な大問または分野別に解きました。数学は，各大問の均等な時間配分というよりも，試験時間全体を通して問題の難易度別に時間配分を考えることが大事だと思ったので，1年分を150分通しで解きました。明確に苦手な大問があるときは集中的に対策すべきであり，複数年掲載されている赤本を利用すると取り組みやすかっ

たです。　(R.K. さん／医)

A 夏休みに5年分の問題を見て傾向を調べ，ノートにまとめました。そうすることで，どこの分野が出やすいのかがわかり，計画を立てやすくなります。また，秋頃に4年分解き，苦手分野や理解が浅いところを確認し，計画を立ててそこを補強するようにしていました。過去問を解くと傾向もつかめるし，苦手な分野もわかるので効率よく勉強できると思います。名古屋大学の問題はとてもレベルが高いので，問題を解くことよりも復習に時間をかけたほうがいいと思います。　(R.K. さん／理)

Q 1年間の学習スケジュールはどのようなものでしたか？

A 高校3年生の4月から7月までの間は数学，物理，化学の基礎を徹底的に理解するということを行いました。8月から11月までは名古屋大学の二次試験の問題と同程度のレベルの問題を演習しました。そして，12月から共通テストの勉強をしました。公民や古文，漢文の勉強はこの時期から始めました。そこからは，私立入試，過去問演習と並行しながら二次試験レベルの問題を数多くこなしました。　(O.K. さん／工)

A 高校3年生の4～6月は英単語，英文解釈や数学の解法暗記など基礎を徹底的にやり，1・2年生の模試で解けなかった問題をノートに貼り復習しました。隙間時間は単語帳や青チャート（数研出版）をやっていました。7・8月に名大模試を受けて名大までの距離を確認し，その復習に力を入れました。9～11月は基礎をもう少し固めて，過去問を解き始めました。12～1月は共通テストの演習をしました。英単語，古文単語や漢文の句法などは毎日やりました。2月は過去問を繰り返し解きました。　(R.K. さん／理)

Q 共通テストと個別試験（二次試験）とでは，それぞれの対策の仕方や勉強の時間配分をどのようにしましたか？

A 名古屋大学の入試問題は共通テストよりも難しい傾向にあるので，個別試験で使用する科目は，そちらをメインにして勉強しました。共通テストでしか使用しない科目は，主に学校の授業で完結できるようにしました。ただ，共通テストが簡単ということはなく，特有の考え方や，スピード感などの難しさを含んでいて，思考力を問うという観点からいえばどちらも同じぐらいの難易度だと思います。共通テストの対策は 12 月頃にしました。（Y.T. さん／工）

Q どのように学習計画を立て，受験勉強を進めていましたか？

A 模試を 1 つの区切りとして考えていました。少なくとも 1 カ月に 1 回，秋以降は 2 週間に 1 回の間隔で行われる模試で A 判定を取るためには，どの教科を重点的に解くのかを考えて，模試で結果を出すことを目標に計画を立てました。模試後は「実践できたこと，できなかったこと」や「抜けている知識分野」を振り返り，次の模試への勉強に活かすことを継続していきました。模試という身近な目標に向かって失敗と成功を繰り返すことで，無計画な勉強はなくなり，年間を通して計画的に勉強できました。（R.K. さん／医）

Q 時間をうまく使うためにしていた工夫があれば，教えてください。

A 私は部活が 7 月の終わりまであり，人よりも少し受験勉強を始めるのが遅かったので，隙間時間を最大限に活用するようにしていました。駅から学校まで徒歩 15 分あったので，行き帰りの往復 30 分はずっと英語のリスニングをしていました。また，ご飯を食べているときは暗記（地理や化学無機，単語など）をしていました。トイレにも暗記事項をまとめたルーズリーフを貼り付けていました。探せばいくらでも隙間時間は

見つかると思うので，その時間を最大限に活用することでライバルに差をつけられると思います。 (K.T. さん／工)

Q 名古屋大学を攻略する上で，特に重要な科目は何ですか？また，どのように勉強をしましたか？

A 数学だと思います。名古屋大学の数学は難度が高く差がつきやすいです。合格のためには完答する大問の数を増やして，最低でも半分は解けるようにする必要があります。ただし，いきなり難問用の問題集に取り組むのではなく，教科書の傍用問題集（『4STEP』（数研出版）など）がスラスラ解けるようになるまで繰り返す過程が必ず必要です。土台なくして高みは目指せません。公式や基本的な解法が身についてから，入試用問題集に取り組みました。私は，『標準問題精講』（旺文社）を 2 周してから，『上級問題精講』（旺文社）と『新数学演習』（東京出版）に取り組みました。段階を経て学力を伸ばすことが最善の近道です。また，時間があれば名古屋大学以外の旧帝大の数学の過去問を解いてみるのもオススメです！ (R.K. さん／医)

A 僕は英語が一番重要だと思います。数学の配点が高いですが，名古屋大学の数学はとても難しく，数学が得意な人でも安定して点数が取りにくいと思います。これに対して英語はそこまで難度は高くなく，差がつく科目だと思います。特に，自由英作文は点が稼げる問題です。英作文を書く上で大事なのは文法力です。減点されないためには，適切に英語を書く力が必要です。僕は文法の問題集を解きつつ，その中の表現などをまとめて効率的に勉強しました。長文は，単語レベルが高いので早めに語彙力をつけ，音読を重ねていけば問題ないと思います。僕は隙間時間に過去問の長文を読んでいました。 (R.K. さん／理)

苦手な科目はどのように克服しましたか？

A 私は地理がものすごく苦手で，３年の夏の模試では 30 点という点数でした。これはまずいと危機感を覚え，嫌いでもやるしかないと思い，９月から共通テストまではどの科目よりも時間を注いで勉強しました。最初のほうは全く点数が上がらなかったのですが，あるときに問題を解くコツをつかみ，グングン点数が上がっていきました。苦手科目を克服するためには，とにかく早めに時間をかけて取り組むことが大切だと思います。　(K.T. さん／工)

スランプはありましたか？
また，どのように抜け出しましたか？

A 現役生の場合は高３になってから，既卒生の場合は９月以降の直前期に，模試の成績や偏差値が伸び悩む人が多いと思う。努力はしているのに数字が追いついてこないとどうしても不安になってしまう。勉強へのモチベーションが減退し，成績も伸びないという悪循環に陥る。そういうとき，私は以下のことをしていた。まず，自分が今弱いと思う分野を紙に書き出す。そしてその中から１つ選び，１日それだけを学習する。すると，昨日と今日の自分を比べたとき，１つ理解できることが増えたため，少しでも成長できたという自信がつき，モチベーションが上がる。　(Y.M. さん／農)

模試の上手な活用法を教えてください。

A 模試に向けて，自分の克服したい教科の１つの目標として活用できると思います。また，模試には理解しておく問題が多く出ると思うのでしっかりと復習するべきです。もしかすると，本番に同じ問題が出題されるかもしれないので，しっかりと！　さらに友達とできなかった問題を教えあったりするといいかもしれないです。判定は良かったら喜んでいいし，悪かったら気にしなくていいと思います。あくまで昔の自分だし，気にしていたら身がもちません。冠模試のような模試ならば，時間配分を実践できるいい機会です。また，周りには受験生がいるので，本番みたいな緊張感で試験を受けることができます。　(Y.T. さん／工)

Q 併願する大学を決める上で重視すべき点は何ですか？

A 名古屋大学受験者はたいてい共通テストで 8 割はとる。浪人を考えていないのであれば，MARCH，関関同立，もしくは名城に共通テスト利用方式で合格できるとよい。体への負担なども考えて，名古屋に試験会場を設置している同志社，立命館，東京理科などを検討するのもよいだろう。早慶は地方会場を設けておらず，また問題がやや特殊で対策が必要になるため，注意が必要と思われる。　(Y.M. さん／農)

Q 試験当日の試験場の雰囲気はどのようなものでしたか？緊張のほぐし方，交通事情，注意点等があれば教えてください。

A 旧帝国大学ということもあり，ライバルもみんなハイレベルです。試験会場で賢そうな人を見ると不安になりますが，それは他の人も同じことを思っているはずなので，必要以上に緊張しないようにしてください。私が受験したときは倍率が 1.9 倍だったのですが，この会場にいる人の中の大体半分より上に入ればいいんだと考えると気が楽になりました。また，電車で会場に向かう人は注意してください。本山駅は非常に混雑していて，私は電車を一本遅らせました。時間には余裕をもってください。
(Y.M. さん／農)

受験生のときの失敗談や後悔していることを教えてください。

A 合格するために必要な点数の割合に注意すべきです。過去問を解いて解説を見たときに，難しい問題に時間を使い過ぎてしまったことを後悔しました。1問難しい問題があって理解できなくても，他の問題でカバーすることができれば大丈夫なので，潔く捨てましょう。時間不足で解けるはずの易しい問題を解かないことが一番の失敗です。各学部ごとに最低点が公表されているので，確認して自分の目指す得点割合を把握してください。名古屋大学の二次試験は100点満点をとるテストではありません。難しい問題は潔く捨てる！ このことを伝えたいです。

（R.K. さん／医）

普段の生活のなかで気をつけていたことを教えてください。

A 睡眠時間をしっかりとることです。1・2年生のときは5時間睡眠だったのですが，昼間に眠くなってしまったり集中力が続かなかったりと，勉強の質が悪かったように感じます。3年生の秋から睡眠時間を7時間に増やしたところ，もちろん勉強時間は減ってしまうのですが，その短い勉強時間の中でどうやったら能力を最大限に伸ばすことができるかと考えるきっかけになり，勉強の質が上がりました。眠いときに勉強しても頭に入ることは少ないので，しっかり寝て体を休めることが大事だと思います。

（K.T. さん／工）

受験生へアドバイスをお願いします。

A 入試当日には，自分のミスしそうな箇所をまとめた一覧表やノートを持っていくとよいと思います。直前期になったら，勉強よりも，当日の体調や気分のほうがかなり大事だと思います。自分なりのルーティンを決めておくといいかもしれないです。解答用紙は，大学への手紙みたいなものなので，丁寧にわかりやすく伝わるように，細かいところもしっかり書くほうが採点しやすいし，点数をもらえるところをしっかりもらえるのではないかと思います。最後の最後まで後悔のないようにあきらめずに楽しんでほしいです。

（Y.T. さん／工）

科目別攻略アドバイス

みごと入試を突破された先輩に，独自の攻略法や
おすすめの参考書・問題集を，科目ごとに紹介していただきました。

英　語

重要なのは，単語力だと思います。単語を知らないと全く太刀打ちできません。また，単語のレベルも高いですが，もし前後の文脈で単語の意味を判断するような問題でも単語を知っていれば有利です。類義語や派生語をわかるようにしておくと，意味が取りやすくなると思います。

(Y.T. さん／工)

おすすめ参考書　『システム英単語』（駿台文庫）

名古屋大学の英語は比較的レベルの高い単語が出るので，日々の長文演習で出てきた単語を完璧に覚えるようにしていました。英文和訳の下線部の中でわからない単語が出てきたときは，前後の文脈からその単語の意味を推測することを普段から意識して問題演習をするのがよいと思います。

(K.T. さん／工)

おすすめ参考書　『やっておきたい英語長文 700』（河合出版）

数　学

大問数がほかの大学に比べて少なく，様々な分野の複合問題が出題されるので，苦手な分野があるとかなり不利です。苦手な分野をなくすことが大事だと思います。

(Y.T. さん／工)

おすすめ参考書　『数学の計算革命』（駿台文庫）

工学部の場合，大問４題に対して配点が 500 点とものすごく高いので，１つ苦手な分野があるとそこで大幅にほかの受験生と差をつけられてしまいます。確率漸化式や微分・積分など頻出の分野にはもちろん時間をかけて対策しておくべきですが，今までにあまり出題されてこなかった分野についても対策は怠るべきではないと思います。 （K.T. さん／工）

おすすめ参考書 『１対１対応の演習』シリーズ（東京出版）

物　理

公式を導けるものは導けるようにして，使えるようにできるといいです。少なくとも，丸暗記で解ける問題はあまりない気がします。しかし，基本的なことが勉強できていれば，十分解くことができるので，基礎を徹底的にやるべきだと思います。 （Y.T. さん／工）

おすすめ参考書 『宇宙一わかりやすい高校物理 力学・波動』（Gakken）**『宇宙一わかりやすい高校物理 電磁気・熱・原子』**（Gakken）

化　学

無機・有機は完答をねらい，かつスピーディーに解きます。名古屋大学は大問〔１〕〔２〕の計算問題で重い問題があるので，難度の高い問題を解くためにいかに時間を残せるかが重要です。また，逆に言えば，こうした計算が重い難度の高い問題は他の受験生も解けていないことが多いので，割り切って捨ててしまうのも手段の１つです。受験の典型と言われるレベルの計算問題は見た瞬間に解法が浮かぶレベルまで演習を積むこと。難易の幅が広い語句の空所補充問題が頻出なので，教科書で強調されている語句は当然暗記し，加えて，できるなら発展事項の範囲も暗記しておきましょう。 （R.K. さん／医）

おすすめ参考書 『理系大学受験 化学の新演習』（三省堂）

国　語

漢字の読み・書き取りはミスしても１問だけを目標に勉強しましょう。記述問題が難しいので，漢字で確実に点数を稼ぐべきです。記述問題は，「解答範囲を絞ること」と「解答に必要なキーワードはすべて入れること」がポイントだと思います。大半の理系受験生にとって，名古屋大学の国語は難しいので，いかに部分点を稼いで点数を上げられるかの姿勢が大切です。完答をねらい，完璧な答案を作ろうとして，１つの設問にこだわり続けるのは本番では絶対にやってはいけません。落ち着いて解答箇所とキーワードを把握するのが攻略のポイントだと思います。　(R.K. さん／医)

おすすめ参考書　『新版完全征服 頻出 入試漢字コア 2800 改訂版』 (桐原書店)

科目ごとに問題の「傾向」を分析し，具体的にどのような「対策」をすればよいか紹介しています。まずは出題内容をまとめた分析表を見て，試験の概要を把握しましょう。

注　意

「傾向と対策」で示している，出題科目・出題範囲・試験時間等については，2024 年度までに実施された入試の内容に基づいています。2025 年度入試の選抜方法については，各大学が発表する学生募集要項を必ずご確認ください。

来年度の変更点

2025 年度入試では，以下の変更が予定されている（本書編集時点）。

- 理学部では個別試験で「国語」が課されなくなり，「数学」「理科」の配点が各 500 点から 600 点になる。また，「理科」 2 科目の選択方法については「物理基礎・物理」「化学基礎・化学」のいずれかを含むという条件がなくなる。
- 医学部医学科では個別試験で「国語」が課されなくなり，「英語」「数学」「理科」の配点が各 500 点から 600 点になる。

英語

年度	番号	項目	内容
2024	〔1〕	読解	空所補充，内容説明（35 字），英文和訳
	〔2〕	読解	内容説明（35 字 2 問），空所補充，英文和訳
	〔3〕	会話文	同意表現，内容説明，内容真偽，空所補充，意見論述（30 語）
	〔4〕	英作文	図の読み取りに基づくテーマ英作文（50 語 2 問）
2023	〔1〕	読解	語句整序，英文和訳，内容説明（25 字），和文英訳，空所補充
	〔2〕	読解	内容説明（30 字 2 問），空所補充，英文和訳
	〔3〕	会話文	同意表現，内容説明，内容真偽，空所補充，意見論述（35 語）
	〔4〕	英作文	図表の読み取りに基づくテーマ英作文（50 語 2 問）
2022	〔1〕	読解	英文和訳，内容説明（30・35 字），和文英訳，空所補充
	〔2〕	読解	英文和訳，語句整序，内容説明（40 字），文整序，空所補充，内容真偽
	〔3〕	会話文	和文英訳，同意表現，意見論述（20 語），内容説明，内容真偽
	〔4〕	英作文	図表の読み取りに基づくテーマ英作文（50 語）
2021	〔1〕	読解	空所補充，内容説明（60・70 字他），英文和訳
	〔2〕	読解	空所補充，内容説明（7 語他），英文和訳
	〔3〕	会話文	空所補充，内容真偽，意見論述（40 語）
	〔4〕	英作文	図表の読み取りに基づくテーマ英作文（100 語）
2020	〔1〕	読解	空所補充，内容説明（40 字），英文和訳，意見論述（40 語）
	〔2〕	読解	空所補充，内容説明（40 字他），英文和訳，本文の後に続くトピック，内容真偽
	〔3〕	会話文	内容説明，同意表現，内容真偽，空所補充，意見論述（40 語）
	〔4〕	英作文	図表の読み取りに基づく意見論述（100 語）

読解英文の主題

年度	番号	主　題	語　数
2024	〔1〕	自然と文化が融合する聖地，ロナール	約 660 語
	〔2〕	研究が明らかにする親切な行為の効果	約 690 語
2023	〔1〕	水泳とその歴史	約 620 語
	〔2〕	イルカの鳴音の研究	約 790 語
2022	〔1〕	加重毛布はより良い睡眠に役立つか	約 760 語
	〔2〕	アクティブ・ラーニングの有用性	約 630 語
2021	〔1〕	科学技術の発展がもたらした問題	約 740 語
	〔2〕	スキューバダイビングが退役軍人にもたらす治療的効果	約 660 語
2020	〔1〕	インターネットが人々の関係に及ぼす影響	約 870 語
	〔2〕	人口動態の変化と世界の歴史	約 610 語

読解力・表現力のバランスのとれた英語力を

01 出題形式は？

〈問題構成〉　大問数は４題で，総合読解問題２題，会話文問題１題，英作文問題１題が続いている。試験時間は 105 分である。

〈解答形式〉　英文和訳，内容説明，内容真偽，空所補充，語句整序，和文英訳，テーマ英作文，意見論述など形式はさまざまだが，記述式が中心。内容説明は字数制限つきとなることが多い。

〈解答用紙〉　Ｂ４判大の冊子になっており，設問ごとに解答欄が設けられている。

02 出題内容はどうか？

①　総合読解問題・会話文問題

論説文中心で，テーマは文化・社会・教育・科学など多岐にわたる。前年発行の雑誌を出典とするなど，最新の話題を取り上げる傾向がみられる。〔1〕〔2〕の総語数は約 1400〜1500 語。年度により増減があるが，〔3〕の会話文を含めると少ない語数ではない。あくまでも精読力が中心ながら，平易な箇所は速読力も求められる。

内容説明，英文和訳，空所補充など定番の出題形式以外に，文整序による段落完成，トピックセンテンスを選ぶ問題など，年度によりさまざまな出題形式がみられる。最近は，文脈を追って読む力を試す問題が増えており，2021〜2024 年度にはトピックセンテンスを選ぶ問題，2024 年度には文章全体の趣旨を説明する文を完成させる問題が出題された。英文和訳は，文構造の難解な文の和訳ではなく，難しい語句などの意味を推測させたり，代名詞などの内容を明らかにして訳させたりすることにより，文脈や論理展開の理解を試すような問題が特徴的である。会話文では，英語による意見論述が出題されているのが特徴である。2020 年度には読解問題〔1〕でも 40 語の意見論述が出題されるなど，英作文のウエートがさらに大きい年度もある。〔3〕〔4〕は例年，設問文がすべて英文となっている。

② 英作文問題

〔4〕では，図表の読み取りに基づくテーマ英作文・意見論述の形式が続いている。2023 年度以前はグラフや表の読み取りの形式であったが，2024 年度は錯視に関する図とそこからわかることを説明する形式であった。また，〔3〕の会話文問題中の意見論述も継続している。その他では，2020 年度には読解問題〔1〕で意見論述が 1 問，2022 年度には読解問題〔1〕と会話文問題に和文英訳が各 1 問，2023 年度にも読解問題〔1〕に和文英訳が 1 問出題されている。近年は基本的なレベルの英作文の出題もあるが，その出来・不出来が明暗を分けることにもなりかねないので十分な対策をしておきたい。図表の読み取りに基づくテーマ英作文・意見論述は広島大学でも例年出題されているので参考になるだろう。

03 難易度は？

内容説明や英文和訳，英作文など，解答に時間がかかる設問が多く，なかには多少難度の高い問題，解答作成が困難な問題も散見されるが，総じて読解力と表現力をバランスよく評価する問題である。時間配分としては，試験時間 105 分で 4 題なので 1 題 25 分程度で解くことになるが，学校の授業を通じて地道に学習をしてきた受験生にとっては取り組みやすいだろう。

01　語彙力の養成

難解な語には日本語や英語の注が付されることもあるが，求められる単語のレベルは全体的に高い。非常に難度の高い語は，それを知らなくとも文脈・前後関係よりだいたいの意味が推測できるようになっているが，そのようなことが多ければ読むスピードは遅くなる。また，場合によっては和訳を求められている箇所にわからない単語があるということもある。逆に，語彙力があれば，使用されている単語から文章の内容をある程度推測することができる。語彙力の増強には，単語集を用いた学習と，実際に英文を読む中でそれを定着させていく学習を並行して行うことが有効である。英作文問題の比率が比較的高いので，単語の意味を覚えるだけでなく，その使い方も例文とともに学習することが望ましい。

02　論理展開の把握を意識した読解問題演習

内容説明問題が大きなウエートを占めている。設問箇所などポイントとなる文に関しては，文構造，特に主部・述部をきちんと確認し，指示語や代名詞，関係詞や分詞などの修飾関係を確実に把握しながら読む精読的な読み方を心がけたい。ただし，内容説明や和訳を求められている英文をみると，必ずしも構文や文法が難解であるわけではなく，むしろ，前後の文脈や論理展開の理解を試すような出題が多いことに気づく。文構造を把握し正確に理解すると同時に，各段落の要点や文章全体の論理展開も意識し，その文が全体の論理の流れの中で何を言っているのかを考えながら文章を読み進めるパラグラフリーディング的な姿勢を忘れてはならない。未知語があっても最初から辞書を使うのではなく，まずは文脈，前後関係より意味を推測する習慣をつけよう。また，英文は長文であるため，直読直解の速読的な読み方ができなければ，肝心な箇所を精読する時間がなくなるおそれがある。文構造や論理展開についての解説が詳しい『大学入試 ぐんぐん読める英語長文』（教学社）や，記述式の対策に特化した『大学入試

英語長文プラス 記述式トレーニング問題集』(旺文社) など，入試レベルの問題集を 1 冊選び，徹底的に取り組むのが効果的である。

03 英作文問題への対応

和文英訳：オーソドックスな和文英訳の形式である。この形式の問題においては，実際に英訳が求められている箇所だけでなく，文脈を参考にして，こなれた日本語を「和文和訳」してから英訳することが求められる。しかしこのようなポイントさえ押さえれば，基本的な英文のパターンが頭に入っていて，日頃から自分で英語を書く練習をしている受験生にとっては，全体的には標準的なレベルの問題であることが多い。

テーマ英作文・意見論述：これまでの和文英訳に代わり，必ず出題される定番となっている。和文英訳と異なるのは，指定された語数で何をどのような構成で書くかを考えなければならないという点である。これを限られた時間で行うためには慣れが必要である。日頃の練習なしには，50 語や 100 語などの指定語数がどのくらいの内容を書ける分量であるかということすらわからない。自分が実際に使える構文や表現（特に最近出題されている図表の読み取りに基づく英作文では，比較や数値の増減に関わるもの）を増やしておかなければならない。もちろん典型的なパラグラフ構成にも習熟しておく必要がある。ただし，適切な語彙・表現・文法を使い正しい英文を書くことが求められる点は和文英訳と同じである。書く内容を日本語でまとめてそれを英語にするという段階を踏むことも多く，そのような場合には思いついた日本語を逐語的に英語に置き換えるのではなく，英訳しやすい日本語に「和文和訳」してから英訳するなど，まさに和文英訳と同じ力が必要となる。

このように考えると，基本的な和文英訳の学習とテーマ英作文や意見論述の練習を並行してバランスよく行っていくという姿勢が望ましい。その際に大切なのは，必ず実際に自分で解答を書いてみることである。それを模範解答と比べ，「こう書けばよいのか」「このようにも書けるのか」という経験を積み重ねることで，日本語に引きずられずに自然な英文が書けるようになる。また，語彙・文法・読解の学習の中で英作文に必要な力も自然と身につくように，英作文の練習は少しでも早い時期から始めておくとよい。『大学入試 すぐ書ける自由英作文』（教学社）なども参考になる。

04 文法・熟語・会話表現

読解力や英作文力の基礎となるのが文法力と熟語・語彙力であり，そのためには英文法の参考書はできるだけ早い時期に１冊仕上げておくことが望ましい。文法力も語彙力同様，文法の参考書を用いた学習と，実際に英文を読む中でそれを定着させていく学習を並行して行うのがよい。総合読解問題の中で出題されている空所補充や語句整序にも，文法力や熟語・語彙力があれば，すぐに正解できるものがある。また，会話文は近年は読解問題に近い形で出されることが多いが，標準レベルの口語表現には習熟しておく必要がある。語彙・熟語・文法とともに会話表現を網羅した問題集を１冊仕上げておくことを勧める。

05 既出問題の研究

和文英訳や内容説明，英文和訳，テーマ英作文，意見論述など，解答に比較的時間のかかる問題に余裕をもって対処するためには，実際に時間を計って過去問を解いてみることで，時間配分の感覚を身につけておくことが必要である。また，出題形式に毎年やや変化があるとはいえ，そのほとんどは過去において出題された形式である。『名古屋大の英語 15 カ年』（教学社）はさまざまな形式に対応する上で貴重な資料となる。

数　学

年度	番号	項　目	内　容
2024	〔1〕	微分法，2次関数，整数の性質	関数の増減と極値，接線の方程式，2次方程式の解の位置，方程式の整数解
	〔2〕	複素数平面	高次方程式の複素数解，複素数平面上の回転，複素数の相等 ⊘図示
	〔3〕	ベクトル	空間座標，平面に下ろした垂線の足，空間における平面上の領域 ⊘証明
	〔4〕	確率，積分法	反復試行の確率，定積分 ⊘証明
2023	〔1〕	複素数平面，2次関数	複素数平面上の円の方程式，解と係数の関係，2次方程式の実数解 ⊘証明・図示
	〔2〕	微・積分法	円の方程式，回転体の体積，関数の最大値，極限
	〔3〕	微分法	関数のグラフ，2つのグラフの共有点の個数 ⊘証明
	〔4〕	式と証明，数列	等式の証明，数列の和，二項定理 ⊘証明
2022	〔1〕	式と証明，微・積分法	整式の割り算，3次方程式の実数解の個数
	〔2〕	確率，整数の性質	サイコロの確率，整数の不等式，互いに素
	〔3〕	複素数平面	2次方程式の複素数解，複素数の極形式，複素数平面上の図形 ⊘図示
	〔4〕	微・積分法，極限	抽象関数に関する定積分と極限 ⊘証明
2021	〔1〕	微・積分法	2つの放物線の共通接線，面積の最大
	〔2〕	対数関数，高次方程式	対数関数の性質，3次方程式の解と係数の関係，3次関数のグラフ ⊘証明
	〔3〕	確率	確率の基本性質
	〔4〕	数と式，数列，図形と方程式	ガウス記号と不等式，軌跡，漸化式の解法 ⊘図示・証明
2020	〔1〕	2次関数，微分法	2次方程式の解の配置，三角形の面積の最小
	〔2〕	整数の性質	不定方程式，素数
	〔3〕	微・積分法	定積分で表された関数，定積分と不等式 ⊘証明
	〔4〕	確率，数列	確率漸化式，3項間漸化式の解法，数列の和と不等式 ⊘証明

出題範囲の変更

2025 年度入試より，数学は新教育課程での実施となります。詳細については，大学から発表される募集要項等で必ずご確認ください（以下は本書編集時点の情報）。

2024 年度（旧教育課程）	2025 年度（新教育課程）
数学Ⅰ・Ⅱ・Ⅲ・A・B（数列，ベクトル）	数学Ⅰ・Ⅱ・Ⅲ・A・B（数列）・C（ベクトル，平面上の曲線と複素数平面）

旧教育課程履修者への経過措置

新教育課程による出題科目とこれに対する旧課程の科目との共通内容を出題する等の配慮を行うが，特別な経過措置は取らない。

論証力・計算力の養成が不可欠 全分野にわたる偏りのない学習を

01 出題形式は？

〈問題構成〉 試験時間は 150 分，大問数は 4 題である。

〈解答形式〉 全問記述式である。

〈解答用紙〉 問題用紙とは別に，解答用紙は大問 1 題につきＢ４判大の用紙 1 枚があり，解答スペースは十分ある。問題用紙の余白は草稿用に使用してよい。

〈特記事項〉 例年，文系・理系共通の数学公式集が配付され，答案作成にあたって利用してよいと指示されている。

02 出題内容はどうか？

〈頻出項目〉

- 微・積分法は必出であり，2020・2022・2023 年度は 2 題ずつ出題された。
- 確率は，2023 年度は出題されなかったが，それ以外の年度は毎年出題されており，融合問題が目につく。2020 年度は漸化式，2022 年度は整数の性質，2024 年度は定積分との融合問題であった。また，2021 年度の確率の問題は，読解力を要する出題であった。 ☞対策 05
- 融合問題によってできるだけ多くの項目から出題しようとする意図がう

かがえるので，全分野を満遍なく学習しておきたい。 ☞対策 01・05

〈問題の内容〉

- 2020 年度〔４〕，2023 年度〔２〕のように，かなり高度な計算力を必要とする問題が含まれることがある。 ☞対策 03
- 証明問題はよく出題されており，論理的にしっかりした答案を要求する姿勢がうかがえる。 ☞対策 04
- 例年融合問題が多く，すべての項目からバランスよく出題されている。

　１題当たり 40 分弱で，時間的には余裕があることが多い。１つのミスの影響が大きいので，不得意項目をなくすことが合格への大前提である。 ☞対策 01・05

03 難易度は？

〈全体的な難易度〉

2020 年度までは，論証力を問う問題，計算力を要求する問題が中心で，かなりレベルの高い出題が続いていた。単に難しいというだけでなく，数学的センスを問われるような出題もあり，受験生にはかなり難しく感じられただろう。2021 年度は少し易しくなった印象があったが，2022 年度は易しめの問題から難しい問題までみられ，全体として難易の傾斜のある出題となった。そして，2023・2024 年度は，2020 年度までのレベルの高い問題の傾向に戻ってきた。論証力・計算力ともに要求されている。

〈過去の難問題〉

2020 年度〔２〕〔４〕，2021 年度〔４〕，2023 年度〔２〕〔４〕，2024 年度〔２〕〔４〕のように，数学的思考力・論証力を要する難問が例年出題されている。 ☞対策 02

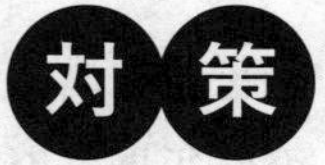

01 基本事項の徹底学習

基礎学力の充実がなければ解けない，よく練られた良問ばかりである。

入試でよく用いられる定理や公式は，ただ覚えるのではなく，いつでも自由に使えるようにしておく必要がある（公式集は例年配布されている）。さらに，単に解法パターンを身につけただけでは歯が立たないような出題もあるので，参考書の頻出問題などを繰り返し学習した上で，演習などを通じて，問題に対する読解力，構想力，そして思考力，計算力をつけていかなければならない。

02 柔軟な思考力の養成

例年，高度な数学的思考力を要求する問題が出題されている。また，そのほかにもクリアしなければならないハードルのある，よく練られた出題が多くあるので，レベルの高い入試問題に腰をすえて取り組み，解法の糸口をみつけて解答を出すまで粘り抜く学習を心がけたい。過去の問題をベースにした問題もよくみられるので，本書でしっかり取り組んでおきたい。時には，いろいろな解法を試みて，１題に数時間をかけてみるのも決して無駄ではない。その過程で多くのことを学ぶことができ，柔軟な思考力も身につくものである。

03 計算力の養成

かなり高度な計算力を要するものが例年含まれている。日頃から，答えが出るまで粘り強く計算する習慣をつけておこう。また，参考書の模範解答などをみて，ある程度の工夫をして計算の簡略化をはかる方法もしっかり身につけておくとよい。単に計算というだけでなく，どの文字についての関数か，どの文字について微分するのかというような，数学の本質的内容に関わるような判断力も身につけておきたい。

04 答案作成の練習

証明問題がよく出題されていること，大問１題につきＢ４判大の解答用紙が与えられていることなどからも，論理のしっかりした答案を書かせようとする姿勢がうかがえる。これは一朝一夕に身につくものではないので，日頃から練習を積んでおく必要がある。計算過程をだらだらと書くのではなく，仮定や条件の表し方に工夫をし，式の羅列ではなく，適宜文章を補って読みやすい答案をつくるよう心がけたい。特に，証明問題での答案の書き方は独りよがりなものになりがちであるので，担当の先生の添削指導などを受けるのが効果的である。

05 不得意項目の征服

標準的な問題は確実に解けなければ合格は難しい。まったく手のつけられない（部分点も得られない）項目があると，試験時間が長いことから非常に不利である。また，融合問題が多く，全分野から出題しようという意図が表れているので，全項目の標準的な問題を満遍なく学習し，不得意項目をなくすことが何よりも大切である。この観点からも 01 の学習が不可欠であるといえる。さらに，『名古屋大の理系数学 15 カ年』（教学社）を利用して，演習を重ねるとよい。

名古屋大「数学」におすすめの参考書

- ✓『名古屋大の理系数学 15 カ年』（教学社）
- ✓『大学入試 最短でマスターする数学Ⅰ・Ⅱ・Ⅲ・A・B・C』（教学社）
- ✓『大学入試 突破力を鍛える最難関の数学』（教学社）

物　理

年度	番号	項　目	内　容
2024	〔1〕	力　　学	物体が液体から受ける浮力および抵抗力とそれらの反作用のはたらき
	〔2〕	電 磁 気	誘導起電力を電源としたコンデンサーおよびコイルを含む回路
	〔3〕	波　　動	凸レンズによる像のでき方，特殊なプリズムを用いた光の干渉実験
2023	〔1〕	力　　学	ばねでつながれた２つの小球の水平面上での運動
	〔2〕	電 磁 気	コンデンサーを含む回路，電気振動，整流回路
	〔3〕	熱 力 学	定積変化と定圧変化，p-T グラフ，与えた熱量と気体の膨張の関係 ⊘描図
2022	〔1〕	力　　学	２つの小球が空中で衝突する条件，衝突と力学的エネルギーの減少
	〔2〕	電 磁 気	電場・磁場中での荷電粒子の運動，軌道の半径への質量の影響 ⊘描図
	〔3〕	熱 力 学	気球にはたらく浮力，定圧変化，水蒸気の潜熱，断熱変化とポアソンの法則
2021	〔1〕	力　　学	単振り子とその応用
	〔2〕	電 磁 気	３つの平行な金属板で構成された可変コンデンサー
	〔3〕	波　　動	薄膜の多重層，階段状の表面をもつガラス板の回折格子的な機能
2020	〔1〕	力　　学	フックの法則，力のモーメント，ばね振り子，力学的エネルギー保存
	〔2〕	電 磁 気	磁場中を動く正方形コイル，電磁力，電磁誘導，棒磁石に働く磁気力
	〔3〕	波　　動	正方形の頂点・碁盤縞の交点に配置された波源から出た波の干渉

応用力，柔軟な思考力もみる 近似式や数学的処理に慣れよう

01 出題形式は？

〈問題構成〉　各学部全問共通問題で，大問数は例年３題である。試験時間は，情報（コンピュータ科）・理・医・工・農学部は理科２科目で150分，情報（自然情報）学部は１科目で75分となっている。

〈解答形式〉　各大問は内容的に関連した複数の小問に分かれていることが多い。なお，空所補充形式であっても計算過程が求められる場合もある。また，描図問題も2022・2023年度に出題があった。過去には証明問題や，数式と文章で説明する論述問題が出題されたこともある。

〈解答用紙〉　大問１題につきＢ４判大の用紙が１枚で，解答欄の他に計算・説明の枠が設けられている場合がある。

02 出題内容はどうか？

出題範囲は「物理基礎・物理」である。

〈頻出項目〉

- 交流回路，レンズなどを含めてあらゆる分野から出題されているが，力学の総合問題や電磁気の問題は毎年出題されている。
- 電磁気では電磁誘導，電磁力に関する出題が多い。2023年度は半導体ダイオードが入った回路・電気振動，2020年度は電磁力・電磁誘導・磁石に働く磁気力，2024年度は誘導起電力を電源とした交流回路，2021年度は平行板コンデンサー，2022年度はローレンツ力が出題されている。
- 熱力学，波動からの出題は毎年ではないが，熱力学は2022・2023年度に，波動は2020・2021・2024年度に出題されている。

〈問題の内容〉

- エネルギー保存則を使った考察を要するものがよく出題されている。2020年度〔１〕〔２〕，2021年度〔２〕〔３〕，2022年度〔１〕，2023年度〔１〕〔２〕，2024年度〔２〕はその例である。☞対策 03

- 2020 年度〔1〕, 2021 年度〔2〕, 2022 年度〔3〕, 2023 年度〔3〕, 2024 年度〔3〕のように, 実験装置などの状況設定が複雑なものが出題されることもあり, ある程度の応用力を必要とする。 ☞対策 03 04
- 近似計算などの数学的処理が必要な出題もある。 ☞対策 05
- 描図問題が 2022・2023 年度に出題された。 ☞対策 06

03 難易度は？

年度によっては状況設定がやや複雑であったり, 計算量がやや多いもの, 数学的な取り扱いを要するものがあるなど, 部分的には標準問題とはいえない問題もある。時間配分としては, 1題あたり 25 分程度で解くことになる。解きにくい問題に時間をとられすぎて見直しの時間がなくなることのないよう, 注意する必要がある。

2020 年度〔3〕, 2021 年度〔3〕, 2022 年度〔3〕, 2023 年度〔1〕, 2024 年度〔3〕は興味深い問題であり, 小問や問題文での誘導がなければかなり難しい問題といえる。

対策

01 基本事項をマスター

出題は全分野にわたっており, 近年は原子からの出題がみられないが, 今後も出題されないとは限らない。また, 融合問題も多い。まずは, もれなく全分野にわたって基本事項を完全にマスターしておかなければならない。『大学入試 ちゃんと身につく物理』(教学社) など, 解説の詳しい参考書を用いて基本事項を習得しておこう。

02 解答時間不足に注意

問題文が長いことも多く, 分量が多いので手際よく処理することが求められる。問題の設定を早く正確に読み取る訓練を積んでおくこと。

03 高度な設問に対する準備を

特別な難問は出題されていないが，やや複雑な状況設定や部分的に高度な設問もある。基礎的問題の演習だけでは不十分であり，標準的な入試問題に数多く当たって応用力をつけておくとよい。名古屋大学の問題は質的にも優れているので，『名古屋大の物理 15 カ年』（教学社）などで過去問の演習にも本腰を入れ，十分に理解するように心がけることがきわめて有効である。また，『体系物理』や『大学入試 もっと身につく物理問題集』（ともに教学社）などで，解答を簡潔にまとめる練習をあわせて行っておくとよい。

04 実験的・技術的なものに興味・関心を

実験装置や技術分野への応用といった題材のものが多く含まれている。日頃から教科書・新聞・雑誌にある実験的・技術的事柄の解説に親しんでおきたい。また，過去問などを調べ，実際の電気装置を等価回路に置き換える練習をしておくとよい（2021 年度〔2〕など）。

05 数学的処理に慣れる

数学的処理が必要な設問もある。どれも数学としては決して難しいレベルではないが，物理の問題の中でそれを手際よく応用できるかということが試されている。数学の勉強においては実際的な応用を心がけ，物理の勉強の場面でも数学的処理を試みることが大切である。2022 年度〔3〕などで数学的センスが重視されている。また，詳しい計算をせずに定性的に答える問題が出題された年度もある。一般にそのような問題は増加傾向にあるので，過去の出題例など該当する問題に当たって，どのように近似や大まかな議論が用いられるのかをよく理解し，そのような考え方や処理法を活用できるようにしておくとよい。2020 年度〔3〕，2021 年度〔1〕，2022 年度〔1〕，2023 年度〔1〕〔2〕〔3〕，2024 年度〔1〕〔2〕〔3〕のグラフを選ぶ設問はその例である。

06 描図の練習を

描図問題が 2022・2023 年度に出題されている。過去には，グラフや図形，電荷分布，放物体の軌跡，力の図示といったものの描図問題がよく出題されていた。複雑なものはないが，教科書に出てくる図やグラフの意味をすべてよく理解しておくなど，日頃からそのような観点を意識してセンスを養っておこう。

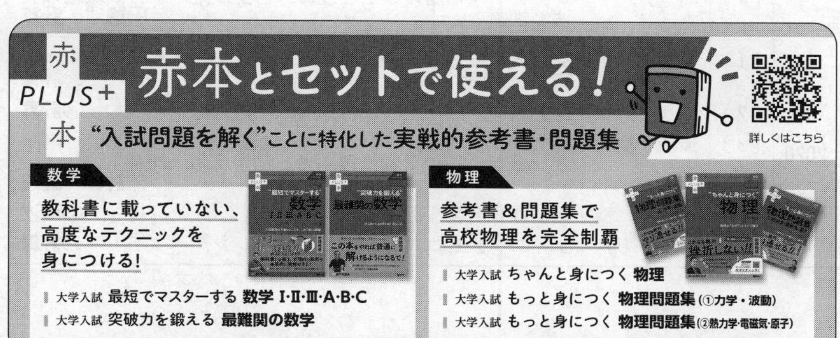

化　学

年度	番号	項　目	内　容
2024	〔1〕	構造・状態	水の状態図と状態変化，硫黄の同素体の変化と性質，硫黄の溶液の凝固点降下（40字） ⊘論述・計算
	〔2〕	理論・無機	NH_3の合成，CH_4の改質，尿素の合成と窒素の性質 ⊘計算
	〔3〕	有機･高分子	アルキンの性質と反応，アミノ酸の鏡像異性体とジアステレオ異性体，環状ペプチド（40字） ⊘計算・論述
2023	〔1〕	構造・状態	分子の構造，分子間力，飽和蒸気圧，溶液の調製，気体の水に対する溶解度（50字） ⊘計算・論述
	〔2〕	理論・無機	電子軌道，遷移元素の性質，錯イオン，溶解度積・錯イオンの溶解平衡 ⊘計算
	〔3〕	有機･高分子	芳香族化合物の構造決定，メソ体を含む立体異性体，合成高分子化合物 ⊘計算
2022	〔1〕	変化・状態	気相平衡，反応速度，アレニウスの式，中和滴定，電離平衡 ⊘計算
	〔2〕	理論・無機	14族元素とその化合物の性質，結晶格子，結合エネルギーの計算，マグネシウムの性質，マグネシウム空気電池，電気分解（45字） ⊘計算・論述
	〔3〕	有機･高分子	鎖状炭化水素の構造決定，陽イオン交換樹脂，ペプチドの構造決定 ⊘論述
2021	〔1〕	状　態	浸透圧，凝固点降下 ⊘計算
	〔2〕	無機・理論	鉄・アルミニウムとその化合物の性質，結晶格子の構造変化，遷移金属の性質，テルミット反応の反応熱 ⊘計算
	〔3〕	有　機	芳香族エステルの構造決定
	〔4〕	高分子	フェノール樹脂の製法と性質，再生繊維・半合成繊維の製法と性質 ⊘論述・計算
2020	〔1〕	構造・無機	ケイ素の単体と化合物の性質，ケイ素の結晶格子，モルの新しい定義 ⊘計算
	〔2〕	変　化	酸化還元，熱化学，反応速度，平衡定数 ⊘計算
	〔3〕	無機・変化	11族元素の性質，硫化水素の電離平衡，溶解度積，陽イオン分析，銅の電解精錬，光と化学反応（20字） ⊘計算・論述
	〔4〕	有　機	脂肪族化合物，芳香族化合物 ⊘論述
	〔5〕	高分子･状態	ナイロン，ビニロン，ポリイソプレン，ペプチド ⊘計算

標準的な中に思考力を試す問題が点在
論述・計算・構造決定問題で応用力が問われる

01 出題形式は？

〈問題構成〉 出題数は2020年度までは大問5題であったが，2021年度は4題，2022～2024年度は3題になった。各大問は，問1・問2の中問に分かれることがある。試験時間は，情報（コンピュータ科）・理・医・工・農学部は理科2科目で150分，情報（自然情報）学部は1科目で75分。

〈解答形式〉 記述・計算・論述・描図・選択式と，さまざまな形式で出題されている。論述問題は20～50字程度のものが中心である。計算問題では導出過程の記述が必要なものが出題されることが多いが，2024年度は出題されなかった。

〈解答用紙〉 大問1題につきＢ４判大の用紙が1，2枚で，記述量に見合った枠が設問ごとに用意されており，字数制限のある論述法では指定字数分のマス目が設けられている。

02 出題内容はどうか？

出題範囲は「化学基礎・化学」である。

〈概観〉 例年，理論と有機が出題の中心である。無機は理論と組み合わせて取り上げられる場合が多い。また，実験に関する内容が盛り込まれて出題されることもある。
☞対策 01

〈理論分野〉 内容も形式も幅広く出題されており，複雑な計算問題，グラフの描図問題もみられる。2022年度は教科書の発展学習に記載のあるアレニウスの式，2023年度は錯イオンの生成に関する平衡の問題，2024年度は硫黄の状態図の問題が出題された。また，2020年度の計算問題では設定が煩雑な出題もあった。
☞対策 02

〈無機分野〉 単独の出題は比較的少ないが，無機分野を中心とする大問もみられる。他の大学の入試ではあまりみかけない物質や実験装置が取り上げられることもある。気体の製法・性質，各種金属の性質，塩の同定，イオン反応，酸化物の性質などが出題されている。
☞対策 03

〈有機分野〉　例年大問１，２題が出題されている。設問の半分程度は官能基の性質・反応，分子構造と異性体，化合物の推定といった基礎知識が問われる問題で，残りの半分は天然・合成高分子化合物を含めた応用力が問われる問題が多い。2021 年度はレゾール，ノボラックの細かい知識やビスコースレーヨンの合成，2022 年度はエンジインの反応やキュバン，2023 年度は合成高分子化合物の細かい知識，メソ体の構造，2024 年度はアミノ酸の立体異性体に関する出題がみられた。　☞対策 04

〈実験〉　器具の取り扱い，装置の組み立て，滴定（中和・酸化還元），操作・実験に伴う理論，気体の製法，イオンの分離と確認，塩の識別，物質の検出と確認法など，広い範囲から出題される。　☞対策 05

〈論述〉　化学現象の理論的考察，物質の構造と性質，実験法や実験結果の予測・考察などがよく扱われる。　☞対策 06

03　難易度は？

全体的には，教科書レベルの内容が多いが，教科書の発展学習の内容，理論の計算や有機の一部で難しい問題がみられる。基本的な内容を押さえた上での考える力が要求される。また，他の大学ではみられない，受験生にとって手のつけにくい設問が出されることもよくあり，全体的にみて，例年，標準レベル以上の難易度であるとの認識が必要である。

年度によって大問数に差があるが，全体としての分量はほぼ同じである。時間的な余裕はあまりないと思われるので，手間がかかる問題は後回しにして，取り組みやすい問題から手早く解いていく必要がある。

対　策

01　概　観

教科書を中心に全範囲を満遍なく反復学習し，さらに入試用の問題集を使って練習問題に数多く当たり，幅広く確実な知識を身につける必要がある。また，導出過程を書かせる計算問題が出題されることも多いので，対策をしておこう。

02 理　論

① 多くの問題集に載っているような典型的・古典的な問題，状態図など，理解を伴う図に関する問題に関しては，十分に演習を重ねて理解を深め，確実に解けるようにしておく。

② 原子の構造・化学結合・気体の法則・溶液の理論・化学反応と熱・酸と塩基・酸化還元反応・電気化学は量的関係の計算問題も含めて十分に練習しておくこと。

③ 特に反応速度，化学平衡，電離定数の応用などは，やや難度の高い問題集で，計算例を数多くこなしておくことが必要である。

03 無　機

① 気体の製法・性質，沈殿反応，錯イオン生成反応，酸化物の性質は実験法とあわせて整理し，確実に暗記する。

② 教科書に載っている工業的製法も含めて，化学反応式は確実に書けるようにしておく。

04 有　機

① 異性体に関する問題は，繰り返し演習を行っておくこと。また，異性体の構造式は実際に数多く書いてみる。

② 代表的な化合物について，その構造・反応・性質を官能基の特性と関連づけて整理・理解し，確実に暗記する。

③ 合成高分子化合物について，製法や性質などの細かい知識やそれに伴う説明を求められることもあるので，対応できるようにしておきたい。

④ 教科書を繰り返し読んで知識を正確なものにし，複雑な構造式も書けるようにしておくこと。また，機能高分子のようなトピックス的に扱われている物質についても，資料集などを利用して確認しておこう。

⑤ 構造決定の問題を数多く解き，応用力や化学構造を推論する思考力を

養うこと。

05 実 験

① 気体発生や滴定の方法，器具の形や名称，さらに取り扱い上の注意点をまとめ，器具・装置の略図を描けるようにしておく。
② 実体験が解答内容におおいに反映されるため，実験実習には予習をして積極的に取り組むことが大切である。レポート作成によって十分な考察をすることにより，理解が深まり，論述の力も養われる。

06 論 述

簡潔な表現の手本は教科書である。教科書を普段から注意深く読み，化学実験の操作や現象とその理由，用語の説明など，ポイントを押さえて簡潔にまとめる練習をしておくことが重要である。とにかく，常日頃から自分の言葉で書く訓練をしておくこと。

生　物

年度	番号	項　目	内　容
2024	〔1〕	遺伝情報，進化・系統	遺伝子組換えと抗生物質耐性　⊘論述
	〔2〕	遺伝情報，細胞	シグナル伝達と遺伝子のはたらき　⊘論述
	〔3〕	植物の反応，遺伝情報	葉肉細胞の管状要素への分化　⊘描図・論述
	〔4〕	生態	生態系の種間関係　⊘論述
2023	〔1〕	進化・系統，遺伝情報	現生人類のゲノムの成り立ち　⊘計算・論述
	〔2〕	動物の反応，遺伝情報	線虫の化学走性　⊘計算
	〔3〕	植物の反応，細胞	光の受容と果実や塊茎の形成　⊘論述
	〔4〕	代謝	代謝の経路と生成物の相互関係　⊘論述
2022	〔1〕	遺伝情報	植物の遺伝子発現と PTR 比　⊘計算・論述
	〔2〕	生殖・発生，遺伝情報	チャボの遺伝子の同定と細胞の致死　⊘計算・論述
	〔3〕	体内環境，植物の反応	ホルモンと種子の発芽　⊘論述
	〔4〕	体内環境	抗体分子の結合性と糖鎖　⊘論述
2021	〔1〕	総合	血液型と遺伝性免疫不全症　⊘計算・論述
	〔2〕	植物の反応，遺伝情報	植物ホルモンと遺伝子のはたらき　⊘論述
	〔3〕	細胞，植物の反応	カスパリー線と密着結合の形成　⊘論述
	〔4〕	遺伝，生殖・発生	マングローブキリフィッシュの遺伝　⊘計算・描図・論述
2020	〔1〕	細胞，進化・系統	生物の分類と細胞骨格の形成　⊘論述
	〔2〕	動物の反応	神経系のはたらき　⊘論述
	〔3〕	総合	植物の同化と陸上進出　⊘論述
	〔4〕	生殖・発生	両生類や魚類の発生のしくみ　⊘論述

関連事項を絡めた総合問題に注意

01 出題形式は？

〈問題構成〉　各学部共通問題で，大問数は例年4題である。試験時間は，情報（コンピュータ科）・理・医・農学部は理科2科目で150分，情報（自然情報）学部は1科目で75分となっている。

〈解答形式〉　用語の空所補充や論述が中心である。論述は，字数制限がなく解答欄の枠内で答えるものである。計算問題は，生殖・発生の分野を中心によく出題されている。また，年度によっては描図問題も出題されている。

〈解答用紙〉　大問1題につきB4判大の用紙が1枚で，解答欄や論述の枠が与えられている。

02 出題内容はどうか？

出題範囲は「生物基礎・生物」である。

例年，遺伝情報，体内環境，動物・植物の反応，生殖・発生などが出題の中心であるが，1つの大問が複数の分野からなる総合的な問題であることも多い。生態，進化・系統の分野からの出題もみられる。また，遺伝情報の分野ではGFP遺伝子など最新の分野からの出題が多い。近年は考察力を問う問題が数多く出題されるようになってきており，思考力重視の傾向がみられる。

03 難易度は？

空所補充問題は年度によって十分な考察を要するものがあり，論述問題は時間内に的確に表現できる文章力が必要である。時間配分としては，1題を15〜20分程度で解くことになる。選択・記述問題を手早く解き，論述・計算問題に時間をかけたい。

01 基礎固め

考察力を要する難しい問題もあるが，やはりまずは教科書レベルの知識を確実にし，それを十分に使いこなせるようになりたい。そのためには問題演習が必須である。基礎レベルの問題集を１冊仕上げること。教科書傍用問題集でよい。間違えた問題は必ず復習し，特に苦手分野に関しては，知識の抜けがないようしっかり復習し，多くの問題に当たっておきたい。

02 論述の練習

論述問題の解答にあたっては，問題文をよく読み，設問の意図をつかむこと。論述問題がいくつかの小問から成り立っている場合は，小問の個別性をとらえ，内容の重複はできるだけ避けるようにしたい。時間的な余裕はあまりないと思われるので，短時間で必要なことをまとめる訓練が重要である。対策としては，過去問を中心にさまざまな論述問題に挑戦し，うまく論述できなかった場合は，解答例や教科書を参考にして，その表現をまねていくことが大切である。地道な作業だが，これを繰り返していくことで論述力は身についていく。

03 体系的な理解

生物の体系的な理解を問うもの，つまり，複数の分野を集めて１題の大問にした総合問題が多く出題されている。したがって，各分野もれなく学習すると同時に，断片的な暗記ではなく，分野間の相互関係を理解した上で生物学的な意義などを総合的に把握し，それらを的確に記述できるようにしておくことが重要である。余裕があれば，『生物 標準問題精講』（旺文社）などで演習するとよいだろう。

04 過去問研究

早い時期に過去問に挑戦して，出題形式や苦手分野を把握したり，時間配分の感覚を身につけたりすることが大切である。苦手分野は問題集に戻って克服し，得意分野や頻出分野は資料集などで幅広い知識を得るなど，過去問から実戦的な対策を立てよう。

地　学

年度	番号	項　目	内　容
2024	〔1〕	地質・地史	地質図の読図，岩石・鉱物，堆積構造，地球の歴史（120字） ⊘論述
	〔2〕	地　球	地震波速度（50字） ⊘論述・計算
	〔3〕	大気，海洋	大気の大循環，水の循環（20・50・60字） ⊘論述
	〔4〕	宇　宙	天体までの距離，恒星の進化，太陽，ケプラーの法則（40・60・100・120字） ⊘論述・計算
2023	〔1〕	地質・地史	地質図の読図，火成岩，示準化石 ⊘計算
	〔2〕	地　球	重力異常，マグマの発生，波（30・40字，60字2問） ⊘論述・計算
	〔3〕	大気，海洋	大気圏の構造，海洋の構造，海水の塩分（50・70・90字他） ⊘論述・計算
	〔4〕	宇　宙	太陽系の天体，ケプラーの法則（30字2問） ⊘論述・計算
2022	〔1〕	地　史	地質時代区分，地球大気の変化，生物進化（40字2問） ⊘論述
	〔2〕	地　球	地磁気，海洋底拡大説，ダイナモ理論（50・100字） ⊘計算・描図・論述
	〔3〕	大気，海洋	大気圏の構造，海洋の構造，エネルギー収支，大気大循環（50・70字） ⊘論述・計算
	〔4〕	宇　宙	宇宙の進化，恒星，惑星の運動（60字他） ⊘論述・計算
2021	〔1〕	地　史	地球表層環境の変遷，生物進化，地球大気の変化（60・70字） ⊘論述
	〔2〕	地　球	プレートの性質，プレートの運動，アイソスタシー（15・50・70字） ⊘論述・計算
	〔3〕	大　気	フェーン現象，降水のしくみ，温室効果（50・70字） ⊘計算・論述
	〔4〕	宇　宙	HR図，恒星の明るさと距離，シュテファン・ボルツマンの法則 ⊘計算
2020	〔1〕	地質・地史	地質断面図の読図，走向・傾斜，地球の歴史（50字） ⊘論述
	〔2〕	地　球	地球の概観，地球の内部，重力 ⊘計算
	〔3〕	大気，海洋	水循環，エルニーニョ現象（60字） ⊘計算・論述
	〔4〕	宇　宙	連星，ケプラーの法則 ⊘計算

標準的な問題が中心
論述問題が多く，計算問題も必出

01 出題形式は？

〈問題構成〉 出題数は例年大問４題である。試験時間は，情報（コンピュータ科）・理学部が理科２科目で150分，情報（自然情報）学部が１科目で75分となっている。
〈解答形式〉 論述・計算・記述・選択・描図など多彩である。例年，論述問題の占める比率が大きく，描図を伴う論述問題も出題されることがある。計算過程を記述する計算問題も例年出題されている。
〈解答用紙〉 大問１題につきＢ４判大の用紙が１枚，もしくは２枚用意され，解答スペースは十分ある。

02 出題内容はどうか？

出題範囲は「地学基礎・地学」である。

地質・地史，地球，大気，海洋，宇宙の分野を中心にバランスよく出題されている。描図問題は，教科書などに掲載されている基礎的な図についての理解を問う問題が出題される。計算問題は，重要な法則・公式などの理解が必要である。

03 難易度は？

全般的には標準的な問題である。教科書の内容に即した基本的な内容が主であるが，手のかかる計算問題や描図問題も出題され，論述問題の量も少なくない。時間配分としては，１題につき約15～20分で解答することになる。字数が多く，解答作成に時間のかかる論述問題では，問題文をよく読み，答えるべきテーマをつかんだら手早く取りかかろう。

01 基礎知識の充実

教科書の基礎事項（地学用語，図，グラフなど）の理解を確実にすることが重要である。論述問題に備えて，地学用語の意味をよく理解し，地学現象について簡潔に説明できるように普段から心がけておこう。また，地学に関連するニュース（自然災害，環境問題，新たな発見など）にも注意しておきたい。分野をまたいだテーマの論述にも対応できるように，分野間の関連に注目しておくことも重要である。

02 描図問題

各分野とも教科書などに掲載されている図をよく見て，「視覚を通じて覚える」ことが大切である。問題集や過去問の描図問題などは，模範解答を見て理解したつもりにならず，自分で実際に図を描き，理論的な整合性を満たす図を完成させる練習をしておくこと。地質図については，過去問などで練習して読図の技能を身につけておかなければならない。

03 計算問題

重要な法則や公式，基本的な計算については確実に理解しておくことが必要である。標準的な問題に当たって練習しておくとよいだろう。手のかかる計算問題も出題されるので，計算は普段から電卓に頼らず自力で解くように心がけよう。桁数の大きい値の計算や，単位の換算にも注意すること。

04 分野別対策

以下の点について理解を深めておこう。

地球：地球の構造，地震，地殻変動，プレートテクトニクス，地球物理分

野（重力，地磁気，地殻熱流量など），マグマの発生・結晶分化作用

岩石・鉱物：各岩石の特徴・相違点・でき方，変成作用

地質・地史：地質図の読図・作成，化石，地球の歴史

大気・海洋：大気圏の構造，海洋の構造，大気・海水の運動，エネルギー収支，雲と雨，天気図，温暖化，大気と海洋の相互作用

宇宙：太陽系，太陽，恒星，銀河，宇宙の進化

国語

年度	番号	種　類	類別	内　容	出　典
2024	〔1〕	現代文	評論	書き取り，読み，内容説明（40・50・90・120字），内容真偽	「増えるものたちの進化生物学」市橋伯一
2023	〔1〕	現代文	評論	読み，書き取り，内容説明（50・130字，100字2問），内容真偽	「1人称単数の哲学」八木雄二
2022	〔1〕	現代文	評論	書き取り，読み，空所補充，内容説明（50字2問，100字2問他），箇所指摘	「交わらないリズム」村上靖彦
2021	〔1〕	現代文	評論	読み，書き取り，内容説明（45・80字，110字2問），空所補充	「ウェルビーイングの見取り図」安藤英由樹，渡邊淳司
2020	〔1〕	現代文	評論	書き取り，読み，箇所指摘，内容説明（60字2問，70・120字他）	「歴史にこだわる社会学」犬飼裕一
	〔2〕	古　文	日記	文法，口語訳，内容説明，和歌解釈	「和泉式部日記」
	〔3〕	漢　文	文章	読み，口語訳，内容説明，書き下し文，要約・内容説明（150字）	「斉東野語」周密

（注）　2020年度：理学部は〔1〕を，医（医）学部は〔1〕～〔3〕を解答。

読解力・要約力・表現力の鍛錬を幅広い国語の力が必要

01　出題形式は？

〈問題構成〉　2021年度から，医（医）学部の出題範囲が「国語総合・現代文B（古文・漢文を除く）」となった。また，2021年度から医（保健）学部，2022年度からは農学部でも国語が課されるようになった。理・医・農学部とも，現代文1題のみの出題で試験時間45分となっている。

〈解答形式〉　設問に選択式が1問含まれているが，そのほかは記述式である。記述式問題には漢字の読み・書き取りや箇所指摘もあるが，内容要約的な説明問題がほとんどである。字数制限のついたものが多く，記述量は多い。

〈解答用紙〉　Ｂ４判大の用紙が１枚で，適切な枠やマス目が与えられている。

なお，2025 年度は医学部医学科・理学部で「国語」が課されなくなる予定である（本書編集時点）。

02　出題内容はどうか？

例年，評論が出題されている。過去１～２年以内に出版・発表された文章からの出題が多く，ジャンルは社会論・文化論などで，現代の問題に関わるものが多い。

段落ないし全体の内容理解を問う説明問題が中心であり，典型的な国公立大学二次試験型の問題といえる。漢字の読み・書き取りも毎年出題され，そのほかに空所補充や箇所指摘，選択問題などが加わる。

03　難易度は？

文章量・解答の記述量が多い。加えて全体の内容理解を前提として解答させる問題や，作品の背景を知らないと読みづらい文章もよくみられ，難度の高い問題である。

試験時間 45 分に対して，記述量の多さがネックとなる。

対策

01　長めの論理的文章の読解

『現代文と格闘する 三訂版』（河合出版）などの問題集を利用し，言語・哲学・社会など文化全般の評論文の読解に重点をおき，読解力を鍛えておきたい。また，最近話題となった事柄，現代日本論・現代社会論・人間論・文明論に関する新しい著作からの出題も多い。話題になった評論は必ず読むようにするなど日頃から読書に親しみ，問題意識を高めておきたい。

文章を読む際には 100～300 字程度での要約を心がけたい。各段落の要点をまとめ，段落の関係・展開・構成を確かめ，全体を要約する練習をしてみると効果的である。これは評論文学習の基本的な方法であり，共通テストの現代文はおもにこうした力を問うている。文章全体やまとまった部分の要点の理解を求めることが多い国公立大学二次試験型の問題には特に必要な対策である。また，豊富にある共通テストやセンター試験の過去問を解く際に，選択肢を見る前にまず自分で解答を作ってみるよう心がけるのもよい対策となる。

02 ポイントを外さずに記述する練習

説明問題は，何を説明したらよいのか，出題者の意図を汲み取ってポイントを外さずに答えることが大切である。解答のポイントを決めたら，余分なものは捨て，表現のつながりに気をつけ，ポイントがはっきりする文章を組み立てよう。そのためには，面倒がらずにとにかく時間を十分かけて「文章を書く」練習をする必要がある。

03 知識問題

漢字の読みや書き取りなどは必出である。『新版完全征服 頻出 入試漢字コア 2800 改訂版』（桐原書店）などの問題集を使って幅広く学習しておこう。読み，書き取りだけでなく，四字熟語，慣用句・故事成語なども含めた問題集などで練習しておきたい。

04 表現力

字数制限つきの説明や要約問題が多いので，設問の条件に合致した適切な表現にまとめ上げる練習を積むこと。名古屋大学のみならず，他の国公立大学の問題も教材にして，キーワードのつかみ方，文章の組み立て方，結び方など，実戦的な演習を十分に積み重ねたい。解答のポイントを決定したら，指定された字数に収まるようにまとめ直し，ポイントがはっきりとわかるように推敲を重ねよう。また，誤字・脱字，表現の係り受けなど，文の正確さも必ずチェックしよう。自分ではよいと思っていても，実はきちんと書けていないこともあるので，先生に答案を添削してもらうことも大切である。

名古屋大「国語」におすすめの参考書

- ✓『現代文と格闘する 三訂版』（河合出版）
- ✓『新版完全征服 頻出 入試漢字コア 2800 改訂版』（桐原書店）

2024年度

解答編

前期日程

解答編

英語

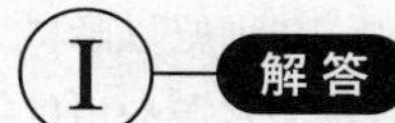

1 —(C)

2. Ⅰ—(E)　Ⅱ—(F)　Ⅲ—(C)　Ⅳ—(G)

3. (あ)—(C)　(い)—(A)　(う)—(B)　(え)—(E)

4. ①—(H)　②—(F)　③—(G)　④—(A)　⑤—(E)

5. ヴィシュヌ神が暮らしを乱す悪魔を打ち負かした際の大異変の結果，できた。(25字から35字)

6. 全訳下線部(2)参照。

全訳

《自然と文化が融合する聖地，ロナール》

1　特異な地形や自然現象が神性と結びつけられ，称えられている場所が世界には数多くある。インドでは，ロナールと呼ばれる世界最大級の地球衝突クレーターが聖地とされ，そこはいくつかの寺院が集まっている。この場所で見られるのは，クレーター形成という自然の歴史と，それを人間がどのように認識してきたかという文化の歴史である。

2　地質学的な変化は，数万年，時には数百万年かけて進行することが多い。更新世は約258万年前から1万1700年前まで続いた地質時代で，隕石衝突の衝撃により，ロナールで地表に大きな陥没が生じたのはこの時期である。ロナールには世界でも数少ない保存状態のよい地球衝突クレーターが残っている。この場所が重要な研究対象になっているのは，そのクレーターの特徴が，地形学や水文学的に，火星など他の惑星体のものと似ているからである。

3　ロナールのクレーターの平均直径は1.12マイルで，クレーターの底はクレーターの縁から約459フィート下のところまで塩水で満たされている。ロナール湖と呼ばれるこの水域は，細く伸びた岸に囲まれている。絶え間なく続く主流が北東の方角からクレーター湖に注ぎ込んでいる。またさらに50メートルほど低いところには，それとは別に湧き続ける泉があり，湖に流れ込んでいる。高い塩分濃度と好塩性古細菌の存在により，ロナール湖には青緑色の藻類やバクテリアなどの微生物が生息している。2020年，ロナール湖はラムサール条約として知られる政府間条約の保護のもと，国際的に重要な場所として認定された。2000年以降，インド政府はロナール湖周辺の森林を，マハラシュトラ州森林局の管轄下にある野生生物保護区に指定している。

4　ロナールでは，物質文化が寺院の形で存在し，それらは10世紀以降に建てられたものと考えられている。湖に注ぐその付近の自然の水源や川は，ヒンドゥー教の実践において特に重要なものである。そのような場所の特徴は，そのすべてに寺院が建てられていることである。これらの寺院は，クレーター付近の3つの主要な場所に集まっている。考古学的な証拠から，ロナールが宗教的な場所として重要性を増したのは10世紀以降のことであるということが推測できる。しかしクレーターはそれ以前からよく知られた場所であり，その縁の部分には小さな集落がすでに存在していた。

5　ロナールの寺院が最も集中しているのはクレーターの縁の周辺であり，寺院に関連するすべての物語においてクレーターは中心的な役割を果たしている。寺院のある場所で最も多くの人が訪れるのはダラティルタであり，それはそこに湧き続けている泉にちなんで名付けられている。水がクレーターに流れ込んでいる谷は，湖に近づくための主なルートのひとつとしても使われている。中心となる寺院に加えて，ヴィシュヌ神などのヒンドゥー教の神々を祀る，異なる時代に建てられた5つの小さな神殿があり，それらは半開放的な空間に囲まれている。塩水湖の周りを歩くと，そこにある建築物を通して，少なくとも400年にわたる歴史の流れを目の当たりにする。それぞれの寺院とクレーターの間には強い立地的な関係がある。歴代，寺院を建ててきた人たちは皆，クレーターの存在に敬意を表するだけでなく，クレーターの周辺や内部のすべての場所をつなぎ，巡礼路に幾重もの意味を持たせてきた。

6　この地形の重要な側面は，クレーターが持つ生態学的，地質学的な重要性にとどまらず，文化的な認識である。湖の形成と季節的な変化を説明する神話体系全体が長い時間をかけて発展してきた。なかでも最も重要な神話が，ヴィシュヌ神がこの地域の暮らしを苦しめる悪魔を打ち負かすという物語である。ロナール湖は，悪魔を倒すために神の力が顕現した大異変の結果として説明されている。

7 ロナールの神話的物語には，クレーターに対する人々の認識と理解が凝縮されている。さまざまな意味を持つインドの他の多くの場所と同様に，ロナールにはヒンドゥー教以外にも，さまざまな宗教を信仰する人々が訪れている。

8 ロナールのクレーターは，地質学的現象がしばしば神話的意味をも持つようになることを示す好例である。考古学的な証拠は，地形を説明し理解しようとする人間のこうした試みの時系列を私たちが構築することを可能にする。(2)地質学は自然の物質や形態を通して理解され，一方神話学は物語の文学的な解釈に基づいている。考古学的証拠には遺跡で実際に発見された人工遺物が含まれている。ロナールの本質は，これら3つの要素が交わるところ，そしてその創造に与えられた意味にあり，その結果，それが単なる地理的な場所を文化的，宗教的な空間へと大きく変えたのである。

解説

1． site は「場所」なので，空所を含むこの文は「 a がこの場所で見られる」という意味。この文が文章全体の趣旨を説明する文であるということから，第2段以降の大まかな内容を把握できるかが問われている。各段の要約は次のようなものである。

第2段：地球衝突クレーターがもたらしたロナールの地質学的特徴

第3段：クレーター湖の自然・生態学的特徴

第4・5段：寺院の建築とロナールの持つ宗教的な意義

第6・7段：自然の解釈に基づいた神話に見るロナールの文化的意義

最終段：地質学，宗教や神話，考古学の重なりにあるロナールの本質

以上から，本文は，ロナールという特異な場所について，地質学・生態学的な言及に加え，文化的な考察も述べられていることがわかる。また，空所直前の2文（Many places around … of several temples.）の「世界最大級の地球衝突クレーターが聖地とされているインドのロナールは特異な地形や自然現象が神性と結びつけられて神聖視されている場所だ」との

つながりから考えても，(C)「クレーター形成の自然の歴史と，それが人間によってどのように考えられてきたかという文化の歴史（がこの場所で見られる）」が適切。自然と信仰の両方に触れた内容であり，直前の第1段第1・2文（Many places around … several temples.）とのつながりがよい。ちなみに，最終段は文章のまとめとなっていると考えられるが，その第2文（The archaeological evidence …）に this human attempt at explaining and comprehending a landscape「地形を説明し理解しようとする人間のこの試み」という表現があり，それと内容的に重なるのもヒント。

英文(C)の構造は以下の通り。The natural history を of the formation of the crater，そして the cultural history を of how it has been perceived by humans が修飾する。後者は疑問詞 how「どのように」に導かれる名詞節が前置詞 of の目的語になっている構造。formation「形成」 has been perceived は perceive「～と考える」の受動態の現在完了。

(A)「塩分を含みアルカリ性の湖を持つこのユニークなクレーターの地質学上の重要性（がこの場所で見られる）」

geological「地質学の」 with 以下の前置詞句が this unique crater を修飾する。saline「塩分を含んだ」 alkaline「アルカリ（性）の」 文章全体の中で大きな部分を占める宗教など文化に関する内容に触れておらず，「アルカリ性」に関する記述も本文にはない。

(B)「巡礼者も観光客も魅了し続けてきたクレーターの壮大な自然景観（がこの場所で見られる）」

magnificent「壮大な」 scenery「風景」 that has fascinated … tourists は関係代名詞節で先行詞 the crater を修飾する。fascinate「～を魅了する」 pilgrim「巡礼者」 *A* as well as *B*「*A* も *B* も」 宗教など文化に関する内容に触れておらず，文章中には特にクレーターの景観に触れた箇所はない。

(D)「古代の人々のロナールに対する認識と理解が，彼らの寺院建設技術にどのように影響を与えたか（がこの場所で見られる）」

「前置詞＋関係代名詞」in which … temple construction は The ways を修飾する関係代名詞節。ancient「古代の」 perception「知覚，認識」 comprehension「理解」 construction「建築」 寺院に関する内容は第4

・5段にあるが，そこには寺院建設技術に関する内容はない上，本文の話題の全体の要約となっていない。

2. (A)「クレーター周辺の景色に与えられたもう一つの神話的な要素は『ロナール・マハトミャ』として知られる文献に由来する」

この文の主部は Another mythological layer … around the crater で述部が comes from … 以下。mythological「神話的」 layer「層，(思考のさまざまな) 部分」 imposed on the landscape around the crater は Another mythological layer を後置修飾する過去分詞。impose *A* on *B*「*A* を *B* に押し付ける」 come from ～「～に由来する」 known as … は the text を後置修飾する過去分詞。text「原典」

(B)「クレーター周辺の考古学発掘プロジェクトは，自然災害の増加により2010年までに中止された」

archeological「考古学（上）の」はアメリカ英語の綴りで，本文中の archaeological はイギリス英語の綴り。excavation「発掘」 due to～「～が原因で」 an increasing number of～「ますます多くの～」 natural disaster「自然災害」

(C)「ロナールでは，物質文化は寺院の形で残っているが，それらは10世紀以降に建てられた可能性がある」

material culture「物質文化」 in the form of～「～の形で」 カンマに続く which 以下は先行詞 temples に補足説明を加える継続用法の関係代名詞節。be dated from～「(年代) のものと推定される」 onwards「(時を示す語の後で) ～以降」

(D)「年に一度のヒンドゥー教の祭典ナバラトリの期間中，女神を祀り怒りを鎮める大規模な縁日がここで開催される」

annual「年に一度の」 fair「聖人祭日などに定期的に開かれる（定期）市，縁日」 be held「行われる」 propitiate「(神など) の怒りを鎮める」

(E)「地質学的なプロセスは，数万年，時には数百万年かけて進行することが多い」

take *A* to *do*「～するのに *A*（時間）がかかる」 tens of thousands と millions の両方を of～ につなげて読み，それぞれ「数万の～」「数百万の～」となる。unfold「(物語などが) 展開する」

(F)「ロナールのクレーターの平均直径は1.12マイルで，クレーターの底はクレーターの縁から約459フィート下のところまで塩水で満たされている」

mean「平均の」 diameter「直径」 floor「(海や谷などの) 底」 be filled with ～「～で満たされている」 approximately「(数量などが) およそ」 rim「(丸いものの) 縁」

(G)「ロナールのクレーターは，地質学的現象がしばしば神話的意味も持つようになることを示す好例である」

example of に how「どのように」に導かれる名詞節が続いている。phenomena は phenomenon「現象」の複数形。be overlaid with ～ は overlay *A* with *B*「(比喩的に) *A* に *B* を付加する」の受け身形。

Ⅰ． 空所に続く第2段第2文 (The Pleistocene Epoch was …) は「更新世は約258万年前から1万1700年前まで続いた地質時代で，隕石衝突の衝撃により，ロナールで地表に大きな陥没が生じたのはこの時期であった」という内容。the Pleistocene Epoch「更新世」 the geological age「地質時代」 that lasted from … years ago は先行詞 the geological age を修飾する関係代名詞節。last「続く」 it was in this period that a meteorite collision impact created a large depression in the ground at Lonar は it was ～ that … の強調構文で，通常の文にすると in this period, a meteorite collision impact created a large depression in the ground at Lonar となる。period「期間，時期」 meteorite「隕石」 collision「衝突」 impact「衝撃」 depression「陥没，くぼみ」 ロナールにクレーターができた時期を述べたこの第2文につながる第1文として適切なのは(E)である。特に Geological processes「地質学的プロセス」という表現がヒントになる。

Ⅱ． 空所に続く第3段第2文 (This body of water, …) は「ロナール湖と呼ばれるこの水域は，細く伸びた岸に囲まれている。絶え間なく続く主流は北東の方角からクレーター湖に注ぎ込んでいる」という内容。body of water「水域」 過去分詞の called Lonar Lake「ロナール湖と呼ばれる」が This body of water に挿入句的に説明を加えている。stretch of ～「長く伸びた～，一続きの～」 shore「岸」 現在分詞の encircling it (＝this body of water) が a thin stretch of shore を後置修飾する。encircle「～を囲む」 この文に先立つ第1文には This body of water「この水域」

が指す内容があるはずである。それに該当する(F)が正解。

Ⅲ．空所で始まる第4段には，ヒンドゥー教の寺院についての記述が続いていることから，空所に入る第1文もそれに関連する内容でなければならない。これに該当する選択肢は(C)のみ。第2文の around the site「その場所の付近には」の the site は(C)に述べられているような場所を指す。

Ⅳ．空所に続く文（The archaeological evidence …）は「地形を説明し理解しようとする人間のこうした試みの時系列を私たちが構築することを，考古学的な証拠が可能にする」という内容。allow *A* to *do*「*A*（人）が～することを可能にする」 construct「～を組み立てる〔構成する〕」 timeline「（重要な出来事に関する）歴史年表」 この文の中の this human attempt … a landscape「地形を説明し理解しようとする人間のこの試み」という表現の理解がカギとなる。この具体的な例が第6段最終文（Lonar Lake is explained …）に述べられた「ロナール湖は，悪魔を倒すために神の力が現れるという大異変の結果として説明されている」であり，これが設問1で「文章全体の趣旨を説明する」と記されている空所 [a] を含む第1段最終文の「この場所で見られるのは，クレーター形成という自然の歴史と，それを人間がどのように認識してきたかという文化の歴史である」という内容とつながる。 このように文章全体の主旨をつかめば，geological phenomena「地質学的現象」と mythological meaning「神話的な意味」という表現も手掛かりに(G)を選ぶことができる。

3．文脈に合う適切な形容詞を選ぶ問題で，選択肢は(A)central「中央にある，主要な」，(B)geographical「地理的な，地理学（上）の」，(C)planetary「惑星の，惑星に関する」，(D)prone「～になりやすい」，(E)religious「宗教的な」，(F)subsequent「その後の，その後に続く」。

(あ)　空所を含む第2段最終文（The site has been …）の because 以下は「そのクレーターの特徴が，地形学や水文学的に，火星など他の（　あ　）と似ている」という意味。such as Mars「火星など」から判断して planet「惑星」の形容詞形である(C)planetary を選び other planetary bodies「他の惑星」とする。planetary body は「惑星体」という意味。geomorphology「地形学」 hydrology「水文学」 be similar to ～「～と似ている」 those は the geomorphology and hydrology を指している。geomorphology と hydrology は難度が高い語彙だが，「そのクレーターの特徴が火星など他の惑星と似ている」という大意さえつかめれば正解を導ける。

(い) 空所を含む第5段第1文（The highest concentration…）のカンマより前の部分は「ロナールの寺院が最も集中しているのはクレーターの縁の周辺である」という意味。thus「結果として，だから」に続くカンマ以下は make the crater～「クレーターを～にする」という SVOC の文型が分詞構文になったもの。分詞構文の意味をはっきりさせるために，このように thus が使われることは少なくない。したがってこの部分を直訳すると「結果として，そのことが寺院に関連するすべての物語に，クレーターを（ い ）にしている」となる。この文脈と空所の後の to も手掛かりに(A) central を選び central to～「～の中心となる，～にとって主要な」とする。high concentration「高い集中」 narrative「物語」 associated with～「～と関係がある」は過去分詞で all narratives を後置修飾する。

(う)・(え) これらの空所を含む最終段最終文（The identity of…）は，カンマより前の部分が「ロナールの本質は，これら3つの要素が交わるところ，そしてその創造に与えられた意味にある」という意味で，thus「結果として，だから」に続くカンマ以下の部分は transform *A* to *B*「*A* を *B* に変える」という表現が分詞構文になったもの。ここでも分詞構文の意味をはっきりさせるために thus が使われている。したがって，この部分を直訳すると「その結果，それが *A* を *B* に変えている」という意味になる。*A* に相当するのが a mere（ う ）place で *B* に相当するのが a cultural and（ え ）space。この文章全体の主旨は，特に第1段にわかりやすく示されているように「ロナールのクレーターの特異な地形が，人間によるその解釈により宗教や神話などの文化につながっている」というようなものである。したがって，（ う ）には(B) geographical，（ え ）には(E) religious を補い「その結果，単なる地理的な場所を文化的，宗教的な空間へと大きく変えた」とする。identity「(ある人やものが持つ他と異なる) 固有性，本質」 lie at～「～に存在する」 intersection「交差するところ」 these three layers「これら3つの要素」とは最終段第3文（Geology is understood…）中の geology「地質学」と mythology「神話学」，同段第4文（Archaeological evidence comprises…）中の archaeological evidence を指す。assigned to its creation は the meaning

を後置修飾する過去分詞。assign *A* to *B* は「*A* を *B* に割り当てる〔与える〕」なので，the meaning assigned to its creation は「その創造に与えられた意味」となる。its「その」は Lonar を受ける。

4. ① declare *A* (to be) *B*「(公式に) *A* を *B* だと宣言する」という意味で *A* に相当するのが the forest surrounding Lonar Lake で *B* に相当するのが a wildlife sanctuary「野生生物保護区」以下。現在分詞 surrounding Lonar Lake「ロナール湖を囲む」は the forest を後置修飾するので，この空所を含む第３段最終文（Since 2000, the Government…）のうち空所より前の部分は「2000 年以降，インド政府はロナール湖周辺の森林を野生生物保護区として指定している」という意味である。空所に続く jurisdiction「管轄（権）」は under the jurisdiction of～「～の管轄下にある」というフレーズで使われるので，空所には(H) under を補う。under the jurisdiction of the Maharashtra State Forest Department が a wildlife sanctuary を修飾し，「マハラシュトラ州森林局の管轄下にある野生生物保護区」という意味になる。

② 空所を含む第４段第２文（The natural water sources…）は，主部が The natural water sources… feed the lake「湖に注ぐその付近の自然の水源と小川」で，are… 以下が述部という構造。「(be) of＋名詞」で「～の性質を持つ」という意味なので(F) of を選び，are of particular importance，直訳すると「特別の重要性を持つ」という表現にする。water source「水源」 stream「小川」 関係代名詞節 that feed the lake が The natural water sources and streams around the site を修飾する。feed「(川などが)（より大きな川・湖など）に注ぎ込む」 particular「特別の」 Hindu「ヒンドゥー教の」 practice「活動，実践」

③ 空所を含む第４段最終文（However, the crater…）と直前の同段第５文（Based on archaeological evidence, …）は However で結ばれているので逆接関係にあることがわかる。第５文の主旨は「ロナールは 10 世紀以降に宗教的な場所として重要性を増した」というもので，最終文の the crater was a well-known site「クレーターはよく知られた場所であった」に続く表現として，(G) to を補い prior to～「～よりも前に〔先だって〕」というフレーズにする。prior to this period「その時期よりも前に」の this period が前文の内容を受けている。based on～「～に基づいて」

infer「〜と推量する」 gain importance as〜「〜としての重要性を増す」 only after〜「〜になって初めて」 well-known「よく知られた」

④ 空所を含む第5段第2文（The most frequented…）のカンマより前の部分は「寺院がある場所で最も多くの人が訪れるのはダラティルタである」となっており，空所には(A) after を補い，named after〜「〜にちなんで名付けられた」とする。カンマに続く named after…は過去分詞で the Dharatirtha に「そこに湧き続けている泉にちなんで名付けられた」という補足説明を加えている。frequented は frequent「〜をしばしば訪れる」の形容詞形で「しばしば訪れられる」つまり「多くの人が訪れる」という意味。water spring「泉」 that flows there は関係代名詞で先行詞 the perennial water spring を修飾。flow「流れ〔湧き〕出る」

⑤ この空所を含むカンマで挟まれた部分は挿入句であり，その前後をつなげると「ロナールはヒンドゥー教以外にも，さまざまな宗教を信仰する人々によってしばしば訪れられている」となる。挿入句の部分は空所に(E) like を補い「さまざまな意味を持つインドの他の多くの場所と同様に」とするのが正解。beyond「〜以外に」 Hinduism「ヒンドゥー教」 multivalent「さまざまな意味を持つ」 is frequented by は frequent「しばしば訪れる」の受動態。practicing different religions「さまざまな宗教を実践〔信仰〕する」は people を後置修飾する現在分詞。practice「(習慣や宗教) を実践する」

5. 下線部(1)で始まる第6段第3文は「最も重要な神話が，ヴィシュヌ神がこの地域の暮らしを苦しめる悪魔を打ち負かすという物語である」，続く同段最終文（Lonar Lake is explained…）は「ロナール湖は，悪魔を倒すために神の力が現れるという大異変の結果として説明されている」という意味である。これらの内容をまとめて「ヴィシュヌ神が暮らしを乱す悪魔を打ち負かした際の大異変の結果，できた」などとすればよい。principal「主な，最も重要な」 dominant「主要な」 myth「神話」「前置詞＋関係代名詞」in which 以下は先行詞 a story を修飾する関係代名詞節。基になる構造は the story＋In it（＝the story）the god Vishnu…in the region. で In it が in which となったと考える。triumph over〜「(敵・困難など) に打ち勝つ」 demon「悪魔」 who 以下は先行詞 a demon を修飾する関係代名詞節。disrupt「〜を混乱させる」 region「地域」

be explained as～「～として説明される」は explain A as B「A を B として説明する」の受け身形。outcome「結果」 catastrophic「壊滅的な」 event「出来事」 カンマの後の「前置詞＋関係代名詞」in which 以下は a catastrophic event に補足説明を加える継続用法の関係代名詞節。基になる構造は a catastrophic event＋In it（＝the catastrophic event）a divine power appeared to defeat the demon. で In it が in which となった構造。divine「神の」 to defeat the demon は「目的」を表す不定詞句。defeat「～を打ち負かす」

6. ～, while… は「～である，その一方で…」のように「対照」を表す。前半は主語が Geology「地質学」で述部が is understood through…「…を通して理解される」という受動態。後半は主語が mythology「神話学」で述部が is based on…「…に基づく」という受動態で，それに literary interpretation of narratives「物語の文学的な解釈」が続いている構造。したがって「地質学は自然の物質や形態を通して理解され，（一方）神話学は物語の文学的な解釈に基づいている」のような訳になる。material「物質」 form「形，形態」 literary「文学的な」 interpretation「解釈」 narrative「物語」

語句・構文

（第1段） celebrate「～を称賛する」 geological formation「地形」 divinity「神性」 terrestrial impact crater「地球衝突クレーター」 holy「神聖な」 locus「場所」

（第2段） well-preserved「保存状態のよい」 subject of study「研究テーマ，研究の対象」

（第3段） run into～「～に流れ込む」 drain into～「～に流れ出る」 salinity「塩分濃度」 presence「存在，存在すること」 microbe「微生物，細菌」 microorganism「微生物」 a site of international importance は，「of＋名詞」が「～の性質を持つ」という意味なので「国際的な重要性を持つ場所」という意味になる。under the protection of～「～の保護下で」 inter-governmental「政府間の」 treaty「条約」 the Ramsar Convention「ラムサール条約」

（第4段） location「場所，位置」 be marked by～「～を特徴とする」 be clustered in～「～に集まっている」 settlement「集落」

(第5段) valley「(川が流れる) 谷, 渓谷」「前置詞＋関係代名詞」の through which に続く関係代名詞節は先行詞 The valley を修飾。基になる構造は the valley＋the water flows into the crater through it (＝the valley) で through it が through which となっていると考えるとよい。この文は The valley … into the crater が主部で, is also used … 以下が述部という構造。flow into～「～に流れ込む」 access「～に接近する」 過去分詞 dedicated to～は「～に捧げられた」という意味で, dedicated to Hindu deities such as Vishnu が five small shrines を後置修飾している。deity「(多神教の) 神, 女神」 さらに built in … と surrounded by … も過去分詞で five small shrines に補足説明を加えている。While moving around … は, while 節の主語が文の主語と同じであるため, 主語と be 動詞が省略されたもの。省略を補うと While one is moving around … となる。witness「目撃する, 目の当たりにする」 as shown「示されているように」 physical connection は「物理的関連」という意味だが, この文脈では「立地的な関係」という意味で使われている。successive「代々の, 歴代の」 honor「～を称える」 pilgrimage「巡礼」 circuit「外周」 circuit 直後のカンマに続く connecting all the … the crater は, 直前の added layers of … the pilgrimage circuit に付帯状況の説明を加える分詞構文。

(第6段) over time「時が経つにつれて, 長い時間〔期間〕をかけて」 evolve「(徐々に) 発達する」 evolved 直後のカンマに続く which 以下は先行詞 an entire mythological system を修飾する関係代名詞節。

(第7段) encapsulate「～を包括する, ～を要約する」

(最終段) comprise「(部分として) ～を含む」 artifact「人工遺物」 physically recovered on the site は man-made artifacts を後置修飾する過去分詞。recover「～を回収する」

1. 〈解答例1〉これといった理由もなく, 友人や家族にちょっとした手紙を書くこと。(25字から35字)

〈解答例2〉寒い日に公園のアイススケートリンクで, 居合わせた人にココアを配ること。(25字から35字)

2. (あ)—(I) (い)—(B) (う)—(D) (え)—(J) (お)—(F)

3． 全訳下線部(2)参照。

4—(C)

5． 全訳下線部(3)参照。

6． 他人に親切にされた人が他人に親切にするようになるという連鎖現象。(25字から35字)

全訳

《研究が明らかにする親切な行為の効果》

[1] 幸福を研究する科学者たちは，他人に親切にすることにより幸福感が向上することを知っている。誰かにコーヒーを一杯買ってあげるという簡単な行為でも，人の気分は高まる。日常生活にはそのような行動をする機会がたくさんあるが，人は常にそれを利用しているわけではない。

[2] オンライン版*Journal of Experimental Psychology: General*誌で発表された研究において，シカゴ大学ブース・ビジネススクールの行動科学者であるニコラス＝エプリー教授と私は，考えられる理由を調べた。それは，無作為に何か親切な行為をする人は，受け手が自分の行為をいかにありがたく感じているかを過小評価しているというものである。

[3] 約1,000人の参加者を対象としたさまざまな実験で，人々は無作為に親切な行為を行った。それは（その言動を期待していない）他の人を喜ばせることを主な目的として行われる行動である。そのような行動を行う人は見返りを期待していない。

[4] 具体的な親切行為は状況によってさまざまであった。例えば，ある実験では，人々は友人や家族に「ただなんとなく」という理由でちょっとした手紙を書いた。また別の実験では，カップケーキをふるまった。これらの実験すべてにおいて，私たちは親切な行為をした人とそれを受けた人の双方にアンケートを行った。親切な行動をした人には自分の経験を報告し，受け手の反応を予測してもらった。これらの行為にどれほどの価値があると人々が感じているかを理解したかったので，親切な行為をした人とそれを受けた人の双方に，その行為がどれくらい「大きなもの」と感じられたかを評価してもらった。場合によっては，時間，お金，労力など，実際にかかった，あるいはかかったと思われるコストについても質問した。(2)すべての場合において，私たちは行為をした側が予想した受け手の気持ちと，受け手が実際に経験した気持ちを比較した。

5 調査を通じて，いくつかのはっきりした傾向が浮かび上がった。ひとつは，親切な行為を行った人もそれを受けた人も，こうしたやり取りの後は，普段よりも前向きな気分になったということである。もうひとつは，そうした行為を行った人が，明らかに自分が与えた影響を過小評価していたということである。親切な行為を受けた人は，行為をした人が考えたよりもはるかに良い気持ちになったのである。また親切な行為を受けた人は，行為をした人よりも確実にその行為を「より大きなもの」と評価した。

6 私たちは最初に，友人や同級生，家族など，身近な人に対する親切な行為について研究した。しかし，参加者たちは見知らぬ人に対する自分たちの良い影響も過小評価していることがわかった。ある実験では，参加者は寒い冬の日に公園のアイススケートリンクで，ホットチョコレートを配った。この場合も，この体験は，たまたま居合わせてそれを受け取った人たちにとって，与える側が予想した以上に好ましいものであった。ホットチョコレートを配る側は，その行為を取るに足らないものだと考えていたが，受け取る側にとってそれはとても重要なことだったのだ。

7 私たちの調査で，人がともすると自分の行動の影響を過小評価してしまう理由のひとつも明らかになった。例えば，あるグループの参加者に，研究に参加するだけでカップケーキをもらった場合，その人がどの程度喜ぶかを推定してもらったところ，彼らの予測は受け取った人たちの反応とよく一致した。しかし，特に理由もなくカップケーキをもらった場合に受け取った側がどれだけ良い気持ちになるかを，カップケーキを配った側は過小評価していた。このような予期せぬ行為の受け手は，行為を行う側よりも，こうした「心の温かさ」に注目する傾向がある。

8 (3)心の温かさの大切さを見過ごしていると，それは日常生活においてもっと親切になることの妨げになるかもしれない。カップケーキが人々を良い気持ちにすることは確かに知られているが，親切心から与えられたカップケーキは，人々を「驚くほど」良い気持ちにさせることが判明した。もし人々がこの効果を過小評価していれば，このような心温かい社会的な行動をわざわざ行わないかもしれない。

9 そして親切は人から人へ広がる。別の実験では，「ペイ・イット・フォワード（恩送り）」効果と呼ばれることがあるものを調べるために，人々に経済ゲームをしてもらった。このゲームでは，参加者は自分が今後絶対に会うことのない相手とお金を分配した。親切な行為を受けたばかりの人は，そうでない人に比べて，知らない相手にずっと多くのお金を与えた。最初に親切な行為をした人は，その親切が，後に続くこのような行動に波及することに気づいていなかった。

10　これらの研究結果は，私たちが誰かのために親切なことをするか否かを決めるときには些細なことのように思われることでも，それをする相手にとっては大きな意味を持つかもしれないということを示唆している。このような心温かい行動が自分の気分を高め，相手の人の一日を明るくするかもしれないと考えれば，できるときには親切にするほうを選んではどうだろうか。

解説

1．下線部(1)を含む文のコロン以下（people who perform …）は，「無作為に親切な行為をする人は，受け手が自分の行為をいかにありがたく感じているかを過小評価している」という意味。この部分の主部は people who perform random acts of kindness で who 以下の関係代名詞節が先行詞 people を修飾している。述語動詞が underestimate でその目的語が how much recipients value their behavior という文構造。perform「～を行う」 random「無作為の」 underestimate「～を低く見積もる〔過小評価する〕」 recipient「受け取り手」 value「～を価値があるものと考える」 behavior「行動」 下線部 random acts of kindness「無作為な親切行為」の内容は第3段に述べられている。その第1文（Across multiple experiments …）の an action done … feel good という部分の，空所(あ)に入る語を除いた意味は「(その言動を期待していない）他の人を喜ばせることを目的として行われる行為である」。続く第2文（Those who perform …）は「そのような行動を行う人は見返りを期待していない」というような内容。that is「すなわち」 an action を過去分詞 done with … feel good が後置修飾している。with the intention of *doing*「～の意図を持って，～しようと思って」 making someone else feel good は make *A do*「*A* に～させる」という使役構文。カッコ内の who isn't expecting the gesture は先行詞 someone else を修飾。gesture「気持ちを表す言葉や行為」 those who ～「～する人々」 in return「見返りとして」 このような行為の具体例として挙げられているのは，まず第4段第2文（For instance, …）中の people wrote notes 以下。この部分は「これといった特別な理由はなく，（ただそうしたいというだけの理由で）友人や家族に短い手紙を書く」という内容。note「メモ，（短い非公式の）手紙」“just because”は SV が続くと「ただ～だから」となり，文脈からは「単に相手を喜ばせたいという気持ちから」と解釈できるが，単独では「ただなんとなく」「これといった理由もなく」という意味である。次に挙げられている例が第 4 段第 3 文の In another, they gave cupcakes away. に書かれている「カップケーキを配る」という内容。In another は同段第 2 文の in one experiment を受けた In another experiment の experiment が省略されたもの。give *A* away〔give away *A*〕「*A* を配る〔贈る〕」 また第 6 段第 3 文（In one experiment, participants …）にある「寒い冬の日に公園のアイススケートリンクで，（たまたま居合わせた人に）ココアを配った」という内容も，例に相当する。participant「参加者」はこの場合，「実験に参加した人」という意味。さらにはさかのぼって第 1 段第 2 文（Acts as simple …）にある「誰かにコーヒーを一杯買ってあげる」という内容もその一例と考えられる。Acts を as simple as … for someone が後置修飾（Acts that are as simple as … for someone の「主格の関係代名詞＋be 動詞」が省略されたものと考えるとよい）。boost「～を高める」 mood「気分，気持ち」 どの例を用いてもよいが，選んだ内容によっては，該当箇所をそのまま抜き出すだけではなく「その行動を期待していなかった他の人を喜ばせることを目的として行われる，見返りを期待していない行為」であることが伝わるように，25 字から 35 字という語数指定に合わせて内容を調整する必要がある。したがって，上記の例を解答にすると「ただそうしたいという理由で，友人や家族のためにちょっとした手紙を書く」「特に理由もなくただ喜ばすために他人にカップケーキをあげる」「寒い日に公園のアイススケートリンクで，居合わせた人にココアを配る」「特に理由もなくただ喜ばすために誰かにコーヒーを一杯買ってあげる」などとなる。

2．(あ)　この文脈では intention「意図」という名詞につける形容詞としては(1)primary「主な」が適切。当該段最終文に，「これらの行為を行う者は見返りを求めない」とあることも参照。with the primary intention of making someone else feel good で「他の人を喜ばせることを主な目的として」という意味になる。

(い)　空所を含む文は「これらの行為にどれほどの価値があると人々が感じているかを理解したかったので，親切な行為をした人とそれを受けた人の双方に，その行為がどれくらい“(　い　)”と感じられたかを評価してもらった」という意味である。understand の目的語が how valuable people perceived these acts to be という文構造。perceive *A* to be ～「*A* が～であると感じる」 rate「～を評価する」の目的語が how “(　い　)” the act seemed。how “(　い　)” the act seemed は how valuable people perceived these acts とほぼ同じ意味であり，空所には「価値がある，重要な」という意味を表すことがある(B) big を補う。第5段最終文（The recipients also …）にも比較級の “bigger” が同じ意味で使われていることも手掛かりとなる。

(う)　空所を含む第9段第1文（And kindness can …）は同段のトピックセンテンスであり，この段の主旨は，同段第4文（People who had …）の「親切な行為を受けたばかりの人は，そうでない人に比べて，知らない相手にずっと多くのお金を与えた」という文に表れている。この文脈から判断して空所に補う形容詞としては，(D) contagious「伝染性の，人から人へ広がりやすい」が適切。第4文は主部が People who had … a kind act で述部が gave 以下という構造。who had just … a kind act が先行詞 People を修飾する関係代名詞節。had just been は過去完了。receiving end は「受ける側」なので主部は「親切な行為を受けたばかりの人」という意味になる。substantially「相当，かなり」 more は more money を意味する。anonymous「匿名の，名を伏せた」 those who … は people who … の意味。those who had not「そうでない人」の後には繰り返しを避け，just been on the receiving end of a kind act という内容が省略されている。

(え)　空所を含むこの文は These findings suggest that …「これらの研究結果は…ということを示唆している」で始まっている。この文章では著者はまず第2段（In studies published …）で研究結果の概略を述べており，それは people who perform … value their behavior「無作為に何か親切な行為をする人は，受け手が自分の行為をいかにありがたく感じているかを過小評価している」というものである。したがって，それに合うように空所には(J)small を補い，「私たちが誰かのために親切なことをするか否かを決めるときに些細なことのように思われることでも，相手にとっては大きな意味を持つかもしれない」とする。この文の that 節の構造は what might seem … for someone else が主部で，述部が could matter … do it for。what は「…すること〔こと〕」という名詞節を作る。whether or not … for someone else が deciding の目的語。whether（or not）to *do*「～するか（どうか）」 matter to ～ は「～にとって重要である」なので matter a great deal to ～ は「～にとって極めて重要である」。先行詞 the person を目的格関係代名詞が省略された関係代名詞節 we do it for が修飾。small という語が，（　い　）に補った big の逆の「重要でない」という意味で使われている。

(お)　空所を含む文の these warm gestures からカンマまでの部分は「このような心温かい行動が自分の気分を高め，相手の人の一日を明るくするかもしれない」，カンマより後の部分は「できるときには親切にするほうを選んではどうだろうか」というような意味。空所にはこの両者をつなぐ接続詞のような働きをする表現が必要なので，(F)given を補い given that ～「～だと仮定すると」という表現にする。enhance「～を高める」 brighten「～を明るくする」 why not *do*?「～してはどうか，～してもいいのではないだろうか」 when we can の後には choose kindness が省略されている。

3． In all cases「すべての場合において」に続くカンマ以下は compare *A* with *B*「*A* と *B* を比べる」の形。*A* にあたるのが the performer's expectations of the recipient's mood「行為をした側の受け手の気持ちへの期待」，*B* にあたるのが the recipient's actual experience「受け手の実際の経験」である。したがって「すべての場合において，私たちは行為をした側の受け手の気持ちへの期待と，受け手が実際に経験した気持ちを比較した」というような意味になる。expectations（of ～）「（～への）期待」

4． (A)「見ず知らずの人たちは，私たちの研究に参加したがらなかった」
complete「完全な，まったくの」 be willing to *do*「～する意思がある」 participate in ～「～に参加する」

(B)「与えた側は，自分たちの親切な行為の結果を，さほど驚くことなく受け入れた」

outcome「結果」

(C)「参加者は，見知らぬ人への好影響も過小評価していた」

positive「好ましい」 impact on ～「～に対する影響」 as well「(文末で) ～も」

(D)「身近な人々への無作為の親切は，気づかれないことが多かった」

go unnoticed「気づかれない，注目されずに終わる」

(E)「与えられた側は，与えた側への感謝の気持ちを伝えるのをためらうのが普通である」

normally「通常は」 hesitate to *do*「～するのをためらう」 gratitude「感謝（の気持ち）」

第6段の空所に続く第3～最終文（In one experiment, …to the recipients.）が空所に入る内容の基になる実験とその結果である。この部分の主旨は「ある実験で，寒い日に公園のアイススケートリンクで，たまたまそこに居合わせてココアをもらった人たちは，与える側が予想した以上に好意的に感じていた」というようなもので，それに合致するのは(C)。第4文は more positive に than the givers anticipated と for the recipients を続けて読む。anticipate「予測する」 カンマに続く who 以下は先行詞 the recipients に補足情報を加える継続用法の関係代名詞節。その中でさらに関係代名詞節 who just happened to be nearby が先行詞 people を修飾している。happened to *do*「たまたま～する」 giving out the hot chocolate は the people を後置修飾する現在分詞。see *A* as ～「*A* を～とみなす」 relatively「比較的」 inconsequential「取るに足りない，重要でない」 matter (to ～)「(～にとって) 重要である」 さらに(C)の英文中の strangers as well が，空所 [a] を含む文の直前の同段第1文（We initially studied …）中の familiar people, such as friends, classmates or family を受けて，「親しい人だけでなく見知らぬ人にも」というように使われていることも手掛かりとなる。

5． この文は主部は Missing the importance of warmth「心の温かさの重要性を見過ごすこと」で，may stand in the way of…「…の妨げになる」が述部という構造。miss「～を見過ごす」 warmth「心の温かさ，優しさ」 stand in the way of ～「～の妨げ〔邪魔〕になる」に動名詞

being kinder in daily life が続いている。したがって「温かさの重要性を見過ごしていると，それは日常生活においてもっと親切になることの妨げになるかもしれない」というような意味になる。

6．“pay it forward”「ペイ・イット・フォワード（恩送りをする）」は pay it back「恩返しをする」と対照される概念である。その効果の説明となっているのが，下線部に続く第9段第3・4文（In this game, … who had not.），特に「親切な行為を受けたばかりの人は，そうでない人に比べて，知らない相手にずっと多くのお金を与えた」という意味の同段第4文（People who had …）である。この内容を an economic game に限らない一般的な内容にまとめると「他人に親切にされると，その人も他人に親切にするようになるという現象」となるが，その現象が波及的あるいは連鎖的なものであることを盛り込むと〔解答〕のようになる。

語句・構文

（第1段） being kind to others は動名詞。well-being「幸福」 afford「～を提供する」 opportunity for ～「～の機会〔チャンス〕」 not always「（部分否定）必ずしも～ない」 take advantage of ～「～を活用する」

（第2段） published online in …「オンラインで…に発表された」は studies「研究」を後置修飾する過去分詞。possible「考えられる」

（第3段） across「～を超えて，すべての～」 multiple「複数の」 involving approximately 1,000 participants は multiple experiments を修飾する現在分詞である。involve「（人）を巻き込む〔参加させる〕」 approximately「およそ」

（第4段） from one *A* to the next「一つの *A* から次の *A* へと」 specific「具体的な」 vary「変わる」 ask *A* to *do*「*A* に～するように依頼する」の *A* にあたるのが both the person … receiving it。また both *A* and *B*「*A* と *B* の両方」の *A* にあたるのが the person performing a kind act で *B* にあたるのが the one receiving it。現在分詞 performing a kind act が the person，receiving it が the one を後置修飾する。the one receiving it は the person receiving the kind act を意味する。fill out「（書類）を記入する」 questionnaire「アンケート」 who had acted with kindness は関係代名詞節で先行詞 the person を修飾。不定詞 to に report …「…を報告する」と predict …「…を予測する」の両方をつなげて読む。inquire (about～)「(～について) 尋ねる」 perceived は perceive「知覚する，考える」の過去分詞なので，perceived cost で「かかったと思われるコスト」という意味。

(第5段) investigation「調査」 robust「頑丈な，断固とした」 emerge「明らかになる」 For one と For another は several robust patterns emerged を受けて「一例としては，一つには」「また別の例としては」というように使われている。it was clear that … は仮主語構文で，it は that 以下の内容を受ける。kind actors は performers の言い換え表現。reliably「確実に」 rate *A* as～「*A* を～と評価する」 performing them did (=performing these acts rated) は現在分詞で the people を後置修飾。

(第6段) initially「最初は」 done for familiar … or family は過去分詞で acts of kindness を後置修飾。

(第7段) reveal「(知られていなかったこと) を明らかにする」 that (=why) people … action's impact は先行詞 one reason を修飾する関係副詞節。one set of～「ひとまとまりの，一つのグループの」 estimate の目的語が how much someone … in a study「研究に参加するだけでカップケーキをもらった場合，その人がどの程度喜ぶか」。would like … は仮定法過去。simply for participating in a study の for は「～の報酬として」の意。match「～に一致する」 for no particular reason「特に理由もなく」 how positive their recipients would feel が underestimated の目的語。focus on～「～に注目する」 than performers do の do は focus on *warmth* を意味する。

(第8段) make folks feel good は make *A do* の使役構文なので「人々を良い気持ちにする」。folks「人々」 to be sure「確かに」 it turns out that～「～ということがわかる〔判明する〕」 given in kindness は cupcakes を後置修飾する過去分詞。bother to *do*「わざわざ～する」 carry out「～を実行する〔行う〕」 prosocial「社会的な，社会性のある」

(第9段) had people play … の have は使役動詞で have *A do*「*A* に～してもらう」。that allowed us … effects は先行詞 an economic game を修飾する関係代名詞節。allow *A* to *do*「*A* が～することを可能にする」 what are sometimes … effects が examine の目的語。what is〔are〕(sometimes) called～「(時に) ～と呼ばれるもの」 allocate「～を分配

する」 関係代名詞節 whom they would never meet が先行詞 a person を修飾。who performed the initial act は The person を修飾する関係代名詞節。generosity「気前のよさ，寛大さ，親切」 spill over「波及する」 downstream「下流の，（先に生じたことの）結果として生じる」 interaction「かかわり合い」

（最終段） finding「研究結果，調査結果」

III 解答　**1**－(D)　**2**－(C)　**3**－(B)　**4**－(A)・(B)

5. ①－(F)　②－(G)　③－(B)　④－(E)

6. 〈解答例1〉 I am optimistic about the future because technology will make our lives easier. For example, with AI robots performing repetitive tasks for us, we will have more free time. (29 words)

〈解答例2〉 I am pessimistic about the future because technology has yet to solve critical problems, such as climate change. For example, EVs may increase carbon emissions depending on the production processes. (30 words)

全訳

《人類初の月面着陸をめぐる祖父と孫の会話》

ミッシー$_1$：おじいちゃん，歴史の課題を手伝ってくれないかしら。

グレッグ$_1$：ネットで調べるほうがいいんじゃないかい？

ミッシー$_2$：今学期は歴史学方法論について学んでいて，人から話を聞くことも含めて，さまざまな情報源から歴史的情報を収集する経験を積むように教授に言われたの。

グレッグ$_2$：ちょっとわからないんだが，歴史学方法論って何だい？

ミッシー$_3$：基本的には，歴史家が情報を収集し，それを伝える方法を学ぶことよ。

グレッグ$_3$：ああ，口述歴史みたいなものかな？

ミッシー$_4$：その通り！ おじいちゃん，歴史上の特別な日の思い出はある？

グレッグ$_4$：もちろん，一つはっきり覚えている日があるよ。初めての月面着陸だ。1969年のことだった。お前さんくらいの年齢だったな。

ミッシー$_5$：それがなぜおじいちゃんにとって特別なの？

グレッグ$_5$：こう言っては何だが，それは当たり前と言えば当たり前だろう。何十億年もの間，空にあの例の奇妙な球体があり，地球の生き物はとても長い間それを見ていた。そしてついに，成功したんだ。２人の人間がそこに立っていたんだよ。

ミッシー$_6$：学校でそれについて学んだのを覚えているわ。ニール＝アームストロングが人類初めて月面を歩いたのよね。それを見ることができなかったのは残念だわ。

グレッグ$_6$：まあ，ともかくこういうことだ。私たちはそれをテレビで見ることができた。当時テレビは最新の発明だった。それがその出来事を特別にした要因の一つだった。映像はあまり鮮明に見えなかったが，私たち世界中の何百万もの人がそれをリアルタイムで見ることができたんだ。それまではこれほどの世界的な出来事はなかった。お前さんはどうだい？　記憶にある中で最大の歴史的な出来事は何だい？

ミッシー$_7$：それほどのものは何も思いつかないわ。でも，私はそんなに長く生きていないからね。

グレッグ$_7$：それもそうだ。でもお前さんはおそらく生きているうちに火星に人が降り立つのを見ることだろう。それは月よりも遥かに遠いところにある。

ミッシー$_8$：そうね。それは楽しみだわ。でも，火星の表面を動き回っているロボットから，私たちは火星についてすでにかなりのことを学んでいるわ。月面着陸の前には，月がどのようなものであるか十分に理解されていたのかしら？

グレッグ$_8$：いくつか画質の粗い写真はあったが，詳しい知識はそれほどなかった。宇宙船が表面の非常に細かい塵に沈んでしまい，戻ってこられなくなるのではないかと心配する人もいたよ。科学者でさえ完全に確信を持っていなかったことがたくさんあった。

ミッシー$_9$：アームストロングは成功の可能性は五分五分だと思っていたという記事を覚えているわ。それはすごい冒険に思われたに違いないわね。それがおじいちゃんには個人的にどんな影響を与えたの？

グレッグ$_9$：この出来事は，おそらく私をより楽観的にしたと思う。私たちはしばらくの間，また破滅的な戦争が起こるのではないかという脅威とともに生きていた。月面着陸は人間が素晴らしいこともできると思わせてくれた。

ミッシー$_{10}$：それ以来失望を感じたことはある？

グレッグ$_{10}$：ある意味ではね。でもまた別の意味では，人間が成し遂げられることにいまだに感動しているよ。お前さんはどうだい？　テクノロジーが世界を驚異的な速さで変えているけど。将来に楽観的かい？

ミッシー$_{11}$：その時々だわね。

グレッグ$_{11}$：お前さんは長い間生きることができる。宇宙にだって行くかもしれない。

ミッシー$_{12}$：それは悪くないわね。でも最近は遠い未来が見通しにくいわ。地球の環境はどうなるんでしょう？　物事はどこまでAIによって管理されるようになり，人と人との関係はどうなるのかしら？　おじいちゃんはどう思う？

グレッグ$_{12}$：正直言って，よくわからない。でもこれだけは言えるな。お前さんが歴史について考えているのはいいことだ。加速度的な変化の中でも，過去から有益な教訓を学ぶことができるからね。

ミッシー$_{13}$：そうよね。私もそう思うわ。

解説

1.「この前後関係の中で下線部(1)“it's hardly a mystery” に意味が最も近い表現は次のうちどれか」

context「文脈，前後関係」 be close in *A* to *B*「*A* において *B* に近い」

(A)「それを説明するのは難しい」

(B)「それを理解するのは難しいと思った」

(C)「それは見かけほど単純なことではない」

(D)「それは明白だ」

(E)「あなたの質問は失礼だ」

hardly は「ほとんど～ない」という準否定表現なので，下線部 it's hardly a mystery は「それはそれほど不思議なことではない」という意味。それに近いのは(D)。下線部直前の no offense は「悪気で言うのではない，気を悪くしないでほしい」という意味の表現で，ミッシーが5回目の発言で「月面着陸がなぜ特別なのか」と尋ねたのに対して答えている下線部を含むグレッグの5回目の発言の第1文（Well, no offense, …）は「こう言っては何だが，それは当たり前と言えば当たり前だ」というような意味である。グレッグは続く第2～4文（There'd been this… standing up there.）で，月面着陸が特別な出来事であるのが「当たり前」である理由を「何十億年もの間，謎の存在であった空に浮かぶ球体に人間が降り立ったんだ」という旨で説明している。この前後関係を理解することが下線部の表現の意味を推測するうえで手掛かりとなる。There'd been … は過去完了形 There had been … の短縮形。this はここでは「(文脈上既知の物事を受けて）例の」という意味で使われている。had been watching it は過去完了進行形で「それ（＝this strange ball）を見続けてきた」。awfully「非常に」 make it「成功する」

2.「この前後関係の中で下線部(2)“I haven't been around so long” に意味が最も近い表現は次のうちどれか」

(A)「私は背が高くなっている」

(B)「私は近所に越してきたばかりだ」

be new to ～「～で新顔である」 neighborhood「近隣，近所」

(C)「私はまだ若い」

(D)「私はそれほど気にしていない」

(E)「今帰ってきたところだ」

be around で「存在している，（人が）いる」という意味なので下線部 I haven't been around so long は直訳すれば「私はまだそれほど長い間存在していない」となり，(C)「私はまだ若い」が正解となる。ただしこの表現を知らなくとも，直前にグレッグが6回目の発言の最終2文（What about … event you recall?）で，ミッシーに「お前さんはどうだい？ 記憶にある中で最大の歴史的な出来事は何だい？」と尋ねたのに対して，ミッシーは下線部を含む文の直前の7回目の発言第1文（I can't think of …）で「それとほぼ同じようなものは何も思いつかないわ」と言っており，この前後関係から判断すれば正解を導ける。think of ～「～を思いつく」 much the same「ほぼ同じ」が anything を後置修飾している。

3.「ミッシーがグレッグに彼の経験を聞きたいと思った最初の理由は何か」

initial「最初の」 Missy wants … は，先行詞 the initial reason を修飾する関係副詞節。reason の後に why を補うとわかりやすい。

(A)「世代間の視点の違いをより明確にするため」

distinguish「～を区別する」 difference in～「～における違い」 perspective「(物事に対する) 見方，態度」

(B)「実践的な歴史学の手法の理解を広げるため」

broaden「広げる」 practical「実践的な」

(C)「テクノロジーが歴史にどのように影響するかを理解するため」

疑問詞 how に導かれる how technology affects history という節が comprehend「～を理解する」の目的語になっている。affect「～に影響を与える」

(D)「祖父の若い頃の生活についての知識を深めるため」

deepen *one's* knowledge of～「～の知識を深める」 youth「青年期，若い頃」

(E)「口述歴史の説明の仕方を祖父から学ぶため」

learn の目的語が how to explain oral history。oral history「口述歴史」

ミッシーは２回目の発言（This semester I'm …）で「歴史学方法論の授業で，人から話を聞くことも含めて，多くの情報源から歴史的情報を収集することが課されている」という趣旨のことを言い，３回目の発言（Basically, studying methods …）で「(歴史学方法論が) 歴史家が情報を収集し，それを伝える方法を学ぶことだ」というようなことを言っており，彼女がグレッグに彼の経験について質問をした目的は，人から話を聞くという歴史的情報を集める方法の一つを学ぶためことだということがわかる。これに合致するのは(B)。semester「(２学期制の) 学期」 historiography「史料編纂学，歴史学方法論」 gain experience *doing*「～する経験を積む」 source「情報源」 historians use … report it は，先行詞 methods「方法」を修飾する目的格の関係代名詞が省略された関係代名詞節。

「世代間の視点の違い」や「テクノロジーの歴史への影響」に関する内容は会話にないので，(A)と(C)は不適。結果的に彼女はグレッグが若い時に経験した人類の月面着陸の話を聞くことになったが，それが「最初の理由」ではないので，(D)も不適。紛らわしい選択肢に(E)があり，oral history「口述歴史」という表現は，ミッシーの３回目の発言（Basically, studying methods …）に対するグレッグの３回目の発言（Oh, like oral history?）に使われており，「口述歴史」と「人の話から歴史的情報を収集すること」がほぼ同義であることがわかる。しかしミッシーが学びたいのは「口述歴史をどのように説明するか」ではなく，口述歴史による情報収集の方法なので(E)も不適。

4.「この会話の内容に基づき，最も正しいと考えられるものを２つ選びなさい」

(A)「グレッグは，彼の人生で最も記憶に残る歴史的な出来事を簡単に挙げることができた」

name「～の名前を挙げる」 memorable「記憶に残る，忘れられない」 ミッシーが４回目の発言の第２文（Do you have …）で「歴史上の特別な日の思い出はある？」と尋ねたのに対してグレッグは即座に「もちろん，一つはっきり覚えている日があるよ」と答えているので正しい。a memory of ～「～の記憶〔思い出〕」 extraordinary「(出来事などが) 特別の」 that stands out は先行詞 one day を修飾する主格の関係代名詞節。stand out「際立つ」

(B)「ミッシーは，人類が火星についてすでに多くの情報を集めていると感じている」

gather information about ～「～の〔に関する〕情報を集める」 ミッシーは８回目の発言の第２文（Still, we've already learned …）で「火星の表面を動き回っているロボットから，私たちは火星についてすでにかなりのことを学んでいる」という主旨のことを言っているので正しい。quite a bit「かなりたくさんのこと」 crawling around out there は robots を後置修飾する現在分詞。crawl around「はい回る」 out there「あちらで」は「火星では」の意。

(C)「ミッシーは宇宙旅行に行きたくない」

would not like to *do* は would like to *do* の否定表現。グレッグが11回目の発言の第２文（You might even …）で「宇宙にだって行くかもしれない」と言ったのに対してミッシーは12回目の発言の第１文で I wouldn't mind.「それは悪くないわね」と答えているので正しくない。mind は「～を気にする，～を嫌だと思う」という意味なので，I wouldn't mind. は直訳すると「(そうなっても) 嫌ではない」だが，「別に構わない」「それも悪くない」という意味である。go into space「宇宙に行く」

(D)「全体として，グレッグは月面着陸に失望した」

overall「全体としては」 be disappointed by ～「～に失望する」 グレ

ッグが月面着陸に感動を覚えたことは彼の4～6回目（Sure, there's one day …. Well, no offense, …. Here's the thing, …），9回目（That event probably …）の発言から明らかなので正しくない。ちなみに disappointed という語が使われているのは「それ（月面着陸）以来失望を感じたことはある？」というミッシーの10回目の発言（Have you felt …）だが，これは月面着陸ではなく，月面着陸以降の出来事についての質問である。

(E)「月に降り立った最初の宇宙飛行士たちは，自分たちのミッションが成功すると確信していた」

who landed on the moon は先行詞 The first astronauts を修飾する関係代名詞節。be positive（that）…「…と確信している」 be successful「成功する」「アームストロングは成功の可能性は五分五分だと思っていたという記事を覚えている」というミッシーの9回目の発言の第1文（I remember an article …）に合致しない。that said Armstrong … chance of success は先行詞 an article を修飾する関係代名詞節。chance of ～「～の可能性」

5.「文脈に合う最も適した単語を下のリストから選び空欄①～④を埋めなさい。どの単語も1回しか使えないものとする」

(A) capable「能力がある」 (B) catastrophic「破壊的な，壊滅的な」 (C) divided「分けられた，分離した」 (D) domestic「家庭の，自国の」 (E) personal「個人に関する」 (F) recent「最近の」 (G) thorough「完全な，徹底的な」

①　空所を含むグレッグの6回目の発言の第1文（Here's the thing, though: …）は「私たちはそれをテレビで見ることができたが，それ（テレビ）は当時，かなり［ ① ］発明だった」という意味で，この文脈に合うのは(F) recent「最近の」。この文のカンマに続く which was a fairly 以下は先行詞 TV に補足情報を加える継続用法の関係代名詞節。副詞 fairly「かなり」が recent を修飾する。at that time「当時」

②　空所を含むミッシーの8回目の発言の第2・3文（Still, we've already … the moon landing?）の主旨は，「火星については人類がそこに着陸する前からすでにかなりのことがわかっているが，月面着陸の前には，月がどのようなものであるかわかっていたのか」というものなので(G) thorough「完全な」を選び a thorough understanding「完全な理解」とする。

understanding of～「～の理解」に what the moon was like「月がどのようなものであるか」という疑問詞 what に導かれる名詞節が続いている。what *A* is like で「*A* はどのようなものか」の be 動詞が時制の一致で過去形になり what the moon was like となっている。

③　空所を含むグレッグの 9 回目の発言の第 2 文（We'd been living…）は「私たちはしばらくの間，また［ ③ ］戦争が起こるのではないかという脅威とともに生きていた」という意味で，この文脈で war を修飾する形容詞としては(B)catastrophic「破滅的な」が適切。この文は第二次世界大戦後の東西冷戦の時期のことを述べたものと考えられる。この文は過去完了進行形で We'd は We had の短縮形。threat「脅威」 for some time「しばらくの間」

④　空所を含むミッシーの 12 回目の発言の第 2～4 文（It's hard to… relations be like?）は，彼女が未来に感じている不透明感について述べたもの。what will［ ④ ］relations be like? の空所には(E)personal「個人に関する」を補い「人と人との関係はどうなるのだろうか」とするのが適切。It's hard to…は形式主語構文で，It は to see…を受ける。see into the future「未来を見通す」に far off「遠い先」が挿入されている。What will *A* be like?「*A* はどのようなものになるだろうか」は，what *A* is like の未来表現が疑問文になったもの。be run は run「～を動かす」の受け身形。

6.「最近のテクノロジーの進歩を考えると，あなたは将来については楽観的か？　もしそうなら，それはなぜか？　もしそうでなければ，それはなぜか？　20～30 語で答えなさい。解答の最後に使用した語数を示すこと。カンマやピリオドなどの句読点は語数として数えないこと」

given～「～を考慮する〔考える〕と」 be optimistic about～「～について楽観的である」 count *A* as *B*「*A* を *B* として数える」 punctuation「句読点」

指示に従って書くことが大切である。特に指示文が英語なのでまずは問題を正確に理解すること。含めなければならないのは，①将来について楽観的か否か，②（最近のテクノロジーの進歩をふまえて）それはなぜか，という 2 つのポイントである。語数に指定があるライティングでは，「どのくらい書けば何語くらいになる」という感覚を持っておくことが大切である。一般的に1文の長さは10～20語程度なので20～30語は目安として2～3文ということになる。構成は「意見→理由（＋説明／例）」ということになるので，第1文で「意見」，第2（～3）文で「理由＋説明／例」とするか，第1文で「意見＋理由」，第2（～3）文で「説明／例」とするとよい。「意見」は，あえて表現を変えなくとも指示文中の表現をそのまま使用しI am optimistic about the future.／I am not optimistic〔pessimistic〕about the future.でよい（ちなみにフォーマルなライティングではI'mなどの短縮形は用いないのが普通である）。「理由」は指示文にあるrecent advancements in technology「最近のテクノロジーの進歩」に直接関係する内容を書くとよい。グレッグが10回目の発言の第4・5文（Technology is changing … about the future?）で「テクノロジーが世界を驚異的な速さで変えているけど。お前さんは将来に楽観的かい？」と問いかけ，それに対してミッシーが12回目の発言の第3・4文（What will the planet's … relations be like?）で，環境，AIの発達，人と人との関係など未来に対する不透明感について述べており，否定的な立場をとる場合はこの部分もヒントとなる。

語句・構文

（ミッシーの1回目の発言）I wonder if～「～だろうか，～かなぁ」 help *A* with *B*「*A*（人）が*B*をするのを手伝う」

（グレッグの1回目の発言）Wouldn't it be better to～？ は仮定法過去なので過去形の助動詞Wouldn'tが使われており，「（もしそうできるのなら）～したほうがよいのではないか」というような意味になる。look～up／look up～「～を調べる」

（グレッグの2回目の発言）Quick question「（簡単な質問だ）ちょっと教えてほしい」≒Can I ask you a quick question?

（グレッグの5回目の発言）billions of～「数十億〔何十億〕もの～」 creature「生き物」

（ミッシーの6回目の発言）I'm sorry (that) S V「SがVで残念だ」 miss「（機会など）を逃す〔見逃す〕」

（グレッグの6回目の発言）the thingは「重要なこと」という意味なので，Here's the thing.は「こういうことだ」というように，これから何か大切なことを言う前に用いる表現。That was part of what made it so special. の That は直前の文の「世界中の人がそれをテレビで見ることができた」という内容を指す。what made it so special は先行詞を含む関係代名詞 what「～するもの」に make *A* ～「*A* を～にする」という SVOC の形が続いた形で「そのことがそれ（＝月面着陸という出来事）を非常に特別にした理由の一つだ」となる。It was a bit hard to …「…するのは少し難しかった」は仮主語構文。make out ～「～を認識する〔見分ける〕」 millions of ～「何百万もの～」 live「実況で，生放送で」 There's never been … は There has never been … の短縮形。quite like ～「～のような」 you recall は目的格の関係代名詞が省略された関係代名詞節で先行詞 the biggest historical event を修飾。recall「思い出す」

（グレッグの7回目の発言）lifetime「生涯」 way は比較級の前に置かれ，much と同じように「ずっと，はるかに」という意味で使われる。further「(far の比較級）もっと遠い」

（グレッグの8回目の発言）grainy「(写真の）粒子が大きい，きめが粗い」 detailed「詳細な」 worried（that）the spacecraft might sink … and not be able to … は might が sink … と not be able to … の両方に続く。sink into ～「～に沈む」 fine「(粒子の）細かい」 be sure about ～ は「～に確信を持っている」，not completely は「完全には～ない」という部分否定なので weren't completely sure about many things は「多くのことに完全には確信を持っていなかった」。

（ミッシーの9回目の発言）seem like ～「～のように思える」 personally「個人的に」

（グレッグの9回目の発言）made me more optimistic は SVOC 構文で「私をより楽観的にした」。make it seem like ～ は「～であるように思わせる」という意味の慣用表現。it は漠然とした状況を示す。

（グレッグの10回目の発言）In some ways. But in other ways … では in some ways と in other ways が「ある意味では」「また別の意味では」と相関的に使われている。be impressed by ～「～に感動する〔感銘を受ける〕」 先行詞を含む関係代名詞 what に導かれた what humans can achieve が前置詞 by の目的語になっている。at a ～ pace「～な速度で」 tremendous「驚異的な」

（ミッシーの11回目の発言）go back and forth「(～の間を）行き来する，

行ったり来たりする」
（グレッグの12回目の発言）it's good that … の it は仮主語で that 以下の内容を受ける。even with ～「（譲歩）～にもかかわらず」 accelerating「加速度的な」
（ミッシーの13回目の発言）Sure.「（同意して）その通り」 That's what I think. は「それが私が考えることだ」つまり「私は〔も〕そう思う」。

1. There are two parallel horizontal lines of equal length. One line has "V" shapes sideways at each end, which appear like arrows. The other has "V" shapes sideways in the opposite direction, which causes each end to resemble the letter "Y" and makes the latter look longer than the former. (50 words)
2. This illusion makes two lines of the same length look different by adding a few extra lines. This shows how easily the eyes can be tricked. The brain can misinterpret visual information and the way people see things can be influenced by small changes made to objects, intentionally or unintentionally. (50 words)

解説

「次の図は，ミュラー・リヤー錯視として知られているものを示している。2本の水平な直線は同じ長さである。この図をよく見て，次の質問に答えなさい。各解答の最後に使用した語数を示すこと。カンマやピリオドなどの句読点は語数として数えないこと」

following「次の」 diagram「図」 present「～を示す」 what is known as～「～として知られているもの」 horizontal「水平な」
1.「それを見たことのない人にこの図を説明しなければならないとする。それがどのように見えるかを説明しなさい。30～50語で書くこと」

まず問題と図を注意深く読んで解答することが大切である。特に問題の指示文が英語である場合は，読み違いなどのないように気をつけなければならない。この問題の場合に気をつけなければならないのは，「この図を見たことのない人に説明」するのであり，図を見せながら説明をするのではないということである。

問題の指示文中にある“two horizontal lines”「２本の水平な直線」であることに加え，説明に含めなければならない点は，①それらの直線の配置が平行（parallel）であること，②２本の直線の端（end）にはそれぞれ「＞＜」「＜＞」のような形状の斜め線がついているということ，③「＞＜」の斜め線がついた直線のほうが「＜＞」の斜め線がついた直線よりも長く見えることである。

「＞＜」「＜＞」を自分の使える英語でいかに表現するかがポイントである。そのために〔解答例〕で用いた表現は，“V” shapes sideways「横向きのＶ字形」，at each end「両端に」，appear like arrows「矢印のように見える」，“V” shapes sideways in the opposite direction「向きが逆の横向きＶ字形」，resemble the letter “Y”「Ｙの文字のように見える」である。また「矢印に似ている」ので比較的説明しやすい「＜＞」のついた直線を先に説明し，「＞＜」をその「逆向き」と説明している。

さらに一般的に２つのものを比べるときに便利な表現である one line「一方の線」／ the other「もう一方（の線）」，the former「前者」／ the latter「後者」を用いている。

〔解答例〕を和訳すると次のようになる。

同じ長さの２本の平行で水平な直線がある。一方の線は，両端には横向き「V」の字のような形がついていて，矢印のように見える。もう一方には逆方向の横向き「V」の字のような形がついていて，両端が「Y」の字のように見え，後者の方が前者よりも長く見える。

2.「ミュラー・リヤー錯視が人のものの見方について何を示しているかを説明しなさい。30～50 語で書くこと」

まずミュラー・リヤー錯視がどのようなものであるかを簡潔に述べ，それに基づいて人のものの見方について一般的にどのようなことが言えるかを述べることになる。

問題の指示文中にある illusion「錯覚，錯視」，how people see things「物が人にどのように見えるか」以外に〔解答例〕に用いた便利な表現として look different「異なって見える」，be influenced by ～「～に影響される」などがある。

〔解答例〕を和訳すると次のようになる。

この錯視は，同じ長さの２本の線が，数本の線の追加によって違って見えるものである。これは，目がいかに簡単にだまされるかを示している。脳は視覚情報を誤って解釈することがあり，人のものの見方は，意図的であろうとなかろうと，対象物に加えられた小さな変化によって左右されることがある。

講評

2024 年度も 2023 年度までと同様に，総合読解問題が 2 題，会話文と英作文が各 1 題という構成であった。英作文は 2024 年度も自由英作文であったが，これまで続いていたグラフ・表の読み取りに基づいたものに代わって，錯視に関する図とそこからわかることを説明するものが出題された。なお，会話文でも意見論述の英作文が出題されている。

I は「自然と文化が融合する聖地，ロナール」に関する自然・社会分野にまたがる評論文。文構造が複雑であるわけではなく，内容・表現レベル共に標準的な文章であった。トピックセンテンスを選ぶ問題が 2021〜2023 年度に続き出題されており，4 つの空所に対して 7 つの選択肢があった。また文章全体の趣旨を説明する文を完成させる新傾向の問題もあり，これらの問題に効率よく解答するためには，論理展開のしっかりとした理解に加え，カギとなる表現を見つけるなど，問題形式への慣れが必要である。

II は「研究が明らかにする親切な行為の効果」に関する社会・心理分野の評論文。身近な内容なので文章の理解は難しくないが，論理展開を正確に把握する力が空所補充問題などで試されている。また内容説明問題に指定語数に合わせて過不足なく答えるのには，慣れが必要である。

III は「人類初の月面着陸」という歴史的な出来事をめぐる祖父と孫の会話が素材となった会話文総合問題。2022・2023 年度に出題された発話時の感情に合う単語を選ぶ問題が 2024 年度は出題されず，オーソドックスな形式であった。意見論述は 20〜30 語と 2023 年度の 25〜35 語から少し減少した。テーマは 2024 年度も多くの受験生が書き慣れていると思われるものであった。

IV の英作文問題はこれまで続いていたグラフや表の読み取りに基づくテーマ作文に代わり，ミュラー・リヤー錯視の図とそこからわかることを説明する新傾向問題であった。出題内容の大きな変化に加え，線分の両端についた「><」「<>」という形状の斜め線をどのように説明するかなどに戸惑った受験生も多かったと思われる。日頃から，表現したいことを自分の使える英語で工夫して表現する力をつける必要を感じさせる出題であった。

総じて，2024 年度の出題も，専門的な内容の英語を理解するだけにとどまらず，その内容を日本語で簡潔に表現したり，またそれについて自分の意見を英語で表現したりという，大学で学ぶ際に根幹となる語学力と思考力を求めるものである。人文・社会・自然科学にまたがる内容の英文を理解するためには，英語力に加えて科目横断的な力が必要と言える。日頃の地道な学習を通じ，実際に使える英語運用力，論理的思考と幅広い教養を身につけた学生を求める出題意図が感じられる問題であった。

数学

1

発想

(1)では，グラフ全体を考えねばならず，増減表をつくることになる。(2)の接線に関しては接点の x 座標を設定することから始めよう。接点の x 座標を求める方程式で2つの正の解 α, β をもつ条件から t の値の範囲が求まるはずだ。このとき，α, β と t の関係から，(3)の α, β の方程式が求まりそうである。

解答　(1)　$f(x)=\sqrt{x}+\dfrac{2}{\sqrt{x}}\quad (x>0)$

から

$$f'(x)=\frac{1}{2}x^{-\frac{1}{2}}+2\cdot\left(-\frac{1}{2}x^{-\frac{3}{2}}\right)$$

$$=\frac{x-2}{2x\sqrt{x}}$$

よって，$f(x)$ の増減表は右のようになり

$x=2$ で極小値 $2\sqrt{2}$　……(答)

をとる。

x	(0)	$\cdots$	2	$\cdots$
$f'(x)$		$-$	0	$+$
$f(x)$		↘	$2\sqrt{2}$	↗

極大値をとる点は存在しない。

(2)　C の $x=s\ (>0)$ における接線の方程式は

$$y=\frac{s-2}{2s\sqrt{s}}(x-s)+\sqrt{s}+\frac{2}{\sqrt{s}}$$

すなわち

$$y=\frac{s-2}{2s\sqrt{s}}x+\frac{s+6}{2\sqrt{s}}$$

これがP$(t,\ 0)$ を通るとき

$$0=\frac{s-2}{2s\sqrt{s}}t+\frac{s+6}{2\sqrt{s}}$$

$$(s-2)t+s(s+6)=0$$

よって

$s^2+(t+6)s-2t=0$　……①

PからCにちょうど2本の接線を引くことができるようなtの条件は，接点のx座標s（>0）についての2次方程式①が異なる2つの正の解をもつことである。……(＊)

①の左辺を$g(s)$，sについての判別式をDとすると

$$\begin{cases} D=(t+6)^2-4(-2t)>0 & \cdots\cdots ② \\ \text{軸}：s=-\dfrac{t+6}{2}>0 & \cdots\cdots ③ \\ g(0)=-2t>0 & \cdots\cdots ④ \end{cases}$$

②から

$t^2+20t+36>0$

$(t+18)(t+2)>0$

$t<-18,\ -2<t$　……②′

③，④からそれぞれ

$t<-6$　……③′

$t<0$　……④′

②′，③′，④′から，求める実数tの値の範囲は

$t<-18$　……(答)

(3)　(2)において，sについての方程式①の2つの正の解が，$\alpha,\ \beta$（$0<\alpha<\beta$）である。解と係数の関係により

$\alpha+\beta=-t-6$　……⑤

$\alpha\beta=-2t$　……⑥

⑥−⑤×2から

$\alpha\beta-2(\alpha+\beta)=12$

$(\alpha-2)(\beta-2)=16$

$\alpha,\ \beta$が整数のとき，$1\leqq\alpha<\beta$，すなわち$-1\leqq\alpha-2<\beta-2$となることに注意して

$(\alpha-2,\ \beta-2)=(1,\ 16),\ (2,\ 8)$

$(\alpha,\ \beta)=(3,\ 18),\ (4,\ 10)$

このとき，(2)の(＊)から，確かに$t<-18$を満たしている。

したがって

$(\alpha,\ \beta)=(3,\ 18),\ (4,\ 10)$ ……(答)

解説

《関数の増減と極値，接線の方程式，2次方程式の解の位置，方程式の整数解》

微分法がテーマだが，2次方程式の理論，方程式の整数解と，いくつもの数学的内容が含まれる問題である。1つ1つのテーマは頻出で基本となるものであるが，それらが組み合わされているので，これに対応するには単に解法パターンの練習だけでは厳しい。

②

発想

(1)で3次方程式の複素数解を求めるが，(2)になると3次方程式の係数にαが現れ，ここではαのもつ性質について考えなければならない。αを極形式で表すことができれば，これを複素数平面上の$-\dfrac{\pi}{4}$回転とみたり，$\alpha^4=-1$とみたり，2つの側面から考察してみよう。(3)はおのずと見通しがよくなるはずだ。

解答　(1)　$P(z)=z^3-3z^2+(c+2)z-c$

$$=(z-1)(z^2-2z+c)$$

から，$P(z)=0$を満たす複素数zは

$$z=1,\ 1\pm\sqrt{1-c}$$

$c>1$から

$$z=1,\ 1\pm\sqrt{c-1}\,i \quad \cdots\cdots(答)$$

これらを

$$w_1=1$$
$$w_2=1+\sqrt{c-1}\,i$$
$$w_3=1-\sqrt{c-1}\,i$$

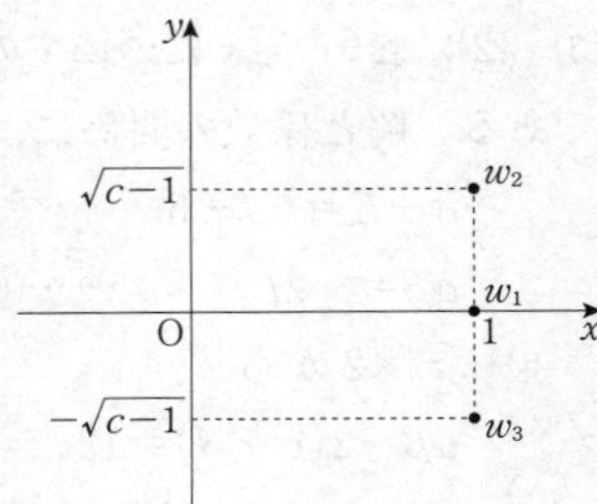

とおいて，複素数平面上に図示すると，右上図のようになる。

(2)　$\alpha=\dfrac{1-i}{\sqrt{2}}=\cos\left(-\dfrac{\pi}{4}\right)+i\sin\left(-\dfrac{\pi}{4}\right)$

であるから

$$\alpha^4=\left\{\cos\left(-\frac{\pi}{4}\right)+i\sin\left(-\frac{\pi}{4}\right)\right\}^4$$
$$=\cos(-\pi)+i\sin(-\pi)$$
$$=-1$$

また，$\alpha\overline{\alpha}=1$ から

$$\alpha^{-1}=\overline{\alpha}=\cos\frac{\pi}{4}+i\sin\frac{\pi}{4}=\frac{1+i}{\sqrt{2}}$$

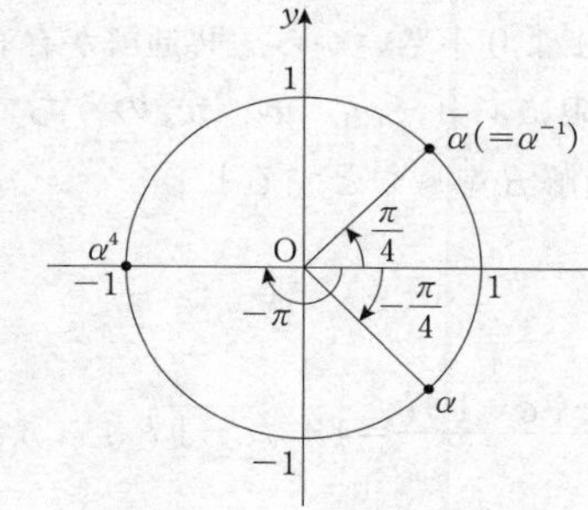

このとき

$$Q(z)=-\alpha^7z^3+3\alpha^6z^2+(c+2)\alpha z-c$$
$$=(\alpha z)^3-3(\alpha z)^2+(c+2)(\alpha z)-c$$
$$=P(\alpha z)$$

$Q(z)=0 \Longleftrightarrow P(\alpha z)=0$ であり，(1)の結果から

$$\alpha z=1,\ 1\pm\sqrt{c-1}\,i\quad(=w_1,\ w_2,\ w_3)$$

よって，$Q(z)=0$ を満たす z は

$$z=\overline{\alpha}w_1,\ \overline{\alpha}w_2,\ \overline{\alpha}w_3$$

であり，これらはそれぞれ，複素数平面上で，w_1，w_2，w_3 を原点のまわりに $\frac{\pi}{4}$ だけ回転して得られる点を表す。

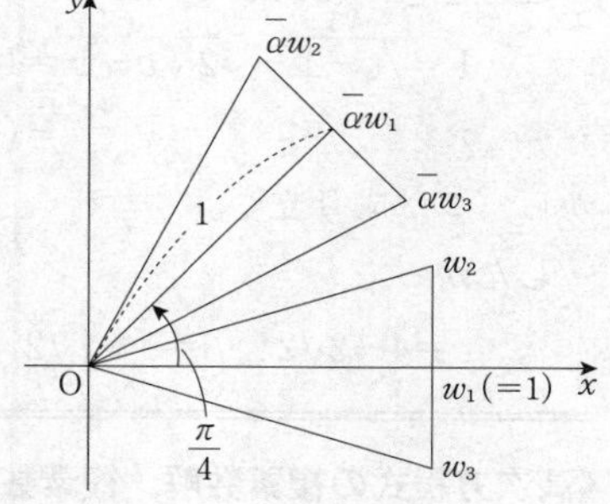

w_1，w_2，w_3 はいずれも実部は1で，それぞれ x 軸上，第1象限，第4象限にあったので，回転して得られた3点について $\overline{\alpha}w_1$ の実部は $\cos\frac{\pi}{4}$ (<1)，$\overline{\alpha}w_2$ の実部はこれよりさらに小さく，$\overline{\alpha}w_3$ の実部はこれらより大

きいので，実部が最大のものは $\overline{\alpha}w_3$ である。

すなわち

$$z=\overline{\alpha}w_3=\frac{1+i}{\sqrt{2}}(1-\sqrt{c-1}\,i)$$

$$=\frac{1+\sqrt{c-1}+(1-\sqrt{c-1})i}{\sqrt{2}} \quad \cdots\cdots(\text{答})$$

(3) $P(z)=0$ の解 w_1，w_2，w_3 の実部はいずれも1であり，$Q(z)=0$ の解 $\overline{\alpha}w_1$，$\overline{\alpha}w_2$ の実部は1より小さいから，共通解が存在するとすれば $\overline{\alpha}w_3$ である。これは第1象限にあり，w_1，w_2，w_3 のうちで第1象限にあるのは w_2 であるから，共通解 β をもつとすると

$$\beta=\overline{\alpha}w_3=w_2$$

である。すなわち

$$\frac{1+\sqrt{c-1}+(1-\sqrt{c-1})i}{\sqrt{2}}=1+\sqrt{c-1}\,i$$

よって，実部，虚部を比べて

$$\begin{cases} 1+\sqrt{c-1}=\sqrt{2} & \cdots\cdots① \\ 1-\sqrt{c-1}=\sqrt{2}\sqrt{c-1} & \cdots\cdots② \end{cases}$$

①から

$$\sqrt{c-1}=\sqrt{2}-1$$

$$c=(\sqrt{2}-1)^2+1=4-2\sqrt{2}$$

このとき②において

$$1-\sqrt{c-1}-\sqrt{2}\sqrt{c-1}=1-(\sqrt{2}-1)-\sqrt{2}(\sqrt{2}-1)$$

$$=(2-\sqrt{2})-(2-\sqrt{2})=0$$

から，②は成り立つ。

したがって

$$c=4-2\sqrt{2},\ \beta=1+(\sqrt{2}-1)i \quad \cdots\cdots(\text{答})$$

解説

《高次方程式の複素数解，複素数平面上の回転，複素数の相等》

3次方程式 $P(z)=0$，$Q(z)=0$ の共通解を求めるのであるが，問題が工夫されていて，高次方程式の複素数解を求め，複素数平面上での回転，さらには複素数の相等まで，いくつものテーマが次々と現れる。題意をと

らえ，誘導にうまく乗っていかねばならない。

$P(z)$，$Q(z)$ は似ているが少し異なる。α の意味を見抜き，$P(z)=0$，$Q(z)=0$ の関係に注目することがポイントとなる。

③

発想

座標空間における問題であるが，$\overrightarrow{\mathrm{AP}}=s\overrightarrow{\mathrm{AB}}+t\overrightarrow{\mathrm{AC}}$ は $\overrightarrow{\mathrm{AB}}$ と $\overrightarrow{\mathrm{AC}}$ を基本的な2つのベクトルとして考えてみよ，という示唆を与えている。(1)，(2)も，そのヒントとなっている。さらに(3)，(4)においては，与えられた条件を $\overrightarrow{\mathrm{AB}}$，$\overrightarrow{\mathrm{AC}}$ を用いて表してみると，解法の道筋が見えてくるはずだ。

解答　(1)
$$\overrightarrow{\mathrm{AB}}=(4,\ 2,\ 2)-(3,\ 1,\ 3)=(1,\ 1,\ -1)$$
$$\overrightarrow{\mathrm{AC}}=(4,\ 0,\ 1)-(3,\ 1,\ 3)=(1,\ -1,\ -2)$$

から

$$\left.\begin{aligned}&\overrightarrow{\mathrm{AB}}\cdot\overrightarrow{\mathrm{AB}}=1^2+1^2+(-1)^2=3\\&\overrightarrow{\mathrm{AC}}\cdot\overrightarrow{\mathrm{AC}}=1^2+(-1)^2+(-2)^2=6\\&\overrightarrow{\mathrm{AB}}\cdot\overrightarrow{\mathrm{AC}}=1\cdot1+1\cdot(-1)+(-1)(-2)=2\end{aligned}\right\}\quad\cdots\cdots(\text{答})$$

(2)　点Qは，平面 H（平面ABC）上の点であるから，実数 u，v を用いて

$$\overrightarrow{\mathrm{AQ}}=u\overrightarrow{\mathrm{AB}}+v\overrightarrow{\mathrm{AC}}\quad\cdots\cdots①$$

と表せて

$$\overrightarrow{\mathrm{OQ}}=\overrightarrow{\mathrm{OA}}+\overrightarrow{\mathrm{AQ}}=\overrightarrow{\mathrm{OA}}+u\overrightarrow{\mathrm{AB}}+v\overrightarrow{\mathrm{AC}}\quad\cdots\cdots②$$

また，$\overrightarrow{\mathrm{OQ}}\perp$（平面 H）から $\overrightarrow{\mathrm{OQ}}\perp\overrightarrow{\mathrm{AB}}$ かつ $\overrightarrow{\mathrm{OQ}}\perp\overrightarrow{\mathrm{AC}}$ であり

$$\overrightarrow{\mathrm{OQ}}\cdot\overrightarrow{\mathrm{AB}}=0\quad\cdots\cdots③$$
$$\overrightarrow{\mathrm{OQ}}\cdot\overrightarrow{\mathrm{AC}}=0\quad\cdots\cdots④$$

②を，③および④に代入して

$$\begin{cases}\overrightarrow{\mathrm{OA}}\cdot\overrightarrow{\mathrm{AB}}+u\overrightarrow{\mathrm{AB}}\cdot\overrightarrow{\mathrm{AB}}+v\overrightarrow{\mathrm{AC}}\cdot\overrightarrow{\mathrm{AB}}=0\quad\cdots\cdots⑤\\\overrightarrow{\mathrm{OA}}\cdot\overrightarrow{\mathrm{AC}}+u\overrightarrow{\mathrm{AB}}\cdot\overrightarrow{\mathrm{AC}}+v\overrightarrow{\mathrm{AC}}\cdot\overrightarrow{\mathrm{AC}}=0\quad\cdots\cdots⑥\end{cases}$$

$\overrightarrow{\mathrm{OA}}=(3,\ 1,\ 3)$ と(1)の $\overrightarrow{\mathrm{AB}}$, $\overrightarrow{\mathrm{AC}}$ から

$$\overrightarrow{\mathrm{OA}}\cdot\overrightarrow{\mathrm{AB}}=3\cdot1+1\cdot1+3\cdot(-1)=1$$

$$\overrightarrow{\mathrm{OA}}\cdot\overrightarrow{\mathrm{AC}}=3\cdot1+1\cdot(-1)+3\cdot(-2)=-4$$

となるので，これらと(1)の結果から，⑤，⑥は

$$\begin{cases}1+3u+2v=0\\-4+2u+6v=0\end{cases}$$

これを u, v の連立方程式とみて解くと

$$u=-1,\ v=1$$

したがって，①から

$$\overrightarrow{\mathrm{AQ}}=-\overrightarrow{\mathrm{AB}}+\overrightarrow{\mathrm{AC}} \quad \cdots\cdots(\text{答})$$

(3) 線分 QP 上の点 R_1 をとると

$$\begin{aligned}\overrightarrow{\mathrm{AR}_1}&=(1-k)\overrightarrow{\mathrm{AQ}}+k\overrightarrow{\mathrm{AP}} \quad (0\leqq k\leqq1)\\&=(1-k)(-\overrightarrow{\mathrm{AB}}+\overrightarrow{\mathrm{AC}})+k(s\overrightarrow{\mathrm{AB}}+t\overrightarrow{\mathrm{AC}})\\&=\{k(s+1)-1\}\overrightarrow{\mathrm{AB}}+\{k(t-1)+1\}\overrightarrow{\mathrm{AC}}\end{aligned}$$

$s\geqq0$ であるから

$$s+1\geqq1$$

よって

$$0<\frac{1}{s+1}\leqq1$$

$k=\dfrac{1}{s+1}$ となる k は存在して，$k(s+1)-1=0$, $k(t-1)+1=\dfrac{s+t}{s+1}$

となるので

$$\overrightarrow{\mathrm{AR}_1}=\frac{s+t}{s+1}\overrightarrow{\mathrm{AC}}$$

$r=\dfrac{s+t}{s+1}$ とおくと，$s\geqq0$ かつ $t\geqq0$ より r は非負の実数で，R_1 を R と

改めて

$$\overrightarrow{\mathrm{AR}}=r\overrightarrow{\mathrm{AC}} \quad (r\text{ は非負の実数})$$

となる点 R は存在する。 (証明終)

(4) 領域 K 上の点 P に対して，$\overrightarrow{\mathrm{OQ}}\perp$(平面 H) から

$$\mathrm{OP}=\sqrt{\mathrm{OQ}^2+\mathrm{QP}^2}$$

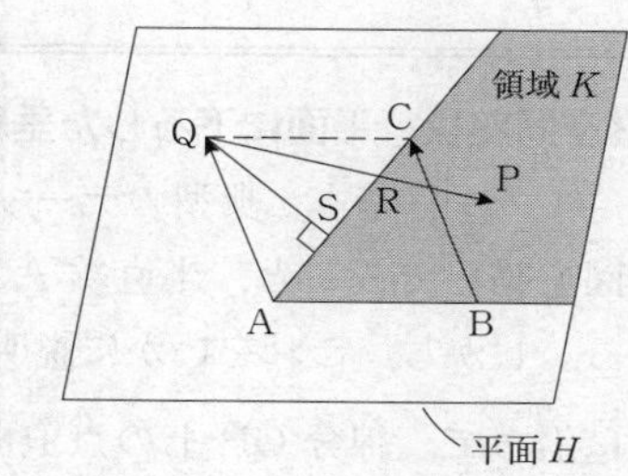

OQ は一定であり，OP が最小となるのは QP が最小となるときである。(3)から，QP 上に点 R が存在し

$QP \geqq QR$ （R は AC 上）

また，$\overrightarrow{AR}=r\overrightarrow{AC}$ $(r \geqq 0)$ より，Q から半直線 AC に下ろした垂線の足 S は求める点で

$QP \geqq QR \geqq QS$

このとき，実数 l を用いて，$\overrightarrow{AS}=l\overrightarrow{AC}$ ……⑦ とおくことができる。

また，$\overrightarrow{QS} \perp \overrightarrow{AC}$ から

$\overrightarrow{QS}\cdot\overrightarrow{AC}=0$

よって

$(\overrightarrow{AS}-\overrightarrow{AQ})\cdot\overrightarrow{AC}=0$

⑦と(2)の結果から

$\{l\overrightarrow{AC}-(-\overrightarrow{AB}+\overrightarrow{AC})\}\cdot\overrightarrow{AC}=0$

$l\overrightarrow{AC}\cdot\overrightarrow{AC}=-\overrightarrow{AB}\cdot\overrightarrow{AC}+\overrightarrow{AC}\cdot\overrightarrow{AC}$

(1)の結果から

$6l=-2+6$

$l=\dfrac{2}{3}$

⑦から $\overrightarrow{AS}=\dfrac{2}{3}\overrightarrow{AC}$ となるので

$$\overrightarrow{OS}=\overrightarrow{OA}+\overrightarrow{AS}=\overrightarrow{OA}+\frac{2}{3}\overrightarrow{AC}$$

$$=(3,\ 1,\ 3)+\frac{2}{3}(1,\ -1,\ -2)$$

$$=\left(\frac{11}{3},\ \frac{1}{3},\ \frac{5}{3}\right)$$

したがって，求める点 S の座標は

$S\left(\dfrac{11}{3},\ \dfrac{1}{3},\ \dfrac{5}{3}\right)$ ……(答)

解説

《空間座標，平面に下ろした垂線の足，空間における平面上の領域》

(1)，(2)は基本・典型のテーマで，ミスをしないことがポイント。(3)は，図を描いてみると，半直線 AC と線分 QP の交点が存在することが見える。しかし，これをいかに説明するかが難しい。このようなとき，問題文に沿って，線分 QP 上の点 $\mathrm{R_1}$ を $\overrightarrow{\mathrm{AB}}$，$\overrightarrow{\mathrm{AC}}$ を用いて表してみよう。その上でこの点を $r\overrightarrow{\mathrm{AC}}$ と表すことができるか，見方を変えれば $\overrightarrow{\mathrm{AB}}$ の係数を 0 にすることができるか，と考えを進める。(4)も図を描けば，領域 K の境界線に下ろした垂線の足が求める点 S であることは見当はつくだろう。

4

発想

試行を n 回行うとき，赤玉を k 回以上取り出す確率 $f(k)$ はすぐには求まらないが，赤玉をちょうど l 回取り出す確率なら反復試行の確率として，${}_n\mathrm{C}_l p^l(1-p)^{n-l}$ と容易に求まる。さらに(1)をヒントに(2)では $f(k)=1-\{g(0)+g(1)+\cdots+g(k-1)\}$ を用いれば，数学的帰納法も見えてくる。(3)は，(2)をどう用いるかがポイント。文字の置き換えなどいろいろ工夫しよう。

解答 (1) 試行を n 回行うとき，赤玉をちょうど l 回取り出す確率を $g(l)$ とおく。ここで $l=0,\ 1,\ 2,\ \cdots,\ n$ である。

$$g(l)={}_n\mathrm{C}_l p^l(1-p)^{n-l}$$
$$=\frac{n!}{l!(n-l)!}p^l(1-p)^{n-l} \quad \cdots\cdots①$$

赤玉を 1 回以上取り出す事象の余事象は赤玉を 1 回も取り出さないことであり

$$f(1)=1-g(0)$$
$$=1-\frac{n!}{0!n!}p^0(1-p)^n$$
$$=1-(1-p)^n \quad \cdots\cdots(\text{答})$$

赤玉を 2 回以上取り出す事象の余事象は赤玉を 1 回も取り出さないか，または赤玉をちょうど 1 回取り出すことであり

$$f(2)=1-g(0)-g(1)$$

$$=f(1)-g(1)$$
$$=1-(1-p)^n-\frac{n!}{1!(n-1)!}p^1(1-p)^{n-1}$$
$$=1-(1-p)^n-np(1-p)^{n-1} \quad \cdots\cdots(答)$$

(2)　$k=1,\ 2,\ \cdots,\ n$ に対して，等式

$$f(k)=\frac{n!}{(k-1)!(n-k)!}\int_0^p x^{k-1}(1-x)^{n-k}dx \quad \cdots\cdots(*)$$

を証明する。

(ア) $n\geqq 2$ のとき

(1)と同様に考えて

$$f(k)=1-\{g(0)+g(1)+\cdots+g(k-1)\}$$
$$=f(k-1)-g(k-1) \quad \cdots\cdots②$$

となることを用いる。

以下，k に関する数学的帰納法により，$(*)$を示す。

i）$k=1$ のとき

$$((*)の右辺)=\frac{n!}{0!(n-1)!}\int_0^p x^0(1-x)^{n-1}dx$$
$$=n\int_0^p(1-x)^{n-1}dx$$
$$=n\left[-\frac{1}{n}(1-x)^n\right]_0^p$$
$$=1-(1-p)^n=f(1) \quad (\because \ (1))$$
$$=((*)の左辺) \quad \cdots\cdots③$$

よって，$k=1$ のとき$(*)$は成立。

ii）$k=m$ ($m=1,\ 2,\ \cdots,\ n-1$) のとき，$(*)$の成立を仮定すると

$$f(m)=\frac{n!}{(m-1)!(n-m)!}\int_0^p x^{m-1}(1-x)^{n-m}dx$$

このとき，②，①から

$$f(m+1)$$
$$=f(m)-g(m)$$
$$=\frac{n!}{(m-1)!(n-m)!}\left\{\left[\frac{1}{m}x^m(1-x)^{n-m}\right]_0^p +\int_0^p\frac{n-m}{m}x^m(1-x)^{n-m-1}dx\right\}-g(m)$$

$$=\frac{n!}{m!(n-m)!}\left\{p^m(1-p)^{n-m}+(n-m)\int_0^p x^m(1-x)^{n-m-1}dx\right\}-g(m)$$

$$=g(m)+\frac{n!}{m!(n-m-1)!}\int_0^p x^m(1-x)^{n-m-1}dx-g(m)$$

$$=\frac{n!}{m!(n-m-1)!}\int_0^p x^m(1-x)^{n-m-1}dx$$

これは，$k=m+1$ で$(*)$が成立することを示している。

ゆえに，ｉ)，ⅱ) から，$k=1,\ 2,\ \cdots,\ n$ で$(*)$は成立する。

(イ)$n=1$ のとき，$k=1$ であり，このとき，(ア)のｉ) の③で $n=1$ を代入して，同様に$(*)$の成立が示される。

(ア)，(イ)から，$k=1,\ 2,\ \cdots,\ n$ に対して，等式$(*)$は示された。

（証明終）

(3)　(2)で示した等式$(*)$において，k に $k+1$ を，n に $2k+1$ を，p に $\frac{1}{2}$ を代入すると

$$f(k+1)$$

$$=\frac{(2k+1)!}{\{(k+1)-1\}!\{(2k+1)-(k+1)\}!}\int_0^{\frac{1}{2}} x^{(k+1)-1}(1-x)^{2k+1-(k+1)}dx$$

$$=\frac{(2k+1)!}{k!k!}\int_0^{\frac{1}{2}} x^k(1-x)^k dx \quad \cdots\cdots④$$

これは，試行を $(2k+1)$ 回行うとき赤玉を $(k+1)$ 回以上取り出す確率である（このとき白玉は k 回以下である)。ここで $p=\frac{1}{2}$ であるから白玉を $(k+1)$ 回以上取り出す確率も $f(k+1)$ に等しい。

これらをあわせて，すべての場合をつくすので

$$f(k+1)+f(k+1)=1$$

よって，$f(k+1)=\frac{1}{2}$ であり，これと④から

$$\frac{(2k+1)!}{(k!)^2}\int_0^{\frac{1}{2}} x^k(1-x)^k dx=\frac{1}{2}$$

したがって

$$\int_0^{\frac{1}{2}} x^k(1-x)^k dx=\frac{(k!)^2}{2(2k+1)!} \quad \cdots\cdots（答）$$

解説

《反復試行の確率，定積分》

(1)は典型的なテーマであるが，(2)で確率が定積分で表されているのに驚いた受験生もいただろう。しかし，(1)で $k=1$，2 を調べ，反復試行に気付けば(2)で数学的帰納法を考えるのが自然だろう。(3)は難問だが，(2)の結果をどう使うか，と考えれば，k，n，p を何に代えればよいかがわかる。(2)の結果の積分の，x と $1-x$ の次数 $k-1$，$n-k$ をそれぞれ(3)の積分の次数 k，k に代えたければ，$k-1$ を k に，$n-k$ を k に代えるような置き換えを見出し，確率の意味を利用して，定積分の値を求めることになる。

講評

2021・2022 年度は手のつけ易い標準レベルの問題が多くを占めたが，2023・2024 年度は難化し，2020 年度以前のレベルに戻った，という印象である。数学Ⅲからの出題も，2021 年度は 1 題，2022 年度は 2 題，2023・2024 年度は 3 題と，分野的にもかつての傾向に戻ったようである。

1 は，グラフ C に引いた 2 本の接線の接点の x 座標 α，β についての方程式の整数解を求める。いろいろな基本的なテーマが絡みあって易しくはない。

2 は，複素数平面上で，2 つの 3 次方程式の共通解を考える。複素数解に，複素数平面上の回転などを利用する興味深い良問である。

3 は座標空間で点や領域を考える。点 P の位置ベクトルを，$\overrightarrow{\mathrm{AB}}$，$\overrightarrow{\mathrm{AC}}$ で表すことで考えるという基本的な方針が与えられている。

4 では，反復試行の確率を定積分を用いて表す。逆に確率の意味を考え関係をとらえることで，定積分の値を求める。良問であり難問である。

物 理

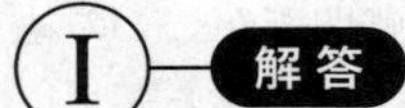

(1) $m_0=\rho d_0 S$ (2) $N_0=(M+\rho V+\rho d_0 S)g$

(3) $N_1=\{M+\rho V+\rho(d_0+d)S\}g$

(4) 浮きには，外力として重力と浮力がはたらく。

浮きの運動方程式より

$$m_0 a=m_0 g-\rho(d_0+x)Sg$$
$$=-\rho Sgx$$

$$\therefore \quad a=-\frac{\rho Sg}{m_0}x=-\frac{g}{d_0}x \quad \cdots\cdots(\text{答})$$

単振動の角振動数を ω とすると，上で求めた a から

$$\omega^2=\frac{g}{d_0}$$

したがって

$$T=\frac{2\pi}{\omega}=2\pi\sqrt{\frac{d_0}{g}} \quad \cdots\cdots(\text{答})$$

(5) $N_2=(M+\rho V)g$, $N_3=(M+\rho V)g$

(6) 運動方程式：$ma=mg-kv$, $N_4=(M+\rho V)g+kv$

(7) $t=t_1$ では，金属球にはたらく重力と抵抗力はつり合っているので，抵抗力の大きさは mg に等しく，液体2が金属球から受ける力（抵抗力の反作用）の大きさも mg に等しい。液体2および水槽にはたらく力のつり合いより

$$N_5=Mg+\rho Vg+mg=(M+m+\rho V)g \quad \cdots\cdots(\text{答})$$

(8)—(ク)

解説

《物体が液体から受ける浮力および抵抗力とそれらの反作用のはたらき》

(1) 図1において，浮きにはたらく重力と浮力がつり合っているから

$$m_0 g=\rho d_0 Sg \qquad \therefore \quad m_0=\rho d_0 S$$

(2) 水槽，液体1および浮きの全体を1つの物体と見なし，(1)で求めた m_0 を用いて，その物体にはたらく力のつり合いより

$$N_0=(M+\rho V+m_0)g$$
$$=(M+\rho V+\rho d_0S)g$$

なお，このとき液体1には，浮きにはたらく浮力の反作用が下向きにはたらくから，上式は水槽および液体1にはたらく力のつり合いを表す式と見なすこともできる。

(3) 液体1には，浮きにはたらく浮力の反作用が下向きにはたらく。液体1および水槽にはたらく力のつり合いより

$$N_1=(M+\rho V)g+\rho(d_0+d)Sg$$
$$=\{M+\rho V+\rho(d_0+d)S\}g$$

別解 浮きが指から受ける力をFとすると，浮きにはたらく力のつり合いより

$$F=\rho(d_0+d)Sg-m_0g$$

〔解説〕(2)と同様に，水槽，液体1および浮きの全体にはたらく力のつり合いより

$$N_1=(M+\rho V+m_0)g+F$$
$$=\{M+\rho V+\rho(d_0+d)S\}g$$

(4) 単振動をすることを考えると，つり合いの位置（(2)における浮きの底面の位置）を原点として右図のようにx軸を設定しておくと見通しがよくなるだろう。

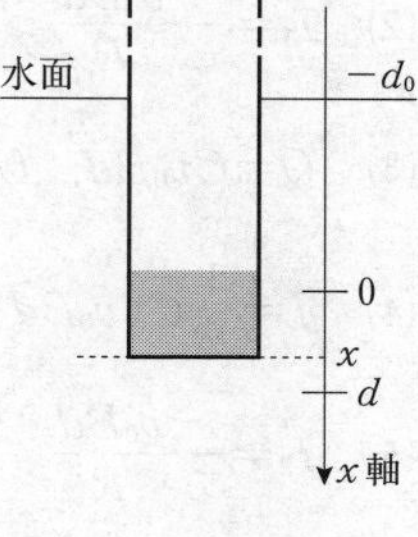

(5) 直前：金属球が受ける浮力は無視できるので，液体2が金属球から受ける力（浮力の反作用）も無視できる。したがって，水槽および液体2の全体にはたらく力のつり合いより

$$N_2=(M+\rho V)g$$

直後：このとき，金属球の速度は0と見なせるので，金属球が液体2から受ける抵抗力も0と見なせる。結局，「直前」と同じ状況と見なせるから

$$N_3=N_2=(M+\rho V)g$$

(6) 金属球には，重力と抵抗力（上向き）がはたらいている。したがって，金属球の運動方程式は

$$ma=mg-kv$$

液体2には，金属球が受ける抵抗力の反作用（下向き）がはたらく。液体

2および水槽は静止しているから，両者にはたらく力のつり合いより

$$N_4=Mg+\rho Vg+kv$$
$$=(M+\rho V)g+kv$$

(7) 〔解答〕(7)に記した状況をすぐに思い浮かべられるのがよいが，解答としては，(6)の答えにおいて $v=v_0$，$a=0$，N_4 を N_5 としてもよい。

(8) $t=0\sim t_1$ では，金属球の速度が増して抵抗力（上向き）が大きくなるので，その反作用（下向きで液体2にはたらく）も大きくなり，液体2および水槽にはたらく外力のつり合いから，N も大きくなっていくことがわかる（この段階では，(キ)，(ク)，(ケ)が答えの候補である）。

$t>t_2$ では，金属球は水槽の底面に静止しているので，水槽が金属球から受ける力は mg（下向き）であり，液体2および水槽が受ける下向きの外力は(7)と同じである。したがって，力のつり合いより $N=N_5$ である。よって答えは(ク)とわかる。

(1) $V_1=-v_0Bd$

(2) $I_1=-\dfrac{v_0Bd}{R}$　選択肢：(ク)

(3) $Q=Cv_0Bd$，$U=\dfrac{1}{2}C(v_0Bd)^2$

(4) $J=\dfrac{1}{2}C(v_0Bd)^2$

(5) $I_2=-\dfrac{v_0Bd}{R}$　選択肢：(ソ)，$I_3=\dfrac{v_0Bd}{R}$　選択肢：(コ)

(6) $V_2=-\dfrac{1}{3}v_0Bd$　選択肢：(ツ)，$V_3=-\dfrac{1}{3}v_0Bd$　選択肢：(セ)

(7) $V_4(t)=a\omega Bd\sin(\omega t)$　選択肢：(テ)

(8)—(ヌ)，(ハ)

(9) $I_4(t)=\dfrac{a\omega Bd}{R}\sin(\omega t)$　選択肢：(テ)

解説

《誘導起電力を電源としたコンデンサーおよびコイルを含む回路》

(1) 金属棒中の電子は金属棒とともに速さ v_0 で移動する。電子にはロー

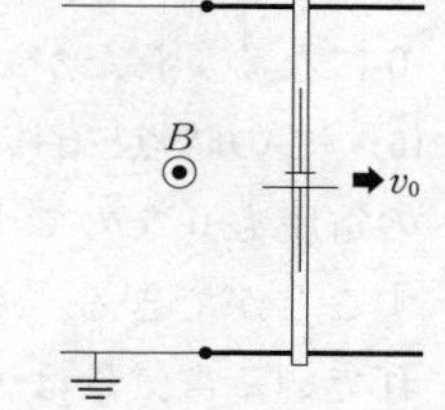

レンツ力が y 軸の正の向きにはたらく（フレミングの左手の法則）。その結果，金属棒には右図に示した向きに誘導起電力（記号 ⫩ を参照）が生じ，点 A_1 の電位は負である。したがって

$$V_1=-v_0Bd$$

(2) $t=0$ において，コンデンサーの電荷は 0 で電圧も 0 なので，抵抗には金属棒の誘導起電力が直接加わる形になっている。(1)の答えを用い，誘導起電力の向きと電流の符号の関係に注意して

$$I_1=-\frac{|V_1|}{R}=-\frac{v_0Bd}{R}$$

電荷がたまるにつれコンデンサーの電圧は大きくなり，抵抗に加わる電圧は小さくなるので I_1 の大きさは小さくなっていき，コンデンサーの電圧が $|V_1|$ に等しくなった時点で $I_1=0$ となる。したがって，グラフは(ク)。

(3) 〔解説〕(2)を参照して

$$Q=C|V_1|=Cv_0Bd,\quad U=\frac{1}{2}CV_1{}^2=\frac{1}{2}C(v_0Bd)^2$$

(4) 金属棒に加えられた仕事 W の値は図1の回路に与えられたエネルギーの値に等しいから，エネルギー保存則より

$$\begin{aligned}J&=W-U\\&=Q|V_1|-U\\&=Cv_0Bd\times v_0Bd-\frac{1}{2}C(v_0Bd)^2\\&=\frac{1}{2}C(v_0Bd)^2\end{aligned}$$

(5) $t=t_1$ の直前において，A_2 側のコンデンサーには(3)で求めた電気量 Q が蓄えられていて電圧は $|V_1|$ に等しく，下側の極板に正電荷がたまっている。A_3 側のコンデンサーには電荷がなく電圧は 0 である。$t=t_1$ で，2 つのコンデンサーを含む回路には時計回りに電流が流れ出すから $I_2<0$，$I_3>0$ である。抵抗には大きさ $|V_1|$ の電圧が加わっているので

$$I_2=-\frac{|V_1|}{R}=-\frac{v_0Bd}{R},\quad I_3=\frac{|V_1|}{R}=\frac{v_0Bd}{R}$$

$t=t_1$ の直前では I_2，I_3 はともに 0。$t\geqq t_1$ では，$t=t_1$ の時と同様に回路には時計回りに電流が流れるので $I_2<0$，$I_3>0$ であり，ともに絶対値

は減少していき，両コンデンサーの電圧が等しくなった時点で両者ともに0になる。したがって，グラフは I_2 が(ソ)，I_3 が(コ)となる。

(6)　この時点において，回路を流れる電流は0になっていて，抵抗の両端の電圧も0なので $V_2=V_3$ であり，2つのコンデンサーは並列接続と見なすことができる。その場合，合成電気容量は $2C+C=3C$，全体に蓄えられている電気量は(3)で求めた Q に等しい（上の極板は負の電荷）。したがって

$$V_2=V_3=-\frac{Q}{3C}=-\frac{Cv_0Bd}{3C}=-\frac{1}{3}v_0Bd$$

$t=t_1$ の直前では，$V_2=V_1$（負値），$V_3=0$ である。$t\geqq t_1$ では，A_2 側のコンデンサーからの放電に伴って，V_2 は負値のまま絶対値が減少して（放電）上記の値に至り，V_3 は0から負値で絶対値を大きくして（充電）上記の値に至る。したがって，グラフは，V_2 が(ツ)，V_3 が(セ)である。

(7)　$v(t)>0$ の場合には，〔解説〕(1)の図と同様に $V_4(t)<0$ となる。したがって

$$\begin{aligned}V_4(t)&=-v(t)Bd\\&=-\{-a\omega\sin(\omega t)\}Bd\\&=a\omega Bd\sin(\omega t)\end{aligned}$$

上式より，$t=0$ から1周期分の $V_4(t)$ のグラフは(テ)である。

(8)　(7)の答えからわかるように金属棒に生じる誘導起電力は単振動のように変動し，角周波数 ω の交流電源になっている。したがって，電流の振幅が最大（電流の実効値が最大）になるのは回路のインピーダンスが最小の場合である。(ヌ)（S_2，S_3 が開いている）の場合，回路はRLC直列回路になっていて，問題文に与えられている式 $\omega^2LC=1$ $\left(\omega L=\dfrac{1}{\omega C}\right)$ は，この回路が直列共振を生じていてインピーダンスが最小値の R になっていることを示している。また(ハ)（S_2，S_3 が閉じている）の場合もインピーダンスの値は R である。(ネ)，(ノ)の場合，インピーダンスはそれぞれ

$$\sqrt{R^2+\left(\frac{1}{\omega C}\right)^2},\ \sqrt{R^2+(\omega L)^2}$$

であり，どちらも R より大きい。したがって，求める答えは(ヌ)，(ハ)である。

(9) 〔解説〕(8)に記したように，このとき回路中には抵抗だけしか入っていないと見なしてよい。したがって，電流と電圧の瞬時値は同位相で変動する。ただし，電流の符号の設定によってはこれが形式的に逆位相で表される可能性があるので，念のために本問での電流の向きの設定が交流の理論と合致しているかどうかを確かめておこう：時刻 t において点Aの電位（電源の電圧）が $V_4(t)>0$ ならば，起電力の向きは〔解説〕(1)の図とは逆向きで電流は上向きに流れるので，確かに $I_4(t)>0$ である。よって，$I_4(t)$ と $V_4(t)$ は同位相だから，(7)の答えを用いて

$$I_4(t)=\frac{1}{R}V_4(t)=\frac{a\omega Bd}{R}\sin(\omega t)$$

上式より，$I_4(t)$ のグラフは(テ)である。

III 解答

(1)(あ) 2　**(い)** 3　**(う)**—(ア)　**(え)** 2　**(お)** 2
(か)—(エ)

(2) $n=\dfrac{\beta}{\alpha}$　**(3)** $\theta=(n-1)\alpha$　**(4)** $L_C=\dfrac{d}{2\theta}$

(5)(あ) $x_P\theta$　**(い)** $x_P\theta$　**(う)** $2x_P\theta$

(6) $2x_P\theta=m\lambda$

(7) $\dfrac{\lambda}{2\theta}$

(8)(あ)—(ウ)　**(い)**—(カ)

(9)—(ウ)

解説

《凸レンズによる像のでき方，特殊なプリズムを用いた光の干渉実験》

(1)(あ) $l_1<f$ だから，正立の虚像が現れる。求める距離を b（負）とすると，凸レンズの公式より

$$\frac{1}{\frac{2}{3}f}+\frac{1}{b}=\frac{1}{f}$$

この式から

$$b=-2f$$

(い) 求める倍率を m とすると

$$m=\frac{|b|}{l_1}=\frac{2f}{\frac{2}{3}f}=3$$

(う)　〔解説〕(1)(あ)に記した通りで，答えは(ア)。

(え)　$l_1>f$ だから，倒立の実像が現れる。像の倍率が1だから，$\frac{l_2}{l_1}=1$ であり $l_1=l_2$。凸レンズの公式より

$$\frac{1}{l_1}+\frac{1}{l_2}=\frac{2}{l_1}=\frac{1}{f}$$

この式から

$$l_1=2f$$

(お)　〔解説〕(1)(え)より

$$l_2=l_1=2f$$

(か)　〔解説〕(1)(え)に記した通りで，答えは(エ)。

(2)　右図のように，プリズムから空気中に出るときの光線の入射角は α であり，屈折の法則より

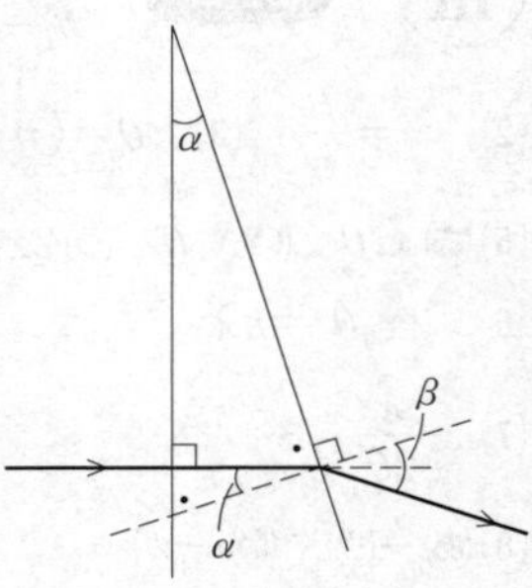

$$n\sin\alpha=1\times\sin\beta$$

$$\therefore\quad n=\frac{\sin\beta}{\sin\alpha}=\frac{\beta}{\alpha}$$

(3)　〔解説〕(2)の図と(2)の答えより

$$\theta=\beta-\alpha=n\alpha-\alpha=(n-1)\alpha$$

(4)　右図中の光 a，光 b はそれぞれ AC 間および BC 間から出た光を意味していて，点 A および点 B から出た光線がどちらも点 O を通る場合を描いている。右図の状態から x 軸（スクリーン）を右に少しでも移動させれば，点 O には光 a，光 b が到達しなくなる。つまり，右図は $L=L_C$ の状態を示している。したがって

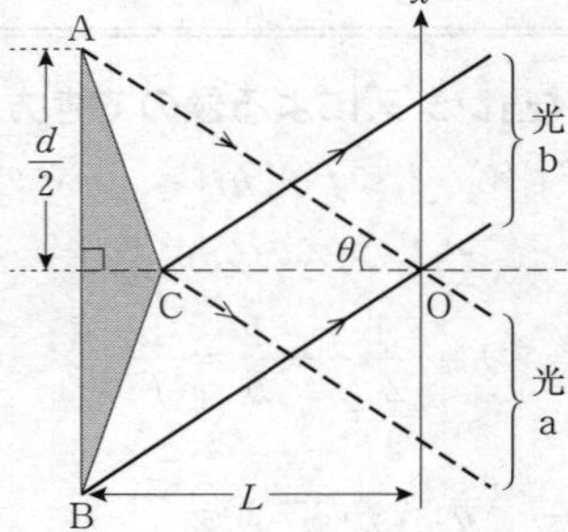

$$\tan\theta=\frac{\frac{d}{2}}{L_C}$$

$$\therefore\quad L_C=\frac{\frac{d}{2}}{\tan\theta}\fallingdotseq\frac{\frac{d}{2}}{\theta}=\frac{d}{2\theta}$$

(5)(あ)　右図のように，点Pから線分 a′O に引いた垂線の足を点 a″ とすると

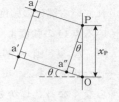

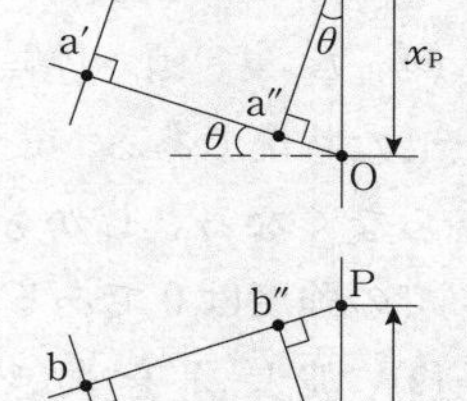

$$|\overline{\mathrm{aP}}-\overline{\mathrm{a'O}}|=\overline{\mathrm{a''O}}$$
$$=x_P\sin\theta$$
$$\fallingdotseq x_P\theta$$

(い)　右図のように，点Oから線分 bP に引いた垂線の足を点 b″ とすると

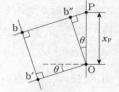

$$|\overline{\mathrm{bP}}-\overline{\mathrm{b'O}}|=\overline{\mathrm{b''P}}$$
$$=x_P\sin\theta$$
$$\fallingdotseq x_P\theta$$

(う)　$x_P\geqq 0$ の場合

$$\overline{\mathrm{aP}}<\overline{\mathrm{a'O}}=\overline{\mathrm{b'O}}<\overline{\mathrm{bP}}$$

である。上式中の2つの不等号に注目すると，(5)(あ)，(い)の答えより，どちらの不等号についても左右両辺の差は $x_P\theta$ である。したがって次式が成り立つ。

$$|\overline{\mathrm{bP}}-\overline{\mathrm{aP}}|=2x_P\theta$$

(6)　$x_P\geqq 0$ の場合 $\overline{\mathrm{aP}}<\overline{\mathrm{bP}}$ だから，(5)(う)の答えより，平面波1と平面波2が強め合う条件は

$$\overline{\mathrm{bP}}-\overline{\mathrm{aP}}=2x_P\theta=m\lambda$$

(7)　x 軸上の座標 x の位置が明線になる条件は，(6)の答えより

$$2x\theta=m\lambda$$

このときを m 番目の明線の位置とし，$(m+1)$ 番目の明線の位置を x' とすると

$$2x'\theta=(m+1)\lambda$$

これらの2式より

$$\Delta x=x'-x=\frac{\lambda}{2\theta}$$

(8)(あ)　〔解説〕(4)の図を参照。$L<L_C$ では，スクリーン上の点Oを含む

ある範囲の領域において2つの平面波が重ね合わさり干渉を生じるが，原点Oでは強め合うから，答えになり得る候補は(ア)と(ウ)である。次に，この2つのグラフにおいて，両サイドの領域は単一の平面波によって照らされている部分の強度を意味しているから，その部分の強度は，強め合っている点Oの強度より小さいはずである。したがって，答えは(ウ)。

(い)　$L > L_C$ は，〔解説〕(4)の図において x 軸（スクリーン）を右に移動させた状況である。この場合，2つの平面波はスクリーン上では重ね合わさらなくなる。しかも，点Oにはどちらの平面波も到達しないので，点Oでの強度は0である。したがって，答えは(カ)。

(9)　波長 λ を大きくして屈折率 n が小さくなると，(3)の答えの「$\theta=(n-1)\alpha$」より，図4，図5の θ が小さくなる。一方，〔解説〕(7)より「$\Delta x=\dfrac{\lambda}{2\theta}$」なので，$\lambda$ が大きくなり同時に θ が小さくなるなら，Δx は大きくなることがわかる。したがって，答えは(ウ)である。

講評

2024年度は，2023年度と比べて易化傾向である。基本事項の確実な理解を確かめる設問と，応用力・思考力・直感力をみる設問で構成されている。状況設定の説明や小問による誘導が丁寧に行われている。

I　水槽が受ける垂直抗力に注目している点でやや難度が上がっている。物体が液体から受ける浮力や抵抗力については受験生も扱い慣れているだろうが，液体側が受ける力を考える機会はなかったかもしれない。全般的に，込み入った内容ではないが，(8)は的確な状況把握が要求されている。全体としての難易度は標準的ないしやや平易と言える。

II　前半は，コンデンサーの問題としては頻出の内容なのだが，電源が電池ではないという点でやや難しくなっている。後半は単振動と交流を融合させた出題だが，金属棒の位置 $x(t)$ と速度 $v(t)$ が問題文に与えられているので難しくはない。(8)，(9)は交流の理論に慣れていれば易しい内容だっただろう。全体としての難易度は標準的と言える。

III　凸レンズに関する(1)とプリズムに関する(2)，(3)は基本的な内容。(4)は状況設定を正しく把握していれば易しいが，そうでないと戸惑っただろう。(5)は(6)に答えるための準備であり，もし(5)がなかったなら，(6)以降がかなり難しい問題になっただろう。全体としての難易度は標準的と言える。

試験時間は単純計算で大問 1 題当たり 25 分であり，見直しの余裕はなかったと思われる。

化　学

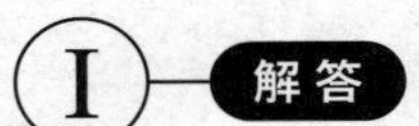

(1)**ア.** 蒸気圧　**イ.** 昇華圧　**ウ.** 三重点　**エ.** 臨界点　**オ.** 超臨界　**カ.** ゴム状硫黄

(2)—(c)

(3)変化：高くなる

理由：融解曲線が右下がりなので，圧力を低くすると，凝固点が高くなるから。(40 字以内)

(4)(i)16 個　(ii)1.3×10^{-1} g

(5)下線②：F　下線③：D

(6)—(b), (d)

解説

《水の状態図と状態変化，硫黄の同素体の変化と性質，硫黄の溶液の凝固点降下》

(1)**ア～オ.** 固体と液体の状態間の境界線は融解曲線，液体と気体の状態間の境界線は蒸気圧曲線，固体と気体の状態間の境界線は昇華圧曲線という。この 3 本の境界線が交差する点を三重点という。液体と気体の状態間の境界線は臨界点で途切れる。臨界点よりも高温・高圧では物質が液体とも気体とも区別がつかなくなる。その状態の物質を超臨界流体という。

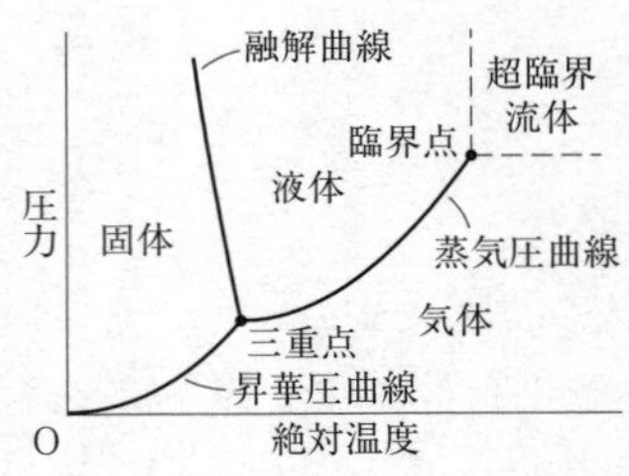

カ. 硫黄の同素体には斜方硫黄，単斜硫黄，ゴム状硫黄があり，ゴム状硫黄は硫黄原子が鎖状につながった構造をもつ。

(2)　三重点の圧力は大気圧よりも低圧で，温度は 0°C よりも少しだけ高い。臨界点の温度は 100°C よりもかなり高温とわかっていれば解答できるだろう。

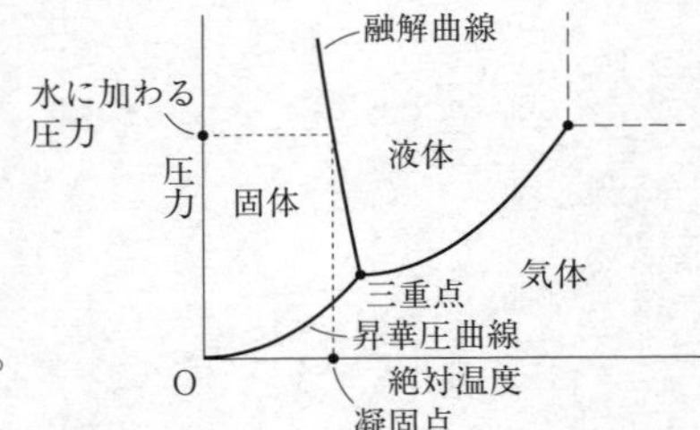

(3)　融解曲線は右下がりなので，圧

力が低下すると，曲線上の温度である凝固点は高くなることになる。

(4)(i)　斜方硫黄分子 S_8 が単位格子中に n 個含まれているとすると，単位格子中に硫黄原子は $8n$ 個含まれているので，密度を求める計算をすると

$$\frac{\dfrac{32.0}{6.02\times10^{23}}\times8n}{3.30\times10^{-21}}=2.07$$

$\therefore\quad n=16.0\fallingdotseq16$ 個

(ii)　斜方硫黄分子（$S_8=256$）を w[g] 溶解したとすると，凝固点降下度を求める式は

$$29.8\times\frac{w}{256}\times\frac{1000}{100}=0.15$$

$\therefore\quad w=0.128\fallingdotseq0.13$[g]

(5)　下線②：固体（単斜硫黄），液体，気体が共存するのは点Ｆである。
下線③：斜方硫黄，単斜硫黄，液体が共存するのは点Ｄである。

(6)　標準大気圧のもとで，斜方硫黄の結晶を 121°C に十分な時間加熱すると，斜方硫黄は液体硫黄に変化し（次図の点ア），ゆっくりと 110°C に冷却する（点イ）と，単斜硫黄として安定すると思われるので，(a)は誤文，(b)は正文。

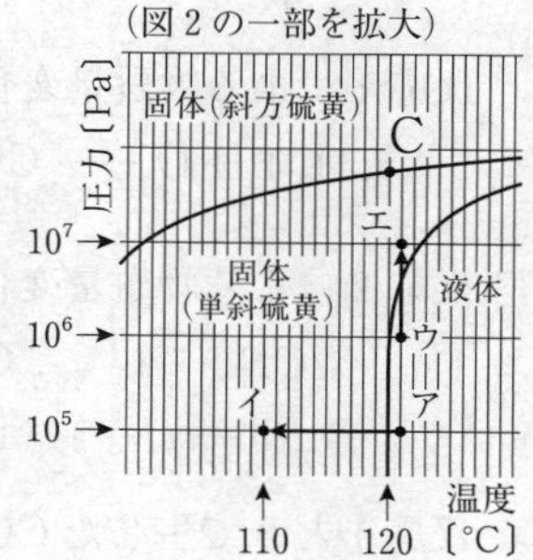

1×10^6 Pa の圧力のもとで，斜方硫黄の結晶を 121°C に十分な時間加熱すると，斜方硫黄は液体硫黄に変化し（点ウ），121°C のままゆっくりと 1×10^7 Pa に加圧する（点エ）と，単斜硫黄として安定すると思われるので，(c)は誤文，(d)は正文。

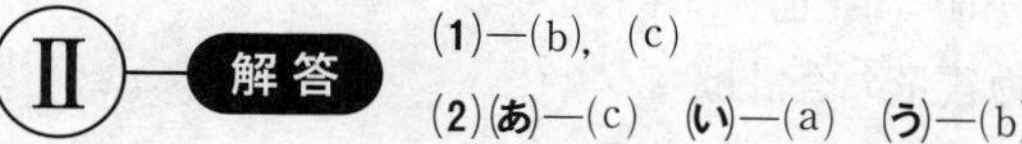

(1)—(b)，(c)

(2)(あ)—(c)　**(い)**—(a)　**(う)**—(b)

(3)(i) x：$2(1.00-n)$〔mol〕　y：$3.00+n$〔mol〕　**(ii)** 1.1 mol

(4)(ア) Cu　**(イ)** Al，Fe，Ni

(5)(i)　$2NH_3+CO_2\longrightarrow(NH_2)_2CO+H_2O$　**(ii)** 3.7×10%

(6)　$(NH_4)_2SO_4+Ca(OH)_2\longrightarrow CaSO_4+2NH_3+2H_2O$

解説

《NH_3 の合成，CH_4 の改質，尿素の合成と窒素の性質》

(1)　Fe_3O_4 は黒色の光沢を示し，強い磁性をもつ。酸化数 $+2$ と $+3$ の鉄を含むので，酸化数 $+3$ の鉄を含む Fe_2O_3 への変化は還元ではない。

(2)(a)　オストワルト法で NH_3 を酸化して NO にする反応では触媒として金属（Pt）が使われている。

(b)　一酸化炭素と水素からメタノールを生成させる反応では触媒として金属酸化物（ZnO など）が使われている。

(c)　エチレンと水蒸気からエタノールを生成させる反応では触媒として酸（H_3PO_4）が使われている。

(3)(**i**)　反応 2 で反応する CH_4 は $1.00-n$〔mol〕なので，この CH_4 と反応する O_2 の物質量は

$$(1.00-n)\times\frac{1}{2}=\frac{1.00-n}{2}\text{〔mol〕}$$

空気として O_2 を供給したとき，用いた空気に含まれる N_2 の物質量は

$$\frac{1.00-n}{2}\times 4=2(1.00-n)\text{〔mol〕}$$

反応 1 による物質量変化は

$$\underset{-n}{CH_4}+\underset{-n}{H_2O}\longrightarrow\underset{+n}{CO}+\underset{+3n}{3H_2}\quad\text{（単位は mol）}$$

反応 2 による物質量変化は

$$\underset{-(1.00-n)}{2CH_4}\quad+\quad\underset{-\frac{1}{2}(1.00-n)}{O_2}\quad\longrightarrow\quad\underset{+(1.00-n)}{2CO}\quad+\quad\underset{+2(1.00-n)}{4H_2}$$

反応 1 と 2 で生じた CO が反応 3 を起こしたときの物質量変化は

$$\underset{-1.00}{CO}+\underset{-1.00}{H_2O}\longrightarrow\underset{+1.00}{CO_2}+\underset{+1.00}{H_2}\quad\text{（単位は mol）}$$

よって，生成した H_2 の物質量の合計は

$$3n+2(1.00-n)+1.00=3.00+n\text{〔mol〕}$$

(**ii**)　$x:y=2(1.00-n):(3.00+n)=1:3$ より

$$n=\frac{3}{7}\text{〔mol〕}$$

したがって

$$x=2\left(1.00-\frac{3}{7}\right)=1.14\fallingdotseq 1.1\text{[mol]}$$

(4)(ア) Cu は希塩酸，希硫酸とは反応しないが，濃硝酸には溶ける。

(イ) Al，Fe，Ni は濃硝酸に入れると，表面に薄くて緻密な酸化被膜を形成し，内部を保護するため反応は進行しない。

(5)(i) NH_3 と CO_2 を高温・高圧で反応させると尿素が得られる。

$$2NH_3+CO_2 \longrightarrow (NH_2)_2CO+H_2O$$

(ii) 用いた CO_2（分子量 44.0）が完全に反応したときに生成する尿素（分子量 60.0）の質量は

$$\frac{1000}{44.0}\times 60.0=1363\text{[kg]}$$

尿素の収率は

$$\frac{500}{1363}\times 100=36.6\fallingdotseq 37\text{[\%]}$$

(6) 硫酸アンモニウムと消石灰（主成分 $Ca(OH)_2$）を混合すると次式のようにアンモニアが遊離してしまい，窒素肥料としての効果が減少してしまう。

$$(NH_4)_2SO_4+Ca(OH)_2 \longrightarrow CaSO_4+2NH_3+2H_2O$$

III ― 解答

問1． (1) $Br_2CH-CHBr_2$（各C原子にBr 2個：Br＼CH−CH／Br，Br／　＼Br）

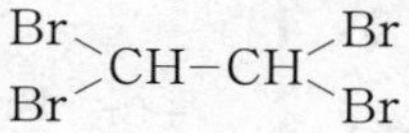

(2)(i) 342 (ii) 6％ (iii) 38％

(3) C_5H_8

(4) **C**：$CH_3-CH_2-CH_2-C(=O)-CH_3$

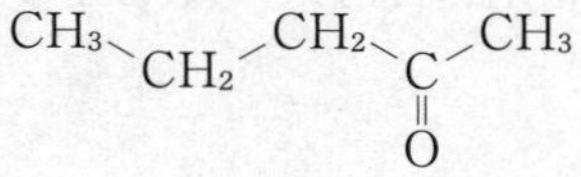

D：$CH_3-CH_2-C(=O)-CH_2-CH_3$

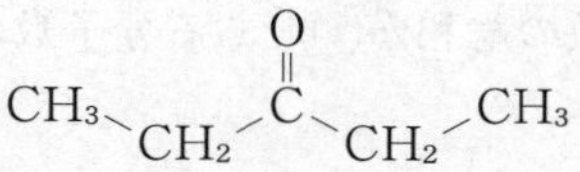

(5)―C，E

(6) 環状構造：CH_2-CH_2 / CH_2　CH_2 / CH_2　CH_2 / $C\equiv C$（シクロオクチン，$-CH_2-CH_2-CH_2-C\equiv C-CH_2-CH_2-CH_2-$ の8員環）

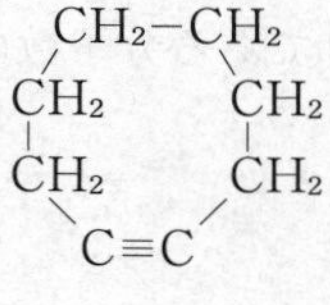

問2． (1)基質特異性

(2)A　B

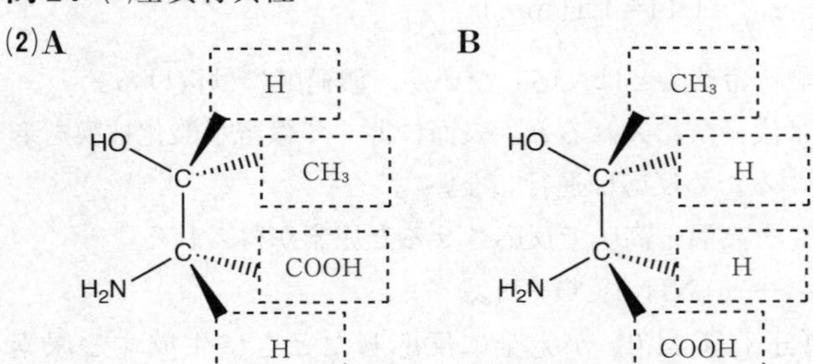

(3)—(う)

(4)—(お)

(5) 6 種類

(6)—(く)

(7)　アラニンはアミノ基をもつが，環状ペプチドはアミノ基をもたないため。(40 字以内)

解説

《アルキンの性質と反応，アミノ酸の鏡像異性体とジアステレオ異性体，環状ペプチド》

問1． (1)　アセチレン 1 分子に十分多量の臭素を反応させると，次のように 2 分子の臭素が付加する。

$$HC\equiv CH \xrightarrow{+Br_2} \underset{\substack{| \\ Br}}{HC}=\underset{\substack{| \\ Br}}{CH} \xrightarrow{+Br_2} \begin{matrix} Br \\ Br \end{matrix}\!\!>CH-CH<\!\!\begin{matrix} Br \\ Br \end{matrix}$$

(2)(i)　^{79}Br の質量数は 79，^{12}C の質量数は 12，^{1}H の質量数は 1 なので，(ア)の値は

$$79\times4+12\times2+1\times2=342$$

(ii)　化合物 **A** の全分子数に対する，質量数の総和が(ア)である分子数の割合は，^{79}Br を 4 個選ぶ場合を考える。

$$\left(\frac{1}{2}\right)^4\times100=6.2\fallingdotseq6〔\%〕$$

(iii)　化合物 **A** の全分子数に対する，質量数の総和が(ウ)である分子数の割合は，^{79}Br を 2 個，^{81}Br を 2 個選ぶ場合を考える。

$$\left(\frac{1}{2}\right)^4\times{}_4C_2\times100=37.5\fallingdotseq38〔\%〕$$

(3)　化合物 **B** 102 mg に含まれる炭素，水素の質量は

$$\mathrm{C}：330\times\frac{12.0}{44.0}=90.0\,[\mathrm{mg}]$$

$$\mathrm{H}：108\times\frac{2.0}{18.0}=12.0\,[\mathrm{mg}]$$

炭素，水素の物質量比は

$$\mathrm{C}：\mathrm{H}=\frac{90.0}{12.0}：\frac{12.0}{1.00}=5：8$$

化合物 **B** の分子量は 100 以下なので，分子式も C_5H_8 とみなしてよい。

(4)　アルキンに水が付加するとエノール（炭素間二重結合に OH 基が結合したもの）が生成するが，エノールは不安定なので，ケト（アルデヒドまたはケトン）に異性化する。異性化して生じた **C**，**D** はどちらも還元性をもたないので，ケトンである。炭素骨格の末端に OH 基があるエノールはアルデヒドになる。

$$\mathrm{R{-}C{\equiv}C{-}H}\xrightarrow{+H_2O}\begin{cases}\mathrm{(R)(HO)C{=}CH_2}\xrightarrow{\text{異性化}}\mathrm{R{-}\underset{\underset{O}{\|}}{C}{-}CH_3}\\[2ex]\mathrm{(R)(H)C{=}C(H)(OH)}\xrightarrow{\text{異性化}}\mathrm{R{-}CH_2{-}C({=}O){-}H}\end{cases}$$

B は末端に炭素間三重結合をもたないアルキンである。

以下に挙げる炭素数 5 のアルキンの炭素骨格のうち，炭素間三重結合が末端にないものは 1 種しかない。

$CH_3{-}CH_2{-}CH_2{-}C{\equiv}CH$

$CH_3{-}CH_2{-}C{\equiv}C{-}CH_3$

$CH_3{-}\underset{\underset{CH_3}{|}}{C}{-}C{\equiv}CH$

B から **C**，**D**，**E**，**F** が生成するまでのフローチャートは次の通り。

$$\underset{\textbf{B}}{CH_3{-}CH_2{-}C{\equiv}C{-}CH_3}\xrightarrow{+H_2O}CH_3{-}CH_2{-}CH{\equiv}\underset{\underset{OH}{|}}{C}{-}CH_3$$

$$\xrightarrow{\text{異性化}} CH_3-CH_2-CH_2-\underset{\underset{O}{\|}}{C}-CH_3$$

C

$$\xrightarrow{\text{還元}} CH_3-CH_2-CH_2-{}^{*}\underset{\underset{OH}{|}}{CH}-CH_3$$

E

$$\underset{\mathbf{B}}{CH_3-CH_2-C\equiv C-CH_3} \xrightarrow{+H_2O} CH_3-CH_2-\underset{\underset{OH}{|}}{C}=CH-CH_3$$

$$\xrightarrow{\text{異性化}} CH_3-CH_2-\underset{\underset{O}{\|}}{C}-CH_2-CH_3$$

D

$$\xrightarrow{\text{還元}} CH_3-CH_2-\underset{\underset{OH}{|}}{CH}-CH_2-CH_3$$

F

(5)　アセチル基 $CH_3-\underset{\underset{O}{\|}}{C}-$ をもつ化合物と，酸化によってアセチル基を生じるアルコール $CH_3-\underset{\underset{OH}{|}}{CH}-$ が陽性なので，**C**，**E** が該当する。

(6)　2022 年のノーベル化学賞ではクリックケミストリーという様々な分子の結合を効率的に行う手法が受賞対象となった。触媒を使わない簡便な条件で，環状アルキンに対する付加反応が可能であることを示したのがその研究の始まりである。

化合物 **G** は不飽和度 3（アルカンよりも H が 6 個少ない）で，炭素間三重結合をもつので，他に環構造または炭素間二重結合をもつ。**G** 1 分子に付加した水は 1 分子であるから，**G** は炭素間二重結合をもたない。よって，**G** は炭素数 8 の環構造をもつアルキンである。

$$\underset{\mathbf{G}}{\text{環}(CH_2-CH_2,\ CH_2,\ CH_2,\ CH_2,\ CH_2,\ C\equiv C)} \xrightarrow{+H_2O} \text{環}(CH_2-CH_2,\ CH_2,\ CH_2,\ CH_2,\ CH_2,\ \underset{H}{C}=\underset{OH}{C})$$

```
              CH2−CH2                       CH2−CH2
異性化       /       \        還元          /       \
──────→  CH2          CH2   ──────→     CH2          CH2
          |            |                 |            |
          CH2          CH2               CH2          CH2
             \        /                     \        /
              CH2−C                          CH2−CH
                   ‖                              |
                   O                              OH
                H                                  I
```

問2. (1)　酵素は，ある特定の構造をもつ基質にのみ結合して，触媒作用を示す。これを基質特異性という。

(2)　L-トレオニンと立体異性体を区別するため，次のように構造を考える。不斉炭素原子に結合している同一平面上にある3つの原子団に対し，はじめについている原子の原子番号の大きい方から優先順位を，それで解決しない場合は2番目以降についている原子の原子番号で判断する。

α-炭素（アミノ基とカルボキシ基の結合する炭素）では

1位：NH_2　2位：COOH　3位：H

β-炭素（アミノ酸側鎖）では

1位：OH　2位：CH_3　3位：H

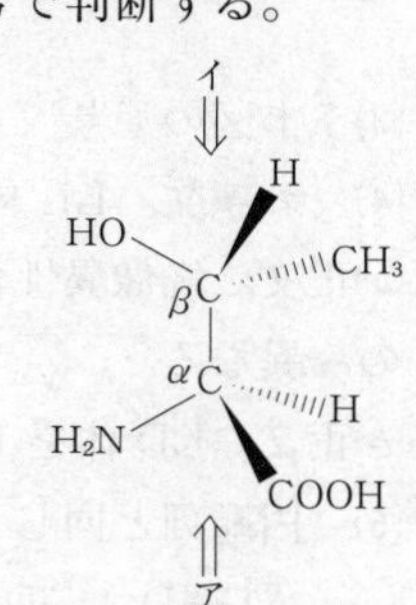

となる。L-トレオニンではα-炭素の場合，右図の下側アから見たとき，1→2→3は右回りである。β-炭素の場合，右図の上側イから見たとき，1→2→3は右回りである。

次図のように，L-トレオニンに酵素がはたらいて生じる**A**は，α-炭素のみ変換反応が起こるので，α-炭素は左回りに変わり，β-炭素は右回りのままである。

D-トレオニンはL体の鏡像異性体なので，α-炭素は左回り，β-炭素も左回りである。D体に酵素がはたらいて生じる**B**は，α-炭素のみ変換反応が起こるので，α-炭素は右回りに変わり，β-炭素は左回りのままである。

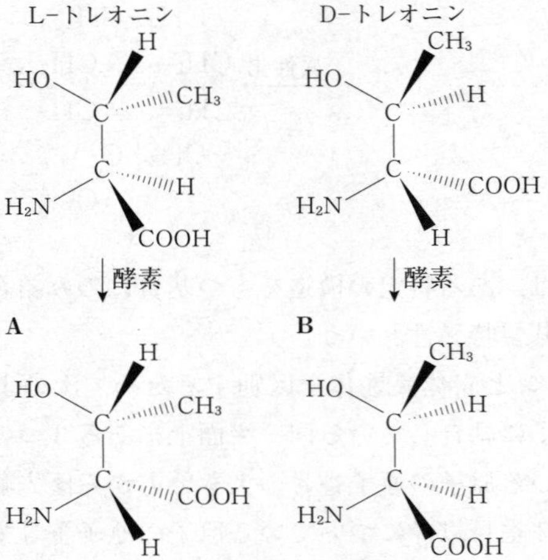

L−トレオニン　　D−トレオニン

酵素　　酵素

A　　B

(3)　上図の通り，**A** と **B** は鏡像異性体である。

(4)　(お)誤文。LL 体と DD 体は鏡像異性体である。

(か)正文。鏡像異性体にある物質は，化学的・物理的性質は同じで，旋光性のみ異なる。

(き)正文。LD 体を 180° 回転させると，DL 体の構造と一致する。

(5)　円順列と同じように考える。

D−D　　D−D　　D−L　　D−L
|　|　　|　|　　|　|　　|　|
D−D　　D−L　　D−L　　L−D

L−L　　L−L
|　|　　|　|
L−D　　L−L

以上 6 種類である。

(6)・(7)　アラニンにはアミノ基があるが，環状ペプチドはアミノ基がアミド結合に変化しているので，アミノ基の有無で区別をすればよい。

講評

2022 年度は問 1，問 2 からなる大問 3 題，実質 6 題であったが，2023 年度は大問 3 題，大問 3 のみ問 1，問 2 に分かれており，実質 4 題の出題となり，2024 年度も 2023 年度と同じ形式で出題された。試験時間は情報（コンピュータ科）・理・医・工・農学部が 2 科目 150 分，情報（自然情報）学部が1科目75分であった。問題量は2023年度よりもやや減少し，難易度は2023年度よりもやや易化した。論述問題は2問，導出過程を書かせる問題，描図の問題の出題はなかった。

Ⅰ　水の状態図と状態変化，硫黄の同素体の変化と性質，硫黄の溶液の凝固点降下に関する問題であった。(1)では水の状態図の基礎，(2)では三重点に関する知識，(3)では状態図の理解が問われる論述問題が出題された。(6)は硫黄の状態図から，硫黄の同素体間の変化を起こす条件を選ぶ問題が出題された。状態図を理解しているかどうかを問う良問といえるだろう。

Ⅱ　NH_3 の合成，CH_4 の改質，尿素の合成と窒素の性質に関する問題であった。(2)ではいろいろな反応の触媒を選択させる問題，(3)では CH_4 の改質反応と量的関係，(5)では尿素の合成反応と量的関係が出題された。条件をしっかり理解すれば，間違えずに解答できるだろう。

Ⅲ　問1はアルキンの性質と反応，臭素化物の存在比に関する問題であった。小問全体がエノール型がケト型に異性化することについての出題であった。(2)では臭素の同位体化合物の存在比，(6)ではクリックケミストリーの有名反応の1つとして，炭素数8の環状アルキンの付加反応について出題された。エノール型がケト型に異性化することを問題演習などで経験していれば，問題文の誘導に乗って解答できるだろう。

問2はアミノ酸の鏡像異性体とジアステレオ異性体，環状ペプチドに関する問題であった。小問全体がアミノ酸の立体異性体の区別に関する出題で，かなり丁寧な誘導がついていた。環状ペプチドの異性体数や環状ペプチドとアミノ酸の判別法は実力差がついたかもしれない。

大半は基本的な内容であったが，一部の設問では教科書に記されていない内容，反応や構造に関する知識や理解も必要であり，問題文に誘導があるとはいえ，ノーベル賞などの最新の化学に関する知見もあったほうが有利かもしれない。2023年度の問題と比べると分量はやや減少しているが，試験時間に対して問題量は多いので，手間がかかる問題，細かい知識を問う問題を後回しにして，取り組みやすい問題から解答していきたい。

生物

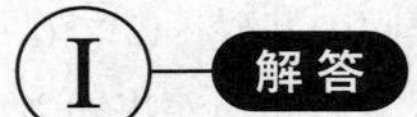

(1)(ア)大　(イ)古細菌（アーキア）
(ウ)真核生物（ユーカリア）

(2)細胞内共生説

(3)アンチコドン

(4)　タンパク質Lの立体構造が変化してストレプトマイシンが結合できなくなったため，タンパク質合成の開始が阻害されなくなったから。

(5)(i)DNAの模式図：(b)　遺伝子の組み合わせ：(s)

(ii)DNAの模式図：(b)　遺伝子の組み合わせ：(t)

(6)　ミトコンドリアは共生細菌由来であるため，リボソームも細菌型であり，クロラムフェニコールが結合して電子伝達系のタンパク質合成が阻害されるから。

解説

《遺伝子組換えと抗生物質耐性》

(1)(ア)　リボソームの小サブユニットにはmRNAとの結合部位がある。mRNAのコドンに結合したtRNAが運んできたアミノ酸は，大サブユニットの酵素活性によりペプチド結合でつなげられて，ポリペプチドとなる。

(2)　共生説も可。

(4)　大腸菌は1倍体なので，*rpsL-mut* 変異遺伝子をもった大腸菌では，すべてのリボソームに突然変異があり，これによりストレプトマイシン耐性となる。また，ストレプトマイシン感受性の大腸菌に *rpsL-mut* 変異遺伝子をもったプラスミドを導入するとストレプトマイシン耐性を獲得することから，この個体では突然変異のあるリボソームと突然変異のないリボソームが混在しており，突然変異のあるリボソームにはストレプトマイシンが結合できないために耐性を獲得したと考えられる。

(5)(i)　図1より *Eco*RIの切断点が複製起点と *rpsL* 遺伝子の間であり，*rpsL* 遺伝子の転写方向は複製起点と反対向きの矢印になるので環状DNAの模式図は(b)である。また薬剤の影響を受けていないので遺伝子は図1と同じ組み合わせになる。

(ii)　薬剤の影響を受けた結果ストレプトマイシン耐性を獲得したので，遺伝子の並びは変化せず，*rpsL* 遺伝子に変異が起きたと考えられる。

(6)　真核生物ではミトコンドリアにもDNAがあり，ミトコンドリア内で転写と翻訳が行われて呼吸に必要なタンパク質の一部が産生される。ミトコンドリアは好気性細菌の共生により生じた細胞小器官なので，その名残りで細菌型のリボソームをもつ。

(1)　シグナル分子Xを添加してから15分以内に調節遺伝子*C*の転写が完了する。

(2)(ア)15　(イ)30

(3)(i)―(ア)　(ii)―(イ)　(iii)―(イ)

(4)　シグナル分子X添加から45分後に阻害剤を追加した図5 hの場合，X添加後30分の時点で酵素Aの活性があり，翻訳された調節タンパク質Cをリン酸化することで安定化させたため。

(5)　シグナル分子Yを添加すると，酵素Aは一時的に活性化されるが，30分後には活性が失われる。そのため翻訳された調節タンパク質Cのリン酸化が十分起こらず，タンパク質Cが速やかに分解され細胞増殖に必要な遺伝子群の転写・翻訳が発現しなかったから。

解説

《シグナル伝達と遺伝子のはたらき》

(1)　いろいろ書けそうだが，「調節遺伝子*C*の転写についてわかること」なので，それ以外の要素については書く必要はないだろう。

(2)　図3 bから調節遺伝子*C*の転写はXの添加から15分後までに完了しており，図3 cからそのmRNAを用いて15分後以降に翻訳が行われ，図3 a，dから30分後には翻訳は終了していると考えられる。

(3)(i)　10分後に阻害剤Zを加えた場合，30分後に調節タンパク質Cの産生がみられることから，10分で十分である。

(ii)・(iii)　10分後に阻害剤Zを加えた場合，図5 fのリン酸化がいずれも「－」表記であり，リン酸化が行われていないことがわかる。また調節タンパク質Cの分解が進んでいることもわかる。

(4)　X添加から45分後に阻害剤Zを加えた場合の図5 hから，X添加から30分後にリン酸化が行われていたことがわかり，X添加から60分後になると脱リン酸化が起こり，調節タンパク質Cが分解されていくことがわかる。

(5)「シグナル分子Yの添加」について問われていることに注意。ここまでの設問でわかったことを総合すれば，Yの添加で起こることも考えることができるはずである。

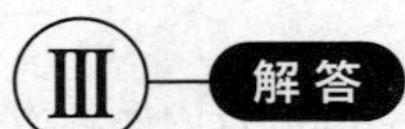

(1)(ア)オーキシン　(イ)サイトカイニン

(2)ジベレリン・エチレン・アブシシン酸・ブラシノステロイド・ジャスモン酸・フロリゲンなどから3つ

(3)

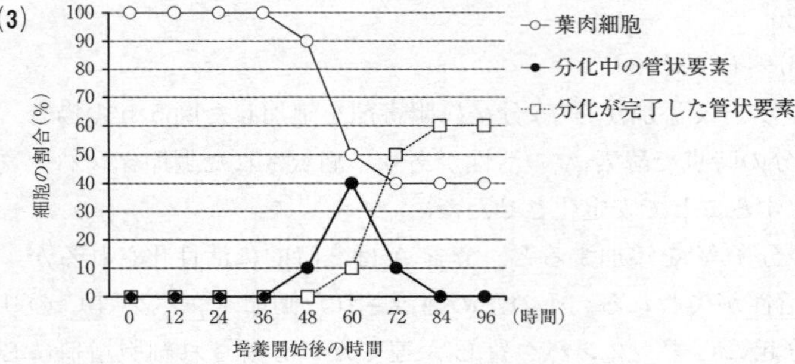

(4)ー b）

(5)ー d）

(6)ー c）

(7)　分化中の管状要素の細胞から分化を誘導するタンパク質が培養液中に放出されるので，細胞の密度が高いほど分化誘導タンパク質の濃度が上昇する。調整培地は分化誘導タンパク質の濃度が高いので，細胞が低密度でも管状要素に分化する割合が高くなる。

(8)　前形成細胞の一部が分化中の管状要素に変化するとタンパク質Xを発現し分泌する。周囲の前形成層細胞はタンパク質Xの作用により分化中の管状要素に変化してタンパク質Xを発現するようになり，この繰り返しによって全ての前形成層細胞が分化が完了した管状要素になる。

解説

《葉肉細胞の管状要素への分化》

(1)「光屈性や重力屈性」からオーキシンとわかり，「側芽の形成を促進」からサイトカイニンとわかる。

(3)　図1の各時間において，葉肉細胞と分化が完了した管状要素，分化中の管状要素の3つの割合の和が100%になるように数値を決定する。

培養開始後の時間	0～36	48	60	72	84～96
葉肉細胞	100	90	50	40	40
分化が完了した管状要素	0	0	10	50	60
分化中の管状要素	0	10	40	10	0

(4)　分化中の管状要素が出現しはじめるのが培養開始36時間後であり，その12時間後の培養開始48時間後には分化が完了した管状要素が出現しはじめていることから，分化を開始してから完了するまでの時間は12時間だとわかる。

(5)　図1で，分化が完了した管状要素の割合が最も増加した時間帯は60～72時間である。

(6)　文1には前形成層または形成層の細胞が厚い細胞壁を作るとあるが，文2には培養単離葉肉細胞では前形成層細胞が観察されなかったとある。このことから培養単離葉肉細胞が前形成層の性質を獲得しても，見た目は葉肉細胞と変わらなかったことが推定される。

(7)　通常培地では細胞の密度が高くなるほど分化が完了した管状要素の割合が高くなるが，高密度で培養した後の培養液を用いた調整培地では低密度でも同様の結果になるため，高密度の培養液には分化を促進する物質が多く存在することがわかる。また，トリプシンで反応させるとその効果がなくなることから，この物質がタンパク質であることがわかる。

(8)　図4から変異体 x は成熟した子葉においても一部しか「分化が完了した管状要素」にならないことがわかる。これは，まず一部の前形成層細胞が分化し，その過程でタンパク質Xを発現することで周囲の細胞の分化を促すはずが，変異体 x はタンパク質Xを生成できず周囲の細胞の分化を促すことができないためと推測される。

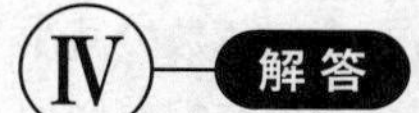

(1)　生活場所や活動時間，栄養段階などの様々な要素について，ある生物種が生態系の中で占める位置のこと。

(2)　キーストーン種は上位捕食者として様々な種を捕食し，直接の被食者の個体数は減少する。その結果，それらの種が捕食していたさらに下位の被食者は捕食されにくくなるので数が増加し，キーストーン種が直接捕食しない被食者への間接効果が生じる。

(3)　かく乱の規模が小さい場合，安定した環境に適応し種間競争に強い種のみ個体数が増加し，弱い種が競争的排除を受ける。そのため一部の種だけが生き残り，共存できる種数が少なくなる。

(4)―ｃ）・ｅ）

(5)　•個体群密度の減少により，生殖のための相手を見つけて交配する機会が減少するため，次世代の個体数が減少する。

•個体群密度の減少により，集団内の遺伝的多様性が低下することで近交弱勢が起こって次世代の個体数が減少する。

(6)―７

(7)(ア)―②　(イ)―③　(ウ)―③　(エ)―④　(オ)―①

(8)―ａ）

解説

《生態系の種間関係》

(1)　基本的な生物用語の中でも，その定義を記述するのが難しい言葉がいくつかある。そのような言葉は意識して記述できるように練習しておくこと。

(2)　２種の間の相互作用が，直接関係しない第３の種の存在によって変化する現象を間接効果という。キーストーン種はこの第３の種の例である。

(3)　中規模かく乱説は，かく乱が中規模の場所で最も多くの種の共存がみられるという説である。かく乱の規模が大きいと，かく乱に弱い種が生き残れないために一部のかく乱に強い種のみが増加し，種数が減少する。

(4)　ｃ）正しい。トカゲＡの個体群密度は未移入とＣ移入を比較した場合，Ｂ移入とＢ+Ｃ移入を比較した場合，いずれも後者の方が増加が抑制されている。

ｅ）正しい。図１の３つのグラフでＢ+Ｃ移入を比較するとＣの密度だけが顕著に増加している。

(5)　絶滅の渦の説明を思い出す。様々な要素がある中で交配に関することとしては，個体数の減少により生殖機会が減少してさらなる個体数の減少につながるアリー効果の減少や，遺伝的多様性が減少して近親交配が増加し，有害な劣性遺伝子が発現しやすくなる近交弱勢などの現象がみられる。

(6)　トカゲＡの樹上利用率は未移入とＢ移入では低いが，Ｃ移入と

B+C 移入で高くなっているため，C の存在により地上から樹上に移行していることがわかる。

(7)　B 移入ではトカゲ A の生息域は未移入と変化していないのでエサの割合も変化なしと考えられる。C 移入では A の一部は樹上に移動するためハムシ類を少し多く捕食するようになるが，B ほど樹上利用率は高くないのでハムシ類の比率も B と同様とまではいかない。B+C 移入では，B は B 移入の場合と，A は B+C 移入の場合と，C は C 移入の場合と同じ樹上利用率なので，採餌の比率も同様になる。

(8)　トカゲ A がトカゲ C による被食により減少すると A と B の種間競争も低下し，B は増加する。また「トカゲ C からトカゲ B への間接的な負の影響」はトカゲ A の樹上への移行により起こるので，A の減少によりこの影響も減少する。したがって a）になる。

講評

大問数は 4 題であり，実験考察問題の比重が高く知識問題が少ないのはいずれも例年通り。2023 年度よりも論述の分量が大幅に増加したことと，描図問題が数年ぶりに復活したこと，計算問題が出題されなかったことが 2024 年度の特徴。加えて問題文が長く，データの読み取りも要求されるので，時間内に終わらせるのは難しかっただろう。

Ⅰは遺伝子組換えと抗生物質耐性に関する問題。(1)(ア)は図説等の図をよく見ると，雪ダルマ型のリボソームの大きい方の球でペプチド結合が起きていることからもわかるのだが，難問だったかもしれない。(4)・(6)の論述がポイントだっただろう。

Ⅱはシグナル伝達と遺伝子のはたらきに関する問題で，設問の文章量が多かった。(3)はグラフの中に C のリン酸化の状態が記述されていることに気が付けば解答できたのだが，気付きにくかっただろう。

Ⅲは葉肉細胞の管状要素への分化に関する問題。(3)の描図はグラフを見て，全体が 100％となるように引き算をすればできる問題。落ち着いて取り組もう。

Ⅳは生態系の種間関係に関する問題。ここでは知識の論述問題も出題されたので，基本事項はきちんと書けるように練習しておこう。

地　学

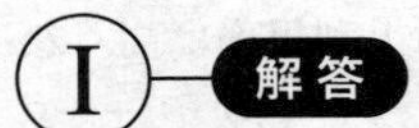

問1．(1)不整合境界（不整合・傾斜不整合）(2)EW
(3)—(カ)

問2．(ア)

問3．地層の上下判定の解答：東方向が上位である。

判定した理由：巣穴の跡である生痕化石が見られ，砂岩層に掘られた穴の閉じた部分が西側に，入口が東側にあることと，荷重痕（火炎構造）が見られ，砂岩層の重みによって細粒凝灰岩が丸くくぼんだ部分が西側にあることから，東方向が地層の上位だと判別できる。(120字以内)

問4．(ウ)

解説

《地質図の読図，岩石・鉱物，堆積構造，地球の歴史》

問1．(1)　①の露頭スケッチより，境界Aを境にして，上位の地層の層理面は水平であるのに対して，下位の地層の層理面は垂直であり，上位と下位で傾斜が異なることがわかる。このことから，両者は堆積が不連続な不整合（傾斜不整合）の関係であると言える。

(2)　地層の走向とは，層理面と水平面との交線の方向であり，走向方向の断面においては水平線として現れる。①・③の東西方向の露頭スケッチにおいて，境界A面がほぼ水平に現れていることから，境界A面の走向は東西方向（EW）であるとわかる。

(3)　地層の傾斜とは，層理面と水平面とのなす角であり，層理面の走向に垂直な鉛直断面図を用いて求めることができる。

傾斜角をθとすると，走向がEWであるから，走向に垂直な鉛直断面図は，露頭スケッチ①，③の情報をもとにして，以下のように表される。

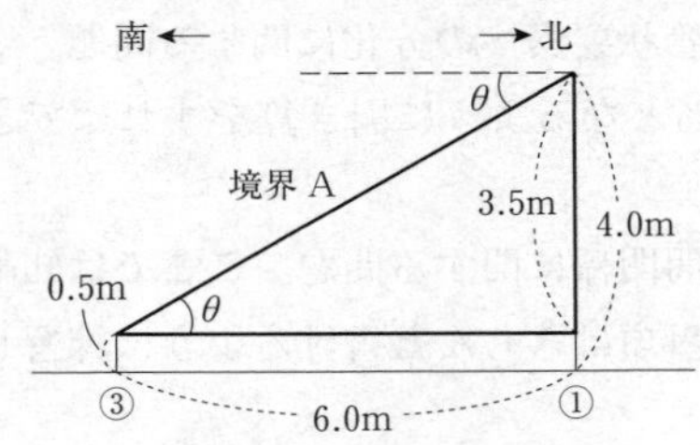

図より

$$\tan\theta = \frac{3.5}{6.0} = 0.583 \fallingdotseq 0.58$$

$$\tan 30^\circ = \frac{1}{\sqrt{3}} = \frac{\sqrt{3}}{3} = \frac{1.73}{3} = 0.576 \fallingdotseq 0.58$$

よって，$\theta \fallingdotseq 30^\circ$ であるから，傾斜は 30°S となる。

問2． 構成鉱物に石英，黒雲母が含まれ，それらが等粒状組織を形成していることから，ケイ長質の深成岩である花崗岩と判定される。

問3． 露頭近接スケッチの西側には，砂岩中に複数の細長い穴のような構造が確認できる。これは，貝類などの生物の巣穴の跡が化石として残ったものであり，生痕化石の一つである。巣穴の生痕化石があると，穴の閉じた方が下位，穴の入口がある方が上位だと判断できる。また，スケッチの東側には，堆積物の境界が炎のような形をした荷重痕（火炎構造）が見られる。荷重痕は，下位の層が未固結の状態で上に地層が堆積し，その重みで境界の一部が凹み，炎のような形状となったものである。

問4． ㈠不適。これまで地球上に存在した超大陸には，ヌーナ，ロディニア，ゴンドワナ，パンゲアがある。それぞれが形成された年代は，ヌーナが約 19 億年前，ロディニアが約 13 億年前，ゴンドワナが約 5 億年前，パンゲアが約 3 億年前であり，各大陸の離合・集散の時間スケールは数億年である。

㈡不適。古地磁気の逆転は，現在，約 5 億年前まで調べられており，平均して数十万年の間隔でくり返されている。ただし，その周期は不規則であり，白亜紀のように，長い期間逆転しない場合もある。

㈢適当。第四紀には，寒冷な氷期と温暖な間氷期が，約 10 万年の周期でくり返されている。

㈣不適。天体の衝突は，周期的に起こるものではなく，地球への小さな隕石の落下などは頻繁に起こっている。

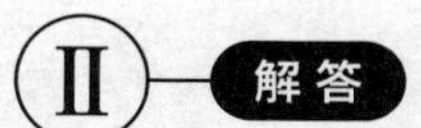

問1． 発震時：10 時 00 分 03 秒

理由：発震時は初期微動継続時間が 0 秒であるため，図 2 の直線が横軸と交わる点の P 波到着時刻が発震時を示す。（50 字以内）

問2．(1)　$R=V_P(t_P-t_0)$

(2)　$R=V_S(t_S-t_0)$ と表されることから，(1)の式より

$$V_P(t_P-t_0)=V_S(t_S-t_0)$$

$$t_S-t_0=\frac{V_P}{V_S}(t_P-t_0)$$

$$t_S=t_0+\frac{V_P}{V_S}(t_P-t_0)\quad\cdots\cdots(答)$$

(3)　$T=t_S-t_P$ と表されることから，(2)の式より

$$T=t_0+\frac{V_P}{V_S}(t_P-t_0)-t_P$$

$$=\frac{V_P}{V_S}(t_P-t_0)-(t_P-t_0)$$

よって

$$T=\left(\frac{V_P}{V_S}-1\right)(t_P-t_0)\quad\cdots\cdots(答)$$

問3．問2(3)より

$$\frac{V_P}{V_S}-1=\frac{T}{t_P-t_0}$$

$$\frac{V_P}{V_S}=\frac{T}{t_P-t_0}+1$$

図2より，P波の到着時刻が10時00分08秒の地点で，初期微動継続時間が3.5秒であることから，$t_P-t_0=5$，$T=3.5$ を代入し

$$\frac{V_P}{V_S}=\frac{3.5}{5}+1$$

$$=0.7+1$$

$$=1.7\quad\cdots\cdots(答)$$

問4．問2(1)の解答および題意より

$$V_P=\frac{R}{t_P-t_0}$$

$$=\frac{8.3T}{t_P-t_0}$$

$$=\frac{8.3\times3.5}{5}=5.81\text{〔km/s〕}$$

問3より，V_S は

$$V_S=\frac{5.81}{1.7}=3.41\fallingdotseq 3.4\text{〔km/s〕} \quad \cdots\cdots(\text{答})$$

解説

《地震波速度》

問1． 初期微動継続時間はＰ波の到着時刻とＳ波の到着時刻の差であり，震源からの距離に比例して長くなる。震源距離が0kmの地点，すなわち地震の発震地である震源では，Ｐ波とＳ波が同時に出発しており，初期微動継続時間が0.0秒であることから，図2のグラフにおいて縦軸の初期微動継続時間が0.0秒になる時，つまり，グラフと横軸が交わった点が発震時を表す。

問2． (1)　震源距離 R は，Ｐ波速度 V_P とＰ波が到着するのに要した時間の積で求められる。Ｐ波が到着するのに要した時間は，地震が発生した時刻 t_0 とＰ波の到着時刻 t_P の差で表される。以上のことから

$$R=V_P(t_P-t_0)$$

という式が立てられる。

(2)　R 以外の変数 t_0，t_P，t_S，V_P，V_S を用いた関係式を，t_S について表せばよい。(1)と同様に，震源距離 R は，Ｓ波速度 V_S および，Ｓ波の到着時刻 t_S と地震が発生した時刻 t_0 を用いて表すことができる。(1)と合わせると

$$V_P(t_P-t_0)=V_S(t_S-t_0)$$

と表すことができ，R を消去することができるので，これを，t_S について整理すればよい。

(3)　初期微動継続時間は，Ｐ波の到着時刻とＳ波の到着時刻の差であることから，$T=t_S-t_P$ と表される。(2)を利用して t_S を消去し，式を整理すればよい。

問3． 問2の(3)で，$T=\left(\frac{V_P}{V_S}-1\right)(t_P-t_0)$ という式が立てられたことから，この式を $\frac{V_P}{V_S}$ について整理し，この地域における t_P-t_0 と T の値を代入する。代入する値には，図2より，地震の発生時刻が10時00分03秒であり，Ｐ波の到着時刻が10時00分08秒の地点で初期微動継続時間が3.5秒であることを用いればよい。

問4． 問3で解答した $\frac{V_P}{V_S}=1.7$ を利用して V_S を求めたい。そのために，まず V_P を求める必要がある。V_P は，問2(1)で求めた $R=V_P(t_P-t_0)$ と，問題文で示された $R=8.3T$ という関係式から，$V_P=5.81$〔km/s〕と求められる。これを，問3で解答した $\frac{V_P}{V_S}=1.7$ に代入して，V_S を求めればよい。

問1． **ア**－b **イ**－d **ウ**－e **エ**－h

問2． 熱帯雨林

問3． 緯度30°付近の緯度帯を比較すると，北半球よりも南半球の方が水蒸気を供給する海洋面積が広いため。(50字以内)

問4． 温帯低気圧の東側では低緯度側の湿った暖気が高緯度側へ，西側では高緯度側の乾いた寒気が低緯度側へ移動することで輸送される。(60字以内)

問5． 河川水や地下水として海洋へ流入する。(20字以内)

解説

《大気の大循環，水の循環》

問1． 低緯度では，ハドレー循環と呼ばれる鉛直方向の循環が見られる。赤道付近の熱帯収束帯はハドレー循環の上昇気流域にあたり，緯度30°付近の亜熱帯高圧帯は下降気流域にあたる。緯度30°付近では，蒸発量が降水量を上回ることから，海面付近の海水の塩分が高く，赤道付近では，降水量が蒸発量を上回ることから，海面付近の海面の塩分が低い。

問2． 赤道付近では，高温多湿となることから常緑広葉樹林が繁茂し，密林を形成する。このような植生は熱帯雨林と呼ばれる。

問3． 大気への水蒸気の供給源は主に海洋である。緯度30°付近の陸地と海洋の面積比は，北半球ではおよそ4：6であるのに対して，南半球ではおよそ2：8であり，南半球では北半球と比べて海洋面積が広い。

問4． 緯度30°付近における水蒸気の高緯度方向への輸送の大部分を担っているのは，温帯低気圧である。温帯低気圧の東側と西側では，それぞれ湿った暖気が高緯度側へ，乾いた寒気が低緯度側へと移動し，結果として水蒸気と熱を高緯度側へと輸送する役割を果たしている。

問5． 地球全体における降水量と蒸発量は等しい。地球上で循環する水の収支を見ると，海洋では蒸発量が降水量を上回り，陸上では降水量が蒸発量を上回っている。これは，海洋で蒸発した水が，水蒸気や雲として大気中で陸上に輸送され，降水となって陸上に達した後，河川水や地下水となって再び海洋に戻っていることを表している。

Ⅳ 解答 **問1．** (1)順序：(ウ)→(ア)→(イ)

(2) 赤方偏移から求められる銀河の後退速度と銀河までの距離が比例することを利用する。(40字以内)

問2． (1)順序：b→a→c

説明：bの主系列星の中心部では水素の核融合によりヘリウムが生成され，ヘリウム核ができて水素の核融合がその外側に移動すると，外層が膨張してaの赤色巨星となる。その後，外層のガスを放出して惑星状星雲となり，核融合が停止して中心部はcの白色矮星となる。(120字以内)

(2)dかeか：e

理由：主系列星の寿命は，恒星の質量に比例し光度に反比例する。主系列星の光度は質量の約4乗に比例するので，寿命は質量の3乗に反比例する。質量はHR図の右下に位置する主系列星ほど小さいため，eの方が寿命が長い。(100字以内)

問3． 暗線の名称：フラウンホーファー線

理由：太陽大気に含まれる原子によって，太陽大気を通過する特定の波長の光が吸収され，地球にその波長の光が到達していないから。(60字以内)

問4． ケプラーの第3法則より，海王星の公転周期をT年とすると，地球の公転周期が1年，太陽からの距離が1天文単位であることから

$$\frac{30^3}{T^2}=\frac{1^3}{1^2}$$

$$T^2=30^3$$

$$T=30\sqrt{30}=30\times\sqrt{3}\times\sqrt{10}$$

$$=30\times1.73\times3.16$$

$$=164$$

$$\fallingdotseq1.6\times10^2\text{倍}$$ ……(答)

解説

《天体までの距離，恒星の進化，太陽，ケプラーの法則》

問1．(1) (ア)の「分光視差」は，対象となる天体の絶対等級を求めて，絶対等級と見かけの等級との差から距離を推定するものである。これは，主に2～3万光年以内の恒星に対して適用される。(イ)の「脈動変光星の周期」は，脈動変光星の変光周期と絶対等級の間に，周期光度関係と呼ばれる一定の関係があることを利用して絶対等級を求め，絶対等級と見かけの等級との差から距離を推定するものである。これは，主に5000万光年以内の恒星に対して適用される。(ウ)の「年周視差」は，地球が公転することによって生じる天球上での恒星の位置のずれを観測したものである。年周視差は比較的近い恒星で観測可能であり，年周視差による距離の推定は，主に3000光年以内の恒星に対して適用される。

(2)　天体までの距離を推定する方法として，(1)で示したもの以外にも，天体の距離に応じて以下のような方法があげられる。

〔天体の距離〕

1億光年以内…銀河中の最も明るい恒星や球状星団の絶対等級は，どの銀河もおよそ −10～−9 等級程度と同じであることを利用し，その絶対等級と見かけの等級の差から距離を推定する。

100億光年以内…銀河の中のIa型超新星の最大光度が，絶対等級で約 −20 等級と決まっていることを利用し，その絶対等級とIa型超新星の見かけの等級の差から距離を推定する。

1億光年～130億光年…銀河のスペクトルの観測により測定される赤方偏移から銀河の後退速度を求め，銀河の後退速度とその銀河までの距離との間に比例関係があるということを利用して距離を推定する（ハッブル・ルメートルの法則）。

なお，ハッブル・ルメートルの法則は，銀河の後退速度を v，その銀河までの距離を r とすると

$$v=Hr \quad (H：\text{ハッブル定数})$$

という式で表される。

問2．(1)　HR図中で，左上から右下に続く細長い領域は主系列星，右上の領域は赤色巨星，左下の領域は白色矮星に該当する。太陽程度の質量の恒星は，主系列星（b）の段階が終わると，赤色巨星（a），白色矮星

（c）の順に進化する。

(2)　恒星は，一生のうちの大部分の期間を主系列星として過ごす。そのため，主系列星の期間を寿命とみなすことができる。恒星が全て水素でできているとすると，水素の量が多いほど，恒星の寿命が長くなる。また，光度が大きい恒星ほど水素の消費量が大きく，恒星の寿命は短くなる。このことから，恒星の寿命を t，恒星の質量を m，光度を L とすると

$$t \propto \frac{m}{L} \quad \cdots\cdots ①$$

と表せる。

主系列星では，光度が質量の約４乗に比例するという関係があり，これを質量光度関係という。つまり，$L \propto m^4$ と書けることから，①式は

$$t \propto \frac{m}{L} \propto \frac{m}{m^4} \propto \frac{1}{m^3}$$

と表せる。よって，恒星の寿命は質量の３乗に反比例する。

ここで，質量光度関係より，HR 図においては主系列の左上に位置する恒星ほど質量が大きく，右下に位置する恒星ほど質量が小さい。したがって，問題の HR 図中の d よりも e の方が質量は小さく，質量が小さい e の方が，d よりも寿命が長いことがわかる。

問３． 太陽の大気中に存在している原子・イオンは，それぞれ固有の光の波長を吸収する。そのため，太陽表面からの光の一部は，太陽大気を通過するときに吸収され，地球に到達しないものがある。その光の波長の部分が，スペクトル上で暗線（吸収線）として現れる。これらの暗線の波長や強度から，太陽を構成する元素が主に水素であることや，他に少量のヘリウム，酸素，炭素，マグネシウム，鉄などの元素が含まれていることがわかった。

問４． 地球の公転周期が１年，太陽からの距離が１天文単位であることから，ケプラーの第３法則の公転周期の単位を年，距離の単位を天文単位とすると

$$\frac{r^3}{T^2} = \frac{1^3}{1^2} = 1$$

となる。

講評

大問数は2023年度と同じく4題であり，出題分野に大きな変化はなかった。字数指定のある論述問題が2023年度と同様に各分野で出題され，総字数が大幅に増加した。計算過程を記述する計算問題はそれほど煩雑なものはなかったが，文字式を丁寧に展開する必要があった。基礎的内容の理解を問う問題が多く，全体的な難易度は2023年度と比較すると変化はないと言える。

Ⅰ　地質図の読図，岩石・鉱物，堆積構造，地球の歴史に関する出題。問1は，地質図の読図問題で，不整合や走向・傾斜を読み取る標準的な問題である。問2は，礫の供給源である岩石の種類を判定する問題であり，火成岩の構成鉱物や組織についての基本的な知識が必要である。問3は，堆積構造の特徴から地層の上下判定を説明する論述問題であり，荷重痕（火炎構造）についての説明がポイントとなる。問4は，地球の歴史における出来事の時間スケールについての問題で，幅広い知識を必要とする。

Ⅱ　地震波速度に関する出題。問1は，図の意味を問うもので，理由の説明は簡潔にまとめる必要がある。問2～問4は，震源距離，地震波が到着するのに要する時間，地震波速度，初期微動継続時間についての関係式を立てる問題である。指定された関係式を立てるために，どのように展開すればよいかなど，発想力が求められる。関係式は次の問題で利用するため，一つ一つ間違いのないように注意する必要がある。

Ⅲ　大気の大循環，水の循環に関する出題。問1は大気の大循環に関する基本的な知識問題である。問2は植生を記述する問題で，題意を理解すれば難しくない。問3は，南北半球の蒸発量の違いについての論述問題で，基礎的な知識をもとに説明することができる。問4は，水蒸気の輸送についての論述問題で，温帯低気圧の役割について丁寧に説明する必要がある。問5は，陸上から海洋への水の移動について説明する問題で，比較的易しい。

Ⅳ　天体までの距離，恒星の進化，太陽，ケプラーの法則に関する出題。問1は，天体までの距離の測定方法についての問題で，基礎的である。(2)は，ハッブル・ルメートルの法則について簡潔にまとめる必要がある。問２は，恒星の進化についての問題で，標準的である。(1)は，核融合に注目して恒星の進化について説明する論述問題で，ポイントを外さずに指定字数にまとめなくてはいけない。問３は，太陽スペクトルの暗線についての論述問題で，基本的な内容である。問４は，ケプラーの第３法則を利用した計算問題で，公式を覚えていれば難しくない。

全般的に，教科書の内容に沿った出題が主である。基本的な知識から詳細な知識まで，教科書の本文，図と図の説明を確認しておく必要がある。論述問題も多く出題されるので，用語の意味や現象の理由などについて，30～100字程度のさまざまな字数パターンを想定して説明できるように練習しておくとよい。計算問題は，法則や公式を利用することが多いので，一通りの公式は必ず覚えておこう。また，計算結果を他の問題で利用する場合もあるため，途中の計算ミスや単位の換算ミスなどがないよう，丁寧に計算することを心がけたい。

機構教授。専門は進化合成生物学。世界で初めて遺伝情報を持ち進化する分子複製システムを構築した。著書に『協力と裏切りの生命進化史』（二〇一九年、光文社新書）など。

『増えるものたちの進化生物学』（ちくまプリマー新書）は、「増殖」をキーワードとして生物を考察する二〇二三年四月刊行の書籍である。

講評

現代文一題のみの出題である。読解する文章量と解答する記述量の多い出題の傾向は大きくは変わらなかったものの、記述量は減少した。じっくりと表現に時間がかけられる問題であった。

一の現代文は、例年雑誌などからの出題も含め、ほぼ一年以内に発表された文章から出題されている。理系的な内容の文章も多く、たくさん読むことは難しくても、新書などで取り上げられるテーマには関心を持っておきたい。設問構成は二〇二三年度と同様である。問題文はかなり長くなったものの、内容は極めて平易であり、記述字数も減少したが、その分制限字数内に収まるよう内容をよく吟味し、十分に表現を推敲して、ミスなくまとめられたかに注意が必要で、表現力の的確さがより求められた出題であった。説明記述問題を中心とした問題に的確に答える文章表現力が問われている。

あり、両方を簡潔におさえて四〇字以内でまとめるよう工夫する。

問三　「やさしさ」は「共感」と同義で使われている。傍線部の直後に「人間が持っている共感能力は…人間の生存に貢献し、強化されてきたもの」とあるのに対し、次の段落の「他の生物に対する共感」が「人間の生存には貢献していない」のが「不思議」の中身である。「他の生物に対する共感」により肉が食べられなくなり、人間の生存には不利益になるという内容としてもよい。

問四　傍線部の前の「このように」は、前の二つの段落を指している。特に直前の段落が「大成功」の説明になっているので、その内容をまとめる。かつてはすべての生物は「必要な食料を得るために競争をして」きたのに、「現代の先進国においては、栄養は足りている」ことが「大成功」なのである。その背景を「共感」と結びつけてまとめる。

問五　まず「人間のどのような傾向が」とあるので、この点を明確にする。前段落で述べられているような「共感能力」を生物にも発揮するほど強化する傾向をおさえる。次に、傍線部以降が「どこまで進む」かの説明。ほ乳類を殺すことがなくなることから、植物の命を奪わないようになることまで進むかもしれないことが具体例もまじえて説明されている。

問六　ア、冒頭の主題提示の内容であり、本文全体の趣旨でもあり〇。
イ、「人工肉」には言及されていても、「食べなければならない」とは言っていないので×。
ウ、「ウシのゲップに含まれるメタン」の「温室効果」は言っているが、「解消することが急務」とは言っていないので×。
エ、「昆虫」について、「体温」「体のつくり」という叙述はどこにもないので×。
オ、傍線部④からの三段落の記述内容から読み取れるので〇。
カ、「人間のやさしさの拡張傾向」が「ブッダの教えに始まる」とは言っていないので×。

参考　市橋伯一（のりかず）（一九七八年～）は、東京生まれ。東京大学大学院総合文化研究科・先進科学研究機構・生物普遍性研究

Ⅰ　第一段落〜二段落　共感能力について（主題提示）
人間の協力性を可能にした人間の「共感能力」は最近ますます強化されている。

Ⅱ　第三段落（近年、ウシや）〜八段落　他の動物への広がり
近年殺して食べることへの罪悪感から動物食を控える人が増えていて、私たちは他の動物へも共感の範囲を広げている。　↓問二

Ⅲ　第九段落（この人間のやさしさ）〜十段落　やさしさの広がりの不思議さ
他の生物への共感は人間の生存に貢献していないのに、人間のやさしさ（共感能力）が他の生物にも拡張しているのは不思議だ。　↓問三

Ⅳ　第十一段落（このような）〜十三段落　現代社会の成功
現代の先進国では、共感能力が食糧生産と分配を効率化できる協力体制を可能にし、栄養が足り、食料を得るための競争がなくなり、共感能力は強化されつつある。　↓問四

Ⅴ　第十四段落（ではいったい）〜最終段落　人間のやさしさの進む先
人間のやさしさの拡張は、代用品によりほ乳類を殺すことをなくし、科学技術の進歩により植物を含めたすべての生物の命を奪わずに食料のタンパク質を増やし、理想的な生き方ができるようにするかもしれない。　↓問五

解説

問一　**d**の「好事家」は「もの好きな人」の意で、読みと意味の頻出語。**f**の「惧」の字は常用漢字外。つくりは「具」ではないので注意すること。**g**は本来の「昂騰」でも可。**h**は「殻」の左側の字形と画数（7画）に注意。名古屋大学では例年読みをカタカナで書くよう指示されていることにも注意。

問二　問題の中心は傍線部の次の段落の「倫理的な問題」で、「私たちと同じほ乳類…食べることが許されるのかという問題」という説明に着目して内容を述べること。また傍線部直後の「温暖化などの環境負荷が大きい」ことも問題で

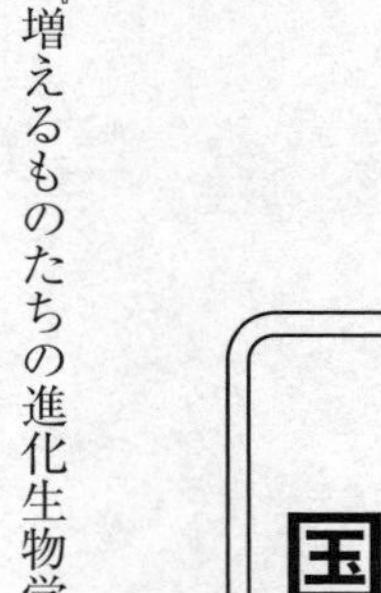

一

出典　市橋伯一（のりかず）『増えるものたちの進化生物学』（ちくまプリマー新書）

解答

問一　a、懐　b、ヒカ　c、アイガン　d、コウズカ　e、ゼイタクヒン　f、危惧　g、高騰〔昂騰〕
h、甲殻　i、ショウジン　j、装置

問二　環境負荷が大きいという問題と同じほ乳類を殺して食べる罪悪感からくる倫理的な問題。（四〇字以内）

問三　他人へのやさしさ・共感の拡張は人間の生存に貢献するが、他の生物への共感は人間の生存に貢献しないから。（五〇字以内）

問四　人間の共感能力が、食糧生産と分配を効率化できる協力体制を可能にし、現代では栄養が余って食料を得るための競争がなくなったという、過去のどの生物や時代にもなかった状況になった点。（九〇字以内）

問五　人間が共感能力を他の生物にも拡張する傾向が、ほ乳類を殺さないために代用品を作り、さらに科学技術の進歩が植物を含めたすべての生物の命を奪わない食料のタンパク質供給を可能にして、「やさしい」理想的な生き方ができるところまで進むと考えている。（一二〇字以内）

問六　ア・オ

要旨

設問が文章の展開に即して要約的な内容を問う問題になっているので、各設問を踏まえて、全体を便宜的にいくつかの大段落に分けて内容を整理する。

//////////////////// · memo · ////////////////////

//////////////////// · memo · ////////////////////

//////////////////// · memo · ////////////////////

//////////////////// · memo · ////////////////////

////////////////////// · memo · //////////////////////

2023年度

解答編

解答編

英語

I 解答 1．2番目：time　7番目：learning　10番目：swim
2．全訳下線部(2)参照。
3．ギリシャやエジプトで，水泳がいったいなぜ運動競技の種目に含まれていなかったのかという理由が古代の文献に記されていることはないが，それは当然のことである。
4．彼がボクシングの練習に遠泳も取り入れていたこと。(25字以内)
5．〈解答例1〉It was not until the sixteenth century that practical swimming manuals appeared.
〈解答例2〉Practical training manuals for swimming did not appear until the sixteenth century.
6．①―(ク)　②―(エ)　③―(イ)　④―(ア)　⑤―(オ)　⑥―(キ)

◆全　訳◆

≪水泳とその歴史≫

親が子供に自転車の乗り方を教えるのは，その純粋な楽しみのためであり，それがもたらす自由と自立の感覚のためであるが，一方，水泳はまず何よりも基本的な安全対策として教えられる。それは親の義務である。何千年もの昔も，それは同じであった。

水泳に関する人類最古の記録にある証拠は，約1万年前の新石器時代に描かれた一連の洞窟壁画に残されている。リビアとの国境に近いエジプト南西部の洞窟で発見された絵文字は，ある泳法で泳いだときの――それは私の目には平泳ぎのように見えるが――異なる状態を表しているように見える。これらが描かれた当時，この地域の気候はもっと温和で，今では砂漠しかないようなところに湖や川があった。考古学者たちは，それらの絵は泳げるかどうかで生存が左右された時代における日常生活の様子を描いたものであると推測している。人は――おそらくは食料を求めたり，敵対する部族から逃げたり，より安全な場所に移動したりする目的で――水域の向こう側へたどり着くために泳いだり，また魚を獲るなど，単に日々の食物を得るために泳いだということである。

ギリシャ人の間では，男も女も子供も誰もが，当然泳げるはずのものとされていたようである。ほとんどの人が水辺に住んでいたので，これはもっともなことである。(2)プラトンがその著作『法律』で述べているように，泳ぎ方を知らないことは，文字が読めないことと同じくらい無知のしるしであるように考えられていた。ソクラテスは，さらにはっきりとこう言っている。泳ぎは「人を死から救う」。親は子供たちに教え，おそらく子供たちは互いに学び合ったことだろう。ユダヤ教の教義においても同じような義務が何世紀にもわたり課されてきた。タルムードに述べられているように，親は子供に3つの重要なことを教えなければならないが，それはトーラー，生計の立て方，そして泳ぎ方なのである。

ほとんどの人がナイル川か，ナイル川から分岐した運河のほとりに住んでいた古代エジプトにも同様の考え方があった。泳げることは，漁師や舟乗りにとっては死活問題であり，上流階層の人々にとってはきちんとした教育を受けている証であった。しかし，ギリシャでもエジプトでも，運動競技の種目の中に水泳は含まれていなかった。(3)それ（ギリシャやエジプトで，水泳がいったいなぜ運動競技の種目に含まれていなかったのかという理由）が古代の文献に記されていることはないが，それは当然のことである。それは今日，私たちがタイピングや車の運転がオリンピックの種目に含まれていないことを説明する必要を感じないのと同じなのだ。私が感じるのは，歴史家のクリスティーン＝ナットンが言うように，水泳は「運動においてアルファベットに相当するもの」であり，水泳はどちらかというと実用的な技術としてみなされていたということ，そして女性を含むほぼすべての人が泳ぎ方を知っていたことから，男性だけの領域ではないと考えられていたということである。さらに，水泳は古代ギリシャやローマのボクシングやパンクラチオンのような華やかな競技ではなかった。また，スピードや力を競う短距離走やフィールド競技とは異なり，観客を楽しませる競技でもなかった。水泳は競技種目ではなかったかもしれないが，それが持つ総合的な運動としての価値は認められていたようだ。古代の歴史家パウサニアスと作家ピロストラトスの両者が，ボクシングで4回オリンピックチャンピオンになったティサンドロスは，屋内競技場での練習を遠泳で補っていたと記している。ピロストラトスの言葉によれば「彼の腕は海で彼を遠くまで運び，それが彼の身体と腕力を鍛えた」のである。

水泳の習得は，今日ある種の軍務につくための必須の前提条件となっている。これは古代においてはさらに一般的な事実であった。ウェゲティウスは，軍事訓練に関する著作『軍事論』の中で次のように奨励している。「若い兵士は全員，例外なく，夏の間は泳ぎを習うべきだ。それは時として河川を橋で渡れないことがあるという理由もあるが，逃げる軍も追う軍も，河川を泳いで渡らなければならないことがしばしばあるからである。突然の雪解けや降雨で河川が氾濫することも多く，そのような状況では，泳ぎ方を知らないことによる危険は敵からの危険と同じくらい大きい。騎兵も歩兵も，さらには軍馬や召使いたちも，同じようにこのような不測の出来事に遭遇する可能性があるので，この訓練に慣れるべきである」

ウェゲティウスの著作は，ルネサンス期にイタリア語，フランス語，ドイツ語に翻訳された。それは 19 世紀に至るまで軍人や貴族の訓練に影響を及ぼした。バルダッサーレ＝カスティリオーネは『廷臣の書』の中で，ウェゲティウスを援用して，紳士としての水泳の重要性を説いている。しかし，いずれの著者も泳ぎ方については説明していない。16 世紀になるまで，実用的な水泳の手引書は現れなかった。それは単にそのようなものに対する需要があまりなかったということであろう。

◀解　説▶

▶１．並べ替え箇所を含む文に続く同段最終文（One swam to…）に目を通すと，このくだりが「当時の人々にとり，生きるために泳ぐことがいかに重要であったか」ということを表すものだということがわかる。postulate「推測する」という語は難しいが，that 以下の節の構造の理解に影響はない。that 節は主部が the scenes「（洞窟壁画に描かれた）それらの場面」，動詞が depict「～を描く」，目的語が an aspect of everyday life at… という構造である。選択肢に depended があり，この語は *A* depend on *B*「*A* は *B* 次第である，*A* は *B* によって決まる」のように使われるので，how to swim のつながりも手掛かりにして survival depended on learning how to swim という並びが完成できる。同時に整序箇所の直前の at に a time when…「…である時代」が続くこともわかり，Archaeologists have postulated that the scenes depict an aspect of everyday life at [a time when survival depended on learning how to swim]. という文が完成する。直訳すると「考古学者たちは，それらの絵は生存が泳ぎを覚えること次第であった時代における日常生活の様子を描いたものであると推測している」となる。したがって，2番目は time，7番目は learning，10番目は swim となる。archaeologist「考古学者」aspect「(物・事の) 面〔様子〕」

▶2．observe は「～を観察する，(規則や法律) を守る」という意味で使われることが多いが，この場合は「(意見など) を述べる」という意味で使われている。それがわからなくとも As「…のように」に続く部分が「プラトンが (その著作)『法律』で…しているように」となるので，大体の意味は推測できる。カンマから後の主節は動名詞の否定形である not knowing how to swim「泳ぎ方を知らないこと」という動名詞の否定形が主部であり，述部が was considered … という構造。原級を用いた比較構文 as ～ as … が使われている。比較構文を除き，骨格となる部分だけにすると not knowing how to swim was considered a sign of ignorance「泳ぎ方を知らないことは無知のしるしとみなされていた」となる。be considered ～「～だとみなされる」は consider *A* (to be〔as〕) ～「*A* (人・物・事) を～だとみなす」が受け身になったもの。ignorance「無知」 これに as＋much＋(a)＋名詞＋as＋*A*「*A* と同じ程度に (名詞)」という同等比較が組み合わされている (よく使われる as＋形容詞／副詞＋as と同様に much＋(a)＋名詞が as に挟まれたものと考えるとよい)。as much a sign of ignorance as は「同じ程度に無知のしるし」，*A* にあたるのが not knowing how to read「(文字の) 読み方を知らないこと」なので，「泳ぎ方を知らないことは，文字の読み方を知らないことと同じ程度に無知のしるしであるとみなされていた」となる。したがって文全体としては「プラトンがその著作『法律』で述べているように，泳ぎ方を知らないことは，文字の読み方を知らない〔文字が読めない〕ことと同じくらい無知のしるしのように考えられていた」となる。

▶3．文の主部は Exactly why this would be，述部が is never stated … である。exactly はこのように疑問詞の前後に用いられると「(より詳しい情報を求めて) 正確には，いったい」という意味を持ち，would は〈推量〉を表しているので，主部は「これがいったいなぜだったのか（ということ)」という意味になる。this の具体的な内容は，直前の文（In both Greece and …）に書かれている「ギリシャでもエジプトでも，運動競技の種目の中に水泳は含まれていなかった」ということである。be among ～「～に含まれている」 event「(競技の) 種目」 述部は state「述べる」，ancient「古代の」，text「原文，原典」なので「古代の文献に書かれているようなことはない」となる。naturally「当然のことながら」は文修飾の副詞で，「…ことは当然のことながらない」と訳出してもよいが，ここでは文末に付け加えられたニュアンスを出すために〔解答〕では「…ことはないが，それは当然のことだ」とした。

▶ 4．Tisandrus と水泳との関わりについてパウサニアスとピロストラトスが述べていることが書かれているのは，下線部(4)を含む文（Both the ancient historian …）であり，この文のコロンより前の部分を訳すと「古代の歴史家パウサニアスと作家ピロストラトスの両者が，ボクシングで 4 回オリンピックチャンピオンになったティサンドロスは，屋内競技場での練習を遠泳で補っていたと記している」となる。この内容を 25 字以内にまとめると「彼がボクシングの練習に遠泳も取り入れていたこと」というようになる。コロンから後の部分はピロストラトスが用いた表現であり，字数が限られていることもあり無理に含める必要はない。また gymnasium「体育館，屋内練習場」という表現は字数が許せば解答に含めてもよいが，ポイントとなるのは「ボクシングのトレーニングに遠泳も取り入れていた」ということで，ボクシングの練習を普段どこでしていたかは重要な情報ではないので含めなくてもよいだろう。historian「歴史家」 note「～と述べる」 supplement *A* with *B*「*A* を *B* で補う」

▶ 5．「～になるまで…しなかった」は It was not until ～ that …「～して初めて…した」という構文を使うと〈解答例 1〉のようになる。強調構文を使わないと〈解答例 2〉のようになる。16 世紀は the <u>16th</u> century とするより，同段第 2 文の the nineteenth century という表記に合わせて，the <u>sixteenth</u> century とした方がよい。「実用的な」は practical。「水泳の手引書」は swimming (training〔instruction〕) manuals〔books〕など。manuals for swimming や books on swimming でもよい。「現れた」には appear を使うとよい。be (first) published「(初めて) 出版された」とし

ても誤りではない。

▶ 6．(ア)「ほとんどの人がナイル川か，ナイル川から分岐した運河のほとりに住んでいた古代エジプトにも同様の考え方があった」

perspective は「考え方」，hold true は「真である，当てはまる」なのでカンマの前の部分を直訳すると「古代エジプトにも同じ考え方が当てはまった」となる。カンマに続く where 以下の部分は ancient Egypt「古代エジプト」に説明を加える非制限用法の関係副詞節。branching from the river「その川から分岐した」は canals「運河」を後置修飾する現在分詞。branch は「分岐する」という意味の動詞。

(イ)「ギリシャ人の間では，男も女も子供も誰もが，当然泳げるはずのものとされていたようである」

it seems to have been expected that … は仮主語構文。seems to have been expected は seems に述語動詞が表す時よりも前のことを表す完了不定詞が続き，さらに受け身が用いられた表現で「…であると考えられていたようである」という意味になる。

(ウ)「このような状況において，人々が泳ぎ方を学んでいることを示す歴史学的な証拠は限られている」

context「状況」 evidence for ～「～を裏付ける証拠」 people は動名詞 learning の意味上の主語。limited「限られた」

(エ)「水泳に関する人類最古の記録された証拠は，約 1 万年前の新石器時代に描かれた一連の洞窟壁画に残されている」

recorded「記録された」 evidence of ～「～の形跡〔痕跡〕」 come in ～「～の形で提供される」 a group of ～「一連の～」 created during the Neolithic period「新石器時代に描かれた」は過去分詞で cave paintings「洞窟壁画」を修飾。date（back）to ～ は「（年代・時期）にさかのぼる」という意味で，ここではその現在分詞が the Neolithic period に説明を加えている。

(オ)「これは古代においてはより一般的な事実であった」

broadly「広範囲に，一般的に」 the case「（物事の）事実，実情」 antiquity「大昔，古代」

(カ)「何世紀にもわたり水泳は女性にとって重要な技能であり続けた」

through「～の間ずっと」

(キ)「ウェゲティウスの著作は，ルネサンス期にイタリア語，フランス語，ドイツ語に翻訳された」

treatise「論文，（特定の題目を扱った）本」 be translated into ～「～に翻訳される」は translate *A* into *B*「*A* を *B* に翻訳する」の受動態。

(ク)「親が子供に自転車の乗り方を教えるのは，その純粋な楽しみのためであり，それがもたらす自由と自立の感覚のためであるが，一方，水泳はまず何よりも基本的な安全対策として教えられる」

whereas「～であるのに対して，～である一方で」 teach *A* to *do*「*A* に～することを教える」 sheer「全くの」 it brings「それがもたらす」は，先行詞 the sense of freedom and independence「自由と自立の感覚」を修飾する目的格の関係代名詞が省略された関係代名詞節。for the sheer fun of it「その純粋な楽しみのため」と for the sense of freedom and independence it brings「それのもたらす自由と自立の感覚のため」が並列されている。first of all「まず（第一に），（何よりも）まず」 measure「手段，方策」

①空所直後の第 2 文（It is a parent's duty.）に「それは親の義務である」とあるので，これに先立つ第 1 文には It が受ける内容が書かれていなければならない。これに合致するのは(ク)で，It が受ける内容は「水泳が安全対策として教えられること」ということになる。

②空所直後の第 2 文（The pictographs, found …）から同段最終文まで，第 2 段は，人が泳いでいる様子が描かれたエジプト南西部の洞窟で発見された絵文字に関する内容となっており，この段落のトピックセンテンスである第 1 文としては cave paintings という語が含まれている(エ)が適切である。第 2 文以下の内容が「太古より人類が泳いでいたことを示す証拠が，約 1 万年前に描かれた洞窟壁画に残っている」という主旨の第 1 文の具体例となっている。

③空所直後の第 2 文（This makes sense, …）は「ほとんどの人が水辺に住んでいたので，これはもっともなことである」という意味である。make sense「理にかなっている，当然である」 since「～なので」 この water は「水のあるところ」なので，near the water で「水辺に」という意味。空所に入る第 1 文は This が指す内容が含まれたものでなければならない。これに合致するのは(イ)である。

④この空所を含む段落の第3文（In both Greece and Egypt, …）に注目する。この文は「しかし，ギリシャでもエジプトでも，運動競技の種目の中に水泳は含まれていなかった」というもので，however「しかしながら」とあるので，先立つ内容とこの文が逆接関係にあることがわかる。一つ前の段落である第3段がギリシャに関する内容なので，空所を含む第4段第1・2文がエジプトに関する内容であることが推測される。それに合致する(ア)が正解ということになる。

⑤この空所を含む段落の第1文（Mastering swimming is …）の主旨は「今日，ある種の軍務には水泳の習得が求められる」というものである。essential「重要な」 prerequisite「前提条件」 certain types of ～「ある種の～」 military service「軍務」 一方，空所となっている第2文を挟み，第3文～最終文（In his treatise on … the same accidents."）には，ウェゲティウスがその著作の中で軍事訓練における泳ぎの練習を推奨した部分が紹介されている。現代の軍事訓練に関する内容の第1文と過去の軍事訓練に関する内容の第3文以下の間に補う第2文として適切なのは(オ)。この文の主語 This は第1文の内容を指している。

⑥空所となっている最終段第1文に続く第2文（It exerted influence on …）は「それは19世紀に至るまで軍人や貴族の訓練に影響を及ぼした」という内容である。exert influence (on ～)「(～に) 影響を与える」 military「(集合的に) 軍人」 nobility「(集合的に) 貴族」 この文の主語である It が指すのはウェゲティウスの著作『軍事論』なので，第1文として適切なのは，それに関する内容を含む(キ)。

●語句・構文●

(第2段) pictograph「絵文字，象形文字」 カンマに挟まれた found in … the Libyan border は The pictographs に説明を加える過去分詞。cave「洞窟」 border「国境」 appear to *do*「～するように見える〔思われる〕」 phase「(変化・進行などの) 段階〔様相〕」 stroke「(水泳の) 泳法」 breaststroke「平泳ぎ」 these were painted は the time を修飾する。関係副詞 when を補うと At the time when these were painted となる。temperate「温和な」 where ～「～するところに」 little more than ～「～にすぎない，～と変わらない」 desert「砂漠」 One swam … の one は堅い表現だが，主語として people「人」の意味で用いられる。body of water「水域」 in pursuit of～「～を求めて」 flee「～から逃げる」 warring「交戦中の」 tribe「部族」 sustenance「生計の手段，食物」

（第 3 段）put「～を表現する」 starkly「はっきりと」 presumably「おそらく」 obligation「義務」 as stated～「(～に) 述べられているように」

（第 4 段）life-and-death「生死に関わる」 fisherman「漁師」 boatman「舟乗り」 mark of～「～のしるし」proper「きちんとした」 higher class「上流階層（の人)」 no more than～「～でないのと同じ」 feel compelled to *do*「～しなければならないと感じる」 justify「～を正当化する」の目的語が why typing … the Olympics となっている。my sense is that～「私は～であると感じる」 be seen as～「～として見られる〔考えられる〕」 more of～「どちらかというと～である」 utilitarian「実用的な」 equivalent「同等のもの」 as *A* put it「*A* が言っているように」 given that～「～なので」 *A* included「*A* を含み」 fall outside「～の領域〔分野〕に入らない〔から外れる〕」 exclusively「もっぱら，独占的に」 sphere「領域」 spectacular「華やかな」 unlike「～とは違い」 sprint「短距離走」 field event「フィールド競技」 display of～「～を見せること」 conducive to～は「～のためになる，～に貢献する」という意味なので conducive to spectators で「観客を楽しませる」というような意味になる。while～「～ではあるが」 competitive「競争的な」 value as～「～としての価値」 all-around「総合的な」 apparently「見たところ，どうやら…らしい」 appreciated「高く評価された」 training both his body and themselves は分詞構文で「そしてそれは…」のように考えるとよい。themselves は his arms を指す。

（第 5 段）without exception「例外なく」 fleeing「逃げている」と pursuing「追っている」の両方の分詞が armies を修飾している。pursue「～を追いかける」 be obliged to *do*「～せざるを得ない」 melting of snow「雪解け」 fall of rain「降雨」 make them overflow their bank は使役動詞構文で「それら（河川）を土手からあふれさせる」という意味になる。overflow「(川などの水が土手など）を越えてあふれ出る」 bank「(川などの）岸」 cavalry「騎兵（隊)」 infantry「歩兵（隊)」 be accustomed to～「～に慣れている」 be liable to～「(問題など）を抱えやすい」

（第6段） endorse「～を支持する」 カンマに続く citing 以下は分詞構文で「～を引用して」という意味。cite は「～を引用する」，backup は「支持〔強化〕するもの」なので，cite *A* for backup で「*A* を援用する」という意味。

II

解答 1．イルカの鳴音は，人の名前と同様に個体識別の役割を持つから。(30字以内)

2．ア―(E)　イ―(I)　ウ―(A)　エ―(G)　オ―(C)　カ―(D)　キ―(B)

3．①―(D)　②―(H)　③―(F)　④―(G)　⑤―(A)　⑥―(C)

4．すべての個体の鳴音が同じになり，互いを識別できなくなること。(30字以内)

5．全訳下線部(3)参照。

6．(E)

◆全　訳◆

≪イルカの鳴音の研究≫

生まれたばかりのバンドウイルカは，母親の陰に隠れ海流に乗って漂いながら，さえずるような音を発する。彼らはシグネチャーホイッスルとして知られるその個体固有のキーキーという号笛のような音を発する。科学者たちはこれを人間でいえば「名前」のようなものだとしてきた。

多くの哺乳類とは異なり，イルカは水深が変わると声がひずんでしまうため，声を個体識別のための特徴として用いることができない。その代わりに，イルカは旋律（一定の時間続く可聴周波数のパターン）を作り出し，自分であることを周囲に知らせるため，生涯にわたりそれを用いる。バンドウイルカ（学名 *Tursiops truncatus*）は仲間のホイッスルをまねることもでき，はぐれたときには仲間の「名前」を呼ぶ。また，ホイッスルの異なる部分の音量を変えることにより，生殖状態などの追加情報も伝えることができるが，これは，人がニュアンスを加えるためにある言葉を強調するのとよく似ている。しかし，イルカはどのように自分の呼び名を決めているのだろうか？　5月に *Scientific Reports* 誌に発表されたある研究によれば，イタリアのサッサリ大学の研究者たちは，地中海で6つのイルカの個体群が発する音を調査することにより，シグネチャーホイッスルの違いは主に生息地域と個体群の規模によって決まることを明らかにした。その研究著者たちによると，音の伝わり方は環境によって異なるため，イルカは自分たちの住む環境に最も適したシグネチャーホイッスルを作り出すという。

泥の多い水域で生活するイルカの低い音に比べ，海草の多い水域で生活するイルカは，短く甲高い「名前」を持つことが研究者たちに知られている。一方，小さな群れでは大きな群れよりも音の高低差が大きく，繰り返し接触する可能性が高い場合，そのことが識別に役立つと考えられる。

しかし，すべての科学者が，生息地域と集団の規模をシグネチャーホイッスルの違いの主な要因と考えているわけではない。スティーブン・F. オースティン州立大学の生物学者であるジェイソン＝ブルックは，社会的要因が非常に重要な役割を果たすと考えている。彼はフロリダ州サラソタ湾に生息するイルカを対象とした研究を指摘する。そこでは，イルカがそこに住む他の個体から刺激を受けて独特なシグネチャーホイッスルを作り出したのである。重要なことは，そのイルカたちは，接触する時間が比較的短いクジラ類の動物を基にして自分のホイッスルを作る傾向があったということである。「これによって，すべてのイルカがジョン＝スミスという名前を持つという問題を避けることができるのです」と，ブルックは言う。

マサチューセッツ州ウッズホール海洋研究所の研究専門家，ラエラ＝サイーグも同意見である。サイーグは自身が行った 30 年以上にわたるクジラ類の動物のコミュニケーションの研究から，イルカのシグネチャーホイッスルの 30％は母親のホイッスルが基になっているが，母親のものとは全く異なる，きょうだいのものに似た「名前」を作る個体もいると推測する。また，家族の誰とも全く異なった独自のホイッスルを作るものもいる。家族のものを基にホイッスルを作るバンドウイルカもいれば，あまり関係のない知り合いのものを基に作るバンドウイルカもいる理由は，海洋研究者たちにもまだわかっていない。

サイーグは，社交性などの要因が関係していると考える。例えば，他の個体との関わりが多い母親は，自分の子どもをより多くの種類のシグネチャーホイッスルに触れさせ，彼らのレパートリーとなる多くの音を彼らに与える。しかし，このことを野生の個体群で実証するのは難しい。

「シグネチャーホイッスルの発達期間中に，何が子イルカに影響を与えているかを解明するのは非常に難しく，大規模な観察が必要となります」とサイーグは言う。「観察できているのは実際の発達期間のごく一部にすぎないのです。もし，何らかの非常に重要な交流があったとしても，それを捉えていないかもしれません」

メスのイルカのシグネチャーホイッスルが生涯ほとんど変わらないのに対して，オスのイルカは親しい仲間のシグネチャーホイッスルをまねてホイッスルを少し変えることがある。オス同士のペアの絆は特定の個体群でよく見られ，母子の絆よりも強い場合がある。「これはサラソタではよく見られることです」とサイーグは言う。「これらのオスの関係は，オス同士が常に一緒にいて彼らのシグネチャーホイッスルが似てくることがよくあるというような非常に強いペアの絆です」

イルカは個々のシグネチャーホイッスルに加えて，集団の結束を高めるため共有のホイッスルを作ることもある。イルカがその集団のホイッスルをよく発するのは，狩りをして食物を得たり仲間を守ったりなど，他者と連携して行動するときである。

国立海洋哺乳類基金の科学者で，イルカのコミュニケーションを専門とするブリタニー＝ジョーンズは，米海軍によって訓練された8頭のイルカのグループを研究したことがある。(3)このイルカのうち5頭は21年間一緒に暮らしてきており，その集団特有のホイッスルを共有していたが，それぞれが自分が誰であるかを示すことができるだけの，他と明確に区別できる特徴は保っていた。

「こうした共有のホイッスルは，異なる個体間でもよく似ていましたが，同一個体が発するものは，異なる個体が発するものと比べて，わずかながら，さらによく似ていました」とジョーンズ氏は言う。このことは，誰がホイッスルを発しているかを，他のイルカが識別できる可能性があることを示し，そのホイッスルが，どの集団のどのイルカであるかの両方を伝えることを示唆する。

人間の「名前」と同じように，シグネチャーホイッスルにも多くの情報が含まれている。それによりそのイルカが住む環境的側面に加え，家族の絆や友情などが明らかになる。イルカが物まねの能力を使って他者を欺くことがあるか，仲間の陰口を言うことがあるかなど，まだまだわかっていないことがあると科学者たちは考えている。こうした動物のシグネチャーホイッスルの複雑な使い方を解明することで，実際，彼らの心の中の世界が本当にどれほど独創的なものであるかが明らかになるかもしれない。

◀解　説▶

▶1．下線部(1)は「科学者たちはこれを人間の名前に例えてきた」という意味で，this は直前の文（They create a…）中の a unique siren of squeaks, known as a signature whistle「シグネチャーホイッスルとして知られるその個体固有のキーキーという号笛のような音」を指すので，なぜ科学者たちがイルカのシグネチャーホイッスルを人間の名前に例えてきたのかを説明することになる。siren「号笛」 squeak「キーキーという音」 known as ～「～として知られる」は過去分詞で a unique siren of squeaks に説明を加えている。signature whistle「シグネチャーホイッスル」とはこの文章にも書かれているように，仲間に自分を識別してもらい，自分に関する情報を仲間に伝えるために使う「名前」のような働きをするホイッスルである。liken A to B「A を B に例える」 下線部の説明となる内容があるのは下線部の直後の第2段第1・2文（In contrast to … of their lives.）で，その主旨は「イルカは個体識別のために melody「旋律」を生み出し，自分であることを周囲に知らせるために常にそれを用いる」ということで，これを制限字数内にまとめると「イルカの鳴音は，人の名前と同様に個体識別の役割を持つから」「イルカは各個体特有の鳴き方を持ち，それで互いを識別するから」などとなる。

in contrast to ～「～とは異なり」 mammal「哺乳類」 identifying「個体を識別する」 feature「特徴」 distorted「（音などが）ひずんだ」 depth「深さ」 invent「～を生み出す」 sound frequency「可聴周波数」 held for specific lengths of time「一定の時間続く（保たれる）」は過去分詞で，a pattern of sound frequencies を修飾する。a melody と a pattern of … lengths of time は同格で，後者を挟んで that 以下の関係代名詞節が先行詞 a melody を修飾する。identify *oneself*「自分が誰であるかを示す」 for the rest of ～「～の残りの間ずっと」

▶2．ア．この空所の直前の文（In contrast to …）は「多くの哺乳類とは異なり，イルカは水深が変わると声がひずんでしまうため，声を個体識別のための特徴として用いることができない」という内容。空所を含む文のカンマ以下（they invent a…）は「イルカは旋律（一定の時間続く可聴周波数のパターン）を作り出し，自分であることを周囲に知らせるため，生涯にわたりそれを用いる」という内容。この2文をつなぐには空所に(E) instead of「～の代わりに，～ではなくて」を補い，instead of that「その代わりに」とするのが適切。that は前文中の use voices as their identifying feature「声を個体識別のための特徴として用いること」を指す。

イ．この空所を含む文のカンマより前の部分（Additional information, … of the whistle）の意味は「ホイッスルの異なる部分の音量を変えることにより，生殖状態などの追加情報も伝えることができる」というようなものである。空所に続く部分 how people emphasize certain words to add nuance は「人がニュアンスを加えるためにある言葉を強調する方法」という意味であり，この文が人間とイルカの情報の伝え方の類似点を述べたものであることがわかる。したがって空所には，(I) unlike「～とは異なって」を補って not unlike ～「～と違わない〔同じである〕」という表現にする。

reproductive status「生殖状態」 convey「(情報）を伝える」 emphasize「～を強調する」

ウ．この空所直前のカンマまでの部分（By eavesdropping on … and population size）は「イタリアのサッサリ大学の研究者たちは，地中海で6つのイルカの個体群が発する音を調査することにより，シグネチャーホイッスルの違いは主に生息地域と個体群の規模によって決まることを明らかにした」，空所に続く部分は「5月に *Scientific Reports* 誌に発表されたある研究」という意味である。したがって空所には，(A) according to「～によると」を補うのが適切。

eavesdrop on ～「～を立ち聞き〔盗み聞き〕する，～を盗聴する」 population「(生物の）集団，個体群」 reveal「(知られていなかったこと）を明らかにする」 difference in ～「～の〔における〕違い」 mostly「大部分は，主に」 be determined by ～「～によって決まる〔決定される〕」 habitat「生息地域」 published in May in *Scientific Reports* は a study「研究」を修飾する過去分詞。

エ．この空所に続く部分（small pods…is higher）と直前の文

(Dolphins living among…) の意味的なつながりを考える。空所の前文は「泥の多い水域で生活するイルカの低い音に比べ，海草の多い水域で生活するイルカは，短く甲高い『名前』を持つ（自分たちに与える）ことが研究者たちに知られている」というように，生息地域によるシグネチャーホイッスルの違いを述べている。空所に続く文は「小さな群れでは大きな群れよりも音の高低差が大きく，繰り返し接触する可能性が高い場合，そのことが識別に役立つと考えられる」という意味で個体群の規模による違いを述べている。この2文をつなぐ言葉として適切なのは，(G)meanwhile「一方では」である。

living among seagrass「海藻の中で暮らす」は現在分詞で dolphins を修飾する。the researchers found「研究者たちは発見した」は挿入句なので，その前後をつなげて読む。shrill「甲高い」 compared to～「～と比べると」 baritone「バリトンの，低い」 muddier は muddy「泥の多い」の比較級。waters「水域」 living in muddier waters「泥の多い水域に暮らす」も現在分詞で dolphins を修飾する。pod「(海生動物の) 小さな群」 display「～を表す〔示す〕」 pitch「音の高低」 variation「変化」 カンマに続く which 以下は，前の節全体を受ける関係代名詞の非制限用法で「そして，それは…」というように説明を加えている。help with～「～に役立つ」 identification「識別」 probability of～「～の見込み〔確率〕」 repeated「繰り返される」 encounter「出会い，接触」

オ．この空所を含む文 (Demonstrating this in…) の空所以外の部分は「このことを野生の個体群で実証するのは難しい」という意味である。直前の同段第1・2文 (Sayigh believes that…to their repertoire.) は「サイーグは，(　④　) などの要因が関係していると考える。例えば，他の個体との関わりが多い母親は，自分の子どもをより多くの種類のシグネチャーホイッスルに触れさせ，彼らのレパートリーとなる多くの音を彼らに与える」という意味である。第1・2文と空所を含む第3文は相反する内容になっていることから判断し，(C)however「しかしながら」を補う。however はこのように文中に挿入句的に用いられることも多い。

play a role「役割を果たす，関係する」 第2文は mothers who interact more with others が主部，expose 以下が述部という構造。interact with～「～と交流する」 expose *A* to *B*「*A* を *B* に触れさせる」

calves は calf「(ゾウ・サイ・クジラなどの）子」の複数形。a great variety of～「多くの種類の～」 カンマに続く giving 以下は「そしてそれは…」というように状況説明を加える分詞構文。不定詞句 to add to their repertoire は sounds を修飾し，add *A* to *B* は「*A* を *B* に加える」なので，more sounds to add to their repertoire で「～らのレパートリーに加えるより多くの音」という意味になる。demonstrate「～を実証する」 prove（to be）～「～であるとわかる」 tricky「扱いにくい，やりにくい」

カ．この空所を含む段（“It's very difficult …）はサイーグが野生の状態における観察の難しさを述べた言葉であり，第1・2文は「シグネチャーホイッスルの発達期間中に，何が子イルカに影響を与えているかを解明するのは非常に難しく，大規模な観察が必要だ」「観察できているのは実際の発達期間のごく一部にすぎない」というような意味である。空所のある第3文のカンマより前の部分は「何らかの非常に重要な相互作用がある」，後の部分は「それを捉えていないかもしれない」なので，接続詞である(D) if を補い「何らかの非常に重要な交流があったとしても，それを捉えていないかもしれない」とする。

what forces are … development が figure out「～を解明する」の目的語になっている。force「力，影響」 カンマに続く which 以下は前節の内容を受けて「そして…」のように説明を加える非制限用法の関係代名詞節。require「～を必要とする」 extensive「広範囲の，大規模な」 observation「観察」 a fraction of～「～のほんの一部」 crucial「非常に重要な」 interaction「相互作用，交流」 capture「～を捉える」

キ．この空所を含む文は shared whistles「共有のホイッスル」について述べたもので，空所より前の部分（“These shared whistles, … within an individual）は「同一個体が発するものは，異なる個体が発するものと比べて，わずかながら，さらによく似ていた」というものである。although very similar between dolphins は，接続詞の後ろに省略されている「主語＋be 動詞」を補い although they（＝these shared whistles）were very similar between dolphins と考える。わかりにくい文であるが，直前の下線部(3)の「同じ集団に属する個体は，共有のホイッスルと呼ばれる非常によく似たシグネチャーホイッスルを持っていたが，それを個体間で比較すると個体を識別できるだけの違いもあった」という旨の内容が理解の助けとなる。within an individual「同一個体内」(ある個体が毎回発するホイッスル）と between dolphins「個体間」(同じ集団に属する異なる個体が発するホイッスル）が，それぞれどのくらい似ているかが比較されているので，空所には(B)compared to「～と比較すると，～と比べて」を補い，slightly more similar within an individual compared to between dolphins「(共有のホイッスルは）同一個体が発するものは，異なる個体が発するものと比べて，わずかながら，さらによく似ていた」とする。

▶ 3．①この空所を含む文（But not all …）は「しかし，すべての科学者が，(　①　）と集団の規模をシグネチャーホイッスルの違いの主な要因と考えているわけではない」という意味である。not all は「すべてが～というわけではない」という意味の部分否定。view *A* as *B*「*A* を *B* とみなす」 driver (of ～)「(～の，～にとっての）原因〔誘因〕」 この文は第2段第6・7文（By eavesdropping on …）以降，その具体例となっている第3段（Dolphins living among …）の内容を受けたものである。特に第2段第6文に differences in signature whistles were mostly determined by their habitat and population size「シグネチャーホイッスルの違いは主に生息地域と個体群の規模によって決まっていた」とあるので，空所には(D)habitat「生息環境，生息地」を補う。

②この空所を含む文（Jason Bruck, a biologist …）は「スティーブン・F. オースティン州立大学の生物学者であるジェイソン＝ブルックは，(　②　）が非常に重要な役割を果たすと考えている」という意味である。play a ～ role「～な役割を果たす」 空所に続く文（He points to …）がその説明になっており，その文に dolphins created unique signature whistles using inspiration from community members「イルカが，そこに住む他の個体から刺激を受けて独特なシグネチャーホイッスルを作り出した」という表現があるので，(H)social factors「社会的要因」を選び social factors play a crucial role「社会的要因が極めて重要な役割を果たす」とするのが正解。using 以下は「…を使って」という付帯状況を表す。inspiration「(創造性を）刺激するもの」

紛らわしい選択肢に(G)sociability「社交性」があるが，同段第4文(Crucially, …) の the dolphins tended to … less time with「そのイルカ

たちは，接触する時間が比較的短いクジラ類の動物を基にして自分のホイッスルを作る傾向があった」という内容に合致しない。tend to *do*「～する傾向がある」 base *A* on *B*「*A* の基礎を *B* に置く」 that they spent less time with「彼らが一緒に過ごす時間が少ない」は関係代名詞節で先行詞 cetaceans「クジラ類（クジラやイルカ等）の動物」を修飾する。関係代名詞節の基になっているのは they spent less time with them（= cetaceans）であり，them が目的格の関係代名詞 that になった構造である。

③この空所を含む文の Sayigh estimates that に続く箇所（30 percent of dolphins' …）は「イルカのシグネチャーホイッスルの 30%は母親のホイッスルが基になっているが，母親のものとは全く異なる，（　③　）のものに似た『名前』を作る個体もいる」という意味である。that of their（　③　）は the signature whistle of（　③　）を意味するので，空所には(F)siblings「きょうだい」を補う。

be based on ～「～に基づいている」 while「だが一方」 others は other dolphins を意味する。invent「創作する，作り出す」 that is nothing like … は a name を修飾する関係代名詞節。that is に nothing like … と closer to … の両方が続いている。nothing like ～「～とは全く異なる」 their mom's は their mother's signature whistle を意味する。close to ～「～に近い」

④この空所を含む文（Sayigh believes that …）は「サイーグは，（　④　）などの要因が関係していると考える」という意味である。これは直前の第５段最終文（Marine researchers still …）の「家族のものを基にホイッスルを作るバンドウイルカもいれば，あまり関係のない知り合いのものを基に作るバンドウイルカもいる理由は，海洋研究者たちにもまだわかっていない」という内容を受けている。空所に入る語句は，続く文（For example, mothers …）に書かれている例から判断する。この文は「例えば，他の個体との関わりが多い母親は，自分の子どもをより多くの種類のシグネチャーホイッスルに触れさせ，彼らのレパートリーとなる多くの音を彼らに与える」という意味なので，それに合致するのは(G)sociability「社交性」(この部分の詳しい説明は設問２のオの項を参照)。

⑤この空所を含む文（"These male（　⑤　）are …）は「これらのオス

の（ ⑤ ）は，オス同士が常に一緒にいて，彼らのシグネチャーホイッスルが似てくることがよくあるような非常に強いペアの絆だ」という意味で，These male（ ⑤ ）は，この文に先立つ同段第2文（Male-male pair bonds…）の「オス同士のペアの絆は特定の個体群でよく見られ，母子の絆よりも強い場合がある」という内容を受ける。したがって，空所には(A) alliances「連繫，協力関係」が適切。

Male-male pair bonds に are common … と can be stronger … の両方が続く。bond「絆」 extremely strong pair bonds を関係副詞節 where the males are … converge on their signature whistles が修飾する。この関係副詞節の基になるのは the males are … converge on their signature whistles in them（＝extremely strong pair bonds）であり，in them が関係副詞になっていると考える。they frequently … の they は the males を受ける。frequently「しばしば」 converge「（しだいに）まとまる〔一致する〕」

⑥この空所を含む文（In addition to…）は「イルカは個々のシグネチャーホイッスルに加えて，集団内の（ ⑥ ）を高めるため共有のホイッスルを作ることもある」という意味である。直後の文（Dolphins often broadcast…）が「イルカがその集団のホイッスルをよく発するのは，狩りをして食物を得たり仲間を守ったりなど，他者と連携して行動するときである」という内容から判断し，(C) cohesion「（人や集団の）まとまり，団結」を補う。

in addition to～「～に加えて」 shared「共通の，共有の」 promote「～を促進する」 broadcast はここでは文字通り「広く聞こえるように発する」という意味。when coordinating … others は接続詞の後ろに「主語＋be 動詞」を補うと，when they are coordinating … others となる。coordinate「～を調和させる」 forage for～「（狩猟により食物）をあさる」 guard「～を守る」 mate「仲間」

▶4．下線部(2)を含む文は「このことがすべてのイルカがジョン＝スミスという名前になるという問題を避ける」という意味である。problem of～「～という問題」に being named John Smith「ジョン＝スミスという名前になること」という受動態の動名詞が続き，every dolphin が動名詞の意味上の主語となっている。ジョン＝スミスは，日本語であれば山田太郎のようなよくある名前の例として使われている。主語の This は直前の文（Crucially, the dolphins …）の「重要なことは，そのイルカたちは，接触する時間が比較的短いクジラ類の動物を基にして自分のホイッスルを作る傾向があったということである」という内容を指す。これはつまり，多くのイルカが日頃よく接触している同じ個体のホイッスルを基に自分のホイッスルを作ると，彼らのホイッスルがすべて同じようなものになってしまうので，それを避けているという意味である。したがって下線部の具体的内容としては「すべての個体の鳴音が同じになり，互いを識別できなくなること」などとするとよい。

crucially「とりわけ重要なこととして」 関係代名詞節 that they spent less time with が先行詞 cetaceans「クジラ類」を修飾している。

▶5．but を挟み前半と後半に分けて考える。前半は主語が Five of the dolphins で，非制限用法の関係代名詞節 who have … for 21 years が挿入句的に説明を加え，述部 shared a group whistle が続く構造なので，「このイルカのうち5頭は21年間一緒に暮らしてきており，その集団特有のホイッスルを共有していた」という意味になる。後半は enough distinctive … identify themselves が they each kept の目的語となっている構造。distinctive characteristic は「他と明確に区別できる特徴」，enough *A* to *do* は「～するのに十分な *A*」なので，「それぞれが自分が誰であるかを示すことができるだけの，他と明確に区別できる特徴は保っていた」という意味になる。

▶6．空所直前の文（Like the human equivalent, …）は「人間における同等のものと同じように，シグネチャーホイッスルにも多くの情報が含まれている」という意味である。the human equivalent「人間における同等のもの」が『名前』を指すことは，「科学者たちはこれを人間でいえば『名前』のようなものだとしてきた」という第1段最終文（Scientists have likened …）からわかる。すべての選択肢の文の主語が They であるが，この They はシグネチャーホイッスルを指すことになるので，空所にはこの文章を通じて述べられたシグネチャーホイッスルが持つさまざまな情報について触れた文を選ぶことになる。

(A)「それら（シグネチャーホイッスル）は，イルカが食べ物や危険など，さまざまな事柄について互いにコミュニケーションをとることを可能にする」

allow *A* to *do*「*A* が～することを可能にする」 a variety of～「さまざまな～」 matter「事柄」 including～「～を含めて」 この文に関係する内容は第 9 段（In addition to…）にあるが，これは shared whistle「(集団）共有のホイッスル」に関する内容で，シグネチャーホイッスルの持つ情報とは言えないので不適。

(B)「それら（シグネチャーホイッスル）は，イルカが狩りをしたり，仲間を守ったりする活動において連携をとるために用いる方法である」

先行詞 a method を関係代名詞節 that 以下が修飾する。coordinate「(活動）の調整をはかる，連携させる」 これも同様に第 9 段に書かれている shared whistle「(集団）共有のホイッスル」に関する内容で，シグネチャーホイッスルが持つ情報とは言えないので不適。

(C)「それら（シグネチャーホイッスル）は，濁った水や透明な水など，さまざまな環境下で家族を識別するためにイルカにより用いられる」

identify「～を識別する」 関連する記述が第 3 段（Dolphins living among…）にあるが，ここに書かれているのは，異なる環境に住むイルカのシグネチャーホイッスルの特徴の違いの例であり，シグネチャーホイッスルが持つ情報とは言えないので不適。

(D)「それら（シグネチャーホイッスル）は，イルカの社会的地位や水深などの位置を表す」

reflect「～を反映する〔表す〕」 social status「社会的地位」 location「位置」 depth「深さ」 シグネチャーホイッスルがイルカの「社会的地位」を表すという記述はない。また「水深」に関する記述は第 2 段第 1 文（In contrast to most…）にあるが，そこに書かれているのは「イルカは水深が変わると声がひずんでしまうため，声を個体識別のための特徴として用いることができない」ということで，シグネチャーホイッスルの持つ情報とは言えないので不適。

(E)「それら（シグネチャーホイッスル）はイルカの家族の絆や友情，彼らを取り巻く環境的な側面を明らかにする」

reveal「～を明らかにする」 *A* as well as *B*「*A* も *B* も，*B* だけでなく *A* も」 family ties「家族の絆」 aspect of～「～の面〔側面〕」「仲間のホイッスルをまねることができ，はぐれたときには仲間の『名前』を呼ぶ」(第2段第3文),「生息地域と個体群の規模がシグネチャーホイッスルの特徴に影響する」(第2段第6文),「シグネチャーホイッスルの30%は母親のものが基になっており，きょうだいのものに似たシグネチャーホイッスルを持つこともある」(第5段第2文),「強い絆で結ばれたオス同士のシグネチャーホイッスルが似ることもある」(第8段),「共有のホイッスルが集団の結束を強める」(第9段) などの本文に書かれているシグネチャーホイッスルに関する情報をふまえたもので，文章をまとめる最終段の文として適切である。

●語句・構文●

(第1段) drifting … は付帯状況を表す分詞構文。drift (along ～)「(～に乗って) 漂う」 ocean current「海流」 in *one's* shadow「～の陰に隠れて，～のすぐ近くに」 newborn「生まれたばかりの」 sing to *oneself*「歌を口ずさむ」

(第2段) imitate「～をまねる」 カンマに続く calling out … lost は「(そして) はぐれたときには仲間の『名前』を呼ぶ」という意味の分詞構文。call out「(大声で) 叫ぶ」 what to call themselves「自分を何と呼ぶか (自分の呼び名)」が decide の目的語になっている。travel「(光や音などが) 伝わる」 distinct「(他のものと) はっきりと異なる，違った」 that best suit their surroundings は関係代名詞節で，先行詞 signature whistles を修飾。(best) suit ～「～に (最も) 適する」 *one's* surroundings「周囲の状況，環境」 study author「研究著者」

(第4段) point to ～「～を指摘する〔示す〕」 study of ～「～を対象とした研究」 living in Sarasota Bay, Florida は現在分詞で dolphins を修飾。カンマに続く where 以下は Sarasota Bay, Florida に説明を加える非制限用法の関係副詞節。

(第5段) Laela Sayigh と a research specialist … in Massachusetts は同格。studying cetacean … three decades は現在分詞で，her work を修飾。decade「10 年」 estimate that ～「～であると推測する」 that is distinct from any of their family members は関係代名詞節で，先行詞 a unique whistle を修飾。be distinct from ～「～と異なる」 why some bottlenoses … on lesser acquaintances が still do not know の目的語になっている。some bottlenoses と others (=other bottlenoses) が「～する

バンドウイルカもいれば…するバンドウイルカもいる」というように対照されている。省略を補うと others (base their whistles) on lesser acquaintances となる。lesser は「より重要でない」, acquaintance は「(友人ほど親密でない) 知り合い」という意味なので, lesser acquaintances は「あまり関係のない知り合い」というような意味。

(第8段) 文頭の while は「…なのに対して」という〈対比・譲歩〉の意味で使われる。barely「ほとんど〜ない」adjust「〜を調整する」mirror「〜を反映〔模倣〕する」

(第10段) Brittany Jones と a scientist … dolphin communication は同格。who 以下の関係代名詞節が先行詞 a scientist at the National Marine Mammal Foundation を修飾。specialize in 〜「〜を専門に研究する」that have been trained by the U.S. Navy は先行詞 eight dolphins を修飾する関係代名詞節。have been trained は現在完了形の受動態。

(第11段) identify「〜を識別する」の目的語が who is making the whistle「誰がホイッスルを発しているか」。suggesting (that) 〜 は分詞構文で「そしてそれは〜であることを示唆する」というような意味になる。

(第12段) unlock「〜を解明する」 to unlock は形容詞的用法の不定詞で, there is still more to unlock「解き明かすべきことがまだある」つまり「まだわかっていないことがある」の意。including「〜を含めて」に2つの whether 節が続いている。impressionist「物まねをする人」 deceive「人を欺く」 talk about 〜 behind *one's* back「本人のいないところで〜の話をする, 〜の陰口を言う」 Uncovering … whistles が主部で may reveal … が述部。uncover「〜を解明する」 complexity「複雑さ」 how … whistles が前置詞 of の目的語となっている。just how … is が reveal の目的語となっている。imaginative「想像力に富んだ, 独創的な」inner world「内部世界, 心の中の世界」

III 解答

1. (C)
2. (a)—(4)　(b)—(5)　(c)—(3)　(d)—(9)　(e)—(6)
3. (B)・(D)
4. ア—(5)　イ—(3)　ウ—(8)　エ—(7)　オ—(1)　カ—(6)　キ—(2)　ク—(4)
5. 〈解答例1〉Some people are trying to reduce their environmental

impact by using public transportation and bicycles. Minimizing the use of private vehicles can help reduce greenhouse gas emissions, a major cause of climate change. (33 words)

〈解答例 2〉 Many people use reusable water bottles instead of purchasing beverages in disposable plastic bottles. This helps save the environment as it reduces the amount of plastic waste that ends up in landfills and oceans. (34 words)

◆全 訳◆

≪日本で学ぶ留学生３人の食堂での会話≫

日本の大学に通う３人の留学生，ブラジル出身のイザベル，インドネシア出身のメラティ，オーストラリア出身のオリバーが，カフェテリアで一緒に昼食をとるために並んでいる。会話を読み，以下の質問に答えなさい。

オリバー：やれやれ！　列が進むのがちょっと遅いと思わない？　メラティ，今日は何を食べるか決めた？　僕はまずはチキンナゲット２人前と，それからすき焼きか豚カツ丼のセットにしようかと思ってるけど。

メラティ：ええ！　あなたの胃は底なしなの？

オリバー：いや，今日はちょっとサッカーの早朝練習に遅れて，朝食を食べる時間がなかったから，腹ペコなんだ。

メラティ：なるほどね。それじゃ私は野菜カレーライスにしようかしら。イザベルは何にするの？

イザベル：そうね，豆腐サラダがおいしそうだわ。

オリバー：豆腐？　本当に？

イザベル：そうよ。でもどうして？

オリバー：あの白いぶよぶよした代物だよね？　ウェー！　味がなくて食欲がわかないね。

メラティ：オリー，食べてみるべきよ。私も食べてみたけど，とてもおいしかったわよ。特に和風のドレッシングをかけると。健康にもとてもいいし。

オリバー：二人ともベジタリアンじゃないよね？

メラティ：ええ，私はちがうわ。イジー，あなたは？

イザベル：私もまだちがうけど，世界の流れもあるし，私は間違いなくその方向に向かっているような気がする。

メラティ：それはあなただけじゃないわ。環境意識の高い私の友達の何人かが，ここ数年でベジタリアンになっているわ。

オリバー：ちょっと待ってよ！　ベジタリアンであることと地球の状態がどう関係するというんだい？

メラティ：そうね，まず第一に，肉を食べるのをやめると，私の国で大きな問題になっている森林破壊を減らすのに大きく役立つかもしれないわ。

オリバー：えー，本当？

イザベル：私の国もそうよ。ブラジルは毎年アマゾンの自然林を大量に失っていて，その土地の多くが肉牛を育てるために使われているの。それがすべて地球温暖化に与える影響は言うまでもないし，生物多様性の喪失，土壌侵食，砂漠化もますます気がかりになっているわ。

オリバー：そうだな，でも僕はスポーツをよくするからタンパク質をたくさんとる必要があると思う。それに僕たちオーストラリア人は本当にバーベキューが好きだし。肉を食べるのをやめることはできないと思う。

メラティ：そうね，ある意味ではやめる必要はないかもしれないわ。

オリバー：どうして？

メラティ：現在は代替肉があるからね。たいてい大豆のような植物から作られているのよ。

オリバー：それはまずい。また豆腐の話に戻ってしまう！

メラティ：ううん，これは全く違うのよ。1年くらい前，私の国の大きなハンバーガーチェーンが大豆で作られたハンバーガーを販売し始めたの。それが驚くほど肉のような味と食感で，特に若者の間で大ヒットになったわ。

オリバー：大豆だって？　うーん，どんなもんだろうね。

イザベル：じゃ，菌類由来の代替肉はどう？

オリバー：え？　それって何のこと。キノコか何かのことを言っているの？

イザベル：マイコプロテインのことよ。菌類から作られる一種のタンパク質なの。この間，サトウ教授が授業で話していたでしょう，覚えていないの？

オリバー：うん。寝坊してその授業には出られなかったんだと思う。

メラティ：オリバー，うそでしょう！　あのね，あなたのよくないところは…

オリバー：わかった，わかった。メル，その話はもういいよ。それでサトウ教授は何と言ったんだい？

イザベル：そうね，サトウ教授によると，もし世界の牛肉消費の20%でもマイコプロテイン製品で代替することができれば，今後30年間の地球上の森林破壊を半分にすることができるというの。

メラティ：そう，それにそのことで温室効果ガスも半分にすることができるらしいわ。

オリバー：それで，君たちはそれが本当に肉に似ていると思うんだね？

イザベル：ええ。サトウ教授はマイコプロテインでできた製品はあなたが食べるチキンナゲットのような通常のタンパク源よりもおなかを満たすと言っていたわ。

メラティ：そしてマイコプロテインは食物繊維が豊富だけれど，カロリーと脂肪は低いのでダイエット中の人にもいいのよ。

オリバー：もしそうなら，僕も試してみてもいいな。ほら，カフェテリアの投書箱があそこにある。マイコプロテインの料理をメニューに加えてくれるように投書するよ。

イザベル：それがいいわ！

オリバー：よし，でも待って！　まずは一番重要なことをしなくちゃ。列が動き出したから，さあ，トレーを取って！

◀解　説▶

▶1．「下線部(1)のメラティのオリバーへの質問の意味に最も近いのは，次の選択肢のうちどれか。解答用紙にアルファベットを１つ書き解答しなさい」

(A)「いつもそんなにお肉を食べているの？」

(B)「脚の中に穴が開いているの？」

(C)「どうしてそんなにたくさん食べられるの？」

(D)「その脚，どうしたの？」 What's wrong with ～？「～のどこが悪い

のですか？」

(E)「どうしてそんなに痩せているの？」 thin「痩せた」

下線部 Have you got hollow legs? は，Have you got ～？が Do you have ～？と同義，hollow は「中が空洞の」という意味なので，直訳すると「あなたの脚は空洞になっているのですか？」となるが，そのような意味であるはずがないので，慣用表現であることがわかる。その意味を会話の流れから推測することを求める問題である。これはオリバーが最初の発言の第４文（I've got my eye on …）で，チキンナゲット２人前とすき焼きか豚カツ丼のセットを食べると言ったのに対するメラティの反応である。それに対してオリバーは２回目の発言（No, it's just that …）で，おなかが減っていることとその理由を答えている。この流れに合う質問は(C)である。紛らわしい選択肢に(A)があるが，この質問が「いつもそんなにお肉を食べているの？」という意味であれば，オリバーの２回目の発言は，「肉」について触れたものになるはずである。

get *one's* eye on ～「～に目が留まる」 portion「（食べ物の）一人前」 to start with「始めは，まずは」 followed by ～「その後に～が続く」 it's just that ～「ただ～というだけのことだ」 starving「とてもおなかがすいて」

▶２．「(a)～(e)のフレーズで表現されている感情に合う最も適切な単語を以下のリストから選びなさい。(1)～(9)の数字を用いて答えること。どの数字も１回しか使えないものとする」

(a)　イザベルが１回目の発言（Well, the tofu …）で「豆腐サラダがおいしそうだわ」と言ったのに対して，下線部を含む発言でオリバーは「豆腐？　本当に？」と言っている。それに対するイザベルの Yes, why not?「そうよ。でもどうして？」という言葉に対して，オリバーが豆腐について否定的なコメントをしている。よって，下線部で表現されているオリバーの感情は(4) disbelief「信じられない気持ち」ということになる。

tempting「食欲をそそる」 wobbly「形の定まらない」 stuff「物，代物」 Yuck!「（嫌悪，不快を表して）ウェー！」 bland「味がない」 unappetizing「まずそうな，食欲がわかない」

(b)　下線部を含むメラティの発言は「オリー，食べてみるべきよ。私も食べてみたけど，とてもおいしかったわよ。特に和風のドレッシングをかけると。とても健康にいいし」というもので，それに合致するのは(5) encouragement「励まし」。

(c)　下線部はイザベルの5回目の発言（How about fungus meat then?）「菌類由来の代替肉はどう？」に対してのオリバーの答えである。You've lost me there. は「それって何のこと？」という意味であるが，この表現を知らなくとも，続けて「キノコか何かのことを言っているの？」と言っていることより，(3)confusion「混乱」を選ぶことができる。

How about ～？「～についてはどう思いますか？」 fungus「キノコ，菌類」 then「それでは」

(d)　下線部は「寝坊してその授業には出られなかったんだと思う」というオリバーの13回目の発言（Um, I think …）に対するメラティの反応である。下線部の「オリバー，うそでしょう！」だけでは判断できないが，メラティが続けて your trouble is …「あなたのよくないところは…」と言っていることから，(9)irritation「いらだち」を選ぶ。

oversleep「寝過ごす」 miss「～に欠席する」 that one = that class「その授業」 trouble「欠点」

(e)「マイコプロテインの料理をメニューに加えてくれるように投書するよ」という直前のオリバーの発言に対してイザベルが「それがいいわ！」と反応している状況なので，(6)enthusiasm「熱意」が適切。

drop *A* in は「*A* を投入する」なので drop a message in で「投書する」という意味。asking 以下は ask *A* to *do*「*A* に～するように依頼する」が分詞になった形なので「投書して～するように依頼する」という意味になる。add *A* to *B*「*A* を *B* に加える」 mycoprotein「マイコプロテイン，菌タンパク質（人間が消費するために菌類から得たタンパク質）」

▶3.「この会話の内容に基づき，最も正しいと考えられるものを次の中から2つ選びなさい」 infer「～を推測する」

(A)「インドネシアのあるハンバーガーチェーンが，キノコから作られるタンパク質を考案した」

invent「～を考案する」 過去分詞 made from mushrooms が protein「タンパク質」を修飾している。よく似た表現がメラティの9回目の発言の第2文（About a year ago, …）にあるが，ここで述べられているのは hamburgers made with soybeans「大豆から作られたハンバーガー」である。過去分詞 made with soybeans が hamburgers を修飾している。mushrooms という語が使われているのはオリバーの 12 回目の発言の第 3 文（Are you talking…）のみで，そこにもこれに合致する記述はない。

(B)「イザベルとオリバーは同じ授業をとっている」

イザベルが 6 回目の発言（I mean mycoprotein. …）で，「この間，サトウ教授が授業で話していたでしょう，覚えていないの？」とオリバーに言っていることから考えて正しい。the other day「先日」

(C)「イザベルはマイコプロテインの肉を食べてみたことがあり，その味が通常の肉の味に非常によく似ていると思った」

be similar to ～「～に似ている」 that of regular meat は the taste of regular meat を意味する。イザベルがマイコプロテインの話をしているのは 6 回目（I mean mycoprotein. …）から 8 回目（Yes. And Professor Sato…）の発言。この中で紛らわしいのはオリバーの 15 回目の発言（And you reckon…）に対するイザベルの 8 回目の発言だが，オリバーが言ったのは「君たちはそれが本当に肉に似ていると思うんだね？」ということで，それに対してイザベルの答えは「サトウ教授はマイコプロテインでできた製品は通常のタンパク源よりもおなかを満たすと言っていた」ということであり，味が似ているということではないので不適。

(D)「イザベルはベジタリアンになることを考えている」

consider *doing*「～しようと考える」 オリバーが 5 回目の発言（You're not both…）で「二人ともベジタリアンじゃないよね？」と言ったのに対して，イザベルは 3 回目の発言（I'm not yet…）の中で given the way…in that direction「私もまだちがうけど，世界の流れもあるし，私は間違いなくその方向に向かっているような気がする」と言っており，in that direction「その方向に」とはベジタリアンになることなので，その内容に合致している。省略を補うと I'm not（vegetarian）yet either となる。given ～「～を考えると」 definitely「間違いなく」

(E)「オリバーはカフェテリアへ提案をした」

suggestion「提案」 オリバーは彼の最後から 2 番目の発言（Well, in that case, …）の中で「マイコプロテインの料理をメニューに加えてくれるように投書するよ」と言ってはいるが，最後の発言（OK, but wait! …）で「よし，でも待って！　まずは一番重要なことをしなくちゃ。列が動き出したから，さあ，トレーを取って！」と言っていることから，実際には投書していないことがわかるので正しくない。First things first.「重要なことが先だ，物には順序がある」 queue「列」 grab「～をつかむ」

(F)「オリバーは菌類から作られた肉を気持ちが悪いと考えている」

disgusting「非常に不快な，気持ちが悪い」 オリバーが fungus meat つまり mycoprotein に触れているのは彼の12回目の発言（What? …），15回目の発言（And you reckon …），16回目の発言（Well, in that case, …）だが，そこにはこの旨の内容はない。

(G)「サトウ教授の教科書には，マイコプロテインは栄養価が高いと書かれている」

nutritious「栄養価が高い」 サトウ教授によるマイコプロテインに関する内容があるのは，イザベルの7回目と8回目の発言（Well, according to … / Yes. And Professor Sato said …）だが，栄養価が高いという内容ではなく，教科書に書かれているわけでもないので正しくない。

(H)「3人の学生はそれぞれの国の環境について心配している」

be concerned about ～「～について心配している［関心がある］」 respective「それぞれの，各自の」 メラティの6回目の発言（Well, for a start, …）から，彼女が自分の国の森林破壊について心配していることがわかる。for a start「まず第一に」 give up on ～「～に見切りをつける」 do a lot to *do*「～するのにかなり貢献する」 カンマに続く which 以下は先行詞 deforestation「森林破壊」に説明を加える非制限用法の関係代名詞節。またイザベルの4回目の発言（Mine, too. Brazil …）から，彼女も出身国ブラジルの環境問題を心配していることがわかる。Mine, too. は My country, too. の意味で，メラティの出身国インドネシアと同様にブラジルも森林破壊の問題を抱えているという意味であり，それに続けて「肉牛を育てるために自然林が大量に失われ，それが地球温暖化，生物多様性の喪失，土壌侵食，砂漠化につながっている」という旨の発言をしている。a huge amount of ～「大量の～」 natural forest「自然林」 raise「～を育てる」 cattle「牛」 get concerned about ～「～が心配になる」 loss of ～「～の喪失」 biodiversity「生物多様性」 soil erosion「土壌侵食」 desertification「砂漠化」 not to mention ～「～は言うまでもなく」 it all has on global warming は目的格の関係代名詞が省略された関係代名詞節で，the effect を修飾。ただしオリバーが出身国オーストラリアの環境を心配していることを表す内容はないので正しくない。

▶4．「空所ア～クを補うのに最も適切な単語を以下のリストから選びなさい。(1)～(8)の数字を用いて答えること。どの数字も1回しか使えないものとする」

ア．(5)go を選び，go for ～「～を選ぶ，～にする」という表現にする。I'm going to go for the vegetable curry and rice で「私は野菜カレーライスにするわ」という意味。

イ．(3)do を選び，have got *A* to do with ～「～と *A* の関係がある」(*A* は something, anything, much, little, nothing などで関係の度合いを表す）という表現にする。文頭の what が *A* に相当し「～と何の関係があるのか？」という疑問文になっている。また，この場合は have got の代わりに have を用いても意味は同じである。have を使えば What does being a vegetarian have to do with ～？となる。文の主語が being a vegetarian「ベジタリアンであること」という動名詞で，文全体では「ベジタリアンであることと地球の状態がどう関係するというんだい？」という意味になる。state「状態」

ウ．ベジタリアンであることと地球の環境が全く関係ないと思っていたオリバーが，肉を食べるのをやめることがインドネシアの森林破壊を減らすのに役立つかもしれないと聞いて驚いている場面である。空所には(8)say を補い，You don't say?「えー，本当？」という意味の表現を完成する。

エ．肉を食べるのをやめることが環境破壊を減らすことにつながると言われたオリバーが，それに対して肉を食べるのをやめられない理由を述べている場面である。1つ目の理由が，スポーツをよくするからタンパク質が必要であること。2つ目の理由として空所には(7)love を補い，「僕たちオーストラリア人は本当にバーベキューが好きなんだ」とする。空所の直前の do は「本当に」というように強調を表す助動詞。plenty of ～「たくさんの～」 Aussie「オーストラリア人」 There's no way ～「～する可能性〔見込み〕はない」

オ．空所を含むオリバーの発言の直前でメラティは，perhaps, in a sense, you don't have to「ある意味ではやめる必要はないかもしれない」と言っている。have to の後ろには stop eating meat が省略されている。それに対してオリバーがその理由を尋ねている場面であることが，これに続くメラティの発言からもわかるので，(1)come を補い How come?「どうして？」とする。in a sense「ある意味では」

カ．寝坊をして授業に出られなかったと言うオリバーに対するあきれた様子のメラティの発言である。You［　カ　］の部分がなくても文は成り立つので，(6)know を補い「(わかるでしょ) あのね」というような感じで使われる You know とする。

キ．直前でイザベルが「世界の牛肉消費の20%をマイコプロテイン製品で代替することができたら，今後30年間の地球上の森林破壊を半分にすることができるとサトウ教授が言っていた」と言ったことを，Yes, and it would … と受けた発言である。greenhouse gas emissions は「温室効果ガス排出」，by half は「半分に」なので，「～を削減する」という意味の(2)cut を補い「それにそのことで温室効果ガスも半分にすることができる」とする。cut *A* by half で「*A* を半分に削減する」という意味になる。

ク．空所を含む that 節の主語が products made with it「それ（マイコプロテイン）で作られる製品」，more than 以下は「あなたが食べるチキンナゲットのような通常のタンパク源よりも」という意味なので，述語動詞の部分は(4)fill を選び fill you up「おなかを満たしてくれる」とするのが適切である。fill *A*（人）up は「*A*（人）を満腹にする」という意味の表現。made with it は過去分詞で products「製品」を修飾。source of protein「タンパク源」 手元にチキンナゲットがあるわけではないので，those を用いて「あのあなたが食べるような」という意味で those chicken nuggets of yours と言っている。

▶5．「下線部(2)では，メラティが，ここ数年で環境意識の高い数人の友人がベジタリアンになったと言っている。環境に対する影響を減らすために，人々がしていることは他にもたくさんある。一つ例を挙げて，それがどのように影響を減らすのに役立つと思うか説明しなさい。25～35語の英語で答えること。（解答の最後に使用した語数を示すこと。カンマやピリオドなどの句読点は語数として数えない）」 environmentally-conscious「環境意識の高い」 turn「～になる」 impact on ～「～への影響」 help to *do*「～するのに役立つ」 count *A* as *B*「*A* を *B* として数える」 punctuation「句読点」

指示に従って書くことが大切である。特に指示文が英語なのでまずは問題を正確に理解すること。含めなければならないのは，①環境に対する影響を減らすために，人々がしていることの例を一つ，②それが環境への影響を減らすのに役立つ理由，という２つのポイントである。語数に指定があるライティングでは，「どのくらい書けば何語くらいになる」という感覚を持っておくことが大切である。一般的に１文の長さは 15～20 語程度なので 25～35 語は目安として２～３文ということになる。２つのポイントをそれぞれ１文で書くか，もしくは片方を１文，もう片方を２文で書くことになる。ライティングの問題では解答に使える表現が指示文中にあることが多い。この場合も reduce their impact on the environment という表現が使える。また〔解答例〕に用いられている便利な表現としては次のようなものがある。some people…「…する人がいる」 help reduce～「～を減らすのに役立つ」 a major cause of～「～の主な原因」 instead of *doing*「～する代わりに，～せずに」 help save the environment「環境保護に役立つ」

●語句・構文●

international student「留学生」 queue up「列に並ぶ」

（オリバーの１回目の発言）Strewth!「やれやれ！」 Decided…？は省略を補うと Have you decided…？となる。

（メラティの５回目の発言）You're not the only one. は「それはあなただけではない」という意味の慣用表現。

（メラティの８回目の発言） substitute は「代用品」なので meat substitute は「肉の代用食品」という意味。available「手に入る，市販されている」 made from plants like soybeans は meat substitutes を修飾する過去分詞。soybean「大豆」

（オリバーの 10 回目の発言）back to～「～に戻って」

（メラティの９回目の発言） totally「全く」 meaty「肉のような」 texture「（食べ物の）食感」 a huge hit「爆発的人気，大ヒット」 with～「（対象）～に対して，～に」

（イザベルの６回目の発言）fungi は fungus「キノコ，菌類」の複数形。

（オリバーの 14 回目の発言） go on about～「～について話し続ける」 anyway「それはともかく」

(イザベルの 7 回目の発言) replace *A* with *B*「*A* を *B* に置き換える，*A* の代わりに *B* を用いる」 halve「～を半減させる」
(オリバーの 15 回目の発言) reckon「～であると考える〔思う〕」
(メラティの 12 回目の発言) rich in～「～が豊富である」 fiber「食物繊維」 low in～「～が少ない」 fat「脂肪分」 先行詞 people を関係代名詞節 who are on a diet が修飾している。be on a diet「ダイエット中で」
(オリバーの 16 回目の発言) in that case「もしそうなら」 not mind *doing*「～するのは嫌でない，～してもよい」 give it a try「試しにやってみる」 suggestion box「投書箱」

Ⅳ **解答例**

1．In 2000, the number of blood donors was 6 million, with 4 million younger donors (16-39 years) and 2 million older donors (40-69 years). Over the next 19 years, old donors increased by 1 million, while young donors decreased by 2 million, resulting in a 1 million decrease in total. (50 words)

2．Between 2000 and 2019, as Figure A shows, the number of blood donors decreased by 1 million, while Figure B shows that the total volume of blood donated remained almost unchanged at 2 million liters. This is due to an increase in the volume of blood donated per person on average. (51 words)

◀解　説▶

「日本赤十字社では，毎年，ボランティアの献血者から血液を集め，それを必要とする人に血液製剤を供給している。下の図 A は，2000 年から 2019 年までの日本における，年齢が低い層（16 歳以上 39 歳以下）と年齢が高い層（40 歳以上 69 歳以下）の献血者数の推移と，19 年間における献血者総数の推移を示したものである。図 B は，2000 年から 2019 年までの日本における献血総量の推移を示したものである。点線で示されているのは傾向を表す直線である」

the Japanese Red Cross Society「日本赤十字社」 collect「～を集める」 voluntary「自主的な」 (blood) donor「献血者」 deliver「～を届ける〔供給する〕」 blood product「血液製剤」 those who … は people who … と同義。*A* as well as *B*「*B* だけでなく *A* も，*A* および *B*」 period「期間」 donated in Japan from 2000 to 2019 は過去分詞で，the total amount of blood を修飾。linear「直線の」 trend line「傾向線」 dotted line「点線」

▶ 1.「図Aの3つの傾向線が何を示しているかを説明しなさい。30〜50語程度で書くこと。(解答の最後に使用した語数を示すこと。カンマやピリオドなどの句読点は語数として数えない)」

describe「〜を説明する」 approximately「およそ」

まず問題と図を注意深く読んで解答することが大切である。特に問題文が英語である場合は，読み違いのないように気をつけなければならない。この問題の場合は the three trend lines「3つの傾向線」の説明が求められているので，the numbers of younger and older blood donors「年齢層の低い献血者と高い献血者の数」，the number of all blood donors「献血者の総数」のすべてに触れた説明をしなければならない。

〔解答例〕を和訳すると次のようになる。

2000 年の献血者数は 600 万人で，年齢層の低い献血者（16〜39 歳）が 400 万人，高い献血者（40〜69 歳）が 200 万人であった。その後 19 年間で，年齢が高い層の献血者は 100 万人増加し，低い層の献血者は 200 万人減少し，その結果，合計では 100 万人の減少となっている。

▶ 2.「図Bに表されている傾向を説明し，2000 年以降，献血者1人あたりの献血量がどのように変化したかを，図AとBの両方に触れて説明しなさい。解答は 30〜50 語程度とする。(解答の最後に使用した語数を示すこと。カンマやピリオドなどの句読点は語数として数えない)」

depicted in Figure B は過去分詞で the trend を修飾。depict「〜を表現する」 donated per donor は過去分詞で blood を修飾。donate「(臓器，血液など) を提供する」 refer to 〜「〜に言及する」

この問題では，図Aと図Bの両方に触れて説明することが求められていることに注意しなければならない。

〔解答例〕を和訳すると次のようになる。

2000 年から 2019 年にかけて，図Aによれば献血者数は 100 万人減少したものの，図Bでは献血総量は 200 万リットルとほぼ横ばいで推移している。これは，1人あたりの平均献血量が増加したためである。

❖講　評

2023年度も2022年度までと同様に，総合読解問題が2題，会話文と英作文が各1題という構成であった。英作文は図表の読み取りに基づく自由英作文が引き続き出題された。なお，会話文でも意見論述の英作文が出題されている。

Ⅰは「水泳とその歴史」に関する社会・歴史分野の評論文。文構造が複雑であるわけではなく，内容・表現レベル共に標準的な文章であった。トピックセンテンスなどを選ぶ問題が2021・2022年度に続き出題されており，6つの空所に対して8つの選択肢があり，効率よく解答するためには，論理展開のしっかりとした理解に加え，カギとなる表現を見つけるなど，この問題形式への慣れが必要である。

Ⅱは「イルカの鳴音の研究」に関する科学・生物分野の評論文。文章全体の論理展開はそれほど難解なものではないが，空所が多く理解しづらい箇所もある。全体の論理展開の理解に基づいて各箇所を読み進める力が試されている。

Ⅲは「食べ物と環境問題」に関する，日本に学ぶ3人の留学生の会話が題材となった会話文総合問題。登場人物が3人となったことから情報量が増え，また会話特有の表現も散見されたことで，会話の展開を把握する力が求められる。2022年度に続き，発話時の感情に合う単語を選ぶ問題が出題されている。意見論述の分量は2022年度の15～20語から2023年度は25～35語に増えた。テーマは多くの受験生が書き慣れていると思われるものであった。

Ⅳの英作文問題は献血者数と献血量の推移を表した2つのグラフに基づくテーマ作文。2つの小問を合わせると語数は2022年度の倍量となっている。グラフが示す内容は明確だが，1では制限語数に収めるためにどの情報を解答に盛り込むかという判断に苦労するかもしれない。2は，求められている内容は明確ではあったが，2つのグラフから読み取った内容を合わせて考察し，それを表現するという新傾向とも言える形式であった。

総じて，2023年度の出題も，専門的な内容の英語を理解するだけにとどまらず，その内容を日本語で簡潔に表現したり，またそれについて自分の意見を英語で表現したりという，大学で学ぶ際に根幹となる語学力と思考力を求めるものである。人文・社会・自然科学にまたがり，多岐にわたる読解問題を理解するためには，英語力に加えて科目横断的な力が必要と言える。日頃の地道な学習を通じ，実際に使える英語運用力，論理的思考と幅広い教養を身につけた学生を求める出題意図が感じられる問題であった。

数学

1

◇発想◇　与えられた 4 次方程式 $x^4-px^3+qx^2-rx+s=0$ の相異なる 4 解 α, $\overline{\alpha}$, β, $\overline{\beta}$ が与えられている。このとき，因数定理からわかるように，恒等式

$$x^4-px^3+qx^2-rx+s=(x-\alpha)(x-\overline{\alpha})(x-\beta)(x-\overline{\beta})$$

が成り立つ。p, q, r, s と $t=\alpha+\overline{\alpha}=\alpha\overline{\alpha}$, $u=\beta+\overline{\beta}=\beta\overline{\beta}$ の関係は展開して容易に得られることだろう。

解答　(1)　α は中心 1，半径 1 の円周上にあることから

$$|\alpha-1|=1 \qquad |\alpha-1|^2=1$$

$$(\alpha-1)(\overline{\alpha}-1)=1$$

$$\alpha\overline{\alpha}-\alpha-\overline{\alpha}+1=1$$

よって，$\alpha+\overline{\alpha}=\alpha\overline{\alpha}$ が成立する。　　　　（証明終）

(2)　(1)から

$$t=\alpha+\overline{\alpha}=\alpha\overline{\alpha} \quad \cdots\cdots①$$

β についても同様であるので

$$u=\beta+\overline{\beta}=\beta\overline{\beta} \quad \cdots\cdots②$$

方程式

$$x^4-px^3+qx^2-rx+s=0$$

が相異なる 4 解 α, $\overline{\alpha}$, β, $\overline{\beta}$ をもつことから，次の恒等式が成り立つ。

$$x^4-px^3+qx^2-rx+s=(x-\alpha)(x-\overline{\alpha})(x-\beta)(x-\overline{\beta}) \quad \cdots\cdots③$$

ここで

$$\begin{aligned}(③\text{の右辺})&=\{x^2-(\alpha+\overline{\alpha})x+\alpha\overline{\alpha}\}\{x^2-(\beta+\overline{\beta})x+\beta\overline{\beta}\}\\&=(x^2-tx+t)(x^2-ux+u)\\&=x^4-(t+u)x^3+(t+u+tu)x^2-2tux+tu\end{aligned}$$

であるので，③の両辺で係数を比べて

$p=t+u$, $q=t+u+tu$, $r=2tu$, $s=tu$　……(答)

(3)　α, $\overline{\alpha}$ は相異なり，いずれも実数でない。したがって，①と合わせて，α, $\overline{\alpha}$ を解にもつ方程式 $x^2-tx+t=0$ の判別式 D は $D<0$ を満たす。

すなわち　$D=t^2-4t=t(t-4)<0$　　$\therefore$　$0<t<4$

β, $\overline{\beta}$ と②についても同様に考えられ，α, $\overline{\alpha}$, β, $\overline{\beta}$ は互いに異なるから

$0<t<4$, $0<u<4$, $t\neq u$　……④

ここで，t, u について考える。(2)の結果の p, s の式から，t, u は

$x^2-px+s=0$　……⑤

の，④を満たす実数解である。したがって，p, s の満たすべき条件は，⑤が $0<x<4$ の範囲に異なる 2 つの実数解をもつことである。

⑤の左辺を $f(x)$，判別式を D' とおくと

$$\begin{cases} D'=p^2-4s>0 \\ \text{軸}:0<\dfrac{p}{2}<4 \\ f(0)=s>0 \\ f(4)=16-4p+s>0 \end{cases}$$

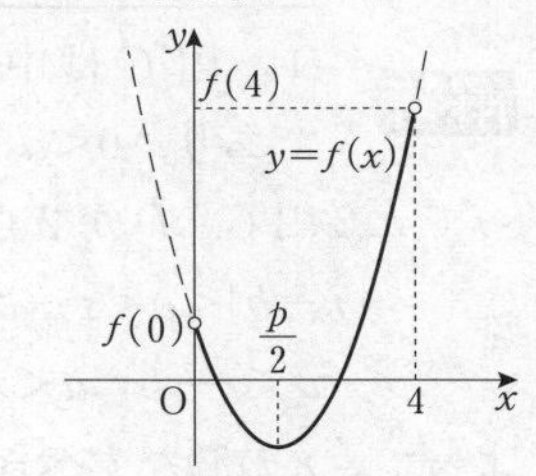

すなわち

$$\begin{cases} s<\dfrac{1}{4}p^2 \\ 0<p<8 \\ s>0 \\ s>4p-16 \end{cases}$$

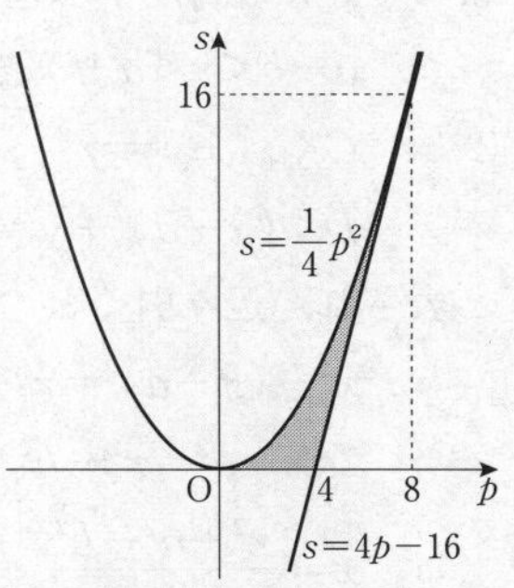

よって，点 (p, s) のとりうる範囲は右図の網かけ部分で，境界を含まない。

◀解　説▶

≪複素数平面上の円の方程式，解と係数の関係，2 次方程式の実数解≫

〔発想〕で述べた恒等式の係数比較により，与えられた 4 次方程式の解と係数の関係を求めることができる。なお

$$t=2\cdot\frac{\alpha+\overline{\alpha}}{2}=2\cdot(\alpha\text{ の実部}),\ u=2\cdot\frac{\beta+\overline{\beta}}{2}=2\cdot(\beta\text{ の実部})$$

もわかり，α は，中心 1，半径 1 の円周上 $(\alpha\neq0,\ 2)$ にあることから，

複素数平面上で考えれば

$0<(\alpha$ の実部$)<2$

も見えるはずである。これから $0<t<4$ を示すこともできる。

2

◇発想◇　問題で与えられた条件は，円 C と円 D が 2 点で交わることである。このとき 2 円 C，D について

（半径の差）<（中心間の距離）<（半径の和）

が成り立つ。

図形 A を x 軸の周りに 1 回転してできる立体は，円すいと球の一部とに分けて体積を求めよう。

解答　(1)　円 C は中心 $(0,\ 0)$，半径 r，円 D は中心 $(a,\ 0)$，半径 b であり，$0<a$ に注意すると，中心間の距離は a である。したがって，2 円 C，D が 2 点で交わる条件は

$|r-b|<a<r+b$

$-a<r-b<a<r+b$

よって，r の満たすべき条件は

$a-b<r<a+b$　……(答)

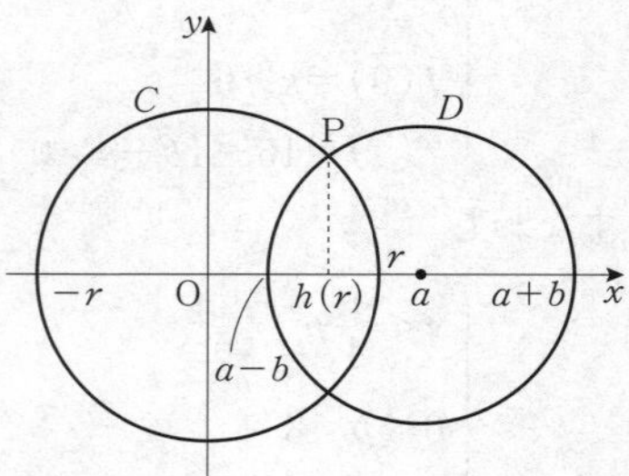

(2)　$C:x^2+y^2=r^2$

$D:(x-a)^2+y^2=b^2$

と表され，辺々引くと

$x^2-(x-a)^2=r^2-b^2$

$2ax-a^2=r^2-b^2$

$\therefore\quad x=\dfrac{r^2+a^2-b^2}{2a}$

これが C，D の交点 P の x 座標であり

$h(r)=\dfrac{r^2+a^2-b^2}{2a}$　……(答)

(3)　図形 A は右図の網かけ部分である。

(点 P の y 座標$)^2=\mathrm{OP}^2-\{h(r)\}^2$

$=r^2-\{h(r)\}^2$

であり，また，$C:y^2=r^2-x^2$ より

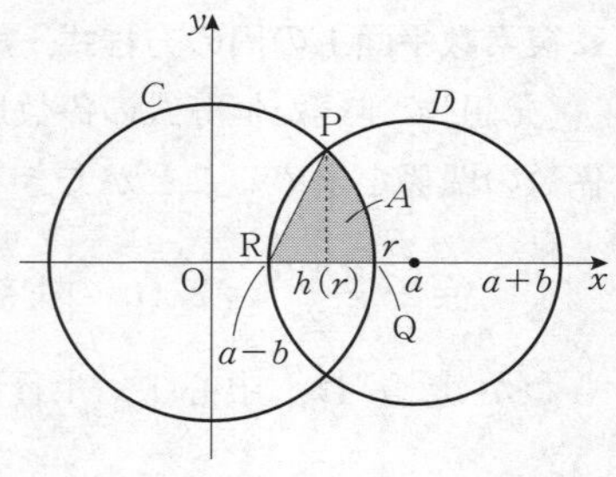

$$V(r)=\frac{\pi}{3}[r^2-\{h(r)\}^2]\cdot\{h(r)-(a-b)\}+\int_{h(r)}^{r}\pi(r^2-x^2)dx$$

$$=\frac{\pi}{3}[-\{h(r)\}^3+(a-b)\{h(r)\}^2+r^2h(r)-(a-b)r^2]+\pi\left[r^2x-\frac{x^3}{3}\right]_{h(r)}^{r}$$

$$=\frac{\pi}{3}\left[-\{h(r)\}^3+(a-b)\{h(r)\}^2+r^2h(r)-(a-b)r^2+3\left\{r^3-\frac{r^3}{3}-r^2h(r)+\frac{\{h(r)\}^3}{3}\right\}\right]$$

$$=\frac{\pi}{3}[(a-b)\{h(r)\}^2-2r^2h(r)-(a-b)r^2+2r^3]\quad\cdots\cdots(\text{答})$$

(4)　(2)から，$h'(r)=\frac{2r}{2a}=\frac{r}{a}$ に注意して

$$V'(r)=\frac{\pi}{3}\{(a-b)\cdot 2h(r)h'(r)-4rh(r)-2r^2h'(r)-2(a-b)r+6r^2\}$$

$$=\frac{\pi}{3}\left\{(a-b)\cdot 2\cdot\frac{r^2+a^2-b^2}{2a}\cdot\frac{r}{a}-4r\cdot\frac{r^2+a^2-b^2}{2a}-2r^2\cdot\frac{r}{a}-2(a-b)r+6r^2\right\}$$

$$=\frac{\pi}{3a^2}\{-(3a+b)r^3+6a^2r^2-(a-b)(3a^2+2ab+b^2)r\}$$

$$=-\frac{\pi r}{3a^2}\{(3a+b)r^2-6a^2r+(a-b)(3a^2+2ab+b^2)\}$$

$$=-\frac{\pi r}{3a^2}\{r-(a-b)\}\{(3a+b)r-(3a^2+2ab+b^2)\}$$

$$=-\frac{\pi(3a+b)}{3a^2}r\{r-(a-b)\}\left(r-\frac{3a^2+2ab+b^2}{3a+b}\right)$$

ここで

$$a+b-\frac{3a^2+2ab+b^2}{3a+b}=\frac{2ab}{3a+b}>0$$

$$\frac{3a^2+2ab+b^2}{3a+b}-(a-b)=\frac{2b(2a+b)}{3a+b}>0$$

から

$$a-b<\frac{3a^2+2ab+b^2}{3a+b}<a+b$$

よって，$V(r)$ の増減表は右のようになる。

r	$a-b$	$\cdots$	$\frac{3a^2+2ab+b^2}{3a+b}$	$\cdots$	$a+b$
$V'(r)$		$+$	0	$-$	
$V(r)$		↗		↘	

以上より，$V(r)$ の最大値を与える r は

$$r=\frac{3a^2+2ab+b^2}{3a+b} \quad \cdots\cdots(\text{答})$$

これを $r(a)$ とおくとき

$$\lim_{a\to\infty}(r(a)-a)=\lim_{a\to\infty}\left(\frac{3a^2+2ab+b^2}{3a+b}-a\right)$$

$$=\lim_{a\to\infty}\frac{ab+b^2}{3a+b}$$

$$=\lim_{a\to\infty}\frac{b+\frac{b^2}{a}}{3+\frac{b}{a}}$$

$$=\frac{b}{3} \quad \cdots\cdots(\text{答})$$

◀解　説▶

≪円の方程式，回転体の体積，関数の最大値，極限≫

円 C と円 D が2点で交わる条件である

$$|r-b|<a<r+b$$

は，絶対値を含むので

$$|r-b|<a \iff -a<r-b<a \iff b-a<r<a+b$$

となるが，$0<b<a$ が与えられているので，$b-a<0<r$ は自明である。

$a<r+b \iff a-b<r$ と合わせて

$$a-b<r<a+b$$

が得られる。

3

◇発想◇　(2)では，2つのグラフを描いただけで共有点の個数を判断するのは難しい。そこで，$x(x^2-3)=e^x$ から $x^2-\dfrac{e^x}{x}=3$

$(x<0)$ として，両辺のグラフを考えれば，明快に共有点の個数がわかる。左辺を $h(x)$ とおいて，$h'(x)$ を計算すると，(1)の結果を用いることができる。

解答　(1)　$e^x=\dfrac{2x^3}{x-1}$ から　　$(x-1)e^x=2x^3$

ここで

$$g(x)=2x^3-(x-1)e^x \quad (x\leqq 0)$$

とおくと

$$g'(x)=6x^2-xe^x$$
$$=x(6x-e^x)$$

$x<0$ のとき，$6x-e^x$，x はともに負であるから　　$g'(x)>0$

したがって，$x\leqq 0$ で $g(x)$ は単調に増加し

$$g(0)=e^0=1>0$$

$$g(-1)=-2+2e^{-1}=-\frac{2(e-1)}{e}<0$$

よって，$g(x)=0$ は $-1<x<0$ の範囲にただ1つの負の実数解をもつ。

以上より，方程式 $e^x=\dfrac{2x^3}{x-1}$ の負の実数解の個数は1個。　……(答)

(2)　$y=x(x^2-3)$ と $y=e^x$ のグラフの $x<0$ における共有点の個数は

$x(x^2-3)=e^x$　　を変形した　　$x^2-\dfrac{e^x}{x}=3$

の $x<0$ を満たす実数解の個数に等しい。

$$h(x)=x^2-\frac{e^x}{x} \quad (x<0)$$

とおくと

$$h'(x)=2x-\frac{(x-1)e^x}{x^2}=\frac{2x^3-(x-1)e^x}{x^2}=\frac{g(x)}{x^2} \quad ((1)より)$$

(1)から，$g(x)=0$ は $-1<x<0$ の範囲にただ1つの負の解 α をもち

$x<\alpha$ で　　$g(x)<0$　すなわち　$h'(x)<0$

$x>\alpha$ で　　$g(x)>0$　すなわち　$h'(x)>0$

$g(\alpha)=0$ から　　$h'(\alpha)=0$

したがって，増減表は次のようになる。

x	$(-\infty)$	$\cdots$	α	$\cdots$	(0)
$h'(x)$		$-$	0	$+$	
$h(x)$	$(+\infty)$	$\searrow$		$\nearrow$	$(+\infty)$

$$h(\alpha)<h(-1)=1+e^{-1}<2$$

より，$y=h(x)$ $(x<0)$ のグラフと直線 $y=3$ は右図の通り2個の異なる共有点をもち

$$h(x)=3 \quad (x<0)$$

の実数解の個数は2個である。

よって，求める共有点の個数は2個。　……(答)

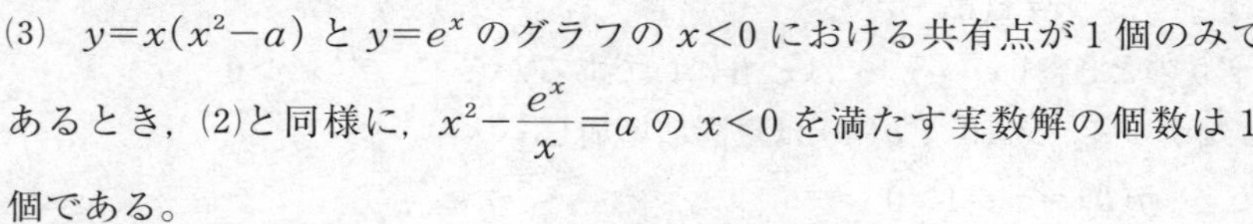

(3)　$y=x(x^2-a)$ と $y=e^x$ のグラフの $x<0$ における共有点が1個のみであるとき，(2)と同様に，$x^2-\dfrac{e^x}{x}=a$ の $x<0$ を満たす実数解の個数は1個である。

(2)より，$y=h(x)$ $(x<0)$ のグラフと直線 $y=a$ がただ1つの共有点をもつような a は存在し，右のグラフから，a は

$$a=h(\alpha)=\alpha^2-\frac{e^\alpha}{\alpha}$$

のみである。

以上より，題意を満たす a はただ1つ存在する。

（証明終）

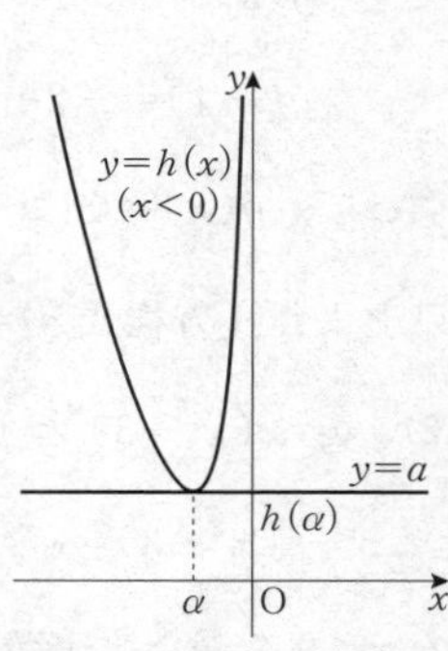

◀解　説▶

≪関数のグラフ，2つのグラフの共有点の個数≫

(2)では，$y=h(x)$ $(x<0)$ の最小値 $h(\alpha)$ と3の大小を調べるが，$h(\alpha)$ の値を直接計算しようと思っても難しい。そこで，計算の楽な $h(-1)$ の値を用いて3より小さいことを示す。

4

◆発想◆　$P_n(x)=\sum_{m=1}^{n} {}_n\mathrm{B}_m x^m$ $(={}_n\mathrm{B}_1x+{}_n\mathrm{B}_2x^2+\cdots+{}_n\mathrm{B}_nx^n)$ は，$P_n(x)=x(x+1)\cdots(x+n-1)$ を展開した式とあるが，実際に展開するのは大変である。このようなとき，x にある値，例えば

$x=1$ を代入してみると道が開けることがある。

(2)は二項係数が登場するなら，二項定理を使うのではないかと考える。

解答 (1) $P_n(x)=\sum_{m=1}^{n}{}_n\mathrm{B}_m x^m$ に，$x=1$ を代入して

$$\sum_{m=1}^{n}{}_n\mathrm{B}_m=P_n(1)=1\cdot(1+1)\cdot\cdots\cdot(1+n-1)=n!$$

よって，$\sum_{m=1}^{n}{}_n\mathrm{B}_m=n!$ が成立する。　(証明終)

(2) $P_n(x)$ の式で，x に $x+1$ を代入して，二項定理を用いると

$$\begin{aligned}P_n(x+1)&=\sum_{m=1}^{n}{}_n\mathrm{B}_m(x+1)^m\\&=\sum_{m=1}^{n}{}_n\mathrm{B}_m({}_m\mathrm{C}_0+{}_m\mathrm{C}_1x+\cdots+{}_m\mathrm{C}_mx^m)\\&=\sum_{m=1}^{n}({}_n\mathrm{B}_m\cdot{}_m\mathrm{C}_0+{}_n\mathrm{B}_m\cdot{}_m\mathrm{C}_1x+\cdots+{}_n\mathrm{B}_m\cdot{}_m\mathrm{C}_mx^m)\end{aligned}$$

よって

$$P_n(x+1)=\sum_{m=1}^{n}({}_n\mathrm{B}_m\cdot{}_m\mathrm{C}_0+{}_n\mathrm{B}_m\cdot{}_m\mathrm{C}_1x+\cdots+{}_n\mathrm{B}_m\cdot{}_m\mathrm{C}_mx^m)$$

が成立する。　(証明終)

(3)
$$\begin{aligned}P_{n+1}(x)&=x(x+1)(x+2)\cdots(x+n)\\&=x\cdot(x+1)\{(x+1)+1\}\cdots\{(x+1)+n-1\}\\&=xP_n(x+1)\end{aligned}$$

ここで，(2)の等式より

$$\begin{aligned}P_{n+1}(x)&=x\sum_{m=1}^{n}({}_n\mathrm{B}_m\cdot{}_m\mathrm{C}_0+{}_n\mathrm{B}_m\cdot{}_m\mathrm{C}_1x+\cdots+{}_n\mathrm{B}_m\cdot{}_m\mathrm{C}_mx^m)\\&=\sum_{m=1}^{n}({}_n\mathrm{B}_m\cdot{}_m\mathrm{C}_0x+{}_n\mathrm{B}_m\cdot{}_m\mathrm{C}_1x^2+\cdots+{}_n\mathrm{B}_m\cdot{}_m\mathrm{C}_mx^{m+1})\\&=({}_n\mathrm{B}_1\cdot{}_1\mathrm{C}_0x+{}_n\mathrm{B}_1\cdot{}_1\mathrm{C}_1x^2)\\&\quad+({}_n\mathrm{B}_2\cdot{}_2\mathrm{C}_0x+{}_n\mathrm{B}_2\cdot{}_2\mathrm{C}_1x^2+{}_n\mathrm{B}_2\cdot{}_2\mathrm{C}_2x^3)\\&\quad+({}_n\mathrm{B}_3\cdot{}_3\mathrm{C}_0x+{}_n\mathrm{B}_3\cdot{}_3\mathrm{C}_1x^2+{}_n\mathrm{B}_3\cdot{}_3\mathrm{C}_2x^3+{}_n\mathrm{B}_3\cdot{}_3\mathrm{C}_3x^4)\\&\quad+\cdots\\&\quad+({}_n\mathrm{B}_n\cdot{}_n\mathrm{C}_0x+{}_n\mathrm{B}_n\cdot{}_n\mathrm{C}_1x^2+{}_n\mathrm{B}_n\cdot{}_n\mathrm{C}_2x^3\\&\qquad+\cdots+{}_n\mathrm{B}_n\cdot{}_n\mathrm{C}_nx^{n+1})\end{aligned}$$

$$=\left(\sum_{j=1}^{n}{}_n\mathrm{B}_j\cdot{}_j\mathrm{C}_0\right)x+\left(\sum_{j=1}^{n}{}_n\mathrm{B}_j\cdot{}_j\mathrm{C}_1\right)x^2+\left(\sum_{j=2}^{n}{}_n\mathrm{B}_j\cdot{}_j\mathrm{C}_2\right)x^3$$

$$+\cdots+\left(\sum_{j=n-1}^{n}{}_n\mathrm{B}_j\cdot{}_j\mathrm{C}_{n-1}\right)x^n+\left(\sum_{j=n}^{n}{}_n\mathrm{B}_j\cdot{}_j\mathrm{C}_n\right)x^{n+1}\quad\cdots\cdots①$$

一方，与えられた $P_n(x)$ の展開式から

$$P_{n+1}(x)=\sum_{m=1}^{n+1}{}_{n+1}\mathrm{B}_m x^m\quad\cdots\cdots②$$

①，②についてそれぞれの x^{k+1}（$k=1,\ 2,\ \cdots,\ n$）の係数を比べて

$$\sum_{j=k}^{n}{}_n\mathrm{B}_j\cdot{}_j\mathrm{C}_k={}_{n+1}\mathrm{B}_{k+1}$$

以上より，題意は示された。　（証明終）

（注）　$P_{n+1}(x)$ における x^{k+1} の係数 ${}_{n+1}\mathrm{B}_{k+1}$（a_k とする）は次のように考えることもできる。

$P_{n+1}(x)=xP_n(x+1)$ であるから，a_k は $P_n(x+1)$ における x^k の係数に等しい。ここで，$P_n(x+1)=\sum_{m=1}^{n}{}_n\mathrm{B}_m(x+1)^m$ であり，$(x+1)^m$ における x^k の係数は ${}_m\mathrm{C}_k$ である。ただし，$m<k$ のときは x^k の項はなく，x^k の項が現れるのは，$m=k,\ k+1,\ k+2,\ \cdots,\ n$ のときである。

よって

$$\begin{aligned}a_k&={}_{n+1}\mathrm{B}_{k+1}\\&={}_n\mathrm{B}_k\cdot{}_k\mathrm{C}_k+{}_n\mathrm{B}_{k+1}\cdot{}_{k+1}\mathrm{C}_k+{}_n\mathrm{B}_{k+2}\cdot{}_{k+2}\mathrm{C}_k+\cdots+{}_n\mathrm{B}_n\cdot{}_n\mathrm{C}_k\\&=\sum_{j=k}^{n}{}_n\mathrm{B}_j\cdot{}_j\mathrm{C}_k\end{aligned}$$

◀解　説▶

≪等式の証明，数列の和，二項定理≫

(2)の式は $P_n(x+1)$ の二項係数を用いた表現である。一方，与えられた $P_n(x)$ の展開式で x を $x+1$ に代えて $P_n(x+1)$ の展開式を得ることができる。これら2つの表し方を比較することにより，(3)の等式を求めることができる。

❖講　評

2021・2022年度は，難易度，分量のいずれについても，2020年度以前に比べると，易化，軽量化していたが，2023年度は一転して難化し，

2020 年度以前の傾向に戻りつつある。数学Ⅲからの出題は，2021 年度は 1 題，2022 年度は 2 題，2023 年度は 3 題と，分野的にもかつての傾向に戻りつつある。

1は 4 次方程式の虚数解，2 次方程式の 2 解の存在条件などいろいろなテーマを含む。やや易しめの標準レベル。

2は回転体の体積を求めるのは難しくないが，その最大値を求めるための微分した式が一見複雑である。r について整理するという方針を念頭において計算を進める。こうした計算の煩雑さゆえの難問である。

3は 2 つのグラフの $x<0$ における共有点の個数を調べる。難しくはないが手際よく計算を進めたい。

4は難問である。題意がとらえにくいので，丁寧に考えたい。しかし，興味深い良問である。

物理

I 解答

(1)　運動量保存則より

$$mv_{\mathrm{A}}+Mv_{\mathrm{B}}=mv_0 \quad \cdots\cdots①$$

弾性衝突だから，反発係数の式より

$$-\frac{v_{\mathrm{A}}-v_{\mathrm{B}}}{v_0-0}=1 \quad \cdots\cdots②$$

①，②式を v_{A}，v_{B} について解いて

$$\left.\begin{aligned}&\text{小球A}：v_{\mathrm{A}}=-\frac{M-m}{m+M}v_0\\&\text{小球B}：v_{\mathrm{B}}=\frac{2m}{m+M}v_0\end{aligned}\right\}\quad\cdots\cdots(\text{答})$$

(2)　$x_{\mathrm{B}}{}^{\max}=\dfrac{2mv_0}{m+M}\sqrt{\dfrac{M}{k}}$　(3)　MV_0

(4)　小球C：$Ma_{\mathrm{C}}=k(x_{\mathrm{D}}-x_{\mathrm{C}}-l)$，小球D：$Ma_{\mathrm{D}}=-k(x_{\mathrm{D}}-x_{\mathrm{C}}-l)$

(5)　(あ) $\dfrac{2k}{M}$　(い) l

(6)　$T=2\pi\sqrt{\dfrac{M}{2k}}$

(7)　(5)の結果から，小球Cから見た小球Dの運動は，ばね定数 $2k$ の単振動と同等である。時刻 $t=0$ における小球Dの位置は振動の中心 ($x_{\mathrm{D}}-x_{\mathrm{C}}=l$) で，速度は $-V_0$ である。この単振動の振幅を A として，力学的エネルギー保存則より

$$\frac{1}{2}(2k)A^2=\frac{1}{2}M(-V_0)^2 \qquad \therefore\quad A=V_0\sqrt{\frac{M}{2k}}$$

以上より，$(x_{\mathrm{D}}-x_{\mathrm{C}})$ の最大値は　$l+A=l+V_0\sqrt{\dfrac{M}{2k}}$

最小値は　$l-A=l-V_0\sqrt{\dfrac{M}{2k}}$　……(答)

(8)―(オ)

◀解 説▶

≪ばねでつながれた２つの小球の水平面上での運動≫

▶(1) 小球Ｂがばねにつながれているが，一般に衝突では互いに力を及ぼしあう時間が非常に短いので，運動量の和は保存される。

▶(2) 小球Ｂの衝突直後とばねが最も縮んだときについて，力学的エネルギー保存則より

$$\frac{1}{2}k(x_B{}^{\max})^2=\frac{1}{2}Mv_B{}^2 \qquad \therefore \quad x_B{}^{\max}=v_B\sqrt{\frac{M}{k}}=\frac{2mv_0}{m+M}\sqrt{\frac{M}{k}}$$

▶(3) 小球Ｃ，Ｄとばねには水平方向に外力がはたらかないので，運動量保存則が成り立ち，求める運動量の和（ばねの運動量は無視できる）は小球Ｃのはじめの運動量に等しく MV_0 である。

▶(4) 時刻 t でのばねの伸びを ΔL とすると

$$\Delta L=x_D-x_C-l$$

ばねが伸びている場合は $\Delta L>0$，縮んでいる場合は $\Delta L<0$ である。

小球Ｃにばねからはたらく弾性力の向きは，$\Delta L>0$ のときに正であるから，小球Ｃの運動方程式は

$$Ma_C=+k\Delta L=k(x_D-x_C-l)$$

小球Ｄにばねからはたらく弾性力の向きは，$\Delta L>0$ のときに負であるから，小球Ｄの運動方程式は

$$Ma_D=-k\Delta L=-k(x_D-x_C-l)$$

▶(5) (4)で求めた２式の辺々を引き算することにより

$$M(a_D-a_C)=-2k(x_D-x_C-l) \qquad \therefore \quad a'=-\frac{2k}{M}(x'-l)$$

参考 小球Ｃから見た小球Ｄの運動方程式を，慣性力を導入して求める方法を示しておく。時刻 t において小球Ｄにはたらく慣性力を f とすると，(4)の答えを用いて

$$f=-Ma_C=-k(x_D-x_C-l)$$

小球Ｃから見て，小球Ｄには弾性力と慣性力がはたらいているので，小球Ｃから見た小球Ｄの運動方程式は

$$Ma'=-k(x_D-x_C-l)+f=-2k(x_D-x_C-l)=-2k(x'-l)$$

▶(6) (5)の答えより，小球Ｃから見た小球Ｄは $x'=l$ を振動の中心として単振動をすることがわかる。角振動数を ω とすると

$$\omega=\sqrt{\frac{2k}{M}} \qquad \therefore \quad T=\frac{2\pi}{\omega}=2\pi\sqrt{\frac{M}{2k}}$$

▶(7)　小球 D は $x'=l$ を振動の中心として単振動をするから，振幅を A とすると，(x_D-x_C) の最大値は $l+A$，最小値は $l-A$ である。A は $|-V_0|=A\omega$ として求めることもできる。〔解答〕中の $\frac{1}{2}(2k)A^2$ は「弾性力と慣性力の合力」の位置エネルギーと考えてもよい（解説(5) 参考 参照）。

▶(8)　(3)の〔解説〕で示した通り，両球の運動量の和は一定である。このことから，両球の重心（本問の場合，両球の中点）は，右向きに一定の速度で移動し，重心から見た両球の運動量の和は 0 で両球の振動は重心から見て逆位相になっている。また，重心に対する各小球の振動の周期は，小球 C から見た小球 D の振動の周期 T と一致している。以上に該当するグラフは(オ)である。

なお，(ア)は重心が等速運動をしていない。(イ)・(ウ)・(エ)・(カ)・(ク)は振動が重心から見て逆位相ではない。(キ)は各小球の振動の周期が $2T$ である。

II

解答　(1)　$I_1=\frac{E}{R}$　(2)―(エ)　(3)　$V_0=E$　(4)　$V_0=\frac{1}{2}E$

(5)　(3)の時点でコンデンサー C_1 に蓄えられていたエネルギーを U とすると，(3)の答えを用いて

$$U=\frac{1}{2}CE^2$$

(4)の時点では，コンデンサー C_1，C_2 を並列接続とみなすことができ，その合成容量は $2C$ だから，C_1，C_2 に蓄えられるエネルギーを U' とすると，(4)の答えを用いて

$$U'=\frac{1}{2}(2C)\left(\frac{1}{2}E\right)^2=\frac{1}{4}CE^2$$

求めるエネルギーは

$$U-U'=\frac{1}{2}CE^2-\frac{1}{4}CE^2=\frac{1}{4}CE^2 \quad \cdots\cdots(\text{答})$$

(6)　CE

(7)　スイッチ S_1 を B_1 に接続した直後において C_1 に蓄えられるエネルギーを U_1 とすると，C_1 の電圧は E なので

$$U_1=\frac{1}{2}CE^2$$

コイル L_1 に流れる電流が I_m のとき L_1 の電圧は 0 だから，C_1，C_2 の電圧は等しく，C_1，C_2 に蓄えられる電荷はどちらも $\frac{1}{2}CE$ で，電圧は $\frac{1}{2}E$ である。このとき C_1，C_2 に蓄えられるエネルギーの和を U_{12} とすると

$$U_{12}=2\times\frac{1}{2}C\left(\frac{1}{2}E\right)^2=\frac{1}{4}CE^2$$

エネルギー保存則より

$$\frac{1}{2}LI_m{}^2=U_1-U_{12}$$

$$\therefore\quad I_m=E\sqrt{\frac{C}{2L}}=1.00\sqrt{\frac{0.100\times10^{-3}}{2\times(5.00\times10^{-3})}}=1.0\times10^{-1}\text{[A]}\quad\cdots\cdots\text{(答)}$$

(8)　A_2 に接続したとき：(カ)　B_2 に接続したとき：(ク)

◀解　説▶

≪コンデンサーを含む回路，電気振動，整流回路≫

▶(1)　スイッチ S_1 を A_1 に接続した直後，コンデンサー C_1 の電荷は 0（無限小）で，電圧も 0 である。したがって，抵抗 R_1 には電圧 E がかかるから

$$I_1=\frac{E}{R}$$

▶(2)　時間の経過とともに C_1 の電荷が増加して電圧が上がっていくため，R_1 の電圧は低下し I_1 はつねに減少していく（答えの候補は(エ)・(オ))。また，I_1 が減少すれば C_1 の電荷の変化率が小さくなるので，C_1 の電圧の変化率も小さくなる。したがって，R_1 の電圧の変化率が小さくなり，I_1 の変化率も小さくなるので，答えは(エ)。

▶(3)　C_1 の電荷が増加して電圧が上限値 E に達した時点で電流は 0 になり，C_1 は充電が完了する。したがって，$V_0=E$ である。

▶(4)　回路を流れる電流は 0 になっていて抵抗 R_2 の電圧は 0 なので，C_1 と C_2 の電圧は等しくなっている。よって，この時点では並列接続とみなすことができ，合成容量は $2C$ である。(3)の結果より，スイッチ S_1 を B_1 に切り換える前の C_1 の電荷は CE なので

$$V_0=\frac{CE}{2C}=\frac{1}{2}E$$

▶(5)　(3)の時点で C_1 に蓄えられていたエネルギーのうち一部が R_2 からのジュール熱として散逸し，残りが C_1，C_2 に蓄えられる。

▶(6)　この回路の電気振動は，初めに C_1 に蓄えられていた電荷 CE により，反時計回りに電流が流れ出し，C_2 を充電しながらコイル L_1 を流れていく。C_2 に蓄えられる電荷が最大値となるのは，C_1 に蓄えられる電荷が 0 となったときで，電気量保存則より CE である。なお，これ以後回路に流れる電流は時計回りとなる。

▶(7)　C_1 と C_2 の電気容量は等しいので，コイル L_1 の電圧が 0 のとき，C_1 と C_2 の電圧が等しくなる。よって，蓄えられる電荷も等しく，電気量保存則より $\frac{1}{2}CE$ である。

▶(8)　右図のように電位 0V の箇所を設定し，点 a の電位を V_a とすると，$V_a>0$ の場合に電流は実線 ─>─ のように流れ，$V_a<0$ の場合に破線 -->-- のように流れる。したがって，つねに $I_2\geqq 0$ で，$I_2=\frac{|V_a|}{2R}$ である。交流電源の角周波数を ω，回路の時計回りを正として，時間 t の電源の電圧を $2E\sin\omega t$ とする。

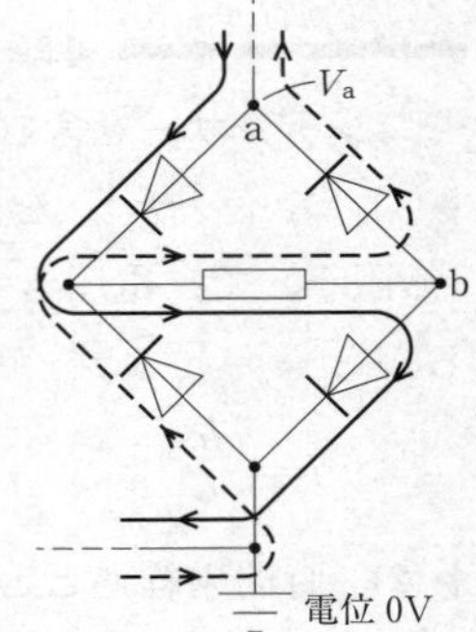

スイッチ S_2 を A_2 に接続したとき

$$I_2=\frac{|2E\sin\omega t|}{2R}$$

$$=\frac{E}{R}|\sin\omega t|\quad\text{→(カ)のグラフ}$$

S_2 を B_2 に接続したとき

$$I_2=\frac{|2E\sin\omega t+E|}{2R}=\frac{E}{R}\left|\sin\omega t+\frac{1}{2}\right|$$

→時間軸をずらすと(ク)のグラフ

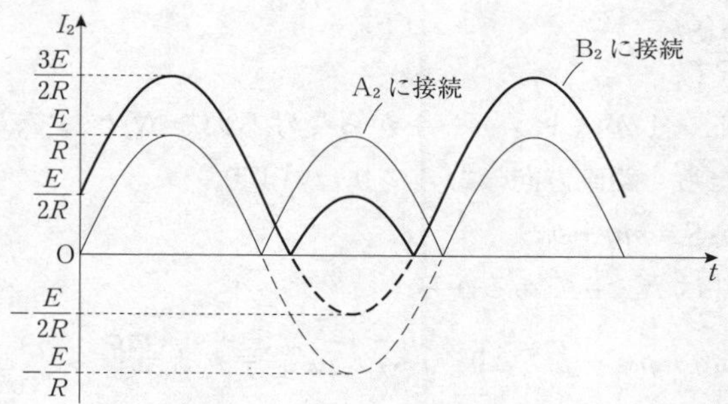

III 解答

(1)　$n=\dfrac{p_A Sl}{RT_A}$　(2)　$p_A{}^{\max}=p_0+\dfrac{mg}{S}$

(3)　$T_B=\dfrac{1}{p_A}\left(p_0+\dfrac{mg}{S}\right)T_A$

(4)　$Q_{AB}=\dfrac{3}{2}\left(p_0+\dfrac{mg}{S}-p_A\right)Sl$

(5)　$T_C=\dfrac{1}{p_A}\left(1+\dfrac{L}{l}\right)\left(p_0+\dfrac{mg}{S}\right)T_A$

(6)　$Q_{BC}=\dfrac{5}{2}\left(p_0+\dfrac{mg}{S}\right)SL$

(7)　$T_D=\dfrac{1}{p_A}\left(1+\dfrac{L}{l}\right)\left(2p_0+\dfrac{mg}{S}\right)T_A$

(8)　$Q_{CD}=\dfrac{3}{2}p_0S(l+L)$

(9)　グラフ：右図。

説明：状態 A→B および C→D は定積変化であり，圧力は温度に比例し，グラフを延長すると原点を通る。B→C は定圧変化である。

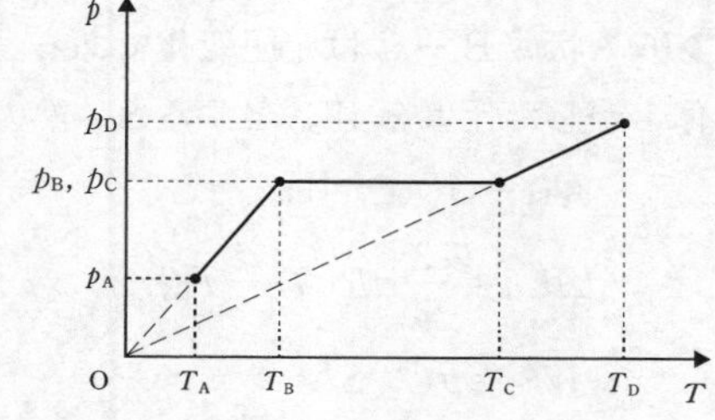

(10)―(ウ)

◀解　説▶

≪定積変化と定圧変化，p-T グラフ，与えた熱量と気体の膨張の関係≫

▶(1)　気体 1 の体積は Sl だから，状態方程式より

$$n=\frac{p_{\mathrm{A}}Sl}{RT_{\mathrm{A}}}$$

▶(2)　ピストン１がストッパー１から受ける力を N として，ピストン１と円柱にはたらく鉛直方向の力のつり合いより

$$N+p_{\mathrm{A}}S=mg+p_0S$$

下線①の条件は $N\geqq 0$ であるから

$$N=mg+p_0S-p_{\mathrm{A}}S\geqq 0 \qquad \therefore \quad p_{\mathrm{A}}{}^{\max}=p_0+\frac{mg}{S}$$

▶(3)　状態Ｂでの気体１の圧力は，(2)で求めた $p_{\mathrm{A}}{}^{\max}$ に等しい。状態Ａ→Ｂは定積変化であるから，温度は圧力に比例するので

$$T_{\mathrm{B}}=\frac{p_{\mathrm{A}}{}^{\max}}{p_{\mathrm{A}}}T_{\mathrm{A}}=\frac{1}{p_{\mathrm{A}}}\left(p_0+\frac{mg}{S}\right)T_{\mathrm{A}}$$

▶(4)　状態Ａ→Ｂでの内部エネルギーの変化を $\mathit{\Delta} U_{\mathrm{AB}}$ とすると，単原子分子理想気体の内部エネルギーの式より

$$\mathit{\Delta} U_{\mathrm{AB}}=\frac{3}{2}nR(T_{\mathrm{B}}-T_{\mathrm{A}})$$

(1)と(3)の結果より

$$Q_{\mathrm{AB}}=\frac{3}{2}\left(p_0+\frac{mg}{S}-p_{\mathrm{A}}\right)Sl$$

▶(5)　状態Ｂ→Ｃは定圧変化だから，温度は体積に比例する。状態Ｃでの体積は $S(l+L)$ だから，(3)の結果より

$$T_{\mathrm{C}}=\frac{S(l+L)}{Sl}T_{\mathrm{B}}=\frac{1}{p_{\mathrm{A}}}\left(1+\frac{L}{l}\right)\left(p_0+\frac{mg}{S}\right)T_{\mathrm{A}}$$

▶(6)　状態Ｂ→Ｃは定圧変化である。内部エネルギーの変化を $\mathit{\Delta} U_{\mathrm{BC}}$，気体１がした仕事を W_{BC} とすると，熱力学第一法則より

$$Q_{\mathrm{BC}}=\mathit{\Delta} U_{\mathrm{BC}}+W_{\mathrm{BC}}$$

$$\mathit{\Delta} U_{\mathrm{BC}}=\frac{3}{2}nR(T_{\mathrm{C}}-T_{\mathrm{B}})$$

$$W_{\mathrm{BC}}=p_{\mathrm{A}}{}^{\max}SL$$

(1)，(2)，(3)，(5)の結果より

$$Q_{\mathrm{BC}}=\frac{5}{2}\left(p_0+\frac{mg}{S}\right)SL$$

▶(7)　状態Ｄでは，ピストン２にストッパー２からはたらく力は０にな

っている。状態Dでの気体1の圧力を p_D として，ピストン1と円柱とピストン2にはたらく外力のつり合いより（大気圧の影響は打ち消されている。また，気体2の体積は変化していないので圧力は $2p_0$ である）

$$p_DS=(2p_0)S+mg \qquad \therefore \quad p_D=2p_0+\frac{mg}{S}$$

状態C→Dは定積変化であり，温度は圧力に比例するので

$$T_D=\frac{p_D}{p_{A}{}^{max}}T_C$$

(2)，(5)の結果より

$$T_D=\frac{1}{p_A}\left(1+\frac{L}{l}\right)\left(2p_0+\frac{mg}{S}\right)T_A$$

▶(8)　状態C→Dは定積変化である。内部エネルギーの変化を $\varDelta U_{CD}$ とすると，熱力学第一法則より

$$Q_{CD}=\varDelta U_{CD}=\frac{3}{2}nR(T_D-T_C)$$

(1)，(5)，(7)の結果より

$$Q_{CD}=\frac{3}{2}p_0S(l+L)$$

▶(9)　(3)の〔解説〕でも述べたが，定積変化では温度と圧力は比例する。これは，状態方程式，ボイル・シャルルの法則から導くことができる。

▶(10)　状態B→C（定圧変化）のある時点での圧力を p，体積を V，温度を T，そこで与えた微小な熱量 $\varDelta Q$ とそれに伴う体積と内部エネルギーの微小な変化をそれぞれ $\varDelta V$ と $\varDelta U$ とし，その間に気体がした仕事を W とする。熱力学第一法則より

$$\varDelta U=\varDelta Q-W=\varDelta Q-p\varDelta V$$

一方，状態方程式より $U=\frac{3}{2}nRT=\frac{3}{2}pV$ と変形できるので

$$\varDelta U=\frac{3}{2}p\varDelta V$$

これら2式より

$$\varDelta Q=\frac{5}{2}p\varDelta V \qquad \frac{\varDelta V}{\varDelta Q}=\frac{5}{2}\cdot\frac{1}{p}=\text{一定}$$

となり，状態B→Cにおけるグラフは直線となる。

状態 D 以降では，ピストン 2 の上昇に伴い気体 2 は断熱圧縮によって圧力が大きくなっていくので，気体 1 の圧力も大きくなり，また気体 1 の温度変化も大きくなる。そのため，状態 B→C と比べて，与えた熱量に対するピストン 1 の上昇の割合（グラフに引いた接線の傾き）は減少していく。したがって，適するグラフは(ウ)である。

❖講　評

2023 年度は，2022 年度と比べてやや易化傾向であり，難易度の高かった 2020 年度からは易化傾向が続いている。例年通り，基本事項の確実な理解を確かめる設問と，応用力・思考力・直感力をみる設問で構成されていて，状況設定の説明や小問による誘導などが丁寧に行われている。

I　(1)・(2)は頻出の基本的な問題である。(3)以降は単振動の発展的な問題であり，やや難しい。この題材でよく採用される着目点は，2 球の重心（等速運動）から見た各球の単振動だが，本問では小球 C から見た小球 D の運動に着目している。この点で戸惑った受験生も多かっただろう。ただし，問題文を冷静に読んで落ち着いて対処していけば解けてしまう，という興味深い内容になっている。受験生にとっては，(5)の〔参考〕のように，最初から慣性力を用いたほうが安心できたかもしれない。(8)は，2 球の運動を正確に把握していないと即答は難しかっただろう。全体としての難易度は標準的ないしやや難しめと言える。

II　(1)〜(5)は頻出の基本かつ重要問題である。(6)は，題材が電気振動ということで難しいという印象を受けそうだが，さらにコンデンサーが 2 個接続されていて難易度を上げている。ただし，電気容量が同じであることと計算欄がないという点から，直感的に素早く正答できたという受験生も少なくなかっただろう。(7)は解答への誘導がとても丁寧である。(7)を解いてから(6)に戻るとよかったかもしれない。(8)は，難しくはない問題だが，ダイオードに苦手意識があると解答に時間がかかりそうである。全体としての難易度は標準的と言えよう。

III　複雑そうな状況設定だが，実際には(1)〜(8)はすべて標準的な難易度の出題である。(9)は，〔解説〕(3)・(5)・(7)で用いた「比例」を使った解法に慣れていれば難しくない。(10)は，選択するグラフの横軸が熱量（状態を表す量ではない）になっている点で難易度を上げている。ただし，全体としての難易度は標準的と言えるだろう。

試験時間は単純計算で大問 1 題当たり 25 分であり，見直しの余裕はなかったと思われる。

化学

I 解答

(1)　ア．3　イ．共有　ウ．8　エ．非共有　オ．配位
カ．正四面体　キ．炭素　ク．メタン

(2)　メタンは分子間にはファンデルワールス力が働くが，アンモニアの場合，それより強い水素結合が働くから。(50字以内)

(3)　5°C：5.1×10^5 Pa　20°C：8.1×10^5 Pa

(4)―(c)

(5)―(b)・(d)

◀解　説▶

≪分子の構造，分子間力，飽和蒸気圧，溶液の調製，気体の水に対する溶解度≫

▶(1)　ア・イ・エ．N_2 の電子式は次の通り。

:N⋮⋮N:

N原子は最外殻L殻に電子5個をもつので，互いに電子3個ずつを出し合い，共有電子対3組で2原子が共有結合して N_2 分子を形成している。1つのN原子に非共有電子対が1組ずつある。

ウ．N原子の原子番号は7なので，質量数15のN原子がもつ中性子数は

$$15-7=8 \text{ 個}$$

である。

オ～ク．アンモニアと塩化水素が反応すると，塩化アンモニウムを生じる。

$$NH_3+HCl \longrightarrow NH_4Cl$$

塩化アンモニウムは水中で電離し，水中に存在するのはアンモニウムイオンと塩化物イオンである。このとき生成するアンモニウムイオンは，アンモニア分子のN原子がもつ非共有電子対を用いて，水素イオンが配位結合して形成される。窒素よりも陽子数が1つ少ない炭素の水素化合物は，メタン CH_4 である。メタンは中心にあるC原子の周りに4組の共有電子対があり，分子は正四面体構造をとる。正四面体構造は4組の共有電子対どうしの電気的反発が弱くなる形である。アンモニウムイオンは中心にあるN原子の周りに4組の共有電子対があるので，メタンと同じ正四面体

構造になる。

$$\begin{array}{c}\text{H}\\|\\\text{H}-\text{C}-\text{H}\\|\\\text{H}\end{array}\qquad\left[\begin{array}{c}\text{H}\\|\\\text{H}-\text{N}-\text{H}\\|\\\text{H}\end{array}\right]^{+}$$

▶(2)　メタンとアンモニアは分子量が同程度である。メタンは無極性分子なので，分子間にはファンデルワールス力が働くが，アンモニアは極性分子で，分子間には一番強い分子間力である水素結合が働く。したがってアンモニアの沸点は，メタンの沸点よりも高い。

▶(3)　アンモニアがすべて気体として存在すると仮定し，5°C，20°C におけるアンモニアの圧力をそれぞれ P_1〔Pa〕，P_2〔Pa〕，容器の内容積を V〔L〕と仮定する。

(i)　5°C において

$$\frac{8.31\times10^5\times V}{300}=\frac{P_1\times V}{278}\qquad\therefore\quad P_1=7.70\times10^5\text{〔Pa〕}$$

この値は 5°C の飽和蒸気圧の値 5.1×10^5 Pa よりも大きいので，仮定に誤りがあり，アンモニアは気液平衡なので，圧力は 5°C の飽和蒸気圧をとる。

(ii)　20°C において

$$\frac{8.31\times10^5\times V}{300}=\frac{P_2\times V}{293}\qquad\therefore\quad P_2=8.11\times10^5\text{〔Pa〕}$$

この値は 20°C の飽和蒸気圧の値 8.4×10^5 Pa よりも小さいので，仮定は正しく，アンモニアはすべて気体なので，圧力は 8.1×10^5 Pa となる。

▶(4)　濃アンモニア水 **A** 5 mL 中に存在するアンモニア（分子量 17.0）の物質量は

$$5\times0.900\times\frac{28.0}{100}\times\frac{1}{17.0}=0.0741\text{〔mol〕}$$

下線③のアンモニア水溶液の濃度が 7.4×10^{-2} mol/L なので，**A** 5 mL をはかりとり，水を加えて水溶液の体積を 1 L にすればよい。したがって，(c)が正文。

▶(5)　(a)誤文。溶解熱が正であるため，ルシャトリエの原理より，低温の方がアンモニアが溶解する方向に平衡が傾く。よって，アンモニアの水に対する溶解度は20°Cの方が大きく，**B**のアンモニア濃度の方が大きい。

(b)正文。水中に存在するアンモニア分子の熱運動は，温度が高くなるほど激しくなり，水から飛び出す分子が増加するので，低温である20°Cの**B**の濃度の方が高い。

(c)誤文，(d)正文。無極性分子のメタンよりも，極性分子のアンモニアの方が水に対する溶解度は大きい。

II　解答

(1)　ア．5　イ．10　ウ．18　エ．14　オ．32

(2)―(a)・(d)

(3)　原子番号：24と25　電子数：5

(4)　電子数：1　水溶液の色：有色

(5)　ヘキサアンミンニッケル(Ⅱ)イオン

(6)

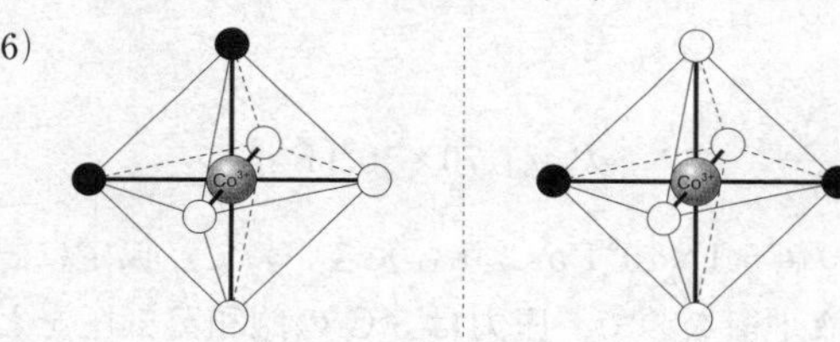

(7)　(i)　$AgBr + 2NH_3 \rightleftarrows [Ag(NH_3)_2]^+ + Br^-$

(ii)　$K_{sp} = [Ag^+][Br^-]$，$K_f = \dfrac{[[Ag(NH_3)_2]^+]}{[Ag^+][NH_3]^2}$ より

$$K = \frac{[[Ag(NH_3)_2]^+][Br^-]}{[NH_3]^2} = [Ag^+][Br^-] \times \frac{[[Ag(NH_3)_2]^+]}{[Ag^+][NH_3]^2}$$

$= K_{sp} \times K_f$　……(答)

(iii)　Ag^+：1.8×10^{-10} mol/L　Br^-：2.8×10^{-3} mol/L

$[Ag(NH_3)_2]^+$：2.8×10^{-3} mol/L

◀解　説▶

≪電子軌道，遷移元素の性質，錯イオン，溶解度積・錯イオンの溶解平衡≫

▶(1)　内側から n 番目の殻の最大収容電子数 $=2n^2$ から，ウは

$2\times3^2=18$

M殻に収容できる電子数に着目すると，$2+6+$イ$=18$ だから

イ$=10$

1つの軌道には最大2個まで電子が入るから　　ア＝5

N 殻についても同様に，最大収容電子数＝$2n^2$ から　　オ＝32

N 殻に収容できる電子数に着目すると，2＋6＋10＋エ＝32 より

エ＝14

▶(2)　(a)正文。典型元素は，周期表上の上下の位置にある元素が似た性質をもつのに対し，遷移元素は，周期表上の左右の位置にある元素が似た性質をもつ。

(b)誤文。イオン結晶の化合物は金属の性質をもたない。

(c)誤文。イオン化エネルギーが大きいと，電子を放出しにくく，価電子は離れにくい。

(d)正文。遷移元素の単体や化合物には触媒として働くものが多い。

(e)誤文。たとえば，Cr は酸化数 +6，Mn は酸化数 +7 をとるので，酸化数は 5 以上にもなる。

▶(3)　電子は原則として 1s 軌道→2s 軌道→2p 軌道→3s 軌道→3p 軌道→4s 軌道→3d 軌道の順に電子が収容される。この規則通りに電子が収容されると，原子番号 24 の Cr の電子の配置は各軌道に対し

1s	2s	2p	3s	3p	3d	4s
2	2	6	2	6	4	2

となるはずだが，3d 軌道に電子が 4 つ収容されるよりも，4s 軌道の電子を 1 つにしてでも，3d 軌道の電子数を 5 つにした方が安定なので，Cr の電子の配置は次のようになる。

1s	2s	2p	3s	3p	3d	4s
2	2	6	2	6	5	1

また，原子番号 25 の Mn では

1s	2s	2p	3s	3p	3d	4s
2	2	6	2	6	5	2

となり，Cr と Mn の 3d 軌道の電子数は 5 で同数である。

なお，Cu の場合も，3d 軌道に電子が 9 つ収容されるよりも，4s 軌道の電子を 1 つにしてでも，3d 軌道の電子数を 10 にした方が安定なので，Cu の電子の配置は次のようになる。

1s	2s	2p	3s	3p	3d	4s
2	2	6	2	6	10	1

3d 軌道の電子数が 5 または 10 となる電子配置は極めて安定なので，あと 1 つ電子があると 3d 軌道の電子数が 5 または 10 になるときには，4s 軌道を満たすよりも，3d 軌道の電子数が 5 または 10 になる方が優先される。

▶(4)　Ti および Ti^{3+} の電子の配置は次のようになる。

Ti

1s	2s	2p	3s	3p	3d	4s
2	2	6	2	6	2	2

Ti^{3+}

1s	2s	2p	3s	3p	3d	4s
2	2	6	2	6	1	0

Ti を塩酸に加えて加熱すると生じる Ti^{3+} は青紫色を示す。

▶(5)　Ni は 6 配位なので，アンモニアが配位子の場合，配位子のアンモニア 6 個と配位結合を形成してヘキサアンミンニッケル(Ⅱ)イオン $[Ni(NH_3)_6]^{2+}$ を形成する。

▶(6)　正八面体の 6 頂点のうち，2 頂点が Cl^- になった場合，2 個の Cl^- が中心角 180° の対角線上に入る場合（trans）と，それ以外の場合（cis）の 2 通りが考えられる。

▶(7)　(i)　AgBr の水に対する溶解度は小さいが，AgBr の電離で生じる Ag^+ は NH_3 と錯イオンを形成するので，その溶解平衡は次のようになる。

$$AgBr + 2NH_3 \rightleftarrows [Ag(NH_3)_2]^+ + Br^-$$

(ii)　(i)の溶解平衡の平衡定数 K は次の通り。

$$K = \frac{[[Ag(NH_3)_2]^+][Br^-]}{[NH_3]^2}$$

K_f の分子にある $[Ag(NH_3)_2]^+$ が K の分子に，また溶解度積 K_{sp} にある $[Br^-]$ が K の分子にあるので，上式から K_f と K_{sp} を作り出してみると

$$K = \frac{[[Ag(NH_3)_2]^+][Br^-]}{[NH_3]^2} = [Ag^+][Br^-] \times \frac{[[Ag(NH_3)_2]^+]}{[Ag^+][NH_3]^2}$$
$$= K_{sp} \times K_f$$

となり，$K = K_{sp} \times K_f$ であることがわかる。

(iii)　K_{sp}，K_f，K はそれぞれ次の通り。

$$K_{sp}=[Ag^+][Br^-] \quad \cdots\cdots①$$

$$K_f=\frac{[[Ag(NH_3)_2]^+]}{[Ag^+][NH_3]^2} \quad \cdots\cdots②$$

$$K=\frac{[[Ag(NH_3)_2]^+][Br^-]}{[NH_3]^2} \quad \cdots\cdots③$$

水に加えた陽イオンのもつ電荷の総和と，陰イオンのもつ電荷の総和は等しいので

$$[Ag^+]+[[Ag(NH_3)_2]^+]=[Br^-] \quad \cdots\cdots④$$

②の平衡定数 K_f が非常に大きいことから，$[Ag]^+ \ll [[Ag(NH_3)_2]^+]$ と考えられるので④は次のように近似できる。

$$[[Ag(NH_3)_2]^+]=[Br^-] \quad \cdots\cdots④'$$

また，溶液中に存在する N 原子の濃度は一定なので

$$[NH_3]+2[[Ag(NH_3)_2]^+]=1.0〔mol/L〕 \quad \cdots\cdots⑤$$

①より　$[Ag^+]=\dfrac{K_{sp}}{[Br^-]} \quad \cdots\cdots⑥$

⑤より　$[NH_3]=1.0-2[[Ag(NH_3)_2]^+] \quad \cdots\cdots⑦$

$K=K_{sp}\times K_f$，③，④′，⑦より，$[[Ag(NH_3)_2]^+]=[Br^-]=x$〔mol/L〕とすると

$$K=\frac{x^2}{(1.0-2x)^2}=5.0\times10^{-13}\times1.6\times10^7=8.0\times10^{-6}$$

$1.0-2x>0$ より

$$\frac{x}{1.0-2x}=2\sqrt{2}\times10^{-3} \qquad \therefore \quad x=2.82\times10^{-3}〔mol/L〕$$

よって

$$[[Ag(NH_3)_2]^+]=[Br^-]=2.82\times10^{-3}\fallingdotseq2.8\times10^{-3}〔mol/L〕$$

⑥に適用すると

$$[Ag^+]=\frac{5.0\times10^{-13}}{2.82\times10^{-3}}=1.77\times10^{-10}\fallingdotseq1.8\times10^{-10}〔mol/L〕$$

III **解答**　問1．(1)　$C_{16}H_{20}O_2$

(2)　$C_6H_5-CH_2-CH_2-OH$

(3)　3 種類

(4)　ア．$(H_3C)_2C=C$（H）　イ．$-OH$　ウ．$-H$

(5)　（構造式：O, C=O, C=O, H, C, C, H, H, C, H）

(6)—(あ)・(う)

問 2．(1)　ア．縮合重合　オ．付加縮合

(2)　イ—(G)　ウ—(F)　エ—(E)　カ—(F)

(3)　$n\mathrm{HO-C(=O)-(CH_2)_4-C(=O)-OH} + n\mathrm{HO-(CH_2)_2-OH}$

$\longrightarrow \mathrm{[C(=O)-(CH_2)_4-C(=O)-O-(CH_2)_2-O]}_n + 2n\mathrm{H_2O}$

(4)　**X**．$\mathrm{H-C(=O)-H}$　**Y**．（メラミン：NH_2, N, N, H_2N, N, NH_2）

(5)　5.0×10^2 個

(6)　(a)—(K)　(b)—(L)　(c)—(H)

(7)—(d)・(f)

◀解　説▶

≪芳香族化合物の構造決定，メソ体を含む立体異性体，合成高分子化合物≫

◆問 1．▶(1)　燃焼した化合物 **A** に含まれていた炭素，水素の質量はそれぞれ

$$\mathrm{C}: 1.76\times\frac{12.0}{44.0}=0.480\,[\mathrm{g}]$$

$$\mathrm{H}: 0.450\times\frac{2.00}{18.0}=0.0500\,[\mathrm{g}]$$

炭素，水素の物質量比は

$$C:H=\frac{0.480}{12.0}:\frac{0.0500}{1.00}=4:5$$

化合物 **A** はモノエステルで，エステル結合以外に酸素原子をもたないので，化合物 **A** について次の関係が成り立つ。

$$C_{4n}H_{5n}O_2=244 \qquad n=4$$

よって，化合物 **A** の分子式は $C_{16}H_{20}O_2$ とわかる。

▶(2)　化合物 **A** の加水分解で，化合物 **B** と化合物 **C** を生じるので，化合物 **B** の分子式は

$$C_{16}H_{20}O_2+H_2O-C_8H_{12}O_2=C_8H_{10}O$$

化合物 **B** は水酸化ナトリウムと中和反応をしなかったので，ヒドロキシ基はアルコール性であり，ヨードホルム反応陰性で，ベンゼン一置換体なので，構造が次のように決まる。

CH_2-CH_2-OH

▶(3)　化合物 **B** の構造異性体で，フェノール性ヒドロキシ基をもつベンゼン二置換体は，フェノール性ヒドロキシ基とエチル基をもつ化合物なので，次の3種類が考えられる。

CH_2-CH_3　OH　　CH_2-CH_3　OH　　CH_2-CH_3　OH

▶(4)　エステルの加水分解生成物のうち，化合物 **B** がヒドロキシ基をもつので，化合物 **C** はカルボキシ基をもち，イが OH と決まる。また，下線①の反応で生成する化合物 **D** に鏡像異性体が存在しないことから，化合物 **D** は分子内に対称面をもつので，ウは H，アは反応でカルボキシ基が生じる構造とわかり，もう1つの生成物がアセトンなので，化合物 **C**，**D** の構造が決まる。

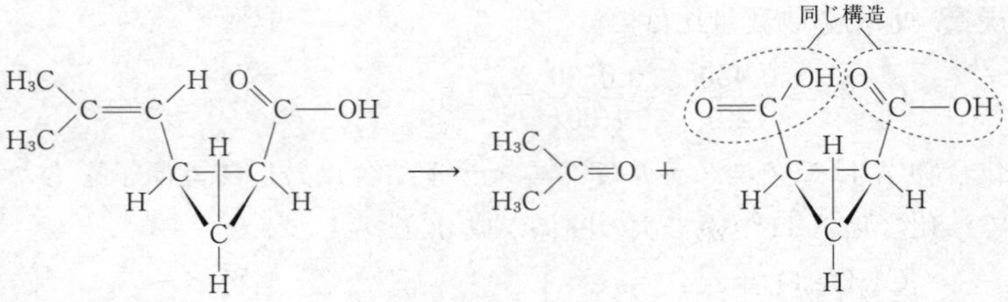

同じ構造

化合物 C　→　$(H_3C)_2C{=}O$ ＋ 化合物 D

▶(5)　図 5 の R^4，R^5 の位置に 2 つのカルボキシ基があれば，加熱によって脱水反応が起き，酸無水物である化合物 E が生成する。

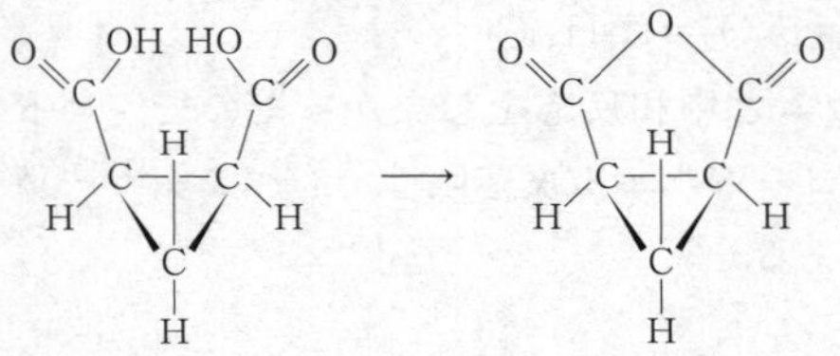

化合物 D　→　化合物 E

▶(6)　化合物 D は不斉炭素原子を 2 個もつので，立体異性体を 4 種類もちそうである。

㋐　化合物 D

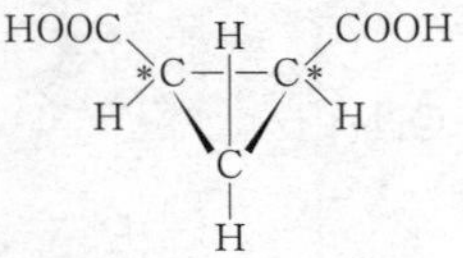

㋑

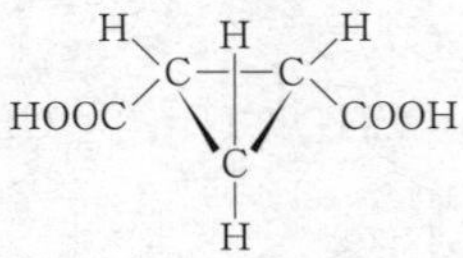

㋒

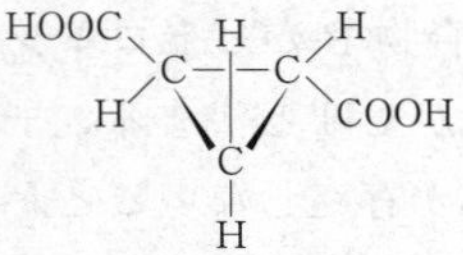

㋓

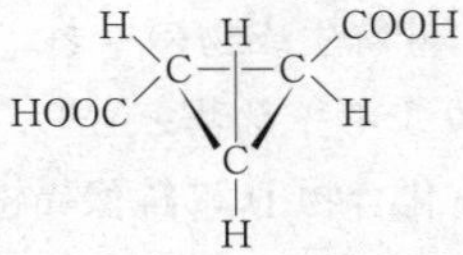

㋑の分子を上下反転すると㋐と一致するので，㋐と㋑は同一分子である。㋐がシス形であり化合物 D である。㋒と㋓はトランス形であり，互いに鏡像関係にある。㋒と㋓が化合物 F と化合物 G である。

(あ)正文。

(い)誤文。化合物 F と化合物 G はどちらもトランス形である。

(う)正文。化合物 D は旋光性を示さず，化合物 F と化合物 G は旋光性をお互いに打ち消しあうので，化合物 **D**，**F**，**G** を 1 mol ずつ含む水溶液は旋光性を示さない。

(え)誤文。鏡像異性体の化学的性質はほぼ同じなので，化合物 **F** と化合物 **G** の溶解度は同じと考えられる。

◆問 2．▶(1)　ア．2 価のカルボン酸であるアジピン酸と，2 価のアルコールであるエチレングリコールの間で水がとれて，多数のエステル結合を形成する。この反応は縮合重合である。

オ．フェノールとホルムアルデヒドから熱硬化性樹脂であるフェノール樹脂が生成するときに起こる反応は，付加反応と縮合反応の繰り返しで起こる。この反応を付加縮合という。

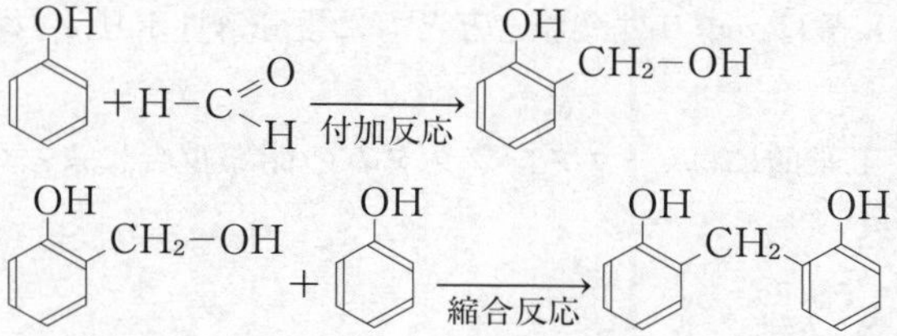

$$C_6H_5OH + H{-}CHO \xrightarrow{\text{付加反応}} C_6H_4(OH){-}CH_2{-}OH$$

$$C_6H_4(OH){-}CH_2{-}OH + C_6H_5OH \xrightarrow{\text{縮合反応}} C_6H_4(OH){-}CH_2{-}C_6H_4(OH)$$

▶(2)　イ．鎖状のポリエステルは加熱すると流動性を増し，冷却すると硬くなるので，熱可塑性樹脂である。

ウ・エ・カ．無水フタル酸とグリセリンを縮合重合させ，鎖状の重合体とし，未反応のヒドロキシ基を脂肪酸などと反応させてエステル化するなどして，いろいろな性質をもたせたものがアルキド樹脂である。尿素樹脂，メラミン樹脂，アルキド樹脂は三次元網目状構造をもち，加熱すると硬化するので，熱硬化性樹脂である。

▶(3)　カルボン酸のカルボキシ基の OH と，アルコールのヒドロキシ基の H から，分子間で水がとれてポリエステルが生成する。

$$n\mathrm{HO{-}\underset{\underset{O}{\|}}{C}{-}(CH_2)_4{-}\underset{\underset{O}{\|}}{C}{-}OH} + n\mathrm{HO{-}(CH_2)_2{-}OH}$$

$$\longrightarrow \left[\mathrm{\underset{\underset{O}{\|}}{C}{-}(CH_2)_4{-}\underset{\underset{O}{\|}}{C}{-}O{-}(CH_2)_2{-}O}\right]_n + 2n\mathrm{H_2O}$$

▶(4)　尿素とホルムアルデヒドが付加縮合して尿素樹脂が，メラミンとホルムアルデヒドが付加縮合してメラミン樹脂が合成される。

▶(5)　ポリエチレンテレフタラートの繰り返し構造，式量は次の通りなの

で，重合度を n とすると

$$\left[\begin{array}{l} \mathrm{C}-\mathrm{C_6H_4}-\mathrm{C}-\mathrm{O}-(\mathrm{CH_2})_2-\mathrm{O} \\ \| \qquad\qquad\quad \| \\ \mathrm{O} \qquad\qquad\quad \mathrm{O} \end{array}\right]_n = 192n$$

$192n = 4.80\times10^4 \qquad \therefore \quad n = 250$

1繰り返し単位あたり，カルボニル基は2個含まれるので，1分子中に含まれるカルボニル基は

$2n = 500 \fallingdotseq 5.0\times10^2$ 個

▶(6)　(a)ポリアクリロニトリルは，高い弾性率をもつ炭素繊維の原料として使われている。

(b)グリコール酸 $HO-CH_2-COOH$ はヒドロキシ酸であり，この重合体であるポリグリコール酸は，ポリ乳酸などとともに生分解性ポリマーとして利用されている。

(c)ナイロン6は，工業的には ε-カプロラクタムの開環重合によって合成される。

$$n \begin{array}{l} \mathrm{H_2C}-\mathrm{CH_2}-\overset{\mathrm{O}}{\overset{\|}{\mathrm{C}}} \\ \ \ | \qquad\qquad\qquad\quad \rangle\mathrm{NH} \\ \mathrm{H_2C}-\mathrm{CH_2}-\mathrm{CH_2} \end{array} \longrightarrow \left[\begin{array}{l} \mathrm{C}-(\mathrm{CH_2})_5-\mathrm{NH} \\ \| \\ \mathrm{O} \end{array}\right]_n$$

▶(7)　(d)正文。炭素間不飽和結合をもつ2価カルボン酸のフマル酸と2価アルコールであるエチレングリコールとの縮合重合で，ポリエステル樹脂をつくる。この樹脂のもつ炭素間二重結合とスチレンなどのビニル化合物を共重合すると，鎖状構造が架橋されて熱硬化性樹脂が生成する。

(e)誤文。メタクリル酸メチルの付加重合で得られるポリメタクリル酸メチルは，熱可塑性樹脂である。有機ガラスなどとして用いられる。

(f)正文。ポリ酢酸ビニルのけん化で得られるポリビニルアルコールは，熱可塑性を示す。ポリビニルアルコールのもつヒドロキシ基の一部をアセタール化するとビニロンが得られる。

(g)誤文。熱硬化性樹脂は，粉砕し溶媒に融解することが困難なので，化学反応で低分子量の物質を生成させ，これを利用するケミカルリサイクルで再利用される。

❖講　評

2022年度は大問3題で各大問が問1と問2に分かれ，実質6題の出題であったが，2023年度は大問3題でⅢのみ問1と問2に分かれていたので，実質4題の出題であった。試験時間は情報（コンピュータ科）・理・医・工・農学部が2科目150分，情報（自然情報）学部が1科目75分であった。論述問題，導出過程を書かせる問題が各1問出題され，描図問題の出題はなかった。

Ⅰ　分子の構造，分子間力，飽和蒸気圧，溶液の調製，気体の水に対する溶解度に関する問題であった。(2)の論述問題では，アンモニアとメタンの沸点の違いに関する説明が出題された。(3)の計算問題では，アンモニアが気液平衡にあるか，すべて気体かの判断が必要であった。(5)の正誤問題では，正答数が決められていなかった。大部分が典型的な設問なので，この分野の学習ができている受験生にとっては手をつけやすかったと思われる。

Ⅱ　電子軌道，遷移元素の性質，錯イオン，溶解度積・錯イオンの溶解平衡に関する問題であった。(3)・(4)の電子軌道に関する問題では，d軌道の電子数について問われた。(6)の錯イオンの異性体に関する問題は，異性体が2種類と指定してあるため，解答しやすい。(7)の錯イオン形成の平衡に関する問題は，誘導がないときの対応力が問われた。2023年度の問題で一番難しい。

Ⅲ　問1は芳香族化合物の構造決定，メソ体を含む立体異性体に関する問題であった。(5)はメソ体に関する問題演習をしたことがない受験生にとっては難しいと思われる。(6)の正誤問題は正答数が決められておらず，立体異性体に関する正しい理解を問われた。問2は合成高分子に関する総合問題であった。大半は基本的な内容であったが，一部の設問では教科書に記されていない内容の反応や構造に関する知識や理解も必要であった。

2022年度の問題と比べると，問題の分量はやや減少したが，全体としての難易度はあまり変化がなかった。試験時間に対して問題量が多いので，手間がかかる問題，細かい知識を問う問題を後回しにして，取り組みやすい問題から解答したかどうかで得点差がついたと思われる。

生物

I 解答

(1)　0.08

(2)　a)－×　b)－×　c)－×　d)－○

(3)　この領域では減数分裂の際に，相同染色体間での乗換えが起こらなかった。

(4)　部位bは遺伝子Sの転写調節領域の一部であり，塩基配列が違うことでRNAポリメラーゼの結合性が変わるため，部位bがネアンデルタール人型の場合は現生人類型よりも多く転写が起きる可能性が考えられる。

(5)　遺伝子Sの発現は，SARS-CoV-2や類似のウイルスによる感染症の重症化率の低下に関わっており，過去の感染症流行時にネアンデルタール人型の遺伝子をもつ個体の方が重症化率や死亡率が低く，適応度が高かった可能性がある。その結果，自然選択により現生人類集団におけるネアンデルタール人型遺伝子の頻度が高くなった。

◀解　説▶

≪現生人類のゲノムの成り立ち≫

▶(1)　1人につき1細胞ずつ取り出して調べると，5000個の細胞にある部位1は　　$5000\times2=10000$ 箇所

この中で下線部の塩基がAであるのは　　$736+32\times2=800$ 箇所

したがって，Aの頻度は　　$\frac{800}{10000}=0.08$

▶(2)　a)誤り。文1中にある標準ゲノム配列の3種間の比較で，特異的な塩基配列がチンパンジーで約45万箇所，現生人類とネアンデルタール人でそれぞれ約3万箇所とあるので，現生人類とネアンデルタール人の方が配列が似ている。

b)誤り。現生人類はネアンデルタール人から進化したのではなく，両者の共通祖先（ホモ・ハイデルベルゲンシス）からそれぞれの種が進化して生じたとされる。

c)誤り。チンパンジーから現生人類が進化したのではなく，両者の共通祖先からそれぞれの種が進化した。

d)正しい。部位 1 と部位 2 で，ユーラシア大陸に住んでいたヨーロッパ人とネアンデルタール人に相同な配列が見られるのは交雑のためである。現生人類は約 20 万年前に登場し，ネアンデルタール人は約 4 万年前まで生息しているが，遺伝子の解析から，その間に交雑があったと考えられている。

▶(3)　連続したネアンデルタール人型の塩基配列を保つためには，この配列が動原体の近くにあるなどの理由で乗換えが起こらないか，乗換えが起きた個体はすべて死んでしまうことが考えられる。ここでは減数分裂における特徴について問われているので，前者を答える。

▶(4)　図 3 より，部位 b をネアンデルタール人型に改変したときのみネアンデルタール人と同じ mRNA 量になることから考える。

▶(5)　表 4 より，現生人類型ホモ接合よりもネアンデルタール人型ホモ接合の方が SARS-CoV-2 に対する重症化率が低くなる。ネアンデルタール人型の頻度が高い理由として，これと同様の現象が進化の過程で起こっていたので，遺伝子 S の周辺にネアンデルタール人型が多いと考えられる。

II　解答

(1)　区画 A：65 匹　区画 C：15 匹

(2)　(ア)感覚　(イ)軸索

(3)　ジアセチル，ピラジン，イソアミルアルコール

(4)　ODR-7：D　ODR-10：B

(5)　a)―○　b)―×　c)―×　d)―×

(6)　7

◀解　説▶

≪線虫の化学走性≫

▶(1)　区画 A 内の線虫の数を x，区画 C 内の線虫の数を y とすると

$$x+y=100-20=80,\quad 0.5=\frac{x-y}{100}$$

の 2 式が得られる。これを解くと

$x=65$，$y=15$

▶(2)　刺激の受容に関わるのは，求心性神経である感覚ニューロンである。興奮は，樹状突起→細胞体→軸索の順に進む。

▶(3)　ジアセチルとピラジンはAWAニューロンを除去すると走性が見られなくなる。また，イソアミルアルコールはAWAニューロンを単独で除去しても走性は見られるが，AWAニューロンとAWCニューロンの両方を除去すると走性が見られなくなるので，これらのニューロンのどちらか一方が関与している可能性がある。

▶(4)　ODR-7：転写は核内で行われるので，細胞体の中心の核の場所を示すDである。

ODR-10：匂い物質の受容体は樹状突起の先端部に存在するのでBである。

▶(5)　a)正しい，b)誤り。図4より*odr*-7変異体に外来遺伝子として*odr*-10を発現させるとジアセチルに対して走性を示すようになるため，*odr*-10はAWAニューロンのジアセチル受容体に関与し，*odr*-7の転写調節はジアセチル受容体に関しては作用しないことがわかる。

c)誤り。図3より，ベンズアルデヒドに対する化学走性はAWCニューロンを介している。図4より，*odr*-7変異体，*odr*-10変異体ともにベンズアルデヒドに対する走性を示しており，AWCニューロンを介した化学走性行動をしていると考えられる。

d)誤り。図4の系統1の結果より，*odr*-7変異体のAWAニューロンでも，*odr*-10遺伝子が発現してODR-10タンパク質が機能していれば，ジアセチルに対する走性を示すことがわかる。d)では*odr*-10遺伝子が欠失してODR-10がはたらかないので，*odr*-7遺伝子を発現させてもジアセチルに対する走性は示さない。

▶(6)　*odr*-10遺伝子を発現しない系統(ウ)の(エ)AWBニューロンに*odr*-10遺伝子を発現させる。ここで(オ)ジアセチルに対して負の走性が示された場合，これはODR-10の受容体によるものではなく，AWBニューロンによるものであると言える。

Ⅲ　解答

(1)　①受動輸送　②能動輸送

(2)　インベルターゼのはたらきによって果実内のスクロース濃度が低下することにより，葉から果実へのスクロース転流量が増加するから。

(3)　a)－1　b)－2　c)－1　d)－2

⑷　葉で短日条件を感知すると葉でタンパク質Ｘが合成される。タンパク質Ｘは師管を通って地下茎に移動し，塊茎形成を誘導する。

⑸　Ｌ－ａ）　Ｍ－ｃ）　Ｎ－ａ）　Ｏ－ｄ）

◀解　説▶

≪光の受容と果実や塊茎の形成≫

▶⑴　受動輸送は濃度勾配に従い，能動輸送は濃度勾配に逆らう輸送である。

▶⑵　師管細胞の細胞膜にはスクロースを受動輸送する輸送体が存在し，スクロースは果実内の濃度と師管内の濃度の差に従って輸送されると考えられる。

▶⑶　ａ)酵母細胞膜に植物のスクロース輸送体を発現させる実験なので，細胞外に分泌されて作用するインベルターゼがあると，細胞外でのスクロース分解が起こり，スクロース量を定量できないので，このはたらきを止める必要がある。

ｂ)「スクロースを唯一の炭素源として含む培地で増殖する酵母」なので，グルコース／フルクトース輸送体は存在していても機能していないと考えられる。

ｃ)植物のスクロース輸送体だけがスクロースを輸送するようにしなければならないので，酵母の方は欠失させる必要がある。

ｄ)植物のスクロース輸送体を同定する実験であり，細胞内に輸送されたスクロースは分解されて使われる必要があるので，スクロース分解酵素は細胞質に留まらせる必要がある。

▶⑷　塊茎が形成されるには，つぎ木上部の植物はＷＴである必要があること，長日条件下であっても葉が１枚でも短日条件であるなら塊茎が形成されること，SG 処理をすると塊茎を形成しなくなること，などからしくみを考える。

▶⑸　図２Ｈから，タバコにおいては葉で長日条件を感知し，花成ホルモンが作られて花芽の形成が行われること，およびタバコの葉で作られたタンパク質Ｘにより塊茎が形成されることがわかる。図２Ｋで地下のジャガイモで塊茎形成が起きたのは，つぎ木下部のジャガイモの葉が短日条件を感知したためである。これらのことからＬとＮでは花成と塊茎形成が起こる。Ｍではジャガイモの葉でタンパク質Ｘが作られて塊茎が形成される。Oでは短日条件を感知したX変異体のジャガイモの葉なのでタンパク質Xが合成されず，花成も塊茎形成も起こらない。

IV **解答**

(1) (ア)ATP　(イ)二酸化炭素　(ウ)NADH（$FADH_2$）

(2)　(ア)—ｉ）　(イ)—ⅱ）　(ウ)—ｉ）　(エ)—ｉ）

(3)　(ア)—４）　(イ)—３）　(ウ)—４）　(エ)—２）　(オ)—１）　(カ)—２）

(4)　選択：２）

理由：細菌A*では，人為的CBB回路の途中において，酵素Bのはたらきによりbがb′に，酵素Cのはたらきによりcがc′になる割合が大きく，また解糖系でもdからcへの反応が起きるためルビスコが使えるdの量が少なくなっており，ルビスコによるCO_2固定の反応（d→a）が起こりにくい。

◀解　説▶

≪代謝の経路と生成物の相互関係≫

▶(1)　光合成の過程では，光エネルギーによって生じたNADPHとATPのエネルギーを用いて，カルビン・ベンソン回路をはたらかせる。呼吸の過程では，クエン酸回路でNADHや$FADH_2$が生成されて，電子伝達系でのATP産生に利用される。

▶(2)　糖類dにより生命活動の維持が可能であるので，(ア)と(ウ)は増殖する。糖類dを含まない培地に関して，80日後の(エ)では環境に対する適応ができたためにCO_2を炭素源とした増殖ができ，図3のような曲線になると考えられるが，(イ)の段階ではまだ適応ができていないために生命活動を維持できないと考える。

▶(3)　細菌Aの代謝系はCO_2を取り込むことができないが，ピルビン酸は糖新生の結果生じたdを経て解糖系の経路にも取り込まれるため，すべてに影響を与えることができる。細菌A*はまだCO_2の固定ができないので^{14}Cも取り込めない。また，ピルビン酸とaの変換ができないため，ピルビン酸はTCA回路にのみ影響を与える。細菌A**もピルビン酸とaの変換ができないが，CO_2の固定はできるため，CO_2を与えると人為的CBB回路と解糖系に影響する。ピルビン酸については細菌A*と同様になる。

▶(4)　酵素Bや酵素Cがはたらくことにより，CBB回路や解糖系からb

やｃの中間生成物が減少していくことに注目する。

❖講　評

例年通り，大問数は４題。例年と同じく知識問題は少なく，実験考察問題の比重が高かった。2022 年度よりも論述の分量がやや減少したが，問題文の理解に時間がかかる側面があり，難易度的には例年通りだろう。

Ⅰは現生人類のゲノムの成り立ちに関する問題で，最近のノーベル賞や SARS-CoV-2 も交えた内容。⑵では問題文の内容だけでなく，知識も交えての解答が必要とされた。⑸の論述がポイントだろう。

Ⅱは線虫の化学走性に関する問題で，線虫によってがんの診断ができることを想起させる内容。論述はなかったが，実験内容を正確に把握しないと選べない選択肢が多かった。

Ⅲは光の受容と果実や塊茎の形成に関する問題。⑷以降は問題の図をよく見て判断する内容で，焦って見落としをしないことが大事である。

Ⅳは代謝の経路と生成物の相互関係に関する問題。問題の設定が複雑で，落ち着いて理解することが必要だろう。⑷の理由をしっかりと答えられたかどうかがポイントとなる。

地学

I 解答

問1．ウ，オ

問2．100 m

問3．300 m

問4．岩石名：閃緑岩　鉱物1・鉱物2：輝石，角閃石（順不同）

問5．カヘイ石（ヌンムリテス）

問6．ア．地層の傾斜と陸化　イ．侵食　ウ．海面下へ沈降　エ．A 層の堆積　オ．断層

◀解　説▶

≪地質図の読図，火成岩，示準化石≫

▶問1．X 地点で現れた凝灰岩層の走向は，B 層と同じく東西であることから，X 地点を通る東西方向の直線は標高 300 m の走向線を表し，この走向線上では，X 地点と同じく標高 300 m の地点に凝灰岩層が現れる。したがって，標高 300 m の地点オが該当する。また，凝灰岩層の傾斜は，B 層と同じく北向きに 45° であることから，水平距離 100 m おきに，標高差 100 m の走向線を引くことができる。X 地点を通る標高 300 m の走向線を基準にすると，南に 100 m 離れたところに標高 400 m の走向線を引くことができ，この走向線上では，標高 400 m の地点に凝灰岩層が現れる。したがって，標高 400 m の地点ウが該当する。

▶問2．A 層は水平層であることから，地層境界線は等高線と平行に描かれる。断層によって A 層の地層境界線がずれており，断層の北側では標高 600 m，南側では標高 500 m に現れていることから，北側の地盤が南側に比べて相対的に鉛直方向に 100 m 上昇していることがわかる。

▶問3．問1で解説したように，凝灰岩層の走向線は，南から北に向かって，水平距離 100 m ごとに標高が 100 m ずつ低くなる。X 地点を通る標高 300 m の走向線を基準とすると，Z 地点を通る凝灰岩層の走向線の標高は 0 m となる。しかし，途中に断層があり，断層を挟んだ北側の地盤は，南側よりも相対的に 100 m 上昇しているため，Z 地点を通る凝灰岩層の走向線の標高は 0＋100＝100〔m〕となる。Z 地点の標高は 400 m であるこ

とから，標高 100 m に分布する凝灰岩層までは，鉛直方向に 400－100＝300〔m〕掘ると到達する。

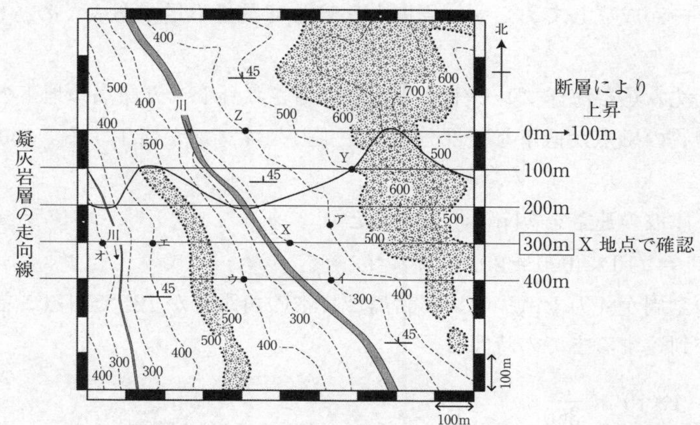

▶問 4．深成岩のうち，SiO_2 の量（質量％）が 45～52 のものは斑れい岩，52～66（または 63）のものは閃緑岩，66（または 63）以上のものは花こう岩に分類される。礫として含まれていた深成岩の SiO_2 の量（質量％）が約 53 であることから，この深成岩は閃緑岩である。閃緑岩を構成する主な造岩鉱物は，有色鉱物の輝石，角閃石，無色鉱物の斜長石である。

▶問 5．顕生代は，古生代（約 5 億 4000 万～ 2 億 5000 万年前），中生代（約 2 億 5000 万～6600 万年前），新生代（約 6600 万年前～現在）に区分され，A 層の放射年代が示す約 5500 万年前は，新生代の古第三紀にあたる。古第三紀の示準化石としては，カヘイ石（ヌンムリテス）が代表的である。

▶問 6．B 層と A 層は不整合の関係にあり，傾斜した B 層を水平な A 層が上位で覆っていることから，B 層の堆積後，地殻変動によって B 層が傾斜し，陸化した際に B 層が侵食され，その後，沈降して海面下となり，A 層が堆積したと考えられる。断層は A 層の地層境界線を切っていることから，A 層の形成後，断層が活動したことが推定される。

II　解答

問 1．周囲と比べて密度が小さい高温のマントル物質が地下浅所まで上昇してきているため。（40 字以内）

問 2．マグマの密度と周囲の岩石の密度がほぼ等しくなるため。（30 字以

内)

問 3．海洋プレート沈み込みに伴い下向きの力がはたらく海溝ではアイソスタシーが成立しておらず，周囲と比較して質量不足であるため。(60 字以内)

問 4．沈み込む海洋プレートから水が供給され，トンガ諸島の地下のマントル物質の融点が低下して部分溶融が生じ，マグマが発生する。(60 字以内)

問 5．津波の速さを v〔m/s〕とすると

$$v=\sqrt{10\times4000}=2.0\times10^2$$

地球の全周が 4 万 km，トンガ諸島と日本の角距離が 72° であることから，津波が到達するまでの時間は

$$\frac{4\times10^7\times\frac{72}{360}}{2.0\times10^2}\times\frac{1}{60\times60}=1.11\times10\fallingdotseq1.1\times10\text{ 時間}$$

よって　　1.1×10 時間後　……(答)

◀解　説▶

≪重力異常，マグマの発生，波≫

▶問 1．ブーゲー異常は，地下の密度分布を反映し，ジオイド面よりも下に，周囲よりも密度の大きい物質があるときは正のブーゲー異常を，密度の小さい物質があるときは負のブーゲー異常を示す。例えば，アイソスタシーが成り立っている場合，標高が高い山脈地域では，密度の小さい地殻が厚いため，負のブーゲー異常となる。海嶺軸付近では，地下から高温で密度が小さいマントル物質が上昇しているため，ブーゲー異常の値が小さくなる。

▶問 2．地下の岩石が部分溶融することによって発生したマグマは，高温で密度が小さいため，浮力によって上昇する。周囲の岩石と密度が等しくなると，浮力を得られずに上昇が止まり，マグマだまりを形成する。

▶問 3．トンガ諸島は沈み込み帯に位置しており，沖合には海溝が分布する。海溝では，沈み込む海洋プレートに強制的に下向きの力がはたらいており，アイソスタシーが成立していない。そのため，海溝付近では，本来，プレートなどの岩石があるべきところに海水が存在しており，周囲と比べて質量が不足していることで，負のブーゲー異常となる。

▶問 4．フンガ火山（トンガ諸島）は，日本列島と同様に沈み込み帯に位置する火山である。マグマが発生するしくみも，日本列島で見られる火山と同様に，沈み込んだ海洋プレートからマントル物質に水が供給され，マントル物質を構成するかんらん岩の融点が低下することで部分溶融が生じ，マグマが発生する。

▶問 5．トンガ諸島と日本の地球表面に沿った距離は，全周 4 万 km の円周のうち，中心角 72° の円弧の長さに相当することから，$4\times10^7\times\frac{72}{360}$〔m〕と計算される。

また，津波は，外洋では長波とみなせるため，津波の速さ v は，水深を h，重力加速度を g とすると

$$v=\sqrt{gh}$$

と表される。したがって，本問における津波の速さは

$$v=\sqrt{10\times4000}=2\times10^2\text{〔m/s〕}$$

となる。以上のことから，トンガ諸島・日本間の距離を津波の速さで割ると，津波の到達する時間が求められる。

III 解答

問 1．(1)　0°C：カ　20°C：キ

(2)　地表での太陽放射の吸収量は高緯度よりも低緯度の方が大きいため，低緯度ほど地表の温度が高くなり，上昇気流が発達して，高い高度まで対流が到達する。そのため，低緯度ほど圏界面高度が高い。(90 字以内)

(3)　図 4 より，成層圏界面の高度は 50 km である。地表の気圧を 1013 hPa とすると，成層圏界面の気圧は

$$1013\times\left(\frac{1}{2}\right)^{\frac{50}{5}}=1013\times\left(\frac{1}{2}\right)^{10}=0.98\fallingdotseq1\text{〔hPa〕}\quad\cdots\cdots(\text{答})$$

問 2．(1)　地表面：可視光線　成層圏上部大気：紫外線

熱圏大気：X 線（または紫外線）

(2)　O_2，O_3

(3)　電離圏（電離層）

問 3．(1)　夏季

理由：気温が高い夏季は，海面付近が高温となり対流が起こりにくく，風も弱くて海水のかき混ぜが弱まるため。(50 字以内)

⑵　緯度 60 度付近では，極偏東風と偏西風が衝突して寒帯前線帯が形成され，上昇気流が生じやすい。そのため降水量が蒸発量を上回り，海水の塩分が低い。(70 字以内)

⑶　河川からの淡水の流入が多い海域。(または，海氷が融解する海域。)

◀解　説▶

≪大気圏の構造，海洋の構造，海水の塩分≫

▶問 1．⑴　対流圏と中間圏では，高度の上昇とともに気温が低下する。平均的な地表の気温は約 15°C，対流圏界面における気温は −60〜−50°C，中間圏界面における気温は −90〜−80°C 程度である。

⑵　対流圏（地表〜高度約 10 km）では，地表付近で暖められた空気が上昇するため対流が盛んである。地表付近の気温が高いと上昇気流が発達しやすく，高い高度まで対流が到達するため，対流圏界面（対流圏と成層圏との境界）の高度は高くなる。したがって，太陽放射の吸収量が大きい低緯度ほど，高緯度と比較して地表付近の気温が高く，圏界面の高度は高くなる。このとき，上昇する気流は高度とともに温度が低下するので，圏界面は高度が高いほど温度が低くなる。指定語句の「太陽放射」を用いて，地表の気温の違いについて言及するとよい。

⑶　高度が 5 km 上がるごとに気圧は約 $\frac{1}{2}$ になることから，高度 10 km では地表の気圧の約 $\left(\frac{1}{2}\right)^{\frac{10}{5}}=\left(\frac{1}{2}\right)^2$，高度約 50 km の成層圏界面では地表の気圧の約 $\left(\frac{1}{2}\right)^{\frac{50}{5}}=\left(\frac{1}{2}\right)^{10}$ となる。

▶問 2．⑴　太陽放射には，主に X 線，紫外線，可視光線，赤外線が含まれている。太陽放射が地表に到達するまでに，赤外線の一部は対流圏下層で水蒸気や二酸化炭素などによって吸収され，紫外線は主に成層圏のオゾンによって吸収される。また，熱圏では，酸素や窒素によって X 線や紫外線が吸収される。

⑵　成層圏では，太陽からの紫外線の強いエネルギーの作用によって，O_2 分子が O 原子に解離し，それぞれの O 原子に O_2 分子が結合することで，O_3 分子が形成される。また，O_3 分子は，紫外線を吸収すると，O_2 分子と O 原子に解離する。このように，成層圏では，紫外線の作用によ

って生じた O_3 分子や O_2 分子を介して，紫外線が吸収されている。

(3)　熱圏では，太陽放射に含まれる紫外線や X 線によって原子や分子の大部分は電離して，イオンと電子になっている。このようなイオンと電子が多い領域を電離圏（電離層）という。

▶問 3．(1)　表層混合層は，海洋の表層で水温が比較的高く，風や波によってよく混合されて水温がほぼ一定となっている層である。日本近海の表層混合層の厚さは，気温が低下する冬季には，海面付近が冷却されるため対流が盛んとなり，また，強い風によってかき混ぜられることによって厚くなる。一方，気温が高い夏季には，海面付近が暖められて対流が起こりにくく，また，冬季と比べて風が弱いためかき混ぜが弱くなり，表層混合層が薄くなる。

(2)　海洋表層の塩分分布は，降水量と蒸発量の大小関係を反映する。大気の大循環において，緯度 50～60 度付近では，低緯度側からの偏西風と高緯度側からの極偏東風が衝突して寒帯前線帯が形成され，上昇気流が生じやすい。そのため降水量が多くなり，蒸発量を上回るため，塩分が低い海域となっている。

(3)　海氷が融解する海域や，淡水が流入する海域では，海水の塩分が低下する。例として，北緯 60 度よりも高緯度の太平洋や北極海は，降水量が比較的大きい流域をもつ河川の河口が面しており，陸上からの淡水の流入が多いことから，塩分が低くなっている。

Ⅳ　解答

問 1．ア．コマ　イ．海王　ウ．冥王
エ・オ．火，木（順不同）

問 2．核の揮発性成分が気化し，太陽風によって吹き流されるから。(30 字以内)

問 3．冥王星の軌道付近に同程度の大きさの天体が多数存在するため。(30 字以内)

問 4．(1)　127 日間にリュウグウと地球が公転した角度の差は

$$360\times\frac{127}{365}-360\times\frac{127}{480}=3.0\times10\fallingdotseq3\times10\text{ 度}\quad\cdots\cdots\text{(答)}$$

衝から 127 日後の地球とリュウグウまでの距離を D 天文単位とすると，余弦定理より

$$D^2=1^2+1.2^2-2\times1\times1.2\times\cos30^\circ$$

$$=2.44-2\times1.2\times\frac{\sqrt{3}}{2}=2.44-1.2\times1.7=0.40$$

これより　　$D=\sqrt{0.40}$〔天文単位〕

信号はこの距離を光速で伝わるから，探査機に到達するのにかかる時間は

$$\frac{\sqrt{0.40}\times1.5\times10^{11}}{3.0\times10^{8}}=\sqrt{0.40}\times5.0\times10^{2}=\frac{2}{\sqrt{10}}\times5.0\times10^{2}$$

$$=\frac{\sqrt{10}}{5}\times5.0\times10^{2}=3.2\times10^{2}$$

$$\fallingdotseq3\times10^{2}\text{ 秒}$$ ……(答)

(2)　図 5 より，楕円軌道に移った探査機の平均軌道半径は

$$\frac{1+1.2}{2}=1.1\text{〔天文単位〕}$$

探査機の公転周期を P 年とすると，ケプラーの第三法則より

$$P^{2}=1.1^{3}$$

$$\therefore\quad P=1.1\sqrt{1.1}=1.1\times\frac{\sqrt{11}}{\sqrt{10}}=1.1\times\frac{3.3}{3.2}=1.1343\fallingdotseq1.134\text{ 年}$$

探査機が近日点まで移動する時間は $\frac{1.134}{2}$ 年であり，地球はその間に $(180+\theta)$ 度移動することから，求める角度 θ は

$$\theta=360\times\frac{1.134}{2}-180=180\times(1.134-1)$$

$$=24.12\fallingdotseq2.4\times10\text{ 度}$$ ……(答)

◀解　説▶

≪太陽系の天体，ケプラーの法則≫

▶問 1・問 2．彗星の本体である核は，氷と塵からなる。これが太陽に近づくと，揮発性成分が気化したものと塵が核を取り巻き，ぼんやりと輝くように見える。これをコマと呼ぶ。揮発性成分の一部は，太陽風によって吹き流されて，太陽とは反対側に尾を形成する。これはイオンの尾（プラズマの尾）と呼ばれる。また，本体から放出された塵は，太陽からの光圧を受けて吹き飛ばされ，太陽とは反対側に尾を作る。これをダストの尾（塵の尾）と呼ぶ。なお，問 2 の解答では，字数が少ないので 2 種類の尾の形成について説明する必要はない。

▶問 3．2006 年の国際天文学連合の総会において，太陽系の惑星は，「太

陽の周りを回り」「十分大きな質量をもつために，自己重力が固体としての力よりも勝る結果，重力平衡形状（ほぼ球状）であり」「その軌道近くから，他の天体を排除している」天体と定義された。海王星以遠では，冥王星のほかに，セレスをはじめとした大型の天体が多数見つかっており，冥王星は，太陽の周りを回り，重力平衡形状を有しているが，軌道の周囲から他の天体をきれいに排除していないため，惑星の定義を満たしておらず，惑星の分類から外れることになった。

▶問 4．(1)　太陽・地球・リュウグウが一直線上に並ぶ衝の位置関係から，127 日後までに移動した角度は

地球：$360\times\frac{127}{365}$ 度

リュウグウ：$360\times\frac{127}{480}$ 度

である。この差をとると，3×10 度となる。

太陽・地球間の距離が 1 天文単位，太陽・リュウグウ間の距離が 1.2 天文単位であり，地球・太陽・リュウグウがなす角が 30 度であることから，余弦定理を用いて，地球・リュウグウ間の距離を計算することができる。その距離を，信号の伝わる速度，すなわち，光速で割ると，信号が探査機（リュウグウ）に到達するのにかかる時間を求めることができる。計算の際に，「天文単位」を「m」に換算することを忘れないようにすること。

(2)　まず，リュウグウが，軌道変更時から軌道変更後の近日点に至るまでの期間を求める。次に，その期間で移動した地球の角度を求めて，リュウグウが移動した角度との差を求める。

リュウグウが軌道変更時から軌道変更後の近日点に至るまでの期間は，軌道変更後の楕円軌道を移動するリュウグウの公転周期の半分の期間である。そこで，ケプラーの第三法則を用いて，リュウグウの公転周期を求める。そのためには，平均軌道半径を求めなくてはならない。図 5 より，楕円軌道に移ったリュウグウの公転軌道において，近日点距離は 1 天文単位，遠日点は軌道変更時の位置であることから，遠日点距離は 1.2 天文単位である。近日点距離と遠日点距離から，楕円軌道の平均軌道半径が $\frac{1+1.2}{2}$ $=1.1$〔天文単位〕と求められる。リュウグウの公転周期 P 年は，ケプラー

の第三法則を用いて

$$P^2=1.1^3$$

これを解くと，$P=1.1\sqrt{1.1}$ 年であり，リュウグウが軌道変更時から軌道変更後の近日点に至るまでの期間は $\dfrac{1.1\sqrt{1.1}}{2}$ 年となる。

地球の公転周期は 1 年であることから，$\dfrac{1.1\sqrt{1.1}}{2}$ 年の間に地球が移動した角度は，$360\times\dfrac{1.1\sqrt{1.1}}{2}$ 度である。それに対して，同じ期間にリュウグウが移動した角度は，180 度である。両者の差が θ であることから

$$\theta=360\times\frac{1.1\sqrt{1.1}}{2}-180=180\times\left(1.1\times\frac{\sqrt{11}}{\sqrt{10}}-1\right)$$

$$=24.12\fallingdotseq 2.4\times 10 \text{ 度}$$

と求められる。ただし，途中の計算過程における有効桁数や根号の有理化といった手順によっては，2.3×10 度や 2.9×10 度という値も解答となり得る。

❖講　評

大問数は 2022 年度と同じく 4 題であり，出題分野・分量とも大きな変化はなかった。字数指定のある論述問題は 2022 年度と比べて増加したが，総字数に大きな変化はない。計算過程を記述する計算問題はやや煩雑であり，解答に時間を要する。基礎的な内容の理解を問う問題が多いが，詳細な知識を要する問題もあり，全体的な難易度は 2022 年度と比較すると，やや難化したと言える。

Ⅰ　地質図の読図，火成岩，示準化石に関する出題。問 1 〜問 3 は，地質図の読図問題で，問 1・問 2 は，標準的な問題である。問 3 は，断層によるずれを考慮することに注意が必要である。問 4 は，深成岩に関する問題で基本知識。問 5 は，地質時代と示準化石に関する問題で，基本的である。問 6 は，層序を考える問題で，基礎的な地質図の読図の技術を要する。

Ⅱ　重力異常，マグマの発生，波に関する出題。問 1 と問 3 は，重力異常の理由を説明する問題で，受験生が不得手とする分野である。問 2

は，マグマだまりが形成される理由を説明する基本問題。問 4 は，沈み込み帯でマグマが発生する過程を説明する問題で，字数に合わせて説明をまとめる必要がある。問 5 は，津波が到達する時間を求める計算問題で，長波の速さの公式を覚えておく必要がある。

Ⅲ　大気圏の構造と海洋の構造に関する出題。問 1 (1)は，大気の層構造における気温について，やや詳細な知識を要する。(2)は，対流圏界面の緯度による高さの違いを説明する問題で，標準的である。(3)は，成層圏界面における気圧を求める計算問題であり，計算自体は難しくない。問 2 (1)・(3)は，大気圏の構造についての基礎事項。(2)は，成層圏での紫外線の吸収に関わる気体分子についての基本的な知識問題である。問 3 (1)は，季節によって変化する表層混合層の厚さについての基本的理解を問うたもので，理由の説明も合わせて標準的な問題である。(2)は，緯度 60 度付近の表層混合層の塩分が低い理由を説明する問題で，基本的である。語群からの使用語句選択を見誤らないようにしたい。(3)は，北半球の高緯度域で塩分が特に低い海域を説明する問題で，海洋の特徴について詳細な部分まで学習しておく必要がある。

Ⅳ　太陽系の天体とケプラーの法則に関する出題。問 1 は，太陽系の小天体についての問題で，基本事項である。問 2 は，彗星のコマと尾が出現する理由を説明する問題で平易。問 3 は，冥王星が惑星の分類から外れた理由を説明する問題で，標準的であるが，指定字数に合わせて内容をまとめる必要がある。問 4 (1)は，地球とリュウグウの公転に関する計算問題で，煩雑な計算過程を含み，やや難しい。(2)は，ケプラーの第三法則を利用する計算問題で，問題の条件を理解して計算する必要があり，煩雑な計算過程を含むため，やや難しい。

教科書の内容に沿った出題が主である。基本的な知識から詳細な知識まで，教科書の本文ならびに図とその説明をよく確認しておく必要がある。論述問題も多く出題されるので，用語の意味や地学現象について理解し，30～100 字程度のさまざまな字数パターンを想定して特徴や理由などを説明できるように練習しておくとよい。計算問題は，法則や公式の利用が求められることが多いので，一通りの公式は必ず覚えておこう。また，計算結果を他の問題で利用する場合もあるため，途中の計算ミスや単位の換算のし忘れがないように，丁寧に計算することを心がけよう。

オ、第二段落の説明に合致する。問五の考察内容とも重なる。

参考　八木雄二（一九五二年〜）は日本の哲学者。東京生まれ、慶應義塾大学大学院博士課程修了、文学博士。専門は西洋中世哲学。現在、東京港グリーンボランティア代表。東京キリスト教神学研究所所長。大学非常勤講師。著書に『イエスと親鸞』（講談社選書メチエ）、『神を哲学した中世』（新潮選書）、『中世哲学への招待』『古代哲学への招待』（平凡社新書）、『「ただ一人」生きる思想』（ちくま新書）、『天使はなぜ堕落するのか――中世哲学の興亡』（春秋社）などがある。『1人称単数の哲学――ソクラテスのように考える』（春秋社）は二〇二二年の最新刊である。

❖講　評

現代文一題のみの出題である。読解する文章量、解答する記述量の多さが、名古屋大学の国語の特色であり、出題の傾向は従来と大きくは変わらなかったものの、文章量・記述量とも二〇二二年度よりやや増加し、よほどこうした問題に習熟していないと、試験時間内では、解答を吟味し推敲する間もなく、解答欄が埋まらないままに終わってしまった受験生も多かったのではないかと思われる。

二〇二二年度と同じく、新刊書籍からの出題となった。空所補充問題はなくなり、本文との合致を問う内容真偽問題がそれに代わったが、漢字の読み書きと、字数制限つきの説明問題は例年通り出題された。問題はさほどの難しさではないが、単に本文の一部を抜き出すような問題ではなく、様々な箇所から該当する表現を求め、制限字数内にまとめる問題であり、いかに出題の意図をくみとり、要領よく的確にまとめていけるかが問われた問題であった。

問題の基本構成は、ほぼブレることなくこれからも続いていくと思われ、内容要約的な、制限字数内でまとめる説明問題にいかに習熟してきたかが得点差になると思われる。こうした力は付け焼き刃的につくものではないことを肝に銘じ、早くから対策に取り組んでいく必要があろう。

のを押さえる。「孤独」は、傍線部の前の段落（第八段落）の「言い換えれば、孤独に…」の前に説明されており、その表現を軸に、第八・九段落の説明を加えてまとめる。

▼問三　「知的」という語がいきなり出てきて戸惑うが、傍線部直前の「したがって」に着目すれば、「理性的であろうとしている人ほど」を「人は知的であるほど」と言い換えていることがわかる。傍線部を含む第十一段落のはじめにも「したがって…騙されやすいのである」とあることから、この前の段落（第十段落）の内容をまとめれば「騙されやすい」とはどういうことかの詳しい内容説明となる。

▼問四　「人類の理性の設計」とは、傍線部の二つ前の段落の「人類の心に宿している『協働のための一致』という原初的な力」のことである。この内容を述べた、「このことによって、」以下の第十三段落に着目する。何が「健全なのか」という主題は傍線部の直前の一文であり、これと「人類の理性の設計」の内容とがつながるようにまとめていけばよい。

▼問五　「臭いや絵や音楽…」の内容は、冒頭～第五段落にある。第四段落に「ことば」との違いを述べた傍線部の理由の説明に使える表現があるが、「人を騙す」の説明は傍線部②の前にあり、その内容もからめて、また本文全体の内容も踏まえてまとめていく。ポイントは、「臭いや絵や音楽」と「ことば」の心に対するはたらき方の違いを明確にすることである。

▼問六　ア、「自分の心をゆだねることはしない」が不可。むしろ、人間は、他者のことばに支配されるというのが本文の主題である。

イ、人は「騙されやすい」のであり、受け取った「ことば」が必ずしも「真実」だとはいえない。また「いつも」その「ことば」通りに行動するとまでは言っていない。

ウ、第十三段落（このことによって…）の説明に合致する。問四の考察内容とも重なる。

エ、「信頼できる他者の発した正しい『ことば』だけが」とまでは言っていない。

段落を明確に分けることが難しい文章だが、問二～問五の説明問題に従って、便宜的に全体を大きく四つの大段落に分けて内容を整理してみる。

◆要　旨◆

Ⅰ　第一～五段落：感覚刺激と「ことば」の違い　→問五
音楽や絵画や映像などは外から感覚刺激によって、人の心を動かす。「ことば」の場合は、ことばに沿って考えるので、心は内から大きく動かされている。

Ⅱ　第六（じっさい、「考える」…）～九段落：ことばの理解と共同世界　→問二
わたしたちは他者のことばを理解し、他者の属している共同世界に入ろうとし、共同世界から切り離されること、孤独になることを望んでいない。

Ⅲ　第十（なぜなら、…）～十一段落：理性はことばに支配される　→問三
ことばのはたらくところには理性がはたらいており、知的で理性的な人ほど他者のことばを理解しようとして、他者のことば、つまり他者の理性によって支配されやすい。

Ⅳ　第十二段落（一方、…）～：ことばの原初的な力　→問四
人類は、かつて集団内で同じことばをもつことによって、協力し合って大自然の中で生き残る道を見つけてきた。いつもわたしたちが、他者のことば通りに考えて行動するのは、きわめて健全で、普遍的に見られることである。

◀解　説▶

▶問一　h、「齟齬」は、〝食い違い〟の意で、意味もよく問われる。
あとはやさしいものばかりである。二字の熟語が学習の中心になるだろうが、漢字の訓が案外多く問われており、常に漢字の訓や意味を確認する習慣をつけたい。

▶問二　まず傍線部の「そのとき」という指示語が、直前の「理解できなければ…認めざるを得ない」ときを指している

国語

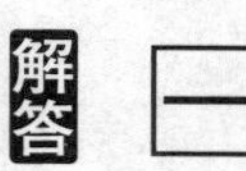

出典 八木雄二『1人称単数の哲学——ソクラテスのように考える』〈第1章〉（春秋社）

解答

問一　a、イヤ　b、シ　c、把握　d、響　e、ワ　f、築　g、抵抗　h、ソゴ　i、ギンミ　j、普遍

問二　他者のことばの意味を理解できず、その他者が属している共同世界から自分が切り離されていると感じること。（五〇字以内）

問三　ことばのはたらくところには理性がはたらいており、知的で理性的な人ほど他者のことばを理解しようとして、他者のことば、つまり他者の理性によって自分の理性が再構成されて、支配されてしまいやすい、ということ。（一〇〇字以内）

問四　人が自分の理性の判断で他者の言う通りに考え、疑問がなければその通りに行動するのは、一見自分の判断を失っているようでも、かつて集団で同じことばをもつことによって協力し合って大自然の中で生き残る道を見つけてきた人類の原初的な力に従った、自然で本能的なあり方だから。（一三〇字以内）

問五　臭いや絵や音楽だけでは、人は外からの感覚的な刺激を受けるだけで、心の内側までは支配しないが、ことばの場合は、それを理解しようと人は心の内側から動かされることになり、人の理性を再構成し、支配するから。（一〇〇字以内）

問六　ウ・オ

· memo ·

2022
年度

解答編

解答編

英語

I 解答 1．全訳下線部(1)参照。

2．加重毛布を用いずに親知らず抜歯の処置を受けた患者たち。(30 字以内)

3．閉じ込められているように感じるので，加重毛布を使いたがらないこと。(35 字以内)

4．全訳下線部(4)参照。

5．〈解答例1〉after using the weighted blanket for a few months, I found myself waking up at night for a completely different reason.
〈解答例2〉I used the weighted blanket for a few months and realized I kept waking up in the middle of night for an entirely different reason.

6．①―(オ)　②―(ア)　③―(イ)　④―(カ)

7．a―(エ)　b―(ウ)　c―(ア)　d―(カ)

◆全　訳◆

≪加重毛布はより良い睡眠に役立つか≫

自分の家を最も快適でリラックスできる場所にすることほど，私に大きな喜びを与えてくれるものは，この地球上にあまりない。数年前のある冬，婚約者が不眠症になった時期があったが，そのとき私はすぐに行動を起こし，遮光カーテン，ホワイトノイズマシン，そして一部の人に人気のある加重毛布など，快眠が期待できるものをすべて集めた。

100 ドルもしくはそれ以上する加重毛布は睡眠補助具であり，通常，キルトのように作られており，一面にあるたくさんの四角の中に重いビーズが詰められている。この毛布を愛用する人は，毛布の重さでより早くリラックスでき，それがより良い深い睡眠につながると言う。この毛布の重さは 5 ～14 キログラム程度で，(1)製造業者は一般的に自分の体重の 10％を超えない重さの加重毛布を選ぶことを推奨している。もっともこれはあくまで大まかな目安であり，科学的研究に基づいているわけではなさそうであるが。

「本当に気に入っているよ」と，ある日，友人のグレッグ＝マローンがフェイスブックで教えてくれた。「交替勤務が原因でなかなか眠りにつけないんだけど，ガールフレンドがそれをプレゼントしてくれて，そしたら寝つきや睡眠の維持が格段に変わったことがわかったんだ」

加重毛布が実際に寝つきや睡眠の維持に役立つことを証明する研究はない。しかし，深部加圧療法（DPT）――不安を軽減するために，体にしっかりと，しかし優しく圧力をかける行為――は，何世紀にもわたって様々な形で実践されてきた。

1987 年，限定的な研究ではあるが，DPT を利用した多くの大学生が，(Hug'm Machine というかわいらしい名前の機械で) 15 分間全身を圧迫された後，不安感が軽減したと報告している。もっとも，参加者がよりリラックスしたことを示す心拍数や血圧の低下のような身体的変化は認められなかったが。

とはいえ，2016 年に行われたある研究によると，親知らずを抜歯する処置の間に加重毛布を使用した患者は，使用せずに同じ処置を行った患者に比べて心拍数が低い傾向にあり，それは彼らがよりリラックスできたことを示すものであるかもしれない。しかし，多くの患者はよりリラックスできたとは報告しておらず，また，彼らがこの処置を経験したのはそれぞれ 1 回だけであったため，加重毛布が落ち着くためのカギであったのかどうかはわからない。

しかし，それが役立つかもしれない理由に関する理論も，加重毛布を愛用する人の数と同じくらいあるようだ。加重毛布を使うと安眠できるのは単に夜間に寝返りが打ちにくくなるからだと言う人もいれば，それは心拍数を低くすることにつながる皮膚の表面にある血管の圧迫に関係があると言う人もいる。その感覚が，自分を愛してくれる人に抱きしめられたり，生まれたばかりのころに親に布でくるまれたりして，一番安心できたときのことを思い出させるということもあるかもしれない。

それはまた特定の生理的な事実によるものではなく，好みによるものかもしれない。多くの人が柔らかい毛布の肌触りが好きでたまらなかったり，お気に入りの香りのキャンドルがないとリラックスできなかったりするのと同様に，全身を優しく押される感じを気持ちよく感じる人もいるのかもしれない。要は自分を最も心地よくさせる感覚的なきっかけを見つけることである。

ハーバード・メディカル・スクールの精神医学助教授であるクリスティーナ＝クーシン博士は，ハーバード・ヘルス出版に対して「加重毛布は，特に自閉症や行動障害を持つ子供たちのために，長い間存在してきました」と述べている。「それは精神科病棟でよく使われる感覚ツールの１つです。極度の不安を感じている患者は，冷たいものを持つ，特定の香りをかぐ，パン生地を手で扱う，物を作る，図画工作をするなど，様々な種類の感覚活動を選択して，落ち着こうとすることがあります」

しかし，加重毛布はだれにでも合うというわけではない。私の婚約者は，私が手に入れていた９キログラムの毛布をすぐに嫌がり，閉じ込められているような気がすると言った。これは彼だけに限ったことではない。

家族ぐるみの友人であるヘザー＝アイクマンは「最初は気に入っていたけれど，夜，時間が経つにつれて窮屈になったわ」と話してくれた。「それに私は横向きで寝るので，実際，腰とひざ関節が痛くなったの」

加重毛布でパートナーの眠りがさらに悪くなったこともあり，私がそれを試してみることにした。そして，(4)それをかけて丸まって寝られないほど重いとは思わなかったが，確かに９キログラムの毛布のせいでベッドメイキングはちょっとした筋トレになった。結局，私は寝つきが良い方なので，毛布を変えても眠りの質に大きな違いはなかった。しかし，その年の夏，数ヶ月間その加重毛布を使ってみたら，まったく別の理由で夜中に目をさましているのに気づいた。その毛布は暑かったのだ。

◀解　説▶

▶１．カンマを挟み前半の主節と後半の譲歩節に分けて理解する。前半は主語が manufacturers「メーカー，製造業者」，動詞が recommend「～を推奨する」，目的語が動名詞の choosing 以下という構造。one は a weighted blanket「加重毛布」の代わりに使われている。one を関係代名詞節 that's not … body weight「自分の体重の 10％を超えない重さの」が修飾している。よって「製造業者は一般的に自分の体重の 10％を超えない重さの加重毛布を選ぶことを推奨している」というような意味になる。

後半の although S V「もっともSはVだが」以下は譲歩的な内容を付け加えている。前半の内容を受ける主語 this に seems to be ～「～であるように思われる」が続いている。a rule of thumb は「(理論ではなく) 経験に基づく方法，大まかな目安」という意味の慣用表現。したがって「もっともこれはあくまで大まかな目安であり，科学的な研究に基づいているわけではなさそうだが」というような意味になる。a rule of thumb の意味がわからなくとも，「～であり，科学的な研究に基づいているわけではない」という前後関係から，おおよその意味を推測できる。

generally「一般的に」 not more than ～「せいぜい～，～を超えない」 be based on ～「～に基づいている」

▶ 2．下線部の直前，a 2016 study found that …「2016年に行われたある研究によると…であることがわかっている」に続く研究の内容を理解する。that 節の主部は patients who used … their wisdom teeth removed「親知らずの抜歯の間に加重毛布を使用した患者」。それと対照されているのが下線部 patients who underwent the procedure without なので the procedure「その処置〔治療〕」が「親知らずの抜歯」であることを理解し，without に using a weighted blanket を補って読む。よって下線部は「加重毛布を用いずに親知らず抜歯の処置を受けた患者たち」というような意味。

while *doing*「～する間に」 have *A done*「*A* を～してもらう」 wisdom teeth（<tooth)「親知らず」 tend to *do*「～する傾向がある」 heart rate「心拍数」 undergo「(治療など) を受ける」

▶ 3．下線部を含む文は「これは彼だけに限ったことではない」という意味で，this の内容は直前の同段第2文（My fiancé immediately …）から判断する。この文は「私の婚約者は，私が手に入れた9キログラムの毛布をすぐに嫌がり，閉じ込められているような気がすると言った」というような意味なので，this は「閉じ込められているような感じがする（ので，加重毛布を好まない）こと」というような内容であることになる。主語の My fiancé に immediately disliked … と said (that) it made him … の両方を続けて読む。

immediately「即座に」 the 9-kg blanket に続く I had picked up は目的格の関係代名詞が省略されている関係代名詞節。この pick up が「手に取る」などという意味ではなく「～を手に入れる」という意味であることは第１段第２文（So, one winter …）より，著者が婚約者のために快眠に役立つかもしれないものをいろいろと集めたが，その一つが加重毛布であったことからわかる。made は使役動詞なので made him feel like … は「彼を…のような気分にした」の意。feel like S V「S が V であるような気がする」 trap「～を閉じ込める」

▶４．while S V は「S は V であるが」という譲歩を表す。find it too heavy to … は形式目的語構文ではなく，it は the weighted blanket を指す。curl up は「体を丸めて寝る」の意。curl up under の後に意味的に it（＝the weighted blanket）を補って読む。直訳すると「私はそれ（その加重毛布）がその下で体を丸めて寝るのに重すぎるとは思わなかったけれども」となる。did は強調の助動詞，turn *A* into *B* は「*A* を *B* に変える」，strength exercise は「筋トレ」という意味なので，主節は「確かに９キログラムの毛布はベッドメイキングをちょっとした筋トレに変えた」となる。

▶５．「数ヶ月間その加重毛布を使ってみたら」は「数ヶ月間その加重毛布を使った後に」と考えると〈解答例１〉after using the weighted blanket for a few months と表現できる。他にも after sleeping in〔with〕the weighted blanket for a few months / after a few months of using the weighted blanket / a few months after I started using〔to use〕the weighted blanket などでもよい。より日本語表現に近い〈解答例２〉I used the weighted blanket for a few months and … などでもよい。「数ヶ月」は several months も誤りではないが，later that summer とあるので，せいぜい３ヶ月くらいと考えると a few months の方がより適切である。「まったく別の理由で夜中に目をさましているのに気づいた」は find *oneself doing*「自分が～しているのに気づく」を使うと〈解答例１〉I found myself waking up at night for a completely different reason となる。「繰り返し目をさましていることがわかった」と考え，realize S V「S が V であることがわかる」と keep *doing*「（繰り返し）～し続ける」を用いて〈解答例２〉（I） realized I kept waking up in the middle of night for an entirely different reason のようにすることもできる。「夜中」は at night / in the middle of night。midnight は

「夜の 12 時」という意味なので不適。「まったく別の理由で」は for a totally different reason でも可。

▶6．(ア)「しかし，それが役立つかもしれない理由に関する理論も，加重毛布を愛用する人の数と同じくらいあるようだ」

for as many ～, just as many … は「～の数だけ…がいる〔ある〕」という意味の表現。この表現を知らなくとも大体の意味は推測できるだろう。there seem to be ～「～があるようだ」 theory「理論，理屈」

(イ)「それはまた何かしら特定の生理的事実のためではなく，好みの問題かもしれない」

not ～ but …「～でなく…」 due to ～「～が原因で」 specific「特定の」 physiological「生理的な」 instead「そうではなく」 preference「好み」

(ウ)「夜，どのように寝たいかにもかかわらず，加重毛布は高額すぎて手が届かないかもしれない」

regardless of ～「～にもかかわらず」に名詞節 how you like to sleep at night が続いている。unaffordable「(費用などが) 負担しきれない，手が届かない」

(エ)「加重毛布は私の不眠症を治すものではなかったかもしれない」

cure「治療（法)」 insomnia「不眠症」

(オ)「加重毛布が，人が眠りにつき，ぐっすりと眠るのを実際に助けるということを証明する研究は一つもない」

do は強調の助動詞。indeed「本当に」 help *A* *do*「*A* が～するのに役立つ」 fall asleep「眠りにつく」 stay asleep「ぐっすりと眠る」

(カ)「しかし，加重毛布は万人向けというわけではない」

not for everyone「すべての人に向いているわけではない」

①空所に入る文と直後の文（However, Deep Pressure …）は However でつながっているので逆接関係にある。直後の文は「しかし，深部加圧療法（DPT）――不安を軽減するために，体にしっかりと，しかし優しく圧力をかける行為――は，何世紀にもわたって様々な形で実践されてきた」という意味。ダッシュ（―）に挟まれた the act of … to reduce anxiety が Deep Pressure Therapy（DPT）「深部加圧療法」の説明になっている。firm「しっかりした」 gentle「優しい」 reduce「～を軽減す

る」 anxiety「不安」 practice「～を実践する〔行う〕」 in various forms「様々な形で」 この文と逆接関係にあるのは，「加重毛布が，睡眠を助けるということを証明する研究は全くない」という主旨の(オ)。

②空所に続く同段第2文（Some say that …）は「加重毛布を使うと安眠できるのは，ただ単に夜間に寝返りが打ちにくくなるからだと言う人もいれば，それは心拍数を低くすることにつながる皮膚の表面にある血管の圧迫に関係があると言う人もいる」という意味で，加重毛布が安眠につながる理論についての異なる意見が紹介されている。第3文（It also could …）に書かれているのもさらに異なる意見である。第2文の Some say that … に続く節は，主部が the fact that … at night で述部が makes for … 以下という構造。the fact に続く that 節は同格節。makes it more difficult to … は形式目的語構文で，it の内容は to 以下なので「…することをより難しくする」の意。Some（people）say that … と while others（＝other people）claim（that）… は「…であると言う人もいれば，一方…であると主張する人もいる」のように対照されている。toss and turn「寝返りを打つ」 make for ～「～に役立つ」 空所となっている第1文は第2・3文に意味的につながるものなので「加重毛布が役立つ理屈は人によって異なる」という主旨の(ア)が正解。

③空所に続く同段第2文（Similar to how …）の内容から判断する。この文の前半は Similar to ～「～と同じように」に how に導かれる名詞節 how many people … candle burning が続いており，この節の主語である many people に adore … と can't relax … が続いている構造。adore「～が大好きだ」 without their favorite scented candle burning は〈without＋名詞＋形容詞相当句〉の形である。後半の主節の主語は others「他の人」で connect with the feeling of ～ は「～の感覚を得る〔とつながる〕」というような意味。したがってこの文は「多くの人が柔らかい毛布の肌触りが好きでたまらなかったり，お気に入りの香りのキャンドルがともってないとリラックスできなかったりするのと同様に，全身を優しく押される感じが好きな人もいるかもしれない」という意味になる。この内容につながる第1文は「加重毛布の効用も好みの問題かもしれない」という主旨の(イ)。

④空所に続く第2文（My fiancé immediately …）は「私の婚約者は，私が手に入れた9キログラムの毛布をすぐに嫌がり，閉じ込められているよ

うな気がすると言った」という意味。(カ)「しかし，加重毛布はだれにでも合うというわけではない」を選び，第2文が第1文の例となるようにする。

▶7. a. get to sleep で「寝つく」という表現があるので，(エ)getting を選び Rotating shifts makes getting to sleep hard とする。SVOC 構文で，rotating shifts は「交代勤務」の意なので，直訳すると「交代勤務が寝つくことを難しくする」となる。

b. 目的語 full-body pressure「全身の圧迫」とのつながりから(ウ) experiencing を選ぶ。after experiencing full-body pressure for 15 minutes は，直訳すると「15分間全身の圧迫を経験した後には」となる。

c. 目的語 the blood vessels (on the surface of our skin) とのつながりから判断し，(ア) compressing を選び it has something to do with compressing the blood vessels on the surface of our skin「それは皮膚の表面にある血管の圧迫に関係がある」とする。

have something to do with ～「～と関係がある」 compress「～を圧迫する」 blood vessel「血管」 surface「表面」

d. 目的語 aromas とのつながりから(カ)smelling を選び，smelling particular aromas「特定の香りをかぐこと」とする。

particular「特定の」 aroma「香り」

●語句・構文●

(第1段) 第1文の that 以下は few things を修飾する関係代名詞節。〈最上級＋possible〉で「できるかぎり」の意。bout「(不快な行為などの) 一期間」 spring into action「素早く行動を起こす」 gathering 以下は付帯状況を表す分詞構文。hold promise for ～「～が期待できる」 black-out curtain「遮光カーテン」 white noise machine「音響学で『ホワイトノイズ』と呼ばれる，雑音を作り出す機械」 cult「一部の人に人気のある」 the cult favorite と a weighted blanket は同格。

(第2段) カンマで挟まれた which cost … and up は Weighted blankets に説明を挿入する継続用法の関係代名詞節。anywhere from ～ and up「～もしくはそれ以上」 sleep aid「睡眠補助具」 duvet「キルト，羽毛布団」 filled with heavy beads は過去分詞で the many squares を修飾。throughout「至るところに」 leading to a better … は分詞構文で，lead to ～ が「～につながる」なので「そして，それがより良い…につながる」

の意。weigh「～の重さがある」 anywhere from *A* to *B*「*A* から *B* の範囲〔程度〕に」
（第3段） absolutely「ものすごく」 over「～によって，～を通じて」 make a big difference（in ～）「（～において）大きな違いをもたらす」
（第5段） report *doing*「～したことを報告する」 adorably は「かわいらしく」，titled は title「名前をつける」の過去分詞なので adorably titled ～ で「かわいらしい名前をつけられた～」の意。note「～に気づく」 physical change「身体的な変化」 indicate「～ということを示す」 participant「参加者」
（第6段） that being said「そうは言っても」 カンマに続く which may indicate … は「そして，このことは…を示すかもしれない」というように直前の節に説明を加える継続用法の関係代名詞節。go through ～「～を経験する」 it's difficult to tell if S V「S が V かどうかはわからない」 calm down「落ち着く」
（第7段） cause *A* to *do*「*A* に～させる」 it could be that S V「S が V だということがあり得る」 remind *A* of *B*「*A*（人）に *B* を思い出させる」 care for ～「～を愛している」 swaddle「（赤ん坊）を布でくるむ」 as newborns は as ～「～のときに」，newborn「新生児」なので「生まれたばかりのころに」の意。
（第8段） against their skin の against は「～に接触した」という用法。the trick is ～「秘訣は～である」 sensory「感覚の」 cue「きっかけ」
（第9段） be around は「存在している」の意味で，現在完了形（継続用法）have been around で使われることが多い。autism「自閉症」 behavioral disturbance「行動障害」 psychiatry「精神医学」 commonly used in psychiatric units は過去分詞で the sensory tools を修飾。psychiatric units「精神科病棟」 be in distress「苦しんでいる」 manipulate「～を（手際よく）扱う」 dough「（パンなどの）生地，練り粉」 arts and crafts「美術工芸」
（第11段） go on「（時間が）経過する」なので，as the night went on で「夜がふけるにつれて」の意。family friend「家族ぐるみの友人」 sleep on *one's* side「横向きに寝る」 knee joint「ひざ関節」 ache「痛む」
（最終段） With the weighted blanket making … の with は〈with＋名詞

＋補語〉の形で付帯状況を表す。この場合は現在分詞 making…が補語になっている。直訳すると「加重毛布が私のパートナーの睡眠をさらに悪くしている状況で」となる。give it a try「試しにやってみる」 overall「概して」 swap out ～「～を交換する」 outstanding「目立った」 snooze「うたた寝，居眠り」

II 解答

1．全訳下線部(1)参照。

2．3 番目－say　5 番目－wish　12 番目－taught　14 番目－way

3．インターネットによって，優れた話し手がかつてないほど多くの人に影響力を持つ時代。(40 字以内)

4．全訳下線部(4)参照。

5．(B)→(C)→(E)→(D)→(A)

6．イ－(F)　ロ－(D)　ハ－(J)　ニ－(C)　ホ－(B)

7－(D)

◆全　訳◆

≪アクティブ・ラーニングの有用性≫

物理講座の 12 週目，あなたは評価の高い新しい講師のもとで，静的平衡と流体について学ぶために数回の授業に参加することになる。最初の授業は静力学に関するもので，講義である。2 回目は流体についてで，これはアクティブ・ラーニングの授業である。あなたのルームメイトの一人の授業を担当するのは，同じように人気のある別の講師で，静力学ではアクティブ・ラーニングを用い，流体では講義をするというように逆のことをする。

どちらの場合も内容や配布資料は同じで，違うのは授業の方法だけである。講義では，講師がスライドを提示し，説明し，実演し，例題を解き，そしてあなたはプリントにメモを取る。アクティブ・ラーニングの授業では，(1)講師は自ら例題を解くのではなく，クラスを少人数のグループに分けてそれらを考えさせ，質問したりヒントを与えたりしながら歩き回り，その後，解法を一通り説明する。最後にあなたはアンケートに答える。

この実験では，テーマは重要ではなく，あなたの経験を形作るのは教授法である。私はアクティブ・ラーニングが勝つと予想したが，データによると，あなたもあなたのルームメイトも，講義によって行われた方がそのテーマをより楽しめるようだ。また，講義をする講師をより有能だと評価し，物理の授業がすべてその方法で行われればいいのに，と言う可能性も高くなる。

考えてみれば，活気のある講義の魅力は驚くにはあたらない。マヤ＝アンジェロウのような詩人，ジョン＝F.ケネディやロナルド＝レーガンのような政治家，マーティン＝ルーサー＝キング＝ジュニアのような説教者，リチャード＝ファインマンのような教師たちの人に訴える言葉の力に，人々は何世代にもわたって感銘を受けてきた。今日私たちが生きているのは魅力的な話術の黄金時代であり，優れた話し手が，これまでなかったような影響力を持って聴衆と関わり教育する。かつては創造性のある人は小さなコミュニティでその手法を共有していたが，今では小さな国の国民数ほどのユーチューブやインスタグラムの登録者を集めることができる。かつて牧師は教会で数百人に説教をしていたが，今ではインターネットを介した巨大な教会で数十万人に説教をすることができる。かつて教授は，学生一人ひとりに時間をかけられるような少人数の授業を行っていたが，今ではオンライン講座を通じて何百万人もの学生に授業を配信することができる。このような講義が，楽しく有益なものであることは間違いない。問題は，それが理想的な教授法であるかどうかである。

この物理の実験では，学生たちは静力学や流体についてどれだけ習得したかを測定するテストを受けた。講義の方が楽しかったにもかかわらず，アクティブ・ラーニングの授業の方がより多くの知識と技術が身についたことがわかった。アクティブ・ラーニングは，より頭を使うため，楽しさは減ったが，より深い理解につながったのである。私は長い間，人は楽しんでいるときにこそ多くを学ぶことができると信じていたので，この結果に驚いた。結果的に，この研究により私は自分が間違っていたことを納得した。このことで私は大好きな物理の先生のことも思い出した。その先生は，授業中にピンポンをやらせて大人気だったが，摩擦係数の理解を定着させることはなかなかできなかった。誤解のないように言っておくが，私は講義を完全になくせと言っているのではない。中等教育や高等教育で依然として講義が主流であることが問題だと考えているだけだ。この点については，近々，講義を行うこととしよう。

北米の大学では，科学分野の教授の半数以上が授業時間の少なくとも80％を講義に費やし，ちょっとしたインタラクティブ性を取り入れているのは4分の1余り，アクティブ・ラーニングを含む真に学生中心の方法を用いているのは5分の1以下である。高校では，半数の教師がほとんど，あるいはすべての時間を講義に費やしているようだ。講義は必ずしも最良の学習方法ではなく，学生を生涯学習者に育てるには十分ではない。(4)もしあなたが学生時代にずっと一方的に情報を与えられ，それを疑う機会を与えられなかったら，人生で必要となる再考のための手法を身につけることはできないだろう。

◀解　説▶

▶1．カンマで区切られた3つの部分に分けて考える。前半は，instead of ～ は「～の代わりに，～ではなく」，example problems は「例題」なので「彼（講師）は自ら例題を解くのではなく」となる。send *A* off は「*A* を送り出す」という表現だが，この場合は「自由に考えさせる」というような意味で用いられている。また figure *A* out「*A*（問題など）を考える」なので，主節は「講師はクラスを少人数のグループに分けてそれら（例題）を考えさせる」となる。wandering around 以下は付帯状況を表す分詞構文で，wander around は「歩き回る」，tips は「ヒント」，walk *A* through *B* は「*A*（人）に *B* の説明を一通り行う」なので，直訳すると「クラスの生徒に解法の説明を一通り行う前に質問を投げかけたりヒントを与えたりするために歩き回って」となる。これらを合わせると「講師は自ら例題を解くのではなく，クラスを少人数のグループに分けてそれらを考えさせ，質問したりヒントを与えたりしながら歩き回り，その後，解法を一通り説明する」のようになる。

▶2．並べ替え箇所を含む文のダッシュ（—）より前の部分の意味は「また，あなたは講義をする講師をより有能だと評価する」となる。likely は be likely to *do*「～しそうである」という形で使われるので you'll be more に likely to say を続ける。また wish に着目し wish に続く節は仮定法なので，you wish に主語 all of your physics courses と述語 were taught that way を続ける。all of というつながりもヒントとなる。that を wish that や say that のように接続詞として使わずに that way「そのように＝講義形式で」のように用いることに気づかねばならない。並べ替えた箇所は（and you'll be more）likely to say you wish all of your physics courses were taught that way「物理の授業がすべてその方法で行われればいいのに，と言う可能性も高くなる」となる。

▶３．下線部を含む文の前半部分（Today we live …）は，a golden age は「黄金時代」，spellbinding は「魅力的な」なので「今日私たちは魅力的なスピーチの黄金時代に生きている」という意味。spellbinding は難度の高い語だが，カンマに続く when 以下「優れた話し手が，これまでなかったような影響力を持って聴衆と関わり教育する」が a golden age of spellbinding speaking に説明を加える継続用法の関係副詞節だということ，また続く同段第４～６文（Creatives used to … through online courses.）が，その具体的な説明になっていることがわかれば解答には困らない。「文脈に即して」ということなので，「優れた話し手」「かつてない」「影響力」「インターネット」「多くの人」などがキーワードとなる。これらをまとめると「インターネットによって，優れた話し手がかつてないほど多くの人に影響力を持つ時代」となる。

orator「演説者，雄弁家」 engage with ～「～と関わりを持つ」 unprecedented「前例のない，かつてない」

▶４．前半の If 節は If you に spend … と are never given … の両方を続けて読む。spend *A* *doing* は「*A*（時間）を～して過ごす」の意で，この場合は all of your school years と being fed information「一方的に情報を与えられて」という受動態の現在分詞が続いている。fed は feed「（えさなど）を与える」の過去分詞形で，challenge は「（正当性）を疑う」の意。したがって「もしあなたが学生時代ずっと一方的に情報を与えられ，それ（与えられた情報）を疑う機会を与えられなければ」となる。後半の主節は develop の目的語が the tools … in life で，関係代名詞節 that you need in life が the tools for rethinking を修飾している構造。rethink は「再考する」の意。したがって「あなたは人生で必要となる再考のための手法を身につけることはできないだろう」という意味になる。

▶５．それぞれの文は次のような意味である。

(A)「結果的に，この研究により私は自分が間違っていたことを納得した」

in the end「最後に，最終的に」 convince *A*（that）S V「*A*（人など）に S が V であることを納得〔確信〕させる」

(B)「この物理の実験では，学生たちは静力学や流体についてどれだけ習得したかを測定するテストを受けた」

gauge「～を測定する」 statics「静力学」 fluids「流体」

(C)「講義の方が楽しかったにもかかわらず，アクティブ・ラーニングの授業の方がより多くの知識と技術が身についたということになる」

it turns out that S V「SがVであることがわかる〔ということになる〕」 despite *doing*「～したにもかかわらず」

(D)「私は長い間，人は楽しんでいるときにこそ多くを学ぶことができると信じていたので，この結果に驚いた」

このasは「…なので」の意。have fun「楽しむ」

(E)「これは，より頭を使う必要があり，そのことが楽しさを減らしたが，より深い理解につながった」

require「～を必要とする」 mental effort「知的努力」 カンマ以下の継続用法の関係代名詞節は前の節の内容を受けて「そしてこのことが」というように説明を加えている。made it less funはSVOC構文。lead to ～「～につながる」

各文の主旨を自然な流れになるようにつなげると次のようになる。

(B)「測定するテストが行われた」→[テストの結果](C)「アクティブ・ラーニングの方が理解度が高かった」→[その結果の分析](E)「これ（アクティブ・ラーニング）は頭を使う分，疲れるが理解が深まる」→[結果に対する著者の感想](D)「その結果は著者にとって予想外であった」→[最終的に著者が考えたこと](A)「自分の考えが誤っていたことがわかった」

(E)の主語Thisが(C)のthe active-learning sessionを指していることを理解すると，(C)→(E)のつながりのヒントとなる。

▶6．イ．第1段第2・3文（The first session … an active-learning session.）に，あなたの受ける授業は「最初の授業は静力学についての講義，2回目の授業が流体についてのアクティブ・ラーニング」とある。空所に続く箇所（using active learning …）にルームメイトの授業は「静力学ではアクティブ・ラーニング，流体では講義」とあるので(F)opposite「逆」が正解。using active learning … on fluidsの部分がthe opposite「逆のこと」の説明となっている。

session「授業（時間）」

ロ．空所に続く the only difference is the delivery method「違うのは授業の方法だけである」より判断し，空所には(D)identical「同じ」を補い「どちらの場合も内容とプリントは同じである」とする。

content「内容」 handout「配付資料，プリント」 delivery method「授業を行う方法」

ハ．空所を含む文は「考えてみれば，活気のある講義の魅力は［　ハ　］でないはずだ」という意味で，直後の同段第 2 文（For generations, people …）にだれもが認める過去の例があげられている。したがって空所には(J)surprising を補い shouldn't be surprising「驚くにはあたらない」とする。

upon reflection「考えてみると」 appeal「魅力」 dynamic「活気のある」

ニ．空所を含む第 4 段最終文とその前の文（It's clear that …）の意味は「このような講義が，楽しくてためになるものであることは間違いない。問題は，それが［　ニ　］な教授法であるかどうかだ」というものである。この後には空所 [あ] にアクティブ・ラーニングの方が講義形式よりも学習効果が高かったことを示す調査結果が書かれている。このような前後関係から空所に合うのは(C)ideal「理想的な」である。

it's clear that …「…であることは明らかだ」 entertaining「楽しい」 informative「ためになる」 the question is（whether S V）「問題は（S が V であるどうか）だ」

ホ．空所を含む文は「…において講義が主流であることは問題だと考えているだけだ」という意味で，(B)higher を補い in secondary and higher education「中等・高等教育において」とする。secondary education は中学・高校，higher education は大学を意味する。

it's a problem that S V は形式主語構文。remain「依然として～である」 dominant「支配的な」

その他の選択肢は(A)boring「退屈な」，(E)lower「より低い」，(G)optimistic「楽観的な」，(H)pessimistic「悲観的な」，(I)realistic「現実的な」の意。

▶ 7．(A)「アクティブ・ラーニングは科学以外の分野では効果が劣る可能性がある」

be likely to *do*「～しそうである」 effective「効果的な」 field「分野」 outside「～以外では」 この旨の記述はなく，アクティブ・ラーニングを勧める全体の主旨にも合致しない。

(B)「著者はアクティブ・ラーニングの方法が過大評価されていると考えている」

overrated「過大評価された」 この旨の記述はなく，アクティブ・ラーニングを勧める全体の主旨にも合致しない。

(C)「その実験結果は学生が授業を楽しめば楽しむほど，彼らは多くのことを学ぶ可能性が高いことを示唆している」

the＋比較級～，the＋比較級…「～すればするほど，ますます…」の構文。suggest「～を示唆する」 これは著者がそれまで考えていたことで，この実験結果からこのことが正しくないと著者も納得したという旨が空所 あ の中の第 4 文（The result surprised me …），第 5 文（In the end, this …）に書かれており，それに合致しない。

(D)「アンケートに対する学生たちの回答は著者が予期していたものとは異なった」

response「回答」 survey「アンケート」 what は先行詞を含む関係代名詞。had expected は「(それまで) 予期していた」ということで過去完了形になっている。第 2 段最終文（At the end, …）に，授業の後，学生たちがアンケートに答えたという旨の記述があり，第 3 段第 2 文（I expected active …）に「私はアクティブ・ラーニングが勝つと予想したが，データによると，あなたもあなたのルームメイトも，それが講義によって行われた方がそのテーマをより楽しめるようだ」とある。この「データ」はアンケートの結果のことなので，これらの記述に合致する。fill out ～「～に必要事項を記入する」 win the day「勝つ」 deliver はここでは「(授業) を行う」の意。

(E)「アクティブ・ラーニングの成功は講師の人気次第である」

depend on ～「～次第である」 popularity「人気」 この旨の記述はない。

●語句・構文●

(第 1 段) get to *do*「～することになる」 highly rated「評価の高い」 static equilibrium「静的平衡」 なお，第 1 ～ 3 段で使われている you は，

この実験に参加する人たち（学生）のことを指している。

（第２段）present「〜を提示する」 demonstration「実演」

（第３段）not matter「重要でない」 what shapes your experience は関係代名詞節で shape は「形成する」なので「あなたの経験を形成するもの」という意味。rate *A* as 〜「*A* を〜と評価する」

（第４段）for generations「何世代にもわたり」 admire「〜を賞賛する」 rhetorical「修辞上の」 eloquence「雄弁，人に訴える力」 preacher「牧師」 creative「創造的な人」 used to *do*「かつては〜していた」 accumulate「〜を集める」 enough YouTube and Instagram subscribers to populate … は enough と to を相関させて読む。subscriber「登録者」 populate「(人々を場所に）居住させる」 pastor「牧師」 sermon「説教」 reach「〜に影響を与える」 broadcast「〜を送信〔配信〕する」

（第５段）stellar「素晴らしい」 review「評価」 not quite は「完全に〜ではない」という部分否定。make the coefficient of friction stick の make は使役動詞，coefficient of friction は「摩擦係数」，stick は「定着する」なので「摩擦係数（の理解）を定着させる」の意。to be clear「誤解のないように言うと」 eliminate「〜を取り除く」 altogether「完全に」

（最終段）just over 〜「〜を少し上回る数」 a quarter「４分の１」 incorporate「〜を組み込む」 bits of 〜「〜の破片，ちょっとした〜」 interactivity「双方向性」 a fifth「５分の１」 student-centered「生徒中心の」 involve「〜を含む」 most or all of the time「ほとんど，もしくはすべての時間」は most of the time or all of the time を省略したもの。not always「必ずしも〜でない」 develop *A* into *B*「*A* を *B* に育てる」 lifelong learner「生涯学習者」

Ⅲ 解答

1．〈解答例１〉 She was concerned that our throwaway culture would destroy the environment and increase the amount of garbage on a global scale.

〈解答例２〉 She was worried that people were using more and more disposable items in their daily lives, and as a result, the environment would be destroyed and the amount of waste around the world would increase.

2 —(A)

3．〈解答例 1〉The pen my parents gave me as a gift when I entered high school has sentimental value for me. (19 words)

〈解答例 2〉I still have the small old baseball glove I first used because it brings back fond memories of my childhood. (20 words)

4．(a)—(リ)　(b)—(ニ)　(c)—(イ)　(d)—(ヌ)　(e)—(ハ)

5 —(B)・(D)

◆全　訳◆

≪リペア・カフェをめぐるイギリス人親子の会話≫

ルーシーはオックスフォードに住むイギリスの女子学生である。彼女が家のキッチンで父親のフレッドと話をしている。次の会話を読み，下の質問に答えなさい。

ルーシー：おはよう，お父さん。あ，ごめんなさい，あくびをしちゃった。その電子レンジ，どうしようとしているの？　重そうね。運ぶのを手伝おうか？

フレッド：大丈夫そうだ，ルーシー。車に積んで市の廃棄物集積場に持って行こうと思っているだけだ。

ルーシー：修理に出すことはできないの？

フレッド：もう 10 年経つし，保証もとっくに切れているから，メーカーが修理するとはとうてい思えないな。おそらく，もう交換部品もないだろう。

ルーシー：残念ね。あっ，いい考えがある！　学校の近くのリペア・カフェに持って行ったらどうかしら？

フレッド：それは何だい？　聞いたことがないけど。

ルーシー：すごいのよ！　私たちこの間，環境科学の授業でそこに行ったの。人々が集まって壊れたものを協力して修理することができる場所なのよ。おしゃべりしたり，コーヒーを飲んだりしてね！

フレッド：おもしろそうだね。もっと聞かせてくれるかい？

ルーシー：そうね，最初のリペア・カフェはマルチーヌ＝ポストマというオランダ人の女性が 2009 年，アムステルダムで始めたの。彼女は，使い捨て文化で環境が破壊されて，ゴミの量が地球規模で増えることを心配してたんだよ。彼女はこの地球規模の問題を地域で解決する方法を見つけたいと考えたの。

フレッド：それはいわゆる「地球規模で考え，地域社会で行動する」ということだね？

ルーシー：そうなの。彼女はまた都市の住民の間の共同体意識の低下にも取り組み，実用的な技術や創意工夫が失われていることについても何かしたいと思っていたの。

フレッド：そしてその考えが人々に広まったということだね？

ルーシー：その通り。その考えが地球規模の運動に発展したの。オックスフォードのものも 4 年前に開設されたのよ。

フレッド：素晴らしいね！　どんなものを修理しているんだい？

ルーシー：あらゆるものよ。家電品，衣服，家具，陶器，自転車，そしておもちゃまで。

フレッド：どのくらいうまく修理できるんだい？

ルーシー：そうね，もちろん持ち込まれるものすべてを修理できるとは確約できないけど，かなりの成功率よ。ある調査によると平均60～70%のものが修理されているわ。成功率は自転車や衣服などのいくつかの項目では高いけれど，ノートパソコンなどのようなものでは低いの。

フレッド：そうだろうね。ここだけの話，特別な道具や装置がなければ分解して修理することができないような製品を意図的に作っている電子機器メーカーがあるような気がするよ。

ルーシー：そうなの，そこでリペア・カフェが役に立つのよ。でもこうしたカフェの意義は人々のために物を修理するということだけではないわ。私たちが人々と出会い，考えを共有し，そして刺激を受ける場所なの。ボランティアの修理担当者は訪れた人が修理について考え，実際に自分たちでも修理をするようにとても熱心に働きかけているわ。彼らはより持続可能なコミュニティに一緒に暮らすことについても人々が考えるように仕向けているのよ。

フレッド：彼らは私たちの物だけでなく私たちの心も修理していると言え

るかもしれないね。

ルーシー：ほんとうにそうね，その二つはとても密接な関係があることが多いけどね。たとえば家族の歴史の一部であるような古いものに感情的価値を感じている人もたくさんいるわ。

フレッド：言っていることはわかる。話がうますぎるという気がしなくもないな。何か裏があるということはないのかい？　たとえば，費用はどのくらいなんだい？

ルーシー：修理担当者からのアドバイスや支援は無料だけど，カフェを利用する人からの寄付を募っているわ。そのお金でカフェの運営に必要な経費が賄われているの。もし何か特別に交換部品が必要なら，修理担当者がその入手方法についてアドバイスしてくれるわ。

フレッド：そうか，それは素晴らしいね！　ではこの古い電子レンジをそこに持って行くことにするよ。今日もやっているのかい？

ルーシー：ええ，私も一緒に行くわ。かなり補修が必要なジーンズがあるの。

◀解　説▶

▶1．「下線部(1)を英訳しなさい」

「～を心配する」は be worried〔concerned/anxious〕that S V となる。that 以下に「使い捨て文化で環境が破壊される」と「ゴミの量が地球規模で増える」を続ける。主節の時制が過去なので that 以下の時制も過去になり，助動詞の would を使うことになる。「使い捨て文化」は throwaway culture でよいが，自信がなければ〈解答例 2〉のように「人々が多くの使い捨て商品を使用し，その結果環境が破壊される」と説明的に表現することもできる。「地球環境」という場合の「環境」には the environment と the が付く。「ゴミの量が増える」は the amount of garbage〔trash / waste〕would increase だが，「使い捨て文化がゴミの量を増やす」と考えて〈解答例 1〉のように無生物主語構文を用いて (our throwaway culture would) increase the amount of garbage とすると簡潔な文構造になる。「地球規模で」は around the world / globally / on a global scale など。

▶2．「下線部(2)はどのような意味か？　最も適切な表現を下から選びなさい」

(A) became popular「人気が出た」

(B) hit a dead end「行き詰まった」

(C) occurred to you「あなたが〜を思いついた」 occur to 〜「(考えなどが) 〜の心に浮かぶ」

(D) played a significant role「重要な役割を果たした」 play a 〜 role「〜な役割を果たす」

(E) worked in practice「実際にうまくいった」 work「機能する，うまくいく」 in practice「実際にやってみると」

catch on「広まる，流行る」という表現を知らなくとも，下線部を含むフレッドの発言に対してルーシーが直後の発言（Very much so. …）で「その通り」と肯定して，「その考えが地球規模の運動に発展した」と答えており，これに最も近い意味の(A)を選ぶことができる。Very mush so.「全くその通りです」 この concept は「概念」という意味ではなく「考え，意見」という idea と同じ意味で使われている。grow into 〜「〜に成長〔発達〕する」

▶ 3.「下線部(3)は，物質的価値というよりは個人的なまたは感情的なつながりに起因するある物の価値という意味である。あなたにとって "sentimental value"（感情的な価値）をもつものを一つあげ，なぜそれがそのような価値をもつかを説明しなさい。15〜20 語の英語で答えること。(解答の最後に使用した語数を示すこと)」

sentimental value をもつものをあげる表現は問題文中の have sentimental value (for 〜) を使える。この形を使うためには，20 語という語数制限もあり，〈解答例 1〉は The [物] has sentimental value for me. を文の骨格として，The [物] を修飾する関係代名詞節でその理由を表現したもの。理由を because 節で表現して I have a pen that has sentimental value because I got it from my parents when I started high school. のように表現することもできる。sentimental value という表現を使わずに〈解答例 2〉のように表現することもできる。

▶ 4.「下線部(a)〜(e)について話者がどのように発話したかを示す最も適切な語を下から選びなさい。各選択肢は一度しか使えないものとする」

(a)この発言の後ルーシーは sorry for yawning「あくびをしてごめんなさ

い」と言っていることから(リ)sleepily「眠たそうに」が正解。

yawn「あくびをする」

(b)下線部のIt's brilliant!は「それ（リペア・カフェ）はすごいのよ」という意味で，続く第2～4文（We visited it …cup of coffee!）ではルーシーが環境科学の授業で訪れたリペア・カフェについて興奮気味に話していることが感嘆符（！）からも読み取れる。これに合うのは(ニ)enthusiastically「熱心に」である。

brilliant「素晴らしい」 get together「集まる」 mend「～を修理する」 cooperatively「協力して」 have a chat「おしゃべりをする」 a chatとa cup of coffeeが両方haveに続く。

(c)Just between you and me「これは二人だけの秘密だが，ここだけの話だが」という表現から判断して(イ)conspiratorially「共謀して，いわくありげに」が正解ということになる。紛らわしい選択肢に(ヌ)suspiciously「疑い深そうに，けげんそうに」があるが，この選択肢は(d)に使うことからも不可。

electronics manufacturer「電子機器メーカー」 deliberately「わざと，意図的に」 in such a way that S V「SがVするような方法で，SがVするように」 disassemble「～を分解する」 unless S V「SがVでないかぎり」 specialized「特殊な」 equipment「装置」

(d)下線部の直前の発言（It almost sounds …）でフレッドは「話がうますぎるような気がする」，下線部で「何か裏があるのではないのか？」と言っている。続く第4文（For example, how …）では費用のことを尋ねており，この発言はフレッドがリペア・カフェを怪しく思って言っているものであることがわかり，これに合うのは(ヌ)suspiciously「疑い深そうに，けげんそうに」となる。

too good to be true「話がうますぎる」 catch「かくれた問題点」

(e)下線部の直前でフレッドはthat's marvelous!「それは素晴らしい！」と言った後にThen I'll take this old microwave there.「ではこの古い電子レンジをそこに持って行くことにするよ」と言っている。Then「それでは」という表現から，この時点でフレッドが決心していることがわかり，それに合致するのは(ハ)decisively「断固として，きっぱりと」である。

他の選択肢の意味は(ロ)cunningly「悪賢く」，(ホ)haltingly「躊躇して，口ごもって」，(ヘ)indecently「不作法に」，(ト)lovingly「愛情を込めて」，(チ)politely「礼儀正しく」となる。

▶５.「この会話に合致する文を次の中から２つ選びなさい」

(A)「それには感情的な価値があるのでフレッドは彼の電子レンジを修理することにした」

フレッドが電子レンジを修理することに決めたのは12回目の発言の第２文（Then I'll take …）の時点であり，それはルーシーの12回目の発言（Advice and help …）を聞いて，リペア・カフェが営利目的でないことがわかったからなので，それに合致しない。

(B)「フレッドはリペア・カフェでボランティアをしたことがない」

フレッドは３回目の発言（What's that? I've …）でリペア・カフェについて「それは何だい？　聞いたことがないけど」と言っており，それから判断して合致する。hear of ～「～について耳にする」

(C)「ルーシーとフレッドには多くのリペア・カフェに行く余裕がない」

cannot afford to *do*「(経済的または時間的に) ～する余裕がない」　このような内容はない。ルーシーの12回目の発言（Advice and help …）からリペア・カフェに行くのにそれほど費用がかからないこともわかり，それにも合致しない。

(D)「ルーシーとフレッドにはそれぞれ修理してもらいたいものがある」

フレッドの12回目の発言の第２文（Then I'll take …）から彼は電子レンジを修理してもらうことにしたことがわかり，ルーシーの13回目の発言の第２文（I've got a …）から彼女はジーンズを修理してもらいたいと思っていることがわかるので，それに合致する。I've got ～はI have ～の口語表現。be in need of ～「～を必要とする」 badly「ひどく，どうしても」 attention「手当て，対応」

(E)「ルーシーは彼女のジーンズの修理を自分で行った」

このような記述はない。関係する内容はルーシーの13回目の発言（Yes, and I'll …）だけであるが，ここからわかるのは彼女がこれからジーンズをリペア・カフェに持って行くということだけなので，それに合致しない。

(F)「ルーシーはリペア・カフェに行ったことはあるが，オックスフォードのものには行ったことがない」

but 以下は省略を補うと but she has not visited the one（＝Repair Café）in Oxford となる。ルーシーの3回目の発言の第3文（Why not take …），4回目の発言の第2文（We visited it …）より，彼女は学校の近くの（つまり彼女の住むオックスフォードの）リペア・カフェに行ったことがあることがわかり，それに合致しない。

●語句・構文●

（ルーシーの1回目の発言）need a hand（with ～）「(～のことで）手助けを必要とする」
（フレッドの1回目の発言）dump「ゴミ捨て場，廃棄物集積場」
（ルーシーの2回目の発言）send it away to be repaired は直訳すると「修理されるために送り出す」，つまり「修理に出す」ということ。
（フレッドの2回目の発言）（well）out of warranty「保証期間が（とっくに）切れて」 doubt「～とは思えない」 carry「(在庫として）～を持っている」 spare parts「交換部品」
（ルーシーの3回目の発言）That's a shame.「それは残念だ」 Oh, I know what!「あっ，そうだ！」 Why not ～?「～したらどうですか」
（フレッドの4回目の発言）I'm all ears.「興味津々です」
（ルーシーの5回目の発言）local「その地域の」 solution「解決」
（フレッドの5回目の発言）what they call「いわゆる」 think globally「地球的視野で考える」 act locally「地域で活動する」
（ルーシーの6回目の発言）address「(問題など）に対処する，取り組む」 decline（in ～）「(～の）低下」 community spirit「共同体意識」 amongst は among のイギリス英語の文語表現。urban「都市の」 dweller「住人」 practical skill「実用的な技術」 ingenuity「創意工夫」
（フレッドの7回目の発言）impressive「感動的な，素晴らしい」
（ルーシーの8回目の発言）electrical appliance「電気製品」 crockery「陶器」
（フレッドの8回目の発言）be successful at ～「～に成功する」
（ルーシーの9回目の発言）guarantee to *do*「～することを確約〔保証〕する」 brought to them は過去分詞で every item を修飾。fairly「かなり」 success rate「成功率」 on average「平均して」
（ルーシーの10回目の発言）that's where S V「それこそがSがVする

ところだ」 help「役に立つ」 be about *doing*「(仕事・活動など) に従事している」 be inspired「刺激を受ける」 be keen to *do*「熱心に～しようとする」 involve *A* in *B*「*A* を *B* に参加させる」 carry out ～「～を行う」 encourage *A* to *do*「*A* が～するように働きかける」 sustainable「持続可能な」

(フレッドの10回目の発言) I suppose (that) S V「SがVだと思う」

(ルーシーの11回目の発言) be (closely) related「(密接に) 関連している」 attach *A* to *B*「*B* (物・事) に *A* (重要性・性質・意義など) があると考える」

(フレッドの11回目の発言) I see what you mean.「言いたいことはわかります」

(ルーシーの12回目の発言) be invited to *do* の invite は「(意見・寄付など) を (丁寧に) 求める」なので「～するように頼まれる〔依頼される〕」の意になる。make a donation「寄付をする」 cover「～を賄う」 involved in running the café は the costs を修飾する過去分詞。be involved in ～は「～に関わる」, run は「～を運営〔経営〕する」なので「カフェの運営に関わる」という意味になる。specific「特定の」 advise you on ～の on は「～について」という意味。obtain「～を入手する」

(フレッドの12回目の発言) marvelous「素晴らしい」

IV

解答例 The figure shows that the staff generally paid more for the milk they used in Eye weeks than in Flower weeks. This was probably because the images of eyes made them feel as if someone was monitoring the amount they were paying and thus paid more. (46 words)

◀解　説▶

「下の図はイギリスの共用の休憩室で職員がコーヒーや紅茶に入れた牛乳に対して各週に支払った額を示している。職員は“honesty box (だれも見ていない料金箱)”に匿名で支払った。この実験で研究者たちは毎週 (y軸) オフィスにおける飲料の価格の上に新しい写真を貼り付けた。週ごとの消費量の違いを考慮して計算された支払い額 (x軸) は週ごとに異なった。

図中の x 軸と y 軸の関係を説明し，説明したことについて考えられる理由を 1 つ述べなさい。語数は 40〜50 語とする。(書いた文章の最後にあなたの書いた語数を示しなさい)」

the figure below「下の図」 display「〜を表す」 concerning〜「〜に関する」 used in coffee… は過去分詞で milk を修飾。shared「共用の」 break room「休憩室」 anonymously「匿名で，名前を伏せて」 via「〜経由で，〜によって」 attach「〜を貼り付ける」 image「画像」 y axis「y 軸」 paid は the amount を修飾する過去分詞なので the amount paid で「支払われた金額」の意。x axis「x 軸」 vary「異なる」 control for〜 は「〜を考えて調整を行う」という意味なので，after controlling for weekly consumption variation は直訳すると「週ごとの消費量の変化を考えて調整を行った後に」となる。具体的には，グラフの下に Figure: Pounds paid per liter of milk consumed as a function of week and image type.「週と画像の種類の関数としての，消費された牛乳 1 リットルあたりに支払われたポンド数」とあるように，x 軸の数値は 1 リットルあたりに換算した支払い額ということである。consumed は過去分詞で milk を修飾しているので milk consumed は「消費された牛乳」の意。as a function of〜「〜の関数として」

まず実験の内容を正確に理解し，問題を注意深く読んで解答することが大切である。特に問題文が英語である場合は，読み違いのないように気をつけなければならない。この問題の場合は，指示に従って「図中の x 軸(支払われた金額) と y 軸 (その週に貼られた画像) の関係」→「考えられる理由を 1 つ」という構成で書く。

〔解答例〕を和訳すると次のようになる。

この図は，概して人々は自分の使った牛乳に対して “Flower ウィーク” よりも “Eye ウィーク” に多くの金額を支払ったことを示している。これはおそらく彼らが眼の画像を目にすると，だれかが彼らが支払った額を監視しているような気持ちになり，そのためより多くの額を支払ったためだと考えられる。

❖講　評

2022 年度も 2021 年度までと同様に，総合読解問題が 2 題，会話文と英作文が各 1 題という構成であった。英作文は図表の読み取りに基づく自由英作文が 2018～2021 年度に続き出題された。なお，会話文でも意見論述の英作文が出題されている。

I は「加重毛布の睡眠への効果」に関する医学・健康分野の評論文。文構造が複雑であるわけではないが，語彙・表現レベルは高めであった。英文和訳などの設問に直接関わる箇所にも a rule of thumb / for as many ～, just as many …/ physiological / curl up などの語や表現が使用されており，文脈や前後関係からそれらの意味を推測する力が試されている。トピックセンテンスを選ぶ問題が 2021 年度に続き出題された。

II は「講義形式と比較したアクティブ・ラーニングの有用性」に関する評論文。static equilibrium / fluids / coefficient of friction などの物理に関するもののような難度の高い語彙は散見するが，全体の論理展開は明快で文章の大意を理解する妨げにはならない。しかし **I** と同様，英文和訳などの設問に直接関わる箇所にも send *A* off / walk *A* through *B* / spellbinding など難解な表現が使われており，それらへの対応には苦労する。また語句整序問題は語数が多いという点で，文整序問題は論理展開の把握に加え This が指すものを押さえるという細かい読みも求められたという点で難度が高かったと思われる。一方，空所補充や内容真偽問題などには易しいものが多く，まずはこれらの問題を取りこぼさないことが大切である。

III は“リペア・カフェ”をめぐる父と娘の会話が題材となった会話文総合問題。選択肢に conspiratorially / haltingly など難度が非常に高い語彙があるが，それ以外は会話文も設問も素直なものである。意見論述の分量は 2021 年度の 30～40 語から 2022 年度は 15～20 語に減った。テーマは身近なものであったが制限語数内に収めるのに意外と苦労する。

IV の英作文問題はある社会実験についての説明とその結果を表した図表に基づくテーマ作文。実験内容とその結果が正確に理解できれば，語数指定も 40～50 語と少なく，求められている内容は明確であった。

総じて，2022 年度の出題も，専門的な内容の英語を理解するだけにとどまらず，その内容を日本語で簡潔に表現したり，またそれについて自分の意見を英語で表現したりという，大学で学ぶ際に根幹となる語学力と思考力を求めるものである。人文・社会・自然科学にまたがり，多岐にわたる読解問題を理解するためには，英語力に加えて科目横断的な力が必要と言える。日頃の地道な学習を通じ，実際に使える英語運用力，論理的思考と幅広い教養を身につけた学生を求める出題意図が感じられる問題であった。

数学

1

◆発想◆ (1)は整式の割り算を実行するとよい。(2)もまずは(1)と同様に割り算を実行して得られた余りが与えられた余りと一致することから，α，β，b に関する条件を求めよう。余りが与えられているからといって，商を $Q(x)$（1次式）とおき

$$x^3=f(x)\cdot Q(x)+3x+b$$

とすると，未知数が増え次数も高くなるので，解法としては無駄が多いことは容易に予想される。

解答 (1) 整式 x^3 を2次式 $(x-a)^2(=x^2-2ax+a^2)$ で割る計算を実行する。

$$\begin{array}{r|l} & x+2a \\ \hline x^2-2ax+a^2 & x^3 \\ & x^3-2ax^2+a^2x \\ \hline & 2ax^2-a^2x \\ & 2ax^2-4a^2x+2a^3 \\ \hline & 3a^2x-2a^3 \end{array}$$

余りは　$3a^2x-2a^3$　……(答)

(2) 整式 x^3 を2次式 $x^2+\alpha x+\beta$ で割る計算を実行する。

$$\begin{array}{r|l} & x-\alpha \\ \hline x^2+\alpha x+\beta & x^3 \\ & x^3+\alpha x^2+\beta x \\ \hline & -\alpha x^2-\beta x \\ & -\alpha x^2-\alpha^2 x-\alpha\beta \\ \hline & (\alpha^2-\beta)x+\alpha\beta \end{array}$$

余りは $(\alpha^2-\beta)x+\alpha\beta$ となる。これは，与えられた整式 x^3 を $f(x)$ で割った余り $3x+b$ に等しいので

$$\begin{cases} \alpha^2-\beta=3 & \cdots\cdots① \\ \alpha\beta=b & \cdots\cdots② \end{cases}$$

が成り立つ。

b の値に応じて，$f(x)$ の個数は，①かつ②を満たす実数の組 $(\alpha,\ \beta)$ の個数に等しい。さらに①から α の値が定まれば β の値はただ 1 つに定まるので，①，②から β を消去して得られる式

$$\alpha(\alpha^2-3)=b \quad \cdots\cdots ③$$

を満たす α の個数に等しい。

ここで，③の左辺を $g(\alpha)$ とおくと

$$g(\alpha)=\alpha^3-3\alpha$$

$$g'(\alpha)=3\alpha^2-3$$

$$=3(\alpha+1)(\alpha-1)$$

より，$g(\alpha)$ の増減表，$\gamma=g(\alpha)$ のグラフは下のようになる。

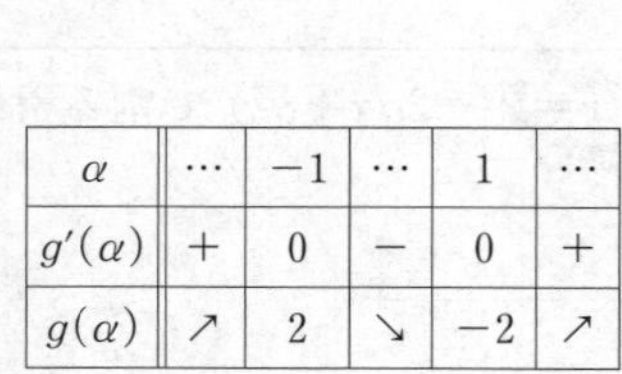

α	$\cdots$	-1	$\cdots$	1	$\cdots$
$g'(\alpha)$	$+$	0	$-$	0	$+$
$g(\alpha)$	↗	2	↘	-2	↗

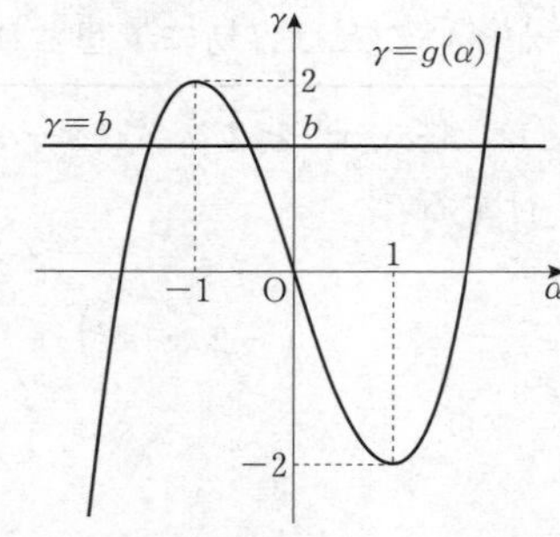

③を満たす α の個数は，$\gamma=g(\alpha)$ のグラフと直線 $\gamma=b$ の共有点の個数に等しい。

よって，$f(x)$ の個数は

$b<-2,\ 2<b$ のとき　1 個
$b=\pm 2$ のとき　2 個　　……(答)
$-2<b<2$ のとき　3 個

◀解　説▶

≪整式の割り算，3 次方程式の実数解の個数≫

具体的に与えられた 3 次式を 2 次式で割ったときの余りを考えるなら，割り算を実行するのがよいだろう。

(1)で商を $Q(x)$，余りを $R(x)$ として

$$x^3=(x-a)^2Q(x)+R(x) \quad \cdots\cdots ㋐$$

から求めようとすると，積の導関数の公式から

$$3x^2=2(x-a)Q(x)+(x-a)^2Q'(x)+R'(x) \quad \cdots\cdots ㋑$$

㋐，㋑で $x=a$ として

$$\begin{cases} a^3=R(a) \\ 3a^2=R'(a) \end{cases}$$

$R(x)$ は 1 次式だから，$R(x)=px+q$ として p，q について解くと

$$p=3a^2,\ q=-2a^3$$

を得る。これより，割り算の実行の方がいかに易しいかがわかるだろう。

(2)では $f(x)$ の個数を求めるが，これは $(\alpha,\ \beta)$ の組の個数を求めると考えることがポイントである。

2

◇発想◇　(1)・(2)いずれも確率の計算以前に，与えられた条件を満たすような $(a,\ b,\ c)$ の組を数え上げることを考える必要がある。(1)では不等式を解くことになるが，3 つの文字があることから，複雑な場合分けは不可避である。どの文字で場合分けをすれば考えやすいか判断し，方針を選ぼう。(2)では，互いに素という条件をどのように考えやすくするかが重要である。

解答　(1)　$ab+2c \geqq abc$ から

$$(ab-2)(c-1) \leqq 2 \quad \cdots\cdots ①$$

・$c=1$ のとき，①は $0 \leqq 2$ となり，任意の $(a,\ b)$ の組で①は成立するから，$(a,\ b)$ の組は 6^2 $(=36)$ 通りある。

・$c=2$ のとき，①は $ab \leqq 4$ となり

$a=1$ なら　　$b \leqq 4$

$a=2$ なら　　$b \leqq 2$

$a=3$ または $a=4$ なら　　$b=1$

であるから，$(a,\ b)$ の組は $4+2+1+1$ $(=8)$ 通りある。

・$c=3$ のとき，①は $ab \leqq 3$ となり

$a=1$ なら　　$b \leqq 3$

$a=2$ または $a=3$ なら　　$b=1$

であるから，$(a,\ b)$ の組は $3+1+1$ $(=5)$ 通りある。

・$c=4$，5，6 のとき，いずれの場合も①は

$$ab \leqq 2+\frac{2}{c-1} \quad \left(ここで，c=4,\ 5,\ 6 から 0<\frac{2}{c-1}<1\right)$$

となり，$ab \leqq 2$ から　$(a,\ b)=(1,\ 1),\ (1,\ 2),\ (2,\ 1)$

さらに，c が 3 通りあることを考慮して，$3\times3\ (=9)$ 通りある。

以上から，求める確率は

$$\frac{36+8+5+9}{6^3}=\frac{58}{6^3}=\frac{29}{108} \quad \cdots\cdots(答)$$

(2)　$ab+2c$ と $2abc\ (=ab\cdot2c)$ が互いに素となる条件は，ab と $2c$ が互いに素となることである。このとき，ab は奇数であることに注意して，ab と $2c$ が互いに素となる $(a,\ b,\ c)$ の組を数える。

$(a,\ b)=(1,\ 1)$ のとき，c はいずれでもよく，$1\times6(=6)$ 通りある。

$(a,\ b)=(1,\ 3),\ (3,\ 1),\ (3,\ 3)$ のとき，$c\neq3,\ c\neq6$ であるから，$3\times4(=12)$ 通りある。

$(a,\ b)=(1,\ 5),\ (5,\ 1),\ (5,\ 5)$ のとき，$c\neq5$ であるから，$3\times5(=15)$ 通りある。

$(a,\ b)=(3,\ 5),\ (5,\ 3)$ のとき，$c\neq3,\ c\neq5,\ c\neq6$ であるから，$2\times3(=6)$ 通りある。

以上から，求める確率は

$$\frac{6+12+15+6}{6^3}=\frac{39}{6^3}=\frac{13}{72} \quad \cdots\cdots(答)$$

◀解　説▶

≪サイコロの確率，整数の不等式，互いに素≫

(2)では

$ab+2c$ と $ab\cdot2c$ が互いに素 $\Longleftrightarrow$ ab と $2c$ が互いに素

と考えるとよい。これに思い至らなければ，少し冗長になるが，まず必要条件を 2 段階に分けて以下のように考えてもよい。

$ab+2c$ と $2abc$ が互いに素であるなら，$2c$，$2abc$ がいずれも偶数であることから，ab は奇数であることが必要である。

さらに，$2c$，$2abc$ がいずれも c の倍数であるから，$c\neq1$ のとき，ab は c の倍数ではない。

これらを満たすように，奇数 ab の値で場合分けする。

このように，丁寧に場合分けすることにより，$(a,\ b,\ c)$ の組を定めることになる。

3

◆発想◆　$4\alpha^2-2\alpha\beta+\beta^2=0$ を α（あるいは β）の 2 次方程式とみて解を求めようとしても，複素数係数だから解の公式は使えない。そこで，$\left(\dfrac{\beta}{\alpha}\right)^2-2\left(\dfrac{\beta}{\alpha}\right)+4=0$ と変形すれば $\dfrac{\beta}{\alpha}$ の実数係数の 2 次方程式となり，解の公式により解を求められる。

解答　$0\leqq\arg\left(\dfrac{\beta}{\alpha}\right)\leqq\pi$　……①

$4\alpha^2-2\alpha\beta+\beta^2=0$　……②

$2\gamma^2-(3\alpha+\beta+2)\gamma+(\alpha+1)(\alpha+\beta)=0$　……③

$0,\ \alpha,\ \beta,\ \gamma$ は互いに異なる複素数　……④

(1)　④から $\alpha\neq0$ であるので，②の両辺を α^2 で割って

$$\left(\frac{\beta}{\alpha}\right)^2-2\left(\frac{\beta}{\alpha}\right)+4=0$$

①から $\dfrac{\beta}{\alpha}$ の虚部は非負であるので

$$\frac{\beta}{\alpha}=1+\sqrt{3}\,i=2\left(\cos\frac{\pi}{3}+i\sin\frac{\pi}{3}\right)\quad\cdots\cdots⑤$$

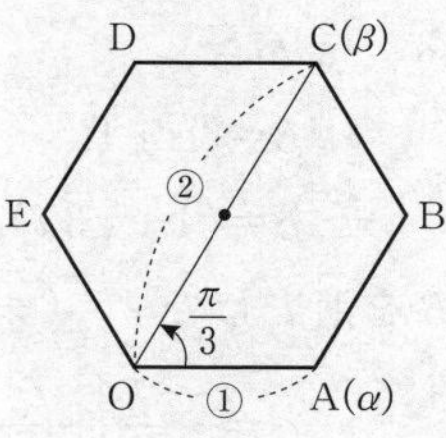

よって，点 β は点 α を，点 O を中心に $\dfrac{\pi}{3}$ だけ回転させ，2 倍に拡大して得られる点であるから $\left(\text{正六角形の中心を通る対角線の長さが辺の長さの 2 倍であり，1 つの内角は } \dfrac{2}{3}\pi \text{ であることに注意して}\right)$

A(α)，C(β)　……(答)

である（これらが③に矛盾しないことは(2)で示される)。

(2)　③から

$$\{\gamma-(\alpha+1)\}\{2\gamma-(\alpha+\beta)\}=0$$

ゆえに　　$\gamma=\alpha+1,\ \gamma=\dfrac{\alpha+\beta}{2}$

ここで，$\gamma=\dfrac{\alpha+\beta}{2}$ は AC の中点が頂点であることになり，正六角形のどの 3 頂点も一直線上にないことから，不適である。よって

$$\gamma=\alpha+1 \quad \cdots\cdots⑥$$

これより，点 γ は点 $A(\alpha)$ を実軸の向きに 1 だけ平行移動して得られる点であり，④から，γ の表す頂点は，B，D，E のいずれかである。

(i)　$B(\gamma)$ のとき

$$\beta=2(\gamma-\alpha)=2$$

⑤，⑥から

$$\alpha=\frac{\beta}{1+\sqrt{3}i}=2\cdot\frac{1-\sqrt{3}i}{4}$$

$$=\frac{1}{2}-\frac{\sqrt{3}}{2}i$$

$$\gamma=\alpha+1=\frac{3}{2}-\frac{\sqrt{3}}{2}i$$

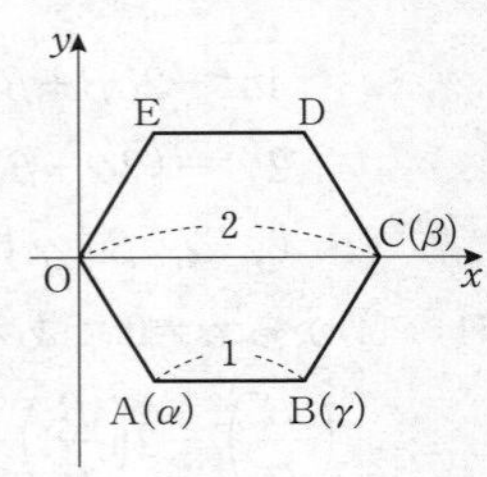

よって

$$(\alpha,\ \beta,\ \gamma)=\left(\frac{1}{2}-\frac{\sqrt{3}}{2}i,\ 2,\ \frac{3}{2}-\frac{\sqrt{3}}{2}i\right) \quad \cdots\cdots(答)$$

(ii)　$D(\gamma)$ のとき

$$\beta=\gamma+\alpha$$

⑥，⑤から

$$\beta=2\alpha+1$$

$$\beta=(1+\sqrt{3}i)\alpha$$

β を消去して　　$(-1+\sqrt{3}i)\alpha=1$

$$\alpha=\frac{1}{-1+\sqrt{3}i}=\frac{-1-\sqrt{3}i}{4}=-\frac{1}{4}-\frac{\sqrt{3}}{4}i$$

これより

$$\beta=2\alpha+1=\frac{1}{2}-\frac{\sqrt{3}}{2}i$$

$$\gamma=\alpha+1=\frac{3}{4}-\frac{\sqrt{3}}{4}i$$

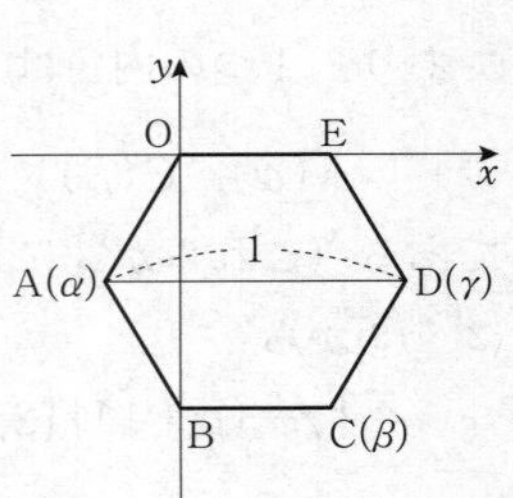

よって

$$(\alpha,\ \beta,\ \gamma)=\left(-\frac{1}{4}-\frac{\sqrt{3}}{4}i,\ \frac{1}{2}-\frac{\sqrt{3}}{2}i,\ \frac{3}{4}-\frac{\sqrt{3}}{4}i\right)\ \cdots\cdots(答)$$

(iii)　$E(\gamma)$ のとき

$$\beta=2(\alpha+\gamma)$$

⑥，⑤から

$$\beta=4\alpha+2$$

$$\beta=(1+\sqrt{3}\,i)\alpha$$

β を消去して　　$(-3+\sqrt{3}\,i)\alpha=2$

$$\alpha=\frac{2}{-3+\sqrt{3}\,i}=\frac{-3-\sqrt{3}\,i}{6}=-\frac{1}{2}-\frac{\sqrt{3}}{6}i$$

これより

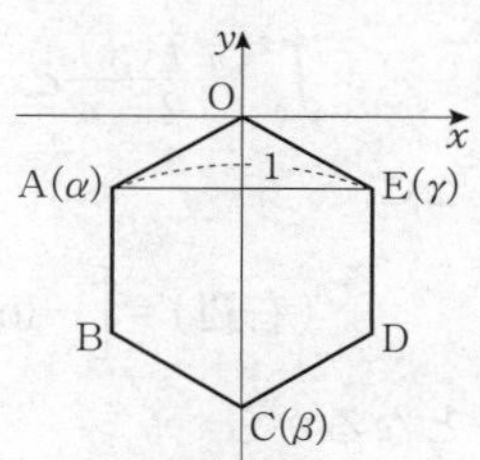

$$\beta=4\alpha+2=-\frac{2\sqrt{3}}{3}i$$

$$\gamma=\alpha+1=\frac{1}{2}-\frac{\sqrt{3}}{6}i$$

よって

$$(\alpha,\ \beta,\ \gamma)=\left(-\frac{1}{2}-\frac{\sqrt{3}}{6}i,\ -\frac{2\sqrt{3}}{3}i,\ \frac{1}{2}-\frac{\sqrt{3}}{6}i\right)\ \cdots\cdots(答)$$

◀解　説▶

≪2次方程式の複素数解，複素数の極形式，複素数平面上の図形≫

複素数平面上で複素数を考えるときは，複素数の式を図形的に解釈できることがある。たとえば $\gamma=\alpha+1$ に対して，点 γ は点 α を x 軸（実軸）方向に1だけ平行移動した点であるとみるとよい。また，図形的な性質を複素数の式で表すことも大切である。正六角形では中心を通る対角線の長さが一辺の長さの2倍であるなど，線分の比や角度に関して必要に応じて複素数の式，偏角や絶対値の式などで表してみよう。

4

◇発想◇　「関数 $f(x)$ は区間 $x\geqq 0$ において連続な増加関数で…」と与えられているので，不等式を作り，これを用いて極限値を求めたり，関数の値の変化の様子を考えたりすることができるだろう。定積分は，$a\leqq x\leqq b$，$f(x)\leqq g(x)$ のとき

$\int_a^b f(x)dx \leqq \int_a^b g(x)dx$ のように，大小関係を保つことにも注意しておこう。

解答　(1)　関数 $f(x)$ は区間 $x \geqq 0$ において連続な増加関数であるから，

区間 $0 \leqq x \leqq 2-\frac{1}{n}$ において $2-x>0$ であり

$$\frac{f(x)}{2-x} \geqq \frac{f(0)}{2-x}\left(=\frac{1}{2-x}\right)$$

である。よって

$$\int_0^{2-\frac{1}{n}} \frac{f(x)}{2-x}dx \geqq \int_0^{2-\frac{1}{n}} \frac{1}{2-x}dx$$

ここで

$$(\text{右辺})=\Big[-\log(2-x)\Big]_0^{2-\frac{1}{n}}=-\log\frac{1}{n}+\log 2=\log 2n$$

となるから

$$\int_0^{2-\frac{1}{n}} \frac{f(x)}{2-x}dx \geqq \log 2n$$

よって，$\lim_{n\to\infty}\log 2n=\infty$ より

$$\lim_{n\to\infty}\int_0^{2-\frac{1}{n}} \frac{f(x)}{2-x}dx=\infty$$ 　(証明終)

(2)　$y \geqq 2+\frac{1}{n}$ のとき，区間 $2+\frac{1}{n} \leqq x \leqq y$ において $x-2>0$ であり

$$\frac{f(x)}{x-2} \geqq \frac{f(0)}{x-2}\left(=\frac{1}{x-2}\right)$$

である。よって

$$(F_n(y)=)\int_{2+\frac{1}{n}}^{y} \frac{f(x)}{x-2}dx \geqq \int_{2+\frac{1}{n}}^{y} \frac{1}{x-2}dx$$

ここで

$$(\text{右辺})=\Big[\log(x-2)\Big]_{2+\frac{1}{n}}^{y}=\log(y-2)-\log\frac{1}{n}=\log n(y-2)$$

となるから

$$F_n(y) \geqq \log n(y-2)$$

よって，$\lim_{y\to\infty}\log n(y-2)=\infty$ より

$$\lim_{y\to\infty}F_n(y)=\infty$$

（証明終）

また

$$G_n(y)=\int_0^{2-\frac{1}{n}}\frac{f(x)}{2-x}dx+\int_{2+\frac{1}{n}}^{y}\frac{f(x)}{2-x}dx$$

とおくと，右辺の第 2 項は $-F_n(y)$ であることに注意して

$$G_n'(y)=-F_n'(y)$$

$$=-\frac{f(y)}{y-2}<0 \quad (y>2,\ f(y)\geqq f(0)>0 \text{ による})$$

よって，$y\geqq 2+\dfrac{1}{n}$ のとき $G_n(y)$ は連続な減少関数であり

$$G_n\left(2+\frac{1}{n}\right)=\int_0^{2-\frac{1}{n}}\frac{f(x)}{2-x}dx\geqq\log 2n>0 \quad ((1)\text{による})$$

$$\lim_{y\to\infty}G_n(y)=\lim_{y\to\infty}\left(\int_0^{2-\frac{1}{n}}\frac{f(x)}{2-x}dx-F_n(y)\right)=-\infty$$

となるので，$2+\dfrac{1}{n}$ より大きい実数 a_n で $G_n(a_n)=0$，すなわち

$\displaystyle\int_0^{2-\frac{1}{n}}\frac{f(x)}{2-x}dx+\int_{2+\frac{1}{n}}^{a_n}\frac{f(x)}{2-x}dx=0$ を満たすものがただ 1 つ存在する。

（証明終）

(3)

$$G_n(4)=\int_0^{2-\frac{1}{n}}\frac{f(x)}{2-x}dx+\int_{2+\frac{1}{n}}^{4}\frac{f(x)}{2-x}dx$$

（第 2 項で $x=4-t$ とおく）

$$=\int_0^{2-\frac{1}{n}}\frac{f(x)}{2-x}dx+\int_{2-\frac{1}{n}}^{0}\frac{f(4-t)}{t-2}(-dt)$$

$$=\int_0^{2-\frac{1}{n}}\frac{f(x)}{2-x}dx-\int_0^{2-\frac{1}{n}}\frac{f(4-x)}{2-x}dx$$

$$=\int_0^{2-\frac{1}{n}}\frac{f(x)-f(4-x)}{2-x}dx$$

ここで，$0\leqq x\leqq 2-\dfrac{1}{n}$ において $2+\dfrac{1}{n}\leqq 4-x$ より，$x<4-x$ が成り立ち，

$f(x)$ は増加関数だから

$$f(x)<f(4-x)$$

よって，$G_n(4)<0$ が成り立つ。

$G_n(a_n)=0$，$G_n(x)$ は連続な減少関数より

すべての n に対して $a_n<4$ が成り立つ。　　(証明終)

◀解　説▶

≪抽象関数に関する定積分と極限≫

関数 $f(x)$ は具体的に与えられているわけではない。連続，増加関数といった性質が与えられているだけである。このようなときには，不等式を利用することになる。

(2)では，連続な減少関数 $G_n(x)$ について

$$G_n\left(2+\frac{1}{n}\right)>0,\ \lim_{y\to\infty}G_n(y)=-\infty\ (<0)$$

がいえて，中間値の定理により

$$2+\frac{1}{n}<a_n<\infty \text{ となる } a_n \text{ について}\quad G_n(a_n)=0\quad \cdots\cdots(*)$$

となる a_n が存在することが示される。

(3)では

$$G_n\left(2+\frac{1}{n}\right)>0,\ G_n(4)<0$$

から

$$2+\frac{1}{n}<a_n<4 \text{ となる } a_n \text{ について}\quad G_n(a_n)=0\quad \cdots\cdots(**)$$

となる a_n が存在することが示される。

〔解答〕では，問題の要求に従って(＊)，(＊＊)をそれぞれ示したが，(＊＊)が示されれば(＊)も示される。(＊＊)の a_n の区間は(＊)の a_n の区間に含まれるからである。したがって，(＊＊)を示せば，(2)の後半と(3)をいずれも解いたことになる。

❖講　評

2022 年度は，4 題中 2 題が「数学Ⅲ」（微・積分法と複素数平面が各 1 題）からの出題であった。全体の難易度，分量はいずれも 2021 年度と同様の傾向で，2020 年度以前と比べると易化してボリュームも減少している。

1は整式の割り算に関する問題。3 次方程式の実数解の個数は微分法を用いて調べることになる。やや易しめの典型問題。

2の確率は，丁寧に場合を分けて考えれば，答えを出すこと自体は決して難しくはないが，手際良く出すことを考えたい。この問題にかける時間の長短が学力の差といってよいだろう。

3は複素数平面。2017 年度に出題されて以来，5 年ぶりの複素数平面の出題である。正六角形の図形的な性質を念頭に解法の道筋を見出す。やや易しめの標準レベルである。

4は，関数 $f(x)$ は具体的に与えられておらず，もちろん求めることもできない。その与えられた性質から論証する。この問題には 2020 年度以前の名古屋大学らしさがみられる。

物理

I

解答　(1)　$x_A=v\sqrt{\dfrac{2h}{g}}$　(2)　$x=(1+2e)x_A$

(3)　$v>x_B\sqrt{\dfrac{g}{2h}}$

(4)　小球 A：$x=x_B$　小球 B：$x=x_A$

(5)　小球 A：$x=\dfrac{1}{2}(x_A+x_B)$　小球 B：$x=\dfrac{1}{2}(x_A+x_B)$

(6)　エネルギーの減少量：$\dfrac{1}{4}mv^2$　エネルギー変化の例：熱エネルギー

(7)　小球 B 落下中：小球 B が最高点に達したときに小球 A を投げ出せば両者は衝突する。小球 B が最高点から床に到達するまでの時間を t_1 とすると

$$h=\frac{1}{2}gt_1{}^2\quad より\quad t_1=\sqrt{\frac{2h}{g}}$$

したがって　$T=n\times(2t_1)=2n\sqrt{\dfrac{2h}{g}}$　……(答)

小球 B 上昇中：投げ出された小球 A が小球 B と衝突するまでの時間を t_2 とすると

$$t_2=\frac{x_B}{v}$$

小球 B が最高点に到達する時刻の $2t_2$ 前に小球 A を投げ出せばよいから

$$T=n(2t_1)-2t_2=2n\sqrt{\frac{2h}{g}}-\frac{2x_B}{v}\quad ……(答)$$

(8)　両球が運動を開始してから衝突するまでの時間を t_3 とすると，小球 A の水平方向の運動に注目して

$$t_3=\frac{x_B}{V\cos\theta}\quad ……①$$

衝突時の小球 A，B の床からの高さをそれぞれ H_A，H_B とすると

$$H_A=h+(V\sin\theta)t_3-\frac{1}{2}gt_3{}^2,\ \ H_B=H-\frac{1}{2}gt_3{}^2$$

$H_A=H_B$ とおき，①式を代入して

$$H=h+(V\sin\theta)t_3=h+x_B\tan\theta \quad \cdots\cdots(\text{答})$$

別解　小球 A の放物運動は，等速直線運動（速さ V で初速の向き）と自由落下（鉛直方向）が合成された運動なので，両球の運動開始から衝突までの時間を t_3 とすると，右図の関係が成り立つ。したがって

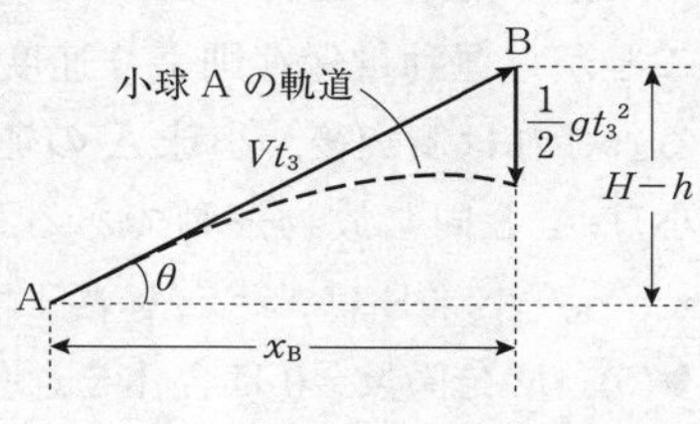

$$H-h=x_B\tan\theta$$

$$\therefore\quad H=h+x_B\tan\theta$$

(9)―(ウ)

◀解　説▶

≪2 つの小球が空中で衝突する条件，衝突と力学的エネルギーの減少≫

▶(1)　小球 A の落下時間を t_1 とすると

$$\frac{1}{2}gt_1{}^2=h \quad \text{より} \quad t_1=\sqrt{\frac{2h}{g}}$$

小球 A の速度の水平成分は v のままだから

$$x_A=vt_1=v\sqrt{\frac{2h}{g}}$$

▶(2)　1 回目のはね返りに際して，小球 A の速度の鉛直成分の大きさは e 倍になるので，小球 A が床から最高点に到達するまでの時間は，〔解説〕(1)の t_1 を用いて et_1 となり，1 回目と 2 回目のはね返りの時間間隔は $2et_1$ となる。したがって

$$x=x_A+v(2et_1)=x_A+2ex_A=(1+2e)x_A$$

▶(3)　小球 A が投げ出されてから衝突が生じるまでの時間を t_2 とすると

$$x_B=vt_2 \quad \text{より} \quad t_2=\frac{x_B}{v}$$

一方，時間 t_2 での小球 A の鉛直方向の変位が満たすべき条件は

$$\frac{1}{2}gt_2{}^2=\frac{1}{2}g\left(\frac{x_B}{v}\right)^2<h \qquad \therefore\quad v>x_B\sqrt{\frac{g}{2h}}$$

▶(4)　両球は衝突直前まで，鉛直方向に関してはまったく同じ運動をしていて，小球 A が小球 B に水平方向から接近して衝突する。したがって，衝突時に両球には作用反作用の 2 力が水平方向にはたらくので，速度の鉛直成分は両球とも変化しない。また，質量の等しい物体の弾性衝突であることから運動量保存則より速度の水平成分が小球 A，B の間で入れ替わる。これは衝突後，小球 A の運動は落下運動，小球 B の運動は図 1 での小球 A と同じ放物運動であることを意味する。したがって，小球 A は $x=x_B$，小球 B は $x=x_A$ に落下する。

▶(5)　反発係数＝0 は合体を意味する。この場合も(4)と同様，衝突時に両球には水平方向に作用反作用の 2 力がはたらくので，速度の鉛直成分は変化しない。水平方向に関しては運動量保存則が成り立つが，合体によって質量が 2 倍になるため，合体後の速度の水平成分は $\frac{1}{2}v$ になる。合体してから床に到達するまでの時間は(4)と同じだから，$x=x_B$ で合体してから床に到達するまでの水平方向の変位は $\frac{1}{2}(x_A-x_B)$ である。したがって

$$x=x_B+\frac{1}{2}(x_A-x_B)=\frac{1}{2}(x_A+x_B)$$

▶(6)　合体後も含めて両球の鉛直方向の運動は自由落下と同等であって，力学的エネルギーの減少には関わっていない。ここでは両球の水平方向の運動にのみ注目する。このような立場で考えるなら，合体前の小球 A の運動エネルギーは $\frac{1}{2}mv^2$ で，合体後の小球 A，B の運動エネルギーは

$$\frac{1}{2}(2m)\left(\frac{1}{2}v\right)^2=\frac{1}{4}mv^2$$

したがって，求める力学的エネルギーの減少量を ΔE とすると

$$\Delta E=\frac{1}{2}mv^2-\frac{1}{4}mv^2=\frac{1}{4}mv^2$$

衝突によって，熱エネルギーや音のエネルギーなどが発生する。

▶(7)　両球が衝突する位置（床からの高さ）はつねに同じである。小球 B は自由落下して床と弾性衝突をし，再び床からの高さ h の最高点まで上昇する。〔解答〕の「小球 B 落下中」で用いた t_1 は〔解説〕(1)の t_1 と同じ値である。小球 B が最高点に到達したときに小球 A を投げ出せばよく，そ

の時間間隔は $2t_1$ に等しい。〔解答〕の「小球 B 上昇中」で用いた t_2 は〔解説〕(3)の t_2 と同じ値である。両球が衝突する位置を点 P とすると，床ではね返って上昇中の小球 B が点 P に到達する時刻より時間 t_2 だけ前に小球 A を投げ出せばよい。小球 B が点 P から最高点に到達するまでの時間は t_2 に等しい。

▶(8)　〔解答〕では標準的な解き方をはじめに示した。〔別解〕での考え方：もし重力がなければ，慣性の法則にしたがって小球 A は初速の向きに等速直線運動をする。これが小球 A の運動の基本的な要素といえる。実際にはそこに重力がはたらき，鉛直下向きの変位（自由落下）が加わって放物運動になっている。

▶(9)　標準的な解法は後述するので，まずは〔解答〕(8)〔別解〕を応用した方法を述べる。小球 B に自分が乗っていると想像してみよう。小球 A の運動の自由落下部分による変位と自分（小球 B）の自由落下による変位はつねに等しいので，自分から見て（自分に対する）小球 A の自由落下部分の運動は認識できなくなっている。一方，小球 A の初速は自分に向かっていたので，自分から見える小球 A の運動は，初速を維持して自分に向かって直進してくる運動だけである（運動開始と同時に全体が無重力状態になったように感じられると考えてもよいだろう）。したがって，答えは(ウ)である。

放物運動を水平・鉛直に分けて扱う標準的な考え方できちんと計算するなら，たとえば次のようになる。運動開始からの時間 t での小球 A，B の位置ベクトルを，小球 A の投げ出しの位置を始点としてそれぞれ $\vec{r}_A$，$\vec{r}_B$ とする。$D=H-h$ として，両ベクトルの水平・鉛直での成分表示は

$$\vec{r}_A=\left(V\cos\theta\cdot t,\ \ V\sin\theta\cdot t-\frac{1}{2}gt^2\right),\ \ \vec{r}_B=\left(x_B,\ \ D-\frac{1}{2}gt^2\right)$$

したがって，小球 B を始点とした小球 A の位置ベクトル $\vec{r'}$ は

$$\vec{r'}=\vec{r}_A-\vec{r}_B=(V\cos\theta\cdot t-x_B,\ \ V\sin\theta\cdot t-D)$$

ここで $\vec{r'}=(X_A,\ \ Y_A)$ とすると

$$X_A=V\cos\theta\cdot t-x_B,\ \ Y_A=V\sin\theta\cdot t-D$$

上式から t を消去して $x_B\tan\theta=D$ を用いると次式が導かれる。

$$Y_A=\tan\theta\cdot X_A$$

$t=0$ で $X_A=-x_B<0$ であるから，答えは(ウ)である。

Ⅱ 解答

(1) $v_1=\sqrt{\dfrac{2qV}{m}}$ (2) $R=\dfrac{2V}{E}$ (3)—(イ)

(4) 荷電粒子 X は磁場から受けるローレンツ力を向心力として半径 $\dfrac{L}{2}$ の等速円運動をする。$v_5=v_1$ であり，(1)の答えを用いて

$$m\frac{v_1^{\,2}}{\frac{L}{2}}=qv_1B$$

$$\therefore\quad L=\frac{2mv_1}{qB}=\frac{2m}{qB}\sqrt{\frac{2qV}{m}}=\frac{2}{B}\sqrt{\frac{2mV}{q}}\quad \cdots\cdots(\text{答})$$

(5) (2)，(4)の答えから V を消去して

$$L^2=\frac{8mV}{B^2q}=\frac{8m}{B^2q}\cdot\frac{RE}{2}$$

$$\therefore\quad E=\frac{qL^2B^2}{4mR}\quad \cdots\cdots(\text{答})$$

(6)右図。

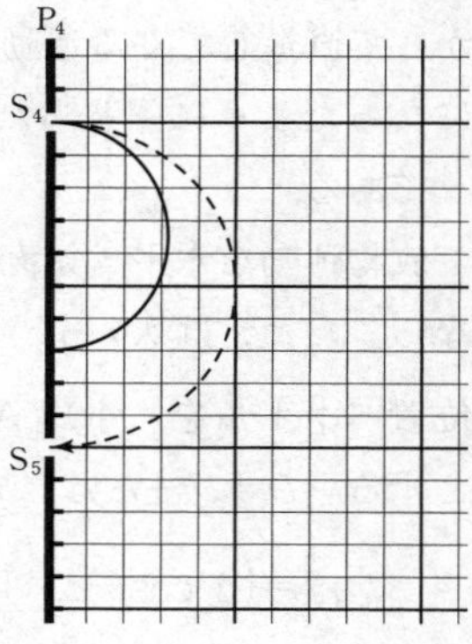

説明：円軌道の直径が $\dfrac{\sqrt{2}}{2}L\fallingdotseq 0.7L$ になっている。

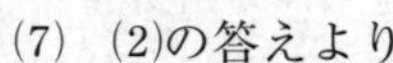

(7) (2)の答えより

$$E=\frac{2V}{R}=\frac{2\times1.00\times10^4}{1.00}$$
$$=2.00\times10^4\,[\text{V/m}]\quad \cdots\cdots(\text{答})$$

(8) (4)の答えの式を変形して

$$L=\frac{2}{B}\sqrt{\frac{2V}{q}}\sqrt{m}$$

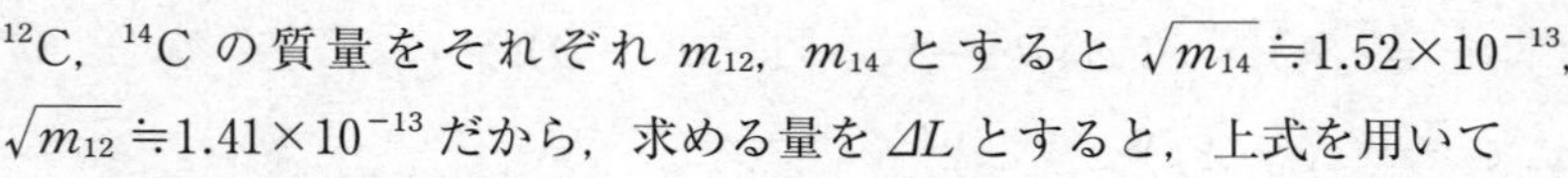

^{12}C，^{14}C の質量をそれぞれ m_{12}，m_{14} とすると $\sqrt{m_{14}}\fallingdotseq 1.52\times10^{-13}$，$\sqrt{m_{12}}\fallingdotseq 1.41\times10^{-13}$ だから，求める量を $\varDelta L$ とすると，上式を用いて

$$\varDelta L=\frac{2}{B}\sqrt{\frac{2V}{q}}\left(\sqrt{m_{14}}-\sqrt{m_{12}}\right)$$

$$\fallingdotseq\frac{2}{1.00\times10^{-1}}\sqrt{\frac{2\times1.00\times10^4}{1.60\times10^{-19}}}(1.52-1.41)\times10^{-13}$$

$=7.8\times10^{-2}$〔m〕≒8〔cm〕

したがって，答えは　(ウ)　……(答)

◀解　説▶

≪電場・磁場中での荷電粒子の運動，軌道の半径への質量の影響≫

▶(1)　荷電粒子は P_0P_1 間の電場から電気力を受けて加速される。初速は 0 だから，仕事とエネルギーの関係から次式が成り立つ。

$$\frac{1}{2}mv_1{}^2=qV \qquad \therefore \quad v_1=\sqrt{\frac{2qV}{m}}$$

▶(2)　荷電粒子は電場 E から受ける電気力を向心力として等速円運動をするから，(1)で求めた v_1 を用いて

$$m\frac{v_1{}^2}{R}=qE \qquad \therefore \quad R=\frac{mv_1{}^2}{qE}=\frac{m}{qE}\cdot\frac{2qV}{m}=\frac{2V}{E}$$

▶(3)　P_1P_2 間および P_3P_4 間の電位差は 0 で，どちらも極板間には電場がなく荷電粒子 X には電気力がはたらかない。領域 1 には電場があるが荷電粒子 X にはたらく電気力は進行方向に垂直である。領域 2 で荷電粒子 X にはたらくローレンツ力は進行方向に垂直である。以上より，S_1 から S_5 までの各区間で荷電粒子 X にはたらく力がする仕事は 0 であり，荷電粒子 X の速さは変化しない。したがって，(イ) $v_1=v_2=v_3=v_4=v_5$ である。

▶(4)　荷電粒子 X は $\dfrac{L}{2}$ が軌道の半径で，(3)より $v_5=v_1$ である。v_1 は(1)で解答済み。

▶(5)　(2)の答えと(4)の答えがそれぞれ電場 E，磁場 B の満たすべき条件である。両式には V が共通に入っているので，これを消去すれば E と B の関係式が導かれる。領域 1，2 での運動方程式から v_1 を消去してもよい。

▶(6)　(2)の答えには質量 m が入っていないから，質量が変化しても荷電粒子は領域 1 で同じ軌道を描く。(4)の答えから $L\propto\sqrt{m}$ であり，軌道の半径を r とすると $r\propto\sqrt{m}$ である。したがって，質量が $\dfrac{1}{2}$ 倍になれば r は $\dfrac{1}{\sqrt{2}}=\dfrac{\sqrt{2}}{2}\fallingdotseq0.7$ 倍になる。

▶(7)　〔解説〕(6)で述べたように，^{12}C と ^{14}C の質量の違いには関係なく(2)

の答えが使える。

▶(8)　(4)の答えを用いて ^{12}C と ^{14}C とでの L の値の違いを計算すればよく，両者で異なるのは質量のみである。表 1 に $\sqrt{1.99}$，$\sqrt{2.32}$ の近似値が記されていることは，解法（計算方法）へのヒントにもなっている。

III　解答

(1)　$m=\dfrac{APV_b}{RT_b}$

(2)　$F=\dfrac{APV_b}{RT_0}g$，$T_b=\dfrac{APV_b}{APV_b-MRT_0}T_0$

(3)　［答 1］　$Q=mC(T_b-T_0)$

［答 2］　上式に(1)で求めた m，(2)で求めた T_b をそれぞれ代入して

$$Q=\frac{APV_bC}{RT_b}T_b\left(1-\frac{T_0}{T_b}\right)$$

$$=\frac{APV_bC}{R}\left(1-\frac{APV_b-MRT_0}{APV_b}\right)$$

$$=MCT_0 \quad \cdots\cdots(\text{答})$$

(4)　29 kg

(5)　(あ)—㋐　(い)246

(6)　(あ)—㋓　(い)4.8

(7)　(6)は定圧変化だから，状態方程式より体積は温度に比例する。したがって，(6)の終状態での体積を V_2' とすると，(5)(い)の答えを用いて

$$V_2'=V_2\times\frac{246+\varDelta T}{246}=V_2\left(1+\frac{\varDelta T}{246}\right) \quad \cdots\cdots①$$

$P_2=\dfrac{1}{2}P_1$ であり，最終状態での体積を V_3 とすると，$\gamma=1.4$ として断熱圧縮において次式が成り立つ。

$$P_1V_3{}^{\gamma}=\frac{1}{2}P_1V_2'^{\gamma}$$

この式から　$V_3{}^{\gamma}=\dfrac{1}{2}V_2'^{\gamma}$

最後の式の両辺を $\dfrac{1}{\gamma}$ 乗し，上の①式と(5)(あ)の答えを用いて

$$V_3=2^{-\frac{1}{\gamma}}V_2'=2^{-\frac{1}{\gamma}}V_2\left(1+\frac{\varDelta T}{246}\right)$$

$$=2^{-\frac{1}{\gamma}}\times 2^{\frac{1}{\gamma}}V_1\left(1+\frac{\Delta T}{246}\right)=V_1\left(1+\frac{\Delta T}{246}\right)$$

気体の物質量を n_1 とし，上式を用いて最終状態での状態方程式より

$$T_3=\frac{P_1V_3}{n_1R}=\frac{P_1V_1}{n_1R}\left(1+\frac{\Delta T}{246}\right)=T_1\left(1+\frac{\Delta T}{246}\right)$$

上式より

$$T_3-T_1=T_1\cdot\frac{\Delta T}{246}=\frac{300}{246}\Delta T=1.21\Delta T\fallingdotseq 1.2\Delta T$$

よって　　1.2 倍　……(答)

別解　状態方程式 $PV=nRT$ より $V\propto\dfrac{T}{P}$ なので，$PV^{1.4}=$一定は次式のように変形ができる。$\gamma=1.4$ として

$$P\left(\frac{T}{P}\right)^{\gamma}=P^{1-\gamma}T^{\gamma}=\text{一定}$$

さらに，上式の両辺を $\dfrac{1}{\gamma}$ 乗して　　$P^{\frac{1}{\gamma}-1}T=$一定

上式を断熱圧縮に適用し，$P_2=\dfrac{1}{2}P_1$ を用いて

$$P_1^{\frac{1}{\gamma}-1}T_3=P_2^{\frac{1}{\gamma}-1}(T_2+\Delta T)=\left(\frac{1}{2}\right)^{\frac{1}{\gamma}-1}P_1^{\frac{1}{\gamma}-1}(T_2+\Delta T)$$

上式より　　$T_3=\left(\dfrac{1}{2}\right)^{\frac{1}{\gamma}-1}(T_2+\Delta T)=\left(\dfrac{1}{2}\right)^{\frac{1}{\gamma}}\cdot 2(T_2+\Delta T)$

一方，(5)(い)の〔解説〕〔別解〕において $T_2=\dfrac{1}{2}\cdot 2^{\frac{1}{\gamma}}T_1$ を導いているので，これを上式に代入し，(5)(あ)㋒を利用して整理すると次式が導かれる。

$$T_3-T_1=\left(\frac{1}{2}\right)^{\frac{1}{1.4}}\cdot 2\Delta T\fallingdotseq 0.6095\times 2\Delta T=1.21\Delta T\fallingdotseq 1.2\Delta T$$

よって　　1.2 倍

◀解　説▶

≪気球にはたらく浮力，定圧変化，水蒸気の潜熱，断熱変化とポアソンの法則≫

参考のために，該当する単位を付記した箇所がある。

▶(1)　浮上を始めた瞬間における気体の状態方程式は，物質量を n として

$PV_b = nRT_b$

この式から　$n = \dfrac{PV_b}{RT_b}$

$\therefore \quad m = A\,[\mathrm{kg/mol}] \times n\,[\mathrm{mol}] = \dfrac{APV_b}{RT_b}$

▶(2)　外部の気体について，体積 V の部分の質量を m_0 とすると，物質量は $\dfrac{m_0}{A}$ となり，状態方程式は

$PV = \dfrac{m_0}{A}RT_0$

上式から密度 ρ は　$\rho = \dfrac{m_0}{V} = \dfrac{AP}{RT_0}$

したがって，浮力は

$F = \rho V_b g = \dfrac{APV_b}{RT_0}g$

(1)の答えを用い，気球にはたらく重力と浮力のつり合いより

$(m+M)g = \left(\dfrac{APV_b}{RT_b} + M\right)g = \dfrac{APV_b}{RT_0}g$

上式より　$T_b = \dfrac{APV_b}{APV_b - MRT_0}T_0$

▶(3)　単位は $C\,[\mathrm{J/kg}]$ で，この気体の定圧比熱である。

▶(4)　気球内部の気体の物質量を n' とすると，はじめの状態での状態方程式は

$P_1V_1 = n'RT_1$

この式より　$n' = \dfrac{P_1V_1}{RT_1}$

したがって，求める質量を m' とすると

$m' = n'A = \dfrac{P_1V_1}{RT_1}A = \dfrac{(1.00\times10^5)\times24.9\times(2.90\times10^{-2})}{8.30\times300} = 29\,[\mathrm{kg}]$

▶(5)(あ)　$P_2 = \dfrac{1}{2}P_1$ であり，ポアソンの法則「$PV^{1.4} =$ 一定」より次式が成り立つ。

$P_1{V_1}^{1.4} = P_2{V_2}^{1.4} = \dfrac{1}{2}P_1{V_2}^{1.4}$

したがって　${V_2}^{1.4} = 2{V_1}^{1.4}$

最後の式の両辺を $\frac{1}{1.4}$ 乗することにより

$$V_2=2^{\frac{1}{1.4}}V_1$$

したがって，答えは　㋐

(い)　〔解説〕(4)の物質量 n' は，〔解説〕(4)の m' を用いて

$$n'=\frac{m'}{A}=\frac{29}{2.90\times10^{-2}}=1.0\times10^3\,[\mathrm{mol}]$$

圧力が P_2 のときの状態方程式に(5)(あ)と $2^{\frac{1}{1.4}}\fallingdotseq1.641$ を代入して

$$T_2=\frac{P_2V_2}{n'R}\fallingdotseq\frac{5.00\times10^4\times(1.641\times24.9)}{1.0\times10^3\times8.30}=246.1\fallingdotseq246\,[\mathrm{K}]$$

別解　状態方程式 $PV=nRT$ より $P\propto\frac{T}{V}$ なので，$\gamma=1.4$ として

$$PV^{\gamma}=\text{一定}\quad\text{より}\quad\left(\frac{T}{V}\right)V^{\gamma}=TV^{\gamma-1}=\text{一定}$$

上式を断熱膨張に適用し，(5)(あ)の答えの $V_2=2^{\frac{1}{\gamma}}V_1$ を用いると

$$T_1V_1^{\gamma-1}=T_2V_2^{\gamma-1}=T_2\left(2^{\frac{1}{\gamma}}\right)^{\gamma-1}V_1^{\gamma-1}=T_2\cdot2\left(\frac{1}{2}\right)^{\frac{1}{\gamma}}V_1^{\gamma-1}$$

したがって

$$T_2=\frac{1}{2}\cdot2^{\frac{1}{\gamma}}T_1\fallingdotseq\frac{1}{2}\times1.641\times300=246.1\fallingdotseq246\,[\mathrm{K}]$$

▶(6)(あ)　水蒸気→水→氷の三態の変化で潜熱（蒸発熱，融解熱）が気体へ供給される。その熱量を Q' とすると

$$Q'=2.80\times10^6\,[\mathrm{J/kg}]\times5.00\times10^{-2}\,[\mathrm{kg}]=1.40\times10^5\,[\mathrm{J}]$$

したがって，答えは　㋓

(い)　(6)(あ)の答え Q' と(4)の答え m' を用いて

$$\varDelta T=\frac{Q'}{m'C}=\frac{1.40\times10^5}{29\times1.00\times10^3}=4.82\fallingdotseq4.8\,[\mathrm{K}]$$

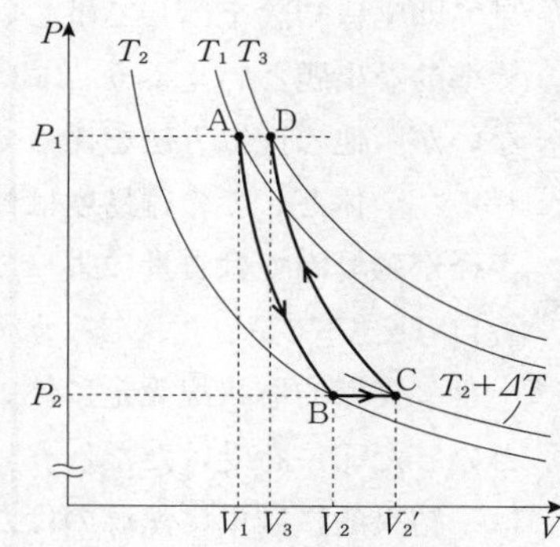

▶(7)　右図は(4)以降での気球内部の気体の P-V 図（概念図）で，図中の A→B は断熱膨張，B→C は定圧変化，C→D

は断熱圧縮である。〔解答〕はいわば素朴な解法だが，〔別解〕は，問題文にあるポアソンの法則を変形して用いる発展的な解法である。いずれにしても，用いる法則はポアソンの法則と状態方程式である（ちなみにポアソンの法則は状態方程式と熱力学第一法則から微積分を使って導かれる）。最終的には T_3 と T_1 の関係式を導かなければならず，そのためには 2 つの断熱変化を結びつける工夫が必要となる。

❖講　評

2022 年度は，2021 年度と比べてやや易化傾向であり，難易度の高かった 2020 年度以降は易化傾向が続いている。例年通り，基本事項の確実な理解を確かめる設問と，応用力・思考力・直感力を見る設問で構成されていて，状況設定の説明や小問による誘導などが丁寧に行われている。

Ⅰ　放物運動の応用であり，物理的状況をよく把握できていれば，さほど難しくはない。(1)〜(3)はほぼ基本問題である。(4)〜(6)は質量の等しい 2 つの小球の衝突で，$e=1$，0 なので，物理的状況をよく理解していれば難しくはなかったと思われる。(7)は思考力が試される応用的な出題で，いろいろな解法があるだろう。(8)・(9)は，(8)〔別解〕の方法を心得ていると直感的にもわかりやすいのだが，(9)は，もし解法も記す出題だったなら，かなり手こずったのではないだろうか。全体としての難易度は標準的といえる。

Ⅱ　(1)・(2)は電場による荷電粒子の円運動であり，意表を突かれたかもしれないが，落ち着いて対処すれば難しくはない。(3)は図 2 の状況を見て即座に結論を出してほしい。(4)・(6)は磁場内での荷電粒子の運動の標準的な出題といえよう。(8)は〔解答〕に示した方法に気づけば難しくはないが，他の近似方法を探っていると行き詰まったのではないかと思われる。全体としての難易度は標準的ないしやや平易である。なお，軌道半径が磁場内では質量によって異なるが，電場内では同じになる理由を各自考えてみるとよいだろう。

Ⅲ　実際的な状況設定に伴い情報量・変数・定数が多く，複雑な内容といった印象を受けただろう。ただし，たとえば気球内に入れた水蒸気は，結果的には単に熱源のはたらきをしているだけであり，何が主題かを的確に見分ける必要がある。(1)〜(4)は計算量は多いが標準的な出題といえる。(5)以下はポアソンの法則を用いる出題で難易度が高く，特に(7)は難問といえるだろう。全体として，入試問題としても難しい問題といえる。

試験時間は単純計算で大問 1 題当たり 25 分であり，見直しの余裕はなかったと思われる。

化学

I

解答　問 1．(1)　ア．$\dfrac{p_C{}^2}{p_A \cdot p_B{}^3}$　イ．$K_P(RT)^2$

ウ．$n-3m\alpha$　エ．$\dfrac{n-3m\alpha}{m+n-2m\alpha}P$

(2)　$2.8\times10^{-2}\,\mathrm{min}^{-1}$

(3)　$\dfrac{\log_e 2}{k}$

(4)　$E=\dfrac{R'T_1T_2}{T_2-T_1}\log_e 3$〔J/mol〕

問 2．(1)(i)　水素イオン濃度：3.2×10^{-3} mol/L

pH：2.5（pH の有効数字は小数点以下と考えると 2.48 または 2.50）

(ii)―(キ)

(2)　水素イオン濃度：4.6×10^{-4} mol/L

pH：3.3（pH の有効数字は小数点以下と考えると 3.34）

(3)　$NaHSO_4$，NH_4Cl

◀解　説▶

≪気相平衡，反応速度，アレニウスの式，中和滴定，電離平衡≫

◆問 1．▶(1)　ア．濃度平衡定数と同じように，各分圧について化学平衡の法則を適用すればよい。

イ．**A** の分圧を p_A〔Pa〕，体積を V〔L〕，物質量を n_A〔mol〕とし，気体の状態方程式を考える。

$$p_A\times V=n_A\times R\times T \quad \text{より} \quad p_A=[\mathbf{A}]\times RT$$

他の気体についても同様の関係が成り立つ。これを K_P に代入すると

$$K_P=\frac{p_C{}^2}{p_A\cdot p_B{}^3}=\frac{([\mathbf{C}]RT)^2}{[\mathbf{A}]RT\times([\mathbf{B}]RT)^3}=\frac{K_C}{(RT)^2}$$

$$\therefore\quad K_C=K_P(RT)^2$$

ウ・エ．平衡状態における各物質量は

$$\mathrm{A} \quad + \quad 3\mathrm{B} \quad \rightleftarrows \quad 2\mathrm{C}$$

$$m(1-\alpha)\,[\mathrm{mol}] \quad n-3m\alpha\,[\mathrm{mol}] \qquad 2m\alpha\,[\mathrm{mol}]$$

$\therefore \quad n'=n-3m\alpha\,[\mathrm{mol}]$

平衡状態における **B** のモル分率は

$$\frac{n-3m\alpha}{m(1-\alpha)+n-3m\alpha+2m\alpha}=\frac{n-3m\alpha}{m+n-2m\alpha}$$

したがって **B** の分圧は

$$p_{\mathrm{B}}=\frac{n-3m\alpha}{m+n-2m\alpha}P\,[\mathrm{Pa}]$$

▶(2)　0.00〜10.0 分における **X** の平均濃度 $[\overline{\mathrm{X}}]$ は

$$[\overline{\mathrm{X}}]=\frac{5.30\times10^{-3}+4.00\times10^{-3}}{2}=4.65\times10^{-3}\,[\mathrm{mol/L}]$$

(1)式に代入すると

$$-\frac{4.00\times10^{-3}-5.30\times10^{-3}}{10.0-0.00}=k\times4.65\times10^{-3}$$

$\therefore \quad k=2.79\times10^{-2}\,[\mathrm{min}^{-1}]$

同様に，10.0〜20.0 分における **X** の平均濃度 $[\overline{\mathrm{X}}]$ は

$$[\overline{\mathrm{X}}]=\frac{4.00\times10^{-3}+3.01\times10^{-3}}{2}=3.50\times10^{-3}\,[\mathrm{mol/L}]$$

(1)式に代入すると

$$-\frac{3.01\times10^{-3}-4.00\times10^{-3}}{20.0-10.0}=k\times3.50\times10^{-3}$$

$\therefore \quad k=2.82\times10^{-2}\,[\mathrm{min}^{-1}]$

よって

$$\bar{k}=\frac{2.79\times10^{-2}+2.82\times10^{-2}}{2}=2.80\times10^{-2}\fallingdotseq2.8\times10^{-2}\,[\mathrm{min}^{-1}]$$

▶(3)　時刻 $t_{1/2}$ において，**X** のモル濃度は $\frac{1}{2}[\mathrm{X}]_0\,[\mathrm{mol/L}]$ となる。

これを(2)式に適用すると

$$\log_e\frac{[\mathrm{X}]}{[\mathrm{X}]_0}=\log_e\frac{1}{2}=-kt_{1/2}$$

$$\therefore \quad t_{1/2}=\frac{\log_e 2}{k}$$

▶(4)　条件より T_2〔K〕における反応速度定数は，T_1〔K〕における値の 3 倍になるので，(3)式より

$$Ae^{-\frac{E}{R'T_1}}\times 3=Ae^{-\frac{E}{R'T_2}}$$

両辺の自然対数をとると

$$-\frac{E}{R'T_1}+\log_e 3=-\frac{E}{R'T_2}$$

$$\therefore\quad E=\frac{R'T_1T_2}{T_2-T_1}\log_e 3$$

◆問 2．▶(1)(i)　酢酸の電離度は 1 に比べて非常に小さいので，酢酸のモル濃度を C〔mol/L〕とすると，水素イオン濃度は

$$[\mathrm{H^+}]=\sqrt{C\times K_\mathrm{a}}$$
$$=\sqrt{0.40\times 2.7\times 10^{-5}}$$
$$=2\sqrt{2.7}\times 10^{-3}$$
$$=3.2\times 10^{-3}\text{〔mol/L〕}$$

$$\mathrm{pH}=-\log_{10}(0.40\times 2.7\times 10^{-5})^{0.5}$$
$$=-\log_{10}2-\frac{3}{2}\log_{10}3+3.5=2.48\fallingdotseq 2.5$$

(ii)　点 Q′ における水酸化ナトリウム水溶液の滴下量を a〔mL〕とすると

$$1\times 0.40\times\frac{100}{1000}=1\times 0.12\times\frac{a}{1000}$$

$$\therefore\quad a\fallingdotseq 333\text{〔mL〕}$$

酢酸よりも乳酸の方が酸性が強いので，Q′ の pH は Q の pH よりも小さい。したがって Q′ は Q の左下に位置することになる。

▶(2)　乳酸（Lac とする）の電離および乳酸イオン（$\mathrm{Lac^-}$ とする）の加水分解の影響は無視できるので，乳酸の物質量と乳酸ナトリウムの物質量を，乳酸と乳酸イオンの濃度比と考えてよい。

$$\text{乳酸：}0.80\times\frac{100}{1000}=8.0\times 10^{-2}\text{〔mol〕}$$

$$\text{乳酸ナトリウム：}0.20\times\frac{200}{1000}=4.0\times 10^{-2}\text{〔mol〕}$$

乳酸の電離定数を次のようにおくと

$$K_\mathrm{a}=\frac{[\mathrm{Lac^-}][\mathrm{H^+}]}{[\mathrm{Lac}]}$$

より

$$[H^+]=K_a\times\frac{[Lac]}{[Lac^-]}$$

$$=2.3\times10^{-4}\times\frac{8.0\times10^{-2}}{4.0\times10^{-2}}$$

$$=4.6\times10^{-4}\text{〔mol/L〕}$$

$$pH=-\log_{10}(2\times2.3\times10^{-4})$$

$$=-\log_{10}2-\log_{10}2.3+4.0$$

$$=3.34$$

▶(3)　6つの塩の水溶液の液性は次のようになる。

酸性：$NaHSO_4$，NH_4Cl

中性：Na_2SO_4，$NaCl$

塩基性：Na_2CO_3，$NaHCO_3$

Ⅱ　解答

問1．(1)　ア．炭化ケイ素　イ．増加　ウ．低く　エ．水ガラス　オ．ケイ酸　カ．シリカゲル

(2)　3.8×10^{15} 個

(3)　3.2 g/cm^3

(4)　式量あたりの結合エネルギーの総和（孤立分子）：1606 kJ/mol

式量あたりの結合エネルギーの総和（立体網目構造）：1408 kJ/mol

孤立分子が安定である理由：式量あたりの結合エネルギーの総和は，孤立分子の方が 198 kJ 大きく，エネルギー的に安定であるため。

(5)　$Na_2SiO_3+2HCl \longrightarrow H_2SiO_3+2NaCl$

問2．(1)　ア．2　イ．不動態　ウ．熱水　エ．H_2

(2)(i)　$2Mg+O_2+2H_2O \longrightarrow 2Mg(OH)_2$

(ii)　負極

(iii)　銅のイオン化傾向は水素よりも小さく，水素イオンよりも銅(Ⅱ)イオンが還元されやすいから。（45字以内）

(iv)　6.0×10^{-1} mg

◀解　説▶

≪14 族元素とその化合物の性質，結晶格子，結合エネルギーの計算，マグネシウムの性質，マグネシウム空気電池，電気分解≫

◆問 1．▶(1)　ア．炭素とケイ素からなる炭化ケイ素の結晶は，共有結合結晶に分類される。

イ．ダイヤモンドには電気伝導性がなく，ケイ素は半導体なので，電気伝導性は

　　ケイ素＞炭化ケイ素＞ダイヤモンド

の順になる。

ウ．ダイヤモンドは最も硬い物質であり，それ以下は炭化ホウ素，炭化ケイ素の順である。したがって，設問にある物質の硬度の高い順は

　　ダイヤモンド＞炭化ケイ素＞ケイ素

となる。

エ．けい砂を水酸化ナトリウム水溶液と混ぜて高圧で加熱すると，反応によりケイ酸ナトリウムが生じ，これが水に溶けて粘度の高い溶液となる。これを水ガラスという。

$$SiO_2 + 2NaOH \longrightarrow Na_2SiO_3 + H_2O$$

オ．水ガラスに塩酸を加えると，ケイ酸が生じる。

$$Na_2SiO_3 + 2HCl \longrightarrow H_2SiO_3 + 2NaCl$$

カ．この溶液に含まれる水溶性の成分を洗浄・除去し，乾燥させたものをシリカゲルという。シリカゲルは非晶質で，表面に多数のヒドロキシ基をもち，多孔質で表面積が大きいので，吸着剤，乾燥剤として使われている。

▶(2)　正六角形の面積を 6 個の正三角形の面積の和で考える。また，正六角形に原子 2 個分が含まれる。$1.0\,cm^2$ あたりの炭素原子数を a 個とすると

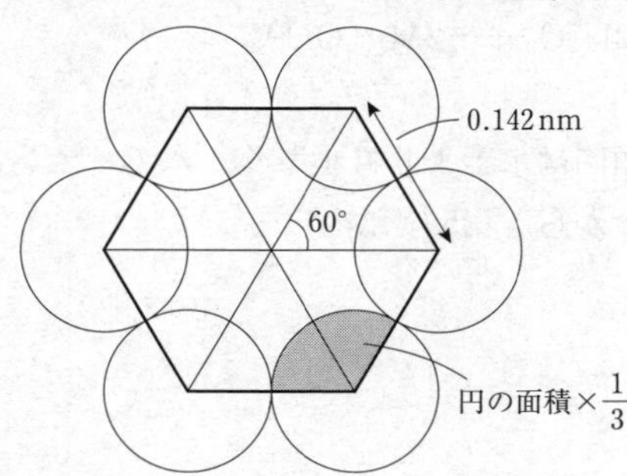

$$(0.142\times10^{-7})^2\times\sin60°\times\frac{1}{2}\times6\,\mathrm{cm}^2 : \frac{1}{3}\times6\text{ 個}=1.0\,\mathrm{cm}^2 : a\text{ 個}$$

$$\therefore\quad a=\frac{4}{(0.142\times10^{-7})^2\times1.73\times3}$$

$$=3.82\times10^{15}\fallingdotseq3.8\times10^{15}\text{ 個}$$

▶(3)　C と Si の結晶構造は次のとおり。小立方体に注目する。

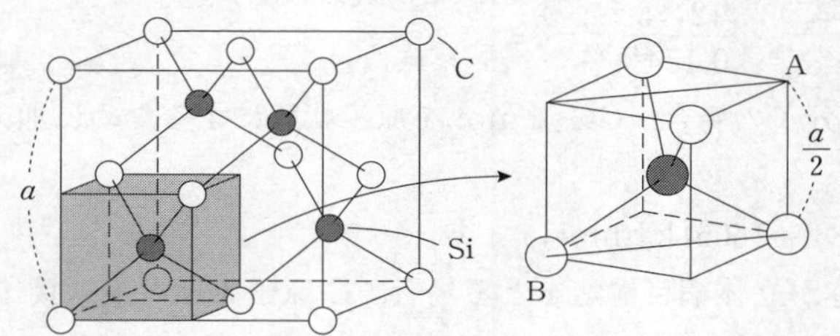

最近接の原子間距離を ℓ とすると，小立方格子の AB について

$$\frac{\sqrt{3}}{2}a=2\ell$$

立方体の体積 a^3 を ℓ を用いて表すと

$$a^3=\frac{64}{3\sqrt{3}}\times\ell^3$$

よって，体積が ℓ^3 に比例することがわかる。

単位格子中に含まれる原子数は

ダイヤモンド：C 原子 8 個

炭化ケイ素：C 原子 4 個，Si 原子 4 個

アボガドロ定数を N_A〔1/mol〕とすると，ダイヤモンドの単位格子の質量は

$$\frac{12\times8}{N_A}\text{〔g〕}$$

炭化ケイ素の単位格子の質量は

$$\frac{12\times4+28\times4}{N_A}\text{〔g〕}$$

となる。

密度は結晶格子の質量に比例し，原子間距離の 3 乗に反比例する。

ダイヤモンドの密度は

$$\frac{12\times8}{0.154^3}$$

に比例し，炭化ケイ素は

$$\frac{12\times4+28\times4}{0.188^3}$$

に比例する。よって，炭化ケイ素の密度は

$$3.51\times\frac{\dfrac{12\times4+28\times4}{0.188^3}}{\dfrac{12\times8}{0.154^3}}=3.21\fallingdotseq3.2\,[\mathrm{g/cm^3}]$$

▶(4)　孤立分子の場合，CO_2 1 mol を原子状態にするために加えるエネルギーは

$$803\times2=1606\,[\mathrm{kJ/mol}]$$

組成式 CO_2 が立体網目構造をとる場合，C 原子 1 個は最近接にある O 原子 4 個と C−O 結合をしている。組成式 CO_2 1 mol が立体網目構造をとる場合，これを原子状態にするために加えるエネルギーは

$$352\times4=1408\,[\mathrm{kJ/mol}]$$

したがって，孤立分子の方が，立体網目構造よりも式量あたりの結合エネルギーの総和は

$$1606-1408=198\,[\mathrm{kJ}]$$

大きく，エネルギー的に安定である。

◆問 2．▶(1)　マグネシウムは 2 族の金属原子なので，最外殻電子数は 2 である。マグネシウムは緻密な酸化被膜に覆われており，冷水とは反応しない。このような状態を不動態という。しかし熱水や弱酸とは反応し，水素を発生する。

▶(2)(i)　各極での変化は次のとおり。

負極：$Mg \longrightarrow Mg^{2+}+2e^-$　……①

正極：$O_2+2H_2O+4e^- \longrightarrow 4OH^-$　……②

①×2＋② より

$$2Mg+O_2+2H_2O \longrightarrow 2Mg(OH)_2$$

(ii)　硫酸を白金電極で電気分解したときの変化は次のとおり。

陰極：$2H^++2e^- \longrightarrow H_2$

陽極：$2H_2O \longrightarrow O_2+4H^++4e^-$

したがって，**A** は電池の負極に接続していたことになる。

(iii)　銅のイオン化傾向は水素よりも小さいので，銅(Ⅱ)イオンが存在する限り，水素イオンは還元されず，銅(Ⅱ)イオンが還元されて，銅が析出する。

(iv)　電気分解中に流れた電子の物質量は

$$\frac{0.50\times10^{-3}\times193\times60^{2}}{96500}=3.60\times10^{-3}\,[\text{mol}]$$

Cu の析出で消費された電子の物質量は

$$\frac{95.25\times10^{-3}}{63.5}\times2=3.00\times10^{-3}\,[\text{mol}]$$

水素の発生で消費された電子の物質量は

$$3.60\times10^{-3}-3.00\times10^{-3}=6.00\times10^{-4}\,[\text{mol}]$$

このとき発生した水素の質量は

$$2.00\times\frac{6.00\times10^{-4}}{2}=6.00\times10^{-4}\,[\text{g}]=6.0\times10^{-1}\,[\text{mg}]$$

Ⅲ　解答

問 1．(1)　C_8H_8

(2)　6 種類

(3)　**B**：ア．CH_2CH_3　イ．H　ウ．H　エ．H　（アとエは順不同）

C：ア．CH_3　イ．H　ウ．H　エ．CH_3

(4)　**E**．$C_6H_5-CH(Br)-CH_2(Br)$　　**F**．$C_6H_5-CH_2-CH_3$

G．$C_6H_4(CH_3)_2$（CH_3，CH_3 がベンゼン環の隣り合う位置）

(5)

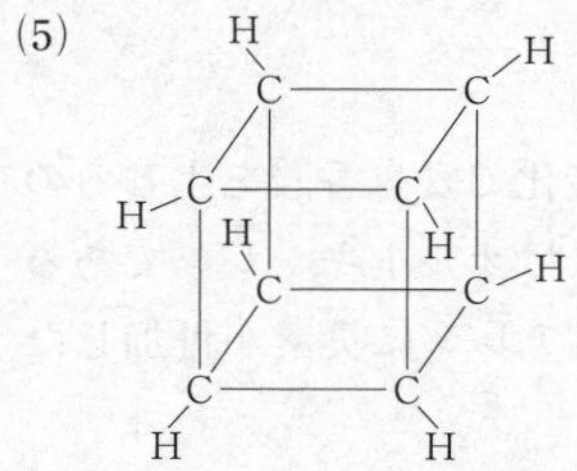

問 2．(1)　NaCl 水溶液中の Na^+ が陽イオン交換樹脂中の H^+ と交換され，HCl 水溶液が流出するため。

(2)　2つ以上のペプチド結合をもつトリペプチド以上のペプチドである。

(3)　$C_{14}H_{28}N_4O_4$

(4)　**a**．グルタミン酸　**d**．リシン

(5)　**b**．$H_3N^+-{}^*CH-COO^-$　　**c**．$H_3N^+-CH_2-COO^-$

$$\begin{array}{l} H_3N^+-{}^*\underset{|}{C}H-COO^- \\ \quad\quad\quad\ {}^*\underset{|}{C}H-CH_3 \\ \quad\quad\quad\ \ \underset{|}{C}H_2 \\ \quad\quad\quad\ \ CH_3 \end{array}$$

◀解　説▶

≪鎖状炭化水素の構造決定，陽イオン交換樹脂，ペプチドの構造決定≫

◆問1．▶(1)　**A** と臭素は 1：1 の物質量比で反応するので，**A** 1 分子中にベンゼン環以外で C=C を 1 個もつことがわかる。また，**A** を過マンガン酸カリウム水溶液で酸化すると，安息香酸を生じるので，**A** はベンゼン一置換体である。この条件を満たすスチレンの分子量が 104 なので，分子式は C_8H_8 である。

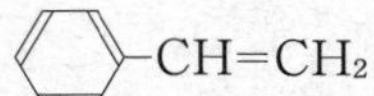

▶(2)　**A** の分子中に含まれる炭素原子のうち，不斉炭素原子になりうるのは，$-C_2H_3$ が直接結合している六員環を構成する炭素原子である。この炭素原子に注目して，炭素間二重結合位置を考える。

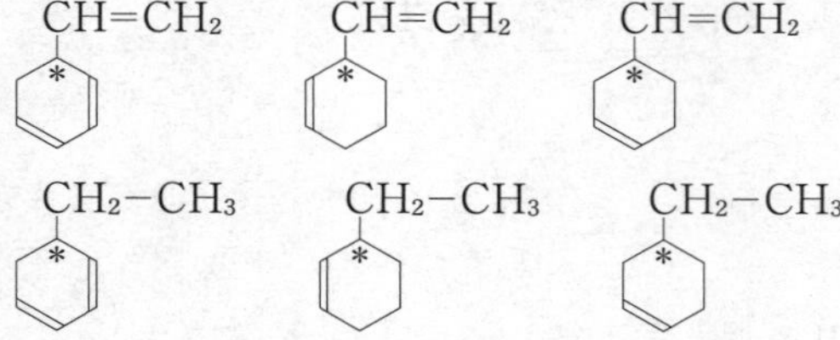

以上より，生じうる異性体は 6 種類である。

▶(3)・(4)　**F** は過マンガン酸カリウム水溶液の酸化で安息香酸を生じるので，**F** はベンゼン一置換体のエチルベンゼン，**G** はオルトキシレンであることから，**B**，**C** の構造が決まる。また，**E** はスチレンに臭素が付加した物質である。

B. $H-C(=C(H)-C\equiv C-H)-C\equiv C-CH_2-CH_3$ $\xrightarrow[\text{水素供与体}]{\text{加熱}}$ **F**. (ベンゼン環)$-CH_2-CH_3$ $\xrightarrow{KMnO_4}$ (ベンゼン環)$-C(=O)-OH$

C. $H-C(=C(H)-C\equiv C-CH_3)-C\equiv C-CH_3$ $\xrightarrow[\text{水素供与体}]{\text{加熱}}$ **G**. (ベンゼン環に CH_3, CH_3)

E. (ベンゼン環)$-CH(Br)-CH_2(Br)$ $\xleftarrow{+Br_2}$ **A**. (ベンゼン環)$-CH=CH_2$ $\xrightarrow{KMnO_4}$ (ベンゼン環)$-C(=O)-OH$

▶(5)　答えの構造をもつ化合物はキュバンといい，炭素原子が立方体の構造をしているので，炭素間の単結合はすべて長さが等しく，どの水素原子１個を塩素原子に置き換えても，どの炭素原子１個をケイ素原子に置き換えても，それぞれ１種類の化合物しか存在しない。

◆問２．▶(1)　たとえば分子中にスルホ基をもつ陽イオン交換樹脂の場合，NaCl 水溶液を流し入れると，スルホ基の H^+ と Na^+ が交換し，Cl^- はそのまま通過する。

$$R-SO_3{}^-H^+ + Na^+ \longrightarrow R-SO_3{}^-Na^+ + H^+$$

その結果，HCl 水溶液が流出することになる。

▶(2)　ビウレット反応では，分子中にペプチド結合を２個以上もつものが陽性を示す。

▶(3)　無水酢酸と反応するのは，ペプチド **X** のアミノ基またはヒドロキシ基であり，１箇所あたりの分子式の変化と式量変化は次のようになる。

$$-NH_2 \xrightarrow[+42]{+C_2H_2O} -NHCOCH_3$$

または　$$-OH \xrightarrow[+42]{+C_2H_2O} -OCOCH_3$$

したがって，反応箇所は２箇所と考えられる。

また，メタノールと反応する可能性があるのは，ペプチド **X** のカルボキシ基であり，反応箇所は１箇所と考えられる。

$$-COOH \xrightarrow[+14]{+CH_2} -COOCH_3$$

したがって，**X** の分子式は

$$C_{19}H_{34}N_4O_6-CH_2-2(C_2H_2O)=C_{14}H_{28}N_4O_4$$

である。

▶(4)　**X** および **Y** の加水分解生成物が 4 種類の α-アミノ酸なので，**X** と **Y** に共通して含まれるアミノ酸が 1 種類，**X** のみに含まれるアミノ酸が 2 種類，**Y** のみに含まれるアミノ酸が 1 種類存在することがわかる。また電気泳動の結果から，**a** は酸性アミノ酸で **Y** に含まれるグルタミン酸（分子式：$C_5H_9NO_4$）である。**b**，**c** は中性アミノ酸で **c** は **Y** に含まれるグリシン（分子式：$C_2H_5NO_2$），**b** は分子中に不斉炭素原子を 2 個もつイソロイシン（分子式：$C_6H_{13}NO_2$）である。**d** は塩基性アミノ酸で，リシン（分子式：$C_6H_{14}N_2O_2$）と考えられる。**X** にはアミノ基 2 個が含まれるので，塩基性アミノ酸，リシン（$C_6H_{14}N_2O_2$）が含まれる。また **Y** に含まれないアミノ酸，イソロイシン（$C_6H_{13}NO_2$）も含まれる。**X** の炭素数，不斉炭素原子数を考えると，グリシン（$C_2H_5NO_2$）も **X** に含まれることになる。このトリペプチドの分子式を確認すると

$$C_6H_{14}N_2O_2+C_6H_{13}NO_2+C_2H_5NO_2-2(H_2O)=C_{14}H_{28}N_4O_4$$

となり，条件と一致する。

▶(5)　中性アミノ酸は，中性付近の水溶液中で，$-COOH$ は H^+ を放出して $-COO^-$ に，$-NH_2$ は H^+ を受け取って $-NH_3{}^+$ になった双性イオンとして存在する。

❖講　評

例年大問 5 題の形式であったが，2021 年度は 4 題となり，2022 年度は大問 3 題で各大問がそれぞれ問 1 と問 2 に分かれていた。試験時間は情報（コンピュータ科）・理・医・工・農学部が 2 科目 150 分，情報（自然情報）学部が 1 科目 75 分であった。問題数は2021 年度よりもやや増加したが，難易度は同程度であった。論述問題は 4 問出題されており，導出過程を書かせる問題や描図問題は出題されなかった。

I　問 1 は気相平衡，反応速度，アレニウスの式に関する問題であった。(2)の一次反応の速度定数を求める設問では誘導がなく，平均速度と平均濃度を求める必要があり，手間取った受験生もいたと思われる。それと比べると，(4)のアレニウスの式に関する設問は，典型的な内容であ

った。問2は中和滴定，電離平衡に関する問題であった。(1)(ii)の滴定曲線における中和点の位置に関する設問は難しくはないが珍しい。その他は典型的な設問なので，この分野の学習ができている受験生にとってはは手をつけやすかったと思われる。

Ⅱ　問1は14族元素とその化合物の性質，結晶格子，結合エネルギーの計算に関する問題であった。(3)の密度計算は，密度が単位格子の質量に比例し，原子間距離の3乗に反比例することを利用すると計算が楽になる。(4)のCO_2が立体網目構造をとったときの計算は注意を要する。問2はマグネシウムの性質，マグネシウム空気電池，電気分解に関する問題であった。2022年度の問題の中で一番取り組みやすく，誘導に従えば容易に解答できるだろう。

Ⅲ　問1は鎖状炭化水素の構造決定に関する問題であった。**A**に水素付加したときに生じる異性体の数に関する設問や，図2の反応を**B**, **C**に行ったときの生成物に関する設問は思考力が必要であった。(5)は，一度この構造を見たことがないと，解答は難しいかもしれない。問2は陽イオン交換樹脂，ペプチドの構造決定に関する問題であった。イソロイシン，リシンの構造式を覚えていることが前提の問題であるが，難しい設問は見られない。

2021年度の問題と比べると，問題の分量はやや増加したが，全体としての難易度はあまり変化がなかった。また2021年度のような細かい知識を問う問題が減り，思考力を要する問題が増えた。手間がかかる問題を後回しにして，取り組みやすい問題から解答したかどうかで得点差がついたと思われる。

■生物■

I　解答

(1)―A

(2)―c

(3)　PTR 比が小さいことは，合成された調節タンパク質が速やかに分解されることを示しており，そのことで植物ホルモンの応答遺伝子の発現調節が適切に制御できるようになると考えられる。

(4)　発芽の初期に必要なタンパク質であり，発芽の前から合成が開始されて蓄えられていて，条件が整えばすぐに利用できるようにしていると考えられる。

(5)　あらかじめ細胞内に mRNA が蓄積されていて，吸水後しばらくは蓄積された mRNA を用いてタンパク質を合成することで，発芽に必要なタンパク質が速やかに合成できると考えられる。

◀解　説▶

≪植物の遺伝子発現と PTR 比≫

▶(1)　リボソームが移動した距離に応じてポリペプチド鎖が長くなる。そして移動の方向は mRNA 上の 5′ から 3′ 方向だから，B が 5′ 末端で A が 3′ 末端である。

▶(2)　横軸を x，縦軸を y とすると，直線は点 (0, 10) (10, 20) を通るので $y=x+10$ と書ける。タンパク質分子数を P，mRNA 分子数を m とすると

$$\log_2 P=\log_2 m+10$$

となり，これを P について解くと

$$P=2^{10}\times m=1024m$$

となる。よって，PTR 比は

$$\frac{P}{m}=1024\fallingdotseq 1\times 10^3$$

▶(3)　リード文に，PTR 比は，「タンパク質の合成速度と分解速度によって決まる」とあり，問題文に「タンパク質の合成速度は平均的な値」とあるので，E や F については分解速度が速いと判断できる。このことか

ら，調節タンパク質が，ホルモンに応答する遺伝子の発現の調節を行うのに役立っていると考えられる。

▶(4)　図 4 の(B)から，PTR 比が非常に大きい遺伝子群由来のタンパク質は翻訳阻害剤を加えても量が変化しない。このことから，タンパク質は吸水以前に作られていて，ほとんど分解されずに蓄えられていることがわかる。

▶(5)　今度は転写阻害剤であることに注意する。図 5 の(B)で転写阻害剤を添加しても 8 時間くらいまでは阻害剤なしと同様にタンパク質が増加している。このことから，細胞内にあらかじめ転写された mRNA が蓄えられており，吸水してからしばらくは蓄えられた mRNA を使ってタンパク質が合成されていることがわかる。

II　解答

(1)　(ア)顕性（優性）　(イ)ヘテロ　(ウ)ホモ

(2)　雑種第 10 代目

(3)　この交配で，①および②のゲノムのほぼすべてが正常なニワトリのものになっているが，②のゲノムにのみ，チャボの原因遺伝子座とその付近のチャボ固有の SNP が残っていると考えられるので，それらのゲノムを比較することで，これを特定することが可能だと考えられる。

(4)　①―ウ　②―ア　③―イ

(5)―c)・e)・g)

(6)　(エ)*IHH*　(オ)*NHEJ1*

◀解　説▶

≪チャボの遺伝子の同定と細胞の致死≫

▶(1)　チャボ特有の形質を示す遺伝子を A，正常なニワトリの形質を示す遺伝子を a とする。表 1 のヒヨコの比は，(正常な足の長さ)：(足が短い)：(ふ化しなかった)≒1：2：1 と考えられ，これはヘテロ接合体(Aa) 同士の掛け合わせでの AA：Aa：aa の比に一致するため，チャボはヘテロ接合体で，ホモ接合体は致死であることがわかる。

▶(2)　雑種第 1 代で 50% $\left(\frac{1}{2}\right)$ のゲノムが正常なニワトリのものになるので，チャボのゲノムが 0.1% $\left(\frac{1}{1000}\right)$ 以下になればよいから，雑種 n 代

目に得られるとすると

$$\frac{1}{2^n} \leqq \frac{1}{1000} \qquad \therefore \quad n \geqq 10$$

となる。

▶(3)　設問(2)がヒントになっており，ゲノム内でチャボの原因遺伝子座とその付近のチャボ固有の SNP 以外は，正常のものに置き換わっていると推定される。

▶(4)　①は正常な DNA のみをもつので，PCR の結果は長い断片（マイナス電極側）のみになり，②は正常な DNA とチャボの DNA をもつので，長い断片と短い断片（プラス電極側），③はチャボの DNA のみをもつので，短い断片のみになる。

▶(5)　a）誤り。図 5(A)から骨細胞への分化は *IHH* 遺伝子が促進すると考えられる。

b）誤り。図 5(A)から *IHH* 遺伝子が存在する細胞は *NHEJ 1 ΔC* 遺伝子を入れても同じ割合で骨細胞に分化している。

d）誤り。図 5(B)より *NHEJ 1* 遺伝子をもつ細胞は生存率が高いが，*NHEJ 1 ΔC* 遺伝子をもつ細胞は低いことがわかる。

f）誤り。図 5(B)で *NHEJ 1* 遺伝子と *IHH* 遺伝子の両方をもつ細胞は高い生存率になっている。

▶(6)　インギーもチャボも *IHH* 遺伝子が欠失しているので，これのみを欠いた場合（ホモ接合体④）はふ卵後 16 日目前後で致死となる。一方，チャボは *NHEJ 1* 遺伝子の一部も欠失しており，これが原因となってホモ接合体③ではふ卵後 4 日目までに細胞死が起こっている。

III　解答

(1)　前者は脂溶性なのでリン脂質でできた細胞膜を容易に透過でき，細胞内の受容体と結合するが，後者は水溶性なので細胞膜を透過できず，細胞膜上の受容体に結合する。

(2)　アセチルコリン，ドーパミン，GABA，グルタミン酸，グリシン，セロトニン，ヒスタミン，ノルアドレナリン，アスパラギン酸などから 2 つ。

(3)－d）

(4)　化合物 Z はタンパク質 A とのみ結合し，発芽の阻害だけに関与する。

一方，アブシシン酸はタンパク質Ａにも，その他の受容体にも結合するため，発芽阻害にも根の成長阻害にも関与するため。

(5)　発芽阻害：ｆ）　根の成長阻害：ｅ）

異なる濃度のアブシシン酸を用いた根の成長阻害実験からわかること：受容体Ｂのみの場合は低濃度のときに阻害効果が低くなるが，受容体Ｃのみの場合は濃度が低いときも阻害効果が大きいので，アブシシン酸に対する感受性は受容体Ｂより受容体Ｃの方が高い。

(6)―ｅ）

◀解　説▶

≪ホルモンと種子の発芽≫

▶(1)　脂溶性のステロイドホルモンはリン脂質の膜を透過するので細胞内に受容体が存在するが，ペプチド系のホルモンの多くは水溶性のためリン脂質の膜を透過できないので，細胞膜を貫くタンパク質に受容体があって，膜の外で受容されて細胞内にその情報を伝える。

▶(2)　末梢神経系では主にアセチルコリンとノルアドレナリンがはたらき，そのほかの物質は主に中枢神経系ではたらく。

▶(3)　この阻害剤は競争的阻害剤である。リガンドの量がある一定の量のとき，阻害物質の量が増えるほど阻害の割合が高くなる。しかし，リガンドの量を増やしていくと相対的に阻害物質の割合が減るので，阻害の程度が減少していき，やがて無視できる程度になる。

▶(4)　アブシシン酸を添加したものはすべてにおいて発芽率も根の長さも低くなるので，タンパク質Ａ以外とも結合している。化合物Ｚを添加したものは野生型でのみ発芽率が低くなり，根の長さについては野生型でも短くならないので，タンパク質Ａとのみ結合すると考えられる。

▶(5)　発芽阻害：図４(A)より，a と c の二重変異体と，a と b と c の三重変異体で発芽率が高いので，受容体ＡとＣにより阻害されることがわかる。

根の成長阻害：図４(B)より，b と c の二重変異体と，a と b と c の三重変異体は，添加なしの場合と根の長さが変わらないので，受容体ＢとＣにより阻害されることがわかる。

異なる濃度のアブシシン酸を用いた根の成長阻害実験からわかること：a と c の二重変異体からは受容体Ｂの感受性についてわかり，a と b の二重変異体からは受容体Cの感受性についてわかる。受容体Bはアブシシン酸が低濃度のときの結合性があまり高くないと考えられる。

▶(6)　発芽の阻害は受容体Aのみがはたらいても十分行われるので，受容体Cを阻害しても発芽阻害されるが，根の伸長阻害は受容体Bのみのがはたらくときには感受性が低いので弱く阻害される。

Ⅳ　解答

(1)　食細胞は自身がもつパターン認識受容体（Toll様受容体）で病原体を認識するとサイトカインを放出し，炎症を起こす。

(2)　(ア)MHC　(イ)ヘルパーT細胞　(ウ)キラーT細胞

(3)　がん細胞が抗体のC部分にある抗原結合部位と結合し，NK細胞が抗体のD部分と結合すると，NK細胞ががん細胞を認識し，がん細胞を殺傷する。

(4)　NK細胞は糖鎖を除去した抗体Y（糖鎖−）には結合しないが，フコースのみを除去した抗体Y（F−）にはよく結合するため，抗体Y（F−）を加えるとNK細胞と抗体Xとの結合が競争的に阻害されてがん細胞の殺傷度が低下するから。

(5)—e)

◀解　説▶

≪抗体分子の結合性と糖鎖≫

▶(1)　代表的な食細胞にはマクロファージがあり，病原体を幅広く認識して細胞を活性化するパターン認識受容体をもつ。サイトカインの放出により血管の透過性が増大して炎症反応が起き，他のマクロファージや好中球などが活性化されて病原体が除去される。

▶(2)　B細胞はヘルパーT細胞に対し，独自に取り込んだ抗原を用いて抗原提示を行い，それに対してヘルパーT細胞が活性化物質であるサイトカインを放出すると，B細胞が活性化されて抗体産生細胞に分化する。

▶(3)　表1から抗体Xはがん細胞とはC部分で，NK細胞とはD部分でそれぞれ結合し，両方が結合したときにのみがん細胞の殺傷が起こることがわかる。

▶(4)　図2(B)より抗体Xも抗体Yも，フコースのみを除去するとNK細胞との結合量が2倍以上に増えることに着目する。抗体X単独の場合に比べて，抗体 X と抗体 Y（F－）を混合した場合には競争的阻害が起こり，NK 細胞と抗体 X の結合量は低下し殺傷度が下がると考えられる。

▶(5)　図 2 (B)より糖鎖の有無で結合性が変わるのはがん細胞ではなく NK 細胞である。したがって，糖鎖の修飾部分は D 部分であると予想され，フコースを除去した D 部分と NK 細胞との結合性を調べればよいことになる。

❖講　評

例年通り，大問数は 4 題。2021 年度に少なかった知識問題がさらに減少し，実験考察問題が増加した。問題の文章も長いため難易度がやや増した印象がある。また，あまりなじみのない形の計算問題が出題された。

Ⅰ　植物の遺伝子発現と PTR 比に関する問題。PTR 比という聞き覚えのない言葉に戸惑ったかもしれないが，よく読めば理解できる内容だろう。(2)の計算問題は見慣れないもので，苦労した受験生が多かっただろう。対数の計算が必要だった。

Ⅱ　チャボの遺伝子の同定と細胞の致死に関する問題。交配を含む遺伝的な実験手法と PCR を用いた実験で，長い問題を順序よく解いていく必要があった。(2)の計算は指数の不等式だった。

Ⅲ　ホルモンと種子の発芽に関する問題。2022 年度の大問 4 題の中では比較的取り組みやすかっただろう。とはいえ，文 2 以降の考察問題ではグラフの読み取りに主眼が置かれていて，慣れていなければ苦労したかもしれない。

Ⅳ　抗体分子の結合性と糖鎖に関する問題。論述に用語が指定されているので，書きやすい反面，すべての用語を使わなければならないので苦労したかもしれない。本問でもグラフの読み取りが勝負を決しただろう。

地学

I 解答

問 1．(b)

問 2．イ．太古代（始生代） ウ．原生代
エ．顕生代（顕生累代） オ．新生代

問 3．(1) 酸素 (2) シアノバクテリア

問 4．捕食動物が出現したことで，身を守るために硬い骨格をもつようになった。（40 字以内）

問 5．種としての生存期間が短く，産出する個体数が多く，広範囲の地層から産出すること。（40 字以内）

◀解 説▶

≪地質時代区分，地球大気の変化，生物進化≫

▶問 1・問 2．約 46 億～5 億 4000 万年前を先カンブリア時代といい，冥王代（約 46 億～40 億年前），太古代（始生代）（約 40 億～25 億年前），原生代（約 25 億～5 億 4000 万年前）に区分される。また，約 5 億 4000 万年前以降を顕生代（顕生累代）といい，古生代（約 5 億 4000 万～2 億 5000 万年前），中生代（約 2 億 5000 万～6600 万年前），新生代（約 6600 万年前～現在）に区分される。

▶問 3．約 27 億年前，海中でシアノバクテリアによる光合成が始まった。光合成によって放出された酸素は，海中を満たした後に大気中に放出されるようになり，原生代の前期になると大気の酸素濃度が急激に増加した。

▶問 4．カンブリア紀の爆発的な動物の進化は，捕食動物の出現が要因の一つと考えられており，食う・食われるの関係が生じ，生存競争が激しくなったことで，硬い外骨格など防御のための機能をもつ動物が多く出現したと考えられる。〔解答〕のほかに，生存競争に有利となることから，複雑で強固なからだの動物や大型化した動物が出現したこと，眼をもつ動物が出現したことなどを挙げてもよい。

▶問 5．示準化石とは，地層が堆積した時代を決めたり，離れた地域の地層が同じ時代の地層であることを確かめたりする地層の対比に有効な生物の化石である。その条件として，個体数が多いこと，広範囲に分布したこ

と，進化が速くて種としての生存期間が短いことが挙げられる。

II 解答

問１．ア．全磁力　イ．水平分力　ウ．鉛直分力
エ．偏角　オ．伏角

問２．$\theta=30°$

問３．

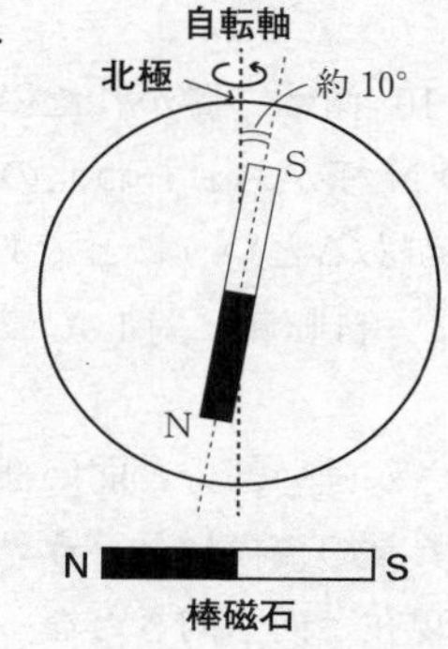

問４．(1)　地磁気の逆転が生じる中で海洋底が海嶺で生産・拡大されることにより，海嶺軸に対称な縞模様ができるため。(50 字以内)

(2)　海嶺軸から 100 km の地点の海洋底の年代が 200 万年前であることから，この海洋底の拡大の平均速度は

$$\frac{100\times10^5〔cm〕}{2\times10^6〔年〕}=5〔cm/年〕\quad\cdots\cdots(答)$$

問５．外核は液体の金属鉄からなり，この電気伝導性のある鉄が地球磁場の中を流動することによって誘導電流が生じる。その電流によって，また磁場が形成されることで，一定に保たれた磁場である地磁気が維持される。(100 字以内)

◀解　説▶

≪地磁気，海洋底拡大説，ダイナモ理論≫

▶問２．全磁力 46850 nT，鉛直分力 23425 nT，伏角 θ の関係は次の図で表される。鉛直分力，全磁力，水平分力の大きさを三辺とする直角三角形において，$\sin\theta=\frac{23425}{46850}=\frac{1}{2}$ であることから，$\theta=30°$ となる。

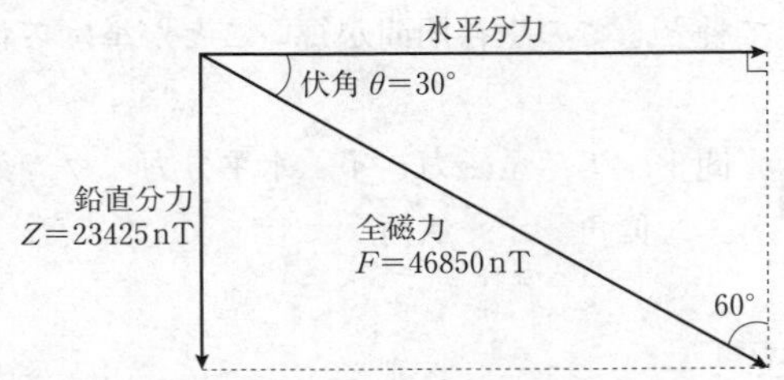

▶問 3．現在の地球磁場は，自転軸に対して約 10° 傾けて置かれた棒磁石がつくる磁場によって近似される。方位磁針の N 極がおおむね北の方向を指し示すのは，北極付近にこの棒磁石の S 極があるということである。解答では，北極側に棒磁石の S 極がくるように，自転軸に対して棒磁石をやや傾けて描かなくてはならない。

▶問 4．(1)　海嶺付近の海上では，地磁気の強さが強い部分と弱い部分とが観測され，縞状に分布している。これを磁気異常の縞模様という。地磁気が強い部分では，海洋底の岩石の残留磁気が現在と同じ向きとなっており，地磁気が弱い部分では，残留磁気が現在とは逆向きとなっている。これは，海嶺で新たな海洋底の岩石が形成された際に，その当時の地磁気を残留磁気として記録したことによって生じるもので，地磁気が逆転した歴史があることを示している。

磁気異常の縞模様は，問題図 4 のように，海嶺軸を対称軸として分布している。このような対称性のある縞模様は，地磁気の逆転がくり返し生じていた中で，海嶺で形成された岩石が残留磁気を獲得した後，海嶺を軸として両側に拡大していったことで説明することができる。そのため，磁気異常の縞模様は海洋底拡大説の証拠とされている。

(2)　地磁気の逆転の年代は，現在から約 5 億年前まで調べられている。逆転の年代と，その逆転に対応する磁気異常の部分の海嶺からの距離がわかれば，距離を年代で割ることによって，平均的な海洋底の拡大速度を求めることができる。問題図 4 から，海嶺から 50 km の部分が 100 万年前，100 km の部分が 200 万年前，150 km の部分が 300 万年前に対応することが読み取れる。

▶問 5．外核は液体の状態であり，主に金属の鉄からなる。外核内では，この鉄が対流運動をしていると考えられ，電気をよく通す性質である鉄が地球磁場の中で運動することにより，電流（誘導電流）が生じる。この電流がまた磁場をつくり，元の磁場と一致することで，地球磁場が一定に保たれるようになる。このようにして地磁気が維持されるしくみをダイナモ理論という。

III **解答** 問1．(1) 対流圏界面：10 km　成層圏界面：50 km
中間圏界面：90 km

(2) ア―(b)　イ―(d)　ウ―(a)　エ―(c)　オ―(b)　カ―(a)

問2．(1) 表層混合層

(2) 蒸発量が降水量を上回っている場合や，海水が凍結することにより塩類が氷から排出されて海水に残る場合。(50 字以内)

問3．主水温躍層（水温躍層）

問4．大気上端　収入：30＋58＋12＝100　支出：100

大気圏　収入：23＋104＋23＋5＝155　支出：58＋97＝155

地表　収入：47＋97＝144　支出：116＋23＋5＝144

問5．(1) 赤道付近の熱帯収束帯で上昇した大気が圏界面付近で高緯度側に移動し，中緯度で下降して亜熱帯高圧帯を形成し，貿易風として熱帯収束帯へ戻る循環。(70 字以内)

(2) 熱塩循環

◀解　説▶

≪大気圏の構造，海洋の構造，エネルギー収支，大気大循環≫

▶問1．対流圏（地表～高度約 10 km）では，地表付近で暖められた空気が上昇して対流がさかんに起こっている。また，大気中の水蒸気の大部分が存在しており，積乱雲の形成や台風の発生などの気象現象が見られる。

成層圏（高度約 10～50 km）の高度約 15～30 km の範囲にはオゾンが多く含まれており，オゾン層を形成している。太陽からの紫外線の大部分は，成層圏のオゾンによって吸収されている。また，赤道域の成層圏では，東風と西風がおよそ 13カ月ごとに交代する大規模な振動現象が見られる。これを準二年振動（準二年周期振動）という。

中間圏（高度約 50～90 km）は，上空ほど気温が低い。高緯度地域の中間圏界面付近で，夏季に上昇気流が強まると冬季よりもさらに低温になることがある。そこで形成された氷晶による厚さ 1～2 km の薄い層は，真夜中でも太陽光が当たって青白く輝いて見えるため，夜光雲と呼ばれる。

熱圏（高度約 90～500 km）では，太陽放射の紫外線や X 線によって，大気の気体分子が酸素原子や窒素原子などになり，原子の大部分は電離して，イオンと電子となっている。このようなイオンと電子が多い領域を電離圏という。オーロラは，太陽からの荷電粒子が，地球磁場の磁力線に沿って高緯度地域の熱圏に流入し，電離圏の酸素原子や窒素分子に衝突して大気が発光する現象である。

▶問 2．⑵　海面付近の海水の塩分は，蒸発量＞降水量となる海域で，海水中の水分が減少したり，海水が凍結する海域で，塩類を排除しながら凍結する際に海水中の塩類が相対的に増加したりすることで高くなる。

▶問 4．大気上端，大気圏，地表のそれぞれの領域において，エネルギー収支がつりあっていることは，入ってくるエネルギーと出ていくエネルギーの量が等しいことで示される。

▶問 5．⑴　赤道付近で暖められて上昇した大気は，上空で圏界面に沿って高緯度側へと移動し，緯度 20°～30° 付近で下降して亜熱帯高圧帯を形成する。下降した大気の一部は東寄りの貿易風となって赤道付近に戻り，熱帯収束帯で再び上昇する。低緯度で見られるこのような循環をハドレー循環という。

Ⅳ　解答

問 1．銀河の後退速度とその銀河までの距離の間に比例関係が存在するということを示しており，その比例定数がハッブル定数である。(60 字以内)

問 2．年周視差が 1 秒になる距離を 1 パーセクとする。

問 3．ハッブル定数の逆数が宇宙の年齢を表すことから

$$\frac{100〔万光年〕}{21〔km/s〕}=\frac{1.0\times10^6\times3.0\times10^5\times60\times60\times24\times365}{21}\times\frac{1}{60\times60\times24\times365}$$

$$=\frac{3.0\times10^{11}}{21}=1.42\times10^{10}$$

$$\fallingdotseq 1.4\times10^{10} 年 \quad ……(答)$$

問 4．・3K 宇宙背景放射が宇宙のあらゆる方向から届くこと。

・重元素の多い恒星でも少ない恒星でも，ヘリウムを含む割合がほぼ同じ

であること。

問５．水素原子核４個からヘリウム原子核１個を生じる核融合反応。

問６．木星の軌道半径を $a_{\rm j}$ とすると，土星の軌道半径は $1.84a_{\rm j}$ と表される。

また，土星の公転周期を $P_{\rm s}$ とすると，ケプラーの第三法則より

$$\frac{{a_{\rm j}}^3}{12^2}=\frac{(1.84a_{\rm j})^3}{{P_{\rm s}}^2}$$

$${P_{\rm s}}^2=1.84^3\times12^2$$

$$\therefore\quad P_{\rm s}=1.84\times\sqrt{1.84}\times12=1.84\times1.36\times12=30.02\fallingdotseq30.0\ 年$$

求める期間である木星と土星の会合周期を S とすると

$$\frac{1}{S}=\frac{1}{12}-\frac{1}{30.0}$$

$$\therefore\quad S=\frac{12\times30.0}{30.0-12}=20.0=2.0\times10\ 年\quad\cdots\cdots(答)$$

◀解　説▶

≪宇宙の進化，恒星，惑星の運動≫

▶問１．銀河の赤方偏移の測定から求められる銀河の後退速度 v と，その銀河までの距離 r の間には比例関係が存在しており，ハッブル定数 H を用いて，$v=Hr$ という式で表される。これをハッブルの法則という。

▶問２．年周視差は，太陽－恒星－地球を結んだときにできる最大の角度を測定したものであり，年周視差は恒星までの距離に反比例する。パーセクは，恒星までの距離を表す単位で，１パーセクは年周視差が１秒となる距離と定義されている。

▶問３．膨張する宇宙をさかのぼると１点に収縮することになり，それが宇宙の始まりと考えることができる。宇宙の膨張の速さが不変だと仮定したとき，ハッブルの法則 $v=Hr$ より，$\dfrac{r}{v}=\dfrac{1}{H}$ で求められる時間をさかのぼると宇宙の始まりとなる。このことから，ハッブル定数の逆数は宇宙の年齢を表すことになる。

▶問４．ビッグバン宇宙論では，宇宙膨張の影響で遠方にある天体の電磁波の波長が長くなって観測される。ビッグバンから約 38 万年後，宇宙の温度が 3000 K まで下がったとき，陽子と電子が結合することによって光

が散乱されにくくなり，光が直進できる宇宙の晴れ上がりが起こった。その時代の光は，宇宙が膨張したことで，赤方偏移により波長が長くなった電磁波として宇宙空間を満たしていると予想され，その証拠として，約 3 K の物質からの放射に一致する電磁波が宇宙のあらゆる方向からやってきていることが実際に観測された。この放射は 3K 宇宙背景放射と呼ばれる。

また，高温・高密度であった初期の宇宙では，宇宙の全質量の約 20% 余りが，陽子からヘリウム原子核に変わったとされる。現在の宇宙に存在する恒星のうち，重元素を多く含む若い恒星でも，重元素が少ない老齢な恒星でも，ほぼ同じ割合のヘリウムが含まれており，これらの宇宙にあるヘリウムの量は，恒星内部でつくられたと考えられるヘリウムの量よりも多いことが観測されている。これは，ヘリウムがビッグバン宇宙論における宇宙初期の高温・高密度の状態でつくられたとすると説明がつく。

▶問 5．主系列星の中心部では，4 つの水素原子核が融合し，1 つのヘリウム原子核になる核融合反応が起こっており，その反応の際に失われた質量によってエネルギーが生じる。「原子核」を「原子」と記述しないように注意すること。

▶問 6．太陽から見て，木星と土星が最接近してから，次に最接近するまでの期間を会合周期という。一般に，会合周期を S，内側を公転する惑星の公転周期を P_1，外側を公転する惑星の公転周期を P_2 とすると

$$\frac{1}{S}=\frac{1}{P_1}-\frac{1}{P_2}$$

という関係が成り立つ。

ここで，土星の公転周期を求める必要があるため，ケプラーの第三法則を用いる。ケプラーの第三法則は，惑星の公転周期の 2 乗が惑星の軌道半径の 3 乗に比例するということを示している。木星の軌道半径を a_{j}，公転周期を P_{j}，土星の軌道半径を a_{s}，公転周期を P_{s} とすると

$$\frac{{a_{\mathrm{j}}}^3}{{P_{\mathrm{j}}}^2}=\frac{{a_{\mathrm{s}}}^3}{{P_{\mathrm{s}}}^2}$$

という関係が成り立つ。これより，土星の公転周期を求めて，会合周期の式を用いる。

❖講　評

大問数は2021 年度と同じく4 題であり，出題分野・分量とも大きな変化はなかった。字数指定のある論述問題の数は2021 年度とほとんど変化はなかった。計算過程を記述する計算問題には煩雑なものはなく，地球の磁場を近似する仮想的な棒磁石の配置を描く描図問題も出題された。基礎的内容を問う問題が多かったが，詳細な知識を要する問題もあり，全体的な難易度は2021 年度と変わりないといえる。

Ⅰ　地球の歴史に関する出題。問1・問2は，地質時代の区分に関する問題で，基本知識。問3は，大気中の酸素の濃度変化に関する問題で，基礎的な内容である。問4は，カンブリア爆発に関して，動物の体の構造や機能の変化と，それを可能にした要因について説明する問題で，捕食者が登場したことに着目する必要がある。問5は，示準化石として有効な生物種の特徴について説明する問題で，頻出事項である。

Ⅱ　地磁気に関する出題。問1は，地磁気の要素に関する用語を問う基本知識。問2は，地磁気の要素に関する計算問題で平易。問3は，地球の磁場を近似する仮想的な棒磁石を描く描図問題であった。自転軸に対して傾く角度は約10°と小さいので，あまり大きく傾けないように注意したい。問4(1)は，海洋底の磁気異常の縞模様が海洋底拡大説の証拠となることを説明する問題で，字数内にまとめることが難しい。(2)は，図を読み取って海洋底の拡大速度を求める問題で，計算は容易である。単位の換算に注意すること。

Ⅲ　大気と海洋に関する出題。問1(1)は，大気の層構造についての基本知識。(2)は，大気の特徴についての問題で，夜光雲，準二年振動など，大気圏で生じる現象のやや詳細な知識が必要である。問2(1)は，海洋の層構造についての基本知識。(2)は，海水の塩分濃度の変化についての論述問題で平易。問3は，海洋の層構造についての基本知識。問4は，エネルギー収支についての問題で，頻出事項である。問5(1)は，ハドレー循環について説明する問題で，基礎的な内容である。(2)は，海洋の鉛直循環についての基本知識であった。

Ⅳ　宇宙の進化，恒星，惑星の運動に関する出題。問1は，ハッブルの法則について説明する問題で，頻出事項である。問2は，パーセクについて説明する問題で，基本知識。問3は，ハッブル定数を用いて宇宙の年齢を求める問題で，単位の換算と指数の取り扱いに注意が必要である。問 4 は，ビッグバン宇宙論を支持する天文観測についての論述問題で，詳細な知識と理解が必要とされる。問 5 は，主系列星のエネルギー源となる反応についての問題で，頻出事項である。問 6 は，ケプラーの第三法則と会合周期を用いた計算問題で，丁寧に計算する必要がある。

教科書の内容に沿った出題が主である。基本的な知識は，教科書をよく確認し，正確に押さえておく必要がある。論述問題も多く出題されるので，用語の意味や地学現象について理解し，50～100 字程度で簡潔に説明できるように練習しておくとよい。描図問題も出題されるため，教科書の図の意味を理解して，特徴をとらえておこう。計算問題は，法則や公式を正確に覚えて利用することが重要であり，計算結果を他の問題で利用する場合もあるため，途中の計算ミスなどがないように丁寧に計算することを心がけよう。

エ、第十二・十三段落を読めば、「遊び」とは社会とむしろ無縁のものである。

参考　村上靖彦（一九七〇年～）は、精神分析学・現象学者。東京都生まれで、二〇〇〇年に基礎精神病理学・精神分析学博士（パリ第7大学）。二〇二二年現在大阪大学人間科学研究科教授。著書は、『治癒の現象学』、『レヴィナス――壊れものとしての人間』、『仙人と妄想デートする――看護の現象学と自由の哲学』、『ケアとは何か――看護・福祉で大事なこと』、『子どもたちがつくる町――大阪・西成の子育て支援』など多数。『交わらないリズム――出会いとすれ違いの現象学』では、長年、医療・福祉の現場で人の語りに耳を傾け続けてきた著者が、人間のうつろいゆく生を素描し、リズムとメロディーという切り口から出会いについて論じている。

❖講　評

現代文一題のみの出題である。二〇二二年度も、従来と同じく過去一～二年以内に発表された文章からの出題である。現代ならではのホットな内容の文章が毎年出題されている。こうしたさまざまな分野の、現代的テーマに対する興味関心を持つことも、現代文読解対策としては重要である。問二の副詞や接続語の選択式空所補充問題は、近年出されておらず、また最後の選択式の内容説明問題も名古屋大学の問題としてはやや珍しいと言える。ただやはり問題の主流は、内容に関する説明記述問題であり、何を答えたらいいのか、また字数内にどうまとめたらいいかに非常に苦労する。こうした問題には絶対的な解答というものが必ずしもあるわけではなく、何度解答を書き直しても納得のいかないことが普通であり、行き着くところがないようで大変であるが、ともかく時間内でまとめられなければ点数にならないので、普段から文章でまとめて答える習慣をつけておく必要がある。

内容要約的な説明記述問題が中心の、トップレベルの国公立大学にふさわしい入試問題と言え、それだけにこうした対策をいかに早くから始めているかが、大きく点数を左右すると言えよう。

文字通り居場所にいる人々自身が自らの生活を改善する研究のことなので、〝限定的〟という意味の「あくまで」が適当。Dは「学校や家で……居心地が悪く」それを事実として「居場所がない」と感じる、という文脈なので〝その通り、間違いなく〟などの意味の「まさに」が適当。

▼問三　「二つの文脈」は次の第二段落と第三段落にそれぞれ説明がある。一つは「困難の文脈」と提示されているので、「困難」を説明しつつまとめる。「困難」は、社会的背景とも取れるが、ここでは居場所を失った障害者や子どもたちの置かれた、地域の共同体が壊れた状況を言っている。もう一つは「自発的なもの」とあり、障害者や子どもの居場所が、そのニーズに応えて自然発生的に生まれたことを言っている。前の方が何をまとめるか迷うが、後の方が明らかなので、後をまとめてから、その対比で前をまとめていけば、どんな言葉を使ったらいいかを考えやすい。

▼問四　(1)「何もしない」という意味内容の漢字二字の熟語が、空欄Bの次の段落冒頭に出てくる。

(2)「こんな風景」とは引用文にある「何もしていない人たち」「ただ座っているだけ」の人たちがいる風景のこと。「無為に加えて」から始まる段落の終わりには「無為は……遊びにつながっている」とある。さらにその次の段落にある「遊び」とはどういうものかを述べた表現を拾い出して、両者が結びつくようにまとめる。

▼問五　傍線部③の「二つの側面」が指す「外に繰り広げられる時間」と「内に折り込まれる時間」の内容を説明すればよい。本文の最後の一文がまとめになっており、その部分が利用できる。さらに、空欄Cの次の段落から「円環的な時間」=〈状況が変化しない〉と最終段落から「リズムのゆるみ」=〈日常生活からの解放〉と掘り下げる必要がある。

▼問六　大段落Ⅱに述べられている内容をチェックしていけばよい。

ア、Ⅱの第四～七段落に述べられている。

イ、「誰にとっても大切なことであり」という記述はない。また、「居場所」は日常から解放されたところにある（最終段落）。

ウ、第九段落を踏まえるが、「『何もしない』ことに耐えられなくて調査を断念した」のである。

問六　ア

◆要　旨◆

問三～問六が、おおむね大段落の趣旨を問う問題になっており、それに従って、全体を三つに分けて、要点をまとめる。

Ⅰ　居場所がクローズアップされる二つの背景（第一～三段落：「居場所」はおそらく……連動している。）

居場所がクローズアップされる背景には、困難な状況にある弱い立場の人の「場」が失われ、「居場所」を人工的に作り出す必要が生じたこと、障害者や子どもたちが地域で暮らすために集う居場所が、そのニーズに応える形で自然発生的に生まれたことの、二つの文脈がある。↓問三

Ⅱ　無為の居場所から自由な遊びが生み出される（第四～十三段落：二〇〇〇年代に……退却を前提とする。）

居場所とは無為に「何もしない」という特徴があるが、そこは、社会や生活の場と切り離された、何かのためという目的やプログラムのない、自由で即興的な、創造的な自発性に恵まれた遊びが生まれる場所でもある。↓問四・問六

Ⅲ　居場所の時間とは（第十四～最終段落：無為と遊びという特徴……〈リズムのゆるみ〉である。）

居場所の時間は、無為で状況が変化しない、現在しか存在しない円環的な時間であり、また、あわただしさや緊張から解放された、リズムのゆるんだ時間である。↓問五

◀解　説▶

▼問一　すべて通常の漢字学習の範囲内であるが、読みをカタカナで書くことにも注意する。ｃの「疎」（十二画）など、画数がわかるように一画一画丁寧に書くこと。

▼問二　前後の文脈を十分とらえた上で、確実なものから入れていけばよい。Ａは前文の「困難の文脈」を受けて、どんな人々かの説明に続くので〝特に〟の意味である「とりわけ」が適当。Ｂは直前に「あるいは」とあり、これは同様の事柄を列挙する接続助詞だが、「行為が必要とされない」「行為は禁じられている」と並列されているので、ここでは〝後者の方がよりふさわしい〟という意味の「むしろ」が入る。Ｃは当事者研究についての説明。当事者研究とは

国語

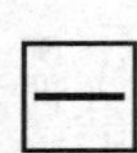

出典　村上靖彦『交わらないリズム――出会いとすれ違いの現象学』（青土社）

解答

問一　a、露呈　b、キロ　c、過疎　d、先駆者　e、タワム　f、途端　g、形骸　h、ボウサツ　i、ケンソウ　j、シカン

問二　A―イ　B―オ　C―エ　D―ア

問三　・伝統的な居場所を失った、困難な状況にある弱い立場の人々の居場所を、人工的に作り出す必要が生じたこと。（五〇字以内）

・障害者や子どもたちが地域で暮らすための居場所が、そのニーズに応えて、新たに自然発生的に生まれたこと。（五〇字以内）

問四　(1)無為

(2)社会と無縁な、何もせずに居ることができる「居場所の風景」は、社会や生活の場と切り離された、何かのためという目的やプログラムのない、自由で即興的な、創造的な自発性に恵まれた「遊び」とつながっている。（一〇〇字以内）

問五　「居場所の時間」は、外に繰り広げられる時間という側面では、無為で現在の状況が変化しない円環的時間であり、内に折り込まれる時間という側面では、喧騒や緊張から解放された、リズムのゆるんだ静的な時間である。（一〇〇字以内）

2021年度

解答編

解答編

英語

I **解答** 1．ア―(A)　イ―(E)　ウ―(F)　エ―(G)
2．お―(A)　か―(E)　き―(B)

3．(C)

4．科学技術が大きな発達を遂げて専門分化が進み，科学者でも自分の専門分野以外の知識は一般の人とそれほど変わらない現在の状況。(60 字以内)

5．全訳下線部(3)参照。

6．ダーウィンの時代は科学研究を一般読者が理解できるように発表できたが，今日では難解な数式や専門用語を使わずに説明するのは困難だということ。(70 字以内)

7．全訳下線部(5)参照。

◆全　訳◆

≪科学技術の発展がもたらした問題≫

英国の科学アカデミーである王立協会は 1660 年に設立された。最初期の会合では，科学者たちは旅行者から物珍しい土産話を聞いたり，新しく発明された顕微鏡を覗いたり，空気ポンプや爆発，毒物の実験をしたりしていた。最初期の会員には，博学者のクリストファー＝レンやロバート＝フック，また多作の日記作家サミュエル＝ピープスのような熱心なアマチュアも含まれていた。会合は時にはぞっとするような恐ろしいものになることもあった。たとえばピープスは，羊から人への輸血の記録を残している。驚くべきことにその人が死ぬことはなかったが。最近では健康と安全のための規則により，王立協会の会合は以前と比べるとやや退屈なものになってはいるが，指針となる精神は残っている。設立当初から，王立協会は科学が国際的で学際的なものであるという認識をもっていた。

もちろん，科学技術は，その後何世紀かの間に大きな発展を遂げた。その結果，現在の王立協会の会員は各分野の専門家となっている。この事実が，科学と一般の人々，また異なる専門分野間の障壁をより大きなものにしている。私は物理学者であるが，現代の生物学についての私のわずかばかりの知識のほとんどは，そのテーマに関する「一般向けの」本から得たものである。

科学者と人文学系の学者の間のこのようなはっきりした境界設定を知れば，レンやフック，ピープスのような知識人は，さぞかし当惑したことであろう。1959 年，小説家，評論家であり，化学者でもある C. P. スノーは，ケンブリッジ大学で行われた「二つの文化」についての象徴的な講演の中で，このような境界設定を嘆いている。私たちの文化的な守備範囲があまりに狭すぎるという彼の分析には多くの真実があった（それは今でもいえることだが)。しかし，スノーはこの二分を明確に示しすぎた。それはおそらく彼の活躍した社会環境の影響であった。彼は，第二次世界大戦で戦争に協力した科学者や技術者に親近感をもち，人類の進歩における科学の役割について確固たる楽観的意識をもち続けた。彼によれば，その時代の人たちは「根っからの未来志向」で，また別の機会に彼が使った言葉によれば「権力の中心」に出入りしていた。彼らは，とりわけ英国首相ハロルド＝ウィルソンに影響を与え，彼は 1963 年の労働党大会における有名な演説で「この技術革新の白熱状態」を激賞した。スノーによると，これとは対照的に，彼がよく知っていて 1950 年代の文学的教養を代表する存在であった人文学の学者たちは，古典語を重視した学校教育を受け，その後たいていはオックスフォードやケンブリッジの狭い社会で 3 年間過ごして，知的に束縛されてきたというのであった。

スノーが懸念していた問題は，今日ではさらに大きく立ちはだかっている。社会は高度な技術への依存を高め，科学はこれまで以上に私たちの生活に浸透している。しかし，科学に対する喜びに満ちた楽観主義は徐々に失われていった。多くの方面において新たな大発見の影響をわくわくするというよりもむしろ相反する感情で注視している人がいる。スノーの時代以来，私たちの「素晴らしい」新技術は新たな危険を生み出し，新たな倫理的なジレンマをもたらしてきた。多くの評論家は，科学に歯止めが効かなくなり，政治家も市民もそれを吸収し，それに対応したりすることができなくなっていることを心配している。現在もそのリスクはさらに高くなっている。科学は非常に大きなチャンスを提供してくれているが，未来の世代は核や遺伝子，アルゴリズムなど，我々の文明の存続そのものを脅かすほど大きな危険にさらされやすくなるだろう。

自身が行った講演を基にした後の出版物の中で，スノーは「第三の文化」の存在を示唆しており，それは社会科学を含むものである。今日では「文化」という概念そのものが複雑に織り交ざった多くの要素をもつと言ったほうが正しいかもしれない。それにもかかわらず，知的な偏狭さと無知は依然として根強い。政治やメディアの世界にいる，心配になるほどの数の人々にとって，科学は全く理解不能のものだ。しかし，自国の歴史や文学について無知な人もそれと同じくらいたくさんいる。科学者が嘆かねばならない特別な理由はない。実際，(3)恐竜やヒッグズ粒子，宇宙論のような実生活とは非常にかけ離れたテーマに，どれだけ多くの人が興味をもっているかということは，実に注目に値する。意識の起源，生命の起源，宇宙そのものの起源など，根本的で大きな疑問への関心は，驚くほど，そして喜ばしいほど高い。

たとえば，チャールズ＝ダーウィンの考えは，1859 年に初めて発表されて以来，文化的，哲学的な意義をもち続けてきた。実際，今日でもこれまで以上に活発な議論を引き起こしている。ダーウィンはおそらく，一般読者にもわかるように自分の研究を発表できた最後の科学者だったのだろう。今日では難解な数式を並べたり専門用語を用いたりせずに新たな研究成果を説明するのは困難である。彼が自分の理論を支える「一つの長い議論」と表現した『種の起源』は，文学作品として高く評価されている。(5)それは私たちが地球上の生命の始まりにまで遡ることができる壮大な進化の過程の結果であることを明らかにすることにより，人間に対する私たちの認識を変えたのである。

◀解　説▶

▶1．ア．Its earliest fellows included …「最初期の会員は…を含んでいた」に，空所をはさんで the polymaths Christopher Wren and Robert Hooke「博学者のクリストファー＝レンやロバート＝フック」と enthusiastic amateurs such as the prolific diarist Samuel Pepys「多作の日記作家サミュエル＝ピープスのような熱心なアマチュア」が続いている。空所の前後が並列関係なので(A) along with ～「～に加えて」が適切。

fellow「(学会の) 会員」 polymath「博学者」 enthusiastic「熱心な」 prolific「(作家・音楽家が) 多作な」 diarist「日記作家」

イ．空所を含む文は，主部が The sharp demarcation … humanities scholars「科学者と人文学系の学者の間のこのようなはっきりした境界設定」で，述部が仮定法過去完了 would have perplexed intellectuals …「知識人を当惑させたことであろう」以下という構造。Wren, Hooke and Pepys が intellectuals の例となっているので(E)such as ～「～などの」が正解。

demarcation「境界設定」 humanities「人文学」 scholar「学者」 perplex「～を当惑させる」 intellectual「知識人」

ウ．more とのつながりから(F)than を選び，more ～ than …「…というより～」というイディオムを使った with more ambivalence than excitement「わくわくするというよりは相反する感情で」という表現を完成させる。

ambivalence「両面感情（ある対象に対してまったく反対の二つの思考や感情が存在すること)」 この文のそれに先立つ部分は，quarter は「方面」，observer は「観察者」，impact は「影響」，breakthrough は「大発見，飛躍的進歩」の意なので，「多くの方面において，観察者は新たな大発見の影響を（…な感情で）見ている」，つまり「多くの方面において新たな大発見の影響を（…な感情で）注視している人がいる」というような意味になる。

エ．(G)to を選び be vulnerable to ～「～の影響を受けやすい」という表現とし，空所を含む部分を future generations will be vulnerable to risks「未来の世代は危険にさらされるだろう」とする。ダッシュ（—）に挟まれた挿入句 nuclear, genetic, algorithmic「核の，遺伝子の，アルゴリズムの」は risks に説明を加え，powerful enough to … our civilisation「我々の文明の存続そのものを脅かすほど大きな」は risks を後置修飾している。

jeopardise「～を危うくする〔脅かす〕」 the very ～「まさに～」 survival「存続」 civilisation「文明」 jeopardise, civilisation はイギリス英語の綴りで，アメリカ英語では jeopardize, civilization。

▶2．お．空所を含む文と直前の第2段第1文（Science and technology,

…）との意味的なつながりから判断する。第1文の内容は「科学技術は，その後何世紀かの間に大きな発展を遂げた」というもので，空所で始まる第2文の主旨は「現在の王立協会の会員は各分野の専門家となっている」というもの。この二つの文は因果関係にあるので，(A)as a result「結果として」が適切。

hugely「大いに」 expand「拡大する，発展する」 following「次の」 present-day「今日の，現代の」 specialised「専門分野別の」はイギリス英語の綴りでアメリカ英語では specialized。professional「専門家」

か．第3段第5文（He felt an affinity …）から空所の直前までの主旨は「スノーが第二次世界大戦中に活躍した科学者や技術者に親近感をもち，彼らが国家に与えた影響と科学技術の役割を大きく評価していた」というもの。空所で始まる最終文の主旨は「スノーは，古典語重視の教育などによって知的に束縛されてきたとして，人文学の学者たちに対して批判的であった」というもの。この二つの文が対照的であることから(E)in contrast「（それとは）対照的に」が適切。

affinity「親近感」 war effort「戦争（遂行）努力」 第5文の retained a robust … 以下は主語の He（＝Snow）につなげて読む。retain「～をもち続ける」 robust「確固たる」 betterment「改善」 have ～ in *one's* bones「骨の髄まで～」 roam「（場所）を歩き回る」は他動詞で what he elsewhere called the 'corridors of power' が目的語。what は関係代名詞で直訳すると「彼が（この講演ではなく）別のところで『権力の中心』と呼んだもの」となる。corridors of power は直訳すると「権力の回廊」つまり「権力の中心」のこと。among others「とりわけ」 prime minister「首相」 カンマに続く who 以下は the UK's prime minister Harold Wilson に説明を加える継続用法の関係代名詞節。extoll「～を激賞する」 white heat「白熱状態」 celebrated「世に知られた」 Labour Party「（イギリス）労働党」 conference「会議」 humanities scholar「人文学者」 typify「～を典型的に代表する」 literary「文学の」 ダッシュ（—）で挟まれた部分は the humanities scholars whom Snow knew best に説明を加える挿入句なので，その前後を続けて読むと文の意味がわかりやすい。intellectually「知的に」 straitjacket「～を束縛する」 schooling「学校教育」 with a focus on ～「～に重きを置いた」 Classical languages

「(ラテン語などの) 古典語」 followed by 〜「その後に〜が続く」 social world「社会」

き．空所を含む文と直前の第５段最終文（There is a surprising …）とのつながりから判断する。第５段最終文は「意識の起源，生命の起源，宇宙そのものの起源など，根本的で大きな疑問への関心は，驚くほど，そして喜ばしいほど高い」，空所を含む文は「チャールズ＝ダーウィンの考えは，1859 年に初めて発表されて以来，文化的，哲学的な意義をもち続けてきた」という内容。空所を含む文が前文の具体例となっているので，(B) for example「たとえば」が適切。for example は文頭以外にも，このように文中や文末に置かれることも多い。

gratifying「喜ばしい」 fundamental「根本的な」 origin「起源」 consciousness「意識」 cosmos「宇宙」 philosophically「哲学的に」 resonant「響き渡る，重要な，意義のある」 unveil「〜を発表する」

その他の選択肢は(C)in addition「さらに，その上，加えて」，(D)in conclusion「結論として」，(F)secondly「(事実や理由を説明するときの順序として) 第二に，次に」，(G)to my surprise「驚いたことに」という意味。

▶３．(A)「王立協会は科学者は受け入れるが，人文学の学者は受け入れない」

(B)「王立協会は健康や安全の規則を守ることにより，ぞっとするような実験さえも行っている」

conduct「〜を行う」 gruesome「おそろしい，ぞっとする」 obey「〜を守る」

(C)「王立協会は世界中から情報を集め，その研究はさまざまな学問分野に及んでいる」

gather「〜を集める」 a variety of 〜「さまざまな〜」 discipline「学問分野」

(D)「王立協会は世界地図を作るためにその会員を世界のいろいろな地域に派遣している」

various「さまざまな」

下線部(1)を含む第１段最後から２文目（Health and safety …）は「最近では健康と安全のための規則により，王立協会の会合は以前と比べるとやや退屈なものになってはいるが，指針となる精神は残っている」というもの。the guiding spirit「指針となる精神」の内容は，直後の同段最終文（Right from the start, …）に「王立協会は科学が国際的で学際的なものであるという認識をもっていた」と書かれており，(C)がそれに合致する。

render *A* ～「(事・物が) *A*（人・物）を～（の状態）にする」 Royal Society meetings が render の目的語，somewhat duller が補語という第５文型。somewhat「幾分」 dull「退屈な」 right from the start「最初から」 recognise「～を認識する」はイギリス英語の綴りでアメリカ英語では recognize。multidisciplinary「多くの専門分野にわたる，学際的な」

▶４．下線部(2)は「私は物理学者であるが，現代の生物学についての私のわずかばかりの知識のほとんどは，そのテーマに関する『一般向けの』本から得たものである」というもの。physical scientist「物理学者」 all-too-～で「あまりに～な」という意味なので，all-too-limited は「非常に限られた」という意味。popular books は「一般向けの本」。「一般向けとされている」という意味で popular にクォーテーションマークがついている。subject は「テーマ」という意味で，この場合 the subject は modern biology を指す。この文は「科学者といえども自分の専門以外の知識は一般の人とそれほど変わらない」ということの例であり，それが最低限含めなければならない内容である。さらに，このような状況が生まれた原因は，直前の第２段第３文（This fact aggravates …）にあるように「この事実が（科学と一般人の間の障壁と）異なる専門分野間の障壁をより大きなものにした」ということで，「この事実」が指すのは同段第１・２文（Science and technology, … specialised professionals.）に書かれているように「科学技術が大きく発展し，専門分化が進んだ」ということ。60字以内という字数制限から判断して，これらの内容も含めることが求められていると考えられる。

aggravate「～を悪化させる」 barrier「障壁」 the public「一般人」 ～ as well as …「…だけでなく～も，～と…」の，～に相当するのが between science and the public, …に相当するのが between different specialisms。specialism「専門分野」

▶５．全体の構文は it's ～ how …「いかに…であるかということは～だ」

という形式主語構文なので「いかに…であるかは実に注目に値する」という意味になる。subjects「テーマ」を as ～ as …「…くらい～な」の構文を使った as blazingly irrelevant… 以下が修飾している。blazingly irrelevant to practical life「実生活とは非常にかけ離れた」が～の部分，dinosaurs, the Higgs boson and cosmology「恐竜やヒッグズ粒子，宇宙論」が…の部分に相当する。

remarkable「注目に値する，すばらしい」 blazingly「非常に」 irrelevant to ～「～に関係のない」 practical life「実生活」 dinosaur「恐竜」 cosmology「宇宙論」

▶ 6．下線部(4)は「今日では難解な数式を並べたり専門用語を用いたりせずに新たな研究成果を説明するのは困難だ」という内容。present「～を発表〔説明〕する」 original「新たな」 finding「研究成果〔結果〕」 forbidding「近づきがたい」 array of ～「たくさんの～」 equation「方程式」 specialised「専門の」はイギリス英語の綴りでアメリカ英語では specialized。

チャールズ・ダーウィンの時代に関する記述は下線部(4)の直前，Darwin was perhaps … to general readers の箇所にあり，「ダーウィンはおそらく，一般読者にもわかるように自分の研究を発表できた最後の科学者だった」という内容。the last scientist を who 以下の関係代名詞節が修飾。accessible to general readers が a way「方法，やり方」を修飾している。accessible to ～「～にとってわかりやすい」 general reader「一般読者」

▶ 7．文の骨格となるのは It changed our perception of human beings by revealing that … の部分で「それは…を明らかにすることにより，人間に対する私たちの認識を変えた」という意味。revealing の目的語となっている that 節の骨格は we were an outcome of a grand evolutionary process「私たちが壮大な進化の過程の結果である」で，that can … 以下の関係代名詞節が a grand evolutionary process を修飾している構造。文の主語 It は，前文の 'On the Origin of Species' を指す。

perception「理解，認識」 reveal「～を明らかにする」 outcome「結果」 grand「壮大な」 evolutionary process「進化の過程」 trace back to ～「～に遡る」

●語句・構文●

(第 1 段) the Royal Society「王立協会」 academy「学会」 found「～を設立する」 share「(感情や経験) を共有する」 travellers' tales「(外国に関する) 面白いが信じがたい話，ほら話」 peer through ～「～を覗き込む」 newly invented「新発明の」 microscope「顕微鏡」 experiment with ～「～を用いて実験する」 explosion「爆発」 poison「毒物」 gathering「会合」 blood transfusion「輸血」

(第 3 段) novelist「小説家」 critic「評論家」 chemist「化学者」 bemoan「～を嘆く」 divide「分割，区分」 iconic「象徴的な」 presented at the University of Cambridge は過去分詞を用いた形容詞句で his iconic lecture on the 'Two Cultures' を修飾。there is a truth in ～「～には真実がある」 analysis「分析」 all too ～「あまりに～すぎる」 reach「理解できる範囲」 dichotomy「二分」 starkly「全く，はっきりと」 consequence of ～「(行動や状況) によって生じた結果」 social milieu「社会環境」 関係代名詞節 in which he moved は the social milieu を修飾。基になる構造は the social milieu＋he moved in it (＝the social milieu) で，in it が in which になったと考える。

(第 4 段) issue「(議論すべき) 問題」 concern「(人) を心配させる」 loom「(不気味に) そびえ立つ」 be dependent on ～「～に依存する」 pervade「～に行き渡る〔浸透する〕」 more than ever「これまで以上に」 glad「喜ばしい」 optimism「楽観主義」 fade「薄れる」 marvellous「素晴らしい」はイギリス英語の綴りでアメリカ英語では marvelous。fresh「新たな」 hazard「危険」 raise「(問題など) を引き起こす〔もたらす〕」 ethical「倫理的な」 quandary「困惑，ジレンマ」 commentator「評論家」 be anxious that ～「～であることを心配して」 get out of hand「抑えがきかなくなる」 such that …「…であるほどに」 neither *A* nor *B*「*A* も *B* も～ない」 assimilate「～を吸収する」 cope with ～「～に対応する」 stakes「(通常複数形で) 危険の度合い」 opportunity「チャンス」

(第 5 段) based on his original lecture は過去分詞を用いた形容詞句で，publication「出版物」を後置修飾。based on ～「～に基づいた」 embracing the social sciences は現在分詞を用いた形容詞句で，one を修

飾。embrace「(学問などが) ～を含む」 social science「社会科学」 it might be truer to say … は形式主語構文。the very idea of ～「～という概念そのもの」 interweaving「入り混じった，織り交ざった」 strand「より糸，構成要素」 nonetheless「それにもかかわらず」 narrowness「偏狭さ」 ignorance「無知」 remain「(依然として) ～のままである」 endemic「蔓延した」 closed book「全く理解できないもの」 worrying「心配になるほどの」 politics「政治」 just as many ～「ちょうど同じ数の～」 be ignorant of ～「～を知らない」 moan「愚痴を言う，嘆く」(最終段) provoke「(反応など) を引き起こす」 vibrant「活発な」 they do は they provoke vibrant debates の意。'On the Origin of Species'『種の起源』 カンマで挟まれた which 以下の挿入句は 'On the Origin of Species' に説明を加える継続用法の関係代名詞節。describe *A* as *B*「*A* を *B* と表現する」 underpinning his theory は現在分詞を用いた形容詞句で 'one long argument' を修飾する。underpin「～を支える」 rank highly「上位になる」 work of literature「文学作品」

II　解答

1．ア―(C)　イ―(B)　ウ―(D)　エ―(A)

2．お―(B)　か―(D)　き―(C)　く―(E)　け―(F)

3．part of a dive community（7語以内）

4．(D)

5．ダイバーの全身にかかる水圧が，日常生活ではあまり身体の自由がきかないかもしれない人に，無重力の感覚や自由の感覚を与えてくれる。

6．スキューバダイビングが広範にわたる治療成果をもたらす可能性があることは文献により示唆されてきたが，退役軍人の精神衛生に対する治療効果を調査した研究はこれまでほとんどなかったということ。

◆全　訳◆

≪スキューバダイビングが退役軍人にもたらす治療的効果≫

スキューバダイビングは，アドベンチャーツーリズムを連想させるレクリエーション活動である。多くのアドベンチャー活動と同様にスキューバはこの活動をよく知らない人には危険に感じられることがある。危険を感じさせる要素には，水圧，呼吸状態，水中での視界，参加者の水中での方向感覚などがある。このような危険要素はあるものの，ほとんどのスキューバダイバーがこの活動に参加し続けるのは，必ずしもスリルや興奮のためだけではない。スキューバダイビングには，本質的にさまざまな治療的有用性もあるのである。本研究の目的は，アダプティブ・スキューバダイビングがアメリカの退役軍人の精神衛生に与える影響を調べることである。それはこの活動が心理的恩恵，身体的恩恵，そして社会的恩恵をもたらすからである。

第一に，多くのスキューバダイバーがダイビングをするのは，安らぎや静けさ，平穏さといった感覚を得るためである。ダイバーは，ゆっくりと深く安定した呼吸の技法で呼吸をしなければならない。このような呼吸法は，心拍数の変動性の増大とストレスの軽減に関係する。呼吸を制御し穏やかな状態を維持するならば，ダイバーは，より長い時間水中にとどまることができる。水中では，ダイバーは自分の呼吸音だけしか聞こえない静寂な環境にいる。ダイバーがゆっくり安定した呼吸をしていれば，リズミカルなバックグラウンドノイズが発生する。他の音が聞こえないこの安定した音は，瞑想体験において意識を集中させるポイントとなる。ダイバーは，水中で体験する快適さが日々のストレス要因からの隔たりを与えてくれると，しばしば報告する。この認知的な隔たりは，ダイバーがダイビング活動中に意識を集中することを可能にする。

第二に，水は他の場所にはない機会を提供してくれる。ダイバーは，体のあらゆる部分で水圧に触れる。(3)この水圧は，日常生活ではあまり身体の自由がきかないかもしれない人に，無重力の感覚や自由の感覚を与えてくれる。この引き込まれるような体験は，ダイバーの知覚力を変える。彼らはさまざまな方法で自分の体の軸を自由に変えることができる。その一つが，飛んでいるような感覚で体を水平に保つことである。公表はされていないが，脊髄損傷のある退役軍人に対するスキューバダイビングの効果についての試験的研究では，退役軍人のダイバーは，軽い触覚の感知に10%の改善を感じ，筋肉の痙攣が15%減少したと報告している。

最後に，スキューバダイビングは，従来の瞑想やマインドフルネス活動にはない他の機会を提供してくれる。スキューバダイビングにはそれを見ればダイバーだとわかる独特な必要装備（ダイビングスーツ，ゴーグルなど）がある。障害のある人にとって，スキューバダイバーという新しい呼称は，ダイビングという行為そのものと同じくらい自由を与えてくれる。

ダイバーはダイビングコミュニティの一員となる。ダイビングから得られる社会的な心地よさは，ダイビング仲間同士の関係に最も強く表れる。ダイビング仲間はお互いを気にかけ，ダイビング中お互いの安全を確保する。これはダイビング体験以外ではあまり例がない集団内の責任感を促す。

アダプティブ・スキューバダイビングでは，脊髄損傷などの障害をもつ人も，可能な限り自力で安全にダイビングをすることができる。ダイビングに関する基礎知識の習得には変わりないが，技術的トレーニングはそれぞれのニーズに応じて調整される。たとえば，対麻痺のある人はダイビング仲間に伴われて，上肢だけで効率的に体を推進させバランスを取るために，水かきつきのグローブを使用することがある。また，手の細かい運動制御に問題がある人は，水中で他の人とコミュニケーションをとるために適応バージョンの手信号を学ぶことになる。心的外傷後ストレス障害をもつダイバーには，ダイビングのインストラクターはダイビングに出発する前に，トラウマ的経験をよみがえらせる可能性のあるもの（ボートの機械音，水中の暗さなど）を知らせておく。精神状態のために薬を服用しているダイバーは，起こりうる問題（たとえば，抗うつ剤は眠気の原因となり，減圧症を悪化させる可能性がある）を記した個別のリストを受け取る。インストラクターや仲間は，精神的健康に問題のあるダイバーを，発症の可能性がないか水中で注意深く観察し，緊急脱出計画を準備しておく必要がある。

スキューバダイビングが広範にわたる治療成果をもたらすレクリエーション活動である可能性がこれまでの文献により示唆されている。しかし，私たちの知る限りでは，退役軍人の精神衛生に対するアダプティブ・スキューバダイビングの治療効果を調査した研究はほとんどなかった。本研究は，文献におけるこのギャップを埋めることを目的としたものであった。その目的は，アメリカの退役軍人のマインドフルネスと充足感に対するアダプティブ・スキューバダイビングの効果を調べることであった。

◀解　説▶

▶ 1．(A)「アダプティブ・スキューバダイビングでは，脊髄損傷などの障害をもつ人も，可能な限り自力で安全にダイビングをすることができる」

allow *A* to ***do***「*A* が～することを可能にする」の構文で *A* が individuals with disabilities, such as spinal cord injuries, ***do*** が dive as independently and safely as possible。individual は「人」，disability は「障害」，spinal cord injury は「脊髄損傷」なので，individuals with disabilities, such as spinal cord injuries で「脊髄損傷などの障害をもった人」。as ～ as possible「可能な限り～」と independently and safely「自力で安全に」が組み合わされているので，「可能な限り自力で安全に」。ちなみにこの文からもわかるように，adaptive scuba diving「アダプティブ・スキューバダイビング」とは，特別な用具を用いたりして，障害のある人などでもできるように配慮されたスキューバダイビングのこと。

(B)「多くのスキューバダイバーが参加するのは，安らぎ，静けさ，平穏さといった感覚を得るためである」 participate「参加する」 a sense of ～「～の感覚」 tranquility「静けさ」 calm「平穏」

(C)「スキューバダイビングはアドベンチャーツーリズムを連想させるレクリエーション活動である」 that 以下は先行詞 a recreational activity を修飾する関係代名詞節。be associated with ～「～と関連している，～を連想させる」

(D)「水はそれ以外の場所では得られない機会を提供してくれる」 that 以下は先行詞 opportunities を修飾する関係代名詞節。opportunity「機会」

ア．空所となっている第 1 文に続く第 2 文（As with many …）は「多くのアドベンチャー活動と同様に，スキューバはこの活動をよく知らない人には危険に感じられることがある」という意味。第 2 文中の adventure, activities という語が(C)の文中にも使われていることに注目する。第 2 文は，(C)「スキューバダイビングはアドベンチャーツーリズムを連想させるレクリエーション活動である」を引き継いだ内容になっているため，空所に入るのは(C)だと判断できる。as with ～「～と同様に」 be perceived as ～「～と感じられる」は perceive *A* as ～「*A* を～と感じる」の受動態。those unfamiliar with … は those who are unfamiliar with … の「who＋be 動詞」が省略された形。このように those who …「…する人たち」に be 動詞が続く場合，「who＋be 動詞」が省略されることがある。be unfamiliar with ～「～をよく知らない」

イ．空所を含む文で始まるこの段の主旨が「スキューバダイビングの際のゆっくりとした呼吸法や自分の呼吸音だけが聞こえる静かな環境はストレスの軽減に役立つ」というようなものであることを理解する。この内容につながる第１文として適切なのは(B)。この段が第１段最終文（The purpose of …）に述べられているスキューバダイビングの psychological benefits「心理的恩恵」に関する内容であることがわかると，後の段落に physical benefits「身体的恩恵」，social benefits「社会的恩恵」に関する内容が続くことも予測できる。

ウ．空所を含む文で始まるこの段の主旨が「水中では日常生活ではあまり身体の自由がきかない人が自由に体を動かすことができ，それがリハビリ効果にもつながる」というようなものであることを理解する。この内容につながる第１文として適切なのは(D)。この段は physical benefits「身体的恩恵」に関するものである。

エ．空所となっている第１文に続く第２文（Although learning of …）が「ダイビングに関する基礎知識の習得には変わりないが，技術的トレーニングはそれぞれのニーズに応じて調整される」というもので，第３文（For example, someone …）以降にその具体例が続いている。

-related は「～関連の」なので，diving-related は「ダイビングに関する」という意味。foundational「基礎を成す」 remain the same「何ら変わらない」 adjust「～を調整する」 depending on ～「～に応じて」 individual needs「それぞれのニーズ」

この内容につながる第１文として適切なのは(A)。第２文中の individual needs と(A)の文中の individuals with disabilities という表現のつながりもヒントとなる。

▶２．お．空所を含む文が If で始まる条件節になっており，この節は主語が individuals，空所に入る動詞に続く limited fine motor control in their hands「手の限られた細かい運動制御」が目的語という文構造。目的語とのつながりから判断して，適切な動詞は(B) have。全体としては「手の細かい運動制御に問題がある場合は」となる。

limited「限られた」 fine「細かい，繊細な」 motor control「運動制御」

か．空所に入る動詞の目的語が an adaptive version of hand signals「適応バージョンの手信号」なので，動詞は(D) learn「～を身につける〔習得する〕」が適切。全体としては「水中で他の人とコミュニケーションをとるために適応バージョンの手信号を学ぶことになる」となる。「適応バージョンの手信号」とは，「その人の手の運動機能の問題に配慮が加えられた手信号」という意味。

hand signal「手信号」

き．空所を含む文の前半は For divers with posttraumatic stress disorder「心的外傷後ストレス障害をもつダイバーのために」という意味。そのようなダイバーに diving instructors が行うことは何かということを考える。空所に続く them of … の of もヒントに(C)inform を選び，inform *A* of *B*「*A* に *B* を知らせる」という表現を完成させる。全体としては「ダイビングのインストラクターはトラウマ的経験をよみがえらせる可能性のあるもの（ボートの機械音，水中の暗さなど）を彼らに知らせる」となる。

posttraumatic stress disorder「心的外傷後ストレス障害」 potential「潜在的な，可能性のある」 reminder of ～「～の記憶をよみがえらせるもの」 traumatic「トラウマ的な」 go on a diving trip「ダイビングに行く〔出かける〕」

く．divers with mental health issues「精神的健康に問題のあるダイバー」への配慮について述べた文である。Instructors and buddies should closely に続く動詞として適切なのは(E)monitor「～を観察する」。全体としては「インストラクターや仲間たちは，精神的健康に問題のあるダイバーを，発症の可能性がないか水中で注意深く観察する必要がある」となる。

buddy「仲間」 closely「注意深く」 health issue「健康問題」 for ～ は「～を求めて」，episode は「症状の発現」なので，for potential episodes で「症状の発現の可能性がないか」という意味になる。

け．Instructors and buddies should につながる動詞で，目的語は immediate exit plans「緊急脱出計画」。この条件に合うのは(F)prepare「～を準備する」。「緊急脱出計画を準備しておく必要がある」という意味になる。

immediate「緊急の」 exit plan「避難〔脱出〕計画」

▶３．下線部(1)の social benefits「社会的な恩恵」についての説明があるのは第４段（Lastly, scuba diving provides …）。この段の主旨は「ダイバーは特別な装備を身につけることでグループの一員であるという意識をもち，その意識は時に解放感につながる。互いの安全を確保するダイビング仲間に対するグループとしての責任感も生じる」というようなもの。この内容に基づいて「ダイバーになることにより，人は＿＿＿になる。このことが一体感をもたらす」の空所に7語以内の適切な英語を補うことが求められている。bring「～をもたらす」 sense of belongingness「帰属意識，一体感」 社会的恩恵について書かれているのは第4段でその第4文に Divers become part of a dive community.「ダイバーはダイビングコミュニティの一員となる」という文があり，この文から part of a dive community を抜き出して補うとよい。a member of a dive community とするのも可。

▶4．(A)「ダイバーはリズミカルなバックグラウンドノイズに驚く」 rhythmic「リズミカルな，規則的な」

(B)「ダイバーの身体は麻痺する」 paralyzed「麻痺した」

(C)「静かな水中の環境では，ダイバーは自分の呼吸音も含め何も聞こえない」 including ～「～を含めて」

(D)「ダイバーは自分の呼吸音を，意識を集中させるポイントとして利用する」 use *A* as *B*「*A* を *B* として利用する」 focus on ～「～に集中する」

下線部(2)a meditative experience「瞑想体験」を含む第2段第7文（This steady sound, …）は「他の音が聞こえないこの安定した音は，瞑想体験において意識を集中させるポイントとなる」という内容である。steady「安定した」 absent of ～「～がない」 focus point「焦点，中心」

これに合致するのは(D)。a rhythmic background noise という表現は同段第6文（If divers are …）にあるが，ダイバーがこの音に驚くという内容はないので(A)は不適，水中でダイバーの身体が麻痺するという記述はどこにもないので(B)も不適，ダイバーは自分の呼吸音だけは聞こえるので(C)も不適である。

▶5．This pressure が意味するのは直前の第3段第2文（Divers are touched …）にあるように「ダイバーの全身にかかる水圧」。every inch of ～ は「～の至るところ」，sense of ～ は「～の感覚」という意味。a sense of ～ につながるのは weightlessness と freedom の両方なので，文の前半は「ダイバーの全身にかかる水圧が，無重力の感覚や自由の感覚を与えてくれる」となる。weightlessness「無重力」

individuals を修飾する who 以下の関係代名詞節は「日常生活ではあま

り身体の自由がきかないかもしれない」という意味。bodily「身体の」 *one's* daily life「日常生活」

▶ 6．下線部(4) this gap を含む文は「本研究は，文献におけるこの隔たりを埋めることを目的としたものであった」という内容。

current「現在の，進行中の」 study「研究」 be aimed at ～「～を目的とする」 fill「(隙間など) を埋める」 gap「隙間，隔たり」 literature「文献」

this gap「この隔たり」の具体的な内容は直前の同段第１・２文（Previous literature suggests … veterans' mental health.）に述べられている。第１文の主旨は「スキューバダイビングが広範にわたる治療成果をもたらす可能性が文献により示唆されてきた」というもので，第２文の主旨は「退役軍人の精神衛生に対するアダプティブ・スキューバダイビングの治療効果を調査した研究はほとんどない」というもの。

previous「これまでの」 that has a broad … outcomes は，a recreation activity を修飾する関係代名詞節。broad range of ～「広範にわたる〔さまざまな〕～」 therapeutic outcome「転帰，治療成果」 to the best of *one's* knowledge「～の知る限りでは」 examine「～を調査する」 therapeutic effect「治療効果」 veteran「退役軍人」

●語句・構文●

（第１段） element「要素」 関係代名詞節 which create perceived danger は関係代名詞節で先行詞 The elements を修飾。perceive は「～を知覚する」という意味なので perceived danger は「知覚される危険，危険に感じられること」の意。breathing condition「呼吸状態」 visibility「視界」 orientation「方向感覚」 note は「～に注目する」なので，完了形の分詞構文を用いた表現 Having noted ～ は「～のことを考えた〔に注目した〕うえで」の意。risk factor「危険要素」 it is not necessarily … の文は否定文の強調構文。not necessarily「必ずしも～ない」は部分否定。perceived risk「知覚されたリスク」 drive *A* to *do*「*A*（人）が～するように駆り立てる」 participation in ～「～に参加すること」 inherently「本質的に」 therapeutic benefit「治療的有用性」 effect of *A* on *B*「*A* が *B* に与える影響」 psychological well-being「精神衛生」 outcome「転帰（治療後の経過・結果）」

(第2段) breathe「呼吸する」 increased～「～の増大」 heart rate variability「心拍数の変わりやすさ」 long period of time「長い時間」 When underwater「水中にいるとき」は，When they are underwater の接続詞に続く「主語＋be 動詞」が省略された形。except for～「～を除けば」 report「～ということを報告する」 関係代名詞節 they experience in the water が先行詞 the comfort を修飾。provide「～をもたらす〔与える〕」 stressor「ストレス要因」 cognitive distance「認知的な隔たり」 be fully present「完全にここにいる」は「その瞬間に意識を集中する」というような意味。

(第3段) immersive「没入型の」 alter「～を変える」 axis「軸」 horizontal plane「水平面」 カンマ以下 emulating the feeling of flight は付帯状況を表す分詞構文。emulate は「～をまねる」の意なので，直訳すると「飛んでいる感覚をまねて」。Although unpublished は Although it was unpublished の意で，接続詞に続く「主語＋be 動詞」が省略された形。unpublished「未発表の」 pilot study「試験的研究」 effect on～「～への影響」 with spinal cord injuries の with～は「(けが) を負った」の意なので，「脊髄損傷を負った」となる。improvement in～「～における改善」 sense「～を感知する」 decrease by～%「～%減少する」の by は「差」を表す。

(第4段) not found in traditional meditation or mindfulness activities は other opportunities を修飾。meditation「瞑想」 mindfulness「マインドフルネス (現在において起こっている経験に注意を向けること)」 required「必須の」 goggle「ゴーグル」 that serves as a group identifier は先行詞 a unique set of required equipment を修飾する関係代名詞節。serve as～は「～としての役割を果たす，～として役立つ」 identify は「(服装などが人・物) を～だと見分けるのに役立つ」という意味なので，この場合の group identifier は「それを見ればダイバーだとわかる印」というような意味。label of～は「～のレッテル〔呼称〕」という意味だが，ここでは「(障害者ではなく)『ダイバー』と呼ばれること」という意味。動詞の free は「～を自由にする，解放する」という意味なので，その現在分詞 freeing は「自由にしてくれる，解き放ってくれる」という意味で，それが as～as…「…と同じくらい～」と組み合わされている。comfort「快適さ」 gained from diving「ダイビングから得られる」は過去分詞で social comfort を修飾。look after～「～を世話する」 ensure「確保する」 mutual「お互いの」 when diving は when they are diving の接続詞に続く「主語＋be 動詞」が省略された形。promote「～を促す」 that may not … the dive experience は関係代名詞節で，先行詞 group responsibility を修飾。outside of～「～以外には」
（第 5 段）be accompanied by～「～に付き添われる，～が同伴する」 webbed「（手・足の指に）水かきのある」 efficiently「効率よく」 propel「～を推進させる」と balance「～のバランスをとる」の両方が目的語 the body につながる。upper limb「上肢」 who take medications for their mental conditions は関係代名詞節で，先行詞 Divers を修飾。medication「薬」 individualized「個人に合わせた」 antidepressant「抗うつ剤」 drowsiness「眠気」 worsen「～を悪化させる」 decompression sickness「減圧症」
（最終段）contentment「満足感」

III 解答

1．ア―(B)　イ―(E)　ウ―(F)　エ―(J)　オ―(H)
2―(B)
3―(A)
4―(C)・(E)
5．〈解答例 1〉I think cinemas will exist in the future. You can relax in large comfortable seats, watch movies on large screens, and enjoy high-quality sound effects. The fascination of the cinema experience will always attract people. (35 words)
〈解答例 2〉I don't think cinemas will exist in the future. These days, movie streaming services are becoming more popular. They offer a wide variety of movies and are much cheaper. Also, you can watch a movie anywhere and anytime. (38 words)

◆全　訳◆

≪映画をめぐる友人同士の会話≫

映画館で，マイケルは友人のルイーズと話をしている。彼らはチケットを買うために列に並んで待っている。本文を読み質問に答えなさい。

マイケル：ところで，今日見るこの映画は何ていう映画なの？

ルイーズ：*La Strada Polverosa* という映画で，英語にすると“The Dusty Road（埃っぽい道）”という意味になるわ。

マイケル：えっ，この映画は英語じゃないの？

ルイーズ：ええ，イタリア映画よ。

マイケル：字幕を読まなければならないってこと？

ルイーズ：そうよ。いやなの？

マイケル：映画は英語で見る方が好きなんだ。そのほうがストーリーの展開についていきやすいし，理解しやすいからね。それに，映像に集中できるのが好きなんだ。字幕を読まなければならないと，映像をよく見ることができないし。

ルイーズ：まあ，この映画はそんなに対話の部分がないから大丈夫。とても有名な映画よ。1967 年にロレンツォ＝ビアンキという映画監督によって作られたものなの。

マイケル：ちょっと待って，これは古い映画なの？　カラー映画なのに？

ルイーズ：いいえ，白黒よ。それがどうしたの？

マイケル：どうもしないけど，新しい映画のほうがいいなぁ。最先端の特殊効果や大爆発がある，スケールが大きくて製作費をかけたアクション映画が好きなんだ。

ルイーズ：そうね，もしそうしたければ別の映画を見てもいいけど，他の場所に行かないといけないわね。この映画館ではアート・シアター系の映画しか上映していないから。

マイケル：アート・シアター系の映画って何？

ルイーズ：アート・シアター系の映画というのは，面白いだけの映画ではなく，芸術的で実験的な映画のことよ。

マイケル：大爆発シーンのある製作費をかけたアクション映画は，アート・シアター系の映画ではないということ？

ルイーズ：ええ，絶対に違うわ。

マイケル：ちょっとエリート主義的な感じだね。

ルイーズ：そうかもしれないわね。でも，私もアート・シアター系の映画だけを見ているというわけではないのよ。アクション映画やロマンティック・コメディもたまに見るし。幅広くいろいろな映画を見ることが大事だと思うの。それは視野を広げるためにいいと思うわ。

マイケル：なぜそれほどまでにこの古い映画を見たいんだい？

ルイーズ：ものすごく大きな影響力をもっているからなの。多くの現代アーティストがインスピレーションの源だと言っているわ。映画製作者だけでなく，芸術家やファッションデザイナー，建築家もみなその文化的な重要性を認めているわ。

マイケル：見たことあるの？

ルイーズ：ええ，テレビでだけどね。私のお気に入りの映画の一つなの。今回，ようやく大きなスクリーンで見るチャンスに恵まれたのよ。

マイケル：映画館で見るのと，テレビで見るのとではそんなに違うと思う？

ルイーズ：全く違うと思う。アート・シアター系の映画でも，爆発シーンの多いアクション映画でも，大きなスクリーンで見るほうがずっとスリルがある。できれば映画はすべて映画館で見たいわね。

マイケル：君はほんとうに映画が好きなんだね。

ルイーズ：映画のことが頭から離れないような感じだわ。

マイケル：僕たちが見るこの映画はどのくらいの長さなの？

ルイーズ：3時間 45 分よ。

マイケル：うわぁ，4時間近いね！　他の映画なら同じ時間で何本か見られるよ。

ルイーズ：そう，だからこの映画はコストパフォーマンスがよいというわけよ。

マイケル：面白い見方だね。

ルイーズ：1993 年に公開されたハンガリー映画で上映時間が7時間以上のものがあると聞いたことがあるわ。

マイケル：7時間かい？　そんなに長くじっと座っていられないと思うな。

ルイーズ：何か食べ物を持っていかなければならないわ。飲み物はもちろんだけど。

マイケル：少なくとも1回はトイレ休憩も必要だ。

ルイーズ：7時間のアート・シアター系の映画よりは，ばかげたアクション映画のほうがまだいいわ。

マイケル：次回はちょっとしたアクションのあるアート・シアター系の映画があるといいかもしれない。二人の好みを両方満足させてくれる中間的なものが。

ルイーズ：アート・シアター系のアクション映画？ そんなの聞いたことないけど，ありそうな気がする。

マイケル：映画の前の予告編で何か見つかるかもしれない。

ルイーズ：そうね。映画が始まる前に準備できるよう席をとりに行きましょう。

◀解 説▶

▶1．「空所ア～オに，下記のリストから最も適切な語を補いなさい。(A)～(J)の記号を用いて答えなさい。各選択肢は一度しか使えないものとする」

ア．「字幕を読まなければならないってこと？」というマイケルの3回目の発言（You mean I'm …），「そうよ。いやなの？」というルイーズの3回目の発言（Yes. Do you mind?），「映画は英語で見る方が好きだ」というマイケルの4回目の発言の第1文（Well, I prefer …）の流れを理解する。subtitles「字幕」 mind「嫌がる」 prefer to *do*「～することを好む」 It makes it [ア] for me to follow and understand. の主語の It が指すのは直前の文の内容「映画を英語で見ること」。形式目的語を用いた構文で for me は不定詞の意味上の主語なので，この文を直訳すると「それ（映画を英語で見ること）が，私が話についていき，理解することを [ア] にする」という意味になる。文型から判断して空所に入るのは補語となる形容詞。意味的に判断して適切な形容詞は(B) easier。

イ．ルイーズは4回目の発言（Well, this film …）で，これから見る映画（this film）について話をしている。第2文（It's very …），第3文（It was …）の It は this film を指す。空所の前の be 動詞 was，空所に続く in 1967 by …「1967年に…により」から判断して，受動態とするために空所には過去分詞形の動詞(E) made を補う。

ウ．空所を含む文は，「これから見る映画の長さは3時間45分だ」という旨の直前のルイーズ14回目の発言（Three hours and …）に対するマイケルの反応である。空所に(F) nearly「ほとんど～，～近い」を補い「うわぁ，４時間近いね」とする。
エ．空所を含む文は，「(４時間近くという時間は）他の映画なら何本か見られるくらいの時間だ」という旨の直前のマイケルの 15 回目の発言の第２文（I could see …）に対するルイーズの反応である。(J)value を補い，value for money「金額に見合う価値」という表現を完成する。この文は直訳すると「そう，だからこの映画に関しては金額に見合う価値を得ることになる（コストパフォーマンスがよい)」となる。この未来進行形 will be *doing* は「～することになる」の意。
オ．直前の「上映時間が７時間以上の映画もある」という旨のルイーズの 16 回目の発言（I've heard of …）に対してマイケルが「７時間かい？そんなに長く…座っていられないと思う」と応じている。空所に(H)still「動かないで」を補い sit still「じっと座っている」とする。I don't think I could … の could は「～することができた」という過去の意味ではなく，この場合は「上映時間が７時間の映画を見るということになったとしても」という仮定を含意する仮定法過去。that は「それほど」の意なので，that long は「それほど長く」という意味。
▶２.「空所［か］を補うのに最も適切な表現を選びなさい」
選択肢となっている慣用句の意味は以下の通り。
(A)appreciate what you have「自分が持っているものに感謝する」what は先行詞を含む関係代名詞で「…するもの（＝the thing which)」の意。appreciate「～をありがたく思う」
(B)broaden *one's* horizons「視野を広げる」 broaden「～を広げる」
(C)look before you leap「転ばぬ先の杖」 直訳すると「跳ぶ前に見よ(行動を起こすには，用心の上に用心を重ねて行うべきである)」という意味の慣用句。leap「跳ぶ，飛び跳ねる」
(D)make a long story short「かいつまんで話す，手短に言う」 直訳すると「長い話を短くする」となる。To make a long story short, …「手短に言えば」のように文頭に使われることが多い。
(E)take a rain check「またの機会にする」 野球の試合が雨天中止になったときに，次回の試合のチケットが配られたことから「今回は行けないけど，次の機会にする」という意味の慣用句として使われる。
　空所を含む文の直前の文（I think it's …）でルイーズは「幅広くいろ

いろな映画を見ることが大切だと思う」と言っている。これに続く文としては(B)が適切。a wide range of ～「広範囲の～」

▶ 3．「この会話に基づき，正しくないものを一つ選びなさい」

(A)「ルイーズは *La Strada Polverosa* を初めて見る」 11 回目のルイーズの発言（Yes, but only …）に「この映画をテレビでは見たことがある」とあり，それに合致しない。

(B)「ルイーズは時にはロマンティック・コメディを楽しむこともある」 ルイーズの 9 回目の発言の第 3 文（Sometimes I enjoy …）に合致する。occasionally「時々」

(C)「マイケルは爆発シーンのある映画が好きである」 explosion「爆発」 マイケルの 6 回目の発言の第 2 文（I love big, expensive …）に合致する。state-of-the-art「最先端の」 special effect「特殊効果」

(D)「*La Strada Polverosa* に影響を受けたファッションデザイナーもいる」 ルイーズの 10 回目の発言の第 3 文（Not only filmmakers, …）に合致する。

(E)「ルイーズとマイケルが見ようとしている映画はイタリア映画である」 be about to *do*「まさに～しようとしている」 ルイーズの 2 回目の発言（No, it's an Italian film.）に合致する。

▶ 4．「次の中から，この会話に合致するものを二つ選びなさい」

(A)「ルイーズはアクション映画を見ない」 ルイーズの 9 回目の発言の第 3 文（Sometimes I enjoy …）に合致しない。

(B)「ルイーズは映画を見に行くよりテレビで映画を見るほうがよいと考えている」 go to the cinema「映画（を見）に行く」 ルイーズは 12 回目の発言の第 2・3 文（Whether you're seeing … if I could.）で「どんな映画でも，大きなスクリーンで見るほうがずっとスリルがあるので，すべて映画館で見たい」という旨のことを言っており，合致しない。whether *A* or *B*「（譲歩の副詞節を導いて）*A* であっても *B* であっても」 I'd（＝I would） watch … で始まる第 3 文は仮定法過去。

(C)「マイケルはアート・シアター系の映画という概念に疑問を感じている」 question「～を疑問に思う〔感じる〕」 concept of ～「～という概念」 arthouse film「アート・シアター系の映画」とはルイーズが 7 回目の発言（An arthouse film …）で説明しているような映画を指す。アート・シアター系の映画に関するやりとりは，マイケルの7回目の発言（What's an arthouse film?）から始まる。アート・シアター系の映画と娯楽映画は全く異なるものだという旨のルイーズの意見に対して，マイケルは9回目の発言で That sounds a bit elitist.「すこしエリート主義的な感じがする」と言っており，合致する。artistic「芸術的な」 experimental「実験的な」 as opposed to ～「～とは対照的に」 simply「単に」 entertaining「面白い，娯楽的な」 definitely not「全く違う」 elitist「エリート主義的な」

(D)「マイケルは多くのアート・シアター系の映画を見ている」 マイケルの好きな映画は6回目の発言の第2文（I love big, …）にあるように「最先端の特殊効果や大爆発がある，スケールが大きくて製作費をかけたアクション映画」。このような映画はルイーズの7回目の発言（An arthouse film …）にある「面白いだけの映画ではなく，芸術的で実験的な映画」というアート・シアター系の映画の定義に当てはまらない。

(E)「マイケルは字幕を読みたくない」 prefer not to *do*「～することを望まない」「映画は英語で見る方がいい」「字幕を読まなければならないと忙しくて映像に集中できない」という旨のマイケルの4回目の発言（Well, I prefer …）に合致する。

▶5．「将来，映画館は存在すると思うか？　30～40 語であなたの意見を説明しなさい。（書いた文章の最後に使用した語数を示しなさい）」

「意見」→「理由および（理由の）説明」という構成で書くのが基本である。

〈解答例1〉は「将来，映画館は存在すると思う」→「ゆったりとしたシートでくつろぎ，大きなスクリーン，高品質の音響効果を楽しむことができる」→「映画館ならではの魅力は今後も人を引きつけるだろう」という構成，〈解答例2〉は「将来，映画館は存在すると思わない」→「映画のストリーミングサービスの人気が高まっている」→「映画の種類が豊富で，映画館のチケットよりも安い」「いつでもどこでも映画を見ることができる」という構成で書かれている。

まずは構成を考え，「理由」と「（理由の）説明」が書きやすいほうの意見を選んで書くとよい。この場合「将来，映画館は存在すると思う」の立場をとる場合には，マイケルの12回目の発言（Do you think …）にある

seeing a movie at the cinema is very different from seeing it on TV, ルイーズの12回目の発言の第2文（Whether you're seeing…）にある it's much more thrilling to see it on the big screen などの表現も参考になる。30～40語という分量の目安は，意見（1文）＋理由（1文）＋説明（1・2文）である。

●語句・構文●

wait in line「列に並んで待つ」

（ルイーズの1回目の発言）カンマ以下 which means … は先行詞 *La Strada Polverosa* に説明を加える継続用法の関係代名詞節。

（マイケルの3回目の発言）be going to have to *do*「～しなければならないだろう」

（マイケルの4回目の発言）follow「（ストーリーの展開に）ついていく」 plus「そしてその上」 focus on ～「～に集中する」 visual「（映画・テレビなどの）映像（部分）」 If I'm having to *do*「もし～しなければならないなら」

（ルイーズの4回目の発言）dialogue「（劇・映画などの）対話（の部分）」 you should be fine. は直訳すると「あなたは大丈夫なはずだ」，つまり「大丈夫ですよ」の意。filmmaker「映画監督」

（マイケルの5回目の発言）in colour「（映画・写真などが白黒でなく）カラーの」

（ルイーズの5回目の発言）in black and white「（カラーでなく）白黒の」

（マイケルの6回目の発言）recent「最近の」

（ルイーズの9回目の発言）not just ～「～だけではない」

（マイケルの10回目の発言）be keen on *doing*「～するのが大好きだ」 this particular「特にこの」

（ルイーズの10回目の発言）enormously「非常に」 influential「影響力の強い」 contemporary「現代の」 credit *A* as *B*「*A* を *B* だとみなす」 architect「建築家」 regard *A* as *B*「*A* を *B* とみなす」 landmark「画期的な出来事」

（ルイーズの12回目の発言）absolutely「（強い同意を表して）もちろん」

（マイケルの13回目の発言）be passionate about ～「～に夢中だ」

（ルイーズの 13 回目の発言）obsession「頭から離れないこと」

（マイケルの 16 回目の発言）a … way of looking at ～ は「～に対する…な見方」なので，That's an interesting way of looking at it. で「それは面白い見方だ」の意。

（ルイーズの 16 回目の発言）hear of ～「～のことを耳にする」 release「(映画など）を公開する」 run for ～「(映画などが）～の間上映される」

（ルイーズの 17 回目の発言）as well as ～「～はもちろん，～だけでなく」

（マイケルの 18 回目の発言）at least「少なくとも」 bathroom break「トイレ休憩」

（ルイーズの 18 回目の発言）I'd rather（I would rather）*do*「むしろ～したい」 crass「愚かな，無神経な」

（マイケルの 19 回目の発言）a bit of ～「少々の～」 in between「間にある，中間の」 taste「好み」

（マイケルの 20 回目の発言）trailer「(映画・テレビ番組の）予告編」

（ルイーズの 20 回目の発言）so（that）…「…するように」

IV

解答例 The line and bar graphs show that the bicycle travel distance per person per year and the number of cyclists killed per billion kilometers of bicycle travel differ greatly among the nine countries. Together, the graphs reveal that the proportion of fatal cycling accidents is smaller in those countries where people travel a longer distance by bicycle. One possible reason is that countries where bicycles are used more often provide a safer environment for cyclists, such as wider cycle lanes. Another is that car drivers are more accustomed to paying attention to cyclists while driving. (95 words)

◀解　説▶

「下の図はさまざまな国における自転車の使用と安全に関する研究から得たデータを示している。折れ線グラフと棒グラフのデータ，それらを併せることでわかることを説明しなさい。さらに，この図からわかることに関して考えられる理由を少なくとも一つ説明しなさい。総語数は 80～100 語程度とする。(書いた文章の最後にあなたの書いた語数を示しなさい)」

まず問題を注意深く読み，指示に従って解答することが大切である。特に問題文が英語である場合は，読み違いのないように気をつけなければならない。100 語以下であれば改行は行わず，一つのパラグラフにしたほうが書きやすい。一般的な「意見＋理由」型のパラグラフでは「トピックセンテンス（意見）→理由１＋サポート→理由２＋サポート（→結論文)」という構成をとるが，この問題の場合は，指示に従って「折れ線グラフと棒グラフのデータの説明」→「両者を併せることでわかること」→「考えられる理由」という構成で書くことになる。

〔解答例〕を和訳すると次のようになる。

折れ線グラフと棒グラフは，９つの国において，年間一人当たりの自転車による移動距離と自転車での移動 10 億キロメートルあたりの自転車事故による死亡者数に大きな差があることを示している。二つのグラフを併せると，自転車での移動距離が長い国では死亡事故の割合が低いことがわかる。考えられる理由の一つは，自転車の使用頻度が高い国では，広い自転車専用レーンなど，自転車利用者にとってより安全な環境が提供されていることだ。また別の理由に，自動車を運転する人が運転中，自転車に注意を払うことに慣れているということがあるだろう。

❖講　評

2021 年度は 2020 年度に続き，総合読解問題が２題，会話文と英作文が各１題という構成であった。英作文は図表の読み取りに基づく自由英作文が 2018～2020 年度に続き出題された。なお，会話文でも意見論述の英作文が出題されている。

Ⅰは「科学技術の発展がもたらした問題」に関する社会分野の評論文。文構造が複雑であるわけではないが，論理展開がつかみにくく，語彙レベルも高めであった。特に英文和訳や内容説明などの設問に関わる箇所にも難解な語が使用されており，文脈や前後関係から未知語の意味を類推する力が試されている。

Ⅱは「スキューバダイビングが退役軍人にもたらす治療的効果」に関する研究報告書からの出題。論理展開は明快だが，専門的な内容なので難度の高い語句が少なくない。未知の語句があっても論旨や論理展開が理解できるかが，トピックセンテンスを選ぶ問題などで試されている。

Ⅲは映画をめぐる友人同士の会話が題材となった会話文総合問題。英文は読みやすく設問も素直なものである。会話文問題で定着した感のある意見論述の分量は，2020 年度は 25〜40 語，そして 2021 年度は 30〜40 語であった。語数の下限が多少増えてはいるが，テーマが身近なものであったので取り組みやすい。

Ⅳの英作文問題は，自転車の使用頻度と自転車事故死者数の国別比較を表した図表に基づくテーマ作文。何を書くべきかについての指示は明確でデータの読み取りもシンプルなものであったが，80〜100 語という制限語数内で求められている内容を収めるために何をどの程度記述するかの判断が難しい。また，全体としてまとまりのある文章にするのには慣れが必要である。

総じて，2021 年度の出題も，専門的な内容の英語を理解するだけにとどまらず，その内容を日本語で簡潔に表現したり，また社会問題について自分の意見を英語で表現したりという，大学で学ぶ際に根幹となる語学力と思考力を求めるものである。人文・社会・自然科学にまたがり，多岐にわたる読解問題を理解するためには，英語力に加えて科目横断的な力が必要と言える。日頃の地道な学習を通じ，実際に使える英語運用力，論理的思考と幅広い教養を身につけた学生を求める出題意図が感じられる問題であった。

数学

1

◇発想◇　放物線 C_1 の接線が放物線 C_2 と接するとき，この接線は C_1，C_2 の共通接線である。あるいは，C_1，C_2 のそれぞれの接線が一致すれば，これは共通接線である。このように，共通接線という概念を，数学の土俵で考えることができるような解釈をすれば，あとは単に計算だけの問題となる。

解答　(1)　$C_1 : y=x^2$ から　　$y'=2x$

よって，点 $(t,\ t^2)$ における C_1 の接線は

$$y=2t(x-t)+t^2$$

すなわち

$$y=2tx-t^2 \quad \cdots\cdots(\text{答})$$

(2)　C_1 の接線と $C_2 : y=-x^2+4ax-4a^2+4a^4$ が接するとき，これら 2 式を連立させて得られる x の 2 次方程式

$$2tx-t^2=-x^2+4ax-4a^2+4a^4$$

すなわち

$$x^2+2(t-2a)x-(t^2+4a^4-4a^2)=0$$

は，重解をもつ。よって，この方程式の判別式を D とすると

$$\frac{D}{4}=(t-2a)^2+(t^2+4a^4-4a^2)=2(t^2-2at+2a^4)$$

重解条件 $D=0$ から

$$t^2-2at+2a^4=0 \quad \cdots\cdots①$$

2 つの共通接線が存在する条件は，t についての方程式①が異なる 2 つの実数解をもつことであり，この方程式の判別式を D' として

$$\frac{D'}{4}=a^2-2a^4=-a^2(2a^2-1)>0$$

よって　　$a^2\left(a+\dfrac{1}{\sqrt{2}}\right)\left(a-\dfrac{1}{\sqrt{2}}\right)<0$

$a>0$ に注意して

$0<a<\dfrac{1}{\sqrt{2}}$　……②　……(答)

別解　(1)と同様にして，点 $(u,\ -u^2+4au-4a^2+4a^4)$ における接線の方程式を求める。

$y'=-2x+4a$

から，接線の方程式は

$y=(-2u+4a)(x-u)-u^2+4au-4a^2+4a^4$

すなわち

$y=(-2u+4a)x+u^2-4a^2+4a^4$

これと(1)の C_1 の接線が一致するとき，共通接線となる。これら 2 つの接線の係数，定数項を比べて

$$\begin{cases} 2t=-2u+4a \\ -t^2=u^2-4a^2+4a^4 \end{cases}$$

u を消去すると

$-t^2=(2a-t)^2-4a^2+4a^4$

よって　　$t^2-2at+2a^4=0$　……①

(以下，〔解答〕と同じ。)

(3)　②のとき，t についての方程式は異なる 2 つの実数解 α，β $(\alpha<\beta)$ をもち，解と係数の関係から

$\alpha+\beta=2a$，$\alpha\beta=2a^4$　……③

また，α，β は C_1 と l，l' の接点の x 座標である。よって，l，l' の方程式は

$y=2\alpha x-\alpha^2$，$y=2\beta x-\beta^2$

これを連立方程式とみて解くと

$2(\beta-\alpha)x=\beta^2-\alpha^2$

$\alpha<\beta$，および③から

$x=\dfrac{\alpha+\beta}{2}=a$

$y=2\alpha\cdot\dfrac{\alpha+\beta}{2}-\alpha^2=\alpha\beta=2a^4$

したがって，l，l' の交点の座標は，$(a,\ 2a^4)$ である。　……(答)

(4)　$C_1：y=x^2$，$C_2：y=-(x-2a)^2+4a^4$

および，$D_1 \cap D_2$ の概形を，$a>0$ に注意して描くと右図のようになる。

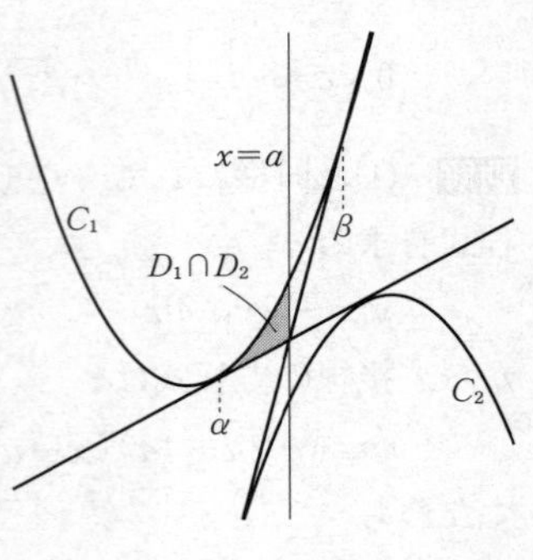

よって

$$S(a)=\int_\alpha^a \{x^2-(2\alpha x-\alpha^2)\}dx$$
$$=\int_\alpha^a (x-\alpha)^2 dx$$
$$=\left[\frac{(x-\alpha)^3}{3}\right]_\alpha^a$$
$$=\frac{(a-\alpha)^3}{3}$$

ここで，①と $\alpha<\beta$ から　　$\alpha=a-\sqrt{a^2-2a^4}$

よって，$a-\alpha=\sqrt{a^2-2a^4}$ であり

$$S(a)=\frac{1}{3}(a^2-2a^4)^{\frac{3}{2}}\quad\cdots\cdots(答)$$

(5)　(4)から

$$S(a)=\frac{1}{3}\left\{-2\left(a^2-\frac{1}{4}\right)^2+\frac{1}{8}\right\}^{\frac{3}{2}}$$

②から　　$0<a^2<\frac{1}{2}$

よって，$S(a)$ は $a^2=\frac{1}{4}$，すなわち $a=\frac{1}{2}$ のとき最大となり，その値は

$$S\left(\frac{1}{2}\right)=\frac{1}{3}\left(\frac{1}{8}\right)^{\frac{3}{2}}=\frac{1}{48\sqrt{2}}=\frac{\sqrt{2}}{96}\quad\cdots\cdots(答)$$

◀解　説▶

≪2つの放物線の共通接線，面積の最大≫

(1)，(2)は2つの放物線の共通接線を求めることがテーマだが，(3)～(5)は放物線 C_1 と2接線 l，l' について交点，面積を求める。後半は C_2 は無関係である。このように2つに分けてこの問題をみてみれば，教科書レベルの問題2題を合わせたものに過ぎない。

放物線の接線については，(i)微分法を用いた接線の公式を利用する，(ii)放物線と直線の接する条件を判別式を用いて求める，の2通りの取り扱い方がある。この一方のみを用いるか，両方を用いるか，問題によってうまく使い分けたい。

2

◇発想◇　底の変換など，対数関数の公式や性質を活用することがポイントとなる。与えられた数に $\dfrac{3}{2}$ が含まれるが，これも対数の形で表すことを考えよう。3 次関数 $f(x)$ の因数分解と方程式 $f(x)=0$，$y=f(x)$ のグラフの関係にも注目して考察を進めよう。

解答　(1)　底の変換公式を用いて，底を 2 に統一すると

$$\alpha\beta\gamma=\log_2 3\cdot\log_3 5\cdot\log_5 2$$

$$=\log_2 3\cdot\frac{\log_2 5}{\log_2 3}\cdot\frac{\log_2 2}{\log_2 5}=\log_2 2$$

$$=1$$

よって　　$\alpha\beta\gamma=1$　……①　　　　(証明終)

(2)　$\delta=\dfrac{3}{2}=\dfrac{3}{2}\log_2 2=\log_2 2^{\frac{3}{2}}$

$$=\log_2 8^{\frac{1}{2}}<\log_2 9^{\frac{1}{2}}=\log_2 3=\alpha$$

$$\delta=\frac{3}{2}=\frac{3}{2}\log_3 3=\log_3 3^{\frac{3}{2}}$$

$$=\log_3 27^{\frac{1}{2}}>\log_3 25^{\frac{1}{2}}=\log_3 5=\beta$$

$$\gamma=\log_5 2<\log_5 5=1=\log_3 3<\log_3 5=\beta$$

よって　　$\gamma<1<\beta<\delta<\alpha$　……②

小さい順に並べると　　γ，β，δ，α　……(答)

(3)　　$p=\alpha+\beta+\gamma$

①から

$$q=\frac{1}{\alpha}+\frac{1}{\beta}+\frac{1}{\gamma}=\frac{\beta\gamma+\gamma\alpha+\alpha\beta}{\alpha\beta\gamma}=\beta\gamma+\gamma\alpha+\alpha\beta$$

$$1=\alpha\beta\gamma$$

よって

$$f(x)=x^3+px^2+qx+1$$

$$=x^3+(\alpha+\beta+\gamma)x^2+(\beta\gamma+\gamma\alpha+\alpha\beta)x+\alpha\beta\gamma$$
$$=(x+\alpha)(x+\beta)(x+\gamma)$$

ゆえに，$y=f(x)$ のグラフは $x=-\alpha,\ -\beta,\ -\gamma$ で x 軸と交わる。

ここで

$$\frac{1}{2}=\frac{1}{2}\log_5 5=\log_5 5^{\frac{1}{2}}>\log_5 4^{\frac{1}{2}}=\log_5 2=\gamma$$

であり，これと②から

$$\gamma<\frac{1}{2}<1<\beta<\delta=\frac{3}{2}<\alpha$$

したがって

$$-\alpha<-\frac{3}{2}=-\delta<-\beta$$
$$<-1<-\frac{1}{2}<-\gamma$$

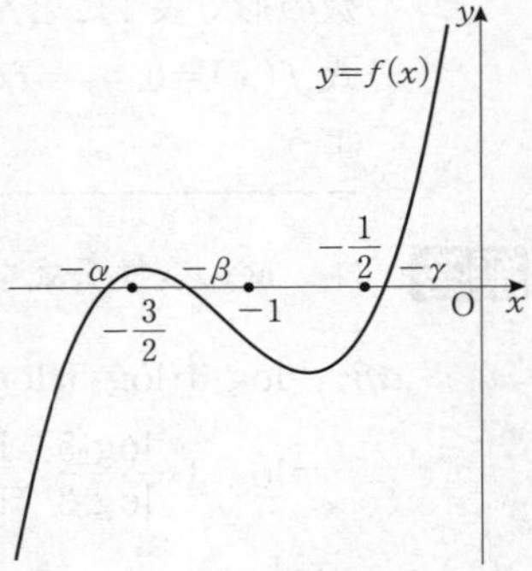

であるから

$$f\left(-\frac{3}{2}\right)>0,\ f(-1)<0,\ f\left(-\frac{1}{2}\right)<0\ \cdots\cdots(\text{答})$$

◀解　説▶

≪対数関数の性質，3 次方程式の解と係数の関係，3 次関数のグラフ≫

(2)で大小比較をする際，できるだけ効率よく考えなければならない。たとえば，$\gamma<\beta<\delta<\alpha$ を証明するのに，$\gamma<\alpha$ を示しても無駄である。あらかじめ，わかる範囲でよいから見当をつけておこう。底と真数を見比べて，$\gamma=\log_5 2<1$，他は 1 より大，と気づくだけで，γ は最小とわかるので，残りの 3 つをまず考える。$\delta=\frac{3}{2}$ を対数で表現するとき，α と比べるなら底を 2 に，β と比べるなら底を 3 にとることになる。

(3)では，$f(x)=x^3+px^2+qx+1$ について

- $f(x)=(x+\alpha)(x+\beta)(x+\gamma)$ と表せる
- $f(x)=0$ の解は，$-\alpha,\ -\beta,\ -\gamma$ である
- $y=f(x)$ のグラフは，x 軸と $x=-\alpha,\ -\beta,\ -\gamma$ で交わる

が互いに同値であることに注意しておこう。

3

◇発想◇　題意を把握することが，大きなテーマである。ゲームの終了時に数字 j が丸で囲まれているという状況は，どのようにしてつくられるのか，操作(a)，(b)により，それぞれの場合を見出してみよう。たとえば，数字 11 に丸がつくのは，(a)で 11 を選ぶ，(b)で 2，7，10 のいずれかに石があるとき数字 11 を選ぶ，これらに限られる。

解答　(1)　ゲーム終了時に数字 1 が丸で囲まれるのは操作(a)で 1 を選ぶときで，これに限られる。

操作(a)では 12 個の数字のいずれも等しい確率 $\frac{1}{12}$ で選ばれる。

よって　　$p_1=\frac{1}{12}$

ゲーム終了時に数字 2 が丸で囲まれるのは

- 操作(a)で 2 を選ぶ
- 石が 1 の位置にあるとき，操作(b)で，2，3，4，5，6，10，12 の 7 個の数字から 2 を選ぶ

のいずれかで，これらに限られる。よって

$$p_2=\frac{1}{12}+p_1\cdot\frac{1}{7}=p_1+\frac{1}{7}p_1$$

$$=\frac{8}{7}p_1=\frac{2}{21}\quad\cdots\cdots(\text{答})$$

(2)　ゲーム終了時に数字 3 が丸で囲まれるのは

- 操作(a)で 3 を選ぶ
- 石が 1 の位置にあるとき，操作(b)で，2，3，4，5，6，10，12 の 7 個の数字から 3 を選ぶ
- 石が 2 の位置にあるとき，操作(b)で，3，4，5，7，11 の 5 個の数字から 3 を選ぶ

のいずれかで，これらに限られる。よって

$$p_3=\frac{1}{12}+p_1\cdot\frac{1}{7}+p_2\cdot\frac{1}{5}=p_2+\frac{1}{5}p_2$$

$$=\frac{6}{5}p_2=\frac{4}{35}$$

以下同様に考えると

$$p_4=\frac{1}{12}+p_1\cdot\frac{1}{7}+p_2\cdot\frac{1}{5}+p_3\cdot\frac{1}{3}$$

$$=p_3+\frac{1}{3}p_3=\frac{4}{3}p_3=\frac{16}{105}$$

$$p_5=\frac{1}{12}+p_1\cdot\frac{1}{7}+p_2\cdot\frac{1}{5}+p_3\cdot\frac{1}{3}+p_4\cdot\frac{1}{2}$$

$$=p_4+\frac{1}{2}p_4=\frac{3}{2}p_4=\frac{8}{35}\quad\cdots\cdots(\text{答})$$

$$p_6=\frac{1}{12}+p_1\cdot\frac{1}{7}=p_2=\frac{2}{21}$$

$$p_7=\frac{1}{12}+p_2\cdot\frac{1}{5}+p_6\cdot\frac{1}{5}$$

$$=\frac{1}{12}+\frac{2}{5}p_2=\frac{17}{140}$$

$$p_{10}=\frac{1}{12}+p_1\cdot\frac{1}{7}+p_6\cdot\frac{1}{5}=\frac{1}{12}+p_1\cdot\frac{1}{7}+p_2\cdot\frac{1}{5}$$

$$=p_3\left(=\frac{6}{5}p_2\right)=\frac{4}{35}$$

$$p_{11}=\frac{1}{12}+p_2\cdot\frac{1}{5}+p_7\cdot\frac{1}{3}+p_{10}\cdot\frac{1}{2}$$

$$=\frac{1}{12}+\frac{1}{5}p_2+\frac{1}{3}\left(\frac{1}{12}+\frac{2}{5}p_2\right)+\frac{1}{2}\cdot\frac{6}{5}p_2$$

$$=\frac{1}{9}+\frac{14}{15}p_2=\frac{1}{5}\quad\cdots\cdots(\text{答})$$

(3)

$$p_{12}=\frac{1}{12}+p_1\cdot\frac{1}{7}+p_6\cdot\frac{1}{5}+p_{10}\cdot\frac{1}{2}$$

$$=p_2+\frac{1}{5}p_2+\frac{1}{2}\cdot\frac{6}{5}p_2=\frac{9}{5}p_2=\frac{6}{35}$$

また，終了条件から

$$p_5+p_9+p_{11}+p_{12}=1$$

よって

$$p_9=1-(p_5+p_{11}+p_{12})$$

$$=1-\left(\frac{8}{35}+\frac{1}{5}+\frac{6}{35}\right)=\frac{14}{35}\left(=\frac{2}{5}\right)$$

以上から

$$p_5=\frac{8}{35},\ p_9=\frac{14}{35},\ p_{11}=\frac{1}{5}=\frac{7}{35},\ p_{12}=\frac{6}{35}$$

を比べて，$p_{12}<p_{11}<p_5<p_9$ となるので，最も大きいものの値は

$$p_9=\frac{2}{5}\quad \cdots\cdots(\text{答})$$

◀解　説▶

≪確率の基本性質≫

p_1，p_2，…と必要な確率を順次求めていかねばならない。それぞれの分数計算は大変である。少しでも工夫ができないかと考えつつ，計算を進めていこう。p_1，p_2，p_3，p_4，p_5 と式を書いてみると，次々と項が付加されていくような形となる。p_6，p_7，…についても，それまでに求めた結果をできるだけ利用しよう。うまく思いつかないときもあるが，いろいろ工夫して計算しようと心がけることは大切である。

4

◇発想◇　ガウス記号を含む漸化式が与えられているが，見たことがない受験生が多いだろう。このようなときは，設問(2)，さらに(3)と，要求に従って進んでいくうちに，解法の方針が見えてくることだろう。(3)は(2)の対偶に関わりそうである。(3)から得られた結果のひとつ $[a_{n+1}]=[a_n]-1$ は，$[a_n]$ を数列の第 n 項ととらえることで，数列 $\{[a_n]\}$ $(n=1,\ 2,\ \cdots)$ に関する漸化式に見えるだろうか。(4)は，数列 $\{a_n\}$ に関する漸化式を得られれば，これを解くことに全力をつくせばよい。

解答　(1)　$a_1=a\quad(0\leqq a<1)\quad\cdots\cdots①$

$$a_{n+1}=3\left[a_n+\frac{1}{2}\right]-2a_n\quad(n=1,\ 2,\ \cdots)\quad\cdots\cdots②$$

から

$$a_2=3\left[a_1+\frac{1}{2}\right]-2a_1$$

よって

$$a_2=\begin{cases}3\cdot 0-2a_1=-2a_1 & \left(0\leqq a_1<\dfrac{1}{2}\right)\\ 3\cdot 1-2a_1=-2a_1+3 & \left(\dfrac{1}{2}\leqq a_1<1\right)\end{cases}$$

したがって，点 $(x,\ y)=(a_1,\ a_2)$ の軌跡の方程式は

$$y=\begin{cases}-2x & \left(0\leqq x<\dfrac{1}{2}\right)\\ -2x+3 & \left(\dfrac{1}{2}\leqq x<1\right)\end{cases}$$

であり，xy 平面上に図示すると，右図のようになる。

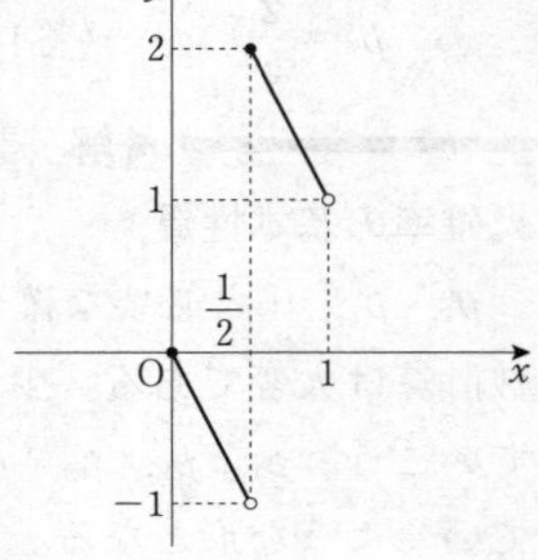

(2)　まず，記号 $[x]$ の定義から

$$[a_n]\leqq a_n<[a_n]+1 \quad \cdots\cdots ③$$

が成り立つ。また，$a_n-[a_n]\geqq\dfrac{1}{2}$ ならば

$$a_n+\frac{1}{2}\geqq[a_n]+1$$

これを用いると，②から

$$\begin{aligned}a_{n+1}&=3\left[a_n+\frac{1}{2}\right]-2a_n\\ &\geqq 3[[a_n]+1]-2a_n\\ &=3([a_n]+1)-2a_n\\ &>3a_n-2a_n \quad (\text{ここで③を用いた})\\ &=a_n\end{aligned}$$

ゆえに，$a_n<a_{n+1}$ である。　（証明終）

(3)　(2)について，対偶を考えると

$$a_n\geqq a_{n+1}\ \text{ならば}\quad (0\leqq)a_n-[a_n]<\frac{1}{2}$$

よって

$$a_n>a_{n+1}\quad\cdots\cdots ④\ \text{ならば}\quad [a_n]\leqq a_n<[a_n]+\frac{1}{2}\quad\cdots\cdots ⑤$$

ゆえに，$[a_n]+\dfrac{1}{2}\leqq a_n+\dfrac{1}{2}<[a_n]+1$ となるので

$$\left[a_n+\frac{1}{2}\right]=[a_n]$$

このとき，②から

$$a_{n+1}=3[a_n]-2a_n \quad \cdots\cdots②'$$

ここで，⑤から $2[a_n]\leqq 2a_n<2[a_n]+1$ となるので

$$3[a_n]-(2[a_n]+1)<a_{n+1}\leqq 3[a_n]-2[a_n]$$

$$[a_n]-1<a_{n+1}\leqq [a_n]$$

この式で，$a_{n+1}=[a_n]$ となるなら，②′から $[a_n]=a_n$，さらに，$a_{n+1}=a_n$ となる。これは④に矛盾し，不適。よって，等号は成立せず

$$[a_n]-1<a_{n+1}<[a_n]$$

したがって

$$[a_{n+1}]=[a_n]-1 \quad \cdots\cdots⑥$$

以上から，④ならば，②′かつ⑥が示された。　（証明終）

(4)　$a_1>a_2>\cdots>a_k$ が成り立つとき

$$a_n>a_{n+1} \quad (n=1,\ 2,\ \cdots,\ k-1)$$

このとき，⑥から，数列 $\{[a_n]\}$ $(n=1,\ 2,\ \cdots,\ k)$ は，初項 $[a_1]$ $(=[a]=0)$，公差 -1 の等差数列をなし

$$[a_n]=[a_1]+(n-1)(-1)=-n+1$$

これを②′に代入して

$$a_{n+1}=3(-n+1)-2a_n \quad (n=1,\ 2,\ \cdots,\ k-1)$$

$$a_{n+1}=-2a_n-3n+3$$

よって

$$a_{n+1}+n+1=-2(a_n+n)+4$$

$$a_{n+1}+n+1-\frac{4}{3}=-2\left(a_n+n-\frac{4}{3}\right)$$

数列 $\left\{a_n+n-\frac{4}{3}\right\}$ $(n=1,\ 2,\ \cdots,\ k)$ は，初項 $a_1+1-\frac{4}{3}$，公比 -2 の等比数列をなし

$$a_n+n-\frac{4}{3}=(-2)^{n-1}\left(a_1+1-\frac{4}{3}\right)$$

したがって，①より

$$a_n=\left(a-\frac{1}{3}\right)(-2)^{n-1}-n+\frac{4}{3} \quad (n=1,\ 2,\ \cdots,\ k)$$

特に，$n=k$ として

$$a_k=\left(a-\frac{1}{3}\right)(-2)^{k-1}-k+\frac{4}{3} \quad \cdots\cdots(\text{答})$$

◀解 説▶

≪ガウス記号と不等式，軌跡，漸化式の解法≫

ガウス記号 $[x]$ に関する次のような定義，定理を用いる。

(i) 実数 x について

$$[x]\leqq x<[x]+1$$

(ii) 実数 x，y について

$$x\leqq y \Longrightarrow [x]\leqq[y] \quad (\text{逆は成り立たない})$$

(iii) 実数 x，整数 n について

$$[x+n]=[x]+n$$

これらは，十分に身につけておかなければならない。設問の要求に従って，(4)では，定数項に n を含む 2 項間漸化式

$$a_{n+1}=-2a_n-3n+3$$

を解く。変形に不慣れなら，目標の形

$$a_{n+1}+p(n+1)+q=-2(a_n+pn+q)$$

と係数を比較することにより，$p=1$，$q=-\dfrac{4}{3}$ を得てもよい。

❖講 評

例年の重厚な問題とはかなり様子の異なる出題であった。

1は，前半が 2 つの放物線の共通接線，後半が放物線と接線などで囲まれた部分の面積と，いずれも典型的なテーマで，どこの大学で出題されても違和感がない。

2も，対数の大小関係と 3 次関数という 2 つの典型問題を並べただけの感がある。

3は一見難しそうだが，題意さえ把握できればあとは計算をするだけである。

4だけは，例年の名古屋大理系らしい問題であった。題意を把握し構造を見極めるという分析力，さらに論証力も要する設問で，やや難しいが良問である。

「数学Ⅲ」からの出題がなかったが，これも例年とは大きく異なる点である。今後は，例年の出題傾向に戻って難化する可能性も考え，対策は怠らないようにしたい。

物理

I　解答

(1)　$T=mg,\ T_1=\dfrac{\sqrt{3}}{2}mg,\ T_2=\dfrac{1}{2}mg$

(2)　剛体棒 A の上端のまわりの力のモーメントのつり合いより

$$F_2\times a\sin 60°=mg\times\frac{a}{2}\sin 30°$$

$$\therefore\quad F_2=\frac{1}{2\sqrt{3}}mg\quad \cdots\cdots(答)$$

剛体棒 A に働く力がつり合っているから，ひも B が剛体棒 A を引く力 T，力 F_1 と F_2 の合力 F_1+F_2，および重力 mg について右図の関係が成り立つ。したがって

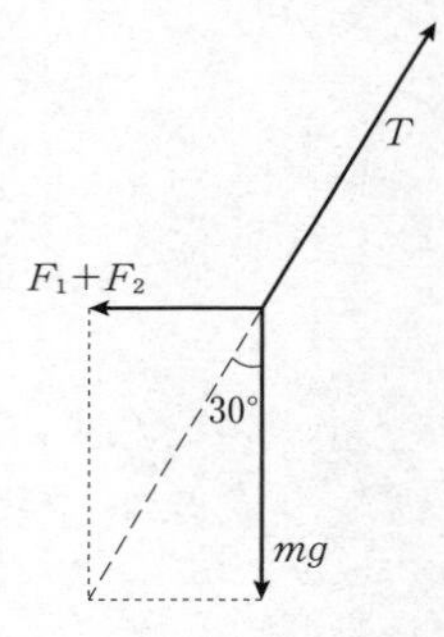

$$F_1+F_2=mg\tan 30°=\frac{1}{\sqrt{3}}mg$$

上式に上で求めた F_2 を代入して

$$F_1=\frac{1}{2\sqrt{3}}mg\quad \cdots\cdots(答)$$

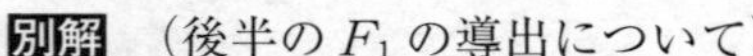
別解　(後半の F_1 の導出について)

剛体棒 A の下端のまわりの力のモーメントのつり合いより

$$F_1\times a\sin 60°=mg\times\frac{a}{2}\sin 30°$$

$$\therefore\quad F_1=\frac{1}{2\sqrt{3}}mg$$

(3)　$T=\dfrac{2}{\sqrt{3}}mg,\ T_1=\dfrac{2}{\sqrt{3}}mg,\ T_2=0$

(4)　小球 D に働く遠心力を F，重力のひも B 方向の成分を W_B とすると，ひも B 方向での力のつり合いより次式が成り立つ。

$$T=F+W_B\quad \cdots\cdots①$$

周期運動の最高点では W_B が最小で，速さが 0 なので F も最小である。したがって，最高点において $T=T_{min}$ であり，①式を用いて

$$T_{\min}=0+W_{\mathrm{B}}=Mg\cos30°=\frac{\sqrt{3}}{2}Mg\quad\cdots\cdots(答)$$

一方，周期運動の最下点では W_{B} が最大であり，また速さが最大なので，F も最大である。したがって，最下点において $T=T_{\max}$ である。

最下点での速さを v とすると，力学的エネルギー保存則より

$$\frac{1}{2}Mv^2=Mgb(1-\cos30°)=\frac{1}{2}(2-\sqrt{3})Mgb$$

上式より，$v^2=(2-\sqrt{3})gb$ であり，したがって

$$F=M\frac{v^2}{b}=(2-\sqrt{3})Mg$$

最下点では $W_{\mathrm{B}}=Mg$ だから，①式を用いて

$$T_{\max}=(2-\sqrt{3})Mg+Mg=(3-\sqrt{3})Mg\quad\cdots\cdots(答)$$

(5)　(あ)―(ク)　(い)―(イ)　(う)―(エ)　(え)―(サ)

(6)―(エ)　(7)―(イ)

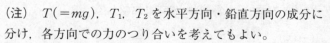

◀解　説▶

≪単振り子とその応用≫

▶(1)　ひもBが剛体棒Aを引く力は T に等しいから，剛体棒Aに働く力のつり合いより　　$T=mg$

右図のように，点Pにおいて3つの力 T，T_1，T_2 がつり合っていて T_1，T_2 の合力の大きさは T に等しい。したがって

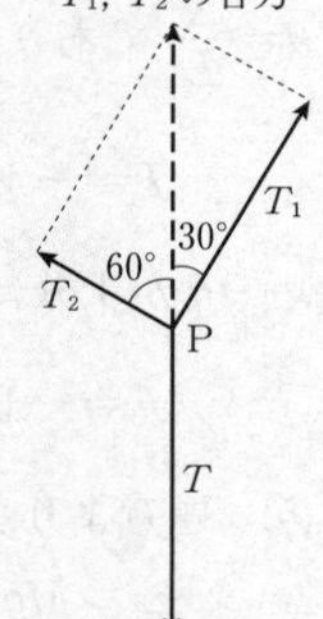

$$T_1=T\cos30°=\frac{\sqrt{3}}{2}T=\frac{\sqrt{3}}{2}mg$$

$$T_2=T\cos60°=\frac{1}{2}T=\frac{1}{2}mg$$

(注)　$T(=mg)$，T_1，T_2 を水平方向・鉛直方向の成分に分け，各方向での力のつり合いを考えてもよい。

▶(2)　力のつり合いを扱うときに，〔解説〕(1)の(注)のように，力を成分に分けて扱ってもよい。なお，力のつり合いでは，剛体棒Aの大きさは無視して扱っても構わないので〔解答〕に描いた図が使える。

剛体のつり合いは，〔解答〕のように「力のつり合い」と「力のモーメントのつり合い」で扱うのが標準的だが，〔別解〕に示したように「力のモーメ

ントのつり合い」だけで処理することも可能である。なお，剛体棒Aの重心のまわりの力のモーメントのつり合いから$F_1=F_2$が導かれるので，それを使って解答することもできる。

▶(3) 剛体棒Aに働く力のつり合い（〔解答〕(2)の図）より

$T\cos 30°=mg$

$$\therefore \quad T=\frac{2}{\sqrt{3}}mg$$

点Pにおける力のつり合いより

ひもBの方向では　　$T_1=T=\dfrac{2}{\sqrt{3}}mg$

ひもBに垂直な方向では　　$T_2=0$

▶(4) ひもBに固定した座標系では，小球Dには張力，重力，遠心力，軌道の接線方向の加速度に伴う慣性力が働き，力がつり合って静止している。ここでは，ひもBの方向（半径方向）での力のつり合いを考える。なお，ひもBが鉛直線となす角がθのときの張力Tを求めて答えを導いてもよいが，〔解答〕では物理的な直感を活かした解法を示した。

▶(5) (あ) 小球に働く力は重力とひもの張力（円弧に垂直）であり，Fは重力の接線方向成分に等しい。ひもが鉛直線となす角をθ〔rad〕とすると$\theta=\dfrac{X}{L}$であり，力の向き（符号）を考慮して

$$F=-Mg\sin\frac{X}{L} \quad (\to(ク))$$

(い) θが十分に小さい場合には，近似式$\sin\theta\fallingdotseq\theta$が成り立つので

$$F\fallingdotseq -Mg\frac{X}{L}=-\frac{MgX}{L} \quad (\to(イ))$$

(う) 題意より$F=-kX$だから，〔解説〕(い)の式と比較して

$$k=\frac{Mg}{L} \quad (\to(エ))$$

(え) 小球Dに(あ)の力が働き，質量Mの小球D′に(い)の力が働くとしよう。たとえば，両者が$X=-d$（$d>0$）からスタートして$X=0$に達するまでを考えると，題意より，スタートの時点において小球Dの加速度は小球D′の加速度より小さく，小球D′が先に進む。その後，両球の加速度は減少するが，同じ変位Xの場所では小球Dの加速度のほうが小さいので，

小球 D が小球 D′ に追いつくことはなく，小球 D′ が先に $X=0$ を通過する。したがって，小球 D の周期は小球 D′ の周期より長い。よって，図 4 の設定のような振幅の大きな振動の周期は，振幅の小さな振動の周期より長いといえる。したがって，答えは(サ)である。

▶(6)　x 方向の振動（図 6）でのひもの長さは b であり，y 方向の振動（図 7）でのひもの長さを l とすると，題意より $b<l$ である。したがって，振動の周期は y 方向の振動のほうが長い。解答群の図の中から，周期が実線より破線のグラフのほうが長いものを選べばよいから，答えは(エ)であることがわかる。なお，(ア)は両グラフが同周期で同位相，(イ)・(ウ)は，位相は異なるが同周期，(オ)は破線のグラフの周期のほうが短い。

▶(7)　x 方向，y 方向の振動の周期をそれぞれ T_x，T_y とすると，〔解説〕(6)より $T_x<T_y$ である。右図の例のように，グラフ上のある点（時刻 $t=0$）からグラフを辿って進み，x 方向の振動が一周期を完了（$t=T_x$）した時点で y 方向の振動がまだ一周期を完了（$t=T_y$）していないものを選べばよいから，答えは(イ)であることがわかる。なお，(ア)は $T_x=T_y$ で同位相，(エ)・(オ)は，位相は異なるが $T_x=T_y$，(ウ)は $T_x>T_y$ である。

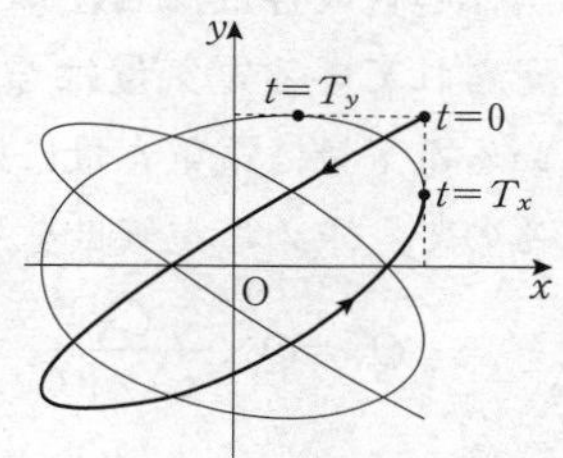

II　解答

(1)—(イ)　(2)　$Q_{\mathrm{X}}=-\dfrac{2}{3}Q$，$Q_{\mathrm{Z}}=-\dfrac{1}{3}Q$

(3)　$C_{\mathrm{X}}=\dfrac{2Q}{3V}$，$C_{\mathrm{Z}}=\dfrac{Q}{3V}$

(4)　QV　(5)　$\dfrac{1}{2}QV$

(6)　極板 Y の移動によって，極板 X，Y からなるコンデンサーの極板間隔は $\dfrac{9}{4}$ 倍，極板 Y，Z からなるコンデンサーの極板間隔は $\dfrac{3}{8}$ 倍になった。電気容量は極板間隔に反比例するから，(3)の結果を用いて

$$C_{\mathrm{X}}'=C_{\mathrm{X}}\times\frac{4}{9}=\frac{8Q}{27V}\quad\cdots\cdots(答)$$

$$C_Z{}'=C_Z\times\frac{8}{3}=\frac{8Q}{9V}\quad\cdots\cdots(\text{答})$$

電流が流れていないから，上記の 2 つのコンデンサーは並列接続とみなせる。その合成容量を C_{XZ} とすると $Q=C_{XZ}V_Y$ であるから，上記の結果を用いて

$$V_Y=\frac{Q}{C_{XZ}}=\frac{Q}{C_X{}'+C_Z{}'}=\frac{27}{32}V$$

よって　　V_Y の選択肢：(キ)　……(答)

(7)　電流が流れていないから，〔解答〕(6)での合成容量 C_{XZ} のコンデンサーとコンデンサー 1 は並列接続とみなせて，それぞれの電位差は等しく，全体の合成容量は $C_{XZ}+C$ である。合成容量 $C_{XZ}+C$ のコンデンサーに蓄えられている電気量は Q であり，それぞれのコンデンサーに蓄えられている電気量は電気容量に比例する。C_{XZ} は〔解答〕(6)の最後の式から得られるので，求める電気量を Q_Y とすると

$$Q_Y=Q\times\frac{C_{XZ}}{C_{XZ}+C}$$

$$=Q\cdot\frac{\frac{32Q}{27V}}{\frac{32Q}{27V}+C}=\frac{32Q^2}{32Q+27CV}\quad\cdots\cdots(\text{答})$$

(8)　$V_2=V$

◀解　説▶

≪3 つの平行な金属板で構成された可変コンデンサー≫

以下の解説では，金属板 X，Y からなるコンデンサーをコンデンサー X，金属板 Y，Z からなるコンデンサーをコンデンサー Z と呼ぶことにする。

▶(1)　コンデンサー X，Z の極板 Y は電池の正極に接続されている。また，コンデンサー X の極板 X と，コンデンサー Z の極板 Z はどちらも抵抗値 r の抵抗を介して電池の負極に接続されている。したがって，2 つの「コンデンサー＋抵抗」は電池に対して並列に接続されている。この条件に合っている回路は(イ)である。

▶(2)　コンデンサー X とコンデンサー Z の極板間隔の比は 1：2 だから，電気容量の比は 2：1 である。また，両コンデンサーの電圧は等しいから

（ただし，$Q_X<0$，$Q_Z<0$）

$$|Q_X|:|Q_Z|=2:1 \qquad \therefore \quad Q_X=2Q_Z$$

また題意より，両コンデンサーの極板 Y の電気量の和は Q であり

$$Q_X+Q_Z=-Q$$

上の両式より　$Q_X=-\frac{2}{3}Q$，$Q_Z=-\frac{1}{3}Q$

▶(3)　公式「$Q=CV$」より

$$C_X=\frac{|Q_X|}{V}=\frac{2Q}{3V},\ C_Z=\frac{|Q_Z|}{V}=\frac{Q}{3V}$$

▶(4)　電池の＋極から出た電気量 Q の電荷が，電位差 V の－極まで移動したと考えてよいから，求める仕事を W とすると

$$W=QV$$

▶(5)　求めるエネルギーを E とすると，〔解説〕(4)の W および(3)の答えを用い，エネルギー保存則より

$$E=W-\left(\frac{1}{2}C_XV^2+\frac{1}{2}C_ZV^2\right)$$

$$=QV-\frac{1}{3}QV-\frac{1}{6}QV=\frac{1}{2}QV$$

▶(6)　前半は，図 1 と図 2 での各電気容量の変化を調べるのだが，変化しているのは極板間隔のみである。(1)の答えである(イ)の回路図を参照すると，電流が流れていない状況では 2 つのコンデンサーは並列に接続されているとみなせる。

▶(7)　(1)の答えである(イ)の回路図を参照すると，電流が流れていない状況では，3 つのコンデンサーが並列に接続されているとみなせる。

▶(8)　〔解答〕(7)の通り，電流が流れてない状況では，合成容量 C_{XZ} のコンデンサーとコンデンサー 1 は並列接続とみなせて，ここでの操作は右図でのスイッチの切替と同等である。これは，合成容量 C_{XZ} のコンデンサーを電圧 V で充電した後，蓄えられた電荷の一部をコンデンサー 1 に与えてコンデンサー 1 の電圧を高めていく過程であり，その電圧が V に達した時点で電圧の変化が止まる。なお，スイッチ 2 を入れる直前では極板 Y の電位は V

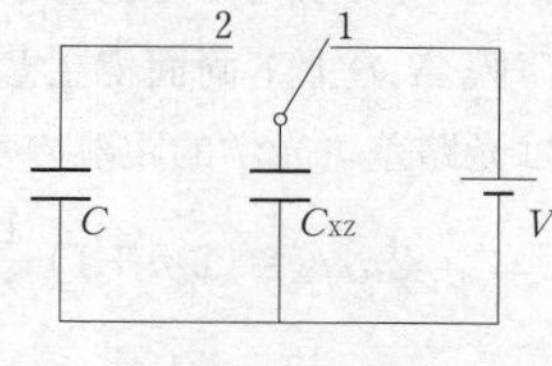

なので，コンデンサー１の電圧が V でない場合，スイッチ２を入れた直後に必ず電流が流れ，コンデンサー１の電圧は変化してしまう。

Ⅲ　解答　(1)　$t_A=\dfrac{2m+1}{4n_A}\lambda$　(2)　$t_B=\dfrac{2m+1}{4n_B}\lambda$

(3)　(あ)―㋐　(い)―㋐　(う)―㋒

(4)　$(n-1)u$　(5)―(ウ)

(6)　題意より，ガラス板上面に入射してからスクリーンに達するまでの間での２つの光線の光路差は，(5)の答えの式および近似式を用いて

$$
\begin{aligned}
nd\sin\theta-d\sin(\theta-\alpha)&=nd\sin\theta-d\{\sin\theta\cos\alpha-\cos\theta\sin\alpha\}\\
&\fallingdotseq(n-1)d\sin\theta+\alpha d\cos\theta\\
&=m\lambda+\alpha d\cos\theta
\end{aligned}
$$

したがって，$\alpha>0$ で２つの光線が強め合う条件は $\alpha d\cos\theta=\lambda$，$2\lambda$，$3\lambda$，…であり，$\alpha$ の最小値は

$\alpha d\cos\theta=\lambda$ より　　$\alpha=\dfrac{\lambda}{d\cos\theta}$　……(答)

(7)　題意より，注目している明線（回折光）の次数 m の値は変化しないから，〔解答〕(6)を参照して，波長が $\lambda+\Delta\lambda$ のときには次式が成り立つ。

$$nd\sin\theta-d\sin(\theta-\beta)\fallingdotseq m\lambda+\beta d\cos\theta=m(\lambda+\Delta\lambda)$$

$\therefore\quad \beta=\dfrac{m\Delta\lambda}{d\cos\theta}$　……(答)

◀解　説▶

≪薄膜の多重層，階段状の表面をもつガラス板の回折格子的な機能≫

▶(1)　$1<n_A<n$ であるから，反射に伴う位相の反転（位相の π ずれ）が薄膜Ａの上下両面で生じる。したがって，２つの反射光が弱め合う条件は光路差（光学的距離の差）を用いて

$$2n_At_A=(2m+1)\frac{\lambda}{2}$$

$$\therefore\quad t_A=\frac{2m+1}{4n_A}\lambda\quad(m=0,\ 1,\ 2,\ \cdots)$$

▶(2)　$1<n_B$，$n_B>n$ であるから，反射に伴う位相の反転は薄膜Ｂの上面のみで生じる。したがって，２つの反射光が強め合う条件は

$$2n_{\mathrm{B}}t_{\mathrm{B}}=(2m+1)\frac{\lambda}{2}$$

$$\therefore\quad t_{\mathrm{B}}=\frac{2m+1}{4n_{\mathrm{B}}}\lambda\quad(m=0,\ 1,\ 2,\ \cdots)$$

▶(3)　(あ)　$n_{\mathrm{B}}>n_{\mathrm{A}}$，$n_{\mathrm{A}}<n$ であるから，反射に伴う位相の反転は薄膜Aとガラス板の間の面のみで生じる。したがって，図3における干渉の条件は(1)とは逆になり，2つの反射光は強め合う。

(い)　薄膜Aの下面（ガラス板と接する面も含めて）では反射に伴う位相の反転が生じるが，上面では生じない。薄膜Bの上面（最上部も含めて）では反射に伴う位相の反転が生じるが，下面では生じない。したがって，(1)，(2)の結果を参照すると，薄膜Aの上下両面からの反射光は強め合い，薄膜Bの上下両面からの反射光も強め合うことになり，重ね合わさった反射光はより強くなる。

(う)　エネルギー保存則より，反射光がより強くなれば，透過光はより弱くなる。

▶(4)　求める光路長（光学的距離）の差を $\varDelta S$ とすると

$$\varDelta S=nt-\{n(t-u)+1\times u\}=(n-1)u$$

▶(5)　図5に描かれている，鉛直に透過する2つの光線の場合，ガラス板上面に入射してからスクリーン上の点に達するまでの光路差は，(4)において $u=d\sin\theta$ とした値に等しいから，強め合う条件は

$$(n-1)u=(n-1)d\sin\theta=m\lambda$$

（注）　ここでは鉛直方向に直進する光線のみに注目しているので，(4)の結果をそのまま使うことができた。状況をより詳しく見てみよう。ガラス板を通った光線は階段状構造の下面から出るが，その部分は狭いステップごとに区切られているので，光線は各ステップごとに大きく回折してスクリーンへと向かう。つまり，ガラス板の下面は回折格子として機能している。鉛直に透過する光線は，この回折格子を通って出てくる明線（回折光）の1つなのである。

▶(6)　〔解説〕(5)の（注）に述べてある通り，ガラス板下面は回折格子として機能している。図5で上方からガラス板に入射する2つの光線をそれぞれ光線1，光線2とし，次図のように，光線1，2がガラス板下面から出る点をそれぞれ点 S_1，S_2 とする。点 S_1，S_2 は回折格子の隣り合う2つ

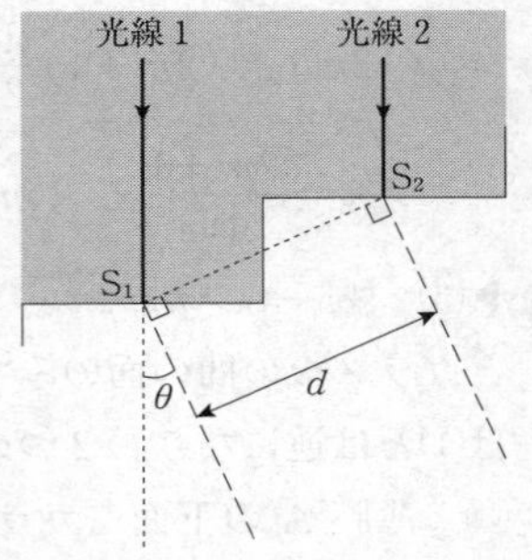

のスリットに相当し（スリット間隔 d），鉛直に透過する光線（鉛直方向を向いた明線）と，線分 S_1S_2 に垂直な線は角度 θ をなしている。(5)の状況での 2 つの光線の光路差（(5)の答えの式の左辺）の式を変形して

$$(n-1)d\sin\theta=nd\sin\theta-d\sin\theta$$

とすると，上式の右辺第 2 項は，2 つの光線がガラス板を出てからスクリーンに達するまでの間の光路差に等しい。したがって，右辺第 2 項の θ を $\theta-\alpha$ に置き換えれば，鉛直線に対して角度 α をなす方向に進む 2 つの光線の光路差を得る。

▶(7)　(5)の答えの式より，d，n，θ，λ の値が与えられれば m の値も 1 つに定まる。題意より「(5)の条件が満たされている状態」なので，ここでの m は，$m=1$，2，3，… の中の 1 つの数値を表している。たとえばその数値が 4 ならば，微小角 β とは，波長の変化 $\Delta\lambda$ に伴う 4 次の明線の向きの変化を意味している（ただし，〔解説〕(6)の図の S_1，S_2 に達した 2 つの光線は同位相ではないので，この「4 次」は，回折格子による明線の本来の次数とは値がずれている）。

❖講　評

2021 年度は，難易度の高かった 2020 年度と比べると易化傾向といえる。基本事項の確実な理解を確かめる設問と，応用力・思考力を見る設問で構成されていて，状況設定などについての丁寧な説明がなされている。

I　(1)〜(4)は，状況設定にやや特異な印象を受けたかもしれないが，基本的な内容を扱っている。解き方によっては解答時間がだいぶ短くなる。(5)(え)は，直感的に答えてもおそらく正答できただろう。(6)は，グラフの細かな差異の見極めが必要。(7)の図はリサジュー図形と呼ばれているが，扱い慣れてないと困惑しただろう。全体としての難易度は標準的といえる。

II　(1)を正答していれば，以降の設問に対する大きなヒントになっただろう。図 1・図 2 のような実際的な装置の場合，たとえ(1)の設問がなくても，自分で回路図（等価回路という）を描く習慣を身につけておこう。〔解説〕(8)の図も同様な例である。(4)・(5)は頻出問題である。全体としての難易度は標準的である。

Ⅲ　(3)(い)の多層の薄膜は複雑に感じられたかもしれないが，内容的には(1)・(2)の応用であり，自分で図を描くなどして，落ち着いて取り組んでいくことが肝心である。(5)は(4)の結果から直ちに導かれるが，状況を掘り下げて把握していないと(6)・(7)が難しくなっただろう。その意味で(6)・(7)の難易度は高く，特に(7)は波長を変化させている点で難しくなっている。全体的な難易度は入試問題としてもやや高めといえよう。

試験時間は単純計算で大問 1 題当たり 25 分であり，見直しの余裕はあまりなかったと思われる。

化学

I 解答

(1) ア．$2.0H$〔mL〕

イ．$\Pi = p_H + p_b - p_0$〔Pa〕

ウ．$p_b = \dfrac{V_0}{V_0 - 2.0H}p_0$〔Pa〕 エ．$p_H = 1.0\times10^{-3}p_0H$〔Pa〕

(2) $\Pi = 4.3\times10^3$〔Pa〕，$h = 3.2$〔cm〕

(3) 1.8×10^4 g/mol

(4) 物質 B：(b) 物質 C：(d)

◀解 説▶

≪浸透圧，凝固点降下≫

▶(1) ア．U 字管の液面の高さの差が H〔cm〕となったとき，a 側の液面は $\dfrac{H}{2}$〔cm〕下がり，b 側の液面は $\dfrac{H}{2}$〔cm〕上がったことになる。U 字管の断面積が $4.0\,cm^2$ なので，移動した水の体積は

$$\frac{H}{2}\times4.0 = 2.0H\text{〔mL〕}$$

イ．浸透圧は b 側液面を押し下げようとする圧力とつり合っている。p_H は b 側液面にはたらいている圧力，p_b も b 側液面にはたらいている圧力，p_0 は a 側液面にはたらいている圧力なので

$$\Pi = p_H + p_b - p_0\text{〔Pa〕}$$

ウ．b 側の空気についてボイルの法則を考える。

$$p_0\times V_0 = p_b\times(V_0 - 2.0H)$$

$$\therefore\quad p_b = \frac{V_0}{V_0 - 2.0H}p_0\text{〔Pa〕}$$

エ．大気圧に相当する水溶液の高さを x〔cm〕とすると

$$76.0\times13.6 = x\times1.03 \qquad \therefore\quad x = 1003\text{〔cm〕}$$

H〔cm〕の液面差に相当する圧力は

$$p_H = \frac{H}{1003}\times p_0 = 9.97\times10^{-4}p_0H \fallingdotseq 1.0\times10^{-3}p_0H\text{〔Pa〕}$$

▶(2) (1)の結果に数値を代入すると

$$\Pi=p_{\mathrm{H}}+p_{\mathrm{b}}-p_0$$

$$=1.0\times10^{-3}p_0H+\frac{V_0}{V_0-2.0H}p_0-p_0$$

$$=1.0\times10^{-3}\times1.0\times10^5\times1.00$$

$$+\frac{50}{50-2.0\times1.00}\times1.0\times10^5-1.0\times10^5$$

$$=4.26\times10^3\fallingdotseq4.3\times10^3\,[\mathrm{Pa}]$$

また，水銀柱の高さの差の変化量は

$$h=\frac{4.26\times10^3}{1.0\times10^5}\times76.0=3.23\fallingdotseq3.2\,[\mathrm{cm}]$$

▶(3)　高分子 **A** の平均分子量を M〔g/mol〕とする。平衡状態で，溶液の体積は 200＋2.0×1.00〔mL〕なので

$$4.26\times10^3=\frac{6.06}{M}\times\frac{1000}{200+2.0\times1.00}\times8.3\times10^3\times(273+30)$$

$$\therefore\quad M=1.77\times10^4\fallingdotseq1.8\times10^4\,[\mathrm{g/mol}]$$

▶(4)　2 つの溶液の全溶質粒子の質量モル濃度の和を m_1〔mol/kg〕，m_2〔mol/kg〕とすると

$1.90\times m_1=3.04$　……①　　$\therefore$　$m_1=1.60$〔mol/kg〕

$1.90\times m_2=2.66$　……②　　$\therefore$　$m_2=1.40$〔mol/kg〕

物質 **B** のモル質量を M_{B}，物質 **C** のモル質量を M_{C} とし，水に溶解したときに **B**，**C** の粒子数がそれぞれ b 倍，c 倍になると仮定する。①，②の結果と連立すると

$$\frac{45.0}{M_{\mathrm{B}}}\times b+\frac{53.0}{M_{\mathrm{C}}}\times c=1.60\quad\cdots\cdots③$$

$$\frac{30.0}{M_{\mathrm{B}}}\times b+\frac{53.0}{M_{\mathrm{C}}}\times c=1.40\quad\cdots\cdots④$$

③，④より

$$M_{\mathrm{B}}=75.0\times b,\ M_{\mathrm{C}}=53.0\times c$$

B は電離で粒子数が 2 倍になり，式量が 150 の NaI が該当する。

C は電離で粒子数が 4 倍になり，式量が 212 の K_3PO_4 が該当する。

Ⅱ　解答

(1)　ア．O　イ．Fe_3O_4　ウ．C　エ．Zn

オ．Cu　カ．両性

(2)　$Fe_2O_3+3CO \longrightarrow 2Fe+3CO_2$

(3)　270 g　(4)　98.8%

(5)　Cr：186 g　Ni：315 g

(6)—(a)・(c)・(d)

(7)　$2Al+2NaOH+6H_2O \longrightarrow 2Na[Al(OH)_4]+3H_2$

(8)　426 kJ

◀解　説▶

≪鉄・アルミニウムとその化合物の性質，結晶格子の構造変化，遷移金属の性質，テルミット反応の反応熱≫

▶(1)　地殻中に存在する元素は，質量の多いほうから順に酸素，ケイ素，アルミニウム，鉄である。鉄の精錬で用いられる鉄の鉱物は赤鉄鉱 Fe_2O_3，磁鉄鉱 Fe_3O_4 である。溶鉱炉で得られる銑鉄は約 4 %の炭素を含み機械的強度が劣る。鉄の腐食を防ぐために表面を亜鉛メッキしたものをトタンという。トタンの場合，亜鉛メッキが多少はげても亜鉛が存在すれば，鉄よりもイオン化傾向が大きい亜鉛が酸化されるため，鉄の腐食を防ぐ。アルミニウムの強度を上げるために，銅，マグネシウム，マンガンなどを添加した合金がジュラルミンである。アルミニウムのように，酸の水溶液とも，強塩基の水溶液とも反応して水素を発生する性質を両性という。

▶(2)　Fe_2O_3 は CO によって還元されて単体の鉄 Fe になる。

$$Fe_2O_3+3CO \longrightarrow 2Fe+3CO_2$$

▶(3)　赤鉄鉱 Fe_2O_3 と H_2 の反応は次の通り。

$$Fe_2O_3+3H_2 \longrightarrow 2Fe+3H_2O$$

求める質量を a[g] とすると，生成する Fe と H_2O の物質量比は 2：3 なので

$$2:3=\frac{558}{55.8}:\frac{a}{18.0} \qquad \therefore \quad a=270\,[\mathrm{g}]$$

▶(4)　体心立方格子は単位格子中に原子 2 個を含み，面心立方格子は単位格子中に原子 4 個を含む。体心立方格子から面心立方格子への構造変化で，原子 1 個あたりの占める体積の変化率を考える。

$$\frac{\text{面心立方格子での原子 1 個の占める体積}}{\text{体心立方格子での原子 1 個の占める体積}}=\frac{\dfrac{3.646^3}{4}}{\dfrac{2.905^3}{2}}=0.9883\fallingdotseq 0.988$$

▶(5)　Cr 0.20 mol，Ni 0.30 mol，Fe 0.50 mol からなる合金の質量は

$$52.0\times0.20+58.7\times0.30+55.8\times0.50$$
$$=10.40+17.61+27.90=55.91\,[\mathrm{g}]$$

合金 1000 g を作製するのに必要な Cr と Ni の質量は

$$\mathrm{Cr}:10.40\times\frac{1000}{55.91}=186.0\fallingdotseq186\,[\mathrm{g}]$$

$$\mathrm{Ni}:17.61\times\frac{1000}{55.91}=314.9\fallingdotseq315\,[\mathrm{g}]$$

▶(6)　(a)　誤文。遷移元素は元素全体の 4 割よりも多い。

(c)　誤文。遷移元素の場合，新たに充塡される電子は主に最外殻よりも内側の殻に充塡される。

(d)　誤文。遷移元素の単体は，典型金属元素よりも融点や沸点は高く，密度は大きいものが多い。

▶(7)　アルミニウムは両性元素なので，水酸化ナトリウムに溶け，水素が発生する。

$$2Al+2NaOH+6H_2O \longrightarrow 2Na[Al(OH)_4]+3H_2$$

▶(8)　次の熱化学方程式に対して

(反応熱)＝(生成物の生成熱の総和)－(反応物の生成熱の総和)

を適用する。

$$Fe_2O_3(固)+2Al(固)=2Fe(固)+Al_2O_3(固)+Q\,[\mathrm{kJ}]$$
$$Q=0+1676-(824+0)\qquad\therefore\quad Q=852\,[\mathrm{kJ}]$$

求める値は Fe 1 mol あたりの反応熱なので

$$\frac{Q}{2}=\frac{852}{2}=426\,[\mathrm{kJ}]$$

III　解答

(1)　ア．構造

イ．エチレングリコール（1,2-エタンジオール）

ウ．ヨードホルム

(2)　**A**．$H_3C-C_6H_4-C(=O)-O-C(=CH_2)-CH_2-CH_3$

C．$H_3C-C_6H_4-C(=O)-OH$　　**E**．$HO-C(=O)-C_6H_4-C(=O)-OH$

(3)

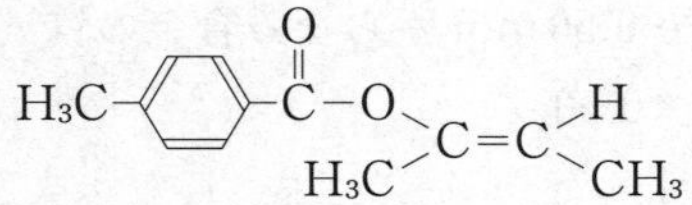

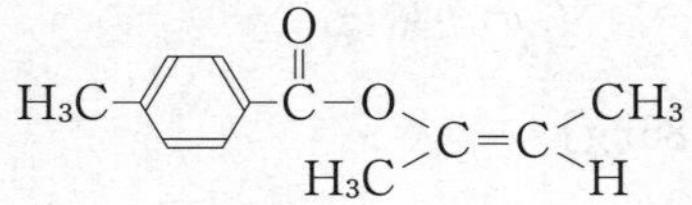

$$H_3C-C_6H_4-\overset{O}{\overset{\|}{C}}-O-C(CH_3)=C(H)(CH_3)$$

(H₃C と H が同じ側の構造)

$$H_3C-C_6H_4-\overset{O}{\overset{\|}{C}}-O-C(CH_3)=C(CH_3)(H)$$

(4)

$$H_3C-C_6H_4-\overset{O}{\overset{\|}{C}}-O-C(H)(CH_3)-CH_2-CH_3$$

(2 つの鏡像異性体)

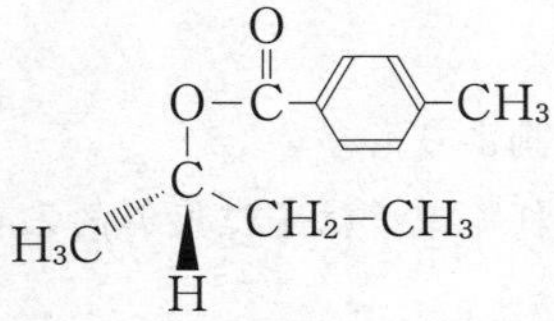

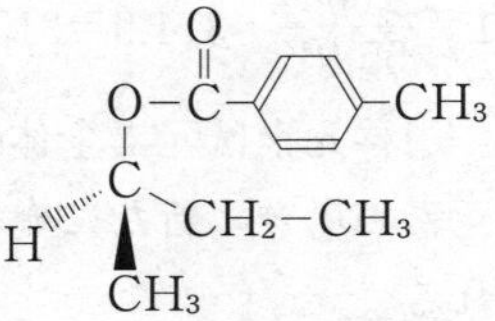

◀解　説▶

≪芳香族エステルの構造決定≫

▶(1)　ア．同じ分子式をもちながら，構造の異なる化合物を異性体と呼び，そのうち分子内の原子の結合の順序が異なるものは構造異性体と呼ばれる。

イ．テレフタル酸とエチレングリコールの縮合重合で，ポリエチレンテレフタラートが生成する。

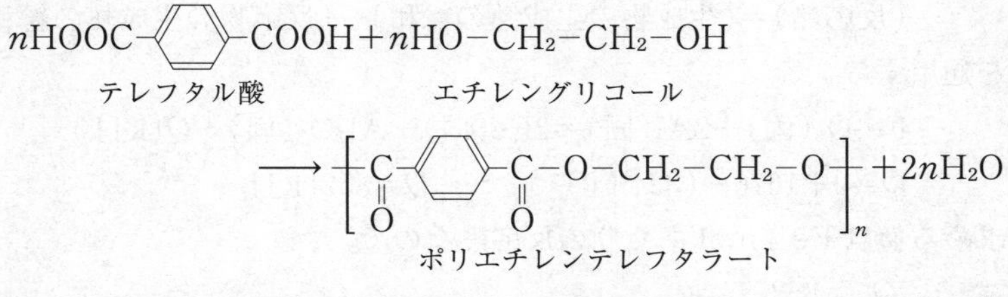

$$n\mathrm{HOOC}-C_6H_4-\mathrm{COOH}+n\mathrm{HO}-CH_2-CH_2-OH$$

テレフタル酸　　　　エチレングリコール

$$\longrightarrow \left[\overset{}{\underset{\underset{O}{\|}}{C}}-C_6H_4-\underset{\underset{O}{\|}}{C}-O-CH_2-CH_2-O\right]_n+2nH_2O$$

ポリエチレンテレフタラート

ウ．アセチル基をもつ物質に塩基性下でヨウ素を作用させると，特有の臭気をもつ黄色固体のヨードホルム CHI_3 が生成する。

$$R-COCH_3+3I_2+4NaOH \longrightarrow CHI_3+R-COONa+3NaI+3H_2O$$

▶(2)～(4)　化合物 **A**，**B** は分子式が $C_{12}H_{14}O_2$ で，分子中にエステル結合をもち，加水分解すると，カルボキシ基をもつ化合物 **C** と，不安定なエノール型の異性化で生じる化合物 **D** が得られる。また，**C** を過マンガン酸カリウムで酸化するとテレフタル酸（化合物 **E**）を生じることから，**C** はパラ二置換体で炭素数は 8 以上である。

また，**A**，**B** は分子中に不斉炭素原子をもたず，分子中に C=C 結合を 1 つもつ。水素付加で生じる化合物 **F** は分子式が $C_{12}H_{16}O_2$ で不斉炭素原子

*C をもつことから，**F** の炭素骨格が決まる。

C−(ベンゼン環)−C(=O)−O−*C(−C)−C−C
（①：*C と枝の C の間，②：*C と C の間，③：C と C の間）
炭素数 8　　炭素数 4

F の炭素骨格のうち，C=C に変化できる箇所は①〜③の 3 つあるが，加水分解によって不安定な中間生成物が生じることから，**A** と **B** の二重結合としては①か②があてはまる。**B** には幾何異性体が存在することから，②が C=C になるものが **B**，①が C=C となるものが **A** である。**A**，**B** の加水分解反応の過程は次の通り。

F．$H_3C-C_6H_4-C(=O)-O-C^*H(CH_3)-CH_2-CH_3$

↑ H_2 付加（**A** から）　↑ H_2 付加（**B** から）

A．$H_3C-C_6H_4-C(=O)-O-C(=CH_2)-CH_2-CH_3$

B．$H_3C-C_6H_4-C(=O)-O-C(CH_3)=CH-CH_3$

加水分解

$\left(CH_3-CH_2-C(OH)=CH_2\right)$ 不安定（**A** より）

C．$H_3C-C_6H_4-C(=O)-OH$

$\left(CH_3-CH=C(OH)-CH_3\right)$ 不安定（**B** より）

C ↓ $KMnO_4$

E．$HO-C(=O)-C_6H_4-C(=O)-OH$

不安定 → 異性化 → **D**

D．$CH_3-CH_2-C(=O)-CH_3$

IV

解答　問 1．(1)　$C_6H_4(OH)(CH_2-OH)$（OH と CH_2-OH がオルト位）　　$C_6H_4(OH)(CH_2-OH)$（OH と CH_2-OH がパラ位）

(2)　ア．レゾール　イ．ノボラック

(3)―(A)・(E)

(4)　イ　は $-CH_2OH$ の構造をもたないため，加熱しても分子鎖間で縮合反応を起こさず，立体網目構造を形成できないから。

問2．(1)　ウ．半合成　エ．再生

(2)　④―(J)　⑤―(P)　⑥―(J)　⑦―(G)　⑧―(M)

(3)　1.3個

◀解　説▶

≪フェノール樹脂の製法と性質，再生繊維・半合成繊維の製法と性質≫

◆問1．▶(1)　フェノールはオルト，パラ配向性を示すので，フェノール性ヒドロキシ基のオルト位とパラ位で反応を起こしやすく，Hがメチロール基 $-CH_2OH$ に変化する。

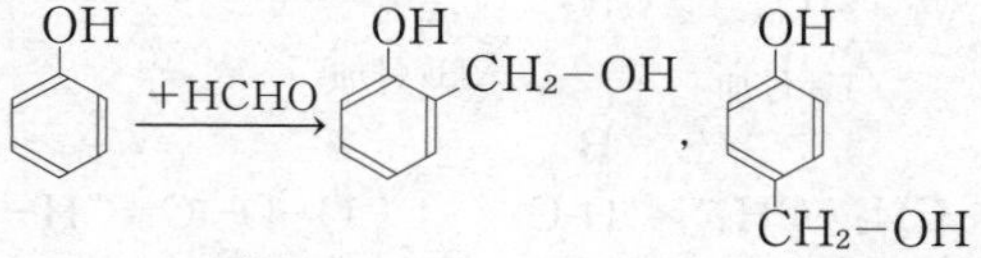

（構造式：フェノール $\xrightarrow{+HCHO}$ o-ヒドロキシメチルフェノール（OH，CH_2-OH），p-ヒドロキシメチルフェノール（OH，CH_2-OH））

▶(2)　酸触媒下で合成すると，フェノールのオルト位，パラ位にメチロール基 $-CH_2OH$ が導入される。この生成物が他のフェノールと縮合することにより，ベンゼン環どうしはメチレン基 $-CH_2-$ で結合した固体のノボラックを生じる。

フェノールは極めて弱い酸性物質なので，塩基触媒下では酸の解離によりフェノキシドイオンが生じ，これがホルムアルデヒドと反応して，オルト位，パラ位にメチロール基 $-CH_2OH$ が導入される。酸触媒の場合と同様，この生成物が他のフェノールと反応もするが，これよりも前に記した付加反応のほうが起こりやすいため，ベンゼン環に複数のメチロール基が導入しているレゾールが生成する。一般にレゾールはノボラックよりも分子量は小さく，液体である。

ノボラックは常温で固体であるが，加熱で溶融する熱可塑性なので，架橋するためには硬化剤が必要である。レゾールは常温で液体であるが，加熱するとメチロール基 $-CH_2OH$ で重合が進み，立体網目構造を形成する。

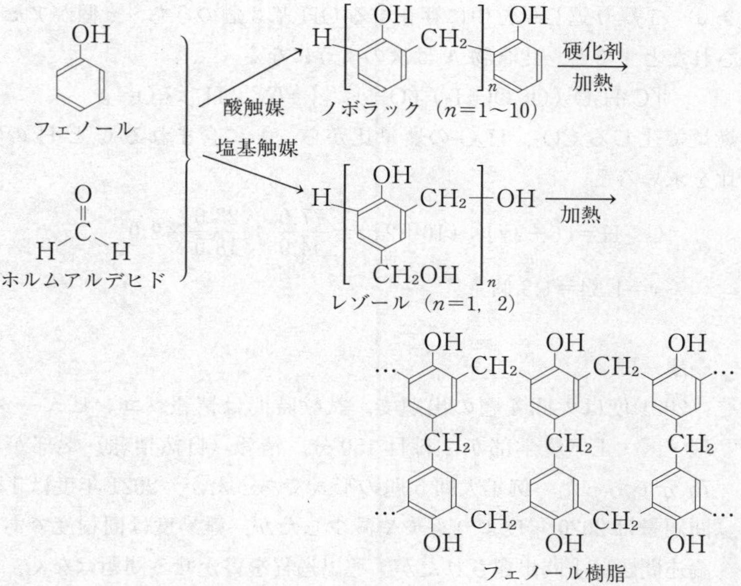

フェノール　ホルムアルデヒド　酸触媒　ノボラック（n=1〜10）　硬化剤　加熱　塩基触媒　レゾール（n=1，2）　加熱　フェノール樹脂

▶(3)　(A)　正文。レゾールは加熱すると，脱水により重合が進む。

(B)　誤文。一般にレゾールの分子量はノボラックの分子量よりも小さい。

(C)　誤文。主にメチレン基 $-CH_2-$ で結合している。

(D)　誤文。フェノール樹脂は電気絶縁性である。ヨウ素の添加は無関係。

(E)　正文。

▶(4)　レゾールには未反応のメチロール基 $-CH_2OH$ が存在するので，加熱によって重合が進むが，ノボラックには未反応のメチロール基 $-CH_2OH$ がないので，加熱しても重合が進まない。

◆問2．▶(1)　アセテートのように天然繊維を化学的に処理した後，紡糸したものを半合成繊維，レーヨンのように天然繊維を適当な溶媒に溶解した後，再度凝固させて繊維に再生したものを再生繊維という。

▶(2)　④〜⑧すべて誤りである。正しくは，セルロースを濃い水酸化ナトリウム水溶液に浸した後，二硫化炭素 CS_2 に浸す。この後薄い水酸化ナトリウム水溶液に溶かすと，赤褐色（赤橙色）溶液のビスコースが得られる。ビスコースを細孔から希硫酸中に押し出し，セルロースを再生させると，ビスコースレーヨンが得られる。また，薄膜状に再生させると，セロハンが得られる。

▶(3)　1 繰り返し単位中に存在する OH 基 3 個のうち，x 個がアセチル化されたとすると，化合物 **A** は次のようになる。

$$[C_6H_7O_2(OCOCH_3)_x(OH)_{3-x}] = C_{6+2x}H_{10+2x}O_{5+x}$$

燃焼で生じる CO_2，H_2O の質量比から，**A** に含まれる C と H の物質量比を求めると

$$C : H = (6+2x) : (10+2x) = \frac{77.0}{44.0} : \frac{23.0}{18.0} \times 2.0$$

$\therefore \quad x = 1.34 \fallingdotseq 1.3$ 個

❖講　評

2021 度は大問 4 題の出題で，試験時間は情報（コンピュータ科）・理・医・工・農学部が 2 科目 150 分，情報（自然情報）学部が 1 科目 75 分であった。例年大問 5 題の形式であったが，2021 年度は 1 題減り問題量は 2020 年度よりもやや減少したが，難易度は同程度であった。論述問題は 1 問出題されたが，導出過程を書かせる問題はなく，描図問題も出題されなかった。

Ⅰ　浸透圧，凝固点降下に関する問題であった。細かい誘導があるので，それに従えば解答可能であるが，実験状況の理解，圧力の単位の換算，多めの計算が必要で時間を要したことと思われる。

Ⅱ　鉄・アルミニウムとその化合物の性質，結晶格子の構造変化，遷移金属の性質，テルミット反応の熱計算に関する問題であった。(4)の鉄の構造相転移による体積変化の問題は，原子 1 個に注目することに気づければ解答可能であろう。(5)のステンレスの添加金属の質量計算は手間がかかる。

Ⅲ　芳香族エステルの構造決定に関する問題であった。化合物 **A**，**B** に水素付加したときに生じる化合物 **F** が不斉炭素原子をもつこと，エノール型からケト型への異性化がわからないと解答に苦労する。解答に時間がかかった受験生も多いと思われる。

Ⅳ　フェノール樹脂の製法と性質，再生繊維・半合成繊維の製法と性質に関する問題であった。問 1 は(2)までが基礎的な内容であるが，(3)でレゾール，ノボラックの細かい知識を要し，(4)ではレゾールに未反応のメチロール基があるため，加熱で重合が進行することの説明を求められ

た。また，問 2 (2)のビスコースレーヨンの合成に関する細かい知識を問う正誤問題は難しかった。

2020 年度の問題と比べると，問題の分量はやや減少したが，難易度はあまり変化がなかった。典型的問題よりも，より細かい知識を問う問題が増加したのが 2021 年度の問題の特徴である。手間がかかる問題，細かい知識を問う問題を後回しにして，取り組みやすい問題から解答したかどうかで得点差がついたと思われる。

生物

I 解答

(1)　I^AI^O, I^BI^O

(2)　I^A, I^B, I^O の各遺伝子頻度を p, q, r とする（ただし，p＋q＋r＝1）。ハーディ・ワインベルグの法則より

$$\frac{[A]}{N}=p^2+2pr,\quad \frac{[B]}{N}=q^2+2qr,\quad \frac{[O]}{N}=r^2$$

これより　$$\frac{[B]}{N}+\frac{[O]}{N}=q^2+2qr+r^2=(q+r)^2$$

q＋r＝1−p なので，代入すると

$$\frac{[B]}{N}+\frac{[O]}{N}=(1-p)^2$$

よって　$$p=1-\sqrt{\frac{[B]+[O]}{N}}$$　……(答)

(3)—ｄ)

(4)　すべての酵素ＥがATPと結合して酵素－基質複合体を形成しており，それ以上ATP濃度が高くなっても反応速度は変化しないから。

(5)—ｄ)

◀解　説▶

≪血液型と遺伝性免疫不全症≫

▶(1)　Ｏ型の子が生まれるためには両親から I^O を受け取る必要があるため，Ａ型の親は I^AI^O，Ｂ型の親は I^BI^O となる。

▶(2)　一般に３遺伝子におけるハーディ・ワインベルグの法則の式は

$$(pA+qB+rC)^2$$
$$=p^2AA+q^2BB+r^2CC+2pqAB+2qrBC+2prAC$$

となる。

▶(3)　顕性（優性）の遺伝子をＡ，潜性（劣性）の遺伝子をａとする。正常な１と２から疾患をもつ４や５が生まれているので，正常遺伝子が顕性（A)，疾患の遺伝子が潜性（a）であることがわかる。もしも，この疾患の原因となる対立遺伝子が常染色体上にある潜性遺伝子だとすると，１

と 2 はともに Aa となり，設問文中の「1，3，6，8，10 は，この疾患の原因となる対立遺伝子をもっていないものとする」という内容と矛盾する。X 染色体上にある潜性遺伝子だとすると，1 が X^AY，2 が X^AX^a，4 と 5 が X^aY，7 が X^AX^a（疾患をもつ 11 が生まれているので X^AX^A ではなく X^AX^a）となり，与えられた条件と矛盾しない。

▶(4)　この場合，酵素 E の基質は基質タンパク質（チロシン）と ATP の両方である。チロシンが十分にあっても ATP が不足している状態なら ATP の増加とともに反応速度は上昇するが，ATP も十分な量になるとそれ以上反応速度は上昇しなくなる。

▶(5)　競争的阻害では基質濃度と阻害剤濃度の比が問題になる。阻害剤が大きな比で存在すれば阻害効果は大きいが，基質の比が十分に大きければ阻害効果はほとんどなくなる。

II　解答

(1)　ろ過して馬鹿苗病菌を取り除く操作を

(2)　(ア)重力　(イ)下　(ウ)上向き　(エ)抑制　(オ)下向き　(カ)高　(キ)低　(ク)抑制

(3)— c)

(4)　両方の変異体にジベレリンを与えると，変異体(E)は草丈が高くなり野生型に近くなったが，変異体(F)は低いままであった。

(5)　ジベレリンがない時：細胞内受容体である GID1 はジベレリンと結合できず DELLA タンパク質にも結合できないため，DELLA タンパク質は草丈伸長に関与する遺伝子の発現を抑制する。
ジベレリンがある時：細胞内受容体である GID1 はジベレリンと結合すると核内で DELLA タンパク質とも結合するため，DELLA タンパク質の分解が促進されて，草丈伸長に関与する遺伝子の発現が抑制されなくなる。

(6)—(G)

(7)　GAI タンパク質の N 末端側の 17 アミノ酸は GID1 との結合に必須の部位と考えられる。ジベレリンが細胞内受容体である GID1 に結合しても DELLA タンパク質と同じはたらきをもつ GAI タンパク質に結合できないため分解が起こらず，草丈伸長に関与する遺伝子の発現が抑制されて伸長が起こらない。

◀解 説▶

≪植物ホルモンと遺伝子のはたらき≫

▶(1) 馬鹿苗病の分泌物のみをイネに与える必要があるので，ろ過をするなどして菌体を分離する必要がある。

▶(2) 茎や根を横に倒した場合，茎の内皮細胞や根のコルメラ細胞内でアミロプラストが重力方向に移動することで重力刺激が感知され，その結果，オーキシンが下側に輸送される。茎と根のオーキシン感受性には違いがあり，茎では比較的高い濃度で成長が促進されるが，同じ濃度のとき根は成長が抑制される。一方，根では比較的低い濃度で成長が促進されるが，同じ濃度のとき茎はほとんど伸長が促進されない。

▶(3) c）誤文。エチレンは離層形成を促進し，オーキシンは離層形成を抑制する。

▶(4) (E)の体内にはジベレリンが存在していないが，ジベレリンに対する反応性はあるので，外からジベレリンを与えれば野生型と同じように伸長するはずである。(F)の体内にはジベレリンが存在するが，ジベレリンに対する反応性がないので，外からジベレリンを与えても伸長は起こらない。

▶(5) 図3(G)にDELLAタンパク質が欠失すると野生型よりも草丈が高くなることが示されている。また，本文中にGID1はジベレリンと結合したときのみDELLAタンパク質と結合でき，DELLA-GFP融合タンパク質は核に局在しジベレリンを与えると消失するとある。これらの情報を組み合わせて考えると，DELLAタンパク質が核内で草丈の伸長に関する遺伝子の発現を抑制すること，GID1とジベレリンが結合するとDELLAタンパク質を分解できるようになることなどがわかるだろう。

▶(6) この仕組みで遺伝子発現を直接制御するのはDELLAタンパク質であり，(F)と(G)の二重変異体ではDELLAタンパク質が作れないので草丈が高くなり(G)と同じ形質になる。

▶(7) ここで鍵となるのはd変異体で欠失している17アミノ酸の役割である。d変異体は背が低くなるためGAIタンパク質（DELLAタンパク質と同じはたらきをもつ）が分解されないことがわかる。その原因を，GID1とジベレリンが結合できなくなったためと考えると17アミノ酸の役割がわかるだろう。

III　解答

(1)　(ア)柔毛　(イ)表皮　(ウ)根毛

(2)　固定結合：カドヘリン（インテグリン）

ギャップ結合：コネクソン

(3)　酵素 GUS は内皮細胞から分泌され，カスパリー線の内側にある。外側から基質水溶液を与えた場合，カスパリー線が完全なら青く発色しないが，カスパリー線が不完全なら基質水溶液が内皮細胞に達するため，青く発色することから選抜が可能になる。

(4)　タンパク質Ｂが皮層細胞側だけに存在することにより，カスパリー線が形成されたあとポリペプチドＣがタンパク質Ｂに隣り合うタンパク質Ａと結合できなくなるため，リグニンの過剰な蓄積を防ぐことができる。

(5)　カルシウムイオンは，泌乳期の密着結合の形成と維持に必要である。

(6)　(エ)卵巣　(オ)抑制　(カ)副腎および子宮　(キ)促進

(7)—ｃ)

◀解　説▶

≪カスパリー線と密着結合の形成≫

▶(1)　柔毛は多数の細胞で構成され，柔毛を形成する細胞１つ１つには微柔毛と呼ばれる細かい突起がみられる。一方，根毛は表皮細胞の突起である。

▶(2)　細胞接着のタンパク質は以下の通り。

密着結合：クローディン

固定結合：接着結合・デスモソーム…カドヘリン

ヘミデスモソーム…インテグリン

ギャップ結合：コネクソン

▶(3)　カスパリー線をはさんで外側に基質水溶液が，内側に酵素 GUS が存在しているため，カスパリー線が不完全な場合にのみ青く発色する。

▶(4)　タンパク質Ａはタンパク質Ｂと隣り合い，かつポリペプチドＣと結合した場合にのみカスパリー線の形成を誘導する。そのため，カスパリー線が形成されるとポリペプチドＣは皮層細胞側に移動できず，タンパク質Ａに結合できなくなり，カスパリー線の形成が停止し，リグニンの蓄積も停止する。タンパク質Ｂが中心柱側に発現するとポリペプチドＣは中心柱側のタンパク質Ａに常に結合できるため，カスパリー線が増えて，その分リグニンが過剰に蓄積することになる。

▶(5) 図 4(B)より，実験 2 で 5 分後にカルシウムイオンのはたらきを阻害すると，すぐに血中の ^{14}C 放射活性が上昇するので，カルシウムは密着結合の形成や維持にはたらくことがわかる。

▶(6) 表 1 より血中の ^{14}C 放射活性は，通常は強く検出されるのに対し，卵巣を摘出するとほとんど検出されなくなる。しかし，卵巣を摘出して黄体ホルモンを投与すると再び強く検出されるようになるので，黄体ホルモンは卵巣から放出され，乳腺上皮組織の密着結合形成を抑制すると考えられる。

卵巣と副腎の摘出，または卵巣と子宮の摘出では ^{14}C 放射活性はほとんど検出されないのに対し，卵巣と副腎と子宮を摘出すると強く検出されるようになり，さらに糖質コルチコイドを加えると再びほとんど検出されなくなることから，糖質コルチコイドは子宮や副腎から分泌され，密着結合の形成を促進していると考えられる。

▶(7) 密着結合形成を促進する糖質コルチコイドが存在し，形成を抑制する黄体ホルモンが存在しないことが条件である。

Ⅳ 解答

(1) (ア)25 (イ)25 (ウ)50 (エ)75 (オ)25

(カ)$n-1$ (キ)99.80

(2) 染色体地図

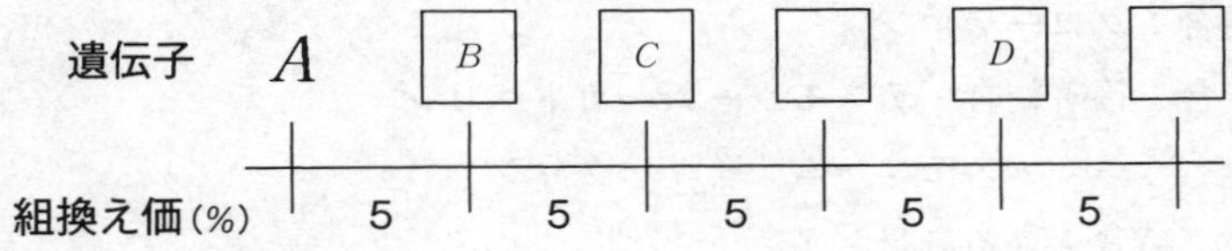

(3) C, D

(4) (ク)X (ケ)X3 (コ)ヘテロ (サ)Y (シ)自家受精

(5)—c)

(6) 雌雄別個体の間の生殖に比べ有利な点：配偶者が不要なので効率がよい。

自家受精による生殖に比べ有利な点：遺伝的多様性が高くなる。

◀解　説▶

≪マングローブキリフィッシュの遺伝≫

▶(1)　通常の一遺伝子雑種であり，F_1 の遺伝子型はすべて h^Ph^Q である。したがって，F_2 の割合は h^Ph^P と h^Qh^Q が $\frac{1}{4}$，h^Ph^Q が $\frac{1}{2}$ となる。

F_3 の割合は同様にして，h^Ph^P と h^Qh^Q が $\frac{3}{8}$，h^Ph^Q が $\frac{1}{4}$ となる。

また，自家受精においてホモ接合の次世代はみなホモ結合だが，ヘテロ結合の次世代はホモとヘテロが半々となることから，ヘテロ接合の割合は世代が１つ経過するごとに $\frac{1}{2}$ 倍になっていくので，雑種第 n 代では

$$\left(\frac{1}{2}\right)^{n-1}\times 100[\%]$$

となる。F_{10} のヘテロ接合の割合は

$$\left(\frac{1}{2}\right)^{10-1}\times 100=\frac{100}{512}=0.195\fallingdotseq 0.20[\%]$$

したがって，F_{10} のホモ接合の割合は $100-0.20=99.80[\%]$ となる。

▶(2)　表１より，AB 間で組換えが起きているのは個体番号４の左側の染色体のみであり，BC 間で組換えが起きているのは個体番号６の右側の染色体のみである。この場合，20 本ある染色体のうちの１本なので，組換え価は $\frac{1}{20}\times 100=5[\%]$ である。

一方，CD 間では個体番号２の左側と個体番号８の左側の２カ所で組換えが起きているので，組換え価は $\frac{2}{20}\times 100=10[\%]$ である。

▶(3)　F_1 の自家受精によって生じた個体なので，もしも $A\sim D$ 間で乗換えが起こらないとすると，$A\sim D$ のすべてが同じになる（たとえば，個体番号１は $A\sim D$ すべてが PP，個体番号３は $A\sim D$ すべてが PQ になっている）。個体番号１・３以外に，個体番号５，７，９，10 がこれに該当する。茶の遺伝子は優性で，染色体Ｐ（系統Ｐ由来の染色体）上にのっていることから，個体番号１（PP），３（PQ），５（PP），７（QQ），９（PQ），10（PP）がそれぞれ茶，茶，茶，グレイ，茶，茶であることがうまく説明できる。

残りの個体番号 2, 4, 6, 8 の片方の染色体は, A～D の途中で乗換えが生じたものである。それぞれがどこで乗換えを起こしたかを示すと下図のようになる。

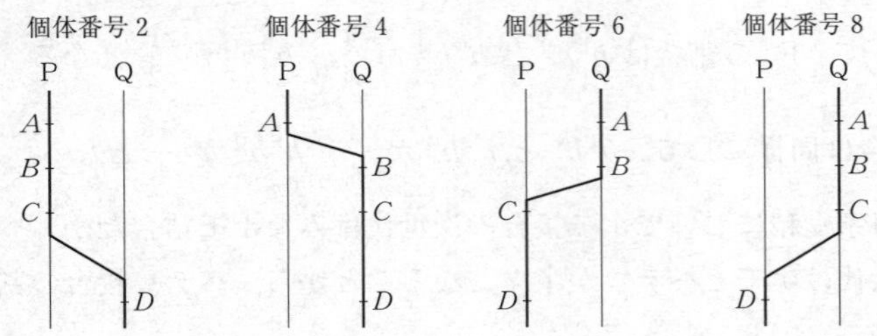

図より, 個体番号 6 は片方の染色体が P 由来で茶なので, これから体色を決める遺伝子がどこにあるかはわからない。個体番号 2 は片方の染色体が Q 由来で茶なので, 体色を決める遺伝子は A, B, C の近傍にあることがわかる。同様に, 個体番号 4 では片方の染色体が Q 由来でグレイなので, 体色を決める遺伝子は B, C, D の近傍にあることがわかる。個体番号 8 は片方の染色体が Q 由来で茶なので, 体色を決める遺伝子は D の近傍にあることがわかる。以上, C～D 間に体色を決める遺伝子があると考えると, これらの 3 つの結果をうまく説明できる。

▶(4) 自家受精を繰り返すとホモ接合体の割合が増えるのは(1)で確認したところである。この知識を用いれば X3 のようなヘテロ接合体が自家受精を繰り返した結果 Y1～Y5 のようなホモ接合体が生じたと考えつくだろう。

▶(5) 雄の形質が子に伝わっていることを確認したいので, 劣性ホモのグレイの雌雄同体と優性ホモ（もしくはヘテロ）の茶の雄を同じ水槽で飼育して, 茶色の子孫が生じればよい。

▶(6) 図 1 と図 2 の比較より, 雌雄両性生殖ではヘテロ接合体が増えるので, 自家受精よりも遺伝子の多様性が生じやすくなる。また, 配偶者なしでも生殖できるという自家受精の特徴も併せもつ。

❖講 評

大問数は例年と変わらず 4 題である。2020 年度に多かった知識問題が減少し，実験考察問題が増加した。そのためか問題による難易度の違いが大きかったのも 2021 年度の特徴であろう。また，計算問題や描図問題が復活した。

Ⅰ　血液型と遺伝性免疫不全症に関する問題。進化・遺伝・酵素といった多岐にわたる設問の出題だが，難易度的には高くなく，本問でしっかり点を稼いでおきたいところ。

Ⅱ　植物ホルモンと遺伝子のはたらきに関する問題。文 2 の考察が難しく，戸惑った受験生も多かっただろう。毎年恒例の，実験の内容を考えさせる問題が出題された。問題文が長いので，落ち着いて全体の内容を理解しよう。

Ⅲ　カスパリー線と密着結合の形成に関する問題。(4)の考察は難しかっただろう。このような問題は，問題文を丹念に読み，ヒントを見つけて解いていこう。

Ⅳ　マングローブキリフィッシュの遺伝に関する問題。通常の問題にもうひとひねりが加えられているので，遺伝の計算が苦手な受験生は苦労したと思われる。焦らずに取り組むことができれば，解決の糸口は見つかるだろう。

地学

I **解答** 問1．1．該当なし 2－D 3－C 4－E

問2．大気中の二酸化炭素が海に溶け込んで減少した上，光合成を行う生物が出現したことで二酸化炭素が吸収され，酸素が放出されて大気中に増加したため。(70 字以内)

問3．シダ植物の大森林が形成され，光合成による二酸化炭素の吸収と酸素の放出が活発になり，炭素は石炭として地中に固定されたため。(60 字以内)

問4．ア．示相化石 イ．酸素同位体比 ウ．ミランコビッチ周期

◀解 説▶

≪地球表層環境の変遷，生物進化，地球大気の変化≫

▶問1．1．海中で大規模な縞状鉄鉱層が形成されたのは，約 25～20 億年前であり，先カンブリア時代のできごとである。約 27 億年前に，シアノバクテリアによる光合成が始まって以降，海中に溶けていた鉄イオンと光合成によって放出された酸素が結合して酸化鉄となり，大量に海底に堆積して縞状鉄鉱層が形成された。問題の図1には先カンブリア時代は示されていないため，「該当なし」が解答となる。

2．Dの時期は，中生代白亜紀に該当する。イノセラムスは白亜紀に繁栄した二枚貝類である。また，恐竜類が繁栄したのは中生代ジュラ紀以降である。中生代は温暖な気候が続き，特に，白亜紀の中期から後期にかけては最も温暖となり，極地域の氷床も融解していたと考えられている。

3．Cの時期は，古生代ペルム紀末に該当する。ペルム紀には，世界の主要な大陸が一つに集まった超大陸パンゲアが形成されていた。ペルム紀末には，シベリアでは洪水玄武岩と呼ばれる大量の溶岩噴出があり，海洋では大規模な酸素欠乏事件が起こって，顕生代で最大の生物の大量絶滅が起きた。

4．Eの時期は，新生代古第三紀の始新世に該当する。超大陸パンゲアは中生代に入ると分裂し，新生代古第三紀には南極大陸が現在の位置に移動した。南極大陸が他の大陸と分断されたことで，南極のまわりを周回する

南極周極流が形成された。これにより，低緯度からの暖かい海水が近づくことができなくなって，南極大陸は急激に寒冷化した。

▶問 2．マグマオーシャンの状態だった原始地球が，しだいに冷えて固体の地表が形成されていくと，大気に大量に含まれていた水蒸気が凝結し，雨となって地表に降り，海を形成した。約 38 億年前には，すでに海が存在していたと考えられている。海が形成されると，二酸化炭素が海に溶け込んで大気中から減少し，海中に溶けていたカルシウムイオンなどと結びついて炭酸塩となり，海底に堆積して固定された。また，約 27 億年前に海中でシアノバクテリアによる光合成が始まると，それ以降，光合成を行う生物によって二酸化炭素が吸収され，酸素が放出されることで，しだいに大気中に酸素が増加した。

▶問 3．Bの時期は，古生代の石炭紀からペルム紀に該当する。石炭紀には，シダ植物が繁栄し，大森林を形成した。それらの活発な光合成によって，二酸化炭素は吸収され，大気中には酸素が放出された。また，このときのシダ植物の遺骸は，堆積して石炭となり，二酸化炭素から形成された大量の有機物が地中に固定された。

▶問 4．ア．化石のうち，生息当時の環境を推定するのに有効なものを示相化石という。一方，地層が堆積した時代を決めたり，離れた地域の地層が同じ時代の地層であることを確かめたり（地層の対比）するのに有効なものを示準化石という。

イ．酸素には，^{16}O と ^{18}O の 2 つの安定同位体が存在する。^{16}O は ^{18}O よりも蒸発しやすいという性質があることから，酸素同位体比（$^{18}O/^{16}O$）を利用して，過去の気候を推定することができる。たとえば，過去の海に生息していた有孔虫の殻には，生息当時の海中の酸素同位体比が保存されており，殻中の酸素同位体比が大きいほど寒冷な気候であったことが推定される。

ウ．地球の公転軌道は約 10 万年周期で変化しており，地球の自転軸の傾斜角や傾斜の向きも周期的に変動している。それらの周囲的な変動をミランコビッチ周期（ミランコビッチサイクル）という。ミランコビッチ周期に従って地球が受け取る太陽放射量が変化することで，温暖化と寒冷化がくり返されると考えられている。

II 解答 問1．ア．リソスフェア イ．地殻 ウ．マントル エ．アセノスフェア オ．中央海嶺 カ．深く キ．海溝

問2．流動しやすく地震波速度が遅い。(15字以内)

問3．中央海嶺から離れるにつれてプレートがしだいに冷やされ，直下のアセノスフェアが硬くなりプレートに付加することでプレートの厚さと密度が増大する。(70字以内)

問4．(1) 中央海嶺と場所Aにおいて，場所Aでのリソスフェア底面の深さにかかる圧力が等しくなることから

$$h\rho_w + L\rho_1 = (h+L)\rho_2 \quad \cdots\cdots(\text{答})$$

(2) (1)の式を変形すると

$$L(\rho_1-\rho_2) = h(\rho_2-\rho_w)$$

$$\rho_1-\rho_2 = \frac{h}{L}(\rho_2-\rho_w)$$

$L>0$，$h>0$，また，$\rho_2>\rho_w$ より $\rho_2-\rho_w>0$

したがって $\rho_1-\rho_2>0$

$\therefore\ \rho_1>\rho_2$ ……(答)

(3) (1)の式より

$$\rho_1 = \frac{(h+L)\rho_2 - h\rho_w}{L}$$

それぞれの値を代入すると

$$\rho_1 = \frac{(3.00+100)\times 3300 - 3.00\times 1000}{100}$$

$$= 3369 \fallingdotseq 3.37\times 10^3\,[\text{kg/m}^3] \quad \cdots\cdots(\text{答})$$

問5．海溝付近で冷えて厚くなったプレートの平均密度がアセノスフェアの密度を上回るため，プレートが沈み込む。(50字以内)

◀解 説▶

≪プレートの性質，プレートの運動，アイソスタシー≫

▶問1．カ．海洋プレートは，中央海嶺から離れるにつれて厚さが厚くなり，平均密度が大きくなる。そのため，アイソスタシーが成り立つようにしだいに沈降し，水深が深くなっていく。

▶問2．アセノスフェアは，リソスフェアの下のやわらかく流動しやすい

層で，その上下の層よりも地震波速度が遅い低速度層と呼ばれる領域に相当する。リソスフェアと同じマントル物質であるが，物性が異なっている。

▶問３．中央海嶺で生成されたプレートは，時間とともに中央海嶺から離れていき，冷えていく。これに伴い，プレートの下のアセノスフェア上部も冷やされて硬くなり，プレートに付け加わることで，プレートがしだいに厚くなっていく。また，密度の大きいアセノスフェアが冷えて付け加わることで，プレートの平均密度も増大していく。

▶問４．(1)　右の図は，問題の条件を満たす場所Ａと中央海嶺の様子を示した模式図である。場所Ａでのリソスフェア底面の深さに均衡面があるとすると，アイソスタシーが成立していることから，場所Ａと中央海嶺において均衡面にかかる圧力は等しい。均衡面の単位面積にかかる圧力は，均衡面より上に乗る物質の厚さと密度の積で表すことができる。したがって，次の等式が成立する。

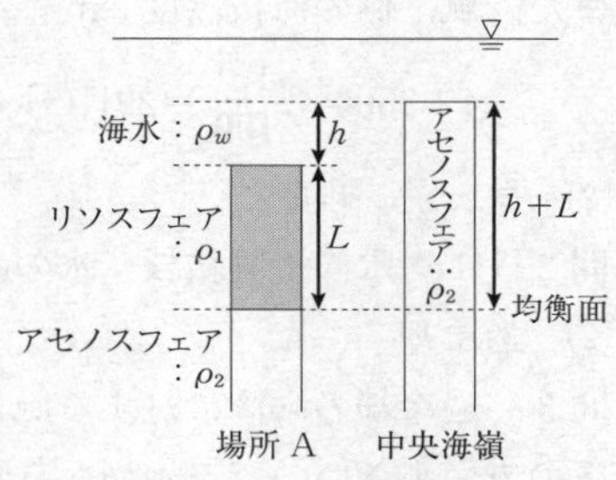

$$h\rho_w+L\rho_1=(h+L)\rho_2$$

(2)　(1)の式は

$$\rho_1-\rho_2=\frac{h}{L}(\rho_2-\rho_w)$$

という式に変形できる。ここで，L や h は正の数であり，また，海水の密度 ρ_w よりもアセノスフェアの密度 ρ_2 の方が大きいことがわかっている。$\rho_2-\rho_w>0$ であるから，右辺は正となることがわかる。したがって，左辺は $\rho_1-\rho_2>0$ となることから，リソスフェアの平均密度 ρ_1 は，アセノスフェアの平均密度 ρ_2 よりも大きいということがわかる。

(3)　(1)の式に与えられた数値を代入し，ρ_1 を求める。有効数字３桁で解答することに注意しよう。

▶問５．中央海嶺で生成されて移動したプレートは，海溝からアセノスフェアの中へと沈み込んでいく。問３で説明したように，プレートは中央海嶺から離れるにつれて厚さが厚く，平均密度が大きくなっていき，問４で示したように，アセノスフェアの平均密度を上回ることで，海溝から沈み込むことになる。

III **解答**　問 1．(1)　20°C だった空気塊が 13°C で凝結を開始したことから，凝結高度は

$$(20-13)\times\frac{100}{1.0}=700\,[\mathrm{m}]$$

よって，山頂での気温は

$$13-(2500-700)\times\frac{0.5}{100}=4\,[^\circ\mathrm{C}]$$ ……(答)

また，風下側の海抜高度 0 m での気温は

$$4+2500\times\frac{1.0}{100}=29\,[^\circ\mathrm{C}]$$ ……(答)

(2)　フェーン現象

問 2．(1)　水滴：凝結核　氷の結晶：氷晶核

(2)　過冷却

問 3．過冷却の水滴に対する飽和水蒸気圧よりも氷晶に対する飽和水蒸気圧の方が小さいので，水滴から蒸発した水蒸気が氷晶に昇華して氷晶が成長する。(70 字以内)

問 4．温室効果気体が地表から放射された赤外線の大部分を吸収し，再び地表へ放射して地表付近を温めるため。(50 字以内)

◀解　説▶

≪フェーン現象，降水のしくみ，温室効果≫

▶問 1．(1)　空気塊は，凝結高度までは乾燥断熱減率（1.0°C/100 m）に従って気温が低下する。海抜高度 0 m で 20°C の空気塊が風上の山地を上昇し，13°C で凝結したことから，乾燥断熱減率に従って気温が 20−13＝7°C 低下する高度は，$7\times\frac{100}{1.0}=700$ m となる。それより高度が高いところでは，湿潤断熱減率（0.5°C/100 m）に従って気温が低下することから，2500 m の山頂までの残り 2500−700＝1800 m における気温低下は，$1800\times\frac{0.5}{100}=9$°C となる。よって，山頂での気温は，13−9＝4°C である。風下側へ降下する際は，乾燥断熱減率に従って気温が上昇する。海抜高度 2500 m の山頂から海抜高度 0 m まで高度が下がると，気温は $2500\times\frac{1.0}{100}=25$°C 上昇する。よって，風下側の海抜高度 0 m での気温は，

4＋25＝29°C となる。

(2)　(1)のように，途中で雲を生じながら山地を上昇した空気塊が，風下側に降下した際，風上側と比べて高温で乾燥した空気塊に変質する現象をフェーン現象という。

▶問 2．(1)　大気中の水蒸気は，大気中に浮遊している土壌粒子や海塩粒子，排出ガスなどの微粒子（エーロゾル）を核にして凝結あるいは昇華し，水滴や氷の結晶（氷晶）が形成される。

(2)　微小な水滴は，温度が 0°C 以下になってもすぐには凍結しない。このような状態を過冷却といい，この状態の水を過冷却水という。

▶問 3．雲の中に氷晶と過冷却の水滴が共存する場合，同じ温度では，氷晶に対する飽和水蒸気圧の方が，過冷却の水滴に対する飽和水蒸気圧よりも小さい。そのため，水滴に対しては不飽和で，水滴から水蒸気が蒸発するのに対して，氷晶に対しては過飽和となるため，水蒸気が昇華して氷晶が成長する。

▶問 4．大気中の水蒸気，二酸化炭素，メタン，オゾンなどの温室効果気体は，地表から放射される赤外線の大部分を吸収し，そのうちの約 $\frac{2}{3}$ を再び地表に向かって放射しており，地表を暖めている。これを温室効果といい，温室効果がない場合，地球全体の平均気温は現在よりも 30°C 以上低下すると考えられている。

Ⅳ　解答

問 1．a．主系列星　b．赤色巨星　c．白色矮星

問 2．a．黄　b．赤　c．青白

問 3．a の絶対等級は ＋5 等であることから，a までの距離を r パーセクとすると

$$5=-10+5-5\log_{10}r \qquad \log_{10}r=-2$$

$$\therefore \quad r=10^{-2}$$

ここで，1 パーセク＝3.08×10^{13} km より，a までの距離は

$$3.08\times10^{13}\times10^{-2}=3.08\times10^{11}$$

$$\fallingdotseq 3.1\times10^{11}\text{〔km〕} \quad \cdots\cdots\text{(答)}$$

問 4．b の絶対等級は −1 等であり，a よりも 6 等級小さい。1 等級差で明るさは $100^{\frac{1}{5}}$ 倍異なることから，a に対する b の明るさは

$(100^{\frac{1}{5}})^6=100^{\frac{6}{5}}=100\times\sqrt[5]{100}=100\times2.51$

$=251\fallingdotseq2.5\times10^2$ 倍　……(答)

問５．シュテファン・ボルツマンの法則より，光度 L，半径 R，表面温度 T〔K〕には

$L\propto R^2\cdot T^4$

という関係が成り立つ。また，a の絶対等級は c よりも５等級小さいことから，a の光度は c の 100 倍である。これより，a の光度を L_a，半径を R_a，c の光度を L_c，半径を R_c とすると

$$\frac{L_a}{L_c}=\frac{{R_a}^2}{{R_c}^2}\cdot\frac{6000^4}{15000^4}=100$$

$$\frac{R_a}{R_c}=\left(\frac{5}{2}\right)^2\cdot10=62.5\fallingdotseq6.3\times10 \text{ 倍}$$　……(答)

◀解　説▶

≪HR 図，恒星の明るさと距離，シュテファン・ボルツマンの法則≫

▶問１．HR 図において，左上から右下にかけて帯状に分布する恒星は主系列星に分類され，太陽も主系列星に含まれる。主系列星をはさんで，HR 図の右上に分布する恒星は赤色巨星（巨星，超巨星），左下に分布する恒星は白色矮星に分類される。

▶問２．恒星のスペクトルにみられる暗線（吸収線）の現れ方は，恒星の表面温度によって異なり，O，B，A，F，G，K，M の７つのスペクトル型に分類される。スペクトル型は，恒星の表面温度および恒星の色にも対応しており，太陽のスペクトル型である G 型は黄色，表面温度が低い M 型は赤色，表面温度が高い B 型は青白色に対応する。

▶問３．ある恒星の絶対等級を M，見かけの等級を m，その恒星までの距離を r パーセクとすると

$M=m+5-5\log_{10}r$

という式が成り立つ。この式に，問題の HR 図から読み取れる $M=+5$ と問題で与えられた $m=-10$ を代入し，「パーセク」の単位で求めた距離を，「km」の単位に換算する。

▶問４．ポグソンの定義より，等級が５等級差で，恒星の明るさは 100 倍の比となり，１等級差で，明るさは $\sqrt[5]{100}\fallingdotseq2.51$ 倍の比となる。

▶問5．シュテファン・ボルツマンの法則によると，表面温度がT〔K〕の恒星の単位表面積（$1\,m^2$）から毎秒放射されるエネルギーE〔J〕は，次の式で表される。

$$E=\sigma T^4 \quad (\sigma \text{はシュテファン・ボルツマン定数})$$

恒星全体から毎秒放射されるエネルギーである光度Lは，Eと恒星の表面積との積で求められることから，恒星の半径をRとすると，次の式で表される。

$$L=4\pi R^2\cdot E=4\pi R^2\cdot \sigma T^4$$

これより，恒星の光度は，半径の2乗と表面温度の4乗に比例する（$L\propto R^2\cdot T^4$）ということがわかる。問題のHR図より，aの絶対等級がcよりも5等級小さいことを読み取り，aの光度がcの光度の100倍であるということを表す式を立てて，aの半径とcの半径の比を求めるとよい。

❖講　評

大問数は2020年度と同じく4題であり，出題分野・分量とも大きな変化はなかった。字数指定のある論述問題は2020年度より増加したが，地質図を用いた出題がなく，また，計算過程を記述する計算問題は2020年度ほど煩雑なものがなかったため，全体的に難易度はやや易化したといえる。

Ⅰ　地球表層環境の変化に関する出題。問1は，地球の表層環境の変遷や生物進化に関するできごとが起こった時期を，図1に示された時期から選ぶ問題で，基本知識。問2・問3は，図1に示された地球の大気中の二酸化炭素や酸素の変化について説明する論述問題で基本的であるが，必要なことがらを字数内に収める力が必要である。問4は，過去の気候を推定する手法に関する用語を答える問題で，基本知識である。

Ⅱ　プレートとアイソスタシーに関する出題。問1の空所補充は基本問題。問2はアセノスフェアの性質を説明する論述問題で平易である。問3は，海洋プレートの密度と厚さの変化について説明する論述問題で基本的。問4は，アイソスタシーについての理解を問う基本問題。(1)は，図を描いて考えるとよい。(2)は，ρ_1とρ_2の項を含む式で大小関係が比較できるということに着目すると式の変形がしやすい。(3)は，(1)で立てた式を利用する連動問題であるが，基本的である。

Ⅲ　フェーン現象と降水のしくみ，温室効果に関する出題。問 1 は，フェーン現象についての計算問題であり，平易である。問 2 は，基本知識。問 3 は，冷たい雨（氷晶雨）が降るしくみについて説明する論述問題で頻出事項。水滴と氷晶の飽和水蒸気圧の大小を明確に記述する必要がある。問 4 は，温室効果気体のはたらきについて説明する論述問題で，頻出事項である。

Ⅳ　HR 図と恒星に関する出題。問 1・問 2 は，HR 図についての基本知識。問 3 は，絶対等級と見かけの等級から恒星までの距離を求める基本的な計算問題で，公式を覚えていれば計算は容易である。単位を「km」に換算するのを忘れないようにすること。問 4 は，等級差と明るさの比についての問題で基本的。問 5 は，シュテファン・ボルツマンの法則を利用した計算問題で，頻出事項である。

教科書の内容に沿った基本事項に関する出題が主である。基本的な知識は，教科書をよく確認し，正確に押さえておく必要がある。論述問題も多く出題されるので，用語の意味や地学現象の原理を理解し，50～100 字程度で簡潔に説明できるようにしておきたい。計算問題は，法則や公式を正確に覚えて，教科書の例題や演習問題などでよく練習しておこう。計算過程を記すことが多く，また，計算結果を他の問題で利用する場合も多いため，計算ミスがないように丁寧に記述することを心がけよう。

⑤の前の「そのすべてを捉えなければウェルビーイングの総体を捉えることはできない」という表現に即したものにする。

参考　『わたしたちのウェルビーイングをつくりあうために――その思想、実践、技術』（ＢＮＮ新社、二〇二〇年）は、「わたしの幸せから、わたしたちの幸せへ。これからの社会に欠かすことのできないウェルビーイングを、包括的に捉えるための視点と方法。『個でありながら共』という日本的なウェルビーイングのあり方とは」（本表紙の紹介文）をテーマにした気鋭の研究者たちの文章を集めた論説集。監修者のひとり渡邊淳司はＮＴＴコミュニケーション科学基礎研究所人間情報研究部の上席特別研究員で、『表現する認知科学』（新曜社、二〇二〇年）、『情報を生み出す触覚の知性――情報社会をいきるための感覚のリテラシー』（化学同人、二〇一四年）などの著書がある。また、共著者の安藤英由樹は、ＮＴＴコミュニケーション科学基礎研究所研究員を経て、大阪芸術大学アートサイエンス学科教授（二〇二一年現在）。

❖講　評

二〇二一年度から現代文のみの出題となったが、例年のように二年以内に発表された文章からの出題で、内容も極めて現代的な課題を扱っている。漢字の読み書きのほかに、選択式の空所補充問題があったが、これも大きくは例年どおりである。字数制限つきの説明記述の問題が中心で、問題はさほどの難しさではないが、本文の文章量と解答の記述量が増加したこともあり、早くから準備をし、日頃から説明記述の問題に慣れていないと、歯が立たなかったと思われる。また、字数制限内にまとめるのに苦労する問題が多く、こうした問題を解くことにいかに時間をかけ、要領よく書けるようになっているかが問われる出題であった。

内容要約的な、制限字数内でまとめる問題にいかに習熟してきたかが問われる、難関国公立大学の二次試験にふさわしい問題である。

◀解　説▶

▼問一　eの「遡」は「（鮭の）遡上・（適用の）遡及」という熟語があり，「さかのぼ（る）」と読む。bの「誹謗」とgの「包摂」も書き取りとなれば難しいが，漢字の読み（音）は十分類推できる。

▼問二　「もしかしたら」とあるので，情報通信技術によって生活が豊かになった点を踏まえた上で，逆に「幸せ」でない状況を，具体例の部分を除いて，理由となるようにまとめればよい。字数制限内でまとめるには，本文の記述からさらに表現を削っていく必要があるが，〈個人の心身に与える影響〉〈社会全体への影響〉という要素は必須である。

▼問三　傍線部②・③を含む一文は，直後で「福祉の対象を……変わってきた」と言い換えられている。ここを軸として，傍線部②・③の前後の叙述や，後の「むしろ対象を……豊かな福祉が実現できる」といった表現を組み合わせてまとめていけばよいが，やはり表現のつながりや字数制限内を意識してまとめるのには，工夫を要する。

▼問四　ひとつ前の段落で説明されている内容を参照する。「身心の健康状態で判断できる」から，まずCにア「医学」，「課題に取り組んでいるときの一時的な苦しさ……阻害する」から，Aにイ「快楽」，「その課題を乗り越える……」から，BはAより上の段階であるウ「持続」が入る。Dは二カ所あるが，二つの空欄の間に「持続的」という表現があるため，ウ「持続」が入る。

▼問五　「個人主義的」は第十二段落の「確立された個人の……貢献を目指す」，「集産主義的」は同段落の「集団のゴールや……考えに基づく」の説明が利用できる。問いは「どのようなものか」とあるので，傍線部④の前の「コミュニティと公共のウェルビーイング」に着目し，その直前の「人と人のあいだにウェルビーイングが生じる」という叙述も踏まえてまとめるとよいが，やはり字数制限に苦労するだろう。

▼問六　直後に「ウェルビーイングとはいったい何なのかを整理しなおす」とあり，最終文に「……整理していくことでこそ，……道のりが見えてくるはずだ」とあることから，「『解像度』を上げる」とは，設問で示された定義を参照すると，「画像や文字をより精細に表示するように，さらにはっきりと見やすくする」こととなる。その説明を傍線部

体を大きく五つの大段落に分けて要点を整理する。

Ⅰ（第一～五段落：情報通信技術の……しまっているのだ。）情報通信技術の革新は私たちを幸せにしたか　↓問二
情報通信技術の革新は、私たちの知的活動の可能性を広げ、効率も向上させたが、「幸せとは何か」が意識されないまま設計が進んだため、心身だけでなく社会全体にも大きな悪影響を及ぼし、人々を抑圧してしまっている。

Ⅱ（第六～八段落：近年、……課題である。）注目されているウェルビーイング
近年、日本でも2050年までに達成すべき6つの目標における研究開発はウェルビーイング（人間の心の豊かさ）に向けたものであることが明言され、企業活動や福祉分野（↓問三）においても情報技術と人間の心的な側面の関係性に関心が高まっている。

Ⅲ（第九～十一段落：しかし、……始めている。）ウェルビーイングの3つの定義　↓問四
従来は医学的ウェルビーイングや快楽的ウェルビーイングが研究の対象とされてきたが、2000年代以降特に持続的ウェルビーイングを情報技術によって促進するための方法論が研究され始めている。

Ⅳ（第十二～十四段落：このように、……はずである。）ウェルビーイング研究の個人主義的視点と集産主義的視点　↓問五
個人主義的なウェルビーイングの視点だけでなく、集団のゴールや人間同士の関係性、プロセスのなかで価値をつくりあうという考えに基づく集産主義的な視点も加えた、コミュニティと公共の場におけるウェルビーイングの観点も大切だ。

Ⅴ（最終段落：個人の心のなか、……くるはずだ。）ウェルビーイングの「解像度」を上げること　↓問六
捉えがたいウェルビーイングの総体を、その「解像度」を上げて整理していくことで、「わたし」や「わたしたち」のウェルビーイングとは何か、どうやって実現していくかが見えてくるはずだ。

国語

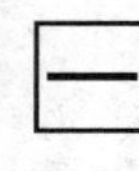

出典　安藤英由樹、渡邊淳司「ウェルビーイングの見取り図」（渡邊淳司、ドミニク＝チェン監修・編著『わたしたちのウェルビーイングをつくりあうために――その思想、実践、技術』ＢＮＮ新社）

解答

問一　a、カタヨ　b、ヒボウ　c、採択　d、浸透〔滲透〕　e、サカノボ　f、配慮　g、ホウセツ　h、発揮　i、ソガイ　j、促進

問二　情報通信技術の革新は、知的活動の広がりや効率の向上という豊かさをもたらしたが、一方で心身だけでなく社会全体にも大きな悪影響を及ぼし、逆に人々を抑圧しているから。（八〇字以内）

問三　ウェルフェアは福祉の対象を社会的弱者として保護し救済するという理念であるが、ウェルビーイングは対象を一人の人間として尊重し、固有の状況に対応した自律的な活動や自己実現を通して、より豊かな福祉を実現しようとする理念である。（一二〇字以内）

問四　A―イ　B―ウ　C―ア　D―ウ

問五　個人の心身を豊かにして社会貢献を目指す「個人主義的」な視点に、集団のゴールや人間同士の関係性、プロセスのなかで価値をつくりあうという考えに基づく「集産主義的」視点も加えた、コミュニティや公共の場に生じるウェルビーイング。（一二〇字以内）

問六　捉えがたいウェルビーイングの総体を、精細に目に見える形で客観的に認識できるようにすること。（四五字以内）

◆要　旨◆

問二～問六が、例年のようにおおむね文章の大段落の趣旨を理解しているかを問う問題になっており、それに従って全

2020
年度

解答編

解答編

英語

I **解答**　1．アーD　イーH　ウーG　エーA　オーC
2．(あ)ーA　(い)ーB

3．その場限りの関係なので，見知らぬ者同士が気楽に会話しやすくなるという現象。(40 字以内)

4．全訳下線部(2)参照。

5．かー(E)　きー(A)　くー(C)

6．〈解答例 1〉 I agree with Hypothesis 1. Many people are busy using smartphones and do not talk to each other even when they are with their family or friends. The Internet deprives people of quality face-to-face interaction with significant others. (38 words)

〈解答例 2〉 I support Hypothesis 2. Shared information online enables you to get together with friends conveniently. You can also "meet" people on the Internet who you cannot meet otherwise. You may later have opportunities to meet them in person. (38 words)

◆全　訳◆

≪インターネットが人々の関係に及ぼす影響≫

インターネットとスマートフォンが人々の触れ合い方を根本的に変えた。テレビや電話のような以前の技術の登場と同様に，デジタル技術が社会的つながりに与える影響は重要な議論のテーマとなってきた。

インターネットが人と人との触れ合いに与える影響について述べた，相反する二つの仮説が存在する。一方ではインターネットが社会的つながりを現実世界から仮想世界に移すと主張してきた研究者たちがいる（仮説 1）。アメリカにおけるある初期の研究では，初めてコンピュータを使った人の長期的な標本を用いて，インターネットの使用が家族の時間やインターネットによらない社会的な交流を締め出すことが示された。さらに，より最近の研究も示しているのが，インターネットによらずに人に会うための名目が携帯機器により奪われたということである。つまり，昔なら写真を見せたり，行事の計画を立てたり，噂話をしたりするのには直接会っていたのに，そうした機能が今や仮想世界へと移されてしまったのである。

これと相反する仮説は，インターネットは直接会って話をする関係を補強するものであり，コンピュータを利用したコミュニケーションは，人々が直接会う機会を増やしているとしている（仮説２）。コミュニケーションの全体量を増やすことにより，インターネット上のコミュニケーションが直接顔を合わせての交流も促進しているというのである。この意味では，インターネットの台頭には，社会の結びつきを飛躍的に高めた電話の出現と共通点がある。さまざまな研究がこの結論を支持してきた。オランダの若者 1,210 人を対象とした研究は，インスタントメッセンジャーの使用時間が長い人は，実際に人と会って交流することにかける時間も長いことを明らかにした。ドイツ人の全国民の代表標本を用いた長期的な研究においても，ソーシャルネットワークの使用が対面の交流に与えるプラスの影響が認められている。

インターネットが橋渡し的な社会関係資本を強化する方法の一つが，インターネット上のコミュニティーの形成によるものである。人口統計学的特性や地理的な位置に関係なく，共通の関心を持つ人々を結びつけることにより，インターネットは人々の新しいつながりの構築，新たな交流グループの形成を可能にする。この方法には，これまで存在してきた社会的ネットワークを破壊する一方で，さまざまな共通点を持つ人々の新しいグループを形成するという効果がある。例えば，インターネット上の減量支援グループは，人々が共通の目的達成において互いに励まし合うことを可能にする。このようなネットワークは現実のネットワークを補完するかもしれない。

橋渡し的な社会関係資本を創造するこの機会は，新たな個人間の対面での出会いにつながる。インターネットは，その環境が本質的に一時的なものであることが互いに知らない人々がより気軽に会話することを可能にする「列車で乗り合わせた見知らぬ人々」現象を再現する。これは，これらの出会いがインターネット上だけではないことを意味している。アメリカの How Couples Meet and Stay Together Survey（カップルはどのように出会い，付き合っていくかという調査）のデータによると，インターネットが，ご近所，友人の集まり，職場といった従来からのパートナーとの出会いの場にとって代わっている。アメリカにおいてインターネット利用者は非利用者に比べて恋人に出会う確率が高いことがわかっており，それはインターネット上での出会いという新たな方法のおかげで，より多くの人がパートナーに出会っているかもしれないことを示唆している。

研究の結果には矛盾したものがあるが，特にソーシャルネットワークの積極的な利用を考えた場合，インターネット上の社会的つながりが対面の交流を補完しているという考えを裏付けるかなりの証拠がある。一例として，ヨーロッパ諸国において，インターネットの頻繁な利用と社会生活に対する人々の満足度に，国を超えて比較的強い相関があることを「欧州における生活の質調査」のデータが強調している。インターネットを毎日利用する人と週一度程度利用する人を比較すると，毎日利用する人の方が週一度程度利用する人よりインターネット利用による大きな恩恵を受けている。社会的つながりにおけるインターネットの恩恵は，おそらくインターネット上の社会的活動の結果であると考えられる。

インターネットの恩恵について特筆すべき分野の一つが，デジタル技術を利用する高齢者における孤独の減少の可能性である。(2)高齢期における平均余命の延び，子供の数の減少，そして生活様式の変化の結果として，社会からの孤立は高齢者にとって重大な，そしてますます深刻さを増している問題となっている。孤独感は高齢者の健康状態に悪影響を及ぼす。この問題に対処するため，ますます多くの証拠が指摘しているのが，高齢者の孤独を克服するためにインターネットとインターネット上のソーシャルネットワークが果たしうる有益な役割である。

インターネットの上記のようなさまざまな好ましい影響にもかかわらず，現実の生活の交流に比べて参加への敷居が比較的低いこともあり，ネガティブな社会的交流の場も提供している。インターネットの匿名性や隔離性ゆえに，人々は現実の生活よりさらに安易に望ましくない社会的行動をするかもしれない。ネット上の嫌がらせ，一部のグループの人々に対する差別，さらには犯罪行為までもがソーシャル・メディア・プラットフォームにより助長され，現実世界のものと同じくらい，もしくはそれ以上に有害なものとなるかもしれない。このような弊害は子供たちの間のいじめに見られる。

いじめは子供たちの心の健康や主観的な幸福感に有害な結果をもたらし，極端な場合には自殺につながることもある。屈辱の範囲は多くのネット視聴者に広がり，言葉や画像はいつまでもネット上に残るので，ネットいじめは従来の形態のいじめより，さらに有害なものになりうる。ネットいじめと心の健康の問題の関連は，これまでも広範に実証されてきた。

ネットいじめの広がりを把握するのは難しい。ほとんどの調査が自己報告による情報に頼ったものであり，被害者は報告したがらなかったり，報告できなかったりするかもしれないということで，固有の問題がある。「学童の健康行動」調査によると，多くの国において被害を報告するのは男子よりも女子が多く，平均して 15 歳の 9 %が過去に少なくとも 1 回のネットいじめの被害の経験があることを報告している。

◀解　説▶

▶1．ア．D の in を補い in person「(本人が) 直接に」という成句を完成する。「インターネットによらずに人と会うための名目（pretexts for offline encounters）が携帯機器により奪われた」ことの言い換えとなっているのが where 以下である。offline encounters を言い換えたのが meet in person。

pretext「口実，名目」 offline「(インターネット上ではなく) 直接顔を合わせた」 encounter「会合」 share「～を共有する」 gossip「噂話をする」

イ．satisfaction with ～ で「～に対する満足（度)」なので，空所には H の with を補い people's satisfaction with their social life「社会生活に対する人々の満足度」とする。空所を含む文の構造は，data from the European Quality of Life Survey「『欧州における生活の質調査』のデータ」という主部に，動詞 highlight「～を強調〔明らかに〕する」，目的語の a moderately strong cross-country correlation between ～ and …「～と…の間の国を超えた比較的強い相関」が続く構造。～に相当するのが frequent Internet use「インターネットの頻繁な利用」，…に相当するのが people's satisfaction with their social life である。

moderately「中程度に」 cross-country「国を横断する，国を超えた」 correlation between *A* and *B*「*A* と *B* との相関」 frequent「頻繁な」

ウ．空所を含む箇所は it also provides a space for negative social interactions「それ（インターネット）はネガティブな社会的交流の場も提供する」に，given …「…を考える〔考慮する〕と」が続いている構造。given に続く the comparatively lower barrier to participation ［ウ］ is the case for real life interactions の空所ウには，lower と呼応し，直前の the comparatively lower barrier to participation を修飾する節を導く疑似関係代名詞である G の than を補う。be the case は「事実である」という意味なので，この部分は「現実の生活の交流に比べると，比較的低い参加への障壁を考えると」というような意味になる。

provide a space for ～「～のための空間を提供する」 comparatively「比較的」 barrier to ～「～への障壁」

エ．空所には A の as を補い，as ～ as … 構文の as harmful as offline とする。空所を含む文は，主部 Online harassment, …, or even criminal offences「ネット上の嫌がらせ，一部のグループの人々に対する差別，さらには犯罪行為」に can be facilitated by …「ソーシャル・メディア・プラットフォームにより助長される可能性がある」と may be as harmful as offline, if not more「現実世界のものと同じくらい，もしかするとそれ以上に有害なものとなるかもしれない」という述部が続いている。

harassment「嫌がらせ」 discrimination against ～「～に対する差別」 population「(特定グループの) 人々」 criminal offence「犯罪行為」 facilitate「～を助長する」 platform「プラットフォーム（システムやサービスの基盤となる環境)」 if not more「それ以上ではないとしても，もしかするとそれ以上に」

オ．空所には C の between を補い link between *A* and *B*「*A* と *B* の関連〔つながり〕」の形にし，The link between cyberbullying and mental health problems has been extensively documented.「ネットいじめと心の健康の問題の関連は，これまでも広範に実証されてきた」とする。

bullying は「いじめ」なので cyberbullying は「ネットいじめ」。extensively「広範に」 document「～を記録する〔実証する〕」

▶ 2．㈠設問箇所で始まる文と直前の第 3 段第 5 文（A study of …）は，いずれも「さまざまな研究がこの結論を裏付けてきた」という内容の同段第 4 文（Various studies have …）の具体例である。第 5 文は「オランダの若者1,210人を対象とした研究は，インスタントメッセンジャーの使用時間が長い人は，実際に人と会って交流することにかける時間も多いことを明らかにした」という内容。設問箇所に続く節（a positive effect …）の内容は「ドイツ人の全国民の代表標本を用いた長期研究において，ソーシャルネットワークの使用が対面の交流に与えるプラスの影響が認められた」というもの。同様の結果が得られた2つの研究を紹介しているので，それをつなぐ表現としてはAの Also が適切。他の選択肢B．However「しかしながら」，C．Consequently「その結果として」，D．Generally「大抵の場合」は，このつながりに不適。

various「さまざまな」 support「～を裏付ける，支持する」 conclusion「結論」 Dutch「オランダ（人）の」 adolescent「青年期の人，若者」 those who～「～する人々」 spend *A*（時間）*doing*「～して *A*（時間）を過ごす」 instant messenger「インスタントメッセンジャー（インターネットに接続中のユーザー間で，短いメッセージをリアルタイムに送受信することができるソフトウェア）」 positive「プラスの」 longitudinal「長期にわたる」 using …「…を用いた」は現在分詞で a longitudinal study を修飾。representative sample「代表標本（母集団の特性が保持されているサンプル）」 population「（ある地域に住む）全住民〔人々〕」

(い)直前の第4段第1～3文（One way through … sharing various commonalities.）と設問箇所に続く節 online weight-loss support groups … a shared goal. の関係から判断する。第1～3文の主旨は「インターネット上のコミュニティーの形成により，新しいつながりや交流グループが形成される」というもので，設問箇所に続く「インターネット上の減量支援グループは人々が共通の目的達成において互いに励まし合うことを可能にする」という節はその具体例であることから，Bの For example を導く。他の選択肢A．On the other hand「他方では」，C．As a result「その結果」，D．Moreover「さらに，そのうえ」は，この文脈に不適切。

weight-loss「減量」 support group「支援グループ」 allow *A* to *do*「*A* が～することを可能にする」 encourage「～を励ます」 in achieving a shared goal は in *doing* が「～しているときに，～する際に」なので「共通の目的達成において」の意。

▶3．strangers on the train は「列車に乗り合わせた見知らぬ人たち」

という意味。“strangers on the train” phenomenon の説明となっているのが where 以下の継続用法の関係副詞節。「その環境の一時的な性質が，互いに知らない人々がより気軽に会話することを可能にする」ということ。transient「一時的な」 nature「本質，特質」 allow *A* to *do*「*A* が～することを可能にする」 individual「個人，人」 engage in ～ は「～に従事する」なので engage in conversation で「会話する」の意。

▶4．**Social isolation is a major and growing problem for the elderly, as a result of higher life expectancy in old age, lower number of offspring, and changes in their patterns of living.**

social isolation は「社会からの孤立」，major and growing problem は「重大な，そしてますます深刻さを増している問題」，the elderly は「高齢者」なので，前半は「社会からの孤立は高齢者にとって重大な，そしてますます深刻さを増している問題である」のように訳出する。

as a result of ～「～の結果」で始まる後半は，life expectancy「平均余命」，lower number of ～「より少ない数の～，～の低下」，offspring「子，子孫」，change in ～「～における変化」，pattern of living「生活様式」などの語句を押さえると，「高齢期の平均余命の延び，子供の数の減少，そして生活様式の変化の結果として」というようになる。

▶5．選択肢の英文は次のような意味。

(A)「ネットいじめは従来型のいじめより，さらに有害なものになりうる」

traditional form of ～「従来型の」

(B)「ネットいじめは，今後，増加することが予想される」

be expected to *do*「～すると予期されている」

(C)「ネットいじめの広がりを把握するのは難しい」

measure「～を測る〔把握する〕」 prevalence「流行，広がり」

(D)「ネットいじめは罰せられるべきだ」

(E)「人々は現実の生活よりさらに安易に望ましくない社会的行動をするかもしれない」

か．直前文の第 8 段第 1 文（Despite various positive …）の後半 it also provides … と，空所を含む第 2 文の前半 Because of … とのつながりから判断する。第 1 文後半の主旨は「インターネットの世界は現実の世界よりもネガティブな交流の場になりやすい」というもの。第 2 文前半の内容は「インターネットの匿名性や隔離性ゆえに」なので，第1文後半の内容を説明し，インターネットの世界の特徴を述べている(E)が正解。

anonymous「匿名の」 detached「隔絶された」

き．直前文の第9段第1文（Bullying can have …）は「いじめは子供たちの心の健康や主観的な幸福感に有害な結果をもたらし，極端な場合には自殺につながることもある」という内容。空所に続く because 以下が「屈辱の範囲は多くのネット視聴者に広がり，言葉や画像はいつまでもネット上に残るので」という意味で，空所に入る内容の理由になっていることから判断し，(A)が正解。

detrimental「有害な」 consequence「結果」 subjective well-being「主観的幸福，幸福感」 in extreme cases「極端な場合には」 lead to～「～につながる」 reach「範囲」 humiliation「屈辱」 expand「～を拡大する」 indefinitely「無期限に」

く．空所に続く第10段第2文（Most surveys…）が「ほとんどの調査が自己報告による情報に頼ったものであり，被害者は報告したがらなかったり，報告できなかったりするかもしれないということで，固有の問題がある」という意味。第2文が第1文の理由となっているつながりから判断し，(C)が正解。

survey「調査」 rely on～「～に頼る」 self-reported「自己報告による」 which で始まる継続用法の関係代名詞節は Most surveys に説明を加える。inherent「固有の」 as 以下は理由を述べる節。victim「犠牲者」 be willing or able to report の省略を補うと，be willing to report or be able to report となる。report「～を報告する」

▶6．Hypothesis 1を支持するにせよ，Hypothesis 2を支持するにせよ，文中に述べられているそれぞれの仮説の内容に基づいた意見でなければならない。ただし，「自分の意見」を書くことを求められているので，文中に書かれている意見をそのままの表現で使うことは避けたい。

第2段（Two competing hypotheses … the virtual world.）に書かれている Hypothesis 1の内容のポイントは，「インターネットの使用が家族の時間や顔を合わせた社会的な交流の減少につながる」「人々がこれまでのように直接顔を合わせる必要がなくなってしまった」という2点なので，これらに関連した意見を書けばよい。〈解答例1〉では，最初のポイントに関連する「家族や友人と一緒にいてもスマートフォンに触れてばかりで会話がない」という身近な経験を理由としている。

第３段（The competing hypothesis … the German population.）に書かれている Hypothesis 2 の内容のポイントは「コンピュータを介したコミュニケーションは，人々が直接会う機会を増やしている」ということなので，〈解答例２〉では，それについて「インターネット上で連絡をとることで友人と会うことが容易になった」「インターネット上で知り合った人に，その後，実際に会うことがある」という２つの具体例を挙げて理由としている。

〔解答例〕を和訳すると次のようになる。

〈解答例１〉仮説１に賛成する。多くの人が家族や友人と一緒にいてもスマートフォンを使うのに忙しく互いに話をしない。インターネットは人々から大切な人と顔を合わせて話をする充実した時間を奪っている。

〈解答例２〉仮説２を支持する。インターネット上で情報を共有することが，友人と会うことを容易にする。また，インターネット上では，そうでなければ出会うことのない人に「出会う」ことができる。その後，その人達に実際に会う機会があるかもしれない。

●語句・構文●

（第１段）fundamentally「根本的に」 the way ～「～する方法」 interact「触れ合う」 as with ～「～と同様に」 arrival「登場」 previous「以前の」 effect of *A* on *B*「*B* に対する *A* の影響」 social connection「社会的つながり」 subject「テーマ」 significant「重要な」 debate「議論」

（第２段）competing「相反する」 hypotheses＜hypothesis「仮説」 describe「～を言い表す〔説明する〕」 interaction「交流」 on the one hand「一方では」 argue that ～「～であると主張する」 displace「～を移す」 from the real（world）to the virtual world「現実世界から仮想世界へ」 sample「（調査のための）抽出標本，サンプル」 crowd out ～「～を押し出す，～を締め出す」 mobile device「携帯機器」 remove「～を取り除く」 function「働き，役目」

（第３段）The competing hypothesis is that ～ and that … は，２つの that 節が is の補語になっている。reinforce「～を補強する」 computer-mediated「コンピュータを介した」 overall「全体的な」 volume「量」

online「インターネット上の」 facilitate「～を促進する」 face-to-face「対面の，直接会っての」 in this sense「この意味において」 rise「台頭」 enhance「～を高める」

（第 4 段）One way through which … は，先行詞 One way を関係代名詞節 through which … が修飾している。「前置詞＋関係代名詞」の基になる構造は One way＋the Internet … social capital through one way で，through one way が through which になったと考える。bridging「橋渡し的な」 social capital「社会関係資本（人々の信頼関係や，社会的ネットワークを含めた人間関係）」 formation「形成」 people with ～「～を持った人々」 shared「共通の」 regardless of ～「～に関係なく」 demographic characteristic「人口統計学的特性」 geographic location「地理的な位置」 allow「～を可能にする」 forge「～を築く」 bond「つながり」 group of association「交流グループ」 while *doing*「～する一方で」 destruct「～を破壊する」 previously existing「以前に存在した」は現在分詞で social networks を修飾。allow for ～「～を可能にさせる，～という効果がある」 sharing various commonalities「さまざまな共通点を持つ」は現在分詞で individuals を修飾。commonality「共通点」 complement「～を補う」 real-life「現実の」

（第 5 段）extend to ～「～にまで及ぶ」 encounter「出会い」 emulate「～をまねる」 phenomenon「現象」 displace「～にとって代わる」 venue for ～「～の場」 workplace「職場」 be found to *do*「～するということがわかっている」 be likely to *do*「～する可能性が高い」 romantic partner「恋人」 最終文のカンマ以下の suggesting that … は分詞構文で，and it suggests that …「そしてそれは…であることを示唆している」と同義。

（第 6 段）mixed「賛否両方の」 substantial evidence「相当の根拠」 the idea に続く that 以下は同格の that 節なので the idea that … で「…という考え」。especially は「特に」，when *doing*（現在分詞）は「～すると」なので，especially when considering … は「特に…を考えると」の意。To illustrate の to は「～すれば」，illustrate は「（例を挙げて）説明する」なので「例を挙げれば」の意。when *doing*（現在分詞）で「～すると」なので when distinguishing between *A* and *B* は「*A* と *B* を区別

〔比較〕すると」。benefit「恩恵」 most likely「たぶん」
（第 7 段）as to ～「～について」 potential「可能性がある」 decrease in ～「～における減少」 loneliness「孤独（感）」 have a〔an〕(…) effect on ～「～に（…な）影響がある」 health outcome「健康状態」 a (growing) body of ～「(ますます) たくさんの～」 point to ～「～を指摘する」 beneficial「有益な」 that the Internet … 以下は先行詞 the beneficial role を修飾する関係代名詞節。基になるのは the beneficial role + the Internet … can play the beneficial role to overcome loneliness among the elderly で，the beneficial role が目的格の関係代名詞 that になっていると考える。play a (…) role「(…な) 役割を果たす」 overcome「～を克服する，～を取り除く」
（第 8 段）described above「上述の」 observe「～を観察する」
（最終段）on average「平均して」 完了形の動名詞 having experienced ～「～を経験したということ」は report「～を報告する」の目的語。with girls reporting … は「with + 名詞 + 分詞」で付帯状況を表す。victimisation「犠牲になること」

Ⅱ 解答

1．1 ―(J) 2 ―(I) 3 ―(E) 4 ―(F)

2．世界人口が 1837 年の約 10 億から，その後 200 年足らずでその 7 倍に増えたこと。(40 字以内)

3．100 年足らずの間に，先住民の数が激減，ヨーロッパ系住民の数が激増してその人口比率が逆転するという変化が起こり，それは国内のみならず，世界的にも大きな影響を与えた。

4．全訳下線部(う)参照。

5 ―(D)

6 ―(A)・(C)

◆全 訳◆

≪人口動態の変化と世界の歴史≫

ここ最近 200 年ほどの変化がいかに徹底的に変革をもたらすものであったかを実感するためには，長期的な視点から人口動態をとらえることが役立つ。紀元前 47 年にジュリアス＝シーザーが共和政ローマの終身独裁官に任命されたとき，彼の領土は現在スペインと呼ばれているところから現代のギリシャまで，北はフランスのノルマンディーまで，そしてそれ以外の地中海沿岸地域のほとんど，今で言えば30以上の国を含む地域にまたがっていた。これら広大な地域の人口は5千万人ほどで構成されており，それは世界人口およそ2億5千万人の約20%であった。その後18世紀以上経た1837年にビクトリア女王がイギリス王位に就いたとき，地球上に住んでいた人の数は約10億人，4倍に増加していた。そのうえビクトリア女王の戴冠から200年も経たぬうちに，世界人口はさらにその7倍に増えており，10分の1の時間で増加率がほぼ倍増したことになる。この後者の増加は驚異的な速度で，地球規模の変化をもたらす影響力を持ってきた。

1840年から1857年の間にビクトリア女王は9人の子供を産んでおり，その全員が成人している。その前のイギリスの女帝，アン女王は1714年に49歳で亡くなっている。彼女は18回妊娠したが，彼女の悲劇はすべての子供が彼女より先に亡くなったということである。ビクトリア女王の死からたった29年後の1930年までに，また別の偉大なイギリスの女性統治者，皇太后が産んだ子供は2人だけ，エリザベス（現在の女王）とマーガレットである。アン，ビクトリア，そしてエリザベス皇太后の3人の女王に関するこれらの事実が，18世紀から20世紀の間にイギリスで始まり，その後世界に広がった二つの傾向をよく表している。

一つ目の傾向が，乳児死亡率の急激な低下であり，幸いなことに，子供の死が親にとってよくある苦悩ではなく，異常なことになったことである。それに続いた二つ目の傾向が，女性一人あたりの平均的な出産児数の劇的な減少である。アン女王の時代には子供が次々と亡くなるということはよくあることだった。ビクトリア朝中期のイギリスにおいては子供がたくさんいることが，まだ普通のことだった。その全員が成人するまで生き延びることは珍しかった（その点でビクトリア女王は富だけでなく幸運にも都合よく恵まれていたということになる）が，それは間もなく普通のこととなるのであった。20世紀の両大戦間の時期には，2人の娘に無事に成人になってもらいたいという皇太后の願いは，少なくともイギリスにおいてはごく当たり前のものだったと言える。

ビクトリア女王が生まれた1819年には，オーストラリアに住んでいたヨーロッパ人の数は，わずか約3万人と少なかった。当時のオーストラリア先住民の数は確かではないが，30万人から100万人の間であったと推定されている。ビクトリア女王が20世紀初めに亡くなったときには，その数は10万人以下となっていたが，その一方，ヨーロッパ系オーストラリア人の数はほぼ400万人と80年前の100倍以上になっていた。このようなある大陸の人口の規模と構成の変化が一人の人間が生きている間に起こったのである。このことがオーストラリアを完全に，かつ永久に変えることになり，二度の世界大戦におけるイギリスの活動への食料の供給や人員面の支援においてオーストラリアが重要な役割を果たすことになるなど，その大きな影響はオーストラリア国内にとどまらない。同じような話がカナダやニュージーランドにも当てはまる。

これらの衝撃的な事実──(う)急激ではあるが限られた民族における加速度的な人口増，乳児死亡率の急落，出生率の低下，19世紀におけるヨーロッパ人のヨーロッパ以外の地への流出──は，すべて関連したものである。それらは産業革命に伴う同じ大規模な社会変化から生まれたもので，ある国々や地域社会に他のものを犠牲にして力を与え，経済や帝国の運命を決め，そして今日の世界の基礎を築くなど，歴史の流れに圧倒的な影響力を持つことになった。

◀解　説▶

▶1．1．appoint *A* (as) *B* は「*A* を *B* に任命する」なので，Julius Caesar（　1　）appointed perpetual dictator of the Roman Republic の空所には(J) was を補って「ジュリアス＝シーザーが共和政ローマの終身独裁官に任命された」という受動態を完成する。

perpetual dictator「終身独裁官」　Roman Republic「共和政ローマ」

2．stretch from *A* to *B*「*A* から *B* まで及ぶ〔広がる〕」の *A* に相当するのが what（　2　）now called Spain で，*B* に相当するのが modern Greece という構造。(I) is を補い what is now called ～「今で言う（ところの）～」を完成する。

3．when Queen Victoria ascended the British throne in 1837「1837年にビクトリア女王がイギリス王位に就いたとき」から判断し，主部 the number of people living on earth「地球上に住んでいる人の数」に続く述語動詞は，(E) had を補い had grown to …「…に増加していた」という過去完了時制にする。grow to ～ は「～に増加する」の意。

ascend「(王位など）に就く」　throne「王位」

4．空所を含む部分は，主部の This latter multiplication「この後者の増加」に，述部 is astonishingly rapid と（　4　）had a transformative global impact が続いている構造。述部の前半が現在形なので，空所には(F) has を補って現在完了時制にし，「地球規模の変化をもたらす影響力を持ってきた」とする。

latter「後者」 multiplication「増加」 astonishingly「驚くほど」 rapid「急速な」 have a〔an〕… impact「…な影響を及ぼす」 transformative「変形させる，変革を起こす」

▶2．This latter multiplication「この後者の増加」が指すのは，直前の第1段第5文（Yet less than …）の内容で，この文は「そのうえビクトリア女王の戴冠から200年も経たぬうちに，世界の人口はさらにその7倍に増えており，10分の1の時間で増加率がほぼ倍増したことになる」という意味。1837年にビクトリア女王がイギリス王位に就いたときの人口は，同段第4文（More than eighteen …）より，something like 1,000 million「約10億人」なので，「さらにその7倍」は約70億人ということになる。

something like～「約～，およそ～」 yet「さらに」 coronation「戴冠」 further「さらに」 a tenth「10分の1」

▶3．A similar story can be told に続く of は「～に関して」という用法なので，下線部は直訳すると「同じような話がカナダやニュージーランドに関しても語られることが可能だ」，つまり「(オーストラリアに起こったのと）同じような話がカナダやニュージーランドにも当てはまる」という意味。オーストラリアで起こったことについては第4段第1～5文（When Queen Victoria … both world wars.）に書かれており，そこからのカナダやニュージーランドにも当てはまりそうな内容を選ぶと次のようになる。

第1文：以前には，ヨーロッパ系住民の数は少なかった。

a small number of～「少数の」

第2文（The number of …）：先住民の数の方が圧倒的に多かった。

indigenous「先住の」 uncertain「確かでない」 estimate「(数や量などの）推定」 range from between *A* to *B*「(範囲が）*A* から *B* の間である」

第 3 文（When Victoria died …）：その後，先住民の数は激減，ヨーロッパ系住民の数は激増していた。

at the start of ～「～の初めに」 while「だが一方…」 *A* of *B* は「*B* の性質を持つ *A*」という意味なので，Australians of European origin は「ヨーロッパ系のオーストラリア人」の意。origin「血統」 number「数が～に達する」

第 4 文（This transformation in …）：人口の規模と構成の変化が一人の人間が生きている間（80 年ほどの間）に起こった。

transformation（in ～）「～の変化」 composition「構成」 continental「大陸の」 occur「起こる」 in the space of ～「～の間に」

第 5 文（It changed Australia …）：その変化が国を完全にかつ永久に変え，世界的にも大きな影響を与えることになった。

beyond Australia's shores「オーストラリアの海岸を越えて」は「オーストラリア国外で」という意味。come to *do*「～するようになる」 play a … role in ～「～において…な役割を果たす」 provision「～に食料を供給する」 man「～に人員を配置する」 effort「活動」

▶ 4．**the rapid but selective acceleration of population growth; plummeting infant mortality rates; falls in fertility; the nineteenth-century outpouring of European populations to lands beyond Europe**

下線部を含む文の構造は，主部が These startling facts「これらの衝撃的な事実」，ダッシュに挟まれた下線部がその具体的内容，そして述部が are all connected「すべて関連している」というもの。

the rapid but selective acceleration of population growth は「急激ではあるが限られた民族における加速度的な人口増」の意。この場合 selective「選択的な」とは，前段に述べられているように先住民の人口は減り，ヨーロッパ系住民の人口が激増したことを表す。

acceleration「加速」 population growth「人口増」

plummeting infant mortality rates は「乳児死亡率の急落」の意。

plummet「急落する」 infant mortality（rate）「乳児死亡率」 ちなみに第 3 段第 1 文（The first was …）中の a precipitous drop in infant mortality と同義。precipitous「急激な」 drop（in ～）「（～における）減

少」

falls in fertility は「出生率の低下」の意。

fall（in ～）「（～における）減少」 fertility「出生率」 ちなみに第3段第2文（The second, which …）中の a dramatic reduction in the average number of children born per woman と同義。dramatic「劇的な」 reduction（in ～）「（～における）減少」 born per woman は children を修飾する過去分詞。

the nineteenth-century outpouring of European populations to lands beyond Europe は「19世紀におけるヨーロッパ人のヨーロッパ以外の地への流出」の意。

outpouring「流出」 beyond Europe の beyond は「（範囲）を越えた」の意。

▶5．(A)「20世紀の情報技術」は，本文に「情報技術」に触れた箇所がないので不適。

(B)「1960年代の経済の変化」は，経済についての言及は最終段最終文（They are born …）に fate of economies とあるだけで，1960年代以前の経済に触れた内容が本文にないので不適。

(C)「19世紀の政治形態の変化」は，本文に「政治形態の変化」に触れた箇所がないので不適。

(E)「ローマ帝国時代の人口の変化」は第1段第2～4文（When in 47 BC … a fourfold increase.）の内容で，それが最後に繰り返されることはあり得ないので不適。

本文が古代から近現代までの人口動態の変化を時代を追って述べたものであること，第4段第5文（It changed Australia …）に2回の世界大戦に触れた記述があることより，本文の最後に続き得るトピックとして適切なのは，第二次世界大戦終戦後の人口変化であり，(D)「1945年以後の人口（構造）の変化」が適切である。

▶6．(A)「紀元前47年，共和政ローマには世界人口の約5分の1が住んでいた」

one fifth「5分の1」 reside「（場所に）住む，居住する」

第1段第2・3文（When in 47 BC … approximately 250 million.）の記述に合致する。

vast「広大な」 land「地域」 comprise「〜から成る〔構成される〕」 around「約〜」 第3文のカンマに続く which 以下は，around 50 million people に説明を加える継続用法の関係代名詞節。a world population of approximately 250 million の of は同格で「約2億5千万人という世界人口」 approximately「約〜，およそ〜」

(B)「エリザベス皇太后には姉妹が一人いたが，兄弟はいなかった」

エリザベス皇太后に関する記述があるのは第2段第4・5文（By 1930, just… across the world.）と第3段最終文（By the interwar…）。ここからわかるのは，彼女にはエリザベス（現在の女王）とマーガレットという2人の娘がいたということだけで，自身の兄弟姉妹に関する記述はないので不適。

(C)「イギリスではビクトリア朝に乳児死亡率が急激に低下した」

sharply「急激に」 Victorian Age「ビクトリア（女王）時代，ビクトリア朝」

第2段と第3段第1文がカギとなる。まず第2段第1〜4文（Between 1840 and … and Margaret.）に，アン女王は18回妊娠したが，子供はすべて彼女が49歳で亡くなる前に亡くなったこと，ビクトリア女王は，1840〜1857年に産んだ9人の子供の全員が成人しており，その後，エリザベス皇太后は子供を2人しか産まなかったという旨の記述がある。これを受けて，同段最終文（These facts about…）に「これらの事実が18世紀から20世紀の間にイギリスで始まり，世界に広がった二つの傾向を表している」とあり，さらに第3段第1文（The first was…）には「一つ目の傾向が，乳児死亡率の急激な低下である」という旨の記述がある。これらの内容を総合すると，正しいことがわかる。

give birth to〜「〜を出産する」 カンマに続く all of whom 以下は nine children に説明を加える継続用法の関係副詞節。基になる構造は nine children＋all of them（＝the nine children）survived into adulthood である。survive into〜「〜まで生き延びる」 monarch「君主」 aged「〜歳で」 pregnancy「妊娠」 tragedy「悲劇」 not a single *A*「一つ〔一人〕の *A* も…ない」 survive「〜よりも長生きをする」 neatly「きれいに，きちんと」 represent「〜を表す」 先行詞 the two trends を二つの関係代名詞節 that began in … と which have subsequently … が修飾し

ている。subsequently「その後」

また，第３段第４・５文（In mid-Victorian Britain, … shortly become usual.）にも関連した内容があり，ここからわかるのは「（ビクトリア女王が子供を産んだ）ビクトリア朝の中期にはまだ乳児死亡率が高かったが，その後，ビクトリア朝の後期には顕著に低下し始めた」ということである。mid-Victorian「ビクトリア朝中期の」 brood「（同じ家族の）子供たち」 norm「平均的な状況」 survival into ～「～まで生存すること」 *A* as well as *B*「*B* だけでなく *A* も」 in *one's* favour「～に有利に」 shortly「間もなく」

(D)「アン女王の子供は一人として１歳まで生きなかった」

アン女王の子供に関する記述は第２段第３文（She had eighteen …）にあるが，アン女王より早く死亡したとあるだけで，生後１年以内に死んだかどうかはわからない。

(E)「過去 200 年の間にオーストラリアの人口は減少し，その後再び増加した」

第４段第１～４文（When Queen Victoria … a single lifetime.）のオーストラリアの人口に関する記述にこのような内容はないので不適。同段第３文（When Victoria died …）が紛らわしいが，ここに書かれているのは先住民の数が減少したということで，ヨーロッパ系住民はそれ以上に増加しているので，オーストラリアの人口が減少したわけではない。

(F)「イギリスの急激な人口増が産業革命の原因であった」

cause「原因」

the industrial revolution「産業革命」に関する記述があるのは最終段最終文（They are born …）で，「それらは産業革命に伴う同じ大規模な社会変化から生まれたもので…」と書かれている。「それら」が指すのは直前の同段第１文（These startling facts …）にある，人口増，乳児死亡率の急落，出生率の低下，19 世紀におけるヨーロッパ人のヨーロッパ以外への流出である。人口増が産業革命の原因だとは書かれていないので不適。be born of ～「～から生まれる」 profound「大規模な」 accompany「～に伴って起こる，～と同時に生じる」

●語句・構文●

（第１段）get a sense of ～「～を感じ取る」の目的語が how completely

revolutionary … years or so「ここ最近 200 年ほどの変化がいかに徹底的に変革をもたらすものであったか」。completely「徹底的に」revolutionary「変革をもたらす」 it helps to …「…することが役立つ」は仮主語構文。help「役立つ」 have a ～ view of …「…を～な視点からとらえる」 demography「人口統計，人口動態」 domain「領土」 as far north as ～「北は～まで」 the Mediterranean, … はカンマを挟んで the Mediterranean「地中海地方」と a region that … が同格。fourfold「4 倍の」

（第 3 段）The first は The first trend。with the death of a child becoming … は「with＋名詞＋分詞」で付帯状況を表す。mercifully「ありがたいことに」 *A* rather than *B*「*B* ではなく *A*」の *A* に相当するのが irregular「異常な」，*B* に相当するのが a common agony for parents である。common「よくある」 agony「苦悩」 第 2 文のカンマに挟まれた挿入句の which followed「次に続いた」は The second（trend）に説明を加える継続用法の関係代名詞節。*A* after *A*「次々と」 interwar「両大戦間の」 expectation に続く that 以下は同格の that 節なので，expectation that … で「…という期待〔願い〕」。at least「少なくとも」

（最終段）startling「衝撃的な，驚くべき」 connected「関連した」 prove to be …「…であることがわかる」 formidable「恐るべき」 influence (on ～)「(～に) 影響を与えるもの」 course of history「歴史の流れ」カンマ以下の empowering …，determining …，and laying … は付帯状況を表す分詞構文。empower「～に力を与える」 at the expense of ～「～を犠牲にして」 others は other countries and communities のこと。determine「～を決める」 fate「運命」 empire「帝国」 lay the foundation of ～「～の土台〔基礎〕を築く」

III 解答

1 ―(C)

2 ―(B)・(E)

3 ―(B)

4 ―(D)

5．ア―(D)　イ―(E)　ウ―(A)　エ―(C)　オ―(G)

6 ―(A)

7.〈解答例 1〉I think language ability is more important. It is essential to communicate effectively. If your language skills are strong, you will feel confident and be successful in all aspects of your stay, such as doing well academically and making friends.（40 words）
〈解答例 2〉I believe that having a positive attitude, which will enable you to enjoy challenges, is more important. As you positively interact with others, you can build good relationships with them and also quickly become better at the language.（38 words）

◆全　訳◆

≪留学のためのアプリケーション・エッセイについての学生と教授の会話≫

日本人大学生のユウタが，授業の後，アメリカの大学への留学のための出願書類について，彼の英語の教授カレンと話をしている。本文を読み質問に答えなさい。

ユウタ：失礼します，先生，私のアプリケーション・エッセイは読んでいただけましたでしょうか。

カレン：そうでした！　思い出させてくれてよかったわ。はい，あなたの書いた下書きを返しますね。あなたが一生懸命に書いたことはわかるのですが，何カ所か大幅な変更を勧めます。ですから，申し訳ないですが，修正には少し時間がかかるかもしれません。

ユウタ：そうではないかと思っていました！　たくさん文法の誤りがありましたか？

カレン：いいえ，簡単に直せるいくつかのちょっとした間違い以外は文法はよかったです。実は，主な問題点は，その内容だと思います。

ユウタ：え，そうなのですか？　選んだテーマがつまらなかったということでしょうか？

カレン：そうは思いません。実は私が心配しているのは，二つのエッセイがあまりに似ていることです。一方のエッセイはあなたが留学に備えてどのような必要な準備をしたかについて，もう一方はあなたが困難を乗り越えたときのことについて書くことになっていたのですよね。

ユウタ：はい，その通りです。

カレン：ええと，最初のエッセイであなたが書いたのは，留学の夢を追うために猛烈に勉強し，ようやく必要なスコアがとれるまで何度も何度も TOEFL を受験したことについてです。二つ目ではあなたが大学の入試に合格するためにいかに一生懸命努力したかということについて書いています。

ユウタ：その通りです。すみませんが，それの何が問題なのでしょうか？　これらの話題は求められているものにちゃんと合っていると思ったのですが。

カレン：もちろん，あなたがこれまで試験でよい点数を取ってきたということに触れることはいいと思いますが，あなたのエッセイを評価する人に，あなたが一面的であるような印象を与える恐れがあります。私の考えでは，それぞれのエッセイで異なるタイプの経験について書き，あなたの人柄の多くの側面を見せる方がよいのではないかと思います。

ユウタ：先生のおっしゃることはわかりましたが，他に何について書いたらいいかわかりません！　学校以外では，あまり困難を経験してきていませんので。

カレン：何か他に私たちには思いつくことがあるはずです。これまで海外旅行をしたことはありますか？

ユウタ：中学生だったときに家族とカナダに行きましたが，まだ幼かったので恥ずかしがって地元の人に近づくことができませんでした。移動したり食べ物を注文したりなどするときも両親に頼ってばかりでした。

カレン：わかりました，では最初からやり直しましょう。あなたが以前の授業で，コーヒーショップでアルバイトをしていると言ったのを覚えています。問題を解決したり困難を克服したりするあなたの能力を示す，仕事での困難だけどやりがいのある経験は思いつかないかしら？

ユウタ：ええと。上司に対していらいらすることもありましたが，それはあまり面白くないですね。そうだ，もっといいアイディアを思いつきました！

カレン：素晴らしい，聞かせてください！

ユウタ：先月，一人の外国人旅行者が近くの博物館に行く道を尋ねるために店に入ってきました。彼は日本語を全く話せなかったので，最初は彼がどこに行こうとしているか，どうやって手助けしてあげられるか全くわかりませんでした。外国人と英語を話すのが恥ずかしかったということもありましたが，私はジェスチャーや基本的な表現を使い，最終的には何とかお互い理解することができました。私が博物館への道を教えたとき，彼は信じられないほど感謝してくれました。代わりにこの経験をどちらかのエッセイで書けると思いますか？

カレン：ええ，もちろん！　そうすればあなたが親切で忍耐強いということがわかるだけでなく，教室以外で立派に英語を使ったことがあるということも示すことができますね。ほらね，あなたがテストの点がよいだけの人でないことは私にはわかっていたわ！

ユウタ：わかりました，先生，本当にありがとうございます。エッセイの一つをすぐに書き直してみます。

カレン：それがいいでしょう。頑張ってくださいね！

◀解　説▶

▶1．「ユウタのエッセイの下書きに関する教授の主な懸念は何か」

concern「懸念，不安」

(A)「彼が面白くない話題を選んだ」 uninteresting「面白くない」

(B)「彼がいくつかの文法の間違いをした」 grammar「文法」

(C)「彼は両方のエッセイに試験についてのことを書いた」

(D)「彼は以前のカナダ旅行のことについて書くべきであった」 should have *done*「～すべきであった」 previous「以前の」

(E)「彼は求められたテーマに取り組まなかった」 address「(問題など)に取り組む」 required「必要な，要求されている」

カレンの4回目の発言（Well, in your first …）でエッセイが両方とも試験に関するものであることを指摘している。またそれについて5回目の発言の第1文（Of course, it's …）後半で「一面的な人間であるような印象を与える恐れがある」という懸念を伝えている。それに合致するのは(C)。

intensely「猛烈に」 describe「(文章で) ～を言い表す」 カレンの5回目の発言第1文の a risk に続く that 以下は同格の that 節なので，a risk that … は「…という恐れ」となる。come across as ～「～という印象を与える，～と受け取られる」 one-dimensional「一面的な」 judging your essays は現在分詞で the people を修飾。

▶ 2.「教授のコメントによると，そのアメリカの大学はどのように海外からの留学生を選考すると考えられるか，次のうち正しいものを二つ選べ」

based on ～「～に基づいて，～によると」 following「下記」 infer「～を推測する」 how 以下の疑問詞節が about の目的語となっている。select「～を選考する」

(A)「志願者の試験の成績をあまり重要視していない」 consider *A* to be ～「*A* が～であるとみなす」 applicant「志願者」

カレンの 5 回目の発言第 1 文（Of course, it's …）前半で「これまで試験でよい点数を取ってきたということに触れることはいいと思う」と言っていることから不適。

mention that …「…であると述べる」 score well「高得点を取る」

(B)「志願者の人柄や経歴を考慮に入れる」 take *A* into consideration「*A* を考慮に入れる」

カレンの 5 回目の発言の第 2 文（In my opinion, …）で「それぞれのエッセイで異なるタイプの経験について書き，あなたの人柄の多くの側面を見せる方がよい」とアドバイスしていることから正しい。

multiple「多数の，多様な」

(C)「学業とアルバイトを両立している志願者の方が好ましいと考えている」 prefer「～の方を選ぶ」 balance *A* with *B*「*A* と *B* を両立させる」

学業とアルバイトの両立に関する内容は文中にないので不適。

(D)「海外旅行の経験がある志願者を求めている」 have experiences of *doing*「～した経験がある」

カレンの 6 回目の発言第 2 文（Have you traveled …）で海外旅行の経験の有無を尋ねてはいるが，それが考えられるエッセイのテーマの一例として挙げただけであることが，話題が海外旅行からすぐに離れていることからわかる。よって不適。

(E)「学業以外の状況において英語を使用した経験をプラスに評価する」 view「評価する」 experience with *doing*「～した経験」 non-academic

「学業以外の」 setting「状況」 positively「前向きに，プラスに」
「(アルバイトで英語を使った経験について書くことで）教室以外で英語を使ったことがあるということも示すことができる」という主旨のカレンの９回目の発言（Yes, (　オ　)! …）の第２文から判断して正しい。
not only ～ but also …「～だけでなく…も」 demonstrate that …「…であることを示す」

▶３.「どの文が下線部“back to the drawing board”という表現に意味が最も近いか」
(A)「私たちはあなたの最初のテーマに戻り，それをよりよいものにする方法を見つけるべきだ」
(B)「私たちは最初からやり直し，他の考えられるテーマを見つけるべきだ」 start over「もう一度やり直す」 think of ～「～を考え出す」
(C)「私たちはあなたのカナダへの旅行に関する，より詳しいことを検討してみるべきだ」 detail「詳細」
(D)「私たちはあなたのカナダへの旅行に関する異なる結論を引き出すべきだ」 draw conclusions「結論を引き出す」
drawing board は「製図板」なので back to the drawing board は「最初からやり直しだ」という意味。ただしこの表現を知らなくとも，カレンがこの表現の直後に，全く新しいテーマを検討し始めていることからも判断できる。(B)が正解。

▶４.「ユウタのコーヒーショップにおける仕事の経験について，次の記述のうち正しくないものはどれか」 statement「記述」 experience (in) *doing*「～した経験」
(A)「ユウタは旅行者と英語で話をする必要があった」
ユウタの９回目の発言（Last month, a foreign …）の第１・２文に合致する。ask for directions to ～「～への行き方を尋ねる」 figure out ～「～を理解する」
(B)「ユウタはその旅行者に英語で話しかけることに気まずさを感じた」
be uncomfortable about ～「～に気まずさを感じる」
同じくユウタの９回目の発言の第３文に I also felt embarrassed … とあり，それに合致する。feel embarrassed「戸惑いを感じる」
(C)「ユウタはその旅行者に関する経験が彼の上司との関係よりも面白いと

感じている」
ユウタの８回目の発言（Hmmm. Sometimes I…）で「上司に対していらいらした経験はテーマとしてあまり面白くない」という旨のことを言った後，Oh, I just thought of a better idea!「もっといいアイディアを思いついた」と言い，９回目の発言（Last month, a foreign…）で外国人旅行者に関する経験を話していることより，正しい。get annoyed（with ～）「(～について) いら立ちを感じる」

(D)「ユウタはその旅行者が彼の助けに対して感謝していないと考えた」
grateful「感謝している」
ユウタの９回目の発言の第４文に I couldn't believe …「博物館への道を教えたとき，彼は信じられないほど感謝した」とあり，それに合致しない。

▶５.「空所(ア)～(オ)に，下記のリストの中から最も適切な語を補い，その記号を用いて書きなさい。各選択肢は一度しか使えないものとする」
fill in ～「(空所など) に書き入れる」 appropriate「適切な」

ア．空所を含む文は I suggested に目的語が続く構造。したがって空所には changes を修飾する形容詞を補う。直後の revising might take you a while「修正には少し時間がかかるかもしれない」とのつながりから判断して(D) substantial「かなりの，相当の」が正解。紛らわしい選択肢に(C) challenging「困難だがやりがいのある」があるが，(エ)に使わなければならないので不可。suggest「～を勧める」 I'm sorry to say that …「申し訳ないですが，悪いけど」 revise「～を修正する」 take *A* a while「*A*（人）にとってしばらく時間がかかる」

イ．your grammar was fine aside from …「…以外は，文法はよかったです」に続く a few（　イ　）errors の空所には，それを修飾する that should be easy to correct「直すのが簡単な」のつながりから判断して，(E) trivial「ささいな」を補い「ちょっとした間違い」とするのが正解。
aside from ～「～を除いては」

ウ．空所を含む文は how 以下の節が you wrote about の目的語になっている構造。how you studied intensely「いかに猛烈に勉強したか」に続く to 以下は目的を表す副詞的用法の不定詞なので，(A) pursue「～を追い求める」を選び to pursue your dream of …「…する夢を追うために」とするのが正解。pursue *one's* dream「夢を追う」

エ．Can you think of any（　エ　）experiences at work の空所には experiences at work を修飾する形容詞が入る。続く that 以下の関係代名詞節が「問題を解決したり困難を乗り越えたりするあなたの能力を示すような」という意味で，それもヒントに(C)challenging「困難だがやりがいのある」を選ぶ。at work「職場での」

オ．直前のユウタの9回目の発言の最終文（Do you think …）の「代わりにどちらかのエッセイにこの経験を書けると思いますか？」に対するカレンの答えとして適切なのは，(G)absolutely「絶対的に」。この場合 Yes を強めて「もちろん」というような意味で使われている。

他の選択肢は，(B)unexpectedly「思いがけなく」，(F)success「成功」，(H)amused「面白がっている」，(I)routinely「いつも決まって」。

▶6．「空所(か)に補うのに最も適切な表現を選びなさい」

(A)「そうとは言いません（そうは思いません）」

(B)「はっきりとはわかりません」 for sure「確かに」

(C)「そう言われています」

(D)「あなたが言っていることがわかりません」

直前のユウタの3回目の発言で「選んだテーマがつまらないということですか」と尋ねたのに対するカレンの答えとして適切なのは(A)。直後の Actually, I'm worried … で始まる「私が心配しているのは（テーマがつまらないということではなく）実は二つのエッセイがあまりに似ていることだ」という主旨の文とのつながりから判断する。

▶7．「素晴らしい留学経験のためには，言語の能力と積極的な姿勢のどちらがより重要だと思うか？　25～40語の英語であなたの意見を説明しなさい。(書いた文章の最後に使用した語数を示しなさい)」

「意見」→「理由」→「(理由の）説明」という構成で書くのが基本である。〈解答例1〉は「語学力の方が重要」→「コミュニケーションに必要だから」→「語学力があれば自信を持つことができ，すべての面でうまくいく」，〈解答例2〉は「積極的な態度の方が重要」→「大変なことがあっても楽しむことができる」→「積極的な交流はよい人間関係や語学力の向上につながる」という構成で書かれている。まずは構成を考え，「理由」と「(理由の）説明」が書きやすい方の意見を選んで書くとよい。

●語句・構文●

（ユウタの１回目の発言）did you have a chance to ～？は直訳すると「～する機会はありましたか」となるが，自分が依頼したことを相手がすでにやってくれたかどうかを尋ねるときに用いられる。did you ～？よりも丁寧な表現。application「出願，出願書類」

（カレンの１回目の発言）I'm glad（that）…「…してよかった」 remind「（人）に思い出させる〔気づかせる〕」 draft「下書き」 can tell（that）…「…であることがわかる」 work hard on ～「～に一生懸命取り組む」

（カレンの２回目の発言）main issue「主な問題点」

（カレンの３回目の発言）I'm worried that…「…であるのが気になる」 be supposed to *do*「～することになっている」 one essay about ～ and the other（essay）about…「～について一方のエッセイを，…についてもう一方のエッセイを」 二つの物事を説明する場合に，一方を one，他方を the other で指す。demand「（熟練など）要求されるもの」

（ユウタの５回目の発言）meet the requirements「要求〔基準〕を満たす」

（ユウタの６回目の発言）I see what you mean「おっしゃることはわかります」 I'm not sure は I don't know と同義。struggle「困難」

（カレンの６回目の発言）関係代名詞を補うと something else（that）we can come up with のようになる。基になる構造は something else＋we can come up with something else で，something else が目的格の関係代名詞となり省略されたと考える。come up with ～「（アイディアなど）を思いつく」

（ユウタの７回目の発言）approach「～に近づく」 local「現地の」 rely on ～「～に頼る」 get around「（あちこちに）移動する」

（ユウタの９回目の発言）eventually「最終的に」 show *A* the way to *B*「*A*（人）に *B*（場所）への道を教える」 instead「その代わりに」

（カレンの９回目の発言）not only *A* but also *B* の *A* に当たるのが shows that you… で，*B* に当たるのが demonstrates that…。See は You see の You が省略されたもので，間投詞的に「ほらね（わかるでしょう）」の意で用いられている。there was more to you than high test scores は直訳すると「あなたにはテストの高得点以上のものがある」ということで，「あなたがテストの点がよいだけの人でない」という意味。
(ユウタの10回目の発言) rewrite「～を書き直す」 right away「すぐに」

IV **解答例** The percentage of young people who say they are satisfied with themselves is by far the lowest in Japan at 46%. In the other six countries, it is higher than 70%, with the U.S. being the highest at 86%, followed by France and the U.K., both at 83%. Two factors appear to contribute to this gap. First, Japanese culture value modesty, so many people refrain from presenting self-confidence. Second, there may actually be more young people in Japan who do not have much confidence in themselves than in other countries because of their unsuccessful experience in school entrance examinations. (99 words)

◀解　説▶

「下の表は2013年のもので，若者の意識に関する国際的な調査の結果を示している。結果の中であなたが気づいたものを一つ，もしくは複数，説明しなさい。異なる数カ国のデータを比較すること。取り上げた結果のそれぞれについて考えられる原因を説明しなさい。総語数は英語80～100語程度とする。(作文の最後にあなたの書いた語数を示しなさい)」

まず問題を注意深く読み，指示に従って解答することが大切である。特に問題文が英語である場合は，読み違いのないように気をつけなければならない。100語以下であれば改行を行わず，一つのパラグラフにした方が書きやすい。一般的な「意見＋理由」型のパラグラフでは「トピックセンテンス（意見）→理由１＋サポート→理由２＋サポート（→結論文)」という構成をとるが，この問題の場合は，指示に従って「気づいたこと（数カ国のデータ)」→「考えられる原因」という構成で書くことになる。

一般的には，他国の若者と比べた日本の若者の特徴を挙げ，その原因を考察することになるので，日本の若者が，他国の若者に比べて率が断然高い／低いという特徴的な結果を選ぶと書きやすい。

〔解答例〕は他国との差が最も大きい「１．自分に満足している」という項目を選んで書いたものである。複数の項目を挙げる場合は，First(ly),

Second(ly) で始めるとパラグラフの構成が明確になる。

〔解答例〕を和訳すると次のようになる。

日本では自分に満足していると回答した若者の割合は 46% と群を抜いて低い。他の 6 カ国では，その割合は 70% を超えており，最高のアメリカでは 86%，次いでフランスとイギリスの 83% となっている。この差には 2 つの要因があるように思われる。まず初めに，謙虚さが重んじられる日本の文化では，自分に自信があるように見せることを避ける人が多いということである。そして 2 つ目に，入学試験で失敗した経験から，自分に自信を持っている若者が，他国に比べて実際に少ないかもしれないということもある。

❖講　評

2020 年度は 2019 年度に続き，総合読解問題が 2 題，会話文と英作文が各 1 題という構成であった。英作文は図表の読み取りに基づく自由英作文が 2018・2019 年度に続き出題された。なお，読解問題〔1〕と会話文でも 2 問の意見論述の英作文が出題されている。

I は，「インターネットが人々の関係に及ぼす影響」に関する社会分野の評論文。2019 年度に比べると内容説明問題が大幅に減り（1 問のみ），空所補充問題が多く出題されたのが特徴的である。英文には複雑な構造の箇所があるわけではなく，ある程度の語彙力があれば，それほど理解に苦労するものではない。空所補充，内容説明，英文和訳は標準的なレベルのものであったが，本文の内容に基づく意見論述の英作文は，本文の内容に基づきつつも，本文にある英語をそのまま抜き出すことなく，正確かつ論理的に自分の意見を書かなければならず，慣れが必要である。**II** は「人口動態の変化と世界の歴史」に関する人口統計学，歴史分野の評論文。細かい内容や数字に戸惑うことなく文脈を追って読むのに苦労するかもしれないが，それほど難解な文はない。設問はこれまで中心だった英文和訳・内容説明が減り，「本文の最後に続き得るもっとも適切なトピック」を選ばせる新傾向の問題なども出題されている。**I**・**II** の総合読解問題の総語数は 1500 語弱で 2019 年度より 100 語ほど減っている。**III** は「留学のためのアプリケーション・エッセイ」についての学生と教授の会話が題材となった会話文総合問題。back to the drawing board などの口語表現の意味を問う出題もあるが，設問は各発言の意図や全体的な会話の流れがつかめれば苦労しない素直なものである。会話文問題中に定着した感がある意見論述は，分量が 2019 年度の 10～15 語から 25～40 語に増えてはいるが，比較的自由に書けるものであったので取り組みやすい。Ⅳの英作文問題は，若者の意識に関する国際的な調査の結果をまとめた表を題材とした意見論述であった。結果の中で気づいたことを説明し，それについて考えられる原因を説明する（80～100 語）という問題で，「異なる数カ国のデータを比較すること」という指示もあり，やや書きにくかったかもしれない。

総じて，2020 年度の出題も，専門的な内容の英語を理解するだけにとどまらず，その内容を日本語で簡潔に表現したり，また社会問題について自分の意見を英語で表現したりという，大学で学ぶ際に根幹となる語学力と思考力を求めるものである。人文・社会・自然科学にまたがり，多岐にわたる読解問題を理解するためには，英語力に加えて科目横断的な力が必要と言える。日頃の地道な学習を通じ，実際に使える英語運用力，論理的思考力と，社会に目を向けて幅広い教養を身につけた学生を求める出題意図が感じられる問題であった。

数学

1

◇発想◇　双曲線と直線の交点に関して問われているのであるから，これらを表す 2 つの方程式から y を消去して得られる x の方程式の解について考察する。C_1，C_2 と 1 点ずつで交わるとは，$x>0$，$x<0$ でそれぞれ解を 1 個ずつもつことである。

△APQ の面積の求め方は実にいろいろあるが，結果がすべてと覚悟して，できるだけ計算量の少ない方針で，慎重に計算を進めよう。

解答　(1)　$ax-by=1$

について，$b=0$ なら y 軸に平行な直線を表し，C_1，C_2 の両方と交わることはないから不適。よって $b\neq 0$ であり，このとき

$$y=\frac{ax-1}{b}$$

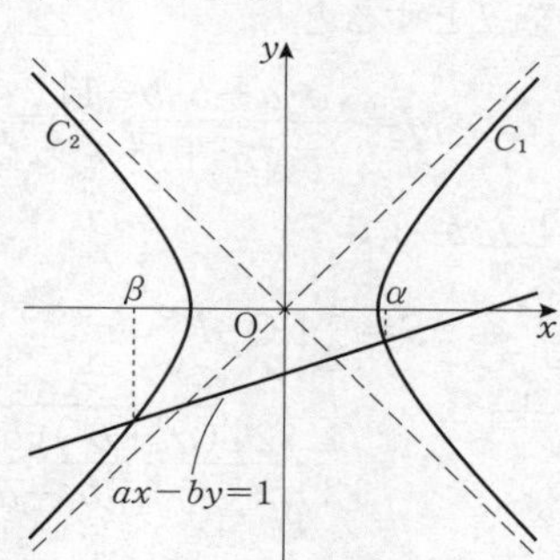

これを双曲線の式

$$x^2-y^2=1$$

に代入して

$$x^2-\left(\frac{ax-1}{b}\right)^2=1$$

よって

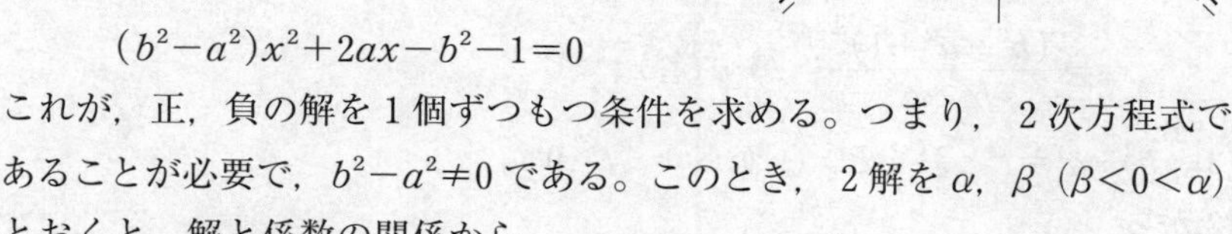

$$(b^2-a^2)x^2+2ax-b^2-1=0$$

これが，正，負の解を 1 個ずつもつ条件を求める。つまり，2 次方程式であることが必要で，$b^2-a^2\neq 0$ である。このとき，2 解を α，β $(\beta<0<\alpha)$ とおくと，解と係数の関係から

$$\alpha\beta=\frac{-b^2-1}{b^2-a^2}<0$$

$-b^2-1<0$ であるから，求める条件は

$$b^2-a^2>0 \quad \cdots\cdots(\text{答})$$

（注）（答）は $|a|<|b|$ などとしてもよい。

(2)　解の公式により

$$x=\frac{-a\pm\sqrt{a^2-(b^2-a^2)(-b^2-1)}}{b^2-a^2}=\frac{-a\pm|b|\sqrt{b^2-a^2+1}}{b^2-a^2}$$

であるから

$$\alpha-\beta=\frac{2|b|\sqrt{b^2-a^2+1}}{b^2-a^2}$$

PQ の傾きは $\dfrac{a}{b}$ であるから

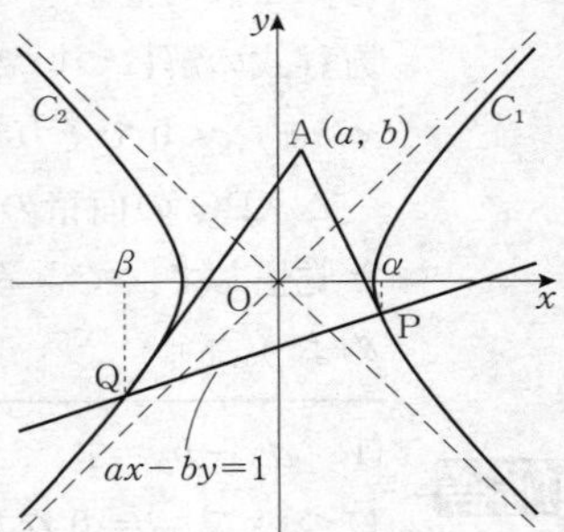

$$\begin{aligned}\mathrm{PQ}&=\sqrt{1+\left(\frac{a}{b}\right)^2}\cdot(\alpha-\beta)\\&=\frac{\sqrt{a^2+b^2}}{|b|}\cdot\frac{2|b|\sqrt{b^2-a^2+1}}{b^2-a^2}\\&=\frac{2\sqrt{(a^2+b^2)(b^2-a^2+1)}}{b^2-a^2}\end{aligned}$$

点 A と直線 PQ：$ax-by-1=0$ との距離を d とすると

$$d=\frac{|a\cdot a-b\cdot b-1|}{\sqrt{a^2+b^2}}=\frac{b^2-a^2+1}{\sqrt{a^2+b^2}}$$

したがって

$$\begin{aligned}S&=\frac{1}{2}\mathrm{PQ}\cdot d\\&=\frac{1}{2}\cdot\frac{2\sqrt{(a^2+b^2)(b^2-a^2+1)}}{b^2-a^2}\cdot\frac{b^2-a^2+1}{\sqrt{a^2+b^2}}\\&=\frac{(b^2-a^2+1)^{\frac{3}{2}}}{b^2-a^2}\quad\cdots\cdots(\text{答})\end{aligned}$$

(3)　$b^2-a^2=t$ とおくと，(1)から　　$t>0$

(2)から

$$S=\frac{(t+1)^{\frac{3}{2}}}{t}$$

$$\begin{aligned}S'&=\frac{1}{t^2}\left\{\frac{3}{2}(t+1)^{\frac{1}{2}}\cdot t-(t+1)^{\frac{3}{2}}\right\}\\&=\frac{(t+1)^{\frac{1}{2}}}{2t^2}\{3t-2(t+1)\}\end{aligned}$$

$$=\frac{(t+1)^{\frac{1}{2}}(t-2)}{2t^2}$$

t	(0)	$\cdots$	2	$\cdots$
S'		$-$	0	$+$
S		↘	$\frac{3\sqrt{3}}{2}$	↗

よって，増減表から S は最小値 $\frac{3\sqrt{3}}{2}$ をとる。

……(答)

最小値をとるための a，b の条件は

$b^2-a^2=2$　……(答)

別解 (1)　(次式を求めるところまでは，〔解答〕と同じ。)

$(b^2-a^2)x^2+2ax-b^2-1=0$

これが，正，負の解を 1 個ずつもつ条件を求める。左辺を $f(x)$ とおく。$y=f(x)$ のグラフは，直線または放物線であり，x 軸 ($y=0$) と $x<0$, $x>0$ の部分でそれぞれ 1 点ずつで交わるための条件は，y 軸との交点 $(0,\ -b^2-1)$ が $y<0$ の部分であることから，下に凸な放物線となることである。

すなわち　$b^2-a^2>0$

(2)　($\alpha-\beta$ の式を求めるところまでは，〔解答〕と同じ。)

P，Q は直線 $y=\frac{ax-1}{b}$ 上にあり

$$\mathrm{P}\left(\alpha,\ \frac{a\alpha-1}{b}\right),\ \mathrm{Q}\left(\beta,\ \frac{a\beta-1}{b}\right)$$

また，$\mathrm{A}(a,\ b)$ であるから

$$\overrightarrow{\mathrm{QP}}=(\alpha-\beta)\left(1,\ \frac{a}{b}\right),\ \overrightarrow{\mathrm{QA}}=\left(a-\beta,\ b-\frac{a\beta-1}{b}\right)$$

よって

$$S=\frac{1}{2}\left|(\alpha-\beta)\left\{1\cdot\left(b-\frac{a\beta-1}{b}\right)-(a-\beta)\cdot\frac{a}{b}\right\}\right|$$

$$=\frac{1}{2}(\alpha-\beta)\left|\frac{\{b^2-(a\beta-1)\}-(a^2-a\beta)}{b}\right|$$

$$=\frac{1}{2}\cdot\frac{2|b|\sqrt{b^2-a^2+1}}{b^2-a^2}\cdot\frac{b^2-a^2+1}{|b|}\quad(\because\ b^2-a^2>0)$$

$$=\frac{(b^2-a^2+1)^{\frac{3}{2}}}{b^2-a^2}$$

(3)　(〔解答〕と同じ。)

◀解　説▶

≪2次方程式の解の配置，三角形の面積の最小≫

双曲線が与えられているが，この問題の内容としては本質ではない。直線との交点についての議論は，単に2次方程式の解の配置の問題に帰着されるからである。三角形の面積の求め方もいろいろな方法がある。いずれにしても，S の式で b^2-a^2 をひとまとめにして t とおくと，最小値を求めることは容易である。

2

◇発想◇　(1)は，3通りの場合について調べればよいだろう。

(2)では，(1)をどのように使うことができるのかと考えれば

$$x+y=a,\quad x^2+2y^2+2xy=bc$$

かな，と思うだろうが，これは明らかではない。$x+y$ が2つ（か3つの）素数の積かもしれない。これが不適であることをまず示してみよう。

解答　(1)　$2\neq m^2+1$ から　　$m\neq 1$

よって　　$m\geqq 2$

このとき　　$2<m^2+1<m^4+1$

- $a=2$ のとき

  $a<b,\ a<c$ から　　$a^2<bc$

- $a=m^2+1$ のとき

  $$bc-a^2=2(m^4+1)-(m^2+1)^2=(m^2-1)^2>0$$

  よって　　$a^2<bc$

- $a=m^4+1$ のとき

  $a>b,\ a>c$ から　　$a^2>bc$　（不適）

以上から，$a^2<bc$ となる a は

$$a=2,\ m^2+1\quad\cdots\cdots(答)$$

であり，これらに限られる。

(2)　$$(x+y)(x^2+2y^2+2xy)=2(m^2+1)(m^4+1)$$

$$(x+y)\{(x+y)^2+y^2\}=2(m^2+1)(m^4+1)\quad\cdots\cdots①$$

$x+y$ が右辺の3つの素数2，m^2+1，m^4+1 のうちの2個の積なら

$$x+y \geqq 2(m^2+1) \quad \cdots\cdots ②$$

このとき，$(x+y)^2+y^2$ は残りの 1 つに等しいので

$$(x+y)^2+y^2 \leqq m^4+1 \quad \cdots\cdots ③$$

②から

$$(x+y)^2+y^2 \geqq 4(m^2+1)^2+y^2=4(m^4+2m^2+1)+y^2>m^4+1$$

これは③に矛盾する。

また，$(x+y)^2+y^2 \neq 1$ から

$$x+y \neq 2(m^2+1)(m^4+1)$$

したがって，$x+y \geqq 2$ であるから，$x+y$ は 2，m^2+1，m^4+1 のいずれかである。

$x+y=a$ とおくと，$(x+y)\{(x+y)^2+y^2\}=abc$ から

$$bc=(x+y)^2+y^2=a^2+y^2>a^2$$

よって，$a^2<bc$ となり，(1)の結果から

$$a=2,\ m^2+1$$

(i) $a=2$ のとき，①から

$$\begin{cases} x+y=2 & \cdots\cdots ④ \\ (x+y)^2+y^2=(m^2+1)(m^4+1) & \cdots\cdots ⑤ \end{cases}$$

④から　$x=y=1$

となり，⑤から

$$5=(m^2+1)(m^4+1) \geqq (2^2+1)(2^4+1)=5 \cdot 17 \quad (\text{矛盾})$$

(ii) $a=m^2+1$ のとき，①から

$$\begin{cases} x+y=m^2+1 & \cdots\cdots ⑥ \\ (x+y)^2+y^2=2(m^4+1) & \cdots\cdots ⑦ \end{cases}$$

⑥を⑦に代入して

$$(m^2+1)^2+y^2=2(m^4+1)$$

$$y^2=(m^2-1)^2$$

$$y=m^2-1 \quad (>0)$$

このとき，⑥から　$x=2$

(i)，(ii)から

$$x=2,\ y=m^2-1 \quad \cdots\cdots(\text{答})$$

◀解　説▶

≪不定方程式，素数≫

(1)は 3 つの場合をていねいに調べればよい。

(2)では，$x+y\geqq 2$ であるから，$x+y$ が

(ア) 2，m^2+1，m^4+1 のうちのいずれか

(イ) 2，m^2+1，m^4+1 のうちの 2 個の積

(ウ) $2(m^2+1)(m^4+1)$

に等しい場合が考えられる。（このそれぞれに対し x^2+2y^2+2xy は 1 通りに定まる。）

(イ)については，3 通り調べてもよいが，3 通りの 2 個の積の最小のものが $2(m^2+1)$ であることから

$$x+y\geqq 2(m^2+1)$$

残りの 1 個の最大のものが m^4+1 であることから

$$(x+y)^2+y^2\leqq m^4+1$$

から，矛盾を導く。（$x+y$ が最小の積であっても不適となる。）

(ウ)の否定は易しい。これで，(1)が使えることになる。

3

◇発想◇　(1)では，$F(x)$ の増減を調べることから始めよう。$F'(x)$ を計算する。$f''(x)>0$ は，$f'(x)$ が単調増加であることを示している。

(2)では，(1)の結果 $F(x)\geqq 0$ $\left(0\leqq x\leqq \dfrac{\pi}{2}\right)$ の区間をヒントに，積分区間を分割してみよう。(1)の利用が見えてくるはずだ。

(3)は(2)の結果の利用を考えるのは当然か。

解答　(1)　$F(x)=f(x)-f(\pi-x)-f(\pi+x)+f(2\pi-x)\quad(0\leqq x\leqq\pi)$

$$F'(x)=f'(x)+f'(\pi-x)-f'(\pi+x)-f'(2\pi-x)$$
$$=\{f'(x)-f'(\pi+x)\}+\{f'(\pi-x)-f'(2\pi-x)\}$$

$f''(x)>0$（$0\leqq x\leqq 2\pi$）から，$f'(x)$ は単調増加である。よって

$$f'(x)<f'(\pi+x),\ f'(\pi-x)<f'(2\pi-x)\quad(0\leqq x\leqq\pi)$$

となるので

$$F'(x)<0$$

$F(x)$ は単調減少である。

さらに

$$F\left(\frac{\pi}{2}\right)=f\left(\frac{\pi}{2}\right)-f\left(\pi-\frac{\pi}{2}\right)-f\left(\pi+\frac{\pi}{2}\right)+f\left(2\pi-\frac{\pi}{2}\right)$$
$$=\left\{f\left(\frac{\pi}{2}\right)-f\left(\frac{\pi}{2}\right)\right\}-\left\{f\left(\frac{3}{2}\pi\right)-f\left(\frac{3}{2}\pi\right)\right\}$$
$$=0$$

であるから，$0\leqq x\leqq\dfrac{\pi}{2}$ で $F(x)\geqq 0$ である。　　（証明終）

(2)
$$\int_0^{2\pi}f(x)\cos x\,dx=\int_0^{\frac{\pi}{2}}f(x)\cos x\,dx+\int_{\frac{\pi}{2}}^{\pi}f(x)\cos x\,dx$$
$$+\int_{\pi}^{\frac{3}{2}\pi}f(x)\cos x\,dx+\int_{\frac{3}{2}\pi}^{2\pi}f(x)\cos x\,dx\quad\cdots\cdots①$$

ここで，$x=\pi-t$ とおくことにより

$$\int_{\frac{\pi}{2}}^{\pi}f(x)\cos x\,dx=\int_{\frac{\pi}{2}}^{0}f(\pi-t)\cos(\pi-t)(-dt)$$
$$=-\int_0^{\frac{\pi}{2}}f(\pi-t)\cos t\,dt$$

また，$x=\pi+t$ とおくことにより

$$\int_{\pi}^{\frac{3}{2}\pi}f(x)\cos x\,dx=\int_0^{\frac{\pi}{2}}f(\pi+t)\cos(\pi+t)\,dt$$
$$=-\int_0^{\frac{\pi}{2}}f(\pi+t)\cos t\,dt$$

さらに，$x=2\pi-t$ とおくことにより

$$\int_{\frac{3}{2}\pi}^{2\pi}f(x)\cos x\,dx=\int_{\frac{\pi}{2}}^{0}f(2\pi-t)\cos(2\pi-t)(-dt)$$
$$=\int_0^{\frac{\pi}{2}}f(2\pi-t)\cos t\,dt$$

これらと①から

$$\int_0^{2\pi}f(x)\cos x\,dx=\int_0^{\frac{\pi}{2}}f(x)\cos x\,dx-\int_0^{\frac{\pi}{2}}f(\pi-x)\cos x\,dx$$
$$-\int_0^{\frac{\pi}{2}}f(\pi+x)\cos x\,dx+\int_0^{\frac{\pi}{2}}f(2\pi-x)\cos x\,dx$$

$$=\int_0^{\frac{\pi}{2}}\{f(x)-f(\pi-x)-f(\pi+x)+f(2\pi-x)\}\cos x dx$$

$$=\int_0^{\frac{\pi}{2}}F(x)\cos x dx \quad \cdots\cdots②$$

(1)から $0\leqq x\leqq\dfrac{\pi}{2}$ で $F(x)\geqq 0$，また，$0\leqq x\leqq\dfrac{\pi}{2}$ で $\cos x\geqq 0$ だから

$$F(x)\cos x\geqq 0 \quad \left(0\leqq x\leqq\frac{\pi}{2}\right)$$

したがって

$$\int_0^{\frac{\pi}{2}}F(x)\cos x dx\geqq 0$$

が成り立ち，これと②から

$$\int_0^{2\pi}f(x)\cos x dx\geqq 0$$

（証明終）

(3)　$g(x)$ の原始関数の１つを $G(x)$ とおく。

$$\int_0^{2\pi}g(x)\sin x dx=\int_0^{2\pi}G'(x)\sin x dx$$

$$=\Big[G(x)\sin x\Big]_0^{2\pi}-\int_0^{2\pi}G(x)\cos x dx$$

$$=0-\int_0^{2\pi}G(x)\cos x dx$$

$$=\int_0^{2\pi}\{-G(x)\}\cos x dx \quad \cdots\cdots③$$

ここで，関数 $-G(x)$ について，$0\leqq x\leqq 2\pi$ で第２次導関数をもち

$$\{-G(x)\}''=-g'(x)>0$$

を満たしていることから，(1)，(2)の $f(x)$ と同様に

$$\int_0^{2\pi}\{-G(x)\}\cos x dx\geqq 0$$

これと③から

$$\int_0^{2\pi}g(x)\sin x dx\geqq 0$$

（証明終）

◀解　説▶

≪定積分で表された関数，定積分と不等式≫

(2)の積分区間を４つに分けた後，それぞれの区間を $0\leqq t\leqq\dfrac{\pi}{2}$ にすべく，

置換を考えることになる。

例えば，$\int_{\frac{\pi}{2}}^{\pi} f(x)\cos x dx$ において

$$x=\pi-t,\ \ x=\frac{\pi}{2}+t$$

のいずれの置換でも t の範囲は $0 \leqq t \leqq \frac{\pi}{2}$ となるが，(1)の $F(x)$ の式を利用することが目的だから，$F(x)$ に現れる $f(\pi-x)$ を見て，$x=\pi-t$ の置換を選ぶことになる。

4

◇発想◇　4つの頂点の上を2つのコマが移動するのであるが，移動した先に相手のコマがある，つまり，2つのコマが重なったときのみ，勝敗が決まるのであるから，2つのコマの位置関係が本質的な問題であり，それがどの頂点かは，関心の対象外である。

　したがって，2つのコマが正方形の互いに向かい合う頂点にある場合か，隣り合う頂点にある場合について考察しよう。

解答　2つのコマの位置関係について

（状態Ⅰ）正方形の向かい合う2頂点上にある
（状態Ⅱ）正方形の隣り合う2頂点上にある
（状態Ⅲ）正方形の同じ頂点上に重なる

の3つの状態があり，特に（状態Ⅲ）はゲームが終了したときの状態である。ゲームが続いているときは（状態Ⅰ）か（状態Ⅱ）である。

　ちょうど n 回サイコロが振られたとき（$n=0$，1，2，…）（状態Ⅰ）となる確率を a_n，（状態Ⅱ）となる確率を b_n とする。
ただし，$n=0$ はゲーム開始時を意味し，$a_0=1$，$b_0=0$ である。

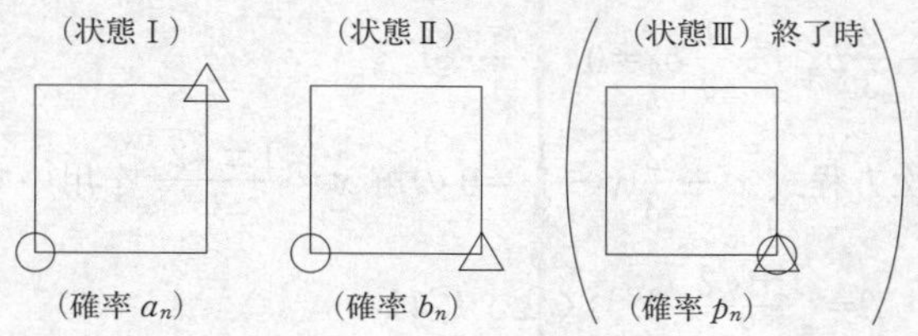

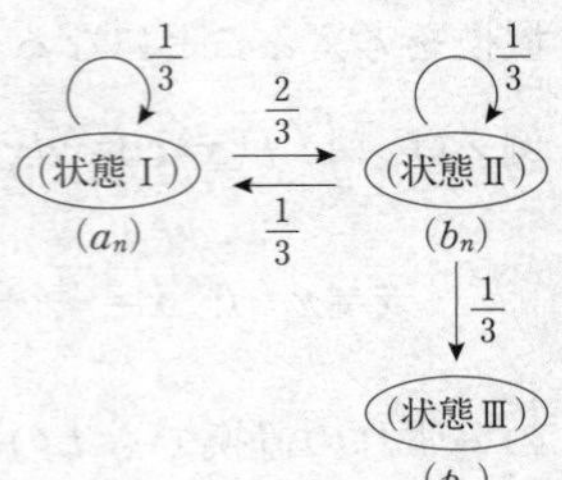

サイコロを1回振ったとき

- 反時計回りに隣の頂点に動かす
- 時計回りに隣の頂点に動かす
- 動かさない

の3通りは，それぞれ確率 $\frac{1}{3}$ であるから，状態間の遷移は右のようになる。

よって，ゲームが終了しないときは

$$\begin{cases} a_{n+1}=\frac{1}{3}a_n+\frac{1}{3}b_n & \cdots\cdots① \\ b_{n+1}=\frac{2}{3}a_n+\frac{1}{3}b_n & \cdots\cdots② \end{cases} \quad (n=0,\ 1,\ 2,\ \cdots)$$

$$a_0=1,\ \ b_0=0 \quad \cdots\cdots③$$

また，n 回目に勝負が決まるなら

$$p_n=\frac{1}{3}b_{n-1} \quad (n=1,\ 2,\ \cdots) \quad \cdots\cdots④$$

である。

(1) ③，①，②から，順に

$$a_1=\frac{1}{3},\ \ b_1=\frac{2}{3},\ \ b_2=\frac{4}{9}$$

となり，④から

$$p_2=\frac{1}{3}b_1=\frac{2}{9},\ \ p_3=\frac{1}{3}b_2=\frac{4}{27} \quad \cdots\cdots(答)$$

(2) ②から $a_n=\frac{3}{2}b_{n+1}-\frac{1}{2}b_n$ となり，①に代入して

$$\frac{3}{2}b_{n+2}-\frac{1}{2}b_{n+1}=\frac{1}{3}\left(\frac{3}{2}b_{n+1}-\frac{1}{2}b_n\right)+\frac{1}{3}b_n$$

よって

$$b_{n+2}-\frac{2}{3}b_{n+1}-\frac{1}{9}b_n=0 \quad \cdots\cdots⑤$$

ここで，2次方程式 $x^2-\frac{2}{3}x-\frac{1}{9}=0$ の解 $x=\frac{1\pm\sqrt{2}}{3}$ を用いて，

$\alpha=\frac{1-\sqrt{2}}{3}$，$\beta=\frac{1+\sqrt{2}}{3}$ とおくと，⑤は

$$b_{n+2}-(\alpha+\beta)b_{n+1}+\alpha\beta b_n=0$$

となり

$$\begin{cases} b_{n+2}-\alpha b_{n+1}=\beta(b_{n+1}-\alpha b_n) \\ b_{n+2}-\beta b_{n+1}=\alpha(b_{n+1}-\beta b_n) \end{cases}$$

よって，数列 $\{b_{n+1}-\alpha b_n\}$，$\{b_{n+1}-\beta b_n\}$ は，それぞれ公比 β，α の等比数列になるから

$$\begin{cases} b_{n+1}-\alpha b_n=\beta^n(b_1-\alpha b_0) \\ b_{n+1}-\beta b_n=\alpha^n(b_1-\beta b_0) \end{cases}$$

すなわち

$$\begin{cases} b_{n+1}-\alpha b_n=\dfrac{2}{3}\beta^n \\ b_{n+1}-\beta b_n=\dfrac{2}{3}\alpha^n \end{cases}$$

辺々引くことにより

$$(\beta-\alpha)b_n=\frac{2}{3}(\beta^n-\alpha^n)$$

$\beta-\alpha=\dfrac{2\sqrt{2}}{3}$ から

$$b_n=\frac{1}{\sqrt{2}}(\beta^n-\alpha^n)$$

したがって，$n\geqq 1$ のとき

$$p_n=\frac{1}{3}b_{n-1}=\frac{1}{3\sqrt{2}}(\beta^{n-1}-\alpha^{n-1})$$

$$=\frac{\sqrt{2}}{6}\left\{\left(\frac{1+\sqrt{2}}{3}\right)^{n-1}-\left(\frac{1-\sqrt{2}}{3}\right)^{n-1}\right\}\quad\cdots\cdots(\text{答})$$

(3)　$$\beta(1-\beta)=\frac{1+\sqrt{2}}{3}\cdot\frac{2-\sqrt{2}}{3}=\frac{(1+\sqrt{2})\cdot\sqrt{2}(\sqrt{2}-1)}{9}=\frac{\sqrt{2}}{9}$$

$$\alpha(1-\alpha)=\frac{1-\sqrt{2}}{3}\cdot\frac{2+\sqrt{2}}{3}=\frac{(1-\sqrt{2})\cdot\sqrt{2}(\sqrt{2}+1)}{9}=-\frac{\sqrt{2}}{9}$$

であることに注意して

$$p_n-p_{n+1}=\frac{\sqrt{2}}{6}\{(\beta^{n-1}-\beta^n)-(\alpha^{n-1}-\alpha^n)\}$$

$$=\frac{\sqrt{2}}{6}\{\beta^{n-2}\cdot\beta(1-\beta)-\alpha^{n-2}\cdot\alpha(1-\alpha)\}$$

$$=\frac{\sqrt{2}}{6}\cdot\frac{\sqrt{2}}{9}(\beta^{n-2}+\alpha^{n-2})$$

$$=\frac{1}{27}(\beta^{n-2}+\alpha^{n-2})>0\quad(n\geqq 2)$$

$(\because\quad \beta>0$ かつ $|\beta|>|\alpha|)$

よって，$n\geqq 2$ で，数列 $\{p_n\}$ は単調減少であり

$$p_{2m}>p_{2m+1}\quad(m\geqq 1)\quad\cdots\cdots⑥$$

また，$b_0=0$ から　　$p_1=0$

(i) $N=2k$（k は正の整数）のとき

$\left[\dfrac{N}{2}\right]=[k]=k,\ \left[\dfrac{N+1}{2}\right]=\left[k+\dfrac{1}{2}\right]=k$ であるから

$$\sum_{m=1}^{\left[\frac{N}{2}\right]}p_{2m}-\sum_{m=1}^{\left[\frac{N+1}{2}\right]}p_{2m-1}=\sum_{m=1}^{k}p_{2m}-\sum_{m=1}^{k}p_{2m-1}=\sum_{m=1}^{k}p_{2m}-\sum_{m=0}^{k-1}p_{2m+1}$$

$$=\sum_{m=1}^{k-1}(p_{2m}-p_{2m+1})+p_{2k}-p_1$$

$$>0\quad(⑥,\ p_{2k}>0,\ p_1=0 \text{ を用いた})$$

(ii) $N=2k+1$（k は正の整数）のとき

$\left[\dfrac{N}{2}\right]=\left[k+\dfrac{1}{2}\right]=k,\ \left[\dfrac{N+1}{2}\right]=[k+1]=k+1$ であるから

$$\sum_{m=1}^{\left[\frac{N}{2}\right]}p_{2m}-\sum_{m=1}^{\left[\frac{N+1}{2}\right]}p_{2m-1}=\sum_{m=1}^{k}p_{2m}-\sum_{m=1}^{k+1}p_{2m-1}=\sum_{m=1}^{k}p_{2m}-\sum_{m=0}^{k}p_{2m+1}$$

$$=\sum_{m=1}^{k}(p_{2m}-p_{2m+1})-p_1$$

$$>0\quad(⑥,\ p_1=0 \text{ を用いた})$$

(i)，(ii)から，2 以上の任意の整数 N に対して

$$\sum_{m=1}^{\left[\frac{N+1}{2}\right]}p_{2m-1}<\sum_{m=1}^{\left[\frac{N}{2}\right]}p_{2m}$$

（証明終）

◀解　説▶

≪確率漸化式，3 項間漸化式の解法，数列の和と不等式≫

正方形の 4 つの頂点 A，B，C，D のどこにコマがあるかを考えるより，2 つのコマの位置関係を考える方が簡明である。ゲームが続く 2 つの状態の確率 a_n，b_n に関する連立漸化式となる。ゲームが終了する状態は，2 つのコマが隣り合う頂点にあるときにサイコロを振ることにより，起こり

得る。

(3)後攻にとって有利であることを示すには，まず，数列 $\{p_n\}$ が $n \geqq 2$ で単調に減少することを示そう。

❖講　評

例年通りの難しさをもった出題であった。典型的な問題は[1]のみで，他の問題はいずれもかなり難しい。

[1]は，双曲線が与えられているものの，直線との交点を考えるので，2 次方程式の解の配置の問題に帰着される。続いて，三角形の面積の最小値を問われるが，面積の式には a，b の 2 つの文字が含まれている。そこで $b^2-a^2=t$ とおけば t だけの関数となる。ここは難しくない。

[2]は，(2)で(1)をどのように使うかがポイント。そのための下準備が必要だ。いろいろな場合をもれなくすべて考えてみなければならない。

[3]は，いわゆる抽象関数の微・積分。定積分で表された不等式を証明する。例年の重厚な微・積分に比べ，計算量は少ないが，論理力，思考力を試す良問である。

[4]は，確率漸化式，さらに不等式の証明と，いずれも式の計算処理が難しい。

全体として，題意の把握，状況の分析，式の処理，抽象的思考と，例年通り，かなりの学力が求められている。単に数学の問題を解く経験を増やすだけでなく，じっくりと考え込む経験も重要である。分野を越えた融合問題ばかりであることにも注意しておこう。

物理

I 解答

(1) $\frac{1}{2}k$

(2) 棒に働く力のつり合いより

$$\frac{1}{2}k(5H-S)+k(5H-S)+k(6H-S)=Mg$$

$$\therefore \quad S=\frac{1}{5}\left(27H-\frac{2Mg}{k}\right) \quad \cdots\cdots(\text{答})$$

(3) 棒について，重心のまわりの力のモーメントのつり合いより

$$\frac{1}{2}k(5H-S)P=k(6H-S)Q$$

上式と(2)の結果より

$$P=\frac{2Mg+3kH}{Mg-kH}Q \quad \cdots\cdots(\text{答})$$

(4) $t_{\mathrm{A}}=\frac{2N_{\mathrm{A}}}{kV}$，$t_{\mathrm{B}}=\frac{2Mg}{kV}$，$t_{\mathrm{C}}=\frac{N_{\mathrm{C}}+kH}{kV}$

(5)―ア

(6) $Vt+\frac{3}{2}H-\frac{2Mg}{k}$

(7) (あ) $4M$　(い) $2Mg$　(う) $\sqrt{\frac{k}{2M}}\left(t-\frac{6Mg}{kV}\right)+\frac{\pi}{2}$　(え) $Vt-H$

(8) 「ブロックAとばね」,「ブロックBとばね」,「ブロックCとばね」,「棒」の $t=0\sim t_{\mathrm{A}}$ での力学的エネルギーの変化をそれぞれ ΔE_{A}，ΔE_{B}，ΔE_{C}，ΔE_{R} とすると

$$\Delta E_{\mathrm{A}}=\frac{1}{2}\left(\frac{1}{2}k\right)(Vt_{\mathrm{A}})^2+\frac{1}{2}MV^2$$

$$\Delta E_{\mathrm{B}}=\frac{1}{2}k(Vt_{\mathrm{B}})^2+2Mg\cdot V(t_{\mathrm{A}}-t_{\mathrm{B}})+\frac{1}{2}\cdot 2MV^2$$

$$\Delta E_{\mathrm{C}}=\frac{1}{2}k(Vt_{\mathrm{A}}-H)^2-\frac{1}{2}kH^2$$

$$\Delta E_{\mathrm{R}}=MgVt_{\mathrm{A}}$$

また　　$Vt_A=V\cdot\dfrac{2N_A}{kV}=\dfrac{6Mg}{k}$，$Vt_B=\dfrac{2Mg}{k}$

以上より，求める仕事を W とすると

$$W=\varDelta E_A+\varDelta E_B+\varDelta E_C+\varDelta E_R$$

$$=43\frac{(Mg)^2}{k}+\frac{3}{2}MV^2-6MgH \quad \cdots\cdots(答)$$

(9)　(お) $\sqrt{\dfrac{k}{2M}}$　(か)—イ

◀解　説▶

≪フックの法則，力のモーメント，ばね振り子，力学的エネルギー保存≫

以下の解説において，ブロック A，B，C に取りつけられたばねを，それぞればね A（2 つのばね），ばね B，ばね C と記す。

▶(1)　ばね A の伸びは個々のばねの伸びの 2 倍であり，ばね A を伸ばすときに両端に加える力の大きさは，個々のばねに加わる力の大きさに等しい。したがってフックの法則より，ばね A のばね定数は $\dfrac{1}{2}k$ である。

▶(2)　各ばねの縮みは「自然長－(図 1 での長さ)」であるから

ばねA：$2\times2H-(S-H)=5H-S$

ばねB：$2H-(S-3H)=5H-S$

ばねC：$2H-(S-4H)=6H-S$

▶(3)　力のモーメントを計算する際の回転軸（中心）の位置は任意に設定できるが，本問の場合は重心に置くと計算量がやや少なくなる。

▶(4)　ブロック A：$t=0$ において，ばね A の長さは $(3H+2H)-H=4H$ であり，自然長になっている。したがって，$t=t_A$ におけるばね A の伸びは Vt_A で，弾性力が N_A のとき離れるので

$$N_A=\frac{1}{2}kVt_A \qquad \therefore\quad t_A=\frac{2N_A}{kV}$$

ブロック B：$t=t_B$ におけるばね B の伸びは Vt_B で，離れるときの床からの垂直抗力は 0 だから，弾性力がブロック B に働く重力と等しい。

$$kVt_B=2Mg \qquad \therefore\quad t_B=\frac{2Mg}{kV}$$

ブロック C：$t=0$ において，ばね C の長さは $(3H+2H)-4H=H$ であり，$2H-H=H$ だけ縮んでいる。したがって，$t=t_C$ におけるばね C の

伸びは Vt_C-H であり，弾性力が N_C のとき離れるので

$$N_C=k(Vt_C-H) \qquad \therefore \quad t_C=\frac{N_C+kH}{kV}$$

▶(5)　N_A はブロック A に働く重力と接着力の最大値の和であるので

$N_A>Mg$

であり，(4)の結果より　　$t_A>t_B$

▶(6)　$t=t_B$ では $z=\frac{3}{2}H$ で，その後，ブロック B は等速 V で上昇するから，(4)で求めた t_B を使って

$$z=\frac{3}{2}H+V(t-t_B)=\frac{3}{2}H+V\left(t-\frac{2Mg}{kV}\right)$$

$$=Vt+\frac{3}{2}H-\frac{2Mg}{k}$$

▶(7)　時刻 t において，ばね A，B，C から棒に働く力の大きさをそれぞれ F_A，F_B，F_C とする。

F_A について：題意より，$t=t_A$ においてブロック A の速度は棒と同じとしてよいので，このときブロック A は棒に対して下方に最大変位の状態であり，$t \geqq t_A$ においてブロック A は棒に対して単振動をする。棒は等速直線運動をしているから，単振動の中心（つり合いの位置）のばね A の伸びを l_0 とすると

$$\frac{1}{2}kl_0=Mg \qquad \therefore \quad l_0=\frac{2Mg}{k}$$

また，$t=t_A$ におけるばね A の伸びは，(4)の結果に，N_A の値を代入すると

$$Vt_A=V\cdot\frac{2N_A}{kV}=\frac{6Mg}{k}$$

である。したがって，単振動の振幅を a とすると

$$a=Vt_A-l_0=\frac{6Mg}{k}-\frac{2Mg}{k}=\frac{4Mg}{k}$$

単振動の角振動数を ω とし，時刻 t でのばね A の伸びを l とすると

$$l=l_0+a\cos\omega(t-t_A)=l_0+a\sin\left\{\omega(t-t_A)+\frac{\pi}{2}\right\}$$

ここで，$\omega=\sqrt{\dfrac{\frac{1}{2}k}{M}}=\sqrt{\dfrac{k}{2M}}$ であるから

$$F_{\mathrm{A}}=\frac{1}{2}kl=\frac{1}{2}k\left[l_0+a\sin\left\{\omega(t-t_{\mathrm{A}})+\frac{\pi}{2}\right\}\right]$$

$$=Mg+2Mg\sin\left\{\sqrt{\frac{k}{2M}}\left(t-\frac{6Mg}{kV}\right)+\frac{\pi}{2}\right\}$$

F_{B} について：ブロック B は等速で移動しているから

$$F_{\mathrm{B}}=2Mg$$

F_{C} について：ばね C の長さは $t=0$ で H（〔解説〕(4)）だから，時刻 t におけるばね C の長さは $Vt+H$ であり，そのときのばね C の伸びは $(Vt+H)-2H=Vt-H$ である。

したがって　　$F_{\mathrm{C}}=k(Vt-H)$

以上より，求める力の大きさを F とすると

$$F=F_{\mathrm{A}}+F_{\mathrm{B}}+F_{\mathrm{C}}+Mg$$

$$=4Mg+2Mg\sin\left\{\sqrt{\frac{k}{2M}}\left(t-\frac{6Mg}{kV}\right)+\frac{\pi}{2}\right\}+k(Vt-H)$$

▶(8)　$t=t_{\mathrm{A}}$ の瞬間にブロック A が運動エネルギーをもつという設定なので，そのエネルギーも，求める仕事によって与えられたと考えてよい。

▶(9)　ブロック B の振動数はブロック A の振動数に等しい（〔解説〕(7)の ω を参照）から，$t\geqq t_{\mathrm{A}}$ において，ブロック B はブロック A からの振動に共振し続け，振幅が増大する。ブロック C の振動数はブロック A，ブロック B の振動数とは大きく異なるので，$t\geqq t_{\mathrm{C}}$ においてブロック B はブロック C の振動からは大きな影響を受けない。よって，ブロック B の床面からの高さはイのようになる。

II　**解答**

(1)　電流の大きさ：$\dfrac{E}{2R}$　受ける力の大きさ：$\dfrac{EBd}{R}$

おもりの質量：$M=\dfrac{EBd}{gR}$

(2)　辺 PC を流れる電流の大きさ：$\dfrac{vBd}{2R}$

辺 PD を流れる電流の大きさ：$\dfrac{vBd}{2R}$ 電流の向き：ア

(3) $\dfrac{(vBd)^2}{R}$ (4) $v_0=\dfrac{E}{Bd}$

(5) 磁場から受ける力：(N 極) $m\dfrac{B}{\mu}$ (S 極) $-m\dfrac{B}{\mu}$

棒磁石の質量：$M_1=\dfrac{EBd}{gR}$

(6) $K_0=\dfrac{\mu EBd}{mlR}$ (7) $\dfrac{E^3}{gRBd}$

◀解 説▶

≪磁場中を動く正方形コイル，電磁力，電磁誘導，棒磁石に働く磁気力≫

▶(1) 正方形コイルの一辺を流れる電流の大きさを I とすると，抵抗を流れる電流は $2I$ となるから

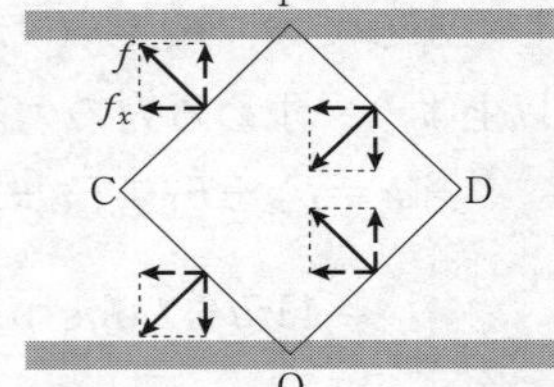

$$E=R(2I) \qquad \therefore \quad I=\frac{E}{2R}$$

右図のように，辺 PC $\left(\text{長さ}\dfrac{d}{\sqrt{2}}\right)$ が磁場から受ける電磁力の大きさを f，電磁力の x 成分の大きさを f_x とすると

$$f=IB\cdot\frac{d}{\sqrt{2}}$$

であり $f_x=\dfrac{f}{\sqrt{2}}=\dfrac{1}{2}IBd$

他の辺でも電磁力の x 成分の大きさ・向きは同じで，y 成分は全体では打ち消されるので，正方形コイル全体が受ける力の大きさを F とすると

$$F=4\times f_x=2IBd=\frac{EBd}{R}$$

正方形コイルに働く力のつり合いより

$$\frac{EBd}{R}=Mg \qquad \therefore \quad M=\frac{EBd}{gR}$$

(注) 正方形コイルに働く電磁力の和は，正方形コイルの代わりに「導体棒 PQ」を置いた場合に導体棒に働く電磁力と同じである。

▶(2) 閉回路 PS_2QCP の面積の変化率（1 秒間あたりの変化量）は vd

だから，この閉回路を貫く磁束の変化率は $B\times vd$（上向きに貫く磁束が増加）。ファラデーの電磁誘導の法則により，この閉回路に生じる誘導起電力は vBd で P → C の向きに電流を発生させている──誘導起電力は P-C-Q の部分に生じている。閉回路 PS_2QDP についても同様で，これを回路図で表すと右図の通りで，vBd の起電力が 2 つ並列に接続されていることになる。各辺を流れる電流の大きさを I' とすると

P, vBd, vBd, R, Q

$$vBd=R(2I')$$

$$\therefore\quad I'=\frac{vBd}{2R}$$

（注）　正方形コイルの PQ 間に生じる誘導起電力の大きさは，正方形コイルを「導体棒 PQ」に置き換えた場合に生じる誘導起電力の大きさと同じである。

▶(3)　求める消費電力を P とすると

$$P=R(2I')^2=R\left(\frac{vBd}{R}\right)^2=\frac{(vBd)^2}{R}$$

▶(4)　正方形コイルに働く電磁力の大きさはおもりに働く重力の大きさと等しいので，流れる電流は(1)の電流と等しい。したがって，正方形コイルに発生している誘導起電力の大きさは(1)での電池の起電力 E に等しい。

$$v_0Bd=E\qquad\therefore\quad v_0=\frac{E}{Bd}$$

▶(5)　$K=0$ の磁場とは，(1)～(4)と同様に $B_1=B$ の一様な磁場である。したがって，棒磁石の両磁極が磁場から受ける力は，大きさが等しく向きは，N 極（$+m$）では $+z$ の向き，S 極（$-m$）では $-z$ の向きである。これらの力の大きさを F_m とすると

$$F_m=m\frac{B}{\mu}$$

棒磁石全体に働く磁気力は打ち消し合っているので，正方形コイルに働く電磁力の大きさと棒磁石に働く重力の大きさは等しい。これは(1)の状況と同等なので

$$M_1=M=\frac{EBd}{gR}$$

▶(6)　正方形コイルが停止しているなら，誘導起電力は 0 で回路には電流

が流れず電磁力も働いていない。したがって糸の張力は 0 なので，棒磁石に働く重力と磁極に働く磁気力の和がつり合っている。S 極の位置での磁束密度を B_0 とすると，N 極の位置での磁束密度は B_0+K_0l であるから

$$m\frac{B_0+K_0l}{\mu}-m\frac{B_0}{\mu}=M_1g$$

上式より

$$K_0=\frac{\mu M_1g}{ml}=\frac{\mu}{ml}\cdot\frac{EBd}{gR}g=\frac{\mu EBd}{mlR}$$

▶(7)　$t\geqq t_1$ においては，正方形コイルに働く電磁力のする負の仕事によって正方形コイルと棒磁石の運動エネルギーが奪われていき，そのエネルギーが電気抵抗器から生じるジュール熱として放出されていく。したがって，求めるエネルギーを Q とすると，$M_1=M$，$v_1=v_0$ であるので

$$Q=\frac{1}{2}Mv_1{}^2+\frac{1}{2}M_1v_1{}^2=\frac{1}{2}\cdot 2Mv_0{}^2=\frac{EBd}{gR}\cdot\left(\frac{E}{Bd}\right)^2$$

$$=\frac{E^3}{gRBd}$$

なお，このとき棒磁石に働く重力は正の仕事をし，棒磁石に働く磁気力が負の仕事をしている。棒磁石の重力の位置エネルギーの減少が磁気力の位置エネルギーの増加に等しい。（よって，棒磁石の運動エネルギーの減少は電磁力の負の仕事による。）

III　解答

(1)　(あ) $\dfrac{2\pi d}{\lambda}$　(い) $\dfrac{d}{n}$　(う) $\dfrac{2d}{2m+1}$　(え) $d\cos\phi$

(お)―コ　(か)―キ

(2)　(き) $\dfrac{1}{\sqrt{5}}q$　(く) $\dfrac{2}{\sqrt{5}}q$　(け) $\dfrac{3}{\sqrt{5}}q$

(こ)　$|\mathrm{MB}-\mathrm{MD}|:|\mathrm{MB}-\mathrm{MA}|:|\mathrm{MB}-\mathrm{MC}|=1:2:3$ なので，$|\mathrm{MB}-\mathrm{MD}|=n\lambda$ であれば，M において波源 A，B，C，D からの波はすべて同位相である。したがって

$$|\mathrm{MB}-\mathrm{MD}|\fallingdotseq\frac{1}{\sqrt{5}}q=n\lambda$$

$$\therefore\quad \lambda=\frac{q}{\sqrt{5}\,n}\quad\cdots\cdots(\text{答})$$

(さ)　図 4 において，図 3 の A，B，C，D に対応する点をそれぞれ A′，B′，C′，D′ とすると

$$|\mathrm{MB'}-\mathrm{MD'}|:|\mathrm{MB'}-\mathrm{MA'}|:|\mathrm{MB'}-\mathrm{MC'}|=1:4:5$$

であり，$|\mathrm{MB'}-\mathrm{MD'}|=n\lambda$ であれば，M においてすべての波源からの波は同位相になっている。したがって

$$|\mathrm{MB'}-\mathrm{MD'}|=\frac{s}{\sqrt{17}}=n\lambda$$

$$\therefore\quad \lambda=\frac{s}{\sqrt{17}\,n}\quad \cdots\cdots(答)$$

(し)—エ

◀解　説▶

≪正方形の頂点・碁盤縞の交点に配置された波源から出た波の干渉≫

観測地点から 2 つの波源までの距離の差を経路差と呼ぶことにする。

▶(1)　(あ)　波の伝わる速さを v とすると，波源 B から A まで伝わる時間は $\dfrac{d}{v}$ なので，求める変位は

$$H\sin\left\{\frac{2\pi}{T}\left(t-\frac{d}{v}\right)+\theta\right\}=H\sin\left(\frac{2\pi}{T}t+\theta-\frac{2\pi d}{vT}\right)$$

$vT=\lambda$ を代入すると，求める変位は

$$H\sin\left(\frac{2\pi}{T}t+\theta-\frac{2\pi d}{\lambda}\right)$$

(い)　この場合，波源 A，B の経路差は $|\mathrm{OA}-\mathrm{OB}|=d$ であるから，強め合う条件（同位相で重ね合わさる条件）は

$$d=n\lambda\qquad \therefore\quad \lambda=\frac{d}{n}$$

(う)　波源 A，B は逆位相であるから，強め合う条件は

$$|\mathrm{OA}-\mathrm{OB}|=d=(2m+1)\frac{\lambda}{2}\qquad \therefore\quad \lambda=\frac{2d}{2m+1}$$

(え)　$|\mathrm{MA}-\mathrm{MB}|$ は右図の Δl で近似されるから，強め合う条件は

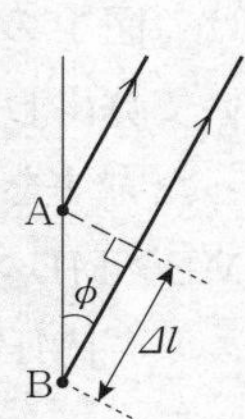

$$|\mathrm{MA}-\mathrm{MB}|=\Delta l=d\cos\phi$$

(お)　波源 A，B は逆位相であるから，強め合う条件は

$$d\cos\phi=(2a+1)\frac{\lambda}{2}=\frac{2a+1}{2}\cdot\frac{2d}{2m+1}$$

$$=\frac{2a+1}{2m+1}d$$

$$\therefore\quad (2m+1)\cos\phi=2a+1$$

(か)　(お)の結果に $m=1$ を代入し，$\cos\phi\leqq 1$ だから

$$\cos\phi=\frac{2a+1}{3}\leqq 1\qquad \therefore\quad a=0,\ 1$$

$a=1$ では $\phi=0$ だから，該当するのは $a=0$ であり

$$\cos\phi=\frac{1}{3}\fallingdotseq 0.33$$

$\cos\phi$ は $0\leqq\phi\leqq\dfrac{\pi}{2}$ では右図のように変化し

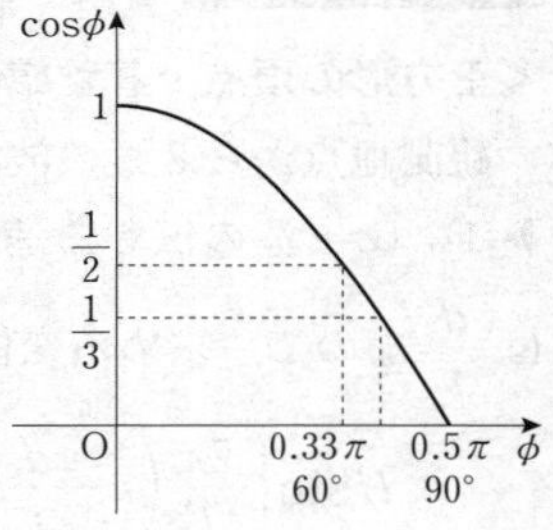

$$\cos\frac{\pi}{3}=\cos(0.33\pi)=\frac{1}{2}$$

$$\cos\frac{\pi}{2}=\cos(0.5\pi)=0$$

であるから，$0.33\pi<\phi<0.5\pi$ であり，解答群中のキ：$\phi=0.39\pi$ が求める値であると推定できる。

▶(2)　$\tan\phi=\dfrac{1}{2}$ の場合，$\sin\phi=\dfrac{1}{\sqrt{5}}$，$\cos\phi=\dfrac{2}{\sqrt{5}}$ である。

(き)　図 i の BE が求める経路差であり

$$|\mathrm{MB}-\mathrm{MD}|\fallingdotseq \mathrm{BE}=q\sin\phi=\frac{1}{\sqrt{5}}q$$

(く)　図 i の BF が求める経路差であり

$$|\mathrm{MB}-\mathrm{MA}|\fallingdotseq \mathrm{BF}=q\cos\phi=\frac{2}{\sqrt{5}}q$$

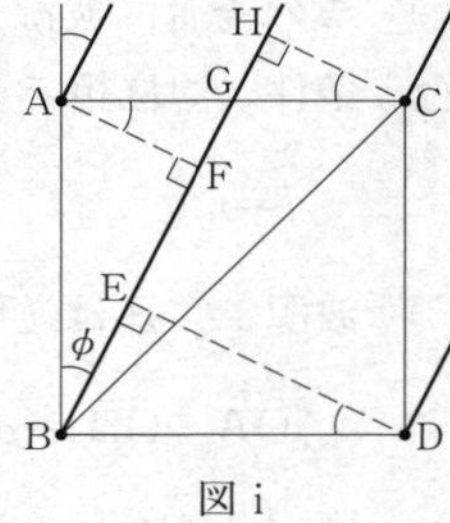

図 i

(け)　図 i の BH が求める経路差であり，図に基づいて算出してもよいが，ここでは(き)・(く)の結果を使った方法を示そう。

MB＞MD＞MA＞MC，また $|\mathrm{MA}-\mathrm{MC}|=|\mathrm{MB}-\mathrm{MD}|$ だから

$$|\mathrm{MB}-\mathrm{MC}|\fallingdotseq|\mathrm{MB}-\mathrm{MA}|+|\mathrm{MA}-\mathrm{MC}|$$

$$\fallingdotseq|\mathrm{MB}-\mathrm{MA}|+|\mathrm{MB}-\mathrm{MD}|$$

$$\fallingdotseq \frac{2}{\sqrt{5}}q+\frac{1}{\sqrt{5}}q=\frac{3}{\sqrt{5}}q$$

(こ)　合成波を構成している各波源からの波が，M においてすべて同位相になっているとき，M で水面の振幅が最大になる。

$|\mathrm{MB}-\mathrm{MD}|=n\lambda$ のとき，$|\mathrm{MB}-\mathrm{MA}|=2n\lambda$，$|\mathrm{MB}-\mathrm{MC}|=3n\lambda$ であるから，波源 B，D からの波が M で同位相であれば，波源 A〜D からの波は M ですべて同位相である。

(さ)　$\tan\phi=\frac{1}{4}$ のとき $\sin\phi=\frac{1}{\sqrt{17}}$，$\cos\phi=\frac{4}{\sqrt{17}}$ より

$$|\mathrm{MB'}-\mathrm{MD'}|=s\sin\phi=\frac{s}{\sqrt{17}}$$

$$|\mathrm{MB'}-\mathrm{MA'}|=s\cos\phi=\frac{4s}{\sqrt{17}}$$

$$|\mathrm{MB'}-\mathrm{MC'}|=\sqrt{2}\,s\sin\left(\phi+\frac{\pi}{4}\right)=\frac{5s}{\sqrt{17}}$$

(し)　図 ii の A′，B′，C′，D′，P で B′，C′ からの波が強め合う条件は，(さ)より

$$|\mathrm{MB'}-\mathrm{MC'}|=5n\lambda\quad(n=1,\ 2,\ 3,\ \cdots)$$

このとき，B′，P からの波の経路差は，図 ii より

$$|\mathrm{MB'}-\mathrm{MP}|=\frac{1}{2}|\mathrm{MB'}-\mathrm{MC'}|=\frac{5}{2}n\lambda$$

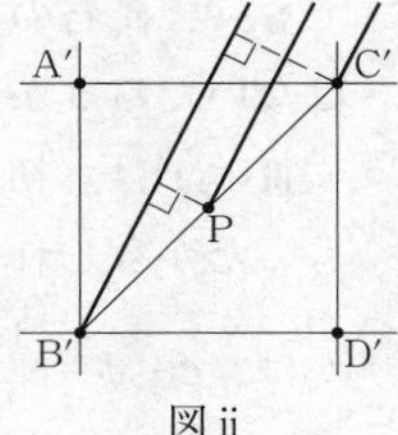

図 ii

よって，B′，P からの波が強め合う条件は

$$n=2,\ 4,\ 6,\ 8,\ 10,\ \cdots$$

❖講　評

2020 年度も例年同様，基本事項の確実な理解を確かめる設問と，理解の深さを見る設問で構成されている。問題文での丁寧な説明・誘導がなされているが，状況設定の複雑さや内容的な程度の高さから簡単には解けない設問もある。2020 年度は 2015 年度以降と同様に，解答過程の記述が要求されない設問や空所補充形式の問題が多く出題された。なお，2020 年度は 2019 年度と同様，2018 年度に出題された描図問題は出題されず，論述問題も出題されなかった。2020 年度の難度は，全体的に見て入試問題としてもやや高かったといえる。

Ⅰ　(1)～(3)は基本問題だが，(2)は簡単に即答はできない。(4)・(5)は状況設定をよく理解していないと混乱したかもしれない。(6)は特に難しくはない。(7)はブロック A の動きを捉えるところがやや難しい。(8)は仕事とエネルギーの関係で捉えれば解答の方針は定まるが，実際の計算に際しては，かなり緻密な状況把握が要求されている上に計算量も多い。(9)は慌てず慎重に取り組めば特に難しくはない。全体としては，入試問題としてもかなり難度が高い。

Ⅱ　(1)・(2)は，動く部分が導体棒でなく正方形コイルである点で難度を上げている。〔解説〕の（注）で述べたように，結局は導体棒に置き換えればよく，そうなれば頻出の問題となる。(3)は(2)が解けていれば基本的である。(4)は内容的には頻出の問題といえる。(5)は $\varDelta B_1=K\varDelta z$ の物理的な意味が理解できていれば，そして(1)との類似性に気がついたなら難しくはない。(6)は，多くの受験生が，状況設定を正しく把握するのにてこずったと思われる。(7)は，エネルギー保存則の適用には気がついても，棒磁石の重力の位置エネルギーの扱いを誤った例が多かったのではないだろうか。全体としては入試問題としてもやや難度が高い。

Ⅲ　(1)は，初期位相 θ が入っただけで「難しそう」と感じた受験生もいたかもしれないが，(あ)～(お)は基本事項の応用であり難しくはない。(か)は，$\cos\phi=\dfrac{1}{3}$ を導くまではできても，ϕ の値を推測する段階で戸惑ったケースが多かっただろう。(2)(き)～(け)は物理的な内容としては基本問題だが，(け)の算出は比較的難しい。(こ)～(し)は，２波源での近似手法を４波源，多波源へと思い切って応用していく力が問われていて難度が高い。全体としては入試問題としてもやや難度が高い。

試験時間は単純計算で大問１題当たり 25 分であり，全問を完璧に解答するのは難しかったのではないだろうか。

化学

I 解答

(1)　ア．2　イ．SiO_2　ウ．8　エ．半導体

(2)　$SiO_2 + Na_2CO_3 \longrightarrow Na_2SiO_3 + CO_2$

(3)―(B)・(C)

(4)　$r = \dfrac{\sqrt{3}}{8}a$

(5)　$\dfrac{8M}{a^3 N_A}$〔g/cm^3〕

(6)　$N_A = 6.03 \times 10^{23}$〔/mol〕

◀解　説▶

≪ケイ素の単体と化合物の性質，ケイ素の結晶格子，モルの新しい定義≫

▶(1)　ア．地殻中に含まれる元素の存在率をクラーク数といい，大きい順に酸素，ケイ素，アルミニウム，鉄である。

イ．ケイ素の単体は自然界に存在せず，二酸化ケイ素やケイ酸ナトリウムなどのケイ酸塩として存在する。

ウ．図1の結晶格子で，原子は面心立方格子の位置と，$\dfrac{1}{8}$ 小立方体の中心に1つおきに存在する。単位格子中に含まれる原子数は

$$\frac{1}{2} \times 6 + \frac{1}{8} \times 8 + 4 = 8 \text{ 個}$$

エ．ケイ素は半導体なので，電子材料として使われている。

▶(2)　二酸化ケイ素と炭酸ナトリウムを混合して加熱すると，ケイ酸ナトリウムを生じる。

$$SiO_2 + Na_2CO_3 \longrightarrow Na_2SiO_3 + CO_2$$

▶(3)　1 mol の定義を $6.02214076 \times 10^{23}$ 個の構成粒子の集まりと考えたとき，(A)～(D)に誤りがあるかどうかを考える。

(A)　正文。モルの定義が新しくなっても，水素の相対質量は 1.0078 で 1 より大きい値である。

(B)　誤文。原子量は質量数の異なる同位体の相対質量に存在比をかけた値

の和で求められるので，相対質量とは等しくない。

(C)　誤文。これは旧定義にあてはまる。

(D)　正文。国際キログラム原器の重さが変化すると，0.012kg の炭素原子の粒子数に誤差が生じるので，アボガドロ定数も変化してしまう恐れがあった。

▶(4)　単位格子の $\frac{1}{8}$ 小立方体の対角線に注目する。

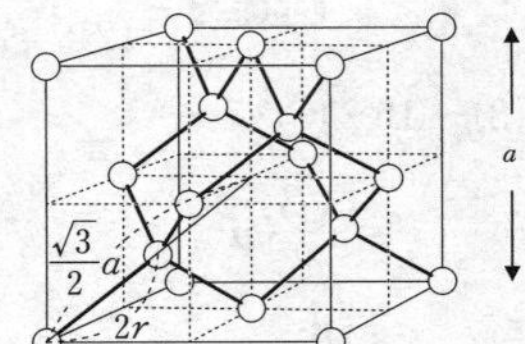

$$\frac{\sqrt{3}}{2}a=4r$$

$$\therefore\quad r=\frac{\sqrt{3}}{8}a$$

▶(5)　密度を単位格子単位で考える。単位格子中に原子8個が含まれるので

$$\frac{\text{単位格子の質量 (g)}}{\text{単位格子の体積 (cm}^3)}=\frac{\frac{M}{N_A}\times 8}{a^3}=\frac{8M}{a^3N_A}\text{[g/cm}^3]$$

▶(6)　(5)の結果を用いてアボガドロ定数を求める。

$$\frac{1.00\times10^3}{429}=\frac{8\times28.1}{(5.43\times10^{-8})^3N_A}$$

$$\therefore\quad N_A=6.027\times10^{23}\fallingdotseq6.03\times10^{23}\text{[/mol]}$$

II 解答

問1．(1)　$KClO_3$：+5　Cl_2：0　KCl：−1

(2)　$3Cl_2+6KOH \longrightarrow 5KCl+KClO_3+3H_2O$

(3)　K(固)$+\frac{1}{2}Cl_2$(気)$+\frac{3}{2}O_2$(気)$=KClO_3$(固)$+397.7$kJ

(4)　6.4kJ

問2．(1)　ア．$k_1[M^+]_t[L]_t-k_{-1}[ML^+]_t$　イ．$x+[L]_{eq}$

ウ．$-x+[ML^+]_{eq}$　エ．$\frac{k_1}{K}$　オ．k_1　カ．$k_1\left([M^+]_{eq}+[L]_{eq}+\frac{1}{K}\right)$

(2)　3×10^4 L/(mol·s)

◀解　説▶

≪酸化還元，熱化学，反応速度，平衡定数≫

◆問１．▶(1)　化合物中 K は $+1$，O は -2 の酸化数をとるため，Cl の酸化数が決まる。

▶(2)　この反応では Cl_2 が酸化剤としても，還元剤としてもはたらく。酸化剤の場合のイオン反応式は

$$Cl_2+2e^- \longrightarrow 2Cl^- \quad \cdots\cdots ①$$

還元剤の場合のイオン反応式は

$$Cl_2+6H_2O \longrightarrow 2ClO_3^-+12H^++10e^- \quad \cdots\cdots ②$$

①×5＋②より

$$3Cl_2+3H_2O \longrightarrow ClO_3^-+5Cl^-+6H^+$$

上式の両辺に $6K^+$，$6OH^-$ を加えると

$$3Cl_2+6KOH \longrightarrow 5KCl+KClO_3+3H_2O$$

▶(3)　$KClO_3$(固)の生成熱を a〔kJ/mol〕とし，（Ⅰ）式に対して

(反応熱)＝(生成物の生成熱の総和)－(反応物の生成熱の総和)

……（＊）

を適用する。

$$39.0=436.7+0-a \qquad \therefore \quad a=397.7\text{〔kJ/mol〕}$$

$$\text{K(固)}+\frac{1}{2}Cl_2\text{(気)}+\frac{3}{2}O_2\text{(気)}=KClO_3\text{(固)}+397.7\,\text{kJ}$$

▶(4)　(3)と同様に，（Ⅱ）式に対して（＊）の関係式を適用する。

$$Q=397.7+411.2-(365.8+436.7)$$

$$\therefore \quad Q=6.4\text{〔kJ〕}$$

◆問２．▶(1)　ア．正反応の反応速度を v_1，逆反応の反応速度を v_{-1} とすると，題意より，時間 t〔s〕後の各反応速度は

$$v_1=k_1[M^+]_t[L]_t$$

$$v_{-1}=k_{-1}[ML^+]_t$$

（Ⅲ）式の見かけの右向きの反応速度は

$$-\frac{d[M^+]_t}{dt}=v_1-v_{-1}$$

$$=k_1[M^+]_t[L]_t-k_{-1}[ML^+]_t$$

イ・ウ．時間 t〔s〕から平衡状態までの各物質の濃度の変化量は

$$\mathrm{M^+} + \mathrm{L} \rightleftarrows \mathrm{ML^+}$$
$$-x \quad -x \qquad +x \quad \text{〔mol/L〕}$$

$\mathrm{M^+}$ の濃度の増減に注目すると

$$[\mathrm{M^+}]_t - [\mathrm{M^+}]_{eq} = x$$
$$\therefore \quad [\mathrm{M^+}]_t = x + [\mathrm{M^+}]_{eq}$$

となるので，L，$\mathrm{ML^+}$ についても同様に考えると

$$[\mathrm{L}]_t - [\mathrm{L}]_{eq} = x$$
$$\therefore \quad [\mathrm{L}]_t = x + [\mathrm{L}]_{eq}$$
$$[\mathrm{ML^+}]_t - [\mathrm{ML^+}]_{eq} = -x$$
$$\therefore \quad [\mathrm{ML^+}]_t = -x + [\mathrm{ML^+}]_{eq}$$

エ．平衡状態において $v_1 = v_2$ なので

$$k_1[\mathrm{M^+}]_{eq}[\mathrm{L}]_{eq} = k_{-1}[\mathrm{ML^+}]_{eq} \quad \cdots\cdots \ (**)$$

また，$K = \dfrac{[\mathrm{ML^+}]_{eq}}{[\mathrm{M^+}]_{eq}[\mathrm{L}]_{eq}}$ なので，$K = \dfrac{k_1}{k_{-1}}$ より

$$k_{-1} = \frac{k_1}{K}$$

オ・カ．$-\dfrac{dx}{dt} = -\dfrac{d}{dt}[\mathrm{M^+}]_t$

$$\begin{aligned}
&= k_1[\mathrm{M^+}]_t[\mathrm{L}]_t - k_{-1}[\mathrm{ML^+}]_t \\
&= k_1(x + [\mathrm{M^+}]_{eq})(x + [\mathrm{L}]_{eq}) - k_{-1}(-x + [\mathrm{ML^+}]_{eq}) \\
&= k_1x^2 + \{k_1([\mathrm{M^+}]_{eq} + [\mathrm{L}]_{eq}) + k_{-1}\}x \\
&\qquad + (k_1[\mathrm{M^+}]_{eq}[\mathrm{L}]_{eq} - k_{-1}[\mathrm{ML^+}]_{eq})
\end{aligned}$$

ここで，（＊＊）より，右辺の第 3 項（x 0 次の定数項）は 0 であるので

$$\begin{aligned}
-\frac{dx}{dt} &= k_1x^2 + \{k_1([\mathrm{M^+}]_{eq} + [\mathrm{L}]_{eq}) + k_{-1}\}x \\
&= k_1x^2 + \left(k_1[\mathrm{M^+}]_{eq} + k_1[\mathrm{L}]_{eq} + \frac{k_1}{K}\right)x
\end{aligned}$$

▶(2)　（Ⅵ）式を用いる。

$$\begin{aligned}
\tau^{-1} &= k_1[\mathrm{M^+}]_{eq} + k_1[\mathrm{L}]_{eq} + \frac{k_1}{K} \\
&= k_1([\mathrm{M^+}]_{eq} + [\mathrm{L}]_{eq}) + \frac{k_1}{K}
\end{aligned}$$

$C_M \fallingdotseq [M^+]_{eq} \gg [L]_{eq}$ より

$$\tau^{-1} \fallingdotseq k_1 \times C_M + \frac{k_1}{K}$$

上式に $\tau = 2.0\times10^{-2}$〔s〕, $C_M = 1.4\times10^{-3}$〔mol/L〕, $K = 6.0\times10^{3}$〔L/mol〕を代入すると

$$\frac{1}{2.0\times10^{-2}} = k_1 \times 1.4\times10^{-3} + \frac{k_1}{6.0\times10^{3}}$$

$$\therefore \quad k_1 = 3.19\times10^{4} \fallingdotseq 3\times10^{4}\text{〔L/(mol·s)〕}$$

Ⅲ **解答** (1)―(ア)・(イ)・(オ)

(2) ア．K_1K_2　イ．$K\times\frac{[H_2S]}{[H^+]^2}$　ウ．2.6　エ．小さ

(3) (i) **A**：CuS　**B**：$Fe(OH)_3$　**C**：MnS

(ii) Fe^{2+} を酸化して Fe^{3+} に戻す役割。(20 字以内)

(iii) 緩衝液　(iv) 黄緑

(4) オ．正　カ．負　キ．小さ　ク．2

(5)―(イ)・(オ)

◀解　説▶

≪11 族元素の性質，硫化水素の電離平衡，溶解度積，陽イオン分析，銅の電解精錬，光と化学反応≫

▶(1) (ア) 誤文。Au は遷移元素である。

(イ) 誤文。Ag，Cu は酸化力のある熱濃硫酸や硝酸に溶けるので，王水にも溶ける。

(ウ) 正文。Cu，Ag はどちらも 11 族元素で，Cu は最外殻が N 殻，Ag は最外殻が O 殻なので，Ag 原子の原子半径は Cu 原子の原子半径よりも大きい。

(エ) 正文。全金属元素のうち，Au の展性が最も大きい。

(オ) 誤文。原子番号は Ag が 47，Au が 79 なので，その差は

$$79-47=32$$

である。

▶(2) ア．（Ⅲ）式は（Ⅰ）式と（Ⅱ）式の和で求められるが，（Ⅲ）式の

電離定数は（Ⅰ）式の電離定数と（Ⅱ）式の電離定数の積で表される。

$$K_1=\frac{[H^+][HS^-]}{[H_2S]},\ K_2=\frac{[H^+][S^{2-}]}{[HS^-]}$$

$$K=K_1\times K_2=\frac{[H^+][HS^-]}{[H_2S]}\times\frac{[H^+][S^{2-}]}{[HS^-]}$$

$$=\frac{[H^+]^2[S^{2-}]}{[H_2S]}\quad\cdots\cdots①$$

イ．①より

$$[S^{2-}]=K\times\frac{[H_2S]}{[H^+]^2}$$

ウ．$K_{sp}=[Zn^{2+}][S^{2-}]$　……②

を満たすときの $[H^+]$ を求める。②にイの結果を代入すると

$$K_{sp}=[Zn^{2+}]\times K\times\frac{[H_2S]}{[H^+]^2}$$

$$\therefore\quad [H^+]^2=\frac{K}{K_{sp}}\times[H_2S][Zn^{2+}]\quad\cdots\cdots③$$

上式の両辺は正の数なので，両辺の常用対数をとると

$$2\log_{10}[H^+]=\log_{10}K-\log_{10}K_{sp}+\log_{10}[H_2S]+\log_{10}[Zn^{2+}]$$

これに数値を代入すると

$$2\log_{10}[H^+]=-7.0-13.9+17.7-1.0-1.0$$

$$pH=-\log_{10}[H^+]=2.60\fallingdotseq 2.6$$

エ．ZnS の沈殿が生じていないと仮定する。$pH<2.6$ のとき③より

$$[H^+]^2>\frac{K}{K_{sp}}\times[H_2S][Zn^{2+}]$$

が成り立つ。これより

$$K_{sp}>[Zn^{2+}]\times K\times\frac{[H_2S]}{[H^+]^2}=[Zn^{2+}][S^{2-}]$$

つまり，$[Zn^{2+}][S^{2-}]$ は K_{sp} よりも小さい。

▶(3)　(i)・(ii)　操作 1 で生じる沈殿 **A** は CuS である。このときろ液に含まれる Fe^{3+} は還元剤 H_2S によって還元され，Fe^{2+} になっている可能性がある。操作 2 で煮沸により H_2S を追い出した後，酸化剤の HNO_3 水溶液を加え，Fe^{2+} を Fe^{3+} に戻す。その後，NH_4Cl，NH_3 の水溶液を加え

て，溶液を弱塩基性にすると，沈殿 **B** として $Fe(OH)_3$ が生じる。$Mn(OH)_2$ は弱塩基性で沈殿するが，NH_4Cl，NH_3 の混合水溶液には溶ける。操作 3 で H_2S を通じたとき，ろ液は弱塩基性になっているので，沈殿 **C** として MnS が生じる。

(iii)　弱塩基 NH_3 とその塩である NH_4Cl の混合水溶液は，少量の酸や塩基を加えても pH はあまり変化しないので，緩衝液である。

(iv)　Ba^{2+} の炎色反応は黄緑色である。

▶(4)　銅の電解精錬は，不純物を含む粗銅板を陽極（外部電源の正極に接続），純銅を陰極（外部電源の負極に接続）とし，硫酸酸性の硫酸銅(Ⅱ)水溶液を用いて電気分解を行う。このとき，陽極では Cu，Ni が溶解し，Au は粗銅板の下に沈殿する。陽極で起こる反応は

$$Cu \longrightarrow Cu^{2+}+2e^-$$

$$Ni \longrightarrow Ni^{2+}+2e^-$$

陰極では Cu のみが析出する。その変化は

$$Cu^{2+}+2e^- \longrightarrow Cu$$

このとき流れた電子の物質量は

$$\frac{100\times320\times60}{9.6\times10^4}=20.0\,[\text{mol}]$$

溶解した Cu，Ni の物質量をそれぞれ a〔mol〕，b〔mol〕とすると

$$64a+59b+1=640 \quad \cdots\cdots④$$

溶解した金属の物質量と流れた電子の物質量の間には次の関係が成り立つ。

{(溶解した Cu の物質量)+(溶解した Ni の物質量)}×2
=(流れた電子の物質量)

$$(a+b)\times2=20.0 \quad \cdots\cdots⑤$$

④，⑤より

$$a=9.80\,[\text{mol}],\ b=0.20\,[\text{mol}]$$

粗銅板の質量に対する Ni の質量の割合は

$$\frac{59\times0.20}{640}\times100=1.8\fallingdotseq2\,[\%]$$

▶(5)　(ア)　チンダル現象はコロイド粒子に光が当たり，光が散乱して光の通路が明るく見えるので，「光エネルギーを吸収して起こる化学反応」ではない。

(イ) 水素と塩素の混合気体は光を当てないとほとんど反応しないが，光を当てると，塩化水素が生成するので，「光エネルギーを吸収して起こる化学反応」である。

(ウ) 太陽光をプリズムに通すと，光が散乱して分光するので，「光エネルギーを吸収して起こる化学反応」ではない。

(エ) ルミノール反応は化学反応によって光を発するので，「光エネルギーを吸収して起こる化学反応」ではない。

(オ) 酸素に紫外線を当てると，オゾンが生じる。これは「光エネルギーを吸収して起こる化学反応」である。

Ⅳ 解答

問1．(1) ア．短い イ．付加 ウ．アセトアルデヒド エ．アセトン オ．プロペン（プロピレン）

(2) $CH_3-CH=C(CH_3)-CH_3$

(3) **B**．$CH_3-CH_2-C\equiv C-CH_2-CH_3$ **C**．（五員環：$H_2C-CH=C(CH_3)-CH_2-CH_2$，環状）

(4)—(ア)・(ウ)

問2．(1) アニリン塩酸塩はジエチルエーテルよりも水への溶解性が大きく，大部分が水層に存在するため。

(2) **M**．（ベンゼン環：1位 CH_3，2位 NO_2，4位 NO_2） **N**．（ベンゼン環：NO_2 とそのオルト位に $C(=O)-OK$）

Q．（ベンゼン環：$C(=O)-OH$ とそのオルト位に $N=N-C_6H_4-N(CH_3)_2$（パラ位））

◀解 説▶

≪脂肪族化合物，芳香族化合物≫

◆問1．▶(1) ア．一般に炭素間結合距離は，単結合の結合距離よりも二重結合の結合距離の方が短い。

イ．アルケンの炭素間二重結合は付加反応を起こしやすい。

ウ．エタノールを硫酸酸性のもとで酸化したときに生じるカルボニル化合物はアセトアルデヒドである。

エ・オ．ベンゼンにプロペン（プロピレン）を作用させると，クメンを生じる。クメンを空気酸化して生じるクメンヒドロペルオキシドは酸性下で分解し，フェノールとアセトンを生じる。

$$C_6H_6 \xrightarrow{+CH_3-CH=CH_2} C_6H_5-CH(CH_3)_2 \xrightarrow{\text{空気酸化}} C_6H_5-C(CH_3)_2-O-OH$$

$$\xrightarrow[\text{分解}]{+H^+} C_6H_5-OH + CH_3-CO-CH_3$$

▶(2)　アルケンのオゾン分解では炭素間二重結合が開裂し，カルボニル化合物を生じる。

$$R_1R_2C=CHR_3 \xrightarrow{O_3} R_1R_2C=O + O=CHR_3 \quad (R_1\sim R_3 \text{ は炭化水素基})$$

この反応を逆向きに見ていけば，アルケン **A** の構造がわかる。

$$CH_3CH=O + O=C(CH_3)_2 \xleftarrow{O_3} CH_3CH=C(CH_3)_2$$

▶(3)　実験 1，実験 2 より，化合物 **B** は分子式 C_6H_{10} で，直鎖の炭素骨格をもち，C≡C が末端の炭素原子以外に存在するアルキンと推定される。また，実験 3 より **B** のもつ C≡C は分子の中央にあり，分子が左右対称であることがわかる。実験 1 ～実験 3 のフローチャートは次の通り。

F．$CH_3-CH_2-CH_2-C(=O)-CH_2-CH_3$

↑ 異性化

$\left(CH_3-CH_2-CH=C(OH)-CH_2-CH_3 \right)$ 不安定

↑ $+H_2O$（$HgSO_4$ 触媒）

B．$CH_3-CH_2-C\equiv C-CH_2-CH_3$

↓ $+H_2$

D．$CH_3-CH_2-CH=CH-CH_2-CH_3$ $\xrightarrow{O_3 \text{ 分解}}$ **G**．$2CH_3-CH_2-CHO$

↓ $+H_2$

E．$CH_3-CH_2-CH_2-CH_2-CH_2-CH_3$

実験４より，化合物 **C** は分子式 C_6H_{10} で，環構造を含むシクロアルケンと推定される。実験５より，**C** のオゾン分解生成物は１つのみで，炭素骨格が直鎖なので，オゾン分解で開環したと思われる。実験６，実験７より **C** のオゾン分解生成物はアルデヒド基，アセチル基をもつ。これより **C** の構造がわかる。

C．1-メチルシクロペンテン（環：$H_2C-CH=C(-CH_3)-CH_2-H_2C$ ） $\xrightarrow{+H_2}$ **H**．メチルシクロペンタン（環：$H_2C-CH_2-CH(-CH_3)-CH_2-H_2C$ ）

↓ O_3 分解

I．$OHC-CH_2-CH_2-CH_2-C(=O)-CH_3$

▶(4)　(ア)　誤文。フェノールの水溶液は弱酸性である。

(イ)　正文。フェノールに無水酢酸を作用させると，酢酸フェニルと酢酸を生じる。

(ウ)　誤文。クロロベンゼンを高温・高圧のもとで水酸化ナトリウム水溶液と反応させると，ナトリウムフェノキシドが生じる。

(エ)　正文。塩基触媒のもと，フェノールとホルムアルデヒドを反応させると，レゾールという中間体を経て，熱硬化性であるフェノール樹脂を得る。

(オ)　正文。フェノール水溶液に臭素水を加えると，2,4,6-トリブロモフェノールの白色沈殿が生じる。

◆問２．▶(1)　ニトロベンゼンにスズと濃塩酸を加えて加熱すると，アニリン塩酸塩を生じる。

$$C_6H_5NO_2 \xrightarrow{\text{Sn，濃塩酸}} C_6H_5NH_3Cl$$

その後操作(2)→(3)→(4)の順で操作を行う場合，(2)を行うと，アニリン塩酸塩はジエチルエーテルよりも水への溶解性が高いので，大部分が水層に溶解するため，ジエチルエーテル層に対して(3)→(4)の操作を行ってもアニリンを得ることはない。

▶(2)　トルエンの場合，ベンゼン環に結合しているメチル基は電子供与性で，ベンゼン環のオルト位，パラ位の電子密度が大きくなるので，ニトロ基はメチル基から見てオルト位，パラ位に入りやすい。これが芳香族化合物 **J** とその構造異性体 **K** である。**J**，**K** のもつニトロ基は電子吸引性なので，ニトロ基から見てオルト位，パラ位の電子密度が小さくなり，メタ位が次に反応しやすくなる。その後も同じ傾向で反応が進行する。2,4,6-トリニトロトルエンが生成するまでの過程は次のようになる。

トルエン（CH_3）―ニトロ化→ **J**（CH_3，NO_2：オルト）―ニトロ化→ **L**（O_2N，CH_3，NO_2）―ニトロ化→ 2,4,6-トリニトロトルエン（O_2N，CH_3，NO_2，NO_2）

トルエン ―ニトロ化→ **K**（CH_3，NO_2：パラ）―ニトロ化→ **M**（CH_3，NO_2，NO_2）―ニトロ化→ 2,4,6-トリニトロトルエン

J ―ニトロ化→ **M**

J に中性で過マンガン酸カリウムを作用させると，メチル基がカルボキシ基に酸化され，カリウム塩である化合物 **N** が生成し，**N** のニトロ基を還元してアミノ基にしたものが化合物 **O** である。**O** をジアゾ化後，得られた化合物 **P** をジメチルアニリンとカップリング反応させると，化合物 **Q** であるメチルレッドを生じる。

$$\text{J (}o\text{-ニトロトルエン: }C_6H_4(CH_3)NO_2\text{)} \xrightarrow{KMnO_4\ 酸化} \text{N (}C_6H_4(COOK)NO_2\text{)} \xrightarrow{還元} \text{O (}C_6H_4(COOH)NH_2\text{)}$$

$$\xrightarrow{ジアゾ化} \text{P (}C_6H_4(COOH)N_2Cl\text{)}$$

$$\xrightarrow[カップリング]{ジメチルアニリン} \text{Q (}C_6H_4(COOH)-N{=}N-C_6H_4-N(CH_3)_2\text{)}$$

V **解答** (1)　ア．開環　イ．アミド　ウ．ポリビニルアルコール

(2)　$HO-\underset{\underset{O}{\|}}{C}-(CH_2)_4-\underset{\underset{O}{\|}}{C}-OH$　　$H_2N-(CH_2)_6-NH_2$

(3)　$CH_2—CH_2—C(=O)—NH—CH_2—CH_2—CH_2—CH_2$（環状：ε-カプロラクタム）

(4)　8.3×10^3

(5)　9.0×10^3

(6)　$\left[CH_2-C(CH_3)=CH-CH_2 \right]_n$

(7)　$H_2N-CH_2-CH_2-\underset{\underset{O}{\|}}{C}-OH$

(8)　ペプチド **A**：6　ペプチド **B**：2　ペプチド **C**：2

◀解　説▶

≪ナイロン，ビニロン，ポリイソプレン，ペプチド≫

▶(1)　ア・(3)　ナイロン 6 は，ε-カプロラクタムの開環重合で生成する。

$$n\ \text{(ε-カプロラクタム)} \xrightarrow{開環重合} \left[\underset{\overset{|}{H}}{N}-(CH_2)_5-\overset{\overset{O}{\|}}{C} \right]_n$$

イ．ナイロン 6，ナイロン 66 は分子中に多数のアミド結合をもち，この

アミド結合間で水素結合を形成するので，強度や耐久性に優れる。

$$\begin{array}{l}\cdots-\mathrm{C}-\cdots\\ \quad\ \| \\ \quad\ \mathrm{O} \\ \quad\ \vdots \leftarrow \text{水素結合} \\ \quad\ \mathrm{H} \\ \quad\ | \\ \cdots-\mathrm{N}-\cdots\end{array}$$

ウ．ポリ酢酸ビニルは１繰り返し単位に１個のエステル結合をもつ。このエステル結合をけん化すると，ポリビニルアルコールが得られる。

$$\left[\begin{array}{l}\mathrm{CH_2-CH} \\ \qquad\quad | \\ \qquad\ \mathrm{O-C-CH_3} \\ \qquad\qquad \| \\ \qquad\qquad \mathrm{O}\end{array}\right]_n \xrightarrow[\mathrm{NaOH}]{\text{けん化}} \left[\begin{array}{l}\mathrm{CH_2-CH} \\ \qquad\quad | \\ \qquad\ \mathrm{OH}\end{array}\right]_n$$

▶(2)　ナイロン 66 はアジピン酸とヘキサメチレンジアミンの縮合重合で得られる。

$$n\mathrm{HO-\underset{\underset{O}{\|}}{C}-(CH_2)_4-\underset{\underset{O}{\|}}{C}-OH}+n\mathrm{H_2N-(CH_2)_6-NH_2}$$

$$\longrightarrow \left[\mathrm{\underset{\underset{O}{\|}}{C}-(CH_2)_4-\underset{\underset{O}{\|}}{C}-\underset{\underset{H}{|}}{N}-(CH_2)_6-\underset{\underset{H}{|}}{N}}\right]_n+2n\mathrm{H_2O}$$

▶(4)　平均分子量を M とすると

$$3.0\times10^3\times\frac{100}{1000}=\frac{1.0}{M}\times8.3\times10^3\times(273+27)$$

$\therefore\quad M=8.30\times10^3\fallingdotseq8.3\times10^3$

▶(5)　繰り返し構造が完全にアセタール化すると，次のように変化する。

$$\underset{\text{式量 88}}{\mathrm{-CH_2-\underset{\underset{OH}{|}}{CH}-CH_2-\underset{\underset{OH}{|}}{CH}-}} \xrightarrow{\text{アセタール化}} \underset{\text{式量 100}}{\mathrm{-CH_2-\underset{\underset{O}{|}}{CH}-CH_2-\underset{\underset{O}{|}}{CH}-}\ (\mathrm{O-CH_2-O})}$$

分子の 20％は式量が $\frac{100}{88}$ 倍になり，残りの 80％は変化しないので

$$8.8\times10^3\times\frac{20}{100}\times\frac{100}{88}+8.8\times10^3\times\frac{80}{100}=9.04\times10^3\fallingdotseq9.0\times10^3$$

▶(6)　ポリイソプレンの幾何異性体のうち，シス形の方が弾性力が強い。

$$\left[\begin{array}{ccc}\mathrm{CH_2} & & \mathrm{CH_2} \\ & \mathrm{C=C} & \\ \mathrm{CH_3} & & \mathrm{H}\end{array}\right]_n$$

▶(7)　アミノ酸 **d** は分子量が 75 の α-アミノ酸なので，グリシンであることは明らか。アミノ酸 **e** は分子量が **d** よりも 14 大きい 89 であるので，**e** の分子式は $C_3H_7NO_2$ であり，カルボキシ基の結合している炭素原子から炭素原子を α-炭素，β-炭素とよび，β-炭素にアミノ基が結合しているアミノ酸が β-アミノ酸なので，構造は次のようになる。

$$\underset{}{H_2N}-\overset{\beta}{CH_2}-\overset{\alpha}{CH_2}-\underset{\underset{O}{\|}}{C}-OH$$

▶(8)　ペプチド **A** の分子量が 274 なので

$274=75\times2+89\times2-18\times3$

より，**A** は **d** 2 分子，**e** 2 分子を含む鎖状ペプチドであることがわかる。N 末端を左，C 末端を右にして，考えられる構造を書き出すと

d－**d**－**e**－**e**　　**d**－**e**－**d**－**e**　　**d**－**e**－**e**－**d**

e－**d**－**d**－**e**　　**e**－**d**－**e**－**d**　　**e**－**e**－**d**－**d**

以上 6 種類である。

ペプチド **B** は **A** よりも分子量が 18 小さいので，**d** 2 分子，**e** 2 分子を含む環状のペプチドであることがわかる。考えられる構造は

```
d－d     d－e
|  |     |  |
e－e     e－d
```

以上 2 種類である。

ペプチド **C** の分子量が 146 なので

$146=75+89-18$

より，**C** は **d** 1 分子，**e** 1 分子を含む鎖状ペプチドであることがわかる。N 末端を左，C 末端を右にして，考えられる構造を書き出すと

d－**e**　　**e**－**d**

以上 2 種類である。

❖講　評

2020 年度も大問 5 題の出題で，試験時間は情報（コンピュータ科）・理・医・工・農学部が 2 科目 150 分，情報（自然情報）学部が 1 科目 75 分。問題量は 2019 年度と同程度，難易度も変化がなかった。論述問題は 2 問出題されたが，導出過程を書かせる計算問題はなく，描図問題

も出題されなかった。

Ⅰ　ケイ素の単体と化合物の性質，ケイ素の結晶格子，モルの新しい定義に関する問題であった。(3)のモルの新しい定義に関する正誤問題は新しいトピックであり，よく考える必要がある設問であった。その他の設問は，問題集でもよくみる問題で，解きやすかったと思われる。

Ⅱ　酸化還元，熱化学，反応速度，平衡定数に関する問題であった。問1(2)の反応式は時間がかかると思われる。問2の反応速度の問題は，文字の定義をよく読み，条件をうまく適用しないと解答できない。読解力，注意力を要する問題で，時間がかなりかかると思われる。

Ⅲ　11族元素の性質，硫化水素の電離平衡，溶解度積，陽イオン分析，銅の電解精錬，光と化学反応に関する問題であった。(2)の計算問題で，与えられている数値が対数値であることは注意が必要であった。また，(4)の計算で与えられているファラデー定数は，2019年度にひき続き一般的な値とは異なっていたので，読み落とした受験生は計算に時間がかかったかもしれない。(5)の「光エネルギーを吸収して起こる化学反応」を選ぶ問題は，反応で光を放出するものを間違えて選ばない注意力も必要であった。

Ⅳ　脂肪族化合物，芳香族化合物に関する総合問題であった。環状アルケンのオゾン分解，芳香族化合物の配向性に関する問題は，点差がついたと思われる。

Ⅴ　ナイロン，ビニロン，ポリイソプレン，ペプチドに関する問題であった。(8)の異性体の数を答える設問では，**A**，**C**の鎖状ペプチドはわかりやすいが，**B**が環状ペプチドであることにすぐに気づいたかどうかで解答時間に差がついただろう。

2019年度の問題と比べると，問題の分量，難易度ともにあまり変化がなかった。設定や条件が典型的問題と異なっていることにより解答しにくい場合，手間がかかる問題を後回しにして，取り組みやすい問題から解答したかどうかで得点差がついたと思われる。

生物

I 解答

(1)　rRNA

(2)　メタン菌

(3)　ドメイン

(4)　ヒストン

(5)　(ウ)チューブリン　(エ)ATP　(オ)モーター　(カ)ダイニン　(キ)キネシン　(ク)ミオシン

(6)　1－b　2－a　3－c　4－a　5－b　6－c

(7)　アクチンフィラメントの両端に単量体のアクチンが結合して伸長するが，－端よりも＋端の方が伸長速度が速い。

(8)　薬剤Xは，＋端方向への伸長を阻害するが，－端方向への伸長には影響を与えない。

結合する場所：＋端

(9)　阻害された現象：細胞質分裂

異なる点：1つの細胞内に核が2つ存在する。

◀解　説▶

≪生物の分類と細胞骨格の形成≫

▶(1)・(3)　ウーズは1990年にrRNAの塩基配列をもとにした分類から3ドメイン説を発表した。

▶(2)　古細菌は細菌よりも古い時代のものと考えられていたが，真核生物に近縁なのは細菌ではなく古細菌であることがウーズの研究により明らかになった。メタン菌以外には，超好熱菌や高度好塩菌などが古細菌に分類される。

▶(4)　ヌクレオソームは，DNAの二本鎖がヒストン（タンパク質）に巻き付いた構造をとる。

▶(5)　微小管は球状のチューブリン分子がらせん状に結合して作られる中空の構造をとる。微小管において活発に伸長・短縮が起こる側を＋端，比較的安定している側を－端と呼ぶ。

▶(6)　紡錘糸やべん毛には微小管，原形質流動や先体突起にはアクチンフィラメントが関係する。デスモソームは細胞間接着の１つであり，円板状の細胞内付着タンパク質に中間径フィラメントが結合している。核膜を裏打ちする網目状タンパク質は核ラミナと呼ばれ，その主成分は中間径フィラメントである。

▶(7)　図１の③から，単量体のアクチンのみを加えた場合，＋端にも－端にも単量体のアクチンが結合していくが，その速度が大きく違うことがわかる。

▶(8)　同じく図１の③で，薬剤Ｘを加えた場合には＋端方向への伸長が全く起きていないことに注目する。

▶(9)　動物細胞の細胞質分裂で見られる収縮環は，アクチンフィラメントやミオシンなどからなる。薬剤Ｘによりアクチンフィラメントの伸長が阻害されると，細胞質分裂が起こらず，核が２つある細胞になると考えられる。

Ⅱ　解答

(1)　(ア)受容器　(イ)効果器　(ウ)中枢　(エ)末梢　(オ)樹状突起　(カ)体性　(キ)自律　(ク)副交感

(2)　神経細胞（ニューロン）を支持する，神経細胞に栄養分を供給するなどから1つ。

(3)　メカニズム１：副交感神経の作用により，肝臓での熱の発生が抑制される。

メカニズム２：交感神経の作用により，発汗が促進され，体表面の温度が低下する。

(4)―ａ）・ｄ）

(5)　興奮を終えた部位は不応期となり，しばらくの間活動電位を発生しない状態になるから。

(6)　有髄神経では軸索を取り巻く髄鞘が絶縁体となり，興奮は髄鞘を飛び越えてランビエ絞輪だけを次々に伝わる跳躍伝導を行うから。

(7)　細胞外液１：ｄ）　細胞外液２：ａ）　細胞外液３：ｃ）

(8)―ｂ）

◀解　説▶

≪神経系のはたらき≫

▶(1)　このような空所補充問題は，以下のように整理して覚えておくとよいだろう。

<table>
<tr><td rowspan="6">神経系</td><td rowspan="2">中枢神経系</td><td colspan="3">脳…大脳・間脳・中脳・小脳・延髄</td></tr>
<tr><td colspan="3">脊髄</td></tr>
<tr><td rowspan="4">末梢神経系</td><td rowspan="2">体性神経系</td><td>感覚神経</td><td>求心性神経</td></tr>
<tr><td>運動神経</td><td rowspan="3">遠心性神経</td></tr>
<tr><td rowspan="2">自律神経系</td><td>交感神経</td></tr>
<tr><td>副交感神経</td></tr>
</table>

▶(2)　グリア細胞は神経組織に分類され，ニューロンを支持したり，栄養分を与えたりする。中枢神経で髄鞘を形成するオリゴデンドロサイトや末梢神経で髄鞘（神経鞘）を形成するシュワン細胞，中枢神経で毛細血管とニューロン間の物質交換を行うアストロサイトなどがある。

▶(3)〔解答〕以外に，副交感神経の作用により，心臓の拍動が抑制されて発熱量が減少すること，交感神経の作用が低下することにより，皮膚の毛細血管が拡張して放熱量が増加することなどが考えられる。なお，皮膚には副交感神経は分布しておらず，毛細血管の拡張や発汗は交感神経の作用による。

▶(4)　a）不適切。交感神経は胃腸の運動を抑制する。

d）不適切。交感神経はぼうこうを拡張させる。

▶(5)　不応期は，その部位の電位依存性ナトリウムチャネルがしばらく不活性化することで起こる。

▶(7)　図２の条件Ⅰより①は興奮性ニューロン，条件Ⅱより②は抑制性ニューロンと考えられる。条件Ⅲでは①と②の両方を刺激したため，膜電位が閾値に達せず，興奮が発生しなかったと考えられる。グルタミン酸は興奮性シナプスの，GABA は抑制性シナプスの伝達物質である。細胞外液１では興奮性シナプスのはたらきが消えるので，抑制性シナプス後電位のみのｄ）となる。興奮が軸索末端に達すると，電位依存性カルシウムチャネルが開き，細胞外液から Ca^{2+} が軸索内に流入することでシナプス小胞から神経伝達物質が放出される。そのため，細胞外液２では神経伝達物質の放出が行われないので，平坦なａ）になる。細胞外液３では抑制性シナプスのはたらきが消えるので，図２の条件Ⅲよりも大きな興奮が生じて閾値を超えるため，ｃ）のようになる。

▶(8)　本問では，記録電極および基準電極はともに細胞内に設置されているので，刺激前の電位は 0 mV を示す。刺激すると，興奮はまず基準電極を通過して，基準電極付近の電位を上昇させるので，相対的に記録電極の電位は降下する。その後 0 mV に戻るが，記録電極に興奮が達すると記録電極付近の電位が上昇し，その後また 0 mV に戻る。

III　解答

(1)　(ア)ストロマ　(イ)ATP　(ウ)NADPH
(エ)カルビン・ベンソン

(2)　相利共生
選択した生物：マメ科植物　利益：NH_4^+ を受け取る
相手の生物：根粒菌　利益：光合成産物（糖）を受け取る

(3)　リン酸が不足した土に植物 A および各リン酸輸送タンパク質の遺伝子が欠失した植物 A の 6 種の変異体を植え，菌根菌を加えて生育を比較した。その結果，植物 A と比較して *PT3* 遺伝子を欠失した変異体の生育が抑制された。

(4)　(オ)光（日光，可視光）(カ)二酸化炭素　(キ)クチクラ（クチクラ層）
(ク)維管束

(5)　a)—×　b)—○　c)—○　d)—×

◀解　説▶

≪植物の同化と陸上進出≫

▶(1)　葉緑体では，チラコイドで光エネルギーを用いて ATP や NADPH を合成する反応を行い，ストロマでこれらのエネルギーを用いて二酸化炭素から糖を合成するカルビン・ベンソン回路の反応が行われる。

▶(2)　別解としては以下のものがある。

（選択した生物：ヒマワリ　利益：花粉の運搬
相手の生物：ミツバチ　利益：花の蜜の摂食

（選択した生物：アブラムシ　利益：捕食者の排除
相手の生物：アリ　利益：甘露（甘い蜜）の摂食

（選択した生物：腸内細菌　利益：住みかや餌の確保
相手の生物：植食性動物　利益：消化の補助や物理・化学的生体防御

▶(3)　d）の実験を，リン酸が不足した土壌と菌根菌を加える条件に変えればよい。d）の文章にそのまま当てはめて解答することができる。

▶(4)　植物の陸上進出には乾燥や重力，紫外線などさまざまな障害があったが，それらを克服するための仕組みを陸上植物は獲得してきた。

▶(5)　a）誤り。明るい場所では光受容体であるフォトトロピンが青色光を吸収して気孔が開く。

d）誤り。ジャスモン酸は食害に対する応答にはたらく。

Ⅳ　解答

(1)　(ア)灰色三日月環　(イ)背　(ウ)原口　(エ)表皮　(オ)内　(カ)中

(2)　表層回転により，植物極側に局在するディシェベルドタンパク質が精子進入点の反対側に移動し，mRNAから合成されたβカテニンタンパク質の分解を抑制するため，背側の細胞の核にβカテニンタンパク質が蓄積する。

(3)　血管：側板　脊椎：体節　四肢の筋肉：体節　色素細胞：神経堤細胞

(4)　βカテニンが組織(D)の細胞のDNAに調節タンパク質として作用して，分泌タンパク質Yの遺伝子発現が促進される。

(5)　a)－×　b)－×　c)－○　d)－×　e)－○

(6)　変異体の名称：BMP変異体

理由：本来背側になる組織に対し，BMPは腹側組織への分化を誘導し，コーディンはBMPを阻害することで背側組織への分化を促進することから，BMPが欠失するとコーディンの有無に関係なく腹側組織への分化が起こらなくなるから。

◀解　説▶

≪両生類や魚類の発生のしくみ≫

▶(1)　表層回転により精子進入点の反対側に灰色三日月環ができる。ニューコープの実験では，予定外胚葉に予定内胚葉を密着させて培養すると，予定外胚葉域に中胚葉が誘導される。

▶(2)「メカニズムを考え」とあるが，ディシェベルドタンパク質などの知識がないと解答は難しいだろう。

▶(3)　筋肉について，骨格筋は体節由来，心筋と内臓筋は側板由来である。また神経管由来と神経堤細胞由来の器官を区別して覚えておこう。

▶(5)　a）誤り。N1：N2二重変異体では水を注入した場合に内胚葉の欠損が認められるので，ノーダルは内胚葉の誘導にも必要である。

b）誤り。N1：N2 二重変異体にノーダル N1 の mRNA のみを加えた場合や，ノーダル N2 の mRNA のみを加えた場合はいずれも背側組織が増大し，形成体が機能していることがわかる。

c）正しい。O 変異体にノーダル N1 の mRNA のみを加えた場合や，ノーダル N2 の mRNA のみを加えた場合に，内胚葉および背側中胚葉が欠損しているので，O は必要である。

d）誤り。O 変異体はアクチビンの mRNA を注入した場合に背側組織が増大したことから，O はアクチビンの機能に必要ではないことがわかる。

e）正しい。N1：N2 二重変異体に水を注入したとき，アクチビンの発現量は正常であるのに，内胚葉および背側中胚葉が欠損しているので，胚にもともと含まれるアクチビンはノーダル非存在下では形成体を誘導できないと考えられる。

▶(6)　コーディンやノギンは BMP に結合して BMP の作用を阻害する。この知識があると解答しやすかったであろう。

❖講　評

大問数は 2019 年度と変わらず 4 題である。記述量は増加したが知識問題も増加したため，知識がある受験生にとってはやや易化したと考えられる。計算問題や描図問題は出題されなかった。

Ⅰ　生物の分類と細胞骨格の形成について。比較的取り組みやすかったと思われる。(7)・(8)は図 1 をしっかり読み解けば正解に達することができるだろう。(9)は収縮環の構造に関する知識で差がつく問題である。

Ⅱ　神経系のはたらきについて。(5)・(6)の論述は頻出なので，名古屋大学レベルの受験生は確実に得点しておきたい。(7)は興奮性と抑制性のシナプス後電位の問題で，閾値とグラフの関係をしっかり理解していないと正解できない。

Ⅲ　植物の同化と陸上進出について。(2)は多数の答えがあり，どれか 1 つでも知っていれば正解となる。(3)の論述は d）の実験が理解できれば，同様に組み立てればよいだろう。

Ⅳ　両生類や魚類の発生のしくみについて。考察問題のようにも見えるが，しっかりとした知識があれば考え込むことなく解答できる問題だった。論述対策も含め，このあたりの知識を整理しておこう。

地学

I　**解答**　問1．砂岩層Cの走向：N45°E
砂岩層Cの傾斜：（30° より）大きい

問2．礫岩層Dの走向：N90°E（N90°W）　礫岩層Dの傾斜：15°N

問3．(3)

問4．名称：（傾斜）不整合

Cの堆積後に地盤が隆起して陸化し，Cが侵食された際に凹凸面が形成され，その後沈降してDが堆積した。（50字以内）

◀解　説▶

≪地質断面図の読図，走向・傾斜，地球の歴史≫

▶問1．東西方向に広がる崖Aと南北方向に広がる崖Bに見られる砂岩層Cは，ともに30° の傾斜で観察されることから，次の模式図のように表される。走向は，層理面（地層境界面）と水平面の交線の方向であることから，崖Aに現れる砂岩層Cの層理面と道路が位置する水平面（模式図の底面）との交点をa，同様に，崖Bの層理面と水平面との交点をbとすると，線分abの方向が走向となる。図において，ao＝boであることから，△aobは直角二等辺三角形となり，線分abは，北から45° 東にずれた方向を示すことがわかる。したがって，走向はN45°Eと表される。また，傾斜角は，層理面と水平面がなす角度であり，斜面の最大傾斜で表す。そのため，真の傾斜角は，走向に直交する方向の断面において見ることができ，走向に直交する方向ではない崖Aや崖Bに現れた傾斜角は見かけの傾斜角となる。見かけの傾斜角は，真の傾斜角よりも小さい。したがって，真の傾斜角は30° より大きいということが言える。なお，地層の傾斜方向はNWである。

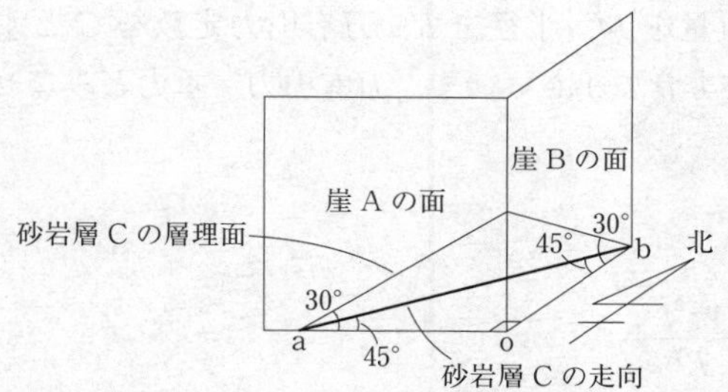

▶問2．層理面の傾斜は，走向と同じ方向の断面では水平に見える。礫岩層Dは，東西方向の崖Aで水平に観察されているため，礫岩層Dの走向はN90°E（N90°W）である。層理面の真の傾斜は，走向と直交する方向の断面に現れることから，南北方向の崖Bで見られる北向きの15°の傾斜が礫岩層Dの傾斜を表している。

▶問3．トリゴニア（三角貝）は中生代，デスモスチルスは新生代新第三紀の示準化石である。(1)は古生代カンブリア紀，(2)は古生代ペルム紀末，(3)は中生代白亜紀末，(4)は新生代第四紀の出来事である。

▶問4．中生代の砂岩層Cと新生代新第三紀の礫岩層Dの間には，時間的隔たりがあり，その境界面が凹凸を示すことから，砂岩層Cと礫岩層Dは不整合の関係である。さらに，両者の走向・傾斜が異なることから，傾斜不整合の関係にある。不整合は，下位の地層の堆積後，地盤が隆起して陸化し，侵食されることで凹凸面が形成され，その後，沈降して上位の地層が堆積することで形成される。

II 解答

問1．ア．遠心力　イ．赤道　ウ．地殻　エ．マントル

問2．(1)　地球の半径を R〔km〕とすると

$$1:111=360:2\pi R$$

$$\therefore\quad R=\frac{111\times 360}{2\pi}=6.36\times 10^3 \fallingdotseq 6.4\times 10^3\text{〔km〕}\quad \cdots\cdots(答)$$

(2)　単振り子の周期 T は，重力加速度を g，振り子の支点からおもりの重心までの長さを l とすると

$$T=2\pi\sqrt{\frac{l}{g}}$$

これより　$g=\dfrac{4\pi^2 l}{T^2}$　……①

また，地球の質量を M，半径を R，万有引力定数を G とすると，遠心力は引力に比べて非常に小さいので，万有引力＝重力とみなせることから

$$g=\frac{GM}{R^2}$$

これと①より

$$\frac{GM}{R^2}=\frac{4\pi^2 l}{T^2}$$

問題文中の測量結果および(1)の結果を用いて

$$M=\frac{4\pi^2 lR^2}{GT^2}=\frac{4\times3.14^2\times9.8\times(6.4\times10^6)^2}{6.67\times10^{-11}\times6.28^2}$$

$$=6.01\times10^{24}\fallingdotseq6.0\times10^{24}\,[\mathrm{kg}]\quad\cdots\cdots(答)$$

問３．地球全体，マントル，核のそれぞれの質量と体積を，M，V，M_{m}，V_{m}，M_{c}，V_{c}，また，マントルの密度を d_{m} とすると

$$M_{\mathrm{c}}=M-M_{\mathrm{m}}=M-(V-V_{\mathrm{c}})d_{\mathrm{m}}$$

$$=6.0\times10^{24}-\left\{\frac{4}{3}\pi(6.4\times10^6)^3-\frac{4}{3}\pi(3.5\times10^6)^3\right\}\times4.5\times10^3$$

$$=6.0\times10^{24}-(4.19\times262\times10^{18}-4.19\times42.9\times10^{18})\times4.5\times10^3$$

$$=6.0\times10^{24}-4.13\times10^{24}=1.87\times10^{24}$$

$$\fallingdotseq1.9\times10^{24}\,[\mathrm{kg}]\quad\cdots\cdots(答)$$

◀解　説▶

≪地球の概観，地球の内部，重力≫

▶問１．ニュートンは，重力の緯度による変化量を求め，その変化量が地球自転に伴う遠心力だけでは説明できず，低緯度ほど万有引力が小さくなることを示し，地球が赤道方向に膨らんだ回転楕円体であるという仮説を立てた。

▶問２．(1)　円の中心角と弧の長さは比例関係にある。緯度１度の距離（約 111 km）と地球の全周（円周＝$2\pi R$，R は半径）についての比の式を立てる。

(2)　重力加速度 g を用いた単振り子の周期と万有引力についての式を連立させることで，地球の質量を求めることができる。地球の質量を M，半径を R，万有引力定数を G とすると，地表にある質量 m の物体に働く万有引力 F は $F=\dfrac{GMm}{R^2}$ である。重力は万有引力と遠心力の合力である

が，遠心力は引力に比べて非常に小さいので，重力＝万有引力とみなせることから，$mg=\frac{GMm}{R^2}$ となり，重力加速度は $g=\frac{GM}{R^2}$ と表せる。また，単振り子の周期 T は，振り子の支点からおもりの重心までの長さを l とすると，$T=2\pi\sqrt{\frac{l}{g}}$ と表せる。どちらも公式として覚えておこう。

▶問３．質量＝体積×密度で求められるが，問題文では，マントルの平均密度しか与えられていないため，地球全体の質量からマントルの質量を引いて核の質量を求めることになる。なお，マントルの体積は，地球全体の体積から核の体積を引いて求める。

Ⅲ　解答

問１．ア．対流圏　イ．飽和水蒸気量（飽和水蒸気圧）
ウ．アルゴン　エ．南方振動

問２．大気中に貯蔵されている水蒸気量は，$(3+10)\times10^{15}$ kg であり，１日あたりの降水量は $\frac{(114+391)\times10^{15}}{365}$ kg であることから，水が大気中にとどまる平均滞留時間は

$$(3+10)\times10^{15}\div\frac{(114+391)\times10^{15}}{365}=\frac{13\times365}{505}$$
$$=9.3\fallingdotseq9\text{日}\quad\cdots\cdots(\text{答})$$

問３．貿易風が弱まり，西部へ流されていた表層の暖かい水が東部へ広がる。東部では深層からの湧昇が抑えられて，海面水温が高くなる。（60 字以内）

◀解　説▶

≪水循環，エルニーニョ現象≫

▶問１．エ．海面水温の変動であるエルニーニョ現象とともに，太平洋東部と西部の海面気圧についても，一方が高ければもう一方は低くなるというように，シーソーのような変動が見られる。これを南方振動という。

▶問２．大気中にとどまる水の平均滞留時間は，大気中に存在する水の量を，大気に出入りする水である降水（または蒸発）の量で割ることで求められる。なお，図３中の降水の数値は年間の水の輸送量であるため，「日」の単位に換算する必要がある。

▶問３．通常，赤道太平洋では，東寄りの貿易風によって表層の暖かい水が西に吹き寄せられており，赤道太平洋西部では暖水層が厚くなっているのに対して，赤道太平洋東部では暖水層が薄く，深層から冷水が湧昇するため，海面水温が低くなっている。エルニーニョ現象が発生した際は，貿易風が弱まることで，赤道太平洋西部に吹き寄せられていた表層の暖かい水が東部の方へと移動し，赤道太平洋中～東部では暖水層が通常よりも厚くなって冷水の湧昇も弱まる。そのため，赤道太平洋東部の海面水温が通常よりも高くなる。本問では，以上の内容について「貿易風」と「表層の暖かい水」という用語を用いて述べればよい。

なお，通常時は，暖水層が厚い赤道太平洋西部で，暖められた大気による対流活動が活発になるため低気圧が形成されて貿易風が維持されるが，エルニーニョ現象が発生すると，暖かい水の移動とともに大気の対流活動が活発な領域も中～東部へと移るため，東西の気圧差が小さくなり，貿易風の弱い状態が維持される。このようにして，エルニーニョ現象が継続することになる。

Ⅳ　解答

問１．(1)　1.0×10^{-2} 年　(2)　3.0×10 km/秒

(3)　A 星の速度：1.8×10^{2} km/秒

B 星の速度：1.2×10^{2} km/秒

問２．A 星の速度 V_A は，$V_A=\dfrac{2\pi r_A}{P}$ と表せることから

$$r_A=\frac{V_AP}{2\pi}=\frac{1.8\times10^2}{5.0}\times1.0\times10^{-2}\times\frac{1}{2\times3.1}$$

$$=5.8\times10^{-2}\fallingdotseq6\times10^{-2}\text{ 天文単位}\quad\cdots\cdots(\text{答})$$

同様に，B 星の速度 V_B は，$V_B=\dfrac{2\pi r_B}{P}$ と表せることから

$$r_B=\frac{V_BP}{2\pi}=\frac{1.2\times10^2}{5.0}\times1.0\times10^{-2}\times\frac{1}{2\times3.1}$$

$$=3.8\times10^{-2}\fallingdotseq4\times10^{-2}\text{ 天文単位}\quad\cdots\cdots(\text{答})$$

問３．問２より

$$r_A+r_B=(5.8+3.8)\times10^{-2}=9.6\times10^{-2}\text{ 天文単位}$$

ケプラーの第三法則より

$$m_A+m_B=\frac{(r_A+r_B)^3}{P^2}=\frac{(9.6\times10^{-2})^3}{(1.0\times10^{-2})^2}=\frac{8.8\times10^{-4}}{1.0\times10^{-4}}$$

$$=8.8\fallingdotseq 9 \text{倍}$$　……(答)

問 4．恒星の質量と共通重心からの距離の関係は，$m_Ar_A=m_Br_B$ であることから，問 2 より

$$m_A=\frac{r_B}{r_A}m_B=\frac{4\times10^{-2}}{6\times10^{-2}}\times m_B=\frac{2}{3}m_B$$

これより　　$m_A : m_B=2 : 3$

問 3 より

$$m_A=\frac{2}{2+3}\times8.8=3.5\fallingdotseq 4 \text{倍}$$　……(答)

$$m_B=\frac{3}{2+3}\times8.8=5.2\fallingdotseq 5 \text{倍}$$　……(答)

◀解　説▶

≪連星，ケプラーの法則≫

▶問 1．(1)　図 4 より，A 星または B 星の視線速度の周期を読み取る。

(2)　視線方向に対して A 星と B 星と共通重心が重なっているとき，A 星と B 星の変位は視線方向に対して直交する向きである。連星系の重心が遠ざかっていない場合は，A 星と B 星の視線速度は等しく 0 になる。しかし，図 4 では，A 星と B 星の視線速度が等しいときの視線速度が 30 km/秒と読み取れることから，連星系の重心そのものが 3.0×10 km/秒で遠ざかっていることがわかる。

(3)　A 星および B 星の公転速度は，視線方向に対して平行な方向に変位するときの視線速度，すなわち，観測者と共通重心を結ぶ線分に対して直交する位置における視線速度で表され，視線速度はそのとき最大となる。図 4 より，A 星の視線速度の最大値は 210 km/秒，B 星の最大値は 150 km/秒と読み取れるが，(2)より，連星系の重心が 30 km/秒で遠ざかっているため，それを差し引いて，A 星の公転速度は $210-30=1.8\times10^2$〔km/秒〕，B 星の公転速度は $150-30=1.2\times10^2$〔km/秒〕となる。

▶問 2．公転速度＝公転軌道の長さ÷公転周期で表すことができる。ここで，公転軌道（円軌道）の長さは，共通重心から各恒星までの距離（r_A，r_B）を半径とする円の円周であることから，r_A，r_B を用いた式が立てられ，

これより r_A，r_B を求めることができる。速度の単位を「天文単位/年」に換算することを忘れないようにしよう。

▶問 3．問 1 および問 2 の結果を，ケプラーの第三法則を示した $\frac{(r_A+r_B)^3}{P^2}=m_A+m_B$ に代入する。

▶問 4．共通重心の性質とは，連星を構成する 2 つの恒星の共通重心からの距離の比と質量の比が逆比の関係，すなわち，$r_A : r_B = m_B : m_A$ が成り立つことである。

❖講　評

大問数は 2019 年度と同じく 4 題であり，出題分野・分量とも大きな変化はなかった。字数指定のある論述問題は 2019 年度より減少したが，計算過程を記述する計算問題や前問の解答を用いる連動型の問題が増加しており，全体的な難易度にそれほど変化はない。

Ⅰ　地質と地球の歴史に関する出題。問 1・問 2 は，図 1・図 2 に示された崖の位置関係と地層のスケッチから，走向・傾斜を読み取る問題で，地質図読図の基本的技能である。問 3 は示準化石と地球のおもな出来事に関する基本知識。問 4 は不整合の形成過程を説明する頻出の論述問題で平易である。

Ⅱ　地球の概観と内部に関する出題。問 1 の空所補充は基本問題。問 2 (1)は平易である。(2)は単振り子の周期と万有引力の公式を利用して求める問題で，公式を覚えていないと難しい。問 3 は核の質量を求める問題であるが，問題にはマントルの平均密度しか与えられていないことから，地球の全質量からマントルの質量を差し引いて求めることに気づけば立式できる。問 2 (2)と問 3 は，前出の問題の計算結果を利用する上，煩雑な計算であるため，解答に時間を要する難しい問題である。

Ⅲ　水循環とエルニーニョ現象に関する出題。問 1 の空所補充は基本問題。問 2 は大気中の水の平均滞留時間を求める計算問題で基本的である。問 3 の論述問題は頻出事項である。指定語句を正確に使用すること。

Ⅳ　連星とケプラーの法則に関する出題。問 1 は図 4 のグラフを読み取る問題である。この結果を以下の問いに利用するので，間違えないようにしたい。問 2 は立式は難しくないが，単位の換算を忘れないように注意すること。問 3 は問題に与えられた公式に代入する計算問題で平易である。問 4 は共通重心に関する距離と質量の関係を利用した基本的な計算問題。

教科書の内容に沿った基本事項に関する出題が主である。論述問題も出題されるので，地学現象の特徴と原理をよく理解し，50～100 字以内で簡潔に説明できるようにしておきたい。教科書の図についても説明できるようにしておこう。計算問題は，法則や公式を正確に覚えるとともに，公式の導出過程も示せるようにしておくとよい。計算過程を記すことも多く，また，計算結果を他の問題で利用する場合も多いため，計算ミスがないように注意したい。煩雑な計算問題が多いので時間内に解答するためには練習が必要である。教科書にある例題や演習問題などでよく練習しておこう。

的な難関国公立型の記述説明問題や内容要約的な問題が中心となった。

㈠の現代文は、二〇一八年に出版された本からの出題で、社会学についての文章であった。雑誌でも単行本でも、ごく最近発表された文章からの出題が定着しており、内容的にも、現代の文明や思想に新しい視点からメスを入れた論説の出題が続いている。選択式の問題や箇所指摘問題があったものの、説明記述の分量は例年並みで、文章の要点を記述する問題が中心である。限られた時間の中で、いかに要領よくまとめられるかが問われた問題であった。

㈡の古文は、久々に本格的な平安時代の女流文学からの出題であった。和歌の解釈を中心に、内容を補って口語訳する問題、内容要約的な問題といった構成で、従来の傾向どおりの問題である。本格的な和歌がらみの文章の読解、こういった問題への対策が普段から時間をかけて十分できていたかが、得点を大きく左右したと思われる。

㈢の漢文は、『斉東野語』という、大学入試の出典として稀な作品からの出題であったが、内容的には、具体的な話を軸にした読み取りやすい文章であった。漢字の読み、口語訳、書き下し文、内容説明問題、一五〇字の内容要約という出題形式は従来どおりである。

総括すれば、設問内容や形式はほぼ従来の傾向どおりであり、特に内容要約的な、制限字数内で説明する問題に平生からいかに習熟してきたかが問われた出題であり、これからもこの傾向は大きくは変わらないだろうと思われる。

れたという旨を的確に示したい。

▼問六　「特」は「独特」という熟語もあるとおり、「唯・惟・只」と同様、「ただ」と訓じ、限定の意味を表すが、打消や反語表現を伴うと、〝ただ〜だけでなく〟という累加の意味になる。漢文の句法に十分に習熟しているかが問われている問題である。

▼問七　「雲は手で持ち出して贈ることはできない」とする陶通明の詩と、「雲は手や袋で捕らえることができ、人に贈り、また君主にも献上できる」とする蘇軾と徽宗にまつわる話との対比を読み取ってまとめる。ただ問いは「併せて一笑に資するのみ」がどういうことかを聞いているので、そこをしっかり押さえること。「併せて」は、蘇軾と徽宗にまつわる両話を指す。また「〜に資する」には、〝〜のたすけとなる、〜に役立つ〟というニュアンスがあり、その点も踏まえること。これらを一文にまとめようとすると、わかりづらくなるので、解答すべき点をしっかり押さえた上で、文を分けて説明してかまわない。

参考　周密（一二三二〜一二九八年）は、字（あざな）は公謹。もとは今の山東省済南の生まれであったが、宋末の混乱期、今の浙江省に移り、南宋に仕える。元朝に滅ぼされた後は、官に仕えず、隠棲して多くの著作を残した。『斉東野語』は、自分の出身である斉の地を懐かしみ、見聞した俗説や奇談の類いを集めた書で、全二〇巻。ちなみに、「斉東野語」とは、『孟子』（萬章上）にある言葉で、現在でも、〝聞くにたえない下品で愚かな言葉。信じがたい妄説〟の意で用いられるが、本書の題名もこの語義を踏まえている。

❖講　評

現代文と漢文の文章量は二〇一九年度より減少し、漢文は内容もやや平易なものとなった。しかし、古文が本格的な平安時代の日記文学で難化し、かなり読み慣れていないと読みこなせないと思われる。全体的には、現代文で一部異なる形式の問題があったものの、現代文、古文、漢文とも、説明問題の形式や記述量はさほど変わらず、例年同様に典型尽く入り、遂に嚢を括り以て献じ、名づけて貢雲と曰ふ。車駕の臨む所毎に、則ち尽く之を縦ち、須臾にして、滃然として充塞し、千巖万壑の間に在るがごとし。然らば則ち特だに以て持ちて贈るべきのみならず、又た以て貢ぐべし。併せて一笑に資するのみ。

▲解　説▼

わかりにくいところもあるが、大筋として何が言いたいかは、つかみやすい。第二段落と第三段落の話の共通点をきちんと押さえられたかが、ポイント。

▼問一　a・bは送りがなも書かないと解答したことにならない。特に断っていない場合は、仮名づかい（旧／新）はこだわらなくてよい。「固」は「固有」（＝本来持っている）、「竟」は「畢竟」（＝つまり、結局）などという熟語が現代にもある。「須臾」（＝わずかの間）は現代文の読みでも頻出の語である。

▼問二　「奔突」が訳しにくいが、漢字の意味をよく考え、本文に即した訳を考えること。「奔」は、「奔走」「奔放」などという熟語があり、〝勢いよく駆ける〟の意。直訳した上で、間違えない程度に内容を補うこと。

▼問三　「吾」が誰を指すかをまず考える。「又云」に続く箇所なので、「云」の主語である蘇軾が「吾」に相当するとわかる。当該傍線部の直前、「又」で接続されている箇所に注目すれば、南山の雲に蘇軾が遭遇した内容を読み取れる。

▼問四　「貢」とは「みつぐ」で、〝献上する〟の意。直前の箇所では、特殊な袋を作りそれを険しい山々に仕掛けて雲を採取して献じた、とある。では誰に献じたのかといえば、傍線部の直後に「車駕所」とあることから、雲を献上する対象は天子、すなわち徽宗だとわかる。以上を端的にまとめて説明すること。

▼問五　直訳だけなら〝たくさんの険しい崖や深い谷の中にいるようであった〟でよいが、そのような状態になっているのは「何が」「どうなって」いるからなのか、やはり傍線部の前の叙述を踏まえて説明を加えること。徽宗の車が行く先々で、雲を袋から出して周囲に満ち溢れさせることで、まるで険しい山の中にあるような荘厳な雰囲気が演出さ

て君に贈ることは残念ながらできない」と言う。雲は当然ながら持ち帰って人に贈ることのできる物ではない。
　蘇軾がある日山中より帰るとき、雲が馬の群れのように勢いよく湧き上がって、山中からこちらに向かって来るのを見た。そして手で雲を拾い上げ、籠を開けて、その中に収めた。家に帰っても、白雲が籠の中に満ち、開けて雲を外へ放ち、かくて「攓雲(けんうん)篇」を著して、「道中に南山の雲に逢い、稲妻のように迫ってきた。とうとう誰かが命じて、絶え間なく雲を空から下らせた」と言う。また、「私の車に飛び入ってくる雲があり、人のひじやまたぐらに迫った。捕まえて箱の中に入れ、携えてかやぶきの庵に帰った。箱にかけた縄を解いてこれを放し、引き出すと姿を変えて現れた」と言っている。つまり雲はほんとうに持ち出して人に贈ることができるのだ。
　徽宗の宣和年間、艮嶽という山を名付けた折、近くの山に油で防水した絹の袋をたくさん作り、水でこれを湿らせ、夜が明ける頃に険しい山々に張り巡らせた。雲がことごとく中に入ってしまうと、そのまま袋を括って徽宗に献上し、貢雲と名付けた。徽宗の車駕が訪れた先々に、この雲を放つと、たちまち、雲が盛んに立ち上ってあたりに充満し、たくさんの険しい崖や深い谷の中にいるようであった。とすれば雲は持ち出して人に贈ることができるだけでなく、さらに天子に献上することができるのだ。二つの話をあわせて笑い話として紹介する。

読み　陶通明の詩に云ふ、「山中に何か有る所、嶺上に白雲多し。只(た)だ自ら怡悦(いえつ)すべく、持ちて君に贈るに堪へず」と。雲は固(もと)より持ちて贈るべきの物に非ざるなり。
　坡翁一日山中より還り、雲気群馬のごとく奔突し山中より来(きた)るを見る。遂に手を以て掇(ひろ)ひ、籠を開き、其の中に収む。帰るに及び、白雲籠に盈(み)ち、開けて之を放ち、遂に「攓雲(けんうん)篇」を作りて云ふ、「道に南山の雲に逢ひ、欻吸(くっきふ)すること電(いなづま)の過ぐるがごとし。竟(つひ)に誰か之を使令し、衮衮(こんこん)として空より下らしむる」と。又(ま)た云ふ、「或ひは吾が車に飛び入り、人の肘胯(ちうこ)に偪仄(ふくそく)す。搏取(はくしゅ)して笥中に置き、提携して茅舎に反(かへ)る。緘(かん)を開き仍(よ)りて之を放ち、掣(ひ)き去りて仍りて変化す」と。然らば則ち雲は真に以て持ちて贈るべし。
　宣和中、艮嶽(こんがく)初めて成り、近山に多く油絹嚢を造り、水を以て之を湿らせ、暁に絶巘(ぜつけん)危巒(きらん)の間に張らしむ。既にして雲と、冷泉天皇の第三皇子為尊親王との熱愛が始まるが、親王はすぐに亡くなり、今度はその弟の帥宮敦道親王の求愛を受けた。帥宮と和歌や手紙などを取り交わし、また数度の訪問を経て関係を深め、多くの苦難や世間の批判を経て、ついには帥宮邸に迎え入れられる。この間のいきさつを和歌のやりとりを中心に、和泉式部の心情を綴ったのが『和泉式部日記』である。敦道親王の死後、一条天皇の中宮藤原彰子に女房として出仕。その後藤原道長の家司で豪胆で知られる藤原保昌と再婚した。

三

出典　周密『斉東野語』〈巻七　贈雲貢雲〉

解答

問一　a、もとより　b、つひに〔ついに〕　c、しゆゆ〔しゅゆ〕

問二　雲が馬の群れのように勢いよく湧き上がり、山中からこちらに向かって来るのを見た

問三　南山から勢いよく下ってきた雲が、蘇軾の車に飛び入った。

問四　絹の袋を険しい山々に張り巡らせて集めた雲を徽宗に献上したので、貢雲と名付けられた、ということ。

問五　徽宗が訪れた先々で、袋から放たれた雲が充満し、徽宗があたかも険しい崖や深い谷の中にいるように感じられた、ということ。

問六　特だに以て持ちて〔持して〕贈るべきのみならず

問七　陶通明の詩に、雲は持ち出して人に贈ることはできないとあり、当然と思っていた。しかし、同じ宋代の、雲を捕まえ箱に入れ家に運んだ蘇軾の文章や、雲を絹の袋に詰めて徽宗に献上した話は、雲は持ち出して人に贈ることができたことを述べている。その二つの話はありえないことだが、笑い話としては面白いということ。（一五〇字以内）

◆全　訳◆

陶通明の詩に、「山中に何が有るか、嶺の上には白雲が多い。しかしただ自分が楽しむことができるだけで、持ち出し

なれて柔らかくなっているのがかえって〟という旨になる。正装ではなく、平服の宮の姿もまた素敵だ、という和泉式部の心情を押さえる。

B、「思され」(尊敬語)とあるので、帥宮の心情を表す。「あはあはし」(淡淡し)の意味を、直前の二つの会話文を踏まえ類推して説明すること。宮は当初、和泉式部を「言ふかひなからず」(ク活用形容詞「言ふかひなし」の未然形＋打消の助動詞「ず」＝つまらなくはない)と思っていたが、「ある人々」が自分に対し、和泉式部のもとへ源少将や治部卿が通っている、という噂を口々に「聞こゆれば」(ヤ行下二段動詞「聞こゆ」の已然形＋接続助詞「ば」＝申し上げるので)、軽い女だと評価を改めたという文脈をつかむこと。

▼問四　やはり「適宜言葉を補って、わかりやすく」とあるので、文法や語意などを確認した上で、省略表現を補い、どういう心情を表しているのかがわかるように説明する。以下の点を踏まえる。

(Ⅰ)帰ろうとしている宮に対して、和泉式部が贈った歌であることを、まず押さえる。「こころみに」(＝ためしには、副詞的に「降ら」に掛かっている。「なむ」は他に対する願望を表す終助詞。〟～してほしい〟を訳に示すこと。「宿過ぎて空行く月の影」は上記の文脈から、宮を月に例えている表現だとわかる。「とまると」の後には「おぼゆ」が省略されている。和泉式部が宮を引き留めたいと思っている心情をしっかりつかみたい。

(Ⅱ)「あぢきなし」は、ク活用形容詞で〟思うようにならない〟の意。物忌みのために帰らなければならない事情を示している。「影こそ出づれ」と「心やは行く」が、対比的な表現となっている。反語表現をつくる係助詞の「やは」の意をしっかり訳出したい。〈姿はここから出ていくが、心は出ていくだろうか、いや出ていきはしまい〉という旨をとらえること。

参考　和泉式部(九七八年頃～没年不詳)は平安時代中期の歌人で、恋に生き恋を歌った情熱の歌人として有名である。越前守大江雅致(いわゆる受領階級)の娘として生まれ、長保元年(九九九年)のころ和泉守橘道貞の妻となる。後の女房名和泉式部の名はここに由来する。「大江山いくのの道の」の歌で有名な小式部内侍を産む。道貞との関係が破綻するそれぞれ入る。

▼問二　「適宜言葉を補って、わかりやすく」とあるので、文法や語意を踏まえるだけでなく、主語や省略表現を補い、また直訳ではなく、どういうことかがわかるように説明を加える。以下の点を踏まえること。

ア、「まかりなむ」は「まかる」（ラ行四段動詞）の連用形＋「ぬ」（助動詞・強意）の未然形＋「む」（助動詞・意志）。直後に「帰らせたまへば」とあるので、〝おいとましよう〟という意だとわかる。「誰に忍びつるぞ」は、敬語表現が使われていないこと、また宮が和泉式部のもとに他の男が通っているのではないかと訝っているという文脈から、〝誰のところに他の男が忍んできているのか〟の意になる。和泉式部が誰と忍んで会っているのか、という意味ではないことに注意。最後の「なむ」は係助詞。後に「参る」を補えば、宮が今回なぜ和泉式部のもとを訪れたのか、その理由を明かしている文脈がつかめる。

イ、宮が、和泉式部は他の男を通わせているのではないかという疑念を抱いていたことを、和泉式部が知ったという文脈を押さえる。「いかで」（副詞）＋「にしがな」（願望の終助詞）という構造になっている。〝なんとかして～したいものだ〟の意。「いとあやしきもの」は、〝大変けしからぬ〔様子のおかしい〕人〟の意だが、上記の文脈から〝他の男も通わせている大変けしからぬ女〟と補える。「聞こし召す」は「聞く」の尊敬語。当然、主語は宮となる。「聞こし召し直す」は〝聞いて誤解を解く〟という意の「聞き直す」の尊敬表現。〈他の男が通っているというのは誤解なのだ、それをなんとか宮に理解してほしい〉という趣旨を汲み取る。

▼問三　A、直前の「例のたびごとに……なえたるしも」の内容を、かみ砕いて説明する。宮の姿を目にして評価している視点なので、和泉式部の気持ちであることを明確に示す解答にすること。「目馴れてもあらぬ」は、ラ行下二段動詞「目馴る」の連用形＋接続助詞「て」＋係助詞「も」＋ラ変補助動詞「あり」の未然形＋打消の助動詞「ず」の連体形。〝何度見ても見慣れることはない〟という旨をつかむ。「直衣」は貴人の常用の服。「いたうなえたるしも」は、副詞「いたう」＋ヤ行下二段動詞「なゆ」の連用形＋完了の助動詞「たり」の連体形＋副助詞「しも」。〝たいそう着

ただけだから。明日は物忌みと言っていたので、家にいないのもおかしいと思ったので」とおっしゃってお帰りになろうとするので、

(Ⅰ)ためしに雨でも降ってほしい。空を行く月が私の家を通り過ぎるように、私の家を通り過ぎようとしているあなたが、雨宿りしてとどまってくださると思うので

他の人が言うより子供っぽく見えて、（宮は）愛しくお思いになる。「いとしいあなたよ」とおっしゃって、しばらく部屋にお上がりになり、（その後）出て行かれるときに、

(Ⅱ)しかたなく空行く月に誘われて私の体は出ていきますが、心がどうして出ていきましょうか、心はあなたのところにとどまっています

とおっしゃって、お帰りになった後、さっきのお手紙を見ると、

私のせいで月を眺め物思いにふけっているとお告げになったので、本当かどうか確かめに来たのだ

とある。「やはり本当に素敵でいらっしゃるなあ。なんとかして、（私のことを）たいそうけしからぬ女だとお聞きになっているのを、お考え直していただきたいものだ」と思う。

宮も、「どうしようもない女ではない。寂しさを慰めるにはいい」と思われるのに、ある女房たちが申し上げるには、「この頃は、源少将が通っていらっしゃるそうです。昼間もいらっしゃるそうです」と言うと、また、「治部卿もいらっしゃるそうです」などと、口々に申し上げるので、（宮も）あまりに軽々しい女だと思われて、長い間お手紙もない。

▲解　説▼

『和泉式部日記』が、作者（本文では「女」）と帥宮（本文では「宮」）との歌の贈答を中心に、互いへの慕る思いを記述した作品であることをまず押さえる必要がある。また、前書きの「宮は、女が他の男性を通わせているのではないかと疑念を抱いており」の部分が、本文を読み解く上でも、問題に解答する上でも、大きなヒントになっている。

▼問一　カ行変格活用の動詞の活用がわかっていれば容易である。①は未然形、②は命令形、③は已然形、④は連用形が

問四　(Ⅰ)ためしに雨でも降ってほしい。空を行く月が私の家を通り過ぎるように、私の家を通り過ぎようとしているあなたが、雨宿りしてとどまってくださると思うので

(Ⅱ)しかたなく空行く月に誘われて私の体は出ていきますが、心がどうして出ていきましょうか、心はあなたのところにとどまっています

◆全　訳◆

こうして、その後は宮の訪れもない。月の明るい夜、横になって、「うらやましくも(＝これほど生きにくい世の中にあっても、うらやましいほど澄んでいる月だなあ)」などと物思いにふけっているので、宮に歌を差し上げた。月を見て荒れ果てた宿で物思いにふけっていることを、あなたは見に来ないまでも、誰に告げよというのでしょうか。あなたにお知らせしたい

樋洗童(ひすましわらわ)に、「右近の尉(じょう)に渡してきて」と言って使いにやった。(帥宮(そちのみや)は)御前に人々を召し、お話をしていらっしゃるときだった。人々が退出して、右近の尉が手紙を差し出すと、「いつものように車の準備をさせよ」とおっしゃって、(女の元へ)お越しになる。

女(＝私、和泉式部)は、まだ端近で月を眺めていたところ、人が入ってきたので、簾(すだれ)を下ろして座っていると、いつもの通りそのたびに見慣れることのないお姿であったが、直衣(のうし)などが着なれてとても柔らかくなっているのも、素敵に見える。(宮は)なにもおっしゃらないで、ただ扇に手紙を置いて、「あなたのお使いの者が返事を受け取らないで帰ったので」とおっしゃって、(扇を)差し出された。女は、お話し申し上げようにも離れていて具合が悪いので、扇を差し出して手紙を受け取った。宮も部屋に上がろうと思っていらっしゃる。庭の植え込みの美しい中をお歩きになって、「人は草葉の露なれや(＝私が恋しく思っている人は草葉の露なのか。その人がいないとすぐに涙で袖が濡れていることだ)」などとおっしゃる。とても優雅である。女の近くに寄っていらっしゃって、「私は今夜はこれでおいとましましょうよ。あの車が誰のところに忍んできたのか(あなたのところに忍んできたのか)、つきとめようと思ってあなたのところに来

の両義性を問題視している選択肢はイのみ。

参考 犬飼裕一（一九六八年～）は愛知県生まれ。二〇二〇年現在日本大学教授。マックス・ウェーバーやゲオルク・ジンメル、和辻哲郎の研究から出発し、歴史社会学、日本人論・日本文化論などを研究している。著書に社会学理論の問題点を突いた『マックス・ウェーバーにおける歴史科学の展開』『方法論的個人主義の行方』などがある。最新刊の『歴史にこだわる社会学』では、歴史社会学という新しい学問分野から、歴史と社会についての関係を、これまでとは異なる視点からの考察を展開していて、本文ではそれがどういうものかが述べられている。

歴史とは、過去の価値観のなかで、その時々のさまざまな関係性の中で展開してきたものである。それを解明しようというのが、筆者の言う「歴史社会学」であると考えられる。

出典 『和泉式部日記』〈第一〇〉

解答

問一　①こ　②こ〔こよ〕　③くれ　④き

問二　ア、私は今夜はこれでおいとまするつもりだよ。男が一体誰のところに忍んで来たのか、つきとめようと思ってあなたのところに来ただけだから

イ、私のことを他の男も通わせている大変けしからぬ女だと帥宮がお聞きになっているのを、なんとかしてお考え直していただきたいものだ

問三　A、和泉式部の、いつも自分のもとを訪れるたびに新鮮な印象を与える帥宮が、今回は着なれて柔らかくなった直衣姿でいらっしゃるのを、かえって素敵だと思う心情。

B、帥宮の、和泉式部をつまらなくはない女だと評価していたが、彼女が他の男たちも通わせているという噂を聞くにつれ、ひどく軽々しい女だと思いなおす心情。

細部の書き落としが意外と多い。字形や点などにも注意すること。

▼問二 (1)「対をなす」「九字」とあるので容易。

(2)「社会」と「権力」については、第二段落と第四段落に「社会」「権力」を用いた表現があるので、それをもとにまとめる。

▼問三 (1)直接的には傍線部の後の「一八世紀のヨーロッパにあっては……隷属化の論理ともなりうる」という一文が「両義性」「二面性」の直接の具体的説明になっているので、ここをベースにする。「平等」という言説が一八世紀ヨーロッパで「解放」の論理となった、という点は、解答する上ではもう少し言葉を補っておきたい。この箇所は、ルソーらの人権思想で掲げられた平等権が、互いの異なる個性を平等に尊重し身分制度からの解放を目指した、ということを指していると思われる。その旨を端的に記して説明すればよい。続いて後半の部分、「平等」は人間の規格化・均質化・隷属化の論理にもなりうる、という点は第七～十段落からさらに説明できる。「平等」は、一面では、人間の個性を平板化し取り替え可能な部品と見なす思想となり、それを信奉する人々を、自ら巨大組織の構成部品として隷属化するものである、というポイントをしっかり押さえておきたい。

(2)〔要旨〕に示した大段落Ⅲがその説明になっているが、第十三段落冒頭の「問題は……にあるのだろう」が端的に示した一文になっている。字数も解答の根拠になる。

▼問四 問三(1)とも重なる問題である。直前の第十四段落の「人々は自分だけが……変わらない生き方をしようと願っている」の一文がわかりやすい説明であるが、傍線部の後の「社会科学が、結果として巨大な機械の部品としての人間を積極的に推奨してきた」がさらに掘り下げた説明になっている。「社会学」ではなく、「社会科学」について問うていることをしっかり念頭に置き、理由の説明になるようにまとめること。

▼問五 ここでの「個人」とは、社会科学の推奨してきた「平等」の考えのもと、組織を構成する均質な部品として隷属化している一方で「自分だけが特別」と考えている人間を指している。そうした人々を生み出してしまう、社会科学

な生き方を願うようになっているから。(七〇字以内)

問五　イ

◆要　旨◆

本文が「『歴史社会学』という新しい学問分野を掲げる立場から述べられたものである」という前書きと、従来の「社会学」だけではなく、本文の後の「社会科学」の【注】にあるように、「社会現象を対象とする学問分野の総称。経済学、法律学、政治学、社会学など」に対して修正を求めている文章であることを念頭に置いて読み進めていくこと。明確に区切りにくいが、全体を大きく三つの大段落に分けて要点を整理する。

Ⅰ(第一～五段落：人はおそらく……違いである。)社会、平等、権力についての考え方の違い　→問二

人は他人について自分に当てはめてしか理解しないものだ。人間の適性が多様だと考える人々は、多様な人々の、その時々の複雑な関係から成る社会、機会の平等、各々の関係を個別に調停する権力を考えるが、人間の適性が均質だと考える人々は、均質な人員からなる大きな社会、結果の平等、均質な人間を合理的にまとめ上げる権力を考える。

Ⅱ(第六～十二段落：複雑な対象を……論理ともなりうる。)「平等」の二面性と社会科学　→問三(1)

「人間は平等である」という社会科学における考えが、現代では以前の思想家の考えと別の意味となり、均質な人間を巨大な組織の構成部品と考え、人間を「平等」に隷属化する論理になっている。

Ⅲ(第十三～最終段落：問題はおそらく……からである。)これまでの社会科学の修正としての歴史社会学　→問三(2)・問四・問五

問題は、結果として巨大な機械の部品としての人間を推奨してきた社会科学の思考にあり、過去の刻々と変化していく状況を通して、不変の人間社会を理解しようとすることでそれに修正を求めるのが、歴史社会学である。

◀解　説▶

▼問一　c、「惹」がやや難しいが、文脈から十分判断でき、完全正解できる常識的なものばかりである。jの「養」は、

国語

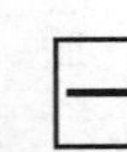

解答

出典　犬飼裕一『歴史にこだわる社会学』（八千代出版）

問一　a、独裁　b、ザセツ　c、ヒ　d、ショウモウ〔ショウコウ〕　e、レイゾク　f、コワダカ
g、規格　h、営　i、精一杯　j、栄養

問二　A、⑴人間の適性が均質だ（と考える人々）
⑵社会は均質で単純な関係に基づいて構成される組織で大きいほど優れており、権力は人々を合理的にまとめ上げる力だと考えている。（六〇字以内）
B、⑴人間の適性が多様だ（と考える人々）
⑵社会は、多様な役割を果たす人々の、その時々の複雑な関係から成り、各々の関係を個別に調停するのが権力であると考えている。（六〇字以内）
＊AとBは逆になっていても可。

問三　⑴「平等」を掲げ、身分などの束縛からの解放、機会の均等の論理となってきた社会科学の言説が、今日では逆に、本来多様な人間の個性を平板化し代替可能な存在と見なし、人々が自ら巨大組織の構成部品として隷属化する論理を生み出している、という有り様。（一二〇字以内）
⑵特定の視点～とする思考

問四　現代の人々は、巨大な機械の部品たる人間像を推奨してきた社会科学の影響により、他の人々と変わらない均質的

/////////////////////// · memo · ///////////////////////

////////////////////// · memo · //////////////////////

大学赤本シリーズ

名古屋大学

理　系

情報〈自然情報、コンピュータ科〉・理・医・工・農学部

別冊問題編

2025

矢印の方向に引くと
本体から取り外せます

目　次

問題編

解答用紙は，赤本オンラインに掲載しています。

https://akahon.net/kkm/ngy/index.html

※掲載内容は，予告なしに変更・中止する場合があります。

2024年度

問題編

前期日程

問 題 編

▶試験科目・配点

学部・学科		教 科	科 目	配 点
情報	自然情報	外国語	コミュニケーション英語Ⅰ・Ⅱ・Ⅲ，英語表現Ⅰ・Ⅱ	400 点
		数 学	数学Ⅰ・Ⅱ・Ⅲ・A・B	400 点
		理 科	「物理基礎・物理」，「化学基礎・化学」，「生物基礎・生物」，「地学基礎・地学」から1科目選択。	300 点
	コンピュータ科	外国語	コミュニケーション英語Ⅰ・Ⅱ・Ⅲ，英語表現Ⅰ・Ⅱ	300 点
		数 学	数学Ⅰ・Ⅱ・Ⅲ・A・B	500 点
		理 科	「物理基礎・物理」，「化学基礎・化学」，「生物基礎・生物」，「地学基礎・地学」から2科目選択。ただし，「物理基礎・物理」を含むこと。	500 点
理		外国語	コミュニケーション英語Ⅰ・Ⅱ・Ⅲ，英語表現Ⅰ・Ⅱ	300 点
		数 学	数学Ⅰ・Ⅱ・Ⅲ・A・B	500 点
		理 科	「物理基礎・物理」，「化学基礎・化学」，「生物基礎・生物」，「地学基礎・地学」から2科目選択。ただし，「物理基礎・物理」，「化学基礎・化学」のいずれかを含むこと。	500 点
		国 語	国語総合・現代文B（古文・漢文を除く）	150 点
医	医	外国語	コミュニケーション英語Ⅰ・Ⅱ・Ⅲ，英語表現Ⅰ・Ⅱ	500 点
		数 学	数学Ⅰ・Ⅱ・Ⅲ・A・B	500 点
		理 科	「物理基礎・物理」，「化学基礎・化学」，「生物基礎・生物」から2科目選択。	500 点
		国 語	国語総合・現代文B（古文・漢文を除く）	150 点
		面 接	医師あるいは医学研究者になるにふさわしい適性をみる。	—

保健	外国語	コミュニケーション英語Ⅰ・Ⅱ・Ⅲ，英語表現Ⅰ・Ⅱ	500点
	数　学	数学Ⅰ・Ⅱ・Ⅲ・A・B	500点
	理　科	「物理基礎・物理」，「化学基礎・化学」，「生物基礎・生物」から2科目選択。	500点
	国　語	国語総合・現代文B（古文・漢文を除く）	150点
工	外国語	コミュニケーション英語Ⅰ・Ⅱ・Ⅲ，英語表現Ⅰ・Ⅱ	300点
	数　学	数学Ⅰ・Ⅱ・Ⅲ・A・B	500点
	理　科	「物理基礎・物理」，「化学基礎・化学」	500点
農	外国語	コミュニケーション英語Ⅰ・Ⅱ・Ⅲ，英語表現Ⅰ・Ⅱ	400点
	数　学	数学Ⅰ・Ⅱ・Ⅲ・A・B	400点
	理　科	「物理基礎・物理」，「化学基礎・化学」，「生物基礎・生物」から2科目選択。	600点
	国　語	国語総合・現代文B（古文・漢文を除く）	150点

▶備　考

- 「数学Ｂ」は，「数列」，「ベクトル」から出題する。数学の試験については，試験室において公式集を配付する。また，直線定規・コンパスを使用できる。

英 語

(105 分)

I 次の英文を読み，下記の設問に答えなさい。
(＊のついた語は注を参照すること。)

Many places around the world celebrate unique geological formations or natural phenomena by associating them with divinity. In India, Lonar, one of the world's largest terrestrial impact craters, is considered a holy site and is the locus of several temples. [a] can be seen at this site.

[Ⅰ] The Pleistocene Epoch was the geological age that lasted from about 2,580,000 to 11,700 years ago, and it was in this period that a meteorite collision impact created a large depression in the ground at Lonar. Lonar has one of the few well-preserved terrestrial impact craters in the world. The site has been an important subject of study because the geomorphology and hydrology of the crater are similar to those on other (あ) bodies, such as Mars.

[Ⅱ] This body of water, called Lonar Lake, has a thin stretch of shore encircling it. The main perennial* stream runs into the crater lake from the north-east. About fifty meters lower is another perennial spring that drains into the lake. Owing to its high salinity and the presence of halophilic archaea* microbes, Lonar Lake supports microorganisms like blue-green algae* and bacteria. In 2020, Lonar Lake was recognized as a site of international importance, under the protection of an inter-governmental treaty known as the Ramsar Convention. Since 2000, the Government of India has declared the forest surrounding Lonar Lake a wildlife sanctuary (①) the jurisdiction of the Maharashtra State Forest Department.

[Ⅲ] The natural water sources and streams around the site that feed the lake are (②) particular importance in Hindu practice. All such locations are marked by a temple construction. These temples are clustered in three prime locations near the crater. Based on archaeological evidence, we can infer that Lonar gained importance as a religious site only after the tenth century. However, the crater was a well-known site prior (③) this period, and a small settlement was already present on the rim.

The highest concentration of temples at Lonar is around the rim of the crater, thus making the crater (い) to all narratives associated with the temples. The most frequented temple site is the Dharatirtha, named (④) the perennial water spring that flows there. The valley through which the water flows into the crater is also used as one of the main routes to access the lake. In addition to the main temple, there are five small shrines dedicated to Hindu deities such as Vishnu*, built in different periods, and surrounded by semi-open spaces. While moving around the salt-water lake, one witnesses a historical timeline of at least four hundred years as shown through its architecture. There is a strong physical connection between each temple and the crater. Successive temple builders have not only honored the presence of the crater, but also added layers of meaning to the pilgrimage circuit, connecting all the places around and within the crater.

Beyond the ecological and geological significance of the crater, an important aspect of this landscape is its cultural perception. Over time, an entire mythological system has evolved, which explains the creation of the lake and its seasonal changes. (1)<u>The principal dominant myth</u> is a story in which the god Vishnu triumphs over a demon who was disrupting life in the region. Lonar Lake is explained as the outcome of a catastrophic event, in which a divine power appeared to defeat the demon.

The mythological narrative of Lonar encapsulates people's perception and comprehension of the crater. Beyond Hinduism, (⑤) many other multivalent sites in India, Lonar is also frequented by people practicing different religions.

[Ⅳ] The archaeological evidence allows us to construct a timeline for this human attempt at explaining and comprehending a landscape. Geology is understood through natural materials and forms, while mythology is based on literary interpretation of narratives.(2) Archaeological evidence comprises man-made artifacts physically recovered on the site. The identity of Lonar lies at the intersection of these three layers and the meaning assigned to its creation, thus transforming a mere (う) place to a cultural and (え) space.

【出典：Sohoni, Pushkar and Swapna Joshi. "Geological Wonder as a Sacred Landscape: The Case of Lonar Crater." *Education about Asia* 27(3):37-41 (Winter 2022). 出題の都合上，原文の一部に変更を加えている。】

注

perennial	永続的な，絶え間なく続く
halophilic archaea	好塩性古細菌
algae	藻類
Vishnu	ビシュヌ(ヒンドゥー教の神)

設　問

1．空欄 [a] から始まる文は，この文章全体の趣旨を説明する文です。[a] に入る最も適切なフレーズを選択肢から選び，記号で答えなさい。

(A) Geological importance of this unique crater with saline and alkaline lakes

(B) Magnificent natural scenery of the crater that has fascinated pilgrims as well as tourists

(C) The natural history of the formation of the crater and the cultural history of how it has been perceived by humans

(D) The ways in which ancient people's perception and comprehension of

Lonar have influenced their technologies of temple construction

2．[Ⅰ]～[Ⅳ]に入る最も適切な文を選択肢から選び，記号で答えなさい。ただし，各記号は1回しか使用できない。

(A) Another mythological layer imposed on the landscape around the crater comes from the text known as the *Lonar Mahatmya*.

(B) Archeological excavation projects around the crater were stopped by 2010 due to an increasing number of natural disasters.

(C) At Lonar, material culture exists in the form of temples, which can be dated from the tenth century onwards.

(D) During the annual Hindu festival of Navaratri, a large fair is held here to celebrate and propitiate the goddess.

(E) Geological processes often take tens of thousands or even millions of years to unfold.

(F) The Lonar crater has a mean diameter of 1.12 miles and the floor of the crater is filled with salt water approximately 459 feet below the crater rim.

(G) The Lonar crater is a fine example of how geological phenomena are often overlaid with mythological meaning.

3．(あ)～(え)に入る最も適切な表現を選択肢から選び，記号で答えなさい。ただし，各記号は1回しか使用できない。

(A) central

(B) geographical

(C) planetary

(D) prone

(E) religious

(F) subsequent

4．(①)～(⑤)に入る最も適切な表現を選択肢から選び，記号で答えなさい。ただし，各記号は1回しか使用できない。

(A) after (B) as (C) between
(D) from (E) like (F) of
(G) to (H) under

5．下線部(1)によれば Lonar Lake はどのようにしてできたとされているか。25字から35字(句読点も含む)の日本語で述べなさい。

6．下線部(2)を日本語に訳しなさい。

Ⅱ 次の英文を読み，下記の設問に答えなさい。

Scientists who study happiness know that being kind to others can improve well-being. Acts as simple as buying a cup of coffee for someone can boost a person's mood. Everyday life affords many opportunities for such actions, yet people do not always take advantage of them.

In studies published online in the *Journal of Experimental Psychology: General*, Nicholas Epley, a behavioral scientist at the University of Chicago Booth School of Business, and I examined a possible explanation: people who perform random acts of kindness (1) underestimate how much recipients value their behavior.

Across multiple experiments involving approximately 1,000 participants, people performed a random act of kindness—that is, an action done with the (あ) intention of making someone else (who isn't expecting the gesture) feel good. Those who perform such actions expect nothing in return.

From one situation to the next, the specific acts of kindness varied. For instance, in one experiment, people wrote notes to friends and family "just because." In another, they gave cupcakes away. Across these experiments, we asked both the person performing a kind act and the one receiving it to fill out questionnaires. We asked the person who had acted with kindness to report their own experience and predict their recipient's response. We wanted to understand how valuable people perceived these acts to be, so both the performer and recipient had to rate how "(い)" the act seemed. In some cases, we also inquired about the actual or perceived cost in time, money or effort. (2) In all cases, we compared the performer's expectations of the recipient's mood with the recipient's actual experience.

Across our investigations, several robust patterns emerged. For one, both performers and recipients of the acts of kindness were in more positive moods than normal after these exchanges. For another, it was clear that performers undervalued their impact: recipients felt significantly better than the kind actors expected. The recipients also reliably rated these acts as "bigger" than the people performing them did.

We initially studied acts of kindness done for familiar people, such as friends, classmates or family. But we found that [a]. In one experiment, participants at an ice-skating rink in a public park gave away hot chocolate on a cold winter's day. Again, the experience was more positive than the givers anticipated for the recipients, who were people who just happened to be nearby. Although the people giving out the hot chocolate saw the act as relatively inconsequential, it really mattered to the recipients.

Our research also revealed one reason that people may underestimate their action's impact. When we asked one set of participants to estimate how much someone would like getting a cupcake simply for participating in a study, for example, their predictions matched recipients' reactions well. But when people received cupcakes for no particular reason, the cupcake givers underestimated how positive their recipients would feel. Recipients of these unexpected actions tend to focus more on *warmth* than performers do.

(3) Missing the importance of warmth may stand in the way of being kinder in daily life. People know that cupcakes can make folks feel good, to be sure, but it turns out that cupcakes given in kindness can make them feel

surprisingly good. If people undervalue this effect, they might not bother to carry out these warm, prosocial behaviors.

And kindness can be (う). In another experiment, we had people play an economic game that allowed us to examine what are sometimes called (4)"pay it forward" effects. In this game, participants allocated money between themselves and a person whom they would never meet. People who had just been on the receiving end of a kind act gave substantially more to an anonymous person than those who had not. The person who performed the initial act did not recognize that their generosity would spill over in these downstream interactions.

These findings suggest that what might seem (え) when we are deciding whether or not to do something nice for someone else could matter a great deal to the person we do it for. (お) that these warm gestures can enhance our own mood and brighten the day of another person, why not choose kindness when we can?

【出典：Kumar, Amit. "Kindness Can Have Unexpectedly Positive Consequences." *Scientific American* (Online) December 12, 2022. 出題の都合上，原文の一部に変更を加えている。】

設 問

1．下線部(1)の具体的な例を本文中から１つ探し，25字から35字(句読点も含む)の日本語で説明しなさい。

2．(あ)～(お)に入る最も適切な表現を選択肢から選び，記号で答えなさい。文頭に入る場合も小文字で表記してある。各記号は１回しか使用できない。

(A) according　(B) big　(C) compulsory

(D) contagious　(E) disappointed　(F) given

(G) insensitive　(H) malicious　(I) primary
(J) small

3．下線部(2)を日本語に訳しなさい。

4．文脈を考えて，空欄 [a] に入る最も適切な英文を選択肢から選び，記号で答えなさい。

(A) complete strangers were not willing to participate in our study
(B) givers accepted the outcome of their kind act without much surprise
(C) participants underestimated their positive impact on strangers as well
(D) the act of random kindness to familiar people often went unnoticed
(E) the recipients normally hesitated to express their gratitude to the givers

5．下線部(3)を日本語に訳しなさい。

6．下線部(4)はどのような現象を指すか，本文の内容に即して25字から35字(句読点も含む)の日本語で説明しなさい。

III Read the conversation below and answer the following questions.

Missy: Grandpa, I wonder if you could help me with a history assignment.

Greg: Wouldn't it be better to just look it up online?

Missy: This semester I'm learning about historiography, so the professor says we should gain experience gathering historical information through various sources, including listening to people.

Greg: Quick question: what's historiography?

Missy: Basically, studying methods historians use to gather information and report it.

Greg: Oh, like oral history?

Missy: Right! Do you have a memory of an extraordinary day in history?

Greg: Sure, there's one day that stands out: the first moon landing. That was 1969. I was about your age.

Missy: Why do you think that's so special for you?

Greg: Well, no offense, but (1)it's hardly a mystery. There'd been this strange ball up there in the sky for billions of years, and creatures on earth had been watching it for an awfully long time. Finally, we made it. Two humans were standing up there.

Missy: I remember learning about that in school. Neil Armstrong was the first man to walk on the moon. I'm sorry I missed it.

Greg: Here's the thing, though: we could watch it on TV, which was a fairly [①] invention at that time. That was part of what made it so special. It was a bit hard to make out the images clearly, but millions of us around the world could see it live. There's never been a global event quite like it. What about you? What's the biggest historical event you recall?

Missy: I can't think of anything much the same. But I guess (2)I haven't been around so long.

Greg: Good point. But you'll probably watch humans landing on Mars sometime in your lifetime, and that's way further than the moon.

Missy: Yes, that'll be good. Still, we've already learned quite a bit about Mars from robots crawling around out there. Was there a [②] understanding of what the moon was like before the moon landing?

Greg: There were some grainy photographs but not so much detailed knowledge. Some people worried the spacecraft might sink into the very fine dust on the surface and not be able to return. Even scientists weren't completely sure about many things.

Missy: I remember an article that said Armstrong thought there was only a 50/50 chance of success. It must have seemed like an amazing adventure. What was the impact on you personally?

Greg: That event probably made me more optimistic. We'd been living with the threat of another [③] war for some time. The moon landing made it seem like humans could do wonderfully positive things too.

Missy: Have you felt disappointed since then?

Greg: In some ways. But in other ways I'm still impressed by what humans can achieve. What about you? Technology is changing the world at a tremendous pace. Are you optimistic about the future?

Missy: I go back and forth.

Greg: You could live for a very long time. You might even go into space.

Missy: I wouldn't mind. It's hard to see far off into the future these days, though. What will the planet's environment be like? How much will things be run by AI, and what will [④] relations be like? What do you think?

Greg: Honestly, I don't have much idea. I'll say this, though: I think it's good that you're thinking about history, because even with accelerating change, we learn useful lessons from the past.

Missy: Sure. That's what I think.

QUESTIONS

1. In the context, which phrase below is closest in meaning to the underlined expression (1) "it's hardly a mystery"?
   (A) I find it hard to explain.
   (B) I found it challenging to comprehend it.
   (C) It's not as simple as it seems.
   (D) It's quite obvious.
   (E) Your question is impolite.

2. In the context, which phrase below is closest in meaning to the underlined expression (2) "I haven't been around so long"?
   (A) I am getting taller.
   (B) I am new to the neighborhood.
   (C) I am still pretty young.
   (D) I don't care so much.
   (E) I have just come back.

3. What is the initial reason Missy wants to ask Greg about his experience?
   (A) To better distinguish differences in perspective between generations.
   (B) To broaden her understanding of practical history techniques.
   (C) To comprehend how technology affects history.
   (D) To deepen her knowledge of life in her grandfather's youth.
   (E) To learn from her grandfather how to explain oral history.

4. Based on the dialogue, which TWO of the following statements are most clearly true?

(A) Greg could easily name the most memorable historical event in his life.

(B) Missy feels humans have gathered a lot of information about Mars.

(C) Missy would not like to try space travel.

(D) Overall, Greg was disappointed by the moon landing.

(E) The first astronauts who landed on the moon were positive that their mission would be successful.

5. Fill each gap [①]–[④] with the most suitable word in the context from the list below. Do not use any word more than once.

(A) capable (B) catastrophic (C) divided

(D) domestic (E) personal (F) recent

(G) thorough

6. Given recent advancements in technology, are you optimistic about the future? If so, why? If not, why not? Answer in 20 to 30 words. Indicate the number of words you have written at the end of your answer. Do not count punctuation such as commas or periods as words.

IV The following diagram presents what is known as the Müller-Lyer illusion. The two horizontal lines are the same length.

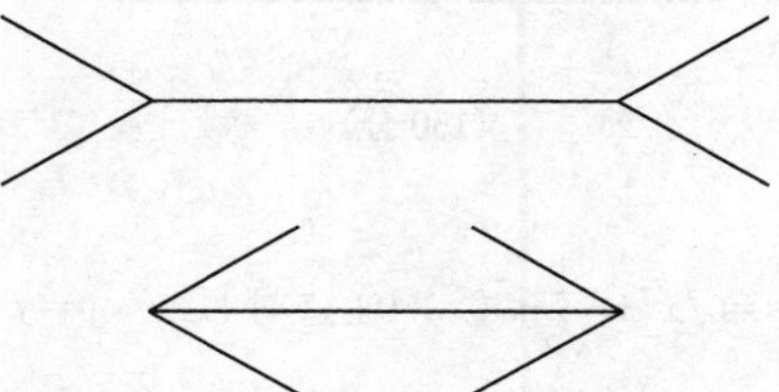

Carefully study the diagram and answer the questions that follow. Indicate the number of words you have written at the end of each answer. Do not count punctuation such as commas or periods as words.

QUESTIONS

1. Imagine you have to explain the diagram to somebody who has not seen it. How would you describe what it looks like? Your answer must be between 30 and 50 words.

2. Explain what the Müller-Lyer illusion demonstrates about how people see things. Your answer must be between 30 and 50 words.

数学

（150分）

1　関数 $f(x)=\sqrt{x}+\dfrac{2}{\sqrt{x}}$ $(x>0)$ に対して，$y=f(x)$ のグラフを C とする。

(1) $f(x)$ の極値を求めよ。

(2) x 軸上の点 $\mathrm{P}(t,\ 0)$ から C にちょうど2本の接線を引くことができるとする。そのような実数 t の値の範囲を求めよ。

(3) (2)において，C の2つの接点の x 座標を $\alpha,\ \beta$ $(\alpha<\beta)$ とする。$\alpha,\ \beta$ がともに整数であるような組 $(\alpha,\ \beta)$ をすべて求めよ。

2　c を1より大きい実数とする。また，i を虚数単位として，$\alpha=\dfrac{1-i}{\sqrt{2}}$ とおく。複素数 z に対して，

$$P(z)=z^3-3z^2+(c+2)z-c,$$

$$Q(z)=-\alpha^7z^3+3\alpha^6z^2+(c+2)\alpha z-c$$

と定める。

(1) 方程式 $P(z)=0$ を満たす複素数 z をすべて求め，それらを複素数平面上に図示せよ。

(2) 方程式 $Q(z)=0$ を満たす複素数 z のうち実部が最大のものを求めよ。

(3) 複素数 z についての2つの方程式 $P(z)=0,\ Q(z)=0$ が共通解 β を持つとする。そのときの c の値と β を求めよ。

3　座標空間の3点 $\mathrm{A}(3,\ 1,\ 3)$，$\mathrm{B}(4,\ 2,\ 2)$，$\mathrm{C}(4,\ 0,\ 1)$ の定める平面を H とする。また，

$\overrightarrow{\mathrm{AP}}=s\overrightarrow{\mathrm{AB}}+t\overrightarrow{\mathrm{AC}}$（$s,\ t$ は非負の実数）

を満たすすべての点Pからなる領域をKとする。

(1)　内積$\overrightarrow{\mathrm{AB}}\cdot\overrightarrow{\mathrm{AB}}$，$\overrightarrow{\mathrm{AC}}\cdot\overrightarrow{\mathrm{AC}}$，$\overrightarrow{\mathrm{AB}}\cdot\overrightarrow{\mathrm{AC}}$を求めよ。

(2)　原点O(0，0，0)から平面Hに下ろした垂線の足をQとする。$\overrightarrow{\mathrm{AQ}}$を$\overrightarrow{\mathrm{AB}}$と$\overrightarrow{\mathrm{AC}}$で表せ。

(3)　領域K上の点Pに対して，線分QP上の点で$\overrightarrow{\mathrm{AR}}=r\overrightarrow{\mathrm{AC}}$（$r$は非負の実数）を満たす点Rが存在することを示せ。

(4)　領域Kにおいて原点Oからの距離が最小となる点Sの座標を求めよ。

④　袋の中にいくつかの赤玉と白玉が入っている。すべての玉に対する赤玉の割合をp（$0\leqq p\leqq 1$）とする。袋から無作為に玉を一つ取り出して袋に戻す試行を行う。試行をn回行うとき，赤玉をk回以上取り出す確率を$f(k)$とおく。

(1)　$n\geqq 2$に対して，$f(1)$と$f(2)$を求めよ。

(2)　$k=1$，2，……，nに対して，等式

$$f(k)=\frac{n!}{(k-1)!(n-k)!}\int_0^p x^{k-1}(1-x)^{n-k}dx$$

を示せ。

(3)　自然数kに対して，定積分

$$I=\int_0^{\frac{1}{2}} x^k(1-x)^k dx$$

を求めよ。

数学公式集

この公式集は問題と無関係に作成されたものであるが，答案作成にあたって利用してよい。この公式集は持ち帰ってよい。

（不　等　式）

1．$\dfrac{a+b}{2}\geqq\sqrt{ab}$，　$\dfrac{a+b+c}{3}\geqq\sqrt[3]{abc}$，（$a$，$b$，$c$は正または0）

2．$(a^2+b^2+c^2)(x^2+y^2+z^2)\geqq(ax+by+cz)^2$

(三　角　形)

3．$\dfrac{a}{\sin A}=\dfrac{b}{\sin B}=\dfrac{c}{\sin C}=2R$

4．$a^2=b^2+c^2-2bc\cos A$

5．$S=\dfrac{1}{2}bc\sin A=\sqrt{s(s-a)(s-b)(s-c)}$，　$\left(s=\dfrac{1}{2}(a+b+c)\right)$

(図 形 と 式)

6．数直線上の2点 x_1，x_2 を $m:n$ に内分する点，および外分する点：

$$\frac{mx_2+nx_1}{m+n},\quad \frac{mx_2-nx_1}{m-n}$$

7．点 $(x_1,\ y_1)$ と直線 $ax+by+c=0$ との距離，および点 $(x_1,\ y_1,\ z_1)$ と平面 $ax+by+cz+d=0$ との距離：

$$\frac{|ax_1+by_1+c|}{\sqrt{a^2+b^2}},\quad \frac{|ax_1+by_1+cz_1+d|}{\sqrt{a^2+b^2+c^2}}$$

8．だ円 $\dfrac{x^2}{a^2}+\dfrac{y^2}{b^2}=1$ 上の点 $(x_1,\ y_1)$ における接線：$\dfrac{x_1x}{a^2}+\dfrac{y_1y}{b^2}=1$

9．双曲線 $\dfrac{x^2}{a^2}-\dfrac{y^2}{b^2}=1$ 上の点 $(x_1,\ y_1)$ における接線：$\dfrac{x_1x}{a^2}-\dfrac{y_1y}{b^2}=1$

(ベクトル)

10.　2つのベクトルのなす角：$\cos\theta=\dfrac{\vec{a}\cdot\vec{b}}{|\vec{a}||\vec{b}|}$

(複　素　数)

11.　極形式表示：$z=r(\cos\theta+i\sin\theta)$，　$(r=|z|,\ \theta=\arg z)$

12.　$z_1=r_1(\cos\theta_1+i\sin\theta_1)$，　$z_2=r_2(\cos\theta_2+i\sin\theta_2)$ に対し，

$$z_1z_2=r_1r_2\{\cos(\theta_1+\theta_2)+i\sin(\theta_1+\theta_2)\}$$

13.　ド・モアブルの公式：$z=r(\cos\theta+i\sin\theta)$ に対し，

$$z^n=r^n(\cos n\theta+i\sin n\theta)$$

(解と係数の関係)

14.　$x^2+px+q=0$ の解が α，β のとき，

$$\alpha+\beta=-p,\quad \alpha\beta=q$$

15.　$x^3+px^2+qx+r=0$ の解が α，β，γ のとき，

$$\alpha+\beta+\gamma=-p,\quad \alpha\beta+\beta\gamma+\gamma\alpha=q,\quad \alpha\beta\gamma=-r$$

（対　　数）

16. $\log_a M=\dfrac{\log_b M}{\log_b a}$

（三角関数）

17. $\sin(\alpha+\beta)=\sin\alpha\cos\beta+\cos\alpha\sin\beta$

$\cos(\alpha+\beta)=\cos\alpha\cos\beta-\sin\alpha\sin\beta$

18. $\tan(\alpha+\beta)=\dfrac{\tan\alpha+\tan\beta}{1-\tan\alpha\tan\beta}$

19. $\cos2\alpha=1-2\sin^2\alpha=2\cos^2\alpha-1$

20. $\sin\alpha\cos\beta=\dfrac{1}{2}\{\sin(\alpha+\beta)+\sin(\alpha-\beta)\}$

$\cos\alpha\sin\beta=\dfrac{1}{2}\{\sin(\alpha+\beta)-\sin(\alpha-\beta)\}$

$\cos\alpha\cos\beta=\dfrac{1}{2}\{\cos(\alpha+\beta)+\cos(\alpha-\beta)\}$

$\sin\alpha\sin\beta=-\dfrac{1}{2}\{\cos(\alpha+\beta)-\cos(\alpha-\beta)\}$

21. $\sin A+\sin B=2\sin\dfrac{A+B}{2}\cos\dfrac{A-B}{2}$

$\sin A-\sin B=2\cos\dfrac{A+B}{2}\sin\dfrac{A-B}{2}$

$\cos A+\cos B=2\cos\dfrac{A+B}{2}\cos\dfrac{A-B}{2}$

$\cos A-\cos B=-2\sin\dfrac{A+B}{2}\sin\dfrac{A-B}{2}$

22. $a\sin\theta+b\cos\theta=\sqrt{a^2+b^2}\sin(\theta+\alpha)$,

$\left(\sin\alpha=\dfrac{b}{\sqrt{a^2+b^2}},\ \cos\alpha=\dfrac{a}{\sqrt{a^2+b^2}}\right)$

（数　　列）

23. 初項 a，公差 d，項数 n の等差数列の和：

$S_n=\dfrac{1}{2}n(a+l)=\dfrac{1}{2}n\{2a+(n-1)d\}$，　$(l=a+(n-1)d)$

24. 初項 a，公比 r，項数 n の等比数列の和：

$S_n=\dfrac{a(1-r^n)}{1-r}$，　$(r\neq1)$

25. $1^2+2^2+3^2+\cdots+n^2=\frac{1}{6}n(n+1)(2n+1)$

$1^3+2^3+3^3+\cdots+n^3=\left\{\frac{1}{2}n(n+1)\right\}^2$

(極　　限)

26. $\lim_{n\to\infty}\left(1+\frac{1}{n}\right)^n=e=2.71828\cdots\cdots$

27. $\lim_{x\to 0}\frac{\sin x}{x}=1$

(微　積　分)

28. $\{f(g(x))\}'=f'(g(x))g'(x)$

29. $x=f(y)$ のとき $\frac{dy}{dx}=\left(\frac{dx}{dy}\right)^{-1}$

30. $x=x(t)$，$y=y(t)$ のとき $\frac{dy}{dx}=\frac{y'(t)}{x'(t)}$

31. $(\tan x)'=\frac{1}{\cos^2 x}$，　$(\log x)'=\frac{1}{x}$

32. $x=g(t)$ のとき $\int f(g(t))g'(t)dt=\int f(x)dx$

33. $\int f'(x)g(x)dx=f(x)g(x)-\int f(x)g'(x)dx$

34. $\int\frac{f'(x)}{f(x)}dx=\log|f(x)|+C$

35. $\int\log x\,dx=x\log x-x+C$

36. $\int_0^a\sqrt{a^2-x^2}\,dx=\frac{1}{4}\pi a^2$　$(a>0)$，　$\int_0^a\frac{dx}{x^2+a^2}=\frac{\pi}{4a}$　$(a\neq 0)$，

$\int_\alpha^\beta(x-\alpha)(x-\beta)dx=-\frac{1}{6}(\beta-\alpha)^3$

37. 回転体の体積：$V=\pi\int_a^b\{f(x)\}^2dx$

38. 曲線の長さ：

$$\int_a^b\sqrt{1+\left(\frac{dy}{dx}\right)^2}\,dx=\int_\alpha^\beta\sqrt{\left(\frac{dx}{dt}\right)^2+\left(\frac{dy}{dt}\right)^2}\,dt,$$

$(x=x(t),\ y=y(t),\ a=x(\alpha),\ b=x(\beta))$

(順列・組合せ)

39. ${}_n\mathrm{C}_r={}_{n-1}\mathrm{C}_r+{}_{n-1}\mathrm{C}_{r-1},\quad (1\leqq r\leqq n-1)$

40. $(a+b)^n=\sum_{r=0}^{n}{}_n\mathrm{C}_r a^{n-r}b^r$

(確　　率)

41. 確率 p の事象が n 回の試行中 r 回起こる確率：

$$P_n(r)={}_n\mathrm{C}_r p^r q^{n-r},\quad (q=1-p)$$

42. 期待値：$E(X)=\sum_{i=1}^{n}x_ip_i,$

ただし p_i は確率変数 X が値 x_i をとる確率で，$\sum_{i=1}^{n}p_i=1$ をみたすとする。

物　理

（情報（コンピュータ科）・理・医・工・農学部：2科目150分）
（情報（自然情報）学部：1科目 75分）

解答は，答案紙の所定の欄の中に書け。計算欄には，答えにいたるまでの過程について，法則，関係式，論理，計算，図などの中から適宜選んで簡潔に書け。文字や記号は，まぎらわしくないようはっきり記せ。

物理　問題 I

図1のように，水平な床に置かれた質量 M の水槽に，一様な密度 ρ，体積 V の液体1が入っている。この液体に，中空かつ細長い円柱状の浮きを静かに浮かべた。この浮きの底面積を S とする。浮きの中にはおもりが入っており，浮きの底面が床面に平行かつ液面から深さ d_0 だけ液中に沈んだ位置で静止した。なお，浮きの高さは d_0 に比べて十分長いものとする。また，水槽や浮きの変形，大気圧は無視できるものとする。重力加速度の大きさを g として，以下の設問に答えよ。

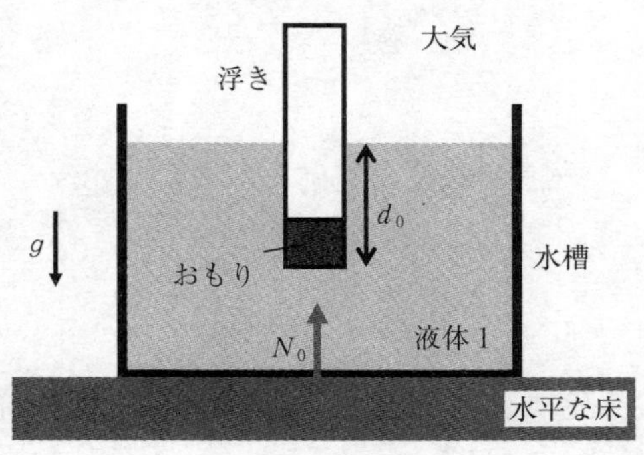

図1

設問(1)：おもりを含めた浮き全体の質量を m_0 とする。m_0 を M，S，d_0，ρ，g，V の中から必要なものを用いて表せ。

設問(2)：図1に示したように，浮きが静止しているとき，水槽の底面が床から受ける垂直抗力の大きさをN_0とする。N_0をM，S，d_0，ρ，g，Vの中から必要なものを用いて表せ。

次に，図1で静止していた浮きを指でゆっくりと押し，図2のように，浮きの底面を液面からd_0+dのところまで沈めて静止させた。ただし，$0<d<d_0$であり，dはd_0に比べて十分小さいものとする。その後，指を静かに離すと，浮きと液面の高さは周期的に変化した。以下では，水槽の底面積は浮きの底面積Sに比べて十分大きく，液面の高さの変化はdに比べて十分小さく無視できるものとする。このとき，浮きの運動は鉛直方向に限定され，浮きの中心軸は常に鉛直に保たれていたものとする。また，浮きの運動の際に生じる液体1や大気から受ける抵抗力，水槽や浮きの変形，液体の温度変化，大気圧は無視できるものとする。円周率をπとして，以下の設問に答えよ。

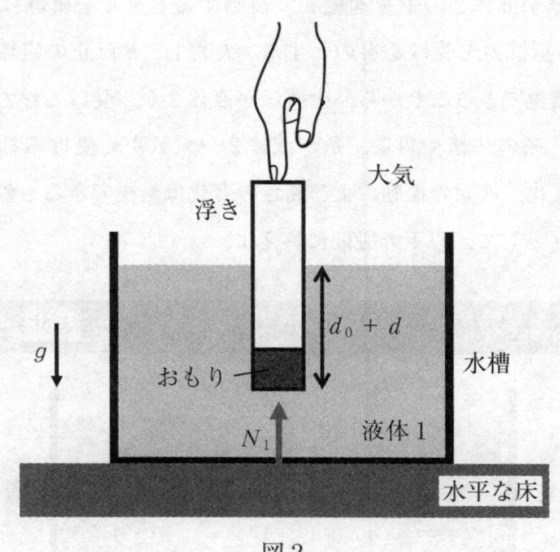

図2

設問(3)：図2のように，浮きの底面が液面から深さd_0+dのところで静止しているとき，水槽の底面が床から受ける垂直抗力の大きさをN_1とする。N_1をM，S，d，d_0，ρ，g，Vの中から必要なものを用いて表せ。

設問(4)：指を静かに離したあと，浮きの底面が液面からd_0+xの深さの位置に来たときの浮きの加速度をaとする。aをS，d，d_0，ρ，g，xの中から必要なものを用いて表せ。このとき，浮きの運動は単振動とみなせるものとし，そ

の運動の周期 T を S，d，d_0，ρ，g，x の中から必要なものを用いて表せ。ただし，$-d \leqq x \leqq d$ であり，x，a は鉛直下向きを正とする。

（解答用紙に計算欄あり）

図3のように，一様な密度 ρ，体積 V である粘度の高い液体2が，水平な床の上に置かれた質量 M の水槽に入っている。また，体積を無視できる質量 m の金属球が，天井から糸で吊るされ，水槽の側面から十分離れた位置に，液体2に完全に浸かり静止している。

いま，時刻 $t=0$ において糸を静かに切断すると，金属球は鉛直方向に落下運動をはじめ，その速度は終端速度に到達した。そのあと，金属球は底面に衝突し，十分に時間が経ったのちに底面上で静止した。金属球が終端速度に到達したとみなせる時刻を t_1，底面上で静止したとみなせる時刻を t_2 とする。

ここで，金属球が液体2の中を速度 v で運動するとき，金属球は，速度と逆向きに大きさ $k|v|$ の抵抗力を受けるものとする。ただし，k は正の定数とする。また，金属球の体積を無視できることから，金属球が液体2から受ける浮力は考えなくてもよいものとする。糸の体積や質量，糸が液体2や大気から受ける抵抗力，水槽の変形，液体の温度変化，液面の振動および高さの変化は無視できるものとする。重力加速度の大きさを g として，以下の設問に答えよ。

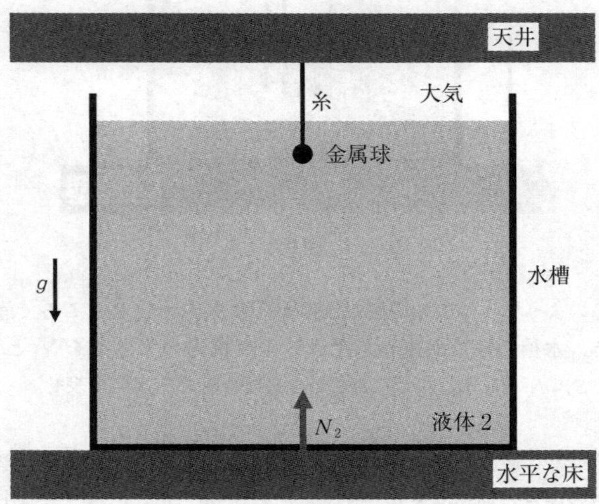

図3

設問(5)：時刻 $t = 0$ で糸を切る直前および直後において，水槽が床から受ける垂直抗力の大きさをそれぞれ N_2, N_3 とする。N_2, N_3 をそれぞれ M, ρ, V, m, g, k の中から必要なものを用いて表せ。

設問(6)：時刻が $0 < t < t_1$ の範囲にあるとき，液中を落下する金属球の速度を v，加速度を a（いずれも鉛直下向きを正）とする。このときの金属球に関する運動方程式を m, g, v, a, k の中から必要なものを用いて表せ。また，このとき，水槽が床から受ける垂直抗力の大きさ N_4 を M, ρ, V, m, g, k, v の中から必要なものを用いて表せ。

設問(7)：金属球の速度が終端速度に到達したとみなせる時刻 $t = t_1$ において，水槽が床から受ける垂直抗力の大きさは N_5 となった。N_5 を M, ρ, V, m, g, k の中から必要なものを用いて表せ。

（解答用紙に計算欄あり）

設問(8)：水槽が床から受ける垂直抗力の大きさ N の時刻 t に伴う変化の概形として，最も適切なものを以下の選択肢の中から1つ選べ。ただし，$t_1 < t < t_2$ の時間における N の変化は複雑なので，選択肢のグラフには描かれていない。なお，選択肢のグラフはいずれも，横軸は t，縦軸は N，原点はOであり，点線は補助線である。

選択肢：

(ア)

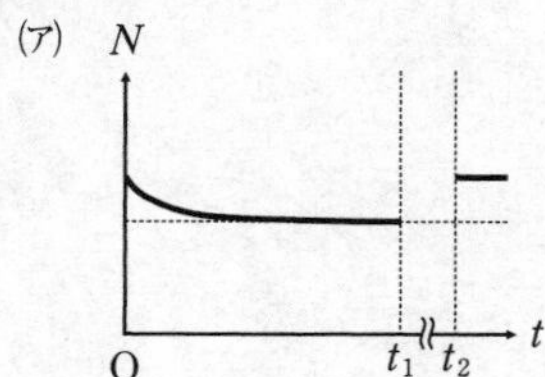

(イ)

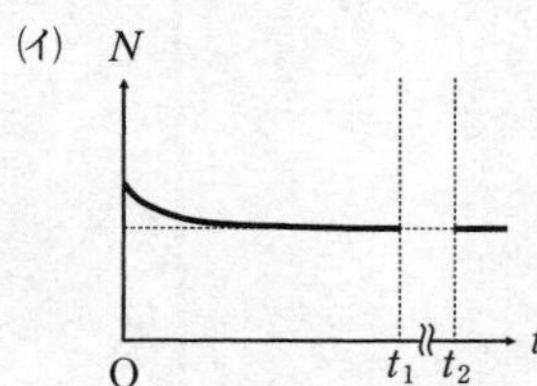

(ウ)
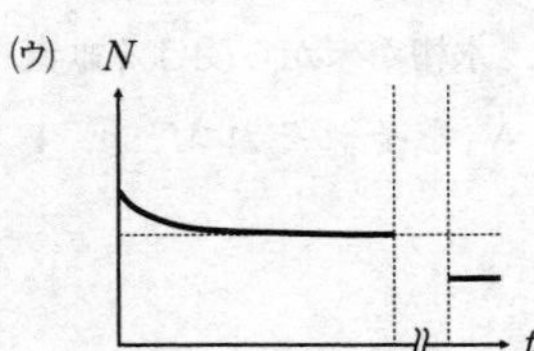
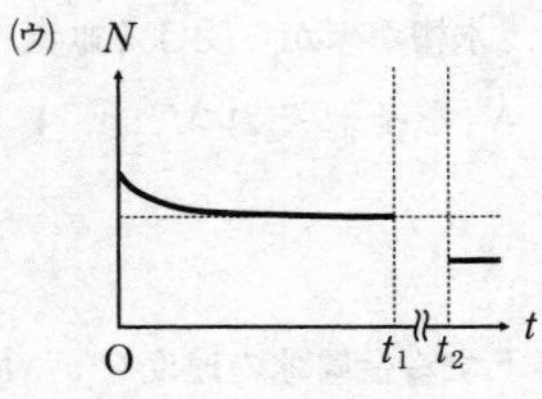

(エ)
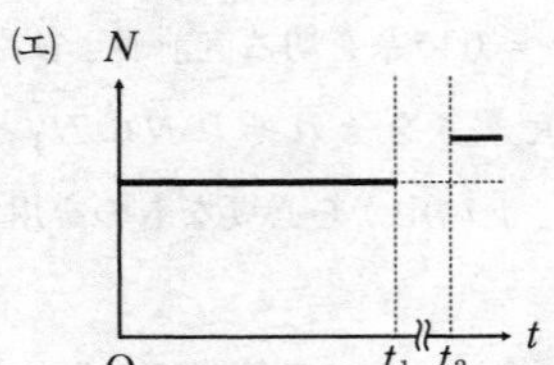

(オ)
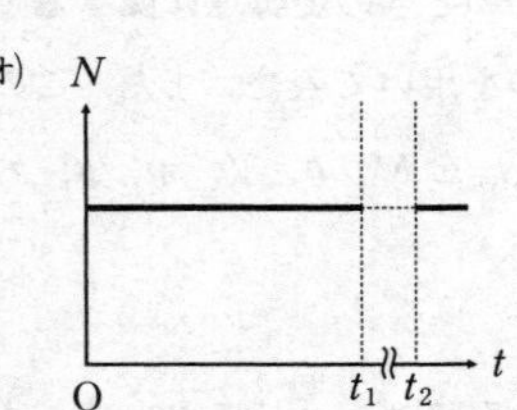

(カ)
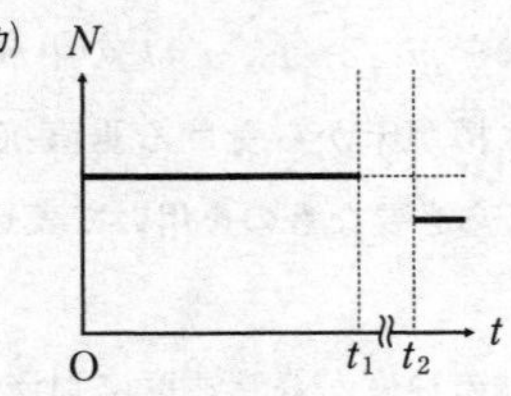

(キ)
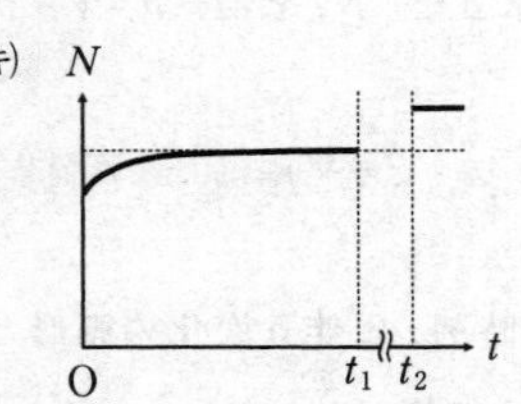

(ク)
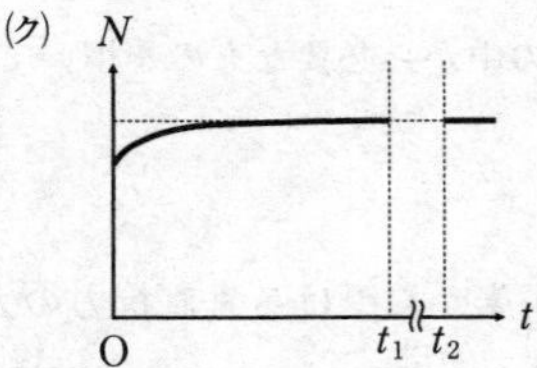

(ケ)
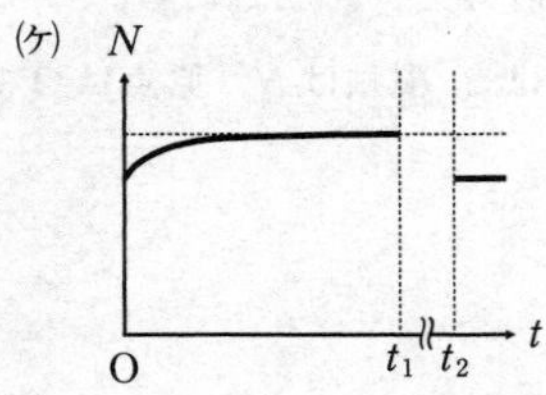

物理　問題Ⅱ

図1のように，xy 水平面内に2本の十分に長い導線レールが，それぞれ x 軸に平行に置かれている。2本の導線レールの間隔は d であり，スイッチ S_1，S_2，S_3，電気容量 C，$2C$ のコンデンサー，電気抵抗 R の抵抗器2個が取り付けられている。この2本の導線レールの上に y 軸と平行に金属棒を置く。抵抗器以外の電気抵抗および，金属棒と導線レールとの間の摩擦は無視できるものとする。また，紙面に垂直に裏から表に向かう磁束密度 B の一様な磁場があるとし，接地点の電位を0とする。

初めは各コンデンサーには電荷は蓄えられておらず，スイッチ S_1 ～ S_3 は開いている。2本の導線レールとの接触を保ったまま金属棒を一定の速さ v_0 で図1の太い矢印の方向に動かす。このとき金属棒は常に y 軸に平行とする。スイッチの開閉にかかわらず金属棒を太い矢印の方向に一定の速さ v_0 で動かし続けた。設問(1)～(6)までは B，C，R，d，v_0 のうち必要なものを用いて答えよ。

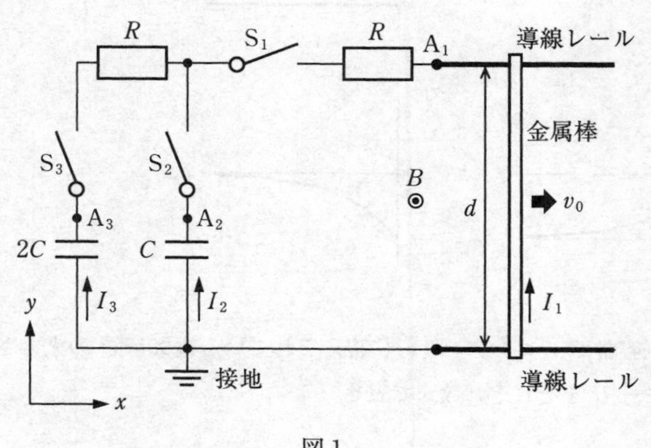

図1

設問(1)：S_1 ～ S_3 を開いた状態で一定の速さ v_0 で動いている金属棒に誘導起電力が生じる。図1の点 A_1 の電位 V_1 を符号も含めて数式で表せ。

時刻 $t = 0$ で S_1 と S_2 を同時に閉じると金属棒に電流 I_1 が流れ，十分に長い時間が経ったのち，電気容量 C のコンデンサーに蓄えられた電気量 Q が一定になった。

設問(2)：S_1 と S_2 を閉じた直後に金属棒に流れる電流 I_1 を図1の矢印の方向を正として符号も含めて数式で表せ。また，$t=0$ から Q が一定になる時刻までの電流 I_1 の時刻 t に対する変化の概形として最も適切なものを以下の選択肢(ア)〜(ク)より1つ選べ。点線は補助線である。

選択肢：

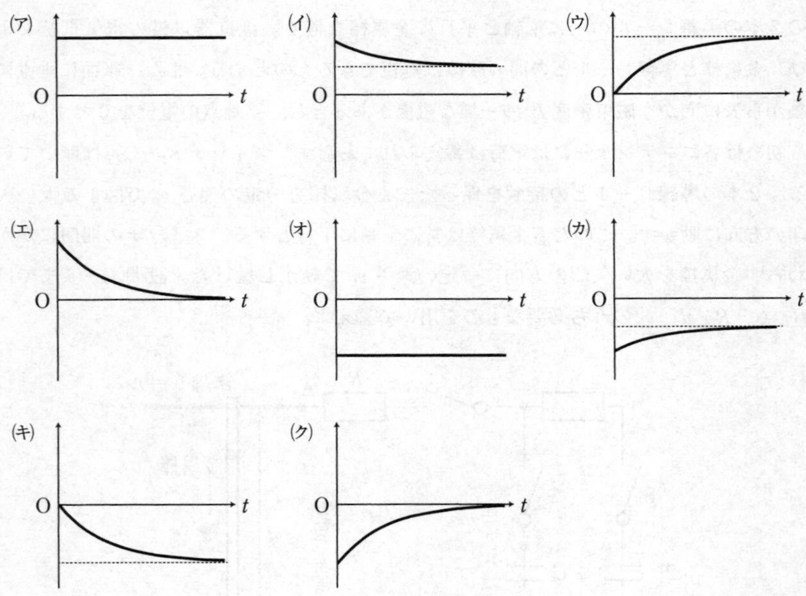

設問(3)：電気容量 C のコンデンサーに蓄えられている電気量 Q の大きさと静電エネルギー U をそれぞれ数式で表せ。

設問(4)：時刻 $t=0$ から十分に長い時間が経つまでの間に金属棒に加えられた仕事 W は $W=Q|V_1|$ で与えられるとする。抵抗器で発生したジュール熱 J を数式で表せ。

次に，S_1 を開いたのちに $t=t_1$ で S_3 を閉じた。なお，S_2 は閉じたままである。S_3 を閉じ十分に長い時間が経ったのち，両コンデンサーの極板間の電位差がそれぞれ一定になった。

設問(5)：$t = t_1$ で S_3 を閉じた直後に S_2 に流れる電流 I_2 と S_3 に流れる電流 I_3 を図1の矢印の方向を正として符号も含めてそれぞれ数式で表せ。また，$t = t_1$ から両コンデンサーの極板間の電位差がそれぞれ一定になる時刻までの電流 I_2 と I_3 の時刻 t に対する変化の概形として最も適切なものを以下の選択肢(ケ)〜(ツ)よりそれぞれ1つ選べ。点線は補助線である。

選択肢：

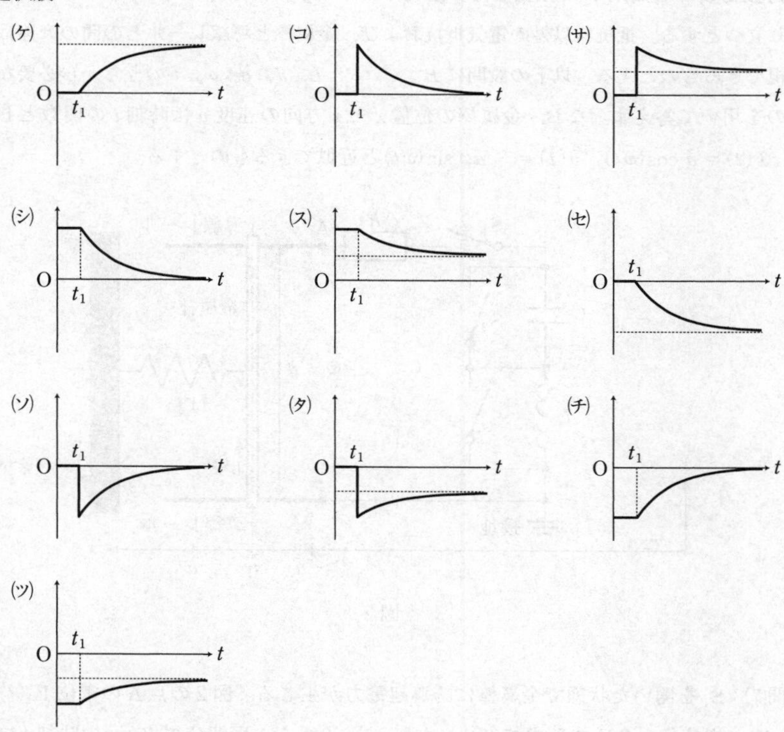

設問(6)：S_3 を閉じ十分に長い時間が経った時点において，図1の点 A_2 の電位 V_2，点 A_3 の電位 V_3 を符号も含めてそれぞれ数式で表せ。また，$t = t_1$ から両コンデンサーの極板間の電位差がそれぞれ一定になる時刻までの電位 V_2 と V_3 の時刻 t に対する変化の概形として最も適切なものを前の選択肢(ケ)〜(ツ)よりそれぞれ1つ選べ。

次に，図2のように，電気抵抗 R の抵抗器，電気容量 C のコンデンサー，自己インダクタンス L のコイル，スイッチ S_1，S_2，S_3 からなる回路において，導線レールの右側部分にある壁と金属棒をばねでつないだ。この時，コンデンサーに電荷は蓄えられておらず，スイッチ S_1～S_3 は開いている。この状態で位置 $x = a$ に金属棒を置き，時刻 $t = 0$ で初速度を0として手を放すと，金属棒は $x = 0$ を中心として一定の角振動数 ω と周期 T で振動した。金属棒は常に y 軸に平行であり，$\omega^2 LC = 1$ が成り立つとする。抵抗器以外の電気抵抗および，金属棒と導線レールとの間の摩擦は無視できるものとする。以下の設問に B，C，R，L，d，a，ω，t のうちから必要なものを用いて答えよ。なお，金属棒の位置 x と x 方向の速度 v は時刻 t の関数として，$x(t) = a\cos(\omega t)$，$v(t) = -a\omega\sin(\omega t)$ と近似できるものとする。

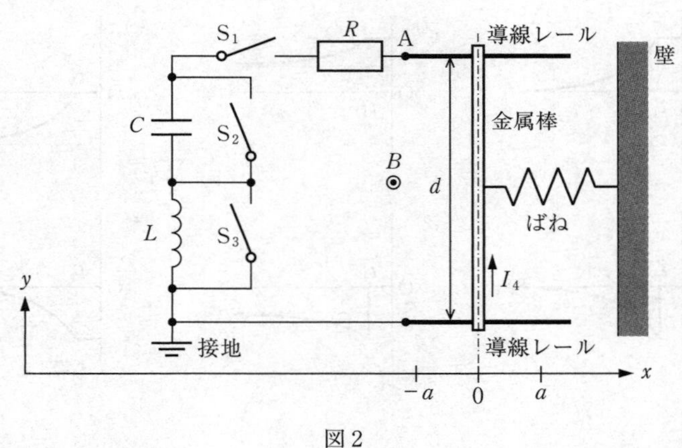

図2

設問(7)：S_1 を開いた状態で金属棒に誘導起電力が生じる。図2の点Aの電位 $V_4(t)$ を符号も含めて数式で表せ。また，$t = 0$ から1周期分の $V_4(t)$ の時刻 t に対する変化の概形として最も適切なものを以下の選択肢(テ)～(ニ)より1つ選べ。

選択肢：

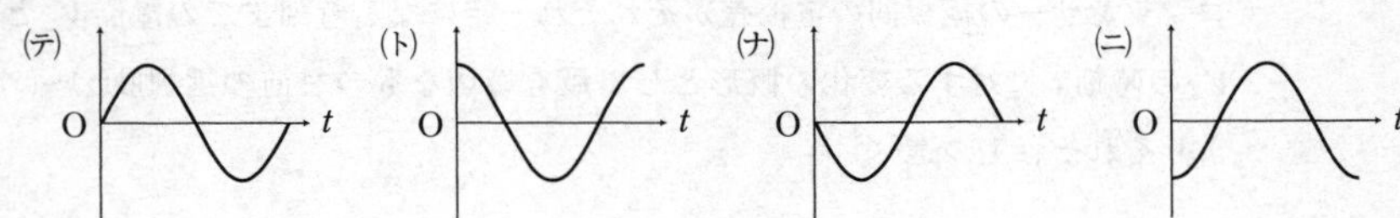

次に，$t=0$ で金属棒を振動させたのちに S_1 を閉じ，S_2 と S_3 をさまざまな組み合わせで開閉した。金属棒に電流が流れる場合，金属棒は磁場から力を受けるが，この力はばねの力に比べて小さく，振動開始後の金属棒の運動は，$x(t)=a\cos(\omega t)$ で近似的に表すことができるものとする。

設問(8)：S_2，S_3 の開閉の組み合わせとして，以下の(ヌ)〜(ハ)を考える。金属棒に流れる電流の振幅が最も大きくなるものをすべて選べ。

(ヌ) S_2 開，S_3 開

(ネ) S_2 開，S_3 閉

(ノ) S_2 閉，S_3 開

(ハ) S_2 閉，S_3 閉

設問(9)：設問(8)で金属棒に流れる電流の振幅が最も大きい場合の電流 $I_4(t)$ を図2の矢印の方向を正として符号も含めて数式で表せ。また，$t=0$ から1周期分の電流 $I_4(t)$ の時刻 t に対する変化の概形として最も適切なものを前の選択肢(テ)〜(ニ)より1つ選べ。

物理　問題III

図1のように，空気中に被写体，焦点距離 f の凸レンズ，および凸レンズの光軸に垂直にスクリーンが置かれている。被写体と凸レンズの中心の距離を ℓ_1，スクリーンと凸レンズの中心の距離を ℓ_2 とし，F と F′ はそれぞれ被写体側とスクリーン側の焦点である。凸レンズは固定され，被写体およびスクリーンは光軸上を動かすことができる。

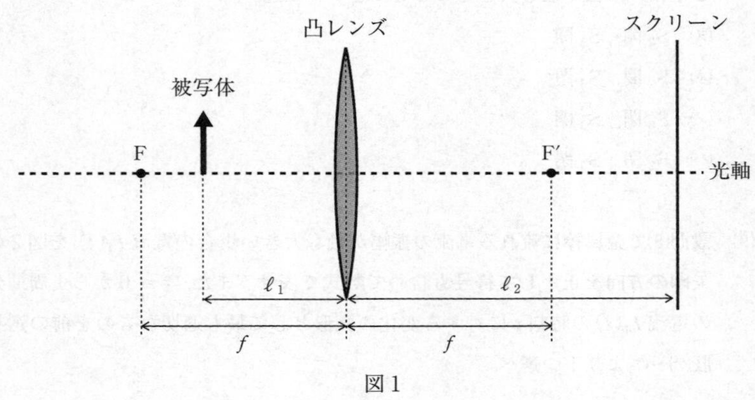

図1

設問(1)：凸レンズによる被写体の像に関する以下の文章が正しい記述になるように，(あ)，(い)，(え)，(お)は数字を記入し，(う)，(か)は選択肢(ア)～(エ)より1つずつ選べ。

$\ell_1 = \dfrac{2}{3}f$ の場所に被写体を置き凸レンズの右側から見たところ，凸レンズから距離 ［(あ)］ f の位置に，被写体の ［(い)］ 倍の大きさの ［(う)］ ができた。

次に被写体を $\ell_1 > f$ の範囲で凸レンズから遠ざける方向に移動させた。スクリーンの位置を調整したところ，$\ell_1 =$ ［(え)］ f，$\ell_2 =$ ［(お)］ f のときにスクリーン上に被写体と同じ大きさの ［(か)］ が映し出された。

選択肢：

(ア)　正立の虚像　　(イ)　倒立の虚像　　(ウ)　正立の実像　　(エ)　倒立の実像

図2のような断面ABCが二等辺三角形の形状をしたプリズムを空気中に用意する。このプリズムの屈折率nは1より大きいものとする。図2右はABCでの断面図であり，プリズムの長方形の面$A_1A_2B_2B_1$に対して矢印のように垂直方向に左より単色光を入射した場合の屈折の様子を表している。光線はプリズムの面$A_1A_2C_2C_1$の法線に対して角度βで屈折して出ていく。θは入射光線がプリズムによって曲げられる角度である。以下の設問では，角度α，β，θは十分小さいとして，$\sin\alpha \fallingdotseq \alpha$，$\sin\beta \fallingdotseq \beta$，$\sin\theta \fallingdotseq \theta$，$\tan\theta \fallingdotseq \theta$を用いよ。空気の屈折率は1とする。また，プリズム，凸レンズと空気の境界における光の反射は無視できるものとする。

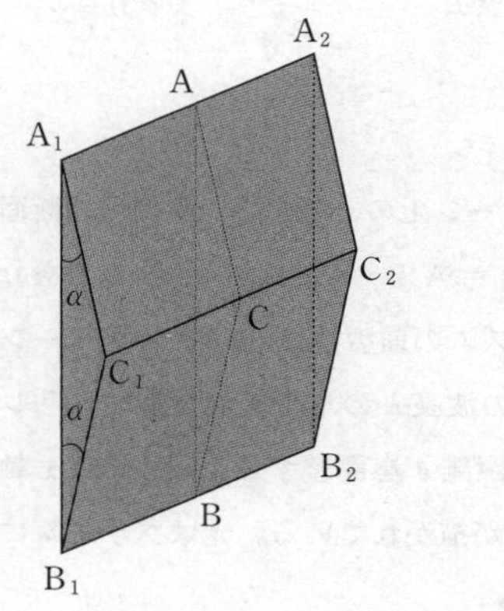

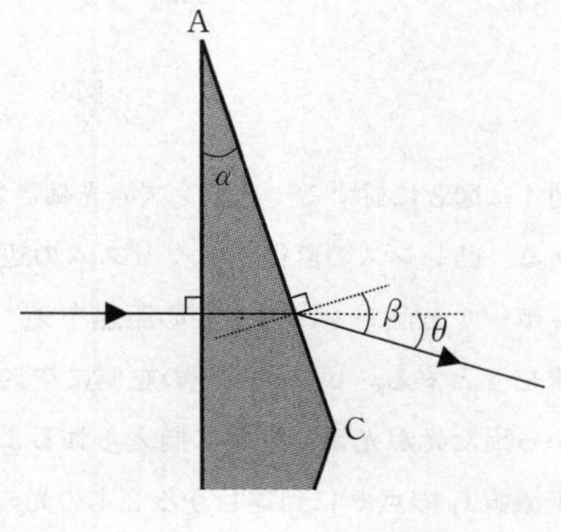

図2

設問(2)：屈折率nをαとβを用いて表せ。

設問(3)：角度θをα，nを用いて表せ。

次に，空気中に，小さな穴(以下ピンホールとよぶ)のあいた板，凸レンズ，図2のプリズム，スクリーンを図3のように配置する。ピンホールは凸レンズの光軸上にあり，プリズムの面$A_1A_2B_2B_1$とスクリーンは光軸に垂直である。プリズム上の点Cは光軸上にある。スクリーン上には，光軸との交点Oを座標の原点として，図3のようにABに平行で上向きにx軸をとる。

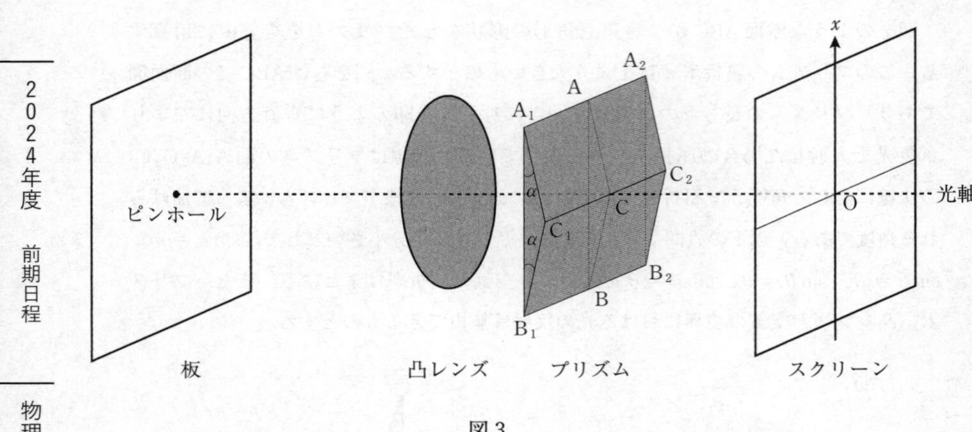

図３

図４は図３に対する，凸レンズの光軸とスクリーン上の x 軸を含む平面での断面図である。凸レンズの直径 d はプリズムの辺 $A_1B_1 = A_2B_2 = AB$ と同じ長さであり，ピンホールと凸レンズの中心の距離を ℓ，プリズムの面 $A_1A_2B_2B_1$ とスクリーンの距離を L とする。ピンホールの左側に空気中での波長 λ の単色光源を置く。凸レンズから出た光が光軸に平行に揃えられるように距離 ℓ を調整する。図４には x 軸上の座標値 x_P の点Pに到達しうる２本の光の経路が描かれている。光はプリズムによって角度 θ だけ曲げられた後に，点Pに到達する。

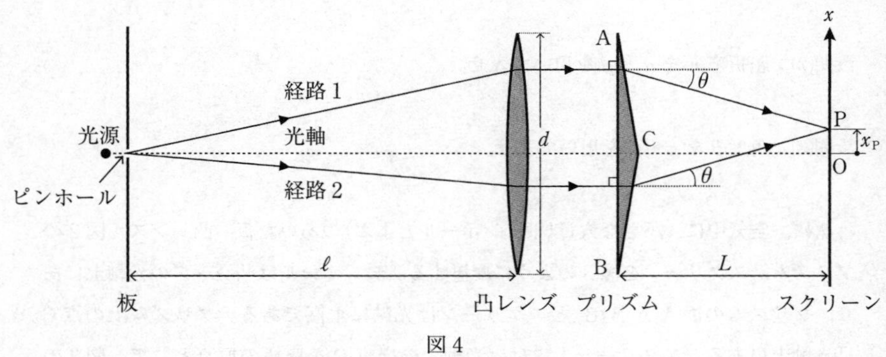

図４

設問(4)：スクリーンとプリズムの距離 L がある値 L_c 以上では，プリズムで角度 θ 曲げられたのちに点Oに到達する光線は存在しなくなる。この値 L_c を，ℓ，θ，d のうち必要なものを用いて表せ。

ピンホールからの光は，凸レンズ通過後に図5のように平面波としてプリズムの面$A_1A_2B_2B_1$に対して垂直に入射する。ℓは凸レンズの直径dに比べて十分大きく，平面波は均一とみなせるとする。この平面波は，プリズムで進行方向が曲げられた後，プリズム上半部からの平面波1と下半部からの平面波2がスクリーン上に到達する。図5にはスクリーン上の点Pと点Oに到達する平面波の波面の様子が描かれており，aとa′は平面波1の同一波面上の点，bとb′は平面波2の同一波面上の点である。線分a′Oと線分aPは平面波1の波面に垂直であり，線分b′Oと線分bPは平面波2の波面に垂直である。また，凸レンズの端およびプリズムの端による回折の効果は無視できるとする。

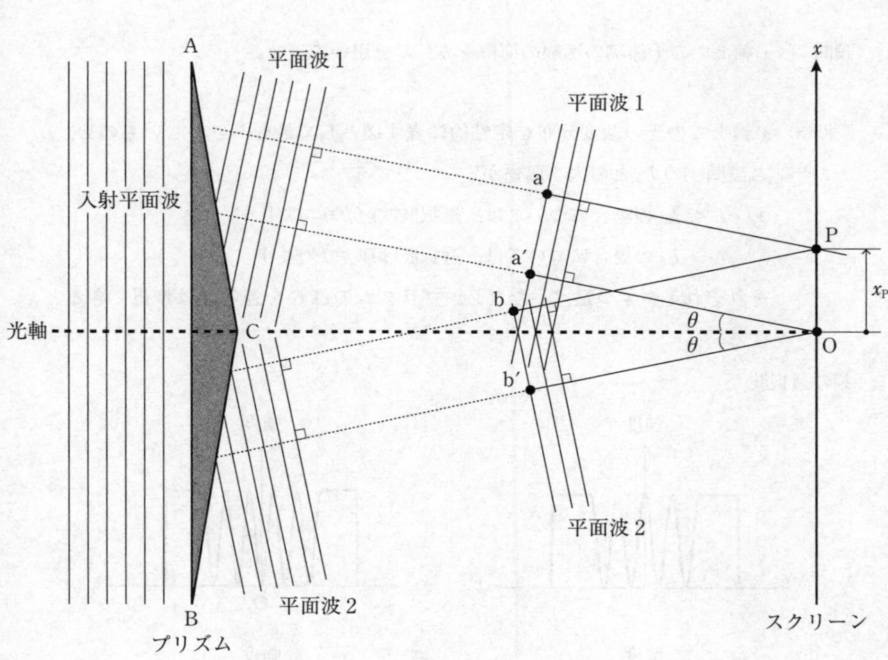

図5

設問(5)：線分 a′O の長さを $\overline{a'O}$，線分 b′O の長さを $\overline{b'O}$ と表すものとする。平面波 1 と平面波 2 に対する経路長は $\overline{a'O}=\overline{b'O}$ を満たす。このとき，

(あ)　経路長の差 $|\overline{aP}-\overline{a'O}|$

(い)　経路長の差 $|\overline{bP}-\overline{b'O}|$

(う)　経路長の差 $|\overline{aP}-\overline{bP}|$

をそれぞれ x_P，θ を用いて表せ。ただし，$x_P \geqq 0$ の範囲で答えよ。

設問(6)：x 軸上の点 P において平面波が強め合った。強め合う条件を θ，λ，x_P，整数 $m=0$，1，2，…を用いて表せ。ただし，$x_P \geqq 0$ の範囲で答えよ。

設問(7)：x 軸上での干渉縞の明線の間隔を θ，λ を用いて表せ。

設問(8)：x 軸上での光の強度分布を定性的に表す図として最もふさわしいものを，L と設問(4)の L_c との大小関係が

(あ)　$L < L_c$ の場合については，選択肢(ア)(イ)(ウ)(エ)より

(い)　$L > L_c$ の場合については，選択肢(オ)(カ)(キ)(ク)より

それぞれ1つずつ選べ。ただし，プリズムの点Cを通る光は無視できるとする。

(あ)の選択肢：

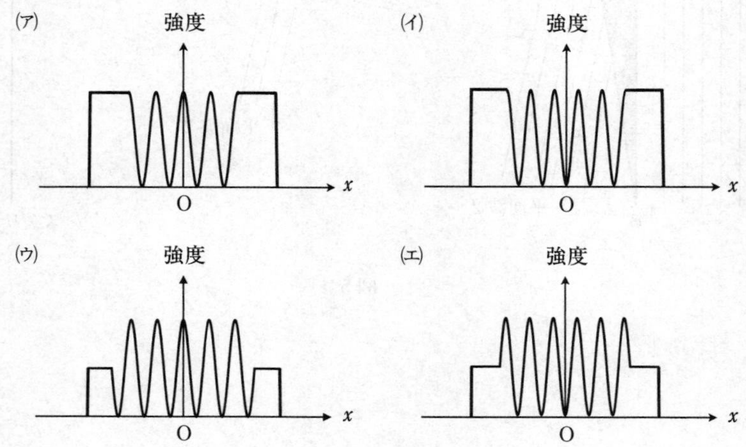

(い)の選択肢：

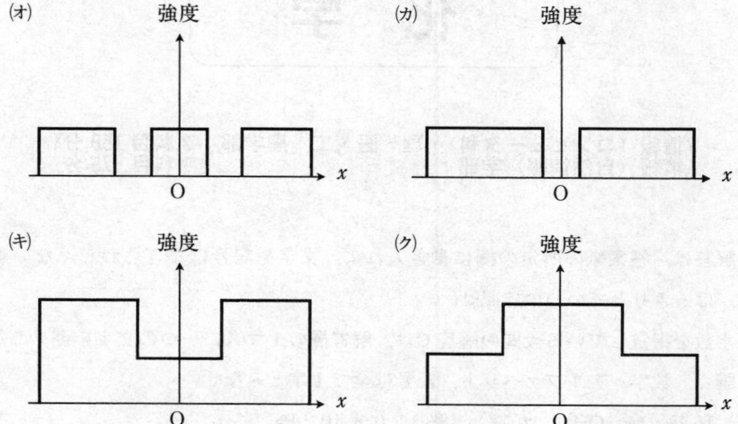

設問(9)：プリズムの屈折率 n は光の波長の増大に伴い，$n>1$ の範囲で単調に減少するものとする。光源の波長を長くした場合の干渉縞の明線間隔の振舞いの記述に関して，最もふさわしいものを以下の選択肢(ア)〜(エ)から１つ選べ。

(ア)：間隔は変化しない。

(イ)：間隔は狭くなる。

(ウ)：間隔は広くなる。

(エ)：与えられた条件だけからは判断できない。

化 学

(情報(コンピュータ科)・理・医・工・農学部:2科目150分
情報(自然情報)学部:　　　　　　　　　　1科目 75分)

(1) 解答は,答案紙の所定の欄に書き入れよ。文字や記号はまぎらわしくないように,はっきりとていねいに記せ。

(2) 字数を指定している設問の解答では,解答欄の1マスに一つの文字を書くこと。句読点,数字,アルファベット,記号は全て1字とみなせ。

例) 15℃,$Mg(OH)_2$,ガス,溶解,1.0×10^{-1} Pa。

1	5	°	C	,	M	g	(	O	H	)	₂	,	ガ	ス
,	溶	解	,	1	.	0	×	1	0	-	1	P	a	。

(3) 必要なときは次の値を用いよ。

原子量;H = 1.00,C = 12.0,N = 14.0,O = 16.0,S = 32.0

アボガドロ定数;6.02×10^{23}/mol

平方根;$\sqrt{2}=1.41$,$\sqrt{3}=1.73$,$\sqrt{5}=2.24$

化学　問題 I

次の文章を読んで,設問(1)~(6)に答えよ。

純物質の状態は,温度と圧力によって決まる。温度を横軸,圧力を縦軸にとり,状態間の境界を曲線で示すと状態図が得られる。図1に水 H_2O の模式的な状態図を示す。図1の固体と液体の状態間の境界線は融解曲線とよばれ,液体と気体の状態間の境界線は [ア] 曲線,固体と気体の状態間の境界線は [イ] 曲線とよばれる。これらの境界線上の温度と圧力では,その線をまたぐ2つの状態が共存する。3本の境界線がすべて交差する点 **A** では,固体,液体,気体の状態がすべて共存する。この点 **A** を [ウ] という。液体と気体の状態間の境界線は点 **B** で途切れるが，この点**B**を［　エ　］という。点**B**から右上の領域**X**の状態の物質は［　オ　］流体とよばれる。

純物質の固体が複数の状態をとるときは，固体の状態間の境界線が加わった状態図が得られる。たとえば，硫黄Sの単体には斜方硫黄，単斜硫黄，［　カ　］の同素体が存在する。①斜方硫黄と単斜硫黄は環状構造のS_8分子からなる分子結晶である。［　カ　］は多数のS原子が鎖状につながった分子からできている。硫黄の状態図では斜方硫黄と単斜硫黄の状態間に境界線があらわれ，その状態図(一部)は図2のようになる。この状態図では3本の境界線が交差する点は3つあり，水と同様に②固体，液体，気体の状態がすべて共存する点もあるが，③2種類の固体(斜方硫黄と単斜硫黄)と液体が共存する点や，2種類の固体と気体が共存する点もある。この状態図を用いると，④斜方硫黄から単斜硫黄を得るための圧力や温度の条件が読み取れる。

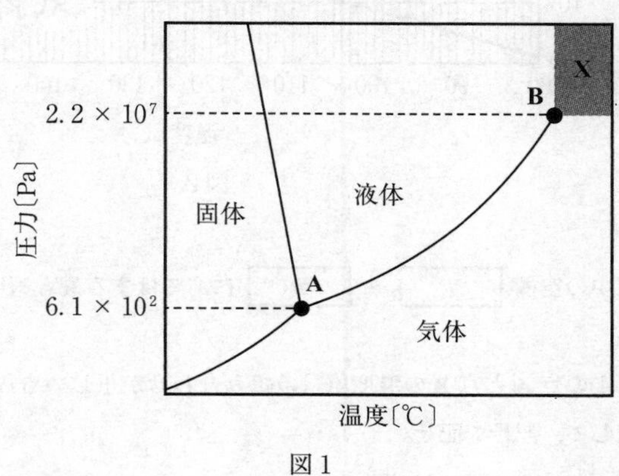

図1

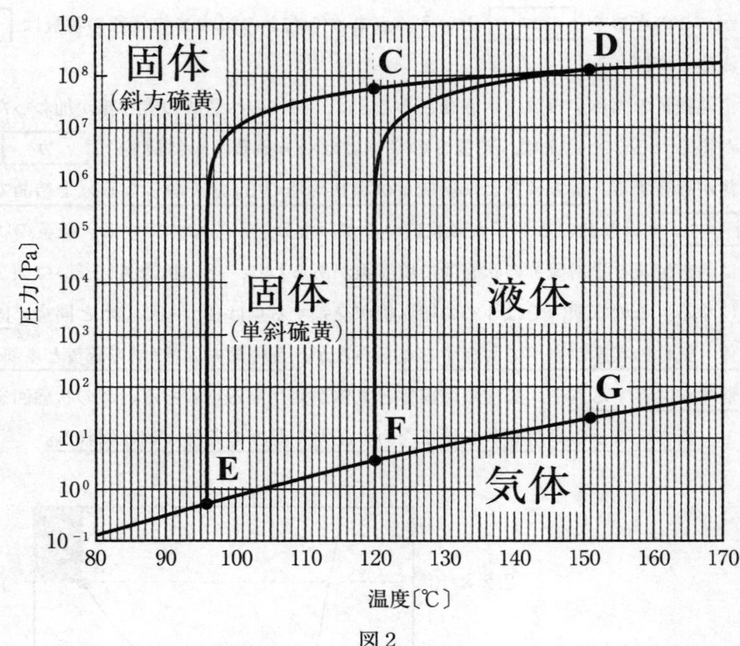

図 2

設問(1)：文中の空欄 ア ～ カ にあてはまる最も適切な語句を記せ。

設問(2)：図1の点 **A** と点 **B** の温度〔℃〕の組み合わせが正しいものを次のうちから選択して，記号で記せ。

(a)　**A** は 0.00，**B** は 374

(b)　**A** は 0.01，**B** は 100

(c)　**A** は 0.01，**B** は 374

(d)　**A** は 0.00，**B** は 100

設問(3)：水に加わる圧力を 5×10^6 Pa から 5×10^5 Pa の条件に変化させたとき，水が凝固する温度はどう変化するかを図1の状態図を用いて考える。その変化を「低くなる」，「変化しない」，「高くなる」から選択して記せ。また，そのように考えた理由を 40 字以内で説明せよ。

設問(4)：下線①に関して，以下の問いに答えよ。

(i)　斜方硫黄の密度は2.07 g/cm^{3}である。その単位格子は直方体であり，体積は3.30 nm^{3}である。単位格子中に含まれる硫黄分子の個数を計算し，小数点以下を切り捨てて整数値で記せ。

(ii)　100 gの四塩化炭素CCl_4を溶媒として斜方硫黄の結晶を溶かしたところ，凝固点が0.15 ℃下がった。何gの結晶を溶かしたか計算し，有効数字2桁で求めよ。斜方硫黄の分子は溶液中で化学反応せずに溶けるとする。また，CCl_4のモル凝固点降下は29.8 K·kg/molとせよ。

設問(5)：下線②と下線③に対応する点として最も適切なものを，図2の**C**～**G**の中から1つずつ選択して，記号で記せ。

設問(6)：下線④に関して，次の(a)～(d)のうち，単斜硫黄を得る条件を記した文章として正しいものをすべて選び，記号で記せ。正しいものがなければ「なし」と記せ。

(a)　標準大気圧のもとで，斜方硫黄の結晶を130 ℃に加熱し，十分な時間保持した後に，ゆっくりと121 ℃に冷却して温度を保持した。

(b)　標準大気圧のもとで，斜方硫黄の結晶を121 ℃に加熱し，十分な時間保持した後に，ゆっくりと110 ℃に冷却して温度を保持した。

(c)　1×10^7 Paの圧力のもとで，斜方硫黄の結晶を121 ℃に加熱し，十分な時間保持した後に，ゆっくりと96 ℃に冷却して温度を保持した。

(d)　1×10^6 Paの圧力のもとで，斜方硫黄の結晶を121 ℃に加熱し，十分な時間保持した後に，121 ℃のままゆっくりと1×10^7 Paに加圧して，圧力を保持した。

化学 問題Ⅱ

次の文章を読んで，設問(1)～(6)に答えよ。

アンモニア NH_3 は産業を支える重要な物質であり，①工業的には，触媒を用いた窒素 N_2 と水素 H_2 の反応によって合成される。N_2 は空気に含まれるため，H_2 の製造が重要である。②H_2 をつくるには，以下の反応1～反応3の化学反応が用いられる。

反応1　$CH_4 + H_2O \rightarrow CO + 3H_2$

反応2　$2CH_4 + O_2 \rightarrow 2CO + 4H_2$

反応3　$CO + H_2O \rightarrow CO_2 + H_2$

反応1は，メタン CH_4 と水蒸気 H_2O を混ぜて加熱する反応である。反応1では，全ての CH_4 が反応できず，反応後のガス中には未反応の CH_4 が残る。そのため，空気中の酸素 O_2 を用いて反応2のように未反応の CH_4 を反応させる。反応2で空気を使用することで，反応後のガスに N_2 が導入される。さらに，反応1および反応2で得られる気体は一酸化炭素 CO を含むので，反応3のように CO を水蒸気 H_2O と反応させて二酸化炭素 CO_2 と H_2 を得る。

NH_3 は，③硝酸 HNO_3 や尿素などの原料として利用されている。1828年，ドイツのウェーラーは，シアン酸アンモニウム NH_4OCN の合成を目的とする実験において，目的物質のかわりに，有機物である尿素が生じることを発見した。④尿素は，工業的には，NH_3 と CO_2 を原料として合成される。尿素は有用な⑤窒素肥料として，食糧問題の解決に貢献してきた。

設問(1)：下線①に関して，工業的には触媒として化学式 Fe_3O_4 を主成分とする物質がよく利用される。Fe_3O_4 に関して，次の(a)～(d)の記述のうち，正しいものをすべて選び，記号で記せ。正しいものがなければ「なし」と記せ。

(a) Fe_3O_4 は，赤褐色をしている。

(b) Fe_3O_4 は，酸化数＋2と＋3の鉄を含む。

(c) Fe_3O_4 は，強い磁性をもつ。

(d) Fe_3O_4 は，還元されると Fe_2O_3 となり，さらに還元されると Fe となる。

設問(2)：工業製品をつくる際に，触媒は非常に重要な役割を果たしており，触媒には，酸や金属および金属酸化物などが利用されている。(あ)酸(H_3PO_4)，(い)金属(Pt)，(う)金属酸化物(CuO−ZnO，ZnOなど)が触媒として工業的に利用されている反応として，最も適切なものを以下の(a)〜(c)の中からそれぞれ１つずつ選択して記号で記せ。

(a)　オストワルト法での硝酸の製造におけるアンモニアの酸化：

$4NH_3 + 5O_2 \rightarrow 4NO + 6H_2O$

(b)　メタノールの製造：$CO + 2H_2 \rightarrow CH_3OH$

(c)　エタノールの製造：$C_2H_4 + H_2O \rightarrow C_2H_5OH$

設問(3)：下線②に関して，1.00 mol の CH_4 を用いて反応１を行ったところ，n〔mol〕の CH_4 が反応した。反応１で残った CH_4 の全量を反応させるためにちょうど必要な量の空気を用いて反応２を進行させると，CH_4 がすべて反応した。反応１と反応２で生成した CO は反応３ですべて反応した。以下の問いに答えよ。ただし，反応２に用いる空気は $N_2 : O_2 = 4 : 1$（体積比）の混合気体とし，反応１と反応３に用いる H_2O は十分に存在するものとする。

(i)　反応２で用いた空気に含まれる N_2 の物質量 x〔mol〕と，反応１〜反応３で得られるすべての H_2 の物質量 y〔mol〕を，n を用いてそれぞれ記せ。

(ii)　$x : y$ が１：３となる場合の x〔mol〕を，有効数字２桁で求めよ。

設問(4)：下線③に関して，硝酸は強酸として働くほか，強い酸化剤としても働く。次の５つの金属のうち，以下の(ア)，(イ)の記述にあてはまる金属を以下の［　　］の中からそれぞれすべて選び，元素記号で記せ。あてはまるものがなければ「なし」と記せ。

(ア)　濃硝酸によく溶ける。

(イ)　濃硝酸には不動態となって溶けない。

アルミニウム Al，金 Au，銅 Cu，鉄 Fe，ニッケル Ni

設問(5)：下線④に関して，以下の問いに答えよ。

(i)　NH_3 と CO_2 を用いて高温高圧のもとで尿素を直接合成するときの反応式を記せ。ただし，反応式中の尿素は示性式で記せ。

(ii)　1000 kg の CO_2 を用いて(i)の反応を行ったところ，実際には 500 kg の尿素が得られた。尿素の収率〔%〕を有効数字２桁で求めよ。ただし，尿素の収率は次の式で表される。NH_3 は十分に存在するものとする。

$$尿素の収率〔\%〕= \frac{実際に得られた尿素の量〔kg〕}{理論上得ることができる尿素の最大量〔kg〕} \times 100$$

設問(6)：下線⑤に関して，窒素肥料は，他の肥料や土壌の性質を改善する物質(消石灰など)と配合して使用される場合がある。硫酸アンモニウムは代表的な窒素肥料の１つであるが，消石灰と混合すると窒素肥料としての効果を減少させる化学反応が起こる。その反応式を記せ。ただし，硫酸アンモニウムと消石灰を左辺に含むこと。

化学　問題Ⅲ

問１　次の文章を読んで，設問(1)〜(6)に答えよ。

炭素原子間の三重結合をもつ化合物は，図１に示すように，水の付加反応によりアルデヒドもしくはケトンを与える。また，①アセチレンを過剰量の臭素 Br_2 と十分に反応させると，化合物 **A** が得られる。

炭素原子間の三重結合を１つもつ化合物 **B** 102 mg を完全燃焼させたところ，二酸化炭素 330 mg および水 108 mg が得られた。化合物 **B** に触媒を用いて水を付加させたところ，２種類の安定な化合物 **C** および **D** が得られた。化合物 **C** および **D** について，それぞれをアンモニア性硝酸銀水溶液に加えて加熱したところ，どちらの化合物も反応しなかった。また，化合物 **C** および **D** を還元したところ，化合物 **C** からは不斉炭素原子をもつ化合物 **E**，化合物 **D** からは不斉炭素原子をもたない化合物 **F** が得られた。化合物 **B**～**F** の分子量はすべて 100 未満であり，化合物 **E** および **F** はヒドロキシ基をもっていた。

炭素原子間の三重結合を１つもつ化合物 **G**(分子式 C_8H_{12})は，化合物 **B** と同様に水の付加反応②を示す。また，化合物 **G** のような分子はその構造に特有な反応性を示し，医薬品の開発研究などに利用されている。この特有の化学反応を開発した研究者に 2022 年のノーベル化学賞が授与された。

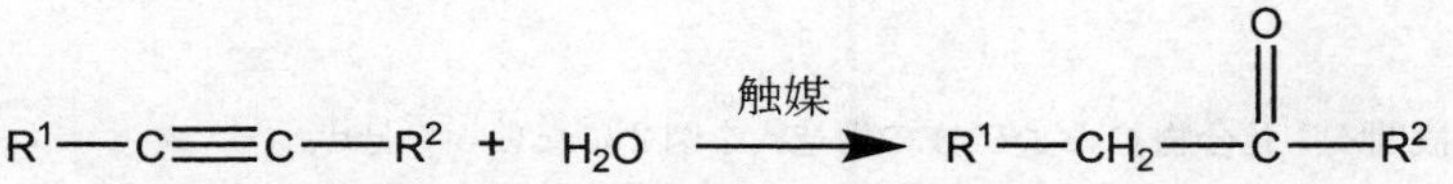

$$R^1-C\equiv C-R^2 + H_2O \xrightarrow{\text{触媒}} R^1-CH_2-\overset{\overset{\large O}{\|}}{C}-R^2$$

（R^1，R^2 は水素原子または炭化水素基を示す）

図１

設問(1)：化合物 **A** の構造式を図２にならって記せ。

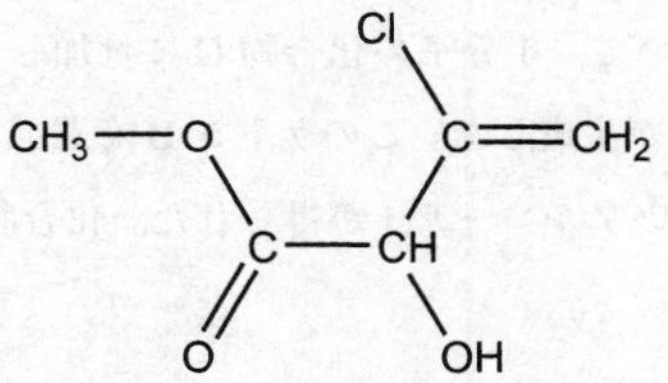

$CH_3-O-C(=O)-CH(OH)-C(Cl)=CH_2$

図２

設問(2)：下線①について，自然界には ^{79}Br と ^{81}Br という２種類の安定な同位体が存在するため，同位体の組み合わせによって質量数の総和が異なる３種類の臭素分子 Br_2 が存在する。したがって，化合物 **A** にも同位体の組み合わせの異なる分子が複数存在し，炭素原子は ^{12}C のみ，水素原子は ^{1}H のみとした場合には，化合物 **A** の質量数の総和は小さいものから順に(ア)，(イ)，(ウ)，(エ)，(オ)の５通りとなる。以下の(i)～(iii)にあてはまる数値を，小数点以下を四捨五入して整数で答えよ。なお，^{79}Br と ^{81}Br の存在比は１：１であり，同位体間で反応性には差がないものとする。

(i)　(ア)の値

(ii)　化合物**A**の全分子数に対する，質量数の総和が(ア)である分子数の割合〔%〕

(iii)　化合物**A**の全分子数に対する，質量数の総和が(ウ)である分子数の割合〔%〕

設問(3)：化合物**B**の分子式を記せ。

設問(4)：化合物**C**および**D**の構造式を図2にならって記せ。

設問(5)：ヨードホルム反応を示す化合物を，化合物**C**～**F**の中からすべて選び，記号で答えよ。ヨードホルム反応を示す化合物がなければ「なし」と記せ。

設問(6)：下線②について，1分子の化合物**G**に付加した水は1分子であり，ケトン**H**のみが生成した。このケトン**H**を還元したところ，不斉炭素原子をもたないアルコール**I**が得られた。化合物**G**の構造式を図2にならって記せ。

問2　次の文章を読んで，設問(1)～(7)に答えよ。

生体内には，L体のα-アミノ酸だけでなく，その鏡像異性体であるD体のα-アミノ酸も少量存在している。生体内では，D体のα-アミノ酸は，一般に酵素の働きによって，対応するL体のα-アミノ酸からつくられる。この過程に関わる酵素の一種は，図1で示すアラニンの例のようにL体からD体への変換反応だけでなく，D体からL体への変換反応も触媒する。なお，実線で表された結合は紙面と同一平面にあることを，くさび形の太線で表された結合は紙面の手前側にあることを，くさび形の破線で表された結合は紙面の奥側にあることを意味している。一方，この酵素を，図2で示すα-アミノ酸の一種であるL体のトレオニンに作用させた場合，D体のトレオニンは生じず，L体のトレオニンの立体異性体である化合物**A**が生じる。①これは，この変換反応がアミノ基とカルボキシ基がともに結合している炭素原子でのみ起こるためである。したがって，化合物 **A** はＬ体およびＤ体のトレオニンのどちらとも鏡像関係にはならない。このように，複数の不斉炭素原子の存在により生じる立体異性体のうち，鏡像関係にないものはジアステレオ異性体の関係にある。また，この酵素はＤ体のトレオニンをそのジアステレオ異性体である化合物 **B** に変換する。

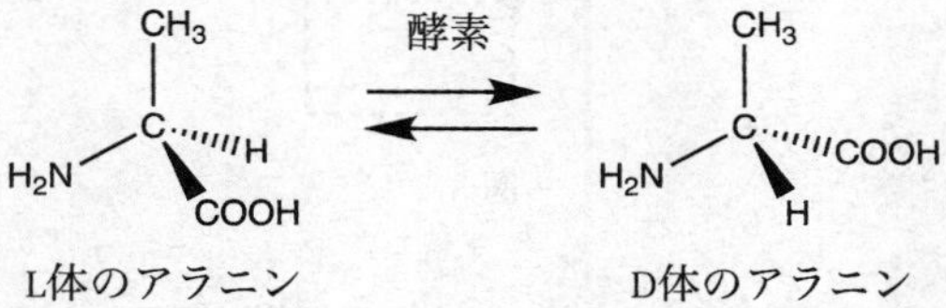

CH_3 / H_2N / C / H / COOH　酵素　CH_3 / H_2N / C / COOH / H

L体のアラニン　　D体のアラニン

図１

HO / H / C / CH_3 / C / H_2N / H / COOH

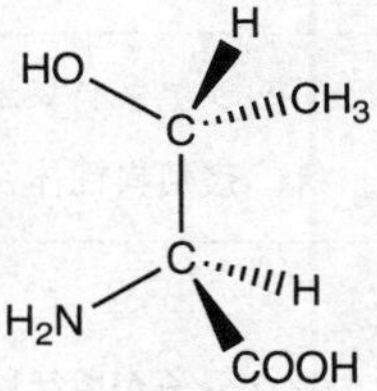

図２

設問(1)：下線①のように，酵素は特定の化合物の構造を認識し，作用する。このような酵素の性質を何というか。最も適切な語句を記せ。

設問(2)：化合物 **A** および **B** の構造式の一部を図３に示す。解答欄に示した化合物 **A** および **B** の構造式中の □ にあてはまる原子または原子団を化学式でそれぞれ記せ。

〔解答欄〕Ａ・Ｂ　いずれも図３に同じ。

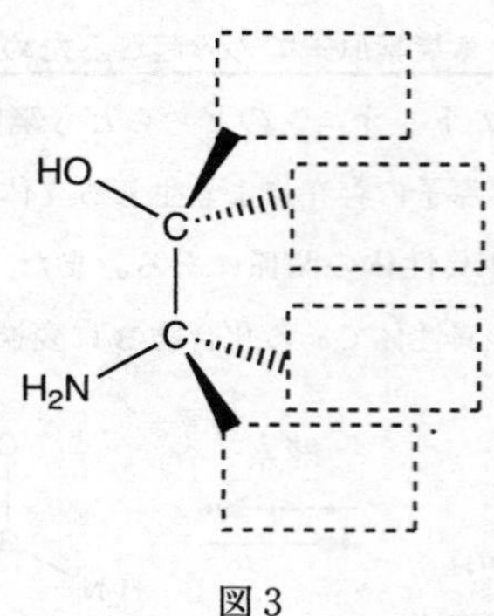

図3

設問(3)：化合物 **A** と化合物 **B** はどのような異性体の関係にあるか。最も適切な用語を以下の [ ] の(あ)〜(え)の中から1つ選び，記号で答えよ。

(あ)	構造異性体	(い)	ジアステレオ異性体
(う)	鏡像異性体	(え)	幾何異性体

設問(4)：脱水縮合によりアラニン2分子が環状に結合したペプチドの立体異性体を図4に示す。このうちL体のアラニンのみからなる分子をここではLL体，D体のアラニンのみからなる分子をDD体，L体とD体のアラニンからなる分子をLD体およびDL体と表す。DL体は紙面上で180°水平に回転させることでLD体と重なり合う同一の分子である。そのため，このペプチドの立体異性体は全部で3種類存在することになる。これらの環状ペプチドに関する以下の(お)〜(き)の記述のうち，誤っているものをすべて選び，記号で答えよ。誤っているものがなければ「なし」と記せ。

(お)　3種類の環状ペプチドはいずれもジアステレオ異性体の関係にある。

(か)　LL体とDD体の融点は等しい。

(き)　LD体はその鏡像と同一の構造をしている。

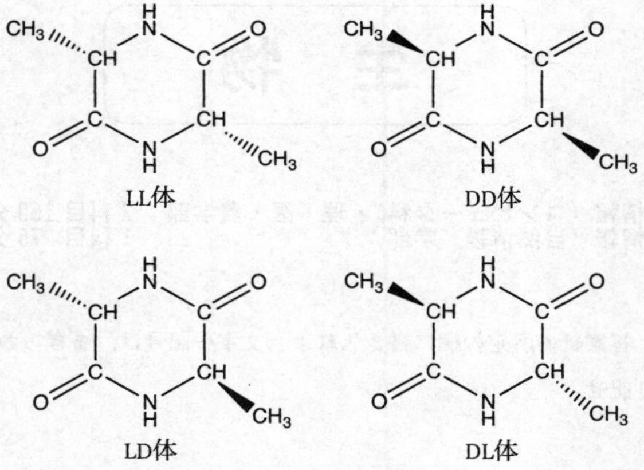

LL体　　DD体

LD体　　DL体

図 4

設問(5)：設問(4)をふまえて，脱水縮合によりアラニン 4 分子がすべて環状に結合したペプチドを考える。そのペプチドが任意の数の L 体および D 体のアラニンからなる場合，立体異性体は全部で何種類存在するか，鏡像異性体を区別して答えよ。なお，不斉炭素原子の立体配置の違いに起因する異性体のみを考慮するものとする。

設問(6)：設問(4)の環状ペプチドとアラニンを区別するために，ある検出反応を行った。アラニンを含む反応液が紫色に呈色したのに対し，環状ペプチドを含む反応液は呈色しなかった。この反応として最も適切なものを，以下の［　　］の(く)〜(さ)の中から 1 つ選び，記号で答えよ。

(く)　ニンヒドリン反応	(け)　キサントプロテイン反応
(こ)　銀鏡反応	(さ)　ビウレット反応

設問(7)：設問(6)において，アラニンが呈色したのに対して環状ペプチドが呈色しなかった理由を，それらに含まれる官能基の違いに基づき 40 字以内で記せ。

生　物

（情報（コンピュータ科）・理・医・農学部：2科目150分）
（情報（自然情報）学部：1科目　75分）

解答は，答案紙の所定の欄に書き入れよ。文字や記号は，まぎらわしくないようにはっきり記せ。

生物　問題 I

次の文章を読み，以下の設問に答えよ。

文1

リボソームは小サブユニットと大サブユニットからなり，［(ア)］サブユニットにはアミノ酸と合成中のタンパク質をペプチド結合でつなげる酵素活性がある。リボソームは生物界の3つのドメイン(細菌，［(イ)］，［(ウ)］)のどの生物でも似ているが，それらを構成するRNAやタンパク質の配列が異なる。［(イ)］のリボソームは細菌のリボソームよりも［(ウ)］のリボソームに似ている。また，［(ウ)］に含まれるミトコンドリアにもリボソームがあり，電子伝達系のタンパク質を合成している。ミトコンドリアのリボソームは細菌のリボソームに似ており，このことは今から約20億年前に別の生物の細胞に細菌の一種が入ったことによって［(ウ)］が出現したという仮説を支持する。(下線①：今から約20億年前に別の生物の細胞に細菌の一種が入ったことによって［(ウ)］が出現した)

設問(1)：空欄［(ア)］〜［(ウ)］に当てはまる語句を答えよ。

設問(2)：下線①の仮説の名称を答えよ。

文 2

テトラサイクリンは抗生物質の一種で，細菌のリボソームの空洞部分に入り込み，mRNA と tRNA の結合②を阻害する。したがって，通常，大腸菌はテトラサイクリン存在下で生育できない。しかし，*tetA* 遺伝子(TetA タンパク質をコードする)を含むプラスミドをもつ大腸菌はテトラサイクリン存在下でも生育できる。TetA タンパク質はテトラサイクリンを細胞外に排除する輸送体である。一方，*tetR* 遺伝子という遺伝子も存在する。*tetR* 遺伝子から合成された TetR タンパク質は *tetA* 遺伝子のリプレッサーであり，テトラサイクリンと結合すると DNA 結合能を失う。

ストレプトマイシンも抗生物質で，細菌のリボソームに結合してタンパク質合成の開始を阻害するため，通常，大腸菌はストレプトマイシン存在下では生育できない。しかし，ごく低頻度でストレプトマイシンに耐性をもつ菌が生じることが知られている。③そのような耐性菌では，*rpsL* 遺伝子(リボソーム小サブユニットのタンパク質 L をコードする)にアミノ酸置換を伴う突然変異が生じている。この変異遺伝子を *rpsL-mut* と呼ぶことにする。*rpsL-mut* の配列をもつ DNA をプラスミドに連結し，ストレプトマイシン感受性の大腸菌に入れると，その大腸菌はストレプトマイシン耐性になる。

設問(3)：下線②について，tRNA の中で mRNA と結合する領域の名称を答えよ。

設問(4)：下線③の *rpsL-mut* 変異遺伝子を持つ大腸菌がストレプトマイシン存在下でも生育できるメカニズムを考察し，解答欄の枠内で述べよ。

〔解答欄〕ヨコ 13.7 cm × タテ 2 cm

文 3

化学物質の中には，哺乳類の体の中で DNA に影響を与えるものがある。大腸菌のストレプトマイシン耐性化の機構はその影響を試験することに応用されている。以下はその例である。

野生型 *rpsL* 遺伝子，*tetA* 遺伝子，*tetR* 遺伝子および大腸菌での複製起点(複製開始点)を連結した DNA を制限酵素 *Eco*RI で切断される配列ではさみ，マウスゲノム DNA の中に挿入した(図 1)。このトランスジェニックマウス系統を系統 M と呼ぶ。系統 M のマウス個体から DNA を取り出し，*Eco*RI で切断後，5 kb(5,000 塩基対)の

DNAを回収し，DNAリガーゼを反応させて環状化した。そのDNAをテトラサイクリンとストレプトマイシンの両方に感受性を示す大腸菌に導入し，テトラサイクリンを含む寒天培地(Tプレート)とテトラサイクリンとストレプトマイシンの両方を含む寒天培地(TSプレート)にて培養したところ，Tプレートにはコロニーができたが，TSプレートにはコロニーができなかった。次に，系統Mの個体に化学物質Xを4週間投与してから，同じ実験を行ったところ，TSプレートでもコロニーが出現した(図2)。

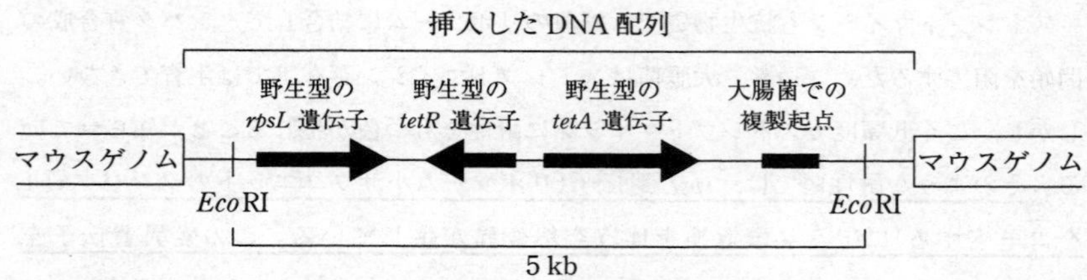

図1　挿入したDNA配列の模式図
矢印は遺伝子の領域と転写方向を示す。

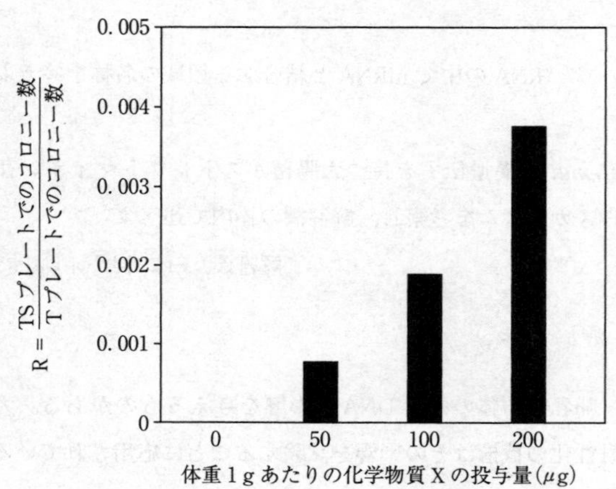

図2　TSプレートとTプレートに生育する大腸菌のコロニー数の比(R)

設問(5)：以下の(i)と(ii)の問いに答えよ。なお，表１中の *tetA-mut* は機能欠損型の変異をもつ *tetA* 遺伝子であり，*tetR-mut* は機能欠損型の変異をもつ *tetR* 遺伝子である。*rpsL-mut* については文２を参照のこと。

(i) 系統Ｍのマウスに化学物質Ｘを与えなかった実験において，Ｔプレートで生育する大腸菌からDNAを回収すると５kbの環状DNAが含まれていた。最も高頻度に得られるDNAの模式図を図３の(a)～(d)の中から１つ選び，遺伝子の状態を表１の(s)～(z)の中から１つ選んで記せ。

(ii) 体重１gあたり200μgの化学物質Ｘを系統Ｍのマウスに与えた実験において，TSプレートで生育する大腸菌からDNAを回収すると５kbの環状DNAが含まれていた。最も高頻度に得られるDNAの模式図を図３の(a)～(d)の中から１つ選び，遺伝子の状態を表１の(s)～(z)の中から１つ選んで記せ。

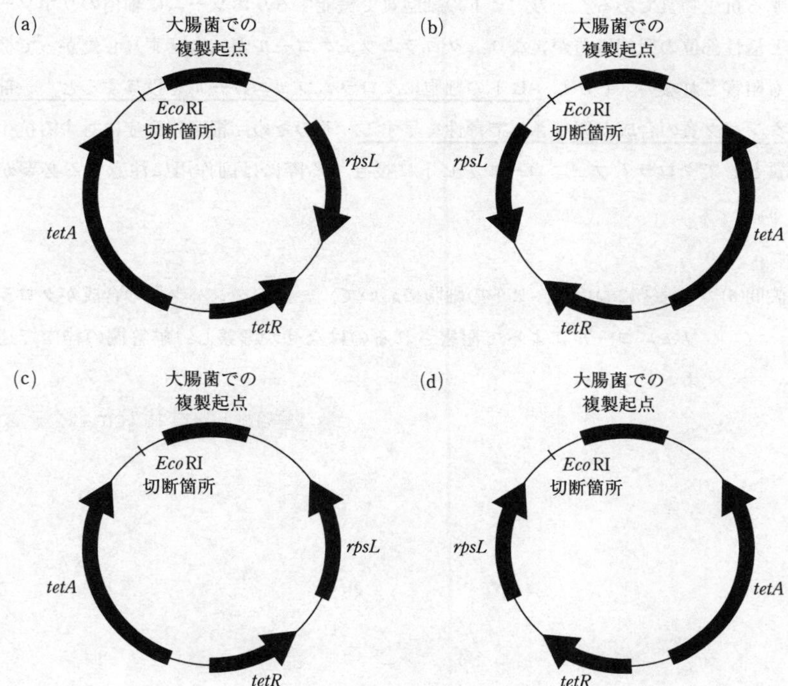

図３　大腸菌から回収されたDNA配列の模式図
矢印は遺伝子の領域と転写方向を示す。

表1 3つの遺伝子の組み合わせ表

	tetA	tetR	rpsL
(s)	野生型 *tetA*	野生型 *tetR*	野生型 *rpsL*
(t)	野生型 *tetA*	野生型 *tetR*	*rpsL-mut*
(u)	野生型 *tetA*	*tetR-mut*	野生型 *rpsL*
(v)	野生型 *tetA*	*tetR-mut*	*rpsL-mut*
(w)	*tetA-mut*	野生型 *tetR*	野生型 *rpsL*
(x)	*tetA-mut*	野生型 *tetR*	*rpsL-mut*
(y)	*tetA-mut*	*tetR-mut*	野生型 *rpsL*
(z)	*tetA-mut*	*tetR-mut*	*rpsL-mut*

tetA-mut は機能欠損型の変異を持つ *tetA* 遺伝子である。
tetR-mut は機能欠損型の変異を持つ *tetR* 遺伝子である。

文4

クロラムフェニコールは細菌のリボソームの活性部位に結合して，酵素反応を阻害する抗生物質である。一方，ヒトの細胞質で機能するリボソームは細菌のリボソームと活性部位の微細構造が異なり，クロラムフェニコールが結合せず，したがって機能も阻害されない。しかし，④ヒトの細胞にクロラムフェニコールを投与すると，一部のタンパク質の合成が阻害されて毒性を呈する。そのため，細菌感染症に対する抗生物質としてクロラムフェニコールをヒトに投与する際には副作用に注意する必要がある。

設問(6)：下線④について，ヒトの細胞において，一部のタンパク質の合成がクロラムフェニコールによって阻害されるのはなぜか考察し，解答欄の枠内で述べよ。

〔解答欄〕ヨコ 13.7cm ×タテ 2cm

生物　問題Ⅱ

次の文章を読み，以下の設問に答えよ。

文1

細胞は細胞外のシグナル分子を受容すると，その情報に従って増殖や分化(特定の形やはたらきをもつ細胞へ変化すること)などの応答を示す。例えば細胞が増殖を開始する際には，シグナル分子が細胞膜上の受容体に結合し，受容体が細胞内の酵素Aを活性化する。活性化した酵素Aは，調節タンパク質Bをリン酸化(基質にリン酸基を共有結合させること)し，リン酸化された調節タンパク質Bが調節遺伝子*C*のプロモーターに結合する。その結果，調節遺伝子*C*からmRNAが転写され，調節タンパク質Cが新たに翻訳される。翻訳された調節タンパク質Cは，細胞増殖に必要な遺伝子群のプロモーターに結合し，それら遺伝子群の発現を誘導することで，細胞の増殖が開始する(図1)。

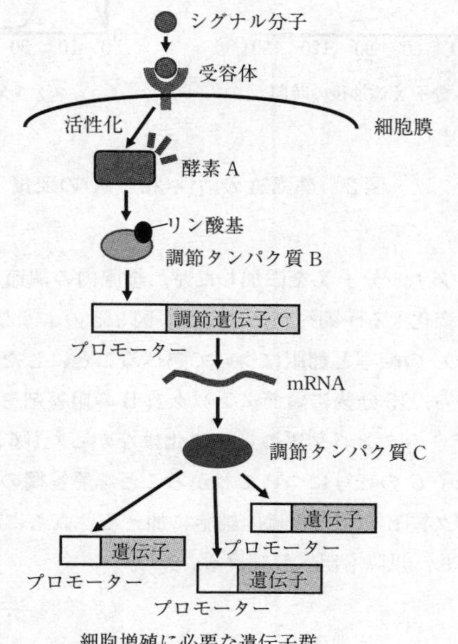

図1　シグナル分子による細胞応答

ヒトの皮膚由来の培養細胞に，シグナル分子Xを添加すると増殖を開始するが，シグナル分子Yを添加しても増殖を開始しない。このとき，シグナル分子XとYはどちらも，細胞内の酵素Aを活性化し，調節タンパク質Bのリン酸化および調節遺伝子 *C* の発現を誘導することが知られている。

ユウキさんは，シグナル分子XとYはどちらも酵素Aを活性化し，調節遺伝子 *C* の発現を誘導するのに，なぜシグナル分子Xのみが細胞増殖を引き起こすのか不思議に感じた。そこでこの違いを明らかにしようと，酵素Aの活性の経時的変化（活性時間）について調べた。その結果，図2のような違いがあることを発見した。ユウキさんは，この酵素Aの活性時間の違いが，シグナル分子XとYに対する細胞応答の違いの原因ではないかと考え，さらに調べることにした。

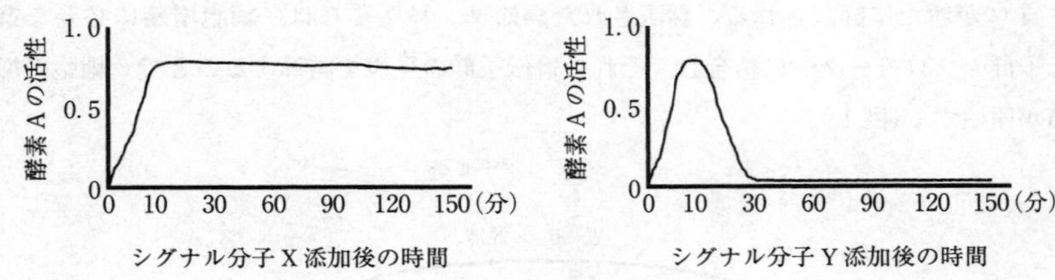

図2　酵素Aの活性（相対値）の変化

設問(1)：細胞にシグナル分子Xを添加した時，細胞内の調節タンパク質Cの量がどのように変化するか調べた。すると，図3aのような結果を得た。そこで調節遺伝子 *C* の転写と翻訳について調べることにした。シグナル分子Xを添加してから，15分後に調節タンパク質Bの阻害剤を加えたところ，調節タンパク質Cのタンパク質の量に変化はなかった（図3b）。このことから，調節遺伝子 *C* の転写についてわかることを解答欄の枠内で述べよ。なお調節タンパク質Bの阻害剤は，細胞に加えると直ちに調節遺伝子 *C* の転写誘導を阻害し，以降も阻害し続ける。

〔解答欄〕ヨコ13.7cm×タテ2cm

設問(2)：シグナル分子Xを添加してから，15分後(図3c)あるいは45分後(図3d)に，翻訳阻害剤を細胞に加えた。これらの実験データの解釈として，以下の文中の空欄に最も適切な数字を記入せよ。なお翻訳阻害剤は，細胞に加えると直ちにタンパク質の合成を阻害し，以降も阻害し続ける。

調節遺伝子 *C* の翻訳はシグナル分子Xを添加してから，［(ア)］分以降に始まり［(イ)］分までの間に完了すると考えられる。例えばシグナル分子Xの添加後150分にみられる調節タンパク質Cは，［(イ)］分までに合成されたものと考えられる。

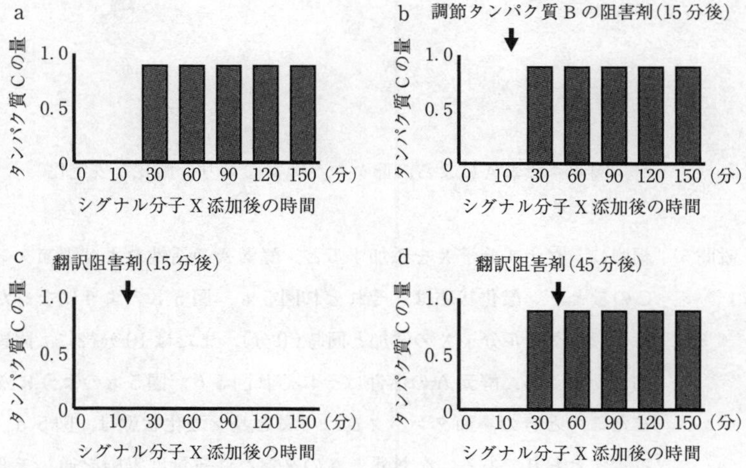

図3　各計測時間における調節タンパク質Cの量(相対値)

文2

ユウキさんが過去に行われた実験を調べたところ，活性化した酵素Aは，調節タンパク質Bをリン酸化することにくわえ，調節タンパク質Cもリン酸化し，調節タンパク質Cを分解から防いで安定化することがわかった(図4)。また酵素Aの活性が低下すると，リン酸化された調節タンパク質Cは，やがて脱リン酸化(基質に共有結合したリン酸基が解離すること)されることもわかった(図4)。このことからユウキさんは，酵素Aの活性時間の違いが，調節タンパク質Cの量に違いをもたらすのではないかと考えた。そこでこの可能性を，酵素Aの阻害剤Zを用いて，人為的に酵素Aの活性時間を変化させることで検討した。

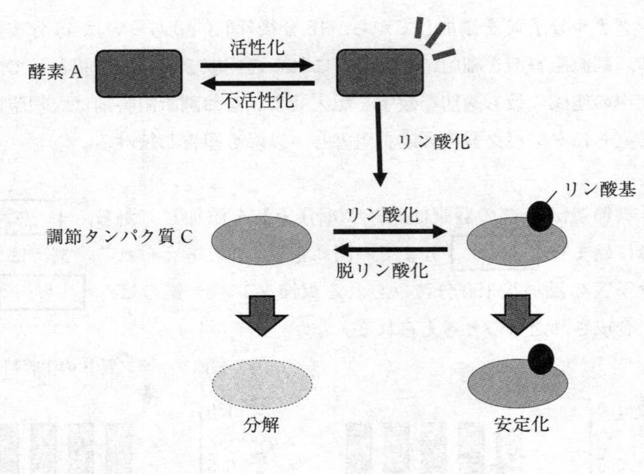

図4　酵素Aによる調節タンパク質Cのリン酸化と安定化

設問(3)：細胞にシグナル分子Xを添加すると，酵素Aの活性および調節タンパク質Cの量とリン酸化状態は，それぞれ図5a，図5bのようになった。このとき，シグナル分子Xの添加と同時(0分)，または10分後に，阻害剤Zを加えたところ，酵素Aの活性はそれぞれ図5c，図5eのようになった。またこのときの調節タンパク質Cの量とリン酸化状態は，図5d，図5fに示すとおりである。なお酵素Aのタンパク質量は実験を通して変化がなかった。これらの実験結果の考察に関する以下のa)〜c)の文章について，空欄 (i) 〜 (iii) に入れるのに最も適切な言葉を(ア)〜(ウ)から選び解答欄に記せ。

(ア)　十分である　　(イ)　十分でない

(ウ)　十分かどうか判断できない

a）調節遺伝子 *C* の発現誘導には，酵素Aの活性化が10分で (i) 。

b）調節タンパク質Cのリン酸化には，酵素Aの活性化が10分で (ii) 。

c）調節タンパク質Cの分解を防ぐには，酵素Aの活性化が10分で (iii) 。

設問(4)：次に細胞にシグナル分子Ｘを添加してから，45 分後に阻害剤Ｚを加えた。すると，酵素Ａの活性および調節タンパク質Ｃの量とリン酸化状態は，それぞれ図５ｇ，図５ｈのようになった。なお酵素Ａのタンパク質量は実験を通して変化がなかった。阻害剤Ｚの添加を遅くすることで，調節タンパク質Ｃの量とリン酸化状態が図５ｆから図５ｈのように変化した理由を，酵素Ａの活性および調節タンパク質Ｃの量とリン酸化状態に注目して考察し，解答欄の枠内で述べよ。

〔解答欄〕ヨコ 13.7 cm ×タテ 4.5 cm

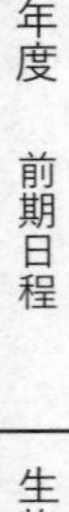

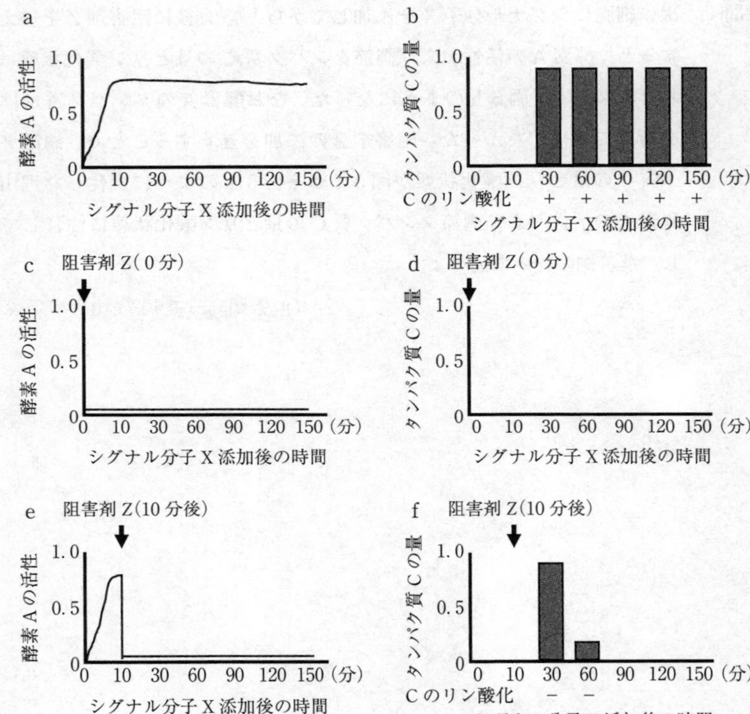

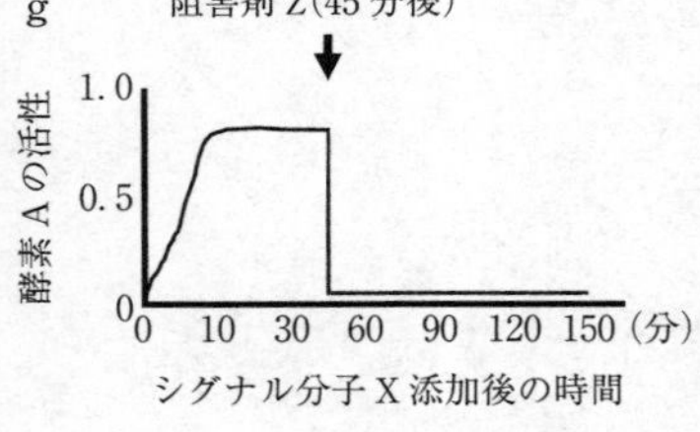

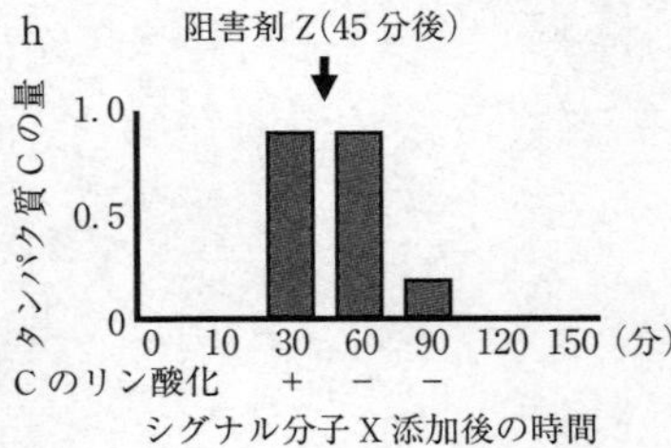

図5　阻害剤Zによる酵素Aの活性(相対値)および，調節タンパク質Cの発現量(相対値)とリン酸化状態の時間変化。Cのリン酸化が+のとき，すべてのタンパク質Cがリン酸化されており，−のとき，すべてのタンパク質Cがリン酸化されていない。

設問(5)：ユウキさんは，図５の実験において細胞が増殖するかどうか観察した。するとシグナル分子Ｘを添加した細胞(図５ａ，図５ｂ)では，細胞の増殖がみられた。一方，シグナル分子Ｘを添加してから，０分後，10 分後，45 分後に阻害剤Ｚを加えた細胞(図５ｃ～図５ｈ)では，細胞の増殖はみられなかった。これらの実験結果をふまえ，文１中のシグナル分子Ｙの添加で細胞増殖が起きなかった理由を，次の用語をすべて含めて解答欄の枠内で述べよ。

酵素 A，調節タンパク質 C，リン酸化，翻訳，活性

〔解答欄〕ヨコ 13.7cm ×タテ 6cm

生物　問題Ⅲ

次の文章を読み，以下の設問に答えよ。

文１

植物の道管は，植物体内の前形成層および形成層と呼ばれる組織の一部の細胞が分化(特定の形やはたらきをもつ細胞へ変化する現象)することによって作られる。道管が作られる過程では，前形成層あるいは形成層の細胞が，厚い細胞壁を作った後，細胞内のタンパク質や核酸を分解することにより，細胞死を起こす。このようにして，細胞壁のみを残して中空の構造となった死細胞は管状要素と呼ばれる。維管束組織では管状要素が途切れなくつながるように分化することにより機能的な道管が構築される。

細胞が管状要素へ分化するしくみを明らかにするため，植物の葉の葉肉組織の細胞(葉肉細胞)を単離し，人為的に管状要素の分化を誘導する方法が研究された。単離した葉肉細胞を様々な植物ホルモンを含む液体培地中で培養したところ，［(ア)］および［(イ)］の存在下で葉肉細胞を培養すると，一部の細胞が管状要素に分化する現象が観察された。

［(ア)］は植物細胞の成長を促進し，光屈性や重力屈性において中心的な役割を果たす植物ホルモンである。頂芽優勢をもたらすことも知られる。［(イ)］は側芽の形成を促進する植物ホルモンである。［(ア)］と組み合わせて植物の組織培養に

広く用いられ，未分化な組織からの芽や根の再分化を促進する。

設問(1)：文中の空欄 (ア) と (イ) に入る適切な植物ホルモンの名称を答えよ。

設問(2)： (ア) と (イ) 以外の植物ホルモンのうち，3種類の名称を答えよ。

文2

上記の培養した単離葉肉細胞を顕微鏡下で観察すると，細胞の見た目の形態を基準として，葉肉細胞，厚い細胞壁を作り始めた葉肉細胞(分化中の管状要素)，および厚い細胞壁をもち細胞内容物を失った管状要素(分化が完了した管状要素)の3種類の細胞のみが観察された。培養開始後12時間ごとに葉肉細胞および分化が完了した管状要素の割合を調べた結果，図1のようになった。なお，培養中に細胞分裂は観察されなかった。また，葉の内部とは異なり，前形成層細胞も目視では観察されなかった。

そこで，培養開始後12時間ごとに培養した細胞を回収し，前形成層細胞でのみ発現する遺伝子 A，および分化中の管状要素でのみ発現する遺伝子 B の mRNA 量を測定した結果，図2のような結果が得られた。なお，同一の細胞が遺伝子 A と遺伝子 B を同時に発現することはできない。

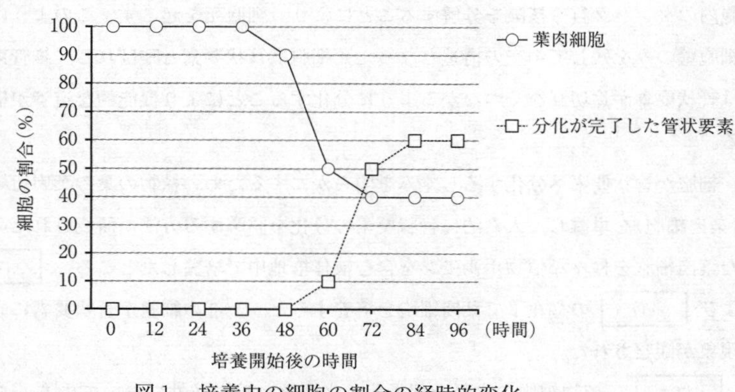

図1 培養中の細胞の割合の経時的変化

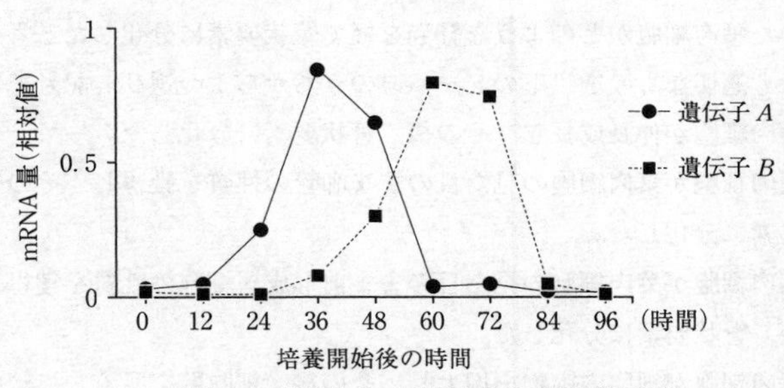

図2　培養中の mRNA 量の経時的変化

設問(3)：解答欄の図に0時間目から96時間目の分化中の管状要素の割合を -●- で加えよ。

〔解答欄〕図1に同じ。図中の線や点と重なっても構わない。

設問(4)：培養葉肉細胞が厚い細胞壁を作り始めてから分化が完了した管状要素になるまでの平均時間として最も適切なものを以下のa)～f)のうちから1つ選び，記号で答えよ。

a) 6時間
b) 12時間
c) 24時間
d) 36時間
e) 72時間
f) 84時間

設問(5)：最も多くの細胞が細胞死を起こした時間帯として最も適切なものを以下のa)～f)のうちから1つ選び，記号で答えよ。

a) 24時間～36時間
b) 36時間～48時間
c) 48時間～60時間
d) 60時間～72時間
e) 72時間～84時間
f) 84時間～96時間

設問(6)：培養した葉肉細胞がどのような経過を経て管状要素に分化したと考えられるか，最も適切なものを以下のａ)～ｅ)のうちから１つ選び，記号で答えよ。

ａ) 葉肉細胞が伸長成長し，その後，管状要素に分化した。

ｂ) 葉肉細胞が葉肉細胞の見た目のまま師管の性質を獲得し，その後，管状要素に分化した。

ｃ) 葉肉細胞が葉肉細胞の見た目のまま前形成層細胞の性質を獲得し，その後，管状要素に分化した。

ｄ) 葉肉細胞が細胞内容物を増大し，その後，細胞壁を厚くして管状要素に分化した。

ｅ) 葉肉細胞が細胞壁を厚くした後に，前形成層細胞の性質を獲得し，その後，管状要素に分化した。

文３

単離葉肉細胞をさまざまな密度で培養し，培養開始後84時間において分化が完了した管状要素の割合を計測したところ，図３(□通常培地)に示すような結果が得られた。低密度の培養条件(1×10^5 個/mL，2×10^5 個/mL，4×10^5 個/mL)において分化が完了した管状要素の割合が低かった。単離葉肉細胞を 8×10^5 個/mL の細胞密度で84時間培養した後の培養液を採取し，栄養分の量と植物ホルモンの濃度を通常培地と同等になるように調整した。この調整培地を用いて単離葉肉細胞の培養を行った結果，培養開始後84時間における分化が完了した管状要素の割合は，図３(▨調整培地)に示すように低密度の培養条件においても高かった。さらに，調整培地にタンパク質分解酵素であるトリプシンを一時的に反応させ，その後トリプシンを除去した培養液を用いて葉肉細胞を培養した。その結果，培養開始後84時間における分化が完了した管状要素の割合は図３(■調整培地＋前処理)のようになった。

単離した葉肉細胞の培養開始後36時間目から72時間目に発現する遺伝子の一つとして遺伝子 X が見つかった。子葉における遺伝子 X の mRNA は，図４(野生型)に示すように分化中の管状要素にのみ存在していた。遺伝子 X はタンパク質Xをコードしている。タンパク質Xを生産することができない変異体 x の成熟した子葉の道管を観察したところ，図４(変異体 x)に示すような結果が得られた。さらに，変異体 x の単離葉肉細胞を 8×10^5 個/mL の細胞密度で84時間培養した後の培養液を採取した。この変異体 x 由来の培養液を上記と同様に調整して野生型の単離葉肉細胞を培養した結果，図３(▩変異体 x 由来の調整培地)のような結果が得られた。

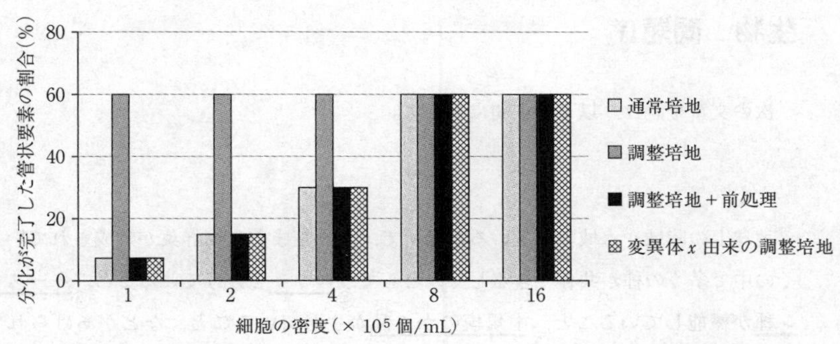

図３　各培養条件における分化が完了した管状要素の割合

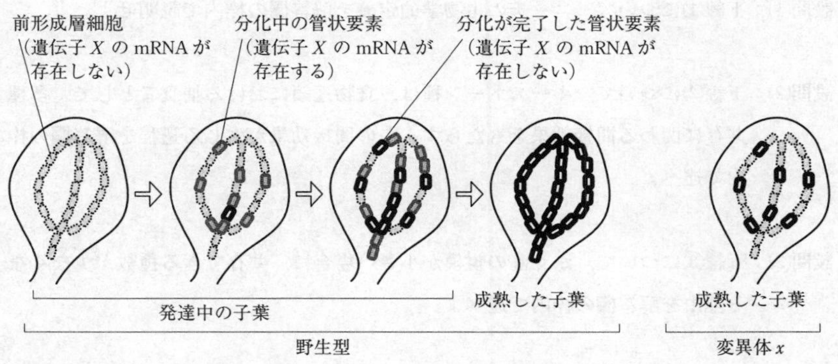

図４　子葉における管状要素の分化

設問(7)：低密度の細胞培養条件において，通常培地を用いた培養と比較して調整培地を用いた培養では管状要素の割合が高かった原因を考察して解答欄の枠内で述べよ。

設問(8)：管状要素の分化においてタンパク質Xが作用する過程について考察し，解答欄の枠内で述べよ。タンパク質Xが作られる細胞と作用する細胞に言及すること。なお，分化中の管状要素が前形成層細胞に戻ることはできない。

〔解答欄〕設問(7)　ヨコ 13.7 cm ×タテ 4 cm
　　　　　設問(8)　ヨコ 13.7 cm ×タテ 3 cm

生物　問題Ⅳ

次の文章を読み，以下の設問に答えよ。

文1

地球上の陸域や水域のいろいろな場所で，さまざまな生物群集が形成されている。その中で多くの種が共存できるしくみとして，①ニッチを分けていること，②キーストーン種が機能していること，③中規模のかく乱が生じていること，などがあげられている。

設問(1)：下線①について，ニッチの生物学的定義を解答欄の枠内で説明せよ。

設問(2)：下線②について，キーストーン種は，食物連鎖における捕食者として，多種共存に関わる間接効果をもたらす。この間接効果が生じる過程を解答欄の枠内で述べよ。

設問(3)：下線③について，かく乱の規模が小さい場合に，共存できる種数が少なくなる理由を解答欄の枠内で述べよ。

〔解答欄〕設問(1)・設問(3)　各ヨコ 13.7cm ×タテ 2cm
設問(2)　ヨコ 13.7cm ×タテ 4cm

文2

アメリカのある生態学者のチームは，生物群集の動態を検証するために，トカゲ3種(A，B，C)を用いて，ある海域の無人の群島で野外実験を行った。この群島では，トカゲとしてはAのみが生息し，島内に天敵は存在しない。研究チームは，ほぼ同じ面積で，トカゲAの単位面積あたりの個体数(個体群密度)が40匹の16島を選定し，4島ずつ4つのグループに分けた。そして，グループⅠにはトカゲBを個体群密度10匹で移入，グループⅡにはトカゲCを個体群密度10匹で移入，グループⅢにはトカゲBとトカゲCをそれぞれ個体群密度10匹で移入した。いずれのトカゲ種も移入しなかったグループを対照群とした。トカゲBはトカゲAと同程度の体サイズで競争関係にあり，トカゲCは3種の中で最も大型だが，トカゲAやトカゲ

Bを捕食しない。なお，これら3種のトカゲについて，ふ化後の成長段階や性比は無視できるものとする。

各トカゲ種の個体群密度を経年的に記録した結果，図1のようになった。図中の値は，各グループの平均を示している。

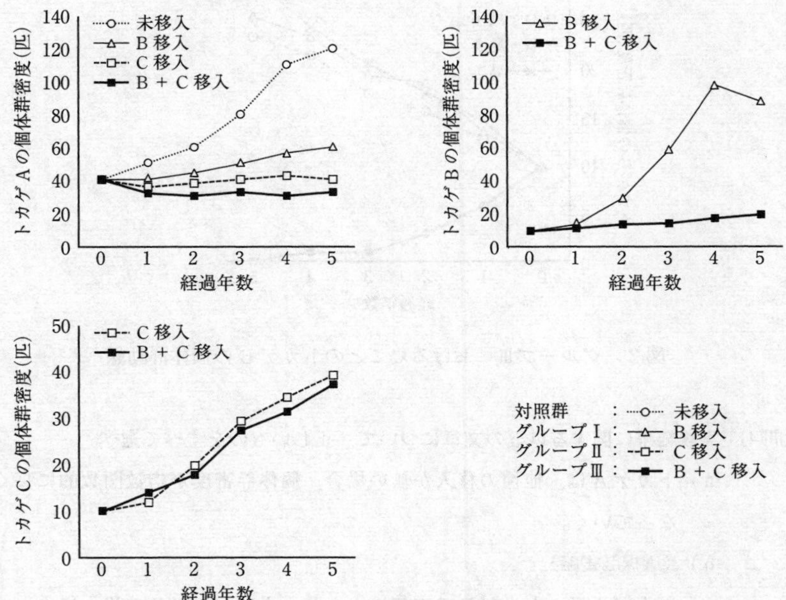

図1　各グループにおける各トカゲ種の個体群動態

またグループⅢのうち，トカゲＢの個体群動態を島ごとに比較すると図２のようになり，１つの島(島ア)で絶滅が起こっていた。

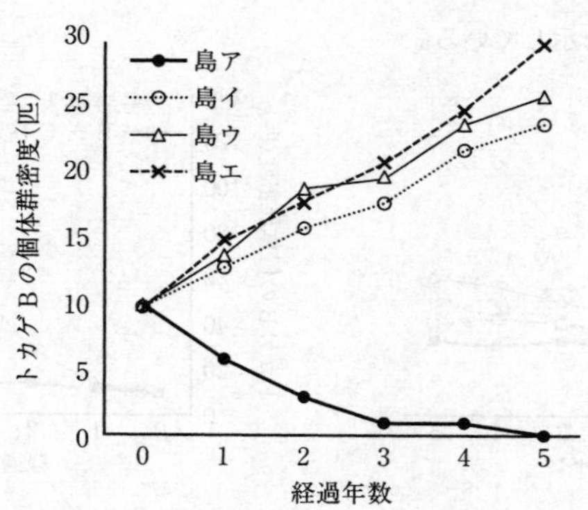

図２　グループⅢにおける島ごとのトカゲＢの個体群動態

設問(4)：実験結果に関する以下の文章について，正しいものをすべて選べ。

ａ）トカゲＡは，他種の移入が無い場合，個体群密度が指数関数的に高くなっていく。

ｂ）（選択肢省略）

ｃ）トカゲＡは，トカゲＢの有無にかかわらず，トカゲＣの移入によって個体群密度の増加が抑制される。

ｄ）トカゲＢは，トカゲＣと同時に移入して絶滅しなかった場合，単独で移入した場合よりも個体群密度が高くなる。

ｅ）３種の共存下では，トカゲＣの個体群密度の増加率が最も大きい。

設問(5)：島アのように個体群密度の減少が止まらない要因について，「交配」に関わる点を２つ解答欄の枠内で述べよ。

〔解答欄〕各ヨコ 13.7cm ×タテ 2cm

文3

研究チームは，各トカゲ種の生息場所に着目した。トカゲAは樹上より地上に多く，トカゲBは地上より樹上に多く，トカゲCはほぼ地上に居る習性がある。生息場所を経年的に観察し，樹上利用率を追跡調査した。樹上利用率は以下の式で算出される。

$$\text{樹上利用率}(\%) = \frac{\text{樹上観察数}}{\text{樹上観察数} + \text{地上観察数}} \times 100$$

その結果は，図3のようになった。図中の値は，各グループの平均を示している。

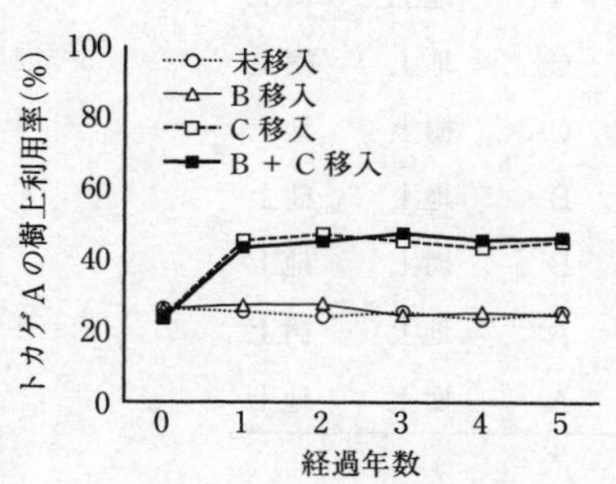

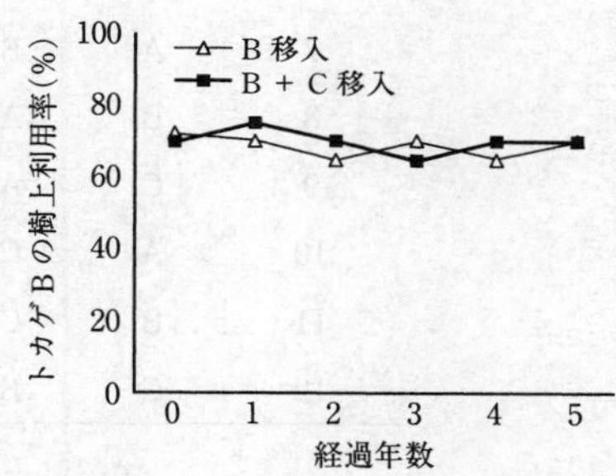

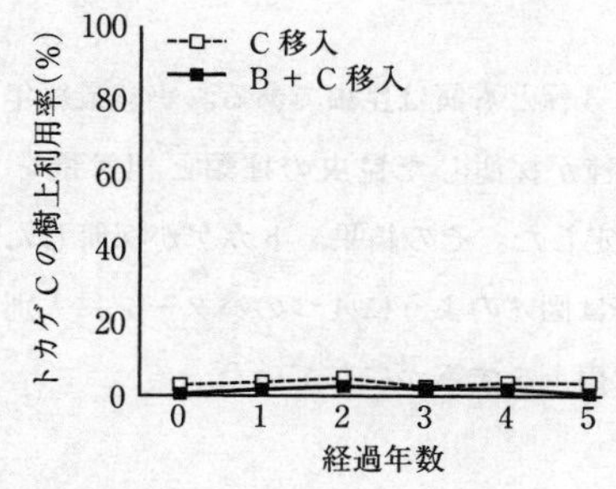

対照群　：未移入
グループⅠ：B移入
グループⅡ：C移入
グループⅢ：B＋C移入

図3　各グループにおける各トカゲ種の樹上利用率

設問(6)：以下の文中の空欄 (ア) ～ (オ) に入る適切な語句について，最も正しいと考えられる組み合わせを選択肢の中から1つ選べ。

図3の結果から，トカゲ (ア) はトカゲ (イ) の有無にかかわらず，トカゲ (ウ) の移入によって (エ) から (オ) へ生息場所

を変化させた，と推察される。

選択肢	(ア)	(イ)	(ウ)	(エ)	(オ)
1	A	B	C	樹上	地上
2	B	A	C	地上	樹上
3	C	A	B	樹上	地上
4	A	C	B	地上	樹上
5	B	C	A	樹上	地上
6	C	B	A	地上	樹上
7	A	B	C	地上	樹上
8	B	A	C	樹上	地上
9	C	A	B	地上	樹上
10	A	C	B	樹上	地上
11	B	C	A	地上	樹上
12	C	B	A	樹上	地上

文4

研究チームは各トカゲ種の餌にも着目した。3種とも餌は昆虫である。実験最終年(移入処理後5年目)に糞を採取し，各トカゲ種が採餌した昆虫の種類と相対量をDNAメタバーコーディング法という技術で推定した。その結果，トカゲが採餌した昆虫はゴキブリ類とハムシ類が多く，その比率は図4のように4つのパターンに大別された。なお，ゴキブリ類は地上，ハムシ類は樹上をすみかにしていた。

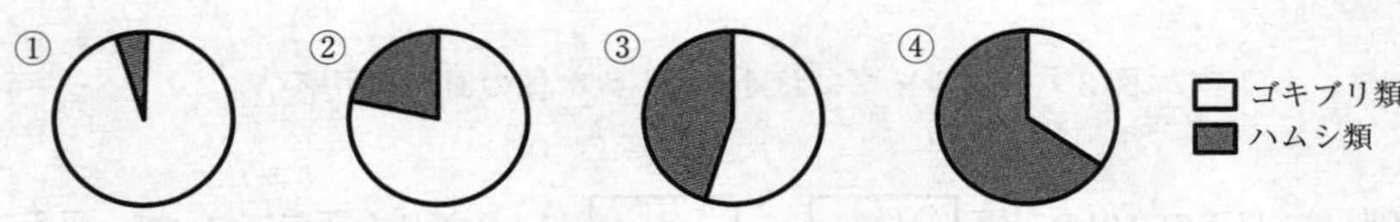

図4　トカゲが採餌したゴキブリ類とハムシ類の比率

設問(7)：表の空欄(ア)～(オ)に最も適合するトカゲの採餌パターンを図4の①～④から1つずつ選べ。

	トカゲA	トカゲB	トカゲC
対照群　　：未移入	②		
グループⅠ：B移入	(ア)	④	
グループⅡ：C移入	(イ)		①
グループⅢ：B＋C移入	(ウ)	(エ)	(オ)

設問(8)：一連の研究結果を実験最終年における生物間相互作用の模式図として表すと，グループⅢは図5のようになると考えられる。

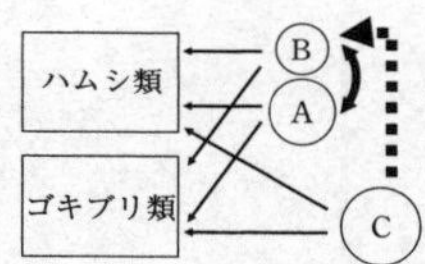

図5　実験最終年におけるグループⅢの生物間相互作用の模式図

もし，トカゲCが昆虫に加えてトカゲAも餌にして，トカゲAの個体数が減少する場合，図5はどのように変わると予想されるか，a)～h)の中から最も適合するものを1つ選べ。なお，模式図において，A～Cはトカゲ種を示し，円の大きさは個体数を相対的に反映している。実線の矢印は「捕食者→被食者」の関係を示す。実線の両矢印(⤸)は競争関係を，点線の矢印は「トカゲCからトカゲBへの間接的な負の影響」を示し，線の太さはそれぞれ競争関係の程度，負の影響の程度を相対的に反映している。

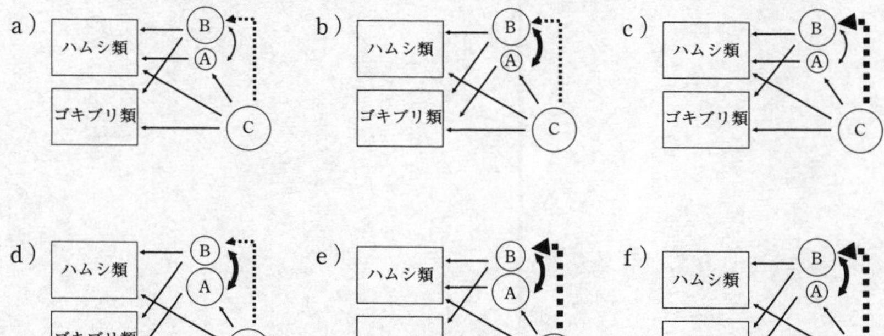

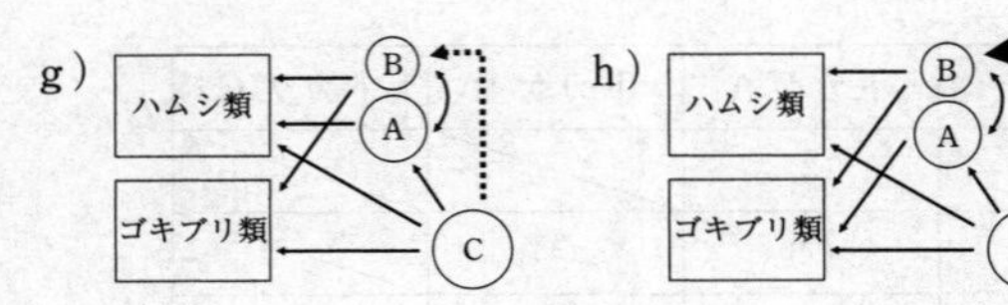
g)
ハムシ類
ゴキブリ類
B
A
C
h)
ハムシ類
ゴキブリ類
B
A
C

地 学

(情報（コンピュータ科）・理学部：2科目 150分
情報（自然情報）学部：　1科目　75分)

解答は，答案紙の所定の解答欄に書き入れよ。文字や記号は，まぎらわしくないように，はっきり記せ。

必要なときは次の値を用いよ。

$\sqrt{2} = 1.41$，$\sqrt{3} = 1.73$，$\sqrt{5} = 2.24$，$\sqrt{7} = 2.65$，$\sqrt{10} = 3.16$

地学　問題 I

以下の文章を読み，問1～問4に答えなさい。

道路工事によってほぼ垂直な断面で露頭が形成された。道路は幅6.0 mで水平に整地された。図1はその露頭のルートマップと各露頭のスケッチである。ルートマップの地点番号①～③は露頭スケッチの番号に対応する。

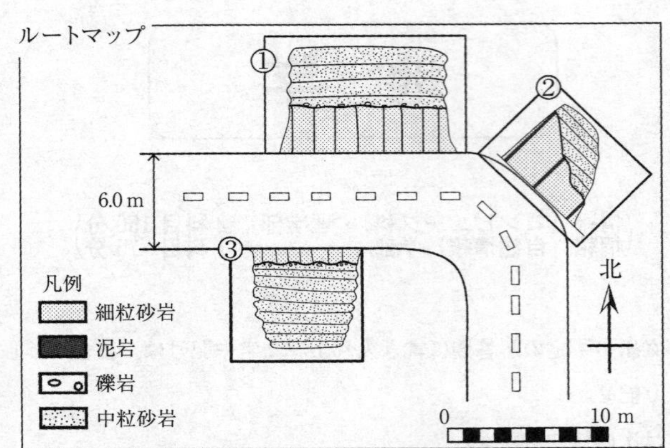

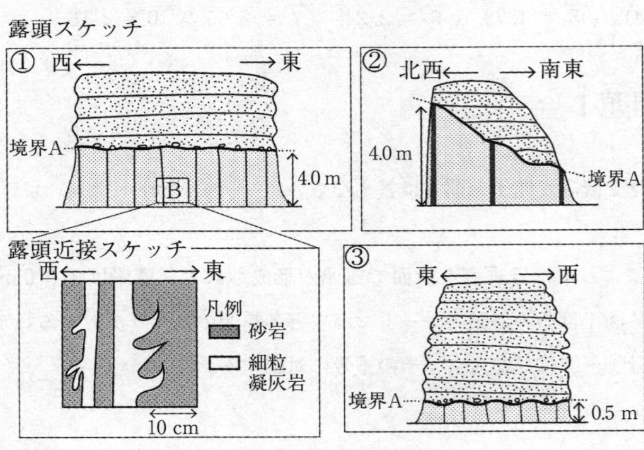

図1

問1　露頭スケッチに描かれた境界Aを境に上下の堆積岩層の層構造は斜交している。

(1)　この境界関係を示す名称を簡潔に述べなさい。

(2)　境界A面の走向を読み取って答えなさい。(例：N 30°W)

(3)　境界A面の傾斜として最も近いものを(ア)～(カ)から選び答えなさい。

(ア) 60°N

(イ) 45°N

(ウ) 30°N

(エ) 60°S

(オ) 45°S

(カ) 30°S

問 2 境界A直上の砂岩層の中に大きな礫がみつかった。この礫をハンマーで砕き，断面をルーペで観察したところ，石英，斜長石，黒雲母が等粒状組織を形成しているのが観察できた。この礫の供給源はどのような岩石か，次の選択肢(ア)～(オ)から選び答えなさい。

(ア) 花崗（こう）岩

(イ) はんれい岩

(ウ) チャート

(エ) 玄武岩

(オ) 安山岩

問 3 図1下の露頭近接スケッチは，露頭スケッチ①のBの位置の露頭表面を描いたものである。ほぼ垂直に傾斜しているこの地層の層理面の東西どちらの方向が上位であるか判別したい。スケッチから見出される特徴から地層の上下方向を判断し，判別結果とその理由を120字以内で述べなさい。

問 4 境界A面より上位の地層は砂岩と泥岩の層が繰り返している。これらの地層の年代を検討したところ，およそ10万年の周期でこの繰り返しが起きていたことが明らかになった。この地層の変化の繰り返しと同調する時間スケールをもつものとして適当なものを選択肢(ア)～(エ)から選び答えなさい。

(ア) 超大陸の離合・集散

(イ) 古地磁気の逆転

(ウ) 氷期・間氷期変動

(エ) 天体の衝突

地学　問題Ⅱ

以下の文章を読み，問1～問4に答えなさい。

地震波の到着時刻の観測から，震源，地震の発生時刻(発震時)，さらには地下の地震波速度について知ることができる。図2は，ある地域の地下で発生した1つの地震について，さまざまな地点におけるP波の到着時刻と初期微動継続時間(P波が到着してからS波が到着するまでの時間)の観測値(●印)を直線で結んだものである。ただし，この地域におけるP波速度 V_P とS波速度 V_S は，それぞれ一定とする。

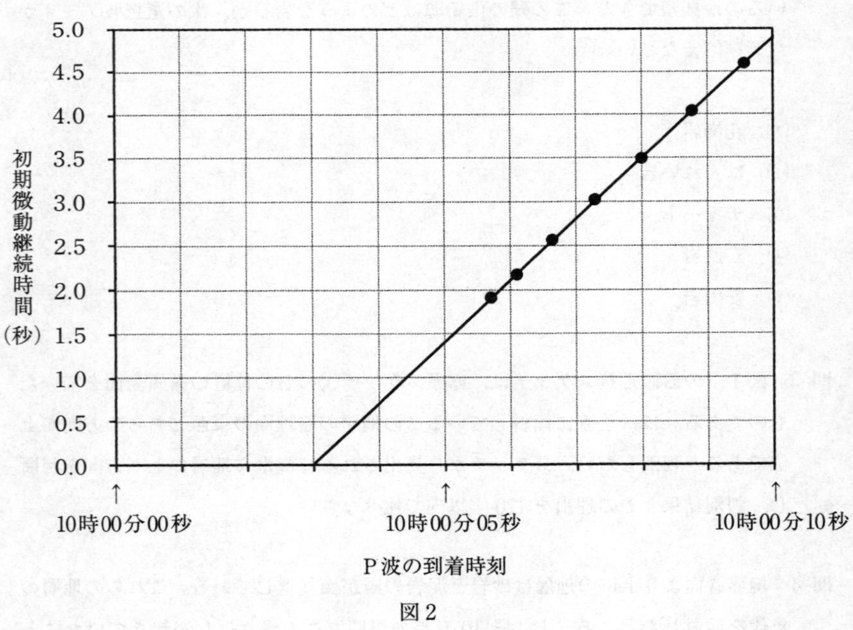

図2

問1　図2をもとにして，この地震の発震時を秒まで答えなさい。また，P波の到着時刻と初期微動継続時間の関係から発震時が決定できる理由を50字以内で説明しなさい。

問 2　時刻 t_0 に発生した地震について，震源距離 R の地点における P 波の到着時刻を t_P，S 波の到着時刻を t_S とする。

(1)　R を t_0，t_P，V_P を用いて表しなさい。

(2)　t_S を t_0，t_P，V_P，V_S を用いて表しなさい。

(3)　初期微動継続時間 T と t_P との関係式を t_0，V_P，V_S を用いて表しなさい。

問 3　図 2 を用いて，この地域における P 波速度と S 波速度の比(V_P/V_S)を求めなさい。解答欄に計算過程を記し，有効数字は 2 桁としなさい。

問 4　震源距離 R(km)と初期微動継続時間 T(秒)との間に $R = 8.3T$ の関係があるとき，図 2 を用いて，この地域の S 波速度を求めなさい。解答欄に計算過程を記し，有効数字は 2 桁としなさい。

地学　問題Ⅲ

以下の文章を読み，問 1 ～問 5 に答えなさい。

地球上の水は気体，液体，固体と状態を変えながら，循環している。図 3 は 1 日あたりの降水量と蒸発量の緯度別分布である。降水量は赤道付近と両半球とも緯度 40°～ 50° 付近で極大となる。①赤道付近では両半球から吹く東寄りの貿易風が［ア］を形成し，強い降水が発生する。一方，緯度 30° 付近は［イ］の下降域になっており，地上では［ウ］が形成されるため，降水が少ない。②この緯度帯では，蒸発量が降水量を上回っており，③蒸発した水蒸気は大気によって赤道や高緯度の方向に輸送されている。このような水の収支を反映して，緯度 30° 付近の海面付近で塩分は［エ］。次に，地球の海陸分布による水の収支の違いに注目する。地球の陸上と海上における降水量と蒸発量の大小関係をみると，④陸上では降水量が蒸発量を上回り，海上ではその逆の関係となっている。

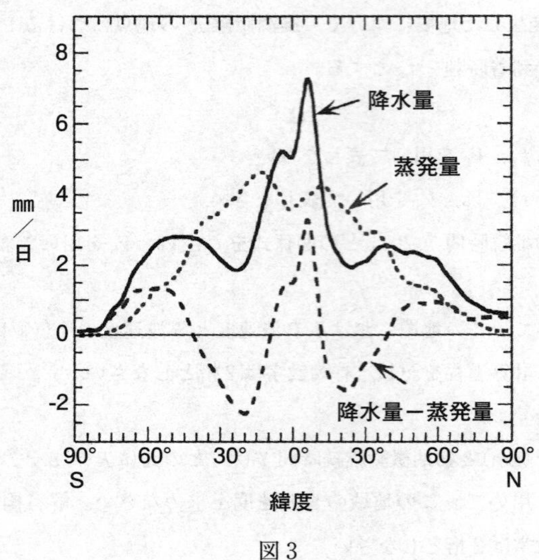

図3

問1　文章中の空欄 ア ～ エ に当てはまる適切な語句を，以下のａ～ｈのなかから選びなさい。

ａ　寒帯前線帯，ｂ　熱帯収束帯，ｃ　極循環，ｄ　ハドレー循環，
ｅ　亜熱帯高圧帯，ｆ　極高圧帯，ｇ　低い，ｈ　高い

問2　下線部①のように形成される湿潤な気候を反映して，陸上ではどのような植生が形成されるか答えなさい。

問3　下線部②の緯度帯の蒸発量は，南半球のほうが北半球よりも大きい。この理由を50字以内で説明しなさい。

問4　下線部③に関して，水蒸気が高緯度方向に輸送されるメカニズムは何か，60字以内で説明しなさい。

問5　下線部④に関して，陸上では降水量は蒸発量より大きい。この差に相当する量の水は降水後どのような過程をたどるか，20字以内で説明しなさい。

地学　問題Ⅳ

問1～問4に答えなさい。なお，計算問題については，解答欄に計算過程も記しなさい。

問1　天体までの距離を測定するには色々な方法が用いられる。以下の(1)，(2)に答えなさい。

(1)　天体までの距離を推定する方法として，以下の(ア)～(ウ)を使用する方法がある。(ア)～(ウ)を，対象となる天体が地球から近い順に並べなさい。

(ア)　分光視差，(イ)　脈動変光星の周期，(ウ)　年周視差

(2)　更に遠方の銀河までの距離を測定する方法の例を1つ，40字以内で説明しなさい。

問2　図4に示す，HR図(ヘルツシュプルング・ラッセル図)に関して以下の(1)，(2)に答えなさい。

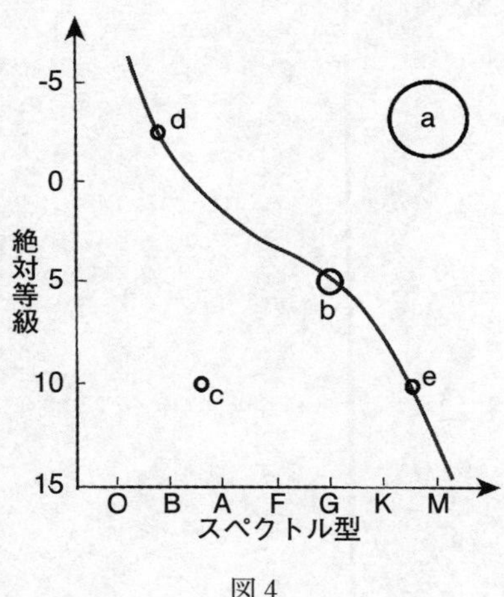

図4

(1)　恒星は進化とともに，HR 図上の異なった位置にプロットされる。現在の太陽はｂの位置にある。太陽と同程度の質量をもつ恒星は図4のａ，ｂ，ｃのどのような順序で進化するか答えなさい。また，このような恒星の進化を「核融合」という言葉を使って 120 字以内で説明しなさい。

(2)　図4のｄとｅの位置の恒星を比べた場合，どちらの恒星の寿命が長いか答えなさい。また，恒星の質量に着目して，寿命が長い理由を 100 字以内で答えなさい。

問 3　太陽光のスペクトルには複数の暗線が見られるが，これは一般に何と呼ばれているか答えなさい。また，この暗線が何故できるのか 60 字以内で説明しなさい。

問 4　天体の運動はケプラーの第3法則に従う。中心星から距離 r だけ離れた天体が，周期 T で円軌道を描いて公転していると近似すれば，ケプラーの第3法則は $\dfrac{r^3}{T^2}$ = 一定となる。海王星の太陽からの距離は約 30 天文単位である。海王星の公転周期は地球の公転周期の何倍になるか，有効数字2桁で答えなさい。

問四　傍線部③「大成功した共感能力」とあるが、筆者はどのような点から「大成功」と述べるのか、本文に即して九〇字以内で説明せよ（句読点・かっこ類も字数に含める）。

問五　傍線部④「いったいどこまで進むのでしょうか」とあるが、筆者は生物としての人間のどのような傾向がどこまで進むと考えているか、本文全体をふまえて一二〇字以内でまとめよ（句読点・かっこ類も字数に含める）。

問六　次のア～カの記述のうち、本文の内容に合致するものをすべて選び、記号で答えよ。

ア　他の人間へのやさしさは、私たち人間の生物としての繁栄に貢献し、世代とともに強化されてきた。

イ　近い将来、人間は動物食をやめ、植物由来のタンパク質を加工して作る高栄養の人工肉を食べなければならない。

ウ　ウシのゲップに含まれるメタンを無害化する技術を開発して環境への負荷を解消することが急務となっている。

エ　昆虫は温かな体温を持たず、体のつくりも人間に似ているとはいえないので人間が共感することはありえない。

オ　肉が食べられないような未来は嫌だが、付加価値の高い代替品ができるにちがいなく、深刻な問題にはならない。

カ　人間のやさしさの拡張傾向は、すべての生きものを殺してはならぬというブッダの教えに始まる。

ことができるようになりつつあります（まだ完全にはできていません）。

つまり、増えるものを無生物からつくることがもうすぐできそうなところに来ています。これは私たちの研究室で進めている研究ですが、このまま研究が進めば、あと十数年でできそうに感じています。これができれば、生物に頼らずに試験管の中でタンパク質を増やして食料にすることができます。そうなれば人間はもうほかの生物の命を奪わなくても生きていけるようになります。「やさしい」人間としてのひとつの理想的な生き方ができるようになるかもしれません。

（市橋伯一『増えるものたちの進化生物学』による）

【注】　○ジビエ――狩猟によって捕獲し食用にする野生の鳥獣。猪・鹿・野うさぎ・鴨など。またその肉。

問一　傍線部a～jのカタカナは漢字に、漢字は読みをカタカナに、それぞれ改めよ。

問二　傍線部①「動物の肉を食べること」について、近年どのような問題が指摘されているか、本文に即して四〇字以内でまとめよ（句読点・かっこ類も字数に含める）。

問三　傍線部②において、筆者が「少し不思議」と述べるのはなぜか、その理由を本文に即して五〇字以内で説明せよ（句読点・かっこ類も字数に含める）。

れないと思っています。それは、ほ乳類を殺すことがなくなったら、きっとすぐに鳥類はいいのか？　魚類はいいのか？　昆虫、コウカク類、植物はなぜいいのか？　という議論になるだろうからです。

人間は生物を殺すことに抵抗があります。とくに人間と似ているほ乳類のような生物や、ほ乳類でなくてもかわいい生物、花のようにきれいな生物に対してそれは顕著です。そして、私たちは共感しにくい生物であっても、私たちと同じ生物であることを知っています。したがって、すべての生物の命を平等に大切にしたほうがいいという考えにすぐに行きつきます。結局のところ、殺さずに済むのであれば、どんな生物も殺さないほうが心穏やかでいられます。これは仏教の無殺生の精神に通じるものがあります。

仏教の始祖のブッダは、「すべての〈生きもの〉にとって生命は愛しい。わが身に引きくらべて、殺してはならぬ。殺さしめてはならぬ」といったと言われています。この精神は今の時代にも受け継がれています。仏教の修行僧の食事として生まれた精進料理では動物や魚の肉を一切使わずにできています。「命をいただく」という食べ物の命に感謝しながら食事をとるということもこの精神によるものだと思います。これは現在の菜食主義者の考え方に通じるものがあるかと思います。

ただ、そういったブッダの教えでも、避けるべきは動物の肉であって、植物は許されています。植物だって生物だということはわかっていたでしょうが、植物まで禁止してしまうと当然食べるものがなくて死んでしまうので仕方なく許されていただけかもしれません。もしかしたら植物も食べるのをやめた極端な人がいたかもしれませんが、その人は当然死んでしまいますし、その教えに従った人も皆死んでしまいますので、その教えは後世に伝わっていないだけかもしれません。したがって、他の生物の命を大事にしたくても、植物は例外にしないといけないというのが、これまでの無殺生の限界でした。

ところがこの限界は、科学技術の進歩により乗り越えられつつあります。現在のバイオテクノロジーを使うと、原理的には生物を使わなくてもタンパク質などの栄養を作ることができます。そのタンパク質を作るソウチ自体も生物を使わずにつくるできます。

では④いったいどこまで進むのでしょうか。私の個人的な予想としては、100年以内にはほ乳類であるウシやブタを食料にすることは一般的ではなくなるような気がしています。現在のジビエ料理のように、一部のd好事家の間だけで楽しまれるようになるように思います。その理由は、第一にやはり殺しているところを見たくないくらいに罪悪感があること、第二に環境負荷が大きく実際に問題となっていること、第三に代わりとなる代用肉が用意できることがあります。特に三点目が重要で、大豆を使った代用肉はひき肉であれば普通の人には区別がつかないレベルになっています。今後価格も実際の肉よりも安くなるでしょう。そうなれば実際のウシやブタの肉はだんだんe贅沢品となっていくでしょう。

そんな肉も食べられないような未来は嫌だと思われるかもしれません。私自身、そう思います。ただ、実際にそうなってみたらすぐに慣れるような気はしています。昔は普通に食べていたクジラを食べることは今はほとんどなくなりましたが、特段困ったことはありません。ウナギも絶滅fキグ種となり価格がgコウトウしてからはあまり食べることはなくなりましたが、特に深刻な問題にはなりません。他においしい食べ物はいくらでもあるからです。

いずれどんなものにも代替品が出てきます。やっぱり肉が食べたいという人が多くなればなるほど、大豆など肉ではないものから肉そっくりのものが作られるようになるでしょう。結局肉を作っているのも大豆を作っているのもタンパク質や脂質であり、バラバラにしてしまえば成分は同じです。上手に加工すればそっくりなものが出来上がるはずです。そして肉よりもいいのは、加工の段階でもっと自然の肉にはない付加価値を加えることもできることです。もっとおいしい、もっと低カロリー、あるいは高栄養な、消化しやすい人工肉もできることでしょう。そんな世の中に慣れてしまえば、きっともう動物由来の肉は食べるメリットがなくなるように思います。

さて、ほ乳類の肉が食べられなくなったらそこで私たちのやさしさは止まるでしょうか。個人的にはもっと先に進むかもしこのような共感範囲の拡大の原因は、まさにこの共感能力のおかげで高度に効率化した現代社会にあると思われます。まず、過去の人間の社会と現代の人間の社会の大きな違いは、栄養を得ることは生存を決める要因ではなくなっていることです。２０１９年のデータでは、世界中で生産されている食料を世界の人口で割ると、平均して一人あたり毎日約２９００㎉の食料に相当しています。成人男性でも一日に必要とするカロリーが約２６００㎉ですから、この値は世界中のすべての人間に必要な食料は生産できており、適切に分配さえできれば（これが難しいのでしょうが）餓えて死ぬことはないことを示しています。

過去のどの時代においても、生物は必要な食料を得るために競争をしてきました。栄養が得られればその分だけ増えてしまうので、常に栄養は足りない状態になります。ところが現代の先進国においては、栄養は足りているにもかかわらず出生率は落ちているという、過去のどの生物にもありえなかった状況になっています。この特に栄養が余っているという状況をつくりだせたのは、他人どうしで協力することができたからに他なりません。研究者が肥料を開発し、化学メーカーが肥料を作り、耕作に適した地域に住む人が作物を育て、輸送業者が消費者まで届けるという協力体制により、食糧生産と分配を効率化できたことによります。そしてこの協力体制を可能にしているのが、他人との共感です。他の人が自分と同じように協力してくれるという確信があるから、分業が成立しています。

このように③大成功した共感能力は、私たちの中で強化されつつあります。先に述べたように私たちは協力することで成功してきたので、ますます協力的に、やさしくふるまうように教育され、日常的にプレッシャーをかけられています。このやさしさを適用する範囲に線を引くことは容易ではありません。増えることに貢献するのは人間へのやさしさです。しかし、人間と同じように温かな体温を持ち、人間の幼児くらいの知能や体のサイズを持つイヌやネコが周りにいます。しかも、人間がかわいらしいと思うような外見を持っています。この生物に人間の持つ強い共感能力が発揮されてしまうのはやむを得ないことかと思います。むしろイヌやネコといったｃ愛玩動物はそうなるように（人間の手も入りながら）進化してきているとみなすこともにやさしさも見せます。そのような動物を殺して食べることに忌避感を持つのは当然のことでしょう。

ウシやブタも変わりありません。家でペットとして飼うことはあまりないのでよく知られていないだけで、牧場に行けば人ナツっこいウシがいますし、ブタをペットとして飼っている人もいます。彼らにもきっと人間と同じような喜怒哀楽があることでしょう。むしろそうしたウシやブタの人間らしさを知らないおかげで、平気で食べることができているのかもしれません。もし小型のウシやブタがペットとして広く飼われるようになったら、もう人間はウシもブタも食べられなくなるのではないでしょうか。そこまでいかなくても、自分が家族のように大事にしているイヌやネコと、今晩のおかずのウシやブタは同じ生物だと一度でも意識してしまうと、どんどん食べにくくなっていくように思います。実際に近年、動物食を控える選択をする人が増えているという統計結果もあります。私たちは少しずつ、他の動物へも共感の範囲を広げているように思います。

②この人間のやさしさの拡張傾向は、やさしさの由来を考えると少し不思議ではあります。もともと人間が持っている共感能力は他人との協力を可能にしたことで人間の生存に貢献し、強化されてきたものです。したがって、他の人間への共感は、世代とともに強化されてしかるべきです。

しかし、他の生物に対する共感は特に人間の生存には貢献していないように思います。私たちがどんなにイヌやネコに共感し、家族のように扱ったとしても、イヌやネコが人間の生存や子孫の数を高めてくれるようには思われません。過去の人類は、イヌは狩りのパートナーとして飼っていたようですし、ネコはネズミ捕りとして役に立っていたようですが、家族のように扱うよりは、飢餓時には食料として食べてしまえるくらいの距離感のほうが人間の生存には役に立ったはずです。ましてやウシやブタに共感してしまったら、栄養価の高い肉という食料が食べられなくなり、むしろ生存には不利益になりそうです。食料になりうる生物に共感してしまうことは「増えることに貢献する能力が強化される」という増えるものの原則に反しているように思います。

さらに食肉には倫理的な問題があると指摘されています。私たちと同じほ乳類であり、ある程度の知能をもったウシやブタを殺して食べることが許されるのかという問題です。私自身は肉が大好きですので、普段から何の疑問も抱かずにウシもブタも食べています。特に罪悪感を抱くことはありません。ただ、それはよくよく考えてみると、罪悪感を抱かなくて済むようなシステムができ上がっているからのように思います。

たとえば、スーパーの肉売り場ではウシやブタの肉の切り身がきれいにパックされて並んでいます。そこに生物としての姿はもうありません。骨や血液、皮膚、毛、臓器など元の生物の特徴はきれいに取り除かれています。どこか人目につかない場所で生身の動物から肉を切り離す作業が行われています。マグロの解体ショーはよく見世物になっていますが、あれは魚だからまだ許されているように思います。ウシやブタの解体を見たい人はあまりいないでしょう。私たちは、自分と同じほ乳類を殺すこと、さらには解体することに少なからぬ抵抗感を持っていることを示しています。

これは人間という生物の特性からすれば当然のことです。私たちは少産少死の戦略を極めた生物ですので命を大切にします。それも自分だけではなく、他の人の命も大切です。それは人間が大きな協力関係の中で生きているからです。私が生きて増えるためには、他の人の協力が必要です。したがって、人を殺すということには大きな抵抗感を持つようになるのは当然です。そしてこの抵抗感は、人間以外の人間とよく似た生物、たとえばほ乳類などであれば(人間ほどではないにせよ)適用されてしまうようです。

これは仕方のないことのように思います。ほ乳類の体のつくりは人間とよく似ています。ネズミでも、体温、皮膚、骨、血管があり、切ると血が出ます。内臓もほとんど人間と同じセットがそろっています。ふるまいも人間と似ています。イヌやネコを飼っている人であれば、そのしぐさやふるまいに人間らしさを感じることも多いでしょう。人間の家族と同じように扱っている人も多いのではないでしょうか。彼らは人間ではありませんが、やはり喜怒哀楽があり、好き嫌いもあり、可愛くて時

国語

（四五分）

一

次の文章を読んで、後の問に答えよ。

生物としての人間は他の個体と協力することによって大きな社会を作り出しました。さて今後、人間はどうなっていくのでしょうか。

人間の協力性を可能にしたのは、人間のもつ「共感能力」だと言われています。つまり他の人の気持ちになって考えられるということです。これによって他者の望むことを察知し、協力関係を築くことができます。この共感能力は人間が増えることに大きく貢献しましたが、最近の傾向として、この共感能力は人間のなかでますます強化されてきているように思います。つまり人間はどんどんやさしくなってきています。

近年、ウシやブタなど①動物の肉を食べることについてしばしば問題視されるようになってきています。食肉の問題のひとつは温暖化などの環境負荷が大きいことだと言われています。たとえば１００gのタンパク質を生産するのに、大豆であれば２・２㎡で済むところを、ウシを放牧した場合は１６４㎡と70倍以上の広い土地が必要になります。また冗談のような話ですが、ウシのゲップはメタンを含んでおり、このメタンが大きな温室効果をもたらしているとされています。

//////////////////// ・memo・ ////////////////////

////////////////////// · memo · //////////////////////

//////////////////// · memo · ////////////////////

//////////////////// · memo · ////////////////////

2023年度

問題編

■前期日程

問題編

▶試験科目・配点

学部・学科		教　科	科　　目	配　点
情報	自然情報	外国語	コミュニケーション英語Ⅰ・Ⅱ・Ⅲ，英語表現Ⅰ・Ⅱ	400 点
		数　学	数学Ⅰ・Ⅱ・Ⅲ・A・B	400 点
		理　科	「物理基礎・物理」，「化学基礎・化学」，「生物基礎・生物」，「地学基礎・地学」から１科目選択。	300 点
	コンピュータ科	外国語	コミュニケーション英語Ⅰ・Ⅱ・Ⅲ，英語表現Ⅰ・Ⅱ	300 点
		数　学	数学Ⅰ・Ⅱ・Ⅲ・A・B	500 点
		理　科	「物理基礎・物理」，「化学基礎・化学」，「生物基礎・生物」，「地学基礎・地学」から２科目選択。ただし，「物理基礎・物理」を含むこと。	500 点
理		外国語	コミュニケーション英語Ⅰ・Ⅱ・Ⅲ，英語表現Ⅰ・Ⅱ	300 点
		数　学	数学Ⅰ・Ⅱ・Ⅲ・A・B	500 点
		理　科	「物理基礎・物理」，「化学基礎・化学」，「生物基礎・生物」，「地学基礎・地学」から２科目選択。ただし，「物理基礎・物理」，「化学基礎・化学」のいずれかを含むこと。	500 点
		国　語	国語総合・現代文B（古文・漢文を除く）	150 点
医	医	外国語	コミュニケーション英語Ⅰ・Ⅱ・Ⅲ，英語表現Ⅰ・Ⅱ	500 点
		数　学	数学Ⅰ・Ⅱ・Ⅲ・A・B	500 点
		理　科	「物理基礎・物理」，「化学基礎・化学」，「生物基礎・生物」から２科目選択。	500 点
		国　語	国語総合・現代文B（古文・漢文を除く）	150 点
		面　接	医師あるいは医学研究者になるにふさわしい適性をみる。	—

保健	外国語	コミュニケーション英語Ⅰ・Ⅱ・Ⅲ，英語表現Ⅰ・Ⅱ	500点
	数　学	数学Ⅰ・Ⅱ・Ⅲ・A・B	500点
	理　科	「物理基礎・物理」，「化学基礎・化学」，「生物基礎・生物」から2科目選択。	500点
	国　語	国語総合・現代文B（古文・漢文を除く）	150点
工	外国語	コミュニケーション英語Ⅰ・Ⅱ・Ⅲ，英語表現Ⅰ・Ⅱ	300点
	数　学	数学Ⅰ・Ⅱ・Ⅲ・A・B	500点
	理　科	「物理基礎・物理」，「化学基礎・化学」	500点
農	外国語	コミュニケーション英語Ⅰ・Ⅱ・Ⅲ，英語表現Ⅰ・Ⅱ	400点
	数　学	数学Ⅰ・Ⅱ・Ⅲ・A・B	400点
	理　科	「物理基礎・物理」，「化学基礎・化学」，「生物基礎・生物」から2科目選択。	600点
	国　語	国語総合・現代文B（古文・漢文を除く）	150点

▶備　考

- 「数学B」は，「数列」，「ベクトル」から出題する。数学の試験については，試験室において公式集を配付する。また，直線定規・コンパスを使用できる。

■英語■

(105分)

I 次の英文を読み，下記の設問に答えなさい。
(＊の付いた語は注を参照すること)

[　　①　　] It is a parent's duty. The same was so thousands of years ago.

[　　②　　] The pictographs, found in a cave in southwest Egypt near the Libyan border, appear to show swimmers in different phases of a stroke—to my eyes, it looks like the breaststroke. At the time these were painted, the climate was more temperate in this part of the world; there were lakes and rivers where now there is little more than desert. Archaeologists have postulated that the scenes depict an aspect of everyday life at (1) [a, depended, how, learning, on, survival, swim, time, to, when]. One swam to reach the other side of a body of water—perhaps in pursuit of food, or to flee a warring tribe, or to move to safer ground—and one swam simply for sustenance: to catch fish.

[　　③　　] This makes sense, since most people lived near the water. (2) As Plato observes in the *Laws**, not knowing how to swim was considered as much a sign of ignorance as not knowing how to read. Socrates put it more starkly: swimming "saves a man from death." Parents taught their children, and presumably children learned from one another. The same obligation has held true for many centuries in Judaism. As stated in the Talmud*, parents must teach their children three essential things: the Torah*, how to make a living, and how to swim.

[　　④　　] The ability to swim was a life-and-death matter for fishermen or boatmen, and a mark of a proper education for the higher classes. In both Greece and Egypt, however, swimming was not among the events at athletic games. (3) Exactly why this would be is never stated in ancient texts, naturally; no more than we would feel compelled to justify today why typing or car driving is not in the Olympics. My sense is that swimming was seen as more of a utilitarian skill—the "athletic equivalent of the alphabet," as the historian Christine Nutton has put it—and given that nearly everyone knew how to swim, women included, it fell outside an exclusively male sphere. Moreover, swimming was not a spectacular event, like ancient Greek or Roman boxing or pankration*. And unlike sprints or field events, with their displays of speed and strength, it was not conducive to spectators. While swimming may not have been a competitive event, its value as an all-around exercise was apparently appreciated. Both the ancient historian Pausanias and the writer Philostratus noted that the four-time Olympic boxing champion (4) Tisandrus supplemented his training at the gymnasium with long-distance swimming: in Philostratus's words, "his arms carried him great distances through the sea, training both his body and themselves."

Mastering swimming is an essential prerequisite for certain types of military service today. [⑤] In his treatise on military training, *De re militari**, Vegetius recommends, "Every young soldier, without exception, should in the summer months be taught to swim; for it is sometimes impossible to pass rivers on bridges, but both fleeing and pursuing armies are often obliged to swim over them. A sudden melting of snow or fall of rain often makes them overflow their banks, and in such a situation, the danger is as great from ignorance in swimming as from the enemy. The cavalry as well as the infantry, and even the horses and the servants of the army, should be accustomed to this exercise, as they are all equally liable to the same accidents."

[⑥] It exerted influence on the training of the military and nobility up through the nineteenth century. In *The Book of the Courtier*, Baldassarre Castiglione endorses the importance of swimming for a gentleman, citing Vegetius for backup. However, neither author explains how to swim. (5) 16世紀になるまで，実用的な水泳の手引書は現れなかった。Probably, there was simply not much demand for them.

【出典：Hayes, Bill. *Sweat: A History of Exercise*. Kindle Edition. Bloomsbury, 2022. 出題の都合上，原文の一部に変更を加えている。】

注

the *Laws*	『法律』(プラトンの著作)
the Talmud	タルムード(ユダヤ教の口伝・説話の集成)
the Torah	トーラー(律法)
pankration	古代ギリシャで行われた格闘競技
De re militari	『軍事論』(ウェゲティウスの著作)

設 問

1．下線部(1)の文意がもっとも適切に通るように括弧内の 10 語を並べ替え，2 番目，7 番目，10 番目の語をそれぞれ書き出しなさい。

2．下線部(2)を日本語に訳しなさい。

3．下線部(3)を日本語に訳しなさい。ただし，“this” の具体的内容を文脈に即して明らかにすること。

4．下線部(4)の Tisandrus と水泳との関わりについて，パウサニアスとピロストラトスはどのようなことを述べているか。25 字以内(句読点も含む)の日本語で答えなさい。

5．下線部(5)を英語に訳しなさい。

6．［ ① ］～［ ⑥ ］に入るもっとも適切な文を下記の(ア)～(ク)から選び，記号で答えなさい。ただし，各記号は１回しか使用できない。

(ア) A similar perspective held true in ancient Egypt, where most people lived on the Nile or on one of the canals branching from the river.

(イ) Among the Greeks, it seems to have been expected that everyone—man, woman, and child—should be able to swim.

(ウ) In this context, historical evidence for people learning how to swim is limited.

(エ) Our earliest recorded evidence of swimming comes in a group of cave paintings created during the Neolithic period, dating to about ten thousand years ago.

(オ) This was more broadly the case in antiquity.

(カ) Through the centuries, swimming continued to be an important skill for women.

(キ) Vegetius's treatise was translated into Italian, French, and German during the Renaissance.

(ク) Whereas parents teach their children to ride a bicycle for the sheer fun of it, for the sense of freedom and independence it brings, swimming is taught, first of all, as a basic safety measure.

Ⅱ 次の英文を読み，下記の設問に答えなさい。
（＊の付いた語は注を参照すること）

Drifting along ocean currents in their mother's shadow, newborn bottlenose dolphins* sing to themselves. They create a unique siren of squeaks, known as a signature whistle. (1)<u>Scientists have likened this to a human name.</u>

In contrast to most mammals, dolphins cannot use voices as their identifying feature because they become distorted at different depths. [ア] that, they invent a melody—a pattern of sound frequencies held for specific lengths of time—that they use to identify themselves for the rest of their lives. Bottlenose dolphins (*Tursiops truncatus*) can even imitate the whistles of their friends, calling out their names if they are lost. Additional information, such as reproductive status, can be conveyed by changing the volume of different parts of the whistle, not [イ] how people emphasize certain words to add nuance. But how do dolphins decide what to call themselves? By eavesdropping on six dolphin populations in the Mediterranean Sea, researchers at the University of Sassari in Italy revealed that differences in signature whistles were mostly determined by their habitat and population size, [ウ] a study published in May in *Scientific Reports*. Sound travels differently in distinct environments, so dolphins create signature whistles that best suit their surroundings, say the study authors.

Dolphins living among seagrass, the researchers found, gave themselves a short, shrill name compared to the baritone sounds of dolphins living in muddier waters. [エ], small pods displayed greater pitch variation than larger groups, which may help with identification when the probability of repeated encounters is higher.

But not all scientists view (①) and group size as the main drivers of signature whistles. Jason Bruck, a biologist at Stephen F. Austin State University, believes that (②) play a crucial role. He points to a study of dolphins living in Sarasota Bay, Florida, where dolphins created unique signature whistles using inspiration from community members. Crucially, the dolphins tended to base their whistles on cetaceans* that they spent less time with. "This avoids (2)<u>the problem of every dolphin being named John Smith</u>," Bruck says.

Laela Sayigh, a research specialist at Woods Hole Oceanographic Institution in Massachusetts, agrees. From her work studying cetacean communication for over three decades, Sayigh estimates that 30 percent of dolphins' signature whistles are based on their mother's whistle, while others invent a name that is nothing like their mom's and closer to that of their (③). Others still produce a unique whistle that is distinct from any of their family members. Marine researchers still do not know why some bottlenoses base their whistles on family members and others on lesser acquaintances.

Sayigh believes that factors such as (④) play a role. For example, mothers who interact more with others expose their calves to a greater variety of signature whistles, giving them more sounds to add to their repertoire. Demonstrating this in wild populations, [オ], proves tricky.

"It's very difficult to figure out what forces are influencing a calf over the period of signature whistle development, which requires extensive observations," Sayigh says. "You are watching only a tiny fraction of the actual developmental period. [カ] there is some kind of crucial interaction, you might not be capturing it."

While the signature whistles of female dolphins will barely change throughout their life, male dolphins may adjust their whistle to mirror the signature whistle of their best friend. Male-male pair bonds are common in certain populations, and can be stronger than the bond between a mother and her calf. "We see this in Sarasota all the time," Sayigh says. "These male (⑤) are extremely strong pair bonds where the males are together all the time and they frequently converge on their signature whistles."

In addition to an individual signature whistle, dolphins may invent a shared whistle to promote (⑥) within their group. Dolphins often broadcast the group whistle when coordinating their behavior with others, such as foraging for food and guarding mates.

Brittany Jones, a scientist at the National Marine Mammal Foundation who specializes in dolphin communication, has studied a group of eight dolphins that have been trained by the U.S. Navy. (3)Five of the dolphins, who have lived together for 21 years, shared a group whistle, but they each kept enough distinctive characteristics to identify themselves.

"These shared whistles, although very similar between dolphins, were slightly more similar within an individual [キ] between dolphins," Jones says. This suggests that other dolphins may be able to identify who is making the whistle, suggesting it conveys both group and individual identity.

Like the human equivalent, signature whistles contain a lot of information. [あ] Scientists believe there is still more to unlock, including whether dolphins use their impressionist skills to deceive and whether they talk about their friends behind their back. Uncovering the complexity of how these animals use signature whistles may reveal just how imaginative their inner world really is.

【出典：Barker, Holly. "How Do Dolphins Choose Their Name?" *Discover Magazine*, 6 July 2022. 出題の都合上，原文の一部に変更を加えている。】

注

bottlenose dolphin　バンドウイルカ

cetacean　クジラやイルカ等の動物

設　問

1．下線部(1)について，なぜ科学者たちがそうしてきたのか，30 字以内(句読点も含む)の日本語で説明しなさい。

2．[ア]～[キ]に入るもっとも適切な表現を選び，記号で答えなさい。文頭に入る場合も小文字で表記してある。各記号は1回しか使用できない。

(A) according to　(B) compared to　(C) however
(D) if　(E) instead of　(F) like
(G) meanwhile　(H) thus　(I) unlike

3．(①)～(⑥)に入るもっとも適切な表現を選び，記号で答えなさい。ただし，各記号は1回しか使用できない。

(A) alliances　(B) changes　(C) cohesion
(D) habitat　(E) independence　(F) siblings
(G) sociability　(H) social factors

4．下線部(2)の具体的内容を30字以内(句読点も含む)の日本語で説明しなさい。

5．下線部(3)を日本語に訳しなさい。

6．空欄 [あ] に入る一文として最も適切なものを以下から選び，記号で答えなさい。

(A) They allow dolphins to communicate with each other about a variety of matters, including food and danger.
(B) They are a method that dolphins use to coordinate their hunting and mate-guarding activities.
(C) They are used by dolphins to identify family members in various environments, such as muddy or clear water.
(D) They reflect the dolphins' social status and location, such as the depth of water.
(E) They reveal dolphins' family ties and friendships, as well as aspects of their environment.

III Three international students at a university in Japan, Izabel from Brazil, Melati from Indonesia, and Oliver from Australia, are queuing up to have lunch together in the cafeteria. Read the conversation and answer the following questions.

Oliver: Strewth! The queue's a bit slow, isn't it? Decided what you're going to have today, have you, Melati? I've got my eye on a double portion of chicken nuggets to start with, followed by a bowl of sukiyaki or the pork katsudon set.

Melati: Wow! (1)Have you got hollow legs?

Oliver: No, it's just that I was late for early morning soccer practice today and didn't have time for breakfast, so I'm starving.

Melati: Oh, right. Well, I think I'm going to [ア] for the vegetable curry and rice. What are you going to have, Izabel?

Izabel: Well, the tofu salad looks tempting.

Oliver: Tofu? (a)Seriously?

Izabel: Yes, why not?

Oliver: That white, wobbly stuff? Yuck! It looks so bland and unappetizing.

Melati: (b)You should try it, Olly. I've had it and it's really delicious, especially with the Japanese-style dressing. It's very healthy, too.

Oliver: You're not both vegetarians, are you?

Melati: I'm not, no. What about you, Izzy?

Izabel: I'm not yet either, but given the way the world is going, I think I'm definitely moving in that direction.

Melati: You're not the only one. (2)Several of my environmentally-conscious friends have turned vegetarian in the last few years.

Oliver: Hold on a second! What has being a vegetarian got to [イ] with the state of the planet?

Melati: Well, for a start, giving up on meat could do a lot to reduce deforestation, which is a big problem in my country.

Oliver: You don't [ウ]?

Izabel: Mine, too. Brazil loses a huge amount of its natural forest in the Amazon every year, and much of the land is used for raising cattle for beef. I'm getting more and more concerned about the loss of biodiversity, the soil erosion and desertification, not to mention the effect it all has on global warming.

Oliver: Well, maybe, but I play a lot of sport so I need plenty of protein. And we Aussies do [エ] our barbecues. There's no way I could stop eating meat.

Melati: Well, perhaps, in a sense, you don't have to.

Oliver: How [オ]?

Melati: There are several meat substitutes available now, usually made from plants like soybeans.

Oliver: Oh no, we're back to tofu again!

Melati: No, this is totally different. About a year ago, a big hamburger chain in my country started selling hamburgers made with soybeans. They had an amazingly meaty taste and texture and were a huge hit, especially with young people.

Oliver: Soybeans, eh? Well, I'm not sure.

Izabel: How about fungus meat then?

Oliver: What? (c)<u>You've lost me there.</u> Are you talking about mushrooms or something?

Izabel: I mean mycoprotein. It's a kind of protein that you get from fungi. Professor Sato was talking about it in class just the other day, don't you remember?

Oliver: Um, I think I overslept and missed that one.

Melati: (d)<u>Oh really, Oliver!</u> You [カ], your trouble is …

Oliver: All right, all right, you don't need to go on about it, Mel. What did she say, anyway?

Izabel: Well, according to Professor Sato, if we could just replace twenty percent of the world's beef consumption with mycoprotein, we could halve the destruction of the planet's forests over the next thirty years.

Melati: Yes, and it would [キ] greenhouse gas emissions by half too.

Oliver: And you reckon it really is like meat?

Izabel: Yes. And Professor Sato said that products made with it [ク] you up more than the usual sources of protein like those chicken nuggets of yours.

Melati: And even though mycoprotein is rich in fiber, it is low in calories and fat so it is good for people who are on a diet.

Oliver: Well, in that case, I wouldn't mind giving it a try. Look, there's a suggestion box for the cafeteria over there. I'll drop a message in asking them to add some mycoprotein dishes to the menu.

Izabel: (e) Great idea!

Oliver: OK, but wait! First things first. The queue's moving, so come on, grab a tray!

QUESTIONS

1. Which of the options below most closely matches the meaning of Melati's question to Oliver in the underlined part after (1)? Indicate your answer by writing ONE alphabet letter on the answer sheet.
   (A) Do you always eat so much meat?
   (B) Have you got holes in your legs?
   (C) How can you eat so much?
   (D) What's wrong with your legs?
   (E) Why are you so thin?

2. Select the most appropriate word from the list below to match the emotions expressed by phrases (a) to (e). Answer using the numbers (1) to

(9). Do not use any number more than ONCE.

(1) amusement	(2) comfort	(3) confusion
(4) disbelief	(5) encouragement	(6) enthusiasm
(7) envy	(8) expectation	(9) irritation

3. Based on the conversation, which TWO of the following can be inferred to be most likely true?

(A) A hamburger chain in Indonesia invented the protein made from mushrooms.

(B) Izabel and Oliver have been taking the same class.

(C) Izabel has tried mycoprotein meat and thought that its taste was very similar to that of regular meat.

(D) Izabel is considering becoming a vegetarian.

(E) Oliver has given his suggestion to the cafeteria.

(F) Oliver thinks that fungus meat is disgusting.

(G) Professor Sato's textbook shows that mycoprotein is nutritious.

(H) The three students are concerned about the environment in their respective countries.

4. Select the most appropriate word from the list below to fill in the blanks (ア) to (ク). Answer using the numbers (1) to (8). Do not use any number more than ONCE.

(1) come	(2) cut	(3) do	(4) fill
(5) go	(6) know	(7) love	(8) say

5. In the underlined phrase after (2), Melati says that several of her environmentally-conscious friends have turned vegetarian in the last few years. There are many other things that people do to try to reduce their impact on the environment. Give one example and explain how you think it helps to reduce the impact. Your answer should be between 25 and 35

English words in length. (Indicate the number of words you have written at the end of your answer. Do not count punctuation such as commas or periods as words.)

IV Every year, the Japanese Red Cross Society collects blood from voluntary donors and delivers blood products to those who need them. Figure A below shows how the numbers of younger (between the ages 16 and 39) and older (between the ages 40 and 69) blood donors have changed in Japan from 2000 to 2019, as well as how the number of all blood donors has changed for the nineteen-year period. Figure B shows the total amount of blood donated in Japan from 2000 to 2019. Linear trend lines are shown in dotted lines.

Figure A

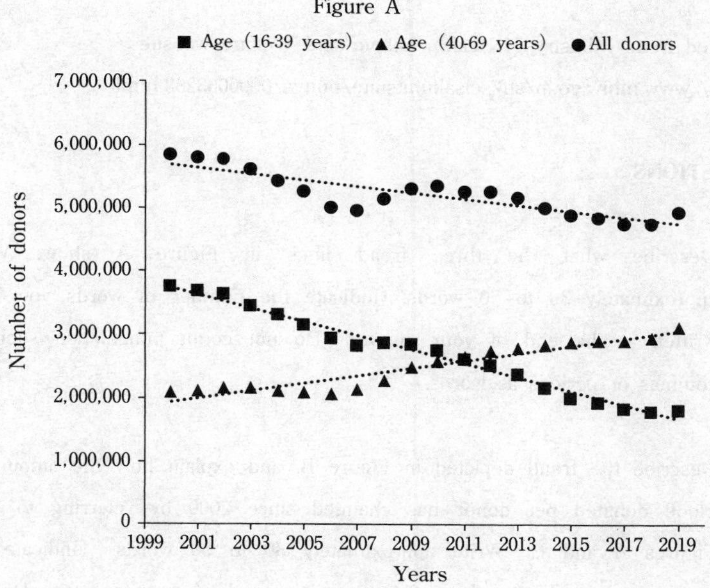

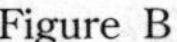
Figure B

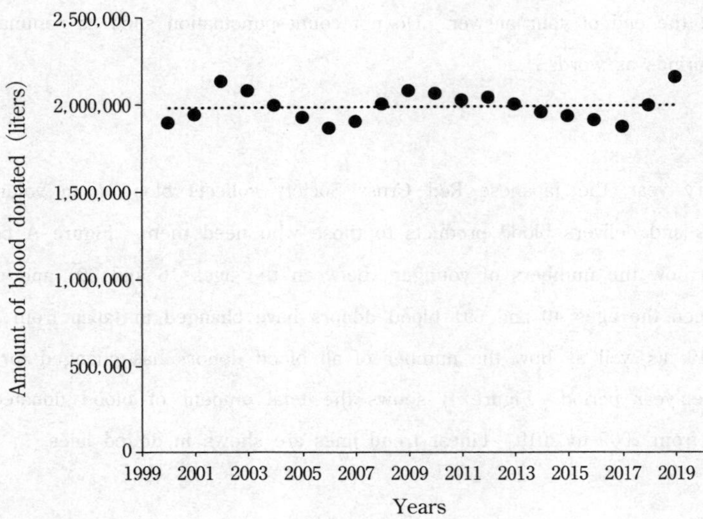

Adapted from: Ministry of Health, Labour and Welfare website
https://www.mhlw.go.jp/stf/seisakunitsuite/bunya/0000063233.html

QUESTIONS

1. Describe what the three trend lines in Figure A show. Write approximately 30 to 50 words. (Indicate the number of words you have written at the end of your answer. Do not count punctuation such as commas or periods as words.)

2. Describe the trend depicted in Figure B, and explain how the amount of blood donated per donor has changed since 2000 by referring to both Figures A and B. Write approximately 30 to 50 words. (Indicate the number of words you have written at the end of your answer. Do not count punctuation such as commas or periods as words.)

数学

(150 分)

1 実数係数の 4 次方程式 $x^4-px^3+qx^2-rx+s=0$ は相異なる複素数 α, $\overline{\alpha}$, β, $\overline{\beta}$ を解に持ち，それらは全て複素数平面において，点 1 を中心とする半径 1 の円周上にあるとする。ただし，$\overline{\alpha}$, $\overline{\beta}$ はそれぞれ α, β と共役な複素数を表す。

(1) $\alpha+\overline{\alpha}=\alpha\overline{\alpha}$ を示せ。

(2) $t=\alpha+\overline{\alpha}$, $u=\beta+\overline{\beta}$ とおく。p, q, r, s をそれぞれ t と u で表せ。

(3) 座標平面において，点 $(p,\ s)$ のとりうる範囲を図示せよ。

2 $0<b<a$ とする。xy 平面において，原点を中心とする半径 r の円 C と点 $(a,\ 0)$ を中心とする半径 b の円 D が 2 点で交わっている。

(1) 半径 r の満たすべき条件を求めよ。

(2) C と D の交点のうち y 座標が正のものを P とする。P の x 座標 $h(r)$ を求めよ。

(3) 点 Q$(r,\ 0)$ と点 R$(a-b,\ 0)$ をとる。D の内部にある C の弧 PQ，線分 QR，および線分 RP で囲まれる図形を A とする。xyz 空間において A を x 軸の周りに 1 回転して得られる立体の体積 $V(r)$ を求めよ。ただし，答えに $h(r)$ を用いてもよい。

(4) $V(r)$ の最大値を与える r を求めよ。また，その r を $r(a)$ とおいたとき，$\lim_{a\to\infty}(r(a)-a)$ を求めよ。

3 (1) 方程式 $e^x=\dfrac{2x^3}{x-1}$ の負の実数解の個数を求めよ。

(2) $y=x(x^2-3)$ と $y=e^x$ のグラフの $x<0$ における共有点の個数を求めよ。

(3)　a を正の実数とし，関数 $f(x)=x(x^2-a)$ を考える。$y=f(x)$ と $y=e^x$ のグラフの $x<0$ における共有点は1個のみであるとする。このような a がただ1つ存在することを示せ。

4　n を正の整数とし，n 次の整式 $P_n(x)=x(x+1)\cdots(x+n-1)$ を展開して $P_n(x)=\sum_{m=1}^{n} {}_n\mathrm{B}_m x^m$ と表す。

(1)　等式 $\sum_{m=1}^{n} {}_n\mathrm{B}_m=n!$ を示せ。

(2)　等式

$$P_n(x+1)=\sum_{m=1}^{n}({}_n\mathrm{B}_m\cdot{}_m\mathrm{C}_0+{}_n\mathrm{B}_m\cdot{}_m\mathrm{C}_1x+\cdots+{}_n\mathrm{B}_m\cdot{}_m\mathrm{C}_mx^m)$$

を示せ。ただし，${}_m\mathrm{C}_0$，${}_m\mathrm{C}_1$，$\cdots$，${}_m\mathrm{C}_m$ は二項係数である。

(3)　$k=1,\ 2,\ \cdots,\ n$ に対して，等式 $\sum_{j=k}^{n} {}_n\mathrm{B}_j\cdot{}_j\mathrm{C}_k={}_{n+1}\mathrm{B}_{k+1}$ を示せ。

数学公式集

この公式集は問題と無関係に作成されたものであるが，答案作成にあたって利用してよい。この公式集は持ち帰ってよい。

(不　等　式)

1．$\dfrac{a+b}{2}\geqq\sqrt{ab}$，　$\dfrac{a+b+c}{3}\geqq\sqrt[3]{abc}$，　($a$，$b$，$c$ は正または0)

2．$(a^2+b^2+c^2)(x^2+y^2+z^2)\geqq(ax+by+cz)^2$

(三　角　形)

3．$\dfrac{a}{\sin A}=\dfrac{b}{\sin B}=\dfrac{c}{\sin C}=2R$

4．$a^2=b^2+c^2-2bc\cos A$

5．$S=\dfrac{1}{2}bc\sin A=\sqrt{s(s-a)(s-b)(s-c)}$，　$\left(s=\dfrac{1}{2}(a+b+c)\right)$

(図 形 と 式)

6．数直線上の2点 x_1，x_2 を $m:n$ に内分する点，および外分する点：

$$\frac{mx_2+nx_1}{m+n}, \quad \frac{mx_2-nx_1}{m-n}$$

7．点 $(x_1,\ y_1)$ と直線 $ax+by+c=0$ との距離，および点 $(x_1,\ y_1,\ z_1)$ と平面 $ax+by+cz+d=0$ との距離：

$$\frac{|ax_1+by_1+c|}{\sqrt{a^2+b^2}}, \quad \frac{|ax_1+by_1+cz_1+d|}{\sqrt{a^2+b^2+c^2}}$$

8．だ円 $\dfrac{x^2}{a^2}+\dfrac{y^2}{b^2}=1$ 上の点 $(x_1,\ y_1)$ における接線：$\dfrac{x_1x}{a^2}+\dfrac{y_1y}{b^2}=1$

9．双曲線 $\dfrac{x^2}{a^2}-\dfrac{y^2}{b^2}=1$ 上の点 $(x_1,\ y_1)$ における接線：$\dfrac{x_1x}{a^2}-\dfrac{y_1y}{b^2}=1$

（ベクトル）

10.　2 つのベクトルのなす角：$\cos\theta=\dfrac{\vec{a}\cdot\vec{b}}{|\vec{a}||\vec{b}|}$

（複　素　数）

11.　極形式表示：$z=r(\cos\theta+i\sin\theta)$，　$(r=|z|,\ \theta=\arg z)$

12.　$z_1=r_1(\cos\theta_1+i\sin\theta_1)$，　$z_2=r_2(\cos\theta_2+i\sin\theta_2)$ に対し，

$$z_1z_2=r_1r_2\{\cos(\theta_1+\theta_2)+i\sin(\theta_1+\theta_2)\}$$

13.　ド・モアブルの公式：$z=r(\cos\theta+i\sin\theta)$ に対し，

$$z^n=r^n(\cos n\theta+i\sin n\theta)$$

（解と係数の関係）

14.　$x^2+px+q=0$ の解が α，β のとき，

$$\alpha+\beta=-p, \quad \alpha\beta=q$$

15.　$x^3+px^2+qx+r=0$ の解が α，β，γ のとき，

$$\alpha+\beta+\gamma=-p, \quad \alpha\beta+\beta\gamma+\gamma\alpha=q, \quad \alpha\beta\gamma=-r$$

（対　　　数）

16.　$\log_a M=\dfrac{\log_b M}{\log_b a}$

（三 角 関 数）

17.　$\sin(\alpha+\beta)=\sin\alpha\cos\beta+\cos\alpha\sin\beta$

$\cos(\alpha+\beta)=\cos\alpha\cos\beta-\sin\alpha\sin\beta$

18.　$\tan(\alpha+\beta)=\dfrac{\tan\alpha+\tan\beta}{1-\tan\alpha\tan\beta}$

19.　$\cos2\alpha=1-2\sin^2\alpha=2\cos^2\alpha-1$

20. $\sin\alpha\cos\beta=\frac{1}{2}\{\sin(\alpha+\beta)+\sin(\alpha-\beta)\}$

$\cos\alpha\sin\beta=\frac{1}{2}\{\sin(\alpha+\beta)-\sin(\alpha-\beta)\}$

$\cos\alpha\cos\beta=\frac{1}{2}\{\cos(\alpha+\beta)+\cos(\alpha-\beta)\}$

$\sin\alpha\sin\beta=-\frac{1}{2}\{\cos(\alpha+\beta)-\cos(\alpha-\beta)\}$

21. $\sin A+\sin B=2\sin\frac{A+B}{2}\cos\frac{A-B}{2}$

$\sin A-\sin B=2\cos\frac{A+B}{2}\sin\frac{A-B}{2}$

$\cos A+\cos B=2\cos\frac{A+B}{2}\cos\frac{A-B}{2}$

$\cos A-\cos B=-2\sin\frac{A+B}{2}\sin\frac{A-B}{2}$

22. $a\sin\theta+b\cos\theta=\sqrt{a^2+b^2}\sin(\theta+\alpha)$,

$$\left(\sin\alpha=\frac{b}{\sqrt{a^2+b^2}},\ \cos\alpha=\frac{a}{\sqrt{a^2+b^2}}\right)$$

（数　　　列）

23. 初項 a，公差 d，項数 n の等差数列の和：

$$S_n=\frac{1}{2}n(a+l)=\frac{1}{2}n\{2a+(n-1)d\},\quad (l=a+(n-1)d)$$

24. 初項 a，公比 r，項数 n の等比数列の和：

$$S_n=\frac{a(1-r^n)}{1-r},\quad (r\neq 1)$$

25. $1^2+2^2+3^2+\cdots+n^2=\frac{1}{6}n(n+1)(2n+1)$

$1^3+2^3+3^3+\cdots+n^3=\left\{\frac{1}{2}n(n+1)\right\}^2$

（極　　　限）

26. $\lim_{n\to\infty}\left(1+\frac{1}{n}\right)^n=e=2.71828\cdots\cdots$

27. $\lim_{x\to 0}\frac{\sin x}{x}=1$

（微　積　分）

28. $\{f(g(x))\}'=f'(g(x))g'(x)$

29. $x=f(y)$ のとき $\dfrac{dy}{dx}=\left(\dfrac{dx}{dy}\right)^{-1}$

30. $x=x(t)$，$y=y(t)$ のとき $\dfrac{dy}{dx}=\dfrac{y'(t)}{x'(t)}$

31. $(\tan x)'=\dfrac{1}{\cos^2 x}$，　$(\log x)'=\dfrac{1}{x}$

32. $x=g(t)$ のとき $\int f(g(t))g'(t)dt=\int f(x)dx$

33. $\int f'(x)g(x)dx=f(x)g(x)-\int f(x)g'(x)dx$

34. $\int \dfrac{f'(x)}{f(x)}dx=\log|f(x)|+C$

35. $\int \log x\,dx=x\log x-x+C$

36. $\int_0^a \sqrt{a^2-x^2}\,dx=\dfrac{1}{4}\pi a^2$　$(a>0)$，　$\int_0^a \dfrac{dx}{x^2+a^2}=\dfrac{\pi}{4a}$　$(a\neq 0)$，

$\int_\alpha^\beta (x-\alpha)(x-\beta)dx=-\dfrac{1}{6}(\beta-\alpha)^3$

37. 回転体の体積：$V=\pi\int_a^b \{f(x)\}^2 dx$

38. 曲線の長さ：

$$\int_a^b \sqrt{1+\left(\frac{dy}{dx}\right)^2}\,dx=\int_\alpha^\beta \sqrt{\left(\frac{dx}{dt}\right)^2+\left(\frac{dy}{dt}\right)^2}\,dt,$$

$(x=x(t),\ y=y(t),\ a=x(\alpha),\ b=x(\beta))$

（順列・組合せ）

39. ${}_n\mathrm{C}_r={}_{n-1}\mathrm{C}_r+{}_{n-1}\mathrm{C}_{r-1}$，　$(1\leqq r\leqq n-1)$

40. $(a+b)^n=\sum_{r=0}^{n} {}_n\mathrm{C}_r a^{n-r}b^r$

（確　　率）

41. 確率 p の事象が n 回の試行中 r 回起る確率：

$P_n(r)={}_n\mathrm{C}_r p^r q^{n-r}$，　$(q=1-p)$

42. 期待値：$E(X)=\sum_{i=1}^{n} x_i p_i$，

ただし p_i は確率変数 X が値 x_i をとる確率で，$\sum_{i=1}^{n} p_i=1$ をみたすとする。

物理

（情報（コンピュータ科）・理・医・工・農学部：2科目150分）
（情報（自然情報）学部：　1科目　75分）

解答は，答案紙の所定の欄の中に書け。計算欄には，答えにいたるまでの過程について，法則，関係式，論理，計算，図などの中から適宜選んで簡潔に書け。文字や記号は，まぎらわしくないようはっきり記せ。

物理　問題 I

図1のように，質量がそれぞれ m，$M(M > m)$ である小球A，Bを摩擦のないなめらかで水平な床の上に置く。また，一端が鉛直な壁面に固定された自然長 ℓ，ばね定数 k のばねの他端に，小球Bを接続する。ここで，水平方向右向きを x 軸の正の向きとし，$x < 0$ の領域に置かれた小球Aに，図の右向きに大きさ v_0 の初速度を与え，座標 $x = 0$ の位置に静止している小球Bと正面方向から弾性衝突させる。なお，壁面の位置座標は $x = \ell$ とする。各小球の大きさ，ばねの質量，小球やばねにはたらく空気抵抗は無視できるものとする。ばねの伸縮の長さは自然長 ℓ に比べて十分短く，小球Bがばねから受ける力は常にフックの法則に従うものとする。また，ばねの伸縮および各小球の運動は，x 軸に沿った同一直線上に限定されるものとする。以下の設問に答えよ。

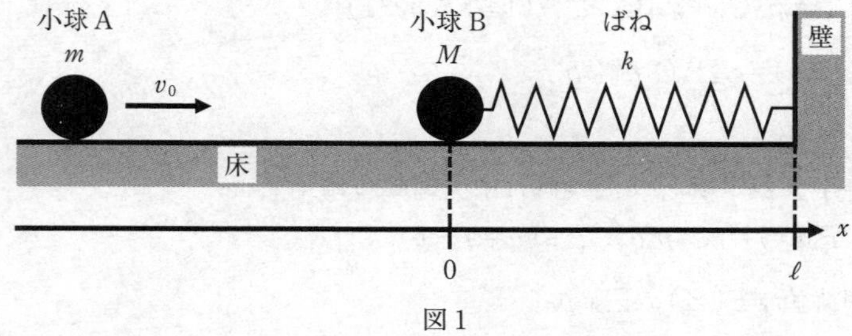

図1

設問(1)：小球A，Bの衝突直後における小球A，Bの速度をそれぞれv_A，v_B(ともに図1の右向きを正)とする。このとき，v_A，v_Bをm，M，v_0，k，ℓのうち必要なものを用いてそれぞれ表せ。（解答用紙に計算欄あり）

設問(2)：小球A，Bの衝突後における小球Bの位置座標の最大値$x = x_B^{max}$をm，M，v_0，k，ℓのうち必要なものを用いて表せ。

次に，図2のように，質量がともにMである小球C，Dを摩擦のないなめらかで水平な床の上に置き，これらを自然長ℓ，ばね定数kのばねの両端に接続する。ここで，水平方向右向きをx軸の正の向きとする。はじめ，小球C，Dはそれぞれ座標$x = 0$，$x = \ell$の位置に静止していた。その後，時刻$t = 0$において小球Cのみに図の右向きに大きさV_0の初速度を与えた。時刻$t(t \geqq 0)$における小球Cの位置座標，速度，加速度をそれぞれ図2の右向きを正としてx_C，v_C，a_C，そして小球Dに関しても同様にx_D，v_D，a_Dとする。ただし，各小球の大きさ，ばねの質量，小球やばねにはたらく空気抵抗は無視できるものとする。ばねの伸縮の長さは自然長ℓに比べて十分短く，各小球がばねから受ける力は常にフックの法則に従うものとする。また，ばねの伸縮および各小球の運動は，x軸に沿った同一直線上に限定されるものとする。円周率はπとする。以下の設問に答えよ。

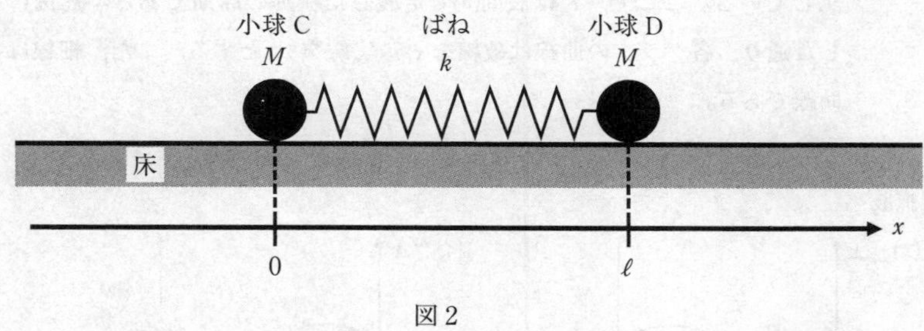

図2

設問(3)：時刻$t(t \geqq 0)$における小球C，Dの運動量の和(図2の右向きを正とする)をM，V_0，k，ℓのうち必要なものを用いて表せ。

設問(4)：時刻$t(t \geqq 0)$における小球C，Dの運動方程式をa_C，a_D，v_C，v_D，x_C，x_D，M，V_0，k，ℓのうち必要なものを用いてそれぞれ表せ。

設問(5)：時刻 $t\,(t \geqq 0)$ における小球Cから見た小球Dの加速度と位置座標をそれぞれ $a' = a_D - a_C$，$x' = x_D - x_C$ とおく。このとき，前問の運動方程式から a' と x' は，

$$a' = -\boxed{\quad (あ) \quad}\,(x' - \boxed{\quad (い) \quad})$$

という関係式で表すことができる。ここで $\boxed{(あ)}$，$\boxed{(い)}$ に入る数式を M，V_0，k，ℓ のうち必要なものを用いてそれぞれ表せ。

設問(6)：前問の関係式から，小球Cから見た小球Dの位置座標は振動していることがわかる。この振動の周期 T を，M，V_0，k，ℓ のうち必要なものを用いて表せ。

設問(7)：時刻 $t = 0$ から $t = T$ の間におけるばねの長さ $(x_D - x_C)$ の最大値と最小値を M，V_0，k，ℓ のうち必要なものを用いてそれぞれ表せ。ここで，T は設問(6)で定義した振動の周期である。（解答用紙に計算欄あり）

設問(8)：$t \geqq 0$ における小球C，Dの位置座標 x_C，x_D の時間変化を表すグラフの概形として，最も適切なものを，以下の選択肢より一つ選べ。ただし，各グラフは時刻 t を横軸，位置 x を縦軸，原点をOとし，時刻 $t = T$ を目印として記している。ここで，T は設問(6)で定義した振動の周期である。凡例に示した通り，各グラフの曲線は破線を x_C，実線を x_D とする。また，細線は補助線である。

選択肢：

(ア)

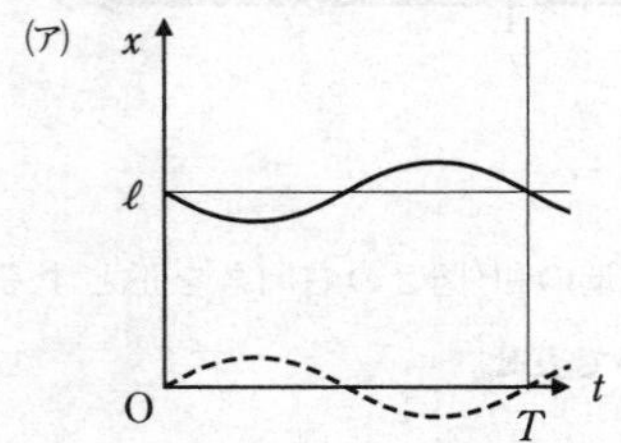

(イ)

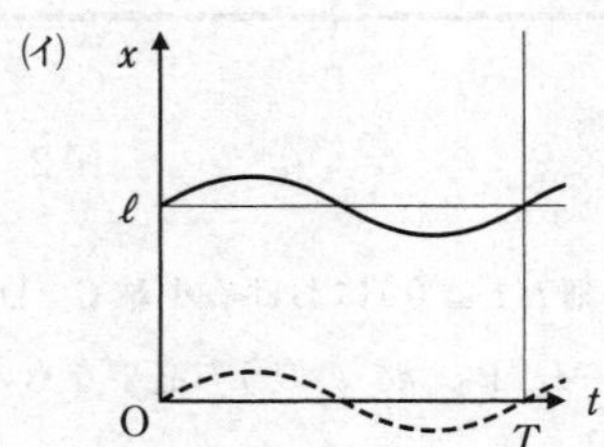

(ウ)

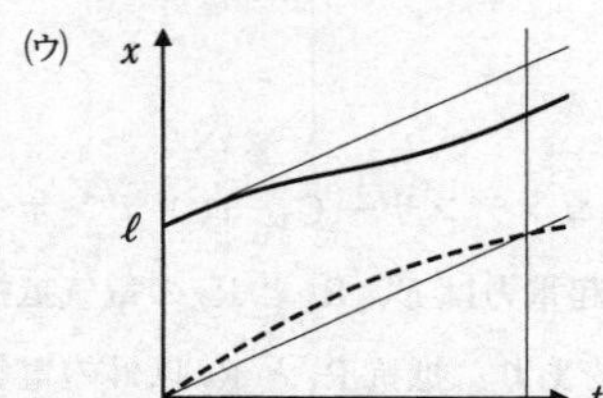

(エ)

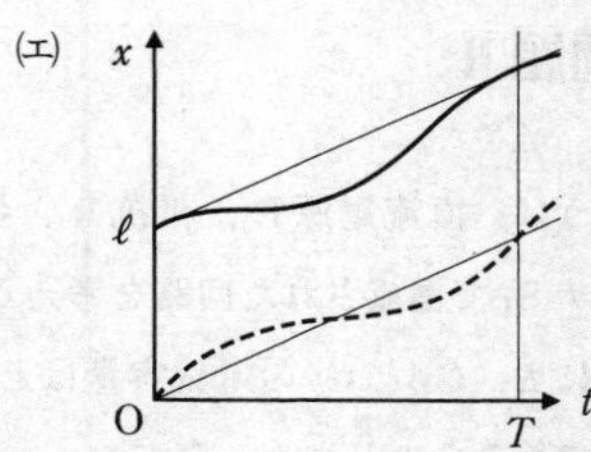

(オ)

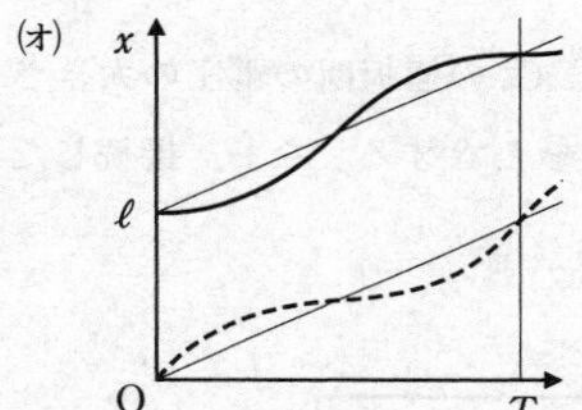

(カ)

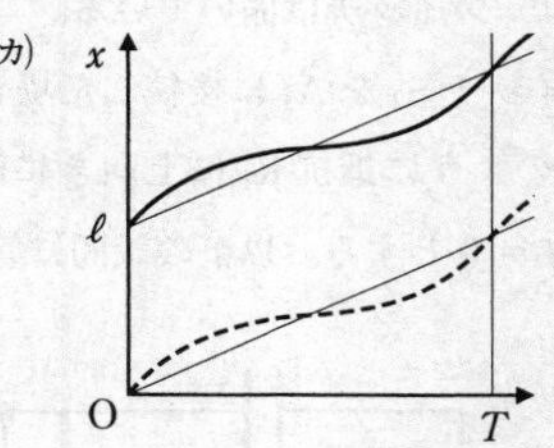

(キ)

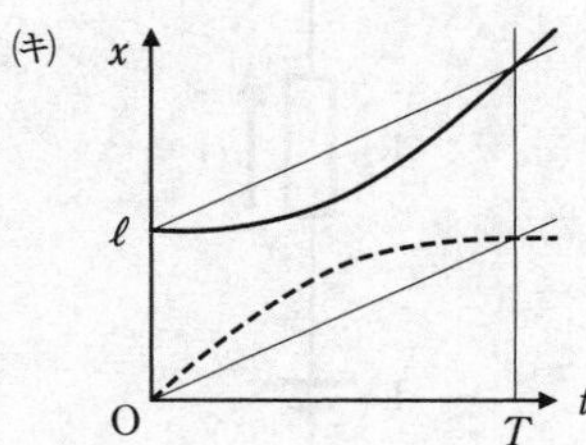

(ク)

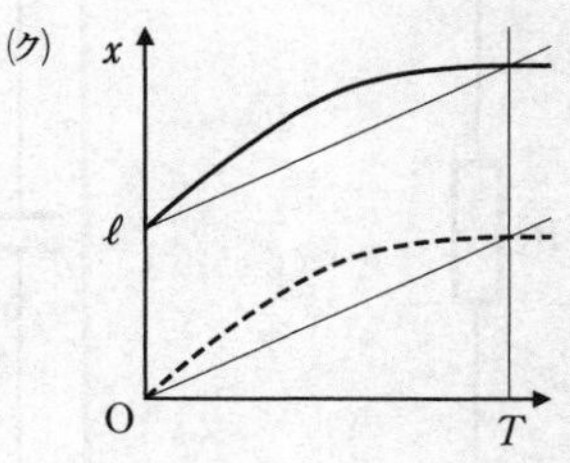

凡例：　x_C - - - - - -　　x_D ———

物理　問題Ⅱ

図1のように，直流電源E_1，抵抗R_1，抵抗R_2，コンデンサーC_1，コンデンサーC_2，スイッチS_1で構成された回路を考える。E_1の起電力はE，R_1とR_2の電気抵抗の値はともにR，C_1とC_2の電気容量はともにCであり，抵抗R_1とR_2以外の電気抵抗は無視できるものとする。全てのコンデンサーの初期電荷は0である。また，時刻$t<0$では，スイッチは開いている。

まず，スイッチS_1をA_1に接続した場合を考える。C_1の極板間の電圧の大きさをV_0とし，図のように抵抗R_1に上向きに流れる電流をI_1とする。なお，接続したときの時刻を$t=0$とする。以下の設問に答えよ。

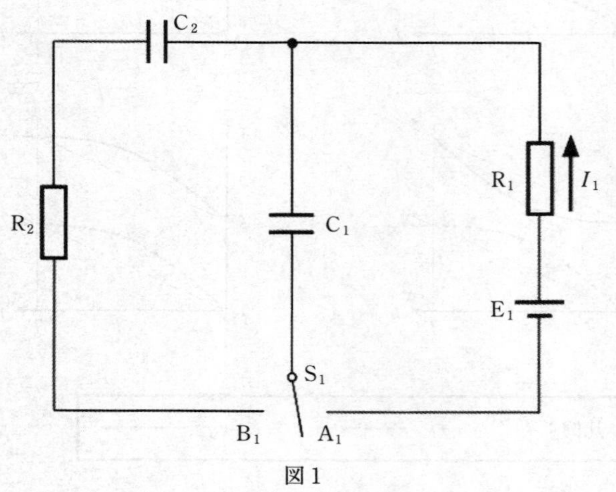

図1

設問(1)：スイッチS_1をA_1に接続した直後における電流I_1をE，C，Rのうち必要なものを用いて表せ。

設問(2)：$t>0$において，電流I_1の時間変化を表すグラフの概形として最も適切なものを以下の選択肢より一つ選べ。

選択肢：

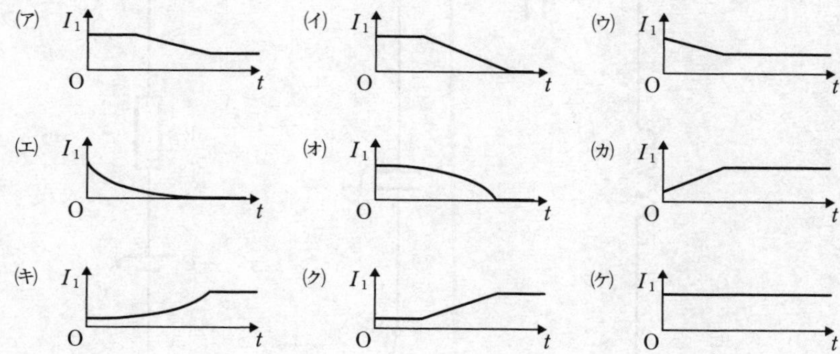

設問(3)：十分に時間が経過したときの V_0 を E，C，R のうち必要なものを用いて表せ。

スイッチ S_1 を A_1 に接続した状態で十分に時間が経過したのち，S_1 を B_1 に切り換える。以下の設問に答えよ。

設問(4)：スイッチ S_1 を B_1 に切り換え，十分に時間が経過したときの V_0 を E，C，R のうち必要なものを用いて表せ。

設問(5)：スイッチ S_1 を B_1 に切り換えたのち，十分に時間が経過するまでに R_2 で消費されるエネルギーを E，C，R のうち必要なものを用いて表せ。

（解答用紙に計算欄あり）

図２は，図１の回路の抵抗 R_2 をコイル L_1 に置き替えた回路である。L_1 の自己インダクタンスは L であり，抵抗 R_1 以外の電気抵抗は無視できるものとする。全てのコンデンサーの初期電荷は０である。

この回路では，スイッチ S_1 を A_1 に接続して十分に時間が経過したのち，S_1 を B_1 に切り換えたところ，電気振動が起きた。以下の設問に答えよ。

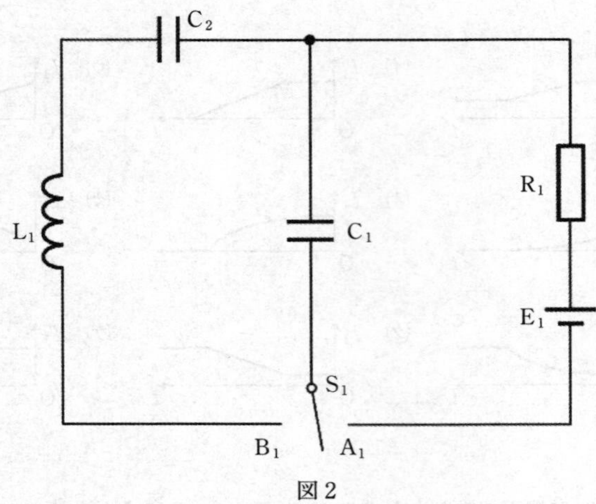

図 2

設問(6)：C_2 に蓄えられる電荷の最大値を E，C，L のうち必要なものを用いて表せ。

設問(7)：L_1 に流れる電流の絶対値が最大値 I_m になったとき，コイル L_1 の両端の電圧は 0 である。$E = 1.00\,\mathrm{V}$，$C = 0.100\,\mathrm{mF}$，$L = 5.00\,\mathrm{mH}$ のとき I_m の値を有効数字 2 桁で求めよ。なお，$1\,\mathrm{mF} = 10^{-3}\,\mathrm{F}$，$1\,\mathrm{mH} = 10^{-3}\,\mathrm{H}$ である。

（解答用紙に計算欄あり）

図 3 のように直流電源 E_1，正弦波交流の電源，抵抗 R_1，抵抗 R_2，D で示すダイオード 4 つ，スイッチ S_2 を接続した回路を考える。E_1 の起電力は E，正弦波交流電源の電圧の振幅は $2E$，R_1 と R_2 の電気抵抗の値はともに R であり，抵抗 R_1 と R_2 以外の電気抵抗は無視できるものとする。4 つのダイオードは全て同じものであり，整流作用のみを持つ理想化された素子として考える。図のように抵抗 R_2 を右向きに流れる電流を I_2 とする。以下の設問に答えよ。

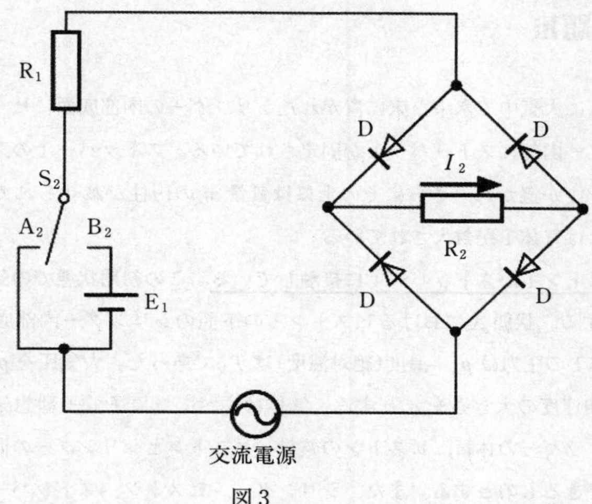

図 3

設問(8)：スイッチ S_2 を A_2 に接続したとき，および B_2 に接続したときを考える。それぞれの場合において，R_2 に流れる電流 I_2 の時間変化を表すグラフの概形として最も適切なものを以下の選択肢より一つずつ選べ。

選択肢：

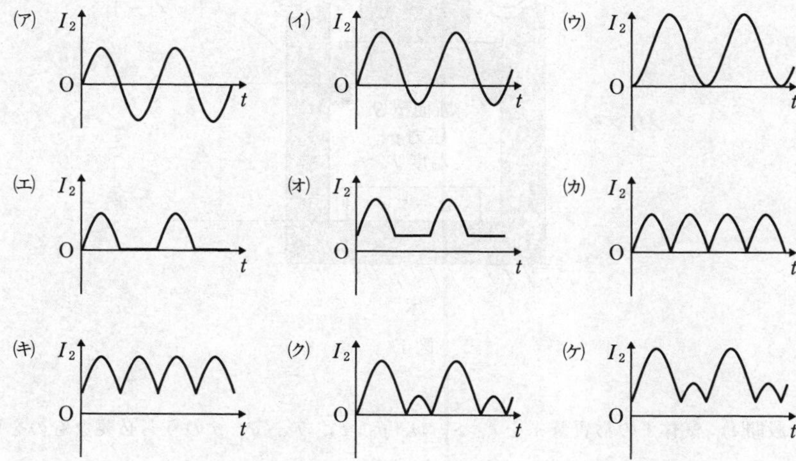

物理 問題Ⅲ

図１のように大気中で水平な床に置かれたシリンダーの内部底面にヒーターが置かれ，シリンダー内部にストッパー１が固定されている。ストッパー１の上には断面積 S のピストン１が置かれ，さらにその上には質量 m の円柱が載せられている。ピストン１の下には気体１が封入されている。

最初，ピストン１がストッパー１に接触している①。この初期状態での気体１の状態を状態Ａとする。状態Ａにおけるピストン１の下面のシリンダー内部底面からの高さは ℓ，気体１の圧力は p_A，温度(絶対温度)は T_A であった。大気圧を p_0，気体定数を R，重力加速度の大きさを g とする。気体はすべて単原子分子理想気体とし，ヒーターとストッパーの体積，ピストンの質量，ピストンとシリンダーの間の摩擦はいずれも無視できるものとする。また，シリンダー，ピストン，ストッパーおよび円柱は熱を通さないものとする。さらに，ピストンおよび円柱の下面および上面，シリンダー内部底面はいずれも水平とする。以下の設問に答えよ。

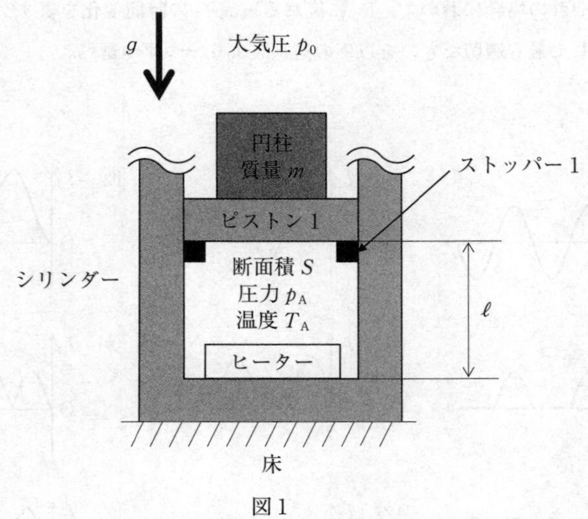

図１

設問(1)：気体１の物質量 n を ℓ，S，m，p_0，p_A，T_A，R，g のうち必要なものを用いて表せ。

設問(2)：下線①の条件が成り立つ圧力 p_A の最大値 p_A^{max} を ℓ，S，m，p_0，T_A，R，g のうち必要なものを用いて表せ。

状態 A にある気体 1 に対してヒーターから熱を与えたところ，ピストン 1 がゆっくりと上昇し始めた。ピストン 1 がストッパー 1 から離れた瞬間の気体 1 の状態を状態 B，状態 A から状態 B までに与えた熱量を Q_{AB} とする。以下の設問(3)，設問(4)に ℓ，S，m，p_0，p_A，T_A，R，g のうち必要なものを用いて答えよ。

設問(3)：状態 B における気体 1 の温度 T_B を表せ。

設問(4)：熱量 Q_{AB} を表せ。

図 2 のように，図 1 のシリンダーの内部にストッパー 2 がとりつけられ，ストッパー 2 の上には断面積 S のピストン 2 が置かれている。ピストン 1 がストッパー 1 に接触しているとき，円柱の上面からピストン 2 の下面までの高さは L である。ピストン 2 の上には圧力 $2p_0$ の気体 2 が封入されている。ストッパー 1 とストッパー 2 の間にあるシリンダー壁には穴があけられており，ピストン 1 とピストン 2 の間の気体は大気とつながっている。ただし，ピストン 1 の上面が穴よりも上になることはないものとする。

前述の状態 B にある気体 1 にヒーターから熱を与えたところ，ピストン 1 はゆっくりと上昇した。円柱の上面が図 3 のようにピストン 2 の下面に接触した瞬間の気体 1 の状態を状態 C とし，状態 B から状態 C までに与えた熱量を Q_{BC} とする。状態 C にある気体 1 にさらに熱を与えたところ，ピストン 2 がゆっくりと動き始めた。この瞬間の気体 1 の状態を状態 D とし，状態 C から状態 D までに与えた熱量を Q_{CD} とする。以下の設問に答えよ。なお，設問(5)〜設問(8)には ℓ，L，S，m，p_0，p_A，T_A，R，g のうち必要なものを用いて答えよ。

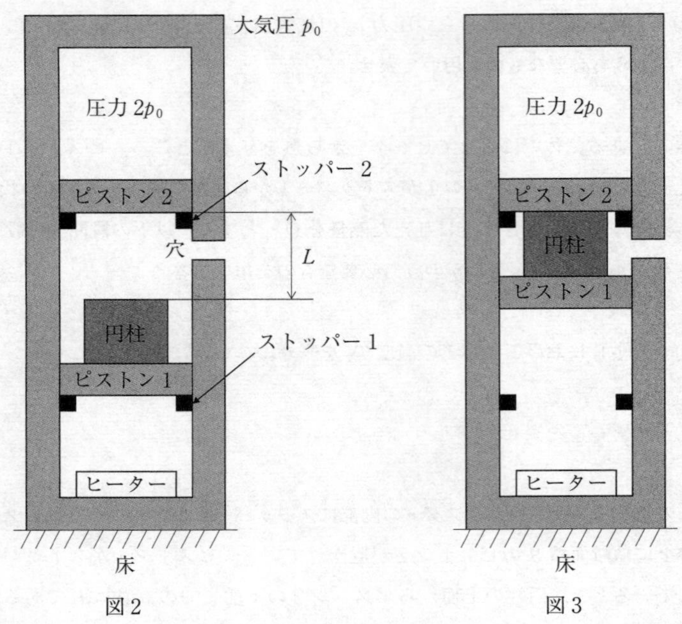

図 2　図 3

設問(5)：状態 C における気体 1 の温度 T_C を表せ。

設問(6)：熱量 Q_{BC} を表せ。

設問(7)：状態 D における気体 1 の温度 T_D を表せ。

設問(8)：熱量 Q_{CD} を表せ。

設問(9)：気体 1 が状態 A から状態 D まで変化したときの気体 1 の圧力および温度の変化の概形を圧力 p を縦軸，温度 T を横軸にとったグラフに図示し，補助線等を用いて作図の根拠を簡潔に説明せよ。その際，p_B，p_C，p_D を図中の縦軸に記入せよ。ただし，p_B，p_C，p_D はそれぞれ状態 B，C，D における気体 1 の圧力である。

〔グラフの解答欄〕

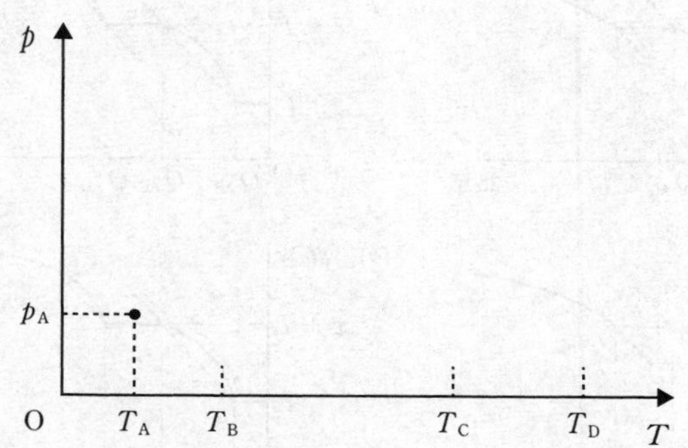

設問(10)：状態Aにある気体1にヒーターから熱を与えるとき，与えた熱の総量に対するピストン1の下面のシリンダー内部底面からの高さの変化を表すグラフの概形として最も適切なものを以下の選択肢より一つ選べ。ただし，$Q_{AC} = Q_{AB} + Q_{BC}$，$Q_{AD} = Q_{AC} + Q_{CD}$ であり，太い破線は互いに平行な補助線である。

選択肢：

(ア)

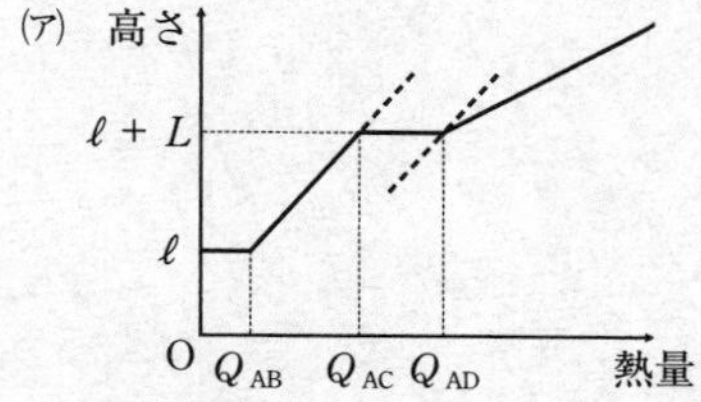

(イ)

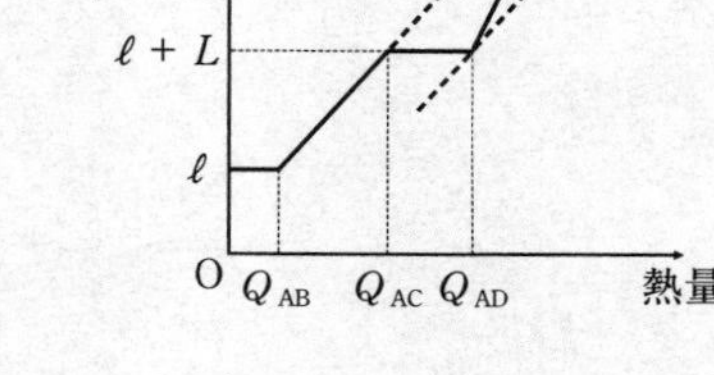

(ウ)

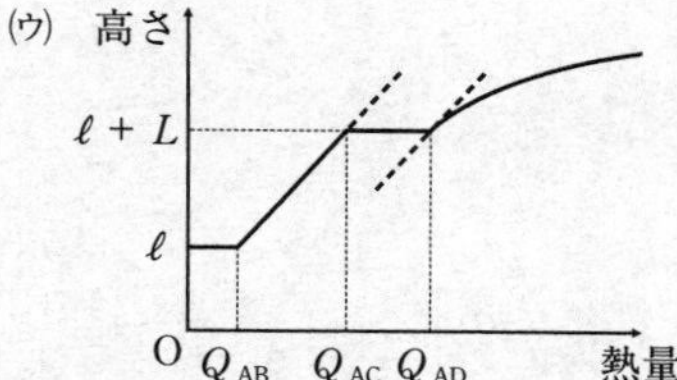

(エ)

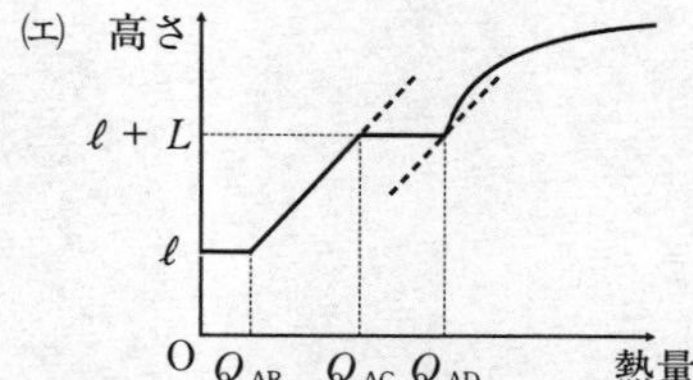

(オ)
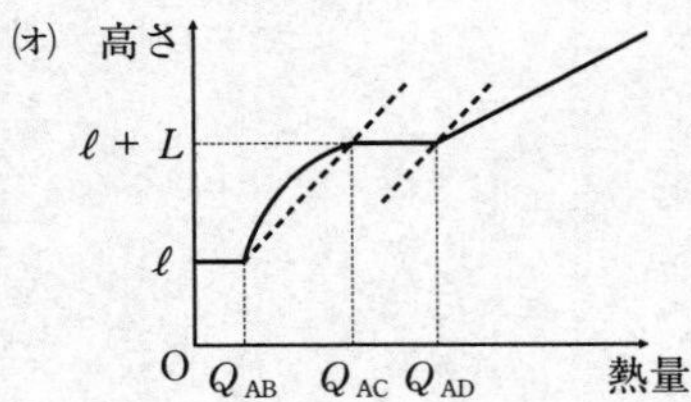
高さ
$\ell + L$
ℓ
O
Q_{AB}
Q_{AC}
Q_{AD}
熱量

(カ)
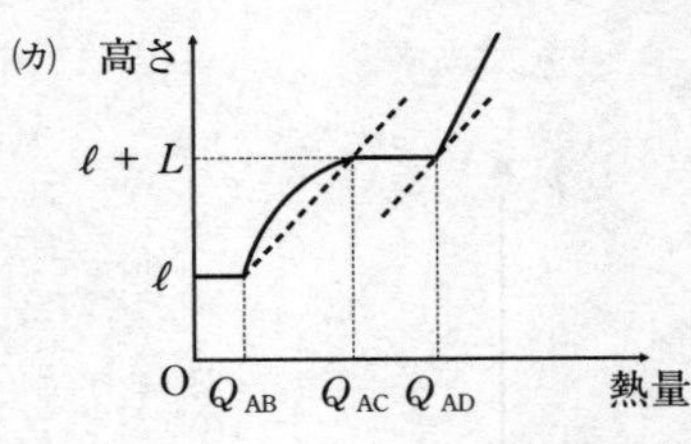
高さ
$\ell + L$
ℓ
O
Q_{AB}
Q_{AC}
Q_{AD}
熱量

(キ)
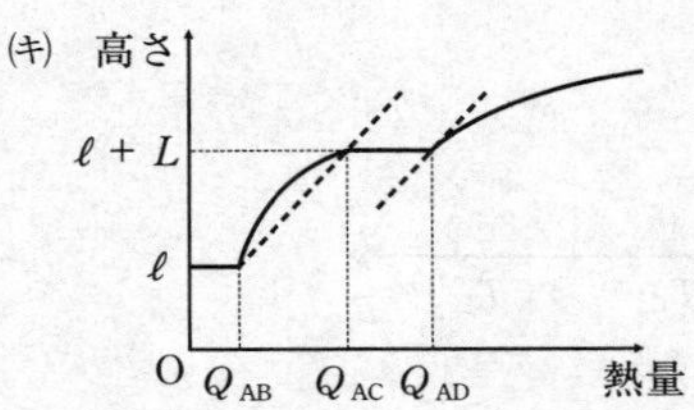
高さ
$\ell + L$
ℓ
O
Q_{AB}
Q_{AC}
Q_{AD}
熱量

(ク)
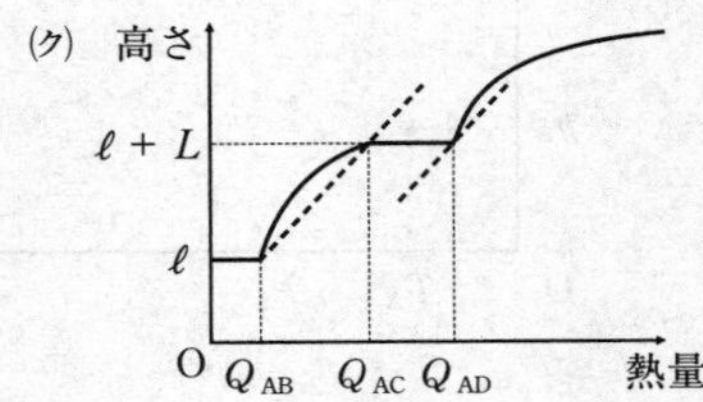
高さ
$\ell + L$
ℓ
O
Q_{AB}
Q_{AC}
Q_{AD}
熱量

化学

（情報（コンピュータ科）・理・医・工・農学部：2科目150分）
（情報（自然情報）学部：　1科目 75分）

(1) 解答は，答案紙の所定の欄に書き入れよ。文字や記号はまぎらわしくないように，はっきりとていねいに記せ。

(2) 字数を指定している設問の解答では，解答欄の1マスに一つの文字を書くこと。句読点，数字，アルファベット，記号はすべて1字とみなせ。

例）15 ℃，Mg(OH)$_2$，ガス，溶解，1.0×10^{-1} Pa。

1	5	°	C	，	M	g	(	O	H	)	₂	，	ガ	ス
，	溶	解	，	1	.	0	×	1	0	-	1	P	a	。

(3) 必要なときは次の値を用いよ。

原子量；H = 1.00，C = 12.0，N = 14.0，O = 16.0

平方根；$\sqrt{2} = 1.41$，$\sqrt{3} = 1.73$，$\sqrt{5} = 2.24$

化学　問題 I

次の文章を読んで，設問(1)～(5)に答えよ。気体は理想気体とし，必要なときは図1のアンモニア NH_3 の蒸気圧曲線（一部），気体定数 $R = 8.31 \times 10^3$ Pa·L/(mol·K)を用いよ。

窒素は地球上に豊富に存在する元素の一つである。窒素分子 N_2 は，二つの窒素原子Nが［ア］組の［イ］電子対で結ばれた分子であり，空気の約78％(体積比)を占めている。地球上の自然界に存在する窒素原子Nには二つの同位体が存在し，質量数15の同位体は［ウ］個の中性子をもつ。窒素の水素化合物の一つにアンモニア分子があり，一つの窒素原子Nのまわりには3組の［イ］電子対と1組の［エ］電子対がある。少量のアンモニアを希塩酸に溶かした水溶液中では，アンモニア分子は［オ］結合で水素イオン H^+ と結合してアンモニウムイオンを形成し，［　カ　］形の立体構造をとる。窒素よりも陽子の数が一つ少ない元素である［　キ　］にも，水素化合物の［　ク　］がある。［　ク　］分子は，［　カ　］形の立体構造をとり，アンモニアとほとんど変わらない分子量をもつが，①［　ク　］の沸点（−161℃）はアンモニアの沸点（−33℃）と大きく異なる。

一般に，アンモニアを用いる実験には，高圧ボンベに封入されたアンモニアや濃アンモニア水を使用する。アンモニアを気体として用いる場合は，圧力調整器を用いて高圧ボンベからアンモニアを取り出す。高圧ボンベから容積300 mLの耐圧容器にアンモニアを移して密閉し，27℃に保って十分な時間が経過した後，②容器内のアンモニアの圧力を測定したところ，8.31×10^5 Paであった。

質量パーセント濃度28.0％の濃アンモニア水**A**（密度0.900 g/cm^3）を用いて，③$7.4\times10^{-2}$ mol/Lのアンモニア水溶液を調製した。下線③のアンモニア水溶液100 mLを，溶液が揮発しないように容積200 mLの密閉できる容器にいれ，20℃もしくは40℃に保った。溶液を十分にかくはんしながら，平衡に達した後のアンモニアの圧力が1.00×10^5 Paとなるように，高圧ボンベから気体のアンモニアをいれて容器を密閉した。④20℃での容器内のアンモニア水溶液を**B**，40℃での容器内のアンモニア水溶液を**C**とする。また，同じ容器をもう一つ用意し，100 mLの水と一定量の［　ク　］をいれて溶液を十分にかくはんした。20℃での平衡に達した後，容器内の［　ク　］の圧力を測定すると1.00×10^5 Paであった。

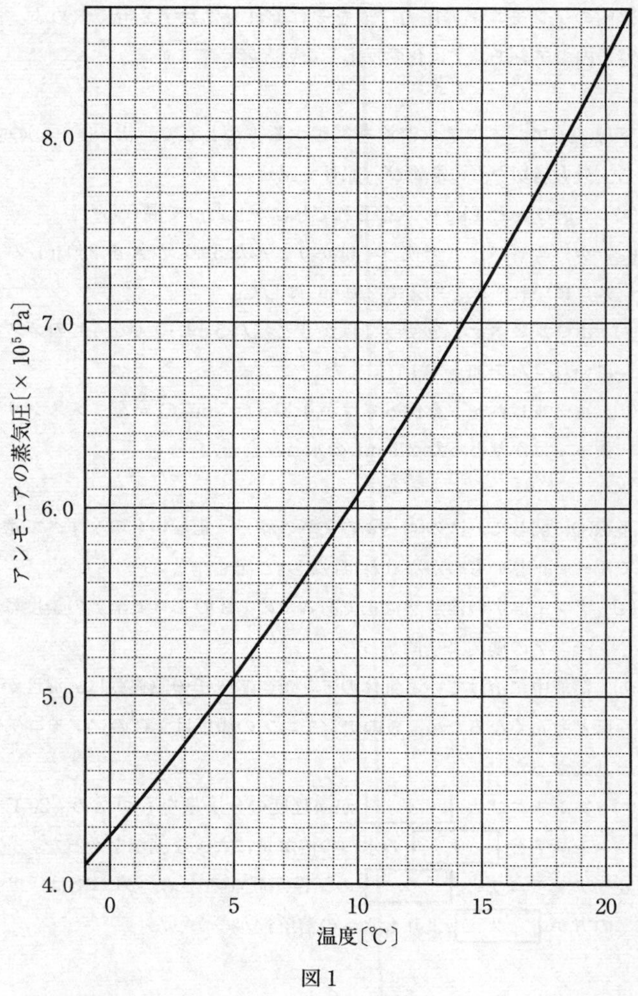

図 1

設問(1)：文中の空欄 ア ～ ク にあてはまる最も適切な語句または数字を記せ。

設問(2)：下線①の理由を 50 字以内で説明せよ。

設問(3)：下線②の容器を冷却し，5 ℃もしくは 20 ℃で十分な時間が経過した後の容器内のアンモニアの圧力〔Pa〕をそれぞれ有効数字 2 桁で求めよ。ただし，容器内でアンモニアは化学反応しないと考えてよい。

設問(4)：下線③のアンモニア水溶液を調製する方法として，次の(a)～(d)の文章のうち，最も適切なものを選び，記号で記せ。

(a)　5 g の **A** と 1 kg の水をそれぞれはかりとって混合した。

(b)　ホールピペットを使ってはかりとった 5 mL の **A** を 250 mL のメスフラスコにいれ，水を加えて 250 mL にした。

(c)　ホールピペットを使ってはかりとった 5 mL の **A** を 1 L のメスフラスコにいれ，水を加えて 1 L にした。

(d)　ホールピペットを使ってはかりとった 5 mL の **A** を，メスシリンダーを使ってはかりとった 245 mL の水と混合した。

設問(5)：下線④に関して，次の(a)～(d)の文章のうち，正しいものをすべて選び，記号で記せ。正しいものがなければ「なし」と記せ。

(a)　アンモニアの溶解熱は正であるため，**B** のアンモニアの濃度は，**C** のアンモニアの濃度より低かった。

(b)　溶液中に溶けている気体のアンモニア分子の熱運動は，温度が高くなるほど激しくなるため，**B** のアンモニアの濃度は，**C** のアンモニアの濃度より高かった。

(c)　アンモニアと［ク］が同程度の分子量をもつため，20 ℃では，アンモニアと［ク］の水への溶解量に大きな差がなかった。

(d)　アンモニアと［ク］の極性が異なるため，20 ℃では，アンモニアの方が［ク］よりも水への溶解量が多かった。

化学　問題Ⅱ

次の文章を読んで，設問(1)～(7)に答えよ。

原子の中の電子は，K殻，L殻，M殻，N殻…という電子殻に収容される。電子殻中にはさらに，電子が収容される軌道というものが存在し，各軌道には最大２個まで電子が収容される。これらの軌道はｓ軌道，ｐ軌道，ｄ軌道，ｆ軌道と分類される。さらに，軌道の名称には軌道を表すアルファベットの前に，K殻では１，L殻では２…と数字をつける。電子殻に存在する軌道の数と収容できる電子数は表１のようになる。

第４周期の遷移元素は①最外殻電子の数が１または２という共通の特徴をもつ。原子の電子配置では，「１ｓ→２ｓ→２ｐ→３ｓ→３ｐ→４ｓ→３ｄ…」のようにエネルギーの低い軌道から順に電子が入っていくことが多い。アルゴン原子 Ar では３ｐ軌道まで電子が入っているが，次の周期のカリウム原子 K とカルシウム原子 Ca では４ｓ軌道に電子が入る。さらに，②スカンジウム原子 Sc 以降の遷移元素になると４ｓ軌道と３ｄ軌道へ部分的に電子が入るようになる。その結果，最外殻の電子数が１または２となる。

第４周期の遷移元素の原子がイオン化するときは４ｓ軌道にある電子から失われる。③イオンの電子配置において３ｄ軌道へ部分的に電子が入っている場合，そのイオンを含む水溶液は特定の色を示す。その色はイオンの種類やイオンの価数に依存する。

また，遷移元素は錯イオンをつくるものが多く，錯イオンの配位子の種類や配置によっても水溶液の色が変化する。ニッケル(Ⅱ)イオン Ni^{2+} の水溶液は緑色であるが，アンモニア NH_3 を配位子とする錯イオン④$[Ni(NH_3)_6]^{2+}$ の水溶液は青紫色を示す。$[CoCl_2(NH_3)_4]Cl$ 塩の水溶液では，⑤電離した錯イオンの立体構造の違いによって紫色か緑色のどちらかを示す。

表1

電子殻	K	L		M			N			
電子軌道	1s	2s	2p	3s	3p	3d	4s	4p	4d	4f
軌道の数	1	1	3	1	3	ア	1	3	ア	7
収容できる電子数の合計	2	2	6	2	6	イ	2	6	イ	エ
最大収容電子数	2	8		ウ			オ			

設問(1)：表1の空欄 ア ～ オ にあてはまる整数を記せ。

設問(2)：下線①に関して，第4周期の遷移元素の共通の特徴として次の(a)～(e)のうち正しいものをすべて選び，記号で記せ。正しいものがなければ「なし」と記せ。

(a)　周期表上で隣接する元素が似た性質をもつ。

(b)　化合物はすべて金属の性質をもつ。

(c)　イオン化エネルギーが大きく，価電子が離れやすい。

(d)　単体や化合物には触媒として働くものが多い。

(e)　化合物中での酸化数は＋5以上にならない。

設問(3)：下線②に関して，第4周期の遷移元素のクロム原子 Cr と銅原子 Cu だけは4s軌道に電子が1個，他は4s軌道に電子が2個入る。したがって，第4周期の3～11族の元素の中で3d軌道の電子数が同数となる原子が1組存在する。それらの原子の原子番号と3d軌道の電子数を答えよ。

設問(4)：下線③に関して，4族のチタン(Ⅲ)イオン Ti^{3+} の3d軌道の電子数を答え，その水溶液が特定の色を示す場合は「有色」，示さない場合は「無色」と記せ。

設問(5)：下線④の錯イオンの名称を答えよ。

設問(6)：下線⑤に関して，この錯イオンの立体構造を次のように考える。図1に示すように$[Co(NH_3)_6]^{3+}$は正八面体形をとる。この錯イオンの2個の配位子をそれぞれ塩化物イオンCl^-に置き換えると，2種類の異なる立体構造を与える。2種類の立体構造の違いがわかるように，Cl^-が配位する位置を図2の例にならって解答欄の○を黒く塗りつぶして示せ。ただし，解答欄ではあらかじめ1個目のCl^-の位置を黒く塗りつぶしてある。

〔解答欄〕 2つの図はいずれも図2に同じ。

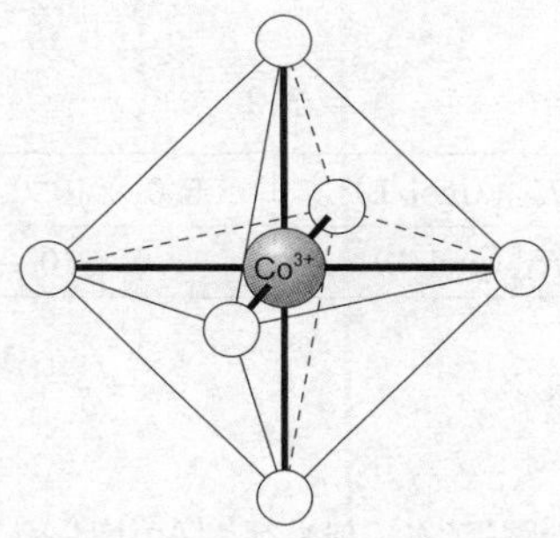

図1　$[Co(NH_3)_6]^{3+}$の正八面体形構造。細線と破線は構造をわかりやすくするための補助線である。太線は金属イオンと配位子の間の結合を示し，○はNH_3配位子の位置を示す。

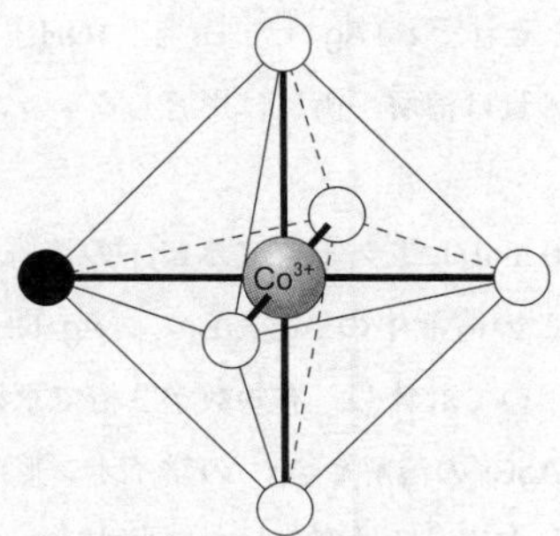

図2　$[Co(NH_3)_6]^{3+}$の1個のNH_3配位子をCl^-に置き換えた構造。置き換えた位置を●で示す。

設問(7)：第4周期の元素に限らず，遷移元素のハロゲン化物には水に難溶性の塩になるものがある。しかし，遷移元素が錯イオンを形成する条件では，この塩はある程度水に溶解する。ここで，固体の臭化銀 AgBr の飽和水溶液中における溶解度積を K_{sp} とする。また，銀(Ⅰ)イオン Ag^+ がアンモニア水中で $[Ag(NH_3)_2]^+$ 錯イオンを形成する，

$$Ag^+ + 2NH_3 \rightleftarrows [Ag(NH_3)_2]^+$$

という反応の平衡定数を K_f とする。25℃におけるこれらの値を表2に示す。

表2

K_{sp}〔$(mol/L)^2$〕	5.0×10^{-13}
K_f〔$(mol/L)^{-2}$〕	1.6×10^7

以下の問いに答えよ。

(i)　AgBr をアンモニア水に加えると $[Ag(NH_3)_2]^+$ を形成して溶解する。この溶解平衡を表すイオン反応式を記せ。

(ii)　(i)の溶解平衡の平衡定数 K を K_{sp} と K_f で表せ。導出過程も書くこと。なお，導出過程では Ag^+，臭化物イオン Br^-，NH_3，$[Ag(NH_3)_2]^+$ のモル濃度〔mol/L〕をそれぞれ $[Ag^+]$，$[Br^-]$，$[NH_3]$，$[[Ag(NH_3)_2]^+]$ と記せ。ただし，固体の量は溶解平衡には影響しない。

(iii)　25℃で，1.0 mol/L アンモニア水に(i)の溶解平衡が成立するまで AgBr を溶かした。この溶液中の Ag^+，Br^-，$[Ag(NH_3)_2]^+$ のモル濃度〔mol/L〕を表2の値を用いて計算し，有効数字2桁で求めよ。ただし，アンモニアと水の反応は AgBr の溶解や Ag^+ の錯イオン形成に影響がなく，溶解反応で溶液の体積および温度は変化しないとする。

化学　問題Ⅲ

問１　次の文章を読んで，設問(1)〜(6)に答えよ。

化合物**A**は炭素原子 C，水素原子 H，酸素原子 O のみからなる分子量 244 の化合物であり，分子内にエステル結合を一つ含むが，それ以外には酸素原子をもたない。水酸化ナトリウム水溶液を用いて，化合物**A**を加水分解した。得られた反応混合物を水で希釈し，さらにジエチルエーテルを加えて抽出したところ，エーテル層から化合物**B**が得られた。残った水層に塩酸を加えて酸性にした後，再びジエチルエーテルで抽出したところ，エーテル層から化合物**C**が得られた。

化合物**B**はベンゼンの一置換体であり，ヨードホルム反応を示さなかった。一方，化合物**C**は分子式 $C_8H_{12}O_2$ で表されるシクロプロパン誘導体であった。化合物**C**に①<u>オゾン O_3 を反応させた後に，過酸化水素 H_2O_2 を含む水溶液で処理</u>したところ，化合物**D**とアセトンが生じた。②<u>化合物**D**には鏡像異性体は存在しなかった</u>。また，化合物**D**を加熱したところ，分子内で脱水反応がおこり，化合物**E**が生じた。

設問(1)：化合物**A**を完全燃焼したところ，二酸化炭素 1.76 g と水 0.450 g が生じた。化合物**A**の分子式を記せ。

設問(2)：化合物**B**の構造式を図１にならって記せ。

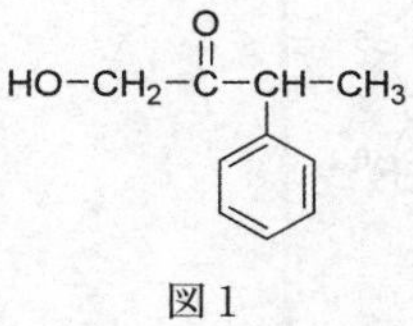

HO−CH₂−C(=O)−CH(C₆H₅)−CH₃

図１

設問(3)：化合物**B**の構造異性体のうち，ベンゼンの二置換体であり，塩化鉄(Ⅲ)水溶液を加えると呈色するものは何種類あるか答えよ。

設問(4)：化合物 **C** の構造の一部を図2に示す(太いくさび形の結合は紙面の手前側にあることを示す)。空欄 ア ～ ウ にあてはまる部分構造を図3にならって記せ。なお，下線①の反応では，アルケンの炭素原子間の二重結合が酸化され，開裂する。たとえば図4の反応では，カルボン酸およびケトンが得られる。

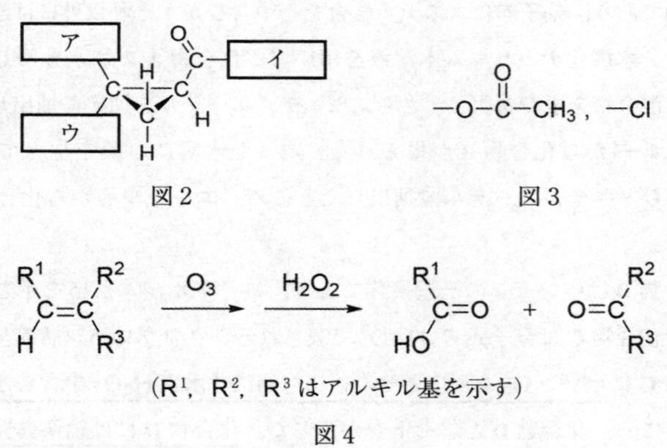

図2　図3

(R^1，R^2，R^3 はアルキル基を示す)

図4

設問(5)：図5のように，シクロプロパン環を構成する三つの炭素原子からなる平面に対して同じ側にある置換基 R^4 と R^5 は近接しているが，反対側に位置する R^4 と R^6 は離れている。この位置関係は，図6で示したアルケンの置換基 R^7，R^8，R^9 の位置関係に類似している。このことをふまえて，化合物 **E** の構造式を図7にならって記せ。

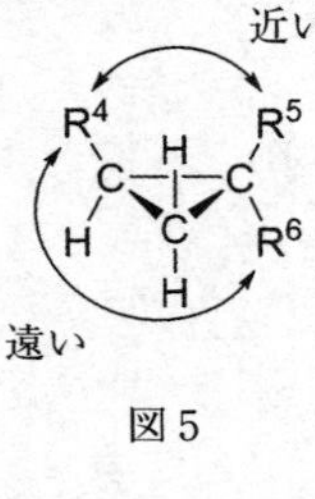

図5 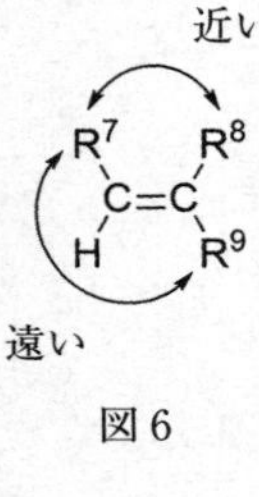　図6

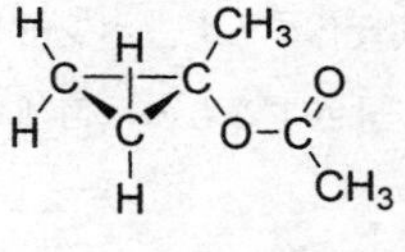

図7

設問(6)：化合物 **D** の立体異性体として，化合物 **F** と **G** が存在する。下線②の情報をふまえて，化合物 **D**，**F**，**G** について述べた以下の(あ)〜(え)の文章のうち，正しいものをすべて選び，記号で記せ。正しいものがなければ「なし」と記せ。

(あ)　化合物 **D**，**F**，**G** は，いずれもシクロプロパン誘導体である。

(い)　化合物 **F** と **G** は，互いにシス－トランス異性体の関係にある。

(う)　化合物 **D**，**F**，**G** を 1 mol ずつ含む水溶液は，ある特定方向にのみ振動する光（偏光）の振動面を回転させる性質（旋光性）を示さない。

(え)　化合物 **F** と **G** は，水に対する溶解度が異なる。

問 2　次の文章を読んで，設問(1)〜(7)に答えよ。

合成高分子化合物は石油や石炭などを原料としてつくられ，合成繊維，合成樹脂，合成ゴムなどとして利用されている。合成樹脂は，熱に対する性質から熱可塑性樹脂と熱硬化性樹脂に分類できる。たとえば，①アジピン酸とエチレングリコールの［ア］により得られる高分子化合物は，熱［イ］性樹脂である。無水フタル酸とグリセリンから生成する高分子化合物は熱［ウ］性樹脂であり，［エ］樹脂の一種である。また，②［オ］により合成される熱［カ］性樹脂として，尿素樹脂やメラミン樹脂がある。

設問(1)：文中の空欄［ア］および［オ］にあてはまる最も適切な重合反応の種類を記せ。

設問(2)：文中の空欄［イ］〜［エ］および［カ］にあてはまる最も適切な語句を以下の［　　］の(A)〜(G)から選び，それぞれ記号で記せ。ただし，同じ記号を繰り返し選んでもよい。

(A)　フェノール	(B)　メタクリル	(C)　エポキシ
(D)　アラミド	(E)　アルキド	(F)　硬化
(G)　可塑		

設問(3)：図１にならって下線①の反応を化学反応式で記せ。

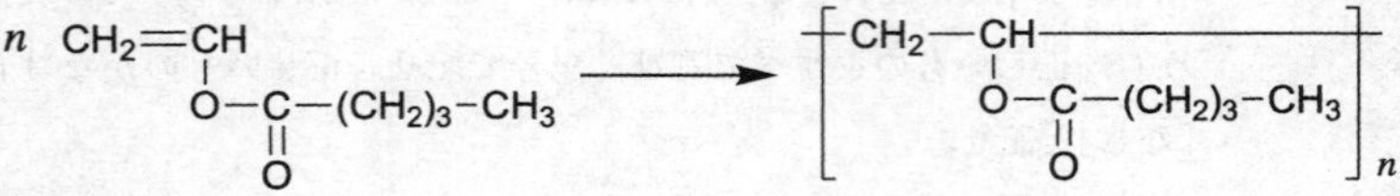

$$n\,\mathrm{CH_2{=}CH{-}O{-}CO{-}(CH_2)_3{-}CH_3} \longrightarrow \left[\mathrm{CH_2{-}CH(O{-}CO{-}(CH_2)_3{-}CH_3)}\right]_n$$

図１

設問(4)：下線②について，尿素樹脂は常温常圧で気体の化合物 **X** と尿素から得られ，メラミン樹脂は化合物 **X** と化合物 **Y** から得られる。図２に示すメラミン樹脂の構造をふまえて，化合物 **X** および **Y** の構造式を図３にならって記せ。

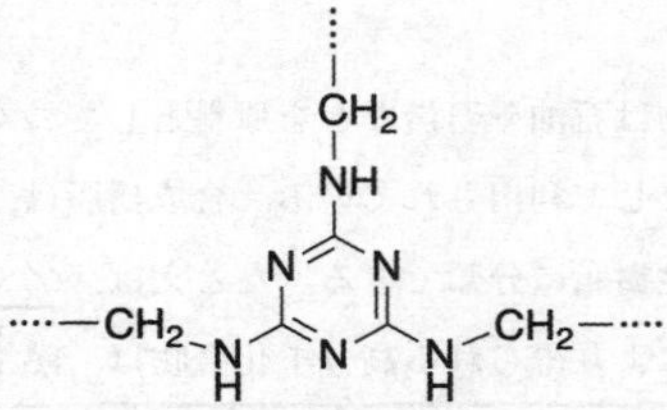

図２

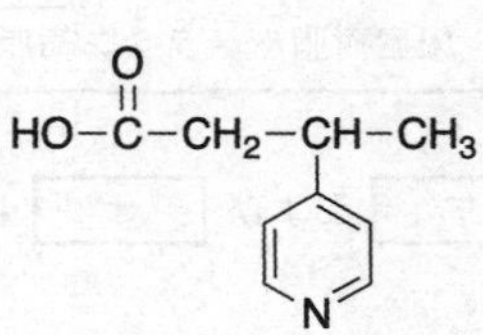

図３

設問(5)：テレフタル酸とエチレングリコールの［ ア ］により合成される高分子化合物の分子量が 4.80×10^4 である場合，この高分子化合物の１分子中に含まれるカルボニル基の数を有効数字２桁で求めよ。

設問(6)：合成高分子化合物に関する以下の記述(a)〜(c)と最も関連の深い化合物を以下の［　　　］の(H)〜(L)から選び，それぞれ記号で記せ。

(a)　ロケットや航空機に使用する炭素繊維の原料となる。

(b)　生分解性ポリマーとして実用化されている。

(c)　日本で開発された合成繊維であり，モノマーの環構造が開いて重合することにより得られる。

(H)　ナイロン 6	(I)　ポリ-*p*-フェニレンテレフタルアミド
(J)　ビニロン	(K)　ポリアクリロニトリル
(L)　ポリグリコール酸	

設問(7)：合成樹脂に関する以下の記述(d)〜(g)のうち，正しいものをすべて選び，記号で記せ。正しいものがなければ「なし」と記せ。

(d)　フマル酸とエチレングリコールを重合して得られるポリエステルを原料として用いて，熱硬化性樹脂をつくることができる。

(e)　メタクリル酸メチルの付加重合により得られる高分子化合物は，透明度の高い熱硬化性樹脂である。

(f)　酢酸ビニルの重合体のけん化により得られるポリビニルアルコールは，熱可塑性を示す。

(g)　熱硬化性樹脂のリサイクルは，主にマテリアルリサイクルによって行われる。

■生物■

(情報（コンピュータ科）・理・医・農学部：２科目 150 分)
(情報（自然情報）学部：　　　　　　　　１科目　75 分)

解答は，答案紙の所定の欄に書き入れよ。文字や記号は，まぎらわしくないようにはっきり記せ。

生物　問題 I

次の文章を読み，以下の設問に答えよ。

文１

現生人類(*Homo sapiens*)とチンパンジー(*Pan troglodytes*)のゲノム DNA の塩基配列が決定されたことに続き，化石に残る微量 DNA からネアンデルタール人(*Homo neanderthalensis*)のゲノム DNA の塩基配列が決定されたことにより，現生人類のゲノムの成り立ちの理解が進んでいる。これに関連した研究に対して 2022 年にノーベル医学生理学賞が授与されたことも記憶に新しい。

上記３種の標準ゲノム配列を比較したところ，チンパンジーに特異的な塩基配列が約 45 万箇所，現生人類に特異的な塩基配列が約３万箇所，ネアンデルタール人に特異的な塩基配列が約３万箇所，それぞれ見つかった。次にネアンデルタール人とチンパンジーで配列が異なる部位１と部位２(表１)について，現生人類のうち，5000 人のヨーロッパ人と 5000 人のアフリカ人の DNA 配列を決定した(表２および表３)。

表１　チンパンジーとネアンデルタール人の部位１と部位２の塩基配列

	部位１	部位２
チンパンジー	TCT<u>G</u>AAT	AAC<u>T</u>ATT
ネアンデルタール人	TCT<u>A</u>AAT	AAC<u>C</u>ATT

（注）部位１と部位２はともに常染色体上にあり，どの例もホモ接合型であった。

表２　ヨーロッパ人とアフリカ人における部位１の接合型分布

部位１	表１の下線部の塩基		
	Ｇのホモ接合	ＧとＡのヘテロ接合	Ａのホモ接合
ヨーロッパ人	4232	736	32
アフリカ人	5000	0	0

表３　ヨーロッパ人とアフリカ人における部位２の接合型分布

部位２	表１の下線部の塩基		
	Ｔのホモ接合	ＴとＣのヘテロ接合	Ｃのホモ接合
ヨーロッパ人	4802	196	2
アフリカ人	5000	0	0

設問(1)：部位１について，この5000人のヨーロッパ人において，下線部の塩基がＡである対立遺伝子(アレル)の頻度を求めよ。

設問(2)：以下のａ)～ｄ)の文章について，正しいものには○を，誤っているものには×を解答欄に記せ。

ａ）ゲノム配列の比較では，ネアンデルタール人よりもチンパンジーの方が現生人類に似ている。

ｂ）現生人類はネアンデルタール人から進化して生じた。

ｃ）現生人類はチンパンジーから進化して生じた。

ｄ）ユーラシア大陸に住んでいた現生人類とネアンデルタール人は交雑していた形跡がある。

文 2

SARS-CoV-2 ウイルス感染者 5 万人を対象に大規模ゲノム解析を行った。その結果，一部の人において，ネアンデルタール人型の塩基配列が数万から数十万塩基にわたって連続しているゲノム領域が含まれている例が見つかった。そのような領域は複数あったが，そのうちの一つ(領域 R とする)は常染色体にあり，遺伝子 S の全長を含んでいた。各感染者のゲノム配列とウイルス感染後の重症化率を調べると，この領域の遺伝子型と重症化率には関連性があることがわかった(表 4)。

これまでに，世界で 3000 人以上のさまざまな人から iPS 細胞が作製され，ゲノム配列情報とともに細胞バンクに保管されている。iPS 細胞を適切な培地に移すと，細胞が分化して，臓器に似た細胞集合体(オルガノイド)を形成することができる。そこで，以下の実験を行った。

(実験 1)

領域 R が現生人類型のホモ接合になっている iPS 細胞，現生人類型とネアンデルタール人型のヘテロ接合の iPS 細胞，およびネアンデルタール人型のホモ接合の iPS 細胞について，それぞれ 5 人分を細胞バンクから入手し，それらから肺オルガノイドを作製して遺伝子 S の mRNA 量を測定した。結果を図 1 に示す。

(実験 2)

遺伝子 S の周辺には図 2 のように， 5 箇所(部位 a，b，c，d，e)において一塩基多型(SNP)があった。そこで，領域 R が現生人類型ホモ接合の iPS 細胞の一つを用いて，ゲノム編集によって SNP 部位を一つずつネアンデルタール人型ホモ接合に変化させ，それぞれのゲノム改変 iPS 細胞から肺オルガノイドを作製した。これらの遺伝子 S の mRNA 量を測定し，領域 R がネアンデルタール人型ホモ接合型の肺オルガノイドの mRNA 量と比較したところ，図 3 の結果を得た。

表４　領域Ｒの遺伝子型と重症化率の関係

遺伝子型	重症化率(相対値)
現生人類型ホモ接合	1.00
ヘテロ接合	0.91
ネアンデルタール人型ホモ接合	0.83

(注)　遺伝子型ごとに年齢や性別の偏りはなかった。

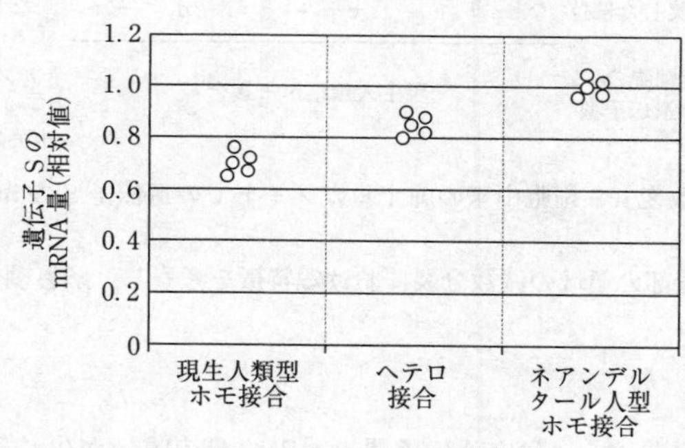

図１　遺伝子型別の肺オルガノイドでの遺伝子Ｓの mRNA 量
○は異なる iPS 細胞由来のオルガノイドでの発現量を示す。

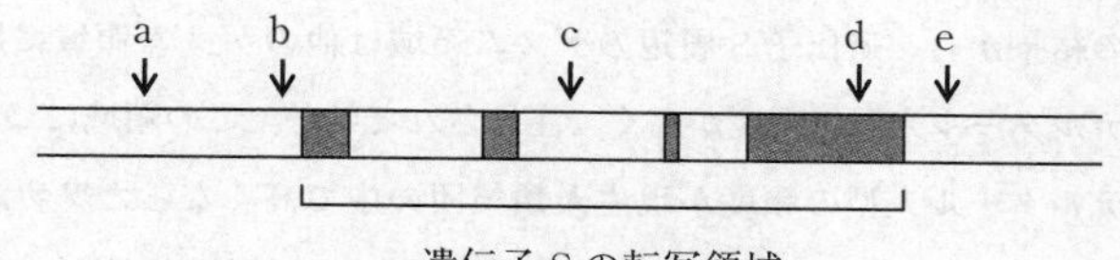

遺伝子Ｓの転写領域
(転写反応の方向は左から右)

図２　遺伝子Ｓ周辺のゲノム領域における SNP 部位
灰色部分は転写された後に mRNA になる領域を示す。

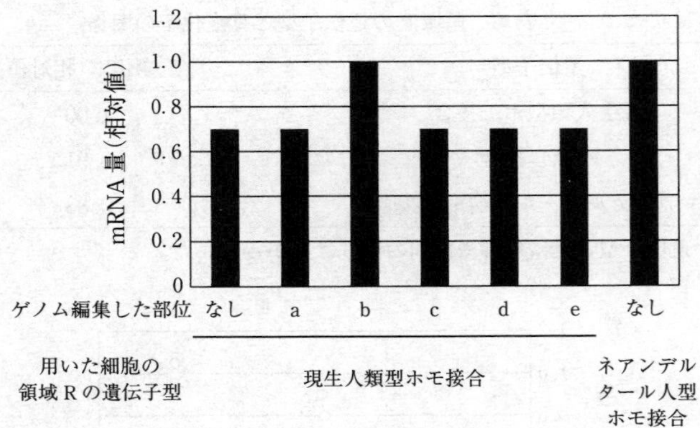

図3　ゲノム改変 iPS 細胞由来の肺オルガノイドでの遺伝子 S の mRNA 量

設問(3)：文2の下線部の領域の減数分裂における特徴を考察し，解答欄の枠内で述べよ。

設問(4)：実験2の結果から，対立遺伝子間で mRNA 量の違いが生じる機構を考察し，解答欄の枠内で述べよ。

設問(5)：SARS-CoV-2 感染症のパンデミックより前に行われた大規模ゲノム解析研究の結果から，遺伝子 S 周辺のゲノム領域は他のゲノム領域に比べてネアンデルタール人型の頻度が高く，注目されていた。この領域について，ネアンデルタール人型の頻度が現生人類集団の中で高くなったメカニズムについて，遺伝的浮動以外の可能性について考察し，解答欄の枠内で述べよ。

〔解答欄〕設問(3)　ヨコ 13.8cm ×タテ 2.5cm
設問(4)　ヨコ 13.8cm ×タテ 4.5cm
設問(5)　ヨコ 13.8cm ×タテ 5.2cm

生物　問題Ⅱ

次の文章を読み，以下の設問に答えよ。

文 1

Caenorhabditis elegans（以下，線虫という）は，餌などに含まれる揮発性化学物質（以下，匂い物質という）に誘引される化学走性行動を示す。Bargmann らは，この行動に関わる神経細胞（ニューロン）と遺伝子を詳細に調べた。化学走性行動を定量化するために，図 1 のように寒天培地を敷き詰めたプレート上に，線虫と匂い物質を置き，一定時間経過後の線虫の数を数えて，式 1 によって化学走性指数を求めた。121 種類の匂い物質を試験したところ，線虫はジアセチルやベンズアルデヒドなど 50 種類の匂い物質に強く誘引された。

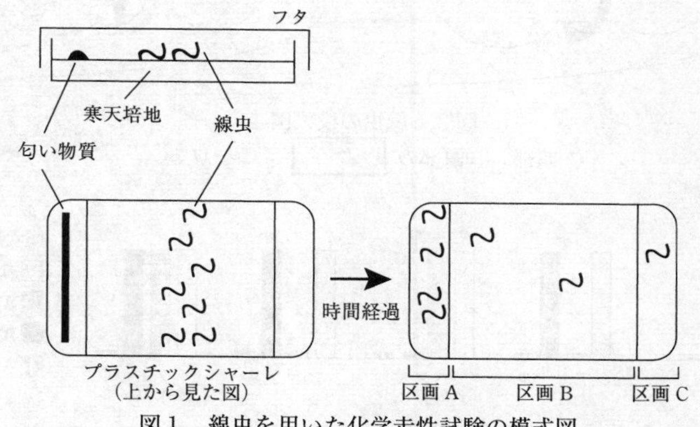

図 1　線虫を用いた化学走性試験の模式図

$$\text{式 1}\quad 化学走性指数 = \frac{区画\,A\,内の線虫の数 - 区画\,C\,内の線虫の数}{プレート上の線虫の総数}$$

設問(1)：線虫 100 匹を用いて化学走性試験を行い，化学走性指数が 0.5 であった場合，試験後に区画 A と区画 C にいた線虫の数をそれぞれ求めよ。ただし，試験後に区画 B にいた線虫の数は 20 匹とし，試験後も線虫の総数は変わらなかったとする。

文2

線虫の化学走性行動は，特定のニューロンのネットワークによって実現される。線虫ではすべてのニューロンが同定されており，たとえば外界からの刺激を受容する [(ア)] ニューロンとしてAWAニューロン，AWCニューロンなどが知られている。これらのニューロン(図2)は，樹状突起で受容した刺激を，[(イ)] を介して，神経環と呼ばれる脳のような構造体に伝達する。

Bargmannらは，どのニューロンによって化学走性行動が実現されるかを調べるために，特定のニューロンを除去した線虫を用いて，匂い物質に対する化学走性行動を定量した。その結果を図3に示す。

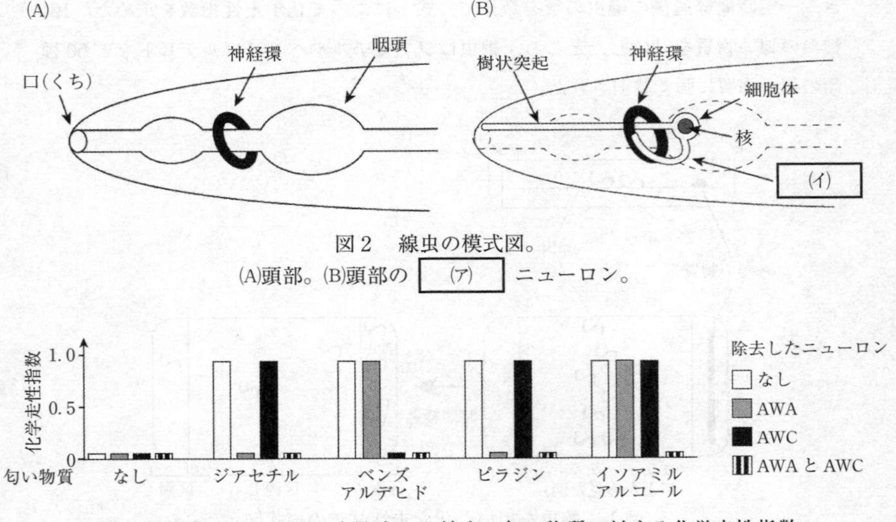

図2 線虫の模式図。
(A)頭部。(B)頭部の [(ア)] ニューロン。

図3 特定のニューロンを除去した線虫の匂い物質に対する化学走性指数

設問(2)：文中の空欄 [(ア)] ～ [(イ)] に適切な用語を記入せよ。ただし，[(イ)] は，ニューロンの部分構造とする。

設問(3)：図3に示した匂い物質のうち，AWAニューロンを介して受容されていると考えられるものをすべて書け。

文 3

次に，化学走性行動に必要な遺伝子を探索した Bargmann らは，*odr-7* と *odr-10* という遺伝子を発見した。*odr-7*，*odr-10* の機能が完全に欠失した系統(それぞれ *odr-7* 変異体，*odr-10* 変異体と呼ぶ)，さらに，*odr-7* 変異体の AWA ニューロンに外来遺伝子として強制的に *odr-10* を発現させた系統(系統 1)の化学走性試験の結果を図 4 に示す。

その後の実験から，*odr-7* と *odr-10* は，それぞれ，転写を制御する調節タンパク質(ODR-7)と匂い物質の受容体タンパク質(ODR-10)の遺伝子であることが明らかになった。

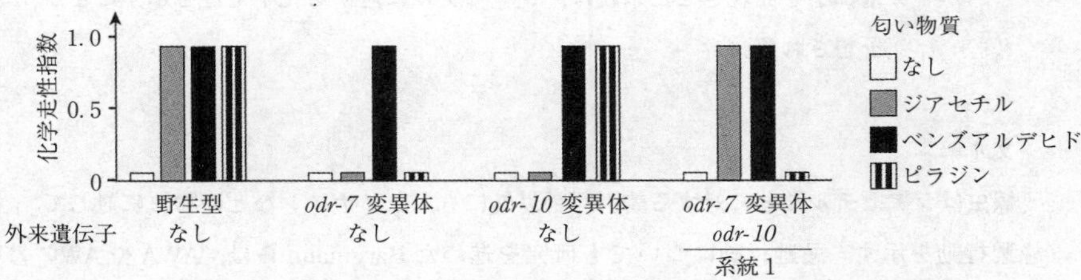

図 4　種々の匂い物質に対する線虫の化学走性指数

設問(4)：図 2 (B)で示したニューロンにおいて，ODR-7 と ODR-10 が局在，機能する場所として最も適切と考えられるものを以下の図からそれぞれ選べ。ただし，細胞内の黒塗りの部分がタンパク質の局在場所をあらわす。

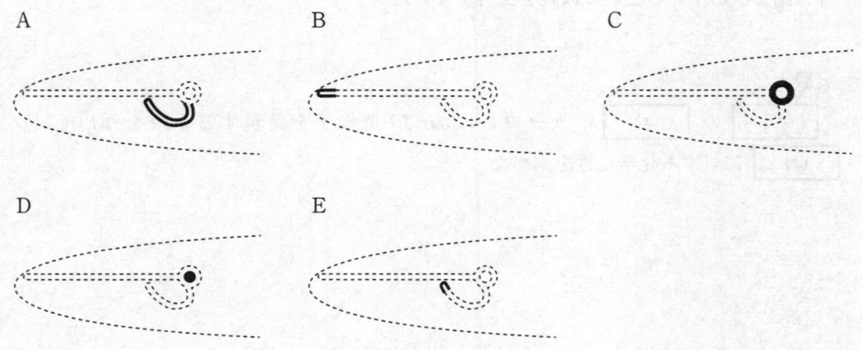

設問(5)：図 3 と図 4 の実験結果の考察に関する以下のａ)〜ｄ)の文章について，正しいものには○を，誤っているものには×を解答欄に記せ。

ａ) *odr-10* は AWA ニューロンで機能し，化学走性行動に関与する。

ｂ) ジアセチル受容体とピラジン受容体の下流ではたらく化学走性に必要な遺伝子が存在し，*odr-7* はその遺伝子の発現を調節する。

ｃ) *odr-7* 変異体と *odr-10* 変異体は，AWC ニューロンを介した化学走性行動ができない。

ｄ) *odr-10* 変異体の AWA ニューロンに，外来遺伝子として強制的に *odr-7* 遺伝子を発現させた系統は，ジアセチルに対する化学走性を示すことが予想される。

文 4

線虫はジアセチルなどに対する誘引行動以外にも，2–ノナノンなどの物質に対して忌避行動を示す。忌避行動についても研究を進めた Bargmann らは，AWA や AWC ニューロンではなく，匂い物質を受容する別のニューロン(AWB ニューロン)が忌避行動に必須であることを見出した。この結果を利用して Bargmann らは，「誘引と忌避という正反対の行動を決めるのが，受容体の種類であるのか，ニューロンの種類であるのか」という神経科学の重要な問いに挑んだ。ここで彼女らが行ったのが，以下の実験 1 である。この実験の結果は，受容体ではなくニューロンが，誘引と忌避という行動を決めているという仮説を支持していた。

実験 1

[(ウ)] の [(エ)] ニューロンに *odr-10* 遺伝子を発現する系統を作出し，[(オ)] に対する化学走性を調べた。

設問(6)：下線部について，実験１の文中の空欄 (ウ) ～ (オ) に入る適切な語句と，実験１で得られたと予想される以下の結果（A～C）について，最も正しいと考えられる組み合わせを選択肢の中から一つ選べ。

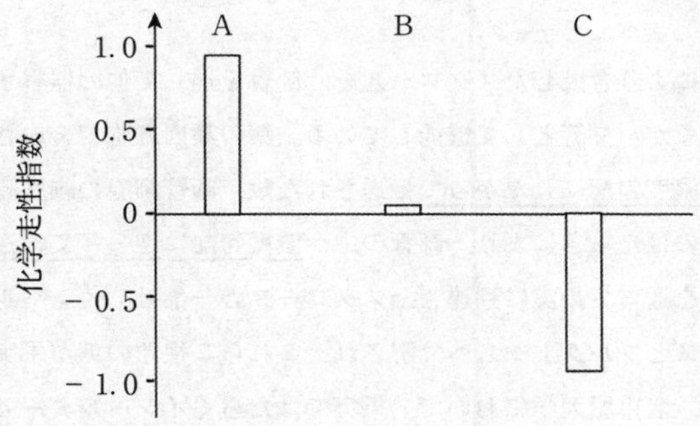

選択肢	(ウ)	(エ)	(オ)	結果
1	野生型	AWB	2–ノナノン	A
2	野生型	AWA	2–ノナノン	C
3	野生型	AWC	ジアセチル	B
4	*odr-7* 変異体	AWB	ピラジン	C
5	*odr-7* 変異体	AWB	2–ノナノン	A
6	*odr-7* 変異体	AWC	ジアセチル	A
7	*odr-10* 変異体	AWB	ジアセチル	C
8	*odr-10* 変異体	AWB	2–ノナノン	A
9	*odr-10* 変異体	AWC	ベンズアルデヒド	B

生物　問題Ⅲ

次の文章を読み，以下の設問に答えよ。

文１

植物は葉で光合成により合成したスクロースを，師管を通して他の器官へと送る。師管は師管細胞がつながって管として機能している。葉の葉肉細胞で合成されたスクロースは，細胞外へ①濃度勾配にしたがって輸送された後，師管細胞の細胞膜に存在するスクロース輸送体のはたらきにより，師管の中へ②濃度勾配に逆らって輸送される。

トマトでは，師管を通って果実に到達したスクロースの一部は，インベルターゼのはたらきでグルコースとフルクトースへ分解され，これら２種類の糖が果実細胞の液胞に蓄積する。最近，名古屋大学において，果実ではたらくインベルターゼの活性を高く保つようにゲノム編集したトマトが作出された。③このゲノム編集トマトの果実の糖濃度(重量あたりの糖の重量)は，元のトマトと比べて上昇していた。

設問(1)：下線①と②の輸送様式名を解答欄に記せ。

設問(2)：下線③で，トマトの果実のインベルターゼの活性を高く保つと果実の糖濃度が上昇した理由を考察し，解答欄の枠内で説明せよ。糖の輸送体のはたらきは変化しないものとする。

〔解答欄〕ヨコ 13.8cm ×タテ 4.3cm

文２

文１で説明した師管細胞のスクロース輸送体の正体は長らく不明だった。その遺伝子は，④野生型酵母を遺伝子改変した改変酵母に，植物の遺伝子を１種類ずつ発現させ，スクロースを唯一の炭素源として含む培地で増殖する酵母を選抜することで同定された。

設問(3)：下線部④について，下のⅠ～Ⅵを前提条件として，野生型酵母をどのように改変する必要があったか。下のａ)～ｄ)について正しい番号を選んで答えよ。

Ⅰ．野生型酵母は細胞内のスクロースを代謝できないが，細胞内のグルコースあるいはフルクトースを代謝して増殖できる。

Ⅱ. 野生型酵母はスクロースをグルコースとフルクトースに分解する酵素であるインベルターゼを培地に分泌する。

Ⅲ. インベルターゼが培地に存在する場合，培地中のスクロースは速やかに全量が分解される。

Ⅳ. 野生型酵母はグルコースとフルクトースを培地から細胞内に取り込むグルコース／フルクトース輸送体をもつ。

Ⅴ. 野生型酵母はスクロースを培地から細胞内に取り込むスクロース輸送体をもつ。

Ⅵ. 植物由来のスクロース分解酵素は，スクロースを分解してグルコースとフルクトースを生成する。

a）インベルターゼ遺伝子を欠失させる［1，必要がある。　　2，必要はない。］

b）グルコース／フルクトース輸送体遺伝子を欠失させる［1，必要がある。　　2，必要はない。］

c）スクロース輸送体遺伝子を欠失させる［1，必要がある。　　2，必要はない。］

d）植物由来のスクロース分解酵素を発現させ［1，培地に分泌させる　2，細胞質に留まらせる］必要がある。

文3

維管束は情報を伝達する物質の通り道としても機能することが，最近明らかになってきた。ジャガイモは日長を感知して塊茎(イモ)を形成する。塊茎は光が届かない地下に形成されるが，どのように日長に応答して塊茎を形成するのであろうか。そのメカニズムを明らかにするために次の実験を行った。

実験1

タンパク質Xは合成された器官から別の器官に輸送されるタンパク質である。野生型ジャガイモ(WT)と，タンパク質Xの機能を破壊したジャガイモ(X変異体)を用いて，図1のA～Gの組み合わせでつぎ木を行い，長日条件または短日条件で栽培した際の塊茎形成を観察した。つぎ木を行った後は速やかに維管束が接続するものとする。Cは長日条件で栽培したが，小葉1枚を覆って短日条件にした。GではSGと示した部位にスチームガードリングという高温の蒸気を茎に吹き付ける処理を行った。スチームガードリングを行うと，その部位の師管の物質の流れは止まるが，道管の物質の流れは止まらずに流れ続ける。

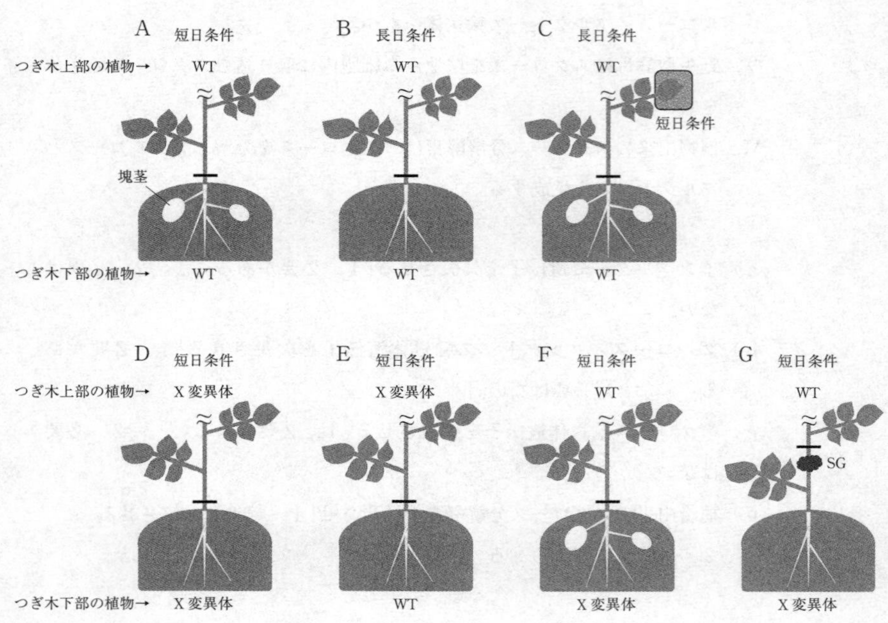

図1　異なる組み合わせでつぎ木したジャガイモを，長日条件または短日条件で栽培した際の塊茎形成。━で示した部位でつぎ木を行った。≈より上は省略した。

設問(4)：図1の実験から，ジャガイモが日長を感知して塊茎を形成するしくみを考察し，解答欄の枠内で説明せよ。　〔解答欄〕ヨコ 13.8cm ×タテ 4.3cm

実験2

タバコとジャガイモはつぎ木が可能である。図2は，タバコと実験1で用いたジャガイモ(WT)をH～Kの組み合わせでつぎ木し，長日条件または短日条件で栽培したときの，タバコの花成とジャガイモの塊茎形成を観察した結果である。

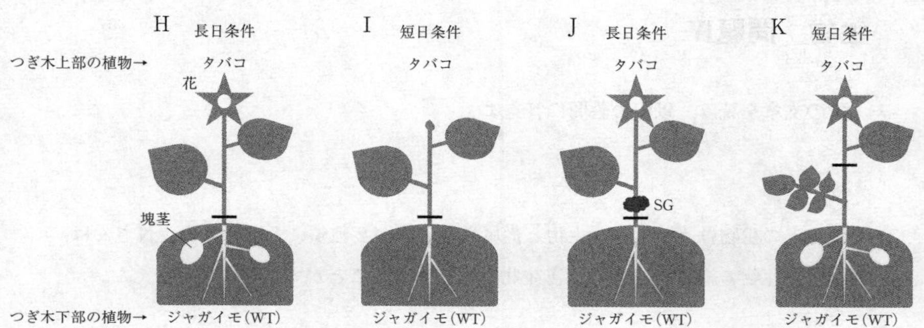

図２　タバコとジャガイモ(WT)をつぎ木し，長日条件または短日条件で栽培した際のタバコの花成とジャガイモの塊茎形成。━で示した部位でつぎ木を，SG と示した部位でスチームガードリングを行った。

設問(5)：下図のＬ～Ｏのつぎ木の組み合わせと日長条件において，タバコの花成とジャガイモの塊茎形成はどうなるか，実験１および実験２の結果を踏まえて，それぞれａ)～ｄ)から選んで答えよ。

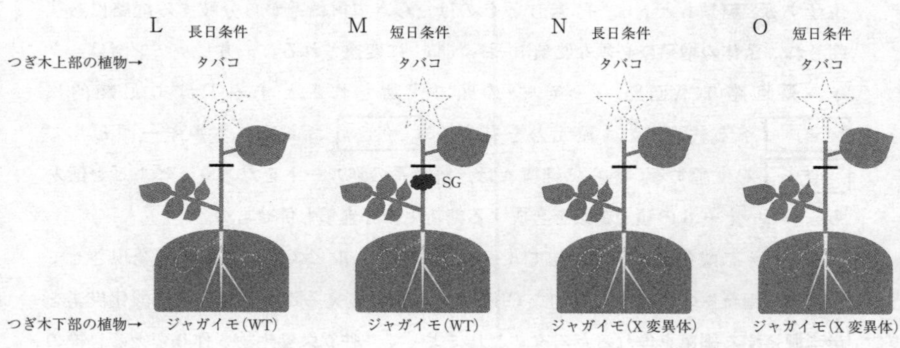

ａ）花成も塊茎形成も起こる。

ｂ）花成は起こるが，塊茎形成は起こらない。

ｃ）花成は起こらないが，塊茎形成は起こる。

ｄ）花成も塊茎形成も起こらない。

生物　問題Ⅳ

次の文章を読み，以下の設問に答えよ。

文 1

地球上の生物は，独立栄養生物と従属栄養生物の 2 種類に大別される。N さんは，従属栄養生物の細菌 A を独立栄養生物に作り変えることができないかと考えた。

N さんの理論はこうだ(図 1)。例えば代表的な独立栄養生物である植物の場合，光合成によって栄養とエネルギーを生産する。光化学系によって生じた NADPH の還元力と [(ア)] のエネルギーを使い，カルビン・ベンソン回路(CBB 回路)を介して二酸化炭素を固定し糖類を生産する(ここでは，糖類が a → b → c → d の順で代謝されるとする)。

細菌 A では，解糖系により糖類が d → c → b → a の順で代謝されてピルビン酸を生産する。糖類 b と c は，酵素 B と C のはたらきで解糖系から分岐する経路にも代謝され，菌体の増殖に必須な物質 b′ および c′ に変換される。一方ピルビン酸は，クエン酸回路(TCA 回路，x → y → z の順で代謝されるとする)により最終的に [(イ)] へと代謝され，還元力を有する [(ウ)] およびエネルギー源として [(ア)] を生産する。さらに細菌 A は，解糖系の逆ルートをたどり，ピルビン酸から a → b → c → d の順で糖類を合成する糖新生の酵素類も併せもつ。

ならば，二酸化炭素を固定して d → a を触媒するルビスコを細菌 A で発現させてやれば，糖新生の経路を人為的な CBB 回路に作り変えることができ，二酸化炭素を炭素源とする細菌を作れるだろう。これによって，独立栄養生物へ作り変える目標の第一段階を達成できるはずだ。

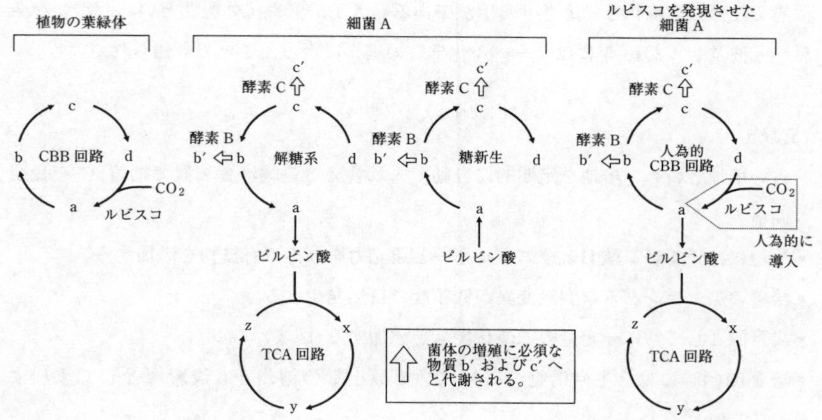

図１　植物の葉緑体と細菌 A における代謝経路と N さんの理論

設問(1)：空欄 （ア） ～ （ウ） に適切な物質名をそれぞれ一つ記載せよ。

文２

細菌 A でルビスコを発現させるため，N さんはシロイヌナズナのルビスコ遺伝子をプラスミドに組み込み，細菌 A に導入した。さらに，菌体の増殖に利用される物質へと代謝される糖類 b と c の生産効率を上げるため，a とピルビン酸の変換を触媒する酵素を破壊することで，人為的 CBB 回路と TCA 回路の間で起こる代謝物の流入出も抑えた(図２，この細菌を A* とする)。培地には，ピルビン酸，および CBB 回路に必要なエネルギー源と還元力を与える有機物も十分量加えた(以降，これら有機物は炭素源とは考えない)。しかし，細菌 A* は二酸化炭素の固定を行うことができなかった。

正常に機能するルビスコがあるにもかかわらず，二酸化炭素を炭素源に利用できないのはなぜだろうか。N さんは以下の仮説を考えた。もともと従属栄養である細菌 A の代謝は，二酸化炭素を炭素源とする環境に適応していないため，例えルビスコがあってもそれをすぐに炭素固定に利用することができないのではないか。この考えのもと，N さんは指向性進化の実験を行うこととした(実験１)。

指向性進化とは，ランダムな変異の導入と選抜の繰り返しという生物の進化を模した方法を試験管内で行うことで，有用な突然変異が蓄積され，タンパク質や微生物の機能を任意の環境へと適応させる手法である。人工酵素や抗体医薬といった重要な発見へと波及し，2018 年にはノーベル化学賞の獲得に至ったことでも知られている。

（実験１）

- 古い培地と新しい培地を定期的に自動で入れ替える連続培養装置で細菌 A* を長期間培養する。
- 培地にはピルビン酸およびエネルギーと還元力を与える有機物を添加する。
- 培養の際，ランダムな突然変異が低頻度で自然発生する。
- 炭素源として常に一定量の二酸化炭素を添加する(図３)。
- 培養開始時には，生命活動の維持に必要最小量の糖類 d も炭素源として添加する(図３)。
- 徐々に糖類 d の添加量を減らし，最終的には二酸化炭素のみを炭素源として与える(図３)。

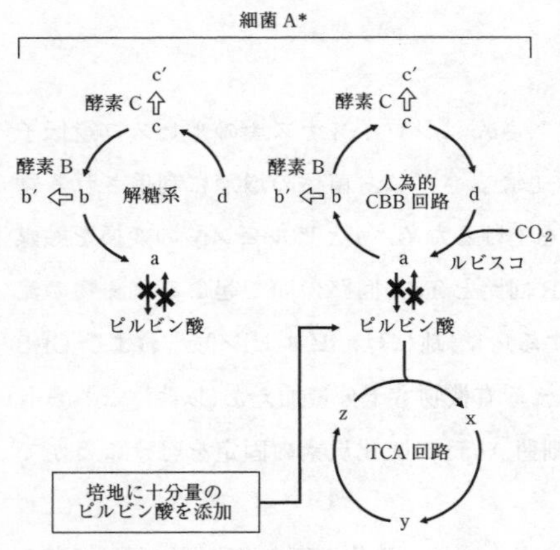

図２　細菌 A* における代謝経路
✕は酵素を破壊したことを示す。

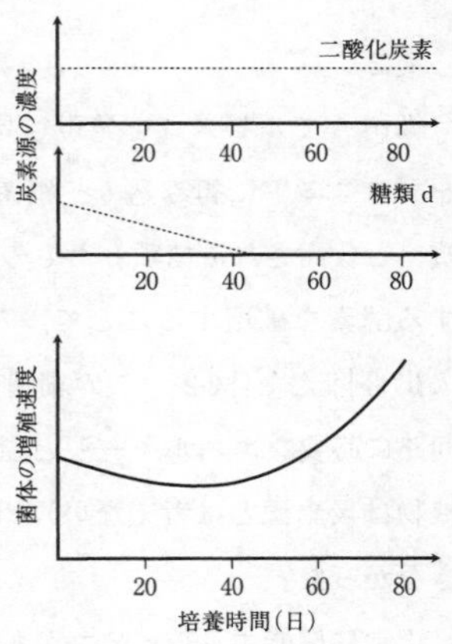

図３　指向性進化実験における炭素源の濃度と菌体の増殖速度の変化

設問(2)：80 日にわたる培養において，図３のように増殖速度の増加が観察された。

培養０日目と 80 日目に取り出した菌体培養液を，糖類 d のみを炭素源として含む液体培地，あるいは二酸化炭素のみを炭素源として含む液体培地で培養した際に想定される菌体の増殖を，ｉ）増殖する，ⅱ）増殖しない，から選んで記号で答えよ。この実験で培養する際には，変異は起こらないものとする。

	糖類ｄを含み 二酸化炭素を含まない培地	二酸化炭素を含み 糖類ｄを含まない培地
0日目のサンプル	(ア)	(イ)
80日目のサンプル	(ウ)	(エ)

文３

80日にわたる指向性進化の実験の結果，Ｎさんは二酸化炭素を炭素源として生育する細菌A** を単離することに成功した。その性質を調べるため，Ｎさんは以下の実験を行った。

（実験２）

細胞内での物質の代謝経路を調べるために，放射性同位体を用いた手法がある（図４）。例えば，炭素の放射性同位体である ^{14}C をもつ化合物を外から投与すると，代謝経路の下流の化合物は ^{14}C で標識される。一方，代謝経路の上流の化合物は ^{14}C 標識されない。Ｎさんは，^{14}C 二酸化炭素や ^{14}C ピルビン酸を，野生型の細菌A，細菌A* および細菌A** に一定時間投与し，それぞれどの代謝物が ^{14}C 標識されるかを追跡した。

（実験３）

細菌A** よりゲノムDNAを抽出し，その塩基配列を細菌A* と比較することで，指向性進化で生じた突然変異を同定した。

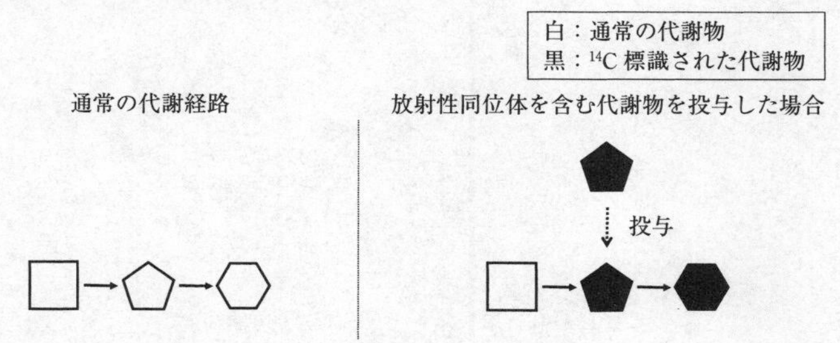

図４　放射性同位体による標識の原理

設問(3)：実験2のそれぞれのケースについて，^{14}C 標識された代謝物の組み合わせとして正しいものを下記1)～4)から選び，数字で答えよ。

	^{14}C 二酸化炭素	^{14}C ピルビン酸
細菌A	(ア)	(イ)
細菌A*	(ウ)	(エ)
細菌A**	(オ)	(カ)

1) a, b, c, d
2) x, y, z
3) a, b, c, d, x, y, z
4) なし

設問(4)：実験3の結果，指向性進化の原因となった変異が，酵素BとCの遺伝子中に発見された。この変異が酵素活性に与える影響として想定されるものを下記1)～3)から一つ選択し，番号で答えよ。また，その解答に留意しながら細菌A*で二酸化炭素固定が行われなかった理由を解答欄の枠内で述べよ。

〔理由の解答欄〕ヨコ11.5cm×タテ7.9cm

1) 酵素活性の消失
2) 酵素活性の低下
3) 酵素活性の上昇

地学

（情報（コンピュータ科）・理学部：2 科目 150 分）
（情報（自然情報）学部：　1 科目　75 分）

解答は，答案紙の所定の解答欄に書き入れよ。文字や記号は，まぎらわしくないように，はっきり記せ。

地学　問題 I

以下の文章を読んで，問１～問６に答えなさい。

図１は，ある地域における地形図に地質図を表したものである。この地域に分布する地層は，不整合面より上位にＡ層が水平な層理面をもって分布しており，不整合面より下位のＢ層は東西の走向を持ち，北に 45° 傾斜していた。また，Ｘ地点ではＢ層に厚さ 10 cm の薄い凝灰岩層が挟まれており，Ｙ地点では東西の走向で南に 60° 傾斜した正断層が確認された。図の範囲内で地層の厚さは変化せず，Ｙ地点で確認された正断層以外の断層や褶曲，地層の逆転はない。

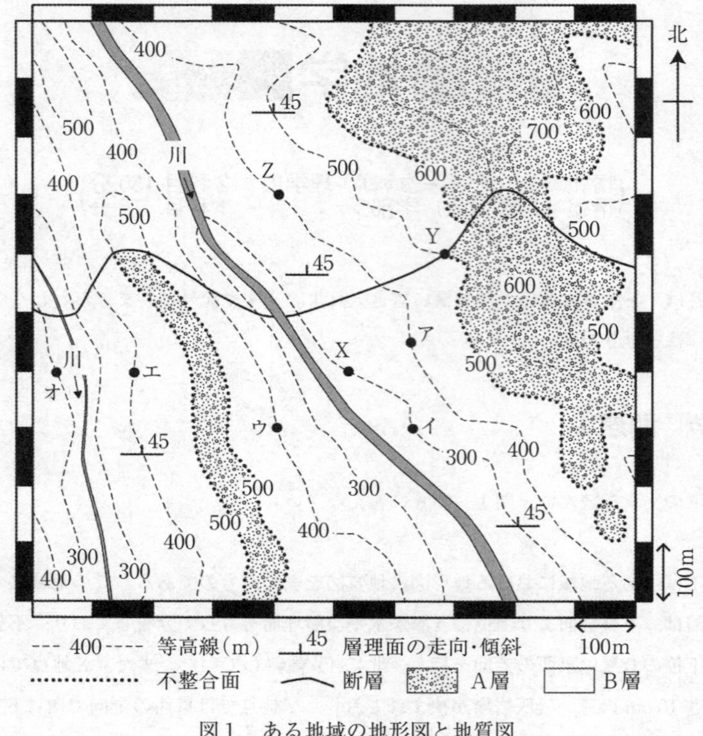

図1　ある地域の地形図と地質図

問1　X地点の凝灰岩層は，図1のア～オのどこで確認できるのか全て答えなさい。

問2　Y地点で確認された正断層によって地層が鉛直方向に何mずれているのか答えなさい。

問3　Z地点で何m鉛直方向に掘るとX地点と同じ凝灰岩層に到達するのか答えなさい。

問4　A層の一部は礫層であった。礫の種類を調べたところ，ある深成岩が含まれていた。この深成岩を観察すると，斜長石と 鉱物1 と 鉱物2 が確認されたが，カンラン石は見つからなかった。また，SiO_2 の量(質量%)は約53であった。この深成岩の岩石名と，鉱物1と鉱物2は何か答えなさい。

問 5　A層は，すでに放射年代測定によって約 5500 万年前の地層であることがわかっている。この時代の代表的な示準化石を１つ答えなさい。

問 6　この地質調査の結果から推定される地史について，次の用語の中から適当なものを使って古い順に並べなさい。

（A層の堆積，貫入，地層の傾斜と陸化，侵食，断層，海面下へ沈降，変成）

B層の堆積→ ア → イ → ウ → エ → オ

地学　問題Ⅱ

以下の文章を読んで，問１～問５に答えなさい。

地球上での火成活動はプレートテクトニクスと深い関わりがある。年間あたりのマグマ噴出量が最も多いのは①新しいプレートがつくられている中央海嶺である。地下深部で発生したマグマは，地殻内を上昇した後に②火山の下のマグマだまりに一時的に蓄えられ，やがて噴火によって地表に噴出する。沈み込み帯に位置している③トンガ諸島のフンガ・トンガ–フンガ・ハアパイ火山（フンガ火山）では，2022年に大規模な噴火が発生した。また，トンガ諸島の周辺では地震活動も活発であり，④津波を伴う大地震が発生することがある。

問 1　下線部①について，図２は大西洋中央海嶺を横断する線上で測定されたブーゲー異常を示している。海嶺軸のあたりでブーゲー異常が小さくなっている理由を 40 字以内で説明しなさい。

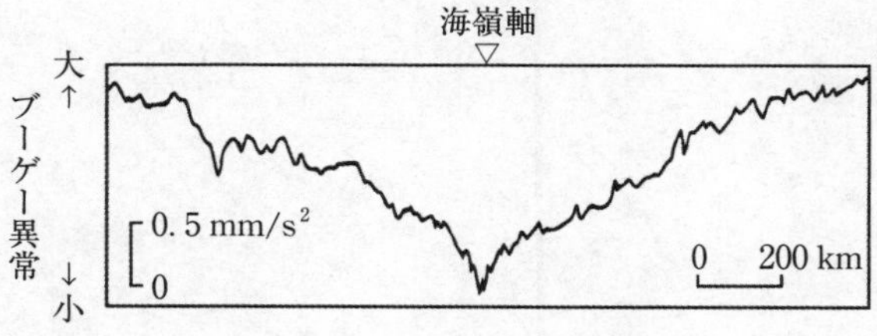

図２　Talwani ほか(1965)による

問 2　下線部②について，マグマの上昇が止まり，マグマだまりが形成される理由を30 字以内で説明しなさい。

問 3　下線部③について，図 3 はトンガ諸島を東西に横断する線上で測定されたフリーエア異常を示している。図 3 のように顕著な負のフリーエア異常が生じる理由を 60 字以内で説明しなさい。

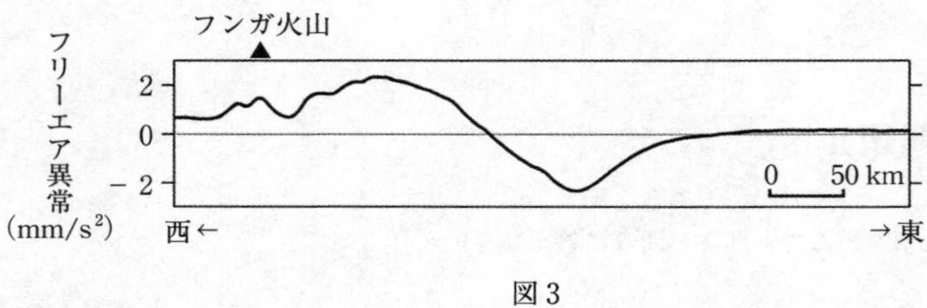

図 3

問 4　下線部③について，フンガ火山の深部でマグマが発生する過程を 60 字以内で説明しなさい。

問 5　下線部④について，トンガ諸島で津波をともなう地震が発生した場合，角距離で 72° 離れた日本には地震発生から何時間後に津波が到達するかを求めなさい。解答欄に計算過程を記し，有効数字は 2 桁としなさい。ただし，津波が伝わる海域の水深を 4000 m で一定とし，重力加速度の大きさを $10\ \mathrm{m/s^2}$ とする。また，地球を全周が 4 万 km の完全な球とする。

地学　問題Ⅲ

以下の文章を読んで，問１～問３に答えなさい。

太陽は，さまざまな波長の電磁波を宇宙空間に放射しており，地球の表層部(大気，海洋，陸域)はその一部を吸収して暖められる。大気圏は，図４に示したように高度とともに温度(気温)が変化することから，①４つの層に分けられる。２回の温度低下と上昇をくり返すのは，②地表面および成層圏上部の大気と熱圏の大気が，太陽から放出される電磁波を吸収しているからである。海洋も大気と同じように水温の鉛直分布により，表層混合層，水温躍層，深層に分けられる。

③表層混合層の水温や塩分，厚さは，季節や緯度などによって変化する。

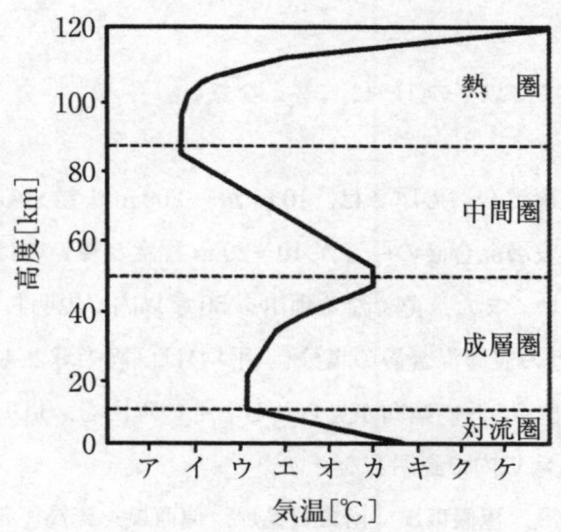

図４　地球大気温度の高度分布

問１　下線部①に関して，以下の(1)~(3)に答えなさい。

(1)　図４の横軸は気温を示している。0℃および 20℃の目盛りは，ア～ケのどれか，それぞれ記号で答えなさい。

(2)　対流圏界面(圏界面)の境界の高さは，緯度の違いによってどのように変化するか，以下のカッコ内の語句を全て用いて，90 字以内で説明しなさい。
(低緯度，高緯度，太陽放射，上昇気流)

(3)　気圧は上空ほど低くなっており，高度が 5 km 上がるごとに約半分になる。成層圏界面の気圧(hPa)を有効数字 1 桁で答えなさい。解答欄には計算過程も記すこと。

問 2　下線部②に関して，以下の(1)～(3)に答えなさい。

(1)　地表面，成層圏上部の大気，熱圏の大気で主に吸収している電磁波の種類をそれぞれ答えなさい。

(2)　成層圏上部の大気で，(1)で答えた電磁波を主に吸収している(電磁波が作用している) 2 種類の気体分子について，それぞれ化学式で答えなさい。

(3)　熱圏では，(1)で答えた電磁波を吸収することによって，イオンと電子の多い領域が広がっている。この領域の名称を答えなさい。

問 3　下線部③に関して，以下の(1)～(3)に答えなさい。

(1)　日本近海の表層混合層の厚さは，10 m から 200 m を越える深さまで季節によって変わる。表層混合層の厚さが 10～20 m 程度と薄いのは冬季と夏季のどちらか答えなさい。また，薄くなる理由を 50 字以内で説明しなさい。

(2)　緯度 60 度付近の表層混合層の塩分(年平均)は，両半球とも海水全体の平均値(約 35 ‰)に比べて低い傾向が見られる。その理由を，以下の語群より語句を 4 つ選び，70 字以内で説明しなさい。

語群：北東貿易風，極偏東風，南東貿易風，偏西風，極高圧帯，熱帯収束帯，寒帯前線帯，フェーン現象，エルニーニョ現象，下降気流，上昇気流

(3)　緯度 60 度よりも高緯度域の表層混合層では，北半球の方が南半球に比べて塩分が低い。これは北緯 60 度以北の海域には，塩分が特に低い(30 ‰以下)海域が多く存在するからである。それはどのような海域であるか答えなさい。

地学　問題Ⅳ

以下の文章を読んで，問１～問４に答えなさい。なお，問４については，解答欄に計算過程も記しなさい。

太陽系に存在する小天体として彗星，太陽系外縁天体，小惑星が知られている。彗星は，惑星と比較して離心率が大きい楕円軌道をとり，太陽に接近すると，［ア］と尾が出現する。(下線部①) 太陽系外縁天体は［イ］星の軌道以遠に多く存在する。太陽系外縁天体の発見により，惑星の分類から［ウ］星は外れた。(下線部②) ［エ］星と［オ］星の軌道の間に小惑星帯は存在しており，近地球小惑星であるリュウグウに到達した探査機はやぶさ２は，(下線部③) その表面の画像を数多く撮影し，２地点においてサンプルを回収することに成功した。

問１　文章中の空欄［ア］～［オ］に適切な語句を当てはめなさい。ただし，エ・オの順は問わない。

問２　下線部①の理由を 30 字以内で説明しなさい。

問３　下線部②の理由を 30 字以内で説明しなさい。

問４　下線部③に関して以下の(1)，(2)に答えなさい。リュウグウと地球は同一平面内で円軌道をとり，半径はそれぞれ 1.2，1 天文単位とする。1 天文単位を 1.5×10^{11} m，光の速度を 3.0×10^{8} m/s，地球の公転周期を 365 日，リュウグウの公転周期を 480 日とする。必要であれば $\sqrt{3} = 1.7$，$\sqrt{10} = 3.2$，$\sqrt{11} = 3.3$ を用いなさい。

(1)　リュウグウが地球に対して衝に来てから 127 日後，リュウグウにいる探査機に地球から信号を送った。リュウグウと地球が 127 日間の間に公転した角度の差を有効数字１桁で答えなさい(単位：度)。またその答えを用いて，信号が探査機に到達するのにかかる時間を有効数字１桁で答えなさい(単位：秒)。

(2)　探査機がリュウグウの軌道から離れ，近日点が１天文単位である楕円軌道に移ったとする(図 5)。軌道が移った後，初めて探査機が近日点に到達した際にちょうど地球に到達できた。軌道を移る時点における，リュウグウ－円軌道の中心－地球がなす角 θ を有効数字 2 桁で答えなさい(単位：度)。

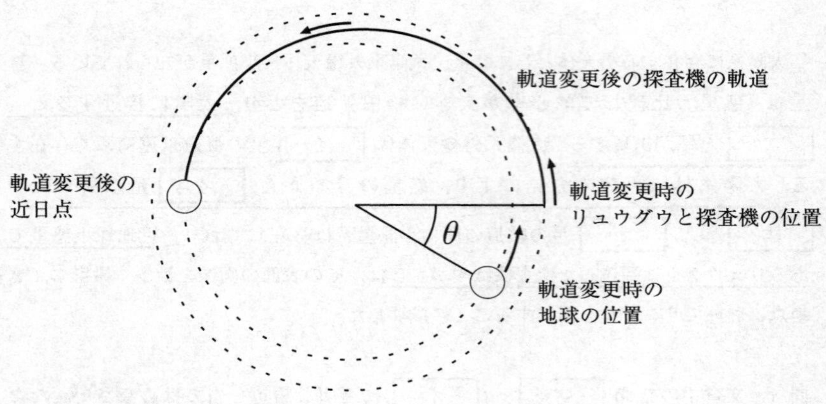

図 5　リュウグウと地球の軌道(破線)および，軌道変更後の探査機の軌道(実線)

オ　名を知らない植物や鳥を見ただけでは、心にしっかりと印象付けられることはない。

問二　傍線部①における「孤独」とはどのようなことを指すのか、本文に即して五〇字以内で説明せよ（句読点・かっこ類も字数に含める）。

問三　傍線部②「人は知的であるほど、じつは騙されやすい」とはどういうことか、本文に即して一〇〇字以内で説明せよ（句読点・かっこ類も字数に含める）。

問四　傍線部③において、「きわめて健全なのである」と筆者が言うのはなぜか、その理由を本文に即して一三〇字以内でまとめよ（句読点・かっこ類も字数に含める）。

問五　傍線部④「ことば抜きに、臭いや絵や音楽だけで、人を騙すことはむずかしい」とあるが、その理由を本文に即して一〇〇字以内でまとめよ（句読点・かっこ類も字数に含める）。

問六　次のア～オの記述のうち、本文の内容と合致しているものを二つ選び、記号で答えよ。

ア　人間の通常の性として、「他者のことば」に自分の心をゆだねることはしない。

イ　自分の理性が受け取った「ことば」こそが真実であり、わたしたちはいつもその「ことば」通りに行動する。

ウ　人類は、集団で同じ「ことば」をもち、協力し合うことによって、大自然の中で生き残ってきた。

エ　信頼できる他者の発した正しい「ことば」だけが人間の思考と行動を決定する。

内容に疑問をもつ、あるいは不真実に気づく、ということは、ただ、自分のなかで、今までもっていた「ことば」との齟齬[h]が感じられたときであり、その「ことば」の内容を「あらためて吟味する[i]」ことができたとき、そのときだけであって、吟味できなければ、自分の理性が受け取った「ことば」が、そのまま自分の理性の「真理」となる。すなわち、それが真実だと、信じてしまう。それゆえ、いつもわたしたちは、自分の理性の判断で、他者に言われた通りに考え、疑問がなければ、その通りに行動するのである。③第三者から見れば、夢遊病者のように見えるとしても、本人の理性は、人類の理性の設計通り協働的にはたらいているのであって、きわめて健全なのである。

言うまでもなく、「騙される」という事件が発生するのは、一方に、騙す人間が居るからである。しかし、別の見方をすると、このような事例が示しているのは、むしろ「ことば」が、わたしたちが行動を判断するうえで、決定的な原因になっているという事実である。じっさい、④ことば抜きに、臭いや絵や音楽だけで、人を騙すことはむずかしい。したがって、「ことば」は、だれが発声するものであれ、またそれが正しいか正しくないかは別として、それを聞く人の間で同じ「理性」を構成し、同じ「判断」を構成し、それが人間の「思考」と、それにもとづく「行動」を決定することは、フヘン[j]的に見られることである。

（八木雄二『1人称単数の哲学』による）

【注】○感覚刺激――感覚受容器によって受け入れられ、視覚・聴覚・味覚・嗅覚・皮膚感覚などの各種感覚を起こさせる刺激。

問一　傍線部a～jのカタカナは漢字に、漢字は読みをカタカナに、それぞれ改めよ。

ば」を大事にしようとすることだから、理性的であろうとしている人ほど、「相手のことばに沿って」無意識のうちに考えようとする。したがって、②人は知的であるほど、じつは騙されやすい。それゆえ、ことば巧みに騙された人を笑うことは、むしろ理性的であろうと努めている人を笑うことである。

一方、他者が自分のことばを語っているとき、他者の理性は、その人物が語っている「ことば」によって構成されている。したがって、一方が話し、他方が聞いているとき、一方は他方の理性の「ことば」と、同じ「ことば」によって自分の理性を再構成している。それゆえ、二つの理性は、一方の発言された「ことば」において「協働」している。したがって、「ことば」が複数の人間の間で「通じる」ことが意味しているのは、「ことば」によって複数の理性が「協働する」事態である。

このことによって、人々の間で、何らかの協力が可能になる。人類は、かつては少数の集団で協力し合うことによって大自然の中で生き残りの道を見つけてきた。だとすれば、それは集団で同じ「ことば」をもつことによってであると、考えることができる。それゆえにまた、かつて人類が生き残りのために必要とした「ことば」は、文明が発展した今でも、わたしたちが他者との「協力体制」をキズこうとしたとき、すなわち、他者と協力して何事かを成していこうとするとき、その傾向を強力に維持している。それゆえ、わたしたちは、むしろ自然に（ほとんど本能的に）「他者のことば」に、自分の理性の再構成をまかせてしまう。

じっさい、わたしたちは他者のことばに促されて、明らかに間違っているのにもかかわらず、つい言われるままに行動してしまうことがある。警察がどれだけ注意を促しても「ことば」だけの電話にわたしたちは騙されてしまいやすい。それは、「ことば」が、人類の心に宿している「協働のための一致」という原初的な力によるのである。すなわち、他者のことばであっても、その「ことば」は、自分の理性（判断力）を、いったんは構成する。

それは幾分かは遺伝的であって、わたしたちは、そのことにはまるで無テイコウである。わたしたちが、聞いた「ことば」の日々、支配している。たとえその後に疑問が湧いてくるとしても、いったんは「他者のことば」に「己の心をゆだねる」のが、「ことば」に対するわたしたち人間の、通常の性である。

日常、わたしたちは、「他者のことば」は、それを聞いて、その意味を理解して、それに応じて答えなければならないと、無意識のうちに思っている。ふだん、だれかが口を開けば、それが何事であれ、「聞こう」とするのは、そうした理由があってのことである。なぜなら、「他者のことば」を理解しないことは、その「ことば」が通用している世界から「自分自身を切り離すこと」を意味するからである。わたしたちが前のめりで「他者のことばを聞こう」とするのは、自分が世界から切り離されることを、言い換えれば、孤独になることを、わたしたちが望んでいないからである。わたしたちは、自分が聞く「他者のことば」を理解することで、その他者が属している共同世界に、自分もまた属していることを、そのつど、無意識に確認する。

反対に、理解できなければ、わたしたちは「相手の共同世界」に自分が入ることができていないことを認めざるを得ない。①そのときわたしたちは孤独を感じる。したがって、わたしたちは通常、「相手のことば」を、まずは理解しようとして聞く。しかしながら他者の言うことを理解しようとして聞くことは、相手のことばが意味するそのままに、自分の心のなかで「他者のことば」が再構成されることを、すすんで許すことである。そしてわたしたちの心は、ほんの一瞬であっても、そのとき相手のことばに「支配されるとき」をもつ。

なぜなら、「ことば」がはたらいているところに、わたしたちの「理性」のはたらきがあるからである。じっさい、「理性」は、古典ギリシア語で「ロゴス」であり、同じく「ことば」は、「ロゴス」だからである。したがって、相手のことばを聞き取っているとき、わたしたちの理性は、その「相手のことば」によって「相手の理性と同じように」再構成されている。とすれば、わたしたちの理性はそのとき、一瞬であっても、「他者のことば（理性）」に、確実に支配されている。

したがって、わたしたちは映像以上に、「ことば」に騙されやすいのである。しかも「理性的」であろうとすることは、「ことわたしたちの心は、感覚刺激だけでなく、そこに伴う「ことば」によって大きく変わる。

わたしたちは「ことば」がわたしたちの認識に及ぼす力について考えてみなければならない。たとえば「ことば」の発言者がほかの人であったとき、どの程度「他者のことば」に自分の心が大きく動かされているか、わたしたちは考えてみる必要がある。自分が対象事物の名前を知ることによって、自分に見えてくる世界が翌日から異なるように、わたしたちは他者の発言を聞くことによって、その「ことば」に、いっときでも心は「占められ」、「支配されている」。人は、音楽や映像に心を動かされるだけでなく、それとは異なって、日常、ふだん遣いの「ことば」に、じつは大いに動かされている。音楽や映像なら、心は外から動かされているが、「ことば」の場合は、心は、内から動かされている。なぜなら、「ことば」は、自分の心が「それによって」動いている、あるいは、「それに合わせて」心が生まれ、心が維持され、心が育つ力だからである。

じっさい、わたしたちは「ことば」でいろいろなものごとを「考える」。今の映画は良かったとか、絵画は良かったとか、風景はすばらしいとか、印象を「ことば」にする。しかしそのとたん、わたしたちの心は、視覚に映った映像や聴覚にヒビ[d]いた音によって動くのとは異なって、直接その「ことばに沿って」、確実に動いている。

じっさい、「考える」はたらきをするのが、「心」である。そうだとすれば、「ことば」は、それが自分のことばであろうと他者のことばであろうと、「考える」とき、その「ことば通り」に心は動いている。それゆえ、それが「他者のことば」であるとき、それを疑わずに聞く「わたしの心」は、その「ことばに沿う仕方で」自ら動くことで、「自分の心の姿」を、いったんは内側からあらたにしている。そして他者のことばを疑うときでも、わたしたちは、とりあえず「相手のことば」に耳を傾ける。なぜなら、それが人間として誠実なことだからである。そして耳を傾けるなら、やはりわたしたちの心は、その「ことばに沿って」動いている。

じっさい、生き生きとした「ことば」によって伝えられたものは、直接にわたしたちの心に入ってきて、わたしたちの心を、

国語

（四五分）

一

次の文章を読んで、後の問に答えよ。

わたしたちは、たとえば音楽を聞いたとき、絵画を見たとき、あるいは、ある風景に出合ったとき、あるいは、スポーツの試合を観戦したとき、その姿と音に心を震わせ、大いに心が動かされる。あるいは、動物の仕草に癒[a]され、あるいは文学作品や演劇の舞台に、強い印象を受ける。これらは一般的に善いものであることが宣伝されたものであるから、わたしたちは安心してほかの多くの人々と一緒に、自分の心がその印象によって動かされるままに、その感動を経験する。じっさい、映像に圧倒される経験をもつとき、わたしたちは自分の心が一時的にその映像に心がすっかり占[b]められてしまっていることを意識することができる。多くのメディアが、その喜びを人々に伝える。

一方、日常、耳にするだけの「ことば」になると、わたしたちはあまり気にせずに聞いている。しかし、視覚を刺激するたんなる事物であっても、人がそれに注目するのは「ことば」による「名付け」があればこそである。たとえばタンポポを見たとき、その名を知ることによって、わたしたちはその姿を心にあざやかに印象付けることができる。一方、名を知らない鳥の姿をとらえたとき、その姿は明確に印象付けられない。じっさい一般的に感覚像の認識は、その名前を知ることではじめてしっかりと心にハアク[c]されたものになる。人間の名だけではなく、植物の名も、鳥の名も、知らなければ感覚像はぼやけたものになる。

· memo ·

2022年度

問題編

■前期日程

問題編

▶試験科目・配点

学部・学科		教　科	科　　目	配　点
情報	自然情報	外国語	コミュニケーション英語Ⅰ・Ⅱ・Ⅲ，英語表現Ⅰ・Ⅱ	400 点
		数　学	数学Ⅰ・Ⅱ・Ⅲ・A・B	400 点
		理　科	「物理基礎・物理」，「化学基礎・化学」，「生物基礎・生物」，「地学基礎・地学」から１科目選択。	300 点
	コンピュータ科	外国語	コミュニケーション英語Ⅰ・Ⅱ・Ⅲ，英語表現Ⅰ・Ⅱ	300 点
		数　学	数学Ⅰ・Ⅱ・Ⅲ・A・B	500 点
		理　科	「物理基礎・物理」，「化学基礎・化学」，「生物基礎・生物」，「地学基礎・地学」から２科目選択。ただし，「物理基礎・物理」を含むこと。	500 点
理		外国語	コミュニケーション英語Ⅰ・Ⅱ・Ⅲ，英語表現Ⅰ・Ⅱ	300 点
		数　学	数学Ⅰ・Ⅱ・Ⅲ・A・B	500 点
		理　科	「物理基礎・物理」，「化学基礎・化学」，「生物基礎・生物」，「地学基礎・地学」から２科目選択。ただし，「物理基礎・物理」，「化学基礎・化学」のいずれかを含むこと。	500 点
		国　語	国語総合・現代文B（古文・漢文を除く）	150 点
医	医	外国語	コミュニケーション英語Ⅰ・Ⅱ・Ⅲ，英語表現Ⅰ・Ⅱ	500 点
		数　学	数学Ⅰ・Ⅱ・Ⅲ・A・B	500 点
		理　科	「物理基礎・物理」，「化学基礎・化学」，「生物基礎・生物」から２科目選択。	500 点
		国　語	国語総合・現代文B（古文・漢文を除く）	150 点
		面　接	医師あるいは医学研究者になるにふさわしい適性をみる。	—

	保健	外国語	コミュニケーション英語Ⅰ・Ⅱ・Ⅲ，英語表現Ⅰ・Ⅱ	500点
		数　学	数学Ⅰ・Ⅱ・Ⅲ・A・B	500点
		理　科	「物理基礎・物理」，「化学基礎・化学」，「生物基礎・生物」から２科目選択。	500点
		国　語	国語総合・現代文B（古文・漢文を除く）	150点
工		外国語	コミュニケーション英語Ⅰ・Ⅱ・Ⅲ，英語表現Ⅰ・Ⅱ	300点
		数　学	数学Ⅰ・Ⅱ・Ⅲ・A・B	500点
		理　科	「物理基礎・物理」，「化学基礎・化学」	500点
農		外国語	コミュニケーション英語Ⅰ・Ⅱ・Ⅲ，英語表現Ⅰ・Ⅱ	400点
		数　学	数学Ⅰ・Ⅱ・Ⅲ・A・B	400点
		理　科	「物理基礎・物理」，「化学基礎・化学」，「生物基礎・生物」から２科目選択。	600点
		国　語	国語総合・現代文B（古文・漢文を除く）	150点

▶備　考

•「数学B」は，「数列」，「ベクトル」から出題する。数学の試験については，試験室において公式集を配付する。また，直線定規・コンパスを使用できる。

英語

（105分）

I　次の英文を読み，下記の設問に答えなさい。

There are few things on this planet that give me greater joy than making my home the most comfortable, relaxing place possible. So, one winter a few years ago, when my fiancé had a bout of insomnia, I sprang into action, gathering all the things that held promise for a great sleep: black-out curtains, a white noise machine, and the cult favorite—a weighted blanket.

Weighted blankets, which cost anywhere from $100 and up, are a sleep aid usually made in a duvet style, with the many squares throughout filled with heavy beads. Lovers of the weighted blanket claim that under its weight they can relax faster, leading to a better and deeper sleep. These blankets weigh anywhere from 5 to 14 kg, and (1) <u>manufacturers generally recommend choosing one that's not more than 10 percent of your body weight, although this seems to be just a rule of thumb and not based on scientific study.</u>

"Absolutely love it," my friend Greg Malone tells me over Facebook one day. "Rotating shifts makes [　a　] to sleep hard, but my girlfriend got me one as a gift, and I have found it's made a big difference in falling and staying asleep."

[　　　①　　　] However, Deep Pressure Therapy (DPT)—the act of using firm but gentle pressure on the body to reduce anxiety—has been practiced for centuries in various forms.

In 1987, a limited study found that many college students who used DPT reported feeling less anxious after [　b　] full-body pressure for 15 minutes (in an adorably titled "Hug'm Machine"), although the researchers did not note any physical changes like lowered heart rate or blood pressure that would indicate the participants were more relaxed.

That being said, a 2016 study found that patients who used a weighted blanket while having their wisdom teeth removed tended to have a slower heart rate than (2) patients who underwent the procedure without, which may indicate that they were more relaxed. However, many patients didn't report feeling more relaxed, and since they each only went through the procedure once, it's difficult to tell if the weighted blanket was the key to calming down.

[②] Some say that simply the fact that a weighted blanket makes it more difficult to toss and turn at night makes for a better night's sleep, while others claim it has something to do with [c] the blood vessels on the surface of our skin that causes our heart rate to slow down. It also could be that the feeling reminds us of times when we felt the safest, like getting a hug from someone who cares for us or when our parents would swaddle us as newborns.

[③] Similar to how many people adore the feeling of a soft blanket against their skin or can't relax without their favorite scented candle burning, others might connect with the feeling of gentle, full-body pressure. The trick is finding the sensory cue that makes you the most comfortable.

"Weighted blankets have been around for a long time, especially for kids with autism or behavioral disturbances," Dr. Cristina Cusin, an assistant professor of psychiatry at Harvard Medical School, told Harvard Health. "It is one of the sensory tools commonly used in psychiatric units. Patients who are in distress may choose different types of sensory activities—holding a cold object, [d] particular aromas, manipulating dough, building objects, doing arts and crafts—to try to calm down."

[④] My fiancé immediately disliked the 9-kg blanket I had picked up and said it made him feel like he was trapped. He's not alone in (3) this.

“I liked it at first, but then as the night went on, I felt trapped,” Heather Eickmann, a family friend, told me. “Also, I sleep on my side, and it really started to make my hip and knee joints ache.”

With the weighted blanket making my partner’s sleep worse, I decided to give it a try myself. And (4) while I didn’t find it too heavy to curl up under, the 9-kg blanket did turn making the bed into a small strength exercise. Overall, I tend to be a good sleeper, so swapping out blankets didn’t make any outstanding differences to the quality of my snooze. However, later that summer, (5) 数ヶ月間その加重毛布を使ってみたら，まったく別の理由で夜中に目をさましているのに気づいた。The blanket was HOT.

【出典：Jones, Emma. “Can Weighted Blankets Help You Sleep Better?” Healthing のウェブサイトから，11 May 2021. 出題の都合上，原文の一部に変更を加えている。】

設　問

1．下線部(1)を日本語に訳しなさい。ただし，“one” の具体的内容を文脈に即して明らかにすること。

2．下線部(2)の具体的内容を文脈に即して 30 字以内（句読点も含む）の日本語で説明しなさい。

3．下線部(3)の具体的内容を文脈に即して 35 字以内（句読点も含む）の日本語で説明しなさい。

4．下線部(4)を日本語に訳しなさい。

5．下線部(5)を英語に訳しなさい。

6．[①]～[④]に入るもっとも適切な文章を下記の(ア)～(カ)から選び，記号で答えなさい。ただし，各記号は1回しか使用できない。

(ア) However, for as many people who love the weighted blanket, there seem to be just as many theories for why it may help.

(イ) It also might not be due to any specific physiological facts, but instead a preference.

(ウ) Regardless of how you like to sleep at night, a weighted blanket might be unaffordable.

(エ) The weighted blanket may not have been the cure of my insomnia.

(オ) There aren't any studies that prove weighted blankets do indeed help people fall and stay asleep.

(カ) Weighted blankets aren't for everyone, however.

7．[a]～[d]に入るもっとも適切な語を以下から選び，記号で答えなさい。ただし，各記号は1回しか使用できない。

(ア) compressing (イ) cutting (ウ) experiencing (エ) getting
(オ) sleeping (カ) smelling (キ) throwing (ク) watching

Ⅱ　次の英文を読み，下記の設問に答えなさい。

It's week twelve of physics class, and you get to attend a couple of sessions with a new, highly rated instructor to learn about static equilibrium and fluids. The first session is on statics; it's a lecture. The second is on fluids, and it's an active-learning session. One of your roommates has a different, equally popular instructor who does the [　イ　]—using active learning for statics and lecturing on fluids.

In both cases the content and the handouts are [　ロ　]; the only difference is the delivery method. During the lecture the instructor presents slides, gives explanations, does demonstrations, and solves sample problems, and you take notes on the handouts. In the active-learning session, (1)<u>instead of doing the example problems himself, the instructor sends the class off to figure them out in small groups, wandering around to ask questions and offer tips before walking the class through the solution.</u> At the end, you fill out a survey.

In this experiment the topic doesn't matter; the teaching method is what shapes your experience. I expected active learning to win the day, but the data suggest that you and your roommate will both enjoy the subject more when it's delivered by lecture. You'll also rate the instructor who lectures as more effective—and you'll be more (2)<u>[all, courses, likely, of, physics, say, taught, that, to, way, were, wish, you, your]</u>.

Upon reflection, the appeal of dynamic lectures shouldn't be [　ハ　]. For generations, people have admired the rhetorical eloquence of poets like Maya Angelou, politicians like John F. Kennedy and Ronald Reagan, preachers like Martin Luther King Jr., and teachers like Richard Feynman. Today we live in (3)<u>a golden age of spellbinding speaking</u>, when great orators engage with and educate audiences with unprecedented influence. Creatives used to share their methods in small communities; now they can accumulate enough YouTube and Instagram subscribers to populate a small country. Pastors once gave sermons to hundreds at church; now they can reach hundreds of thousands over the Internet in megachurches. Professors used to teach small enough classes that they could spend individual time with each student; now their lessons can be broadcast to millions through online courses. It's clear that these lectures are entertaining and informative. The question is whether they're the [ニ] method of teaching.

あ

It also reminded me of my favorite physics teacher, who got stellar reviews for letting us play ping-pong in class but didn't quite make the coefficient of friction stick. To be clear, I'm not suggesting eliminating lectures altogether. I just think it's a problem that lectures remain the dominant method of teaching in secondary and [ホ] education. *Expect a lecture on that soon*.

In North American universities, more than half of the science professors spend at least 80 percent of their time lecturing, just over a quarter incorporate bits of interactivity, and fewer than a fifth use truly student-centered methods that involve active learning. In high schools it seems that half of the teachers lecture most or all of the time. Lectures are not always the best method of learning, and they are not enough to develop students into lifelong learners. (4)If you spend all of your school years being fed information and are never given the opportunity to challenge it, you won't develop the tools for rethinking that you need in life.

【出典：Grant, Adam. *Think Again: The Power of Knowing What You Don't Know*. Viking, 2021, pp. 190-193. 出題の都合上，原文の一部に変更を加えている。】

設　問

1．下線部(1)を日本語に訳しなさい。

2．下線部(2)の文意がもっとも適切に通るように括弧内の 14 語を並べ替え，3 番目，5 番目，12 番目，14 番目の語をそれぞれ書き出しなさい。

3．下線部(3)はどのような時代を指しているか，文脈に即して 40 字以内(句読点も含む)の日本語で説明しなさい。

4．下線部(4)を日本語に訳しなさい。

5．空欄 [あ] を構成する次の(A)～(E)の文を文脈にもっとも適した順に並べ替えなさい。

(A) In the end, this research convinced me I was wrong.

(B) In the physics experiment, the students took tests to gauge how much they had learned about statics and fluids.

(C) It turns out that despite enjoying the lectures more, they actually gained more knowledge and skill from the active-learning session.

(D) The result surprised me as I believed for a long time that we learn more when we're having fun.

(E) This required more mental effort, which made it less fun but led to deeper understanding.

6．[イ]～[ホ]に入るもっとも適切な語を選び，記号で答えなさい。ただし，各記号は 1 回しか使用できない。

(A) boring　(B) higher　(C) ideal　(D) identical

(E) lower　(F) opposite　(G) optimistic　(H) pessimistic

(I) realistic　(J) surprising

7．以下の文のうち，本文の内容に合致するものを 1 つ選び，記号で答えなさい。

(A) Active learning is likely to be less effective in fields outside science.

(B) The author believes that the active learning method is overrated.

(C) The results of the experiment suggest that the more students enjoy the class, the more they are likely to learn.

(D) The students' responses to the survey were different from what the author had expected.

(E) The success of active learning depends on the popularity of the instructor.

III Lucy is a British schoolgirl who lives in Oxford. She is talking to her father, Fred, in the kitchen of their home. Read the conversation below and answer the following questions.

Lucy: <u>Good morning, Dad.</u>(a) Oh, sorry for yawning. What are you doing with that microwave oven? It looks heavy. Do you need a hand with moving it?

Fred: I think I'll be OK, Lucy. I'm just going to put it in the car and take it to the city dump.

Lucy: Couldn't you send it away to be repaired?

Fred: It's ten years old and well out of warranty now, so I very much doubt that the manufacturer would do it. They probably don't even carry the spare parts anymore.

Lucy: That's a shame. Oh, I know what! Why not take it to the Repair Café near my school?

Fred: What's that? I've never heard of it.

Lucy: <u>It's brilliant!</u>(b) We visited it as part of our environmental science course recently. It's a meeting place where people can get together to mend broken items cooperatively. And have a chat and a cup of coffee!

Fred: I'm all ears. Tell me more.

Lucy: Well, the first Repair Café was started by a Dutch woman called Martine Postma in Amsterdam in 2009. (1)<u>彼女は，使い捨て文化で環境</u>

が破壊されて，ゴミの量が地球規模で増えることを心配してたんだよ。 She wanted to find a local solution to this global problem.

Fred: That's what they call "thinking globally, acting locally," isn't it?

Lucy: Exactly. She also wanted to address the decline in community spirit amongst urban dwellers and do something about people's loss of practical skills and ingenuity.

Fred: And the idea (2)caught on?

Lucy: Very much so. The concept has grown into a global movement. The one in Oxford started about four years ago.

Fred: Impressive! What kind of things do they repair?

Lucy: Oh, all sorts. Electrical appliances, clothes, furniture, crockery, bicycles, and even toys.

Fred: How successful are they at repairing things?

Lucy: Well, of course, they cannot guarantee to fix every item brought to them, but they have a fairly good success rate. One study found that on average 60 to 70 percent of items were repaired. The rate is higher for some items such as bicycles and clothes but lower for things like laptop computers.

Fred: I can understand that. (c)Just between you and me, I think some electronics manufacturers deliberately make products in such a way that you cannot disassemble them and repair them unless you have specialized tools and equipment.

Lucy: Yes, and that's where Repair Cafés can help. But these cafés are not just about repairing things for people. They are places where we can meet others, share ideas, and be inspired. The volunteer repairers are very keen to involve the visitors in thinking about the repair and actually carrying out the repair themselves. They also encourage people to think about living together in more sustainable communities.

Fred: I suppose you could say they are about repairing our minds, not just our things.

Lucy: Quite so, although often the two are very closely related. Many people attach (3) sentimental value to old things that might, for example, be part of their family history.

Fred: I see what you mean. It almost sounds too good to be true. (d) Is there a catch? For example, how much does it cost?

Lucy: Advice and help from the repairers is free, but people who use the café are invited to make a donation. That money is used to cover the costs involved in running the café. If specific spare parts are needed, the repairers will advise you on how to obtain them.

Fred: Well, that's marvelous! (e) Then I'll take this old microwave there. Are they open today?

Lucy: Yes, and I'll come with you. I've got a pair of jeans that are badly in need of some attention.

QUESTIONS

1. Translate the underlined part after (1) into English.

2. What does the underlined phrase after (2) mean? Select the most appropriate expression from the list below.
   (A) became popular
   (B) hit a dead end
   (C) occurred to you
   (D) played a significant role
   (E) worked in practice

3. The underlined phrase after (3) means the value of an object which is derived from personal or emotional association rather than its material worth. Give ONE object that has "sentimental value" for you and explain

why it has such value. Your answer should be between 15 and 20 English words in length.

(Indicate the number of words you have written at the end of your answer.)

4. Select the most appropriate words from the list below to indicate how the speakers say the underlined parts in (a) to (e). Do not use any word more than ONCE.

(イ) conspiratorially	(ロ) cunningly	(ハ) decisively
(ニ) enthusiastically	(ホ) haltingly	(ヘ) indecently
(ト) lovingly	(チ) politely	(リ) sleepily
(ヌ) suspiciously		

5. Based on the conversation, which TWO of the following statements are true?

(A) Fred decided to repair his microwave oven because it had sentimental value.

(B) Fred has never volunteered at a Repair Café.

(C) Lucy and Fred cannot afford to visit many Repair Cafés.

(D) Lucy and Fred each have something they would like repaired.

(E) Lucy has carried out the repair of her jeans herself.

(F) Lucy has visited a Repair Café but not the one in Oxford.

IV Read the information and follow the instructions below.

The figure below displays data concerning how much money office staff paid for milk used in coffee or tea each week in their shared break room in the UK. The staff would pay anonymously via an "honesty box." The researchers in this experiment attached a new image each week (y axis) above the drink prices in the office. The amount paid (x axis) varied week by week after controlling for weekly consumption variation.

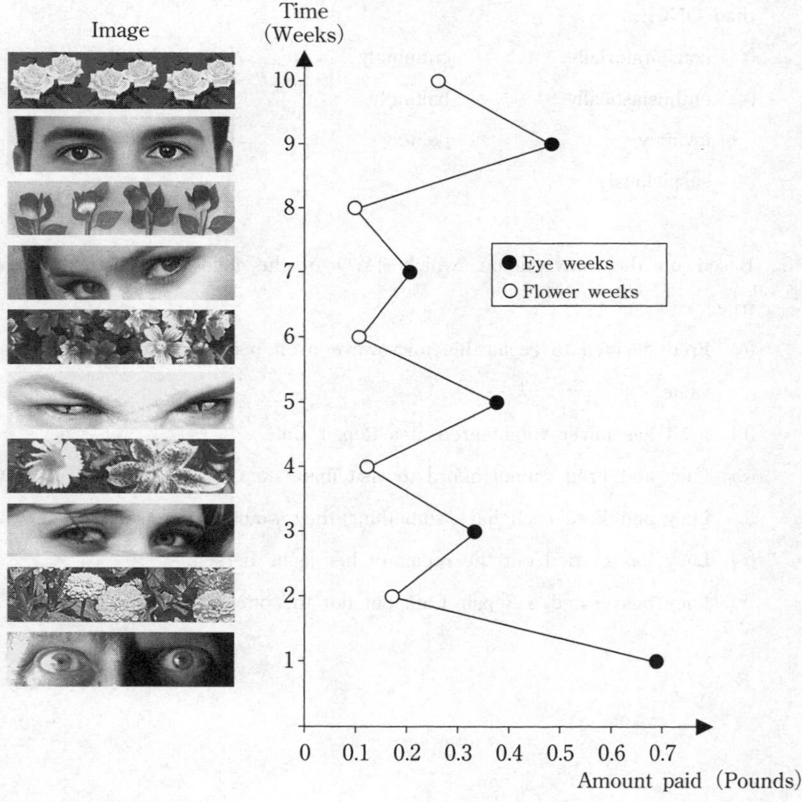

Figure: Pounds paid per liter of milk consumed as a function of week and image type.

Describe the relation between the x axis and y axis in the figure and give ONE possible reason for what you have described. Your answer should be between 40 and 50 English words in length.
(Indicate the number of words you have written at the end of your answer.)

(Source: Bateson, Melissa, Daniel Nettle, and Gilbert Roberts. “Cues of Being Watched Enhance Cooperation in a Real-World Setting.” *Biology Letters*, 2006, vol. 2, p. 413.)

数学

(150分)

1　a，b を実数とする。

(1)　整式 x^3 を2次式 $(x-a)^2$ で割ったときの余りを求めよ。

(2)　実数を係数とする2次式 $f(x)=x^2+\alpha x+\beta$ で整式 x^3 を割ったときの余りが $3x+b$ とする。b の値に応じて，このような $f(x)$ が何個あるかを求めよ。

2　1つのサイコロを3回投げる。1回目に出る目を a，2回目に出る目を b，3回目に出る目を c とする。なおサイコロは1から6までの目が等しい確率で出るものとする。

(1)　$ab+2c \geqq abc$ となる確率を求めよ。

(2)　$ab+2c$ と $2abc$ が互いに素となる確率を求めよ。

3　複素数平面上に，原点Oを頂点の1つとする正六角形OABCDEが与えられている。ただしその頂点は時計の針の進む方向と逆向きにO，A，B，C，D，Eとする。互いに異なる0でない複素数 α，β，γ が，

$$0 \leqq \arg\left(\frac{\beta}{\alpha}\right) \leqq \pi, \quad 4\alpha^2-2\alpha\beta+\beta^2=0,$$

$$2\gamma^2-(3\alpha+\beta+2)\gamma+(\alpha+1)(\alpha+\beta)=0$$

を満たし，α，β，γ のそれぞれが正六角形OABCDEの頂点のいずれかであるとする。

(1)　$\dfrac{\beta}{\alpha}$ を求め，α，β がそれぞれどの頂点か答えよ。

(2)　組 (α, β, γ) をすべて求め，それぞれの組について正六角形OABCDEを複素数平面上に図示せよ。

4 関数 $f(x)$ は区間 $x \geqq 0$ において連続な増加関数で $f(0)=1$ を満たすとする。ただし $f(x)$ が区間 $x \geqq 0$ における増加関数であるとは，区間内の任意の実数 x_1，x_2 に対し $x_1<x_2$ ならば $f(x_1)<f(x_2)$ が成り立つときをいう。以下，n は正の整数とする。

(1) $\displaystyle\lim_{n\to\infty}\int_0^{2-\frac{1}{n}}\frac{f(x)}{2-x}dx=\infty$ を示せ。

(2) 区間 $y>2$ において関数 $F_n(y)$ を $\displaystyle F_n(y)=\int_{2+\frac{1}{n}}^{y}\frac{f(x)}{x-2}dx$ と定めるとき，$\displaystyle\lim_{y\to\infty}F_n(y)=\infty$ を示せ。また $2+\dfrac{1}{n}$ より大きい実数 a_n で

$$\int_0^{2-\frac{1}{n}}\frac{f(x)}{2-x}dx+\int_{2+\frac{1}{n}}^{a_n}\frac{f(x)}{2-x}dx=0$$

を満たすものがただ 1 つ存在することを示せ。

(3) (2)の a_n について，不等式 $a_n<4$ がすべての n に対して成り立つことを示せ。

数学公式集

この公式集は問題と無関係に作成されたものであるが，答案作成にあたって利用してよい。この公式集は持ち帰ってよい。

（不　等　式）

1．$\dfrac{a+b}{2}\geqq\sqrt{ab}$，　$\dfrac{a+b+c}{3}\geqq\sqrt[3]{abc}$，（$a$，$b$，$c$ は正または 0）

2．$(a^2+b^2+c^2)(x^2+y^2+z^2)\geqq(ax+by+cz)^2$

（三　角　形）

3．$\dfrac{a}{\sin A}=\dfrac{b}{\sin B}=\dfrac{c}{\sin C}=2R$

4．$a^2=b^2+c^2-2bc\cos A$

5．$S=\dfrac{1}{2}bc\sin A=\sqrt{s(s-a)(s-b)(s-c)}$，　$\left(s=\dfrac{1}{2}(a+b+c)\right)$

（図 形 と 式）

6．数直線上の 2 点 x_1，x_2 を $m：n$ に内分する点，および外分する点：

$$\frac{mx_2+nx_1}{m+n},\quad \frac{mx_2-nx_1}{m-n}$$

7．点 $(x_1,\ y_1)$ と直線 $ax+by+c=0$ との距離，および点 $(x_1,\ y_1,\ z_1)$ と平面 $ax+by+cz+d=0$ との距離：

$$\frac{|ax_1+by_1+c|}{\sqrt{a^2+b^2}},\quad \frac{|ax_1+by_1+cz_1+d|}{\sqrt{a^2+b^2+c^2}}$$

8．だ円 $\dfrac{x^2}{a^2}+\dfrac{y^2}{b^2}=1$ 上の点 $(x_1,\ y_1)$ における接線：$\dfrac{x_1x}{a^2}+\dfrac{y_1y}{b^2}=1$

9．双曲線 $\dfrac{x^2}{a^2}-\dfrac{y^2}{b^2}=1$ 上の点 $(x_1,\ y_1)$ における接線：$\dfrac{x_1x}{a^2}-\dfrac{y_1y}{b^2}=1$

(ベクトル)

10．2つのベクトルのなす角：$\cos\theta=\dfrac{\vec{a}\cdot\vec{b}}{|\vec{a}||\vec{b}|}$

(複素数)

11．極形式表示：$z=r(\cos\theta+i\sin\theta)$，　$(r=|z|,\ \theta=\arg z)$

12．$z_1=r_1(\cos\theta_1+i\sin\theta_1)$，　$z_2=r_2(\cos\theta_2+i\sin\theta_2)$ に対し，

$z_1z_2=r_1r_2\{\cos(\theta_1+\theta_2)+i\sin(\theta_1+\theta_2)\}$

13．ド・モアブルの公式：$z=r(\cos\theta+i\sin\theta)$ に対し，

$z^n=r^n(\cos n\theta+i\sin n\theta)$

(解と係数の関係)

14．$x^2+px+q=0$ の解が α，β のとき，

$\alpha+\beta=-p$，　$\alpha\beta=q$

15．$x^3+px^2+qx+r=0$ の解が α，β，γ のとき，

$\alpha+\beta+\gamma=-p$，　$\alpha\beta+\beta\gamma+\gamma\alpha=q$，　$\alpha\beta\gamma=-r$

(対数)

16．$\log_a M=\dfrac{\log_b M}{\log_b a}$

(三角関数)

17．$\sin(\alpha+\beta)=\sin\alpha\cos\beta+\cos\alpha\sin\beta$

$\cos(\alpha+\beta)=\cos\alpha\cos\beta-\sin\alpha\sin\beta$

18．$\tan(\alpha+\beta)=\dfrac{\tan\alpha+\tan\beta}{1-\tan\alpha\tan\beta}$

19．$\cos2\alpha=1-2\sin^2\alpha=2\cos^2\alpha-1$

20. $\sin\alpha\cos\beta=\dfrac{1}{2}\{\sin(\alpha+\beta)+\sin(\alpha-\beta)\}$

$\cos\alpha\sin\beta=\dfrac{1}{2}\{\sin(\alpha+\beta)-\sin(\alpha-\beta)\}$

$\cos\alpha\cos\beta=\dfrac{1}{2}\{\cos(\alpha+\beta)+\cos(\alpha-\beta)\}$

$\sin\alpha\sin\beta=-\dfrac{1}{2}\{\cos(\alpha+\beta)-\cos(\alpha-\beta)\}$

21. $\sin A+\sin B=2\sin\dfrac{A+B}{2}\cos\dfrac{A-B}{2}$

$\sin A-\sin B=2\cos\dfrac{A+B}{2}\sin\dfrac{A-B}{2}$

$\cos A+\cos B=2\cos\dfrac{A+B}{2}\cos\dfrac{A-B}{2}$

$\cos A-\cos B=-2\sin\dfrac{A+B}{2}\sin\dfrac{A-B}{2}$

22. $a\sin\theta+b\cos\theta=\sqrt{a^2+b^2}\sin(\theta+\alpha)$,

$\left(\sin\alpha=\dfrac{b}{\sqrt{a^2+b^2}},\ \cos\alpha=\dfrac{a}{\sqrt{a^2+b^2}}\right)$

（数　　　列）

23. 初項 a，公差 d，項数 n の等差数列の和：

$S_n=\dfrac{1}{2}n(a+l)=\dfrac{1}{2}n\{2a+(n-1)d\}$，　$(l=a+(n-1)d)$

24. 初項 a，公比 r，項数 n の等比数列の和：

$S_n=\dfrac{a(1-r^n)}{1-r}$，　$(r\neq1)$

25. $1^2+2^2+3^2+\cdots+n^2=\dfrac{1}{6}n(n+1)(2n+1)$

$1^3+2^3+3^3+\cdots+n^3=\left\{\dfrac{1}{2}n(n+1)\right\}^2$

（極　　　限）

26. $\lim_{n\to\infty}\left(1+\dfrac{1}{n}\right)^n=e=2.71828\cdots\cdots$

27. $\lim_{x\to0}\dfrac{\sin x}{x}=1$

（微　積　分）

28. $\{f(g(x))\}'=f'(g(x))g'(x)$

29. $x=f(y)$ のとき $\dfrac{dy}{dx}=\left(\dfrac{dx}{dy}\right)^{-1}$

30. $x=x(t)$，$y=y(t)$ のとき $\dfrac{dy}{dx}=\dfrac{y'(t)}{x'(t)}$

31. $(\tan x)'=\dfrac{1}{\cos^2 x}$，　$(\log x)'=\dfrac{1}{x}$

32. $x=g(t)$ のとき $\displaystyle\int f(g(t))g'(t)dt=\int f(x)dx$

33. $\displaystyle\int f'(x)g(x)dx=f(x)g(x)-\int f(x)g'(x)dx$

34. $\displaystyle\int \frac{f'(x)}{f(x)}dx=\log|f(x)|+C$

35. $\displaystyle\int \log x\, dx=x\log x-x+C$

36. $\displaystyle\int_0^a \sqrt{a^2-x^2}\,dx=\frac{1}{4}\pi a^2$　$(a>0)$，　$\displaystyle\int_0^a \frac{dx}{x^2+a^2}=\frac{\pi}{4a}$　$(a\neq 0)$，

$\displaystyle\int_\alpha^\beta (x-\alpha)(x-\beta)dx=-\frac{1}{6}(\beta-\alpha)^3$

37. 回転体の体積：$V=\pi\displaystyle\int_a^b \{f(x)\}^2 dx$

38. 曲線の長さ：

$$\int_a^b \sqrt{1+\left(\frac{dy}{dx}\right)^2}\,dx=\int_\alpha^\beta \sqrt{\left(\frac{dx}{dt}\right)^2+\left(\frac{dy}{dt}\right)^2}\,dt,$$

$(x=x(t),\ y=y(t),\ a=x(\alpha),\ b=x(\beta))$

（順列・組合せ）

39. ${}_n\mathrm{C}_r={}_{n-1}\mathrm{C}_r+{}_{n-1}\mathrm{C}_{r-1}$，　$(1\leqq r\leqq n-1)$

40. $(a+b)^n=\displaystyle\sum_{r=0}^{n} {}_n\mathrm{C}_r a^{n-r}b^r$

（確　　率）

41. 確率 p の事象が n 回の試行中 r 回起る確率：

$P_n(r)={}_n\mathrm{C}_r p^r q^{n-r}$，　$(q=1-p)$

42. 期待値：$E(X)=\displaystyle\sum_{i=1}^{n} x_i p_i$，

ただし p_i は確率変数 X が値 x_i をとる確率で，$\displaystyle\sum_{i=1}^{n} p_i=1$ をみたすとする。

物理

(情報（コンピュータ科）・理・医・工・農学部：2科目 150 分)
(情報（自然情報）学部：1科目 75 分)

解答は，答案紙の所定の欄の中に書け。計算欄には，答えにいたるまでの過程について，法則，関係式，論理，計算，図などの中から適宜選んで簡潔に書け。文字や記号は，まぎらわしくないようはっきり記せ。

物理　問題 I

図1のように，質量 m の小球Aを，水平な床からの高さが h の位置から，水平方向右向きに速さ v で投げ出した。水平方向右向きを x 軸の正の向きとして，小球Aを投げ出したときの x 座標を $x = 0$，小球Aが初めて床に到達したときの x 座標を x_A とする。床はなめらかであり，小球Aと床の間の反発係数(はね返り係数)を e，重力加速度の大きさを g とする。以下の設問に答えよ。なお，全ての運動は紙面内に限り，小球の大きさと空気抵抗は無視できる。

（編集部注：設問(7)・設問(8)は，解答用紙に計算欄がある）

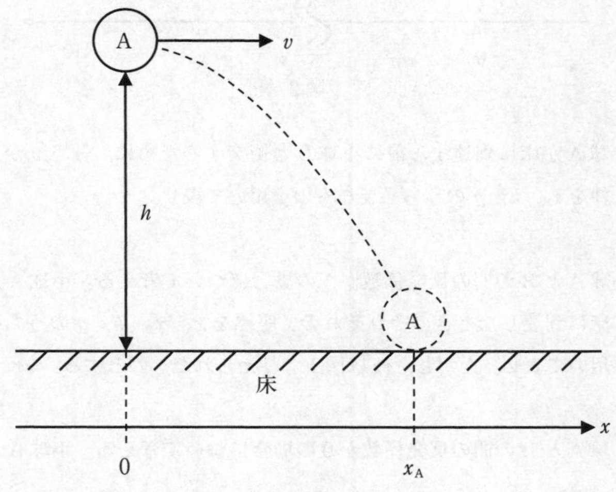

図1

設問(1)：x_A を e，m，h，v，g のうち必要なものを用いて表せ。

設問(2)：小球Aが床で初めてはね返ったときを1回目として，2回目に床に到達したときの x 座標を e，x_A，h，g のうち必要なものを用いて表せ。

次に，図2のように，図1の初期状態に質量 m の小球Bを加えた。小球Aを速さ v で水平方向右向きに投げ出したのと同時に，x 座標が x_B（$x_B > 0$）で，床からの高さが h の位置から，小球Bを静かに落下させたところ，小球AとBは床に到達する前に衝突した。以下の設問に答えよ。なお，全ての運動は紙面内に限り，小球の大きさと空気抵抗は無視できる。

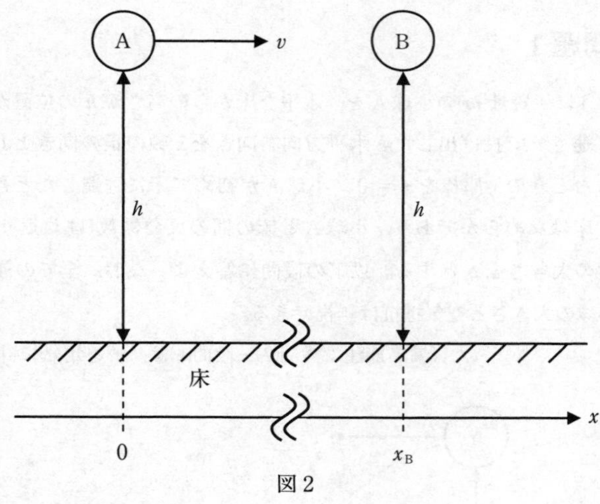

図2

設問(3)：小球Aが床に到達する前に小球Bと衝突するために，速さ v が満たすべき条件を x_B，h，g のうち必要なものを用いて表せ。

設問(4)：小球AとBの間の反発係数が1の場合について考える。小球AとBが初めて床に到達したときのそれぞれの x 座標を x_A，x_B，h，g のうち必要なものを用いて表せ。ただし，x_A は図1で与えられたものとする。

設問(5)：小球AとBの間の反発係数が0の場合について考える。小球AとBが初めてて床に到達したときのそれぞれの x 座標を x_A, x_B, h, g のうち必要なものを用いて表せ。ただし，x_A は図１で与えられたものとする。

設問(6)：小球ＡとＢの間の反発係数が０の場合，小球ＡとＢを合わせた全力学的エネルギーは衝突により減少する。小球ＡとＢの衝突によるエネルギーの減少量を x_B, m, h, v, g のうち必要なものを用いて表せ。また，エネルギーの減少分が何に変化したか，適当な例を一つ答えよ。

次に，図２の状態で，小球Ｂを時刻 $t = 0$ で静かに落下させたのち，小球Ａを時刻 $t = T\,(T > 0)$ で水平方向右向きに速さ v で投げ出したところ，小球Ａは床に到達する前に小球Ｂと衝突した。小球Ｂと床の反発係数は１であり，小球Ａと衝突する前に小球Ｂが床ではね返った回数を $n\,(n \geqq 1)$ とする。また，速さ v は設問(3)の条件を満たしているものとする。以下の設問に答えよ。

設問(7)：小球Ｂの落下中に小球Ａと衝突する場合と，小球Ｂの上昇中に小球Ａと衝突する場合の２通りが考えられる。それぞれの場合について，小球Ａを投げ出す時刻 T を n, x_B, m, h, v, g のうち必要なものを用いて表せ。

次に，図３のように，小球Ａを x 座標が $x = 0$ で，水平な床からの高さが h の位置から，水平方向と角度 θ [rad] $\left(0 < \theta < \dfrac{\pi}{2}\right)$ をなす向きに速さ V で投げ出した。小球Ａを投げ出すと同時に，小球Ｂを x 座標が x_B で，床からの高さが H の位置から静かに落下させたところ，小球ＡとＢは床に到達する前に衝突した。重力加速度の大きさを g とする。以下の設問に答えよ。なお，全ての運動は紙面内に限り，小球の大きさと空気抵抗は無視できる。

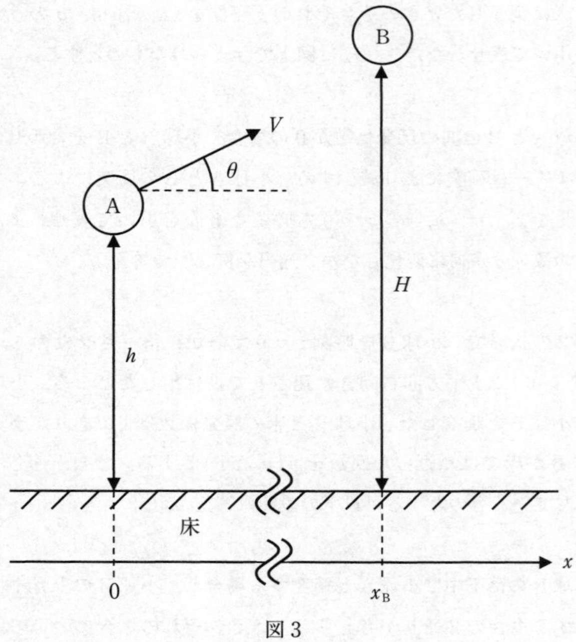

図 3

設問(8)：H を V，θ，x_B，h，g のうち必要なものを用いて表せ。

設問(9)：小球Bとともに動く観測者から，小球Aの運動がどのように見えるかについて考える。小球Aが投げ出されてから小球Bと衝突するまでの，小球Bからみた小球Aの運動として，最も適切なものを以下の選択肢より一つ選べ。ただし，選択肢中の図では，小球Bの中心を原点Oとして，水平方向右向きに X 軸，鉛直方向上向きに Y 軸をとった。また，小球Aの運動は実線で示されている。

選択肢：

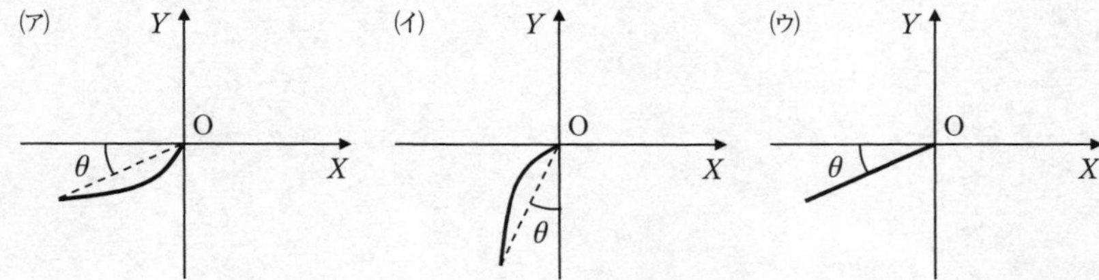

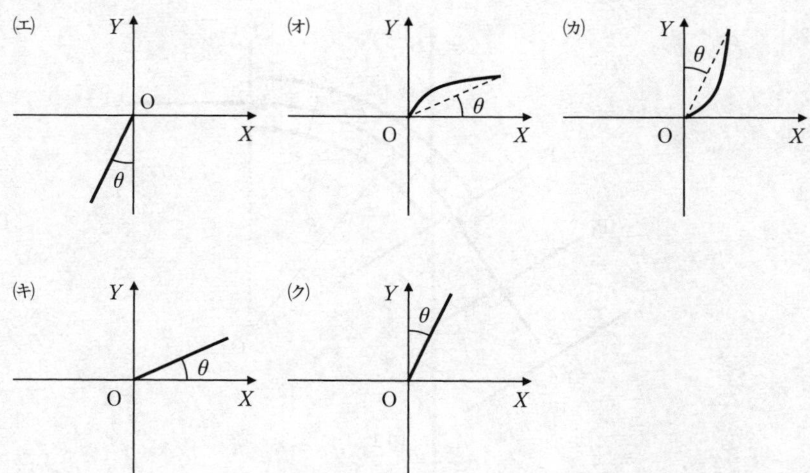

物理　問題Ⅱ

真空中に設置された図１に示す装置において，質量 m，電荷 $q\,(q>0)$ の荷電粒子Xを初期位置Aに静止させた。平行平板電極 P_0 と P_1 にそれぞれ $V\,(V>0)$ および 0 の電位を与え，荷電粒子Xを P_0 から P_1 に向けて加速したところ，荷電粒子Xは平板電極 P_1 に垂直に入射し，平板上のスリット S_1 を通過した。以下，各図中の平板は全て紙面に垂直に置かれているとし，全てのスリットの幅は十分に狭いとする。荷電粒子の運動は紙面内に限り，重力の影響は無視できるものとする。以下の設問に答えよ。ただし，荷電粒子からの電磁波の発生は無視する。

（編集部注：設問(4)・設問(5)・設問(7)・設問(8)は，解答用紙に計算欄がある）

設問(1)：荷電粒子Xがスリット S_1 を通過するときの速さ v_1 を m，q，V のうち必要なものを用いて表せ。

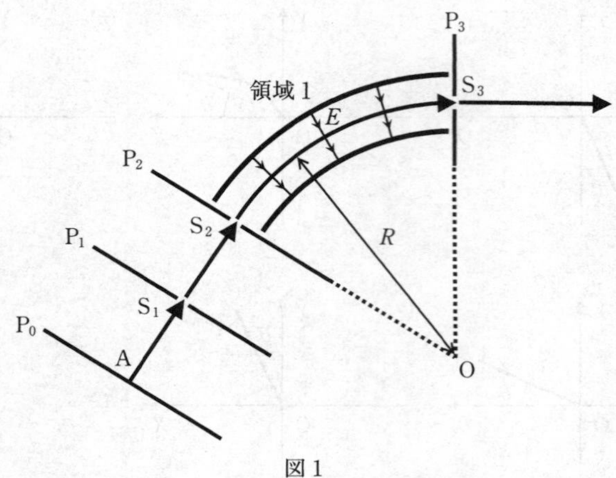

図 1

次に，図 1 に示すように，荷電粒子 X は平板 P_2 上のスリット S_2 も通過し，領域 1 内を運動した。領域 1 内において，荷電粒子 X は点 O を中心として半径 R の円弧状の軌道を描き，平板 P_3 に垂直に入射しながらスリット S_3 を通過した。領域 1 内には図中の電気力線で表されるような電場が存在し，荷電粒子 X の軌道上における電場の大きさは一定値 E であり，その向きは荷電粒子 X の運動方向に常に直交する。また，スリット S_1，S_2，S_3 における電位は等しいとする。

設問(2)：荷電粒子 X の軌道の半径 R を m，q，E，V のうち必要なものを用いて表せ。

次に，図 1 に新たな部分を追加した装置を図 2 に示す。前問と同様にスリット S_3 を通過した荷電粒子 X は，平板 P_4 に垂直に入射してスリット S_4 を通過し，灰色で示す領域 2 の中を運動した。荷電粒子 X は，図 2 に示すような半円状の軌道を描き，平板 P_4 上のスリット S_5 を通過した。スリット S_4 と S_5 の間の距離を L とする。領域 2 の中には，紙面裏から表に向かう紙面に垂直な磁束密度 B の一様な磁場が存在する。なお，スリット S_1，S_2，S_3，S_4，S_5 における電位は等しいとする。

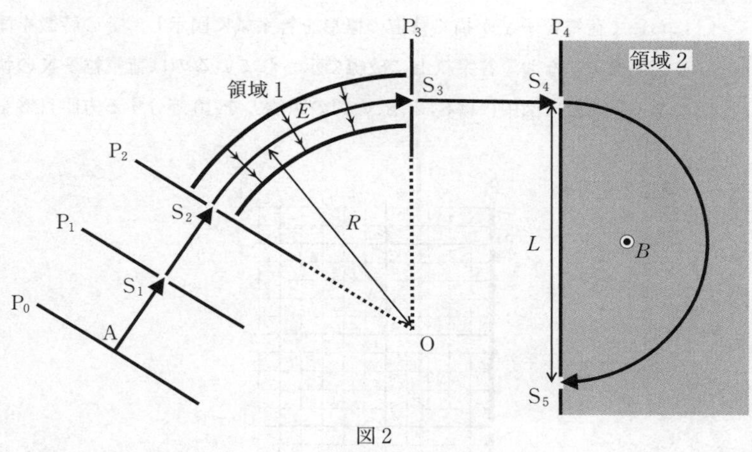

図 2

設問(3)：荷電粒子Xがスリット S_1 ～ S_5 を通過するときの速さを，それぞれ v_1 ～ v_5 とする。これらの速さの関係について，適切なものを以下の選択肢(ア)～(カ)から一つ選べ。

選択肢：

(ア)　$v_1 < v_2 < v_3 < v_4 < v_5$　　　(イ)　$v_1 = v_2 = v_3 = v_4 = v_5$

(ウ)　$v_1 > v_2 > v_3 > v_4 > v_5$　　　(エ)　$v_1 = v_2 < v_3 = v_4 < v_5$

(オ)　$v_1 = v_2 > v_3 = v_4 > v_5$　　　(カ)　$v_1 = v_2 < v_3 = v_4 > v_5$

設問(4)：スリット S_4 と S_5 の間の距離 L を m，q，E，B，V のうち必要なものを用いて表せ。

設問(5)：初期位置Aに置いた荷電粒子Xがスリット S_5 を通過するために電場 E と磁束密度 B が満たすべき条件を考えることによって，磁束密度 B を用いて電場 E を表せ。ただし，B に加えて m，q，R，L のうち必要なものを用いてよい。

設問(6)：荷電粒子Xがスリット S_5 を通過する条件を保ったまま，荷電粒子Xの代わりに質量 $\frac{m}{2}$，電荷 q の荷電粒子Yを位置Aに置いた。このとき，領域2

において荷電粒子 Y が描く軌道の概形を答案紙に図示し，その特徴を簡潔に説明せよ。なお，答案紙上に破線で示されているのは荷電粒子 X の軌道である。また，図中には S_4 と S_5 の間の距離 L を 10 等分する方眼目盛を記してある。

〔軌道の解答欄〕

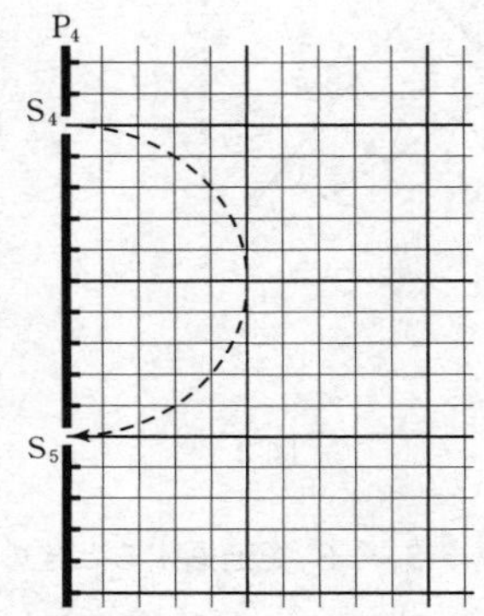

図 2 に示す装置において，それぞれ 1 価（電荷 1.60×10^{-19} C）の正イオンである炭素の同位体 ^{12}C（質量 1.99×10^{-26} kg）および ^{14}C（質量 2.32×10^{-26} kg）を同時に位置 A に静止させて装置を動作させ，^{12}C のみスリット S_5 を通過させることで，これら 2 種類の同位体を識別することを考える。電位 V は 1.00×10^4 V，領域 1 の軌道半径 R は 1.00 m，領域 2 の磁束密度 B は 1.00×10^{-1} T とする。以下の設問に答えよ。必要であれば表 1 にある近似値を計算に用いてもよい。

設問(7)：^{12}C がスリット S_3 を通過するのに必要な電場 E〔V/m〕の値を求めよ。

設問(8)：^{12}C および ^{14}C はスリット S_4 を通過後，それぞれ平板 P_4 上に到達した。その到達位置の差に最も近いものを以下の選択肢(ア)〜(カ)から一つ選べ。

選択肢：

(ア)　0.8 cm　　(イ)　2 cm　　(ウ)　8 cm

(エ)　20 cm　　(オ)　80 cm　　(カ)　200 cm

表1：

x	1.99	2	2.32	3	5	7
$\sqrt{x}$	1.41	1.41	1.52	1.73	2.24	2.65
$\sqrt[3]{x}$	1.26	1.26	1.32	1.44	1.71	1.91

物理　問題Ⅲ

図1に示すように，ゴンドラの上に伸縮性が高く熱を通さない薄膜を接着し密閉された空間を用意し，その空間の中のゴンドラ上面にヒーターを置いた。これら全体を「気球」と呼ぶ。ただし，ゴンドラ上面での熱の出入りは無視できる。薄膜の質量は無視できるものとし，ゴンドラとヒーターの総質量を M とする。また，ゴンドラ，ヒーターの体積は無視できるとする。

圧力 P，絶対温度 T_0，単位物質量あたり質量 A の理想気体で満たされた外部空間に気球を置き，気球内部に質量 m の同じ気体を封入した。気球内部の気体の圧力は，常に外部空間の気体の圧力に等しいとする。気球内部の気体の温度は当初 T_0 で，その後，圧力 P を一定に保った状態でヒーターで気球内部の気体を加熱したところ，与えた熱量が Q になったところで気球が浮上を始めた。このとき，気球内部の気体の温度が T_b，体積が V_b であった。気体定数を R，重力加速度の大きさを g とする。以下の設問に答えよ。(編集部注：設問(3)・設問(7)は，解答用紙に計算欄がある)

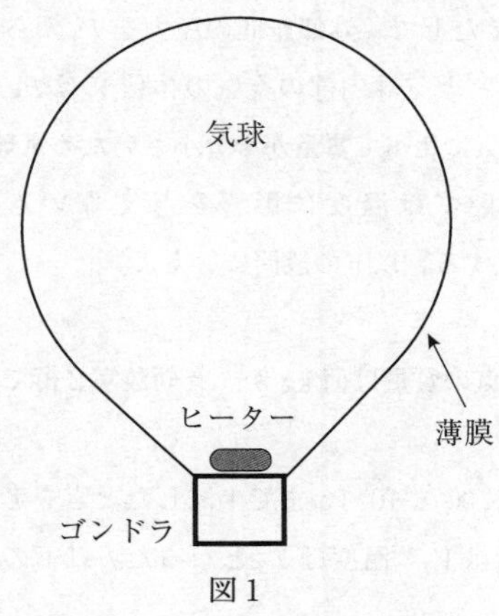

図1

設問(1)：気球内部の気体の質量 m を，P，V_b，T_b，T_0，R，A のうち必要なものを用いて表せ。

設問(2)：気球が浮上を始めた瞬間に周囲の気体から受けていた浮力 F を，P，V_b，T_0，R，A，M，g のうち必要なものを用いて表せ。また，この結果を用いて温度 T_b を，P，V_b，T_0，R，A，M，g のうち必要なものを用いて表せ。

設問(3)：この気体の比熱(単位質量あたりの熱容量)は，圧力を一定に保った状態で C である。このとき，与えられた熱量 Q を，T_b，T_0，m，C を用いて表し，答案紙の[答 1]の欄に記せ。次に設問(1)と(2)の結果を用いて，Q を m，T_b を用いず，P，V_b，T_0，R，A，C，M のうち必要なものを用いて表し，答案紙の[答 2]の欄に記せ。

乾燥空気の状態方程式と比熱は，単位物質量あたりの質量が $A = 2.90 \times 10^{-2}$ kg/mol の二原子分子の理想気体のそれらで近似できる。以下，水蒸気をわずかに含む空気の断熱変化について考察する。なお，計算を簡単にするため，物理定数や物理量は問題文で与えたものを用いよ。

圧力を自在に変えられる大きな外部空間の中に，さきほどと同じ気球を置き，動かないようにひもで固定した。ただし，以下では気球のヒーターは用いない。気球の中には，初期体積 $V_1 = 24.9$ m^3，初期温度 $T_1 = 300$ K の乾燥空気が入っており，気球内および外部空間の初期圧力は $P_1 = 1.00 \times 10^5$ Pa であった。気球の中に質量 7.30×10^{-2} kg，温度 T_1 の水蒸気を加えた上で，外部空間の圧力を P_1 から下げて気球を断熱変化させる。このとき，圧力 P と気球内部の空気の体積 V は $PV^{1.4}$ = 一定という関係を保つ。なお，水蒸気は空気に比べて質量が十分小さいため気球内部の体積には影響を与えず，断熱変化においては温度に影響を与えないものとする。気体定数は $R = 8.30$ J/(mol·K) とする。以下の設問に答えよ。

設問(4)：気球内部の空気の質量は何 kg か，有効数字 2 桁で求めよ。

設問(5)：圧力が $P_2 = 5.00 \times 10^4$ Pa まで半減したときを考える。このとき気球内部の空気の体積は V_2，温度は T_2 となった。以下の文章で，(あ)には｛　｝の中の選択肢㋐～㋕から適切なものを一つ選び，(い)には有効数字 3 桁の数字を記せ。この段階では水蒸気は水や氷に変化せず，また，その圧力と温度への影響は無視できるものとする。

圧力が P_1 から P_2 に半減したことで，体積 V_2 は V_1 の

(あ) {㋐ $2^{\frac{1}{1.4}}$ 倍(約 1.641 倍)，㋑ $2^{1.4}$ 倍(約 2.639 倍)，

㋒ $\left(\frac{1}{2}\right)^{\frac{1}{1.4}}$ 倍(約 0.6095 倍)，㋓ $\left(\frac{1}{2}\right)^{1.4}$ 倍(約 0.3789 倍)，㋔ $\frac{1}{2}$ 倍，

㋕ 2 倍} となった。また，温度 T_2 は [(い)] K となった。

前問の水蒸気の一部が氷に変化することで，気球内部の空気に出入りする熱を考える。簡単のため，圧力が $P_2 = 5.00 \times 10^4$ Pa になるまでは水蒸気は水や氷にならず，この圧力になったところで，圧力を一定に保った状態で質量 5.00×10^{-2} kg の水蒸気が氷になり，その後，気球内部の温度は一様となったとする。水蒸気が氷になるときに出入りする熱の絶対値は，単位質量あたり 2.80×10^6 J/kg である。

設問(6)：以下の文章において，(あ)には { } の中の選択肢㋐～㋓から適切なものを一つ選び，(い)には有効数字 2 桁の数字を記せ。なお(い)では，温度が上がる場合は正，下がる場合は負の数字を答えること。また，圧力を一定に保った状態で，空気の比熱は $C = 1.00 \times 10^3$ J/(kg・K) である。

質量 5.00×10^{-2} kg の水蒸気が氷になることで，(あ) {㋐ 2.80×10^5 J の熱が空気から吸収され，㋑ 1.40×10^5 J の熱が空気から吸収され，㋒ 2.80×10^5 J の熱が空気へ供給され，㋓ 1.40×10^5 J の熱が空気へ供給され} た。これにより空気の温度は $\Delta T =$ [(い)] K 変化する。

前問の状態で気球内から 5.00×10^{-2} kg の氷をすべて取り出した。この作業の前後で気球内部の空気の圧力，温度，体積は変わらなかった。その後に断熱圧縮を行い，圧力を再び 1.00×10^5 Pa とした。

設問(7)：このときの気球内部の空気の温度を T_3 とすると，初期温度 T_1 との差，$T_3 - T_1$ が，設問(6)の ΔT の何倍か求めよ。必要に応じて，設問(5)の(あ)の選択肢の数字を用いてよい。

化学

(情報（コンピュータ科）・理・医・工・農学部：２科目 150 分
情報（自然情報）学部：　１科目　75 分)

(1)　必要なときは次の値を用いよ。

原子量；H = 1.00，C = 12.0，N = 14.0，O = 16.0，Si = 28.0

平方根；$\sqrt{2}$ = 1.41，$\sqrt{3}$ = 1.73，$\sqrt{5}$ = 2.24

(2)　字数を指定している設問の解答では，解答欄の１マスに一つの文字を書くこと。句読点，数字，アルファベット，記号はすべて１字とみなせ。

化学　問題 I

問１　次の文章を読んで，設問(1)〜(4)に答えよ。

密閉した容器内で，物質 **A**(気体)と物質 **B**(気体)から，物質 **C**(気体)が生成する反応(Ⅰ)を考える。

$$\mathbf{A} + 3\,\mathbf{B} \rightleftarrows 2\,\mathbf{C} \qquad (\mathrm{I})$$

ここで，**A**，**B**，**C** は理想気体とし，気体定数を R〔Pa·L/(K·mol)〕とする。絶対温度 T〔K〕で平衡に達したときの **A**，**B**，**C** の分圧をそれぞれ p_A〔Pa〕，p_B〔Pa〕，p_C〔Pa〕とすると，反応(Ⅰ)の圧平衡定数 K_P〔Pa^{-2}〕は，p_A，p_B，p_C を用いて K_P = [ア] と表される。また，反応(Ⅰ)の濃度平衡定数 K_C〔$(mol/L)^{-2}$〕は，**A**，**B**，**C** の濃度の代わりに K_P，R，T を用いて K_C = [イ] と表される。はじめに容器に入れた **A** の物質量を m〔mol〕，**B** の物質量を n〔mol〕，平衡に達したときに **A** の反応した割合を α，このときの全圧を P〔Pa〕とする。平衡に達したときの **B** の物質量 n'〔mol〕は，m，n，α を用いて n' = [ウ] と表される。また，p_B は，m，n，α，P を用いて

p_B = [　エ　] と表される。

つぎに，物質 **X**(気体)から，物質 **Y**(気体)と物質 **Z**(気体)が生成する反応(Ⅱ)を考える。

$$2\mathbf{X} \rightarrow 4\mathbf{Y} + \mathbf{Z} \qquad (\text{Ⅱ})$$

ある一定の温度で反応(Ⅱ)を進行させると，**X** の分解速度 v〔mol/(L·min)〕は，**X** の濃度[**X**]〔mol/L〕と反応速度定数 k を用いて，①$v = k[\mathbf{X}]$ と表される。この反応を 45 ℃で進行させたとき，反応開始からの時間 t〔min〕と[**X**]との関係は表 1 のようになった。

表 1　**X** の分解反応における時間 t と濃度[**X**]の関係(45 ℃)

t〔min〕	0.00	10.0	20.0
[**X**]〔mol/L〕	5.30×10^{-3}	4.00×10^{-3}	3.01×10^{-3}

下線①より，温度一定のもとで，ある瞬間における **X** の分解速度は

$$-\frac{d[\mathbf{X}]}{dt} = k[\mathbf{X}] \qquad (1)$$

となる。式(1)を変形し，積分すると

$$\log_e \frac{[\mathbf{X}]}{[\mathbf{X}]_0} = -kt \qquad (2)$$

が得られる。ここで，$[\mathbf{X}]_0$〔mol/L〕は **X** の初濃度，e は自然対数の底である。[**X**]が$[\mathbf{X}]_0$ の半分となるまでにかかる時間(半減期)を $t_{1/2}$〔min〕とすると，式(2)から，$t_{1/2}$ = [　オ　] が得られる。これより，反応(Ⅱ)では，$t_{1/2}$ は k によって決まり，$[\mathbf{X}]_0$ に依存しないことがわかる。つまり，$t_{1/2}$ を測定すれば k を求めることができる。

設問(1)：文中の空欄 [　ア　] ～ [　エ　] にあてはまる最も適切な数式を記せ。

設問(2)：下線①に関して，45 ℃で反応(Ⅱ)を進行させたときの k の値を有効数字 2 桁で求め，単位を含めた形で答えよ。

設問(3)：文中の空欄 [オ] にあてはまる最も適切な数式を記せ。

設問(4)：アレニウスは，比例定数 A，活性化エネルギー E〔J/mol〕，R'〔J/(K·mol)〕，T によって，k が，次式で表されることを見いだした。

$$k = Ae^{-\frac{E}{R'T}} \qquad (3)$$

ただし，$R' = 10^{-3}R$ である。反応(Ⅱ)において，**X** の初濃度を変えずに温度を T_1〔K〕から T_2〔K〕へ変化させたとき，**X** の分解速度が 3 倍になった。R'，T_1，T_2 を用いて E を数式で表せ。ただし，A と E は温度によらず一定であるとする。

問 2　次の文章を読んで，設問(1)〜(3)に答えよ。

酵素は触媒として働くタンパク質である。酵素の活性は pH によって大きく影響を受けるため，酵素を用いた実験では緩衝液を用いることが多い。①弱酸に強塩基，あるいは弱塩基に強酸を徐々に加えると，その水溶液はある添加量の範囲で緩衝作用を示す。また，②弱酸(あるいは弱塩基)とその塩の混合水溶液も緩衝液になる。

設問(1)：下線①に関して，0.40 mol/L 酢酸 CH_3COOH 水溶液 100 mL に，0.10 mol/L 水酸化ナトリウム NaOH 水溶液を徐々に加えたときの滴定曲線を図 1 に示す。図 1 の点 Q は中和点である。

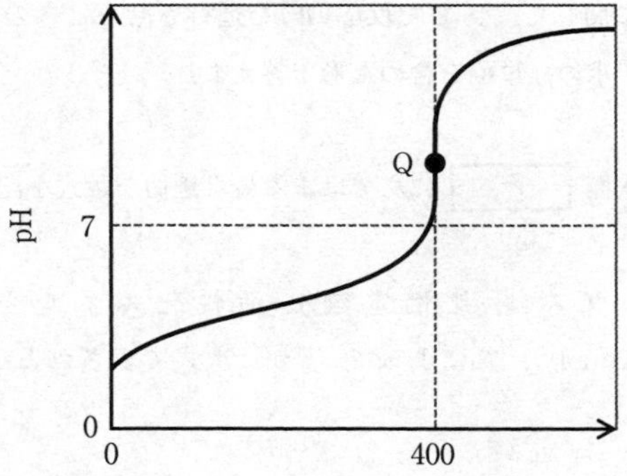

図1

(i)　水酸化ナトリウム水溶液を加える前の酢酸水溶液の水素イオン濃度とpHを計算し，有効数字2桁で求めよ。ただし，酢酸の電離度は1に比べて非常に小さい。温度は25℃で一定とし，酢酸の電離定数 $K_a = 2.7 \times 10^{-5}$ mol/L，$\sqrt{2.7} = 1.6$，$\log_{10} 2 = 0.30$，$\log_{10} 3 = 0.48$ とする。

(ii)　一価の弱酸である乳酸 $CH_3CH(OH)COOH$ を水に溶かすと，次の電離平衡の式(Ⅰ)が成りたつ。

$$CH_3CH(OH)COOH \rightleftarrows CH_3CH(OH)COO^- + H^+ \qquad (\text{I})$$

0.40 mol/L 乳酸水溶液 100 mL に，0.12 mol/L 水酸化ナトリウム水溶液を徐々に加えた。このときの滴定曲線を図1に描き入れた場合，点Qに相当する点Q′はどこに位置するか。点Qに対する相対的な位置として最も適切なものを(ア)～(ケ)の中から1つ選び，記号で答えよ。ただし，乳酸の電離度は1に比べて非常に小さい。温度は25℃で一定とし，乳酸の電離定数 $K_a = 2.3 \times 10^{-4}$ mol/L とする。

(ア)　左上	(イ)　上	(ウ)　右上
(エ)　左	(オ)　変わらない	(カ)　右
(キ)　左下	(ク)　下	(ケ)　右下

設問(2)：下線②に関して，乳酸とその塩の乳酸ナトリウム $CH_3CH(OH)COONa$ の緩衝液を考える。0.80 mol/L 乳酸水溶液 100 mL，0.20 mol/L 乳酸ナトリウム水溶液 200 mL を混合した。この緩衝液の水素イオン濃度と pH を計算し，有効数字 2 桁で求めよ。ただし，緩衝液中では，設問(1)−(ⅱ)の式(Ⅰ)の電離平衡は，多量に存在する乳酸イオン $CH_3CH(OH)COO^-$ により左にかたよっており，乳酸の電離によって生じる水素イオン H^+ はきわめてわずかである。温度は 25 ℃で一定とし，乳酸の電離定数 $K_a = 2.3 \times 10^{-4}$ mol/L，$\log_{10} 2 = 0.30$，$\log_{10} 2.3 = 0.36$ とする。

設問(3)：以下の ［　　］ 内の 6 つの塩のうち，その水溶液が酸性になるものをすべて選び，化学式で答えよ。

硫酸水素ナトリウム	炭酸ナトリウム	硫酸ナトリウム
炭酸水素ナトリウム	塩化ナトリウム	塩化アンモニウム

化学　問題Ⅱ

問1　次の文章を読んで，設問(1)～(5)に答えよ。

①単体の炭素Cは様々な構造をもつことが知られており，近年新しく見いだされた同素体もある。常温常圧において，周期表で同じ14族に属する単体のケイ素Siや，炭素とケイ素のみからなる化合物である［ア］にも，炭素の同素体のひとつであるダイヤモンドと同様な結晶構造をもつものがある。同様な結晶構造の物質間で比較すると，ダイヤモンド，［ア］，ケイ素の順に，電気伝導性は［イ(増加・減少)］し，硬度は［ウ(高く・低く)］なる。

けい砂を水酸化ナトリウム水溶液と混ぜて圧力容器中で加熱すると，粘度の高い溶液である［エ］が得られる。［エ］には，ナトリウムイオン，水酸化物イオンのほかに，ケイ素と酸素を含む分子量の大きいイオンが溶解している。②この溶液に塩酸を加えると，白色の固体である［オ］が析出する。［オ］に含まれる水溶性の成分を洗浄・除去して乾燥させた固体は［カ］と呼ばれる。［カ］は分子の大きさ程度の微細な空間を多数含み，明確な結晶構造をもたない非晶質である。

設問(1)：文中の空欄［ア］～［カ］にあてはまる最も適切な物質名を記せ。ただし，空欄［イ］，［ウ］については，括弧内の語句のいずれかを選択せよ。

設問(2)：下線①について，炭素の同素体のひとつであるグラフェンは，平面に隙間なくしきつめた正六角形の各頂点に炭素原子をもつ単層の物質である。グラフェンの炭素原子の最近接原子間距離は0.142 nm（$1\,\mathrm{nm} = 1 \times 10^{-9}\,\mathrm{m}$）である。このとき，$1.0\,\mathrm{cm}^2$あたりの炭素原子の個数を有効数字2桁で求めよ。

設問(3)：［ア］は，炭素とケイ素が交互に結合した結晶構造をもち，炭素とケイ素の最近接原子間距離は0.188 nmである。ダイヤモンドの最近接原子間距離が0.154 nm，密度が$3.51\,\mathrm{g/cm^3}$であるとき，［ア］の密度を有効数字2桁で求めよ。ただし，$\frac{0.154}{0.188} = 0.820$ として計算せよ。

設問(4)：常温常圧において，二酸化炭素 CO_2 は孤立分子として存在し，二酸化ケイ素 SiO_2 のような立体網目構造の固体にならない。組成式 CO_2 の物質が，孤立分子および SiO_2 のような立体網目構造である場合を仮定し，式量あたりの結合エネルギーの総和をそれぞれ計算せよ。またこれらの結合エネルギーの総和を用いて，CO_2 が孤立分子として安定に存在する理由を説明せよ。結合エネルギーの値はそれぞれ次の値を用いよ。

C−O 結合　352 kJ/mol，C＝O 結合　803 kJ/mol

設問(5)：下線②について，［ エ ］を塩酸で中和して［ オ ］が生じる化学反応式を記せ。ただし，［ エ ］の組成式を Na_2SiO_3 とせよ。

〔解答欄〕 設問(4)〈理由〉 ヨコ 14 cm×タテ 3 cm

問2　次の文章を読んで，設問(1)，(2)に答えよ。

マグネシウム Mg は価電子を［ ア ］個もつ金属元素であるが，その性質は同族のカルシウム Ca などのアルカリ土類金属と大きく異なることが知られている。例えば，カルシウムは常温の水と激しく反応して溶解するが，マグネシウムは常温の水とはほとんど反応せずに金属光沢を保つ。これはマグネシウム表面の酸化被膜が常温の水に難溶であり，内部を保護するためである。このように，金属の表面にち密な酸化被膜が生じ，それ以上の反応がほとんど進行せずに内部が保護される状態は［ イ ］と呼ばれる。しかし，マグネシウムは［ ウ（冷水・熱水） ］や弱酸性の水溶液と反応し，気体である［ エ ］を発生する。

大気から取り込まれた酸素 O_2 を正極活物質，マグネシウムを負極活物質とした図1に示す電池①を考える。この電池に海水や食塩水などを電解質水溶液として注入すると，正極では O_2 の還元反応により水酸化物イオンが生じ，負極ではマグネシウムの酸化反応によりマグネシウムイオンが生じる。この原理に基づく電池はマグネシウム空気電池として，災害などの非常時にも使用可能な小型電源として実用化されている。

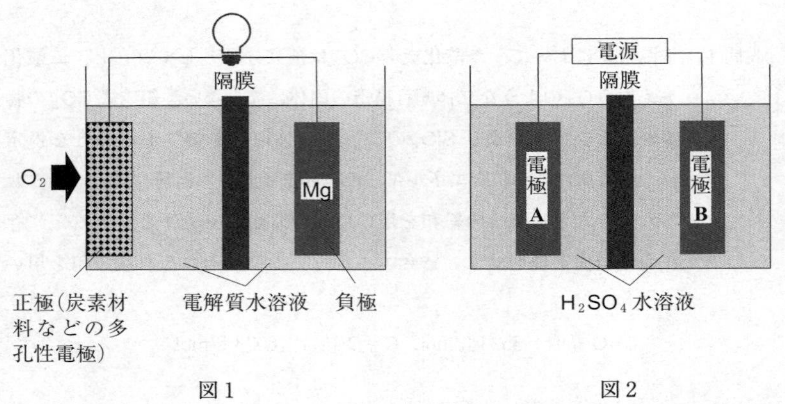

図1　　　図2

設問(1)：文中の空欄［ア］～［エ］にあてはまる最も適切な数字，語句，化学式を記せ。ただし，空欄［ア］には整数を，空欄［ウ］には括弧内の語句のいずれかを，空欄［エ］には化学式を記せ。

設問(2)：下線①に関して以下の実験を行った。

図1の電池を電源として，図2のような電極**A**，**B**と硫酸H_2SO_4水溶液で構成される電解槽に接続した。電極には白金Ptを用いている。電池を接続すると電解槽中の電極**A**，**B**から，それぞれ気体［エ］とO_2が発生していた。次に，隔膜で分けられた電極**A**側のH_2SO_4水溶液に硫酸銅(Ⅱ)$CuSO_4$を溶解させると，［エ］が発生しなくなり，電極**A**上には銅Cuが析出した。［エ］発生とCu析出の実験中は0.50 mAの一定電流が193時間流れ，析出したCuの質量は95.25 mgであった。以下の問いに答えよ。

(i)　図1の電池全体の化学反応式を記せ。

(ii)　電極**A**は図1の電池の正極と負極のいずれに接続されていたかを記せ。

(iii) なぜ [エ] が発生しなくなり，Cu が析出したのか，その理由を [エ] と Cu のイオン化傾向の大小関係に触れて，還元という言葉を用いて 45 字以内で説明せよ。

(iv) 193 時間経過後に発生していたすべての [エ] の質量〔mg〕を有効数字 2 桁で求めよ。ただし，ファラデー定数を 96500 C/mol とし，必要なときは原子量として H = 1.00，O = 16.0，Mg = 24.3，Cu = 63.5 を用いよ。

化学　問題Ⅲ

問 1　次の文章を読んで，設問(1)～(5)に答えよ。

化合物 **A** ～ **D** はいずれも分子量 104 の炭化水素であり，異性体の関係にある。1 mol の芳香族化合物 **A** に 1 mol の臭素 Br_2 を付加させると芳香族化合物 **E** が得られる。化合物 **B** と **C** はともに図 1 で示したエンジインと呼ばれる鎖状の炭素骨格をもち，枝分かれしていない。この骨格をもつ化合物を水素供与体の存在下で加熱すると，図 2 に示すように，☆印を記した炭素原子の間で新たな結合ができ，続いて 2 個の水素原子が付加してベンゼン環をもつ化合物が生じる。この反応により，化合物 **B** からは芳香族化合物 **F** が，化合物 **C** からは芳香族化合物 **G** がそれぞれ得られる。化合物 **A** と **F** をそれぞれ過マンガン酸カリウム $KMnO_4$ 水溶液で酸化すると，ともに安息香酸が得られる。

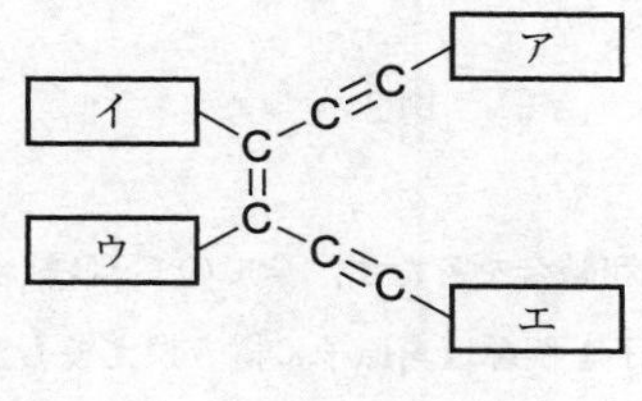

図 1

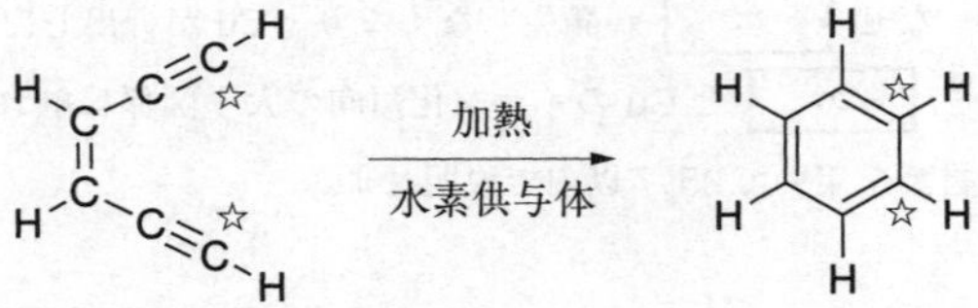

$$\text{H-C}\equiv\text{C}^{☆}\text{-CH=CH-C}^{☆}\equiv\text{C-H} \xrightarrow[\text{水素供与体}]{\text{加熱}} \text{ベンゼン}\ (C_6H_6)$$

図 2

設問(1)：化合物 **A** の分子式を記せ。

設問(2)：白金触媒の存在下，化合物 **A** に水素 H_2 を付加させると不飽和結合をもたない化合物が得られる。しかし，化合物 **A** に含まれる不飽和結合の一部に水素が付加しないと，不飽和結合をもつ様々な生成物が生じうる。これらの生成物のうち，不斉炭素原子をもつものは全部で何種類あるか答えよ。ただし，鏡像異性体を区別する必要はなく，化合物 **A** に含まれる不飽和結合の反応性には差がないものとする。

設問(3)：化合物 **B** と **C** それぞれについて，図 1 の［ア］～［エ］にあてはまる原子もしくは原子団を化学式で答えよ。

設問(4)：図 3 にならって化合物 **E** ～ **G** の構造式を記せ。ただし，鏡像異性体を区別する必要はない。

$$C_6H_5\text{-CH(OH)-CH=CH-}CH_2CH_3$$

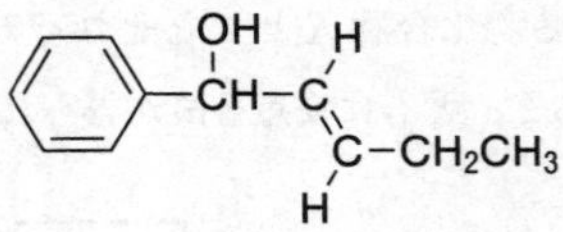

図 3

設問(5)：化合物 **D** は不飽和結合をもたず，全ての C–C 結合の長さは等しい。また，どの水素原子 1 個を塩素原子に置き換えても，あるいはどの炭素原子 1 個をケイ素原子に置き換えても，それぞれ 1 種類の化合物となる。図 3 にならって化合物 **D** の構造式を記せ。ただし，鏡像異性体を区別する必要はない。

問２　次の文章を読んで，設問(1)〜(5)に答えよ。

イオン交換樹脂のうち，スルホ基などの酸性の官能基が導入された樹脂を陽イオン交換樹脂という。陽イオン交換樹脂をカラム(太めのガラス円筒の先にコックがついたもの)に詰め，①塩化ナトリウム水溶液を通すと，流出する水溶液は酸性を示す。

適切な pH のもとで，等電点の異なるアミノ酸の混合水溶液の電気泳動を行うと，各アミノ酸を分離することができる。同様に，陽イオン交換樹脂を利用することによってもアミノ酸混合水溶液から各アミノ酸を分離できる。アミノ酸混合水溶液を強酸性にしたのち，陽イオン交換樹脂を詰めたカラムに通すと，すべてのアミノ酸が吸着する。このカラムに緩衝液を順次 pH を上げながら流していくと，等電点に達して樹脂との吸着力を失ったアミノ酸から順番に流出する。この原理を用いて，２つのペプチド **X** および **Y** に含まれるアミノ酸の種類を決定するために，以下の実験１〜５を行った。

実験１：ペプチド **X** の水溶液に薄い水酸化ナトリウム水溶液を加えた後，薄い硫酸銅(Ⅱ) $CuSO_4$ 水溶液を加えると，赤紫色を呈した。

実験２：ペプチド **X** は不斉炭素原子を３個もち，環状構造をもたないことがわかった。ペプチド **X** に十分量の無水酢酸を反応させると分子量が 84 増加し，続いて酸触媒を用いてメタノールを作用させると，分子量がさらに 14 増加し，分子式 $C_{19}H_{34}N_4O_6$ で表される化合物が生じた。

実験３：等電点におけるペプチド **Y** の構造は，図１で表されることがわかった。ただし，図１中の＊を記した炭素は不斉炭素原子を示す。

実験４：ペプチド **X** と **Y** の混合物を酸で完全に加水分解したところ，天然に存在する４種類の α-アミノ酸 **a** 〜 **d** の混合物が得られた。

実験５：実験４で得られたアミノ酸混合物の塩酸水溶液(pH 2.5)を調製し，これを陽イオン交換樹脂を詰めたカラムに通し，すべてのアミノ酸を吸着させた。このカラムに pH 4.0 の緩衝液を流したところ，アミノ酸 **a** が流出した。次に，pH 7.0 の緩衝液を流したところ，アミノ酸 **b** と **c** が流出した。アミノ酸 **b** は分子式 $C_6H_{13}NO_2$ で表される必須アミノ酸であった。最後に，pH 11.0 の緩衝液を流したところ，アミノ酸 **d** が流出した。

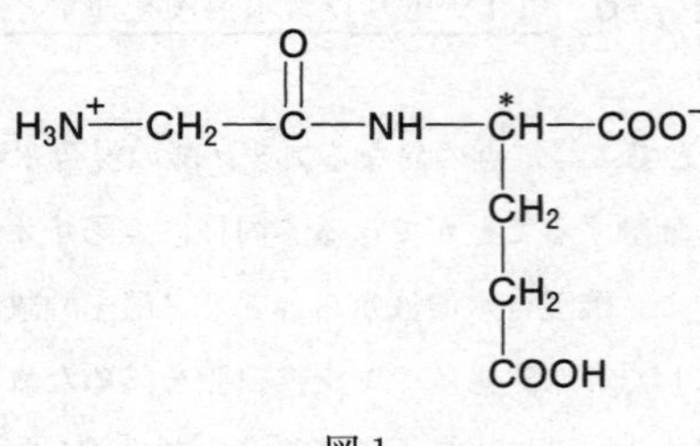

図 1

設問(1)：下線①について，流出する水溶液が酸性を示す理由を説明せよ。

設問(2)：実験 1 の結果のみから，ペプチド **X** の構造についてわかることを簡潔に説明せよ。

設問(3)：ペプチド **X** の分子式を記せ。

設問(4)：アミノ酸 **a** および **d** の名称を，以下の □ の中からそれぞれ選べ。

アスパラギン，アラニン，グリシン，グルタミン酸，システイン チロシン，セリン，フェニルアラニン，メチオニン，リシン

設問(5)：図 1 にならって，pH 7.0 の水溶液中におけるアミノ酸 **b** および **c** の構造式を記せ。ただし，不斉炭素原子が含まれる場合は，すべての不斉炭素原子に＊を記せ。

〔解答欄〕　設問(1)・(2)　各ヨコ 14 cm×タテ 3.5 cm

生物

（情報（コンピュータ科）・理・医・農学部：2科目150分）
（情報（自然情報）学部：　1科目　75分）

生物　問題Ⅰ

次の文章を読み，以下の設問に答えよ。

文1

近年の遺伝子解析技術の飛躍的な発展により，さまざまな生物種のゲノム解読や網羅的な遺伝子発現解析が行われ，数万にもおよぶ遺伝子の配列やさまざまな組織におけるmRNAの存在量が明らかになった。一方，遺伝子解析技術の進歩と並行して，タンパク質の微量解析技術も著しく進歩し，各組織におけるさまざまなタンパク質の存在量を網羅的に定量することも可能になった。こうした技術革新は，mRNAとタンパク質の量的変動を同時に比較解析する研究を加速させているが，ここではその一例を紹介しよう。

真核生物における翻訳中のリボソームを電子顕微鏡で観察すると，転写されたmRNAに多数のリボソームが連なるように結合し，次々とタンパク質が翻訳されていく様子がみえる(図1)。この図からは，1分子のmRNAから多数のタンパク質が合成されることが読み取れるが，実際には両者はどれくらいの比率で細胞内に存在するのだろうか。この疑問に答えるために，最新の技術を用いて両者の比，すなわち「タンパク質分子数／mRNA分子数」がさまざまな生物種において調べられた。この比を「protein-to-mRNA比」，略して「PTR比」と呼ぶことにする。多くの遺伝子についてPTR比が算出された結果，興味深いことにPTR比は遺伝子ごとに大きく異なることが明らかになった。この結果はさまざまな生物種で観察されており，個々の遺伝子の役割に応じてPTR比が巧妙に調節されていることが知られるようになった。

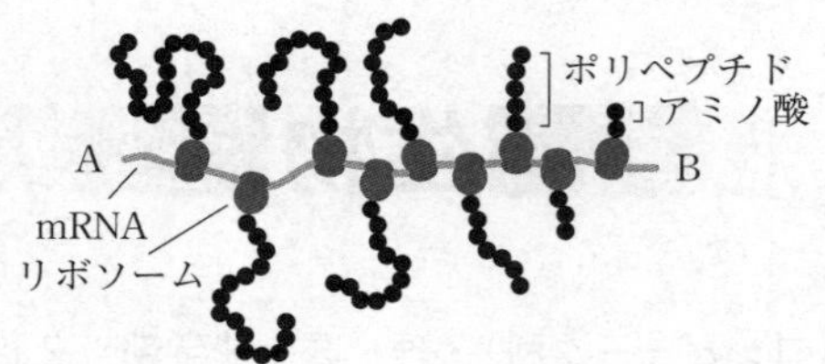

図１　真核生物における翻訳中のリボソームをとらえた電子顕微鏡画像の模式図

最近報告された植物での解析結果を見てみよう。栄養成長期のシロイヌナズナ植物体全体から抽出されたタンパク質の細胞あたりの分子数と mRNA の細胞あたりの分子数との相関を示した散布図をみると，PTR 比が遺伝子ごとに異なることがよくわかる(図２)。

PTR 比は，主にそれぞれの遺伝子がつくりだすタンパク質の合成速度と分解速度によって決まると考えられているが，光合成の電子伝達系や炭酸同化に関わる主要タンパク質の遺伝子 C や D は PTR 比がかなり大きく，①植物ホルモン応答に関わる調節タンパク質の遺伝子 E や F は PTR 比が小さいことが読み取れる。

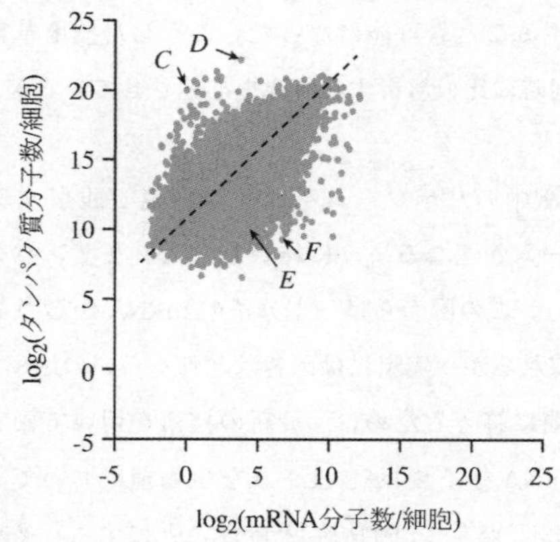

図２　栄養成長期のシロイヌナズナ植物体全体で発現している遺伝子の１細胞あたりの mRNA 分子数とタンパク質分子数の相関。図中の破線は散布図のデータから近似される直線を表わし，C から F は特定の遺伝子を示している。

設問(1)：図１において，mRNA の 3′ 末端は図中に示した A または B のどちら側か，記号で答えよ。

設問(2)：図2に示された近似直線を用いて，栄養成長期のシロイヌナズナ植物体全体で発現している遺伝子群の平均PTR比を計算し，その値に最も近いものを以下のa)〜f)から1つ選んで記号で答えよ。

a）1×10^2　　b）3×10^2　　c）1×10^3

d）3×10^3　　e）1×10^4　　f）3×10^4

設問(3)：下線部①について，植物ホルモン応答に関わる調節遺伝子の一種であるEやFは，タンパク質の合成速度は平均的な値であることが知られているがPTR比はかなり小さい。その生理学的な利点を，調節タンパク質の機能の観点から推察して解答欄の枠内で述べよ。

〔解答欄〕　設問(3)　ヨコ13.8cm×タテ3cm

文2

個々の遺伝子のPTR比は，組織によっても異なる値を示すことが明らかになっている。例えば，発現しているすべての遺伝子群のPTR比の分布を，栄養成長期の植物体全体と24時間吸水させた発芽前の種子で比較すると，吸水種子では植物体全体と比べてPTR比が非常に大きいものや小さいものの割合が高い(図3)。これは，水や温度などの環境条件が整えば速やかに発芽を開始する種子特有のしくみを反映していると考えられた②。そこで，吸水種子で発現する遺伝子群のPTR比が，図3のような分布を示す理由を調べるため，以下の実験を行なった。

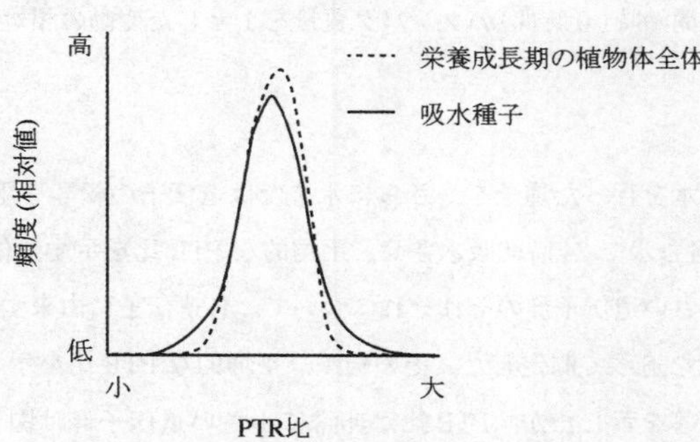

図3　栄養成長期のシロイヌナズナ植物体全体で発現している遺伝子群のPTR比の分布と，吸水種子で発現している遺伝子群のPTR比の分布の比較。

（実験1）

乾燥種子を水に4時間浸して予備吸水を行い，細胞の代謝活性を回復させた。この時点を実験の開始時間（0時間）とする。なお，予備吸水中の種子中のmRNAやタンパク質量の変化は無視できるほど小さいものとする。引き続き，水またはタンパク質への翻訳を阻害する化合物（翻訳阻害剤）を含む水で種子を24時間吸水させ，平均的なPTR比を示す遺伝子群およびPTR比が非常に大きい遺伝子群のそれぞれについて，各遺伝子に由来するタンパク質の存在量の変動を時間を追って測定した。その結果，平均的なPTR比を示す遺伝子群は図4(A)のような応答を示したが，PTR比が非常に大きい遺伝子群は図4(B)のような応答を示した。

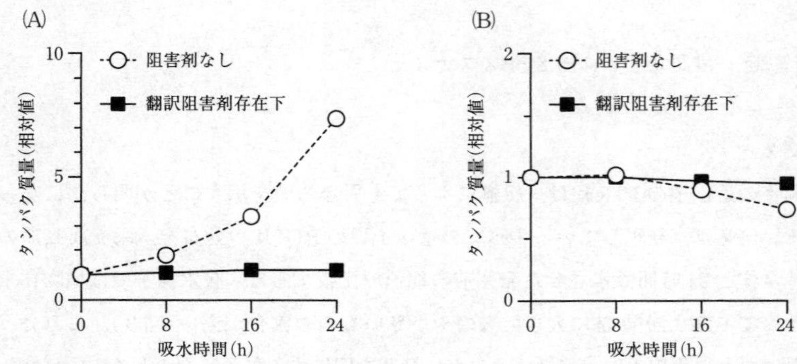

図4　翻訳阻害剤の存在下における吸水種子中のタンパク質量の変動。(A)吸水種子において平均的なPTR比を示す遺伝子群に由来するタンパク質群の変動。(B)PTR比が非常に大きい遺伝子群に由来するタンパク質群の変動。結果は，実験開始時（0時間）のタンパク質量を1とした変動の相対値で示している。

（実験2）

予備吸水を行った種子を，さらに水または遺伝子の転写を阻害する化合物（転写阻害剤）を含む水で24時間吸水させ，平均的なPTR比を示す遺伝子群およびPTR比が非常に小さい遺伝子群のそれぞれについて，各遺伝子に由来するタンパク質の量の変動を時間を追って測定した。その結果，平均的なPTR比を示す遺伝子群は図5(A)のような応答を示したが，PTR比が非常に小さい遺伝子群は図5(B)のような応答を示した。

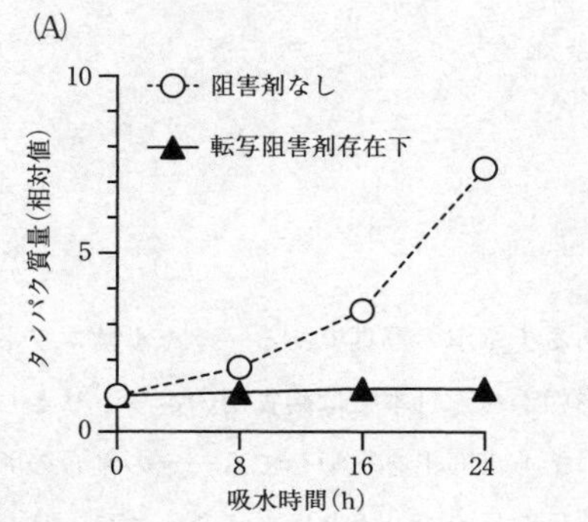

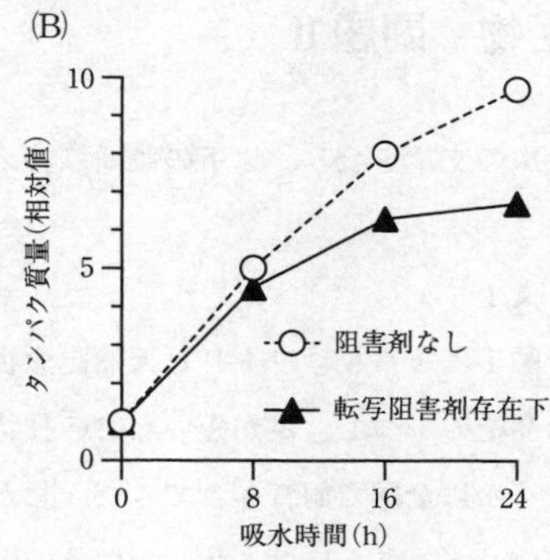

図５　転写阻害剤の存在下における吸水種子中のタンパク質量の変動。(A)吸水種子において平均的な PTR 比を示す遺伝子群に由来するタンパク質群の変動。(B) PTR 比が非常に小さい遺伝子群に由来するタンパク質群の変動。結果は，実験開始時（０時間）のタンパク質量を１とした変動の相対値で示している。

設問(4)：実験１および図４について，翻訳阻害剤はすべてのタンパク質の翻訳を完全に阻害するものとすると，吸水種子において PTR 比が非常に大きいタンパク質群は，種子が発芽する際にどのような役割を担っていると考えられるか。下線部②に留意しながら解答欄の枠内で述べよ。

設問(5)：実験２について，転写阻害剤はすべての遺伝子の転写を完全に阻害するものとすると，吸水種子において PTR 比が非常に小さい遺伝子群が図５(B)に示されたような応答を示すメカニズムにはどのような可能性が考えられるか。また，それは種子にとってどのような利点があると考えられるか。下線部②に留意しながら解答欄の枠内で述べよ。

〔解答欄〕　設問(4)　ヨコ 13.8 cm × タテ 3 cm

設問(5)　ヨコ 13.8 cm × タテ 4 cm

生物　問題Ⅱ

次の文章を読み，以下の設問に答えよ。

文1

図1は正常なニワトリと天然記念物であるチャボの写真である。チャボはニワトリの品種の一つで，足が短いなどの独特の形態から，日本では観賞用のニワトリとして古くから全国で飼育されてきた。しかし，チャボ同士を交配しても一定の割合の卵はふ化せず，さらにはふ化した個体の中でも足が長くチャボとは言えないニワトリが一定の割合で存在するなど，不思議な遺伝現象が知られていた。

(A)　(B)

図1　正常なニワトリ(A)とチャボ(B)の写真

同じ種の個体間でゲノムの塩基配列を比較してみると，一塩基単位の個体差があり，この違いを一塩基多型(SNP)という。チャボと正常なニワトリのゲノムの中には，数万ヶ所にそれぞれの品種に固有のSNPの配列がある。これらの配列は次世代にも受け継がれるため，チャボと正常なニワトリの品種をSNPの塩基配列の違いから区別するための遺伝マーカーとして使用することができる。名古屋大学では，このSNPの違いを利用してチャボ特有の形質を示す原因遺伝子座を特定する研究が行われた。

設問(1)：チャボのオスとチャボのメスを交配し，80個の受精卵を得た。得られた卵をふ卵(卵を温めること)させたところ，表1のような結果を得た。この結果から，チャボ特有の形質を示す原因遺伝子座はどのような遺伝的性質を持つと考えられるか。下記の空欄 ［(ア)］ ～ ［(ウ)］ に適切な用語を以下のリストから選んで文章を完成させよ。

得られた80個の受精卵をふ卵させた結果，足が短いチャボの形質を示したヒヨコが得られた割合が最も多かったことから，足が短い形質は ［(ア)］ 遺伝をすることが考えられる。また表現型の比から，原因遺伝子座が ［(イ)］ 接合体の個体がチャボとして生育し， ［(ウ)］ 接合体はふ卵させてもふ化しないことが考えられる。

(用語リスト)

・顕性(優性)　・潜性(劣性)　・ヘテロ　・ホモ

表１　チャボのオスとメスを交配して得られた80個の受精卵をふ卵させた結果

表現型	数
正常な足の長さのヒヨコ	20 羽
足が短いヒヨコ	42 羽
ふ化しなかった卵	18 個

設問(2)：チャボ特有の形質を示す原因遺伝子座付近にも，正常なニワトリとは異なるチャボに固有のSNPがあり，原因遺伝子座と連鎖して次世代のチャボにも受け継がれることが期待される。そこで，原因遺伝子座付近のチャボ固有のSNPを同定するために，図２のような交配を行った。まずチャボのオスを正常なニワトリのメスと交配し，雑種第１代(F_1)を得た。この F_1 の中からチャボの形質を示すオスを選別し，正常なニワトリのメスと交配し，雑種第２代(F_2)を得た。同様にして F_2 からチャボのオスを選別し，正常なニワトリのメスと交配した。これを繰り返し，雑種第11代(F_{11})を得た。このような交配を繰り返した時に，99.9％以上のゲノムが正常なニワトリに置き換わったチャボ(オス)は，雑種第何代目に得られることが期待されるか。なお交配後，次世代には親世代のそれぞれから50％のゲノムが受け渡されるものとする。

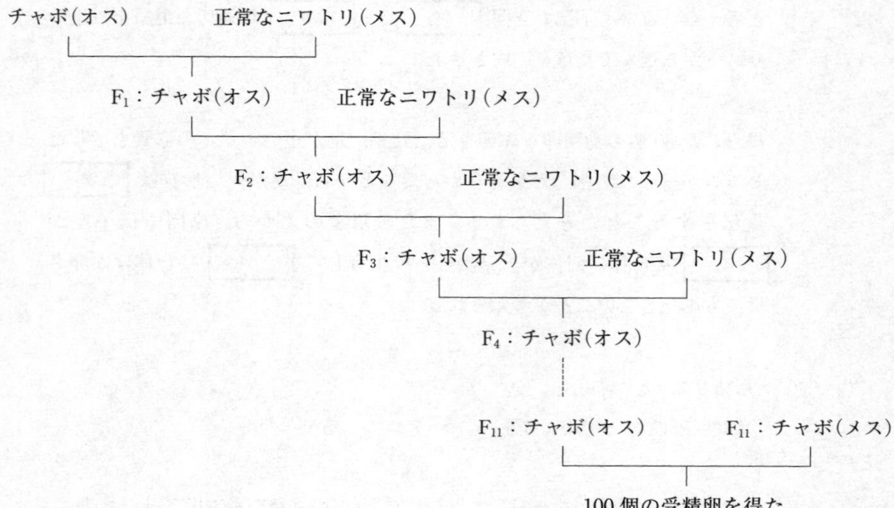

図２　チャボ固有の SNP を同定するために交配したニワトリの家系図

設問(3)：雑種第 11 代(F_{11})の中でチャボの形質を示すオスとメスを交配し，受精卵 100 個を得た(図２)。得られた卵をふ卵させたところ，表２のような結果を得た。得られた正常な足の長さのヒヨコ(表２中の①)と，足が短いヒヨコ(表２中の②)のゲノムを比較した結果，原因遺伝子座付近のチャボ固有の SNP(図３)を容易に特定することに成功した。このように原因遺伝子座付近のチャボ固有の SNP を効率よく特定するために，雑種第 11 代(F_{11})まで正常なニワトリと交配を行った利点を，解答欄の枠内で述べよ。

表２　雑種第 11 代(F_{11})のチャボのオスとメスを交配して得られた 100 個の受精卵をふ卵させた結果

表現型	数
正常な足の長さのヒヨコ(①)	24 羽
足が短いヒヨコ(②)	51 羽
ふ化しなかった卵(③)	25 個

〔解答欄〕　設問(3)　ヨコ13.8 cm × タテ 4 cm

文 2

原因遺伝子座付近に存在することが期待されるチャボ固有の SNP の場所(図 3)を頼りに，周囲の遺伝子の塩基配列を正常なニワトリと比較した。その結果，チャボのゲノムの中から *NHEJ 1* 遺伝子の第 5，第 6 エキソンと *IHH* 遺伝子のすべてのエキソンを含むゲノム領域が欠失した変異を発見した。

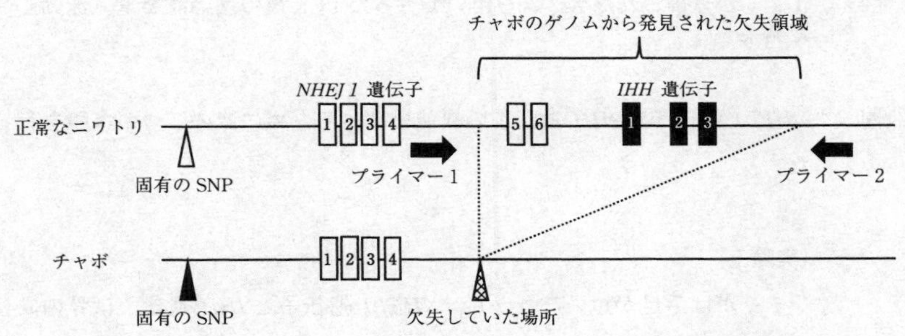

□：*NHEJ 1* 遺伝子のエキソン(中の数字はエキソンの番号を示す)
■：*IHH* 遺伝子のエキソン(中の数字はエキソンの番号を示す)
△：正常なニワトリに固有な SNP の場所
▲：チャボに固有な SNP の場所

図 3　チャボ固有の SNP 付近の遺伝子の配列

設問(4)：雑種第 11 代(F_{11})の中でチャボの形質を示すオスとメスを交配することによって得られたヒヨコ(表 2 中の①②)およびふ化しなかった卵から得られた胚(表 2 中の③から得られた胚)からそれぞれ DNA を抽出し，図 3 中のプライマー 1 と 2 を用いて PCR を行った。実験後の PCR 反応液をアガロースゲル電気泳動すると下記の 3 種類の結果が得られた。①，②，③のゲノムをもとにした結果はそれぞれどれか。ア～ウの記号を用いて答えよ。

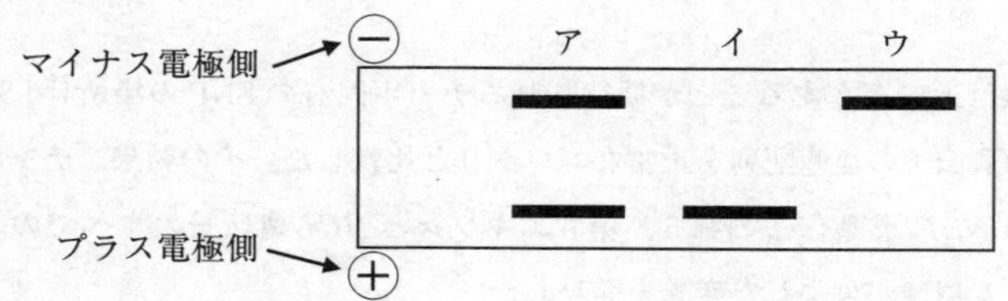

図4 ①②③から得られたゲノムを用いて行ったPCR後の反応液を電気泳動した結果

設問(5)：*NHEJ 1* 遺伝子と *IHH* 遺伝子の機能を調べるために次の3つの実験を行った。

（実験1）

チャボは手足が短いことから，*NHEJ 1* 遺伝子と *IHH* 遺伝子は骨の成長に関係しているのではないかと考えた。そこで，正常なニワトリ胚から骨に分化することができる細胞を採取し，薬剤処理により骨細胞に分化させることにした。この実験で，分化前の細胞に *NHEJ 1* 遺伝子と *IHH* 遺伝子，およびチャボのゲノムで見られた *NHEJ 1ΔC* 遺伝子（*NHEJ 1* 遺伝子の第5，第6エキソンが欠失したもの）を入れることでこれらの遺伝子を発現させた。実験後，骨細胞に分化した割合を縦軸に示した結果を図5(A)にまとめた。

（実験2）

表2中の③の受精卵は，ふ卵後4日目前後で致死となっていた。そのため致死となる前のふ卵後3日目の胚を採取し，その胚から皮膚の細胞を培養することに成功した。培養した細胞に *NHEJ 1*，*IHH*，*NHEJ 1ΔC* 遺伝子を入れることでこれらの遺伝子を発現させた時の細胞の生存率を観察し，図5(B)にまとめた。

（実験3）

NHEJ 1，*IHH*，*NHEJ 1ΔC* 遺伝子から作られるタンパク質の細胞内での局在を調べ，表3にまとめた。

これらの結果から考えられる考察として正しいものを次の a)～g)からすべて選び記号で解答せよ。

a) *NHEJ1* 遺伝子を入れると骨細胞への分化が促進される。

b) *NHEJ1ΔC* 遺伝子を細胞に入れると，IHH タンパク質のはたらきが阻害される。

c) *IHH* 遺伝子のノックアウトマウスでは骨細胞への分化が阻害されることが推定される。

d) *NHEJ1* 遺伝子と *NHEJ1ΔC* 遺伝子は，細胞の生存率の結果を見ると機能に違いはないことが推定される。

e) チャボの足が短くなるのは，正常なニワトリのように骨が充分に伸長(骨細胞への分化)ができないからであり，この原因遺伝子として *IHH* 遺伝子が考えられる。

f) *IHH* 遺伝子は細胞死を誘導するはたらきをしている。

g) *NHEJ1* 遺伝子の第 5，第 6 エキソンの塩基配列をもとに作られるタンパク質の領域の中には，NHEJ1 タンパク質を核に局在させるために必要な配列が存在することが考えられる。

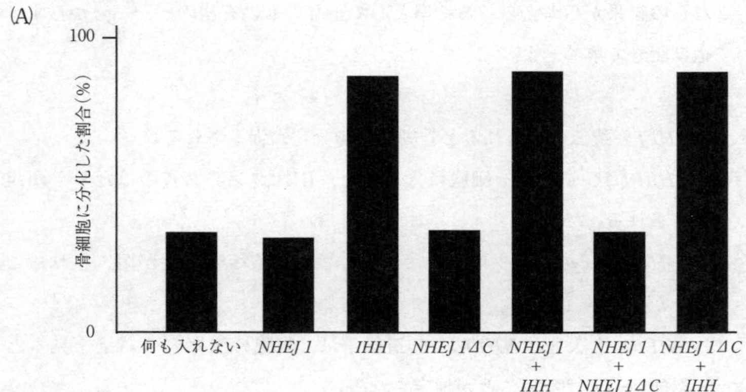

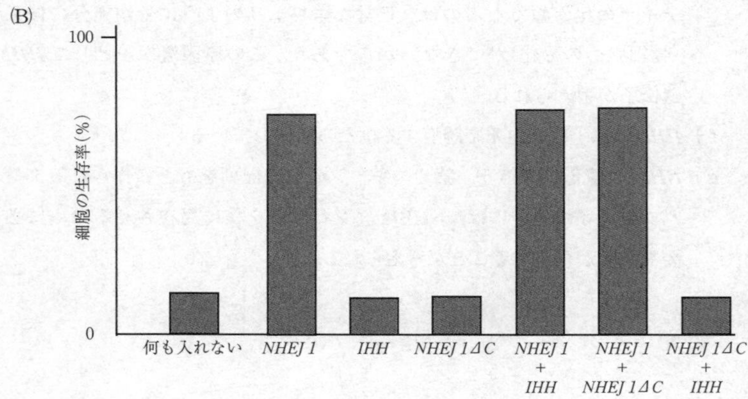

図5　各遺伝子を発現させたときの骨細胞に分化した割合(A)と細胞の生存率(B)

表3　各遺伝子から作られるタンパク質の局在

遺伝子	タンパク質の局在
NHEJ 1	核
NHEJ 1ΔC	細胞質
IHH	細胞膜

設問(6)：中国にいるインギーというニワトリの品種は，日本のチャボと同じように足が短い。インギーのゲノムを調べてみると，チャボとは異なり*IHH*遺伝子のみが欠失している変異が発見された。そこでチャボのオスをインギーのメスと交配し120個の受精卵を得た。得られた卵をふ卵させたところ，表4のような結果を得た。この中のふ化しなかった卵(④)を観察した結果，チャボとは異なりふ卵後16日目前後ですべての胚が致死となっていることが明らかとなった。この結果から考えられる考察について，下記の空欄［(エ)］と［(オ)］に適切な用語を記入せよ。

ふ化しなかった卵(④)においては［(エ)］遺伝子が欠失している個体で致死となっていることから，チャボでもインギーでも［(エ)］遺伝子の欠失は致死の原因となることが考えられる。チャボの方がインギーと比べて早い発生段階で致死となるのは，［(オ)］遺伝子が機能しないことで，ふ卵後4日目までにチャボの胚で細胞死が起きていることが原因として考えられる。

表4　チャボのオスとインギーのメスを交配して得られた120個の受精卵をふ卵させた結果

表現型	数
正常な足の長さのヒヨコ	31羽
足が短いヒヨコ	59羽
ふ化しなかった卵(④)	30個

生物　問題Ⅲ

次の文章を読み，以下の設問に答えよ。

文１

生物の生理応答に影響を及ぼす物質は多い。生物が自身で生み出すこのような物質の例として，ホルモンや神経伝達物質があげられる。これらの物質は，標的細胞に存在するそれぞれに特異的な受容体に結合して受容体を活性化することで作用を発揮する。このような物質を一般にリガンドと呼ぶ。

受容体に結合する人工化合物の中には，受容体のリガンド結合部位に可逆的に結合する能力をもち，受容体との結合をリガンドと競い合うことにより，リガンドによる受容体の活性化を阻害する物質①も存在する(図１)。

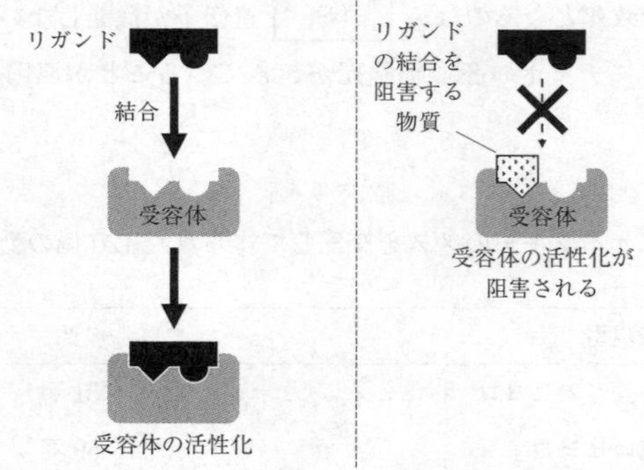

図１　リガンドが特異的な受容体を活性化する例(左)と，受容体のリガンド結合部位に結合することでリガンドによる受容体の活性化を阻害する物質の例(右)。

１つのリガンドが生体内の複数のタンパク質に作用して複数の作用を発揮する場合もある。例えば，動物ホルモンであるアドレナリンは，血管収縮，瞳孔散大，気管支拡張など多彩な作用をもつが，その理由の１つは，アドレナリンの受容体が複数存在することである。さらに，１つの受容体が複数の作用に関わる場合もあれば，複数の受容体が１つの作用に関わる場合もある。このような場合に，アドレナリンの作用のうちの一部だけを人為的に作動させたいときには，アドレナリンそのものを投与すると望んでいない作用も同時に引き起こしてしまうことが多い。しかし，複数の受容体のうちの限られたものだけを活性化する物質や，限られた受容体の活性化だけを阻害する物質を作り出せば，アドレナリンの作用のうちの一部だけを選択的に発揮することや，逆にその作用を阻害することが可能になる(図２)。

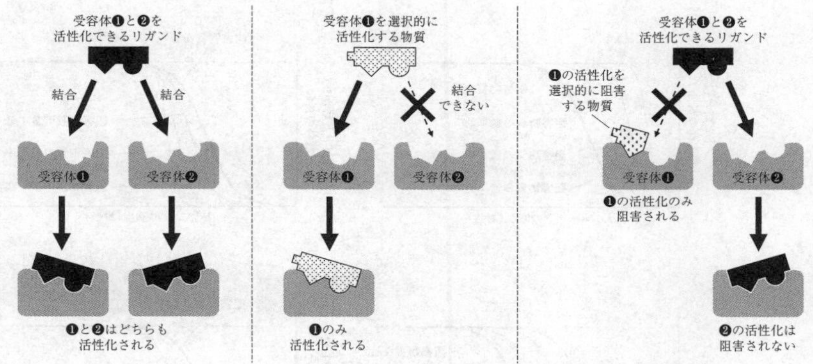

図２　２種類の受容体❶と❷をともに活性化するリガンドの例(左)。受容体❶だけを選択的に活性化できる物質の例(中央)や，受容体❶の活性化だけを選択的に阻害できる物質の例(右)。

設問(1)：ホルモンの中には，標的細胞の中に入って細胞内に存在する受容体に結合してはたらくステロイドホルモンのようなものや，細胞の中には入れずに細胞膜に存在する受容体に結合してはたらくインスリンのようなものがある。前者と後者を分ける各々のホルモンの物質的特徴について，細胞膜の特徴との関係に触れつつ解答欄の枠内で述べよ。

設問(2)：動物の神経伝達物質としてはたらく低分子化合物の例をアドレナリン以外に２つ記せ。

設問(3)：あるリガンドとその受容体の結合に関して，下線部①の性質を持つ阻害物質を用いた実験を行った。まず，一定濃度の受容体とさまざまな濃度のリガンドを，低・中・高濃度の各濃度の阻害物質の存在下で十分な時間をかけて混合した。この際には阻害物質を入れない条件でも同様の実験を行った。その後，リガンドと結合している受容体の割合を測定した。実験結果のグラフとして，正しいものを以下のａ)～ｅ)の中から１つ選べ。グラフでは，用いたリガンドの濃度を横軸に対数で示し，リガンドと結合した受容体の割合を縦軸に示してある。太線を阻害物質を入れない条件での実験結果とし，点線はすべての受容体がリガンドと結合した場合の値を示す。

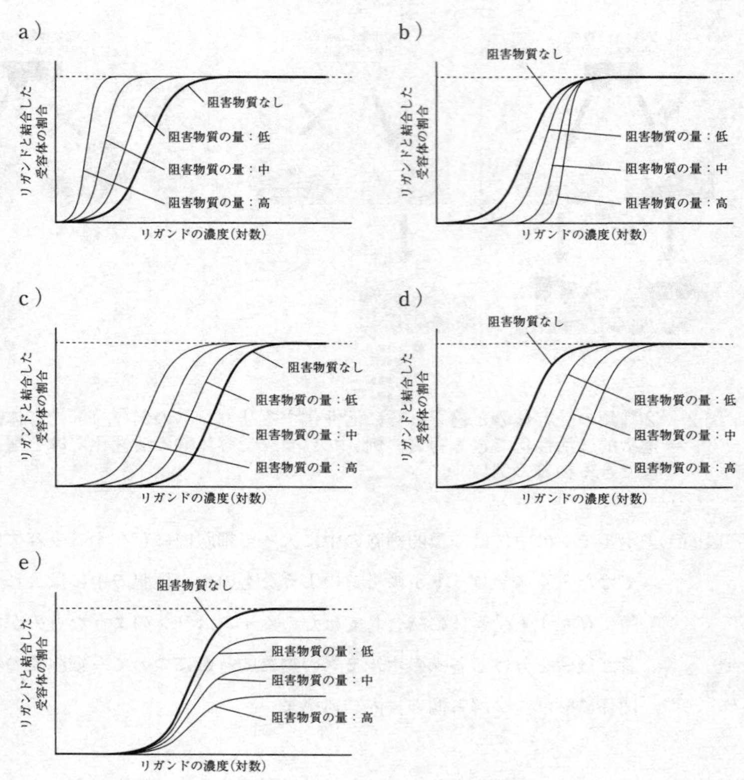

〔解答欄〕　設問(1)　ヨコ13.8cm×タテ 4cm

文2

植物ホルモンにもアドレナリンのように多様な作用をもつものが多く知られており，その作用の理解には受容体の発見が重要となる。アブシシン酸は，種子の発芽や，発芽後の根の成長を調節する作用をもつ植物ホルモンである。アブシシン酸の添加効果が現れない変異体の探索が行われ，いくつもの変異体が見つかった。しかし，それらの変異体の中にアブシシン酸の受容体の遺伝子に変異をもつものはなかった。この理由は，アブシシン酸の受容体の遺伝子が実際には1つではなく，似たはたらきができる受容体遺伝子が他にも存在しているためであることがのちに判明した。このように，アブシシン酸そのものの添加効果を用いた変異体探索ではその受容体遺伝子は見つからなかったが，巧妙な工夫を行うことで実際には受容体遺伝子は特定された。以下は，そのおおよその経緯である。

アブシシン酸をシロイヌナズナの野生型(正常な植物)の種子に添加すると発芽を阻害し，発芽後に添加すると根の成長を阻害する(図３)。アブシシン酸と分子構造が少しだけ異なる化合物Ｚが合成され，Ｚを野生型の種子に添加するとアブシシン酸と同様に発芽を阻害した。一方で，発芽後の野生型にＺを添加してもアブシシン酸とは異なり根の成長阻害効果は一切みられなかった。シロイヌナズナの変異体集団の中から，Ｚを添加した培地でも発芽する変異体を探索したところ，実際にそのような変異体が獲得され，その変異体は a と名付けられた。一方で，アブシシン酸を添加した培地で変異体 a の発芽を調べたところ，野生型と同様に発芽が阻害された。発芽後の変異体 a にアブシシン酸を添加した場合にも野生型と同様に根の成長阻害がみられた。

この変異体 a では遺伝子 A に機能が喪失する変異が生じていることが判明した。また，遺伝子 A から生じるタンパク質Ａはアブシシン酸と直接結合することも証明された。以上のことから，②タンパク質Ａはアブシシン酸の受容体として機能すると考えられた。

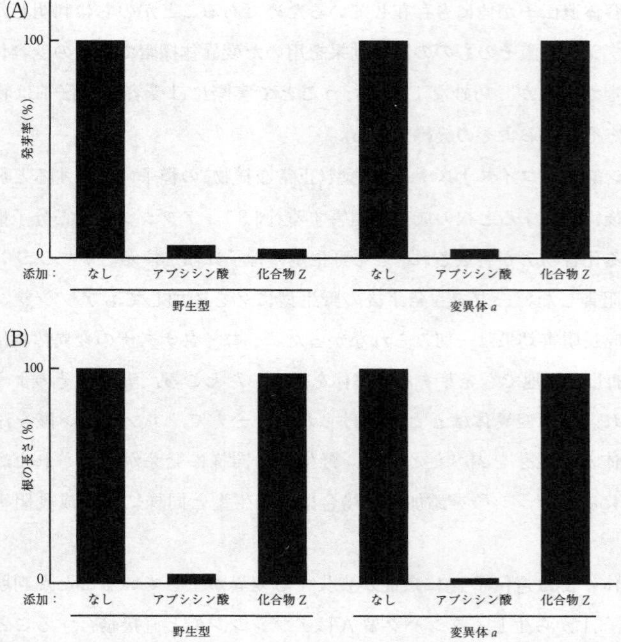

図 3　化合物を添加した培地で発芽させた場合の発芽率(A)と，発芽後から化合物を添加した培地で生育させた場合の根の長さ(B)。(B)では野生型に何も添加しない場合の根の長さを 100 %としている。

設問(4)：下線部②を踏まえて図 3 の実験結果を考察した時，発芽制御と発芽後の根の成長制御においてアブシシン酸と人工化合物 Z の作用の違いが生じる理由を，解答欄の枠内で述べよ。

〔解答欄〕　設問(4)　ヨコ13.8 cm × タテ 4 cm

文 3

その後，シロイヌナズナには遺伝子 A とは塩基配列に少しの違いがあるが全体的にはよく似た遺伝子 B と C が存在することが判明した。遺伝子 B，C からそれぞれ生じるタンパク質B，Cも，Aと同様にアブシシン酸と直接結合することが証明された。すなわち，タンパク質A，B，Cは，アミノ酸配列に少しの違いをもつものの，すべてアブシシン酸の受容体として機能しうると考えられた。そこで，遺伝子 A，

B，C それぞれの変異体 a，b，c を用いて，これらの遺伝子のうちの複数の機能が喪失した植物(各組み合わせの二重変異体と三重変異体)を作成した。これらの植物に関して，アブシシン酸を添加した培地上での発芽を観察した結果と，発芽後からアブシシン酸を低濃度あるいは高濃度で添加した培地で育てた際の根の長さを測定した結果を図 4 に示す。

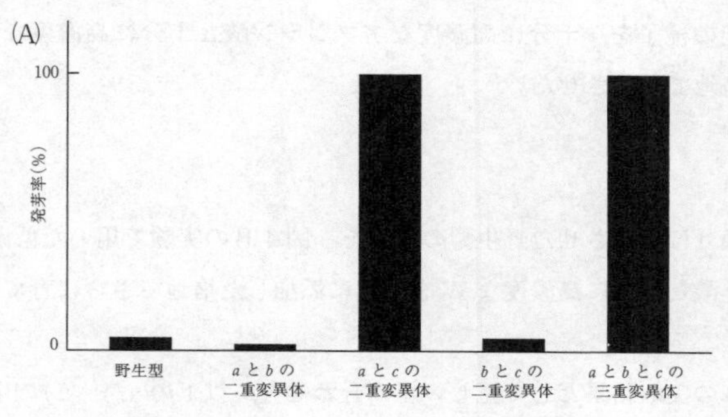

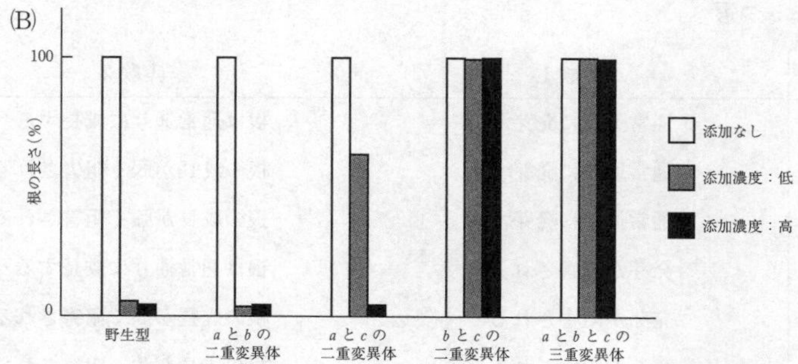

図 4　アブシシン酸を添加した培地での野生型と各変異体の発芽率(A)と，発芽後からアブシシン酸を異なる濃度で添加した培地で生育させた野生型と各変異体の根の長さ(B)。(B)では野生型に何も添加しない場合の根の長さを 100 %としている。

設問(5)：アブシシン酸の発芽阻害作用ならびに根の成長阻害作用のそれぞれはどの受容体を介して発揮されると考えられるか，以下の a）～ g）の中から 1 つずつ選べ。また，異なる濃度のアブシシン酸を用いた根の成長阻害実験からわかることを，解答欄の枠内で述べよ。

a）A のみ　　b）B のみ　　c）C のみ

d）A と B　　e）B と C　　f）A と C

g）A と B と C

設問(6)：アブシシン酸による受容体Ｃの活性化だけを選択的かつ完全に阻害することのできる化合物Ｗが開発された。植物に対するＷの効果は迅速にあらわれるものとする。このＷを用いて以下の２つの実験を行った。

（実験１）

野生型の種子を，十分に高濃度なアブシシン酸と十分に高濃度なＷを添加した培地で発芽させた。

（実験２）

通常通りに発芽させた野生型の植物を，図４(B)の実験で用いた低濃度のアブシシン酸と十分に高濃度なＷをともに添加した培地でさらに育てた。

それぞれの実験結果として正しい組み合わせを，以下のａ)～ｆ)の中から１つ選べ。

	実験１	実験２
ａ)	通常通りに発芽する	根は通常通りに成長する
ｂ)	通常通りに発芽する	根の成長が弱く阻害される
ｃ)	通常通りに発芽する	根の成長が強く阻害される
ｄ)	発芽が阻害される	根は通常通りに成長する
ｅ)	発芽が阻害される	根の成長が弱く阻害される
ｆ)	発芽が阻害される	根の成長が強く阻害される

〔解答欄〕　設問(5)〈わかること〉　ヨコ13.8 cm×タテ 3.5 cm

生物　問題Ⅳ

次の文章を読み，以下の設問に答えよ。

文 1

免疫とは，体内に侵入した病原体などの異物を排除するしくみであり，自然免疫と獲得(適応)免疫に分けられる。

自然免疫では，食細胞を中心とした免疫応答が生じる。食細胞は，<u>病原体に共通する分子構造を認識する受容体により，病原体に反応して活性化される</u>①。その結果，血管の透過性が増大して，局所で炎症反応が引き起こされる。また，ナチュラルキラー(NK)細胞は，ウイルスなどが侵入した感染細胞を正常細胞と区別し，攻撃して破壊する。

獲得免疫では，病原体由来の抗原は樹状細胞に取り込まれて分解され，［(ア)］と呼ばれる分子の上に提示される。この抗原により，［(イ)］および［(ウ)］と呼ばれる免疫細胞が活性化される。［(イ)］は別の免疫細胞の食作用を刺激して侵入した病原体を排除し，［(ウ)］は感染細胞を直接排除する。一方，B 細胞は［(イ)］による刺激をうけて活性化され，抗体産生細胞に分化して病原体に対する抗体を多量に産生する。

設問(1)：下線部①について，食細胞が病原体を直接認識して炎症反応を引き起こすしくみについて，以下の用語をすべて用いて解答欄の枠内で説明せよ。

(用語リスト)

・パターン認識受容体(Toll 様受容体)　・サイトカイン　・食細胞

設問(2)：空欄［(ア)］～［(ウ)］に適切な用語を記入せよ。

〔解答欄〕　設問(1)　ヨコ13.8 cm×タテ 2 cm

文 2

自然免疫と獲得免疫は明確に区別されるものではなく，互いに活性化しあって協調的にはたらくことが最近では明らかになっている。抗体は侵入してきた病原体に直接結合して中和し，感染能力を低下させるはたらきを持つが，さらに病原体と複合体を形成することで食細胞の食作用を促進し，効率的な病原体の排除にも関わる。

これまで自然免疫に関わるとされてきたNK細胞にも，がん細胞やウイルス感染細胞のような異常細胞と抗体の複合体を認識して排除する機能があることがわかってきた。これらの細胞膜表面には正常細胞とは異なる分子が発現しているが，その分子を抗原として抗体が複合体を形成すると，それをNK細胞が認識して異常細胞として排除する現象が知られている。この現象を理解するために，以下の実験を行った。

(実験１)

がん細胞とNK細胞の２種類の細胞を混合し，がん細胞に特有な抗原を認識する抗体Xを添加した。その結果，がん細胞がNK細胞により殺傷され，細胞死が誘導されることが観察された。一方で，がん細胞と無関係な抗体Yを用いたところ，細胞殺傷は認められなかった。

(実験２)

抗体Xと抗体Yにタンパク質分解酵素を作用させ，それぞれの抗体からC部分とD部分を取り出した(図１)。

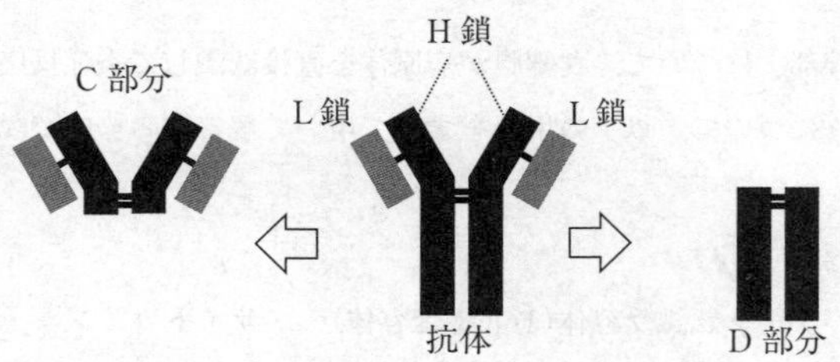

図１　タンパク質分解酵素を用いた抗体のC部分とD部分の作製。
抗体は２本のH鎖と２本のL鎖からなる。

(実験３)

抗体Xと抗体Yのそれぞれについて，分解前の抗体，C部分，またはD部分を，がん細胞もしくはNK細胞と反応させ，両者の結合の有(＋)無(－)を測定した(表１)。

（実験４）

抗体Ｘと抗体Ｙのそれぞれについて，分解前の抗体，Ｃ部分，Ｄ部分，またはＣ部分とＤ部分の混合物を準備した。がん細胞と NK 細胞の２種類の細胞を混ぜたのちに，準備した抗体サンプルを添加し，NK 細胞によるがん細胞の殺傷の有(＋)無(－)を測定した(表１)。

表１　抗体のＣ部分とＤ部分を用いた実験

抗体Ｘ(がん細胞に特有な抗原を認識する抗体)の場合

	分解前の抗体	Ｃ部分	Ｄ部分	Ｃ部分とＤ部分の混合物
抗体とがん細胞との結合	＋	＋	－	データなし
抗体と NK 細胞との結合	＋	－	＋	データなし
がん細胞の殺傷	＋	－	－	－

抗体Ｙ(がん細胞と無関係な抗体)の場合

	分解前の抗体	Ｃ部分	Ｄ部分	Ｃ部分とＤ部分の混合物
抗体とがん細胞との結合	－	－	－	データなし
抗体と NK 細胞との結合	＋	－	＋	データなし
がん細胞の殺傷	－	－	－	－

設問(3)：表１の実験結果にもとづき，NK 細胞が抗体を介してがん細胞を殺傷するメカニズムを考察して解答欄の枠内で述べよ。ただし，以下のリストの用語を，すべて用いること。

(用語リスト)

・NK 細胞　・がん細胞　・抗原結合部位　・Ｃ部分　・Ｄ部分

〔解答欄〕　設問(3)　ヨコ13.8 cm×タテ３cm

文３

抗体を利用した特異性の高い医薬品を抗体医薬品と呼ぶ。抗体が NK 細胞を介してがん細胞を排除するしくみを利用して，これまでに多数の抗体医薬品が開発されてきたが，その過程で抗体に存在する糖鎖に注目が集まるようになった。糖鎖は数種類の糖から構成された鎖状分子であり，さまざまなタンパク質の特定のアミノ酸に付加されるが，この糖鎖に含まれる糖の種類や数が変化すると，タンパク質の立体構造が影響を受けて機能が変化することがある。

抗体に付加される糖鎖の構成成分のひとつにフコースという糖があり，糖鎖の末端に存在する。近年，このフコースの有無が抗体医薬品の効果に影響を与えることが明らかとなって注目を集めている。また，ごく最近では，抗体へのフコース付加の有無が新型コロナウイルス感染症における炎症反応の強さと関係しているといわれている。このような，抗体における糖鎖の役割について理解するために，次の実験を行った。

（実験５）

実験１～４で用いた抗体Ｘと抗体Ｙのそれぞれについて，フコースのみを除去した抗体(F−)と，フコースを含む糖鎖をすべて除去した抗体(糖鎖−)を作製した。これらの抗体を用いて，がん細胞との結合量(図２(A))，NK 細胞との結合量(図２(B))，そして NK 細胞によるがん細胞の殺傷度(図２(C))を測定した。

（実験６）

抗体Ｘ単独，抗体Ｘに抗体Ｙを共存させた場合，抗体Ｘと抗体Ｙ(糖鎖−)を共存させた場合，もしくは，抗体Ｘと抗体Ｙ(F−)を共存させた場合に，NK 細胞によるがん細胞の殺傷度がどう変化するかを調べた(図２(D))。

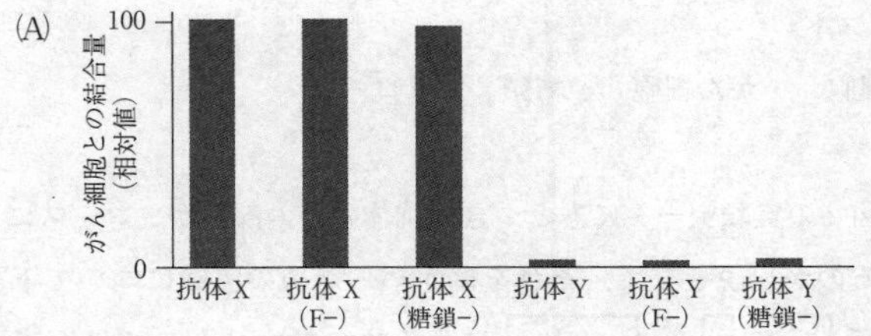

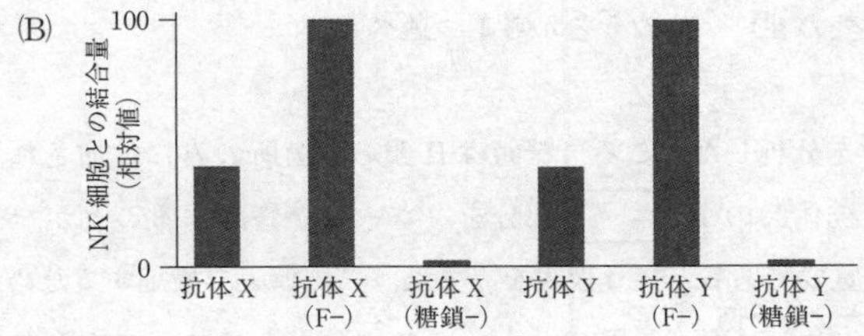

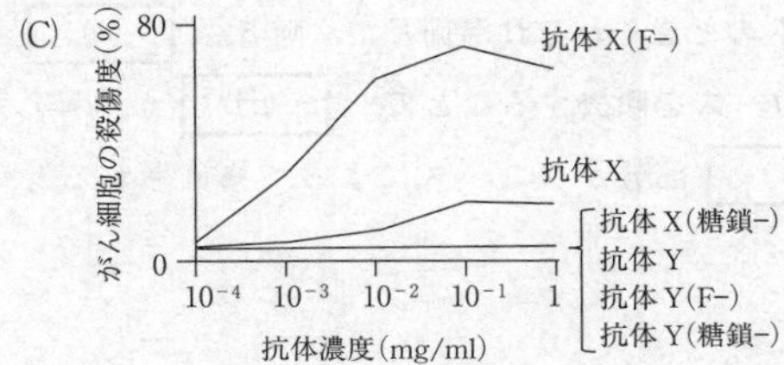

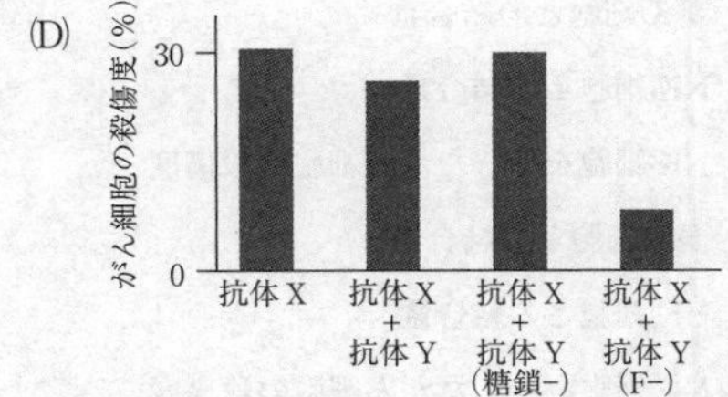

図 2　糖鎖やフコースを除去した抗体を用いた実験結果のまとめ

設問(4)：図 2(D)において抗体 Y から糖鎖を除去した場合とフコースを除去した場合で，がん細胞の殺傷度が異なった理由について，表 1 と図 2 の実験データにもとづき考察して解答欄の枠内で述べよ。ただし，以下のリストの用語を，すべて用いること。

(用語リスト)

・NK細胞　・がん細胞　・糖鎖　・フコース

設問(5)：表1と図2の実験データにもとづき，抗体のどの部位がフコースによる修飾を受けるのか仮説を立て，それを確かめるための実験について下記に示した。空欄 [(エ)] ～ [(オ)] に入る語の組合せとして最も適切なものを，下の表のａ)～ｆ)のうちから1つ選べ。

抗体Xを分析したところ，糖鎖はH鎖の1箇所のみに付加されていた。そこで，抗体Xの [(エ)] 部分をフコースが修飾することが，その機能の調節に重要であるという仮説を立てた。この仮説を検証するために，抗体Xから [(エ)] 部分を取り出し，この部分からフコースを除去したものと除去していないものとをそれぞれ準備して，両者の [(オ)] を比較した。その結果，フコースを除去することで， [(オ)] が上昇したことから，抗体Xの [(エ)] 部分がフコースによって修飾されると考えられた。

	(エ)	(オ)
a)	C	がん細胞との結合量
b)	C	NK細胞との結合量
c)	C	NK細胞を介したがん細胞の殺傷度
d)	D	がん細胞との結合量
e)	D	NK細胞との結合量
f)	D	NK細胞を介したがん細胞の殺傷度

〔解答欄〕　設問(4)　ヨコ13.8cm×タテ3.5cm

地学

(情報（コンピュータ科)・理学部：２科目 150 分)
(情報（自然情報）学部：　１科目 75 分)

地学　問題Ⅰ

以下の文章を読み，問１〜問５に答えなさい。

地球は約 46 億年前に形成された。46 億年前から約 [ア] 年前までの時代を先カンブリア時代と呼ぶ。この先カンブリア時代は古い順からさらに冥王代，[イ]，[ウ] に分けられている。地球史の約８割をしめるこの時代には，生物の進化や環境の変動に関する重要な出来事①がいくつか起こっている。約 [ア] 年前から現在までを [エ] と呼び，古い方から古生代，中生代，[オ] に分けられる。古生代に入ってすぐのカンブリア紀には，カンブリア爆発②と呼ばれる，現生動物の基本的な分類群(門のレベル)のほぼ全ての祖先が出現するという生物進化上の重要な出来事があった。カンブリア紀以降の地層には様々な化石が含まれるようになり，その中には示準化石③として地層の対比や地質年代決定に有用なものも多く含まれる。

問１　空欄 [ア] に入れるべき数字を以下から選び，記号で答えなさい。

(a)　6 億 2000 万，(b)　5 億 4000 万，(c)　4 億 8000 万，(d)　2 億 5000 万

問２　空欄 [イ]，[ウ]，[エ]，[オ] に最も適する語句を答えなさい。

問３　下線部①について図１は大気に含まれるある成分の濃度変化を表したものである。下記の(1)と(2)に答えなさい。

(1)　この成分は何か答えなさい。

(2)　この成分を最初に生み出したとされる生物の名前を答えなさい。

問 4　下線部②について，急激な多様化と共に動物の体の構造や機能に大きな変化がいくつか生じたとされている。どのような変化が生じたのか，ひとつ挙げるとともに，それを可能にした要因についてあわせて40字以内で述べなさい。

問 5　下線部③について，示準化石として有効な生物種の特徴について40字以内で述べなさい。

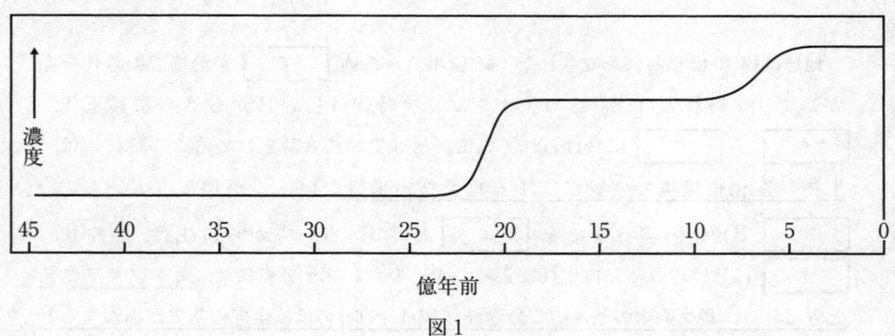

図 1

地学　問題Ⅱ

以下の文章を読み，問１～問５に答えなさい。

地球上のある地点での地磁気の強さは，図２のように［ア］とその成分である［イ］および［ウ］，真北からずれている角度を［エ］，地磁気の向きと水平面のなす角度を［オ］という。これらの要素のうちの３つによって，その場所の地磁気の強さと方向を決定できる場合があり，これを地磁気の三要素①という。また，千葉県市原市の地層(千葉セクション)には地磁気年代である松山期からブルンヌ期への地磁気の逆転②が記録されており，その境界年代が約 77 万年前と従来よりも１万年程度若いことが明らかにされた。このような地磁気の原因は，地球深部の外核における活発な対流③にあると考えられている。また，地磁気の逆転を含む千葉セクションの研究成果によって，約 77 万年前から約 13 万年前までの地質時代が 2020 年１月にチバニアン期と名付けられた。

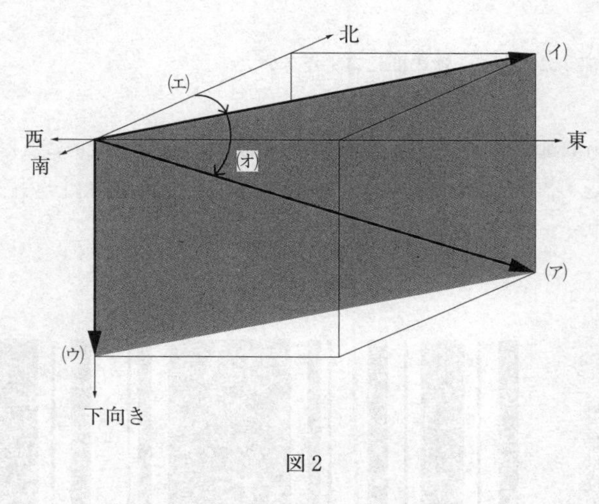

図２

問１　空欄［ア］～［オ］に最も適する語句を答えなさい。

問２　下線部①について，［ア］の大きさをF，［ウ］の大きさをZ，［オ］をθとする。ある地磁気観測所で$F = 46850$ nT，$Z = 23425$ nT が観測されたとして，θを求めなさい。

問 3　地球の磁場は地球内部においた棒磁石で近似的に表される。この仮想的な棒磁石をどのように配置すれば現在の地球の磁場を再現できるのか解答欄の図に示しなさい。　（解答欄の図は図 3 に同じ）

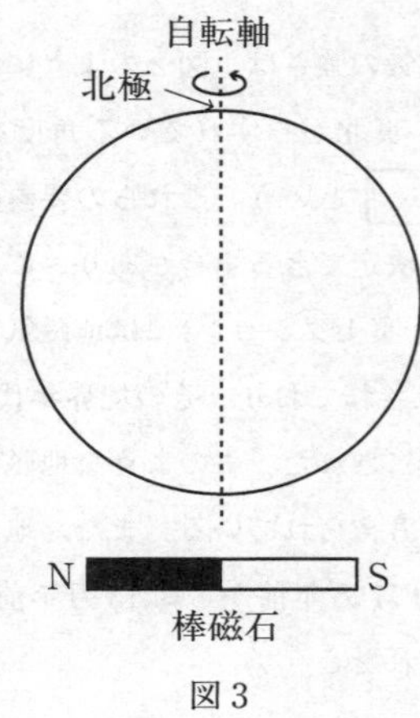

図 3

問 4　下線部②について，次の問に答えなさい。

(1)　図 4 は地磁気の年代と海洋底の磁気異常の縞模様を模式的に示したものである。この海洋底の磁気異常の縞模様が海洋底拡大説の証拠とされた理由を 50 字以内で説明しなさい。

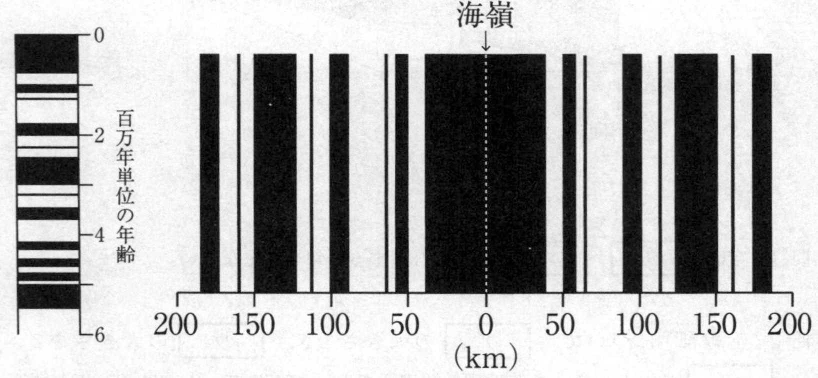

図 4

(2) 図 4 から海洋底が拡大した平均速度(cm/年)を求めなさい。

問 5　下線部③について，地磁気をつくる考え方はダイナモ理論とよばれるが，この理論を 100 字以内で説明しなさい。

地学　問題Ⅲ

以下の文章を読み，問 1 ～問 5 に答えなさい。

地球の大気は，高度に対する気温の変化をもとに，①対流圏，成層圏，中間圏，熱圏に区分されている。対流圏と中間圏では，気温は高度とともに低下するのに対し，成層圏と熱圏では，気温は高度とともに上昇する。海洋においても，水深に対する水温の変化をもとに，いくつかの層に区分される。海面付近では，②水温が深さによらずほぼ一様となる層ができ，季節や緯度によって水温や塩分が大きく変動する。熱帯や中緯度では，この層の下に，低温な深層に向かって③水温が急激に低下する層が存在する。

地球は太陽からの放射エネルギーを吸収することによって暖められ，その吸収量と等しい量のエネルギーを地球放射によって宇宙空間に放出することで，一定の温度を保っている。④このようなエネルギーの収支は，地球全体でみるとつりあっているが，緯度別にみるとつりあっていない。これは，高温の低緯度域から低温の高緯度域へと向かう熱の流れが存在するためである。⑤大気や海洋の循環は，このような低緯度域から高緯度域への熱輸送において重要な役割を果たしている。

問 1　下線部①について，以下の(1)，(2)に答えなさい。

(1) 対流圏界面，成層圏界面，中間圏界面のおおよその高度として最も適したものを，以下のカッコ内から選び，それぞれについて答えなさい。
(5 km，10 km，30 km，40 km，50 km，70 km，90 km，120 km)

(2) 大気の特徴を表す以下の(ア)～(カ)の用語について，(a) 対流圏，(b) 成層圏，(c) 中間圏，(d) 熱圏のどれと最も関連するか，a から d の記号で答えなさい。

ア：オゾン層，イ：オーロラ，ウ：積乱雲，エ：夜光雲，オ：準二年振動，カ：台風

問 2　下線部②について，以下の(1)，(2)に答えなさい。

(1)　このような海面付近の層を何と呼ぶか答えなさい。

(2)　海面付近の海水の塩分濃度はどのような場合に上昇するか，50 字以内で説明しなさい。

問 3　下線部③について，このような層を何と呼ぶか答えなさい。

問 4　下線部④について，図 5 は地球のエネルギー収支を模式的に示したものである。図中の数値は，大気の上端での太陽放射エネルギーを地球全体で平均した量を 100 とした相対値を示す。大気上端，大気圏，地表のそれぞれにおいてエネルギーの収支がつりあっていることを，これらの数値を用いて示しなさい。

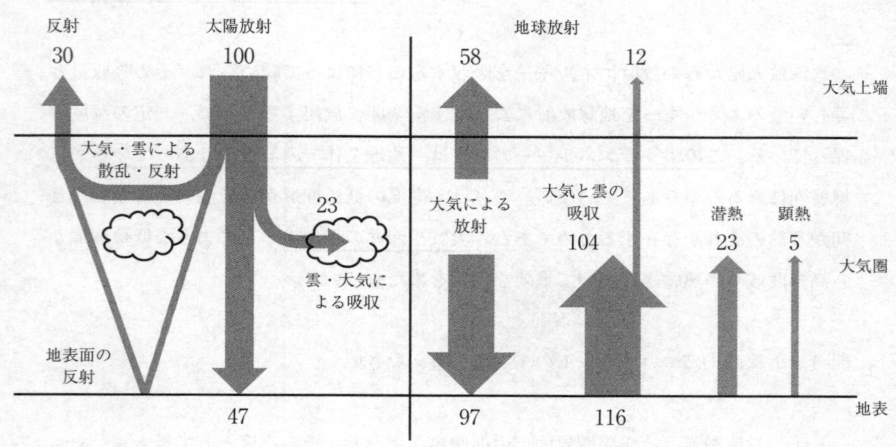

図 5

問 5　下線部⑤について，以下の(1)，(2)に答えなさい。

(1)　低緯度域には，ハドレー循環と呼ばれる大気の大循環が存在する。この循環はどのようなものか，以下のカッコ内の語句を用いて，70 字以内で説明しなさい。

(熱帯収束帯，亜熱帯高圧帯，貿易風)

(2)　海洋の鉛直方向の流れは，水温や塩分の違いによって海水の密度差が生じることによって起こる。このような流れのことを何と呼ぶか答えなさい。

〔解答欄〕 問 4　ヨコ 15 cm× タテ 6 cm

地学　問題Ⅳ

次の文章を読み，以下の問 1 から問 6 に答えなさい。なお，計算問題については，解答欄に計算過程も記しなさい。

宇宙は高温高密度の状態から始まり，急速に膨張しつつ温度が低下して現在の姿になったというビッグバン宇宙論(ビッグバンモデル)が広く認められている。その証拠の一つが銀河のスペクトルの赤方偏移を観測して見いだされたハッブルの法則①である。最近の観測的研究によれば，ハッブル定数の値は，約 69 km/s/メガパーセク(21 km/s/100 万光年)とされている(ただし 1 メガパーセクとは 100 万パーセクのことである)②。この値から宇宙年齢を概算することができる③。ハッブルの法則以外にもビッグバン宇宙論を支持する天文観測結果④がいくつかある。

太陽とそのまわりを公転する惑星が形成されたのは宇宙年齢の 3 分の 2 が経過した時点と考えられている。太陽は主系列星⑤としての寿命が 100 億年ほどあり，太陽系の惑星に対する安定したエネルギー源となった。太陽系の惑星は，他の惑星からの影響が小さいため，ひとつの平面内を，太陽を焦点とする楕円に沿って運動するとみなせる。惑星の軌道面は互いに近いため，天球上での惑星接近が起こることがある。例えば，⑥2020 年 12 月に木星と土星は日没後の空に非常に接近して見えた。

問 1　下線部①に関して，「ハッブル定数」の用語を使って 60 字以内で説明しなさい。

問 2　下線部②に関して，「パーセク」という単位の定義を「年周視差」の用語を使って述べなさい。

問 3　下線部③に関して，ハッブルの法則が過去の宇宙においても常に成り立っていており，ハッブル定数も不変だったと仮定して，宇宙の年齢を有効数字 2 桁で算出しなさい。ただし，光速度を 3.0×10^5 km/s とする。

問 4　下線部④に関して，ハッブルの法則以外にビッグバン宇宙論を支持する天文観測結果を 2 つ挙げなさい。

問 5　下線部⑤に関して，主系列星の主要なエネルギー源となる反応を答えなさい。

問 6　下線部⑥に関連して，木星と土星は近接した軌道面内を円運動すると近似し，それらを太陽から観測する場合を考察する。このとき，太陽から見て木星と土星が最接近してから，次に最接近するまでの期間を有効数字 2 桁で計算しなさい。ただし，土星の軌道半径は木星の軌道半径の 1.84 倍，木星の公転周期は 12 年とする。計算に必要であれば，$\sqrt{1.84} = 1.36$，$\sqrt[3]{1.84} = 1.23$ を使用しなさい。

(2)「こんな風景」と「遊び」は、どのようにつながっていると考えられるか。本文に即して、一〇〇字以内で説明せよ（句読点・かっこ類も字数に含める）。

問五　傍線部③「居場所の時間もこの二つの側面から考えることができる」とあるが、「居場所の時間」にはどのような特徴があると考えられるか、本文に即して、一〇〇字以内でまとめよ（句読点・かっこ類も字数に含める）。

問六　「居場所」について説明された内容として、最も適当なものを、次のア～エの中から一つ選べ。

ア　「居場所」とは、人が自由に出入りでき、目的を持たずに存在することができる場所なので、何もしないことも何かをすることも、どちらも可能である。

イ　「何もしない」ということは、誰にとっても大切なことであり、日常の中にあるその時間を見出していくことが「居場所」の心地よさをつくり創造性を育むことになる。

ウ　筆者はかつて精神科デイケアで調査を行った経験があるが、「居場所」にいる人々が「何もしない」状況を分析する方法がないので、調査を中止した。

エ　「居場所」におけるごっこ遊びは、社会状況を模倣するものなので、社会を変化させるのではなく、社会状況をそのままに再現し再生産することになる。

○ウィニコット(Donald Woods Winnicott, 1896-1971)——イギリスの精神科医、精神分析家。
○エリアーデ(Mircea Eliade, 1907-1986)——ルーマニアの宗教学者。
○ギュスターヴ・ギヨーム(Gustave Guillaume, 1883-1960)——フランスの言語学者。

問一　傍線部a～jのカタカナは漢字に、漢字は読みをカタカナに、それぞれ改めよ。

問二　空欄A～Dに入れるのに最適な語を、次のア～オから選び、記号で答えよ。ただし、それぞれの記号は一度のみ用いることができる。

ア　まさに　　イ　とりわけ　　ウ　かりに　　エ　あくまで　　オ　むしろ

問三　傍線部①について、「背景」となる「二つの文脈」とはどのようなものか。本文に即して、それぞれ五〇字以内でまとめよ(句読点・かっこ類も字数に含める)。

問四　傍線部②「こんな風景」について、次の問に答えよ。

(1)「こんな風景」の特徴を、筆者が最も端的に示した二字の語を、本文から抜き出し、答えよ。

さまざまな活動に忙殺(h)される日常生活のなかで、居場所は喧騒(i)から逃れる特異点となる。あわただしい毎日を送っている人にとっては、緊張感から解放される場所である。あるいは学校や家でいじめや不和によって居心地が悪く、「居場所がない」と感じられている人にとっても、緊張感から解放される場所である。つまり多くの場合、緊張に対する弛緩(j)が居場所の特徴となる。日常の生活がもつリズムが解除されてゆるむのが居場所である。今現在においてあわただしいのかゆるんでいるのか、というリズム＝強度の違いである。このゆるみは、居続けて良いし何もしなくて良いことと並んで居場所の大きな特徴となる。社会生活という動的でありかつ緊張感のある経験は、静的でゆるんだ時間を必要とする。円環的時間とは、現在が次の現在へと展開していかないということだ。現在＝現前しか存在しない時間であるといっても良い。外に繰り広げられる時間という視点から見ると居場所の時間は円環的であり、内に折り込まれる時間という視点から見た時間は〈リズムのゆるみ〉である。　D

（村上靖彦『交わらないリズム』による）

【注】○浦河べてるの家――北海道浦河町にある、精神障害等をかかえた当事者の地域活動を支える社会福祉法人。
○こどもの里――大阪市西成区にある、子どもや保護者の支援を行っているＮＰＯ法人。
○当事者研究――当事者が主体となって、自分自身で自分を理解するための研究を行い、またその研究を発表すること。
○オープンダイアローグ――患者と医療者、家族などの関係者で対話を行うという精神疾患の治療法。
○東畑開人（とうはた　かいと、1983-）――日本の臨床心理学者。
○西川正（にしかわ　ただし、1967-）――日本のコミュニティワーカー。

を打ち立てるわけではない。

居場所での遊びは創造的な自発性に恵まれるが、それ自体は社会情勢を変化させることも家族関係を変化させることもない（そして自発性が重要であるがゆえに、西川正が示したとおり制度化されたｆトタンにｇケイガイ化する）。べてるの家の当事者研究は遊びのバリエーションの一つであるとも言えるが（ウィニコット的には学問も含めて創造的な文化的営みはすべて遊びの派生形である）、社会で役立つアイディアは手に入るかもしれないが、当事者研究そのものが生活の変化であるわけではない。当事者研究で得られる生活上のアイディア・手がかりは、［ C ］当事者研究という、生活の場からは切り離された中間領域でメンバーと共同で創造性が発揮された結果生まれるものだ。社会へと介入する行為とは別の活動である遊びは、居場所という、社会からの退却を前提とする。

無為と遊びという特徴を挙げたうえで、話題にしたいのはこの居場所がもつリズムについてである。居場所は独特の時間と空間をもっている。東畑は状況が変化しない居場所の時間を「円環的な時間」と呼んだ。そして円環的であるということは居場所の無為が〈永遠の現在〉であるということだ（エリアーデが描いたアボリジニの夢の時間のような神話の時間につながる）。

また、言語学者ギュスターヴ・ギヨームは動詞を論じながら二つの時間を区別した。ひとつは「内に折り込まれる時間」だ。「食べる」と「食べ切る」のニュアンスの違いのような、進行形や完了形といった質の違い、リズムの違いであり、現在＝現前のなかでの時間の緊張にかかわる。もうひとつは「外に繰り広げられる時間」であり、こちらは過去、現在、未来で分節されて現実の世界のなかで年表やスケジュールとして繰り広げられる。③居場所の時間もこの二つの側面から考えることができる。つまり居場所でそのつど内包的に経験される無為のリズムの意味と、居場所が繰り広げる連続性の意味だ。

まず前者の「現在＝現前の内に折り込まれる時間」から考えてみると居場所がもつ円環的な時間のもつ固有のリズムが見えてくる。

ア室でただ座っているだけなのだ。話をするでもなく、何かを読むでもない。ときどきお茶を口に含むことはあったけど、基本彼らは何もせずにただただ座っていた。②こんな風景見たことない。僕はそれまで、誰も彼もがセカセカと何かをしている世界にいたからだ。（東畑『居るのはつらいよ』）

実は私自身も数年前に精神科デイケアでのフィールドワークを試みかけたことがあったのだが、今思うとこの「何もしない」ことに耐えられなくて調査を断念した。居場所では行為が必要とされない。あるいは［B］状況を変化させようとする行為は禁じられているのだ。以下では、来ても来なくてもよく、何もしなくてもよいというあいまいさの持つ意味について考えていく。

無為に加えて居場所にはもう一つの特徴がある。それは自由な遊びが生み出される場所であるということだ。たとえば居場所型デイケアのプログラムも目的を持たない遊びとも言える。そしてこどもの里のような子どもの居場所では、文字通り子どもは自由に遊ぶ。私は子どもの居場所を調査しているので、思い思いに自由に遊ぶ場所としての居場所の意味を強く感じている。精神科デイケアの場合は、自由に遊ぶことが難しい人たちのためにプログラムをあえて作って遊びを生み出そうとしていると感じるが、もともとの居場所がもつ無為は、自由で即興的な遊びにつながっているだろう。

遊びは、他に目的を持たない行為だ。「〇〇のため」ではなく、ただそのことが面白い、ということである。そして、それが面白いかどうかは、その子にしか決められない。決めるというより、感じるしかない。

目的を持たないゆえに、居場所は^{e}戯れの場・遊びの場となる。遊びは社会のなかに目的を持たない。遊び自体が遊びの目的だ。居場所が遊びの場になるのは、居場所の本質に無為があり、無為が無目的の遊びを可能にするゆえだろう。遊びは、社会状況へと介入する行為・実践と対立する。遊びはあくまで遊びの瞬間のなかでの動きであり、遊びの空間の外にある生活や社会の状況を変化させるわけではない。ごっこ遊びがその典型であろう。仮面ライダーごっこは現実世界の悪を倒して世界平和ビスといったさまざまな形の居場所事業が制度化されていった。

もう一つの文脈は自発的なものである。浦河べてるの家や、私が関わっている大阪市西成区のこどもの里は、一九七〇年代後半に精神障害者や子どものニーズに応える形で自然発生的に生まれた居場所である。カソ地域の精神障害者が集う場所や、大都市の貧困地区で子どもたちが集う場所が、この時期に自然と生まれたのだった（さらにそのセンクシャとして一九六〇年代後半からの脳性まひ当事者による自立生活運動がある）。高度経済成長期には、身体障害者・精神障害者・虐待から保護された子どもが大規模施設に収容された（当時はそれが「福祉」と考えられていた）。障害を持つ人が再び地域で暮らすための脱施設化の運動と、地域での居場所の創設とは連動している。

二〇〇〇年代に当事者研究やオープンダイアローグといった仕方で具体化していった対話の文化もまた、困難を抱えた人たちが（施設を出て）地域で暮らしていく動きのなかで生まれたものだといってもいいだろう。つまり新自由主義の進行に対するカウンタームーブメントとして居場所と対話の文化が密かにかつ自発的な仕方で日本そして世界の各地に拡がっていったのだ。

居場所とは人が自由に「来る」ことができ、「居る」ことができ、「去る」こともできる場所である。

さらに言うと、「何もせずに」居ることができる場所であり、一人で過ごしていたとしても孤独ではない場所である。なぜ一人で居ても孤独ではないかというと、誰かがそこでその人を気にかけ見守り、放っておいてくれるという感覚があるからである。逆説的だが、居場所とは人と出会える場所であり、かつ一人にもなれる場所のことだ。

居場所がもつこのとらえにくいが大事な機能については東畑開人が鮮やかに描き出した。東畑はとりわけ居場所型デイケアがもつ「何もしない」という特徴の意味を考察した。

だけど本当にふしぎなのは、何かふしぎなことをしている人ではなく、何もしていない人たちだ。多くの人が、デイケ

国語

（四五分）

一

次の文章を読んで、後の問に答えよ。

「居場所」はおそらく二〇〇〇年頃から頻繁に耳にするようになった言葉だろう。精神科医療のなかでも居場所型デイケアのように居場所的機能を持つ場が作られてきた。もちろん居場所そのものはおそらく人類の誕生以来ありつづけたものであろうが（言い換えると人間にとって必要欠くべからざる環境なのだろうが）、二一世紀になって居場所がクローズアップされるようになった背景には、二つの文脈がある。[①]

一つは困難の文脈だ。高度経済成長から新自由主義の進展にともなって地域の共同体が壊れていき、競争社会が浸透してさまざまな排除が正当化されたため、［A］弱い立場に置かれた人の「場」が失われ、「居場所」をあえて人工的に作り出す必要が生じたのだろう。伝統的な居場所がいつの間にか失われていたということが（バブルの崩壊と一九九八年の通貨危機以降の経済の破綻にともない）ロテイ[a]した。社会全体がゆとりを失い、ゆとりを確保するための居場所を新たに作る必要が生じている。その後に続いたインターネットとSNSの普及はとくに若者にとってリアルな場所の不在を際立たせることになった（居場所という言葉が流行している原因を学生に問うと、SNSの普及への対抗運動だとする回答が多くある）。（経済的な文脈と、医療と福祉の地域化・脱施設化の流れのなかで）二〇〇〇年代初頭に、日本の福祉制度は介護保険の制定や児童福祉法

//////////////////// · memo · ////////////////////

2021年度

問題編

■前期日程

問題編

▶試験科目・配点

学部・学科		教　科	科　　目	配　点
情報	自然情報	外国語	コミュニケーション英語Ⅰ・Ⅱ・Ⅲ，英語表現Ⅰ・Ⅱ	400 点
		数　学	数学Ⅰ・Ⅱ・Ⅲ・A・B	400 点
		理　科	「物理基礎・物理」，「化学基礎・化学」，「生物基礎・生物」，「地学基礎・地学」から１科目選択。	300 点
	コンピュータ科	外国語	コミュニケーション英語Ⅰ・Ⅱ・Ⅲ，英語表現Ⅰ・Ⅱ	300 点
		数　学	数学Ⅰ・Ⅱ・Ⅲ・A・B	500 点
		理　科	「物理基礎・物理」，「化学基礎・化学」，「生物基礎・生物」，「地学基礎・地学」から２科目選択。ただし，「物理基礎・物理」を含むこと。	500 点
理		外国語	コミュニケーション英語Ⅰ・Ⅱ・Ⅲ，英語表現Ⅰ・Ⅱ	300 点
		数　学	数学Ⅰ・Ⅱ・Ⅲ・A・B	500 点
		理　科	「物理基礎・物理」，「化学基礎・化学」，「生物基礎・生物」，「地学基礎・地学」から２科目選択。ただし，「物理基礎・物理」，「化学基礎・化学」のいずれかを含むこと。	500 点
		国　語	国語総合・現代文B（古文・漢文を除く）	150 点
医	医	外国語	コミュニケーション英語Ⅰ・Ⅱ・Ⅲ，英語表現Ⅰ・Ⅱ	500 点
		数　学	数学Ⅰ・Ⅱ・Ⅲ・A・B	500 点
		理　科	「物理基礎・物理」，「化学基礎・化学」，「生物基礎・生物」から２科目選択。	500 点
		国　語	国語総合・現代文B（古文・漢文を除く）	150 点
		書類審査	医師あるいは医学研究者になるにふさわしい適性をみる。	—

学部	教科	科目	配点
保健	外国語	コミュニケーション英語Ⅰ・Ⅱ・Ⅲ，英語表現Ⅰ・Ⅱ	500 点
	数　学	数学Ⅰ・Ⅱ・Ⅲ・A・B	500 点
	理　科	「物理基礎・物理」，「化学基礎・化学」，「生物基礎・生物」から２科目選択。	500 点
	国　語	国語総合・現代文B（古文・漢文を除く）	150 点
工	外国語	コミュニケーション英語Ⅰ・Ⅱ・Ⅲ，英語表現Ⅰ・Ⅱ	300 点
	数　学	数学Ⅰ・Ⅱ・Ⅲ・A・B	500 点
	理　科	「物理基礎・物理」，「化学基礎・化学」	500 点
農	外国語	コミュニケーション英語Ⅰ・Ⅱ・Ⅲ，英語表現Ⅰ・Ⅱ	400 点
	数　学	数学Ⅰ・Ⅱ・Ⅲ・A・B	400 点
	理　科	「物理基礎・物理」，「化学基礎・化学」，「生物基礎・生物」から２科目選択。	600 点

▶備　考

- 「数学B」は，「数列」，「ベクトル」から出題する。数学の試験については，試験室において公式集を配付する。また，直線定規・コンパスを使用できる。
- 2021 年度入試については，原則，教科書に記載されている発展的な内容からは出題しない。ただし，設問中に補足事項等を記載した上で，発展的な内容を出題することがある。
- 医学部医学科では，2021 年度入試に限り面接試験を実施せず，これに替え，志願理由書を中心とした書類審査を実施。

英語

（105 分）

I　次の英文を読み，下記の設問に答えなさい。
（＊の付いた語は注を参照すること）

The Royal Society, the United Kingdom's academy of sciences, was founded in 1660. At its earliest meetings, scientists shared travellers' tales, peered through newly invented microscopes, and experimented with airpumps, explosions and poisons. Its earliest fellows included the polymaths Christopher Wren and Robert Hooke, [ア] enthusiastic amateurs such as the prolific diarist Samuel Pepys. Sometimes gatherings turned gruesome: Pepys recorded the event of a blood transfusion from a sheep to a man — who, amazingly, survived. Health and safety rules render Royal Society meetings somewhat duller these days, but (1)<u>the guiding spirit</u> remains. Right from the start, the Society recognised that science was international and multidisciplinary.

Science and technology, of course, hugely expanded over the following centuries. [お], the Royal Society's present-day fellows are specialised professionals. This fact aggravates the barrier between science and the public, as well as between different specialisms. (2)<u>As a physical scientist, most of my own all-too-limited knowledge of modern biology comes from 'popular' books on the subject.</u>

The sharp demarcation between scientists and humanities scholars would have perplexed intellectuals [イ] Wren, Hooke and Pepys. In 1959 the novelist, critic and chemist C. P. Snow bemoaned this divide in his iconic lecture on the 'Two Cultures', presented at the University of Cambridge. There was (and still is) much truth in his analysis; we are all too narrow in our cultural reach. However, Snow presented the dichotomy too starkly — a consequence, perhaps, of the social milieu in which he moved. He felt an affinity with scientists and engineers who had been part of the war effort in the Second World War, and retained a robust sense of optimism about the role of science in human betterment. That generation had 'the future in their bones', he said, and roamed what he elsewhere called the 'corridors of power'. They influenced, among others, the UK's prime minister Harold Wilson, who extolled 'the white heat of this technological revolution' in a celebrated speech at the 1963 Labour Party conference. [　か　], the humanities scholars whom Snow knew best — and who typified, for him, the literary culture of the 1950s — had been intellectually straitjacketed by schooling with a strong focus on Classical languages, often followed by three years in the narrow social world of Oxford or Cambridge.

The issues that concerned Snow loom only larger today. Societies are increasingly dependent on advanced technology; science pervades our lives more than ever. But the glad optimism about science has faded. In many quarters, observers view the impact of new breakthroughs with more ambivalence [　ウ　] excitement. Since Snow's time, our 'marvellous' new technologies have created fresh hazards and raised new ethical quandaries. Many commentators are anxious that science is getting out of hand, such that neither politicians nor the public can assimilate or cope with it. The stakes are higher now too: science offers huge opportunities, but future generations will be vulnerable [　エ　] risks — nuclear, genetic, algorithmic — powerful enough to jeopardise the very survival of our civilisation.

In a later publication based on his original lecture, Snow suggested that there was a 'third culture', one embracing the social sciences. Today it might be truer to say that the very idea of 'culture' has many interweaving strands. Nonetheless, intellectual narrowness and ignorance remain endemic, and science is a closed book to a worrying number of people in politics and the media. But just as many people are ignorant of the history and literature of their own nation. Scientists don't have a special reason to moan; in fact, (3) it's really quite remarkable how many people are interested in subjects as blazingly irrelevant to practical life as dinosaurs, the Higgs boson* and cosmology. There is a surprising and gratifying interest in fundamental big questions — such as the origins of consciousness, of life, and of the cosmos itself.

Charles Darwin's ideas, [　き　], have been culturally and philosophically resonant ever since they were first unveiled in 1859. Indeed, they've never provoked more vibrant debates than they do today. Darwin was perhaps the last scientist who could present his research in a way accessible to general readers; (4) today, it's hard to present original findings without a forbidding array of equations, or a specialised vocabulary. 'On the Origin of Species', which he described as 'one long argument' underpinning his theory, ranks highly as a work of literature. (5) It changed our perception of human beings by revealing that we were an outcome of a grand evolutionary process that can be traced back to the beginning of life on Earth.

【出典：Rees, M. (2020, May). "The Good Scientist," *Aeon*. 出題の都合上，原文の一部に変更を加えている。】

注

the Higgs boson　ヒッグズ粒子

設　問

1. ［ア］～［エ］に入るもっとも適切な表現を選び，記号で答えなさい。各記号は1回のみ使用できるものとする。

(A) along with　(B) between　(C) either　(D) from

(E) such as　(F) than　(G) to　(H) within

2．［　お　］～［　き　］に入るもっとも適切な表現を選び，記号で答えなさい。各記号は1回のみ使用できるものとする。文頭に入る場合も小文字で表記してある。

(A) as a result　(B) for example　(C) in addition　(D) in conclusion

(E) in contrast　(F) secondly　(G) to my surprise

3．下線部(1)の "the guiding spirit" の内容を表すもっとも適切な文を以下から1つ選び，記号で答えなさい。

(A) The Royal Society accepts scientists, but not humanities scholars.

(B) The Royal Society conducts even gruesome experiments by obeying health and safety rules.

(C) The Royal Society gathers information from around the world and covers a variety of disciplines.

(D) The Royal Society sends its fellows to various parts of the world to make a world map.

4．下線部(2)はどういった状況の例として述べたものか。60字以内の日本語で説明しなさい。

5．下線部(3)を日本語に訳しなさい。

6．下線部(4)の内容を，チャールズ・ダーウィンの時代と対比して，70字以内の日本語で説明しなさい。

7．下線部(5)を日本語に訳しなさい。

Ⅱ 次の英文を読み，下記の設問に答えなさい。
（＊の付いた語は注を参照すること）

以下はスキューバダイビングがアメリカの退役軍人の心理的幸福度に与える影響に関する学術論文の一部である。

[ア]. As with many adventure activities, scuba can be perceived as dangerous by those unfamiliar with the activity. The elements which create perceived danger include pressure, breathing conditions, visibility under water, and participant orientation under water. Having noted these risk factors, it is not necessarily the perceived risks or excitement that drive most scuba divers to continue their participation in this activity. Scuba diving also has various inherently therapeutic benefits. The purpose of this study is to examine the effects of adaptive scuba diving on psychological well-being outcomes among U.S. veterans, as the activity offers psychological benefits, physical benefits, and <u>social benefits</u>.(1)

Firstly, [イ]. Divers must breathe with a steady, slow, and deep breathing technique. This type of breathing is associated with increased heart rate variability and lower levels of stress. Once divers control their breathing and maintain a calm state, they are able to remain underwater for longer periods of time. When underwater, divers will be in an environment that is silent, except for the sound of their own breathing. If divers are breathing with slow and steady breaths, they will produce a rhythmic background noise. This steady sound, absent of other sounds, provides a focus point for (2)<u>a meditative experience</u>. Divers often report that the comfort they experience in the water provides distance from their daily stressors. This cognitive distance also allows divers to be fully present during their diving activities.

Secondly, [ウ]. Divers are touched by the pressure of the water on every inch of their body. (3)<u>This pressure provides a sense of</u>

weightlessness or freedom for individuals who may not have much bodily freedom in their daily lives. This immersive experience alters divers' perceptions. They have the freedom to change their body's axis in a variety of ways. One way is to move their body onto a horizontal plane, emulating the feeling of flight. Although unpublished, a pilot study of scuba diving's effects on veterans with spinal cord* injuries reported that veteran divers felt ten-percent improvement in sensing light touch, and their muscle spasticity* decreased by 15%.

Lastly, scuba diving provides other opportunities not found in traditional meditation or mindfulness activities. It has a unique set of required equipment (e.g., a diving suit, goggles) that serves as a group identifier. For an individual with a disability, this new label of being a scuba diver can be just as freeing as the act of diving itself. Divers become part of a dive community. Social comfort gained from diving is expressed strongest in the relationship between dive buddies. Dive buddies look after each other, and ensure mutual safety when diving. This promotes group responsibility that may not be possible outside of the dive experience.

[エ]. Although learning of diving-related foundational knowledge remains the same, technical training is adjusted depending on individual needs. For example, someone with paraplegia* would be accompanied by a scuba buddy and might use webbed gloves to efficiently propel and balance the body only with upper limbs. If individuals [お] limited fine motor control in their hands, they would [か] an adaptive version of hand signals to communicate with others under water. For divers with posttraumatic stress disorder, diving instructors [き] them of potential reminders of their traumatic experiences (e.g., mechanical sounds of a boat, darkness of water) before going on a diving trip. Divers who take medications for their mental conditions receive individualized lists of potential issues (e.g., antidepressants may cause drowsiness and worsen decompression sickness). Instructors and buddies should closely [く] divers with mental health issues for potential episodes under water and [　け　] immediate exit plans.

Previous literature suggests that scuba diving may be a recreation activity that has a broad range of therapeutic outcomes. However, to the best of our knowledge, almost no study has examined the therapeutic effects of adaptive scuba diving on veterans' mental health. The current study was aimed at filling (4)this gap in the literature. The purpose was to examine the effects of adaptive scuba diving on mindfulness and contentment among U.S. veterans.

【出典：Blumhorst, E., Kono, S., & Cave, J. (2020). An exploratory study of adaptive scuba diving's effects on psychological well-being among military veterans. *Therapeutic Recreation Journal, 54* (2). 173-188. 出題の都合上，原文の一部に変更を加えている。】

注

spinal cord　脊髄

spasticity　痙攣

paraplegia　対麻痺

設　問

1. [　ア　] ～ [　エ　] に入るもっとも適切なものを選び，記号で答えなさい。各記号は1回のみ使用できるものとする。選択肢の先頭の語はすべて小文字で表記してある。

(A) adaptive scuba diving allows individuals with disabilities, such as spinal cord injuries, to dive as independently and safely as possible

(B) many scuba divers participate to find a sense of peace, tranquility, and calm

(C) scuba diving is a recreational activity that is associated with adventure tourism

(D) the water offers opportunities that are not found anywhere else

2．[　お　]～[　け　]に入るもっとも適切な単語を選び，記号で答えなさい。各記号は1回のみ使用できるものとする。

(A) damage (B) have (C) inform (D) learn (E) monitor (F) prepare

3．下線部(1) "social benefits" について説明した以下の文の空所に本文に即して7語以内の適切な英語を補いなさい。

By becoming a diver, an individual becomes ______________ .
This brings a sense of belongingness.

4．次の(A)～(D)のうち下線部(2) "a meditative experience" に役立つ要因として最も適切なものを本文に即して1つ選び，記号で答えなさい。

(A) Divers are surprised by a rhythmic background noise.

(B) Divers' bodies become paralyzed.

(C) Divers cannot hear anything, including their own breathing sound, in a silent underwater environment.

(D) Divers use their breathing sound as a point to be focused on.

5．下線部(3)を，"This pressure" が具体的に何を指すのかがわかるようにして，日本語に訳しなさい。

6．下線部(4) "this gap" の具体的内容を本文に即して日本語で説明しなさい。

〔解答欄〕 6. 14.5 cm × 3 行

III At the cinema, Michael is talking with his friend Louise. They are waiting in line to buy their tickets. Read the text and answer the questions.

Michael: So what is this film we are going to see?

Louise: It's called *La Strada Polverosa*, which means 'The Dusty Road' in English.

Michael: Wait, this movie isn't in English?

Louise: No, it's an Italian film.

Michael: You mean I'm going to have to read subtitles?

Louise: Yes. Do you mind?

Michael: Well, I prefer to see films in English. It makes it [ア] for me to follow and understand. Plus, I like being able to focus on the visuals. If I'm having to read subtitles it means I'm not able to watch the film.

Louise: Well, this film doesn't have that much dialogue, so you should be fine. It's very famous. It was [イ] in 1967 by the filmmaker Lorenzo Bianchi.

Michael: Wait, this is an old movie? Is it even in colour?

Louise: No, it's in black and white. Is that a problem?

Michael: It's not a problem, but I prefer to see recent films. I love big, expensive action movies with state-of-the-art special effects and big explosions.

Louise: Well, we could see another movie if you like, but we would have to go somewhere else. They only show arthouse films at this cinema.

Michael: What's an arthouse film?

Louise: An arthouse film is an artistic or experimental film, as opposed to a film that is simply entertaining.

Michael: So expensive action movies with big explosions aren't arthouse movies?

Louise: No. Definitely not.

Michael: That sounds a bit elitist.

Louise: Perhaps. I don't just watch arthouse movies, though. Sometimes I enjoy watching action movies or romantic comedies. I think it's important to see a wide range of different films. It's good to [か].

Michael: Why are you so keen on seeing this particular old movie?

Louise: It's enormously influential. Many contemporary artists credit it as a source of inspiration. Not only filmmakers, but also artists, fashion designers, and architects all regard it as an important cultural landmark.

Michael: Have you seen it before?

Louise: Yes, but only on television. It's one of my favourite movies. Now I finally have the chance to see it on the big screen.

Michael: Do you think seeing a movie at the cinema is very different from seeing it on TV?

Louise: Absolutely. Whether you're seeing an arthouse movie or an action movie with lots of explosions, it's much more thrilling to see it on the big screen. I'd watch all movies at the cinema if I could.

Michael: You're really passionate about movies.

Louise: It's almost an obsession.

Michael: How long is this movie we're going to see?

Louise: Three hours and forty-five minutes.

Michael: Wow, that's [ウ] four hours! I could see several other movies in the same time.

Louise: Right, so you'll be getting [エ] for money with this film.

Michael: That's an interesting way of looking at it.

Louise: I've heard of a Hungarian film that was released in 1993 that runs for over seven hours.

Michael: Seven hours? I don't think I could sit [オ] for that long.

Louise: I think you would need to take some food with you. As well as something to drink.

Michael: And you'd need at least one bathroom break.

Louise: I think I'd rather see a crass action movie than a seven-hour arthouse film.

Michael: Maybe we could find an arthouse movie with a bit of action next time. Something in between that satisfies both our tastes.

Louise: An arthouse action movie? I've never heard of such a thing, but I'm sure it's possible.

Michael: Maybe we'll see one in the trailers before the movie.

Louise: That's a good idea. Let's go get our seats so we're ready before the film starts.

QUESTIONS

1. Select the most appropriate words from the list below to fill in the blanks [ア] to [オ]. Answer using the letters (A) to (J). Do not use any letter more than ONCE.

(A) asleep　(B) easier　(C) film　(D) longer　(E) made
(F) nearly　(G) precisely　(H) still　(I) thought　(J) value

2. Select the most appropriate expression to fill in the blank [か].

(A) appreciate what you have
(B) broaden your horizons
(C) look before you leap
(D) make a long story short
(E) take a rain check

3. Based on the conversation, which one of the following is NOT true?

(A) Louise is seeing *La Strada Polverosa* for the first time.

(B) Louise occasionally enjoys romantic comedies.

(C) Michael likes films with explosions.

(D) Some fashion designers have been influenced by *La Strada Polverosa*.

(E) The film Louise and Michael are about to watch is Italian.

4. Based on the conversation, which TWO of the following are true?

(A) Louise does not watch action movies.

(B) Louise thinks watching films on television is better than going to the cinema.

(C) Michael questions the concept of arthouse films.

(D) Michael watches a lot of arthouse movies.

(E) Michael would prefer not to have to read subtitles.

5. Do you think cinemas will exist in the future? Explain your answer in around 30－40 words. (Indicate the number of words you have written at the end of the composition.)

IV Read the following instructions carefully and write a paragraph in English.

The figure below displays data from a study of bicycle use and safety in various countries. Describe the data in the line and bar graphs and what they reveal together. Then explain one or more possible reasons for what you observe. Write approximately 80 − 100 words.
(Indicate the number of words you have written at the end of the composition.)

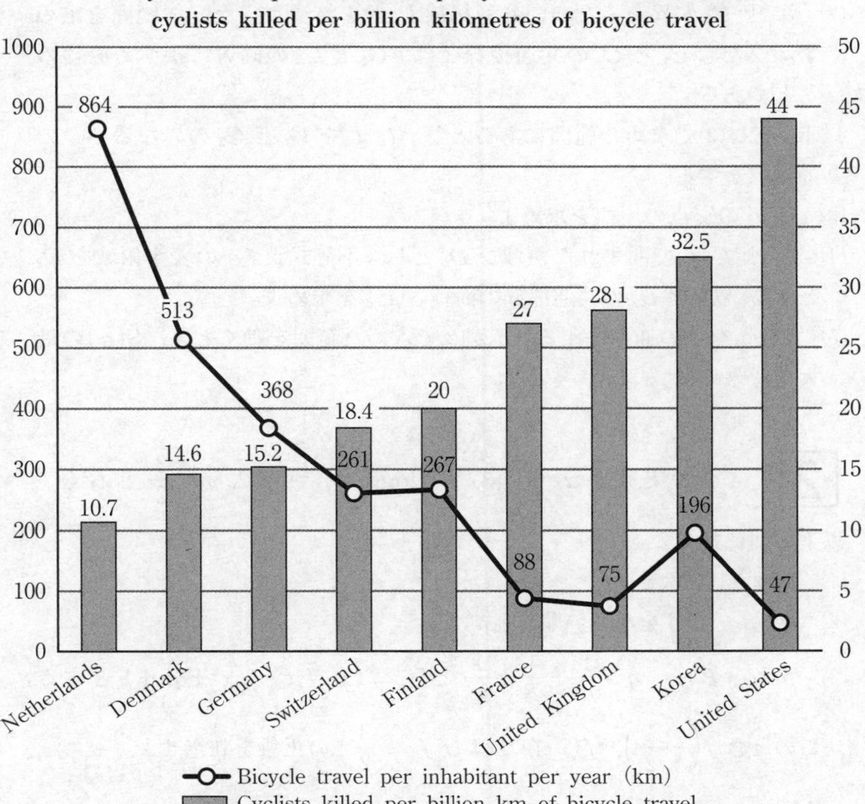

(Adapted from the following source: Cycling Health and Safety, OECD 2013)

数学

（150 分）

1　a を正の実数とする。放物線 $y=x^2$ を C_1，
放物線 $y=-x^2+4ax-4a^2+4a^4$ を C_2 とする。以下の問に答えよ。

(1)　点 $(t,\ t^2)$ における C_1 の接線の方程式を求めよ。

(2)　C_1 と C_2 が異なる 2 つの共通接線 $l,\ l'$ を持つような a の範囲を求めよ。ただし C_1 と C_2 の共通接線とは，C_1 と C_2 の両方に接する直線のことである。

以下，a は(2)で求めた範囲にあるとし，$l,\ l'$ を C_1 と C_2 の異なる 2 つの共通接線とする。

(3)　$l,\ l'$ の交点の座標を求めよ。

(4)　C_1 と $l,\ l'$ で囲まれた領域を D_1 とし，不等式 $x \leqq a$ の表す領域を D_2 とする。D_1 と D_2 の共通部分の面積 $S(a)$ を求めよ。

(5)　$S(a)$ を(4)の通りとする。a が(2)で求めた範囲を動くとき，$S(a)$ の最大値を求めよ。

2　4 つの実数を $\alpha=\log_2 3,\ \beta=\log_3 5,\ \gamma=\log_5 2,\ \delta=\dfrac{3}{2}$ とおく。以下の問に答えよ。

(1)　$\alpha\beta\gamma=1$ を示せ。

(2)　$\alpha,\ \beta,\ \gamma,\ \delta$ を小さい順に並べよ。

(3)　$p=\alpha+\beta+\gamma,\ q=\dfrac{1}{\alpha}+\dfrac{1}{\beta}+\dfrac{1}{\gamma}$ とし，$f(x)=x^3+px^2+qx+1$ とする。このとき $f\left(-\dfrac{1}{2}\right)$，$f(-1)$ および $f\left(-\dfrac{3}{2}\right)$ の正負を判定せよ。

3　1 から 12 までの数字が下の図のように並べて書かれている。以下のルール(a)，(b)と（終了条件）を用いたゲームを行う。ゲーム

を開始すると最初に(a)を行い，（終了条件）が満たされたならゲームを終了する。そうでなければ（終了条件）が満たされるまで(b)の操作を繰り返す。ただし，(a)と(b)における数字を選ぶ操作はすべて独立な試行とする。

(a)　1 から 12 までの数字のどれか 1 つを等しい確率で選び，下の図において選んだ数字を丸で囲み，その上に石を置く。

(b)　石が置かれた位置の水平右側または垂直下側の位置にある数字のどれか 1 つを等しい確率で選び，その数字を丸で囲み，そこに石を移して置く。例えば，石が 6 の位置に置かれているときは，その水平右側または垂直下側の位置にある数字 7，8，9，10，12 のどれか 1 つの数字を等しい確率で選び，その数字を丸で囲み，そこに石を移して置く。

（終了条件）　5，9，11，12 の数字のどれか 1 つが丸で囲まれ石が置かれている。

ゲームの終了時に数字 j が丸で囲まれている確率を p_j とする。以下の問に答えよ。

1	2	3	4	5
6	7	8	9	
10	11			
12				

(1)　確率 p_2 を求めよ。

(2)　確率 p_5 と p_{11} を求めよ。

(3)　確率 p_5，p_9，p_{11}，p_{12} のうち最も大きいものの値を求めよ。

4　$0 \leqq a < 1$ を満たす実数 a に対し，数列 $\{a_n\}$ を

$$a_1 = a,\ \ a_{n+1} = 3\left[a_n + \frac{1}{2}\right] - 2a_n \quad (n = 1,\ 2,\ 3,\ \cdots)$$

という漸化式で定める。ただし $[x]$ は x 以下の最大の整数を表す。以下の問に答えよ。

(1)　a が $0 \leqq a < 1$ の範囲を動くとき，点 $(x,\ y) = (a_1,\ a_2)$ の軌跡を xy 平面上に図示せよ。

(2)　$a_n - [a_n] \geqq \dfrac{1}{2}$ ならば，$a_n < a_{n+1}$ であることを示せ。

(3)　$a_n > a_{n+1}$ ならば，$a_{n+1} = 3[a_n] - 2a_n$ かつ $[a_{n+1}] = [a_n] - 1$ であることを示せ。

(4)　ある 2 以上の自然数 k に対して，$a_1 > a_2 > \cdots > a_k$ が成り立つとする。このとき a_k を a の式で表せ。

数学公式集

この公式集は問題と無関係に作成されたものであるが，答案作成にあたって利用してよい。この公式集は持ち帰ってよい。

（不　等　式）

1．$\dfrac{a+b}{2} \geqq \sqrt{ab}$，　$\dfrac{a+b+c}{3} \geqq \sqrt[3]{abc}$，　（$a$，$b$，$c$ は正または 0）

2．$(a^2+b^2+c^2)(x^2+y^2+z^2) \geqq (ax+by+cz)^2$

（三　角　形）

3．$\dfrac{a}{\sin A} = \dfrac{b}{\sin B} = \dfrac{c}{\sin C} = 2R$

4．$a^2 = b^2 + c^2 - 2bc\cos A$

5．$S = \dfrac{1}{2}bc\sin A = \sqrt{s(s-a)(s-b)(s-c)}$，　$\left(s = \dfrac{1}{2}(a+b+c)\right)$

（図 形 と 式）

6．数直線上の 2 点 x_1，x_2 を $m：n$ に内分する点，および外分する点：

$$\frac{mx_2+nx_1}{m+n},\quad \frac{mx_2-nx_1}{m-n}$$

7．点 $(x_1,\ y_1)$ と直線 $ax+by+c=0$ との距離，および点 $(x_1,\ y_1,\ z_1)$ と平面 $ax+by+cz+d=0$ との距離：

$$\frac{|ax_1+by_1+c|}{\sqrt{a^2+b^2}},\quad \frac{|ax_1+by_1+cz_1+d|}{\sqrt{a^2+b^2+c^2}}$$

8．だ円 $\dfrac{x^2}{a^2} + \dfrac{y^2}{b^2} = 1$ 上の点 $(x_1,\ y_1)$ における接線：$\dfrac{x_1x}{a^2} + \dfrac{y_1y}{b^2} = 1$

9．双曲線 $\dfrac{x^2}{a^2} - \dfrac{y^2}{b^2} = 1$ 上の点 $(x_1,\ y_1)$ における接線：$\dfrac{x_1x}{a^2} - \dfrac{y_1y}{b^2} = 1$

(ベクトル)

10.　2つのベクトルのなす角：$\cos\theta=\dfrac{\vec{a}\cdot\vec{b}}{|\vec{a}||\vec{b}|}$

(複　素　数)

11.　極形式表示：$z=r(\cos\theta+i\sin\theta)$,　$(r=|z|,\ \theta=\arg z)$

12.　$z_1=r_1(\cos\theta_1+i\sin\theta_1)$,　$z_2=r_2(\cos\theta_2+i\sin\theta_2)$ に対し，

$z_1z_2=r_1r_2\{\cos(\theta_1+\theta_2)+i\sin(\theta_1+\theta_2)\}$

13.　ド・モアブルの公式：$z=r(\cos\theta+i\sin\theta)$ に対し，

$z^n=r^n(\cos n\theta+i\sin n\theta)$

(解と係数の関係)

14.　$x^2+px+q=0$ の解が α，β のとき，

$\alpha+\beta=-p$,　$\alpha\beta=q$

15.　$x^3+px^2+qx+r=0$ の解が α，β，γ のとき，

$\alpha+\beta+\gamma=-p$,　$\alpha\beta+\beta\gamma+\gamma\alpha=q$,　$\alpha\beta\gamma=-r$

(対　　数)

16.　$\log_a M=\dfrac{\log_b M}{\log_b a}$

(三角関数)

17.　$\sin(\alpha+\beta)=\sin\alpha\cos\beta+\cos\alpha\sin\beta$

$\cos(\alpha+\beta)=\cos\alpha\cos\beta-\sin\alpha\sin\beta$

18.　$\tan(\alpha+\beta)=\dfrac{\tan\alpha+\tan\beta}{1-\tan\alpha\tan\beta}$

19.　$\cos2\alpha=1-2\sin^2\alpha=2\cos^2\alpha-1$

20.　$\sin\alpha\cos\beta=\dfrac{1}{2}\{\sin(\alpha+\beta)+\sin(\alpha-\beta)\}$

$\cos\alpha\sin\beta=\dfrac{1}{2}\{\sin(\alpha+\beta)-\sin(\alpha-\beta)\}$

$\cos\alpha\cos\beta=\dfrac{1}{2}\{\cos(\alpha+\beta)+\cos(\alpha-\beta)\}$

$\sin\alpha\sin\beta=-\dfrac{1}{2}\{\cos(\alpha+\beta)-\cos(\alpha-\beta)\}$

21.　$\sin A+\sin B=2\sin\dfrac{A+B}{2}\cos\dfrac{A-B}{2}$

$$\sin A-\sin B=2\cos\frac{A+B}{2}\sin\frac{A-B}{2}$$

$$\cos A+\cos B=2\cos\frac{A+B}{2}\cos\frac{A-B}{2}$$

$$\cos A-\cos B=-2\sin\frac{A+B}{2}\sin\frac{A-B}{2}$$

22. $a\sin\theta+b\cos\theta=\sqrt{a^2+b^2}\sin(\theta+\alpha)$,

$$\left(\sin\alpha=\frac{b}{\sqrt{a^2+b^2}},\ \cos\alpha=\frac{a}{\sqrt{a^2+b^2}}\right)$$

（数　　列）

23. 初項 a，公差 d，項数 n の等差数列の和：

$$S_n=\frac{1}{2}n(a+l)=\frac{1}{2}n\{2a+(n-1)d\},\quad (l=a+(n-1)d)$$

24. 初項 a，公比 r，項数 n の等比数列の和：

$$S_n=\frac{a(1-r^n)}{1-r},\quad (r\neq 1)$$

25. $1^2+2^2+3^2+\cdots+n^2=\frac{1}{6}n(n+1)(2n+1)$

$$1^3+2^3+3^3+\cdots+n^3=\left\{\frac{1}{2}n(n+1)\right\}^2$$

（極　　限）

26. $\lim_{n\to\infty}\left(1+\frac{1}{n}\right)^n=e=2.71828\cdots\cdots$

27. $\lim_{x\to 0}\frac{\sin x}{x}=1$

（微　積　分）

28. $\{f(g(x))\}'=f'(g(x))g'(x)$

29. $x=f(y)$ のとき $\frac{dy}{dx}=\left(\frac{dx}{dy}\right)^{-1}$

30. $x=x(t)$，$y=y(t)$ のとき $\frac{dy}{dx}=\frac{y'(t)}{x'(t)}$

31. $(\tan x)'=\frac{1}{\cos^2 x}$，　$(\log x)'=\frac{1}{x}$

32. $x=g(t)$ のとき $\int f(g(t))g'(t)dt=\int f(x)dx$

33. $\int f'(x)g(x)dx = f(x)g(x) - \int f(x)g'(x)dx$

34. $\int \frac{f'(x)}{f(x)}dx = \log|f(x)| + C$

35. $\int \log x\, dx = x\log x - x + C$

36. $\int_0^a \sqrt{a^2-x^2}\,dx = \frac{1}{4}\pi a^2 \quad (a>0)$,　$\int_0^a \frac{dx}{x^2+a^2} = \frac{\pi}{4a} \quad (a \neq 0)$,

$\int_\alpha^\beta (x-\alpha)(x-\beta)dx = -\frac{1}{6}(\beta-\alpha)^3$

37. 回転体の体積：$V = \pi\int_a^b \{f(x)\}^2 dx$

38. 曲線の長さ：$\int_a^b \sqrt{1+\left(\frac{dy}{dx}\right)^2}\,dx = \int_\alpha^\beta \sqrt{\left(\frac{dx}{dt}\right)^2 + \left(\frac{dy}{dt}\right)^2}\,dt$,

$(x=x(t),\ y=y(t),\ a=x(\alpha),\ b=x(\beta))$

（順列・組合せ）

39. ${}_n\mathrm{C}_r = {}_{n-1}\mathrm{C}_r + {}_{n-1}\mathrm{C}_{r-1}$,　$(1 \leqq r \leqq n-1)$

40. $(a+b)^n = \sum_{r=0}^{n} {}_n\mathrm{C}_r a^{n-r} b^r$

（確　　率）

41. 確率 p の事象が n 回の試行中 r 回起る確率：

$P_n(r) = {}_n\mathrm{C}_r p^r q^{n-r}$,　$(q=1-p)$

42. 期待値：$E(X) = \sum_{i=1}^{n} x_i p_i$,

ただし p_i は確率変数 X が値 x_i をとる確率で，$\sum_{i=1}^{n} p_i = 1$ をみたすとする。

物理

(情報（コンピュータ科)・理・医・工・農学部：2科目 150 分)
(情報（自然情報）学部：　　　　　　　　　　　1科目　75 分)

解答は，答案紙の所定の欄の中に書け。計算欄には，答えにいたるまでの過程について，法則，関係式，論理，計算，図などの中から適宜選んで簡潔に書け。文字や記号は，まぎらわしくないようはっきり記せ。

物理　問題 I

長さが a の剛体棒 A，長さが b のひも B，長さが c のひも C を用意する。ひも C の両端を水平な天井の点 Q と点 R に接着し，ひも C の点 P とひも B の一端を接着する。さらに，ひも B の他端には，剛体棒 A の一端を取り付ける。剛体棒 A の太さは一様であり無視できるほど細い。剛体棒 A は均質な物質からできており，その質量は m である。ひも B とひも C の質量は無視できるほど小さく，ひもは伸び縮みしない。この装置に手を触れることなくしばらく放置したところ，図 1 の位置で剛体棒 A は静止した。このとき，点 P におけるひも C の折れ曲がり角度は 90°，∠PQR の大きさは 30°，∠PRQ の大きさは 60° であった。重力加速度の大きさを g として以下の問いに答えよ。

（編集部注：設問(2)・設問(4)は，解答用紙に計算欄がある）

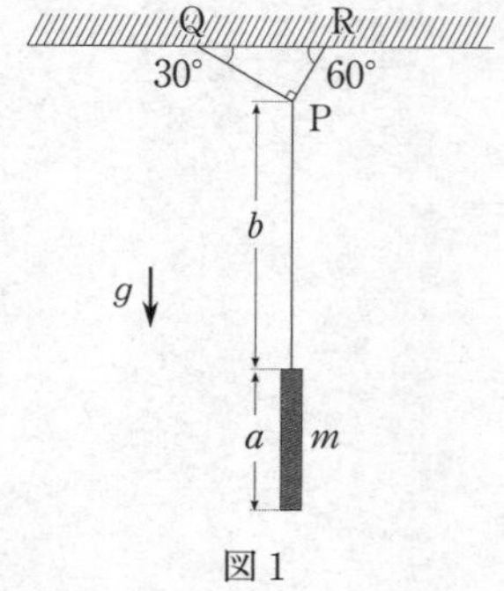

図 1

設問(1)：図 2 に示すように，ひも B の張力 T はひも B が点 P を引く力に等しい。また，PR 間のひも C の張力 T_1 はひも C の短辺が点 P を引く力に等しく，PQ 間のひも C の張力 T_2 はひも C の長辺が点 P を引く力に等しい。図 1 の位置で剛体棒が静止しているときの張力 T，T_1，T_2 を，m，g のうち必要なものを用いて表せ。

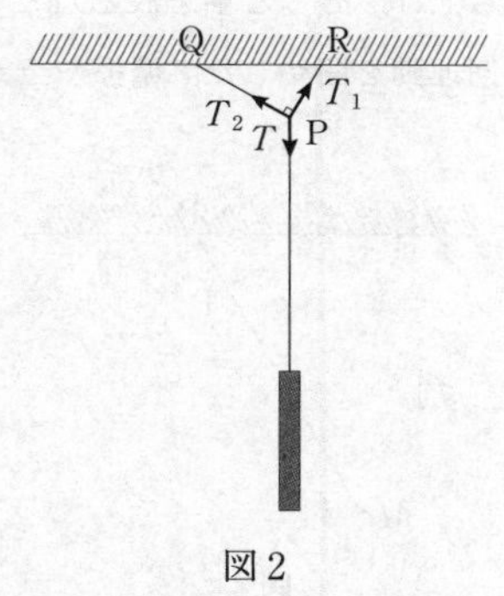

図 2

設問(2)：剛体棒 A の上端と下端に水平方向に力 F_1，F_2 をそれぞれ加え，図 3 の位置で剛体棒を静止させる。このとき，ひも C の短辺 PR，ひも B，剛体棒 A は鉛直面内で一直線をなした。剛体棒 A の上端と下端にはたらく水平方向の力 F_1，F_2 を，m，g のうち必要なものを用いて表せ。

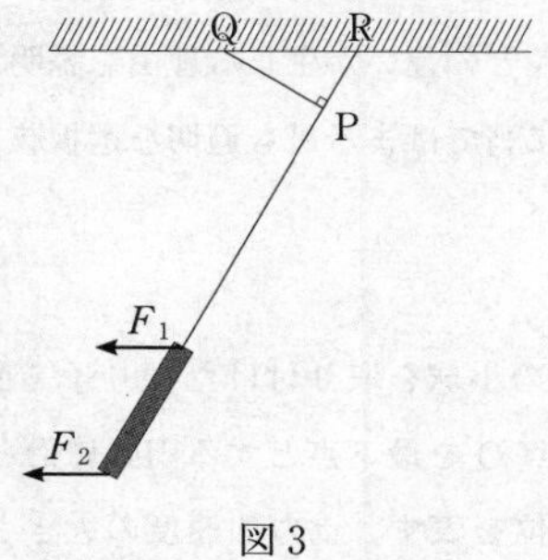

図 3

設問(3)：設問(2)で剛体棒Aが静止しているときのひもの張力 T, T_1, T_2 を, m, g のうち必要なものを用いて表せ。

次に, 剛体棒Aを取り外し, 代わりに質量 M の大きさの無視できる小球Dをひも Bに取り付けた。ひもCの短辺PRとひもBが鉛直面内で一直線をなすように, 小球を図4の位置まで手で持ち上げ, そっと手を放したところ, ひもB, ひもCがたわむことなく, 小球Dは周期運動を開始した。摩擦や空気抵抗は十分に小さく無視できるものとする。

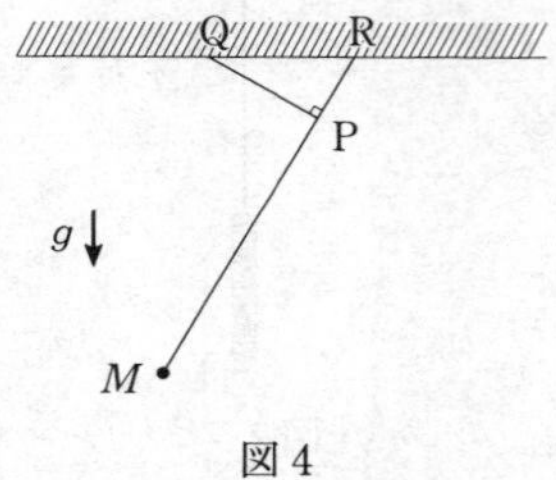

図 4

設問(4)：小球Dの周期運動におけるひもBの張力 T の最大値 $T_{\max}$ と最小値 $T_{\min}$ を, M, g のうち必要なものを用いて表せ。

設問(5)：図4に示される実験を実際に行ったところ, 振幅が小さいときの振り子の振動周期の近似式とは 1.74 %程度異なった周期が測定された。以下の文章は, 近似式と測定値との違いが生じる理由を説明するものである。この文章のそれぞれの空欄に当てはまる最も適切な選択肢を, (ア)から(ス)までのなかから選べ。

「長さ L のひもに質量 M の小球を取り付けた振り子を図5に示す。この振り子の周期運動において, 小球は点Oを最下点とする円弧に沿って運動する。X は点Oからの円弧に沿った質点の変位を表す。重力加速度の大きさを g とすれば, 周期運動の途中, 図に示す瞬間に小球にはたらく円弧に沿った方向の力 F は F = [(あ)] である。ここで, X の正方向を F の正方向とする。X が L に比べて十分に小さければ, 最下点Oに引き戻そうとする力 F = [(あ)] を計算するのに, 近似式 F ≒ [(い)] を用いてよい。このとき, 振り子の運動方程式は, ばね定数を

$k =$ ［(う)］としたときの，フックの法則に従うばねに取り付けられた質量 M の小球の運動方程式と一致する。このことから，振幅が小さい振り子の振動周期の等時性が示され，振動周期の近似式 $2\pi\sqrt{\frac{L}{g}}$ が得られる。しかし，大きな振幅で振動する振り子の場合の力［(あ)］の大きさは，その近似式［(い)］の大きさと比べて小さい。したがって，図４の設定のような大きな振幅で振動する振り子の振動周期は，小さな振幅で振動する振り子の振動周期［(え)］い。」

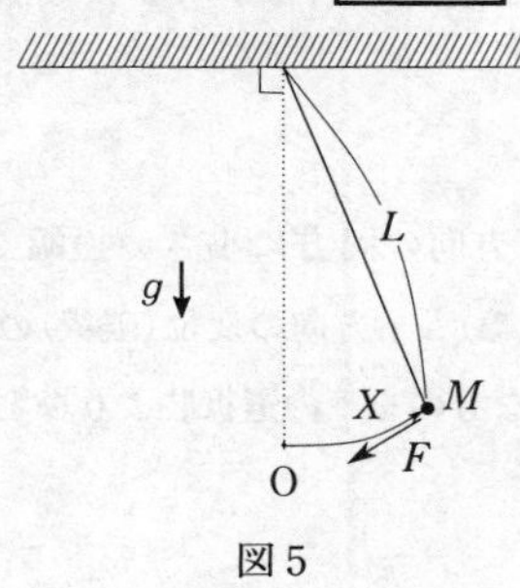

図５

選択肢：

(ア)　Mg	(イ)　$-\dfrac{MgX}{L}$	(ウ)　$\dfrac{MgX^2}{L^2}$
(エ)　$\dfrac{Mg}{L}$	(オ)　$-\dfrac{MgX}{L^2}$	(カ)　$\dfrac{MgX^2}{L^3}$
(キ)　$Mg\cos\dfrac{X}{L}$	(ク)　$-Mg\sin\dfrac{X}{L}$	(ケ)　$Mg\cos^2\dfrac{X}{L}$
(コ)　$Mg\sin^2\dfrac{X}{L}$	(サ)　より長	(シ)　より短
(ス)　と等し		

設問(4)で考察した小球Dの振動の水平面内での方向を x 方向とし，それと同一水平面内で直交する方向を y 方向とする。いま，x 方向だけでなく y 方向にも振動させる状況を考え，振り子を正面から見たときの様子を図６に示し，真横から見たときの様子を図７に示す。この振り子を真横から見た図７では，ひもCの長辺と短辺は重なり，長辺と短辺が１本の線のように見える。座標 x と座標 y はつりあいの位置からの小球Dの左右方向の変位と前後方向の変位を表す。なお，ひもBの長さ b と比べて，ひもCの長さ c を無視することはできない。

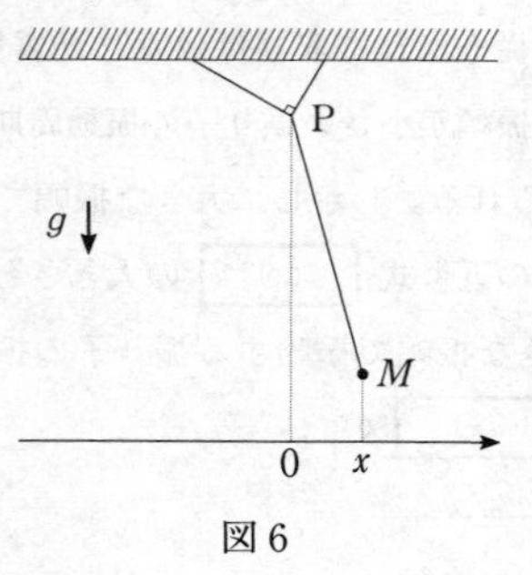

図 6

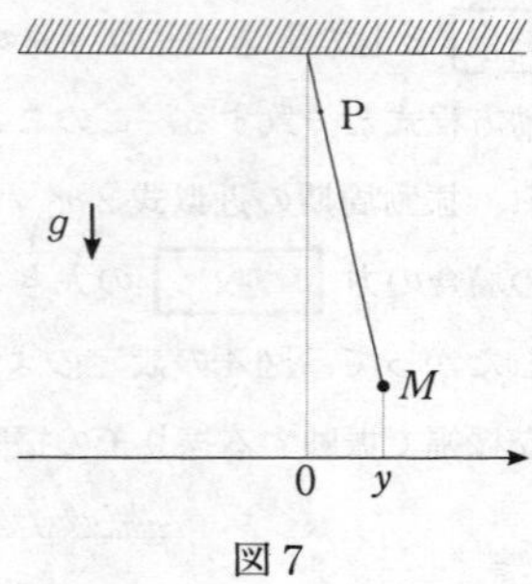

図 7

設問(6)：小球 D が x 方向と y 方向の両方に小さい振幅で振動している場合について，x 方向の変位（実線）と y 方向の変位（破線）の時間 t による変化を表すグラフとして最も適切なものを下の選択肢よりひとつ選べ。

選択肢：

(ア)
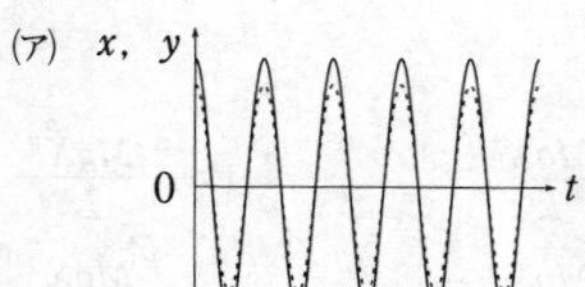

(イ)
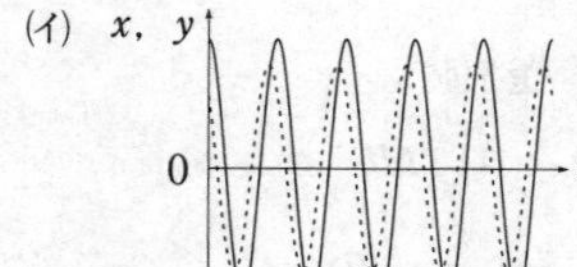

(ウ)
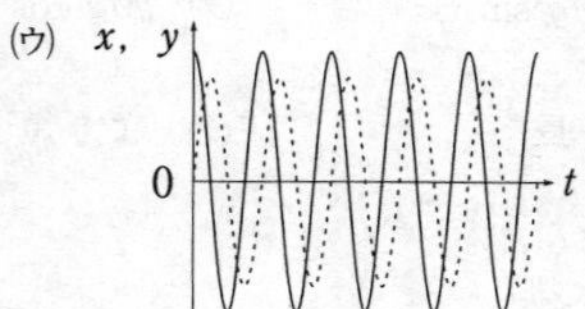

(エ)
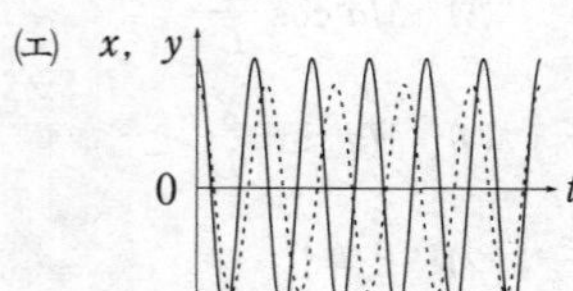

(オ)
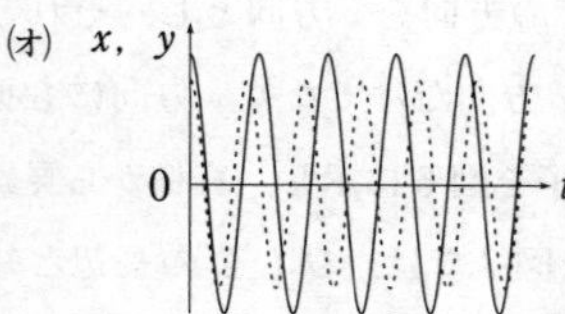

設問(7)：次に，x 方向と y 方向の両方に小さい振幅で振動している場合について，xy 平面での小球 D の軌跡を考えることにする。そのような軌跡を表すグラフとして最も適切なものを下の選択肢よりひとつ選べ。

選択肢：

(ア)

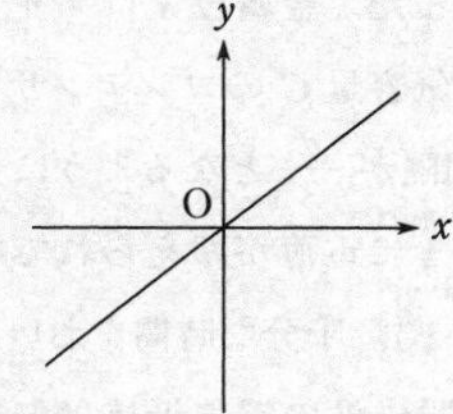

(イ)

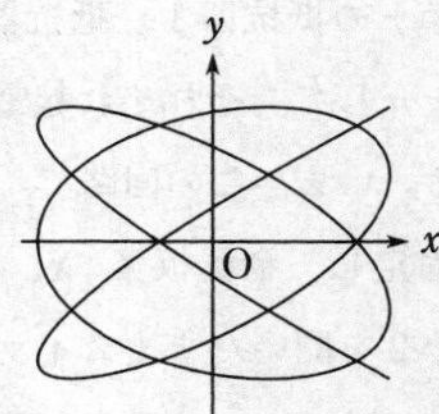

(ウ)

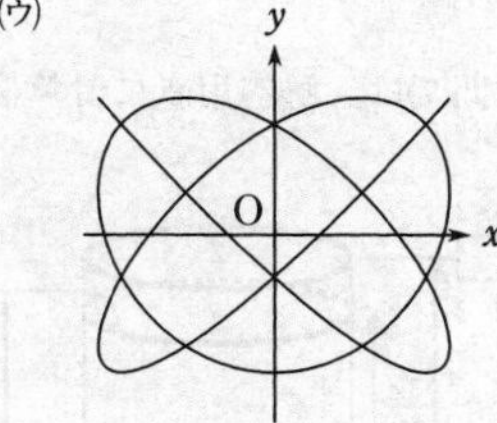

(エ)

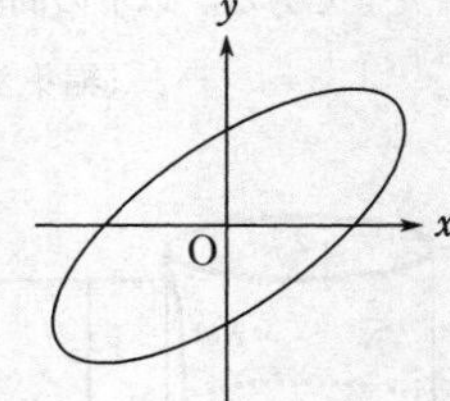

(オ)

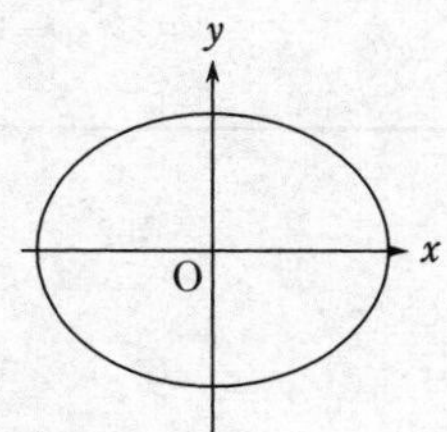

物理　問題Ⅱ

絶縁体でできた円筒に面積の等しい薄い円形の金属板X，Y，Zが水平に入れられている。金属板X，Zは間隔が一定値 d となるように固定されており，金属板Yは水平を保ったまま鉛直方向上下に滑らかに動かすことができる。金属板X，Zは，それぞれ抵抗値 r の抵抗器1，抵抗器2に接続され，また，金属板Yはスイッチ1，スイッチ2を介して，それぞれ起電力 V の電池と電気容量 C のコンデンサー1に接続されている。いま，この回路で，金属板X，Yの間隔が $\dfrac{d}{3}$ となるように金属板Yを留め具で固定し，金属板X，Y，Z，コンデンサー1に電荷が蓄えられていない状態でスイッチ2を開いたままスイッチ1を閉じた(図1)。十分な時間をおいたのち，金属板Yには電気量 Q の電荷が蓄えられた。抵抗器以外の電気抵抗は無視する。また，金属板X，Y間，金属板Y，Z間の電場は一様で，周辺部分の影響は無視する。円筒の中は真空である。以下の問いに答えよ。

(編集部注：設問(6)・設問(7)は，解答用紙に計算欄がある)

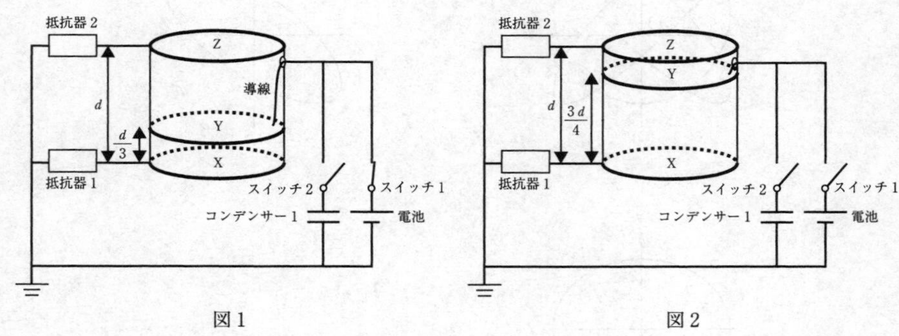

図1　　図2

設問(1)：図１の回路を別の形に描きかえたものとして最も適当なものを以下の選択肢から選べ。

選択肢：

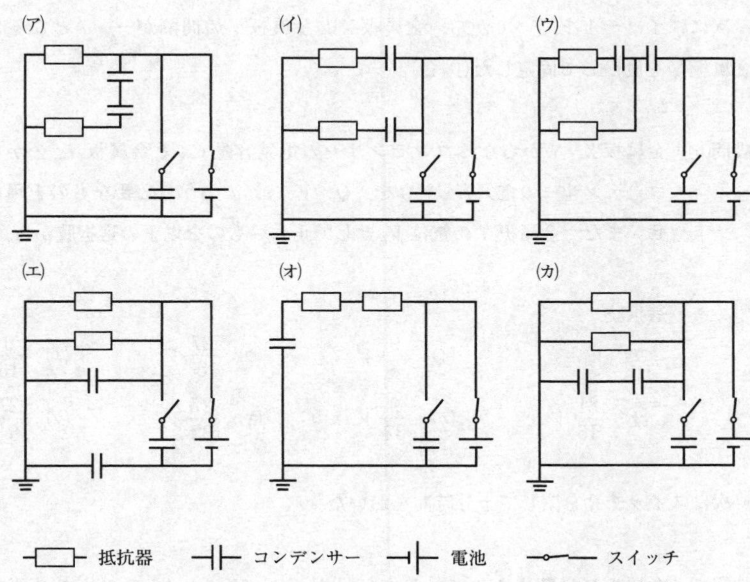

設問(2)：金属板Ｘに蓄えられている電気量 Q_{X} と金属板Ｚに蓄えられている電気量 Q_{Z} を，Q，V，r，d のうち必要なものを用いて表せ。

設問(3)：金属板Ｘ，Ｙからなるコンデンサーの電気容量 C_{X} と金属板Ｙ，Ｚからなるコンデンサーの電気容量 C_{Z} を，Q，V，r，d のうち必要なものを用いて表せ。

設問(4)：スイッチ１を閉じてから金属板Ｙに電気量 Q の電荷が蓄えられるまでに電池がした仕事を，Q，V，r，d のうち必要なものを用いて表せ。

設問(5)：スイッチ1を閉じた後，金属板Yに電気量 Q の電荷が蓄えられるまでに抵抗器1，抵抗器2によって消費されたエネルギーの総和を，Q，V，r，d のうち必要なものを用いて表せ。

次にスイッチ1を開いてから，金属板Xと金属板Yの間隔が $\frac{3}{4}d$ となるように金属板Yを動かして固定した(図2)。

設問(6)：金属板X，Yからなるコンデンサーの電気容量 C'_X と金属板Y，Zからなるコンデンサーの電気容量 C'_Z を，Q，V，r，d のうち必要なものを用いて表せ。また，金属板Yの電位 V_Y として正しいものを以下の選択肢から選べ。

選択肢：

(ア) V　(イ) $\frac{9}{8}V$　(ウ) $\frac{27}{8}V$　(エ) $\frac{9}{16}V$

(オ) $\frac{81}{16}V$　(カ) $\frac{9}{32}V$　(キ) $\frac{27}{32}V$　(ク) $\frac{27}{64}V$

次にスイッチ2を閉じて十分時間をおいた。

設問(7)：金属板Yに蓄えられている電気量を，Q，V，r，d，C のうち必要なものを用いて表せ。

再びスイッチ2を開いてスイッチ1を閉じ，十分な時間をおき，その後スイッチ1を開いてスイッチ2を閉じ，十分な時間をおいた。同様の操作を繰り返すと，コンデンサー1の極板間の電圧がやがて一定値 V_2 に収束した。

設問(8)：V_2 を，Q，V，r，d，C のうち必要なものを用いて表せ。

物理　問題Ⅲ

問題Ⅲのすべてを通じて，ガラス板の上面は水平である。屈折率 n のガラス板が真空中に置かれ，その上面から鉛直に波長 λ の光が入射する。このときガラスの表面に様々な媒質で作られた薄膜をつけることで，反射光や透過光の強さを変えることができる。

(編集部注：設問(6)・設問(7)は，解答用紙に計算欄がある)

設問(1)：図1のように，透明で屈折率 n_A $(1 < n_A < n)$ の媒質で作られた，厚さ t_A の薄膜Aをつけた。薄膜Aの表面からの反射光と，薄膜Aとガラス板の間の面からの反射光が弱めあった。このとき，t_A が満たすべき条件を求めよ。必要に応じて λ，n，n_A，および0以上の整数 m を用いてよい。

設問(2)：図2のように，透明で屈折率 n_B $(1 < n < n_B)$ の媒質で作られた，厚さ t_B の薄膜Bをつけた。薄膜Bの表面からの反射光と，薄膜Bとガラス板の間の面からの反射光が強めあった。このとき，t_B が満たすべき条件を求めよ。必要に応じて λ，n，n_B，および0以上の整数 m を用いてよい。

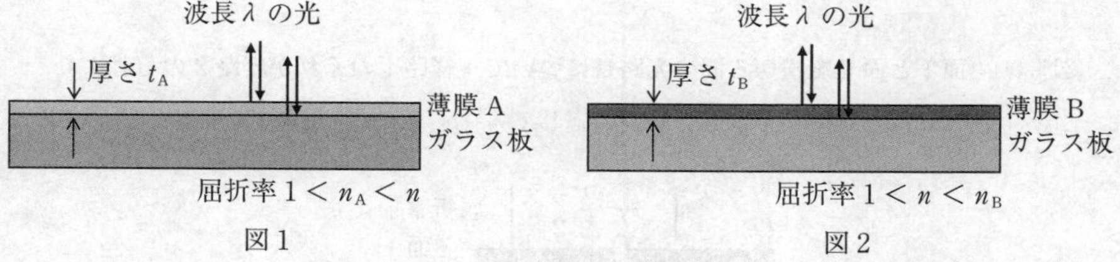

図1　　図2

設問(3)：図3のように，ガラス板の上に薄膜Aをつけ，さらにその上に薄膜Bをつけた。薄膜の屈折率および厚さは，設問(1)，(2)の値と等しいとする。以下の文を読み，{ }の中の選択肢㋐～㋒から，正解を一つずつ選び，記号で答えよ。

薄膜 A と B の間の面と，薄膜 A とガラス板の間の面からの反射光は，(あ)｛㋐強めあう，㋑影響しあわない，㋒弱めあう｝。この薄膜 B の上に，さらに薄膜 A と B を交互につけてゆき多層にすると，合わさった反射光は(い)｛㋐より強くなる，㋑変わらない，㋒より弱くなる｝と同時に透過光は(う)｛㋐より強くなる，㋑変わらない，㋒より弱くなる｝。

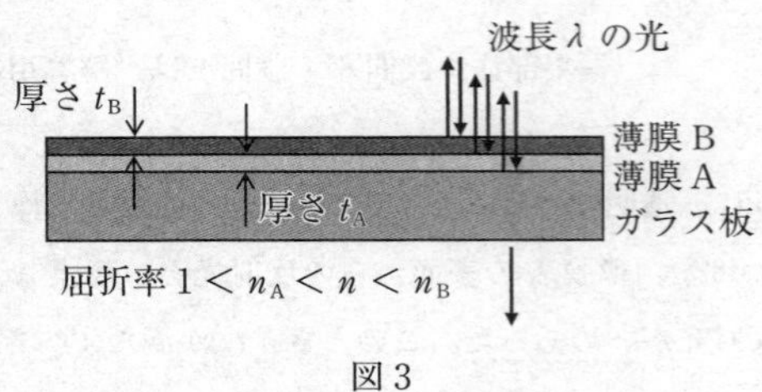

図 3

次にガラス板を透過する光の光路について考える。図 4 のように，屈折率 n で厚さの異なるガラス板を 2 枚用意した。板 1 の厚さを t，板 2 の厚さを $t-u$ とし，図中のように，ガラス板と平行な面 I と面 II を定義する。ただし $t > u > 0$ とする。このとき，板 1 を透過する光の経路(経路 1)と，板 2 を透過する光の経路(経路 2)を考える。なお，波長 λ の光がガラス板上面から鉛直に入射する。

設問(4)：面 I と面 II を横切る間の光路長について，経路 1 のそれが経路 2 のそれよりどれほど長いかを示せ。必要に応じて λ，t，u，n を用いてよい。

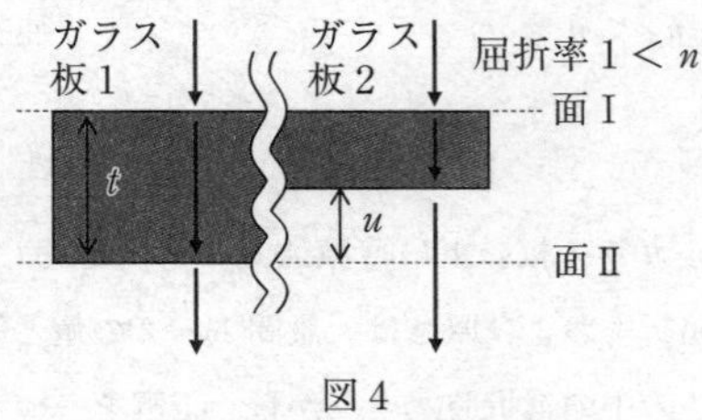

図 4

次に光を透過させつつ，干渉も起こさせるよう，特殊な加工をしたガラス板を用いた観測装置を考える。図 5 左に全体像を示した。真空中に特殊なガラス板を置き，上方鉛直方向から波長 λ の平行光を直径 D に細く絞って入射させる。ガラス板の上面は平らで，下面には上面と平行な階段状の構造が刻まれている。この刻みは，図 5 右に示すような間隔 d と傾斜 θ を持っている。このとき，簡単のため，段の中央を透過する光が，隣の段の中央を透過する光と干渉すると考える。ここで d は λ より十分に大きく，D より十分小さいとする。ガラス板とスクリーン間の距離は，入射光の直径 D に比べて十分大きく，図 5 左のように微小角だけ傾いた光は，スクリーン上で鉛直光と容易に区別できる。設問(5)，(6)，(7)に答えよ。なお，以下の公式および近似式を用いてよい。

$$\sin(x+y)=\sin x\cos y+\cos x\sin y,\quad \cos(x+y)=\cos x\cos y-\sin x\sin y,$$

$$\tan(x+y)=\frac{\tan x+\tan y}{1-\tan x\tan y}$$

$|x|$ が 1 より十分小さいとき，$\sin x \fallingdotseq x$，$\cos x \fallingdotseq 1$，$\tan x \fallingdotseq x$

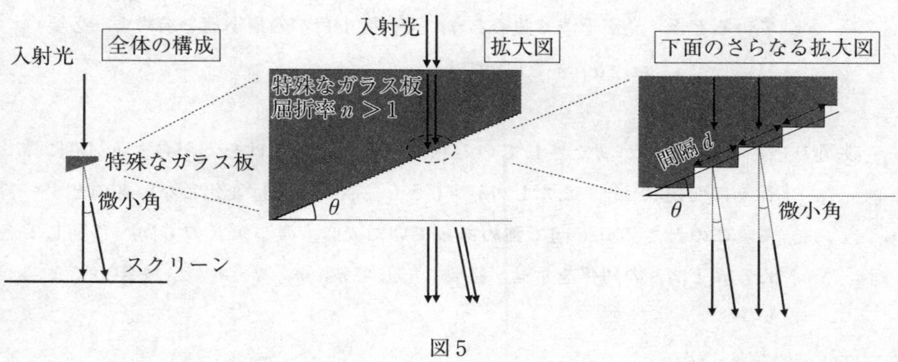

図 5

設問(5)：真空中で波長 λ の光が，このガラスに鉛直に入射し，そのまま鉛直に透過するときを考える。隣り合う段の間での光路差と波長 λ の関係から，光が干渉で強め合う条件を以下の選択肢の中からひとつ選択せよ。ただし本設問以降では，m は 1 以上の整数とする。

選択肢：

(ア)　$\dfrac{d}{n\sin\theta} = m\lambda$

(イ)　$\dfrac{d}{n\sin\theta} = \left(m - \dfrac{1}{2}\right)\lambda$

(ウ)　$d(n-1)\sin\theta = m\lambda$

(エ)　$d(n-1)\sin\theta = \left(m - \dfrac{1}{2}\right)\lambda$

(オ)　$\dfrac{n\sin\theta}{d^2} = m\lambda$

(カ)　$\dfrac{n\sin\theta}{d^2} = \left(m - \dfrac{1}{2}\right)\lambda$

設問(6)：鉛直からの微小角を，図 5 に示すように定義した。設問(5)の条件が満たされているとき，光が干渉で強めあう，正の微小角 α の最小値を求めよ。必要に応じて d，m，θ，λ を用いてよい。

設問(7)：設問(5)の条件が満たされている状態から，波長だけを λ から $\lambda + \Delta\lambda$ に徐々に変化させた。ただし $\Delta\lambda > 0$ とし，屈折率 n は変化しないものとする。このとき鉛直方向で強めあっていた光は，微小角 β の方向へ移動した。β と $\Delta\lambda$ の関係を示せ。必要に応じて d，m，θ，λ，$\Delta\lambda$ を用いてよい。

化学

（情報（コンピュータ科）・理・医・工・農学部：2 科目 150 分
情報（自然情報）学部：1 科目　75 分）

必要なときは次の値を用いよ。
原子量；H = 1.00, C = 12.0, N = 14.0, O = 16.0
Cr = 52.0, Fe = 55.8, Ni = 58.7

化学　問題 I

次の文章を読み，設問(1)～(4)に答えよ。ただし，気体は理想気体としてふるまい，水の蒸気圧，水銀の蒸気圧，空気の水または水溶液への溶解は無視できるものとする。また，水の密度は 1.0 g/mL，水銀の密度は 13.6 g/mL，大気圧 p_0〔Pa〕= 760 mmHg，気体定数は 8.3×10^3 Pa·L/(mol·K)とする。

物質の分子量，式量は様々な実験によって測定することができる。分子量が比較的小さく，水に溶ける固体の物質や電解質の場合は，凝固点降下を利用して分子量，式量を求めるとよい。一方，分子量(平均分子量)が大きな高分子は浸透圧を用いて分子量を求めることができる。そこで，ある水溶性の高分子 **A** の平均分子量を求めるために，以下のように浸透圧を測定した。図 1 のように，水分子だけを通す半透膜で中央部が仕切られた U 字管を用意し，p_0〔Pa〕の大気圧下，温度 T〔℃〕で U 字管の a 側には 200 mL の水を，b 側には 200 mL の高分子 **A** の水溶液を加え，b 側の管の上部に物質の出入りが全くない栓を速やかに取り付けた。U 字管は太さが均一な管になっており，その断面積は 4.0 cm²，b 側の管上部の空気部分の体積は V_0〔mL〕であった。さらに，b 側の管には水銀圧力計が取り付けられており，この時の水銀柱の高さの差は76.0 cm であり，水銀柱の上部 c は真空であった。ただし，水銀圧力計部分の空気部分の体積は非常に小さく無視できるものとする。

温度を一定に保ち，その後十分に時間が経過すると，U 字管の a 側と b 側の液面の高さの差は H〔cm〕となり，水銀圧力計における水銀柱の高さの差は 76.0 cm から

76.0 + h cm へ変化した。この時，半透膜を移動した水の体積は H を用いて [ア] 〔mL〕と表すことができる。a 側と b 側の液面の差 H から生じる圧力を p_H〔Pa〕，b 側上部の空気の圧力を p_b〔Pa〕とし，U 字管の半透膜を介した圧力の釣り合いを考えると，この高分子 **A** の水溶液にかかる浸透圧 Π〔Pa〕は p_0，p_b，p_H を用いて [イ] と表すことができる。半透膜を通じた水の増減と b 側上部の空気部分の内容積の変化を考慮すると，p_b は p_0，V_0，H を用いて [ウ] で表すことができる。また，水の移動後の b 側における高分子 **A** の水溶液の密度が 1.03 g/mL であったとき，水銀柱を持ちあげる大気圧 p_0 との比較から，p_H は，p_0，H を用いて [エ] と表すことができる。<u>以上の実験と計算により浸透圧 Π や高分子 **A** の平均分子量を求めることができる</u>①。

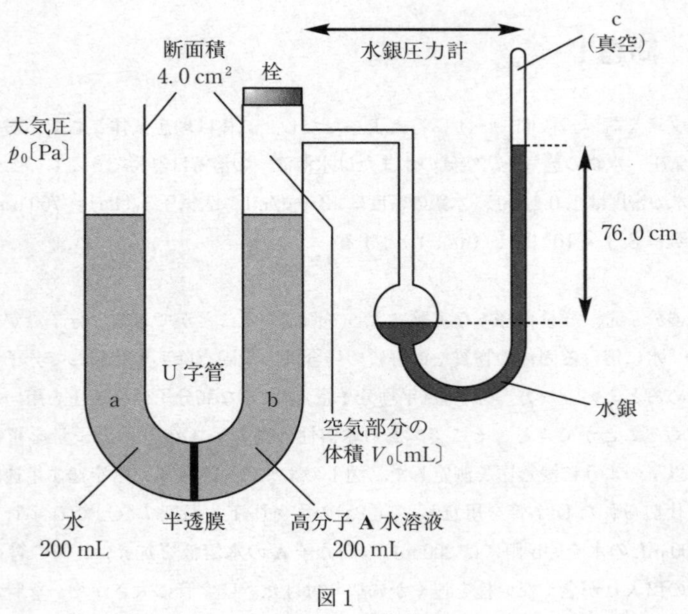

図 1

設問(1)：文中の空欄 [ア] ～ [エ] にあてはまる最も適切な数式を，文中で指定された記号を用いて記せ。ただし，数値部分は有効数字 2 桁で求めよ。

設問(2)：下線①について，H = 1.00 cm，$p_0 = 1.0 \times 10^5$ Pa，V_0 = 50 mL であったとする。このとき，Π〔Pa〕と h〔cm〕をそれぞれ有効数字 2 桁で求めよ。

設問(3)：下線①について，設問(2)の条件，および，$T = 30$ ℃のとき，高分子 **A** の平均分子量〔g/mol〕を有効数字２桁で求めよ。ただし，実験で用いた水溶液には 6.06 g の高分子 **A** が溶けているものとする。

設問(4)：45.0 g の物質 **B** および 53.0 g の物質 **C** を 1.00 kg の水に溶かした水溶液の凝固点は −3.04 ℃であり，一方，30.0 g の物質 **B** および 53.0 g の物質 **C** を 1.00 kg の水に溶かした水溶液の凝固点は −2.66 ℃であった。このとき，物質 **B** と物質 **C** として最も適しているものを，以下(a)〜(f)の記号でそれぞれ一つ記せ。ただし，全ての物質は水に完全に溶けているものとし，電解質の場合は水溶液中で完全に電離しているものとする。また，水のモル凝固点降下は 1.90 K·kg/mol とする。また，以下(a)〜(f)の括弧内の数字はそれぞれの物質の式量または分子量を表す。

(a)　KBr（119）　(b)　NaI（150）　(c)　Na_2SO_4（142）

(d)　K_3PO_4（212）　(e)　$Al_2(SO_4)_3$（342）　(f)　スクロース（342）

化学　問題Ⅱ

次の文章を読んで，設問(1)〜(8)に答えよ。

鉄 Fe は古くから人類の生活を支えてきた金属であり，［ア］，ケイ素 Si，アルミニウム Al に次いで地殻中に４番目に多く存在する元素である。Fe は，コークスや石灰石とともに赤鉄鉱 Fe_2O_3 や磁鉄鉱［イ］などの鉄鉱石を高炉に入れ，①コークスから発生する一酸化炭素 CO で還元してつくられる。高炉で得られる Fe は銑鉄と呼ばれ，約４％の［ウ］を含む。近年，水素 H_2 ガスを用いた還元による製鉄技術が考案されている。②これは鉄鉱石とともに H_2 を高炉に吹き込み，製鉄により発生する二酸化炭素 CO_2 ガスを削減することが目的である。日常で用いられる Fe は，およそ２％以下の［ウ］を含む鋼である。③大気圧における単体の Fe の結晶構造は常温で体心立方格子であるが，温度を上げると面心立方格子に変化する。温度の変化に伴う結晶構造の違いを利用して，Fe や鋼の強さを大きく変化させることができる。これが，Fe や鋼が建築物などの多様な構造体に用いられる理由である。しかし，Fe は空気中で錆びやすい。これを防ぐためにFe に［エ］をめっきしたものがトタンである。また，Fe に遷移元素であるクロム Cr とニッケル Ni を添加した合金はステンレス鋼と呼ばれ④，錆びにくく，台所用品などに用いられる。

Al は軽量かつ展性や延性に優れた金属であり，主に［オ］，マグネシウム Mg，マンガン Mn が添加された Al の合金であるジュラルミンは高い強度をもつため，航空機の部材などに用いられている。Al は酸とも強塩基とも反応し，そのような性質を［カ］という⑤。また，Al の粉末を Fe_2O_3 の粉末と混ぜて点火すると，激しく反応し，融解した Fe が生じる⑥。この反応はテルミット反応とよばれ，鉄道のレールの溶接などに利用される。

設問(1)：文中の空欄［ア］と［ウ］～［オ］にあてはまる最も適切な元素を，それぞれ元素記号で記せ。文中の空欄［イ］にあてはまる最も適切な物質の化学式を記せ。また，文中の空欄［カ］にあてはまる最も適切な語句を記せ。

設問(2)：文中の下線①について，赤鉄鉱の場合に起こる主反応を化学反応式で記せ。

設問(3)：文中の下線②に関連して，すべて赤鉄鉱である鉄鉱石を H_2 で還元する場合を考える。H_2 のみを用いて 558 g の Fe を生成する際，発生する水蒸気の重さ〔g〕を整数値で求めよ。

設問(4)：単体の Fe をある温度まで加熱すると，その体積は収縮する。これは，文中の下線③に関連するように結晶構造の変化に起因する。加熱後完全に収縮した単体の Fe の体積は加熱前の体積の何％になるかを計算し，有効数字３桁で求めよ。ただし，体心立方格子の単位格子の一辺の長さは 2.905×10^{-10} m，面心立方格子の単位格子の一辺の長さは 3.646×10^{-10} m とする。また，$2.905^3 = 24.52$，$3.646^3 = 48.47$ として計算せよ。

設問(5)：文中の下線④に関連して，Cr と Ni を添加した Fe の合金の作製を考える。全物質量に対する各成分の物質量の割合はモル分率と定義され，固体中の物質量にも適用される。このとき，モル分率 0.200 の Cr とモル分率 0.300 の Ni を含んだ Fe の合金を 1000 g 作製する場合，必要とされる Cr と Ni の質量〔g〕を計算し，整数値で示せ。

設問(6)：遷移元素に関する次の(a)～(e)の文章のうち誤っているものをすべて選び，記号で答えよ。

(a)　遷移元素は周期表で 3 ～ 11 族に属しており，その種類は元素全体のおよそ 4 割を占める。

(b)　遷移元素は，すべて金属元素である。

(c)　遷移元素は，原子番号の増加とともに最外殻に電子が収容されていく特徴をもつ。

(d)　遷移元素の単体は，典型金属元素よりも融点や沸点は低く，密度が大きいものが多い。

(e)　遷移元素のイオンは有色のものが多く，錯イオンをつくりやすい。

設問(7)：文中の下線⑤について，強塩基が水酸化ナトリウム水溶液の場合の化学反応式を記せ。

設問(8)：単体の Al の酸化による Al_2O_3 の生成熱は 1676 kJ/mol，単体の Fe の酸化による Fe_2O_3 の生成熱は 824 kJ/mol である。文中の下線⑥について，テルミット反応によって 1 mol の Fe が生成する反応熱〔kJ〕を計算し，整数値で示せ。

化学　問題Ⅲ

次の文章を読んで，設問(1)～(4)に答えよ。

化合物**A**と**B**は，分子式$C_{12}H_{14}O_2$で表され，[　ア　]異性体の関係にある。さらに化合物**B**には，二つの幾何異性体が存在する。化合物**A**と**B**を加水分解すると，いずれからもカルボキシ基をもつ化合物**C**とともに，不安定な中間生成物を経て生じる化合物**D**が得られた。化合物**C**を過マンガン酸カリウム$KMnO_4$水溶液で酸化した後，酸性にすると，化合物**E**が得られた。この化合物**E**は，[　イ　]との縮合重合により，ペットボトルに用いられる合成高分子化合物を与える。化合物**D**に塩基性条件下でヨウ素I_2を作用させると，特有の臭気をもつ黄色沈殿として[　ウ　]が生じた。化合物**A**と**B**は不斉炭素原子をもたないが，適切な触媒を用いて水素を付加させると，いずれからも分子式$C_{12}H_{16}O_2$で表される化合物**F**のみが得られ，化合物**F**は芳香環と不斉炭素原子をもっていた。

設問(1)：文中の空欄[　ア　]～[　ウ　]にあてはまる最も適切な語句を記せ。ただし，空欄[　イ　]と[　ウ　]には物質の名称を記せ。

設問(2)：図1にならって化合物**A**，**C**，および**E**の構造式を記せ。

設問(3)：図1にならって化合物**B**の二つの幾何異性体の構造式を記せ。

設問(4)：図2にならって化合物**F**の二つの鏡像異性体の構造式を記せ。ただし，くさび形で表された結合の実線は紙面の手前側へ，破線は紙面の向こう側へ向かう結合を示す。

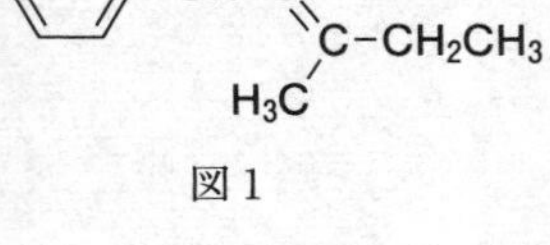

図1

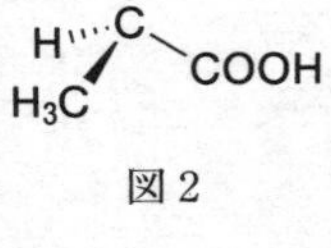

図2

化学　問題Ⅳ

問 1　フェノール樹脂に関する次の文章を読んで，設問(1)〜(4)に答えよ。

フェノール樹脂は，酸あるいは塩基を触媒として，次のような反応が連続的に進行して生成する。まず①フェノール C_6H_5OH がホルムアルデヒド HCHO に付加し，続いてこの付加物が別のフェノールと縮合する。用いる触媒の違いにより，液体である ア ，あるいは柔らかい固体である イ という 2 種類の低重合度の中間生成物が生じる。 ア と イ は分子量や構造が異なり，② ア は加熱すると， イ は硬化剤を加えて加熱すると，どちらも硬化してフェノール樹脂になる。

設問(1)：下線①の付加反応に関連し，塩基を触媒として 1 分子のフェノールが 1 分子のホルムアルデヒドに付加して生成する主な二つの異性体の構造式を，図 1 にならって記せ。ただし，この反応条件では，フェノールのベンゼン環のオルト位またはパラ位で付加する。

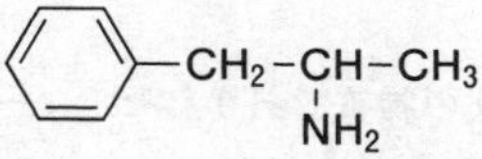

$C_6H_5-CH_2-CH(NH_2)-CH_3$

図 1

設問(2)：文中の空欄 ア と イ にあてはまる最も適切な中間生成物の名称を記せ。

設問(3)：次の(A)〜(E)の文章のうち，正しいものをすべて選び，記号で答えよ。

(A) ［　ア　］を加熱すると，水が脱離し縮合する。
(B) ［　ア　］の平均分子量は［　イ　］の平均分子量より大きい。
(C) フェノール樹脂は，主にエーテル結合によりベンゼン環が架橋された立体網目構造をとる。
(D) フェノール樹脂は，ヨウ素を添加すると銅に近い導電性を示す。
(E) フェノール樹脂は，電気絶縁性に優れる。

設問(4)：下線②について，［　イ　］を加熱するだけではフェノール樹脂は生成しない。［　ア　］に存在し，［　イ　］には存在しない置換基について言及し，以下の【　】内の語句をすべて用いてその理由を簡潔に記せ。ただし，「［　イ　］は」で始まる文章で記せ。なお，置換基は例のように記してもよい。　例：$-CH_3$，$-SO_3H$，$-COCH_3$

【縮合反応，立体網目構造】

問２　セルロースを原料とする繊維に関する次の文章を読んで，設問(1)〜(3)に答えよ。

セルロースは強い繊維状の物質であり，セルロースを原料とする化学繊維にはアセテートやレーヨンがある。アセテートは，セルロースをアセチル化して得られるトリアセチルセルロースをジアセチルセルロースへと変換し，紡糸することにより得られる。また，レーヨンは，セルロースを適切な溶媒に溶かして紡糸することにより得られる。③ 化学繊維は製法の違いから［　ウ　］繊維，［　エ　］繊維および合成繊維に分類され，アセテートは［　ウ　］繊維に，レーヨンは［　エ　］繊維に分類される。

設問(1)：文中の空欄［　ウ　］と［　エ　］にあてはまる最も適切な語句を記せ。

設問(2)：下線③に関連し，レーヨンの一種であるビスコースレーヨンの一般的な製法を以下に示す。下線④～⑧について正しいものには○を記し，誤っているものには以下の □ の(F)～(Q)から最も適切なものを選び，記号で答えよ。ただし，同じ記号を繰り返し選んでもよい。

セルロースを濃い塩酸④に浸したのち，二酸化硫黄 $SO_2$⑤に浸す。このように処理したセルロースを薄い塩化ナトリウム水溶液⑥に溶かすと，ビスコースと呼ばれる深青色⑦のコロイド溶液が得られる。ビスコースを細孔からジエチルエーテル⑧中に押し出すとビスコースレーヨンが得られる。

(F)　淡緑色
(G)　赤褐色
(H)　無色
(I)　塩化ナトリウム水溶液
(J)　水酸化ナトリウム水溶液
(K)　炭酸ナトリウム水溶液
(L)　硫酸ナトリウム水溶液
(M)　希硫酸
(N)　銅アンモニア溶液(シュワイツァーまたはシュバイツァー試薬)
(O)　純水
(P)　二硫化炭素 CS_2
(Q)　二酸化炭素 CO_2

設問(3)：トリアセチルセルロースのエステル結合を部分的に加水分解して，化合物**A**を得た。化合物**A**を完全燃焼させたところ，二酸化炭素(分子量44.0)と水(分子量18.0)を77.0：23.0の質量比で得た。化合物**A**には，セルロース$(C_6H_{10}O_5)_n$の繰り返し単位あたりに平均でいくつのアセチル基が結合しているかを有効数字2桁で求めよ。ただし，セルロースの末端の構造については考えなくてよい。

生物

（情報（コンピュータ科）・理・医・農学部：２科目 150 分）
（情報（自然情報）学部：　１科目　75 分）

生物　問題Ⅰ

次の文章を読み，以下の設問に答えよ。

文１

異なるヒトの血液を混ぜると，赤血球が凝集することがある。これは，赤血球の細胞膜上に存在する糖鎖抗原(凝集原)と，血しょう中に存在する抗体(凝集素)とが抗原抗体反応を起こすことによる。この抗原抗体反応によって血液を分類したものを ABO 式血液型とよび，A 型，B 型，O 型，AB 型の４つの表現型がある。これら４つの表現型を決定する糖鎖抗原を作る遺伝子(I 遺伝子)は，ヒトの第９染色体にある。I 遺伝子には I^A，I^B，I^O の３つの対立遺伝子があり，それぞれ酵素 A，酵素 B，酵素 O の遺伝子である。これらの対立遺伝子の組み合わせにより，遺伝子型が決まる。

細胞膜上の糖鎖として，血液型が A 型のヒトの赤血球には A 型糖鎖があり，B 型のヒトの赤血球には B 型糖鎖が，O 型のヒトの赤血球には H 型糖鎖がある。AB 型のヒトの赤血球には A 型糖鎖と B 型糖鎖の両方がある。A 型糖鎖は，酵素 A が触媒する化学反応により H 型糖鎖に GalNAc(*N*-アセチルガラクトサミン)が付加されたものであり，B 型糖鎖は，酵素 B が触媒する化学反応により H 型糖鎖に Gal(ガラクトース)が付加されたものである。酵素 O は，H 型糖鎖に GalNAc も Gal も付加しない。

凝集素には抗 A 型糖鎖抗体と抗 B 型糖鎖抗体の２種類があり，これらの抗体が赤血球表面の糖鎖抗原(A 型糖鎖と B 型糖鎖)とそれぞれ結合することによって赤血球の凝集が起こる。A 型のヒトは抗 B 型糖鎖抗体をもち，B 型のヒトは抗 A 型糖鎖抗体をもつ。O 型のヒトは抗 A 型糖鎖抗体と抗 B 型糖鎖抗体の両方をもち，AB 型のヒトは凝集素をもたない。

設問(1)：血液型がＡ型とＢ型の両親からＯ型の子供が生まれた。I 遺伝子について，この両親の遺伝子型を答えよ。

設問(2)：ハーディ・ワインベルグの法則が成り立つヒトの集団から任意抽出した N 人の血液型を調べたところ，Ａ型，Ｂ型，Ｏ型，AB 型の個体数は，それぞれ[A]，[B]，[O]，[AB]であった(N =[A]+[B]+[O]+[AB])。この集団における I^A の遺伝子頻度を N，[B]，[O]を用いて表せ。なお，解答欄には，答えを導出する過程の要点も記述すること。

文２

生まれたばかりのヒトの赤ん坊は，自身で抗体を産生することができないが，胎盤を通じて母親から受け渡された抗体を有している。したがって赤ん坊は，生後しばらくの間は母親由来の免疫のおかげで，さまざまな病原体からの感染を免れる。生後３ヶ月ほどすると，母親からもらった抗体が減り始め，生後半年ほどでなくなるが，通常，赤ん坊は生後半年ぐらいすると，自身のＢ細胞(Ｂリンパ球)により抗体を産生し始め，自身の免疫力が発達していく。ところが，今からほぼ半世紀前，ある小児科医は，生後半年以降に肺炎や中耳炎などの細菌感染症を繰り返す男児の症例に出会い，この男児の血清中の抗体量が著しく少ないことを見出し，これが免疫不全症であることを報告した。

その後，この免疫不全症は，①<u>酵素Ｅの遺伝子の変異が原因で発症する遺伝性免疫不全症</u>であることが明らかになった。図１はこの遺伝性疾患の患者を有する家系の具体例である。酵素ＥはATPから基質タンパク質のチロシンの側鎖にリン酸基を転移する反応を触媒するリン酸化酵素である。酵素ＥはＢ細胞の正常な分化・成熟に必須であるので，酵素Ｅの機能を損なう変異により，抗体の産生ができなくなるものと考えられている。

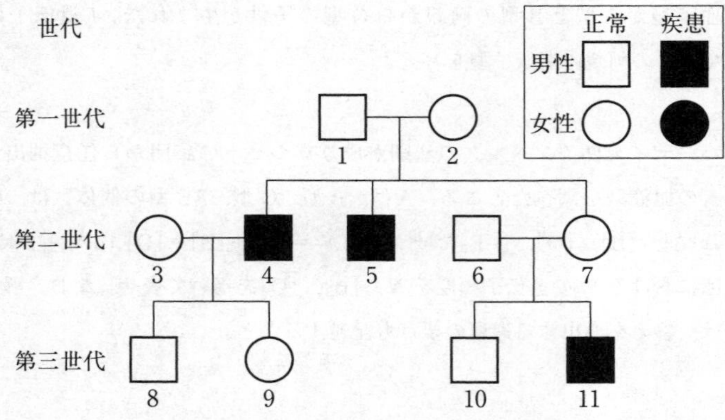

図１　下線部①の遺伝性免疫不全症の家系図の例

さらにその後の研究で，酵素ＥがＢ細胞由来のさまざまな悪性腫瘍(遺伝子の異常によって細胞が無秩序に増殖して起こる病気)に関わることが明らかになり，②酵素Ｅは抗がん剤開発の標的として注目されるようになった。

設問(3)：図１の家系図に基づいて，下線部①の遺伝性疾患の原因となる対立遺伝子の分類として最も適切なものを以下のａ)～ｄ)のうちから１つ選び，記号で答えよ。ただし，図中の個体１，３，６，８，10は，この疾患の原因となる対立遺伝子をもっていないものとする。

ａ）常染色体上にある顕性(優性)遺伝子
ｂ）常染色体上にある潜性(劣性)遺伝子
ｃ）Ｘ染色体上にある顕性(優性)遺伝子
ｄ）Ｘ染色体上にある潜性(劣性)遺伝子

設問(4)：基質タンパク質の濃度が酵素Ｅの濃度をはるかに上回る条件で，酵素Ｅの濃度を一定にしてATPの濃度をさまざまに変えて酵素Ｅの反応速度 v を測定すると，図２に示す結果が得られた。図２において，ATPの濃度が十分高くなると，ATPの濃度がそれ以上高くなっても，反応速度 v がほとんど上がらなくなるのはなぜか，解答欄の枠内で述べよ。

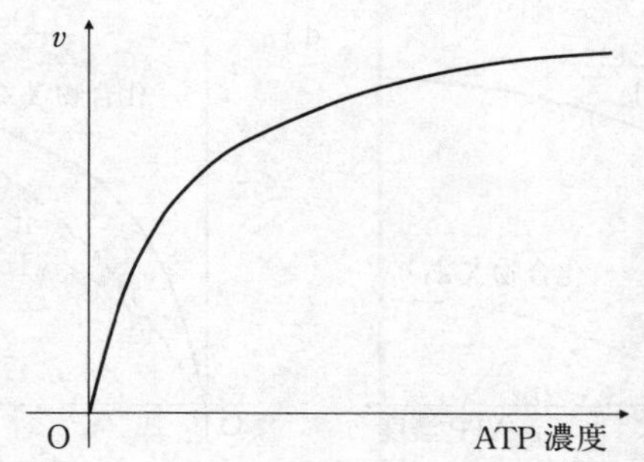

図２　酵素Ｅの反応速度 v と ATP 濃度の関係

〔解答欄〕　設問(4)　ヨコ 13.8 cm × タテ 4.3 cm

設問(5)：下線部②に関連して，酵素ＥのATP結合部位に結合する化合物Ｘが開発された。化合物Ｘは，酵素ＥとATPの結合を阻害して酵素Ｅの活性を阻害する競争的阻害剤として機能する。酵素Ｅの反応速度 v を，一定濃度の化合物Ｘを加えた条件で測定した場合に，化合物Ｘがない場合と比べて反応速度 v がどのように変化するか，最も適切なものを下のａ)〜ｄ)のうちから１つ選び，記号で答えよ。ただし，基質タンパク質の濃度は酵素Ｅの濃度をはるかに上回っており，酵素Ｅの濃度は一定であり，酵素Ｅと化合物Ｘの結合は可逆的であるものとする。

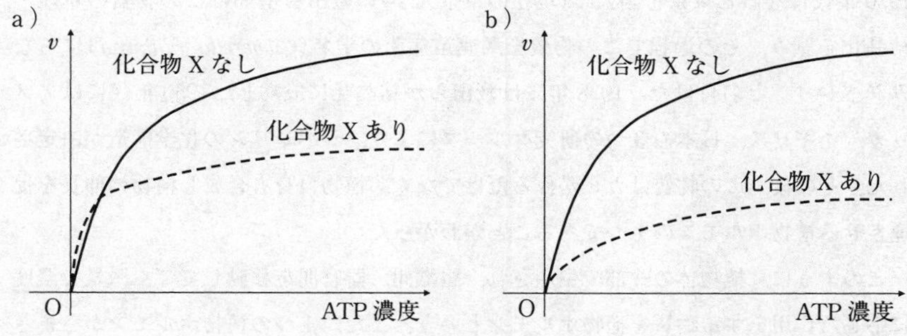

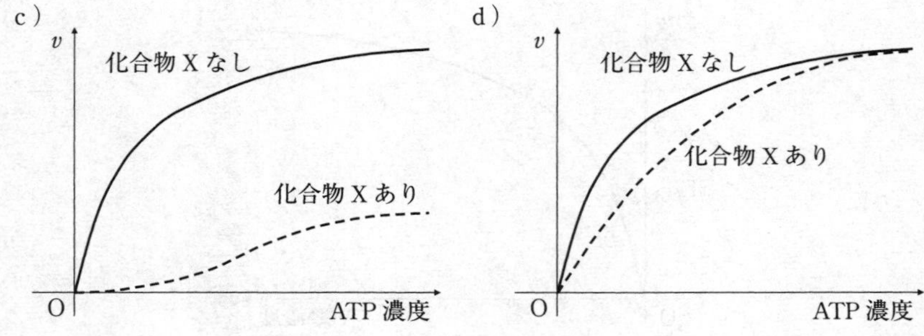

生物　問題 II

次の文章を読み，以下の設問に答えよ。

文 1

イネには馬鹿苗病という病気があり，病気にかかると苗が異常に伸長して丈が高くなりひどいときには枯れてしまう。この病気は，稲作に大きな被害を与えるものとして，日本では古くから知られており，1900 年ごろには科学的な研究も行われるようになった。1920 年代に入り，馬鹿苗病の原因がカビの一種の馬鹿苗病菌が分泌する化学物質であることが①，台湾総督府農事試験場の黒沢英一によって明らかにされた。1930 年代になると東京帝国大学（現在の東京大学）の藪田貞治郎はこの物質の単離・結晶化を試み，その過程でこの物質を馬鹿苗病菌の学名（*Gibberella fujikuroi*）にちなみジベレリンと名付けた。1938 年には藪田らが結晶化に成功し，1950 年代にはアメリカ，イギリス，日本の 3 つの研究グループにより，ジベレリンの化学構造が決定された。その後，この物質はカビが作るだけでなく，植物自身も合成し植物の伸長を促進させる植物ホルモンの 1 つであることがわかった。

このように，植物体の一部で生産され，組織間，器官間を移動してごく微量で濃度に応じた作用②をする物質を植物ホルモンという。また，1 つの植物ホルモンがさまざまな成長過程に関わったり，複数の植物ホルモンが共同して特定の成長過程に働くこともある。

設問(1)：下線部①の結論を導くため，以下の実験を行った。空欄を埋めて文章を完成させよ。

馬鹿苗病菌の培養液を［　　　　　　］した後，イネに与えて異常伸長するかどうかを観察した。

設問(2)：下線部②について，オーキシンの濃度に応じた作用の違いを下記に示した。［(ア)］～［(ク)］に当てはまる適切な用語をリストから選んで文章を完成させよ。なお，同じ用語を何度使ってもよい。

植物の芽生えを暗所で水平に置くと，［(ア)］刺激により茎でも根でもオーキシンが［(イ)］側に多く分布する。その結果，茎では［(イ)］側の成長が促進されて［(ウ)］に屈曲するが，反対に根では［(イ)］側の成長が［(エ)］されて［(オ)］に屈曲する。これはオーキシンに対する感受性が茎と根で異なり，茎の成長は比較的［(カ)］濃度で促進されるが根の成長は［(キ)］濃度で促進され，いずれの器官でもさらに濃度が高くなると成長が［(ク)］されるためである。

（用語リスト）

・重力　・接触　・上　・下　・上向き　・下向き　・促進　・抑制

・高　・低

設問(3)：植物ホルモンの作用について述べた次の文章のうち，誤っているものを1つ選び記号で答えよ。

a）頂芽で合成されたオーキシンは側芽の成長に対して抑制的に働き，側芽におけるサイトカイニンの合成は側芽の成長に対して促進的に働く。

b）ジベレリンは，種子発芽を促進し，細胞の縦方向への成長を促進する。

c）落葉や落果が起きるとき，葉柄や果柄の基部に離層と呼ばれる細胞層が形成される。エチレンは離層の形成を抑制する。

d）アブシシン酸は，種子発芽を抑制し，気孔の閉鎖を促進する。

e）エチレンは，細胞の伸長成長を抑制し，茎の肥大成長を促進する。

文2

2000年前後になると，シロイヌナズナやイネを中心に変異体の表現型の解析と，その原因遺伝子の単離や解析が盛んに行われるようになった。植物ホルモンの合成や情報伝達のしくみについても，変異体の解析から次々と明らかになっていった。

ジベレリンの情報伝達において最初に報告されたのは，シロイヌナズナの変異体であった。英国ジョン・イネス・センターのグループは，図1(B)のような草丈が低くジベレリンを与えても伸びない変異体の遺伝子を解析した。変異体では*GAI*遺伝子に変異が見られ，それにより，GAIタンパク質のN末端側の17アミノ酸は欠けるものの，C末端側は正常なGAIタンパク質と同じアミノ酸配列になることがわかった(図2)。今後，この変異体を*d*変異体と呼ぶことにする。その後，シロイヌナズナには，*GAI*遺伝子とよく似た遺伝子が他に4つあることがわかり，どの遺伝子産物にも，N末端側にDELLA(アスパラギン酸 — グルタミン酸 — ロイシン — ロイシン — アラニン)という保存配列があったため，これらの5つのタンパク質は，DELLAタンパク質と呼ばれることになった。図1(C)は，*GAI*遺伝子の欠失変異体を示している。

(A) 野生型

(B) *GAI*遺伝子の*d*変異体

(C) *GAI*遺伝子の欠失変異体

野生型は，*GAI*遺伝子に変異のないものとする。

図1 シロイヌナズナの野生型および変異体

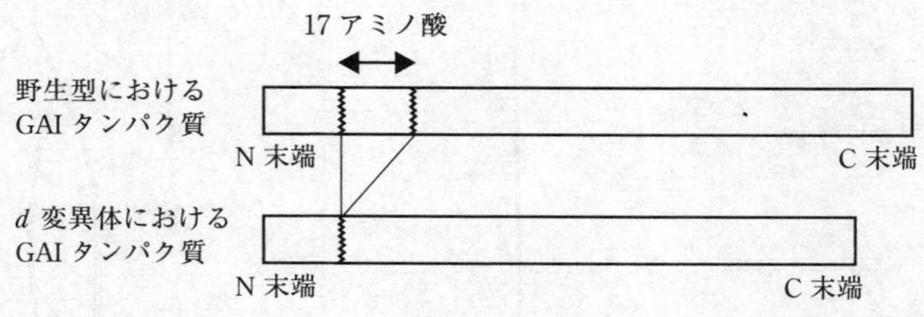

N 末端はタンパク質のアミノ基がある末端を指し，C 末端はタンパク質のカルボキシル基がある末端を指す。

図 2　GAI タンパク質の一次構造

一方，名古屋大学のグループを中心に，ジベレリンに関わるイネのさまざまな変異体が単離された（図 3 ）。野生型(D)と変異型(E)を比較すると，(E)は草丈が低く，イネの中でジベレリンを作ることができないジベレリン合成酵素の欠失変異体であることがわかった。(F)の変異体も草丈が低く(E)の変異体と見分けがつかなかったが，③(E)と(F)の変異体を用いた実験から，(F)はジベレリンの情報伝達の変異体であると推定した。(F)の変異体の原因遺伝子を単離したところ，ジベレリンの細胞内受容体である GID1 の遺伝子が欠失していることが明らかになった。一方で，(G)で示すような草丈が高い変異体も得られた。この変異体の遺伝子を解析したところ，シロイヌナズナの GAI とよく似たイネの DELLA タンパク質遺伝子が欠失していた。また，④(F)と(G)の二重変異体を作ると，二重変異体は （ケ） と全く同じ形質を示した。

(D)　野生型のイネ

(E)　草丈が低い変異体（ジベレリン合成酵素遺伝子の欠失変異体）

(F)　草丈が低い変異体（*GID1* 遺伝子の欠失変異体）

(G)　草丈が高い変異体（イネの DELLA タンパク質遺伝子の欠失変異体）

野生型とは，これらの遺伝子に変異がないイネをさす。

図３　イネの野生型と変異体

さらに，イネの DELLA タンパク質と緑色蛍光タンパク質（GFP）の融合タンパク質（DELLA–GFP 融合タンパク質）の遺伝子を，野生型のイネに遺伝子導入をしたところ，DELLA–GFP 融合タンパク質はイネ細胞の核に局在し，ジベレリンを与えると GFP シグナルは核から消失した。また，GID1 はジベレリンと結合した時のみ，DELLA タンパク質と結合できることもわかった。

現在では，DELLA タンパク質と，GID1 細胞内受容体を中心としたジベレリン情報伝達のしくみは，ジベレリンを植物ホルモンとして使うすべての植物に共通であると考えられている。

設問(4)：下線部③の推定が導き出された実験を設定し，どのような結果が得られたかについて解答欄の枠内で述べよ。

設問(5)：イネにおける変異体の解析や実験結果から，ジベレリンの情報伝達とその作用についてジベレリンがない時とある時に分けて，解答欄の枠内で述べよ。ただし，以下のリストの用語を，それぞれの解答の中ですべて1回は用いること。

(用語リスト)

・草丈伸長　・細胞内受容体　・GID1　・DELLA タンパク質

設問(6)：下線部④の［(ケ)］にあてはまるのは，(F)，(G)のうちどちらの変異体か。解答欄に記入せよ。

設問(7)：シロイヌナズナの d 変異体(図1(B))が『草丈が低く，ジベレリンを与えても伸びない』という表現型である原因についてどのような可能性が考えられるか。ジベレリン情報伝達のしくみと図2を考え合わせて解答欄の枠内で述べよ。ただし，以下のリストの用語を，すべて1回は用いること。

(用語リスト)

・草丈伸長　・細胞内受容体　・GID1　・DELLA タンパク質

・N 末端側の 17 アミノ酸

〔解答欄〕　設問(4)・設問(5)(ジベレリンがない時・ある時)　各ヨコ 13.8 cm × タテ 3 cm

設問(7)　ヨコ 13.8 cm × タテ 4.5 cm

生物　問題Ⅲ

次の文章を読み，以下の設問に答えよ。

文1

動物と植物のからだづくりでは，形態が違うように見えても実は機能的に共通したしくみを備えている場合がしばしば観察される。その一例をモデル動物であるマウスの小腸とモデル植物であるシロイヌナズナの根を比較して考えてみよう（図1）。

動物の小腸は，食べたものを消化して水や栄養分を吸収する働きをしているが，体内環境を一定に保つために，［（ア）］と呼ばれる多数の突起から必要な分子やイオンのみを選択的に吸収している。その一方で，細胞間を分子が自由に移動して毛細血管に入るのを防ぐために，①密着結合と呼ばれる細胞接着で小腸上皮細胞の細胞同士を固く結びつけている（図1(A)）。

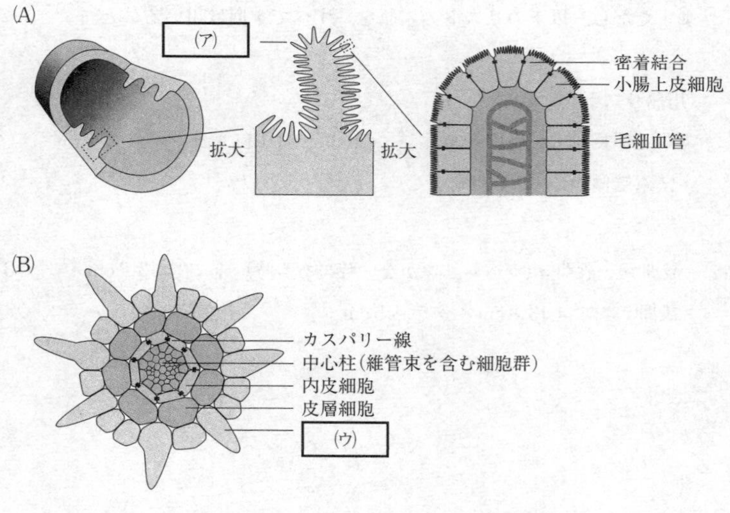

図1　マウスの小腸およびシロイヌナズナの根の断面図

植物の根は，水や栄養分を ⑷ 細胞の一種である ⑼ と呼ばれる突起から吸収するが，皮層細胞までは細胞間を分子やイオンが自由に拡散できる。一方で，内皮細胞の細胞間にはカスパリー線と呼ばれるバリアが形成されて隙間を埋めており，やはり細胞間を分子やイオンが自由に移動して中心柱の維管束に入るのを防いでいる(図 1(B))。

こうして見てみると，動物の小腸と植物の根は，いずれも水や栄養分を吸収する点で共通点があり，また動物の密着結合と植物のカスパリー線も，構成成分に違いがあるが本質的な役割は同じである。このような機能的な類似性と形態的な対比から，植物の根は inverted gut(裏返しの腸)と呼ばれることもある。

植物のカスパリー線は高分子化合物であるリグニンが主成分であり，根の成長とともに先端部で順次形成される(図 2)。このカスパリー線の形成のしくみを明らかにするために，シロイヌナズナを用いてカスパリー線の形成が不完全となる突然変異体の探索が行われた。この変異体探索では，②まず，大腸菌由来の酵素 GUS を中心柱の細胞間に分泌する遺伝子組換え植物を作成し，その植物に遺伝子変異を誘発する化合物を与え，様々な遺伝子に突然変異が生じた多数の種子を作らせた。次に，これらの種子から出た根を，GUS により加水分解されると青く発色する基質水溶液に浸し，根の中心柱が短時間で青くなる変異体を選抜した。得られた変異体を詳しく調べた結果，タンパク質 A またはタンパク質 B の機能が失われるとカスパリー線の形成が不完全となったことから，それぞれのタンパク質がカスパリー線の形成に必要であることが明らかになった。また別の解析により，中心柱の細胞群から分泌されるポリペプチド C がカスパリー線の形成に必要であることも明らかになった。ポリペプチド C は，受容体として機能するタンパク質 A のリガンドとして機能していた。③タンパク質 A は，内皮細胞の細胞膜においてカスパリー線が形成される位置を挟んで中心柱側と皮層細胞側の両方に存在しており，タンパク質 B は皮層細胞側にだけ存在していた。タンパク質 A はタンパク質 B と隣り合っている場合にのみリガンド依存的に情報伝達を活性化し，カスパリー線の形成を誘導する(図 2)。

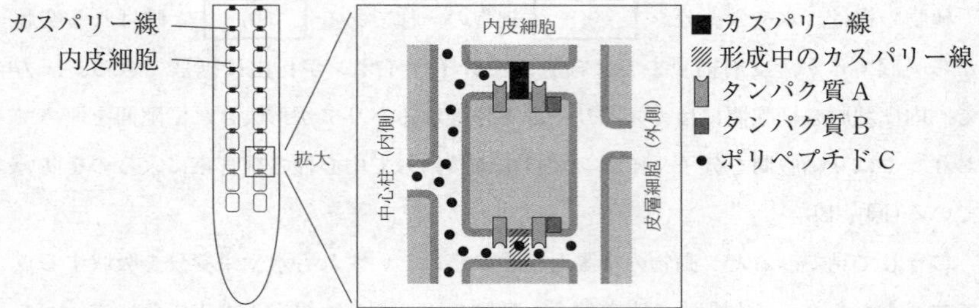

図２　カスパリー線形成領域におけるタンパク質 A，B，およびポリペプチド C の存在部位

設問(1)：空欄 (ア) ～ (ウ) に適切な用語を記入せよ。

設問(2)：下線部①について，密着結合を構成する主要タンパク質はクローディンという膜タンパク質である。動物に見られるその他の細胞接着のうち，固定結合とギャップ結合に関わる主要なタンパク質の名前をそれぞれ答えよ。

設問(3)：下線部②について，この探索法でカスパリー線の形成が不完全な変異体が選抜できる理由を解答欄の枠内で述べよ。

設問(4)：下線部③について，タンパク質 B を内皮細胞の皮層細胞側だけでなく内皮細胞全体で発現させた遺伝子組換え植物では，形成されたカスパリー線の周辺にさらにリグニンが過剰に蓄積することが知られている。図２を参照しながら，タンパク質 B が内皮細胞の皮層細胞側のみに存在することの意義を考察して解答欄の枠内で述べよ。なお，タンパク質 A の存在部位はタンパク質 B の影響を受けない。また，カスパリー線の形成は不可逆的であることが知られている。

〔解答欄〕　設問(3)　ヨコ 13.8 cm× タテ 5.2 cm

設問(4)　ヨコ 13.8 cm× タテ 3.5 cm

文２

動物の密着結合の形成もさまざまなホルモンによって調節されていることが知られている。乳産生に関わる乳腺上皮組織はそのひとつであり，内腔に分泌された乳汁成分が細胞間から漏出して血液に混入するのを防ぐために，泌乳期特異的に密着結合が形成される（図３）。乳腺上皮組織における時期特異的な密着結合の形成のしくみを調べるために，次の実験を行った。

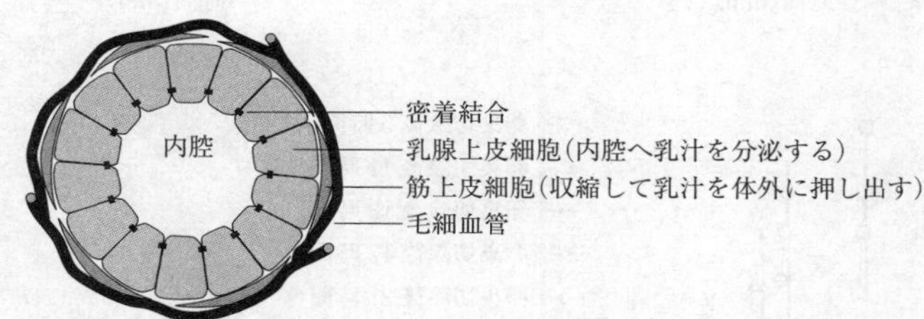

図３　泌乳期の乳腺上皮組織に見られる密着結合

（実験１）

妊娠後期（出産３日前）のマウスと出産後の泌乳期のマウスのそれぞれについて，放射性同位体の炭素原子 ^{14}C で標識したショ糖溶液を乳腺の内腔へ細い針を用いて注入した後，経時的に血中の放射活性を測定した（図４(A)）。

（実験２）

実験１と同様に，妊娠後期のマウスと泌乳期のマウスのそれぞれについて放射性標識したショ糖溶液を乳腺の内腔へ注入した後，５分後に泌乳期のマウスにはカルシウムイオンの働きを阻害する化合物であるEGTAを乳腺の内腔へ注入し，引き続き経時的に血中の放射活性を測定した（図４(B)）。

（実験３）

妊娠後期のマウスから卵巣を切除した後，５，11，13，17，および21時間後に放射性標識したショ糖溶液を乳腺の内腔へ注入し，毎回の注入直前（０分）および注入後５，10，20，および40分後に血中の放射活性を測定した（図４(C)）。

（実験４）

表１に示すさまざまな臓器摘出操作およびホルモン皮下注射を行なった妊娠後期のマウスについて，操作の21時間後に放射性標識したショ糖溶液を乳腺の内腔へ注入し，注入５分後に血中の放射活性を測定した。

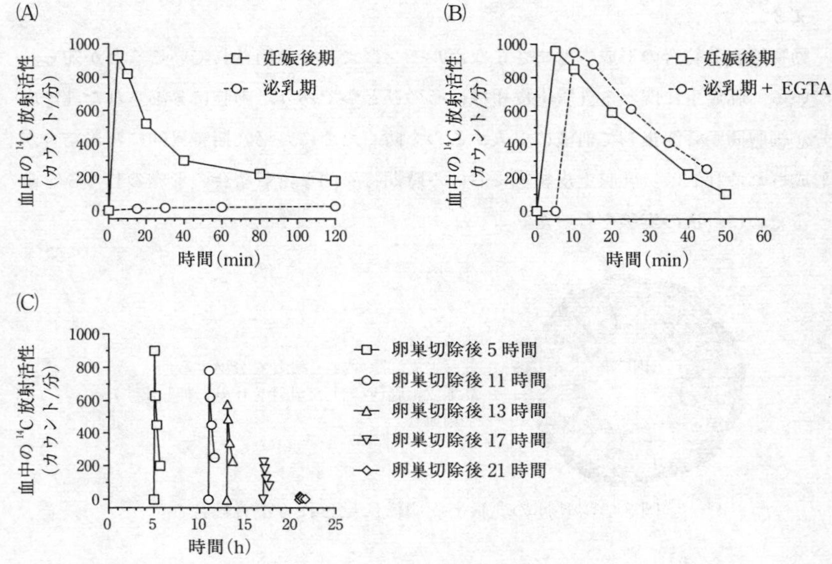

図4 各実験において血中に検出された ^{14}C 放射活性

表1 各実験操作が血中の ^{14}C 放射活性に与えた影響

実験操作	血中の ^{14}C 放射活性
偽手術*	強く検出された
卵巣摘出	ほとんど検出されなかった
卵巣摘出＋黄体ホルモン投与	強く検出された
偽手術*＋糖質コルチコイド投与	強く検出された
卵巣摘出＋副腎摘出	ほとんど検出されなかった
卵巣摘出＋子宮摘出	ほとんど検出されなかった
卵巣摘出＋副腎摘出＋子宮摘出	強く検出された
卵巣摘出＋副腎摘出＋子宮摘出＋糖質コルチコイド投与	ほとんど検出されなかった

偽手術*：比較実験として臓器は摘出せずに麻酔と皮膚切開および縫合のみを行うこと

設問(5)：実験１および実験２の結果から，カルシウムイオンの役割について考察し，解答欄の枠内で述べよ。

設問(6)：一連の実験の結果に基づき，下記の空欄 [(エ)] ～ [(キ)] に適切な用語を以下のリストから選んで文章を完成させよ。なお同じ用語を何度使ってもよい。

黄体ホルモンは [(エ)] から分泌されると考えられ，乳腺上皮組織における密着結合の形成を [(オ)] する作用がある。糖質コルチコイドは [(カ)] から分泌されると考えられ，密着結合の形成を [(キ)] する作用がある。

(用語リスト)

・卵巣　・卵巣および副腎　・副腎　・副腎および子宮　・子宮

・子宮および卵巣　・促進　・抑制

設問(7)：一連の実験の結果から，乳腺上皮組織において密着結合が形成されるために必要なホルモンの条件として正しいものを１つ選べ。

a）黄体ホルモンと糖質コルチコイドの両方が存在すること。

b）黄体ホルモンが存在し，かつ糖質コルチコイドが存在しないこと。

c）糖質コルチコイドが存在し，かつ黄体ホルモンが存在しないこと。

d）黄体ホルモンと糖質コルチコイドのいずれも存在しないこと。

〔解答欄〕　設問(5)　ヨコ 13.8 cm × タテ 2.6 cm

生物　問題Ⅳ

次の文章を読み，以下の設問に答えよ。

文1

マングローブキリフィッシュは，カリブ海の島々を含め，アメリカ大陸大西洋岸のマングローブ林に広く生息する小型魚である。この魚は発達した卵巣中に小さな精巣をもち，体内で卵と精子を受精させる，脊椎動物で唯一自家受精による生殖が知られている雌雄同体生物である。

何世代も自家受精を続けると，ほとんどすべての遺伝子がホモ接合になってゆく。このことを以下の実験により確かめた。実験室で 20 世代以上にわたって自家受精を重ねた系統ＰとＱを用意した。どちらの系統もすべての遺伝子がホモ接合であった。両系統の対立遺伝子間には塩基配列の違いが多くあるため，ある遺伝子がどちらの系統由来かは容易に判別できる。Ｐの卵とＱの精子を体外で受精させ，雑種第１代(F_1)を得た。予想通りすべての遺伝子がヘテロ接合だった。次に F_1 の１個体の自家受精により雑種第２代(F_2)を多く得た。なおＰとＱの間の雑種のすべての世代は，正常に自家受精による子孫を残した。ある１つの遺伝子 h について考えれば，F_2 ではＰ由来の対立遺伝子(h^P とする)のホモ接合 $h^P h^P$ が［(ア)］%，Ｑ由来の対立遺伝子(h^Q とする)のホモ接合 $h^Q h^Q$ が［(イ)］%，ヘテロ接合 $h^P h^Q$ が［(ウ)］%の割合で現れるだろう。つまり全体としてはホモ接合とヘテロ接合は１：１と期待される。F_2 の１個体の自家受精後では，ある１つの遺伝子のホモ接合の子孫はすべてホモ接合，ヘテロ接合の子孫はホモ接合とヘテロ接合が１：１と期待される。したがって F_3 ではホモ接合が［(エ)］%，ヘテロ接合が［(オ)］%の割合で現れるだろう。このように考えると雑種第ｎ代，(F_n)ではこの遺伝子のヘテロ接合の割合は，

$$\left(\frac{1}{2}\right)^{\boxed{(カ)}} \times 100\ \%\ となる$$

F_{10} でのこの遺伝子のホモ接合の割合は［(キ)］%と期待される。このように，自家受精を繰り返せばほとんどすべての遺伝子がホモ接合になってゆく。

設問(1)：空欄 [(ア)] ～ [(キ)] に入る適切な数字(指数 [(カ)] は数式)を記入せよ。ただし，[(キ)] は小数第3位を四捨五入した値を記せ。

文2

文1のP，Q間のF_1の自家受精により得られたF_2の10個体を用い，染色体地図を作成した。遺伝子A，B，C，Dはこの順で同一染色体上にある。それぞれの個体の遺伝子がP由来の対立遺伝子のホモ接合(PPと記す)，Q由来の対立遺伝子のホモ接合(QQと記す)，ヘテロ接合(PQと記す)のどれかを調べ，下の表1を得た。

また，体色はPが茶，Qはグレイの系統を用いた。F_1の体色はすべて茶であった。

表1　F_2の10個体の対立遺伝子の組み合わせと体色

		個体番号									
		1	2	3	4	5	6	7	8	9	10
遺伝子	A	PP	PQ	PQ	PQ	PP	PQ	QQ	QQ	PQ	PP
	B	PP	PQ	PQ	QQ	PP	PQ	QQ	QQ	PQ	PP
	C	PP	PQ	PQ	QQ	PP	PP	QQ	QQ	PQ	PP
	D	PP	QQ	PQ	QQ	PP	PP	QQ	PQ	PQ	PP
体色		茶	茶	茶	グレイ	茶	茶	グレイ	茶	茶	茶

設問(2)：各遺伝子間の組換え価(組換えの起こった配偶子数／全配偶子数)× 100 %を計算し，4つの遺伝子の染色体地図を描け。なお，この場合の全配偶子数は10個体のF_1の卵と精子を合わせて20である。解答用紙の染色体地図の空欄 [　　] の適当と思われる場所に遺伝子名B，C，Dを書き込め。残る2つの空欄には何も書き込む必要はない。

設問(3)：茶かグレイの体色を決める遺伝子はA，B，C，Dと同一染色体上にあることがわかっている。表1のF_2の各個体の体色から，茶かグレイの体色を決める遺伝子はどの2つの遺伝子の間にあるか推測できる。解答欄に2つの遺伝子名を記入せよ。順番は問わない。

〔解答欄〕　設問(2)

染色体地図

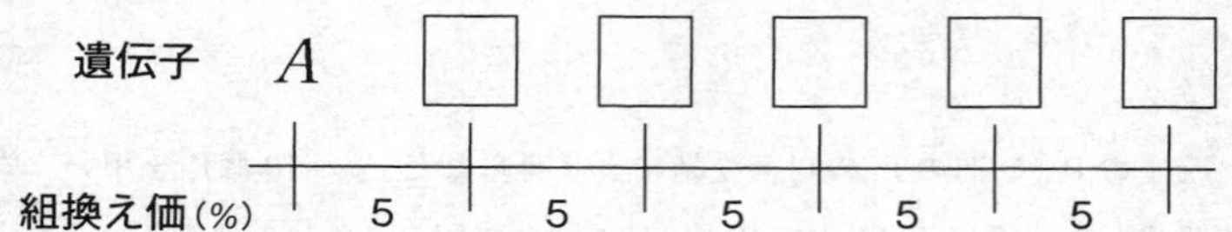

文３

文１より，もし野外のマングローブキリフィッシュが自家受精だけで生殖していると仮定すると，ほとんどすべての遺伝子がホモ接合になっているだろう。このことを，隣接するマングローブ林(地点ＸとＹ)から５個体ずつマングローブキリフィッシュを採取し，検討した。８つの遺伝子(*R1* から *R8*)について，それぞれの個体の対立遺伝子の組み合わせを調べ，下の図１を得た。どの遺伝子でも最大２つの対立遺伝子しか見つからなかったので，一方を白，他方を黒で表した。白か黒の四角形はそれぞれ，白か黒の対立遺伝子のホモ接合，対角線を挟んで色が異なる場合は白と黒のヘテロ接合を表す。地点Ｘでは，Ｘ3 個体の４つの遺伝子 *R1*，*R2*，*R6*，*R8* がヘテロ接合だった以外はすべて同じ対立遺伝子(白)のホモ接合だった。地点Ｙではすべてホモ接合だったが，４つの遺伝子 *R1*，*R2*，*R6*，*R8* で２種類の対立遺伝子(白か黒)のホモ接合が見られた。

遺伝子

地点Xの個体番号	*R1*	*R2*	*R3*	*R4*	*R5*	*R6*	*R7*	*R8*
X1								
X2								
X3	◢	◢				◢		◢
X4								
X5								

地点Yの個体番号	*R1*	*R2*	*R3*	*R4*	*R5*	*R6*	*R7*	*R8*
Y1		■				■		
Y2	■							
Y3						■		■
Y4	■	■				■		
Y5	■					■		

図１　隣接するマングローブ林(地点ＸとＹ)から採取した個体の対立遺伝子の組み合わせ

マングローブキリフィッシュは，隣接するマングローブ林の間を，低い頻度で移動することがある。文１の結果を合わせて考えると，図１の結果は地点 (ク) の個体番号 (ケ) のような (コ) 接合の遺伝子をもつ個体が地点 (サ) に移動して (シ) をくり返し繁殖した結果と解釈できる。

設問(4)：空欄 (ク) ～ (シ) に入る適切な記号または用語を記入せよ。

文４

文３で地点Ｘの個体Ｘ３に見られたヘテロ接合はどのようにして起こったのだろう？そのヒントは，地点Ｘ，Ｙとは離れた地点Ｚのマングローブ林で行った同様な調査の結果から得られた(図２)。地点Ｚでも地点Ｘ，Ｙと同じ対立遺伝子しか見つからなかったので，一方を白，他方を黒で表した。

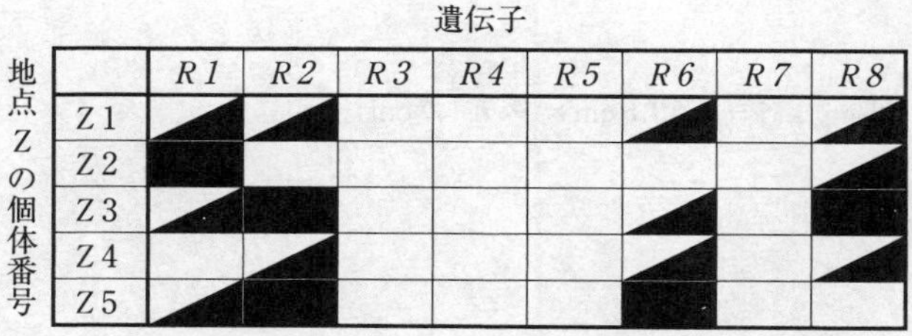

遺伝子

地点Ｚの個体番号	*R1*	*R2*	*R3*	*R4*	*R5*	*R6*	*R7*	*R8*
Ｚ１								
Ｚ２								
Ｚ３								
Ｚ４								
Ｚ５								

図２　マングローブ林(地点Ｚ)から採取した個体の対立遺伝子の組み合わせ

地点Ｚでは地点Ｘ，Ｙとは異なり，ヘテロ接合の割合が多いのが特徴だった。さらに詳しく調べたところ，マングローブキリフィッシュには雌雄同体の個体に加えて，精巣しかもたない雄の個体が存在して，その割合が地点ＸとＹではおよそ１％に対して，地点Ｚでは20％に達することがわかった。

これらの結果から，マングローブキリフィッシュは自家受精に加えて，多数生息する雌雄同体の個体に由来する卵と，まれな雄の個体に由来する精子との間の受精により子孫を残していることが推測された。この生殖形式は<u>雄性両性生殖</u>①と呼ばれ，植物ではよく知られている。

実験室の環境下で，マングローブキリフィッシュが雄性両性生殖を行っていることを確認したい。体色 (ス) の雌雄同体の個体と体色 (セ) の雄の個体を同じ水槽で飼育し， (ソ) の体色の子孫が得られればこのことが確認できる。

設問(5)：空欄 [(ス)] ， [(セ)] ， [(ソ)] に入る適切な体色の順番は次のうちどれか，記号で答えよ。

a）茶，茶，グレイ

b）茶，グレイ，茶

c）グレイ，茶，茶

d）グレイ，グレイ，茶

e）グレイ，茶，グレイ

f）茶，グレイ，グレイ

設問(6)：下線部①の雄性両性生殖は，雌雄別個体の間のみの生殖と比べても，自家受精のみによる生殖と比べても，有利な点がある。それぞれの有利な点を解答欄の枠内で述べよ。

〔解答欄〕　設問(6)　各ヨコ 13.8 cm × タテ 1.7 cm

地学

（情報（コンピュータ科）・理学部：２科目 150 分）
（情報（自然情報）学部：　　　　　１科目　75 分）

地学　問題Ⅰ

以下の文章を読み，問１～問４に答えなさい。

地球の長い歴史の中で，地球表層環境は変化してきた。図１は過去約６億年間の大気中の酸素(O_2)と二酸化炭素(CO_2)の濃度変化を示したものである。この図をよく見て，以下の問いに答えなさい。

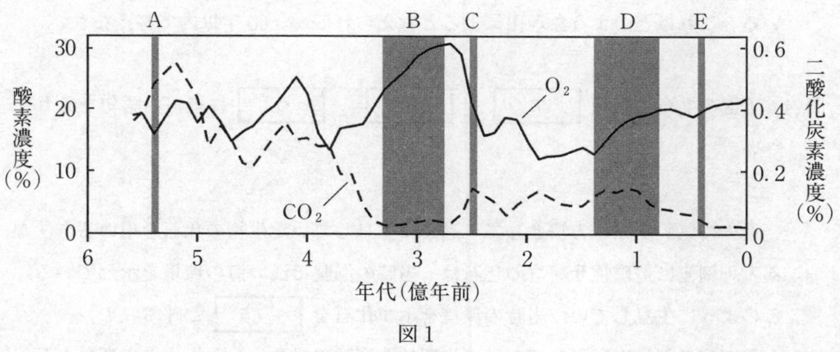

図１

問１　地球の表層環境の変遷や生物進化のうち，下に示す４つのできごとは，図１の上に示したＡ～Ｅのどの時期に起きたものか。それぞれをＡ～Ｅで答えなさい。また該当する時期が図１のＡ～Ｅにない場合は，「該当なし」と答えなさい。

１．海中で大規模な縞状鉄鉱層が形成された。

２．温暖で安定した気候が続き，極地域に氷床がほとんど存在しなかったと考えられている。海にはアンモナイトやイノセラムスが生息し，陸では恐竜類が繁栄していた。

3．超大陸パンゲアが出現した。陸上ではシベリアで大量の溶岩が噴出した一方，海中では酸素に乏しい海水が広範囲に出現し，多くの海洋動物が絶滅した。

4．南極がアフリカ，南米，オーストラリアから分離し，南極を周回する海流が生まれたことにより，南極が寒冷化した。

問 2　地球の兄弟星と呼ばれる金星や火星の大気には酸素はほとんどなく，二酸化炭素が大気のほとんどを占めている。また原始地球の大気も二酸化炭素が主体であったと考えられている。ではなぜ図 1 に示す期間では，地球大気には金星や火星の大気に比べて二酸化炭素が極めて少なく，酸素が多く含まれているのか。その理由を 70 字以内で答えなさい。

問 3　図 1 の B に示す時期には酸素濃度が著しく上昇し，二酸化炭素濃度が低下している。これはどのような理由によると考えられるか。60 字以内で答えなさい。

問 4　下記の文章の空欄 [ア]，[イ]，[ウ] に適当な語句を入れなさい。

過去の気候を知る方法として，過去に生息していた生物の化石を用いる方法がある。例えば造礁性サンゴの化石は，当時の温暖で浅い海の環境を示している。このように生息していた当時の環境を示す化石を [ア] と呼ぶ。

第四紀の気候変動として，ほぼ周期的な寒暖の繰り返しと海水準の変動が記録されている。この気候変動を知るための化学的な手法として，過去の海に生息していた化石の殻から [イ] を求めて用いる方法がある。第四紀の気候変動の周期性に関する説明として，地球の公転・自転軌道要素の周期的変化である [ウ] により，地球が受ける太陽放射の周期的変動がもたらされるという考えが提唱されている。

地学　問題Ⅱ

以下の文章を読み，以下の問 1 ～問 5 に答えなさい。

地球の表面はプレートと呼ばれる岩層である［ア］で覆われている。［ア］は化学組成が異なる浅部の［イ］と深部の［ウ］で構成されている。その下にある［エ］は［ア］の深部と同じ物質で構成されているが①［ア］とは性質が異なる。

海洋底において，プレートは発散境界である［オ］において生成し，水平方向に移動していくが，［オ］から離れるにつれて次第に②プレートの密度や厚さが変化する。また，海洋プレートにおいてアイソスタシーが成立していることから，海洋底の水深は次第に［カ］なる。やがてプレートは収束境界である［キ］から地球内部に沈み込む。

問 1　空欄［ア］～［キ］に当てはまる最も適切な語句を書きなさい。

問 2　下線部①について，［ア］と比較して［エ］にはどのような性質があるか，15 字以内で答えなさい。

問 3　下線部②について，［オ］から離れるにつれて密度と厚さはどのように変化するか，それぞれ理由と共に 70 字以内で説明しなさい。

問 4　［オ］とそこから十分離れた海洋底の場所 A においてアイソスタシーが成立しているとする。海水，［ア］，［エ］の平均密度をそれぞれ ρ_w, ρ_1, ρ_2，場所 A における［ア］の厚さを L，［オ］からの海洋底の沈降量を h とする。ここで［オ］においてはまだ［ア］が十分に生成されておらず，その厚さは無視できるとする。

(1)　［オ］と場所 A においてアイソスタシーが成立していることを表す式を立てなさい。

(2)　この式を用いて(変形してよい)，［ア］と［エ］の平均密度の大小について説明しなさい。

(3) 場所Aでの$L = 100$ km，$h = 3.00$ km，$\rho_w = 1000\ \mathrm{kg/m^3}$，$\rho_2 = 3300\ \mathrm{kg/m^3}$として，$\rho_1$を求めなさい。解答欄に計算過程を記し，有効数字は3桁としなさい。

問5 問3と問4の結果から，[キ]からプレートが沈み込むのはどのような働きによると考えられるか，50字以内で説明しなさい。

地学 問題Ⅲ

以下の文章を読み，問1～問4に答えなさい。

対流圏の単位質量あたりの水蒸気量は，空間的・時間的に大きく変動し，平均的には地表に近いほど，また低緯度ほど多い。大気中の水蒸気は，蒸発するときに熱を吸収して周囲の大気を冷却し，雲粒になるときには熱を放出して周囲の大気を加熱する。①このような相変化に伴い出入りする熱は，大気の熱収支や運動において重要な役割を果たしている。水蒸気は②大気中に浮遊している微粒子を核にして凝結や昇華し，水滴や氷の結晶(雲粒)になる。③このような水滴や氷の結晶が成長して大きくなったものから雨粒が形成され，降水をもたらす。

また，水蒸気は主要な温室効果気体として知られており，地表の熱エネルギー収支においても重要な役割を果たしている。④温室効果気体などによる温室効果がなければ，地球全体の平均地表温度は，現在よりも30℃以上も低下してしまうと考えられている。

問1 下線部①が重要な役割を果たす例として，空気塊が山をこえて下降する場合を考える。以下の(1)，(2)に答えなさい。

(1) 海抜高度0mにある気温20℃の空気塊が，2500mの山をこえて風下側の海抜高度0mの海岸に達した場合を考える。空気塊が凝結を開始するときの気温を13℃，乾燥断熱減率を1.0℃/100m，湿潤断熱減率を0.5℃/100mとする場合，山頂，および風下側の海抜高度 0 m の海岸に達したときの気温をそれぞれ求めなさい。解答欄には計算過程も示すこと。ただし，空気塊は断熱的に膨張・圧縮され，周囲の大気との熱のやり取りはないものとし，凝結した水滴は山頂までにすべて降雨になるとする。

(2)　(1)の現象を何と呼ぶか答えなさい。

問 2　下線部②について，以下の(1)，(2)に答えなさい。

(1)　このような水滴や氷の結晶の核となる微粒子をそれぞれ何と呼ぶか答えなさい。

(2)　微小な水滴は，0℃以下に冷やされてもすぐには凍結せずに水滴のまま存在する。このような状態を何と呼ぶか答えなさい。

問 3　下線部③について，熱帯で発達する背の高い積乱雲や中・高緯度で形成される雲の中では，水滴と氷の結晶が混在していることが多く，氷の結晶は水滴から水を奪って急速に成長する。このような現象は，水滴と氷の結晶で何がどのように異なるために起こる現象か，70 字以内で説明しなさい。

問 4　下線部④について，温室効果気体が地表や対流圏下層の気温を高く保つ理由を 50 字以内で説明しなさい。

地学　問題Ⅳ

多くの恒星について，そのスペクトル型を横軸に，絶対等級を縦軸にとって示したヘルツシュプルング・ラッセル図(HR 図)の一部を図２に示す。図中のａ，ｂ，ｃの恒星について以下の問１～問５に答えなさい。計算問題については，解答欄に計算過程を記し，有効数字は２桁としなさい。

必要であれば，$\sqrt[5]{100} = 2.51$，１パーセク $= 3.08 \times 10^{13}$ km を用いなさい。

問１　恒星の分類において，ａ，ｂ，ｃはそれぞれ何と呼ばれているか答えなさい。

問２　ａ，ｂ，ｃのスペクトル型に相当する色を，赤，青白，黄の中から選んでそれぞれ答えなさい。

問３　ａの見かけの等級が -10 であるとき，地球からａまでの距離を km の単位で求めなさい。

問４　ｂの実際の明るさはａのそれの何倍に相当するか求めなさい。

問５　ａの表面温度が 6000 K であるのに対し，ｃの表面温度が 15000 K であるとき，ａの半径はｃの半径の何倍に相当するか求めなさい。

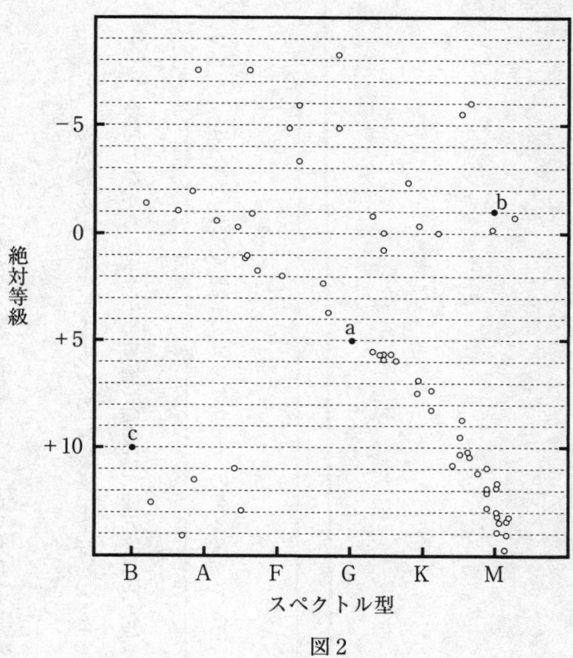

図 2

問五　傍線部④「利害関係が入りくんだ不特定多数の人が集まるコミュニティや公共の場においてこそ、ウェルビーイングの観点が必要になる」とあるが、ここでいう「ウェルビーイング」とはどのようなものか。「個人主義的」「集産主義的」の二つの用語を用いながら、本文に即して一一〇字以内（句読点・かっこ類も字数に含める）で説明せよ。

問六　傍線部⑤「ウェルビーイングの「解像度」を上げること」とあるが、それはどういうことか。次に示した「解像度」の定義を参照しながら、本文中の事例を参考に、四五字以内（句読点・かっこ類も字数に含める）で説明せよ。

> カメラ、テレビ画面、コンピュータのディスプレーやプリンターなどで、表示できる画像や文字の精細さの度合い。
>
> （『精選版　日本国語大辞典』）

【注】○アルゴリズム――問題を解決する定型的な手順・計算方法。
○フィルターバブル――インターネットで利用者の好む情報ばかりが選択的に提示されることによって、好ましい情報しか見えなくなってしまうこと。これによって社会的分断が進行するとされる。
○CEO――企業の最高経営責任者。
○マインドフルネス――めい想などを利用して心を整える方法。また、その整った心の状態。

問一　傍線部a～jのカタカナは漢字に、漢字は読みをカタカナに、それぞれ改めよ。

問二　傍線部①「もしかしたら、私たちは情報通信技術によって「幸せ」から遠ざけられているのだろうか？」とあるが、筆者がそのように問う理由を本文に即して八〇字以内（句読点・かっこ類も字数に含める）で説明せよ。

問三　傍線部②「福祉（ウェルフェア）」と傍線部③「福祉（ウェルビーイング）」の違いについて、本文に即して一二〇字以内（句読点・かっこ類も字数に含める）でまとめよ。

問四　空欄A～Dに入れるのに最適な語を、次のア～ウから選び、記号で答えよ。ただし、同じ記号を二度以上使ってもよい。

ア　医学　　イ　快楽　　ウ　持続

によって生まれる物語性、身振りや手振りや触れ合いといった身体性が人間の行動原理に強い影響を与える日本や東アジアにおいては、とりわけ集産主義的なアプローチがウェルビーイングを考えるうえで重要となってくるはずだ。

個人の身体と心を対象とした欧米型の「わたし」のウェルビーイングからこぼれ落ちてしまった、身体的な共感プロセスや共創的な場における「わたしたち」のウェルビーイングの観点を、日本や東アジアのウェルビーイングに取り組むためには忘れてはならない。もちろん、個人主義的な視点と集産主義的な視点は対立するものではなく、一人の人間のなかに両面が存在し、ウェルビーイングの理解を補完しあうものである。

また、人と人のあいだにウェルビーイングが生じると考える集産主義的な視点を広げると、それは「コミュニティと公共のウェルビーイング」へとつながる。特定の人とのつながりだけでなく、④利害関係が入りくんだ不特定多数の人が集まるコミュニティや公共の場においてこそ、ウェルビーイングの観点が必要になるであろう。そして、不特定多数の人と人が交わる場は、インターネットの空間にも存在し、同様に「インターネットのウェルビーイング」も存在するはずである。

個人の心のなか、人と人のあいだ、コミュニティや社会、そしてネットのなか、とこれらの領域は独立しながらも影響しあっており、そのすべてを捉えなければウェルビーイングの総体を捉えることはできない。私たちがいま取り組むべきは、⑤ウェルビーイングの「解像度」を上げることであり、ウェルビーイングとはいったい何なのかを整理しなおすことだろう。これらの領域にまたがったウェルビーイングを整理していくことでこそ、「わたし」や「わたしたち」にとってのウェルビーイングとは何なのか、どうやってウェルビーイングを実現していくのか、そこへの道のりが見えてくるはずだ。

（渡邊淳司、ドミニク・チェン監修・編著『わたしたちのウェルビーイングをつくりあうために』所収、安藤英由樹、渡邊淳司「ウェルビーイングの見取り図」による）

しかし、ひとくちにウェルビーイングといっても、その意味が見えづらいのもたしかだ。直訳すると「心身がよい状態」を指すこの言葉は、しばしば「医学的ウェルビーイング」、「快楽的ウェルビーイング」、「持続的ウェルビーイング」という3つの定義で使われている。

ひとつめの「医学的ウェルビーイング」とは、心身の機能が不全でないか、病気でないかを問うものである。これは健康診断やメンタルヘルスに関する診断を通じて測定可能である。ふたつめの「快楽的ウェルビーイング」とは、その瞬間の気分の良し悪しや快／不快といった主観的感情に関するものである。最後の「持続的ウェルビーイング」は、人間が心身の潜在能力をハッキ[h]し、意義を感じ、周囲の人との関係のなかでいきいきと活動している状態を指す包括的な定義である。

これら3つのウェルビーイングは、必ずしもすべてが同時に満たされるわけではない。たとえば課題に取り組んでいるときの一時的な苦しさは［A］的ウェルビーイングを阻害[i]するが、その課題を乗り越えることで達成感や有能感を得られるならば［B］的ウェルビーイングを充足するものだといえる。従来は身心の健康状態で判断できる［C］的ウェルビーイングや、心拍やホルモン量など生体反応の指標によって計測できる快楽的ウェルビーイングが研究の対象とされてきたが、2000年代に入りその状況は大きく変わった。特に「［D］的ウェルビーイング」を対象に、主観指標や行動指標も含め、包括的・持続的に捉えようとする取り組みが加速し、「Positive Computing」をはじめとする「［D］的ウェルビーイング」を情報技術によってソクシン[j]するための方法論が研究され始めている。

このように、ウェルビーイングの研究は近年急速に進んできているが、一方でこれまでの研究の多くはもっぱら「個人主義的（Individualistic）」な視点に基づいて進められてきたことに注意せねばなるまい。欧米では主潮となるこの視点は、確立された個人のウェルビーイングを満たすことで社会への貢献を目指すものであるが、それだけでなく、集団のゴールや人間同士の関係性、プロセスのなかで価値をつくりあうという考えに基づく「集産主義的（Collectivistic）」な視点を無視してはいけないだろう。人間関係や場のなかでの役割遡[e]れば、1990年代から始まった、主張し過ぎない穏やかな情報提示をする「Calm Technology」や、ユーザーの感情を計測し働きかけるための「Affective Computing」のような研究分野とも接続しながら、現在、情報技術と人間の心的な側面の関係性に対する関心は非常に高まっている。

企業活動においても、さまざまな分野のCEOもウェルビーイングという言葉を口にすることが多くなった。現代社会において、すべての問題を効率性や経済性のみによって解決することは困難である。それに代わる、もしくはそれ以外の価値基準としてウェルビーイングという視点がとりあげられている。現在のところ、ウェルビーイングは付加的な概念のひとつに過ぎないかもしれないが、環境問題がそうであったように、遠くない将来、人間のウェルビーイングにハイリョ[f]しない企業や自治体など考えられないという社会が到来するかもしれない。そのときに、「効率性」や「経済性」とは異なる価値基準にそれぞれの企業が取り組み、企業活動を通して社内外で共有されることは、社会的な存在としての企業の価値を向上させるものになるであろう。

福祉分野においても、ウェルビーイングは議論の対象となることが多い。近年の福祉理念は、社会的弱者を救うという②福祉（ウェルフェア）[Welfare]から、自律的な活動や自己実現をとおしての③福祉（ウェルビーイング）[Wellbeing]へ変化しているといわれている。社会から見たときに、福祉の対象を保護や救済の対象と考えるのではなく、一人の人間としてその充足や自律性を積極的に尊重しようという考えに変わってきたということである。これは、ウェルフェアの視点からつくられたプログラムでは、対象それぞれが持つ固有の状況に対応できないということや、むしろ対象を能動的な主体として捉え、個々のウェルビーイングを起点にすることでより豊かな福祉が実現できるのではないかという考えによる。もちろん、個人のウェルビーイングだけを考えていては、その社会は成り立たず、ケアを必要とする人とケアをする人を社会全体でどのように包摂[g]していくべきか、福祉におけるウェルビーイングの議論は、超高齢化社会を迎える日本においては大きな課題である。

いことを意味している。他人といつでも連絡が取れる安心感を得ると同時に、私たちの心身は常に緊張し、リラックスすることが困難になっているのだ。加えてSNSや検索エンジンのアルゴリズムは「最適化」の名のもとに[a]偏った情報でユーザーを包み込み、「フィルターバブル」と呼ばれる分断の状況を生んだ。ソーシャルゲームへの依存に伴う過度な課金や、チャットツールなど閉じたコミュニティで発生するいじめ、SNS上での[b]誹謗中傷など、インターネットの発展に伴って生まれた問題はもはや社会全体に大きな影響を及ぼしつつある。

①もしかしたら、私たちは情報通信技術によって「幸せ」から遠ざけられているのだろうか？

こうした問題は、情報通信技術を開発するうえで根源的な目標であった「人間を幸せにする」ことがきちんと意識されないまま設計が進んでしまったことから生まれたものだといえる。そもそも人間にとって「幸せとは何か」がきちんと検討されてこなかったからこそ、本来人々を幸せにするはずの技術が人々を抑圧してしまっているのだ。

近年、これらの背景から、「ウェルビーイング（Wellbeing）」という人間の心の豊かさに関する概念が注目されている。たとえば2015年に国連で[c]サイタクされた「SDGs：2030年までの持続可能な開発目標」においてウェルビーイングは重要な達成目標のひとつとして挙げられている。日本においても、2020年に内閣府「ムーンショット型研究開発制度」が発表した2050年までに達成すべき6つの目標において、それらの研究開発は人々のウェルビーイングに向けたものであると明言されている。また、『TIME』や『WIRED』などさまざまなメディアでもウェルビーイングやマインドフルネスがとりあげられる機会は増えており、この概念は一般にも広く[d]シントウしつつあるといえるだろう。とりわけ情報技術の領域においては近年ウェルビーイングの研究が盛んになりつつあり、ヒューマン・コンピュータ・インタラクション（HCI）や人工知能（AI）分野のカンファレンスではウェルビーイングに関するセッションが開かれることも増えてきた。日本の学術機関においてもウェルビーイングの名を冠した研究機関が開設されたり、ウェルビーイングと情報技術に関する研究プロジェクトも増えている。

国語

（四五分）

一

次の文章を読んで、後の問に答えよ。

情報通信技術の革新は、あなたを幸せにしてくれただろうか。

パーソナルコンピュータの発明やインターネットの登場、スマートフォンのような情報通信デバイスの普及、さまざまなテクノロジーのおかげで、私たちはいろいろなことができるようになった。とりわけ２０００年代以降はｉＰｈｏｎｅをはじめとするスマートフォンや、Ｗｉ－Ｆｉ、４Ｇのような高速通信環境の普及によって、私たちはいつでもどこでもインターネットに接続し、他人と繋がることができるようになっている。そのおかげで遠く離れたところにいる人とすぐにコミュニケーションがとれるし、もちろん仕事をすることだってできる。この世界に張り巡らされたネットワークは、あらゆる通信のシェアを可能にし、それによって私たちの知的活動の可能性は広がり、効率も向上した。情報通信技術のおかげで、私たちの生活は豊かになっているのかもしれない。

しかし、それは本当に「幸せ」をもたらしているといえるのだろうか？　たとえば、あなたが肌身離さず持ち歩いているスマートフォンは、常時メッセージや通知を受信することを可能にしたが、その状態は外の世界に注意を払い続けなければいけな

2020年度

問題編

■前期日程

問題編

▶試験科目・配点

学部・学科		教　科	科　　目	配　点
情報	自然情報	外国語	「コミュニケーション英語Ⅰ・Ⅱ・Ⅲ，英語表現Ⅰ・Ⅱ」，ドイツ語，フランス語，中国語から１外国語選択。	400 点
		数　学	数学Ⅰ・Ⅱ・Ⅲ・A・B	400 点
		理　科	「物理基礎・物理」，「化学基礎・化学」，「生物基礎・生物」，「地学基礎・地学」から１科目選択。	300 点
	コンピュータ科	外国語	「コミュニケーション英語Ⅰ・Ⅱ・Ⅲ，英語表現Ⅰ・Ⅱ」，ドイツ語，フランス語，中国語から１外国語選択。	300 点
		数　学	数学Ⅰ・Ⅱ・Ⅲ・A・B	500 点
		理　科	「物理基礎・物理」，「化学基礎・化学」，「生物基礎・生物」，「地学基礎・地学」から２科目選択。ただし，「物理基礎・物理」を含むこと。	500 点
理		外国語	「コミュニケーション英語Ⅰ・Ⅱ・Ⅲ，英語表現Ⅰ・Ⅱ」，ドイツ語，フランス語，中国語から１外国語選択。	300 点
		数　学	数学Ⅰ・Ⅱ・Ⅲ・A・B	500 点
		理　科	「物理基礎・物理」，「化学基礎・化学」，「生物基礎・生物」，「地学基礎・地学」から２科目選択。ただし，「物理基礎・物理」，「化学基礎・化学」のいずれかを含むこと。	500 点
		国　語	国語総合・現代文B（古文・漢文を除く）	150 点
医	医	外国語	「コミュニケーション英語Ⅰ・Ⅱ・Ⅲ，英語表現Ⅰ・Ⅱ」，ドイツ語，フランス語，中国語から１外国語選択。	500 点
		数　学	数学Ⅰ・Ⅱ・Ⅲ・A・B	500 点
		理　科	「物理基礎・物理」，「化学基礎・化学」，「生物基礎・生物」から２科目選択。	500 点
		国　語	国語総合・現代文B・古典B	150 点
		面　接	医師あるいは医学研究者になるにふさわしい適性をみる。	―

保健	外国語	「コミュニケーション英語Ⅰ・Ⅱ・Ⅲ，英語表現Ⅰ・Ⅱ」，ドイツ語，フランス語，中国語から１外国語選択。	500点
	数　学	数学Ⅰ・Ⅱ・Ⅲ・A・B	500点
	理　科	「物理基礎・物理」，「化学基礎・化学」，「生物基礎・生物」から２科目選択。	500点
工	外国語	「コミュニケーション英語Ⅰ・Ⅱ・Ⅲ，英語表現Ⅰ・Ⅱ」，ドイツ語，フランス語，中国語から１外国語選択。	300点
	数　学	数学Ⅰ・Ⅱ・Ⅲ・A・B	500点
	理　科	「物理基礎・物理」，「化学基礎・化学」	500点
農	外国語	「コミュニケーション英語Ⅰ・Ⅱ・Ⅲ，英語表現Ⅰ・Ⅱ」，ドイツ語，フランス語，中国語から１外国語選択。	400点
	数　学	数学Ⅰ・Ⅱ・Ⅲ・A・B	400点
	理　科	「物理基礎・物理」，「化学基礎・化学」，「生物基礎・生物」から２科目選択。	600点

▶備　考

- 「数学B」は，「数列」，「ベクトル」から出題する。数学の試験については，試験室において公式集を配付する。また，直線定規・コンパスを使用できる。
- ドイツ語，フランス語，中国語は編集の都合上省略。

英語

（105 分）

I 次の英文を読み，下記の設問に答えなさい。

The Internet and the smartphone have fundamentally changed the way people interact with each other. As with the arrival of previous technologies such as the television or the telephone, the effect of digital technologies on social connections has been the subject of significant debate.

Two competing hypotheses exist to describe the effect of the Internet on human interactions. On the one hand, some researchers have argued that the Internet displaces social interactions from the real to the virtual world (Hypothesis 1). An early study in the United States used a longitudinal sample of first-time computer users to show that the use of Internet crowded out family time and offline social interactions. A more recent study also showed that mobile devices have removed pretexts for offline encounters: where people used to meet [ア] person for sharing photos, planning events or gossiping, such functions are now moved to the virtual world.

The competing hypothesis is that the Internet reinforces offline relationships and that computer-mediated communication increases offline contact (Hypothesis 2). By increasing the overall volume of communication, online communication also facilitates face-to-face interactions. In this sense, the rise of the Internet has commonalities with the arrival of the telephone, which greatly enhanced social connections. Various studies have supported this conclusion. A study of 1,210 Dutch adolescents found that those who spent more time using instant messengers also spend more time in face-to-face interactions. (あ)(A. Also, B. However, C. Consequently, D. Generally), a positive effect of social network use on face-to-face interactions was found in a longitudinal study using a nationally representative sample of the German population.

One way through which the Internet may enhance bridging social capital is through the formation of online communities. By connecting people with a shared interest, regardless of demographic characteristics or geographic location, the Internet allows forging of new bonds and creating new groups of association. This pattern, while destructing previously existing social networks, allows for the formation of new circles of individuals sharing various commonalities. (い)(A. On the other hand, B. For example, C. As a result, D. Moreover), online weight-loss support groups allow individuals to encourage each other in achieving a shared goal. Such networks may complement real-life networks.

The opportunity to create bridging social capital extends to new face-to-face encounters between individuals. The Internet emulates the (1)<u>"strangers on the train"</u> phenomenon, where the transient nature of the environment allows individuals who do not know each other to feel more comfortable in engaging in conversation. This does not mean that these encounters are only online. According to data from the US "How Couples Meet and Stay Together Survey", the Internet is displacing traditional venues for meeting partners, such as the neighbourhood, the friends-circle and the workplace. People with Internet access in the United States were found to be more likely to have a romantic partner than people without Internet access, suggesting that more people may meet a partner thanks to new ways of finding someone online.

Although there are mixed research results, substantial evidence supports the idea that online social contact does complement offline interactions, especially when considering the active use of social networks. To illustrate, in European countries, data from the European Quality of Life Survey highlight a moderately strong cross-country correlation between frequent Internet use and people's satisfaction [イ] their social life. When distinguishing between daily and weekly users, the benefits of Internet use are greater for daily users than for weekly users. The benefits of the Internet for social connections are most likely the result of online social activity.

One area that should be highlighted as to the benefits of the Internet is in the potential decrease in loneliness among older adults who use digital technologies. (2) <u>Social isolation is a major and growing problem for the elderly, as a result of higher life expectancy in old age, lower number of offspring, and changes in their patterns of living.</u> Feelings of loneliness have detrimental effects on the elderly's health outcomes. To face this problem, a growing body of evidence points to the beneficial role that the Internet and online social networks can play to overcome loneliness among the elderly.

Despite various positive influences of the Internet described above, it also provides a space for negative social interactions given the comparatively lower barrier to participation [ウ] is the case for real life interactions. Because of the Internet's anonymous or detached nature, [か]. Online harassment, discrimination against some population groups, or even criminal offences can be facilitated by social media platforms and may be as harmful [エ] offline, if not more. Such negative effects are observed in the behaviour of bullying among children.

Bullying can have detrimental consequences for children's mental health and subjective well-being and can, in extreme cases, lead to suicide. [き] because the reach of humiliation is expanded to a large audience online, and because words and images can remain online indefinitely. The link [オ] cyberbullying and mental health problems has been extensively documented.

[く]. Most surveys rely on self-reported information, which face inherent problems as victims may not be willing or able to report. According to the Health Behaviour in School-Aged Children survey, on average, 9% of 15-year-olds reports having experienced cyberbullying at least once in their life, with girls reporting victimisation more often than boys in many countries.

【出典：OECD (2019), "How's Life in the Digital Age?: Opportunities and Risks of the Digital Transformation for People's Well-being", OECD Publishing. 出題の都合上，原文の一部に変更を加えている。】

設　問

1. ア ～ オ に入るもっとも適切な単語を選び，記号で答えなさい。各記号は1回のみ使用すること。

A．as　　B．at　　C．between　　D．in

E．of　　F．on　　G．than　　H．with

2. (あ)，(い)の括弧内からもっとも適切な語句を選び，記号で答えなさい。

3. 下線部(1)の "strangers on the train" という現象を40字以内の日本語で説明しなさい。数字や記号を記入する場合は，ひとつにつき1マスを使用すること。

4. 下線部(2)の英文を日本語に訳しなさい。

5. [　か　]～[　く　]のそれぞれに入るもっとも適切な英文はどれか，以下から選び，記号で答えなさい。ただし，次の英文では，大文字であるべきところも小文字で示している。

(A) cyberbullying can be more harmful than traditional forms of bullying

(B) cyberbullying is expected to increase in the future

(C) measuring the prevalence of cyberbullying is difficult

(D) cyberbullying should be punished

(E) people may engage in negative social behaviour more easily than in real life

6. Hypothesis 1 と Hypothesis 2 のどちらを支持するか，いずれかの立場から自分の意見を英語40語以内でまとめなさい。解答欄の末尾に単語数を記入すること。

Ⅱ 次の英文を読み，下記の設問に答えなさい。
（＊の付いた単語は注を参照すること）

To get a sense of how completely revolutionary have been the changes of the last two hundred years or so, it helps to have a long view of demography. When in 47 BC Julius Caesar (1) appointed perpetual dictator of the Roman Republic his domain stretched from what (2) now called Spain to modern Greece, as far north as Normandy in France, and much of the rest of the Mediterranean, a region that today contains over thirty countries. The population of these vast lands comprised around 50 million people, which was about 20% of a world population of approximately 250 million. More than eighteen centuries later, when Queen Victoria ascended the British throne in 1837, the number of people living on earth (3) grown to something like 1,000 million, a fourfold increase. Yet less than two hundred years after Victoria's coronation, world population has increased a further seven times — nearly twice the growth in a tenth of the time. (あ)<u>This latter multiplication</u> is astonishingly rapid, and (4) had a transformative global impact.

Between 1840 and 1857 Queen Victoria gave birth to nine children, all of whom survived into adulthood. Britain's previous female monarch, Queen Anne, had died in 1714, aged forty-nine. She had eighteen pregnancies but her tragedy was that not a single child survived her. By 1930, just twenty-nine years after the death of Queen Victoria, another great British matriarch, the Queen Mother*, had produced only two children, Elizabeth (the present queen) and Margaret. These facts about three queens — Anne, Victoria and Elizabeth the Queen Mother — neatly represent the two trends that began in Britain between the eighteenth and twentieth centuries and which have subsequently spread across the world.

The first was a precipitous drop in infant mortality, with the death of a child becoming mercifully irregular rather than a common agony for parents. The second, which followed, was a dramatic reduction in the average number of children born per woman. In Queen Anne's time, losing child after child was common. In mid-Victorian Britain, having a large brood was still the norm. Its complete survival into adulthood was unusual (in this, Victoria had luck as well as wealth in her favour) but would shortly become usual. By the interwar years of the twentieth century, the Queen Mother's expectation that both her daughters would survive into adulthood was quite normal, in Britain at least.

When Queen Victoria was born in 1819, only a small number of Europeans — around 30,000 — were living in Australia. The number of indigenous Australians at that time is uncertain, but estimates range from between 300,000 to 1 million. When Victoria died at the start of the twentieth century, there were fewer than 100,000, while Australians of European origin numbered nearly 4 million, more than a hundred times as many as eighty years earlier. This transformation in the size and composition of a continental population occurred in the space of a single lifetime. It changed Australia completely and forever, and would have a significant impact beyond Australia's shores, as the country came to play a major role in provisioning and manning British efforts in both world wars. (い)A similar story can be told of Canada and New Zealand.

These startling facts — (う)the rapid but selective acceleration of population growth; plummeting infant mortality rates; falls in fertility; the nineteenth-century outpouring of European populations to lands beyond Europe — are all connected. They are born of the same profound social changes that accompanied the industrial revolution and have proved to be a formidable influence on the course of history, empowering some countries and communities at the expense of others, determining the fate of economies and empires, and laying the foundations of today's world.

【出典：Morland, P. (2019, January). *The Human Tide: How Population Shaped the Modern World*. John Murray Publishers. 出題の都合上，原文の一部に変更を加えている。】

注

the Queen Mother　皇太后

設　問

1. (　1　)～(　4　)に入るもっとも適切な語を選択肢から選び，記号で答えなさい。各記号は 1 回のみ使用すること。

(A) are　(B) be　(C) been　(D) being
(E) had　(F) has　(G) have　(H) having
(I) is　(J) was　(K) were

2. 下線部(あ)の内容を 40 字以内の日本語で具体的に説明しなさい。数字や記号を記入する場合は，ひとつにつき 1 マスを使用すること。

3. 下線部(い)は，カナダとニュージーランドで何が起こったと示唆しているのか，日本語で答えなさい。

4. 下線部(う)を日本語に訳しなさい。

5. 本文の最後に続き得るもっとも適切なトピックを以下からひとつ選びなさい。

(A) information technology in the 20th century
(B) economic changes in the 1960s
(C) changes of government during the 19th century
(D) demographic changes after 1945
(E) population changes during the Roman Empire

6. 本文に照らして，以下から正しい文を 2 つ選び，記号で答えなさい。

(A) About one fifth of the world population resided in the Roman Republic in 47 BC.
(B) Elizabeth the Queen Mother had just one sister and no brother.

(C) In Britain, infant mortality decreased sharply during the Victorian Age.

(D) None of Queen Anne's children survived past the age of one.

(E) The population of Australia decreased and then increased within the last 200 years.

(F) The rapid growth of population in Britain was a cause of the industrial revolution.

Ⅲ Yuta, a Japanese university student, is talking with his English professor, Karen, after class about his application to study abroad at a university in the United States. Read the text and answer the questions.

Yuta : Excuse me, professor, did you have a chance to read my application essays?

Karen : Yes! I'm glad you reminded me. Here, let me return your drafts. I can tell that you worked hard on your essays, but I suggested some (ア) changes, so I'm sorry to say that revising might take you a while.

Yuta : I was afraid of that! Did I make a lot of grammar mistakes?

Karen : No, your grammar was fine aside from a few (イ) errors that should be easy to correct. Actually, I think the main issue is the content.

Yuta : Oh, really? Did I choose boring topics?

Karen : (か). Actually, I'm worried that the essays are too similar. You were supposed to write one essay about how you have prepared for the demands of studying abroad and the other about a time when you overcame a challenge, right?

Yuta : Yes, exactly.

Karen : Well, in your first essay, you wrote about how you studied intensely to (　ウ　) your dream of going abroad and took TOEFL again and again until you finally got the required score. In the second, you described how you worked hard to pass the university entrance exam.

Yuta : That's right. I'm sorry, but can I ask what the problem is? I thought these topics met the requirements well.

Karen : Of course, it's good to mention that you have scored well on tests in the past, but there is a risk that you might come across as one-dimensional to the people judging your essays. In my opinion, it would be better to describe a different type of experience in each essay and show multiple sides of your character.

Yuta : Now I see what you mean, but I'm not sure what else I can write about! I haven't experienced many struggles outside of school.

Karen : There must be something else we can come up with. Have you traveled abroad before?

Yuta : I went to Canada with my family when I was in junior high school, but I was too young and shy to approach local people. I just relied on my parents to get around, order food, and so on.

Karen : Okay, <u>back to the drawing board</u>. I remember that you mentioned you have a part-time job at a coffee shop during one of our previous classes. Can you think of any (エ) experiences at work that show your abilities to solve problems or overcome difficulties?

Yuta : Hmmm. Sometimes I get annoyed with my boss, but that's not very interesting. Oh, I just thought of a better idea!

Karen : Great, let's hear it!

Yuta : Last month, a foreign tourist came into the shop to ask for directions to a nearby museum. He couldn't speak any Japanese, so at first, I couldn't figure out where he was trying to go and how I could help him. I also felt embarrassed about speaking English with a foreign person, but I used gestures and basic expressions, and eventually we could understand each other. I couldn't believe how grateful he was when I showed him the way to the museum. Do you think I could write one of the essays about this experience instead?

Karen : Yes, (オ)! It not only shows that you are kind and patient but also demonstrates that you have used English successfully outside of the classroom. See, I knew there was more to you than high test scores!

Yuta : Okay, thank you very much professor. I will rewrite one of the essays right away.

Karen : That sounds great. Good luck!

Questions

1. What is the professor's main concern about Yuta's essay drafts?
   (A) He chose uninteresting topics.
   (B) He made some grammar mistakes.
   (C) He wrote both essays about taking tests.
   (D) He should have written about his previous trip to Canada.
   (E) He did not address the required topics.

2. Based on the professor's comments, which TWO of the following can be inferred about how the American university selects study abroad students?
   (A) They do not consider applicants' test scores to be very important.
   (B) They take applicants' personalities and backgrounds into consideration.
   (C) They prefer applicants who balance studying with part-time jobs.
   (D) They prefer applicants who have experiences of traveling abroad.
   (E) They view experiences with using English in non-academic settings positively.

3. Which sentence is closest in meaning to the underlined expression "back to the drawing board"?
   (A) We should go back to your original topic and find a way to make it better.
   (B) We should start over and try to think of another possible topic.
   (C) We should think of more details about your trip to Canada.
   (D) We should draw different conclusions about your trip to Canada.

4. Which statement about Yuta's experience working at the coffee shop is <u>not</u> true?

(A) Yuta needed to speak to a tourist in English.

(B) Yuta was uncomfortable about speaking English to the tourist.

(C) Yuta feels the experience with the tourist is more interesting than his relationship with his boss.

(D) Yuta did not believe the tourist was grateful for his help.

5. Fill in each space (ア) to (オ) using the letter of the most appropriate word from the list below. Use each item only ONCE.

(A) pursue

(B) unexpectedly

(C) challenging

(D) substantial

(E) trivial

(F) success

(G) absolutely

(H) amused

(I) routinely

6. Select the most appropriate expression to fill in the blank (か).

(A) I wouldn't say that.

(B) I can't say for sure.

(C) That's what they say.

(D) I'm not sure what you're saying.

7. Which do you think is more important for a successful study abroad experience: language ability or a positive attitude? Please explain your response using between 25 and 40 English words. (Indicate the number of words you have written at the end of the composition.)

Ⅳ Read the following instructions carefully and write a paragraph in English.

The chart below, from 2013, displays the results of an international survey on the attitudes of young people. Describe one or more results that you observe. Compare the data from several different countries. Explain a possible reason for each result that you write about. Write approximately 80-100 words in English. (Indicate the number of words you have written at the end of the composition.)

Survey item	Agreement percentage by country						
	France	Germany	Japan	Korea	Sweden	The United Kingdom	The United States
1. I am satisfied with myself.	83%	81%	46%	71%	74%	83%	86%
2. I have hope for the future.	84%	82%	62%	86%	91%	90%	91%
3. I work ambitiously even when I am not sure I will succeed.	86%	80%	52%	71%	66%	80%	79%
4. I am not motivated to complete boring tasks.	44%	45%	77%	64%	56%	55%	49%
5. I want to be useful for my country.	45%	50%	54%	43%	53%	41%	42%

(Adapted from: "Japan Cabinet Office Special Report on the Consciousness of Young People", 2013)

数学

（150分）

1　双曲線 $x^2-y^2=1$ の $x>0$ の部分を C_1，$x<0$ の部分を C_2 とする。以下の問に答えよ。

(1)　直線 $ax-by=1$ が C_1，C_2 の両方と1点ずつで交わるための a，b の条件を求めよ。

(2)　a，b は(1)で求めた条件をみたすものとする。点 $\mathrm{A}(a,\ b)$ をとり，直線 $ax-by=1$ と C_1，C_2 の交点をそれぞれ P，Q とする。このとき △APQ の面積 S を a，b を用いて表せ。

(3)　面積 S の最小値を求めよ。また，その最小値をとるための a，b の条件を求めよ。

2　3つの数 2，m^2+1，m^4+1 が相異なる素数となる正の整数 m が1つ固定されているものとする。以下の問に答えよ。

(1)　3つの数 2，m^2+1，m^4+1 のうち，1つを a とし，残りの2つを b，c とする。このとき $a^2<bc$ となる a をすべて求めよ。

(2)　正の整数 x，y が $(x+y)(x^2+2y^2+2xy)=2(m^2+1)(m^4+1)$ をみたしているとき x，y を求めよ。

3　以下の問に答えよ。

(1)　関数 $f(x)$ は，区間 $0\leqq x\leqq 2\pi$ で第2次導関数 $f''(x)$ をもち $f''(x)>0$ をみたしているとする。区間 $0\leqq x\leqq \pi$ で関数 $F(x)$ を

$$F(x)=f(x)-f(\pi-x)-f(\pi+x)+f(2\pi-x)$$

と定義するとき，区間 $0\leqq x\leqq \dfrac{\pi}{2}$ で $F(x)\geqq 0$ であることを示せ。

(2)　$f(x)$ を(1)の関数とするとき

$$\int_0^{2\pi} f(x)\cos x dx \geqq 0$$

を示せ。

(3)　関数 $g(x)$ は，区間 $0 \leqq x \leqq 2\pi$ で導関数 $g'(x)$ をもち $g'(x)<0$ をみたしているとする。このとき，

$$\int_0^{2\pi} g(x)\sin x dx \geqq 0$$

を示せ。

4　2 名が先攻と後攻にわかれ，次のようなゲームを行う。

(i)　正方形の 4 つの頂点を反時計回りに A，B，C，D とする。両者はコマを 1 つずつ持ち，ゲーム開始時には先攻の持ちゴマは A，後攻の持ちゴマは C に置いてあるとする。

(ii)　先攻から始めて，交互にサイコロを振る。ただしサイコロは 1 から 6 までの目が等確率で出るものとする。出た目を 3 で割った余りが 0 のときコマは動かさない。また余りが 1 のときは，自分のコマを反時計回りに隣の頂点に動かし，余りが 2 のときは，自分のコマを時計回りに隣の頂点に動かす。もし移動した先に相手のコマがあれば，その時点でゲームは終了とし，サイコロを振った者の勝ちとする。

ちょうど n 回サイコロが振られたときに勝敗が決まる確率を p_n とする。このとき，以下の問に答えよ。

(1)　p_2，p_3 を求めよ。

(2)　p_n を求めよ。

(3)　このゲームは後攻にとって有利であること，すなわち 2 以上の任意の整数 N に対して

$$\sum_{m=1}^{\left[\frac{N+1}{2}\right]} p_{2m-1} < \sum_{m=1}^{\left[\frac{N}{2}\right]} p_{2m}$$

が成り立つことを示せ。ただし正の実数 a に対し $[a]$ は，その整数部分（$k \leqq a < k+1$ となる整数 k）を表す。

数学公式集

この公式集は問題と無関係に作成されたものであるが，答案作成にあたって利用してよい。この公式集は持ち帰ってよい。

（不　等　式）

1．$\dfrac{a+b}{2} \geqq \sqrt{ab}$，　$\dfrac{a+b+c}{3} \geqq \sqrt[3]{abc}$，　（$a$，$b$，$c$ は正または 0 ）

2．$(a^2+b^2+c^2)(x^2+y^2+z^2) \geqq (ax+by+cz)^2$

（三　角　形）

3．$\dfrac{a}{\sin A} = \dfrac{b}{\sin B} = \dfrac{c}{\sin C} = 2R$

4．$a^2 = b^2 + c^2 - 2bc\cos A$

5．$S = \dfrac{1}{2}bc\sin A = \sqrt{s(s-a)(s-b)(s-c)}$，　$\left(s = \dfrac{1}{2}(a+b+c)\right)$

（図 形 と 式）

6．数直線上の 2 点 x_1，x_2 を $m:n$ に内分する点，および外分する点：

$$\frac{mx_2+nx_1}{m+n},\quad \frac{mx_2-nx_1}{m-n}$$

7．点 $(x_1,\ y_1)$ と直線 $ax+by+c=0$ との距離，および点 $(x_1,\ y_1,\ z_1)$ と平面 $ax+by+cz+d=0$ との距離：

$$\frac{|ax_1+by_1+c|}{\sqrt{a^2+b^2}},\quad \frac{|ax_1+by_1+cz_1+d|}{\sqrt{a^2+b^2+c^2}}$$

8．だ円 $\dfrac{x^2}{a^2}+\dfrac{y^2}{b^2}=1$ 上の点 $(x_1,\ y_1)$ における接線：$\dfrac{x_1x}{a^2}+\dfrac{y_1y}{b^2}=1$

9．双曲線 $\dfrac{x^2}{a^2}-\dfrac{y^2}{b^2}=1$ 上の点 $(x_1,\ y_1)$ における接線：$\dfrac{x_1x}{a^2}-\dfrac{y_1y}{b^2}=1$

（ベ ク ト ル）

10．2 つのベクトルのなす角：$\cos\theta = \dfrac{\vec{a}\cdot\vec{b}}{|\vec{a}||\vec{b}|}$

（複　素　数）

11．極形式表示：$z = r(\cos\theta + i\sin\theta)$，　$(r=|z|,\ \theta=\arg z)$

12．$z_1 = r_1(\cos\theta_1 + i\sin\theta_1)$，　$z_2 = r_2(\cos\theta_2 + i\sin\theta_2)$ に対し，

$z_1z_2=r_1r_2\{\cos(\theta_1+\theta_2)+i\sin(\theta_1+\theta_2)\}$

13. ド・モアブルの公式：$z=r(\cos\theta+i\sin\theta)$ に対し，

$z^n=r^n(\cos n\theta+i\sin n\theta)$

（解と係数の関係）

14. $x^2+px+q=0$ の解が α，β のとき，

$\alpha+\beta=-p$，$\alpha\beta=q$

15. $x^3+px^2+qx+r=0$ の解が α，β，γ のとき，

$\alpha+\beta+\gamma=-p$，$\alpha\beta+\beta\gamma+\gamma\alpha=q$，$\alpha\beta\gamma=-r$

（対　　数）

16. $\log_a M=\dfrac{\log_b M}{\log_b a}$

（三 角 関 数）

17. $\sin(\alpha+\beta)=\sin\alpha\cos\beta+\cos\alpha\sin\beta$

$\cos(\alpha+\beta)=\cos\alpha\cos\beta-\sin\alpha\sin\beta$

18. $\tan(\alpha+\beta)=\dfrac{\tan\alpha+\tan\beta}{1-\tan\alpha\tan\beta}$

19. $\cos2\alpha=1-2\sin^2\alpha=2\cos^2\alpha-1$

20. $\sin\alpha\cos\beta=\dfrac{1}{2}\{\sin(\alpha+\beta)+\sin(\alpha-\beta)\}$

$\cos\alpha\sin\beta=\dfrac{1}{2}\{\sin(\alpha+\beta)-\sin(\alpha-\beta)\}$

$\cos\alpha\cos\beta=\dfrac{1}{2}\{\cos(\alpha+\beta)+\cos(\alpha-\beta)\}$

$\sin\alpha\sin\beta=-\dfrac{1}{2}\{\cos(\alpha+\beta)-\cos(\alpha-\beta)\}$

21. $\sin A+\sin B=2\sin\dfrac{A+B}{2}\cos\dfrac{A-B}{2}$

$\sin A-\sin B=2\cos\dfrac{A+B}{2}\sin\dfrac{A-B}{2}$

$\cos A+\cos B=2\cos\dfrac{A+B}{2}\cos\dfrac{A-B}{2}$

$\cos A-\cos B=-2\sin\dfrac{A+B}{2}\sin\dfrac{A-B}{2}$

22. $a\sin\theta+b\cos\theta=\sqrt{a^2+b^2}\sin(\theta+\alpha)$,

$$\left(\sin\alpha=\frac{b}{\sqrt{a^2+b^2}},\ \cos\alpha=\frac{a}{\sqrt{a^2+b^2}}\right)$$

（数　　列）

23. 初項 a，公差 d，項数 n の等差数列の和：

$$S_n=\frac{1}{2}n(a+l)=\frac{1}{2}n\{2a+(n-1)d\},\quad (l=a+(n-1)d)$$

24. 初項 a，公比 r，項数 n の等比数列の和：

$$S_n=\frac{a(1-r^n)}{1-r},\quad (r\neq 1)$$

25. $1^2+2^2+3^2+\cdots+n^2=\frac{1}{6}n(n+1)(2n+1)$

$$1^3+2^3+3^3+\cdots+n^3=\left\{\frac{1}{2}n(n+1)\right\}^2$$

（極　　限）

26. $\lim_{n\to\infty}\left(1+\frac{1}{n}\right)^n=e=2.71828\cdots\cdots$

27. $\lim_{x\to 0}\frac{\sin x}{x}=1$

（微　積　分）

28. $\{f(g(x))\}'=f'(g(x))g'(x)$

29. $x=f(y)$ のとき $\frac{dy}{dx}=\left(\frac{dx}{dy}\right)^{-1}$

30. $x=x(t)$,　$y=y(t)$ のとき $\frac{dy}{dx}=\frac{y'(t)}{x'(t)}$

31. $(\tan x)'=\frac{1}{\cos^2 x}$,　$(\log x)'=\frac{1}{x}$

32. $x=g(t)$ のとき $\int f(g(t))g'(t)dt=\int f(x)dx$

33. $\int f'(x)g(x)dx=f(x)g(x)-\int f(x)g'(x)dx$

34. $\int\frac{f'(x)}{f(x)}dx=\log|f(x)|+C$

35. $\int\log x\,dx=x\log x-x+C$

36. $\int_0^a \sqrt{a^2-x^2}\,dx=\frac{1}{4}\pi a^2 \quad (a>0)$, $\int_0^a \frac{dx}{x^2+a^2}=\frac{\pi}{4a} \quad (a\neq 0)$,

$\int_\alpha^\beta (x-\alpha)(x-\beta)\,dx=-\frac{1}{6}(\beta-\alpha)^3$

37. 回転体の体積：$V=\pi\int_a^b \{f(x)\}^2 dx$

38. 曲線の長さ：$\int_a^b \sqrt{1+\left(\frac{dy}{dx}\right)^2}\,dx=\int_\alpha^\beta \sqrt{\left(\frac{dx}{dt}\right)^2+\left(\frac{dy}{dt}\right)^2}\,dt$,

$(x=x(t),\ y=y(t),\ a=x(\alpha),\ b=x(\beta))$

（順列・組合せ）

39. ${}_n\mathrm{C}_r={}_{n-1}\mathrm{C}_r+{}_{n-1}\mathrm{C}_{r-1}$,　$(1\leqq r\leqq n-1)$

40. $(a+b)^n=\sum_{r=0}^{n} {}_n\mathrm{C}_r a^{n-r} b^r$

（確　　　率）

41. 確率 p の事象が n 回の試行中 r 回起る確率：

$P_n(r)={}_n\mathrm{C}_r p^r q^{n-r}$,　$(q=1-p)$

42. 期待値：$E(X)=\sum_{i=1}^{n} x_i p_i$,

ただし p_i は確率変数 X が値 x_i をとる確率で，$\sum_{i=1}^{n} p_i=1$ をみたすとする。

物理

(情報（コンピュータ科）・理・医・工・農学部：2 科目 150 分)
(情報（自然情報）学部：　　　　　　　　　　　1 科目　75 分)

解答は，答案紙の所定の欄の中に書け。計算欄には，答えにいたるまでの過程について，法則，関係式，論理，計算，図などの中から適宜選んで簡潔に書け。文字や記号は，まぎらわしくないようはっきり記せ。

物理　問題 I

図 1 のように，高さの異なる三つの均質な変形しない直方体ブロック A，B，C が床面に置かれている。それぞれの質量は順に M，$2M$，M，かつ高さは順に H，$3H$，$4H$ である。すべてのブロックの上面中央にばねが取りつけられている。ブロック A にのみ二つのばねが直列につながれている。各ブロックにつながれたばねの上端は一つの棒に取りつけられている。棒は均質であり，その質量は M である。ブロックに取りつけられた合計四つのばねは，すべて自然長が $2H$，ばね定数が k である。ばねの向きは常に鉛直方向であり，それらは鉛直上向きもしくは鉛直下向きにしか伸び縮みしない。ブロック B に取りつけられたばねは，棒の重心位置に接続されている。ブロック A とブロック C に取りつけられたばねは，棒の重心位置から左側に距離 P，右側に距離 Q の位置にそれぞれ接続されている。棒はばねだけで支持されており，床面から高さ S の位置で水平を保ったまま静止している。ばねの質量，および空気抵抗は無視できる。棒はたわまないものとし，その太さは無視できる。重力加速度の大きさを g として，以下の設問に答えよ。

（編集部注：設問(2)・設問(3)・設問(8)は，解答用紙に計算欄がある）

設問(1)：ブロック A につながれた二つのばねを一つのばねと見なしたときのばね定数(合成ばね定数)を答えよ。

設問(2)：高さ S を g，M，H，k から必要なものを用いて表せ。

設問(3)：距離 P を g, M, H, k, Q から必要なものを用いて表せ。

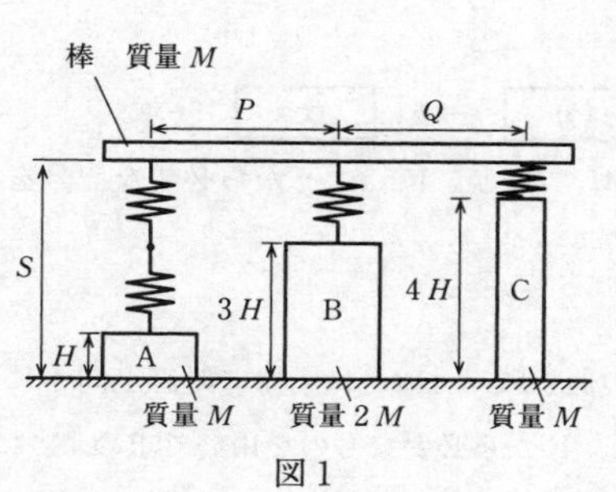

図1

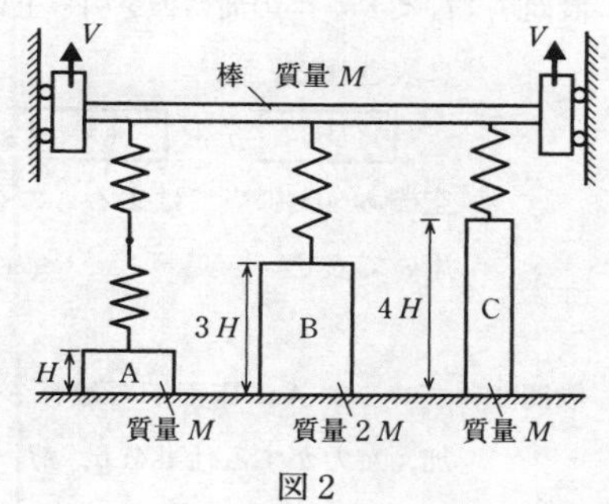

図2

次に図2に示すように，棒をその両端で支持して一定の速さ V で鉛直上向きに引き上げる。その際，棒は常に水平を保つようにする。ブロックAとブロックCは床面と接着されている。ブロックAのばねから受ける上向きの力が N_A を超えた時点で，接着は一瞬で剥がれブロックAは床面から離れるものとする。同様にブロックCのばねから受ける上向きの力が N_C を超えた時点で，接着は一瞬で剥がれブロックCは床面から離れる。ブロックBは床面に接着されていない。時間を t で表し，ブロックBに取りつけられたばねが自然長となる時刻を $t=0$ とする。ブロックA，B，Cが床面から離れる時刻をそれぞれ t_A, t_B, t_C とする。ただし $t_A < t_C$ である。また，速さ V は十分に小さく，ブロックBは床面から離れた直後に速さ V で等速直線運動するものとする。さらに，ブロックAとブロックCは，床面から離れた瞬間に，鉛直上向きに速さ V で動き出すものとする。以下の設問に答えよ。

設問(4)：t_A, t_B, t_C を g, M, H, k, V, N_A, N_C から必要なものを用いてそれぞれ表せ。

設問(5)：t_A と t_B の大小関係について正しいものを以下のア～ウの中からひとつ選べ。

ア：$t_A > t_B$　　　　イ：$t_A < t_B$　　　　ウ：$t_A = t_B$

設問(6)：ブロックBの重心の床面からの高さを z とする。$t_A < t < t_C$ の間における z を g, M, H, k, V, N_A, N_C, t から必要なものを用いて表せ。

以下の設問においては，$N_A = 3Mg$，$N_C = 6Mg$ とする。

設問(7)：$t_A < t < t_C$ の間に棒を引き上げるのに必要な鉛直上向きの力は以下のように表される。

$$\boxed{\text{(あ)}}\ g + \boxed{\text{(い)}}\ \sin\left(\boxed{\text{(う)}}\right) + k\left(\boxed{\text{(え)}}\right)$$

空欄(あ)〜(え)に当てはまるものを g，M，H，k，V，t，π から必要な記号を用いて表せ。

設問(8)：ブロック A が床面から離れるまでの間（$0 \leqq t \leqq t_A$）に，棒に鉛直上向きに加えた力がする仕事を g，M，H，k，V から必要なものを用いて求めよ。

設問(9)：以下の文章中の空欄(お)に当てはまる式を g，M，H，k から必要なものを用いて表せ。また，空欄(か)に当てはまる最も適当な図を下記のア〜エの中からひとつ選べ。

図 2 の棒をひもに交換し，棒の場合と同様にその両端を支持して一定の速さ V で引き上げる。ひもの両端を水平方向に強く引っ張って支持するため，鉛直方向のひものたわみは十分に小さく，ブロック B の床面からの高さには影響しないものとする。ブロック B は床面から離れた後に，共振によって鉛直方向に上下に振動する。その角振動数は $\boxed{\text{(お)}}$ である。図 $\boxed{\text{(か)}}$ はブロック B の床面からの高さ z を時間 t に対して測定した結果である。

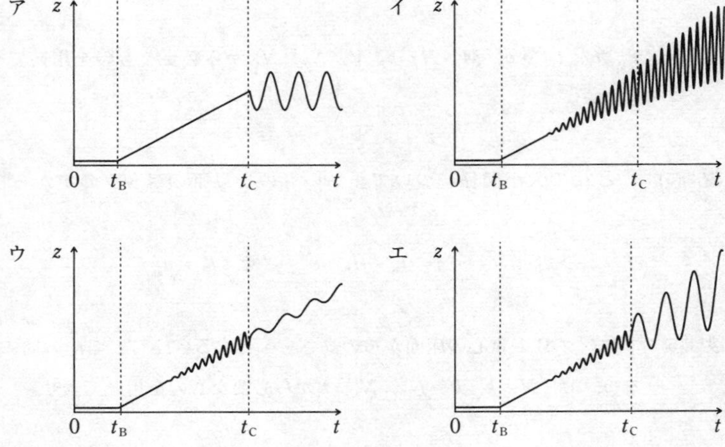

物理　問題Ⅱ

図1のように水平面内に距離 d を隔てて平行に配置された2本の導体レールがある。レールの一端には，スイッチ S_1，S_2，起電力 E の内部抵抗のない直流電源，抵抗値 R の電気抵抗器が取り付けられている。レールの他端は開放されている。このレールの上に，質量 M の一巻きの正方形コイルが，その対角線方向とレールとが直交し，コイル面が水平になるように置かれている。正方形コイルは，形を変えたり傾いたりすることなく，この向きを保ちながら二つの頂点PとQがレールと電気的に接触してレールの上を摩擦なしに動くことができる。正方形コイルの一つの頂点Dには質量の無視できる軽い伸び縮みしない絶縁性の糸が取り付けられ，定滑車を介して質量 M の非磁性体のおもりとつながれている。レールと平行な方向を x 軸，水平面内でレールに垂直な方向を y 軸，鉛直方向を z 軸にとると，定滑車は糸の水平部分が x 軸と平行になるように固定されている。レール，正方形コイル，回路の導線の電気抵抗，空気抵抗は無視し，重力加速度の大きさを g とする。スイッチ，電源，電気抵抗器などの大きさ，レール，正方形コイル，導線などの太さ，回路を流れる電流による磁場の影響は無視する。糸がたるむことはなく，レールは十分に長く正方形コイルがレールから落ちることはない。いま，全てのスイッチ S_1，S_2 が開かれた状態で正方形コイルを固定し，磁束密度 B の大きさの磁場を鉛直上向きに加える。

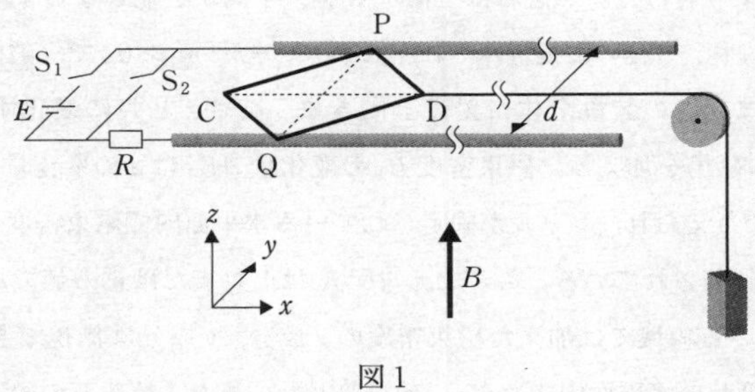

図1

設問(1)：スイッチ S_1 を閉じて正方形コイルの固定を静かに外すと，正方形コイルは止まったまま動かなかった。正方形コイルの一辺を流れる電流の大きさ，コイル全体が磁場から受ける力の大きさをそれぞれ R，E，B，d，g のうち必要なものを用いて表せ。また，おもりの質量 M を R，E，B，d，g のうち必要なものを用いて表せ。

設問(2)：スイッチ S_1 を開き，同時にスイッチ S_2 を閉じると，正方形コイルは動きはじめた。正方形コイルの動く速さが v のとき，経路 P–S_2–Q–C–P と経路 P–S_2–Q–D–P に生じる誘導起電力を考えて，正方形コイルの辺 PC および辺 PD を流れる電流の大きさをそれぞれ v，R，E，B，d のうち必要なものを用いて表せ。また，辺 PC を流れる電流の向きを以下のア，イからひとつ選べ。

ア：P から C　　　イ：C から P

設問(3)：設問(2)のとき，電気抵抗器で単位時間当たりに消費されるエネルギーを v，R，E，B，d のうち必要なものを用いて表せ。

設問(4)：設問(2)の後，十分な時間が経過すると正方形コイルの速さは一定値 v_0 となった。v_0 を R，E，B，d のうち必要なものを用いて表せ。

次に，全てのスイッチ S_1，S_2 を開いて磁場を加えるのをやめ，正方形コイルをはじめの位置に戻して固定した。その後，図2のようにおもりの代わりに質量 M_1 の細長い棒磁石を取り付けた。棒磁石は上側が N 極，下側が S 極となるように取り付けられており，N 極，S 極の磁気量はそれぞれ $+m$，$-m(m>0)$ で，磁極間の距離は ℓ である。いま，この装置全体に鉛直上向きに，高さ z と共に変化する磁束密度 $B_1(B_1>0)$ の磁場を加える。磁束密度 B_1 の変化量 ΔB_1 は z の変化量 Δz に対して $\Delta B_1 = K\Delta z$ で与えられ，レールが固定されている水平面内で磁束密度 B_1 が B の値を持つように調整されている。ここで，勾配 K はゼロまたは正の値である。この装置が置かれている領域では加えた磁束密度の x 成分，y 成分は無視できるほど小さく，高さ z が等しい水平面内では B_1 の値は等しい。また，棒磁石の磁気量は磁場の強さに依存しない。空気の透磁率を μ とし，棒磁石がつくる磁場の影響は無視する。

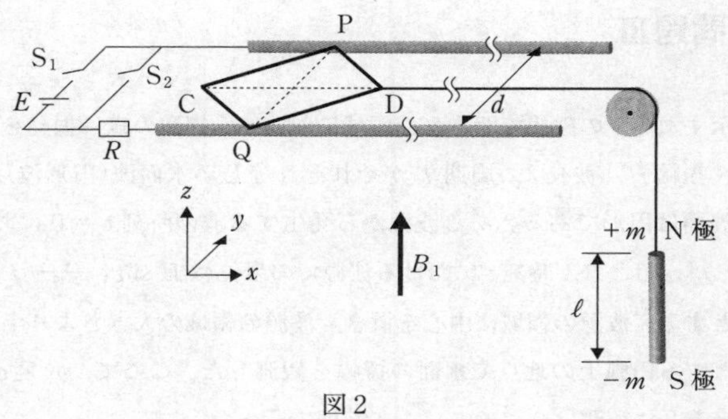

図 2

設問(5)：$K = 0$ の場合に，スイッチ S_1 を閉じて正方形コイルの固定を静かに外すと，正方形コイルは止まったまま動かなかった。鉛直上向きの力を正として，棒磁石の N 極，S 極が磁場から受ける力をそれぞれ ℓ，m，B，g，μ のうち必要なものを用いて表せ。また，棒磁石の質量 M_1 を R，E，ℓ，m，B，d，g，μ のうち必要なものを用いて表せ。

設問(6)：$K = 0$ のまま，スイッチ S_1 を開き，同時にスイッチ S_2 を閉じると正方形コイルは動きはじめ，十分な時間が経過すると一定の速さ v_1 となった。その後，時刻 $t = t_1$ で磁束密度の勾配 K を正の値 K_0 にしたところ，正方形コイルは減速をはじめ，やがて完全に停止した。K_0 を R，E，ℓ，m，B，d，μ のうち必要なものを用いて表せ。なお，この過程においても糸がたるむことはない。

設問(7)：設問(6)のとき，質量 M の正方形コイルが減速をはじめてから完全に停止するまでに電気抵抗器で消費されるエネルギーを R，E，B，d，g を用いて表せ。

物理　問題Ⅲ

図1に示す水面上の破線で囲まれた領域において，複数の点に振動を与える。各波源からは，振幅 H，波長 λ，周期 T がそれぞれ等しい水面波(円形波)が発生する。この波の波面は円形である。ある波源から発生する波の時刻 $t=0$ における位相(初期位相)を θ〔rad〕とし，時刻 t における波源での変位は $H\sin\left(\frac{2\pi}{T}t+\theta\right)$ で表されるものとする。波源の領域に中心を置き，波源の領域の大きさより十分に長い距離 l を半径とする円弧上の地点で水面の振幅を観測した。ここで，角度 ϕ〔rad〕を図1のように定義し，観測は $0\leqq\phi\leqq\frac{\pi}{2}$ の範囲で行った。

それぞれの波源から発生した波は独立性を保ちながら進み，互いに重なり合う。距離による波の減衰は無視でき，観測による波の反射も起こらないものとする。また，波源で波が発生し始めてから十分に時間が経って観測を行うものとして，以下の問いに答えよ。

補足説明：各波源から発生する波は正弦波で進み，その振幅 H は波長 λ や周期 T によらず一定とする。

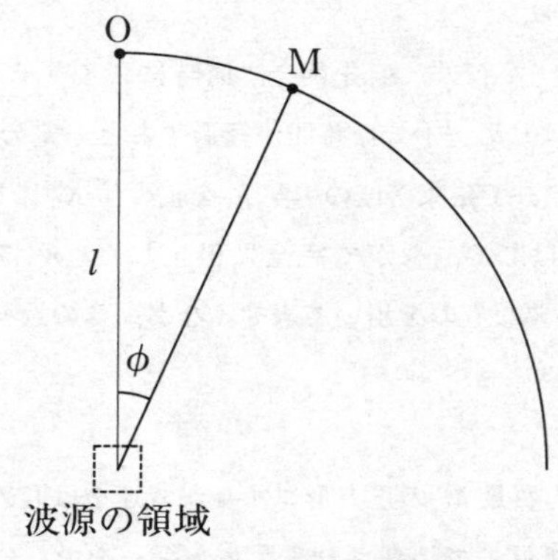

水面を上から見た図

図1

設問(1)：以下の文章中の，空欄(あ)にあてはまる式を π，d，λ のうち必要なものを用いて，空欄(い)にあてはまる式を n，d のうち必要なものを用いて，空欄(う)にあてはまる式を m，d のうち必要なものを用いて，空欄(え)にあてはまる式を m，d，ϕ のうち必要なものを用いて表せ。また，空欄(お)と(か)に最も適切なものを，それぞれの選択肢の中からひとつずつ選べ。

図２に示すように，波源の領域内において，距離 $d\,(>0)$ だけ離れた２点A，Bで波を発生させた。AとBを通る直線上には観測地点O$(\phi=0)$がある。２点で同位相の波を発生させた場合，点Bで発生した波による，時刻 t，位置Aにおける変位は $H\sin\left(\dfrac{2\pi}{T}t+\theta-\boxed{\text{(あ)}}\right)$ と表される。したがって，Oにおいて観測される水面の振幅が最大となる波長 λ は $n=1,\ 2,\ 3,\ \ldots$ を用いて［(い)］と表される。

次に，２点A，Bで逆位相の波を発生させた。点Aで発生する波の初期位相 θ を０，点Bで発生する波の初期位相 θ を π とすると，Oで水面の振幅が最大となる波長 λ は $m=0,\ 1,\ 2,\ \ldots$ を用いて［(う)］となる。$\lambda=$［(う)］のとき，Oから円弧に沿って時計回りに角度 ϕ 移動した観測地点Mで水面の振幅を観察した。l は d よりも十分に大きいことから $\angle\mathrm{OAM}\fallingdotseq\angle\mathrm{OBM}\fallingdotseq\phi$ と近似でき，MからAまでの距離MAとMからBまでの距離MBとの差 $|\mathrm{MA}-\mathrm{MB}|$ は［(え)］と表される。したがって，Mで波が強め合う条件は $a=0,\ 1,\ 2,\ \ldots$ を用いて［(お)］となる。［(お)］において $m=1$ のとき，Mにおける水面の振幅は，ϕ の値が０から増加するにつれて，減少したあと増加し，$\phi=$［(か)］で最大値を示したあと，再び減少する。

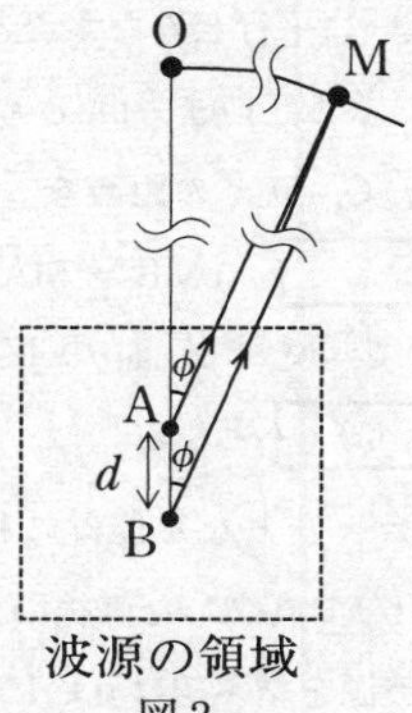

図２

空欄(お)の選択肢$(a=0,\ 1,\ 2,\ \ldots)$

ア：$m\sin\phi=a$　　　　イ：$m\cos\phi=a$

ウ：$2m\sin\phi=a$　　　　エ：$2m\cos\phi=a$

オ：$2m\sin\phi=2a+1$　　　　カ：$2m\cos\phi=2a+1$

キ：$(2m+1)\sin\phi=2a$　　　　ク：$(2m+1)\cos\phi=2a$

ケ：$(2m+1)\sin\phi=2a+1$　　　　コ：$(2m+1)\cos\phi=2a+1$

空欄(か)の選択肢

ア：0.11π　　イ：0.17π

ウ：0.23π　　エ：0.25π

オ：0.27π　　カ：0.33π

キ：0.39π　　ク：0.5π

設問(2)：以下の文章中の，空欄(き)〜(こ)にあてはまる式をn，qのうち必要なものを用いて，空欄(さ)にあてはまる式をn，sのうち必要なものを用いて表せ。また，空欄(し)に最も適切なものを選択肢の中からひとつ選べ。

（編集部注：空欄(こ)・(さ)は，解答用紙に計算欄がある）

次に，図3に示すように，波源の領域内において4点A，B，C，Dで同位相の波を発生させた。隣り合う2点は互いに距離$q(>0)$だけ離れており，線分ABと線分ACは直角をなしている。またlはqよりも十分に大きいことから，観測地点とA，B，C，Dをそれぞれ結ぶ線は互いに平行とみなすことができ，$\angle \mathrm{OAM} \fallingdotseq \angle \mathrm{OBM} \fallingdotseq \angle \mathrm{OCM} \fallingdotseq \angle \mathrm{ODM} \fallingdotseq \phi$と近似できる。いま，$\tan\phi = \dfrac{1}{2}$となる観測地点Mで水面の振幅を観測した。MとA，B，C，Dとの距離を，それぞれMA，MB，MC，MDとすると，$|\mathrm{MB}-\mathrm{MD}| \fallingdotseq$ [(き)]，$|\mathrm{MB}-\mathrm{MA}| \fallingdotseq$ [(く)]，$|\mathrm{MB}-\mathrm{MC}| \fallingdotseq$ [(け)] である。したがって，Mで水面の振幅が最大となる波長λは$n=1,\ 2,\ 3,\ \ldots$を用いて [(こ)] となる。

その後，観測地点Mを$\tan\phi = \dfrac{1}{4}$となる位置に移動し，波源の領域内で，図4の黒丸で示す，等しい間隔$s(>0)$で直交した直線の全ての交点で同位相の波を発生させた。観測地点とそれぞれの波源を結ぶ線は互いに平行とみなすことができる。観測の結果，Mで水面の振幅が最大となる波長λは$n=1,\ 2,\ 3,\ \ldots$を用いて [(さ)] となった。また，図5に示すように直線で囲まれた一辺の長さがsの各正方形の中心に新たな波源を追加して，全ての黒丸の点で同位相の波を発生させたところ，$\tan\phi = \dfrac{1}{4}$となるMで水面の振幅が最大となる波長λは，式 [(さ)] において$n=$ [(し)] の場合であることが分かった。すなわち，図4および図5に示す2つの異なる波源を用いた場合，$\tan\phi = \dfrac{1}{4}$となるMで水面の振幅が最大となる波長は一部異なることがわかった。

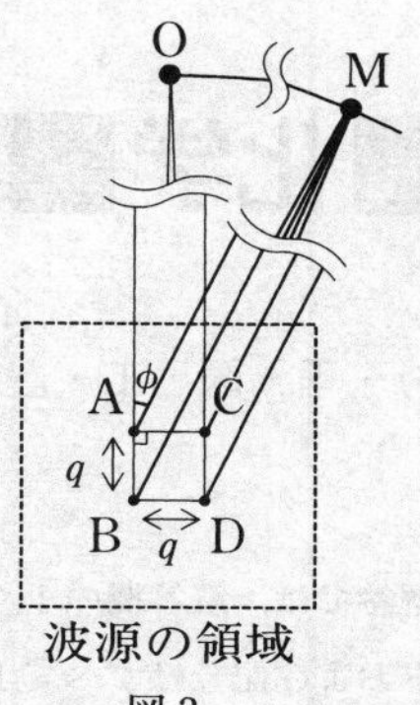

図 3

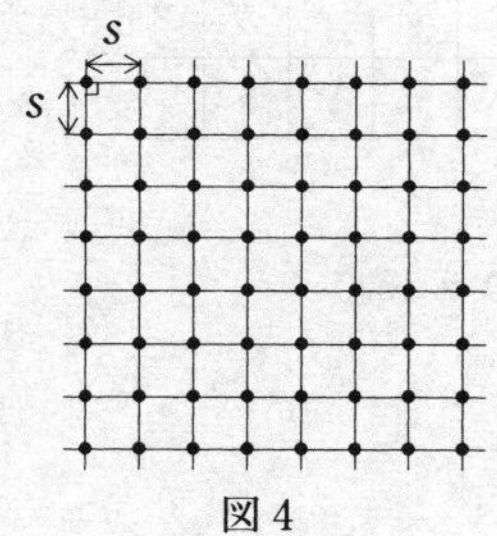

図 4

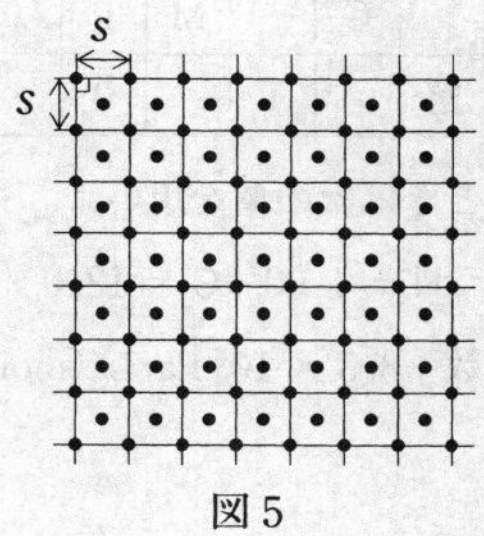

図 5

空欄(し)の選択肢

ア：1，3，5，7，9，…　　　イ：1，4，7，10，13，…

ウ：1，2，4，7，11，…　　　エ：2，4，6，8，10，…

オ：2，5，8，11，14，…　　　カ：2，3，5，8，12，…

化学

(情報（コンピュータ科）・理・医・工・農学部：2科目150分)
(情報（自然情報）学部：　　1科目　75分)

(1)　字数を指定している設問の解答では，解答欄の1マスに一つの文字を書くこと。句読点，数字，アルファベットおよび記号はすべて1字とみなせ。

例）　15℃，$Mg(OH)_2$，ガス，溶解，1.0×10^{-1} Pa。

1	5	°	C	，	M	g	（	O	H	）	₂	，	ガ	ス
，	溶	解	，	1	．	0	×	1	0	⁻	¹	P	a	。

(2)　必要なときは次の値を用いよ。

原子量；H = 1.00，C = 12.0，N = 14.0，O = 16.0

気体定数；8.3×10^3 Pa·L/(mol·K)

化学　問題 I

次の文章を読んで，設問(1)〜(6)に答えよ。

ケイ素 Si は地殻中で［ア］番目に多い元素であり，天然では単体として存在せず多くはケイ酸塩や［イ］として岩石中などに存在している。①［イ］と炭酸ナトリウム Na_2CO_3 を混ぜて加熱するとケイ酸ナトリウム Na_2SiO_3 を生じる。一方で［イ］を高温でコークス（炭素）などをつかって還元すると単体の Si が得られる。単体の Si の結晶は共有結合結晶であり，図1に示したように，Si 原子は正四面体形に連なりながら立体構造を形づくっている。図1の単位格子中に，Si 原子は合計［ウ］個含まれている。単体の Si は金属に似た光沢をもっており，電気伝導性は金属と絶縁体の中間であるため［エ］の性質を示し，太陽電池や集積回路など我々の生活に欠かせない電子材料につかわれている。

2019年5月20日に国際単位系(SI)である質量と物質量の基本単位（それぞれキロ

グラムとモル)が再定義された。キログラム(kg)の従来の定義では,「国際キログラム原器(イリジウム Ir と白金 Pt からなる合金の分銅)の重さを 1 kg とする」とされていた。また,②モル(mol)の従来の定義では,「質量数 12 の炭素 ^{12}C 0.012 kg の中に含まれる粒子の数(つまりアボガドロ定数)を 1 mol とする」とされていた。これに対し,③新しいモルの定義では「1 mol は正確に $6.02214076 \times 10^{23}$ 個の構成粒子を含み,この値がアボガドロ定数(N_A)〔/mol〕となる」となった。この N_A の値は,④質量数 28 のケイ素 ^{28}Si の結晶をもちいた実験により算出された。このような基本単位の再定義には,日本の産業技術総合研究所が大きく貢献した。

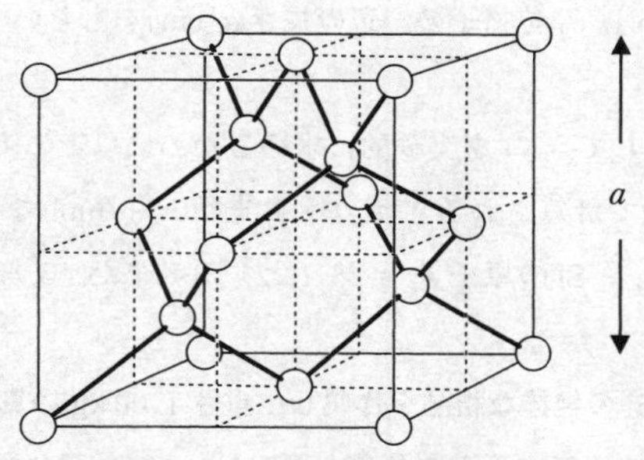

図1　Si の結晶の単位格子。○は Si 原子を示しており,太い黒線で結ばれた Si 原子は互いに接しているものとする。

設問(1):文中の空欄 ア ～ エ にあてはまる最も適切な数字,語句,化学式を記せ。ただし, ア と ウ には整数を, イ には化学式を, エ には語句をそれぞれ記せ。

設問(2):下線①の反応について,化学反応式を書け。

設問(3):モルの従来の定義と新しい定義についての下線②や③の内容と,質量数,原子量,相対質量などに関連する次の文章(A)～(D)のうち,誤っているものをすべて選び,記号で記せ。

(A)　従来の定義や新しい定義において,質量数 1 の水素 ^{1}H の相対質量は 1 よりもわずかに大きい値である。

(B)　水素の原子量は,^{1}H の相対質量と同じである。

(C)　新しい定義の導入によって，^{12}C のモル質量は g/mol の単位で 12(整数値)となった。

(D)　従来の定義では，国際キログラム原器の重さが変化すると，アボガドロ定数も変化してしまう恐れがあった。

設問(4)：図 1 のように Si の結晶の単位格子の長さを a としたとき，a をつかって Si 原子の原子半径 r を表せ。

設問(5)：図 1 の Si の結晶の密度〔g/cm^3〕を，アボガドロ定数 N_A〔/mol〕，Si のモル質量 M〔g/mol〕，単位格子の一辺の長さ a〔cm〕をもちいて表せ。

設問(6)：下線④に関して，N_A を実験的に求めるために以下の実験(i)〜(iii)を順に行った。本実験で計算されるアボガドロ定数 N_A〔/mol〕を有効数字 3 桁で求めよ。ただし，^{28}Si の原子量 = 28.1 とする。また，$5.43^3 = 1.60 \times 10^2$ として計算せよ。

実験(i)：^{28}Si の純粋な結晶を作製し，重さ 1.00 kg の真球に成形加工した。

実験(ii)：この ^{28}Si の真球の体積を測定し，429 cm^3 と決定した。

実験(iii)：続いて X 線をつかった結晶構造解析により，^{28}Si の結晶の単位格子の一辺の長さを 5.43×10^{-8} cm と決定した。

化学　問題Ⅱ

問１　次の文章を読んで，設問(1)〜(4)に答えよ。

塩素酸カリウム $KClO_3$ は，花火などの助燃剤やマッチの頭薬に用いられる。①$KClO_3$ は，加熱した水酸化カリウム KOH 水溶液に塩素 Cl_2 ガスを吹き込むことで生成する。同時に，塩化カリウム KCl と水 H_2O も生成する。酸化マンガン(Ⅳ)MnO_2 などの触媒とともに $KClO_3$ を加熱すると，酸素 O_2 を発生しながら分解する。これを熱化学方程式で書くと(Ⅰ)式となる。

$KClO_3$ の製造法として，塩素酸ナトリウム $NaClO_3$ の水溶液に KCl を混合させる方法が知られている。この反応を，原料と生成物を全て固体にして記載した熱化学方程式が(Ⅱ)式である。なお，(Ⅰ)式および下記の設問(3)と(4)における熱量は，すべて 25 ℃および 1.013×10^5 Pa での値である。

$$KClO_3(固) = KCl(固) + \frac{3}{2}O_2(気) + 39.0\,kJ \quad (Ⅰ)$$
$$NaClO_3(固) + KCl(固) = KClO_3(固) + NaCl(固) + Q\,〔kJ〕 \quad (Ⅱ)$$

設問(1)：下線①に関して，$KClO_3$，Cl_2 および KCl の塩素原子 Cl の酸化数をそれぞれ求めよ。

設問(2)：設問(1)で解答した Cl の酸化数を参考にして，下線①の反応を化学反応式で記せ。

設問(3)：KCl(固)の生成熱は 436.7 kJ/mol である。この値と(Ⅰ)式から，1 mol の $KClO_3$(固)がその成分元素の単体から生成する反応を，(Ⅰ)式を参考にして熱化学方程式で記せ。生成熱は有効数字 4 桁で求めよ。

設問(4)：(Ⅱ)式の反応で発生する反応熱 Q〔kJ〕を小数第 1 位まで求めよ。ただし，$NaClO_3$(固)の生成熱は 365.8 kJ/mol，NaCl(固)の生成熱は 411.2 kJ/mol である。

問２　次の文章を読んで，設問(1)および(2)に答えよ。

1価のある金属イオンM^+に水溶液中で色素Lが配位結合して錯イオンML^+を形成する。この時，絶対温度T'〔K〕において(Ⅲ)式に示す平衡状態にある。三つの物質M^+，LおよびML^+に着目して(Ⅲ)式の正反応の速度定数を実験から概算してみよう。

$$M^+ + L \rightleftarrows ML^+ \qquad (\text{Ⅲ})$$

この反応系の絶対温度をT'からT〔K〕に瞬時に変化させ，この反応系が新たな平衡に達する場合を考える。絶対温度をTに変化させてからの時間をt秒(以下t〔s〕)とし，その時のM^+，LおよびML^+の濃度を，$[M^+]_t$〔mol/L〕，$[L]_t$〔mol/L〕および$[ML^+]_t$〔mol/L〕と定める。さらに，(Ⅲ)式の正反応の速度は$[M^+]_t$と$[L]_t$に比例し，逆反応の速度は$[ML^+]_t$に比例すると仮定する。絶対温度Tにおける正反応と逆反応の速度定数を，それぞれk_1〔L/(mol・s)〕およびk_{-1}〔/s〕とする。

時間t〔s〕後と時間$(t + \Delta t)$〔s〕後の間における$[M^+]_t$の変化量を$\Delta[M^+]_t$〔mol/L〕と定める。$-\Delta[M^+]_t/\Delta t$のΔtを限りなく0に近づけると，(Ⅲ)式における見かけの右向きの反応速度$-d[M^+]_t/dt$〔mol/(L・s)〕が得られる。これをk_1，k_{-1}，$[M^+]_t$，$[L]_t$および$[ML^+]_t$を用いて表すと，

$$-\frac{d[M^+]_t}{dt} = \boxed{\text{ア}} \qquad (\text{Ⅳ})$$

となる。絶対温度Tにおいて平衡に達した時のM^+，LおよびML^+の濃度を$[M^+]_{eq}$〔mol/L〕，$[L]_{eq}$〔mol/L〕および$[ML^+]_{eq}$〔mol/L〕と定める。ここで，$[M^+]_t$と$[M^+]_{eq}$の差分をx〔mol/L〕と定義すると$[M^+]_t$は

$$[M^+]_t = x + [M^+]_{eq}$$

と書ける。同様に，$[L]_t$と$[ML^+]_t$は，xと$[L]_{eq}$または$[ML^+]_{eq}$を用いると，

$$[L]_t = \boxed{\text{イ}}$$

$$[ML^+]_t = \boxed{\text{ウ}}$$

と書ける。絶対温度 T における(Ⅲ)式の平衡定数を K〔L/mol〕とする。平衡に達した時，(Ⅲ)式の正反応と逆反応の速度は等しい。したがって，k_{-1} は K と k_1 を用いて

$$k_{-1} = \boxed{\quad エ \quad}$$

と書ける。$-dx/dt$〔mol/(L·s)〕は $-d[\mathrm{M}^+]_t/dt$ に等しいので，(Ⅳ)式から $-dx/dt$ を x，k_1，$[\mathrm{M}^+]_{eq}$，$[\mathrm{L}]_{eq}$ および K で表すと，

$$-\frac{dx}{dt} = \boxed{\quad オ \quad}\,x^2 + \boxed{\quad カ \quad}\,x \qquad (\mathrm{V})$$

が導かれる。ここで，x^2 の項を無視して(Ⅴ)式の微分方程式を解くと，

$$x = x_0\,e^{-t/\tau}$$
$$\tau^{-1} = \boxed{\quad カ \quad} \qquad (\mathrm{VI})$$

が得られる。ただし，x_0 は $t = 0\,\mathrm{s}$ における x の値であり，$t = \tau$〔s〕の時に $x = x_0\,e^{-1}$ となる。τ と K は測定可能であるため，条件を選ぶことによって(Ⅵ)式から k_1 を概算できる。

なお，この測定では pH を 6 付近に調整し，0.1 mol/L の硝酸カリウム KNO_3 水溶液を用いている。この条件は，解答の導出には直接影響しないものとする。

設問(1)：文中の空欄 $\boxed{\quad ア \quad}$ ～ $\boxed{\quad カ \quad}$ にあてはまる数式を記せ。

設問(2)：k_1 を概算するにあたり表 1 の実験条件を設定した。ここで，C_{M}〔mol/L〕は L が配位する前の M^+ の濃度を，C_{L}〔mol/L〕は L が M^+ に配位する前の L の濃度を表している。実験を行ったところ，表 1 に示す K と τ を結果として得た。(Ⅵ)式を参考にして k_1〔L/(mol·s)〕を有効数字 1 桁で求めよ。なお，C_{M} は C_{L} に比べて著しく大きい($C_{\mathrm{M}} \gg C_{\mathrm{L}}$)ので，解答にあたっては下の(Ⅶ)式を用いて近似せよ。

表 1　実験条件と結果

実験条件	結果
$C_M = 1.4 \times 10^{-3}$ mol/L	$K = 6.0 \times 10^{3}$ L/mol
$C_L = 2.0 \times 10^{-5}$ mol/L	$\tau = 2.0 \times 10^{-2}$ s
$T = 287$ K	

$$C_M \fallingdotseq [M^+]_{eq} \gg [L]_{eq} \qquad (\text{VII})$$

化学　問題Ⅲ

次の文章を読んで，設問(1)〜(5)に答えよ。

金 Au，銀 Ag，および銅 Cu は，周期表の 11 族に属する金属元素である。Au の単体は化学的に安定で反応性に乏しく，古くから装飾品として利用されてきた。Ag の単体も装飾品として利用されるが，湿った空気中では①硫化水素 H_2S と反応し，硫化銀 Ag_2S を生じる。Cu の単体は，銅鉱石から得られる②粗銅の電解精錬で製造する。銀（Ⅰ）イオン Ag^+ と銅（Ⅱ）イオン Cu^{2+} は，塩化物イオン Cl^- による塩化銀 AgCl の沈殿生成を利用して分離できる。③AgCl は，光が当たると分解して Ag を析出する性質をもつ。

設問(1)：Au，Ag，および Cu に関する次の(ア)〜(オ)の文章のうち，誤りを含むものをすべて選び，記号で答えよ。

(ア)　Au は典型元素である。

(イ)　Ag の単体と Cu の単体は王水に溶けない。

(ウ)　Ag 原子の原子半径は，Cu 原子の原子半径よりも大きい。

(エ)　Au の単体の展性は，Ag の単体の展性よりも大きい。

(オ)　Au の原子番号は，Ag の原子番号よりも 18 大きい。

設問(2)：下線①の物質が水に溶けて生じる硫化物イオン S^{2-} は，多くの金属陽イオンと反応して沈殿を生成する。亜鉛イオン Zn^{2+} を 0.10 mol/L 含む 25 ℃の水溶液を H_2S で飽和させたとき，硫化亜鉛 ZnS の沈殿生成の有無は pH に依存していた。この理由について述べた次の文章中の空欄 [ア] ～ [エ] にあてはまる最も適切な数式，数値，または語句を記せ。

H_2S は水溶液中で次のように２段階で電離する。

$$H_2S \rightleftarrows H^+ + HS^- \quad (\text{I})$$
$$HS^- \rightleftarrows H^+ + S^{2-} \quad (\text{II})$$

ここで，(Ⅰ)式および(Ⅱ)式の電離定数はそれぞれ K_1，K_2 である。

(Ⅰ)式および(Ⅱ)式の反応を組み合わせると

$$H_2S \rightleftarrows 2H^+ + S^{2-} \quad (\text{III})$$

となり，(Ⅲ)式の電離定数 K は，K_1 および K_2 を用いて

$K =$ [ア]

と表される。水溶液中における H_2S，S^{2-}，水素イオン H^+，および Zn^{2+} のモル濃度〔mol/L〕をそれぞれ$[H_2S]$，$[S^{2-}]$，$[H^+]$，および$[Zn^{2+}]$とすると，$[S^{2-}]$は K，$[H_2S]$，および$[H^+]$を用いて次式で表される。

$[S^{2-}] =$ [イ]

ここで，ZnS の溶解度積 K_{sp} は，25℃において $\log_{10} K_{sp} = -17.7$ とする。$\log_{10} K_1 = -7.0$，$\log_{10} K_2 = -13.9$，$[H_2S] = 0.10$ mol/L，$[Zn^{2+}] = 0.10$ mol/L であるとき，$[Zn^{2+}]$と$[S^{2-}]$の積が K_{sp} と等しくなる pH は，有効数字を２桁として [ウ] である。pH が [ウ] よりも低ければ，$[Zn^{2+}]$と$[S^{2-}]$の積は K_{sp} よりも [エ] くなるので，ZnS は沈殿しない。

設問(3)：下線①の物質は，設問(2)で示された性質などを利用して，金属イオンの系統分析に利用される。4種類の金属イオン Cu^{2+}，Ba^{2+}，Fe^{3+}，Mn^{2+} を含む水溶液(試料溶液)に対して，次の操作1～3を順に行った。ただし，各操作における試薬の量や加熱条件は，系統分析に最適な条件に調整されているとする。

操作1：試料溶液に希塩酸を加えて酸性とした後，H_2S を通じ，生じた沈殿**A**をろ過した。

操作2：操作1のろ液を煮沸して H_2S を追い出し，硝酸 HNO_3 を加えて加熱した。この溶液に塩化アンモニウム NH_4Cl とアンモニア NH_3 水を加えて弱塩基性にした後，生じた沈殿**B**をろ過した。

操作3：操作2のろ液に H_2S を通じ，生じた沈殿**C**をろ過した。

(i) 沈殿**A**～**C**の主成分を化学式で記せ。

(ii) 操作2における HNO_3 の役割を20字以内で答えよ。

(iii) 操作2の NH_4Cl は，溶液を弱塩基性に保つために添加されている。NH_4Cl と NH_3 の混合水溶液のように，少量の酸や塩基を加えても pH がほぼ一定に保たれる溶液を何とよぶか答えよ。

(iv) 操作3の後に得られたろ液の炎色反応の色を，以下から選んで答えよ。

黄，赤紫，橙赤，黄緑，無色

設問(4)：下線②について，次の文章中の空欄［オ］～［ク］にあてはまる最も適切な語句または数値を記せ。ただし，空欄［オ］～［キ］に入る語句は下の［　］の中から選択せよ。同じ語句を2回以上用いてはならない。［ク］の数値は有効数字1桁で求めよ。なお，原子量は Ni = 59，Cu = 64 とし，ファラデー定数を 9.6×10^4 C/mol とする。

ニッケル Ni と Au のみを不純物として含む粗銅板がある。粗銅板における不純物の分布は均一であるとする。硫酸銅(Ⅱ)$CuSO_4$の硫酸酸性溶液に，粗銅板と，純銅板を入れ，0.2～0.5Vの低電圧で電気分解を行った。このとき，外部電源の［　オ　］極に粗銅板を接続し，［　カ　］極に純銅板を接続した。100Aの電流で320分間電気分解したところ，粗銅板の質量が640g減少し，粗銅板の下にAuが1g沈殿した。また，この電気分解の間，電極での気体の発生はなかった。Auが沈殿した理由は，Auのイオン化傾向がCuよりも［　キ　］いためである。粗銅板の質量に対するNiの質量の割合は［　ク　］〔%〕と求められる。

陽，陰，正，負，大き，小さ

設問(5)：下線③は，AgClが光エネルギーを吸収することで起こる化学反応である。光が関与する次の(ア)～(オ)の現象のうち，物質が光エネルギーを吸収して起こる化学反応をすべて選び，記号で答えよ。

(ア)　デンプンのコロイド溶液に強い光を当てると，光の通路が輝いて見える。

(イ)　水素H_2と塩素Cl_2の混合気体に強い光を当てると，刺激臭のある気体が発生する。

(ウ)　太陽光をプリズムに通すと様々な色の光に分かれる。

(エ)　ルミノールを溶かした塩基性の水溶液に，過酸化水素水と触媒を加えると，青い光を発する。

(オ)　酸素O_2に紫外線を当てると，特異臭のある淡青色の気体が発生する。

化学 問題Ⅳ

問１ 次の文章を読んで，設問(1)～(4)に答えよ。

アルケンとは炭素原子間に二重結合を一つもつ不飽和炭化水素の総称である。最も小さいアルケンであるエチレン C_2H_4 の炭素原子間の長さは，同一炭素数のアルカンであるエタン C_2H_6 の炭素原子間の長さより［ア］。アルケンは二重結合の炭素原子に他の原子や原子団が結合し，単結合になる［イ］反応を起こしやすい。たとえば，触媒を用いてエチレンに水を［イ］させると，エタノール C_2H_5OH が生じる。

①アルケンはオゾン分解すると，炭素原子間の二重結合が開裂しカルボニル化合物を与える。たとえば，アルケン**A**をオゾン分解すると，［ウ］と［エ］が得られる。［ウ］はエタノールを二クロム酸カリウム $K_2Cr_2O_7$ の硫酸酸性水溶液で反応させると得られる。［エ］はベンゼンと［オ］からフェノールを製造するクメン法という工業プロセスで副生する。

設問(1)：文中の空欄［ア］～［オ］にあてはまる最も適切な語句または物質の名称を記せ。

設問(2)：アルケン**A**の構造式を図１にならって記せ。

H_2C-CH_2 　　　O　　　　　　　CH_3

H_2C　　$CH-O-C-C_6H_4-CH-CH=CH-C\equiv C-CH_2-CH_3$

H_2C-CH_2

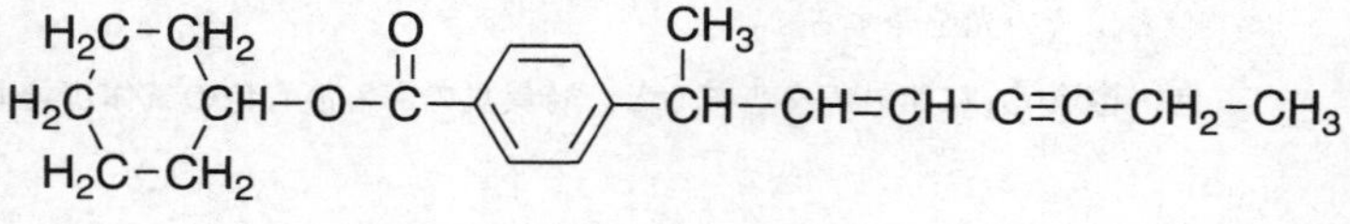

図１

設問(3)：下線①の反応を含む以下の実験１～７を行い，分子式 C_6H_{10} の化合物**B**および同一分子式の化合物**C**の構造を決定した。化合物**B**および**C**の構造式を図１にならって記せ。

実験１：白金触媒を用いて 1 mol の**B**と 1 mol の水素 H_2 を反応させると分子式 C_6H_{12} の化合物**D**が得られ，さらに 1 mol の H_2 を反応させると分

子式 C_6H_{14} の枝分かれ構造をもたない化合物 **E** が得られた。

実験 2：硫酸水銀(II)触媒を用いて 1 mol の化合物 **B** と 1 mol の水を反応させると分子式 $C_6H_{12}O$ のケトン **F** が得られた。

実験 3：1 mol の化合物 **D** をオゾン分解すると 2 mol の化合物 **G** が得られた。

実験 4：白金触媒を用いて 1 mol の化合物 **C** と 1 mol の H_2 を反応させると分子式 C_6H_{12} の化合物 **H** が得られた。化合物 **H** はこれ以上 H_2 と反応しなかった。

実験 5：1 mol の化合物 **C** をオゾン分解すると炭素鎖が枝分かれ構造をもたない化合物 **I** が 1 mol 得られた。

実験 6：化合物 **I** をアンモニア性硝酸銀水溶液に加え，加熱すると銀の析出がみられた。

実験 7：化合物 **I** をヨウ素と水酸化ナトリウム水溶液に加えると，ヨードホルム反応を呈した。

設問(4)：フェノールに関して説明した次の(ア)〜(オ)の文章のうち，誤りを含むものをすべて選び，記号で答えよ。

(ア)　フェノールの水溶液は弱塩基性を示す。

(イ)　フェノールを無水酢酸へ加え，加熱すると，酢酸フェニルが得られる。

(ウ)　クロロベンゼンを水酸化ナトリウム水溶液へ加え，室温でかくはんすると，フェノールが得られる。

(エ)　塩基触媒を用いてフェノールとホルムアルデヒドを反応させ，その後加熱すると，硬化し絶縁性に優れた樹脂になる。

(オ)　フェノールの水溶液に臭素水を十分加えると，白色沈殿が生じる。

問2　次の文章を読んで，設問(1)および(2)に答えよ。

ベンゼン C_6H_6 と混酸(濃硝酸と濃硫酸の混合物)の反応により，ニトロベンゼン $C_6H_5NO_2$ が得られた。ニトロベンゼンにスズと濃塩酸を加えて加熱し，反応が完結したことを確かめた後に，②<u>適切な実験操作を行うことでアニリン $C_6H_5NH_2$ が得られた</u>。

トルエン C_7H_8 と混酸の反応により，分子式 $C_7H_7NO_2$ の芳香族化合物 **J** とその構造異性体 **K** が主に得られた。さらに **J** と混酸を反応させると，分子式 $C_7H_6N_2O_4$ の芳香族化合物 **L** とその構造異性体 **M** の混合物が得られた。一方，**K** と混酸を反応させると，**M** が主に得られた。化合物 **L** および **M** と混酸の反応では，いずれの場合も 2，4，6-トリニトロトルエンが生じた。化合物 **J** を中性の過マンガン酸カリウム水溶液中で加熱すると，化合物 **N** が得られた。化合物 **N** にスズと濃塩酸を加え，適切な処理を行うことで化合物 **O** が得られた。**O** の希塩酸溶液を冷やしながら亜硝酸ナトリウム水溶液に加えると，化合物 **P** が得られ，その水溶液にジメチルアニリン $C_6H_5N(CH_3)_2$ を加えると，化合物 **Q** が得られた。化合物 **Q** はメチルレッドとよばれる合成染料である。

設問(1)：下線②について，以下の実験操作を(1)→(2)→(3)→(4)の順に行うことが適切である。ある日，操作(1)を行わずに，(2)→(3)→(4)の順で操作を行ったところ，アニリンはほとんど得られなかった。以下の括弧内の語句をすべて用いて，その理由を簡潔に記せ。
【溶解性，水，ジエチルエーテル】

操作(1)：水酸化ナトリウム水溶液を反応液が塩基性になるまで加える。
操作(2)：ジエチルエーテルを加え，分液ロートに入れて振り混ぜる。
操作(3)：水層を流し出してから，ジエチルエーテル層を蒸発皿に移す。
操作(4)：ジエチルエーテルを蒸発させる。

設問(2)：化合物 **M**，**N** および **Q** の構造式を図1にならって記せ。

化学　問題V

次の文章(i)~(iii)を読んで，設問(1)~(8)に答えよ。

(i)　ナイロン 66 は，①二つの化合物を脱水縮合させる縮合重合により得られる。ナイロン 6 は，②環状構造の単量体を [ア] 重合することにより得られる。ナイロン 66 やナイロン 6 は，分子内に多くの [イ] 結合をもつポリ [イ] で，分子間には多くの水素結合が形成されるため，強度や耐久性に優れる。

酢酸ビニルを付加重合させてポリ酢酸ビニルを合成し，これを加水分解すると，図 1 に構造式を示した [ウ] が得られる。[ウ] を③部分的にアセタール化すると，ビニロンが得られる。

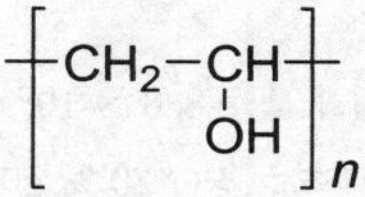

$$\left[-CH_2-\underset{\large OH}{\underset{|}{CH}}- \right]_n$$

図 1

(ii)　④生ゴムの主成分はイソプレンが付加重合したポリイソプレンである。ポリイソプレンには，二重結合が回転できないことに基づく幾何異性体が存在し，生ゴムのポリイソプレンは，二重結合がすべてシス形であり，弾性に富む。二重結合がトランス形のポリイソプレンは，硬い固体で弾性に乏しい。

(iii)　分子量の異なる三つのペプチド **A**，**B** および **C** をそれぞれ酸によって完全に加水分解した。いずれのペプチドからも，不斉炭素原子をもたない二つのアミノ酸 **d** と **e** のみが物質量の比 1：1 で得られた。アミノ酸 **d** は，分子量が 75 の α-アミノ酸であった。アミノ酸 **e** は，分子量がアミノ酸 **d** よりも 14 大きい β-アミノ酸であった。ペプチド **A**，**B** および **C** の分子量は，それぞれ，274，256，146 であった。

設問(1)：文中の空欄 [ア] ～ [ウ] にあてはまる最も適切な語句を記せ。ただし，[ウ] には物質の名称を記せ。

設問(2)：図 2 にならって下線①の二つの化合物の構造式を記せ。

$$C_6H_5-O-(CH_2)_3-\overset{\displaystyle O}{\overset{\|}{C}}-CH_2-CH\begin{matrix} CH_2-CH_2 \\ \\ CH_2-CH_2 \end{matrix}CH_2$$

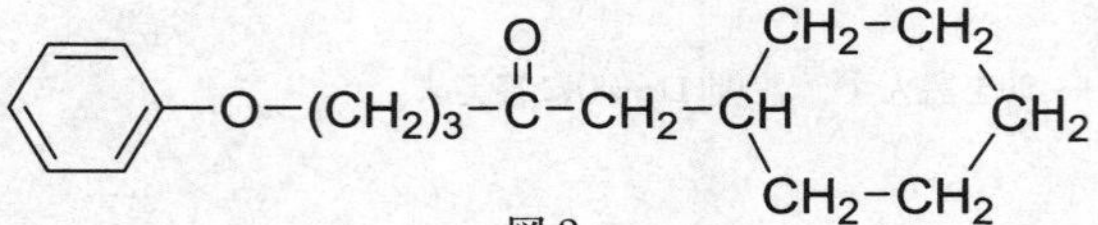

図 2

設問(3)：図 2 にならって下線②の化合物の構造式を記せ。

設問(4)：1.0 g の [ウ] を水に溶かし全量を 100 mL とした。この水溶液の浸透圧を 27 ℃で測定したところ，3.0×10^3 Pa であった。この [ウ] の平均分子量を有効数字 2 桁で求めよ。気体定数は 8.3×10^3 Pa·L/(mol·K) とする。

設問(5)：下線③に関連し，平均分子量が 8.8×10^3 の [ウ] をホルムアルデヒド水溶液で処理してヒドロキシ基の 20 % をアセタール化した。アセタール化後の平均分子量を有効数字 2 桁で求めよ。

設問(6)：図 1 の構造式を参考に，下線④のシス形ポリイソプレンの構造式を幾何異性体がわかるように記せ。イソプレンの構造式を図 3 に示す。ただし，平均重合度を n とする。

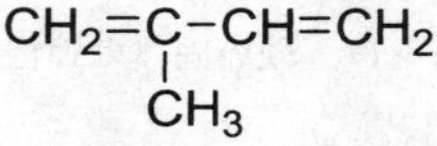

$$CH_2=\underset{\displaystyle CH_3}{\underset{|}{C}}-CH=CH_2$$

図 3

設問(7)：アミノ酸 **e** の構造式を記せ。

設問(8)：ペプチド **A**，**B** および **C** にはそれぞれ何種類の構造異性体が存在するかを答えよ。ただし，アミノ酸どうしは，すべてペプチド結合(−NH−CO−)でつながっているとする。なお，双性イオンについては考えなくてよい。

生物

（情報（コンピュータ科）・理・医・農学部：２科目 150 分）
（情報（自然情報）学部：１科目 75 分）

生物　問題Ⅰ

次の文章を読み，以下の設問に答えよ。

文1

生物は形態や発生などの共通性にもとづいて分類されてきた。古代ギリシャの哲学者アリストテレスは，生物を運動性の有無などの違いから植物と動物の２つに大別して分類し，その分類法はヨーロッパでは 18 世紀まで支持されていた。20 世紀になると，生物の基本単位である細胞が，構造や機能の違いから原核細胞と真核細胞に分けられるようになり，生物の分類法においては，原核細胞からなる細菌類を原核生物として１つの生物界に，真核生物を４つの生物界に分類する五界説が提唱されるようになった。その後，生物の分類に分子系統学的な解析手法が取り入れられるようになると，生物が共通にもつ［(ア)］の塩基配列の比較を行った研究から，真核生物は１群にまとまるが，原核生物には細菌と古細菌の２つの異なる系統の生物群が存在することが見出された。これにもとづいて，生物の分類法において，生物を細菌，古細菌，真核生物の３つに分ける３［(イ)］説が提唱されるようになり，今日では多くの裏付けによってそれが支持されている。また一部の古細菌がもつ染色体の基本構造をつくるタンパク質①や，DNA の複製や転写を担う酵素が，真核生物と類似していることが知られている。これらの類似点や DNA の塩基配列の比較から，真核生物は細菌より古細菌に近縁であると考えられている。

設問(1)：文中の［(ア)］に入る適切な用語を以下の中から１つ選んで記入せよ。

rRNA，プラスミド，イントロン，テロメア設問(2)：以下の中から古細菌に分類される生物を１つ選んで記入せよ。

紅色硫黄細菌，メタン菌，乳酸菌，硝酸菌，根粒菌

設問(3)：文中の［(イ)］に適切な用語を記入せよ。

設問(4)：下線部①について，真核生物の染色体の基本構造であるヌクレオソームは，タンパク質に DNA が巻き付いた構造となっている。真核生物が共通にもつそのタンパク質の名称を答えよ。

文２

生物は細胞骨格と呼ばれる繊維状の構造を細胞内にもっている。真核生物では，微小管，アクチンフィラメント，中間径フィラメントの３つの細胞骨格がみられ，それらは細胞の構造の維持，運動，細胞内における物質の輸送など，細胞のさまざまな機能を担っている。微小管は，α［(ウ)］とβ［(ウ)］の２つの球状のタンパク質によって作られる管状の繊維である。アクチンフィラメントは，球状のタンパク質であるアクチンの単量体がつらなって形成される２本の鎖からできている。中間系フィラメントは細長い構造をもつタンパク質が束になって作られる。

微小管やアクチンフィラメントに結合し，［(エ)］の分解エネルギーを利用してそれら繊維の上を移動するタンパク質を［(オ)］タンパク質と呼ぶ。［(オ)］タンパク質は細胞内のさまざまな物質と結合することで，それらの輸送に役割を果たしている。微小管とアクチンフィラメントには極性があり，繊維の２つの末端はそれぞれマイナス(－)端，プラス(＋)端と呼ばれる。［(オ)］タンパク質は種類によってどちらの端に向かって移動するかが決まっている。微小管上を移動する［(オ)］タンパク質には［(カ)］と［(キ)］があるが，例えば動物のニューロンでは，［(カ)］は軸索末端から細胞体(－端方向)への，［(キ)］は細胞体から軸索末端(＋端方向)への物質の輸送を担っている。アクチンフィラメント上を移動する［(オ)］タンパク質である［(ク)］は，真核生物が共通にもつタンパク質であり，動物では筋収縮にも役割を果たしている。

設問(5)：文中の［(ウ)］～［(ク)］に適切な用語を記入せよ。

設問(6)：以下の１～６の語に最も関連性が深い細胞骨格はどれか。アクチンフィラメントはａ，微小管はｂ，中間径フィラメントはｃを記入せよ。

１．紡錘糸

２．植物の細胞質にみられる原形質(細胞質)流動

３．デスモソーム

４．ウニの精子の先体突起

５．精子のべん毛

６．核の形の維持(核膜の裏打ち)

文３

細胞骨格の形成のしくみや細胞内でのはたらきを調べるために，生物が作り出す代謝産物が利用されている。その１つである薬剤Ｘは，単量体のアクチンには結合しないが，繊維を形成しているアクチン(アクチンフィラメント)には結合する。薬剤Ｘは，１本のアクチンフィラメントにおおよそ１つ結合し，結合した場所で作用することがわかっている。薬剤Ｘがアクチンフィラメントの伸長にどのような作用をもつのかを調べるため，図１のような実験を行った。アクチンフィラメントの形成過程では，複数個の単量体のアクチンが集まって安定した形になると，その末端に単量体のアクチンがさらに付加されて繊維が伸長する。はじめに，単量体のアクチンを，塩類を含む溶液に適切な濃度で加えて短いアクチンフィラメントを形成させた(図１，①)。この短いアクチンフィラメントに，アクチンに結合性をもつタンパク質を安定的に結合させ，それによって全体が修飾されたアクチンフィラメントを作製した(図１，②)。図１のように，このタンパク質で全体が修飾されたアクチンフィラメントは，顕微鏡で観察すると－端と＋端の判別ができるようになる。次に②に対して，片方には単量体のアクチンと薬剤Ｘを加え，もう片方には単量体のアクチンのみを加えた。その後，時間をおって，それぞれのアクチンフィラメントの伸長の様子を観察した(図１，③)。

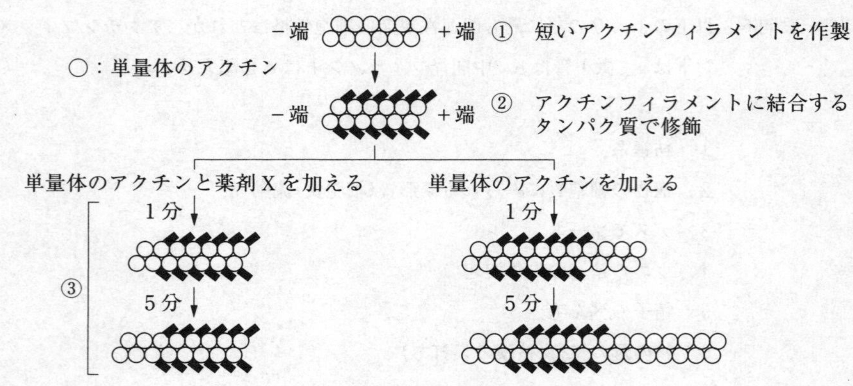

図1　アクチンフィラメントを伸長させる実験

設問(7)：図1の実験結果から，アクチンフィラメントの伸長は通常どのように進むと考えられるか。文中に「単量体のアクチン」，「－端」，「＋端」の3つの用語を用いて解答欄の枠内で述べよ。

設問(8)：図1の実験結果から，薬剤Xは，アクチンフィラメントの「－端」，「＋端」，それぞれの方向への伸長にどのような作用をもつか，解答欄の枠内で答えよ。また，薬剤Xがアクチンフィラメントに結合すると考えられる場所を答えよ。

設問(9)：分裂を行っている動物の細胞に対して，細胞周期のM期に薬剤Xを作用させたところ，M期の終期に起こる現象が阻害された。また，この現象が阻害された細胞は，その後，間期に進行して細胞内に核を形成したが，形成された核には通常の細胞のものと異なる点があった。薬剤Xによって阻害された細胞の現象を答えよ。また，薬剤Xを作用させた細胞の核が通常と異なった点を考えて，解答欄の枠内で述べよ。

〔解答欄〕 (7)・(8)　各ヨコ13.8cm×タテ2.6cm

(9)〈異なる点〉　ヨコ13.8cm×タテ3.5cm

生物　問題Ⅱ

次の文章を読み，以下の設問に答えよ。

文1

動物は外界からの刺激を受け取り，対応する反応や行動を起こす。神経系①は，刺激を受ける目や耳などの［（ア）］と刺激に応じた反応を起こす筋肉などの［（イ）］の間の連絡の機能を担う。

ヒトの神経系には脳と脊髄から構成される［（ウ）］神経系と［（ウ）］神経系と体の部分をつないでいる［（エ）］神経系がある。神経の基本単位であるニューロンは多くの場合，細胞体から１本の軸索と多数の［（オ）］が突き出した形状となっている。

［（エ）］神経系は運動や感覚などに関連した［（カ）］神経系と内臓機能を代表とする体内環境を調節②している［（キ）］神経系に分けることができる。

［（キ）］神経系は交感神経と［（ク）］神経から構成される。また，そのはたらきは１つの器官に対して拮抗的である③ことが多い。

設問(1)：文中の［（ア）］～［（ク）］に適切な用語を記入せよ。

設問(2)：下線部①の神経系の大部分を構成するグリア細胞の役割について１つあげ，解答欄の枠内で述べよ。

設問(3)：下線部②の体内環境の調節について，体温の調節は［（キ）］神経系の重要な機能の１つである。体内の深部の温度が高い場合，［（キ）］神経系の機能によって行われるいくつかの体温調節メカニズムが知られている。そのメカニズムのうち２つの例を解答欄の枠内で述べよ。

設問(4)：下線部③について，以下のａ）～ｅ）の中で交感神経の作用が優位にはたらいている場合の状況を示すものとして不適切なものをすべて選び，記入せよ。

ａ）胃腸（ぜん動）　－　促進

b）立毛筋　　　　－　収縮

c）瞳孔(ひとみ)　－　拡大

d）ぼうこう　　　－　収縮

e）気管支　　　　－　拡張

設問(5)：軸索に活動電位が生じると，活動電位が発生した興奮部と隣接した静止部の間に微弱な電位差が発生する。それが新しい刺激となって興奮部の両隣において新たな活動電位が発生し，興奮が伝導する。一方で興奮を終えた部分には興奮が逆戻りしないことが知られている。その理由を解答欄の枠内で述べよ。

設問(6)：興奮の伝導において，有髄神経では同じ太さの無髄神経と比較すると速く伝導する。そのメカニズムを解答欄の枠内で述べよ。

〔解答欄〕　(2)・(5)・(6)　各ヨコ 13.8cm×タテ 2.5cm

(3)メカニズム１・メカニズム２　各ヨコ 13.8cm×タテ 2.5cm

文２

神経細胞の興奮の伝達を計測する以下の実験を行った。図１のように神経細胞をその体内環境に近い組成をもつ細胞外液にひたして細胞外に基準電極を設置し，さまざまな条件でシナプスにつながる軸索を刺激し，細胞内の電位変化を測定した。図１中の２つの矢印はシナプスにつながる神経細胞①，②の軸索への電気刺激を模式的に表している。①と②の神経細胞を条件Ⅰ～Ⅲで刺激し，図２のような電位変化をそれぞれ観察した。なお，同一の神経細胞に対して同一の刺激を与えたときには，同じシナプス後電位が発生するものとする。また，これらのシナプスでは神経伝達物質を介してのみ情報の伝達が行われ，グルタミン酸もしくはγ-アミノ酪酸(GABA)のどちらか一方のみが神経伝達物質としてはたらくものとする。

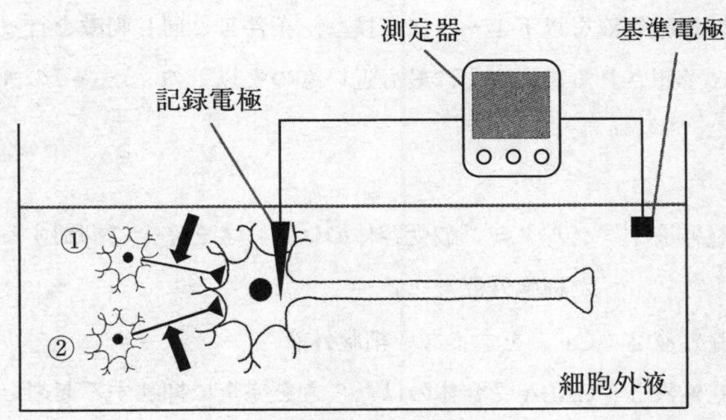

図１　電位測定環境１

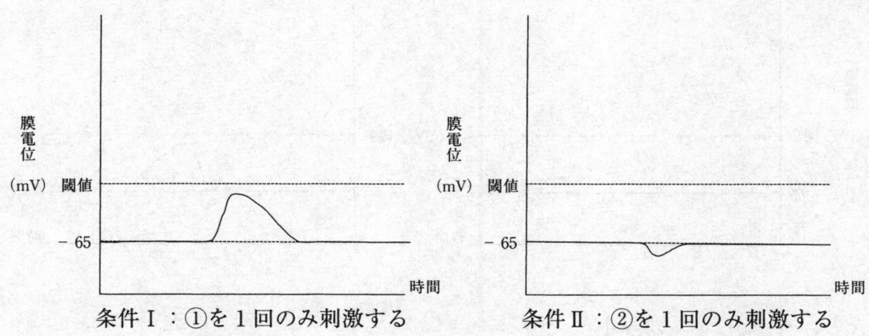

条件Ⅰ：①を１回のみ刺激する

条件Ⅱ：②を１回のみ刺激する

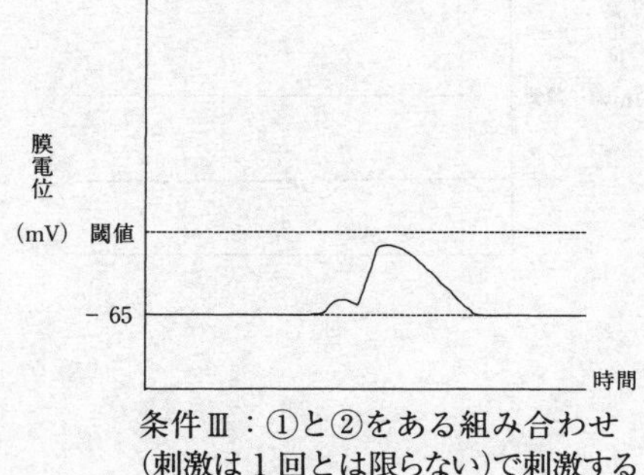

条件Ⅲ：①と②をある組み合わせ
(刺激は１回とは限らない)で刺激する

図２　各条件の下での電位変化

設問(7)：次に細胞外液を以下１～３に交換し，条件Ⅲと同じ刺激を行った時に得られると予想される電位変化に最も近いものを以下のａ）～ｅ）の図からそれぞれ選べ。

細胞外液１：グルタミン酸受容体のはたらきを完全に抑制する薬剤を添加した細胞外液

細胞外液２：Ca^{2+} を含まない細胞外液

細胞外液３：GABA 受容体のはたらきを完全に抑制する薬剤を添加した細胞外液

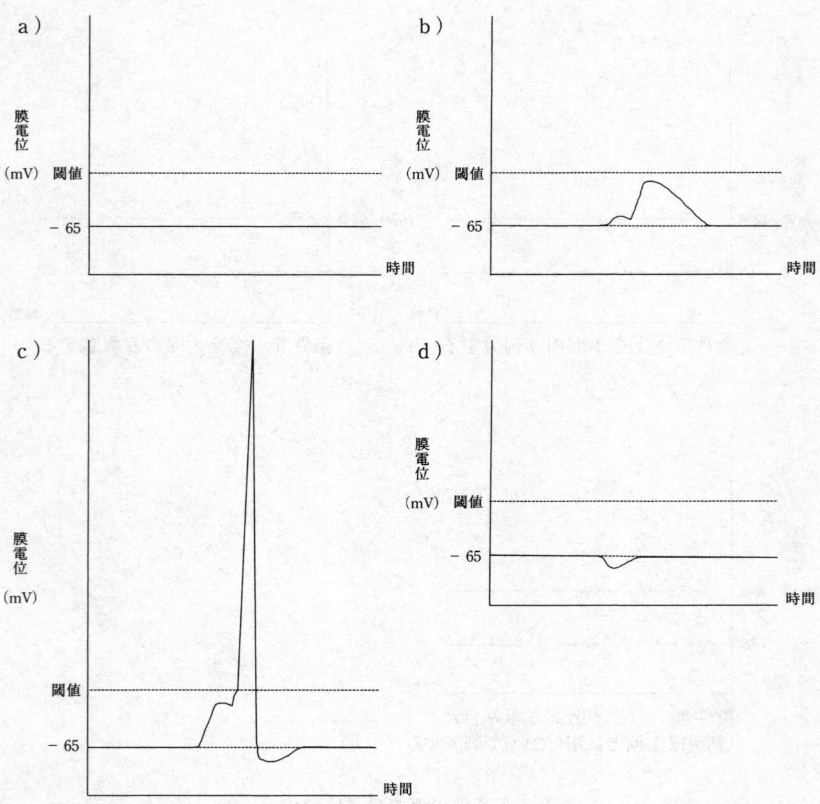

e）

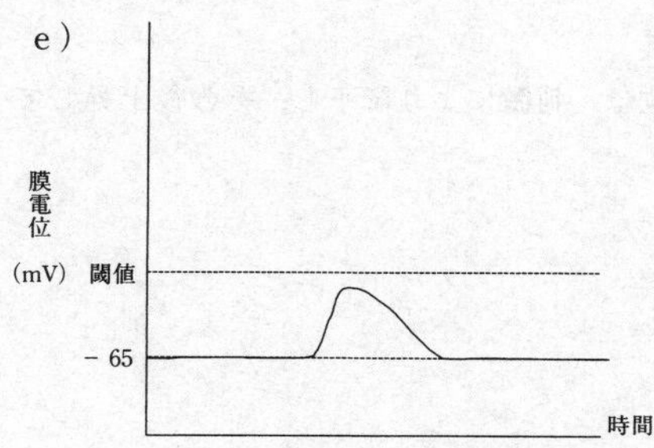

設問(8)：図1の最初に用意した電位測定環境1と全く同じ環境を用意し，記録電極および基準電極を，共に細胞内に設置する電位測定環境2（図3）に変更した。この環境下で，①の軸索を数回刺激し，1回のみ活動電位が発生した。その場合に測定器の示す電位の変化の記述として最も適切なものを以下のa)～d)の中から選べ。

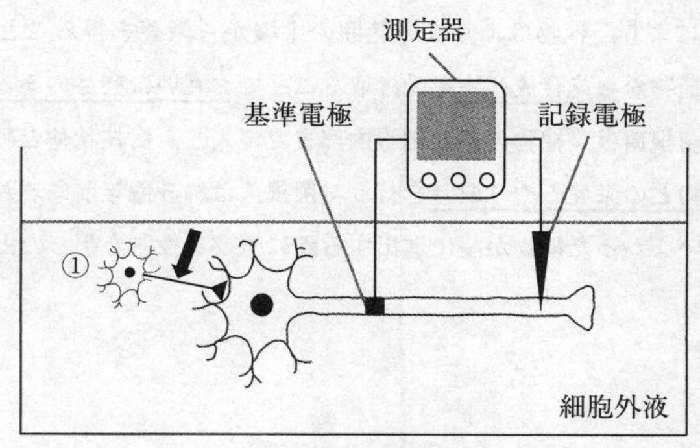

図3　電位測定環境2

a）刺激前0mVを示した電位は，刺激により上昇し，その後降下して，一旦0mVに戻ったのち，さらに降下し，その後再度上昇して0mVに収束する。

b）刺激前0mVを示した電位は，刺激により降下し，その後上昇して，一旦0mVに戻ったのち，さらに上昇し，その後再度降下して0mVに収束する。

c）刺激前－65mVを示した電位は，刺激により上昇し，その後降下して

$-65\,\mathrm{mV}$ に収束する。

d）刺激前 $-65\,\mathrm{mV}$ を示した電位は，刺激により降下し，その後上昇して $-65\,\mathrm{mV}$ に収束する。

生物　問題Ⅲ

次の文章を読み，以下の設問に答えよ。

文１

単細胞生物が約 38 億年前に地球上に誕生してから，生物は競合的あるいは共生的な関係を介して進化してきた。最も成功した生物間の共生の１つとして，植物と根に感染する菌根菌の関係が知られている。菌根菌(アーバスキュラー菌根菌)は，土壌中に生育する菌類(カビ)であり，地球上の約８割の植物の根に感染する。根の表面から伸びた菌根菌により，植物はより広い範囲の土壌から栄養を得ることができる一方で，菌根菌は植物から①光合成産物を受け取ることで②お互いに利益のある関係を築いている(図１)。菌根菌は，植物の根の細胞内部まで侵入し，樹枝状体と呼ばれる構造を形成して，③植物との栄養のやり取りを行う。菌根菌は約５億年前に現れた菌であり，根の発達していなかった植物が陸に進出する際に重要な役割を担ったと考えられている。

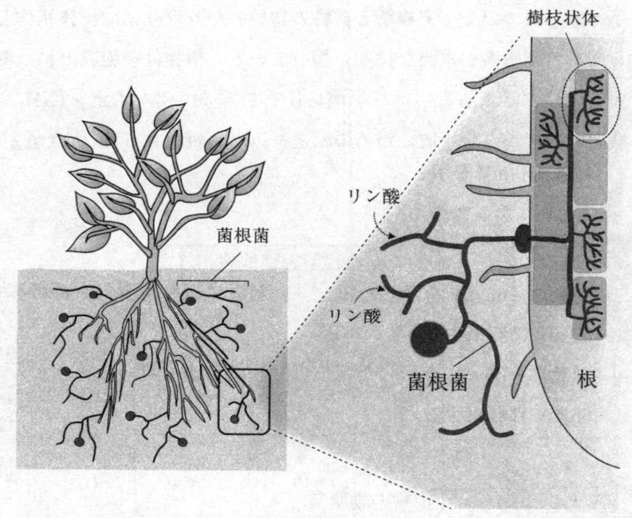

図１　植物根への菌根菌の感染

設問(1)：下線部①について，光合成の過程について記した以下の文章の空欄 (ア) ～ (エ) に適切な用語を記入せよ。

植物の光合成では，葉緑体のチラコイド膜で起こる反応と (ア) で起こる反応を連携させることで，光エネルギーを利用して有機物が合成される。チラコイド膜では，２つの光化学系が光エネルギーによって活性化され， (イ) と (ウ) が合成される。 (ア) における炭酸同化反応では，エネルギー源として (イ) が使われ，還元力として (ウ) を消費する。この炭酸同化の反応経路は発見者にちなんで (エ) 回路と呼ばれる。

設問(2)：下線部②について，このような関係をなんと呼ぶか答えよ。また，以下の生物は，いずれも他の生物とお互いに利益のある関係をもつことが知られている。この中から１つを選択してその相手の生物を記し，それぞれにどのような利益があるかについて簡潔に説明せよ。

・マメ科植物　・ヒマワリ　・アブラムシ　・腸内細菌　・光合成細菌

設問(3)：下線部③について，菌根菌と植物の物質のやり取りには樹枝状体と接している植物の細胞膜が重要な役割を担っている。植物は細胞膜上に，糖や脂質を菌に供給する，あるいはリン酸(Pi)やアンモニウムイオン(NH_4^+)などの無機養分を菌から受け取るための輸送タンパク質をもっている(図2)。

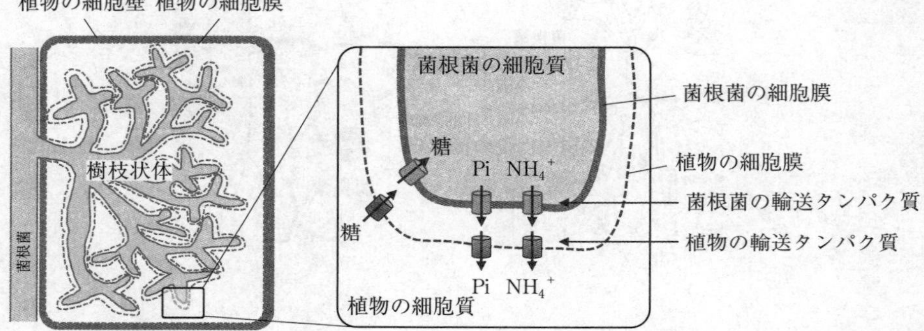

図2　菌根菌の樹枝状体における輸送タンパク質を介した物質輸送

ある植物Aは，菌根菌からリン酸を受け取ることが知られている。そこで，その際にはたらく輸送タンパク質の遺伝子を明らかにするための実験を計画した。これまでに，次のa)～d)の実験結果が得られた。

a）植物Aをリン酸が豊富な土壌に植えて，菌根菌を土に加えない実験区と加えた実験区を比較した。その結果，菌根菌の有無で植物の生育に影響はなかった。

b）植物Aをリン酸が不足した土壌に植えて，菌根菌を加えない実験区と加えた実験区を比較した。その結果，菌根菌を加えなかった区と比較して菌根菌を加えた区で植物の生育がよかった。

c）植物Aのゲノムの塩基配列を解析したところ，リン酸の吸収に関与すると推定される6種の輸送タンパク質遺伝子(*PT1* から *PT6*)が見出された。

d）リン酸が豊富な土に，植物Aおよび「各リン酸輸送タンパク質の遺伝子が欠失した6種の植物A変異体」を植え，生育を比較した。その結果，植物Ａと比較して *PT1* 遺伝子を欠失した変異体の生育が抑制された。この結果から，根の細胞がリン酸を土から直接吸収する際にはたらく輸送タンパク質の遺伝子は，*PT1* であることが示された。

これらの結果を参考にさらに実験を行ったところ，*PT3* 遺伝子が菌根菌との共生時においてリン酸輸送を行うタンパク質の遺伝子であることが明らかとなった。以下の材料の中から適切なものを用いて，この結果を導いた実験を設定せよ。また，どのような結果が得られたかについて解答欄の枠内で説明せよ。

・植物Ａ　・菌根菌　・リン酸が不足した土　・リン酸が豊富な土

・各リン酸輸送タンパク質の遺伝子が欠失した植物Ａの６種の変異体

〔解答欄〕 (3)　ヨコ 13.8cm×タテ 5.6cm

文２

植物が地上へ進出したのは，今から約５億年前であると考えられている。現在知られている約 30 万種の植物のほとんどは陸上で生育しており，陸上環境への進出は植物の繁栄の重要な段階であったと推定される。陸上では［(オ)］が水やプランクトンにさえぎられることもなく，また炭酸同化に用いられる［(カ)］に富んでおり，光合成に好適な環境である。水際にいた原始的な植物の一部は，やがて陸上植物に進化した。地上の空気にさらされる環境では，表皮がロウなどの重合体からなる［(キ)］で覆われることで，地上部組織からの水分の喪失が防がれる。また，陸上植物は，外気と植物のガス交換や水の蒸散を制御するための④気孔をもつ。さらに，植物体全体に水や栄養を運ぶシステムである［(ク)］が発達した。［(ク)］は，植物体が地上で重力に耐えうる物理的な強度を増すことで体を支えるという役割も担っている。［(ク)］組織は根の発達にも貢献した。根は土壌中から水や栄養分を吸収するだけでなく，植物体を地面に固定し，背が高く成長するために必須の器官である。

設問(4)：文章の空欄［(オ)］～［(ク)］に当てはまる適切な用語を記入せよ。

設問(5)：下線部④について，気孔の開閉の制御に関する以下の文章について，正しいものには○を，誤っているものには×を記入せよ。

a）通常，気孔は明るい場所では水分の蒸散を防ぐために閉じ，暗い場所では開く。

b）孔辺細胞の気孔に面する側の細胞壁は，反対側の細胞壁より厚くなっている。

c）青色光を受容した孔辺細胞では水の流入が促され，膨圧が増すことで気孔が開く。

d）乾燥状態や細菌の感染を受けた植物は，ジャスモン酸を介して気孔を閉じる。

生物　問題Ⅳ

次の文章を読み，以下の設問に答えよ。

文1

多くの動物のからだは，前後・背腹・左右が区別できる。前後軸・背腹軸・左右軸といった体軸は胚発生の過程で決まる。これまで，カエルやイモリなどの両生類の胚を用いた研究から，これら脊椎動物の背腹軸・前後軸は，胚発生初期に決まることがわかっている。

カエルの未受精卵は，植物極側に卵黄を多く含むが，動物極 — 植物極を結ぶ軸に沿って回転相称である。精子は動物半球から進入する。これを引き金として，卵細胞の表面に近い部分が，その内側の細胞質に対して約30°回転する(図1)。これを表層回転という。これにより，精子進入点の反対側では，色素が少ない植物半球表層が，黒い色素を多く含む動物半球に動き，動物半球の細胞質が［(ア)］として見えるようになる。［(ア)］が見られる側が，将来のからだの［(イ)］側となり，初期原腸胚において細胞が陥入して［(ウ)］が形成される。胞胚期には，表層回転に依存して，精子進入点の反対側の細胞の核にβカテニンというタンパク質が蓄積することが知られている。①

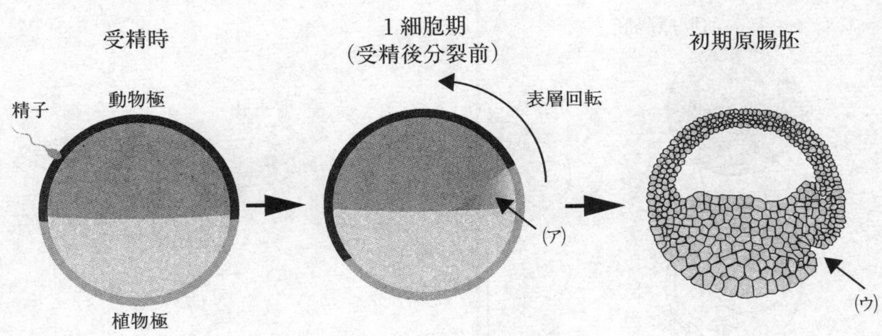

図 1　カエルの初期背腹軸形成

約 100 年前，ドイツの生物学者であるハンス・シュペーマンとその学生であったヒルデ・マンゴールドは，体色の異なる 2 種類のイモリの胚を用いて，以下の実験を行った(図 2)。クシイモリの［(ウ)］の動物極側の領域(A)を，スジイモリの(A)と反対側の赤道部に移植した場合，移植片は陥入を始め，宿主胚に前後軸を備えたもう一つの胚(二次胚)を生じた。色素の違いから，二次胚がどちらの細胞に由来するかを調べると，図 2 に示すように，②脊索のすべてと神経管・体節の一部は移植した細胞に由来したが，神経管・体節の一部と腎節・腸管のすべては宿主胚の細胞に由来することから，(A)はこれらの組織を作る能力をもつことが明らかとなった。シュペーマンとマンゴールドは，このような能力をもつ胚の領域を「形成体(オーガナイザー)」と名づけた。

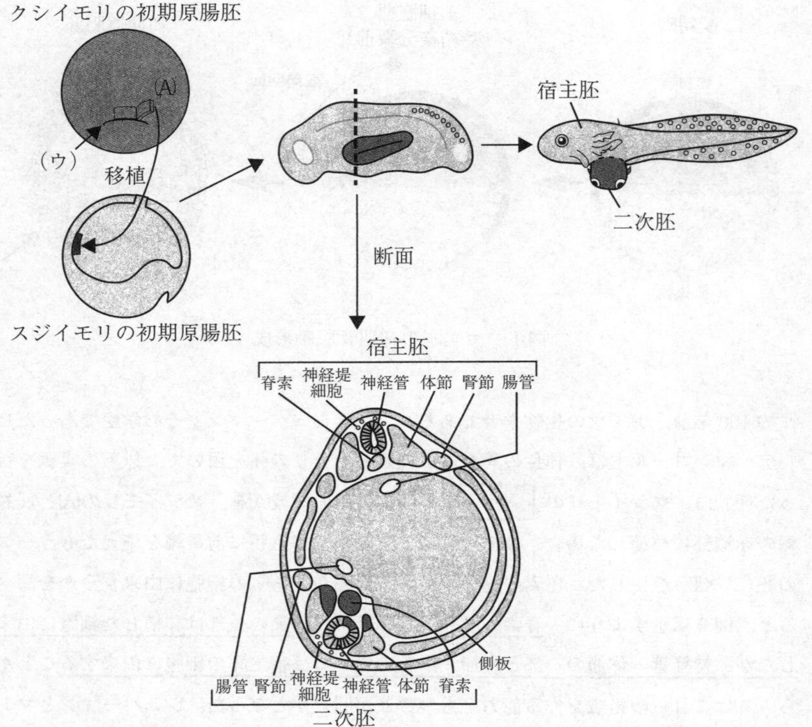

図２　シュペーマンとマンゴールドの移植実験

その後 1960 年代－1970 年代に，オランダの生物学者ピーター・ニューコープは，アフリカツメガエルの胚を用いて，形成体の誘導に，胞胚期の細胞間のシグナルの受け渡しが関与することを示した(図３)。初期胞胚の動物極側(B)を切り取り，培養すると外胚葉に由来する［(エ)］に分化した。植物極側(C)を切り取り培養すると［(オ)］胚葉に分化した。(B)と(C)を組み合わせて培養すると，本来［(エ)］に分化すべき(B)が［(カ)］胚葉組織に分化した。さらに，③精子進入点とは反対側の植物極側の組織(D)を(B)と組み合わせて培養すると，(B)が形成体を含む［(イ)］側［(カ)］胚葉に分化した。これらのことから，形成体の誘導には，植物極側の組織から産生される分泌タンパク質が関与すると考えられた。

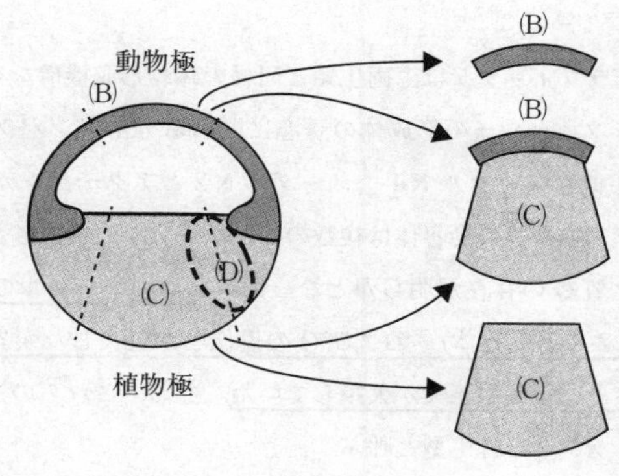

図 3　ニューコープの実験

設問(1)：空欄 (ア) ～ (カ) に適切な用語を記入せよ。

設問(2)：下線部①について，受精直後から胞胚期まで，β カテニンの mRNA は胚の中で一様に分布していた。表層回転により，精子進入点の反対側の細胞の核に β カテニンタンパク質が蓄積するメカニズムを考えて，解答欄の枠内で述べよ。

設問(3)：下線部②および図 2 の脊索，神経管，体節，腎節，腸管，神経堤細胞，側板は，さまざまな細胞に分化する。これらのうち，血管，脊椎，四肢の筋肉，色素細胞に分化するのはそれぞれどれか，解答欄に記入せよ。

設問(4)：β カテニンの発現を阻害したアフリカツメガエル胚においては，形成体は誘導されない。その胚を用いて，下線部③の実験を行ったところ，(B)から形成体は誘導されなかった。植物極側の組織(D)から産生される分泌タンパク質 Y が形成体の誘導に関わることがわかっている。分泌タンパク質 Y は受精卵には存在していないと仮定した場合，β カテニンとタンパク質 Y の関係を考えて，解答欄の枠内で述べよ。

〔解答欄〕 (2)・(4)　各ヨコ 13.8cm × タテ 4.0cm

文２

小型魚類のゼブラフィッシュは，両生類と同様の体軸形成機構をもつ。これまでの解析から，ゼブラフィッシュの形成体の誘導に関わる分泌タンパク質Ｙの候補として，互いに構造が似たノーダルＮ１，ノーダルＮ２とアクチビンがあげられた。また，これら分泌タンパク質の受容体は複数のタンパク質から構成されるが，受容体に含まれるタンパク質Ｏの存在が明らかとなった。④２つのノーダルの遺伝子が欠失した変異体(Ｎ１；Ｎ２二重変異体)，およびＯの遺伝子が欠失した変異体(Ｏ変異体)の胚では，内胚葉および背側中胚葉が欠損していた。なお，これらの遺伝子に変異をもたないゼブラフィッシュを野生型と呼ぶ。

さらに，原腸胚における背腹軸形成には，胚の腹側で産生される分泌タンパク質BMPと，形成体で産生される分泌タンパク質コーディンが，重要な役割を果たしていることが明らかとなった。ゼブラフィッシュは複数のBMPタンパク質をもつが，⑤あるBMPタンパク質の遺伝子の欠失変異体では，腹側組織が縮小し背側組織が増大した。一方，コーディン遺伝子の欠失変異体では，背側組織が縮小し腹側組織が増大した。

Ｎ１；Ｎ２二重変異体およびＯ変異体では，アクチビンの発現量に変化はなかった。

設問(5)：下線部④のＮ１；Ｎ２二重変異体，Ｏ変異体，および野生型ゼブラフィッシュの受精卵に，ノーダル(Ｎ１，Ｎ２)およびアクチビンのmRNAを注入し，これらタンパク質を過剰に作らせた。１日間発生させた胚の形態観察の結果を表１に示す。注入したmRNAは，原腸胚初期まで，胚のすべての細胞に受け継がれるものとする。比較のために水を注入した胚も観察した。ゼブラフィッシュの体軸形成と胚葉形成は１日以内に完了する。

表１　ゼブラフィッシュ胚への mRNA 注入実験

注入物 / ゼブラフィッシュ	水	ノーダルＮ１のmRNA	ノーダルＮ２のmRNA	アクチビンのmRNA
野生型	正常に発生した	背側組織が増大した	背側組織が増大した	背側組織が増大した
Ｎ１；Ｎ２二重変異体	内胚葉および背側中胚葉が欠損した	背側組織が増大した	背側組織が増大した	背側組織が増大した
Ｏ変異体	内胚葉および背側中胚葉が欠損した	内胚葉および背側中胚葉が欠損した	内胚葉および背側中胚葉が欠損した	背側組織が増大した

次の文章のうち，これらの実験結果から，正しいと推測されるものには○を，誤っていると推測されるものには×を記入せよ。

ａ）ノーダルは，形成体の誘導には必要だが，内胚葉の誘導には必要ない。

ｂ）ノーダルＮ１とＮ２は，複合体を作らなければ機能しない。

ｃ）ノーダルＮ１とＮ２の両方とも，形成体誘導にＯを必要とする。

ｄ）Ｏは，ノーダルとアクチビン両方の機能に必要である。

ｅ）胚にもともと含まれるアクチビンは，ノーダル非存在下では，形成体を誘導できない。

設問(6)：下線部⑤のコーディン遺伝子と BMP 遺伝子の両方が欠失した二重変異体の胚では，コーディン変異体か BMP 変異体のどちらかの胚と同じ形態を示した。二重変異体は，どちらの変異体の胚と同じ形態を示したか，名称を答えよ。また，そう考えた理由を，解答欄の枠内で述べよ。

〔解答欄〕 (6)〈理由〉　ヨコ 13.8cm×タテ 5.6cm

地学

(情報（コンピュータ科）・理学部：２科目 150 分)
(情報（自然情報）学部：　　　　　１科目　75 分)

地学　問題 I

以下の文章を読み，問１～問４に答えなさい。

東西方向と南北方向に走る道路が図１のように十字路で交わっており，交差点の北西側に丘が位置している。丘の南側には東西方向の崖 A，丘の東側には南北方向の崖 B があり，そこでは道路側から地層が観察された。図２にそのスケッチを示す。崖 A と崖 B の下側には砂岩層 C，上側には礫岩層 D が見られた。この地域で地層面は平面であり，褶曲や断層はない。また崖 A と崖 B は共に垂直な面で作られているとして，以下の問いに答えなさい。

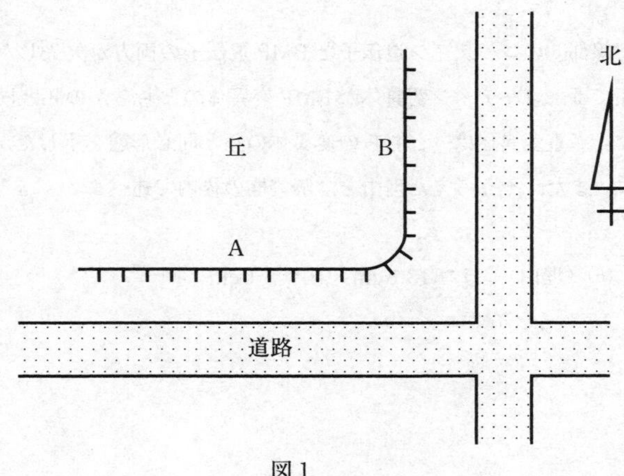

図１

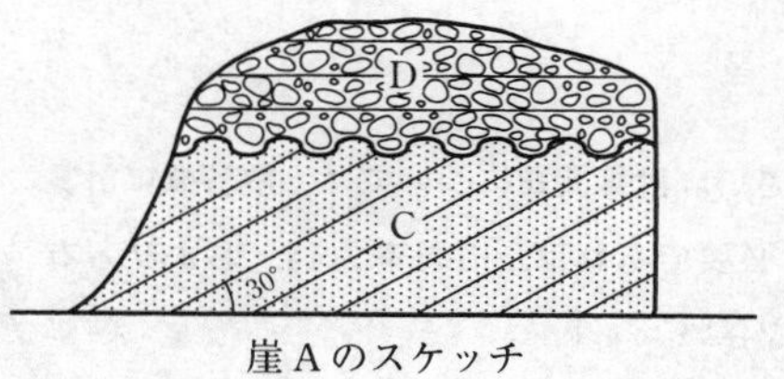

崖Aのスケッチ

崖Bのスケッチ

図2

問 1　崖Aの表面で，砂岩層Cは西方向に30°傾斜しているように観察された。一方崖Bの表面では砂岩層Cは北方向に30°傾斜しているように観察された。砂岩層Cの走向と傾斜を答えなさい。ただし走向については，下記の例のように数字と記号で答えなさい。また傾斜については30°より大きいか小さいかで答えなさい。

例：　N30° W

問 2　崖Aでは礫岩層Dが水平に観察され，崖Bでは礫岩層Dが北に15°傾斜しているように観察された。礫岩層Dの走向と傾斜を答えなさい。ただし走向と傾斜については下記の例のように数字と記号で答えなさい。

例：　N30° W，45° S

問 3　砂岩層Cからはトリゴニア(三角貝)の化石が，礫岩層Dからはデスモスチルスの歯の化石が産出した。砂岩層Cが堆積した時代と，礫岩層Dが堆積した時代の間に起こった出来事として，最も適切なものを下から一つ選びなさい。

(1)　多細胞動物の爆発的な出現が起こった。
(2)　史上最大の大量絶滅が起き，海中の動物種の9割以上が失われた。
(3)　地球に小天体が衝突し，恐竜やアンモナイトが絶滅した。
(4)　顕著な氷期と間氷期が繰り返すようになった。

問 4　砂岩層Cと礫岩層Dの間には明瞭な境界が存在し，しかもその境界面は凹凸を示していた。このような境界を持つ場合，砂岩層Cと礫岩層Dはどのような関係にあると考えられるか，その名称を答えよ。またこの境界はどのようにして形成されたと考えられるか。50字以内で答えなさい。

地学　問題Ⅱ

以下の文章を読み，問 1 ～問 3 に答えなさい。計算問題については，解答欄に計算過程を記し，有効数字は 2 桁としなさい。必要であれば，円周率 3.14，および万有引力定数 $6.67 \times 10^{-11}\ \mathrm{m^3/(kg \cdot s^2)}$ を用いなさい。

江戸時代に精密な日本地図を作成した伊能忠敬（いのうただたか）は，緯度 1 度の距離を 28.2 里(約 111 km)と求めた。この測量結果から，①地球のおおよその半径を求めることができる。一方，単振り子の周期から求めた重力加速度を用いて②地球のおおよその質量を求めることができる。しかし，17 世紀後半の単振り子の実験により，重力加速度は地球上の場所によって異なることが分かっている。単振り子の支点とおもりの重心までの長さを 9.8 m とした単振り子の実験により再現した結果，極域での周期は 6.28 秒であったのに対して，赤道域では約 1.6×10^{-2} 秒長かった。この周期の違いは地球の自転に伴う［ ア ］だけでは説明できないため，ニュートンは地球が［ イ ］方向に膨らんだ回転楕円体（だえんたい）であるという仮説を立てた。この仮説はフランス学士院による，スカンジナビア半島とペルー地域における緯度差 1 度に対する経線の長さを測定する測量によって正しいことが初めて実証された。

ところで，実際の地球は成層的な密度構造を持っている。固体地球の最上層は平均密度 $2.7 \times 10^3\ \mathrm{kg/m^3}$ の［ ウ ］があり，その厚さは地球半径に比べて非常に小さいため無視できるとみなす。よって，地球はおおよその厚さ 2.9×10^3 km，平均密度 $4.5 \times 10^3\ \mathrm{kg/m^3}$ の［ エ ］とその内側にある核の 2 つから成り立っていると考えると，③核の質量を求めることができる。

問 1　空欄［ ア ］～［ エ ］に最も適する語句を答えなさい。

問 2　文章中の測量と実験の結果を用いて下記の(1)と(2)に答えなさい。

(1)　下線部①に関連して，地球の半径を求めなさい。

(2)　下線部②に関連して，地球の質量を求めなさい。ただし，振り子の振れ角は十分に小さいとする。

問 3 下線部③に関連して，地球の核の質量を求めなさい。ただし，必要であれば，$\frac{4}{3}\times 3.14 = 4.19$，$2.9^3 = 24.4$，$3.5^3 = 42.9$，$6.4^3 = 262$ を用いなさい。

地学 問題Ⅲ

以下の文章を読み，問 1 〜問 3 に答えなさい。

地球の大気は，温度の構造によって 4 つの層に分けられ，最下層の［ ア ］に，大気中の水蒸気のほとんどが存在する。［ ア ］の水蒸気濃度(体積比)は場所によって大きく変動し，一般には上空ほど，また高緯度ほど水蒸気濃度が低い。この変動には，温度に依存して決まる［ イ ］が重要な役割を果たしており，気温が低いほど［ イ ］が減少することで水蒸気濃度が低くなると考えられる。水蒸気以外の大気の主成分はよく混合されており，濃度(体積比)が多い順に，窒素，酸素，［ ウ ］である。また，①水は相変化を伴って大気と海洋の間を循環している。海洋と大気は，熱エネルギーや物質の移動を通して相互に影響を及ぼしあっている。大気と海洋の相互作用の一例として，赤道太平洋における②エルニーニョ現象がある。この逆の状態にあたる現象はラニーニャとよばれている。また，海水温の変動とともに熱帯太平洋地域の気圧の東西差も数年周期で変動しており，この現象を［ エ ］という。

問 1 空欄［ ア ］，［ イ ］，［ ウ ］，［ エ ］に最も適する語句を答えなさい。

問 2 下線部①について，図 3 は地球上の水の循環を簡略化して示している。図中の数値を用いて，水が大気中にとどまることができる平均の日数(平均滞留時間)を有効数字 1 桁で求めなさい。解答欄には計算過程も記すこと。

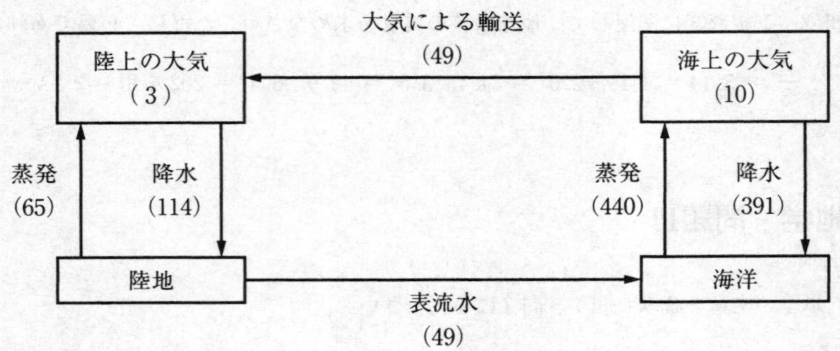

□ は貯蔵場所を示し，カッコ内の数字は水の存在量(単位 10^{15} kg)を示す。

⟶ は輸送を示し，カッコ内の数字は年間の水の輸送量(単位 10^{15} kg/年)を示す。

図 3

問 3　下線②について，エルニーニョ現象が発生した際の熱帯域の大気と海洋の状態を 60 字以内で説明せよ。以下の 2 つの用語をすべて文中に含めること。
(貿易風，表層の暖かい水)

地学　問題Ⅳ

図４は，Ａ星とＢ星からなる連星を，太陽から分光観測したときに得られる視線速度曲線(遠ざかる場合を正とする)である。この観測結果から，連星の質量を推定することを試みる。簡単のために，Ａ星とＢ星は共通重心を中心とする等速円運動をしていて(図５)，太陽はこの連星の公転軌道面内にあると仮定する。Ａ星とＢ星の共通重心Ｇからの距離をそれぞれ r_A，r_B，質量をそれぞれ m_A，m_B，連星の公転周期を P とし，それぞれを天文単位，太陽質量，年を単位にして表すとき，ケプラーの第三法則は次式のようになる。

$$\frac{(r_A + r_B)^3}{P^2} = m_A + m_B$$

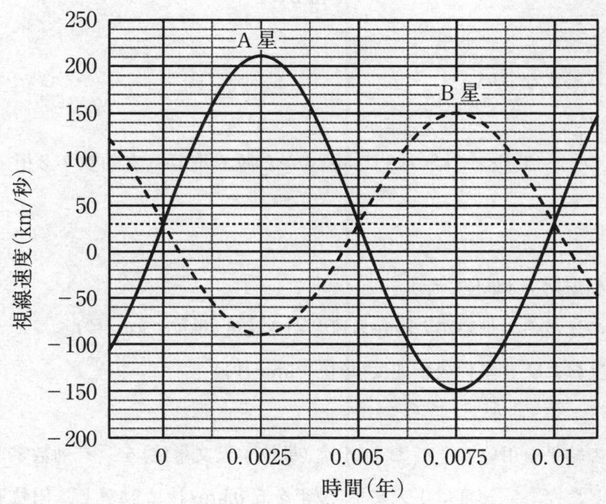

図４

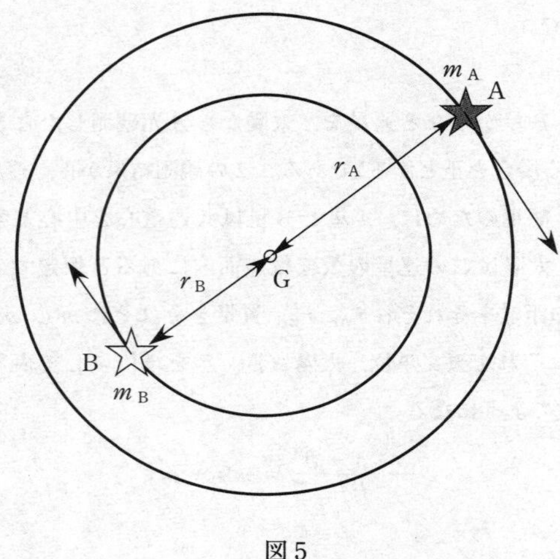

図5

次の設問に答えなさい。

問 1　以下の(1)〜(3)すべてについて，図4から読み取り，有効数字２桁で答えなさい。

(1)　公転周期 P（単位：年）

(2)　この連星系の重心が太陽から遠ざかる速度(単位：km/秒)

(3)　A星およびB星の公転速度(単位：km/秒)

問 2　問1の結果を用いて，r_A および r_B（単位：天文単位)を，有効数字１桁で求めなさい。ただし，速度は１天文単位/年を 5.0 km/秒 と換算し，円軌道の１周の長さの計算には，円周率（π）= 3.1 と近似しなさい。答えの数値だけでなく，途中の計算過程も示すこと。

問 3　A星とB星の質量の和 $m_A + m_B$ は太陽質量の何倍かを，問1と問2の結果，およびケプラーの第三法則を用いて，有効数字１桁で求めなさい。答えの数値だけでなく，途中の計算過程も示すこと。

問 4　m_A および m_B がそれぞれ太陽質量の何倍かを，問 2 と問 3 の結果，および共通重心の性質を用いて，有効数字 1 桁で求めなさい。答えの数値だけでなく，途中の計算過程も示すこと。

問四　傍線部3「名曰二貢雲一」とはどういうことか。説明せよ。

問五　傍線部4「如レ在二千巖万壑間一」とはどのようなことを言っているか。説明せよ。

問六　傍線部5「不三特可二以持贈一」を、書き下し文にせよ。

問七　傍線部6「併資二一笑一」とはどういうことか。本文を要約した上で、筆者の考えを一五〇字以内で述べよ。

〔解答欄〕問三　タテ一四・八センチ×ヨコ二センチ
問四・問五　各タテ一四・八センチ×ヨコ一・五センチ

臨、則尽縦之、須臾、滃然充塞、如在千巖万壑間。然則不特可以持贈、又可以貢矣。併資一笑。

（周密『斉東野語』による）

【語注】

○陶通明――陶弘景。字は通明。南朝梁の人。　○怡悦――楽しむこと。

○坡翁――蘇軾。号は東坡。宋の人。　○攓雲――雲を取ること。　○歘吸――迫ること。

○袞袞――続いて絶え間のないさま。　○偪仄――迫ること。　○肘胯――ひじと、またぐら。

○搏取――捕まえること。　○緘――箱などにかける縄。　○宣和――宋の徽宗のときの年号。

○艮嶽――山の名。徽宗が名づけた。　○油絹嚢――油で防水した絹の袋。　○絶巘危巒――険しい山々。

○滃然――雲が盛んに立ち上るさま。雲は山から湧くものと考えられていた。　○車駕――天子の乗る車。

○千巖万壑――たくさんの険しい崖や深い谷。

問一　波線部 a「固」b「竟」c「須臾」の読みを、それぞれひらがなで記せ。

問二　傍線部 1「見雲気如群馬奔突自山中来」を、現代語訳せよ。

問三　傍線部 2「飛入吾車」とあるが、何が誰の車に飛び入ったのかを説明せよ。

三

次の文章を読んで、後の問に答えよ。但し設問の関係で送り仮名を省いた部分がある。

陶通明詩云、山中何所有、嶺上多白雲。只可自怡悦、不堪持贈君。雲[a]固非可持贈之物也。

坡翁一日還自山中、[1]見雲気如群馬奔突自山中来。遂以手掇、開籠、収於其中。及帰、白雲盈籠、開而放之、遂作攓雲篇云、道逢南山雲、欻吸如電過。[b]竟誰使令之、衮衮従空下。又云、[2]或飛入吾車、偪仄人肘胯。搏取置笥中、提携反茅舎。開緘仍放之、掣去仍変化。然則雲真可以持贈矣。

宣和中、艮嶽初成、令近山多造油絹嚢、以水湿之、暁張於絶巘危巒之間。既而雲尽入、遂括嚢以献、[3]名曰貢雲。毎車駕所いる。

問一　空欄①～④には、いずれも動詞「来」の活用形が入る。最もふさわしい活用形を、ひらがなで記せ。

問二　傍線部ア・イを、適宜言葉を補って、わかりやすく現代語訳せよ。

問三　二重傍線部A・Bについて、誰のどのような心情であるか、わかりやすく説明せよ。

問四　和歌（Ⅰ）・（Ⅱ）を、適宜言葉を補って、わかりやすく現代語訳せよ。

〔解答欄〕　問三　各タテ一四・一センチ×ヨコ三・五センチ

も上りなむと思したり。前栽のをかしき中に歩かせたまひて、「人は草葉の露なれや」などのたまふ。いとなまめかし。近う寄らせたまひて、ア「今宵はまかりなむよ。誰に忍びつるぞと、見あらはさむとてなむ。明日は物忌と言ひつれば、なからむもあやしと思ひてなむ」とて帰らせたまへば、

（Ⅰ）こころみに雨も降らなむ宿過ぎて空行く月の影やとまると

人の言ふほどよりも児めきて、あはれに思さる。「あが君や」とて、しばし上らせたまひて、出でさせたまふとて、

（Ⅱ）あぢきなく雲居の月にさそはれて影こそ出づれ心やは行く

とて、帰らせたまひぬるのち、ありつる御文見れば、

われゆゑに月をながむと告げつればまことかと見に出でて ④ にけり

とぞある。「なほいとをかしうもおはしけるかな。イいかで、いとあやしきものに聞こし召したるを、聞こし召し直されにしがな」と思ふ。

宮も、言ふかひなからず、つれづれの慰めにとは思すに、ある人々聞こゆるやう、「このごろは、源少将なむいますなる。昼もいますなり」と言へば、また、「治部卿もおはすなるは」など、口々聞こゆれば、Bいとあはあはしう思されて、久しう御文もなし。

【注】○うらやましくも――「かくばかり経がたく見ゆる世の中にうらやましくもすめる月かな」（拾遺集・雑上・藤原高光）による。○樋洗童――女に仕える童女。○右近の尉――宮の従者。○上りなむ――女の部屋にあがろう。○人は草葉の露なれや――「わが思ふ人は草葉の露なれやかくれば袖のまづそほつらむ」（拾遺集・恋二・詠み人知らず）による。○物忌――方角やけがれを忌んで家にこもること。○児めきて――子供っぽい。おっとりして

のア〜エから一つ選べ。

ア　近代・現代における個々の人間は、均質的であるからこそ平等だという社会科学の理想を示すため。

イ　部品として捨てられる人々に対して、自分だけが特別な存在であると錯覚させる社会科学に皮肉を示すため。

ウ　人々が、巨大な組織を構成する部品としての誇りを持って懸命に生きていることに賞賛を示すため。

エ　時代が変わり生活水準が変化しても、人間の感じ方や考え方はそれほど変化していないという矛盾を示すため。

二　次の文章は『和泉式部日記』の一節である。文中、「女」とあるのは和泉式部、「宮」は「女」の恋人である帥宮(そちのみや)のことである。宮は、女が他の男性を通わせているのではないかと疑念を抱いており、訪れが途絶えがちになっている。これを読んで、後の問に答えよ。

かくて、のちもなほ間遠なり。月の明かき夜、うち臥して、「うらやましくも」などながめらるれば、宮に聞こゆ。

月を見て荒れたる宿にながむとは見に［①］ぬまでも誰に告げよと

樋洗童(ひすましわらは)して、「右近の尉(じょう)にさし取らせて［②］」とてやる。御前に人々して、御物語しておはしますほどなりけり。人まかでなどして、右近の尉さし出でたれば、「例の車に装束せさせよ」とて、おはします。

女は、まだ端に月ながめてゐたるほどに、人の入り［③］ば、簾(すだれ)うちおろしてゐたれば、例のたびごとに目馴れてもあらぬ御姿にて、御直衣(なほし)などのいたうなえたるしも、Aをかしう見ゆ。ものものたまはで、ただ御扇に文を置きて、「御使の取らで参りにければ」とて、さし出でさせたまへり。女、もの聞こえむにもほど遠くてびんなければ、扇をさし出でて取りつ。宮

（A・Bは順不同）。

(1) 「まったく別物」の捉え方はどのような人々の間で生じると筆者は考えているか。解答欄に合わせて、対をなす適切な表現を、A・Bそれぞれ九字で本文から抜き出せ。

〔解答欄〕 □□□□□□□□□ と考える人々

(2) 二つの異なる立場A・Bにおいて、「社会」と「権力」はどのように捉えられると筆者は考えているか。本文に即して、A・Bそれぞれ六〇字以内で説明せよ（句読点・かっこ類も字数に含める）。

問三　傍線部②について、以下の問に答えよ。

(1) 傍線部②は、社会科学のどのような有り様を指しているか。「平等」という考え方の場合について、本文に即して一二〇字以内で具体的に説明せよ（句読点・かっこ類も字数に含める）。

(2) 筆者は、社会科学が抱える問題の要点がどこにあると考えているか。それを示す最も適切な四〇字の箇所を本文から見出し、その最初と最後の五文字を答えよ（句読点・かっこ類も字数に含める）。

問四　傍線部③について、筆者は、なぜ人々がそのようにふるまおうとすると考えているか。本文に即して七〇字以内で説明せよ（句読点・かっこ類も字数に含める）。

問五　傍線部④について、なぜ筆者は「個人」について「誇らしい呼称」と表現したのか。その理由として最も適切なものを、次れる前の社会、あるいは別の形で分業化していた社会の人間像を対置することである。言い換えると、現代に至るまで巨大な組織が主人公としてふるまい、③組織を構成する人間は均質な部品としてふるまおうとしてきた。あるいはそうふるまうことを求められてきた。しかも、そんな現代社会を解釈する社会科学が、結果として巨大な機械の部品としての人間を積極的に推奨してきた。現に、社会科学はそれを学べば学ぶほど自分自身を部品――④誇らしい呼称としての「個人」――として適応しようとする人々を生み出す。そんな社会科学に対して、歴史に学ぶことによって修正を求めるのが、まさに歴史社会学なのである。歴史社会学は歴史学とは異なって社会科学のあり方について多く学んでいる。まさにこのことこそが、歴史学と社会学の中間にある歴史社会学の利点なのである。

過去の社会についての理解は、刻々と変化していく状況を通して、実は不変の人間社会を理解することでもある。歴史家が毎度強調するように、過去の人間を理解するには、現代を生きる自分自身の立場に引き寄せて理解するほかはない。技術が発達し、jエイヨウ状態や衛生状態ほか、生活の水準が変化しても、人間の考え方や感じ方はそれほど変化しているわけではないからである。

（犬飼裕一『歴史にこだわる社会学』より）

【注】○社会科学……社会現象を対象とする学問分野の総称。経済学、法律学、政治学、社会学など。

問一　傍線部a～jのカタカナは漢字に、漢字は読みをカタカナに、それぞれ改めよ。

問二　傍線部①「まったく別物に解される」とはどういうことか。以下の設問(1)(2)に即し、A・B二つの立場にわけて整理せよこのことは、権力やイデオロギーの問題から一旦目を移して、教育の問題などを考えればわかりやすい。「平等」を掲げる教育は、あらゆる人々を同一の基準で評価しようとし、競争させることによって、まるで量産品のような人員を作り出してしまう。もちろん、この種の議論は教育をめぐって批判的な立場の人々が古くから何度も繰り返してきたことである。

もちろん「平等」を声高に強調してきた社会科学全体を否定する必要はないが、②社会科学が持っている両義性、二面性を理解することは必要だろう。一方で、問題の所在を指摘してその対策を暗示しながら、同時に新たな問題を自ら作り出している。しかも、状況を悪化させてすらいる。そして、そのような両義性や二面性は、歴史的に考えると立体的に見えてくる。一八世紀のヨーロッパにあっては「解放」の論理であった言説が、二一世紀の「グローバル化」にあっては人間のキカク化、均質化、そして隷属化の論理ともなりうる。

問題はおそらく特定の視点、特定の価値観からのみ「社会」のあらゆる問題を明らかにしようとする思考にあるのだろう。社会科学は、常にほかにもありうる可能性の中から常に選び取っていく知のイトナみでなければならない。それが不可能ならば、特定の価値や観点を作り出した人々にとって有利で、その他の人々にとって不利な状況を生み出すことになる。このことは、まさに過去の社会、今日の人々と直接の利害関係が少ない社会を考えると際立ってくる。

歴史社会学は過去の価値観の中でセイイッパイ生きていた人々の社会を考えることで、現在の価値観の中で生きる人々の特性を明らかにしようとする。現代人は、自分たちが特別な存在であると考えがちであるが、歴史は過去の「現代人」もそうであったと教える。人々は自分だけが特別であると考えながら、実際には他の人々と変わらない生き方をしようと願っている。そんな矛盾した命題を掲げながら毎日を送っている。

このように考えるならば、歴史社会学が社会学全般に対して大きな貢献を果たすことが期待できる。それは、近代社会、現代社会の似姿として分業化、細分化、類型化、均質化した人間像——巨大な機械の部品としての人間——に対し、それが生ま延々と均質に展開する巨大な組織について考えることは難しくない。

そして、多くの人々が、巨大組織が必要とする均質な人間像を、「人間は平等である」という近代の思想と同一視、あるいは混同するようになってしまう。「平等」は、「均質」ということに変換され、多くの人々が均質な部品であると見なされるようになる。そして、均質な部品であるならば、どれも同じなのですぐにでも取り替え可能であるという考えが強くなる。「人間は平等である」という考えは、実は人間を単なる数字、取り替え可能な部品であると見なす思想と表裏一体なのである。

取り替え可能な部品ならば、消耗(d)しても換えがある。人間は本来それぞれ多様で、かけがえのない存在であるはずなのだが、「人間は平等である」と考えることでどれも同じ均質な「部品」に変換されてしまう。言い換えれば、「人間は平等である」と進んで考えることは、自ら換えはいくらでもある部品であることを志向することなのである。そして、自ら部品を志向する人々は、最も非情な取り扱いを受けることになる。換えはいくらでもある部品は単なる消耗品であって、個別に取り替えても、捨てても、大きな全体(メカニズム)にとっては大した問題ではないからである。

そして消耗部品として捨てられた人々は、自ら求めた巨大組織の構成部品としてその役割を終える。最大の問題は、そのような目に遭う人々が実は自らそれを望んでいるように見えてしまうことである。そこで最大の役割を果たすのも、「人間は平等である」という考えで、人々はまわりの多くの人々と同じように「平等」な「人間」になろうとする。そして、誰もが同じで、誰もが同じ扱いを受ける。誰もが同じなのだから、何らかの理由で消耗したならば取り替えられて、捨てられる。

歴史を視野に入れながらこれまでの社会科学を考えると、たとえば「人間は平等である」のような命題が、以前の思想家が考えたのとは別の意味になり、しかも以前にはなかった問題を引き起こしている様子が観察できる。本来個性的で、あらゆる意味で「平等」ではない人間は、平等ではないからこそ、それぞれの適性を発揮することができる。それを無理やり平板化し、平均化しようとする視点は、人々を「平等」に隷属(e)化する発想と直接結び付いてしまう。

な人員からなる組織として社会を考える。

言語の世界でしばしば登場する「自由」や「平等」といった万人受けする言葉も、それぞれの人々の経験や人間関係、社会に対する考え方によって、①まったく別物に解される。人間の適性が均質だと考える人々と、千差万別だと考える人々とでは、同じ「平等」でも意味が違う。人間の適性が多様だと考える人々は、多様な適性や能力に応じた機会の平等をすぐに思い浮かべるが、人間は均質と信じる人々は誰もが同じような「成果」や「待遇」や「幸せ」を得られる結果の平等を思い浮かべることが多い。このため、政治思想や社会思想、そしてイデオロギーをめぐる議論は、お互いに別の「人間」や「社会」を思い浮かべつつ平行線をたどっていくことが多いのである。

そして、権力をめぐる語り方も各々別物になっていく。人間は均質だと考える人々は、均質なレンガのような人々を合理的に積み重ねて大きな建築物を建設するといった形の権力を思い浮かべやすい。そして社会とは大きいほど偉大で優れていると考え、膨大な人員からなる組織や、巨大な国家――「大国」――こそが優れていると考える。これに対して、人間は多様だと考える人々は、その場その場、その瞬間その瞬間に生じる関係こそが社会であり、各々の関係を個別に調停するのが権力だと考えることが多い。巨大な組織や、国家というのを否定するわけではないが、個々の現場で日々作り出されている関係の方がより具体的で身近だと考える。

人間は均質だと考える人々と多様だと考える人々の間の違いは、人々が作り出している権力関係そのものについても対照的な考えを生む。簡単にいえば、複雑で多様な関係を考えに入れて全体について見渡す場合と、単純で均一な関係に基づいて全体を構成する場合の違いである。

複雑な対象を取り扱う場合は、それほど大きな関係性は想像しにくい。個別の構成要素自体が複雑なので、それらが作り出すさらに一層複雑な関係について考えることは難しい。これに対して、単純で均質なブロックのような人間関係を考える場合、

国語

（医（医）学部：一〇五分）
（理学部：四五分）

（注意）　理学部は□一のみを解答すること。

□一　次の文章は、「歴史社会学」という新しい学問分野を掲げる立場から述べられたものである。これを読んで、後の問に答えよ。

人はおそらく他の人々について自分自身に当てはめてしか理解することができない。歴史上の英雄やドクサイ[a]者、絶対権力者を語る時、人々はしばしばそんな立場に立った自分自身について想像しようとする。そして、自分自身との距離によって「偉大」だとか「天才」だとか「空前絶後」だとかいった形容を当てはめる。また、志半ばで挫折[b]した人物については、自分自身が失敗を味わった時からの類推で心中を察しようとする。しかし、それらはどれも人々が自分のこととして理解しようとする過程で考えることである。

イデオロギーの問題も、人々が自分に当てはめて考えた場合に理解しやすい考え方に惹[c]き付けられているともいえる。古くから、様々な職場を経験して生きてきた人々（いわゆる「叩き上げ」の人々）は、人間の適性が千差万別でそれぞれが多様な役割を果たしている社会を思い浮かべやすい。これに対して、ごく均質な制度や組織の中だけで生きてきた人々は、しばしば均質

////////////////////// · memo · //////////////////////

////////////////////// · memo · //////////////////////

//////////////////// · memo · ////////////////////

//////////////////// · memo · ////////////////////

////////////////////// · memo · //////////////////////

教学社 刊行一覧

2025年版 大学赤本シリーズ

374大学556点
全都道府県を網羅

国公立大学（都道府県順）

全国の書店で取り扱っています。店頭にない場合は，お取り寄せができます。

1 北海道大学(文系－前期日程)
2 北海道大学(理系－前期日程) 医
3 北海道大学(後期日程)
4 旭川医科大学(医学部〈医学科〉) 医
5 小樽商科大学
6 帯広畜産大学
7 北海道教育大学
8 室蘭工業大学／北見工業大学
9 釧路公立大学
10 公立千歳科学技術大学
11 公立はこだて未来大学 総推
12 札幌医科大学(医学部) 医
13 弘前大学 医
14 岩手大学
15 岩手県立大学・盛岡短期大学部・宮古短期大学部
16 東北大学(文系－前期日程)
17 東北大学(理系－前期日程) 医
18 東北大学(後期日程)
19 宮城教育大学
20 宮城大学
21 秋田大学 医
22 秋田県立大学
23 国際教養大学 総推
24 山形大学 医
25 福島大学
26 会津大学
27 福島県立医科大学(医・保健科学部) 医
28 茨城大学(文系)
29 茨城大学(理系)
30 筑波大学(推薦入試) 医 総推
31 筑波大学(文系－前期日程)
32 筑波大学(理系－前期日程) 医
33 筑波大学(後期日程)
34 宇都宮大学
35 群馬大学 医
36 群馬県立女子大学
37 高崎経済大学
38 前橋工科大学
39 埼玉大学(文系)
40 埼玉大学(理系)
41 千葉大学(文系－前期日程)
42 千葉大学(理系－前期日程) 医
43 千葉大学(後期日程) 医
44 東京大学(文科) DL
45 東京大学(理科) DL 医
46 お茶の水女子大学
47 電気通信大学
48 東京外国語大学 DL
49 東京海洋大学
50 東京科学大学(旧 東京工業大学)
51 東京科学大学(旧 東京医科歯科大学) 医
52 東京学芸大学
53 東京藝術大学
54 東京農工大学
55 一橋大学(前期日程)
56 一橋大学(後期日程)
57 東京都立大学(文系)
58 東京都立大学(理系)
59 横浜国立大学(文系)
60 横浜国立大学(理系)
61 横浜市立大学(国際教養・国際商・理・データサイエンス・医〈看護〉学部)
62 横浜市立大学(医学部〈医学科〉) 医
63 新潟大学(人文・教育〈文系〉・法・経済科・医〈看護〉・創生学部)
64 新潟大学(教育〈理系〉・理・医〈看護を除く〉・歯・工・農学部) 医
65 新潟県立大学
66 富山大学(文系)
67 富山大学(理系) 医
68 富山県立大学
69 金沢大学(文系)
70 金沢大学(理系) 医
71 福井大学(教育・医〈看護〉・工・国際地域学部)
72 福井大学(医学部〈医学科〉) 医
73 福井県立大学
74 山梨大学(教育・医〈看護〉・工・生命環境学部)
75 山梨大学(医学部〈医学科〉) 医
76 都留文科大学
77 信州大学(文系－前期日程)
78 信州大学(理系－前期日程) 医
79 信州大学(後期日程)
80 公立諏訪東京理科大学 総推
81 岐阜大学(前期日程) 医
82 岐阜大学(後期日程)
83 岐阜薬科大学
84 静岡大学(前期日程)
85 静岡大学(後期日程)
86 浜松医科大学(医学部〈医学科〉) 医
87 静岡県立大学
88 静岡文化芸術大学
89 名古屋大学(文系)
90 名古屋大学(理系) 医
91 愛知教育大学
92 名古屋工業大学
93 愛知県立大学
94 名古屋市立大学(経済・人文社会・芸術工・看護・総合生命理・データサイエンス学部)
95 名古屋市立大学(医学部〈医学科〉) 医
96 名古屋市立大学(薬学部)
97 三重大学(人文・教育・医〈看護〉学部)
98 三重大学(医〈医〉・工・生物資源学部) 医
99 滋賀大学
100 滋賀医科大学(医学部〈医学科〉) 医
101 滋賀県立大学
102 京都大学(文系)
103 京都大学(理系) 医
104 京都教育大学
105 京都工芸繊維大学
106 京都府立大学
107 京都府立医科大学(医学部〈医学科〉) 医
108 大阪大学(文系) DL
109 大阪大学(理系) 医
110 大阪教育大学
111 大阪公立大学(現代システム科学域〈文系〉・文・法・経済・商・看護・生活科〈居住環境・人間福祉〉学部－前期日程)
112 大阪公立大学(現代システム科学域〈理系〉・理・工・農・獣医・医・生活科〈食栄養〉学部－前期日程) 医
113 大阪公立大学(中期日程)
114 大阪公立大学(後期日程)
115 神戸大学(文系－前期日程)
116 神戸大学(理系－前期日程) 医
117 神戸大学(後期日程)
118 神戸市外国語大学 DL
119 兵庫県立大学(国際商経・社会情報科・看護学部)
120 兵庫県立大学(工・理・環境人間学部)
121 奈良教育大学／奈良県立大学
122 奈良女子大学
123 奈良県立医科大学(医学部〈医学科〉) 医
124 和歌山大学
125 和歌山県立医科大学(医・薬学部) 医
126 鳥取大学 医
127 公立鳥取環境大学
128 島根大学 医
129 岡山大学(文系)
130 岡山大学(理系) 医
131 岡山県立大学
132 広島大学(文系－前期日程)
133 広島大学(理系－前期日程) 医
134 広島大学(後期日程)
135 尾道市立大学 総推
136 県立広島大学
137 広島市立大学
138 福山市立大学 総推
139 山口大学(人文・教育〈文系〉・経済・医〈看護〉・国際総合科学部)
140 山口大学(教育〈理系〉・理・医〈看護を除く〉・工・農・共同獣医学部) 医
141 山陽小野田市立山口東京理科大学 総推
142 下関市立大学／山口県立大学
143 周南公立大学 新 総推
144 徳島大学 医
145 香川大学 医
146 愛媛大学 医
147 高知大学 医
148 高知工科大学
149 九州大学(文系－前期日程)
150 九州大学(理系－前期日程) 医
151 九州大学(後期日程)
152 九州工業大学
153 福岡教育大学
154 北九州市立大学
155 九州歯科大学
156 福岡県立大学／福岡女子大学
157 佐賀大学 医
158 長崎大学(多文化社会・教育〈文系〉・経済・医〈保健〉・環境科〈文系〉学部)
159 長崎大学(教育〈理系〉・医〈医〉・歯・薬・情報データ科・工・環境科〈理系〉・水産学部) 医
160 長崎県立大学 総推
161 熊本大学(文・教育・法・医〈看護〉学部・情報融合学環〈文系型〉)
162 熊本大学(理・医〈看護を除く〉・薬・工学部・情報融合学環〈理系型〉) 医
163 熊本県立大学
164 大分大学(教育・経済・医〈看護〉・理工・福祉健康科学部)
165 大分大学(医学部〈医・先進医療科学科〉) 医
166 宮崎大学(教育・医〈看護〉・工・農・地域資源創成学部)
167 宮崎大学(医学部〈医学科〉) 医
168 鹿児島大学(文系)
169 鹿児島大学(理系) 医
170 琉球大学 医

2025年版　大学赤本シリーズ

国公立大学 その他

171 〔国公立大〕医学部医学科 総合型選抜・学校推薦型選抜※ 医 総推
172 看護・医療系大学〈国公立 東日本〉※
173 看護・医療系大学〈国公立 中日本〉※
174 看護・医療系大学〈国公立 西日本〉※
175 海上保安大学校／気象大学校
176 航空保安大学校
177 国立看護大学校
178 防衛大学校 総推
179 防衛医科大学校（医学科） 医
180 防衛医科大学校（看護学科）

※No.171～174の収載大学は赤本ウェブサイト（http://akahon.net/）でご確認ください。

私立大学①

北海道の大学（50音順）

201 札幌大学
202 札幌学院大学
203 北星学園大学
204 北海学園大学
205 北海道医療大学
206 北海道科学大学
207 北海道武蔵女子大学・短期大学
208 酪農学園大学（獣医学群〈獣医学類〉）

東北の大学（50音順）

209 岩手医科大学（医・歯・薬学部） 医
210 仙台大学 総推
211 東北医科薬科大学（医・薬学部） 医
212 東北学院大学
213 東北工業大学
214 東北福祉大学
215 宮城学院女子大学 総推

関東の大学（50音順）

あ行（関東の大学）

216 青山学院大学（法・国際政治経済学部－個別学部日程）
217 青山学院大学（経済学部－個別学部日程）
218 青山学院大学（経営学部－個別学部日程）
219 青山学院大学（文・教育人間科学部－個別学部日程）
220 青山学院大学（総合文化政策・社会情報・地球社会共生・コミュニティ人間科学部－個別学部日程）
221 青山学院大学（理工学部－個別学部日程）
222 青山学院大学（全学部日程）
223 麻布大学（獣医、生命・環境科学部）
224 亜細亜大学
226 桜美林大学
227 大妻女子大学・短期大学部

か行（関東の大学）

228 学習院大学（法学部－コア試験）
229 学習院大学（経済学部－コア試験）
230 学習院大学（文学部－コア試験）
231 学習院大学（国際社会科学部－コア試験）
232 学習院大学（理学部－コア試験）
233 学習院女子大学
234 神奈川大学（給費生試験）
235 神奈川大学（一般入試）
236 神奈川工科大学
237 鎌倉女子大学・短期大学部
238 川村学園女子大学
239 神田外語大学
240 関東学院大学
241 北里大学（理学部）
242 北里大学（医学部） 医
243 北里大学（薬学部）
244 北里大学（看護・医療衛生学部）
245 北里大学（未来工・獣医・海洋生命科学部）
246 共立女子大学・短期大学
247 杏林大学（医学部） 医
248 杏林大学（保健学部）
249 群馬医療福祉大学・短期大学部
250 群馬パース大学 総推
251 慶應義塾大学（法学部）
252 慶應義塾大学（経済学部）
253 慶應義塾大学（商学部）
254 慶應義塾大学（文学部） 総推
255 慶應義塾大学（総合政策学部）
256 慶應義塾大学（環境情報学部）
257 慶應義塾大学（理工学部）
258 慶應義塾大学（医学部） 医
259 慶應義塾大学（薬学部）
260 慶應義塾大学（看護医療学部）
261 工学院大学
262 國學院大學
263 国際医療福祉大学 医
264 国際基督教大学
265 国士舘大学
266 駒澤大学（一般選抜T方式・S方式）
267 駒澤大学（全学部統一日程選抜）

さ行（関東の大学）

268 埼玉医科大学（医学部） 医
269 相模女子大学・短期大学部
270 産業能率大学
271 自治医科大学（医学部） 医
272 自治医科大学（看護学部）／東京慈恵会医科大学（医学部〈看護学科〉）
273 実践女子大学 総推
274 芝浦工業大学（前期日程）
275 芝浦工業大学（全学統一日程・後期日程）
276 十文字学園女子大学
277 淑徳大学
278 順天堂大学（医学部） 医
279 順天堂大学（スポーツ健康科・医療看護・保健看護・国際教養・保健医療・医療科・健康データサイエンス・薬学部） 総推
280 上智大学（神・文・総合人間科学部）
281 上智大学（法・経済学部）
282 上智大学（外国語・総合グローバル学部）
283 上智大学（理工学部）
284 上智大学（TEAPスコア利用方式）
285 湘南工科大学
286 昭和大学（医学部） 医
287 昭和大学（歯・薬・保健医療学部）
288 昭和女子大学
289 昭和薬科大学
290 女子栄養大学・短期大学部 総推
291 白百合女子大学
292 成蹊大学（法学部－A方式）
293 成蹊大学（経済・経営学部－A方式）
294 成蹊大学（文学部－A方式）
295 成蹊大学（理工学部－A方式）
296 成蹊大学（E方式・G方式・P方式）
297 成城大学（経済・社会イノベーション学部－A方式）
298 成城大学（文芸・法学部－A方式）
299 成城大学（S方式〈全学部統一選抜〉）
300 聖心女子大学
301 清泉女子大学
303 聖マリアンナ医科大学 医
304 聖路加国際大学（看護学部）
305 専修大学（スカラシップ・全国入試）
306 専修大学（前期入試〈学部個別入試〉）
307 専修大学（前期入試〈全学部入試・スカラシップ入試〉）

た行（関東の大学）

308 大正大学
309 大東文化大学
310 高崎健康福祉大学
311 拓殖大学
312 玉川大学
313 多摩美術大学
314 千葉工業大学
315 中央大学（法学部－学部別選抜）
316 中央大学（経済学部－学部別選抜）
317 中央大学（商学部－学部別選抜）
318 中央大学（文学部－学部別選抜）
319 中央大学（総合政策学部－学部別選抜）
320 中央大学（国際経営・国際情報学部－学部別選抜）
321 中央大学（理工学部－学部別選抜）
322 中央大学（5学部共通選抜）
323 中央学院大学
324 津田塾大学
325 帝京大学（薬・経済・法・文・外国語・教育・理工・医療技術・福岡医療技術学部）
326 帝京大学（医学部） 医
327 帝京科学大学 総推
328 帝京平成大学 総推
329 東海大学（医〈医〉学部を除く－一般選抜）
330 東海大学（文系・理系学部統一選抜）
331 東海大学（医学部〈医学科〉） 医
332 東京医科大学（医学部〈医学科〉） 医
333 東京家政大学・短期大学部 総推
334 東京経済大学
335 東京工科大学
336 東京工芸大学
337 東京国際大学
338 東京歯科大学
339 東京慈恵会医科大学（医学部〈医学科〉） 医
340 東京情報大学
341 東京女子大学
342 東京女子医科大学（医学部） 医
343 東京電機大学
344 東京都市大学
345 東京農業大学
346 東京薬科大学（薬学部） 総推
347 東京薬科大学（生命科学部） 総推
348 東京理科大学（理学部〈第一部〉－B方式）
349 東京理科大学（創域理工学部－B方式・S方式）
350 東京理科大学（工学部－B方式）
351 東京理科大学（先進工学部－B方式）
352 東京理科大学（薬学部－B方式）
353 東京理科大学（経営学部－B方式）
354 東京理科大学（C方式、グローバル方式、理学部〈第二部〉－B方式）
355 東邦大学（医学部） 医
356 東邦大学（薬学部）

2025年版　大学赤本シリーズ

私立大学②

357 東邦大学（理・看護・健康科学部）
358 東洋大学（文・経済・経営・法・社会・国際・国際観光学部）
359 東洋大学（情報連携・福祉社会デザイン・健康スポーツ科・理工・総合情報・生命科・食環境科学部）
360 東洋大学（英語〈3日程×3カ年〉）
361 東洋大学（国語〈3日程×3カ年〉）
362 東洋大学（日本史・世界史〈2日程×3カ年〉）
363 東洋英和女学院大学
364 常磐大学・短期大学 総推
365 獨協大学
366 獨協医科大学（医学部） 医

な行（関東の大学）

367 二松学舎大学
368 日本大学（法学部）
369 日本大学（経済学部）
370 日本大学（商学部）
371 日本大学（文理学部〈文系〉）
372 日本大学（文理学部〈理系〉）
373 日本大学（芸術学部〈専門試験併用型〉）
374 日本大学（国際関係学部）
375 日本大学（危機管理・スポーツ科学部）
376 日本大学（理工学部）
377 日本大学（生産工・工学部）
378 日本大学（生物資源科学部）
379 日本大学（医学部） 医
380 日本大学（歯・松戸歯学部）
381 日本大学（薬学部）
382 日本大学（N全学統一方式－医・芸術〈専門試験併用型〉学部を除く）
383 日本医科大学 医
384 日本工業大学
385 日本歯科大学
386 日本社会事業大学 総推
387 日本獣医生命科学大学
388 日本女子大学
389 日本体育大学

は行（関東の大学）

390 白鷗大学（学業特待選抜・一般選抜）
391 フェリス女学院大学
392 文教大学
393 法政大学（法〈I日程〉・文〈II日程〉・経営〈II日程〉学部－A方式）
394 法政大学（法〈II日程〉・国際文化・キャリアデザイン学部－A方式）
395 法政大学（文〈I日程〉・経営〈I日程〉・人間環境・グローバル教養学部－A方式）
396 法政大学（経済〈I日程〉・社会〈I日程〉・現代福祉学部－A方式）
397 法政大学（経済〈II日程〉・社会〈II日程〉・スポーツ健康学部－A方式）
398 法政大学（情報科・デザイン工・理工・生命科学部－A方式）
399 法政大学（T日程〈統一日程〉・英語外部試験利用入試）
400 星薬科大学 総推

ま行（関東の大学）

401 武蔵大学
402 武蔵野大学
403 武蔵野美術大学
404 明海大学
405 明治大学（法学部－学部別入試）
406 明治大学（政治経済学部－学部別入試）
407 明治大学（商学部－学部別入試）
408 明治大学（経営学部－学部別入試）
409 明治大学（文学部－学部別入試）
410 明治大学（国際日本学部－学部別入試）
411 明治大学（情報コミュニケーション学部－学部別入試）
412 明治大学（理工学部－学部別入試）
413 明治大学（総合数理学部－学部別入試）
414 明治大学（農学部－学部別入試）
415 明治大学（全学部統一入試）
416 明治学院大学（A日程）
417 明治学院大学（全学部日程）
418 明治薬科大学 総推
419 明星大学
420 目白大学・短期大学部

ら・わ行（関東の大学）

421 立教大学（文系学部－一般入試〈大学独自の英語を課さない日程〉）
422 立教大学（国語〈3日程×3カ年〉）
423 立教大学（日本史・世界史〈2日程×3カ年〉）
424 立教大学（文学部－一般入試〈大学独自の英語を課す日程〉）
425 立教大学（理学部－一般入試）
426 立正大学
427 早稲田大学（法学部）
428 早稲田大学（政治経済学部）
429 早稲田大学（商学部）
430 早稲田大学（社会科学部）
431 早稲田大学（文学部）
432 早稲田大学（文化構想学部）
433 早稲田大学（教育学部〈文科系〉）
434 早稲田大学（教育学部〈理科系〉）
435 早稲田大学（人間科・スポーツ科学部）
436 早稲田大学（国際教養学部）
437 早稲田大学（基幹理工・創造理工・先進理工学部）
438 和洋女子大学 総推

中部の大学（50音順）

439 愛知大学
440 愛知医科大学（医学部） 医
441 愛知学院大学・短期大学部
442 愛知工業大学 総推
443 愛知淑徳大学
444 朝日大学 総推
445 金沢医科大学（医学部） 医
446 金沢工業大学
447 岐阜聖徳学園大学 総推
448 金城学院大学
449 至学館大学 総推
450 静岡理工科大学
451 椙山女学園大学
452 大同大学
453 中京大学
454 中部大学
455 名古屋外国語大学 総推
456 名古屋学院大学 総推
457 名古屋学芸大学 総推
458 名古屋女子大学 総推
459 南山大学（外国語〈英米〉・法・総合政策・国際教養学部）
460 南山大学（人文・外国語〈英米を除く〉・経済・経営・理工学部）
461 新潟国際情報大学
462 日本福祉大学
463 福井工業大学
464 藤田医科大学（医学部） 医
465 藤田医科大学（医療科・保健衛生学部）
466 名城大学（法・経営・経済・外国語・人間・都市情報学部）
467 名城大学（情報工・理工・農・薬学部）
468 山梨学院大学

近畿の大学（50音順）

469 追手門学院大学 総推
470 大阪医科薬科大学（医学部） 医
471 大阪医科薬科大学（薬学部） 総推
472 大阪学院大学 総推
473 大阪経済大学 総推
474 大阪経済法科大学 総推
475 大阪工業大学 総推
476 大阪国際大学・短期大学部 総推
477 大阪産業大学 総推
478 大阪歯科大学（歯学部）
479 大阪商業大学 総推
480 大阪成蹊大学・短期大学 総推
481 大谷大学 総推
482 大手前大学・短期大学 総推
483 関西大学（文系）
484 関西大学（理系）
485 関西大学（英語〈3日程×3カ年〉）
486 関西大学（国語〈3日程×3カ年〉）
487 関西大学（日本史・世界史・文系数学〈3日程×3カ年〉）
488 関西医科大学（医学部） 医
489 関西医療大学 総推
490 関西外国語大学・短期大学部 総推
491 関西学院大学（文・法・商・人間福祉・総合政策学部－学部個別日程）
492 関西学院大学（神・社会・経済・国際・教育学部－学部個別日程）
493 関西学院大学（全学部日程〈文系型〉）
494 関西学院大学（全学部日程〈理系型〉）
495 関西学院大学（共通テスト併用日程〈数学〉・英数日程）
496 関西学院大学（英語〈3日程×3カ年〉） 新
497 関西学院大学（国語〈3日程×3カ年〉） 新
498 関西学院大学（日本史・世界史・文系数学〈3日程×3カ年〉） 新
499 畿央大学 総推
500 京都外国語大学・短期大学 総推
502 京都産業大学（公募推薦入試） 総推
503 京都産業大学（一般選抜入試〈前期日程〉）
504 京都女子大学 総推
505 京都先端科学大学 総推
506 京都橘大学 総推
507 京都ノートルダム女子大学 総推
508 京都薬科大学 総推
509 近畿大学・短期大学部（医学部を除く－推薦入試） 総推
510 近畿大学・短期大学部（医学部を除く－一般入試前期）
511 近畿大学（英語〈医学部を除く3日程×3カ年〉）
512 近畿大学（理系数学〈医学部を除く3日程×3カ年〉）
513 近畿大学（国語〈医学部を除く3日程×3カ年〉）
514 近畿大学（医学部－推薦入試・一般入試前期） 医 総推
515 近畿大学・短期大学部（一般入試後期） 医
516 皇學館大学 総推
517 甲南大学 総推
518 甲南女子大学（学校推薦型選抜） 新 総推
519 神戸学院大学 総推
520 神戸国際大学 総推
521 神戸女学院大学 総推
522 神戸女子大学・短期大学 総推
523 神戸薬科大学 総推
524 四天王寺大学・短期大学部 総推
525 摂南大学（公募制推薦入試） 総推
526 摂南大学（一般選抜前期日程）
527 帝塚山学院大学 総推
528 同志社大学（法、グローバル・コミュニケーション学部－学部個別日程）

2025年版　大学赤本シリーズ

私立大学③

- 529 同志社大学(文・経済学部−学部個別日程)
- 530 同志社大学(神・商・心理・グローバル地域文化学部−学部個別日程)
- 531 同志社大学(社会学部−学部個別日程)
- 532 同志社大学(政策・文化情報〈文系型〉・スポーツ健康科〈文系型〉学部−学部個別日程)
- 533 同志社大学(理工・生命医科・文化情報〈理系型〉・スポーツ健康科〈理系型〉学部−学部個別日程)
- 534 同志社大学(全学部日程)
- 535 同志社女子大学 総推
- 536 奈良大学 総推
- 537 奈良学園大学 総推
- 538 阪南大学 総推
- 539 姫路獨協大学 総推
- 540 兵庫医科大学(医学部) 医
- 541 兵庫医科大学(薬・看護・リハビリテーション学部) 総推
- 542 佛教大学 総推
- 543 武庫川女子大学 総推
- 544 桃山学院大学 総推
- 545 大和大学・大和大学白鳳短期大学部 総推
- 546 立命館大学(文系−全学統一方式・学部個別配点方式)／立命館アジア太平洋大学(前期方式・英語重視方式)
- 547 立命館大学(理系−全学統一方式・学部個別配点方式・理系型3教科方式・薬学方式)
- 548 立命館大学(英語〈全学統一方式3日程×3カ年〉)
- 549 立命館大学(国語〈全学統一方式3日程×3カ年〉)
- 550 立命館大学(文系選択科目〈全学統一方式2日程×3カ年〉)
- 551 立命館大学(IR方式〈英語資格試験利用型〉・共通テスト併用方式)／立命館アジア太平洋大学(共通テスト併用方式)
- 552 立命館大学(後期分割方式・「経営学部で学ぶ感性＋共通テスト」方式)／立命館アジア太平洋大学(後期方式)
- 553 龍谷大学(公募推薦入試) 総推
- 554 龍谷大学(一般選抜入試)

中国の大学(50音順)

- 555 岡山商科大学 総推
- 556 岡山理科大学 総推
- 557 川崎医科大学 医
- 558 吉備国際大学 総推
- 559 就実大学 総推
- 560 広島経済大学
- 561 広島国際大学 総推
- 562 広島修道大学
- 563 広島文教大学 総推
- 564 福山大学／福山平成大学
- 565 安田女子大学 総推

四国の大学(50音順)

- 567 松山大学

九州の大学(50音順)

- 568 九州医療科学大学
- 569 九州産業大学
- 570 熊本学園大学
- 571 久留米大学(文・人間健康・法・経済・商学部)
- 572 久留米大学(医学部〈医学科〉) 医
- 573 産業医科大学(医学部) 医
- 574 西南学院大学(商・経済・法・人間科学部−A日程)
- 575 西南学院大学(神・外国語・国際文化学部−A日程／全学部−F日程)
- 576 福岡大学(医学部医学科を除く−学校推薦型選抜・一般選抜系統別日程) 総推
- 577 福岡大学(医学部医学科を除く−一般選抜前期日程)
- 578 福岡大学(医学部〈医学科〉−学校推薦型選抜・一般選抜系統別日程) 医 総推
- 579 福岡工業大学
- 580 令和健康科学大学 総推

医 医学部医学科を含む
総推 総合型選抜または学校推薦型選抜を含む
DL リスニング音声配信　新 2024年 新刊・復刊

掲載している入試の種類や試験科目，収載年数などはそれぞれ異なります。詳細については，それぞれの本の目次や赤本ウェブサイトでご確認ください。

akahon.net
赤本　検索

難関校過去問シリーズ

出題形式別・分野別に収録した
「入試問題事典」
20大学 73点
定価2,310〜2,640円(本体2,100〜2,400円)

先輩合格者はこう使った!
「難関校過去問シリーズの使い方」

61年，全部載せ!
要約演習で，総合力を鍛える
東大の英語
要約問題 UNLIMITED

国公立大学

- 東大の英語25カ年[第12版] 改
- 東大の英語リスニング20カ年[第9版] DL 改
- 東大の英語 要約問題 UNLIMITED
- 東大の文系数学25カ年[第12版] 改
- 東大の理系数学25カ年[第12版] 改
- 東大の現代文25カ年[第12版] 改
- 東大の古典25カ年[第12版] 改
- 東大の日本史25カ年[第9版] 改
- 東大の世界史25カ年[第9版] 改
- 東大の地理25カ年[第9版] 改
- 東大の物理25カ年[第9版] 改
- 東大の化学25カ年[第9版] 改
- 東大の生物25カ年[第9版] 改
- 東工大の英語20カ年[第8版] 改
- 東工大の数学20カ年[第9版] 改
- 東工大の物理20カ年[第5版] 改
- 東工大の化学20カ年[第5版] 改
- 一橋大の英語20カ年[第9版] 改
- 一橋大の数学20カ年[第9版] 改
- 一橋大の国語20カ年[第6版] 改
- 一橋大の日本史20カ年[第6版] 改
- 一橋大の世界史20カ年[第6版] 改
- 筑波大の英語15カ年 新
- 筑波大の数学15カ年 新
- 京大の英語25カ年[第12版]
- 京大の文系数学25カ年[第12版]
- 京大の理系数学25カ年[第12版]
- 京大の現代文25カ年[第2版]
- 京大の古典25カ年[第2版]
- 京大の日本史20カ年[第3版]
- 京大の世界史20カ年[第3版]
- 京大の物理25カ年[第9版]
- 京大の化学25カ年[第9版]
- 北大の英語15カ年[第8版]
- 北大の理系数学15カ年[第8版]
- 北大の物理15カ年[第2版]
- 北大の化学15カ年[第2版]
- 東北大の英語15カ年[第8版]
- 東北大の理系数学15カ年[第8版]
- 東北大の物理15カ年[第2版]
- 東北大の化学15カ年[第2版]
- 名古屋大の英語15カ年[第8版]
- 名古屋大の理系数学15カ年[第8版]
- 名古屋大の物理15カ年[第2版]
- 名古屋大の化学15カ年[第2版]
- 阪大の英語20カ年[第9版]
- 阪大の文系数学20カ年[第3版]
- 阪大の理系数学20カ年[第9版]
- 阪大の国語15カ年[第3版]
- 阪大の物理20カ年[第8版]
- 阪大の化学20カ年[第6版]
- 九大の英語15カ年[第8版]
- 九大の理系数学15カ年[第7版]
- 九大の物理15カ年[第2版]
- 九大の化学15カ年[第2版]
- 神戸大の英語15カ年[第9版]
- 神戸大の数学15カ年[第5版]
- 神戸大の国語15カ年[第3版]

私立大学

- 早稲田の英語[第11版] 改
- 早稲田の国語[第9版] 改
- 早稲田の日本史[第9版] 改
- 早稲田の世界史[第2版] 改
- 慶應の英語[第11版] 改
- 慶應の小論文[第3版] 改
- 明治大の英語[第9版] 改
- 明治大の国語[第2版] 改
- 明治大の日本史[第2版] 改
- 中央大の英語[第9版] 改
- 法政大の英語[第9版] 改
- 同志社大の英語[第10版]
- 立命館大の英語[第10版]
- 関西大の英語[第10版]
- 関西学院大の英語[第10版]

DL リスニング音声配信
新 2024年 新刊
改 2024年 改訂

いつも受験生のそばに―赤本

大学入試シリーズ＋α
入試対策も共通テスト対策も赤本で

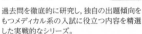

入試対策

赤本プラス

赤本プラスとは，**過去問演習の効果を最大にする**ためのシリーズです。「赤本」であぶり出された弱点を，赤本プラスで克服しましょう。

- 大学入試 すぐわかる**英文法** DL
- 大学入試 ひと目でわかる**英文読解**
- 大学入試 絶対できる**英語リスニング** DL
- 大学入試 すぐ書ける**自由英作文**
- 大学入試 ぐんぐん読める **英語長文〔BASIC〕** DL
- 大学入試 ぐんぐん読める **英語長文〔STANDARD〕** DL
- 大学入試 ぐんぐん読める **英語長文〔ADVANCED〕** DL
- 大学入試 正しく書ける**英作文**
- 大学入試 最短でマスターする **数学Ⅰ・Ⅱ・Ⅲ・A・B・C**
- 大学入試 突破力を鍛える**最難関の数学**
- 大学入試 知らなきゃ解けない **古文常識・和歌**
- 大学入試 ちゃんと身につく**物理**
- 大学入試 もっと身につく **物理問題集**（①力学・波動）
- 大学入試 もっと身につく **物理問題集**（②熱力学・電磁気・原子）

入試対策

英検® 赤本シリーズ

英検®（実用英語技能検定）の対策書。
過去問集と参考書で万全の対策ができます。

▶過去問集（2024年度版）

- 英検®準1級過去問集 DL
- 英検®2級過去問集 DL
- 英検®準2級過去問集 DL
- 英検®3級過去問集 DL

▶参考書

- 竹岡の英検®準1級マスター DL
- 竹岡の英検®2級マスター CD DL
- 竹岡の英検®準2級マスター CD DL
- 竹岡の英検®3級マスター CD DL

CD リスニングCDつき　DL 音声無料配信
新 2024年新刊・改訂

入試対策

赤本プレミアム

赤本の教学社だからこそ作れた、過去問ベストセレクション

- 東大数学プレミアム
- 東大現代文プレミアム
- 京大数学プレミアム〔改訂版〕
- 京大古典プレミアム

入試対策

赤本メディカルシリーズ

過去問を徹底的に研究し，独自の出題傾向をもつメディカル系の入試に役立つ内容を精選した実戦的なシリーズ。

- 〔国公立大〕医学部の英語〔3訂版〕
- 私立医大の英語〔長文読解編〕〔3訂版〕
- 私立医大の英語〔文法・語法編〕〔改訂版〕
- 医学部の実戦小論文〔3訂版〕
- 医歯薬系の英単語〔4訂版〕
- 医系小論文 最頻出論点20〔4訂版〕
- 医学部の面接〔4訂版〕

入試対策

体系シリーズ

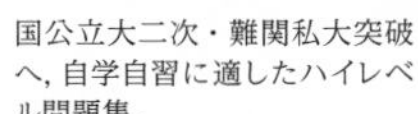

国公立大二次・難関私大突破へ，自学自習に適したハイレベル問題集。

- 体系英語長文
- 体系英作文
- 体系現代文
- 体系世界史
- 体系物理〔第7版〕

入試対策

単行本

▶英語

- Q&A即決英語勉強法
- TEAP攻略問題集 CD
- 東大の英単語〔新装版〕
- 早慶上智の英単語〔改訂版〕

▶国語・小論文

- 著者に注目! 現代文問題集
- ブレない小論文の書き方 樋口式ワークノート

▶レシピ集

- 奥薗壽子の赤本合格レシピ

入試対策　共通テスト対策

赤本手帳

- 赤本手帳（2025年度受験用）プラムレッド
- 赤本手帳（2025年度受験用）インディゴブルー
- 赤本手帳（2025年度受験用）ナチュラルホワイト

入試対策

風呂で覚えるシリーズ

水をはじく特殊な紙を使用。いつでもどこでも読めるから，ちょっとした時間を有効に使える！

- 風呂で覚える英単語〔4訂新装版〕
- 風呂で覚える英熟語〔改訂新装版〕
- 風呂で覚える古文単語〔改訂新装版〕
- 風呂で覚える古文文法〔改訂新装版〕
- 風呂で覚える漢文〔改訂新装版〕
- 風呂で覚える日本史〔年代〕〔改訂新装版〕
- 風呂で覚える世界史〔年代〕〔改訂新装版〕
- 風呂で覚える倫理〔改訂版〕
- 風呂で覚える百人一首〔改訂版〕

共通テスト対策

満点のコツシリーズ

共通テストで満点を狙うための実戦的参考書。
重要度の増したリスニング対策は
「カリスマ講師」竹岡広信が一回読みにも
対応できるコツを伝授！

- 共通テスト英語〔リスニング〕 満点のコツ〔改訂版〕 新 DL
- 共通テスト古文 満点のコツ〔改訂版〕 新
- 共通テスト漢文 満点のコツ〔改訂版〕 新

入試対策　共通テスト対策

赤本ポケットシリーズ

▶共通テスト対策

- 共通テスト日本史〔文化史〕

▶系統別進路ガイド

- デザイン系学科をめざすあなたへ

大学赤本シリーズ

赤本 ウェブサイト

過去問の代名詞として、70年以上の伝統と実績。

新刊案内・特集ページも充実！
受験生の「知りたい」に答える

akahon.netでチェック！

志望大学の赤本の刊行状況を確認できる！

「赤本取扱い書店検索」で赤本を置いている書店を見つけられる！

赤本チャンネル & 赤本ブログ

赤本チャンネル

人気講師の大学別講座や
共通テスト対策など、
受験に役立つ動画 を公開中！

YouTube

TikTok

赤本ブログ

受験のメンタルケア、合格者の声など、
受験に役立つ記事 が充実。

大学赤本シリーズ

別冊問題編

2025